山西年鉴

2010

方志出版社

图书在版编目（CIP）数据

山西年鉴．2010/《山西年鉴》编纂委员会编．—北京：方志出版社，2010.12

ISBN 978－7－5144－0033－5

Ⅰ．①山…　Ⅱ．①山…　Ⅲ．①山西省—2010—年鉴　Ⅳ．①Z522.5

中国版本图书馆 CIP 数据核字（2010）第 258775 号

山西年鉴（2010）

编　　者：《山西年鉴》编纂委员会
责任编辑：冯　松

出 版 者：方 志 出 版 社
（北京市建国门内大街 5 号中国社会科学院科研大楼 12 层）
邮编　100732
网址：http：//www.fzph.org
发　　行：方志出版社发行部
（010）85195814　85196281
经　　销：新华书店总店北京发行所
法律顾问：北京市大禹律师事务所
印　　刷：山西省史志印刷厂

开　　本：889mm×1194mm　1/16
印　　张：40.125
字　　数：1500 千字
版　　次：2010 年 12 月第 1 版　2010 年 12 月第 1 次印刷
印　　数：0001—3500 册

ISBN 978—7—5144—0033—5/K·29　定价：360.00 元

《山西年鉴》编纂委员会

《山西年鉴》编纂人员

《山西年鉴》编辑部

山西省政区图

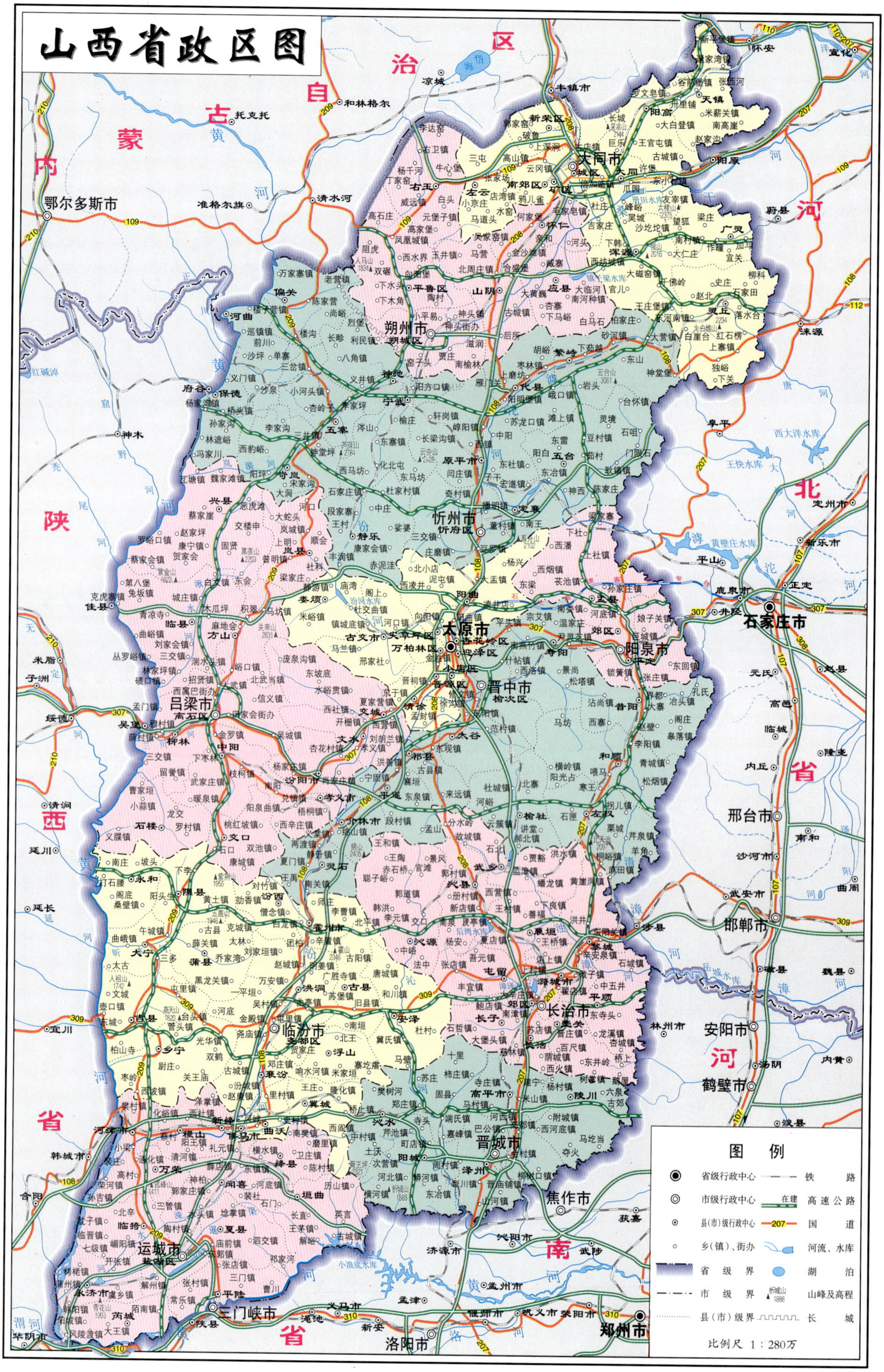

图 例
省级行政中心
市级行政中心
县(市)级行政中心
乡(镇)、街办
省 级 界
市 级 界
县(市)级界
铁 路
在建
高 速 公 路
207
国 道
河流、水库
湖 泊
忻城山 1888
山峰及高程
长 城
比例尺 1：280万
太原市
大同市
朔州市
忻州市
阳泉市
晋中市
吕梁市
长治市
晋城市
临汾市
运城市
内蒙古自治区
河北省
陕西省
河南省
石家庄市
邢台市
邯郸市
安阳市
鹤壁市
焦作市
洛阳市
郑州市
三门峡市
鄂尔多斯市

山西省交通旅游图

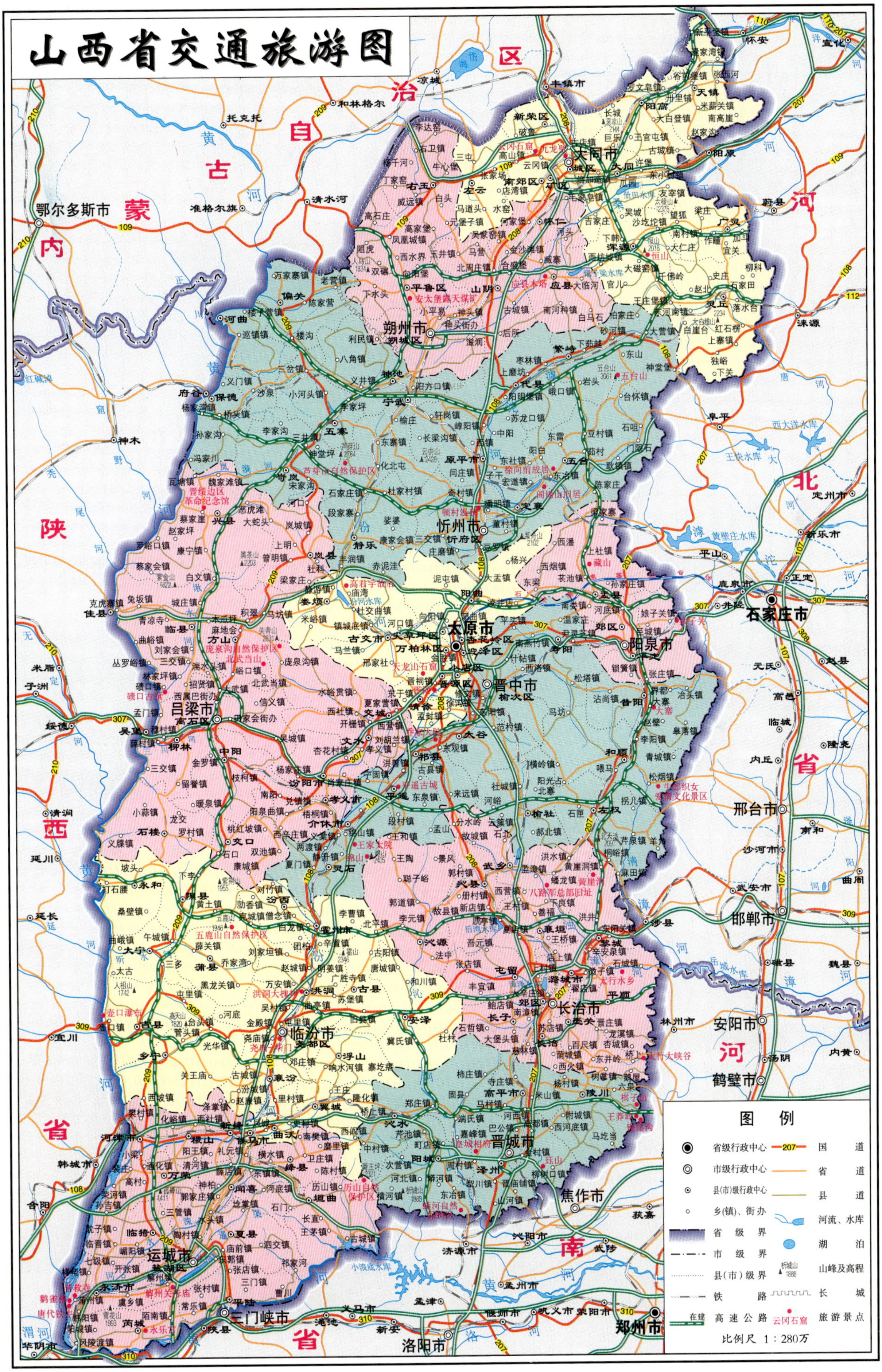

山西省交通旅游图
图 例
省级行政中心
市级行政中心
县(市)级行政中心
乡(镇)、街办
省 级 界
市 级 界
县(市)级界
铁 路
在建 高速公路
207 国 道
省 道
县 道
河流、水库
湖 泊
山峰及高程
长 城
旅游景点
云冈石窟
比例尺 1：280万
太原市
大同市
朔州市
忻州市
阳泉市
吕梁市
晋中市
长治市
临汾市
晋城市
运城市
石家庄市
郑州市
洛阳市
三门峡市
鄂尔多斯市
内蒙古自治区
陕西省
河北省
河南省

中央领导人考察山西

【温家宝考察山西】

7月4～5日，中共中央政治局常委、国务院总理温家宝先后到太原、大同，在太原钢铁有限公司、太原重型机械集团、富士康（太原）科技工业园和山西煤机装备有限公司进行调研，并在大同煤矿集团塔山矿井下井看望煤矿工人。他还到太原市和平街道办事处康乐社区看望居民，考察汾河治理太原市南内环段工程。温家宝指出，巩固和发展当前经济企稳回升的好形势，必须统一认识，坚定信心，狠抓落实，保持宏观经济政策的连续性和稳定性，推进结构调整，培育新的经济增长点，提高经济增长质量和效益，保障和改善民生，实现经济平稳较快发展。在考察中，温家宝多次强调，谁在科技上占领制高点，谁掌握了关键技术，谁具有自主的知识产权，谁的高端产品多，谁就能在竞争中长期占有优势。当前，尤其要重视依靠科技发展新能源、新材料、生物制药、节能环保等新兴产业，培育新的经济增长点。只有这样，才能在市场竞争中站得住脚，保持领先地位和持续竞争力。同时，要适应市场需求，防止一哄而起，造成新的产能过剩。

【习近平考察山西】

5月24～26日，中共中央政治局常委、中央书记处书记、国家副主席习近平先后到晋城、长治、太原等地，下田间、进企业、访社区、入学校，与各级干部和基层党员群众座谈，就做好保增长保民生保稳定工作、开展学习实践活动和加强党的建设进行调研。他强调，开展深入学习实践科学发展观活动既是促进经济社会又好又快发展的战略举措，也是加强和改进党的建设的重要契机。各级党组织要按照党的十七大关于党的建设的总体部署，紧密结合正在开展的学习实践活动，坚持以改革创新精神全面加强党的思想、组织、作风、制度和反腐倡廉建设，切实把科学发展观的要求贯彻落实到党的建设的各个方面，以党建工作水平的新提高为推动科学发展、促进社会和谐提供坚强保证。习近平对山西近年来经济社会发展取得的成绩给予充分肯定，强调山西作为能源大省和老工业基地要进一步贯彻落实好科学发展观，在全面推进转型发展、安全发展、和谐发展上不断取得新进展。

【李克强考察山西】

12月27～28日，中共中央政治局常委、国务院副总理李克强深入大同市乡村农户、城镇社区和居民家庭，看望慰问困难群众，实地考察重点民生工作。他强调，要认真贯彻落实党中央国务院决策部署，在推进科学发展中更加注重保障和改善民生，重点解决好基本民生问题，实现经济平稳较快发展和社会全面进步。在晋期间，李克强听取山西省委、省政府的工作汇报，充分肯定山西近年来经济社会发展和结构调整所取得的成绩。他希望山西充分发挥比较优势，在保持经济平稳较快发展中加快发展方式转变，在中部崛起中努力实现新跨越。

【周永康考察山西】

3月31日至4月4日，中共中央政治局常委、中央政法委书记周永康先后到运城、临汾、晋中、太原，深入田间地头、乡村社区、企业车间和法院、检察院、公安局、派出所、交警队、消防队、监狱、劳教所、政法委、综治办等政法单位，看望慰问基层干部群众，就经济社会发展和社会稳定情况进行调研。他强调，要以科学发展观为统领，认真贯彻全国“两会”精神，积极应对国际金融危机，统筹抓好硬道理与硬任务，以稳定促发展，以发展保稳定，努力实现经济社会又好又快发展。考察期间，周永康与省、市、县、乡、村干部群众进行了座谈，充分肯定近年来山西经济社会发展取得的成就，充分肯定山西为全国发展稳定作出的贡献，希望山西认真搞好市县两级深入学习实践科学发展观活动，深入扎实推进转型发展、安全发展、和谐发展，努力建设富裕文明开放和谐的新山西。

【回良玉考察山西】

4月12～14日，中共中央政治局委员、国务院副总理回良玉在山西农村考察并召开农村形势分析座谈会，他先后到太原、榆次、太谷等地，深入田间地头，走访乡村农户，实地察看小麦长势和畜牧业生产，了解强农惠农政策落实和农民增收情况。回良玉强调，各地区、各有关部门要从战略和全局出发，充分认识抓好今年农业生产的特殊重要性，切实加强领导，强化责任，狠抓工作落实，不失时机抓好春耕生产，加大力度促进农民增收，努力争取夏季粮油好收成，努力保持农村经济平稳较快发展，继续为扩内需、保增长提供有力支撑。

【刘云山考察山西】

4月18～21日，中共中央政治局委员、书记处书记、中宣部部长刘云山先后到运城、临汾、太原、吕梁等地深入农村、社区、企业，实地考察基层宣传文化工作，了解群众特别是农民文化生活情况。他强调，宣传思想文化战线要深入贯彻落实科学发展观，把面向基层、服务群众作为必须遵循的重要原则，把基层需要作为工作的出发点落脚点，把群众满意不满意作为检验标准，使宣传文化工作更好地贴近实际、贴近生活、贴近群众，为基层所欢迎、为群众所认同。

（胡海亮　赵俊忠　徐志强）

2009年省政府承诺的十件实事全部兑现

2009年1月11日，在山西省十一届人大二次会议上，代省长王君代表省政府向全省人民郑重承诺：着力为人民群众办好维护、加固和改造中小学校舍，解决农村饮水安全问题，解决困难群众住房问题等事关群众切身利益的十件实事，截至2009年底，这十件实事全部完成或超额完成。

实事之一：

目标维护、加固和改造中小学校舍400万平方米。落实全省共完成506万平方米中小学校舍安全改造任务。

截至2009年底，山西省现有中小学校2.2655万所，校舍建筑总面积4141万平方米。2008年，山西省决定对全省所有中小学校舍进行安全改造，提出连续三年每年筹措14亿元左右的资金，彻底消除中小学校舍安全隐患。此项工程是山西省基础教育集中投资最多的一次。山西省政府专门制定一系列工作制度，对工程项目的立项、规划、建设、监理、验收等各个环节做出严格要求，确保工程经得起时间检验。

实事之二：

目标实现县乡卫生机构达标率80%，80%的村建成卫生室。

截至2009年底，落实县乡卫生机构达标率实现87.2%，1年全部完成6971个“空白村”的卫生室建设任务，村卫生室覆盖率达到100%。同时按照规定，为每村卫生室配备不低于5000元标准的基本医疗设备，乡村医生的月补助标准也由60元提高到400~600元。全省共投入村卫生室建设资金3.4亿元。此外，还采取从院校毕业生中招录、现有村医中培训选拔、退休医师中聘用的形式，为村卫生室选聘合格医务工作者，并对在岗人员进行分期分批的专业技能培训。

实事之三：

目标城镇居民基本医疗保险覆盖230万人，农村社会养老保险试点覆盖 300 万人，110 万农村特困群众纳入低保范围，14万农村“五保”对象实现应保尽保。

截至2009年底，落实城镇居民基本医疗保险覆盖344.5万人，农村社会养老保险试点覆盖378.2万人，114.9 万农村特困群众纳入低保，14万名农村“五保”对象实现应保尽保。

2009年，山西省进一步完善城镇职工养老、医疗、失业等各项社会保险制度，综合覆盖率达到84%。全省11个市全部启动城镇居民医疗保险，将城镇非从业居民、大中学校学生全部纳入医保范围，提前1年实现全覆盖。在27个县（市、区）开展新型农村社会养老保险试点工作，大多试点的参保率都达到或超过90%，直接受益的60岁以上农民近60万人。此外，山西省采取一系列配套措施，为14万农村“五保”供养对象实现应保尽保提供保障。

实事之四：

目标解决好14万重点优抚对象的就医问题，实施3万名残疾人康复救助。

截至2009年底，落实14万重点优抚对象的就医问题基本得到解决，3万名残疾人康复救助全部完成。2009年，民政部门加大优抚对象医疗保障的资金投入，为历年之最。截至2009年底，全省80%以上的1级至6级伤残军人在新的医保平台上享受应有的待遇，98%以上符合条件的农村优抚对象参加新型农村合作医疗，14万重点优抚对象纳入医疗保障范围，八成以上优抚对象当年就享受到就医优惠。此外，从2008年开始，残疾人康复项目被列为省政府10件实事。2009年的受助人数又大大增加，救助范围也进一步扩大，受助人数比2008年增加近2.5万人。

实事之五：

目标帮助4万名城镇就业困难人员实现就业，培训农民100万人，转移农村富余劳动力30万人。

截至2009年底，落实全省共帮助5.1万困难人员实现就业，培训农民118万人，转移农村富余劳动力94万人。

2009年，山西省采取一系列措施促进就业，主要有：帮助大企业、扶持中小企业，稳定现有就业岗位；发挥公路建设、植树造林等重大项目和政府投资带动就业的作用，增加新的就业岗位；多渠道促进返乡农民工再就业，有95%的返乡农民工重新找到工作；采取招录公务员、招聘事业单位工作人员、实施农村教师特设岗位计划、建立高校毕业生就业见习基地等措施，促进大学生就业，当年大学毕业生就业率达81%；实施一系列困难群体的就业援助行动等。统计数据显示，2009年山西省城镇新增就业人数达42.2万人。

王晓东　供稿

实事之六：

目标建设村通水泥（油）路1.5万千米。

截至2009年底，落实农村公路建设累计完成投资77.6亿元，完成村通水泥(油)路1.518万千米，工程质量合格率达100%。

具备条件的建制村通水泥（油）路是新农村建设“五个全覆盖”的任务之一。山西省2002年开始实施此项工程，2009年，山西省交通建设部门及时部署分解任务，一手抓建设先进典型，一手抓项目多、投资大、任务重的地区，在政策上倾斜，技术上蹲点指导和监督，及时帮助解决问题，保证工程质量。年终检查数据显示，工程合格率为100%，优良率达85%以上，工程质量创历史最好水平。

实事之七：

目标解决好农村200万人口的饮水安全问题。

截至2009年底，落实全省建成饮水安全工程5000处，解决 6567 个自然村、272万人的饮水安全问题，完成计划任务的136%。

山西省农村饮水安全工程从 2006 年开始全面启动，并以每年解决200万农村人口的饮水安全问题作为当年省政府承诺的十件实事之一。2009 年，省水利厅按照“兴水战略”的总体规划，把农村饮水安全工程列为全省水利的重要工作之一，不断总结创新工程建设和管理经验，在资金落实、工程建设和运行管理等方面采取了切实可行的措施，超计划完成了年度目标任务。

实事之八：

目标发展连锁农家店和新农村便民店2000家、放心粮油店1000家。

截至2009年底，落实新建和改造7000个农家店（便民店）和60个配送中心，建成的1128家放心粮油店全部正常运营。

2005年，由商务部牵头的“万村千乡”市场工程开始实施。到2009年底，全省已累计建设农家店(便民店)2万个，形成辐射全省70%的行政村的农家店经营网络。全省农家店（便民店）全年销售总额达72亿元，约占农村社会消费品零售总额7%；新增销售额24亿元，带动农村消费增长3.4%，带动就业人数2.1万人。建设改造后的农家店（便民店），不但遏制假冒伪劣商品在农村的泛滥，而且对农村购买力的释放起到积极作用。

实事之九：

目标确保11个重点城市环境空气质量二级以上天数稳定在3000天以上，争取40个县（市）达到大气污染综合指数二级标准。

截至2009年底，落实11个省辖市环境空气质量二级以上天数，超额完成年初确定的3000天以上的目标任务；全省已有70个县（市）达到大气污染综合指数二级标准，完成年初确定的40个县（市）的目标任务。

2009年，山西省环保部门强化监管、严厉打击各类环境违法行为，加紧推进“蓝天碧水工程”。11个重点城市气化率、集中供热率、污水处理率等重点指标达到或超额完成“十一五”目标任务。太原等 6 个市拆除、改造、治理燃煤锅炉近万台，一批重污染企业启动搬迁程序，一部分污染严重的企业被实施关停。此外，组织实施 116 个二氧化硫减排项目，燃煤电厂脱硫率达95%以上，实施185个工业企业化学需氧量减排项目，全省建成城市污水处理厂104 座，使 4.1 亿吨工业废水得到有效处理。同时，淘汰落后产能水泥406万吨等，并提高新上项目的环保准入门槛，否决不符合总量置换的 31 个新增项目，有效控制新的污染。

实事之十：

目标解决40万户农村困难群众、棚户区居民、城市低收入群体的住房问题。

截至 2009 年底，落实投资 317.3亿元，开工建设各类保障性住房35.3 万户、2092万平方米，并以货币配租方式保障廉租住房保障对象16万户，完成年度目标任务的130%。

山西省保障性安居工程包括棚户区改造、廉租住房、经济适用住房建设和农村危房改造等。2009年是山西省保障性安居工程投资最多、建设规模最大的一年，全省共建设保障性住房4501万平方米，65万户低收入家庭已经或者即将迁入新居，这其中包括26万户棚户区家庭。

（尚慧辉　杨文）

数字山西

综合

地区生产总值	7358.3亿元
第一产业	477.6亿元
第二产业	3993.8亿元
第三产业	2886.9亿元
人均地区生产总值	21522元
法人单位数	193735个
产业活动单位数	269095个

人口

总户数	1159.14万户
常住人口	3427.36万人
男性	1758.13万人
女性	1669.23万人
出生人口	37.16万人
死亡人口	20.45万人

社会从业人员和劳动报酬

社会从业人员	1630.6万人
第一产业	635.0万人
第二产业	429.7万人
第三产业	565.9万人
职工人数	376.1万人
职工工资总额	1059.8亿元

固定资产投资

全社会固定资产投资	5033.5亿元
第一产业	220.4亿元
第二产业	2163.6亿元
第三产业	2649.5亿元
农村农户投资额	178.6亿元
农村非农户投资额	255.0亿元
全社会竣工房屋面积	4905万平方米
#住宅	3537万平方米

对外经济贸易

海关进出口总额	855432万美元
出口总额	283836万美元
进口总额	571596万美元
实际利用外资额	82646万美元

能源

一次能源产量	52526.5万吨标准煤
能源消费总量	12885.9万吨标准煤
煤炭消费量	26149万吨
社会用电量	1267.5亿千瓦小时
焦炭外调量	5413.1万吨

物价

居民消费价格总指数	99.6
城　镇	99.0
农　村	100.9
商品零售价格总指数	99.1
原材料、燃料动力购进价格指数	96.6
工业品出厂价格指数	92.0

人民生活

城镇居民家庭人均可支配收入	13996.6元
城镇居民家庭人均消费性支出	9355.1元
城镇居民人均住房建筑面积	27.5平方米
农民人均纯收入	4244.1元
农村住户人均生活消费支出	3304.8元
农村居民人均住房面积	28.0方米

农村经济

农作物播种面积	3692.1千公顷
#粮食	3146.7千公顷
粮食产量	942.0万吨
油料产量	17.0万吨
肉类产量	69.8万吨

数字山西

工业

工业单位数	4023个
工业总产值	9250.0亿元
原煤产量	61535万吨
发电量	1873.8亿千瓦小时
生铁产量	3166.8万吨
钢产量	2648.5万吨
水泥产量	2753.2万吨

建筑业

建筑业企业单位数	1696个
建筑业企业竣工产值	6577468万元
建筑业企业总产值	18261040万元
建筑业企业房屋建筑	2286万平方米

交通运输 邮电通信业

铁路营业里程	3536千米
公路线路里程	127330千米
货物周转量	2100.1亿吨千米
旅客周转量	352.1亿人千米
市话年末数	498.6万户
农话年末数	260.2万户
移动电话户数	1957.8万户

批发和零售业

社会消费品零售总额	2809.0亿元
市的零售额	1783.5亿元
县的零售额	561.3亿元
县以下的零售额	464.2亿元

住宿 餐饮业和旅游

住宿、餐饮业营业额	1314187万元
国内旅游人数	10611万人次
国际旅游人数	1067835人次
旅游总收入	892.53亿元
旅游外汇收入	37794万美元

财政 金融和保险

财政总收入	1538.0亿元
一般预算收入	805.8亿元
一般预算支出	1561.7亿元
城乡居民人民币储蓄	8099.4亿元
原保险保费收入	289.2亿元

教育 科技

高等学校数	63所
高等学校在校学生数	547391人
高等学校专任教师数	35863人
中等专业学校数	93所
中等专业学校在校学生数	22.27万人
中等专业学校专任教师数	7147人
科学研究机构	165个

文化 体育 卫生 环保

文化馆数	119个
公共图书馆数	124个
体育场地数	10165个
电视台数	10个
医院数	1165个
废水排放总数	39720万吨

（山西省统计局）

省直单位撰稿人名单

（按栏目顺序排列）

胡海亮　赵俊忠　徐志强	省委办公厅
李焱平	省委组织部
刘剑锋	省委宣传部
王　峰	省委统战部
侯永霞	省委政法委
王小琴　赵夏夏	省编制办
单福光	省直工委
高桂珍	省委党史办
杨卫兵	省委信访局
杨文生	省老干部局
秦　钟	省人大办公厅
冯翠红	省政府办公厅
王俊杰	省人社厅
王文广	省民政厅
王瑞成	省公安厅
厅办公室	省安全厅
张　霏	省司法厅
李晋中　张小三	省财政厅
董其文	省国税局
邸　龙	省地税局
郑钰卿	省审计厅
王天定	省计生委
郭文强	省法制办
张晋丽	省外事办
王立品	省统计局
王合龙	省参事室
梁正华	省政府发展研究中心
杨建中　董剑云　郝世文	省地方志办公室
赵永强　郝海香	省档案局
冯翠竹	省发改委
刘忠兵	省国资委
李俊斌	省国土资源厅
靳国琦	省工商局
祁治荣　马润卯	省物价局
郝建玉　崔星梅	省质监局
刘英池	省安监局
高　翔	省药监局
周志清	省政协办公厅
牛彦方	省纪委
朱永贵　马云跃	省高级人民法院
尹桂珍	省人民检察院
王海海	省军区
吴　鹏	省武警总队
李　枫　刘秀林	省人防办
王明德	民革山西省委
徐佩雄	民盟山西省委
孙　敏	民进山西省委
胡小龙	农工党山西省委
刘中玉	九三学社山西省委
冯学亮	省工商联
宋海兵	省总工会
张　瑜	团省委
李　敏	省妇联
王继龙	省科协
王纪山	省社科联
张志龙	省侨联
谢　恺	三晋文化研究会
侯晓俊　韩　燕	省红十字会
李晶慧　武学亮	省慈善总会
王黎红　李凯军	省经信委
王崇林	省煤炭工业厅
谭海南	省煤监局
高一萍	省电力总公司
王青山	山西电监办
姚文举	省机电行业办
康建基	省冶金行业办
王乐意	省化工行业办
王　洋	省建材行业办
孙宝民	省纺织行业办
袁　珊	省轻工行业办
赵登斌	省国防科工委
高小荷	省食品协会

张软斌　武少东	省农业厅
许云麒	省农垦局
侯晋兰　谢　卓	省畜牧局
赵忠伟	省农机局
梁海萍　王和平	省农科院
谢英杰　贾向前	省林业厅
武年丰	省水利厅
原晋军	省中小企业局
冯晓东	省城联社
樊保平	省住房和城乡建设厅
黄　斌	省建总公司
任　皓	省重点工程办公室
胡　早	省环保厅
师国梁　梁锦华	省交通运输厅
孙淑环	太原铁路局
靳国斌	省民航机场管理局
李　江	省邮政公司
吴旭光	晋中经济开发区
王鹏声	省物资产业集团
马庆彪	省无线电管理委员会
赵　苇	省电信公司
刘洪敬　黄云霞	山西联通公司
陈艳刚	省商务厅
张丽萍	省展览馆
张红霞	中国煤炭博物馆
田若微	省博物院
宋晓徽	省口岸办
宋　雷	太原海关
张建龙	出入境检验检疫局
祝志光	省粮食局
李　岩	省供销社
陈晓勇	省烟草专卖局
李志平	山西石油分公司
赵未陆	省银监局
褚　文	人行太原中心支行
赵建伟	建行山西省分行
阎瑞生	交行山西省分行
闫　峰	工行山西省分行

李红胜	华夏银行太原分行
田喜成	农行山西省分行
聂宏伟　雷鹏锋	省农信联社
张晓妹	山西邮政储蓄银行
王　晶	民生银行山西省分行
张　晶	晋商银行
高雁斌	农发行山西省分行
王艳华	省保监局
刘建珍	中国人寿山西省分公司
靳莉莉	省证监局
侯文一　张湘滔	省教育厅
陈红科	省科技厅
杜永刚	省测绘局
马　涛	省煤炭地质局
梁述杰	省水文水资源勘测局
李国英	省气象局
董康义　赵晋红　宋美琴	省地震局
霍春英	省社科院
陈燕萍	省文化厅
谢宾顺	省文物局
李德胜	省图书馆
李陈华	省文联
郭跃鹏	省新闻出版局
孙　峰　赵　青	山西日报报业集团
郭文礼	省出版传媒集团
王　珽	省广播电视总局
黄　源	省旅游局
朱哲文	省卫生厅
张晓蕾	省医药行业办
李俊温	省体育局
王泽武	省宗教局
闫　鹏	省老龄委
郝晓波	省残联
杜姗姗	省扶贫办
朱东兵	省移民办
宋　莉	财政部驻山西财政监察办
郎少萍	审计署驻太原特派办

市县（区）单位撰稿人名单

（按栏目顺序排列）

撰稿人	单位
张艳民　刘　莎	太原市
区史志办	小店区
张国文	迎泽区
王　鹏	杏花岭区
冯利珍　王雪琴	尖草坪区
武超龙	万柏林区
方慧敏	晋源区
杨宇霆	清徐县
段彦平	阳曲县
张宪平	娄烦县
赵志英	古交市
姚　斌	大同市
白丽霞　徐雅丽	城　区
武新田　贾利生	矿　区
孔宪敏　刘立欣	南郊区
贺雨顺	新荣区
路福忠　高玉岭	阳高县
闫　芳	天镇县
县志办	广灵县
高晓彬　刘甫花	灵丘县
范颖莲	浑源县
邵明仁	左云县
吉广仁	大同县
任佟苏　董雪卉　周立业	阳泉市
张卫萍　魏兰花　孟学武	
王世钧	城　区
王　泉　李荷花　孙燕平	矿　区
陈益廉	郊　区
刘春生　刘　勇　洪晓琴	平定县
赵平枝	盂　县
尚竹英	长治市
李书平　赵　燕	城　区
姜玉罡	郊　区
付小波　武俊英	长治县
万瑞星	襄垣县
王满英　段蓓蓓	屯留县
王建斌	平顺县
王利芳　张丽丽	黎城县
王林茂	壶关县
王卫星	长子县
魏春洲	武乡县
申文水　郝爱萍	沁　县
魏晓燕	沁源县
申俊良	潞城市
牛晋军	晋城市
赵同善　周粉香	城　区
张丽霞	沁水县
王家胜	阳城县
程跃新	陵川县
张　静	泽州县
文战胜	高平市
吴夺魁	朔州市
李志强	朔城区
区政府办	平鲁区
侯志林	山阴县
温晋华	应　县
李志国	右玉县
县史志办	怀仁县
李新文　刘改英	晋中市
李　敏	榆次区
常彩萍	榆社县
张俊平	左权县
王　燕　张　燕	和顺县
杨保宏　牛　丽　李　斌	昔阳县
武代玲	寿阳县
杨　扬	太谷县
董艳平	祁　县
梁　晓	平遥县
景茂礼	灵石县
赵俊萍	介休市

石少青		运城市
王英杰		盐湖区
程明清		临猗县
薛勇勤	张东宏	万荣县
樊香叶	孟令燕	闻喜县
程明云		稷山县
许　隽		新绛县
刘　超		绛　县
王建民		垣曲县
孙英杰		夏　县
杨卯翠		平陆县
卫亚敏	王　义	芮城县
薛越茜		永济市
原青昌		河津市
续海峰		忻州市
张先梅		忻府区
薄振宇		定襄县
裴志华		五台县
卢培青		代　县
冯占军		繁峙县
白瑞萍		宁武县
李青春		静乐县
杨向东		神池县
郭力逢		五寨县
潘明堂		岢岚县
王巧英		河曲县
武延飞		保德县
卢银柱		偏关县
武会文		原平市
李艳洁		临汾市
张洪亮		尧都区

张淑霞		曲沃县
张文会		翼城县
县志办		襄汾县
王俊平		洪洞县
付珍祥		古　县
李　斌		安泽县
李吉瑞	卫　丽	浮山县
张占利		吉　县
李世清	陈建明	乡宁县
李宏伟		大宁县
县志办		隰　县
樊永兴		永和县
曹立华		蒲　县
牛记明	赵鸿虎	汾西县
赵香琴		侯马市
郭秀东		霍州市
李保生		吕梁市
孙银爱		离石区
徐锦笙	郝卫风	文水县
杨丽萍		交城县
贾佩珍		兴　县
张海红		临　县
张景尧		柳林县
辛　玺		石楼县
郭学明		岚　县
高海龙		方山县
许文彦		中阳县
武允明		交口县
韩俊萍		孝义市
陈红艳		汾阳市

编纂说明

一、《山西年鉴》是山西省人民政府组织编纂、山西省地方志办公室编辑出版的大型史册性工具书，是山西省内唯一的综合性年鉴。她全面系统记载山西省自然、政治、经济、文化、社会等各方面发展状况和各个领域的新思路、新举措、新进展、新成就和新经验，为国内外读者了解山西、认识山西、研究山西、投资山西、建设山西提供基本信息和线索。

二、《山西年鉴》以邓小平理论和"三个代表"重要思想为指导，贯彻落实科学发展观，坚持为构建社会主义和谐社会，为改革开放和社会主义现代化建设服务。

三、本版年鉴记事时间为2009年1月1日至2009年12月31日。特载栏目选载了2010年的内容，意在记录省人大常务委员会、省人民政府及省发改委、省财政厅和两院等工作报告中回顾2009年部分，增强年鉴所载资料的时效性。

四、《山西年鉴(2010)》继续采用分类编排法，共分四个层次编排，即栏目、分目、次分目、条目，划分栏目、分目和次分目，主要考虑便于读者分部类系统阅读和检索。本版年鉴共设立32个栏目，179个分目，196个次分目和2498个条目，收录统计表格43张，总字数145.9万字。

五、《山西年鉴(2010)》内容和栏目作了适当增加和调整。

增加部分：新增了山西省政区图、山西省交通旅游图、中央领导人在山西、数字山西、山西省人民政府承诺的十件实事全部兑现等内容；增设了高新技术产业、物流业，信息产业、会展业，中央驻晋监督机关等栏目；以前没有收全的分目如省委机构编制委员会、省直工委、红十字会、慈善总会、三晋文化研究会、安全生产监督管理局以及各大银行和展览馆等等也作了补录。

调整部分：把原来的政治栏目分设为中国共产党山西省委员会，山西省人民代表大会常务委员会，山西省人民政府，政协山西省委员会，中国共产党山西省纪律检查委员会，两院工作栏目，突出省委、省人大、省政府、省政协、省纪检委和两院的工作；此外还调整了政务和经济监管栏目,把宏观经济调控和财政、税务归并到省政府职能部门之中,使之更趋于科学合理。把法制栏目改成两院工作,体现一府两院工作的特点;把口岸管理、太原海关、出入境检验检疫归并到贸易栏目,教育和科技合并在一个栏目,文化艺术栏目改为文化栏目,资料归类更集中,更便于读者查阅。人物栏目明确设立“逝世人物”和“劳模人物”两个分目。

六、《山西年鉴(2010)》使用了不少缩略语,为了方便读者使用年鉴,把本版年鉴内文中依次出现的主要缩略语作了辑录并予以注释附在附录里,备读者查阅。

七、《山西年鉴(2010)》纸质版和电子版同时发行。同时在山西地方志网(www.sxdfz.com)设立《山西年鉴(2010)》专页,读者可以在线阅读和订阅。

八、《山西年鉴(2010)》配备有目录和索引双重检索系统。目录范围详细到栏目、分目、次分目、条目四级。索引采用主题索引编纂,主题词按首字汉语拼音音序排列,范围包括全书条目及表格。

九、《山西年鉴(2010)》统计资料数据均使用法定计量单位,由于行业和地区统计口径方面的原因,个别数字不一致的地方,以山西省统计局发布的统计数字为准。

十、《山西年鉴(2010)》稿件由全省各级党、政、军机关和企事业单位提供。

《山西年鉴》创办以来,得到社会各界的大力支持,我们对多年来一贯关心、支持《山西年鉴》事业发展的各级各部门领导和认真写作的各位撰稿人表示衷心的感谢!书中若有疏漏差错之处,敬请指正;若有印装质量问题,请与编辑部联系。

山西年鉴编辑部

二〇一〇年十一月十八日

目 录

特 载

大事记

概 况

中国共产党山西省委员会

山西省人民代表大会常务委员会

山西省人民政府

中国人民政治协商会议山西省委员会

中国共产党纪律检查委员会 山西省委员会

两院工作

群众团体

工 业

住房和城乡建设 环境保护

交通运输　邮政

高新技术产业 物流业

信息产业 会展业

贸　易

教育　科技

社会科学

文 化

旅游 服务

卫生 体育

社会生活

人 物

中央驻晋监督机关

市县概览

朔州市 …… 455

忻州市 …… 494

附 录

入选本版年鉴彩图专辑单位名录

(单位名称后的数字为彩图页码)

CONTENTS

政府工作报告

——2010年1月26日在山西省第十一届人民代表大会第三次会议上

山西省省长　王　君

各位代表：

现在，我代表省人民政府向大会作报告，请予审议，并请省政协委员和其他列席会议的人员提出意见。

一、2009年工作回顾

2009年是我们经受严峻考验并取得显著成绩的一年，也是在山西历史上值得记忆和令人难忘的一年。面对国际金融危机的严重冲击，面对经济结构深层次矛盾的重重困扰，面对保增长、保民生、保稳定的繁重任务，我们坚持以邓小平理论和“三个代表”重要思想为指导，深入贯彻落实科学发展观，认真贯彻落实党的十七大和十七届三中、四中全会精神，紧紧围绕保持经济平稳、较快发展这一首要任务，坚持扩内需、保增长与调结构、促转型相结合，与保民生、促和谐相结合，与抓安全、保稳定相结合，与抓改革、增活力相结合，努力推动转型发展、安全发展、和谐发展，经济社会发展和各项工作都取得了新的进展。

——经济在克服困难中实现较快发展。受国际金融危机的影响，去年我省经济下行压力较大，由于我们及时采取有力措施，迅速扭转了经济下滑的局面，预计全年生产总值同比增长6%左右；一般预算收入增长8%左右；全社会固定资产投资增长40%，增速创15年以来新高；社会消费品零售总额增长19%，明显高于全国平均水平；居民消费价格总水平下降0.4%。

——产业结构调整迈出新步伐。全面推进产业结构调整，制定实施十大产业调整振兴规划，特别是煤炭资源整合、煤矿兼并重组取得重大阶段性成果。节能减排和环境保护取得新的成效，万元生产总值综合能耗下降5.6%，化学需氧量、二氧化硫排放量分别下降3.6%、2.7%，全部完成年度任务，特别是二氧化硫指标提前实现“十一五”目标。

——重点工程建设取得历史性突破。纵贯南北的高速铁路大西客运专线、横跨东西的出海大通道山西中南部铁路项目启动实施；新开工建设27条高速公路，建设里程超过2000公里；引黄北干工程全线开工，35项应急水源工程进展顺利；省城十大建筑全部开工。省级重点工程完成投资1500亿元，是上年的3.9倍。

——安全生产形势明显好转。全省各类安全生产事故死亡人数同比减少1018人，下降27%。其中，一次死亡10人以上的重特大事故死亡人数下降72%；煤矿事故起数下降40%；原煤生产百万吨死亡率下降到了0.328。

——社会事业全面发展，民生不断改善。在财力十分紧张的情况下，用于发展社会事业和改善民生的投入高达1013亿元，增长20%。“五大惠民工程”深入推进，农村“五个全覆盖工程”全面实施，城镇新增就业人数42.2万人，城镇登记失业率控制在3.9%以内，城镇居民人均可支配收入和农民人均纯收入在去年经济形势十分严峻的情况下，分别增长6.7%和3.6%。重点领域、关键环节改革实现新突破，社会保持和谐稳定。

一年来，我们主要做了以下工作：

(一)千方百计扩内需，经济在克服困难中实现较快发展。

加大以基础设施建设为重点的投资力度。围绕国家鼓励支持的六大领域,安排两年投资6500亿元,带动全社会投资1万亿元,这一投资规模相当于我省过去三个五年计划投资的总和。成立了由省主要领导和分管领导任组长、副组长的重点工程建设领导组,协调解决工程建设中的问题;确定了152项省级重点工程,对建设用地、环评、立项审批实行统一受理、集中办公、重点推进;争取国家资金98亿元,推进银企签约2365亿元,有效调动社会资金,带动固定资产投资大幅度增长,全年突破5000亿元。其中,铁路、公路、机场、水利等基础设施建设完成投资1300亿元,增长70%;保障性住房、农村"五个全覆盖工程"等重大民生工程完成投资965亿元,增长45%;以技术改造为主的产业投资达到2370亿元,增长20%。大规模的投资,不仅有效地拉动了当年的经济增长,而且为长远发展打下了坚实的基础。

充分发挥消费对经济的带动作用。全面落实"家电下乡"、"农机下乡"等扩大消费政策措施,出台了搞活流通扩大消费的实施意见,提高部分农机具补贴标准,扩大补贴范围,销售各类家电、农机67万台,销售额达到26亿元。出台促进房地产健康发展的意见,商品房销售额增长39.7%。实施扩大旅游消费春季、金秋行动,旅游总收入达到893亿元,增长20.7%。完成30个大型农产品批发市场、7000个农家店和1000个放心粮油店的建设改造任务,强化市场监管,城乡消费环境和市场秩序明显改善。

帮助企业解决生产经营中的困难和问题。制定促进工业经济平稳较快发展的意见,大幅度减轻企业负担,省属国有重点煤炭企业资源"两权"价款地方留成部分可缓缴或转增资本金、资金周转困难的企业可缓缴煤炭可持续发展基金,对焦化企业政府性基金和收费实行减免政策,实行社会保险"五缓四降三补"政策,共为3.8万户企业减负63亿元。健全中小企业贷款担保体系,帮助企业解决融资难问题。各类金融机构全年新增贷款1873亿元,是上年的2.5倍。制定实施促进对外贸易稳定发展的意见,帮助外贸企业稳定出口,出台促进民间资本进入鼓励类投资领域的9项优惠政策,民营企业不断发展壮大。

一年来,我们不断加强对经济运行的监测和分析,省政府每周召开一次省长碰头会;每月召开一次经济形势分析会,并通报各市经济运行情况和重点工程建设情况;每季度向省委常委会汇报一次经济工作,召开一次全省经济形势分析会,确保了中央和省委、省政府决策部署的贯彻落实,促进了全省经济发展。

(二)痛下决心调结构,煤炭资源整合煤矿兼并重组取得重大阶段性成果。

制定实施十大产业调整振兴规划及28个子行业实施方案,煤炭、焦化、冶金、电力四大传统支柱产业不断优化,淘汰落后产能步伐明显加快;装备制造、现代煤化工、新型材料、食品工业四大新兴产业逐步壮大,特别是装备制造业成效显著,太原长安重型汽车基地落成,大运重卡项目正式投产,首套国产千万吨级矿井综采装备试验成功,动车轮对总成国产化基地加速推进;文化、旅游产业快速发展。实施服务业"1+10"工程,服务业增速达到10%以上,在三次产业中的比重明显提高。加强生态建设和环境保护,深入推进"蓝天碧水工程"和造林绿化工程,实施生态环境修复治理"2+10"工程。11个重点城市空气质量优良率达到85%以上,10个重点城市和70个县空气质量达到国家二级标准,完成营造林530万亩,全省生态环境质量进一步改善。全国造林绿化现场会在长治召开,我省被授予"全国生态建设突出贡献奖"。

针对我省煤矿"多小散乱"、安全事故频发、资源回收率低和生态环境破坏的严重状况,以壮士断腕的决心和勇气,重点推进煤炭资源整合、煤矿兼并重组工作。在深入调查研究、广泛征求意见的基础上,科学制定方案,注重政策配套,兼顾各方利益,坚持政府协调指导与发挥市场作用相结合,坚持煤矿整合重组与煤炭开采秩序治理整顿相结合,坚持上大、改中、关小与淘汰落后产能相结合,坚持发挥省内外国有大型煤炭企业的作用与发挥民营骨干企业的作用相结合,健康有序地推进整合重组工作。全省矿井个数由2600座减少到1053座,办矿主体由2200多个减少到130个,70%的矿井生产规模达到90万吨以上,30万吨以下煤矿全部淘汰,保留矿井全部实现机械化开采。目前,煤矿整合重组协议签订率已达到98.5%,兼并重组主体到位率达到96%,采矿许可证换证率达到90%,被整合重组煤矿符合条件的正陆续复工复产,保留矿井技术改造有序进行,部分资源枯竭、不具备安全生产条件的矿井正在实施关闭。全省煤炭产量已恢复到历史最好水平,去年11月以来月产量达到了6100万吨以上。通过这一轮整合重组,我省煤炭工业进入了一个全新的发展阶段,产业水平显著提高,安全生产状况明显改善,能源基地的地位进一步巩固,在由煤炭大省向煤炭强省的跨越中迈出了重要的一步!

(三)毫不放松抓"三农",农业稳定发展,农民持续增收,农村面貌发生明显变化。

各项强农惠农政策全面落实,"三农"投入大幅增加。在落实国家各类补贴政策的基础上,我省又出台了一系列惠农政策,对玉米按每亩100斤、每斤0.75元的标准实行差价补贴;对年出栏生猪20万头以上的县奖励100万元;对新建奶站每个补助10万元;对农业灌溉水价由每立方米0.5元降到0.25元以下。全年省级财政对"三农"的投入达到135亿元,增长29.8%。

农业基础设施建设不断加强,农业结构调整有序推进。改造中低产田200万亩,新增农田灌溉面积190万亩、保护性耕地面积104万亩,完成58座病险水库加固任务,新建淤地坝320座。运城、晋中、大同三个现代农业示范区和农产品加工龙头企业"513"工程全面启动,带动了农业产业化发展和农产品基地建设。农民专业合作社达到2.4万个,农业综合生产能力进一步提高,去年虽遇严重干旱,粮食总产量仍达到94.2亿公斤。

农村"五个全覆盖工程"启动实施,新农村建设取得明显成效。大力推进"五个全覆盖工程",目前96%的建制村通了水泥(油)路;完成506万平方米中小学校舍安全改造任务;完成99%的卫生室空白村建设任务,并为全省

2.8万个行政村配备了基本医疗设备；完成村通广播电视2586个村；新解决272万农村人口安全饮水问题；新启动2000个新农村重点推进村建设；新增15万农村沼气用户，扶贫工作取得新成绩。农村村容村貌和生产生活条件发生了明显变化，广大农民群众得到了实实在在的好处！

（四）多措并举抓安全，安全生产形势明显好转。

在全省范围内开展了为期一年多的以煤矿为重点、覆盖各行业各领域的安全生产专项整治，安全隐患得到有效治理，非法违法生产行为得到遏制。全面落实企业安全生产主体责任，督促煤矿配齐配强安全管理“六大员”，实行严格的矿工准入和持证上岗制度，强化现场管理和基层基础工作。严格落实政府安全监管主体责任，建立完善了十项安全生产制度，各级各部门领导责任进一步明确，严肃对待事故，严格责任追究。通过这些强有力的措施，全省安全生产形势明显好转，事故起数、事故死亡人数大大下降，这是践行科学发展观的具体体现和重大成果！

与此同时，有效治理公路超载，治超成果进一步扩大。果断应对和处置各类突发性事件，成功地救治感染高致病性禽流感患儿；迅速处置洪洞县猪蓝耳病疫情；及时化解壶口景区凌汛险情；有效应对强降雪灾害；全力防范甲型H1N1流感疫情。扎实做好新中国成立60周年大庆期间的安保工作，发挥了首都护城河的作用。

（五）高度重视保民生，社会事业发展取得显著成效。

民生得到保障和改善。采取多种措施，稳定现有就业岗位，增加新的就业岗位；多渠道促进返乡农民工再就业，有95%重新找到了工作；采取招录公务员、招聘事业单位工作人员、实施农村教师特设岗位计划等措施，促进大学生就业，就业率达到了81%；积极开展就业援助，全省就业形势保持稳定。进一步完善城镇职工养老、医疗、失业等社会保险制度，综合覆盖率达到了84%。提高企业退休人员养老金待遇。有22个县（市、区）开展了新型农村社会养老保险试点工作，受益人数达到378万人。全面推行城镇居民医疗保险制度、新型农村合作医疗制度，参保率分别达到80%和91%。加大对困难群体的救助力度，救助资金增幅高达41%，确保了金融危机期间困难群体的基本生活。200万城乡低保对象和14万农村五保供养对象实现了应保尽保。大力推进保障性安居工程，开工建设各类保障性住房35.9万套2119万平方米，完成年度目标任务的130%。全国城市和国有工矿棚户区改造工作现场会在大同召开，推广我省棚户区改造工作的经验。

各项社会事业全面发展。各级各类教育发展步伐加快，义务教育阶段教师绩效工资全面实行。科技工作和自主创新能力不断强化。医疗卫生、体育事业健康发展，我省体育健儿在全运会上再创佳绩。深入开展国防教育和双拥工作，军政军民团结进一步巩固。民族、宗教、外事、侨务、对台工作不断加强，政策咨询、参事、史志、人防、气象、地震、测绘、文物、档案工作继续推进，老龄、残疾人、慈善救助和红十字会等社会事业都取得了新的成绩。对口援建茂县工作取得显著成效。

（六）有力有序抓改革，体制机制进一步完善。

省级政府机构改革全面完成，市县政府机构改革有序推进。事业单位分类改革试点工作稳步推进，清理规范任务基本完成。医药卫生体制改革全面启动。集体林权制度改革扎实推进，1市17县试点任务全部完成。国有企业改革不断深化，股份制改造取得新进展。地方金融改革有效推进，晋商银行挂牌成立，全省首家外资银行——汇丰银行入驻省城。资本市场融资420亿元，带动投资1200亿元，是上年的2倍。燃油税改革基本完成，政府性收费还贷二级公路收费站全部撤销。对外开放进一步扩大，先后在北京、上海、深圳、厦门等地举行重点项目推介会，成功举办了首届中国（山西）特色农产品博览会，全年共引进各类资金1120亿元。

（七）依法治省进程扎实推进，精神文明建设不断加强。

自觉接受人大和政协的监督，积极支持各民主党派、无党派人士参政议政。全年共办理人大代表建议和政协提案1331件。“法治山西”建设全面启动，“五五”普法成效明显。群团组织作用得到充分发挥。基层民主制度不断完善。政府系统廉政建设责任制全面落实，行政监察和审计工作进一步加强。煤焦领域反腐败专项斗争深入开展。社会治安综合治理取得明显成效。文化强省战略稳步实施，文化体制改革成效明显，文化事业和文化产业快速发展。五台山成功申遗。哲学社会科学、新闻出版、广播影视和文学艺术事业日益繁荣。

在这里，我向大会郑重报告，2009年全省主要经济社会发展指标实际完成情况比年初预想的要好，向全省人民承诺的十件实事已全部兑现！

各位代表，一年来，面对全省人民渴望发展、渴望安全的殷切期盼，我们始终坚持以科学发展观为统领，认真贯彻落实中央的决策部署，谋全局、抓大事，做到了保增长、保民生、保稳定与推动转型发展、安全发展、和谐发展的有机结合。始终坚持从我省实际出发，创造性地开展工作，抢抓机遇、狠抓落实，各项工作取得新进展，夯实了发展基础、增强了发展后劲；始终坚持紧紧依靠广大干部群众，凝聚各方力量和智慧，形成了和衷共济、共渡难关的强大合力；始终坚持迎难而上、砥砺奋进，求真务实、真抓实干，不断创新工作方法，及时研究新情况、解决新问题，有力地促进了经济社会又好又快发展。

各位代表，回顾一年来的工作，我们在极其困难的情况下，能取得这些成绩实属不易。这是党中央、国务院正确领导、亲切关怀的结果；是中共山西省委统揽全局、科学决策的结果；是省人大、省政协大力支持、有效监督的结果；是全省广大干部群众团结奋斗、辛勤劳动的结果；也是社会各界关心支持、无私奉献的结果。在此，我代表省人民政府，向全省人民，向驻晋部队广大指战员、武警官兵和中央驻晋单位，向各民主党派人士团体和所有关心支持山西发展的海内外各界朋友，表示崇高的敬意和衷心的感谢!

在肯定成绩的同时,我们也清醒地认识到,我省经济社会发展中还存在一些困难和问题,主要是:经济企稳回升的基础还不牢固;长期积累的经济发展方式比较粗放、经济结构不够合理等深层次矛盾依然突出;统筹城乡和社会发展的任务十分艰巨;政府职能转变、作风建设与新形势新任务的要求还有不小差距等等。对此,我们将积极采取措施,认真加以解决。

二、2010年主要任务

2010年,是努力克服国际金融危机影响,巩固经济企稳回升良好势头的关键一年;是全面完成"十一五"规划目标任务,谋划布局"十二五"经济社会发展的重要一年。做好今年的工作,意义重大。

综观国内外经济形势,尽管全球经济全面复苏还将有一个过程,但主要经济体的经济已明显出现好转,特别是新兴经济体和发展中国家经济增速明显加快;尽管国内经济全面好转的基础还不牢固,但回升向好的势头日趋明显。就我省而言,尽管经济社会发展中的短期问题与长期矛盾同时显现、相互交织,但综合判断,今年经济发展形势总体将好于去年。中央保持宏观政策的连续性和稳定性,继续实施积极的财政政策和适度宽松的货币政策;我省应对国际金融危机的一系列政策措施和重点工程作用逐步显现,经济增长的内在动力显著增强;特别是在应对危机的实践中,锤炼了队伍,积累了经验。我们既要清醒认识当前经济形势的复杂性和不确定性,强化忧患意识,更要看到经济发展的积极因素和有利条件,强化机遇意识和发展意识,坚定信心、扎实工作,推动科学发展,促进社会和谐。

做好今年的政府工作,要全面贯彻党的十七大和十七届三中、四中全会精神,紧紧围绕转型发展、安全发展、和谐发展,更加注重提高经济发展的质量和效益。大力推进经济发展方式转变和经济结构调整,加大统筹城乡发展力度,扎实做好"三农"工作,继续抓好安全生产,积极推进节能减排和生态建设,着力加强社会建设和民生改善,进一步深化改革开放、推进科技创新,切实维护社会和谐稳定,大力加强民主法制和精神文明建设,努力实现经济社会又好又快发展。

2010年全省经济社会发展的预期指标是:地区生产总值增长8%;全社会固定资产投资增长20%;社会消费品零售总额增长16%;外贸进出口总额增长5%;居民消费价格涨幅控制在3%左右;财政总收入和一般预算收入各增长7%;城镇居民人均可支配收入和农民人均纯收入各增长9%。这些目标是导向性的,也是可以根据形势发展变化进行调整的。

约束性指标是:万元生产总值综合能耗下降4.6%;化学需氧量、二氧化硫排放量分别下降3%和2%;城镇新增就业人数40万人,城镇登记失业率控制在4.3%以内。

完成好上述目标,要在全面做好各项工作的同时,重点抓好以下九个方面的工作:

(一)认真贯彻落实中央宏观经济政策,努力保持经济平稳较快发展。

*进一步扩大投资规模。*坚持基础设施投资与产业开发投资并重、国有投资与民间投资并举,在优化结构的前提下,加大投资力度,确保全年投资达到6000亿元。继续加快推进基础设施建设和民生工程。铁路建设,确保太中银铁路建成通车、太原铁路客运南站工程竣工,加快大西客运专线、山西中南部铁路通道等项目建设,开工建设运城至三门峡等项目。公路建设,继续抓好2000公里高速公路在建项目,再新开工1000公里高速公路,同时确保今年年底建成1000公里高速公路;完成国省干线公路改造1000公里;新建农村公路1万公里。机场建设,完成太原、大同、运城机场改扩建工程,加快推进吕梁、五台山机场建设。水利建设,抓好21项在建应急水源工程建设,确保12项工程竣工,加快引黄北干工程建设。省城十大建筑,确保中国(太原)煤炭交易中心、山西体育中心、省图书馆、省科技馆竣工。积极扩大以技术改造为重点的产业投资规模。在传统优势产业领域着力实施一批重大项目,重点推进太钢高强度精密带钢和不锈钢无缝钢管项目、平朔东露天煤矿年产2000万吨大型煤矿、古交电厂二期2×60万千瓦大型坑口电站以及一批热电联产等项目建设;在新兴产业和高新技术产业领域发展一批示范带动性强的项目,重点推进太重煤机千万吨级矿井综采成套设备、智奇动车轮对总成、大运重卡、淮海微汽等项目建设。

*着力增加消费需求。*深化收入分配制度改革,完善社会保障制度,努力提高居民消费能力和消费意愿。加大对"家电下乡"等政策支持力度。鼓励文化旅游、家政养老等服务消费,发展社区商业、物业等便民消费,促进宽带网络等信息消费。加强商贸流通基础设施建设,加快完善城乡商业网络体系。加强市场监管,规范市场秩序,切实维护消费者合法权益,营造良好的消费环境。

*努力稳定外需。*大力推进市场多元化战略,千方百计稳定现有市场,积极开拓新的市场。加大政策扶持力度,支持有特色、有潜力、有基础的产品出口。加快转变外贸发展方式,不断增强外贸出口能力。

*切实加大对企业的帮扶力度。*继续执行已有的煤炭企业资源"两权"价款、煤炭可持续发展基金、焦化企业政府性基金和社会保险减免缓缴政策,切实减轻企业负担;要发挥好中小企业担保体系的作用,积极发展小额贷款公司、村镇银行等面向农村和中小企业的小型金融机构,努力解决企业融资难问题;大力实施品牌战略,推进诚信体系和社会化服务体系建设,促进大中小企业协调发展。

(二)坚定不移地推进经济发展方式转变和经济结构调整,着力提高经济发展质量和效益。

*继续全力推进煤炭资源整合、煤矿兼并重组工作。*巩固煤炭资源整合、煤矿兼并重组成果,重点抓好煤矿复工复产、技术改造、安全监管、小煤矿关闭和煤矿基层基础

工作。市县政府、有关部门和企业兼并主体要切实负起责任,在严格程序、严格标准、确保安全的前提下,加大工作力度,确保符合条件的煤矿复工复产。加快对保留矿井的技术改造升级步伐,用先进装备、技术、工艺武装矿井,大力推进高标准现代化矿井建设,实现煤炭生产的规模化、集约化、机械化、信息化。严格安全监管,特别是要防止已关闭矿井的死灰复燃和私挖滥采现象的发生。切实加强煤炭企业基层基础工作,为建设煤炭强省奠定坚实的基础。

大力实施重点产业调整振兴规划。启动焦化、冶金、化工、建材等行业重组工作,加快落后产能淘汰步伐,加大技术改造力度,推动传统产业新型化。大力发展新兴产业,装备制造业重点发展煤机成套设备、铁路装备、重型载重汽车以及汽车零部件等产品;现代煤化工重点发展多元复合肥、乙炔精细化工、甲醇深加工、煤制油等拳头产品,推进煤层气、天然气、焦炉煤气、煤制气产业的一体化;新型材料产业重点发展新型建材、铝镁合金、钕铁硼磁性材料等产品;特色食品工业重点做强酒类、食醋、乳品等传统优势产品,做精小杂粮、肉类、食用油等特色产品。积极发展新能源、电子信息、生物产业、节能环保等高新技术产业。推进"三网"融合。要充分发挥大型企业、工业园区和产业集群对工业经济的带动促进作用。

加快服务业发展。认真落实促进服务业发展规划,深入推进服务业"1+10"工程,重点抓好文化旅游产业发展。加强旅游基础设施建设,加大旅游场所环境整治力度,引进先进的管理模式,打造一流景点景区;构建区域旅游合作机制,发展精品旅游线路;培育旅游龙头企业,积极开发新型旅游项目和产品;推出一批地域特色鲜明、适合旅游观赏的演艺节目和文化产品,实现文化与旅游产业互动发展,充分发挥旅游业的整体效益。积极推进综合物流网建设,大力发展现代物流产业。

大力促进民营经济发展。全面落实促进民营经济发展的意见,进一步放宽民间资本的市场准入条件,鼓励和引导民间资本投资基础设施、新兴产业和社会公共事业,加大政策支持力度,加强政府服务,搭建民营企业转产转型服务平台,促进民营经济健康快速发展。

各位代表,我省是一个典型的资源型省份,转变发展方式、调整经济结构任务艰巨、任重道远。但无论困难有多大、任务有多重,为了山西的长远发展,我们要咬定目标、迎难而上,敢为人先、勇挑重担,坚定不移调结构、脚踏实地促转型,努力使我省真正走上科学发展的道路!

(三)加大统筹城乡发展力度,扎实做好"三农"工作。

进一步完善强农惠农政策。加大对"三农"的投入力度,逐步提高土地出让金、耕地占用税新增收入和煤炭可持续发展基金用于"三农"的比例。认真落实国家粮食直补、良种补贴、农机具购置补贴、农资综合补贴等政策,继续执行我省已经出台的玉米差价补贴、生猪大县奖补、新建奶站补助、部分农机具累加补贴、农业灌溉水价补贴、城乡用电同网同价等政策,并根据实际情况,再研究实施一批支持"三农"发展的政策和措施。

加强农业基础设施建设。继续抓好农田水利基本建设和应急水源工程建设,启动西山地区黄河水灌溉工程,完成43座病险水库除险加固任务,实施十大灌区节水改造及六大泵站配套改造。新改造200万亩中低产田和10万亩盐碱地。启动实施农业机械化推进工程,提高农业机械化水平。实行最严格的耕地保护制度,稳定粮食播种面积;加快农业科技推广,提高单产水平,增强粮食综合生产能力。

大力发展特色现代农业。加快转变农业发展方式,继续推进雁门关生态畜牧经济区等"三大区域"建设,加快推进运城、晋中、大同三个现代农业示范区建设。大力实施农产品加工龙头企业"513"工程,提高农业产业化水平。推进菜篮子产品集约化、设施化、标准化生产。加快构建粮食现代物流体系,加强农产品质量安全体系、动植物疫病防控体系、农业科技创新体系、农业市场信息体系建设。继续实施科普惠农计划。深化农村改革,依法推进农村土地承包经营权有序流转,发展多种形式的适度规模经营。充分发挥农民专业合作社的作用,提高农业组织化程度。

扎实推进新农村建设。善始善终抓好"五个全覆盖工程",确保今年全部完成任务。加快村级党员活动室和文化、体育活动场所建设。加快农村电网升级改造。继续做好机关、企业结对帮建新农村工作。新启动2000个新农村重点村建设。启动统筹城乡规划建设试点,开展村级公益事业"一事一议"财政奖补试点。加大扶贫开发力度,继续实施移民搬迁、整村推进、产业开发、劳动力转移和教育扶贫五大工程,启动贫困地区集中连片开发项目,确保今年再解决20万贫困人口的脱贫问题。

加快推进城镇化进程。要把加快城镇化进程作为扩大内需、推动经济增长的战略重点,作为统筹城乡发展、解决"三农"问题的重大举措,抓紧抓好、抓出成效,着力优化城镇布局。加快太原都市圈建设,使其成为区域经济发展的重要增长极;大力培育区域中心城市,加快发展城市群;积极发展县域经济,推进县城和小城镇快速、集约发展,在全省形成大中小城市和小城镇协调发展的格局。着力提高城镇承载能力。在优化产业结构、夯实产业基础的同时,加强市政公用设施建设,统筹旧城改造与新区开发,加快社会事业发展,提升公共服务水平。着力提升城市品位。突出文化内涵,体现现代文明,精心打造标志性建筑和城市亮点;深入挖掘历史文化底蕴,建设一批有特色、有影响、有魅力的历史文化名城、现代宜居城市和旅游商贸城市。着力增强城市活力。深化就业、社保、医疗等改革,逐步实现农民工在劳动报酬、子女上学、公共卫生、住房租购以及社会保障等方面与城镇居民享有同等待遇。重点推进户籍制度改革,放宽中小城市落户条件,使在城镇稳定就业和居住的农民有序转变为城镇居民。

各位代表,"三农"问题事关全省经济社会发展全局,事关全省广大农民群众的生计。我们要站在全局和战略的高度,带着感情抓"三农",下更大的决心,花更大的气力,采取更加有力的措施,千方百计促进农业增产、农民增收、农村繁荣,推动“三农”工作再上新台阶!

(四)大力推进节能减排和生态建设,促进经济社会可持续发展。

进一步完善节能减排的政策措施。综合运用经济、技术、管理、法律以及必要的行政手段,打好节能减排攻坚战。加大技术改造力度,从源头上减少资源能源消耗和污染物排放。完善促进节能减排的政策措施和服务体系,继续运用差别电价、能源合同管理、“绿色贷款”、环境治理补偿奖励等机制和办法,推进节能减排工作。健全和完善节能减排标准体系、统计监测体系和考核评价制度,严格实行节能减排目标责任制,促进节能减排目标任务的落实。

大力实施节能减排和生态建设重点工程。狠抓节能工程,深入开展煤炭、焦化、冶金、电力、化工、建材等六大高耗能行业能效对标活动,加强对“双百家”、“省千家”重点能耗企业的节能监管;大力推动建筑节能示范工程建设;积极推进社会节能,确保完成“十一五”万元GDP综合能耗下降22%的目标。大力实施“蓝天碧水工程”,以太原市为重点,突出抓好重点城市的大气环境治理,加强燃煤电厂脱硫项目建设和运行监管;加快城中村燃煤锅炉改造;加大集中供热工程改造力度;加强企业废水达标治理、城镇污水处理和循环利用,加强饮用水源地的保护。深入推进造林绿化工程,落实山上治本、身边增绿计划,扩大造林绿化规模,提高经济林比重;组织实施好碳汇造林项目;强化森林资源保护,确保全年完成营造林400万亩的任务。继续推进生态环境治理“2+10”工程,加快推进汾河流域干流堤防加固、调蓄工程清淤、人工湿地和沿岸绿化等工程建设,确保完成一期工程任务,实现汾河干流常年全线复流、流域生态环境明显好转的目标;推进太原西山地区污染企业搬迁、关停,加强区内生态环境综合治理和基础设施建设;切实抓好其他地级市生态环境综合治理重点工程,力争在短期内取得成效。

大力发展循环经济、低碳经济、绿色经济。实施循环经济发展总体规划,加快循环经济重点项目建设,发展循环经济企业、园区、社区和城市,构建循环经济体系,促进能量和物质的循环高效利用。加大以循环经济模式改造传统产业的力度,重点要发挥好煤炭资源的优势,延长发展煤焦化、煤焦铁、煤电铝、煤机械、煤建材、煤安全等产业链;推进粉煤灰、煤矸石等大宗废弃物的资源综合利用;加大煤矿瓦斯和焦炉煤气以及其他工业余热余气的回收利用。积极应对气候变化,大力发展低碳经济,加快建设资源节约型、环境友好型社会,着力增强可持续发展能力。

各位代表,加强节能减排和环境保护是贯彻落实科学发展观的基本要求和重要内容。我们要进一步巩固已有成绩,继续加大工作力度,坚决打赢这一攻坚战,让三晋大地天更蓝、地更绿、水更清、空气更清新,全省人民生活质量有一个新的提高!

(五)持之以恒地抓好安全生产,进一步提高安全发展水平。

强化安全生产意识。安全生产关系人民群众生命财产安全,关系全省发展大局,也关系山西形象。要牢固树立“抓经济发展是政绩,抓安全生产也是政绩”的理念,充分认识做好安全生产工作的极端重要性。把实现安全发展、保障人民群众生命财产安全作为重大的政治责任,与地区发展、企业发展同步规划、同步实施、同步落实。全面贯彻“安全第一、预防为主、综合治理”的方针,持之以恒地抓好安全生产工作,巩固安全生产的好形势,实现全省安全生产形势由明显好转向稳定好转的转变。

严格落实安全责任。进一步强化企业的安全生产主体责任。特别是煤矿兼并主体企业,要在抓好原有企业各项安全生产工作的同时,切实抓好兼并重组矿井的安全生产工作,要给每个整合保留煤矿配齐配强“六大员”和安全生产管理人员,确保安全生产有人抓、有人管。强化政府安全监管主体责任,各级政府主要负责人、班子每一位成员、市县长安全助理和有关部门都要切实履行好安全监管职责。

创新安全监管机制。不折不扣地贯彻执行国家和省关于安全生产的法律法规和规章制度。认真总结安全监管经验,创新安全监管方法,确保各项安全措施落到实处。加强安全生产工作的考核奖惩,实行安全工作一票否决制;对发生重大安全生产事故的,严格事故追究和行政问责。继续深化安全生产专项整治,加强“三项建设”。在加强对煤矿安全监管的同时,进一步加强非煤矿山、尾矿库、危险化学品、易燃易爆物品、道路交通、建筑施工、消防、水库、学校等各行业、各领域的安全工作。继续巩固治超成果,逐步建立治超工作的长效机制。

各位代表,安全生产人命关天,是做好各项工作的前提。过去一年的实践证明,山西的各级组织、山西广大干部群众是完全有能力做好安全生产工作的。新的一年,要进一步增强做好安全生产工作的信心和决心,继续毫不放松地抓好这件大事,坚决遏制重特大事故,减少一般事故,保障人民群众的生命财产安全,为经济社会发展创造良好的安全环境!

(六)加快社会事业发展和民生改善,进一步提高和谐发展水平。

优先发展教育。加强对教育工作的领导,推进教育改革,健全教育投入保障机制,进一步提高师资质量,改善办学条件,统筹各级各类教育协调发展。义务教育,要巩固和扩大“普九”成果,加大农村教师培养培训力度,促进教育信息化和优质教育资源共享,促进教育均衡发展,保障全体学生特别是家庭经济困难学生、进城务工人员子女、农村留守儿童、残疾儿童能够上得了学、上得起学。职业教育,要针对市场需求,加强实用人才培养;强化学生岗位技能训练,全面提高学生的实践能力、就业创业能力,对符合政策和条件要求的学生逐步免除学费。与此同时,鼓励普通高中教育走内涵式发展道路,不断提高教育质量。高等教育,要在适度扩大规模、优化布局的同时,更加注重加强学科建设,力争在重点学科、重点实验室、工程研究中心和人文社科基地建设上有所突破,特别要下决心解决制约高等教育发展的突出问题，进一步提高高等教育水平，提升高等教育服务地方经济社会发展的水平。

进一步稳定和扩大就业。坚持把促进就业作为经济社会发展的优先目标，实施更加积极的就业政策，建立健全公共投资带动就业增长的机制。完善创业政策和服务体系，大力开展创业型城市创建活动，优化创业环境，让更多有创业意愿和创业能力的人成功创业、带动就业。千方百计促进农村劳动力转移就业，继续执行促进高校毕业生就业扶持政策，鼓励普通高校毕业生到基层、中小企业、非公有制企业就业或自主创业。积极开发公益性就业岗位，重点针对低保对象、残疾人、破产企业失业职工等就业困难群体开展就业援助，确保城市零就业家庭至少有一人实现就业。

大力发展医疗卫生事业。深化医药卫生体制改革，建立完善覆盖城乡居民的基本医疗保障制度；逐步扩大基本药物制度实施范围；促进基本公共卫生服务均等化；深入开展公立医院改革试点工作；健全基层医疗卫生服务体系，在实现行政村卫生室全覆盖的基础上，建设改造一批县医院、乡镇卫生院和县乡计生服务站、城市社区卫生服务中心，切实解决群众看病难、看病贵的问题。健全疾病预防控制长效机制，提高应对突发公共卫生事件能力。继续稳定低生育水平，实施"优生促进工程"，提高人口素质。加强食品药品监督管理，保障人民群众饮食和用药安全。认真做好甲型H1N1流感等重大疾病防控治疗工作，保障群众生命健康和社会稳定。

进一步改善城乡居民居住条件。加快实施保障性安居工程，建设廉租住房和经济适用住房、改造棚户区和农村困难群众危房24万套、1370万平方米；继续支持居民自住和改善型住房消费，增加中低价位、中小套型普通商品房供应；大力整顿规范房地产市场秩序，促进房地产市场健康发展。

健全社会保障体系。建立完善城乡养老保险制度，继续提高企业退休人员基本养老金水平，搞好新型农村社会养老保险试点，研究解决未参保集体企业退休人员基本养老保障等遗留问题。积极稳妥推进事业单位养老保险制度改革。巩固新型农村合作医疗制度，提高筹资标准，推行门诊统筹；提高城镇居民基本医疗保险财政补助标准和筹资水平，加快解决关闭破产企业退休人员和困难企业职工的医疗保障问题。全面实施被征地农民社会保障制度。提高城乡低保、农村五保等保障水平，提高优抚对象的生活补助标准。大力发展社会福利和慈善事业。

加强社会管理。建立健全重大社会决策、重大工程社会稳定风险评估机制，健全群众权益维护机制。正确处理各类社会矛盾，坚决纠正损害群众利益的各种问题。完善信访工作机制，将不和谐因素化解在基层、解决在萌芽状态。充分利用现代媒体了解民情，并有效地引导社会舆论。全面加强应急管理，完善应急机制，妥善处置群体性和敏感性事件。加强防灾减灾体系建设。加强对流动人口的服务和管理，强化对特殊人群的帮教管理。加强对各类社会组织的服务和管理。认真做好法律援助工作。全面加强社会治安综合治理，严厉打击各类刑事犯罪活动。加强国家安全工作。落实好党的民族宗教政策，加强外事、侨务、对台等工作。支持军队建设，做好双拥工作，积极促进军民融合式发展。发展人民防空事业。

各位代表，加快社会事业发展、高度重视和改善民生，是各级政府应尽的责任。我们要尽最大的努力，投入足够的财力和精力，大力推进社会事业发展，努力改善民生，让广大人民群众享受到改革发展的成果！

（七）深化改革开放、推进科技创新，为经济发展注入新的动力和活力。

继续深化改革。扎实推进政府机构改革，进一步转变政府职能；积极稳妥地推进事业单位试点改革，完成今年确定的试点任务。深化国有和集体企业改革，完善法人治理结构；全面开展集体林权制度改革，确保完成3000万亩林地确权任务；继续推进投融资体制改革，充分发挥资本市场对经济的支撑作用；加快推进财税体制改革，加强财税收支管理。巩固煤炭工业可持续发展政策措施试点工作，深入开展资源型地区经济转型发展综合配套改革研究。积极做好"十二五"经济社会发展规划编制工作。

扩大对外开放。进一步增强对外开放意识，加大对外开放力度。优化投资环境，在全社会营造亲商、安商、富商的浓厚氛围。创新招商引资方法，提高招商引资的规模和质量，鼓励外商、外资参与产业结构调整、基础设施建设、重大民生工程。完善对外开放政策，充分发挥开发区对经济发展的带动和辐射作用，积极承接国内外产业梯度转移。加强对外交流合作，做好上海世博会、南昌中博会等重要会展活动的参展工作，筹办好第三届能源博览会。

大力推进科技创新。科学确定科技创新的主攻方向。跟踪科技发展前沿，立足我省实际，在新能源、新材料、生物工程、生态环保等重要方面，在煤炭清洁生产加工、煤矿安全生产、铝镁合金及其深加工、节能减排等关键领域集中攻关，力争取得重大突破。加快科技成果向现实生产力转化，大力推动高新技术产业化，充分利用高新技术和先进适用技术改造提升传统产业，促进产品的升级换代，培育新的经济增长点。加快构建完善的科技创新体系。加快以市场为导向、企业为主体、产学研相结合的科技创新体系建设，建立面向企业的公共技术服务平台，引导创新要素向企业集聚，不断提升我省科技创新能力和水平。深化科技管理体制改革。大胆革除科技事业发展的体制机制障碍，增加科技投入，加强人才队伍建设，加大对创新型人才和领军人物的培养、引进和使用，支持科技人员潜心研究、多出成果，为经济社会发展作出更大的贡献。

（八）加强社会主义民主法制和精神文明建设，促进和保障经济社会又好又快发展。

加强民主法制建设，扎实推进依法治省进程。认真执行省人大及其常委会的决议和决定，广泛听取各民主党派、工商联、无党派人士的意见和建议，认真办理人大代表的建议和政协提案。严格依照法定权限和程序履行职责，自觉接受人大、政协和社会各界的监督。加强基层民主建设,健全政务公开、厂务公开、村务公开等制度,保障人民群众的知情权、参与权、表达权、监督权。支持工会、共青团、妇联、科协等群团组织的工作,支持法院、检察院依法独立行使审判权、检察权。扎实推进“法治山西”建设。加强政府法制工作,深入开展“五五”普法工作,提高全民法制意识,在全社会形成自觉学法守法用法的浓厚氛围。

大力实施文化强省战略,努力推动文化大发展大繁荣。大力发展文化产业,深入推进文化体制改革,加快经营性文化单位转企改制,着力建设“五大特色文化产业区”,推进一批重大文化产业项目建设,培育一批骨干文化企业。加快发展文化事业,建立健全公共文化服务体系,加强乡镇综合文化站、农家书屋等基层文化设施建设。实施文化惠民工程、文化精品工程和文化遗产保护工程。繁荣哲学社会科学,发展新闻出版、广播影视、文学艺术事业。广泛开展全民健身活动,努力提高竞技体育水平。

加强精神文明建设,提高公民文明素质和社会文明程度。加强社会主义核心价值体系建设,加强社会公德、职业道德、家庭美德、个人品德建设。大力弘扬以改革创新为核心的时代精神,以爱国主义为核心的民族精神和太行精神、右玉精神等我省不同时期铸就的宝贵精神。深入开展文明和谐创建活动,培育文明新风,促进社会和谐。

(九)切实加强政府自身建设,进一步提高领导经济社会科学发展的能力和水平。

不断加强学习,努力建设学习型政府。广大公务员特别是领导干部,要着眼于提高思想政治水平和行政履职能力,加强中国特色社会主义理论特别是科学发展观的学习,认真学习党的路线方针政策和国家法律法规,学习经济、政治、文化、社会等各方面知识,学习履职必备的知识。坚持向书本学、向实践学、向群众学,坚持理论联系实际,学以致用、用以促学,不断提高谋划发展、统筹发展、优化发展、推动发展的本领,提高驾驭复杂局面和处理复杂问题的本领,提高做好群众工作、维护社会稳定的本领。

加快职能转变,努力建设服务型政府。以政府机构改革为契机,切实转变政府职能,加强对经济运行的监测和分析,提高对经济调节和市场监管的能力,提高社会管理和公共服务水平,为各类市场主体创造良好的发展环境。进一步清理规范行政审批事项,减少审批环节,缩短审批时限,改进文风会风,减少不必要的会议、庆典和论坛,提高行政效能。进一步健全部门协调配合机制,形成强大的工作合力。

推进依法行政,努力建设法治型政府。全面落实依法行政实施纲要,健全科学民主决策制度,完善重大事项公众参与、专家咨询论证和政府集体决策相结合的决策机制,提高决策科学化民主化水平。进一步加强行政监察和审计工作。落实行政执法责任制和行政问责制,进一步规范行政执法行为,坚决杜绝不作为、滥作为现象,严厉查处失职、渎职行为,提高政府的公信力和执行力。

坚持为民务实清廉,努力建设廉洁型政府。认真贯彻落实中央反腐倡廉方针和工作部署,严格执行党风廉政建设责任制,继续推进惩治和预防腐败体系建设。加强对中央重大决策部署贯彻落实情况的监督检查,继续推进煤焦领域反腐败专项斗争,深入开展工程建设领域突出问题的专项治理工作。大力弘扬求真务实之风,真正把心思用在干事创业上。发扬艰苦奋斗的优良传统,坚持勤俭办一切事业,严格控制楼堂馆所建设,禁止装修高档办公楼。以良好的作风、扎实的工作取信于民。

今年,我们要在做好以上各项重点工作的同时,再为全省人民办好以下十件实事:一是全面完成中小学校舍安全改造加固任务,将学校建成最安全、学生家长最放心的地方。二是积极落实国家基本药物制度,率先在60%的政府举办的基层医疗卫生机构实行好这一政策。三是新农保试点扩大到27个县(市、区),覆盖人数达到400万人。对4万名就业困难人员实施就业援助。四是新建、改扩建农村敬老院120所;并为3000名贫困残疾儿童实施康复救助。五是新开工建设保障性住房24万套,并确保全面完成国有重点煤矿棚户区改造任务。六是解决好290万农村人口的安全饮水问题。七是为930个建制村新建水泥(油)路4600公里。八是全面完成村卫生室建设任务。九是新建2000家连锁农家店,建设改造百家放心粮油配送中心、千家示范店和万家经销网点。十是新(改)建7200个村级组织活动场所。

各位代表,回顾2009年,面对严峻复杂的经济形势,全省上下坚定信心、知难而进、迎难而上、共克时艰,不仅较好地完成了全年经济社会发展各项任务,而且做了许多打基础利长远的大事。全省人民为之振奋、为之鼓舞。展望新的一年,我们豪情满怀、信心百倍。我们要紧密地团结在以胡锦涛同志为总书记的党中央周围,在省委的领导下,齐心协力,奋发有为,求真务实,真抓实干,不断谱写经济社会发展的新篇章,努力创造更加美好的新生活!

山西省人民代表大会常务委员会工作报告

——2010年1月28日在山西省第十一届人民代表大会第三次会议上

山西省人民代表大会常务委员会副主任　杨安和

各位代表：

我受省人民代表大会常务委员会的委托，向大会报告工作，请予审议。

过去一年的主要工作

2009年是推进"十一五"规划顺利实施，努力促进我省转型发展、安全发展、和谐发展的重要一年，也是积极应对金融危机，抢抓机遇、克难制胜的关键一年。一年来，在中共山西省委的领导下，省人大常委会全面贯彻党的十七大和十七届三中、四中全会精神，坚持以邓小平理论和"三个代表"重要思想为指导，深入贯彻落实科学发展观，紧紧围绕保持经济平稳较快发展和社会和谐稳定，服务大局，关注民生，务实创新，依法行使各项职权，切实有效发挥地方国家权力机关的作用。

一、扎实推进地方立法工作，为经济社会发展创造良好法制环境

常委会坚持以人为本、立法为民的理念，着力发挥立法在促进经济社会发展中的引导、规范和保障作用。一年来，共制定、修改和废止地方性法规10件，并初审2件，二审1件；批准太原、大同两市地方性法规6件。较好地完成了年度立法任务。

良好的劳动关系是社会稳定的重要基础。常委会制定了《山西省劳动合同条例》，就劳动合同的订立、履行、解除和终止等方面作了严格规定，并针对我省实际，对双重劳动合同、劳务派遣用工、从事煤矿高危行业用工等作了特别规定，突出了地方特色，对于加强劳动合同管理，保护劳动者和用人单位合法权益，构建和发展和谐稳定的劳动关系，起到重要保障作用。

随着城镇化建设进程的不断加快，我省迈入城乡发展一体化新格局的重要时期。为了强化城乡规划对城乡建设的指导与调控作用，常委会制定了《山西省城乡规划条例》，着重在城乡规划编制实施、违法建设查处、历史文化遗产保护等方面细化和完善，为科学地统筹城乡空间布局，改善人居环境，加强对城乡建设的监督管理，提供了重要法律依据。

"三农"工作是全党工作的重中之重。为提高农业综合生产能力，进一步加强农业基础设施建设，支持和促进现代农业可持续发展，常委会制定了《山西省农业综合开发条例》，从农业综合开发的项目管理、资金使用到监督检查，都作了法律规范。

近年来，根据修订后的《中华人民共和国义务教育法》，我省在促进义务教育均衡发展、实施素质教育、建立义务教育公共财政保障体系和管理体制等方面做出了一系列重大创新。据此，常委会及时修订了《山西省实施〈中华人民共和国义务教育法〉办法》，强化了政府主体责任，就资源配置、经费投入以及师资队伍建设和管理等方面作出了明确、详细的规定，对于解决我省义务教育事业发展中出现的新矛盾、新问题，促进义务教育健康发展具有重要意义。

社会治安综合治理事关全省和谐稳定大局。常委会在修改《山西省社会治安综合治理条例》时，适应经济社会需要，突出了治安防范和平安建设，体现综合治理工作的地方特色。

为保护未成年人身心健康，促进未成年人全面发展，常委会制定了《山西省未成年人保护条例》；为加强气象灾害防御，保障人民群众生命财产安全，常委会制定了《山西省气象灾害防御条例》；根据省人大代表提出的议案，对《山西省城市供水和节约用水管理条例》进行了修改。

此外，《山西省人民代表大会代表建议、批评和意见的提出和处理办法(草案)》已经常委会会议两次审议，提请本次会议审议。

提高立法质量，是本届人大常委会在立法中致力抓好的工作重心。常委会在严格维护和遵循国家法制统一的原则下，积极探索立法工作改革的新途径。一是完善工作机制，推进起草主体多元化，努力克服部门利益法制化的倾向。在全年审议的13件法规草案中，7件由省人大及其常委会有关工作机构起草，占全部项目的54%。二是正确处理权力与权利的关系，更加重视保护公民、法人的合法权益。在制定管理类法规时，既注意给予行政机关必要的行政权力，又注意规定行政机关的相应责任，对行政权力的运行给予规范、制约和监督，以促使行政机关依照法定权限和程序正确行使权力。三是坚持"立、改、废"并重。在制定新法规的同时，适应形势发展的需要，加强对已有法规的清理和修改。四是坚持开门立法，推进立法工作民主化、科学化。对每件法规草案，常委会都组织人员深入基层，加强调研论证，广泛听取专家学者、行政管理相对人和执法部门的意见。制定劳动合同条例、城乡规划条例时，还通过报纸、网络等新闻媒体向社会公布法规草案，公开征求意见，扩大公民的有序参与，更加充分地反映人民意愿。

二、积极开展监督工作，全力维护改革发展稳定大局

常委会认真贯彻实施监督法，按照依法监督、突出重点、讲求实效的原则,依法开展各项监督工作。一年来,共听取和审议"一府两院"专项工作报告14项,对2件法律的贯彻实施情况进行了检查。主任会议听取"一府两院"办理常委会会议审议意见报告11项。各专委、工委对9件法律法规的执行情况开展了执法调研。

加强对计划预算执行情况和经济工作的监督,推动我省经济平稳较快发展。由于国际金融危机影响与自身的结构性矛盾相互交织,去年是我省经济社会发展形势非常严峻的一年,也是财政运行十分困难的一年。常委会密切关注我省经济运行走势,深入调查研究,听取和审议了省政府关于计划、预算和审计工作方面的三个报告,充分肯定省政府在应对金融危机中积极采取的一揽子措施以及经济企稳向好的显著成绩,客观判断存在的困难与问题,提出了加强宏观调控、增加政府公共投资、支持产业结构调整、加强税收征管、严格预算支出、规范项目库管理等建议。对审计发现的问题,要求省政府责成有关部门认真进行整改,并于11月听取和审议了整改情况报告。去年,国家核定由财政部代我省发行53亿地方政府债券。为了使用好地方债券,常委会及时听取和审议了省政府关于2009年省本级预算调整说明,批准了调整方案。提出要细化债券资金使用方向,加强风险控制,提高使用效益。2008年,常委会听取和审议了省政府关于"十一五"经济发展规划中期评估及指标体系调整情况的报告,将审议意见交由省政府办理。去年,听取和审议了省政府关于办理情况的报告,作出了批准调整的决议。

加强对改革发展稳定中的重大事项的监督,有力推动"三个发展"。去年是落实中央关于推进农村发展决定的第一年,也是我省大力推进"三农"工作的攻坚年。常委会听取和审议了省政府关于贯彻党的十七届三中全会精神,加快推进全省农村改革发展情况的报告,就深化农业结构战略性调整、加强农业基础设施项目的落实、关注返乡农民工培训转移就业等方面,提出14条审议意见交省政府办理,以确保党的强农惠农政策落到实处。三年一次的村民委员会换届选举工作结束后,常委会听取和审议了省政府关于第八届村民委员会换届选举工作报告。常委会组成人员指出,村委会的建设关系党在农村的执政基础,关系广大农村地区的发展和稳定。根据我省农村工作实际,必须高度重视新当选农村干部的培训工作和考核评价工作,关注和关心大学生村官;进一步健全和完善村级规章制度,加强民主决策、民主管理、民主监督,保障村民的民主权利,推动社会主义新农村建设。常委会听取和审议了省政府关于全省科技工作情况、职业教育工作情况的报告,指出科技、教育是经济社会又好又快发展的"引擎"。目前,我省经济发展中劳动密集、科技含量低的问题还很突出,职业教育作用发挥还不够。要切实把科技人才资源作为经济社会发展的最宝贵资源抓实抓好,促进我省经济发展模式由资源依赖型向创新驱动型转变。常委会听取和审议了省政府关于全省外事侨务工作情况报告,强调要进一步加强外事侨务工作机构建设,加大对外宣传力度,积极开展招商引资、引智,创造条件吸引海外高层次人才,充分发挥外事侨务工作在全省经济社会发展中的重要作用。听取和审议了省政府关于实施妇女儿童发展纲要规划情况的报告,就努力优化妇女儿童发展环境,实现妇女儿童事业发展的新突破提出了意见和建议。

加强对法律法规执行情况的监督,促进"一府两院"依法行政、公正司法。环境保护对我省科学发展至关重要。常委会在听取和审议省政府关于2008年环保目标责任制履行情况报告基础上,就环境影响评价法实施情况进行了检查。配合执法检查,继续组织开展了"三晋环保行"活动。常委会组成人员指出,在当前应对金融危机,固定资产投资力度明显加大的背景下,决不允许降低环保要求。因此,必须加强建设项目全过程环境监管,做到既保持经济平稳较快发展,又坚决杜绝重复建设、产能过剩和高污染、高耗能、资源型"两高一资"工程重新上马。常委会就检查中发现的建设项目未批先建、不批自建、先"上车"后"补票"及规划环评滞后、行政监管不到位等共性问题和79个具体问题,向省政府提出整改建议。司法公正是当前人民群众关注的热点问题。常委会听取和审议了省政府关于全省司法行政工作情况报告,组织开展了行政诉讼法执法检查。检查组深入全省23个县(市、区),查阅案卷近600宗,召开汇报会、座谈会80余次,就执法机关存在的非诉行政执行案件执行难、应开庭不开庭、超审限及"告官不见官"等问题,提出明确的整改要求。之后,省政府办公厅和省高院、检察院、公安厅、司法厅、财政厅等单位向省人大常委会报告了整改结果。

一年来,常委会共接待和受理人民群众来信来访6900余件次。对人民群众信访反映的合理诉求,及时转交和督促有关部门依法处理,并切实加强对信访信息的综合分析,把信访工作中了解掌握的有关社情民意和突出问题,作为常委会听取和审议专项工作报告的议题、实施监督的重要信息来源,提高常委会监督工作的针对性和实效性。

三、依法决定重大事项,为促进"三保"提供有力支撑

去年,受国际金融危机影响,我省实体经济受到严重冲击,主要经济指标下滑。面对严峻的经济形势,省委、省政府立足当前、着眼长远,按照中央的总体要求,提出了一系列扩内需、保增长、调结构、惠民生的政策措施。为把党的主张变为全省人民的共同行动,常委会在组织政府相关部门进行深入调查研究和反复论证的基础上,7月召开的常委会会议审议通过了《关于促进"三保",推动全省经济社会平稳较快发展的决定》。《决定》紧紧抓住保增长、保民生、保稳定这条主线,提出全力推进重点工程建设、下大力气推进结构调整、突出抓好改善民生工作、切实维护经济社会稳定等6个重点和相应的举措,号召全省上下齐心协力,共克时艰。《决定》的贯彻实施,对于动员全省人民在省委、省政府领导下,提振信心、形成合力,推动全省"三保"工作,具有重要的现实意义。11月,常委会组织部分全国人大代表和省人大代表对贯彻落实《决定》的情况赴部分市、县进行了集中视察,听取了省政府有关部门的工作汇报，促进了《决定》的落实。

四、加强和改进代表工作，依法行使人事任免权

充分发挥代表作用，是坚持和完善人民代表大会制度，发挥好地方国家权力机关职能作用的重要基础，是新时期加强和改进人大工作的重要内容。一年来，常委会积极拓展代表工作，努力为代表履行职责营造良好的环境，力求更好地发挥代表作用。

*加大督办力度，认真办理代表议案、建议。*省十一届人大二次会议期间共收到代表议案7件、建议788件。去年1月23日和2月24日，常委会分别召开代表建议交办会，向有关承办单位统一交办。同时，常委会经过认真分析，选择了8个方面22件建议作为重点办理建议，交省政府副省长领办，承办单位分级负责，常委会副主任和有关委员会对口督办，增强了办理效果。11月底，7件议案、788件建议全部办理完毕并答复代表。

*围绕全省经济社会发展大局，认真组织闭会期间代表活动。*组织全国人大代表对省电力公司、太原铁路局、省环保厅、水利厅等单位进行了集中视察；围绕安全生产问题和资源型经济转型问题，赴太原、晋城等5市7县2区30多个企业进行专题调研，形成翔实的调研报告。组织部分省人大代表对人民陪审员管理办法进行了执法调研；以代表小组为依托，组织省人大代表围绕我省煤炭资源整合和煤矿兼并重组工作、省城十大重点建设工程、重点公路工程建设、林业资源保护、水利工作情况等，进行了8次专题视察。对代表提出的意见和建议汇总整理后，转交"一府两院"研究办理并答复代表，收到好的效果。去年7月，圆满完成了香港特别行政区全国人大代表来山西视察的接待工作，扩大了对我省的宣传，促进了晋港合作、共赢发展。

*加强与代表的联系，努力为代表履职提供保障。*坚持为代表订购寄送多种报刊资料10万余份，组织代表列席常委会会议56人次，邀请部分省人大代表参加了常委会组织的执法检查、建议督办、调查研究活动。完善了代表信息库，定期组织召开政情通报会，及时向代表通报常委会和省"一府两院"重要工作和重大活动情况。全年分4期组织我省选出的全国人大代表参加了全国人大在厦门、深圳、北戴河举办的法制学习班。对124名省人大代表和设区的市人大常委会代表工作部门的同志进行了集中培训。9月在运城市召开了省人大代表履职工作座谈会，专题研究探讨加强和改进代表履职服务工作。

常委会坚持党管干部和人大依法任免的有机统一，认真做好人事任免工作。一年来，共决定任免、任免和批准任免国家机关工作人员84人次，保证了地方国家机关的正常运行。

五、不断加强自身建设，努力提高工作效能

一年来，常委会适应形势任务需要，把提高组成人员自身素质摆在重要位置，进一步加强思想、组织、作风、制度建设。坚持党组中心组学习制度，常委会会议期间，举办了5次专题讲座，努力提高常委会组成人员依法履职的能力和水平。按照中央和省委的部署，圆满完成了深入学习实践科学发展观活动的各项任务。在集中学习调研、深入分析检查的基础上，把解决突出问题、破解发展难题作为彰显活动成效的关键来抓，制定了《山西省人大常委会关于深化学习实践活动整改工作，进一步加强作风建设的意见》，大力树立和弘扬求真务实的工作作风，牢固树立党的观念、政治观念、大局观念、群众观念和法治观念，密切联系群众，加强调查研究，提高常委会会议议事效率与质量，使人大的各项工作顺应民心、反映民意。

常委会机关以培养一流队伍、推进一流管理、塑造一流形象、创造一流业绩、营造一流环境"五个一"为目标，全面提升机关的服务质量，为省人大及其常委会依法履职提供有力保证。一年来，省人大各专门委员会和常委会各工作机构、办事机构围绕常委会工作中心，认真做好前期调研、具体实施和跟踪督查工作，加强理论研究与宣传工作，使常委会的工作得以拓展和深化，加强与外国地方议会的友好往来，促进了相互借鉴与交流。常委会机关积极有效落实省直机关"三保"对口帮扶联系任务，精神文明建设取得新成果，连续四年被评为"省直机关文明和谐单位标兵"。

常委会进一步加强与各级人大的联系，通过邀请列席会议，召开各种专题性座谈会、通报会、研讨会、交流会，互相交流情况、沟通信息、研究工作。一年来，各级人大对于省人大常委会的立法、执法检查、调研、代表活动等各项工作积极支持与配合，形成合力，共同推进全省人大工作整体发展。

各位代表，过去一年常委会工作成绩的取得，是省委正确领导的结果，是全体代表、常委会组成人员、常委会机关工作人员共同努力的结果，也是省"一府两院"及全省各方面大力支持和配合的结果。在此，我谨代表省十一届人大常委会，对大家表示衷心的感谢！

在回顾过去一年工作的同时，我们也清醒地看到，对照科学发展观的要求，对照党和人民群众的期望，常委会工作还存在需要改进和加强的地方。主要是：立法工作需要进一步丰富直接为促进和保障我省"三个发展"服务的立法项目。依法监督的力度还不够强，有的视察、检查活动以及跟踪督促整改工作，还不够深入扎实。发挥代表作用还不够充分。常委会的自身建设也有待进一步加强。对存在的问题和不足，常委会将虚心听取代表意见，在今后工作中努力加以改进。

各位代表，2009年，是地方人大设立常委会30周年。我们集中举办了座谈会、理论研讨会等一系列纪念活动，全面回顾地方人大发展的光辉历程，认真总结长期实践中形成的宝贵经验，进一步明确做好新时期人大工作的思路与措施。30年来，在中共山西省委领导下，全省各级人大常委会忠实履行宪法和法律赋予的职责，为加强社会主义民主法制建设，推进我省改革开放和现代化建设进程，作出了重要贡献。实践充分证明，坚持和完善人民代表大会制度，进一步做好地方人大工作，必须坚持正确的政治方向，最根本的是坚持党的领导、人民当家做主和依法治国的有机统一；必须坚持以科学理论指导人大工作,围绕中心、服务大局、依法履职;必须坚持以人为本,从群众中来,到群众中去,实践好、维护好、发展好最广大人民的根本利益;必须坚持民主集中制原则,充分发扬民主,严格按照宪法和法律的规定,依法集体行使职权;必须坚持与时俱进,改革创新,不断推进常委会工作的制度化、法制化、规范化。在新的历史条件下,我们要以更加主动、有效的工作和民主法治实践,为促进我省转型、安全、和谐发展提供动力和保证。

今后一年的主要任务

各位代表,2010年是实施"十一五"规划的最后一年。做好今年工作,对于保持经济社会又好又快发展,为"十二五"规划启动实施奠定良好基础具有重要意义。常委会工作总体要求是:在中共山西省委领导下,全面贯彻党的十七大和十七届三中、四中全会精神,以邓小平理论和"三个代表"重要思想为指导,深入贯彻落实科学发展观,按照省十一届人大三次会议的决议,坚持党的领导、人民当家做主和依法治国的有机统一,围绕中心,服务大局,着力提高依法履职的能力和水平,着力保障宪法和法律法规有效实施,着力促进经济平稳较快发展与社会和谐稳定,努力把人大工作提高到一个新水平。

一、加强立法工作,努力提高立法质量

常委会今年安排审议16件立法项目。一是新制定监督法实施办法、消防条例、道路运输条例、建设项目涉及国家安全事项管理条例、减少污染物排放条例、农产品质量安全监督管理条例、邮政条例、抗旱条例等8件法规;二是修改信访条例、体育设施管理条例、残疾人保障法实施办法、建筑工程质量和建筑安全生产管理条例、科学技术进步条例、各级人民代表大会选举实施细则等6件法规;三是废止公路养路费征收管理条例、工业固体废物污染防治条例等2件法规。另外,还有10件预备项目。

常委会要继续推进科学立法、民主立法,在提高立法质量上下工夫。坚持多渠道起草法规草案,增加以省人大及其常委会有关工作机构组织起草法规草案的数量,积极吸收专家、学者、实际工作者参加起草工作,充分发挥统一审议的作用,防止和克服立法中的部门利益倾向。严格立法程序,坚持重要法规隔次审议,保证搞好立法调研。针对法规草案中的重点难点问题,继续通过听证会、论证会、座谈会等多种有效形式,充分沟通协商,凝聚各方共识。与民生密切相关的法规草案经过常委会会议一审后,都要通过新闻媒体和人大网站,向社会公布,扩大公民的有序参与,使人大立法更好地体现人民意志,维护社会公平正义。

二、强化监督工作,切实增强监督实效

今年常委会安排2项执法检查,听取和审议省"一府两院"17项专项工作报告。一是继续围绕实现经济平稳较快发展这个大局加强监督。常委会通过听取和审议预算执行情况、计划执行情况、审计工作等报告,密切关注我省经济运行的走势,监督和支持政府相应举措的贯彻落实,确保全年经济社会发展任务和"十一五"规划的顺利完成。二是加强对经济发展重大事项的监督。听取和审议省政府关于全省煤炭资源整合、煤炭可持续发展基金使用管理、重点工程建设、林业生态建设、旅游工作等专项工作报告。三是加强对关系人民群众切身利益问题的监督。听取和审议省政府关于中小学校舍安全工程、防震减灾、消防工作等报告。四是加强法律监督。开展对《中华人民共和国城乡规划法》和《中华人民共和国民事诉讼法》的执法检查。按照监督法规定,在健全相关工作机构后,及时启动对规范性文件的备案审查工作,维护国家法制统一。五是加强和改进信访工作。做好信访信息综合分析和重要信访问题督办工作,把人民群众来信来访反映强烈、比较集中的问题作为监督工作的重要内容,督促有关方面依法解决。

为了切实增强监督工作的针对性和实效性,我们着重加强三方面工作:一是加强调查研究。今年,省人大各专委、常委会各工委安排执法调研7项、专项调研12项。要切实提高调研质量,推动调研成果更好地运用到监督工作中去。二是加强跟踪监督。常委会会议的审议意见转交"一府两院"办理后,主任会议要对整改落实情况逐项听取。办理不得力、不到位的,要查明原因,发回重新办理,真正推动问题有效解决。三是增强监督工作的透明度。常委会的监督情况要通过新闻媒体和人大网站向社会公开,接受人民群众的监督。

三、依法决定重大事项,认真做好人事任免工作

讨论、决定重大事项,依法进行人事任免,是人大常委会代表人民行使的两项重要职权。常委会要正确处理省委决策权和人大决定权的关系,在关系全省经济社会发展的关键问题、重大问题以及人民群众关注的热点、难点问题上,深入调查研究,适时作出决议或决定,切实把省委的决策通过法定程序变成国家意志和全省人民的自觉行动,保障和促进我省的经济发展和社会稳定。认真贯彻党管干部和人大依法任免干部相结合的原则,做好人事任免工作。同时,在对"一府两院"监督中,加强对省人大及其常委会选举、任命人员的监督,增强他们的责任感、使命感和公仆意识,确保人民赋予的权力始终用来为人民服务,为科学发展提供坚强的组织保障。

四、充分发挥代表的作用,更好地依靠代表做好人大工作

省人大代表来自全省各地,分布在各条战线、各个行业,与人民群众有着密切联系,这是人民代表大会制度的一个优势。充分发挥人大代表的作用,是做好人大工作的基础和保证。要进一步推进代表法的实施,改进代表工作。着力抓好闭会期间的代表活动,拓展代表活动形式,增强实效。抓好代表小组活动。坚持"小型、专题、深入、实效"的原则,开展代表视察、调研工作。鼓励代表自选专题,自主开展活动。加强督办力度,抓好代表议案、建议的办理工作,选择一些问题比较突出、群众反映比较强烈的事项,进行重点督办,做好建议办理情况视察检查和"回

关于2009年国民经济和社会发展计划执行情况与2010年国民经济和社会发展计划草案的报告(摘要)

——2010年1月26日在山西省第十一届人民代表大会第三次会议上

山西省发展和改革委员会主任 李宝卿

各位代表:

受省人民政府的委托,我向大会报告2009年国民经济和社会发展计划执行情况,以及2010年国民经济和社会发展计划草案,请予审议,并请省政协委员和其他列席人员提出意见。

一、2009年全省经济和社会发展计划执行情况

2009年,是我省发展史上极富挑战、极不寻常的一年。面对国际金融危机的严重冲击,全省以科学发展观为指导,把握发展大局,科学谋划工作,着力破解难题,勇于逆势而为,实施了一揽子既符合中央精神、又切合山西实际的应对举措,较快地扭转了经济下滑势头,巩固了回升向好的趋势;投资快速增长,消费保持活跃,结构调整取得突破,民生事业全面加强,环境质量明显改善,安全生产形势明显好转,转型发展、安全发展、和谐发展迈出重大步伐。全省生产总值增长6%左右;全社会固定资产投资增长40%,创下近15年来最高增速;社会消费品零售总额增长19%;财政一般预算收入增长7.7%;城镇居民人均可支配收入增长6.7%,农民人均纯收入增长3.6%;居民消费价格总水平下降0.4%;万元生产总值综合能耗下降5.6%,二氧化硫减排2.7%,化学需氧量减排3.6%;城镇新增就业42.2万人,登记失业率控制在3.9%。

(一)扩大投资与促进消费并举,有力地发挥了内需对经济增长的拉动作用。省级152项重点工程完成投资1500亿元。27条高速公路开工;太中银铁路建设顺利推进,大同—西安铁路客运专线、山西中南部铁路通道等6个新建铁路开工;运城、大同机场改扩建工程加快建设,吕梁机场开工;省城十大建筑全部开工;引黄北干工程全面建设;煤炭、电力、生态、民生、产业等领域重点项目顺利推进。争取中央扩内需投资98.02亿元,涉及大小项目4200多个,总体实施合规合法。新增贷款1873.2亿元,是上年的2.54倍。资本市场融资420亿元,省级政府投资计划下达率达98%。实施"万村千乡市场工程"、"双三十"农产品市场工程、组织家电农机、汽车摩托车下乡,社会消费品零售总额增速高出全国3.7个百分点。

(二)帮扶企业与扶持产业并举,经济下滑势头得到较快扭转,回升向好态势不断巩固。"五缓四降三补"政策为企业减负51.1亿元,焦化行业减负政策为企业减负11.9亿元。出台五项惠农政策,补贴额达5亿元。中央投资、省级煤炭可持续发展基金以及省财政对"三农"投入大幅增加。启动晋中、大同、运城现代农业示范区和"513"农产品加工龙头企业培育工程。对服务业"1+10"重点工程给予9项政策扶持,服务业投资增长60%以上、增加值增长10%以上。扶持高新技术和信息产业重点项目以及自主创新平台建设,五项科技成果获国家科技进步二等奖,第四届高展会集中展示了高新技术产业发展成果。

(三)优化存量与培植增量并举,以煤炭资源整合重组为重点的产业结构调整迈出重大步伐。出台十大产业调整和振兴规划。煤炭资源整合重组取得重大阶段性成果,煤炭产业规模化、集约化、机械化、信息化水平显著提高。全年淘汰落后钢铁产能676万吨、小火电108万千瓦、小水泥210万吨、电石23万吨、铁合金6万吨。世界最大露天矿用挖掘机通过用户验收,首台(套)国产千万吨级矿井综采成套装备下线,太原长安重汽基地落成,运城大运重卡项目投产。"四气"产业一体化建设加快。风电、秸秆发电项目建设规模94.5万千瓦。

(四)推进节能减排发展循环经济与加强生态环境综

头看"工作,推动问题的解决。加强代表培训工作,拓宽联系代表的渠道,使代表在常委会的立法、监督等各项工作中,有更多的参与,更加充分地发挥作用。

五、加强常委会自身建设,提高依法履行职责的水平

常委会要坚持不懈地抓好自身建设。深入学习贯彻好党的十七大和十七届三中、四中全会精神,继续加强中心组学习,办好专题讲座,强化自身学法,用党的最新理论成果武装头脑。继续加强勤政廉政建设,树立"为民、务实、清廉"的作风,弘扬求真务实精神,紧紧围绕常委会会议主要议题和关系群众切身利益、社会普遍关注的重大问题,深入调查研究,体察民情,充分反映民意。及时总结人大工作的新做法、新经验,推动人大工作的理论创新和工作创新,优质高效地完成常委会各项工作任务。常委会机关要进一步巩固和深化学习实践科学发展观活动的成果,继续完善工作机制,严格内部管理,全面提高干部素质能力,推进学习型、效能型、创新型、服务型、和谐型机关建设,提高服务保障水平。密切与市、县人大常委会的联系,加强指导和培训,共同推进全省人大工作。

各位代表!充分发挥地方国家权力机关的作用,推进社会主义民主法制建设,是人民对我们的殷切期望,也是我们光荣而艰巨的历史使命。让我们紧密团结在以胡锦涛同志为总书记的党中央周围,在中共山西省委的领导下,坚持以邓小平理论和"三个代表"重要思想为指导,深入贯彻落实科学发展观,紧紧依靠全省人民,齐心协力、开拓创新、锐意进取、真抓实干,为全面实现"十一五"时期经济社会发展目标,加快新基地新山西建设而努力奋斗!

合治理并举,全省环境质量明显改善。实施1000户重点耗能企业节能改造;新增城市热电联产机组93万千瓦;104个城市污水处理厂建成。11个重点城市空气质量优良率均在85%以上。循环经济试点进展快、效果好,涌现出一批先进企业和示范园区。农业和社会领域循环经济扎实推进。生态环境治理"2+10"重点工程全面实施,阶段性效果明显。大力实施造林绿化,完成营造林530万亩。

(五)推进"五大惠民工程"与农村"五个全覆盖"并举,民生社会事业进一步得到保障和改善。"五大惠民工程"继续大力推进,农村"五个全覆盖"工程年度任务全部完成或超额完成,扶贫开发和城乡社会救助力度加大。高校毕业生就业率达到81%,返乡农民工95%以上重新找到了工作;新农合参合率提高到91%;22个县(市、区)率先在全国开展新型农村养老保险制度试点;11个市全部启动了城镇基本医疗保险,医保参保率达到80%。对口支援四川茂县灾后重建取得明显阶段性成果。

(六)专项整治和制度建设并举,安全生产形势明显好转。进一步理顺安全监管体制机制,引深专项整治,安全生产形势明显好转。各类事故死亡人数减少1018人,下降27%;一次死亡10人以上事故起数下降50%,死亡人数下降72%;煤矿事故起数下降40%,死亡人数下降32%;原煤生产百万吨死亡率下降到0.328。

(七)深化改革与扩大开放并举,为经济社会发展凝聚了强大动力。省级政府机构改革已经到位,市县机构改革有序推进;事业单位分类改革试点扎实开展;集体林权制度改革试点有序进行;医药卫生体制改革全面启动;国企改革继续深入;成品油价格和税费改革基本完成;投融资改革继续深化;侯马、阳泉城乡一体化发展综合配套改革试验取得进展;煤炭工业可持续发展政策措施试点不断深化并取得阶段性成果;其他领域改革全面推进。省际间经济合作步伐加快,与日本琦玉县、德国北威州、美国西弗吉尼亚州等国际友城的经济合作进一步深化。落实促进外贸稳定发展政策措施,遏制了进出口下滑态势。

(八)争取国家大政策和大项目并举,为转型发展提供了强力支撑。资源型经济转型发展实践受到国家的高度关注;《山西省循环经济发展总体规划》获国家批复;山西中南部铁路通道、大同—西安铁路客运专线、吕梁机场项目以及灵丘—山阴、临汾—吉县高速公路项目可研获国家批复,两个大型煤炭矿井项目和8个电力项目获国家核准。大型煤电基地、太原城市圈、吕梁山和太行山集中连片贫困地区扶贫开发、晋陕豫黄河金三角区域协调发展等明确纳入国家《促进中部地区崛起规划》。

在经济环境发生重大变化和自身结构性矛盾突出、经济运行十分困难的情况下,全省经受住了考验,取得这样令人鼓舞的发展成绩,确实来之不易。但同时我们必须清醒看到,当前经济社会发展仍存在一些突出的困难和问题。主要是:经济回升基础不牢固,经济结构不合理,发展方式比较粗放,城乡居民特别是农民收入增长趋缓,就业和社保等民生问题压力很大,统筹经济社会和城乡协调发展、调整经济结构、转变发展方式、促进"三个发展"的任务十分艰巨。

二、2010年全省经济社会发展总体安排和主要任务

2010年全省发展和改革工作的总体要求是:全面贯彻党的十七大、十七届三中、四中全会、省委九届十次全会、全国发展和改革工作会议、全省经济工作会议精神,以科学发展观为指导,以"三个发展"为主题,以转型发展为主线,以结构调整为抓手,加强宏观调控、规范投资管理,深化改革开放、推进自主创新,继续加强"三农"工作,着力推进产业优化升级和新兴产业发展,不断加快社会事业发展和改善民生,切实加大生态环境治理、发展循环经济和节能减排力度,科学编制"十二五"规划,积极完善创新发展改革工作体制机制,为实现全省经济社会又好又快发展作出积极贡献。

全省经济社会发展主要指标预期目标是:全省生产总值增长8%;全社会固定资产投资增长20%;社会消费品零售总额增长16%;外贸进出口总额增长5%;财政总收入、一般预算收入均增长7%;城镇居民人均可支配收入和农民人均纯收入均增长9%;居民消费价格总水平涨幅控制在3%左右。万元生产总值综合能耗下降4.6%;二氧化硫、化学需氧量排放量分别下降2%和3%;城镇新增就业人数40万人,城镇登记失业率控制在4.3%以内;各项安全生产指标严格控制在国家核定的控制目标之内,坚决遏制重特大事故发生。

(一)优化投资结构,继续保持投资较快增长。加强投资调控,引导各类资本投向民生工程、特色城镇化、新农村建设、生态环境治理、战略性新兴产业以及社会事业薄弱领域。发挥重点工程建设对投资的带动作用,确保太中银铁路建成通车,太原铁路客运南站工程竣工,加快大西铁路客运专线、中南部铁路通道等项目建设,开工建设运城—三门峡等铁路;加快在建高速公路建设,新开工1000公里高速公路;完成太原、大同、运城机场改扩建,加快吕梁机场建设;新建保障性住房24万套、1370万平方米;加快引黄北干和应急水源工程建设;加快省城十大建筑建设。推进大型煤炭、电力项目以及新能源示范项目建设,推进冶金、焦化等传统产业升级改造重大项目建设,推进装备制造、现代煤化工、新型材料、食品、医药、文化、旅游、高新技术和信息产业领域重点项目建设。加强银企合作,促进资本市场融资。

(二)加大投入和政策扶持,千方百计做好"三农"工作。进一步加大"三农"投入和政策扶持力度。加快晋中、大同、运城三大现代农业示范区建设。启动粮食增产工程。完善重要农产品仓储流通体系。发展现代农业和特色农业,鼓励规模养殖,扶持农产品加工"513"龙头企业发展。促进农村工业、中小企业发展。加快集中连片贫困地区产业扶贫开发。

(三)加强宏观调控和政策引导,促进经济结构调整和发展方式转变。淘汰100万吨小钢铁、500万吨小焦化、100万吨小水泥、100万千瓦小火电。严格控制"两高"和产能过剩行业新上项目。巩固煤炭资源整合重组已取得的成果,加快矿井现代化改造,促进煤炭经济健康发展。

关于2009年全省和省本级预算执行情况与2010年全省和省本级预算草案的报告(摘要)

——2010年1月26日在山西省第十一届人民代表大会第三次会议上

山西省财政厅厅长　郑建国

各位代表：

受省人民政府委托，我向大会提出2009年全省和省本级预算执行情况与2010年全省和省本级预算草案的报告，请予审议，并请省政协委员和各位列席人员提出意见。

一、2009年全省和省本级预算执行情况

(一)全省和省本级预算变动情况

2009年全省一般预算收入为790.77亿元，与备案预算一致；因中央专项拨款及转移支付补助增加274.03亿元，各级用当年超收及上年净结余安排支出11.47亿元，全省一般预算支出由1582.03亿元变动为1867.53亿元。省本级一般预算收入为206.56亿元，与备案预算一致；因

启动实施焦化、冶金、化工、建材行业资源整合重组。促进装备制造、现代煤化工、新型材料、消费品工业以及新能源产业快速发展。引导房地产业健康发展。落实扶持政策，加快实施“1+10”重点工程，促进服务业发展。加快推进特色城镇化，推进太(原)、榆(次)“同城化”发展，推进大运高速公路、干线铁路沿线城镇带建设，推动符合条件的农业转移人口逐步在城镇就业和落户。

(四)扎实推进节能减排循环经济和生态建设，大力发展低碳经济。继续实施重大节能工程、“蓝天碧水”工程、生态环境综合治理“2+10”重点工程、造林绿化工程，加快实施“四气”产业一体化工程，实施《山西省循环经济发展总体规划》。进一步强化环境保护，积极引导低碳经济发展。

(五)努力营造软硬环境，积极扩大消费需求。发展劳动密集型企业，推进收入分配制度改革，提高城乡居民收入。继续出台刺激消费政策措施，培育扩大文化、旅游、健身、培训、养老等服务消费，开拓网络、信息、网上购物等新型消费。加快区域性大型物流园区和物流中心建设，完善城乡商贸网络体系。保障城乡消费品市场供应和价格基本稳定。

(六)加快自主创新能力建设和高新技术产业发展，推进发展模式由资源依赖型向创新驱动型转变。加大创新投入，依托工程实验室、工程研究中心和企业技术中心，在资源深加工、新能源、新材料、生物医药、生态环保等重要方面，选择关键技术作为主攻方向，实施重大科技专项，建设一批研发创新、科技应用和产业化项目，推进特色创业基地和高新技术产业基地建设，扶持信息产业加快发展。

(七)着力推进重点领域改革，努力提升对外开放水平。深化投融资体制改革，简化投资审批程序，加快发展资本市场。深化医药卫生体制改革，推进基本医保、基层医疗和公共卫生等医改取得突破性进展。推进政府机构改革和事业单位改革试点。完善新型农村养老保险试点，探索建立城镇居民养老保险制度。全面开展集体林权制度改革。深化侯马、阳泉城乡一体化发展综合配套改革试验。推进国企、财税、价格等改革工作取得重要进展。优化出口结构，促进外贸增长。创新利用外资方式，优化招商引资结构。加快企业“走出去”步伐，扩大对外投资。深化与国外友好省州、城市的经贸合作。

(八)进一步加快以改善民生为重点的社会事业发展，努力促进和谐发展。加大城乡教育投入，加强基础教育，壮大职业教育，提升高等院校创新型人才培养能力。做好大学毕业生、下岗人员、“零就业”家庭以及农民工就业工作。健全基层医疗服务体系，提升各级医疗服务水平。扩大基本养老保障覆盖面，巩固和发展新型农村合作医疗。加强社会救助。加快发展农村公共事业，实现“五个全覆盖”。统筹推进各项社会事业全面进步，继续做好对口支援四川茂县灾后恢复重建工作。

(九)继续加大安全生产工作力度，进一步提高安全发展水平。进一步强化安全生产主体责任和安全监管主体责任，落实“十项制度”和“八个保证”，强化各领域安全保障能力建设和安全生产工作。加强自然灾害预警防范，强化应急物资保障，妥善处置突发事件，实现安全生产形势由明显好转向根本好转的转变。

(十)继续积极争取国家政策资金项目支持，抓紧研究编制“十二五”规划。深入开展资源型经济转型发展综合配套改革研究，巩固完善煤炭工业可持续发展政策措施试点，努力争取国家政策资金项目支持。完善规划思路，突出围绕资源型经济转型发展、城乡和区域协调发展、民生社会事业发展等关键领域，抓紧开展“十二五”规划前期专题研究，尽快形成规划纲要草案。

各位代表，过去一年全省落实“三保”、推进“三个发展”取得了显著成绩。新的一年全省调整经济结构、转变发展方式、保障改善民生、促进经济平稳较快发展任务艰巨。让我们在省委、省人大、省政府、省政协的正确领导和监督支持下，进一步贯彻落实科学发展观，求真务实，开拓创新，依法行政，提高效率，为完成2010年的各项目标任务，促进经济社会又好又快发展，推动全省转型发展、安全发展、和谐发展作出新的贡献！

中央专项拨款及转移支付补助增加274.03亿元,用上年净结余安排支出9.52亿元,对各市专款及转移支付补助增加相应减少省级支出190.5亿元,省本级一般预算支出由440.7亿元变动为533.75亿元。

(二)全省和省本级预算执行情况

2009年全省一般预算收入完成805.8亿元,为预算的101.9%,增收57.8亿元,增长7.7%;一般预算支出执行1556.68亿元,为变动预算的83.4%,增支241.66亿元,增长18.4%。省本级一般预算收入完成206.79亿元,为预算的100.1%,增收9.17亿元,增长4.6%;一般预算支出执行418.99亿元,为变动预算的78.5%,增支92.04亿元,增长28.2%。初步汇总2009年全省和省本级预算执行情况,全省可实现当年收支基本平衡,但部分市县收支平衡难度较大,个别县可能会增加一部分赤字。

2009年全省政府性基金收入完成405.4亿元,为预算的131.2%,下降0.2%;基金支出执行352.41亿元,为预算的56.3%,下降3.3%。省本级政府性基金收入完成156.85亿元,为预算的103.8%,下降28.9%;支出执行126.48亿元,为预算的50.2%,下降22.5%。全省及省本级政府性基金收支均出现下降主要是2009年实施成品油税费改革,取消公路养路费、公路客货运附加费等政策性因素影响所致。

总的来看,2009年全省及省本级财政预算执行克服各种困难,取得了比预期要好的结果。全省各级财税部门为此做了大量卓有成效的工作。

1.坚定不移落实积极财政政策,着力促进扩内需、保增长政策效应的充分显现。

多渠道筹措资金600多亿元,主要用于铁路、公路等重大基础设施建设以及民生工程、生态环境整治等公益性建设项目,其中,新增投资项目建设资金146亿元,交通能源重点工程项目资本金31亿元,高速公路建设项目资本金近400亿元。与此同时,积极向中央反映我省经济社会发展遇到的困难和问题,争取财政部核定我省发行地方政府债券53亿元,用于中央扩内需项目配套和农村公路建设;争取各类补助资金700亿元,比上年增长40%,为我省经济社会事业发展提供了有力支持。增值税转型改革、成品油税费改革、提高部分产品出口退税率、取消和停征134项行政事业性收费等各项税费减免政策措施全部落实到位;全年累计为企业和居民减免税费约80亿元。积极提高城乡低保对象、企业退休人员和优抚对象等群体补助水平,及时足额兑现了家电下乡和汽车摩托车下乡等补贴资金,提升了居民消费能力。筹集资金3亿元建立工业经济运行调节专项资金,重点用于解决制约工业经济健康运行的突出问题;对焦化企业政府性基金和收费实行减免政策;全省政策性中小企业信用担保机构总数达147户,共为中小企业融资担保87亿元,缓解了中小企业融资难、贷款难问题。

2.积极主动推进转型发展,大力支持经济结构调整和经济发展方式转变。

支持加快煤炭资源整合。对省属国有重点煤炭企业应缴采矿权、探矿权价款地方留成部分,给予可分期缴纳或转增国家资本金的政策优惠。允许资金周转困难的企业缓缴煤炭可持续发展基金。积极争取中央整顿关闭小煤矿专项资金1.9亿元,支持关闭小煤矿安置职工、消除安全隐患。拨付资金20亿元,帮助煤炭企业移交地方192所学校和8个公安机构,解决8户改制企业债务问题,对30户企业关闭破产给予财政补助,有力推进了我省煤炭资源整合和企业兼并重组。支持推进产业结构调整。安排旅游基础设施投资3.5亿元支持旅游产业发展,设立省级文化产业发展专项资金对文化产业予以扶持,支持农村信用社、晋商银行等地方金融机构提高金融服务水平;下达科技资金6亿元,支持提升科研水平,增强自主创新能力。支持提高安全生产水平。下达资金3.67亿元,支持全省891个尾矿库按期关闭,17个重点行业和领域整治工作经费保障到位。支持加强节能减排和生态环境整治。筹措资金50多亿元,支持节能减排和淘汰落后产能,推进蓝天碧水工程、造林绿化工程及生态环境治理修复“2+10”工程;对右玉、五台等六个县实施生态转移支付。

3.全力以赴保障改善民生,全面推进和谐山西建设。

全省社会保障和就业支出执行235.8亿元,同口径增长13%。支持全省城镇新增就业42.2万人;200多万城乡低保和优抚安置人员享受到财政补助,14万农村五保供养对象实现应保尽保。全省教育支出执行277.4亿元,增长18.1%。农村中小学公用经费保障标准达到中央基准定额并高于全国平均水平,全省525万名城乡中小学生享受到免费义务教育,130余万名家庭经济困难学生收到财政资助;支持30所高校开展重点学科建设、强校工程建设和人才培养工程。全省医疗卫生支出执行101.1亿元,增长41.5%。支持基本公共卫生服务覆盖城乡居民,城镇居民基本医疗保险提前一年实现全覆盖。省财政下达资金17.82亿元,支持开工建设廉租住房、经济适用房、棚户区改造、农村困难群众危房改造35.9万套、2119万平方米。全省文化体育与传媒支出执行28.9亿元,同口径增长10.2%。农民体育健身工程和“两区县”农村文化站建设成效显著,“非两区县”农村文化室建设顺利启动,省图书馆、科技馆、体育中心、大剧院等重点工程建设保障有力。

4.不折不扣落实强农惠农政策,积极推动城乡统筹发展。

2009年全省农林水事务支出执行达197.73亿元,增长80.3%。及时出台了玉米保护性差价补贴、新建奶站补贴、农业灌溉水价补贴、扩大农机具购置累加补贴等多项地方性惠农补贴政策,并对雪灾畜禽死亡进行补偿和对重建大棚圈舍贷款给予贴息补贴。大同、晋中、运城三市现代农业示范区建设有序开展,兴水战略六大工程及重点水利工程保障有力,农作物病虫害防控、动物防疫、防汛抗旱和应对强降雪灾害经费及时足额拨付到位。下达“五个全覆盖”资金47亿元,支持96%的建制村通水泥(油)路,改造506万平方米中小学校舍,完成99%的卫生室空白村建设任务,2586个村实现村通广播电视,新解决272万农村人口饮水安全问题,农村生产生活条件明显改善。

5.坚持不懈深化改革强化管理，切实提高依法理财和科学理财水平。

财政“五五”普法规划稳步推进，《山西省农业综合开发条例》颁布实施。“省直管县”改革不断完善；国库集中支付制度改革范围扩大至省本级各部门和全省11个市、80多个县区；全省采购规模达到98亿元，比上年增长9%；行政事业单位资产处置、使用及收益管理不断加强。加大对扩内需、保增长政策落实和资金使用监督检查力度，有效查处和遏制了挤占、挪用、截留资金行为；“小金库”专项治理工作取得阶段性成果。

二、2010年全省和省本级预算草案

2010年全省一般预算收入861.7亿元，比上年完成数增长7%；全省一般预算支出1400.02亿元，比2009年向省人大常委会备案预算同口径增长6.5%(剔除中央专项转移支付提前告知数后的同口径比较，下同)。全省一般预算支出的主要项目安排情况是：一般公共服务152.05亿元，增长5.3%；公共安全84.76亿元，增长6.2%；教育274.7亿元，增长8.1%；科学技术18.9亿元，增长7.4%；社会保障和就业231.04亿元，增长8.2%；医疗卫生73.58亿元，增长8.3%；环境保护52.76亿元，增长6.7%；城乡社区事务66.9亿元，增长5.2%；农林水事务115.17亿元，增长8.2%；交通运输77.2亿元，增长6.4%；资源勘探电力信息等事务18.4亿元，增长4.4%；国土资源气象等事务55.7亿元，增长6%；预备费19.2亿元，增长4.5%；其他支出94.3亿元，增长1.3%。

省本级一般预算收入208.33亿元，比上年完成数同口径增长4.8%。省本级一般预算支出329.35亿元，比2009年向省人大常委会备案预算同口径增长2.3%。省本级主要支出项目安排情况是：一般公共服务38.09亿元，增长6.1%；公共安全19.69亿元，同口径增长6.1%；教育31.24亿元，同口径增长6%；科学技术4.45亿元，同口径增长4.9%；社会保障和就业40亿元，同口径增长4.3%；医疗卫生17.53亿元，同口径增长29.9%；农林水事务49.53亿元，同口径增长13.7%；交通运输45.73亿元，同口径增长0.3%；国土资源气象等事务19.07亿元，增长4.1%；预备费3.8亿元，增长5.6%。

2010年全省政府性基金收入安排466.82亿元，其中：煤炭可持续发展基金收入160亿元；基金支出464.83亿元。省本级政府性基金收入216.54亿元，其中：煤炭可持续发展基金收入102亿元；基金支出215.54亿元。

三、2010年全省财政工作任务

(一)认真落实积极的财政政策，努力保持经济平稳较快发展

多渠道筹集政府投资资金，继续支持铁路、公路、省城十大建筑和保障性安居工程等基础设施建设；进一步优化政府投资结构，着力加快在建、续建项目建设进度。支持义务教育学校、公共卫生和基层医疗卫生事业单位实施绩效工资，认真落实最低工资制度和“家电下乡”“汽车摩托车下乡”“农机下乡”以及“汽车、家电以旧换新”等消费政策，推进实施“万村千乡市场工程”“新网工程”和“放心粮油工程”等惠民工程。帮扶企业加快发展，认真落实各项税费减免政策，严格新设立行政事业性收费和政府性基金项目的审批管理；加大中小企业信用担保工作力度，努力缓解中小企业贷款难问题。

(二)积极推进经济结构调整和发展方式转变，着力提升经济发展的质量和效益

继续推进煤炭资源整合、煤矿兼并重组，支持符合条件的煤矿复工复产和加快技术改造，积极提升煤矿安全生产水平。紧紧围绕我省出台的产业调整振兴规划，对符合条件的新兴产业领域新办企业给予一定税收政策优惠，认真落实促进服务业发展的各项财税优惠政策，深入推进服务业“1+10”工程，重点支持文化、旅游产业发展。支持重大科技项目、技术创新工程和科技成果转化，对企业技术改造项目、技术创新活动予以财政资金补贴和税收政策优惠。继续加大节能减排和淘汰落后产能投入力度，对淘汰落后产能企业转产发展给予财政扶持；加快建设以低碳为特征的工业经济体系和社会消费环境。推进实施蓝天碧水工程、造林绿化工程、生态环境治理修复“2+10”工程；积极完善生态转移支付制度，切实加强财政转移支付政策对生态环境建设的导向性作用。

(三)切实加大强农惠农工作力度，有力促进农业增产、农民增收

今年省财政安排“三农”资金136亿元，同口径增长8%。落实好各项惠农补贴，进一步增加涉农补贴规模。支持雁门关生态畜牧经济区等“三大区域”和运城、晋中、大同三个现代农业示范区建设，推进农产品加工龙头企业“513”工程。支持应急水源工程和农田水利基本建设。全面启动全省农村义务教育债务化解工作，村级公益事业建设一事一议财政奖补试点扩大到30个县。保证“五个全覆盖”和“十件实事”资金需求，推进新安排的2000个新农村重点村搞好建设，再解决20万贫困人口脱贫问题。

(四)大力支持保障和改善民生，全力支持和谐山西建设

加大对农民工、零就业家庭、破产企业失业职工等就业困难群体就业援助力度，鼓励普通高校毕业生到中小企业、基层、非公有制企业就业，建立健全公共投资带动就业增长的机制。继续落实农村义务教育经费保障机制改革和城市义务教育阶段学生免学杂费政策，完成中小学校舍安全改造加固任务；加快国家示范性高等职业院校和职业教育实训基地建设，支持高等院校加快发展。完善基层医疗卫生服务体系，加大城乡医疗救助支持力度；新型农村合作医疗和城镇居民基本医疗保险财政补助标准从今年起由每人每年80元提高到120元。继续上调企业退休人员基本养老金，搞好新型农村社会养老保险试点，稳妥推进事业单位养老保险制度改革；进一步完善城乡低保制度，建立与物价变动相适应的城乡低保标准动态调整机制。支持开工建设保障性住房24万套、1370万平方米，确保全面完成国有重点煤矿棚户区改造任务，积

山西省高级人民法院工作报告(摘要)

——2010年1月28日在山西省第十一届人民代表大会第三次会议上

山西省高级人民法院院长　左世忠

各位代表:

现在,我代表省高级人民法院向大会报告工作,请予审议,并请省政协委员和各位列席会议的同志提出意见。

2009年,全省法院在各级党委的领导、人大及其常委会的监督和政府、政协及社会各界的关心支持下,认真贯彻党的十七大精神,深入落实科学发展观,坚持"党的事业至上、人民利益至上、宪法法律至上"的指导思想,践行"为大局服务、为人民司法"的工作主题,继续推进"三案、四化、五新"工程,各项工作取得了新进展。全省法院全年共受理各类案件187593件,办结168712件,分别比上年上升7.82%和9.63%;诉讼标的额为224.8亿元,同比上升43.21%。其中,省高院审执结各类重大案件2458件,同比上升16.22%。

一、坚持能动司法,更好地服务于我省转型发展、安全发展、和谐发展

一是采取有效司法举措,为我省应对金融危机提供良好法律服务。省高院及时分析研究国际金融危机背景下审判领域出现的新情况、新问题,制定出台了有关保障经济平稳较快发展、服务金融安全和农村改革等三个指导性意见,并强化了大要案报告、应急处置、调研分析、审判监督指导和案件审理统筹协调等五项工作机制,努力把握工作的主动权。各级法院针对企业因生产经营出现诸多困难而导致的纠纷,灵活运用司法手段,多行"放水养鱼"之举,慎用查封、扣押、冻结等强制措施,稳妥处置企业裁员、欠薪、破产等案件,既关注企业生存与发展,又有效维护职工合法权益;为促进案件快审快执,使争议资金、物资尽快进入生产流通领域,先后在全省开展了审限检查和清理执行积案两个专项活动;依法审理好金融纠纷,严厉打击集资诈骗、非法吸收公众存款等金融犯罪活动,进一步加大国有债权和民间资本的依法保护。

二是把握审判工作重心,为我省的经济发展提供有力司法保障。配合煤炭资源整合工作,严把受案条件,严格审理程序,审慎办理了一批相关民商、行政案件,并依法审理滥挖、盗采煤炭资源的案件223件。围绕经济结构调整、节能减排和生态环境建设,审理企业破产重组、知识产权案件247件,审结涉及自然资源、环境保护的案件1042件,与政府部门协调配合,通过法律手段关闭一批不符合产业政策、浪费资源、污染环境的企业。同时,审执结涉及基础设施、民生等工程建设的城市规划、征地、拆迁等行政诉讼和非诉执行案件2656件,审结重大安全责任事故犯罪案件93件、涉爆毒件521件,全力为我省"三个发展"清障解难。

三是推进"平安三晋"建设,为我省发展提供安全稳定的社会环境。去年全省法院新收刑事一审案件20299件(含自诉案件608件),判决有罪24566人。各级法院坚持宽严相济,对于严重危害经济社会健康发展的犯罪活动严惩不贷,该重判的重判,依法应当适用死刑的坚决判处死刑,始终保持了对严重刑事犯罪的高压态势。同时,对具有法定或酌定从宽处罚情节的依法予以从轻、减轻处理,共对6228名罪行较轻、确实不致再危害社会的被告人依法适用了缓刑,并辅之以社区矫正;对11368名服刑人员依法予以减刑或假释,促进了对罪犯的教育改造。

二、坚持和谐司法,最大限度地维护人民群众根本利益

高度重视审理涉及民生的案件。共审结婚姻家庭、继承案件30696件,审结医疗、住房、消费者权益保护、涉军人军属权益保护等案件9604件,均做到了及时处理、快速处理,并强调法律与情理的互动,弘扬社会公德,维护

极推进廉租住房建设、经济适用住房建设、棚户区改造和农村困难群众危房改造。全面完成"两区"县乡镇文化站、村文化室和农民体育建设工程"十一五"建设目标,继续推进"非两区县"文化活动室建设,深入实施文化信息资源共享、农家书屋、艺术精品创作、送书下乡以及农村电影放映等重点工程。

(五)全面实施科学化精细化管理,大力推动财政事业健康快速发展

全面完成"五五"财政法制宣传教育规划,认真做好《山西省信用担保机构管理办法》《山西省会计条例》(修订)的立法工作。继续深化部门预算改革,细化政府性基金预算,建立国有资本经营预算制度。完善省对市县均衡性转移支付制度,加快建立县级基本保障机制。依法加强税收征管,严厉打击偷骗税违法活动;从严控制一般性支出,严格预算约束。建立健全覆盖所有政府性资金和财政运行全过程的监督机制,进一步完善"小金库"治理长效机制。加强企业财务监管,监督和指导企业建立健全内部财务管理制度,认真落实企业会计准则体系。

各位代表:做好2010年财政经济工作,任务艰巨、意义重大。让我们在省委、省政府的正确领导下,在省人大的监督支持下,深入贯彻落实科学发展观,坚定信心,迎难而上,开拓创新,团结奋进,以振奋的精神、务实的作风和有力的举措,确保2010年财政预算任务的圆满完成,努力为推进我省转型发展、安全发展、和谐发展作出新的更大的贡献!

公序良俗。特别注重了困难、弱势群体诉求的实现,开辟"绿色通道",审结老人、妇女、儿童、伤残人员追索赡养费、抚养费、赔偿费案件767件,审结土地承包、农产品购销、农民工劳动报酬等涉农纠纷1010件,以及涉及劳动保护、最低生活保障的行政案件106件和国家赔偿案件38件,为176名符合法律援助条件的被告人指定了辩护人,为2699名确有困难当事人缓减免诉讼费2140.97万元。

高度重视加强诉讼调解工作。省高院在怀仁县召开了全省法院"重调息诉、和谐司法"经验交流会,坚持把调解工作贯穿于立案、审判、执行各个环节,并着力推动构建多元纠纷解决机制,利用各方力量,提高调解成功率。去年,全省法院在审结民事一审案件数量同比上升6.01个百分点的基础上,调解、撤诉率比上年提高9.62个百分点,达到了56.54%;刑事自诉和刑事附带民事案件调撤率为62.66%;行政和解、执行和解率分别达到23.32%和49.27%。

高度重视解决涉诉信访问题。针对长期存在、难以消化的赴省进京上访和重信重访案件,省高院创新性地开展了"两案三评一访"活动,形成了高院领导带案下访、层层督办、全员参与的信访工作模式,并积极配合最高法院驻晋接访组做好工作,圆满实现省委关于国庆期间"四个坚决防止"的要求。最高法院王胜俊院长专门作出批示,要求全国法院借鉴推广我省法院的经验,实现解决信访难题的突破。

高度重视破解执行难问题。去年全省法院共受理执行案件40168件,执结32459件,执结率为80.81%。开展集中清理执行积案专项行动,对一批执行阻力大、社会关注的执行积案进行重点攻坚,累计执结有财产可供执行积案8054件,执结涉及特殊主体、困难群众的重点案件5188件,执结或终结无财产可执行积案30987件。为推进执行工作长效机制建设,省高院制定出台了贯彻落实最高法院进一步加强和规范执行工作的指导性意见,对建立执行快速反应机制、优化执行职权配置、强化执行监督制约、完善执行工作联席会议制度和执行联动威慑机制等作出了具体规定。

高度重视推进司法便民工作。继续大力推行人民法庭直接立案,全面实行案件繁简分流,坚持预约开庭、假日法庭、巡回审判等便民机制。许多法院深入开展法官进社区、进学校、进乡村活动,把审判法庭开到离人民群众最近的地方,宣传法制,就地解决矛盾,及时调处纷争。认真开展了"争做文明接待窗口,争做文明接待员,争做人民群众贴心人"活动,努力把立案信访窗口建设成为功能齐备、制度健全、设施完善、服务到位的司法场所。

三、坚持阳光司法,不断创新和完善审判工作机制,进一步提高司法的公信力

进一步坚持完善司法民主工作机制。全省法院努力深化审判公开改革,加强了立案公开、庭审公开、判决理由和结果公开。不少法院在互联网上开辟了网站,收集群众的意见建议,并加强了与新闻媒体的沟通联系,积极接受舆论监督。坚持院长接待日和带案下访制度,主动了解把握社情民意。全省2002名人民陪审员参与审理案件13036件,参与审理案件数量同比上升46.59%。

积极推行量刑规范化改革。按照最高法院部署,省高院选择确定了太原中院及其辖区法院和怀仁、洪洞、长治城区法院等一批试点法院,将故意伤害、毒品、抢劫、盗窃、交通肇事等五类常见、多发犯罪的量刑纳入法庭审理程序,使控辩双方都能就量刑发表意见、参与到量刑活动中来,进一步从机制上规范法律赋予法官的裁量权,保证了量刑的平衡和准确。

创新未成年人审判工作。面对近年来未成年人案件突出的情况,认真贯彻《山西省未成年人保护条例》,共对1042名未成年被告人依法予以从轻、减轻或免除处罚。主动参与青少年违法犯罪综合治理工作,对宣判后的未成年犯进行回访帮教,一些法院还配合有关部门尝试建立未成年人犯罪前科消灭制度,让确有悔罪意愿且表现良好的少年犯,能够真正回归社会、重新做人。

强化内部监督制约。省高院在继续做好对各中院审判质量、效率、效果"三位一体"考评工作的基础上,延伸至对全省基层法院审限内结案率、调解撤诉率、执行到位率、息诉罢访率、结案均衡度等关键指标进行考核排队、定期通报。继续强化审判监督工作,加强案件质量评查,针对二审、再审中发现的问题,及时出台指导意见、发布典型案例、进行专项检查等,促进了全省法院审判质量的整体提升。

四、坚持开展主题实践活动,狠抓法院自身建设

强化思想作风建设。各级法院按照建设学习型法院的要求,进一步教育引导广大干警不断增强践行中国特色社会主义司法制度的自觉性和坚定性。省高院在全省法院部署开展了向原沁县法院"亲民院长"王天祥、临汾市尧都区法院优秀法官景云峰等同志学习的活动,组织了全省性的司法作风大检查和省院机关纪律作风整顿活动,认真对待和解决队伍中存在的群众观念不强、特权思想严重、司法活动不规范不文明等问题,努力突出思想政治工作的针对性和实效性。

强化司法能力建设。组织开展了庭审观摩、裁判文书评比、案例编写、业务研讨等岗位练兵活动,着力提升队伍正确把握大局、了解社情民意,驾驭审判工作、解决实际问题的能力。坚持交流轮岗、法官逐级遴选、审判骨干到立案信访部门接受锻炼等制度,形成了有利于优秀人才脱颖而出的干部管理机制。结合庆祝建国、建院60周年,积极组织文艺汇演、书画展览、知识竞赛、爱心捐助等丰富多彩的法院文化建设活动,收到了凝聚人心、激发活力、提升素质、展示形象的重要作用。

强化反腐倡廉建设。各级法院领导干部坚持一岗双责,扎实推进全省法院惩治和预防腐败体系建设。认真抓好最高法院"五个严禁"规定的学习、宣传和执行,不断创新廉政警示教育方式,在省高院机关建立了廉政教育室,将徐向前元帅故居、太原市第一监狱分别作为"革命传统教育基地"和"警示教育基地",在右玉县召开了全省法院

山西省人民检察院工作报告(摘要)

——2010 年 1 月 28 日在山西省第十一届人民代表大会第三次会议上

山西省人民检察院代检察长　王建明

各位代表：

2009 年，全省检察机关认真学习贯彻党的十七大、十七届三中、四中全会、省委九届十次全会和省十一届人大二次会议精神，深入贯彻落实科学发展观，坚持“强化法律监督，维护公平正义”检察工作主题，认真履行法律监督职责，各项检察工作取得了新的进展。

一、充分发挥检察职能，主动服务全省工作大局

为进一步提高服务大局的能力和水平，省检察院出台了《山西省人民检察院关于充分发挥检察职能，为全省转型发展、安全发展、和谐发展服务的意见》，提出了 7 个方面 30 条意见和要求，得到了省委、省人大、省政府、省政协的充分肯定和人民群众的广泛好评。开展了为期两个多月的“深入农村、深入企业、深入社区”实践活动，共有 453 名检察长、副检察长，3100 多名检察人员参加了调研，走访干部群众 11000 多人次，邀请各级人大代表、政协委员、企业负责人和基层群众参加座谈 800 余次。坚决

学习右玉精神推进反腐倡廉现场工作会，在省高院审判执行部门配备了 18 名廉政监察员，面向社会各界聘任了 79 名廉政监督员，组织明察暗访组，对全省法院加强检查督导。通过坚持不懈地抓教育、抓监督、抓查处，取得了积极成效。

强化基层基础建设。坚持“重心下移、精力下沉、保障下倾”原则，着力解决基层法院存在的突出问题，与组织部、财政厅等部门积极协商，为 55 个贫困基层法院定向公开招录工作人员 79 名，为全省三级法院招录法官、书记员 300 人，大多数基层法院公用经费、办案经费保障达到规定标准，列入国家投资项目的 108 个审判法庭已建成 92 个，列入国家中西部专项建设的 275 个人民法庭已建成 135 个，基层的审判工作条件进一步改善。

强化自觉接受监督的机制建设。一是坚持重大事项报告制度，依靠人大的有力监督，推动解决审判工作中存在的问题和困难。二是健全人大代表建议和政协委员提案的办理制度。三是努力使人大代表、政协委员的联络工作经常化。省高院去年走访或邀请省人大代表、政协委员座谈 230 余人(次)，使代表、委员监督渠道保持了通畅。四是依法接受检察机关的监督，全省法院去年审结抗诉案件 339 件。

2010 年，是全面实施“十一五”规划的最后一年，也是我省致力于“三个发展”的关键一年。全省法院将始终高举中国特色社会主义伟大旗帜，深入贯彻落实科学发展观，紧紧围绕中央、省委的重大决策部署，紧紧围绕深入推进社会矛盾化解、社会管理创新、公正廉洁执法三项重点工作，认真履行审判职责，全面加强自身建设，更好地为我省的经济平稳较快发展、社会和谐稳定服务。为此，我们将重点抓好以下工作：

一是围绕中心、着眼大局，深入推进社会矛盾化解。要继续高度关注国际金融危机形势的变化，紧密围绕我省经济工作会议确定的“六项重点任务”“七项主要工作”，积极调整审判重心，主动强化工作措施，及时妥善审理好在调结构、扩内需中发生的各类案件，为经济平稳较快发展提供更好法律服务。针对当前人民内部矛盾凸显、处理难度加大的情况，要继续坚持“调解优先、调判结合”的审判原则，落实多办“铁案、精品案、和谐案”的要求，进一步完善“两案三评一访”工作机制，抓好矛盾的源头预防和排查化解，力求做到办理一个案件，消除一个隐患，促进一方平安。

二是发挥职能、综合治理，深入推进社会管理创新。要准确把握宽严相济的刑事政策，进一步加大对各类严重刑事犯罪的打击力度，积极参与对社会治安重点地区的综合整治，继续加强对被判处缓管免刑人员，以及刑释解教人员的跟踪帮教管理工作，切实维护良好的社会管理秩序。要继续加大公开审判力度，在全省法院广泛开展法官进社区、进企业、进学校、进农村活动，增强公民法制观念，预防和减少违法犯罪。要进一步加强改进行政审判工作，监督支持行政机关依法行政、强化社会管理。

三是从严治院、狠抓队伍，深入推进公正廉洁执法。要继续引深“人民法官为人民”主题实践活动，坚持以党的建设推进队伍建设，改进作风，密切与人民群众的联系，增进对人民群众的感情，树立人民法院亲民、爱民、为民的良好形象。针对容易滋生腐败的重点岗位和关键环节，要进一步健全制度，强化对权力行使的监督制约，坚定不移地落实“五个严禁”的规定，对执法不公、不廉以及渎职失职导致错案的，要以“零容忍”的态度依法严肃处理。

四是突出重点、创新工作，深入推进司法改革。要认真贯彻中央关于深化司法体制和工作机制改革的部署，因地制宜，积极推进各项改革任务的落实。进一步完善各项司法便民利民举措，拓展提升立案信访接待窗口功能，健全完善执行工作机制，切实解决诉讼难、执行难问题。继续加大对基层监督指导力度，切实解决好影响基层法院工作发展的经费、编制、待遇等突出问题，打牢法院工作的根基。要更加自觉地接受人大监督，以及政协民主监督、检察机关法律监督和社会监督，加强长效机制建设，努力以监督促公正、以公开赢公信。

查办危害“三个发展”的犯罪，批捕破坏社会主义市场经济秩序犯罪484件768人，起诉539件894人；查办煤焦领域职务犯罪140件149人，查办重大工程建设等领域的职务犯罪62件73人，查办危害能源资源和生态环境渎职犯罪180件185人。在执法办案中严格区分罪与非罪的“六个界限”，特别是在办理涉及企业的案件时，严格做到“六个不轻易”和“六个严禁”，尽可能减少办案给企业带来的不利影响，促进企业健康发展。

二、依法打击各类刑事犯罪，全力维护社会和谐稳定

认真贯彻落实中央、省委关于国庆安保和维护社会和谐稳定的安排部署，依法履行批捕起诉职责，共批准逮捕各类刑事犯罪14136件23572人，提起公诉18626件29696人。批捕严重暴力犯罪、“两抢一盗”等多发性侵财犯罪和涉枪涉爆犯罪9040件15095人，起诉11030件17526人；批捕黑恶势力犯罪6件70人，起诉5件55人。依法适用宽严相济的刑事司法政策，对3096人做出不批准逮捕决定，对1290人做出不起诉决定。采取检察长接访、下访巡访、定期走访等形式，依法妥善处理涉检信访问题，共受理涉检信访案件2530件，办结2329件。开展“信访积案化解年”活动，排查出2004年以来涉检信访积案54件，办结45件。做好国庆期间涉检信访工作，采取派员驻京接访、领导直接包案等措施，实现了涉检进京非正常零上访目标。

三、依法查办和预防职务犯罪，扎实推进反腐倡廉建设

认真贯彻中央、省委关于党风廉政建设和反腐败工作的总体部署，积极查办和预防职务犯罪，推动了反腐败斗争的深入开展。共查办职务犯罪1226件1414人，其中大案789件，县处级以上干部要案68人（厅级干部2人），挽回经济损失2.4亿元。积极保障和改善民生，查办重大安全生产责任事故背后的职务犯罪153件156人，查办社会保障、招生考试等民生领域的职务犯罪155件165人，查办涉农职务犯罪227件272人。省市两级检察院受理下一级检察院提请逮捕的职务犯罪82件93人，决定逮捕73件82人，不捕9件11人。加强人民监督员制度试点工作，人民监督员共监督“三类案件”222件237人。法院已审结的职务犯罪案件，有罪判决率达到99.82%，为5年来最高。高度重视职务犯罪预防工作，会同省人大内司委召开座谈会，启动了“五个一”宣传活动。召开第一次预防职务犯罪工作会议，明确了职务犯罪预防的重点、目标和措施。开展警示教育103次，提出检察建议151件，受理行贿犯罪档案查询662件。

四、加大诉讼监督力度，努力维护和促进司法公正

加强刑事立案和侦查活动监督。监督纠正侦查机关应当立案而不立案940件，不应当立案而立案269件，提出纠正意见和检察建议2874件，依法追加逮捕716人，依法追加起诉742人。加强刑事审判监督，对213件认为确有错误的刑事判决、裁定提出了抗诉；开展刑事审判法律监督专项检查活动，发现并纠正存在问题的案件41件。加强民事审判和行政诉讼监督，对认为确有错误的民事行政判决、裁定提出抗诉233件，提出再审检察建议121件，办理督促起诉、支持起诉等案件1209件。加强对刑罚执行和监管活动的监督，提出纠正意见1160人次，纠正1144人次；查办监管干警职务犯罪19件19人；开展看守所监管执法、监狱“清查事故隐患、促进安全监管”和监外执行专项检查工作。

五、全面加强检察队伍建设，不断提高法律监督能力

加强思想政治建设。开展深入学习实践科学发展观活动，深化社会主义法治理念教育和“大学习、大讨论”活动。省检察院出台了加强思想政治建设的意见，明确了思想政治建设的指导思想、基本要求和具体措施。

加强纪律作风建设。开展“加强领导干部党性修养，树立和弘扬良好作风”活动，大力践行《检察官职业道德基本准则》。全省检察机关共有15个先进集体、7名先进个人受到国家有关部门的表彰，省检察院连续5年荣获省直机关文明和谐单位标兵。对2004年以来全省检察机关立案侦查案件涉案款物情况逐案进行检查，发现并纠正172件。省检察院开展大规模督察3次，查处检察人员违法违纪案件立案7件11人，给予党政纪处分10人，其中追究刑事责任2人。

加强领导班子建设。省检察院突出抓好领导班子和中层干部队伍建设，提出了明确的整改措施。对市级院开展巡视2次，上级院列席下级院领导班子民主生活会138次。认真落实党风廉政建设各项制度，加强了对领导班子和领导干部的监督。

加强队伍专业化建设。推行大规模推进检察教育培训，广泛开展岗位练兵等活动，组织职务犯罪侦查、司法考试等培训班534期，培训1万余人次，233人通过了国家司法考试。配合省委组织部做好检察机关公务员招录工作。

加强基层基础建设。省检察院出台了《山西检察工作科学发展五年规划(2010年—2014年)》，从服务大局、执法办案、队伍建设等10个方面提出了77条具体任务和措施。下发了基层院建设实施意见，确立了22个基层院为执法规范化、队伍专业化、管理科学化、保障现代化建设试点单位。加大经费保障力度，80.5%的基层院落实了公用经费保障标准。省检察院为基层院发放了一批办案设备和业务用车。

同时，全省检察机关自觉接受人大及其常委会的监督，主动报告重要工作，认真执行各级人大及其常委会的决议和决定。共向各级人大常委会报告工作460次，召开人大代表座谈会360次，邀请人大代表视察工作260次，对各级人大及其常委会转办交办的340件案件全部办结。

我们清醒地认识到，全省检察工作还存在许多问题和不足。一是服务大局与履行检察职责结合得不够紧密，存在孤立办案、机械执法的现象；二是法律监督能力与人民群众对公平正义的需求还有差距，监督不力、监督不规范等问题依然存在；三是查办职务犯罪的力度、质量和效果与反腐败斗争的形势还不相适应，尤其是查办人民群众反映强烈的有影响、有震动的大要案还不够多;四是队伍整体素质与公正廉洁文明执法的要求还有差距，个别检察人员执法不规范不文明，甚至以权谋私、执法犯法;五是科技强检步伐较慢，信息化建设相对滞后;六是基层基础建设亟待加强，部分基层检察院还存在检察官断档、经费保障不足等问题。对此，我们要采取有力措施加以解决。

各位代表，2010年全省检察机关要全面贯彻党的十七大、十七届四中全会和中央、全省经济工作会议以及政法工作会议精神，以邓小平理论和“三个代表”重要思想为指导，深入贯彻落实科学发展观，以执法办案为中心，以提升执法公信力为目标，以深入推进社会矛盾化解、社会管理创新、公正廉洁执法为载体，强化法律监督，强化自身监督，统筹检察业务、检察队伍、检务保障建设，努力把全省检察工作提高到新水平，为我省转型发展、安全发展、和谐发展提供坚强的司法保障。要突出抓好以下五方面工作:

一是坚持服务大局，为经济社会又好又快发展提供司法保障。要紧紧围绕党和国家的工作大局来谋划和推进检察工作，深入贯彻落实服务“三个发展”的《意见》，探索建立服务“三个发展”的长效机制。充分发挥检察职能，促进经济平稳较快发展。积极服务和保障民生，促进解决涉及群众利益的难点热点问题。加强涉农检察工作，开展设立乡镇检察室试点。深入推进社会矛盾化解，积极参与社会管理创新，维护社会和谐稳定。认真贯彻宽严相济刑事司法政策，积极改进执法办案方式方法，努力实现办案的法律效果和政治效果、社会效果的有机统一。

二是以执法办案为中心，推动法律监督工作深入开展。始终把强化法律监督、维护公平正义作为根本任务，坚持以执法办案为中心，努力提高法律监督能力。认真履行批捕、起诉职责，依法严厉打击危害国家安全、严重影响社会治安和破坏市场经济秩序的犯罪活动。加强与其他政法机关的联系、协调，形成维稳工作合力。加大查办和预防职务犯罪力度，重点查办发生在领导机关和领导干部中危害严重、影响恶劣的职务犯罪，煤焦、民生、涉农、重大工程建设等重点领域的职务犯罪，资源开发、审批、整合过程中的职务犯罪，严肃查办重大安全生产责任事故和群体性案件背后的职务犯罪。推进侦查工作机制建设，实行职务犯罪侦查资格认证制度。认真贯彻预防职务犯罪工作条例，积极构建党委领导下的职务犯罪大预防格局。围绕人民群众反映强烈的执法不严、司法不公等突出问题，加大诉讼监督力度，以监督促公正。

三是强化高素质检察队伍建设，提高公正廉洁执法水平。坚持以党建带队伍，加强中国特色社会主义理论体系、社会主义法治理念教育。扎实推进“建设学习型党组织、学习型检察院”活动，实施“351”人才培养工程，开展大规模检察教育培训，着力提高执法能力、群众工作能力、舆论引导能力和突发事件处置能力。深入开展“恪守检察职业道德，促进公正廉洁执法”主题教育活动，大力弘扬忠诚、公正、清廉、文明的检察职业道德。坚持执法为民，始终把维护人民权益作为根本出发点和落脚点，大力推行便民利民措施，建立健全由人民群众评判检察工作的机制。坚持理性、平和、文明、规范执法，最大限度兼顾各方面利益诉求，最大限度兼顾法、理、情。始终保持执法者应有的理性，始终以平和的态度对待群众，始终尊重当事人人格尊严，始终遵循执法办案程序和执法行为规范。完善内外监督制约机制，除法律规定保密的以外，能够公开的一律向社会公开。改进执法考评工作，形成办案力度、质量、效率、效果有机统一的执法导向。严格遵守最高人民检察院“十个严禁”的规定，对违法违纪的检察人员坚决依法查处，决不姑息。

四是深化检察改革，增强检察工作科学发展的动力。根据最高人民检察院关于检察总体部署，扎实推进各项检察改革。加快完善职务犯罪案件审查逮捕权上提一级工作机制，省市两级院要确定专门机构办理职务犯罪审查逮捕案件。认真落实抗诉工作与职务犯罪侦查工作内部监督制约机制。完善检察建议制度，严格按照规定的发送对象、适用范围、制发主体和程序提出检察建议。完善上级院领导下级院工作的程序、方式，建立全省三级检察院之间相互支持、相互配合、相互协调的检察工作机制。

五是加强基层基础建设，筑牢检察工作的发展根基。制订《山西省基层检察院“四化”建设标准》，抓好“四化”建设示范院的培养、管理和推广，切实发挥基层院服务发展、保障民生、化解矛盾、维护稳定的一线平台作用。积极配合省委组织部做好招录检察机关公务员工作，努力解决基层检察人员短缺问题。认真落实全国检察信息化发展规划纲要，加快基础网络和应用平台建设，完成12309电话举报系统建设。加强经费保障和科技装备建设，为基层院履行法律监督职责提供坚实的物质保障。

各位代表，面对新形势、新任务，我们深感责任重大。全省检察机关将深入贯彻落实科学发展观，在省委和最高人民检察院的正确领导下，在省人大的有力监督下，认真贯彻落实本次大会精神和决议，坚定信心，迎难而上，真抓实干，开拓创新，积极履行法律监督职责，为实现我省经济社会又好又快发展作出新的更大的贡献!

2009年山西省大事记

1月

2日

由中共山西省委宣传部、中央电视台文艺中心等部门联合制作的40集大型电视连续剧《走西口》在央视一套黄金时段播出，反响良好，被业界称为《闯关东》姊妹篇。

3~17日

全省首届青年演员大奖赛在太原举行。

4日

山西省与山东省在北京签订《晋鲁两省加强能源交通领域合作框架协议》。

山西省政府召开安全生产工作会议。

5日

大同至呼和浩特高速公路开工建设。

中煤集团平朔东露天煤矿开工建设。

5~6日

山西省十一届人大常委会第八次会议在太原召开。

6日

经中国证监会批准，山西证券和德意志银行合资公司在山西筹建首家外商参股证券公司。

全省税务工作会议、全省发展和改革工作会议分别在太原召开。

山西中医学院、太原高新区被科技部授予“国际科技合作基地”并正式揭牌。

7日

山西省军区党委九届十五次全体扩大会议在太原召开。

中共山西省委办公厅、省政府办公厅联合发出《关于在全省开展“进万户门、解万家难、暖万人心”活动的通知》。

太原至佳县高速公路西段控制性工程正式开工建设。

8日

山西省电网建设动员大会召开，全省11个首批电网建设项目同时启动。

申纪兰精神研究中心在太原成立。

省委副书记、代省长王君主持召开省政府第28次常务会议，研究通过进一步减轻企业负担稳定就业局势、促进工业经济平稳较快发展和加强重点工程建设工作等措施。

9日

太原—晋中广播电视新闻·资讯网络同城化开通仪式在太原举行。

9~15日

中国人民政治协商会议第十届山西省委员会第二次会议在太原召开。薛延忠当选为政协第十届山西省委员会主席。

11~16日

山西省第十一届人大常委会第二次会议在太原召开。大会通过关于政府工作报告的决议、关于山西省2008年国民经济和社会发展计划执行情况与2009年国民经济和社会发展计划的决议、关于山西省2008年全省和省本级预算执行情况及2009年全省和省本级预算的决议、关于省人大常委会工作报告的决议、关于省高级人民法院工作报告的决议、关于省人民检察院工作报告的决议。王君当选为山西省省长，刘维佳、张建欣当选为山西省副省长。

13日

山西省劳动和社会保障厅、省财政厅联合出台文件，就加强对企业分类指导，减轻企业负担，稳定就业局势作出部署。

16日

山西省政府重点工程建设推进会在太原召开。

17日

省委召开常委会议，学习贯彻十七届中央纪委三次全会精神，总结2008年全省党风廉政建设和反腐败工作，部署2009年反腐倡廉建设任务。

全省政法工作会议在太原召开。

《山西省人民政府关于2009年安全生产工作的意见》正式印发。

晚11时5分—11时30分，黄河壶口马王庙村段突发冰凌灾害，直接经济损失200余万元。

19日

全省金融工作会议在太原召开。

据《山西日报》报道，2008年11月至1月19日，山西长达80天连续无雨雪，遭受新中国成立以来第三个严重冬旱。

20日

王君主持召开省政府专题会议，听取本省禽流感防治情况汇报，研究部署下一步防控工作。

全省财政工作会议在太原召开。

山西、河北等12个省(区)成为大陆居民赴台旅游第二批开放区域。

全省交通工作会议在太原召开。

在全国精神文明建设表彰大会上，太原、长治、晋城3个城市获"全国创建文明城市工作先进城市"称号，怀仁、襄垣、壶关县县城和23个村镇获"全国文明村镇"称号，大唐太原第二热电厂等40个单位获"全国文明单位"称号。

1000千伏晋东南至南阳至荆门特高压交流试验示范工程正式投入运行，成为运行电压最高、输送能力最大、代表国际输变电技术最高水平的输电网络。

21~22日

《山西省人民政府安全生产委员会制度》等八项制度施行。

2008年10月下旬至2009年1月中旬，全省共有28000多个村完成村委会换届选举，第八届村民委员会换届选举工作圆满完成。

2月

1日

省委印发《关于进一步加强和改进党委(党组)中心组学习的实施意见》的通知。

全省正式启动家电下乡工作。

2~11日

应肯尼亚共和国内罗毕市政府和毛里求斯共和国投资局邀请，省委常委、常务副省长申联彬率山西经贸代表团对肯尼亚、毛里求斯进行友好访问。

3日

世界上最大的100MN双动卧式短行程前上料铝挤压机在太重集团公司制造完成。

5日

省政府召开全省安全生产调研督导动员大会，决定从2月6~15日，对各市安全生产工作进行调研督导。

6日

太原市推行"减负令"，在小学全面推行"每周一日无作业"制度。

山西电力监管工作会议在太原召开，为期一年的全省电力行业安全生产专项整治工作正式启动。

7日

据《山西日报》报道，山西省外事办公室、山西省纪委、组织部等多个部门联合下发《关于严格禁止党政干部持普通护照、通行证出国(境)执行公务活动的通知》。

9日

省政府划定扶持农业产业化项目及限制项目。

10日

省政府召开第29次常务会议，通过《山西省搞活流通扩大消费的实施意见》。

省委书记、省人大常委会主任张宝顺在太原会见中国银监会党委书记、主席刘明康一行。双方就农业金融建设、加强山西银行业特别是晋商银行建设等有关事宜交换意见。

11日

省委召开深入学习实践科学发展观活动领导小组第四次会议，讨论《中共山西省委常委会深入学习实践科学发展观活动整改落实方案》。同日，中央指导检查组听取山西省学习实践活动情况汇报。

全省教育工作会议在太原召开。会议决定2009年全省义务教育阶段取消"公参民"学校和"择校费"。

省妇联九届九次执委(扩大)会议、全省旅游工作座谈会、全省统计工作会、省政府对外贸易工作座谈会分别在太原召开。

11~14日

全国政协副主席、民建中央第一副主席张榕明一行，就民建工作在山西省进行指导调研。

11~15日

中央纪委副书记张惠新就学习贯彻第十七届中央纪委第三次全会精神在山西省调研。

12日

全省高校党建工作会议、全省工商行政管理暨党风廉政工作会议分别在太原召开。

祁县、河曲境内发生两起特大道路交通事故。

13日

全省人民防空工作会议、全省质监工作暨党风廉政建设会议分别在太原召开。

据《山西日报》报道，山西省分绿色(优秀)、蓝色(良好)、橙色(基本达要求)、红色(违法)、黑色(严重违法)五级，全面实施企业环境行为评价。

13~19日

山西省公安厅派出12个工作组对全省各地预防重特大道路交通事故、消除重点违法行为整治工作进行督导检查。

14日

山西省政府召开重点工程建设领导组第一次调度会议，通过2009年重点工程项目名单。

省政府召开道路运输安全生产紧急视频会议，要求各单位各部门抓好影响道路运输安全薄弱环节的整治。

16日

省政协十届十六次主席会议召开，审议通过《政协第十届山西省委员会2009年主要工作责任制》。

省政府召开第30次常务会议，审议通过《关于加强全省就业工作的意见》《关于加快推进服务业"1+10"工程建设的意见》《2009年全省安全生产工作重点、考核指标和考核办法》和有关建设用地事项。

全省组织部长会议、全省科技工作会议分别在太原召开。

17日

石太客运专线第一列和谐号动车组试验列车驶进太原，进行首次运行测试。

王君主持召开经济形势分析会。

全省宣传部长会议、全省外宣办主任会议、全省文明办主任会议在太原召开。

据《山西日报》报道，山西省太阳能电池多晶硅片制造关键设备(铸锭炉)及工艺技术、T700级高性能PAN基碳纤维原丝工程化研发及中大尺寸液晶显示器用TFT-LCD偏光片贴附机3个项目的研发和实施，打破被少数发达国家垄断局面，居于国际水平。

17~20日

全国人大常委会原副委员长、中国红十字会会长彭珮云先后到长治、晋城、晋中、太原等地考察红十字会工作。

18日

省委中心组专题学习胡锦涛总书记在十七届中央纪委三次全会上的重要讲话，讨论《中共山西省委关于加强领导干部党性修养、大力树立和弘扬良好作风的意见》。

太原钢铁集团公司出台省内首部企业安全生产问责制。

全省国防科技工业工作会在太原召开。会议对全省在“神七”任务中作出突出贡献的9名个人、9个单位和集体进行表彰。

全省工业经济工作会议在太原召开。

山西医科大学第二附属医院在全省首先在社区实施首席医师负责制。

是日起，全省建设系统开展为期一年的安全生产专项整治活动。

19日

全省政府机构改革动员大会暨机构编制工作会议在太原召开。按照部署，省政府新一轮机构改革按照《山西省人民政府机构改革方案》于2009年上半年完成。市县政府机构改革于2009年下半年开始，年底前完成。

省委、省政府联合出台《关于表彰第二届全省优秀中国特色社会主义事业建设者的决定》，授予张亚平等49人为“山西省优秀中国特色社会主义事业建设者”荣誉称号。

山西省委常委、副省长李小鹏赴湖南长沙与湖南省委常委、常务副省长于来山，副省长陈肇雄就加强晋湘两省电力合作问题进行商谈。

20日

全省安全生产工作会议在太原召开。

21日

吕梁民用机场正式开工建设。

省工商联（总商会）十届三次执委（扩大）会议在太原举行。

由科技部和省科技厅共同组织的国家中药现代化科技产业（山西）基地建设规划通过专家论证。

22日

凌晨2时20分，西山煤电屯兰矿南四盘区12403工作面发生瓦斯爆炸事故。截至18时，74名矿工遇难。

省委召开农村工作会议。

23日

省委副书记、省政协主席薛延忠主持召开领导组会议，研究2009年重点援建项目，讨论并原则通过山西省支援茂县灾后恢复重建《2008—2010(3年)工作方案》。

据《山西日报》报道，“晋遗30号”大豆新品种获农业部植物新品种保护，成为全省目前唯一受国家保护的大豆品种。

24日

共青团省委十三届三次全体（扩大）会议在太原召开。

全省重点工程建设动员大会、全省文物局长会议、全省食品药品监督管理工作会议、全省建设工作会议分别在太原召开。

24~25日

全省党风廉政建设干部大会暨省纪委四次全会在太原召开。会议下发省委《关于加强领导干部党性修养、大力树立和弘扬良好作风的意见》。

25日

省委九届七次全体会议在太原举行。

据《山西日报》报道，《2009年：山西资本市场发展报告》一书，由山西经济出版社正式出版，成为第一本山西“资本市场黄皮书”。

太原海关和山西出入境检验检疫局签署《共同促进山西外向型经济发展合作备忘录》。

定坤丹、梅花点舌丸等8项传统医药制作技艺入选第二批省级非物质文化遗产名录推荐项目名单。

侯马市获“中国绿色名市”称号。

26日

全省残联第21次工作会议在太原召开。

省委议军会议暨省国防动员委员会第四次全体会议在省军区召开，会议讨论通过《关于新形势下加强国防动员建设的意见》。

省公安厅、省人事厅、省监察厅联合制定下发《山西省公安厅六条警规》，决定从3月1日起在全省公安机关全面实施。

中国邮政正式推出“国内特快专递邮件时限承诺”服务，太原与北京、上海、广州等100个城市成为全国首批承诺服务城市。

27日

省政府下发《关于在全省国有重点煤矿和地方骨干煤矿开展安全生产专项整治的通知》，决定自3月1日起，在全省开展为期一年的煤矿安全生产专项整治工作。

全省最大的保障性住房建设工程在大同市启动。

万家寨引黄入晋工程北干线全面开工建设仪式在大同举行。

全省净化社会文化环境工作电视电话会议在太原举行。

28日

晋商银行在太原揭牌。

具有世界先进水平的中国第一条高速动车组轮对（车轮、车轴）生产线在太原投产。

全省财政经济建设工作会议在太原召开。

2月下旬

中盐运城盐化集团有限公司在运城成立。该公司总投资40亿元年产40万吨聚氯乙烯(PVC)项目一期工程正式启动。

3月

2日

全省非煤矿山安全生产工作会议在太原召开。会议明确提出2009年非煤矿山安全生产工作围绕“杜绝一次死亡10人以上的重特大事故”一个目标、突出“抓好尾矿库、井工矿、排土场的安全生产工作”三个重点全面展开。

3日

山西省纪念“三八”国际劳动妇女节99周年暨第五届“山西十大女

杰”表彰大会在太原举行。李学花、李冬花、余晓兰等获本届“山西十大女杰”荣誉称号。

据《山西日报》报道,山西中北大学科技园被科技部、教育部批准为国家大学科技园。

9 日

山西、湖南两省在北京签订《关于进一步加强能源领域合作框架协议》。

全省引黄工程工作会议在太原召开。

10 日

山西省与全球最大中文搜索引擎百度在北京签署《文化品牌宣传推广合作框架协议》。

全省党委系统信息工作会议在晋中市召开。

省组织系统“12371”党员咨询服务电话在全省全面开通。

11 日

全省首家涉税司法鉴定机构—山西天扬涉税司法鉴定所成立。

11~14 日

2009 年全国地方科协科普工作研讨会在长治召开。

14 日

省农科院与日本国际协力事业团主持研究的“内陆干旱型盐碱地改良技术研究与示范推广”项目,经专家鉴定达到国际先进水平。

16 日

省委办公厅、省政府办公厅联合下发《关于进一步加强新形势下离退休干部工作的实施意见》。

16~19 日

阳曲泥屯镇岔上村发生山火。26 日,阳曲县召开护林防火公处大会,10 名事故责任人受到行政处罚。

18 日

晋中在全省率先出台现代农业示范区建设规划。

据《山西日报》报道,《太原市市级非物质文化遗产保护与管理暂行办法》出台,成为全省首个市级“非遗”保护与管理办法。

19 日

山西省 22 家企业 34 个项目参展 2009 中国国际节能减排和新能源科技博览会,全国政协副主席、科技部部长万钢对山西省节能减排工作予以高度评价。20 日,中共中央总书记、国家主席、中央军委主席胡锦涛在参观山西展团的煤炭产业链节能减排和污染控制技术项目、太阳能新能源项目、焦炉煤气脱硫制酸等项目时指出,节能减排工作就要像这样抓创新、抓重点。

省政府召开第 31 次常务会议,讨论并通过加快资本市场发展的实施意见及 2009~2015 年发展规划、全省土地利用总体规划大纲。

19~22 日

2009 年女子摔跤世界杯比赛在太原市滨河体育中心举行。

20 日

山西省纪念依法治省工作 10 周年暨“法治山西”建设动员大会在太原召开。会议对推进“法治山西”建设工作作出具体安排部署。

山西省循环经济促进会在太原正式成立。

23 日

张宝顺、王君与铁道部部长刘志军、副部长卢春房一行,就石太客运专线开行及加快推进山西铁路网建设进行座谈。

全省农村信用社“支农惠民行动计划”正式启动。

23~26 日

全国人大环境与资源保护委员会副主任委员倪岳峰率调研组在太原、临汾等地,就山西省大气污染防治工作情况进行调研。

24 日

中央巡回检查组在晋中市检查指导深入学习实践科学发展观活动。

省政府召开经济运行市长座谈会。

在第二批全国创建文明风景旅游区电视电话会议上,山西五台山风景名胜区、应县木塔旅游景区、皇城相府文化生态旅游区获“创建全国文明风景旅游区工作先进单位”称号。

24~26 日

省十一届人大常委会第九次会议在太原召开。会议审议通过《关于山西省“十一五”经济社会发展规划中期评估及指标体系调整报告》等决议。

25 日

全省煤炭工作会议在太原召开。

据《山西日报》报道,山西省代表队在 2009 年全国室内射箭锦标赛 6 个项目中获男子团体、女子团体和女子个人赛等 3 项第一。

26 日

省政府召开煤炭工业改革发展座谈会,就煤炭资源整合和企业兼并重组、安全生产、转型发展、管理体制改革等问题进行座谈。

黄河永济段发生漫滩行洪汛情。至 30 日,抢险工作基本结束。

27 日

山西体育中心开工奠基仪式在太原举行。

全省政府法制工作会议在太原召开。

28 日

晋城热电厂一期工程开工。

28~30 日

全国“群星奖”创作研讨会在太原举行。

29 日

“中国晋商投资创业、增加就业项目推动大会”在北京山西大厦召开。

广灵县在中国首届生态文明建设与区域绿色发展论坛暨成果发布会上被命名为“中国绿色名县”。

30 日

省委、省政府以视频会议形式,在太原召开全省信访工作暨表彰大会。

全省保密工作会议、全省公安交通管理工作会议分别在在太原召开。

国家煤矿安全计量器具产品质量监督检验中心在太原奠基。

据《山西日报》报道,太原矿山机器集团公司研制成功世界最大排量斜轴式液压泵。

隰县“小西天”发生佛像被盗案。4 月 15 日案件告破,追回被盗的 5 尊佛像。

31 日

全省文化体制改革和文化产业发展领导组全体会议、省工业经济联合会工作会议分别在太原召开。

省政府将 4 月份定为《消防法》

宣传月。

31日至4月2日

“放眼中部看发展”中部6省巡回采访团在山西省采访。

31日至4月4日

中共中央政治局常委、中央政法委书记周永康先后到运城市、临汾市、晋中市、太原市就经济社会发展和社会稳定情况进行考察。

3月31日至4月30日

省政府相继召开5次常务会议，审议通过山西省煤炭、焦化、冶金、电力、装备制造、煤化工、新型材料、食品工业等八大产业调整和振兴规划。

3月中旬至5月中旬

全省首届非物质文化遗产大普查在全省11市同时进行，共获取15大类“非遗”线索10万余条。

4月

1日

石(家庄)太(原)铁路客运专线正式通车运营。

全省审计工作会议、山西现代农业发展战略研讨会分别在太原召开。

以中央纪委驻司法部纪检组长韩亨林为组长的中央扩大内需第四检查组对山西省进行第二轮检查。

1~10日

第19届中国·洪洞大槐树寻根祭祖大典在洪洞举行。

2日

2009山西·介休中国清明（寒食)文化节在介休举办。

中国绿色碳基金山西专项举行成立仪式,该仪式成为山西省第一个“零排放”会议。

纪念太原解放60周年系列活动在太原举行。

全省食品安全整顿工作全面启动。

3日

省政府印发《山西省县域社会主义新农村建设总体规划编制指导意见》。

5日

张宝顺在太原会见越南驻华大使阮文诗一行。

5~8日

中国国民党荣誉主席连战及夫人一行在晋中、太原等地参观访问。6日,连战夫妇一行到襄垣县古韩镇南丰沟村连氏宗祠祭拜先祖。同日,张宝顺、王君在迎泽宾馆会见连战及夫人一行。

7日

省委九届八次全会在太原举行。表决通过市厅级党政正职拟任人选和推荐人选。

太原新晋商联盟文化传播集团成立。

8日

山西体彩杯2009年华北射击(步枪项目)锦标赛在太原举办。

8~11日

太原国际镁业大会暨展览会在太原召开。

10日

两年一度的全省防震减灾工作会议在太原召开。

全省重点公路工程建设工作会议在太原召开。

11日

据《山西日报》报道,“中国最美的旅游胜地”评选揭晓,运城盐湖入选“中国最美十大湖”。

12~14日

中共中央政治局委员、国务院副总理回良玉先后到太原、榆次、太谷等地农村进行考察并召开农村形势分析座谈会。

13日

据《山西日报》报道,山西省出台五项惠农政策促进稳粮增收,在全国首家推行玉米最低收购价政策。

全省纠风工作暨政风行风评议总结表彰电视电话会议在太原召开。

13~14日

中国民主同盟参政议政工作会在太原举行。全国人大常委会副委员长、民盟中央主席蒋树声在山西省考察并出席。

14日

张宝顺、王君在晋祠国宾馆会见中宣部副部长、广电总局局长王太华,广电总局副局长胡占凡一行。

14~18日

中国·祁县第二届梨花旅游节在祁县举办。

15日

全国广播电视净化社会文化环境抵制低俗之风工作会议在太原召开。

省重点工程建设领导小组召开重点工程督查动员会。

据《山西日报》报道,在“生态文明建设与区域绿色发展”论坛暨成果发布会上,安泽、武乡两县分获“中国绿色名县”称号。

16日

据《山西日报》报道,潞安集团“矿用可移动式救生舱”课题通过鉴定，填补国际煤矿安全救生领域空白。

17日

太原日报报业集团正式挂牌成立。

省政府召开中小学校舍安全工程领导组会议。

山西省财政厅煤炭基金稽查局正式揭牌。

17~18日

九三学社山西省委八届三次全委(扩大)会议在太原召开。

18日

闻喜花馍入选第二批国家级非物质文化遗产名录。

18~20日

第十一届(2009年)全国政治经济学研讨会在太原举行。

18~21日

中共中央政治局委员、书记处书记、中宣部部长刘云山在运城、临汾、太原、吕梁、晋中等地调研。

19日

中国农工民主党山西省第五届委员会第三次全体(扩大)会议在太原召开。

20日

山西省女子射箭队在全国射箭冠军赛上夺得一枚金牌和一枚银牌。

22日

10时55分,“长征二号丙”运载火箭在太原卫星发射中心成功将“中国遥感卫星六号”送入太空。

张宝顺、王君在太原会见中国银行董事长肖钢一行。

“纪念太原解放60周年与新太

原建设"研讨会在太原举行。

24日

省委、省政府召开电视电话会议,传达贯彻周永康、回良玉、刘云山考察山西重要讲话精神。

晋国博物馆在曲沃县开工奠基。

全国防汛抗旱数据库建设工作会议在太原召开。

25日

中部论坛合肥会议在安徽省合肥市召开。张宝顺、王君代表省委、省政府在论坛上作题为《携手合作,力克时艰,共同谱写中部崛起新篇章》大会发言。

26日

王君和李小鹏出席第四届中国中部投资贸易博览会开幕仪式。

《山西日报》60华诞,张宝顺、王君代表省委、省政府分别向山西日报报业集团发来贺信。

27日

全省事业单位分类改革电视电话会议在太原召开。

第二届中国·古县牡丹文化旅游节开幕。

28日

省政府召开全省重点公路工程建设推进会。

山西省专利保护协会成立。

中国(山西)知识产权维权援助中心揭牌,同时开通全国统一号码"12330"维权援助公益服务电话。

省政府召开电视电话会议,动员部署4月至11月全省开展的"保增长保红线行动"。

29日

山西省"五一"表彰大会在太原举行。郭凤莲、吉永业等39人获全国五一劳动奖章。

张宝顺就加强疫情防范工作作出重要批示,王君主持省政府专题会议进行研究部署。

太原市与石家庄市旅游部门正式签订"一证通"友好合作协议。

30日

民建山西省委七届二次全体会议在太原举行,会议补选王宁为中国民主建国会山西省第七届委员会主任委员。

全省煤矿重大事故案例警示教育活动启动仪式在太原举行。

晋中市委率先在全省启动社情民意网上通道。

太原铁路公安局民警景军被公安部评为"全国公安监管战线亲民爱民先进模范人物"。

5月

1日

《太原市促进文化产业发展条例》实施,成为山西省首部面向社会公开招标的地方性法规。

《太原市绿色转型促进条例》实施,太原成为全国第一家以地方立法形式推进绿色转型的城市。

2009年"中远威杯"首届全国中国式摔跤跤王争霸赛在晋中体育馆举行。

山西省全员人口信息管理系统网络版在全省范围正式运行。

4日

纪念五四运动90周年暨青年服务"三个发展"促进大会在太原召开。

5日

大同和平解放60周年、《大同日报》创刊60周年庆祝大会分别在大同举行。

6日

据《山西日报》报道,全省旱情严重,受旱面积达179.36万公顷。

全省村务公开和民主管理"难点村"治理工作电视电话会议在太原召开。

6~7日

王君主持召开部分国有企业和民营企业座谈会。

7日

太原、阳泉、晋城3市被人力资源和社会保障部正式列为首批国家级创建创业型城市。

山西省结对帮扶,共建文明和谐村活动正式启动。

运城西南环绕城高速公路正式通车。运城成为山西省继太原、大同之后第三个完成环城高速公路建设的城市。

7~13日

首个国家"防灾减灾日"山西宣传周活动在全省范围开展。

8日

张宝顺主持召开省委常委会议,就深入推进煤焦领域反腐败专项斗争,加强对中央扩大内需、促进经济增长政策措施和省重点工程项目落实情况的监督检查进行研究部署。

9日

据《山西日报》报道,《山西省地震应急预案》印发实施。

11日

省政府召开第38次常务会议,审议并原则通过山西省《关于加快残疾人事业发展的实施意见》等事项。

第二届京津冀晋蒙政协区域经济发展论坛在北京召开,五省区市政协共同签署《第二届京津冀晋蒙政协区域经济发展论坛共识》。

省政府召开推动中小企业信用担保体系建设电视电话会议。

13日

全省工业振兴大会在太原召开。

中国联合网络通信有限公司山西省分公司在太原揭牌。

太原市政府出台《清理规范义务教育阶段公办学校举办或参与举办民办学校的实施意见》。

13~15日

由李小鹏任团长的山西代表团,首次参加第12届中国(重庆)国际投资暨全球采购会(渝洽会)。

13~16日

全国人大常委会副委员长司马义·铁力瓦尔地在太原、晋中、长治等地农村、工矿企业进行考察。

14日

晋中现代农业示范区建设启动仪式在晋中举行。

山西省第四次组团参加深圳文博会。

山西·台湾农业交流合作座谈会在太原召开。

15日

张宝顺、王君在太原会见中国海洋石油总公司党组书记、总经理傅成玉一行。双方就努力做好煤基清洁能源产业合作项目交换意见。同日,举行山西大同煤基清洁能源项目签约仪式。

山西省第三代移动通信TD-

SCDMA 正式开通，标志着山西省通信发展已步入 3G 时代。

16 日

张宝顺在太原会见武警部队副司令员薛国强少将。

同煤浙能麻家梁矿井发生一起炮烟中毒事故，造成 11 人遇难。

16~18 日

第一届中国·太原汽车配件交易会暨中国汽车后市场高峰论坛在太原举办。

18 日

省政府出台《山西省装备制造业调整和振兴规划》。

王君主持召开省政府经济形势分析会。

晋城、长治获“全国社会治安综合治理优秀城市”称号。

第 24 届中国戏剧奖·梅花表演奖在杭州揭晓。山西青年演员谢涛获此届“二度梅”评比第一名，潘国良、孔向东分获“一度梅”第一名、第三名。

19 日

副省长张平率山西团参加在北京举行的第十二届中国北京国际科技产业博览会。

省委办公厅、省政府办公厅联合发文，坚决制止公款出国(境)旅游。

《人说山西好风光—大型航拍山西摄影展》在山西文联大厦开展。

世界上最大的系列油膜轴承产品在太重油膜轴承生产制造基地制造成功。

山西焦化集团“山焦”牌注册商标被工商行政管理总局认定为中国驰名商标。这是迄今为止全国焦化行业的首个中国驰名商标。

19~20 日

全省造林绿化现场会在临汾市召开。

19~21 日

山西省第十次妇女代表大会召开。会议选举李悦娥为省妇联第十届执行委员会主席。

20 日

省委召开会议，就加强领导干部党性修养，大力树立和弘扬良好作风，推进省委作风建设决策落实进行专题研究部署。

22 日

2009 年“长平煤业杯”全国钓鱼锦标赛在高平市举行。

炎帝文化旅游节在高平市举行。

引黄入晋北干线工程大梁水库开工仪式在朔州市举行。

23~25 日

全国政协副主席、民革中央常务副主席厉无畏率全国政协调研组在太原、晋中、吕梁等地就信访工作进行专题调研。

24 日

山西省科技馆、山西省图书馆、山西大剧院和山西体育中心四项工程建设任务誓师动员大会在山西大剧院工地举行。

24~26 日

中共中央政治局常委、中央书记处书记、国家副主席习近平一行在晋城、长治、太原等地考察调研。看望慰问基层干部群众，了解经济社会发展和党的建设情况，对山西工作思路和经济社会发展成绩给予充分肯定，对山西今后发展寄予希望，并提出明确要求。6 月 2 日，省委召开电视电话会议，传达贯彻习近平考察山西重要讲话精神。

27 日

省政府召开第 39 次常务会议，研究做好就业特别是高校毕业生等重点群体的就业工作，审议有关建设用地等事项。

28 日

八路军 129 师和顺游击区纪念馆开工建设。

29 日至 6 月 13 日

第三届全国地方戏优秀剧目(北方片)展演在太原举行。山西省晋剧院《麦穗儿黄了》获特别奖，太原市实验晋剧团青年团《傅山进京》获一等奖。

30 日

晋中市在第五届中国传媒经济年会上获全国“最佳创意城市”奖。

31 日

省政府决定全部取消山西省境内 155 个政府还贷二级公路收费站。

王君会见香港中华总商会会长蔡冠深一行。

山西省少年儿童“红色传递”爱国主义教育活动在太原启动。6 月 1 日，全省 11 市开展“红色传递”活动。

全国“我推荐、我评议身边好人”活动“中国好人榜”揭晓，长治市 10 人榜上有名，占全国总数的 1/10。

31 日至 6 月 4 日

省十一届人大常委会第十次会议在太原举行。会议通过《山西省农业综合开发条例》《山西省未成年人保护条例》《关于批准 2009 年省本级预算调整方案的决议》等。

5 月下旬

山西省健康教育与促进工程在全省范围内全面启动。

6 月

1~15 日

省委派出 12 个作风建设督查组，对 11 个市和省发改委等 22 个省直重点部门的领导干部作风建设情况开展专项督查。

2~4 日

首届中国(太原)国际卡车暨物流展览会在山西省展览馆开办，同时举办高峰论坛。

2 日

山西省 9 家老陈醋生产企业纳入国家地理标志产品保护范畴。

由贝宁、中非等 18 个非洲国家 35 名外交官组成的“非洲国家外交官研修班”与省投资促进局等部门在太原举行考察座谈会。

山西省节能减排论坛在太原举行。

3 日

中国(太原)煤炭交易中心项目开工仪式在太原举行。

3~5 日

省政协十届八次常委会在朔州召开，会议原则通过《关于积极应对危机，努力促进山西省中小企业健康发展的建议》。

4 日

在全国科学技术奖励大会上，太原科技大学副校长、博士生导师黄庆学教授主持完成的“一种空间机构的钢板滚切剪技术与装备”获技术发明二等奖。

5日

山西省环境保护厅挂牌成立。

汾州核桃成为国家地理标志保护产品。

5~8日

中国保监会党委书记、主席吴定富在山西省调研。5日,张宝顺在太原会见吴定富一行。

6日

2009企业家(太原)论坛暨中小企业融投资峰会在太原召开。

7~12日

全国人大常委会预算工委调研组一行在山西省围绕保障性住房建设进行专题调研。

8日

“华夏之根”第四届全国网络媒体山西行活动在太原启动。

9日

省政府召开第40次常务会议,研究部署加快推进煤炭资源整合和企业兼并重组工作,研究通过减轻焦化企业负担,帮助企业渡过难关等事项。

山西省人力资源和社会保障厅正式组建成立。

10日

国家高速公路网山东省荣成至内蒙古自治区乌海公路山西灵丘至山阴段工程在浑源县正式开工。

中共中央统战部副部长,全国工商联党组书记、第一副主席全哲洙就非公经济应对国际金融危机、非公经济发展、非公企业社会责任、非公经济人士思想政治工作等情况在山西调研。

《魂系山西》在太原举行首发式。该书被专家誉为山西历史文化的名片。

“寻找湮没的历史”—山西省第三次全国文物普查研讨会在太原召开。

平遥古城南大街跻身首批“中国历史文化名街”。

10~11日

全省集体林权制度改革试点工作汇报暨现场推进会在祁县召开。

10~14日

全省非物质文化遗产传统技艺大展在中国煤炭博物馆开展。12日,山西省有45人入选第三批国家级“非遗”项目传承人,151种古籍被列入第二批《国家珍贵古籍名录》,祁县图书馆被国务院、文化部批准为“全国古籍重点保护单位”。13日,全省非物质文化遗产保护暨古籍保护授牌、颁证、表彰大会在太原举行。同日,《山西省国家级非物质文化遗产项目名录》(上、下册)、《山西省非物质文化遗产名录图典》在太原首发。

11日,“厚重山西—山西省第三次全国文物普查重要新发现图片展”在山西博物院陈列厅开展。

11~14日

中国(太原)国际古玩艺术博览会在太原举行。

12日

山西省首例甲型H1N1流感确诊患者治愈出院。

14日

“《西游记》与山西娄烦学术研讨会”在娄烦县举行。

15日

定襄县被称为“中国锻造之乡”,主导产品法兰成为国字号产品。

16日

2009年全省防汛工作会议在太原召开。

16~19日

华北地区政协文史工作协作会第二十一次会议在大同召开。

团中央书记处书记汪鸿雁一行,就青年就业创业等工作到山西调研。

18日

省政府召开第41次常务会议,审议并原则通过文化产业发展规划纲要、第九批取消和调整的行政审批项目等事项。

省政府与中国农业银行在太原签署重点工程项目合作协议。

19日

由文化部和山西省人民政府主办的《向祖国汇报—新基地、新山西、新成就》大型画展在中国美术馆举行。27日,中共中央政治局常委、全国政协主席贾庆林,全国政协副主席兼秘书长钱运录参观该画展。

山西省戒毒管理局举行揭牌仪式。

全省港澳台海外统战工作会议在忻州市召开。

山西省首批农村急救转诊车发车仪式在太原举行。

20日

新云冈计划在大同正式启动。

20~24日

国务院扶贫开发调研组副组长、国务院扶贫办主任范小建一行先后到平顺、宁武、浑源、阳高4县实地考察整村推进、移民扶贫、农村危房改造、农村低保等工作的开展情况,并对下一步扶贫开发提出意见、建议。张宝顺、王君分别于24日、21日在太原会见范小建一行。25日,调研组在太原召开山西扶贫开发座谈会。

22日

第33届世界遗产大会在西班牙南部城市塞维利亚召开。山西五台山和河南嵩山历史建筑群成为中国候选景观地。26日,大会正式通过将五台山以文化景观列入世界遗产名录。7月9日,住房和城乡建设部向山西省发来贺信。

23日

全省净化社会文化环境工作推进会在太原召开。

山西省交通运输厅正式挂牌成立。

24日

省委中心组就“资本市场与山西发展”举行学习报告会。

省政府召开第42次常务会议,审议并原则通过促进民间资本进入山西省鼓励投资领域的政策意见和贯彻国务院全国保障性安居工程工作会议精神、加快山西省保障性安居工程建设实施意见。

24~25日

省民盟九届七次常委(扩大)会议在吕梁市召开。

税务总局局长肖捷一行到太原、晋中等地就收入形势进行专题调研,并召开省、市税务工作座谈会。24日,王君在太原会见肖捷一行。

24~26日

中央巡回检查组副组长、全国政协常委、中宣部原副部长高俊良一行,分别在阳泉市、长治市就深入学习实践科学发展观活动进行调研指导。

省直机关纪念建党88周年暨“创先争优”表彰大会在太原举行。

省安全生产事故应急救援指挥部全体会议在太原召开。

2009年山西省进一步治理教育乱收费工作暨表彰命名规范教育收费示范县(市、区)电视电话会议在太原召开。

水利部副部长鄂竟平一行,就病险水库整改加固工作在山西省进行调研。

质检总局副局长、党组成员蒲长城一行,在太原航空口岸检查防控甲型H1N1流感工作。

25日

平遥至榆社高速公路建设推进会在榆社县召开。

山西大医院举行开工奠基仪式。

山西镁产业创新战略联盟成立。

26日

长治至平顺高速公路开工建设。

禹门口东扩工程举行奠基仪式。

全国慢性病综合干预项目在太原市小店区正式启动。

27日

第六届全国性医学学术会议在太原召开。

全省保障性安居工程建设推进现场会在大同市召开。

27~28日

全省宣传部长座谈会在太原举行。

28日

全国人大常委会委员、香港特区一届至三届立法会主席范徐丽泰到太原理工大学,作《就业与成才》主题演讲。29日,张宝顺在太原会见范徐丽泰一行。

晋城煤业集团10万吨/年合成油示范项目MTG装置正式出油,并于30日18时30分顺利产出第一桶合格油品。

29日

山西省环境评价与咨询协会在太原成立。

山西龙镁和太原恒瑞镁自主创新的“镁冶炼新工艺装备”通过评审,世界性金属镁冶炼环境污染难题被攻克。

30日

张宝顺、王君在太原会见到山西省进行转型发展调研的中央财经领导小组办公室副主任刘鹤一行。

7月

1日

省委召开纪念中国共产党成立88周年座谈会。截至2008年底,山西省中国共产党党员总数为214.4万名,比1949年增长184.5万名。

万方数据山西创新论坛在太原召开。

2日

在第四次全国自强模范暨扶残助残先进集体和个人表彰大会上,山西省有14个先进集体和个人受到表彰。

中共中央政治局委员、上海市委书记俞正声,上海市委副书记、市长韩正在上海会见赴沪进行重点工程招商推介活动的李小鹏。

张宝顺会见中国石化集团公司总经理、股份有限公司董事长苏树林一行。双方就进一步合作交换意见。

省政府召开第43次常务会议,审议并原则通过山西省深化医药卫生体制改革实施方案和城乡规划条例。

全省人口计生工作领导小组扩大会议在太原召开。

山西省在全国首家成立荀子学院。

3日

第二届全国“革命老区法院论坛”在长治市举行。

全省煤矿安全工作会议召开。

4~5日

中共中央政治局常委、国务院总理温家宝先后到太原、大同等地,就经济社会发展和群众生活问题进行调研。他指出,巩固和发展当前经济企稳回升的好形势,必须统一认识,坚定信心,狠抓落实,保持宏观经济政策的连续性和稳定性,推进结构调整,培育新的经济增长点,提高经济增长质量和效益,保障和改善民生,实现经济平稳较快发展。9日,省委、省政府召开全省电视电话会议,传达贯彻温家宝考察山西重要讲话精神。11日,王君在太原市就贯彻落实温家宝视察山西重要讲话精神、促进经济平稳较快发展进行调研。

5日

山西港华煤层气有限公司全国最大煤层气液化项目一期投产、二期开工奠基仪式,及寺河120MW煤层气电厂投产仪式在晋城市举行。

山西能源建设汇报会在晋城市召开。

6日

省军区召开会议推广吕梁军分区、高平市人武部典型经验,北京军区政委符廷贵上将讲话,会议通过《关于进一步加强师旅级党委班子建设的意见》。张宝顺、王君在太原会见符廷贵上将。

在2009年全国陀螺邀请赛上,山西队获全国陀螺邀请赛女团冠军。

6~7日

中央深入学习实践科学发展观活动巡回检查组通过检查指导,肯定了山西省第一批学习实践整改落实情况。

7日

王君会见汇丰银行(中国)有限公司董事长郑海泉一行。双方就进一步扩大交流合作交换意见。

太原市召开“绿色十佳”表彰暨绿色转型工作推进会。

山西省首部由本土企业自主研发的大型网络游戏《苍穹》在太原高新区举行首发仪式。

全省产业结构调整和自主创新重点工程项目推进会在太原召开。

《山西发展报告2007—2008》由中国科学技术出版社出版发行。

以中央统战部副部长楼志豪为组长的中央督察组,到山西省就贯彻落实《中共中央关于进一步加强中国共产党领导的多党合作和政治协商制度建设的意见》(中发[2005]5号文件)情况进行督促检查。张宝顺在太原会见中央督察组一行。

8日

省政府召开第44次常务会议,审议并原则通过关于发挥科技支撑作用促进经济平稳较快发展的实施意见和保持对外贸易稳定增长的实施意见,研究有关建设用地等事项。

王君在太原会见文化部副部长周和平一行。

山西医科大学第二附属医院“胆红素对肺缺血再灌注损伤和急性肺损伤的保护作用”项目通过鉴定,达到国际先进水平。

省经济和信息化委员会出台《关于落实八大产业调整和振兴规划开展技术创新的工作方案》。

9日

山西省图书馆举行百年华诞庆典,中国国家数字图书馆山西分馆同时揭牌。

澳大利亚新南威尔士州法官代表团抵晋访问。

据《山西日报》报道,1~6月,全省11个省辖城市中,除太原市环境空气质量为三级外,其余10个省辖市环境空气质量均达到国家二级标准。

由山西师范大学主办的《英语周报》获“影响中国十大行业媒体”称号。

10日

省委召开作风建设专项督查汇报会。

全省深化医药卫生体制改革工作会议、全省公安信息化应用推进暨晋城现场会分别在太原召开。

11日

国家主要污染物减排核查组一行在太原听取省政府关于山西省污染减排工作汇报。

11~13日

第六届中国灾害史国际学术研讨会在太原举行。

12日

据《山西日报》报道,山西广誉远国药已成为国内同行业中最大国药公司。

14日

省政府召开第45次常务会议,传达学习中央林业工作会议精神,审议并通过旅游产业发展规划等事项。

15日

全省食品药品监管系统工作会议在太原召开,宣布“药品安全整治百日行动”在全省范围内全面展开。

15~17日

《康熙字典》暨词典学国际学术研讨会在阳城县皇城相府举行。

15~20日

在2009年全国跳绳公开赛上,山西省小运动员袁铭渊获冠军。

16~23日

十一届香港特别行政区全国人大代表莅晋视察,省委、省人大、省政府举行招待会。

17日

国土资源部副部长、测绘局局长徐德明与申联彬开启按钮,开通“数字太原地理信息公共平台”。

17~22日

中国残联常务副理事长王乃坤率中国残联调研督导组,到运城、吕梁考察山西省残疾人工作。

18日

据《山西日报》报道,国内首批箱式齿轮变速自行车在河津诞生。

19日

在“中国特色品牌大会暨中国特色县表彰颁奖盛典”上,沁县获“中国最具特色魅力县”称号。

20日

山西省文化体制改革和文化产业发展领导组会议在太原召开。

21日

省政府和中国联通签署战略合作协议。

农村“五个全覆盖”项目建设推进会在太原召开。

21~22日

全省纪委书记会议在忻州召开。

22日

省政府召开第47次常务会议,研究讨论加强山西省水资源管理和高效利用黄河水等事项。

省政府与中国船舶重工集团公司在太原签署战略合作框架协议。

太原市实行工程建设项目“绿色图章”制度。

23日

全国车辆超限超载治理工作现场会在太原召开。24日,交通运输部部长李盛霖在讲话中对山西省治超工作给予高度评价。

24日

省政府出台《关于促进民间资本进入山西省鼓励类投资领域的意见》。

山西省举行首批文化特色村命名大会,阳城县皇城村、长治市故南村等14个村被授予“山西省文化特色村”称号。

省纪委省监察厅省煤焦领域反腐领导组办公室决定在全省范围内开展煤矿企业兼并重组整合工作专项监督检查。

25日

运城市夹马口北扩干渠全线贯通。

26日

“2009年全国形意拳邀请赛暨山西省第二十六届传统武术锦标赛”在永济市举行。

28日

第二届中国·晋城棋子山国际围棋文化节在晋城市举行。

28日

第8次全国体育学术期刊编辑研讨会在中北大学举行。

28~29日

全省统计调查工作暨实务制度建设现场会在左权县召开。

29日

省政府召开第48次常务会议,通过山西省开展扩大旅游消费金秋行动方案,研究加快城镇污水处理设施建设和保障正常运行等事项。

全国首家翅果油树博物馆在乡宁县云丘山奠基。

29~30日

全省信访积案化解经验交流现场会在长治市召开。

30日

新建太原枢纽西南环、太兴铁路、吕临支线、侯西复线铁路建设动员大会在太原举行。

十一届人大常委会第十一次会议举行第三次全体会议,会议通过《山西省气象灾害防御条例》和关于促进“三保”,推动全省经济社会平稳较快发展等决定。

晋沪经济合作座谈会在太原举行。双方就《山西—上海经济合作协议》交换意见。

30~31日

省政府召开第五次全体(扩大)

会议，会议强调要努力促进山西省经济平稳较快发展。

8月

1日

尖山铁矿发生重大责任事故，造成43人死亡、2人失踪，直接经济损失3080.23万元。

2日

山西省2008年度工业企业30强（第七届）评选揭晓。太钢、山西焦煤、同煤、省电力公司、晋城无烟煤矿业集团列前5位。

2日~9月2日

2009年五台山第20届国际旅游月活动举办。13~15日，首届五台山论坛在五台山开坛。

3日

张宝顺在太原会见中央深入学习实践科学发展观活动巡回检查组组长虞云耀一行。

4日

省委中心组举行“学习实践科学发展观，提高应对危机和风险的能力”学习报告会。

全省公安局长会议在太原举行，省委常委、政法委书记、省公安厅厅长杜玉林对公安机关和各级民警提出“四要四不要”。

山西省首个尾矿库实时监测系统在太原钢铁集团公司尖山铁矿投运。

4~6日

全省法院推进反腐倡廉现场工作会在忻州市忻府区和右玉县召开。

5日

临汾至吉县高速公路、临汾北环高速公路、京昆与青兰临汾连接线高速公路正式开工建设。

中央治理“小金库”督导组到山西省督导调研。

省青联召开九届五次常委（扩大）会议。

6日

全省中小学校舍安全工程电视电话会议在太原召开。

省委召开全省廉政建设和反腐败工作党外人士通报会。

7日

太谷县怡园酿酒葡萄种植、绿园苗木培育种植两个国家级农业标准化示范区通过验收。

8日

经国务院批准设立的首个体育节日“全民健身日”在太原举行启动仪式。

长治市和首都钢铁公司战略合作协议签字仪式在太原举行。

9日

纪念傅山诞辰402周年暨虹巢书画院成立大会在太原举行。

“第一套人民币微缩金条”在山西省首发。

10日

中国和顺牛郎织女文化品牌研讨会在太原举行。

11日

省政府与中国北车集团签订战略合作框架协议，共同打造中国北方铁路装备制造基地。同日，王君在太原会见中国北车集团总经理崔殿国一行。

中国关工委理论研讨（筹备）工作座谈会在太原召开。

中国自主创新的洁净煤示范项目在忻州奠基。

2009年全国外商投资企业协会信息工作联席会议在太原举行。

12日

李小鹏在太原会见在山西省进行投资贸易考察的福建省副省长叶双瑜一行。双方就不断扩大友好合作交换意见。

13日

省委召开全省维护稳定暨信访工作电视电话会议，对维护社会和谐稳定工作作出部署。

省政府召开外贸企业座谈会，研究扩大出口的对策措施。

14日

省委召开常委会议研究部署加强县委书记队伍建设、干部监督工作和机关党的建设，要求在全省大力弘扬“右玉精神”。

全国周围神经修复学术研讨会在太原召开。

《鹳雀楼与金门》特种邮票首发式暨永济第三届黄河风情文化旅游节举行。

省委组织部印发《关于大学生村干部续聘和解聘有关问题的通知》。

15日

“中国第一届打击乐大赛暨箭丽打击乐艺术节”在山西大学举行。

国内独家“蓄电池生产和废旧电池无害化处理”节能减排循环发展项目在盂县奠基。

15~16日

中央国家机关青联委员代表团莅晋考察。

18日

华北东北省区市政协提案工作座谈会在太原召开。

山西省经济和信息化委员会正式挂牌成立。

山西省最大太阳能电站——中北大学太阳能电站项目正式开工。

国产新舟客机首航西安—太原航线。

山西省农村沼气高技能人才培养“金蓝领计划”试点工作开始。

19日

据《山西日报》报道，省纪委、省委组织部联合发出《关于在干部选拔任用工作中认真治理拉票行为的通知》。

省政府召开第49次常务会议，审议并原则通过关于做大做强农产品加工龙头企业的意见。

山西女队获全国儿童击剑锦标赛冠军。

全省煤矿安全生产监察工作座谈会在阳泉召开。

第二届中华酒店文化论坛在五台山开坛。

2009中国单簧管萨克斯艺术节在太原举办。

20日

全省深化医药卫生体制改革领导组会议在太原召开。

国土资源部公布新批准44个第五批国家地质公园。大同火山群成为山西省第一个国家级火山地质公园。

21日

山西省启动“法治山西”百场报告会活动。

22~23 日

全国中药创新与研究论坛在运城召开。

23 日

全运圣火火炬在山西传递。

第十六次全国毛泽东哲学思想学术研讨会在山西农业大学召开。

24 日

“情系山西” 海内外山西儿女书画作品展在太原开展,标志着山西省庆祝新中国成立 60 周年大型系列活动拉开帷幕。

山西省手机“红色传递”爱国主义教育活动在太原启动。

24~27 日

全国政协副主席、民建中央第一副主席张榕明在山西考察工作。

25 日

卫生部党组书记张茅在武乡县就深化医药卫生体制改革及建立城市医院对口支援农村医疗卫生工作制度的实施情况进行调研。

全省村村通水泥(油)路全覆盖现场推进会在阳泉召开。

25~26 日

全国造林绿化现场会在山西召开。山西省在会上获“全国生态建设突出贡献奖”称号。参会的全国政协副主席罗富和,就山西省造林绿化等工作进行考察。

全省第三次全国文物普查实地调查验收工作会议在清徐县召开。截至 7 月 30 日,全省第三次全国文物普查实地调查登录不可移动文物 42760 处。

26 日

全国推进机构编制标准化工作座谈会在太原召开。

27 日

王君会见中央编办副主任王峰。

汾河流域生态环境治理修复与保护工程推进会在太原召开。

省委发布《关于大力学习弘扬“右玉精神”的决定》。

28 日

张宝顺、王君在太原会见国家统计局局长马建堂一行。

人民日报社山西分社成立揭牌。

2009 年中国·长治太行山大峡谷国际攀岩节在长治举办。

数字贸易百城之旅太原站活动启动,数字贸易走进山西。

省政府召开全省农业综合开发领导组联席会议。

太谷设立山西省首家早期教育暨独生子女培养示范基地。

28~31 日

山西省第三届特殊奥林匹克运动会在晋中市举办。

29 日

3D/4D 妇产超声国际研讨会在太原举行。

29~30 日

2009 中国·右玉杀虎口英雄会——全国传统武术精英邀请赛在右玉县举办。

29 日至 9 月 4 日

以国务院副秘书长、中央联席会议办公室主任、信访局局长王学军带队的中央信访工作督导组,先后到太原、忻州等 4 市、9 县(区)、6 乡镇(街道办事处)和太钢等六个企业,对山西省贯彻落实中央 5 号文件、中办发 3 号文件和 8·13 全国电视电话会议精神的具体情况进行督导检查。并与张宝顺、王君等领导就如何进一步做好山西省的信访工作交流意见。

29 日至 9 月 9 日

山西文化艺术精品献礼周在京举办。山西省 13 台舞台艺术精品同时在首都 7 个剧场展演, 共演出 28 场,观众近 4 万。

30 日

2009(第六届)全国连锁超市战略发展论坛在太原召开。

31 日至 9 月 1 日

全省深化农村党风廉政建设工作座谈会在昔阳县大寨村召开。

9 月

1 日

榆次龙白至祁县城赵高速公路开工奠基。

山西省住房和城乡建设厅正式挂牌成立。

王君在太原会见到山西省参加“院士专家企业技术创新协作行动”的中国工程院院士钟山、谭建荣,中国科学院院士宋振骐等 18 位专家。

《山西省未成年人保护条例》正式施行。

1~2 日

中央纪委副书记张毅在昔阳、阳泉等地,就不断提高农村党风廉政建设工作水平问题进行调研。

1~3 日

新中国 60 华诞献礼剧目大型山西说唱剧《解放》连续在国家大剧院播演,中国音协、中国剧协和中国舞协专家称之为 2009 中国舞台艺术特有的“解放”现象。

1~7 日

2009 中国·太原晋商文化艺术周开办。此次艺术周包括开幕式、新晋商大会暨新产业博览会、2009 新晋商高层峰会、2009 新晋商信息化发展论坛等 21 项活动。

2 日

张宝顺在太原会见全国政协副主席、民革中央常务副主席厉无畏。

2~3 日

省政协十届九次常委会议在太原召开,会议通过《关于进一步实施扩大就业发展战略促进创业带动就业的建议》。

省军区在阳泉市召开民兵基层建设融合式发展现场观摩会。

2~6 日

两岸三地(山西)经贸论坛暨项目对接会在太原举行。全国人大常委、民建中央副主席辜胜阻出席并讲话。

3 日

山西陵川王莽岭国家地质公园通过第 5 批国家地质公园资格评审。

4 日

中部地区党史期刊论坛第四届年会在太原召开。

5 日

全省海外高层次人才引进工作会和人才座谈会在太原召开。同时举行“山西人才工作网站”开通仪式和《山西人才发展战略蓝皮书》首发仪式。

6~16日

中国原生态民歌展演在朔州市举办。

7日

太原市委决定从9月开始，每月最后一周为“无会周”。

省政府召开第50次常务会，研究进一步促进对外贸易发展的政策措施和推动重点工程建设考核奖励办法，研究讨论《山西省实施〈中华人民共和国义务教育法〉办法(修订草案)》。

全国工会推进行业集体协商工作现场经验座谈会在吕梁召开。

8~9日

全国人大农委学习贯彻《农村土地承包经营纠纷调解仲裁法》座谈会在太原召开。全国人大常委会副委员长乌云其木格出席并讲话。

8~11日

第七届中国国际农产品交易会在吉林省长春市召开，山西省15家企业获中国国际农交会产品金奖。

9日

省委召开全省深入学习实践科学发展观活动第二批总结暨第三批动员电视电话会议。

大同至天镇、大同至浑源、浑源至广灵3条高速公路在阳高县开工奠基。

省政府和27个厅局签订《质量立省工作责任书》，省质量立省领导组办公室同时成立。

省政府召开全省推进放心粮油工程建设电视电话会议。

全省学校甲型H1N1流感防控工作电视电话会议在太原召开。

第七届榆次文化旅游节暨乌金山国家森林公园文化旅游风景区落成庆典在晋中市榆次区举行。

10日

2009山西省招商引资项目签约仪式在太原举行，全省共有25个重大招商引资项目实现签约，协议金额高达3300亿元。同日，张宝顺、王君在太原会见出席签约仪式的上海市副市长艾宝俊、中国华能集团总经理曹培玺、中国大唐集团总经理翟若愚、中国华电集团总经理云公民、国家开发投资公司总经理王会生等客人。

山西与上海签署《山西—上海全面经济合作备忘录》。

朔州隆重举行建市20周年庆典活动。

山西煤炭学院(筹)揭牌。

全国迎接新中国成立60周年“双百”评选活动揭晓，山西的刘胡兰当选为“100位为新中国成立作出突出贡献的英雄模范人物”、申纪兰当选为“100位新中国成立以来感动中国人物”。

11日

省委召开常委会议，研究部署巡视工作和党政领导干部问责工作、国有企业党的建设、文化体制改革工作。

全省煤炭企业转产煤炭城市转型现场会在晋城召开。

省委常委会专题研究山西省文化体制改革和文化产业发展工作。

12日

省政府确定每年9月18日为全省防空警报统一试鸣日。18日，本省举行首次防空警报统一试鸣。

13日

中国邮政“首套多媒体邮票”—《唐诗三百首》特种邮票首发仪式在太原举行。

15日

全省重点公路工程建设质量安全管理现场会在忻州召开。

华北地区人大财经工作座谈会在太原举行。

太原钢铁(集团)有限公司7个科技项目获2009年全国冶金科学技术奖。

15~16日

全国《水文基础设施建设及技术装备标准》编制座谈会在太原召开。

16日

晋非经济贸易合作区项目在毛里求斯开工。

平朔文化之旅暨三晋石刻大全编纂会在朔州召开。

日本青年代表团一行30人莅晋访问。

山西省与中国科技信息研究所首次深度合作，就4个项目合作举行签约仪式。

“寿阳杯”全国门球王争霸赛在寿阳县举办。

18日

全国职工职业技能大赛钳工决赛揭晓，山西省包揽个人第一和团体第一。

据《山西日报》报道，在全国第四届杰出专业技术人才表彰会上，山西大学彭堃墀院士、太原理工大学煤科学与技术重点实验室分别荣获“全国杰出专业技术人才”和“全国专业技术人才先进集体”荣誉称号。

19日

省委、省政府和省军区联合举行“全民国防教育日”宣传活动，山西博物院、太原解放纪念馆等38处场所被命名为山西省国防教育基地。

2009年全国科普日暨第六届“科普三晋”系列活动在省科技馆举办。

19~20日

全国初中“教学推进会”在太原召开。

19~25日

2009平遥国际摄影大展在平遥县举办。

20日

山西省首届城镇化论坛在太原举行。

21日

省委召开传达贯彻党的十七届四中全会精神大会。27日，省委召开常委(扩大)会议，学习贯彻党的十七届四中全会精神，研究部署加强和改进党的建设工作。

22日

全国第十一届精神文明建设“五个一工程”(2007–2009)评选揭晓，山西省委宣传部选送的电影《夜袭》、电视剧《走西口》、晋剧《傅山进京》和文艺类图书《流动的花朵》获奖。

22~23日

晋阳古城核心价值研讨会在太原举行。

22~25日

以副省长陈川平为团长的代表团参加第六届中国国际中小企业博览会暨中西部中小企业博览会，签约项目58个。

23 日

省政府召开推进煤炭资源整合和企业兼并重组座谈会。

省政府与中国中信集团公司在太原举行《全面战略合作协议》签字仪式。

24 日

省纪委召开全委扩大会议,学习贯彻党的十七届四中全会精神。明确提出在煤炭资源整合中防止违纪违法问题的"十严禁"。

山西省推出旅游业十大杰出品牌企业。

山西省首届采购与供应链管理论坛在太原举行。

25 日

《昭晰神光——三晋文化影像》首发式在太原举行。

公祭虞舜圣帝大典在运城市举行。

26 日

山西省举行庆祝人民政协成立60周年座谈会。

27 日

《山西八大文化品牌》(广灵剪纸珍藏卷)在第五届国际剪纸艺术节上获特别奖。

28 日

省政府分别召开市县政府机构改革工作座谈会、全省城镇医疗保险参保扩面工作电视电话会议。

国家科技支撑计划重点项目、国内首套年产千万吨级煤矿综采成套装备在山西省太重煤机工业园下线。

纪念孔子诞辰2560周年大会在太原举行。10月11日,"儒学的当代价值学术研讨会"在山西大学商务学院召开。

太原市旅游咨询集散中心正式启动。

全国首条"民营铁路"—嘉南铁路线在沁水县嘉峰镇开工。

《循环经济在山西》大型画册首发式在太原举行。

28 日至 10 月 13 日

省委、省政府主办的"辉煌60年—山西省庆祝新中国成立60周年成就展"在省展览馆展出。

29 日

全省企业科技特派员派出动员会在太原召开,此次全省共选派90名科技特派员入驻企业。

长治市人民政府等7个集体、忻州市委统战部部长王士桦等8人,在国务院第五次全国民族团结进步表彰大会上获全国民族团结进步模范荣誉。

山西省启动基层人口信息直报系统。

潞安环能王庄煤矿煤巷自动化快速掘进自动纠偏与煤岩识别技术通过鉴定,达到国际领先水平。

30 日

省政府召开第51次常务会议,安排部署国庆期间有关工作,研究培育发展农产品加工龙头企业有关意见和上海世博会山西展区设计方案等有关工作。

9 月底

国家发改委正式批复《山西省循环经济发展总体规划》。这是国家发改委批复的第一个省级循环经济发展总体规划。

10 月

1 日

《山西省行政复议调解和解办法》正式施行。

1~5 日

山西展区在第七届中国花卉博览会获得各类奖项362个,其中金奖25个。

9 日

省纪委研究工程建设领域突出问题并进行专项治理工作。

山西省体育产业协会正式成立并举行第一届会员代表大会。

11 日

全国"农村环境卫生整洁行动"研讨会在长治举行。

中央文明办公布的全国城市公共文明指数测评结果中,长治市跻身全国地级市第22位。

12 日

由太重集团研制的山西省首台1.5MW风力发电机组总装完成。

庆祝中国少先队建队60周年大会在太原召开。

山西博物院举行90华诞庆典仪式。同日举行"中国博物馆馆长论坛"。

13 日

首届"中国特色村旅游节"在晋城市阳城县皇城村举行启动仪式。

13~14 日

第九届全国"村长"论坛在晋城市阳城县举行。全国人大常委会副委员长周铁农出席会议并讲话。

14 日

中国首个世行贷款煤层气开发利用项目—山西能源煤层气投资控股有限公司世行贷款煤层气开发利用示范项目煤层气液化工程在晋城市沁水县正式开工奠基。

由文化部、山西省人民政府主办的"天籁之音—中国原生民歌展演"在北京国家大剧院展演。

2009年度全国社科系统"哲学大会"在太原召开。

15 日

首都国庆60周年群众游行总结大会在北京举行,山西省参展的"魅力山西"彩车及其团队获四大类6个奖项。

16 日

省政府召开电视电话会议,就全省"十二五"规划编制工作进行安排部署。

郭氏文化座谈会在阳曲县召开。

16~18 日

民革华北地区工作会议在临汾召开。

17 日

在中国中小城市科学发展评价体系研究成果发布暨第六届中国中小城市科学发展高峰论坛会上,阳高县跻身"2009年度中国最具投资潜力中小城市百强"。

第四届中国(山西·安泽)荀子文化节在安泽县开幕。

18 日

中国煤炭博物馆与英国国家煤矿博物馆建立友好合作关系谅解备忘录签字仪式在太原举行。

19 日

省委召开常委会议,对实现2009年目标任务作出部署。

据《山西日报》报道，运城市在全省首家治理完毕“小金库”。

10月中旬

广灵剪纸与河北、陕西等地剪纸通过联合国教科文组织保护非物质文化遗产政府间委员会审批，被列入世界非物质文化遗产名录。

21日

张宝顺、王君在太原会见日本埼玉县知事上田清司、议会议长奥木信夫一行。双方签署友好合作交流协议书。

山西和北京签订《关于农产品产销合作（2009年—2012年）框架协议》。

吕梁第四届红枣节开幕并举行项目签约仪式。

2009中国清徐醋文化节暨醋业博览会开幕。

21~26日

中国（山西）特色农产品交易博览会在省展览馆举行。

22日

省委召开全省社会治安综合治理“双先”表彰大会。

太原长安重型汽车新基地落成。

23日

省委中心组举行加快推进社会保障体系建设专题学习。

全国醇醚新能源发展论坛会在太原召开。

山西省《客运出租汽车营运服务规范》标准出台。

国内最大洗选设备加工基地项目在太原启动。

24~25日

中外资源型经济转型模式与政策比较研讨会在太原举行。

25日

土耳其铬矿项目合作启动仪式在太原举行。

26日

张宝顺、王君为“大运一号”重卡投产仪式揭幕。

28日

山西省科协成立50周年大会召开。

据《山西日报》报道，山西代表团在第十一届全国运动会上获9枚金牌、7枚银牌、12枚铜牌及“体育道德风尚奖”。

第二届“节庆中华奖”颁奖盛典在宁波举行，中国·太原晋商文化艺术周、和顺“牛郎织女文化节”获得“最佳文化传承奖”。

29日

全省党校工作会议暨省委党校建校60周年庆祝大会在省委党校举行。

山西省警察协会在太原成立。

山西省1000公里天然气管网建成庆典仪式在临汾市举行。

全国首部打击传销数字电影《黑梦》在运城开拍。

30日

省委召开常委会议，研究贯彻落实《中共中央关于加强和改进新形势下党的建设若干重大问题的决定》的具体意见。

省政府召开会议，研究部署加快推进山西省“四气”（煤层气、天然气、焦炉煤气、煤制气）产业一体化发展的相关工作。

张宝顺在太原会见台湾海峡交流基金会董事长江丙坤率领的海基会新闻交流团一行。

山西煤炭资源整合与中国煤炭产业升级咨询座谈会在太原举行。

31日

张宝顺、王君在太原会见全国政协副主席白立忱、中国扶贫开发协会会长胡富国及中国扶贫开发先进人物代表。

《建国60年山西若干重大成就与思考》座谈会在太原召开。

31日至11月9日

应俄罗斯俄中经济贸易合作中心和匈牙利索尔诺克州邀请，申联彬率山西经贸代表团对俄罗斯、匈牙利进行友好访问。

11月

1~3日

中国扶贫开发人物展山西巡展活动在太原开展。

2日

在2009“天工艺苑·百花杯”中国工艺美术精品大赛上，山西省获2金6银6铜。

3日

省委常委、统战部部长李政文在太原会见全国政协常委、全国政协民宗委副主任、中国道教协会会长任法融。

省政府召开全省重点公路工程建设推进会。

全省城市社区卫生工作现场会在大同召开。

4日

省委组织部召开会议，专题研究贯彻落实中央《关于进一步从严管理干部的意见》的具体措施。

以全国人大内务司法委员会副主任委员刘振华为组长的全国人大常委会执法调研组一行，就《中华人民共和国未成年人保护法》实施情况在山西调研。

太原市召开政府机构改革动员大会，公布经省委省政府批准的《太原市人民政府机构改革方案》，正式启动太原市新一轮政府机构改革。此轮机构改革共设置41个政府工作部门。

5日

山西省与匈牙利索尔诺克州正式签署建立友好省州关系协议。

5~6日

中共山西省委九届十次全体会议在太原举行。会议审议通过《中共山西省委贯彻落实〈中共中央关于加强和改进新形势下党的建设若干重大问题的决定〉的意见》

5~7日

中华全国总工会副主席、书记处书记王炯在山西省调研工会工作。

6日

教育部副部长陈希一行在山西大学调研。

全省工程建设领域突出问题专项治理工作电视电话会议在太原召开。

7日

2009醋与健康国际高峰论坛在北京举行。

第二届中国·瑞典“儿童剧之声”山西合作项目论坛在太原举行。

8日

山西省庆祝第十个中国记者节。

9 日

世界银行第五期技术援助项目“中国经济改革实施”(TCC5)的子项目《山西经济增长、财政支农政策减贫效应研究》在山西省正式启动。

据《山西日报》报道,太原机场改扩建航站楼工程获2009年度中国建设工程鲁班奖。

9~12 日

山西省出现有气象记录以来最大的大范围持续强降雪天气。全省79个县(市)降暴雪,其中12个县(市)降特大暴雪。

10 日

晋陕豫博物馆理论与实践研讨会在平遥举行。

11 月上旬

国家发改委公布全国575家国家认定企业技术中心2009年度评价结果,太原钢铁(集团)有限公司位居第二,在钢铁企业中排名第一。

12 日

第三届中国专利周山西地区活动启幕。

中国公路学会养护与管理分会专家委员会在太原成立。

13 日

省委召开常委会议,对加快和谐山西建设进行研究部署。

据《山西日报》报道,吉县被国家农业部命名为“中国苹果之乡”。

13~23 日

首届全国智力运动会在四川成都举行,山西代表团夺得1金,在金牌、奖牌榜上均排列第14位。

14 日

山西省有5家煤矿企业取得首批兼并重组整合煤矿安全生产许可证。

15 日

《人民日报》一版刊发《怎样看待山西煤炭重组》一文。

山西省启动国家农业综合开发高标准农田建设示范项目。

16 日

第十一届中国国际高新技术成果交易会在深圳开幕,本省推出72个高新技术项目。

由香港特别行政区廉政公署举办的第29届总调查主任指挥课程班在太原开班。

太重(天津)滨海重型装备研制基地奠基暨开工仪式在天津滨海新区举行。

17 日

中国首个数字化规模化煤层气田示范工程在沁水县端氏镇建成投产。

全省最大光伏并网电站在中北大学正式建成并投入使用。

全省纪念地方人大设立常委会30周年理论研讨会在盂县召开。

山西资源型经济转型发展综合配套改革调研汇报会、全省地质灾害防治紧急电视电话会议、第21届中国珍珠岩技术交流大会分别在太原召开。

18 日

受国务院委托,省政府代国务院表彰民族团结进步模范会议在太原召开。

全省“青少年成长激励计划”启动仪式在太原举行。

19 日

全省林业工作会议在太原召开。会议明确提出大力实施生态兴省战略。

山西省首家农机“4S”店挂牌。

20 日

省政府召开第53次常务会议,研究并原则通过《关于实施生态兴省战略推进生态省建设的意见》。

山西省举办“十二五”科技创新与产业发展规划座谈会。

全省工商信用建设现场会在晋城召开。

省政府召开黄河经济协作区省区负责人第21次会议。

22 日

渤海银行在太原首家支行正式营业。

23 日

省委学习实践活动领导小组和省委组织部发文要求:在基层党组织和党员中开展创先争优活动。

23~26 日

省第十一届人大常委会第十三次会议在太原召开。会议通过修订后的《山西省实施〈中华人民共和国义务教育法〉办法》《山西并乡规划条例》等。

24 日

省政府召开第54次常务会议,研究加快推进全省事业单位分类改革试点,讨论通过开展新型农村社会养老保险试点实施办法。

25 日

省委中心组邀请文物局党组书记、局长单霁翔就“我国文化遗产保护的现状与展望”作专题报告。

全省宣传部长工作会议在太原召开。会议主要研究部署文化体制改革向纵深推进事宜。

山西省启动基层农技推广体系改革。

中央综治委督导组检查山西省综治工作。

省政府召开会议,专题研究山西省落实国家基本药物制度建设的各项事宜。

26 日

山西省在全国率先制定《道路照明LED灯》《公路隧道照明LED灯》《商业照明LED灯》《工业照明LED灯》等4个山西省地方标准,并通过国家专家组评审。

山西省首台1.5兆瓦风力发电机组在大同市新荣风电场并网发电。

26~30 日

以张平为团长的山西展团参加第四届中国北京国际文化创意产业博览会,共签订合作协议12项,签约总额近4亿元人民币。

27 日

王君主持召开科技工作座谈会,就全省下一阶段科技工作总体思路、科技创新战略重点等与科技工作者座谈。

全省国有企业党的建设工作会议在太原召开。

太重WK-55型矿用挖掘机通过验收,结束中国2000万吨级以上露天矿大型挖掘机长期被国外公司垄断的历史。

27~28 日

省政协召开十届十次常委会议,通过《关于深化改革,促进金融为“三农”服务的建议》。

28 日

太矿集团井下单轨吊车获科技

部、商务部、质检总局、环保总局等联合颁发的“国家重点新产品奖”。

28~29日

全国新教育实验区工作现场会在绛县召开。

28日至12月1日

2009山西海外高层次人才服务周活动在太原举办。本次活动共签订合作协议48个。

28日至12月13日

第十一届中国戏剧节在厦门举行，山西清徐嫦娥文化艺术有限公司创作的大型新编历史晋剧《龙兴晋阳》获“优秀剧目奖”。

30日

山西省农民工工作受到国务院督察组肯定。

11月起

山西省启动第二轮村级组织活动场所建设。

12月

1日

省委在太原召开深入学习实践科学发展观活动汇报交流会。

全省重点产业调整和振兴推进大会在太原召开。

2日

省委下发关于表彰2008年度和谐社会建设先进市、县（市、区）的决定。太原市等6市及17个县（市、区）受到表彰奖励。

反映右玉精神的30集电视连续剧《西口长歌》在太原举行首映式。

2~3日

全省纪检监察干部工作会议暨推进县级纪检监察机关建设会议在晋城召开。

2~5日

中央学习实践活动巡回检查组到山西检查指导第二批学习实践活动整改落实和第三批学习实践活动进展情况。

3日

全省地方志工作会议在太原召开。会议安排部署未来一个时期山西省地方志工作，并与各市常务副市长签订责任书。

大（同）西（安）铁路客运专线建设动员大会在太原举行。

4日

山西省妇女法律援助工作站成立。

6日

在“2009中国经济发展论坛”会上，朔州市获“中国经济最具创新力城市”称号。

7日

据《山西日报》报道，国内首家焦炉自动化燃烧控制示范项目在河津市阳光焦化集团启动。

据《山西日报》报道，山西省委组织部、省委党校对全省1182名乡镇党委书记、199名街道党工委书记等进行轮训。

在“发现中国·魅力小城”全国评选中，右玉县获“中国首批魅力小城”称号。

太原市出台工程建设领域突出问题专项治理实施方案。

8日

省委办公厅、省政府办公厅出台关于贯彻落实《国有企业领导人员廉洁从业若干规定》的意见。

山西省跆拳道协会在太原成立。

朔（州）黄（骅）铁路微机连锁改造工程全线开通。

9日

在第三届中国戏剧奖·小戏小品大赛中，山西省新编晋北小戏《九品官上树》获优秀剧目奖和最受观众喜欢演员奖。

在第四届中国金融市长年会暨中国金融生态城市发展年会上，清徐县获“中国金融生态县”称号。

在中国广播电视协会电视制片委员会2009年度大会上，榆次影视城、榆次常家庄园被确定为全国影视剧指定拍摄景点。

10日

山西省创业就业促进会、山西省创业就业基金会在太原成立。

汾酒集团有限责任公司、水塔老陈醋股份有限公司等52家企业入选“513”工程省级梯次企业。

11日

省委召开常委会议，研究部署煤炭企业兼并重组整合工作。会议还对事业单位分类改革试点工作和贯彻落实全国党领导的村级民主自治机制工作经验交流会精神作出安排。

第四届全省自强模范暨助残先进表彰大会在太原举行。

煤化工产业经济发展论坛在朔州举行。

为纪念丁果仙诞辰100周年暨山西省晋剧院建院50周年，晋剧艺术高层论坛在太原举行。

新晋商会馆在北京揭牌。

全省首个“志愿者就业创业见习基地”在泰康人寿山西分公司成立。

国务院对《山西省娄烦尖山铁矿“8·1”特别重大排土场垮塌事故调查报告》做出批复，认定“8·1”尖山铁矿排土场垮塌事故是一起责任事故。37名事故责任人受到责任追究。

15日

太原卫星发射中心成功发射一箭双星，其中“希望一号”为中国首颗公益小卫星。

16日

纪念山西文联成立60周年大会在太原举行。

歌唱家阎维文担任“山西道路交通安全宣传大使”。

17日

省委常委会召开会议，听取省政府关于经济社会发展情况的汇报，对2010年经济工作进行分析研究。

山西省太钢集团公司技术中心、太重集团公司技术中心、天脊煤化工集团公司技术中心获“国家认定企业技术中心成就奖”。

在第四届全国妇女健身活动展示大赛中，山西省夺得体育舞蹈项目一等奖。

省政府与国家土地督察北京局签署联席会议框架协议。

民革山西省第十届委员会第四次全体（扩大）会议在太原举行。

17~18日

国土资源部推进煤炭、煤层气产业化协调健康发展经验交流暨现场会在晋城召开。

18日

省委常委会召开会议，研究2010年组织工作和贯彻落实《2010—

2020年深化干部人事制度改革规划纲要》。

山西临原煤层气利用工程开工典礼在太原举行。这是山西省目前投资建设最长的煤层气输气管线项目。

庆祝新中国山西统一战线60周年座谈会、“信用山西”建设领导组会议、全省“打击文物犯罪专项行动”动员部署电视电话会议分别在太原举行。

山西省华侨商会、山西省物流与采购联合会分别在太原成立。

19日

山西省第九次归侨侨眷代表大会在太原召开。

20~23日

住房和城乡建设部检查组一行在太原检查节能减排工作,对太原市在建设领域推行节能减排所取得的成绩给予充分肯定。

21日

古交市中海能源煤焦集运站铁路专用线开工奠基。

古交市、清徐县等15个县(市、区)经国务院新型农村社会养老保险试点工作领导小组同意,被列入首批国家级新型农村社会养老保险(简称新农保)试点。

22日

山西中南部铁路通道、合肥至福州和杭州至长沙客运专线等三项重点铁路工程建设动员大会在河南郑州召开。中共中央政治局委员、国务院副总理张德江宣布工程开工。

省政府与开发银行在太原举行高层联席会议并签署合作协议。

山西省启用森林远程视频监控系统,成为全国唯一实现森林远程视频监控全覆盖的省份。

23~24日

全省经济工作会议在太原召开。

24日

全省深化改革推进源头治理工作会议在太原召开。

山西省教育扶贫工程正式启动。

25日

省委常委会召开会议,研究部署2010年全省政法工作和信访工作。

山西省首家外资银行——汇丰银行(中国)有限公司太原分行正式对外营业。

全省人口和计划生育工作会在太原召开。

山西省举行纪念地方人大设立常委会30周年座谈会。

山西省评出“影响山西民主法制建设十项业绩”暨“感动山西的人大代表”。

山西省交通运输执法局挂牌成立。

26日

为纪念毛泽东诞辰116周年,《毛泽东谋略市场应用》丛书在太原首发。

27日

介休市鑫峪沟东沟煤业发生矿难,12人遇难。

27~28日

中共中央政治局常委、国务院副总理李克强,到大同市走访慰问干部群众,详细了解棚户区改造和经济社会发展情况。30日,省委召开电视电话会议,传达贯彻李克强考察山西重要讲话精神。

29日

山西省水利厅与建设银行山西省分行“政银合作”、山西水务投资有限公司与潞安集团“水煤合作”等五项协议签约仪式在太原举行。

在“加强重大工程安全质量管理 创建国家优质工程”表彰大会上,太钢新建150万吨不锈钢工程获2009年度国家优质工程金奖。

30日

《山西日报》评出2009年山西十大新闻事件、十大新闻人物。

省委召开电视电话会议,对深入推进和谐山西建设作出部署。

新任省管干部集体廉政谈话会在太原举行。

山西省低碳经济发展高峰论坛在太原召开。

据《山西日报》报道,国务院在关于促进中部地区崛起规划的批复中明确提出:“支持中部地区与西部毗邻地区开展合作,鼓励晋陕豫黄河金三角地区突破行政界限,开展区域协调发展试验。”

31日

省政府召开煤炭资源整合、煤矿兼并重组专题会议。 (沈 乔)

概　况

自然概貌

【位置　面积】 **位置**　山西属于内陆省份，在太行山与黄河北干流域峡谷之间，地处华北西部的黄土高原东翼，是首都北京的西部屏障。省境山环水绕，构成与邻省的天然分界。东隔太行山，与河北省毗邻；西、南跨黄河，与陕西、河南两省相望；北越长城，与内蒙古自治区接壤。在国家经济发展布局中，山西紧靠以北京、天津为中心的“环渤海经济圈”，位于由山西、河南、湖北、安徽、湖南、江西组成的“中部六省”的最北端。地理坐标为北纬 34°34′48″~40°43′30″，东经 110°14′42″~114°33′17″。

面积　山西省域轮廓呈由东北斜向西南的平行四边形。南北长 682 千米，东西宽 385 千米，总面积 15.6579 万平方千米，约占全国土地总面积的 1.64%。在 31 个省(市、自治区)中列第 19 位。

【地质　地貌】 **地质**　山西省位于中朝准地台近中央部位，称山西断隆。北抵内蒙古地轴中部，南连秦岭褶皱系，西接鄂尔多斯台坳，东以太行山大断裂为界同华北地坳分开。山西断隆的中轴上，叠加有“S”型汾渭地堑系。全省境内地层发育较全，除上奥陶系上统、志留系、泥盆系、石炭系下统和中统缺失外，其余时代地层均有分布；尤其前寒武系和上古生界地层，在中国北方具有一定的代表性。境内岩浆岩类型多，分布较广泛，以侵入岩为主，特别是中生代侵入岩反映出多期次特点，与许多内生矿产的形成有关。并有全国罕见的碱性岩类。

地形地貌　山西省域总面积 15.6 万平方千米，其地理坐标为：北纬 34°34′~40°45′，东经 110°15′~114°32′。其地貌景观大体分为基岩山区、黄土高原山区、断陷盆地 3 大类型。主干山脉有：太行山、吕梁山、中条山、五台山、恒山、太岳山(即霍山)，多呈北东—南西向或近南北向展布。主要盆地由北向南依次为：阳高盆地、大同盆地、忻州盆地、太原盆地、临汾盆地、运城盆地、长治盆地。山地占全省总面积的 40%，丘陵占 40.3%，平川和河谷面积仅占 19.7%。

全省北高南低，由东北向西南倾斜。省内最高点为五台山北台顶叶斗峰，海拔 3058 米；最低点在垣曲县西阳河与黄河汇流处，海拔 180 米；最大相对高差 2878 米。

土地资源　山西省行政辖区面积 15.68 万平方公里，山地、高原、丘陵占到全省土地总面积的 72%以上。全省现有农用地 1005.34 万公顷，占总面积的 64.16%；建设用地 96.62 万公顷，占总面积的 6.17%；未利用地 465.02 万公顷，占土地总面积的 29.67%。

在农用地中，耕地 406.86 万公顷、园地 41.53 万公顷、林地 487.25 万公顷、牧草地 3.41 万公顷、其他农用地 66.29 万公顷，分别占农用地总面积的 40.5%、4.1%、48.5%、0.3%、6.6%。在建设用地中，城镇村及工矿用地 85.4 万公顷、交通运输用地(扣除农村道路)7.74 万公顷、水域及水利设施建设用地(只包括水库水面和水工建筑用地)3.48 万公顷，分别占建设用地总面积的 88.39%、8.01%和 3.60%。与上年同期相比，建设用地有所增加，农用地和未利用地有所减少。

矿产资源　山西省分布有丰富的矿产资源，是资源开发利用大省，在全国矿业经济中占有重要的地位。全省已发现矿种 118 种(金属矿产 29 种，非金属矿产 82 种，能源矿产 4 种，水气矿产 3 种)，其中有探明资源储量的矿产 63 种，矿产资源储量潜在价值 13.6 万亿元，居全国第三位。与全国同类矿产相比，资源储量居全国第一位的矿产有煤层气、铝土矿、耐火黏土、含钾岩石等 4 种。保有资源储量居全国前 10 位的矿产有 34 种。主要矿产为煤、煤层气、铝土矿、铁矿、铜矿等。煤炭资源得天独厚，资源储量丰富，分布广泛，煤质优良，保有资源储量 2661.57 亿吨，占全国保有储量的 1/4；煤层气资源十分丰富，沁水、西山、河东煤田为煤层气高产富集区，保有资源储量 946 亿立方米，全国首屈一指，具有良好的发展前景；铝土矿资源广泛分布于 34 个县(市)，保有资源储量 9.90 亿吨(矿石量)，占全国保有资源储量的 38%；铁矿类型多，资源储量丰富，分布广泛，保有资源储量 37.78 亿吨，居全国第五位;金红石379.8万吨,居全国第二位。煤、铝土矿等沉积矿产分布广泛,铁矿、铜矿等重要矿产分布相对集中,但是重要金属矿产贫矿多、富矿少,共伴生矿多、单一矿少。

【气象】 2009年,山西省年降水量接近常年,中部地区降水较多;气温比常年略偏高,年平均气温连续13年高于常年值;全省年日照时数总体偏少,四季中,冬季日照较常年略偏多,春季日照与常年持平,夏季和秋季日照偏少。

全年主要气象灾害及极端气候事件有:干旱、暴雪、暴雨、冰雹、连阴雨、大风、高温、气温阶段性异常等。灾害性天气给工农业生产及人民生活造成了一定的影响,其中干旱、暴雪、冰雹等造成的影响较为严重。

降水 2009年平均降水量为479.1毫米,接近常年值(478.6毫米)。在近10年来的降水量排位中处于第三位。从降水量地域分布看:中部地区年降水量最多,大部分在550毫米以上;北部大部降水量较少,在400毫米以下;其余地区介于400毫米~550毫米之间。与常年相比,离石市中部、太原市中南部和晋中市西北部降水量偏多三成左右,大同市北部、襄垣和阳城等地降水量偏少三成左右;其余大部分地区年降水量接近常年。降水主要集中在夏、秋两季,总降水量占全年降水量的76.8%。

气温 全省年平均气温为10.2℃,较常年值偏高0.8℃,已连续十三年年平均气温高于常年值,与2004年相同,较2008年偏高0.4℃。

从年平均气温空间分布看,气温由北向南逐渐升高,且中部盆地高于同纬度东西两侧山区。大同县、朔州市西部、忻州市小部地区年平均气温较低,基本在7℃以下,右玉最低为4.7℃;运城市大部以及临汾盆地气温较高,在13℃~15℃之间,永济最高为15℃;其余大部分地区平均气温基本都在7℃~13℃之间。与常年相比,全省大部分地区年平均气温较常年略偏高。其中大同、朔州、忻州等3市的交界处及南部个别县市温度偏高1℃-1.5℃,寿阳、霍州、新绛、运城市区等地气温略偏低。

日照 全省日照时数北部多于南部。北部的大同县、广灵县、宁武县年日照时数多于2800小时;北中部的大同市大部、朔州市中部、忻州市东部、阳泉市北部日照时数介于2600小时~2800小时之间,其余地区日照时数为2400小时~2600小时;中部的西部和南部大部地区年日照时数介于2000小时~2400小时之间;运城部分地区日照时数低于2000小时,河津年日照时数为全省最低。

与常年均值相比,全省大部分地区日照时数较常年偏少。在统计的108个县(市)中,91个县(市)日照时数偏少,其中26个县(市)偏少300小时以上;46个县市偏少100小时~300小时;只有5个县(市)日照时数较常年偏多100小时以上。日照年内分布状况为:全省大部分地区冬季日照比常年略偏多,春季日照与常年持平,夏季和秋季日照偏少。(李国英)

【自然资源】 山西矿产资源储量极为丰富,分布相对集中。截至2009年底,全省已发现矿产125种,其中探明储量的有53种,储量居全国前10位的有34种,煤、铝矾土、耐火黏土、铁矾土、珍珠岩、镓、沸石的储量居全国之首,金矿石(含钛矿)、镁盐、芒硝的储量居第二位,钾长石、钛铁、石灰石、长石、石膏、钴、铜等矿藏的储量也居全国各省(区)的前列。其中尤以煤炭为最。

煤炭是山西最重要的矿产,资源丰富,地质储量达8700亿吨,已探明储量为2612亿吨,占全国煤炭探明储量的30%,是中国煤炭储量最大的省份之一。为全国第一产煤大省,故有“煤乡”之称。山西煤炭资源的特点:一是煤种齐全,分布集中。全国10大煤种山西都有,主要分布于大同、宁武、河东、西山、霍西、沁水六大煤田及浑源、五台等地,含煤面积6.2万平方公里,占全省总面积的39.6%。二是煤质优良。具有低灰、低硫、低磷、发热量高的特点。三是煤田地质构造简单。一般煤田具有断层少,煤层多,可采层厚,煤层平缓,埋藏较浅,在探明的储量中,埋藏在300米以内的占49%,开采条件良好,易于开发。山西煤层气的储量在全国也是遥遥领先,山西煤层气储量在10万亿立方米以上,约占全国总量的1/3。相当于100亿立方米石油。山西矿产优势目前已改变单靠挖煤卖煤的老路,新的煤业开发有煤炭液化以代石油;煤炭掺水制水煤浆,少污染,费用低,可代重油,前景看好。2009年,山西省完成原煤产量6.15亿吨,向省外运输煤炭4.46亿吨,外运煤炭占原煤产量的比重为72.47%;向省外运输焦炭5413.1万吨,外运焦炭占焦炭产量的比重为70.25%。

山西的黑色金属矿产资源以铁矿为主,也有少量的钛、锰、铬、钒等矿藏。山西是中国重要的铁矿资源产地。铁矿资源分布于省内86个县(市)。在铁矿产地广泛分布的背景上,其储量又相对集中,为山西省开发铁矿业提供了有利的地质资源条件。已探明储量近30.36亿吨,居全国第四位,主要分布在五台山区和吕梁山区,占全省90%以上。矿床类型主要有变质沉积矿床、沉积矿床、接触交代型矿床、热液型矿床。

山西的有色金属矿产资源以铜、铝为主,还有铅、锌、钴、钼、镍、镓、锗等。铜矿储量在全国居第三位,保有储量346.68万吨,累计探明储量近400万吨,富铜矿有51万吨,95%分布在垣曲一带的中条山区,但其品位较低,贫矿占83%。铜矿中含有黄金、钴、钼、硫等,可以综合利用。

铝土矿资源极为丰富,仅次于煤。具有储量大、质量好、分布广、易开采的特点,是山西的第二大矿种,预测储量为23亿吨,探明储量居全国首位。占全国总储量的38%,居首位,广泛分布于山西中部与中南部。分布范围达6.7万平方公里,储量集中分布在吕梁地区(占47.9%)、运城地区(占12.7%)、忻州地区(占17.7%)和阳泉市(占0.5%)。钴矿有11处,分布在闻喜、绛县、垣曲等县。钼矿7处,分布在忻州、运城两个地区。铅锌矿3处,分布在交城、繁峙、洪洞3县,均为金、银、铅、锌、铜共生矿。

山西的贵重金属矿产有金和银。

金矿分布在运城、忻州、雁北和临汾等市，银矿分布在繁峙、襄汾、洪洞、垣曲等县，均为伴生矿产。

此外金属矿产资源尚有锌、钼、金、钴、银、锗、镓，多与他类矿产共生。

化工原料矿产资源，芒硝、镁盐和池盐集中分布在运城盐池，是山西历史悠久的著名化工原料基地，也是全国重要的化工原料基地之一。电石石灰岩资源丰富，工业储量近7000万吨，绝大部分为特级或一级品，主要分布在太原、交口、灵石3处，为发展化纤工业提供了优越条件。

建筑材料及其他非金属矿产主要有水泥石灰岩、石膏、含钾岩石、长石、石量、石棉、膨润土、大理石、珍珠岩等。水泥石灰石资源最为丰富，储量达13亿吨，层位稳定，有矿区28处，储量集中在大同、长治2市。石膏探明储量5亿吨以上，集中分布在中南部汾河中下游地区，矿石质地良好。长石矿有6处，分布在盂县、忻州、闻喜、稷山等地，探明储量居全国第5位。石墨矿有2处，都在大同市。膨润土矿有2处，分布在浑源县。珍珠岩矿在灵丘县塔地矿区。

山西大部分地区位于暖温带半湿润气候区，山麓植被以灌丛为主，沙棘、酸枣、荆条、黄刺玫等为优势种；其次为疏林地，优势种有侧柏、油松、白羊草及蒿类等。山西高等植物有160多科3000多种。省境南部、东南部，包括长治、晋城、运城、临汾地区，以及晋中的东山，是以落叶阔叶林和次生落叶灌丛为主的夏绿阔叶林或针叶阔叶混交林分布的地域。其中松树、栎树等树种占优势，灌木丛中沙棘、虎榛子、黄蔷薇、黄栌、红酸刺、连翘、酸枣占相当面积，果树有柿、枳椇(拐枣)、苹果、梨、红花果、桃、核桃、红枣等，农作物以棉花、冬小麦、谷子、玉米为大宗。省境中部，包括吕梁市除兴县以外的各县，临汾的隰县、蒲县、汾西、大宁、乡宁、吉县和除河曲、保德、偏关以外的忻州的其他各县，植被分布以针叶林及中生的落叶灌丛为主，其次为夏绿阔叶林，其中多松树、杉树等针叶林，灌木丛以柔毛绣线菊、胡枝子、榛子、黄蔷薇、沙棘、虎榛子为主，草本植物次之，山地草甸上多蒿草、豹子花。果树以梨、枣、核桃居多，还有葡萄、红花果、桃、杏等。农作物以杂粮为主，亦有冬小麦、棉花。省境北部及西北部，包括河曲、保德、兴县、偏关等地，属温带干草丛和半干旱草原分布区，以长芒草、茭蒿、兴安胡枝子等居多，沙棘、虎榛子、黄蔷薇等只有零星分布。农作物中马铃薯、莜麦、胡麻较多，也有春麦、谷子等。果树除花红果和杏分布较普遍外，局部环境较好的地方有苹果、枣、核桃等。

山西森林主要分布在山区，省境西部从五寨、宁武的管涔山起，向南沿吕梁山脊至乡宁、吉县的狭长地带，分布较为集中，面积约占全省森林总面积的19.5%。省境东部、中南部和南部地区的森林，多集中分布在恒山、五台山、太行山、太岳山和中条山等地。初具规模的有管涔山、关帝山、太岳山、中条山、五台山、黑茶山、吕梁山和太行山八大林区以及桑干河杨树丰产林实验区，称九大国有林区，总面积133.02万公顷。近10年来，山西省先后启动实施了天保工程、京津风沙源治理工程、退耕还林工程等国家重点工程，每年的新造林面积达到26.68万公顷~33.35万公顷。2005年山西省第七次森林资源清查结果显示，全省林地总面积761.16万公顷，占国土总面积的48.6%；森林面积221.22万公顷，森林覆盖率14.12%；活立木蓄积量为8847万立方米。

山西的野生牧草资源丰富，种类繁多，主要分布在山区，以亚高山草地、疏林草地最为丰富，山地干草原和白羊草灌草丛草地比较简单。牧草资源中在20.01公顷以上的草地约371.25万公顷，占全省总面积的23.7%，草地植物种类繁多，可供饲用的牧草植物有500余种，其中莜麦、白羊草、鹅冠草、狐茅、兰花棘豆及胡枝子等适口性强，营养价值高。

山西野生经济植物目前已知者有1000多种，其中树木400多种，药用植物900多种，颜料植物50多种，油脂植物70多种，芳香油植物40多种，淀粉与糖类植物50多种。野生蔬菜植物中食用菌约有80多种，五台山的台蘑，管涔山、关帝山的银盘蘑，中条、吕梁、太岳、太行山区的猴头、黑木耳均闻名国内外，此外各种蕨类、水芥、大车前、蒌蒿、马苋菜，营养价值均高。野生果树多达130种，如山葡萄、毛葡萄、山杏、山桃、黄刺玫、野山楂、杜梨、木梨、山荆子、草莓、酸枣、五味子、野核桃、榛子等，遍布全省的沙棘，是上等保健品，猕猴桃则为上等果品。

山西野生动物以陆栖类为主，已知的有400多种，属于国家保护的珍稀动物有70多种。其中一级保护动物有14种：白鹳、黑鹳、金雕、玉带海雕、白尾海雕、虎头海雕、胡兀鹫、褐马鸡、丹顶鹤、大鸨、金钱豹、虎、梅花鹿。二级保护动物有56种，包括鸟类40种，两栖爬行类2种，兽类14种。此外，还有毛皮动物20多种，名贵的有水獭、石貂、貉、豹猫、黄鼬、獾、狐等；肉用动物可供食用的有野兔、野猪、环颈雉、石鸡、斑翅山鹑、岩鸽等；药用动物有70多种。现全省共有森林和野生动物类型、湿地类型自然保护区45处，面积达114.6万公顷，占全省国土面积的7.28%。其中国家级自然保护区5处，面积8.23万公顷，省级自然保护区40处，面积107.5万公顷。

土地资源中，尚有可开发的后备土地资源262.9万公顷，其中宜农面积30万公顷，宜林面积97.2万公顷，宜牧面积135.7公顷。

【水情】 2009年山西省年平均降水量475.8毫米，比多年均值491.4毫米少15.6毫米。各县(市)年降水量介于241.0毫米~677.1毫米之间，降水呈中部多，北部和南部少。北部(大同市、忻州市、朔州市)241.0毫米~528.6毫米，中部(太原市、晋中市、阳泉市、吕梁地区)418.9毫米~677.1毫米，南部(临汾市、运城市、长治市、晋城市)341.1毫米~628.2毫米。汛前(1~5月)降水量大于多年同期平均，降水呈北部少、中部和南部多；汛期(6~9月)降水量小于多年同期平均值，降水呈北部和中部局部少、南部多；汛后(10~12月)降水量大于多年同期平均值，除运城市偏少外，其余各市均偏多。

年内暴雨、暴雪、冰雹、干旱等灾害时有发生。

2009年全省各水文站年均流量与多年均值相比,除汾河干流宁化堡站(宁武)、静乐站及河岔站(娄烦)、汾河支流涧河娄烦站及中西河岔口站(宁武)偏多以外,其余水文站均偏少。汛前、汛中和汛后出现部分河道断流现象。2009年汛期,受连续降雨和局部暴雨共同影响,部分河流发生洪水,其中较大的两次洪峰分别是:黄河潼关水文站9月16日11时30分洪峰流量2390立方米/秒;榆社河榆社水文站7月17日12时24分洪峰流量620立方米/秒。

2009年全省50座大中型水库蓄水量情况为:汛初(6月1日)蓄水总量为6.52亿立方米,比上年同期少蓄0.41亿立方米,比多年同期平均多蓄1.05亿立方米;汛末(10月1日)蓄水总量为7.28亿立方米,比汛初(6月1日)多蓄0.72亿立方米,比上年同期多蓄0.55亿立方米,比多年同期平均多蓄0.63亿立方米;年末(2010年1月1日)蓄水总量为7.86亿立方米,比上年同期多蓄水0.61亿立方米,比多年同期平均多蓄水0.50亿立方米。

(梁述杰)

【人口】 根据抽样调查,2009年,全省出生人口37.16万人,人口出生率为10.87‰,比上年下降0.45‰;死亡人口20.45万人,人口死亡率为5.98‰,比上年下降0.03‰;人口自然增长率为4.89‰,比上年下降0.42‰。据此推算,全省2009年底常住人口为3427.36万人,比上年增加了16.72万人,增长率为0.50%。常住人口中,男性为1758.13万人,占常住人口的51.30%;女性为1669.23万人,占常住人口的48.70%,性别比为105.33。全省共有家庭户1029.66万户,平均每个家庭户人口为3.28人。居住在城镇的人口为1576.09万人,占常住人口的45.99%;居住在乡村的人口为1851.27万人,占常住人口的54.01%。

【民族】 山西是少数民族杂居散居的省份。民族构成以汉族为主,汉族人口占全省总人口的99.7%,有54个少数民族,包括:回族、满族、蒙古族、彝族、苗族、土家族等,人口10.32万人,占全省总人口的0.3%,其中回族最多,约占80%。

山西省的少数民族有5个特点:一是人口总数不多,但民族成分多。全省共有54个少数民族成分(仅缺塔塔尔族)。少数民族人口在万人以上的有回族、满族、蒙古族。二是大分散、小聚居。全省11市118个县(市、区)有少数民族。有44个少数民族聚居村,50个少数民族聚居的街道和100多个相对聚居的居民社区。三是回族人数居绝大多数且相对聚居,有较强的民族意识和宗教感情。四是少数民族聚居村有相当一部分处于山区或贫困县区,经济社会发展水平相对落后。

【宗教】 山西省有佛教、道教、伊斯兰教、天主教、基督教,信教群众160万余人,占全省总人口的4.67%。其中,佛教信徒72万余人,道教信徒近5万人,伊斯兰教信徒8万余人,天主教信徒22万余人,基督教信徒52万余人。全省119个县(市、区)基本上都有信教群众,其中信教群众人数在万人以上的县(市、区)有46个。

山西省现有省级宗教团体7个:省佛教协会、省道教协会、省伊斯兰教协会、省天主教爱国会和省天主教教务委员会、省基督教"三自"爱国运动委员会和省基督教协会。全省有宗教教职人员8000多人,依法登记的宗教活动场所2300余处。

【省会】 太原是山西省省会,位于北纬37°27′~38°25′东经111°30′~113°09′,地处山西省境中央,汾河流域中部,西、北、东三面环山,南部为开阔的河谷盆地,汾河纵贯全市,是南北同蒲和石太铁路线的交汇处。北邻忻州,西靠吕梁,东、南与晋中接壤。东西长144千米,南北宽107千米;疆界周长563千米,其平面图略呈倒三角形。国土总面积6988平方千米。市中心距首都北京514千米,距最近出海口天津塘沽港690千米。是全省政治、经济、文化、科技、交通中心,也是中国主要的重工业城市之一。

太原现辖6区(小店区、迎泽区、杏花岭区、尖草坪区、万柏林区、晋源区)、3县(清徐县、阳曲县、娄烦县)、1市(古交市)和2个国家级开发区(太原市经济技术开发区、太原市高新技术开发区)、2个省级开发区(太原工业园区、太原不锈钢生态工业园区)。全市共有51个街道办事处,461个社区居委会,有21个镇33个乡,1013个村委会,1632个自然村。市政府驻太原市新建路。2009年底,全市总人口为350.18万人。其中,男性人口为178.57万人,女性人口为171.61万人,分别占总人口的50.99%和49.01%,性别比为104.060。城镇人口为287.92万人,乡村人口为62.26万人,全市城镇化率为82.22%,城镇化率居全省之首。

太原历史悠久,始建于春秋晋定公十五年(公元前497年),称晋阳邑;战国初期为赵国都城;秦代太原郡为全国36郡之一;西汉时称并州,为全国13州之一;十六国时期前赵、后燕、前燕、前秦及南北朝时期北齐,都以太原为国都;隋代,晋阳是仅次于长安、洛阳的第三大城市;唐代,太原作为王朝肇兴之地,被封为北都,与京都长安、东都洛阳并称"三都";五代十国时期,后唐、后晋、后汉、北汉亦以太原为国都;现在的太原旧城建于宋太宗年间;明清时期,太原是中国北方著名的军事、文化重镇和晋商都会。

太原为四季分明的北温带大陆性气候,冬无严寒,夏无酷暑,昼夜温差较大,日照充足,无霜期较长。年均气温12℃,年均降水量4684毫米,年均日照23887小时,无霜期年均202天,植物有较长的生长期。

山西最大的河流汾河,由静乐入境自西向东至上兰村南折流经太原市城区。此外还有支流潇河、屯兰河、大川河、柳林河、凌井河、杨兴河等。山麓地带泉水较为丰富,尤以晋祠和兰村泉水流量最大,境内较大湖泊六处,以晋阳湖为最。

太原是中国近代重型机械装备工业的发祥地之一,是全国基础较为雄厚、门类比较齐全的以冶金、机械、化工、煤炭为支柱产业的老工业基地之一,拥有全国最大的特种钢生产基地、主焦煤生产基地、煤炭综合利用加工基地。太原钢铁(集团)有限公司目前已形成了年产 300 万吨不锈钢的能力，是世界上产能最大的不锈钢生产企业；正在快速发展的富士康太原科技工业园，将成为世界最大的镁铝合金加工和研发基地。太原境内有闻名遐迩的晋祠、双塔寺、天龙山石窟、崇善寺等众多名胜古迹，是“中国优秀旅游城市”，2009 年被评为“国家园林城市”。2009 年，全市完成国民生产总值 1545.2 亿元，比上年增长 2.6%。

（董剑云）

2009 年山西省行政区划一览表

市名	城市			市辖区	县	镇	乡	村民委员会
	合计	地级市	县级市					
	22	11	11	23	85	563	633	28135

太原市	小店区	迎泽区	杏花岭区	尖草坪区	万柏林区	晋源区	清徐县	阳曲县	娄烦县
	古交市								
大同市	城　区	矿　区	南郊区	新荣区	阳高县	天镇县	广灵县	灵丘县	浑源县
	左云县	大同县							
阳泉市	城　区	矿　区	郊　区	平定县	盂　县				
长治市	城　区	郊　区	长治县	襄垣县	屯留县	平顺县	黎城县	壶关县	长子县
	武乡县	沁　县	沁源县	潞城市					
晋城市	城　区	沁水县	阳城县	陵川县	泽州县	高平市			
朔州市	朔城区	平鲁区	山阴县	应　县	右玉县	怀仁县			
晋中市	榆次区	榆社县	左权县	和顺县	昔阳县	寿阳县	太谷县	祁　县	平遥县
	灵石县	介休市							
运城市	盐湖区	临猗县	万荣县	闻喜县	稷山县	新绛县	绛　县	垣曲县	夏　县
	平陆县	芮城县	永济市	河津市					
忻州市	忻府区	定襄县	五台县	代　县	繁峙县	宁武县	静乐县	神池县	五寨县
	岢岚县	河曲县	保德县	偏关县	原平市				
临汾市	尧都区	曲沃县	翼城县	襄汾县	洪洞县	古　县	安泽县	浮山县	吉　县
	乡宁县	大宁县	隰　县	永和县	蒲　县	汾西县	侯马市	霍州市	
吕梁市	离石区	文水县	交城县	兴　县	临　县	柳林县	石楼县	岚　县	方山县
	中阳县	交口县	孝义市	汾阳市					

（王文广）

机构设置和领导人名录

中共山西省委员会

书　记　张宝顺
副书记　王　君　薛延忠
常　委　张宝顺　王　君　薛延忠　申联彬
　　任泽民*　申维辰　杜玉林　金道铭(满族)
　　李小鹏　胡苏平(女)　方文平
　　高建民　李政文　汤　涛*
委　员　(按姓氏笔画为序)
　　马景龙　丰立祥　王　君　王大高
　　王凤祥　王守祯　王国正　王清宪
　　王淑珍(女)　王雅安　牛仁亮
　　方文平　左世忠　申维辰　申联彬
　　田喜荣　白　云(女)　令政策
　　朱先奇　任泽民*　刘　巩　刘银才
　　刘维佳　汤　涛*　安焕晓(女)
　　杜玉林　杜创业　杜善学　李小鹏
　　李天太　李东福　李永宏　李旺明
　　李政文　李高山　李悦娥(女)
　　李雁红　李潭生　杨　波　宋广义
　　张　健　张九萍(女)　张兵生
　　张茂才　张宝顺　张建民　张建欣(女)
　　张崇慧　陈川平　金道铭(满族)
　　郑建国　郝志远　胡苏平(女)
　　洪发科　袁升德　耿怀英　聂春玉
　　夏振贵*　高卫东　高建民　高彦斌
　　郭良孝　郭贵春　郭海亮　梁志祥
　　董洪运　谢　海　靳善忠
　　潘军峰　薛延忠
候补委员(按得票多少为序)
　　王茂林　王抒祥*　毛金明　张高宏
　　王树新　侯晋川　李良森　韩和平
　　廉毅敏　张义平　李平社　孟原生
秘书长　高建民
常务副秘书长　姜新文
副秘书长　李旺明　王铁选　张克强　阎根生
　　张瑞鹏　黄进明　王进喜　李　理
　　吴保安

省人大常委会组成人员

主　任　张宝顺
常务副主任　杨安和
副主任　靳善忠　谢克昌　安焕晓
　　郭海亮　王雅安
秘书长　朱　明
委　员　(按姓氏笔画为序)
　　王大高　王凤祥　王树林　王重一
　　王晓林　王铁锁　王娟玲(女)
　　牛三平　牛西午　亢官文　石金鸣
　　卢　捷　邢德川　邢燕芬(女)
　　成继东　吕德功　朱先奇　刘　巩
　　刘润民　刘维佳*　孙水生　远勤山
　　杜复新　李中元　李旺明　李战志
　　李思进　李顺通　李俊峰　李留澜
　　李悦娥(女)　杨怀恩　杨竞赛
　　何　涛　宋新柱　张怀文　张　凯
　　张建豪　陈隆宇　武锦福　赵建平
　　姚二云　姚芝楼　袁　进　高志俊
　　高彦斌　郭　明　郭贵仁　郭勇义
　　郭原林　韩怡卓　韩裕峰　傅建荣
　　樊吉厚　薛凤海　魏　武(女,回族)
常委会副秘书长　何　涛　李中元*　赵建平
　　王立业　李正伦　邬敬文
　　李　渊

山西省人民政府

省　长　王　君
副省长　申联彬*　李小鹏　牛仁亮　陈川平
　　张　平　刘维佳*　张建欣(女)*
秘书长　王清宪
副秘书长　李建功*　杜创业*　郭慧民　巨宪华
　　韩和平　崔国红　陈永奇*　王　成
　　孙跃进　王　纯　余瑞卿*

政协山西省委员会

主　席　薛延忠*
常务副主席　郭良孝
副主席　韩儒英　周　然　李雁红　李潭生
　　令政策　卫小春　刘滇生
秘书长　阎沁生
常　委　(以姓氏笔画为序)
　　卫克兴　马天荣　马彦和　马德和
　　王云亭　王文娅(女)　王全龙
　　王怀荣　王建国(省政协)
　　王建国(省工商联)　王贵平　王俊忠
　　王艳梅(女)　王晓立　王爱萍(女)
　　王继伟　王维卿(女)　王照光(女)
　　王新义　石盛奎　白世镇(回族)
　　白秀平　冯亚琴(女,蒙古族)　冯建新
　　宁立新　边根棠　邢国明　巩安库
　　成锡峰　庄金洲　刘占中　刘兆林
　　刘俊谦　关存先　许并社　孙连珠
　　苏亚君　李廷赫(朝鲜族)　李连琪

李瑞丰　李德志　杨左卿(女)
杨志刚　杨社堂　杨林花(女)　杨临生
杨俊和　杨森林　吴晋安　张文栋
张汉伟　张　吉　张并生　张李锁
张　政　张俊生　张烈珍(女)　武金贵
范小玲(女)　范明远　侯秀娟(女)
姚发兴　姚建民　姚宪华　姚锦城
秦作栋　根　通　柴瑞霭　徐改清(女)
高凤平　高文变　高英武　高　键
高新文　郭勇飞　郭　辉　郭慧民
梅志强　曹改莲(女)　曹惠斌　章勇思
阎美珍(女)　闫润德　梁文海
谌长瑞　葛旭元　董育中　焦惠生
鲁连城　靳道远　慕福明　薛维梁
薛靛民　霍　成　魏　峰　籍振芳
副秘书长　杨临生　程银锁　马　伟　刘文秀

中共山西省纪律检查委员会

书　记　金道铭(满族)
常务副书记　刘　巩
副书记　李正印　杨森林　张晓亚
常　委　金道铭(满族)　刘　巩　李正印　杨森林
张晓亚　弓　跃*　邢顺喜　贾毓杰
荀志坚　张秀萍(女)
委　员(按姓氏笔画为序)
弓　跃　卫建友　王　琦　王水成
王正喜　王虎胜　王铁选　王满春
石正民　卢晓中　史富泉　冯改朵(女)
邢顺喜　刘　巩　刘传旺　刘向东
李正印　李永林　李连琪　李建功
李建刚　李福龙　杨文章　杨有才
杨森林　辛旭光　张　润　张文科
张秀萍(女)　张明亮　张晓亚
张继庆　林玉平　岳盛林
金道铭(满族)　荀志坚　贾毓杰
高　璋　高国顺　高建国　曹燎原
康有全　梁凤书　渠性轩

山西省高级人民法院

院　长　左世忠
常务副院长　梁　权
副院长　刘冀民　李建忠　吴秋霞(女)
王文娅(女)

山西省人民检察院

检察长　柯汉民*　王建明*
常务副检察长　王满春
副检察长　文晓平　荣　彰　李　勃　曹改莲(女)
严奴国*

省委工作部门

省委组织部
部　长　任泽民*　汤　涛*
常务副部长　刘维佳*　朱先奇*
副部长　张高宏　陈跃钢　张　葆(女)
省委宣传部
部　长　胡苏平(女)
常务副部长　杨　波
副部长　李福明　郭玉福*　李海渊　杜学文
省委统战部
部　长　李政文
常务副部长　王大高*　马天荣*
副部长　边根棠　郭海刚　王建新　李云平(女)*
省委政法委员会
书　记　杜玉林
常务副书记　高彦斌
副书记　边晋南　杨有才
省综治办主任　高彦斌
省综治办副主任　秦文峰*　李增贵
省委政策研究室
主　任　李旺明
副主任　霍甫安　王利波　马文革
省机构编制委员会办公室
主　任　何令祚*　张高宏*
副主任　王学泽*　陈仲英(女)*　郭晋明
省直机关工委
书　记　刘传旺
副书记　贾明建　郭康锋　冯进成
省直纪工委书记　卫建友
省高校工委
书　记　李东福
副书记　贾坚毅　畅日宝
省高校纪工委书记　史富泉
省国资委党委
书　记　张崇慧
副书记　郭玉才(常务)　王靖凯
渠性轩(兼纪委书记)　李天太*
省国防科技工业党委
书　记　刘银才
副书记　冯鲁生　田国仁　安雅文
省委巡视组
组　长　刘焕升*　段志全*　白纯洲*　马景龙*
李锐锋*　曹燎原*　石正民*　陈　森*
副组长　林富强　常宝童　李努生*　武振力
李吉山*

省委部门管理机构

省委老干部局
局　长　李仁和
副局长　刘仰良　郭世卿　郑兰珍
省委、省政府信访局
局　长　阎根生
副局长　郭慧民　李月虎　梁雨润　郭真喜
　　　　张福祥
防范和处理邪教问题领导小组办公室
主　任　王铁选
副主任　高国俊*　关龙江　武俊平*
省委台湾工作(省政府台湾事务)办公室
主　任　黄进明
副主任　梁淑娟(女)　刘可宏　徐爽志
省接待办公室
主　任　李　理
副主任　史虹光　韩道亮
省委保密办公室(省国家保密局)
主　任(局长)　李国华*　张　华*
副主任(副局长)　王鹤平
省委机要局
局　长　任兔平
副局长　杨　忠　李东强

省人大常委会工作机构

省人大法制委员会
主任委员　王凤祥
副主任委员　邓永明　王晓明
省人大内务司法委员会
主任委员　李顺通
副主任委员　武锦福　郭忠烈
省人大财政经济委员会
主任委员　赵建平
副主任委员　杜复新　杨建国
省人大教育科学文化卫生工作委员会
主　任　王树林
副主任　李俊峰　樊吉厚　安志辉　冯　睿
省人大农村工作委员会
主　任　吕德功
副主任　牛西午　曹晋芳(女)　祁玉林
省人大城乡建设环境保护工作委员会
主　任　王晓林
副主任　高志俊　李生茂*　汤俊权
省人大人事代表工作委员会
主　任　张　凯
副主任　邢燕芬(女)　杨竞赛　霍晓琴(女)
省人大民族宗教侨务外事工作委员会
主　任　张怀文
副主任　李荣先(女)　李　洪(女)
省人大研究室
主　任　何　涛
副主任　张作峰*　吴临芳(女)　蔡汾湘
省人大信访局
局　长　王联英
副局长　张拯瑜

省政府组成部门

省发展和改革委员会
主　任　李宝卿
副主任　王　赋*　李福龙　李永平　段进存
　　　　刘　锋　程泽业　王晓胜
省经济和信息化委员会
主　任　洪发科*
副主任　郭树峰*　周明定*　刘致远*　刘银才*
　　　　申瑞涛(女)*　王克建*　陈官虎*
省教育厅
厅　长　李东福
副厅长　刘惠民　贾坚毅　张卓玉　王李金
省科学技术厅
厅　长　廉毅敏
副厅长　秦作栋　郭春林　常建忠
省公安厅
厅　长　杜玉林
常务副厅长　李连琪*　李富林*
副厅长　廉兴有　成振林　燕和平　苏　浩
省国家安全厅
厅　长　李　洪
副厅长　李玉生　常俊茂(女)　李顺元
　　　　左淑萍(女)　黄保国
省监察厅
厅　长　杨森林
副厅长　邢顺喜　刘蓉华(女)　张效彪*
省民政厅
厅　长　马景龙*　周明定*
副厅长　王卫东(女)　何耀光　何子义　许富昌
省司法厅
厅　长　王水成
副厅长　樊计宽*　王华善　李满胜　刘占中
　　　　冯　征
省财政厅
厅　长　郑建国
副厅长　石常明　胡双明　潘贤掌　张　韬
省人力资源和社会保障厅
厅　长　张　健*

副厅长　王学泽*　杨培岳*　李建刚*
　　　　王云龙*　王建文*
省国土资源厅
厅　长　杜创业*　李建功*
副厅长　康有全　高　博　王晓立　牛来有
省环境保护厅
厅　长　刘向东
副厅长　刘四龙　张广勇
省住房和城乡建设厅
厅　长　王国正*
副厅长　张立光*　任在刚*　闫晨曦*
省交通运输厅
厅　长　段建国*
副厅长　张　润*　王志民*　张志川*
省水利厅
厅　长　潘军峰
副厅长　裴　群　郭正义　张　健
省农业厅(省委农村工作领导组办公室)
厅　长(主任)　孙连珠
副厅长(副主任)　董希德　左义河　王高勇*
　　　　　　　　关建勋　雷郭堂
省林业厅
厅　长　耿怀英
副厅长　霍转业　马双柱*　周　洪　常光明*
省商务厅
厅　长　王淑珍(女)
副厅长　李晋峰　张华龙*　史贵章　乔亮生
　　　　杨来栓　高文平*　刘　进
省文化厅
厅　长　张明亮
副厅长　赵晋蓉*　张建军*　贾新田　郭　立*
省卫生厅
厅　长　高国顺
副厅长　李书凯　王　峻　赵光国*　刘　星
省人口和计划生育委员会
主　任　杨增武
副主任　梁明虎　王祥瑞　杨建勇　梅志强
省审计厅
厅　长　郝志远
副厅长　郝素珍(女)　高爱平　姚宪华
省外事侨务办公室
主　任　韩和平*
副主任　贾雪峰*　张志仁*　武绍忠*　高玉厚
　　　　田亦军*
省煤炭工业厅
厅　长　王守祯*
副厅长　王文全*　牛建明*　武建森*
　　　　胡万升*　王学军*

省政府直属特设机构

省政府国有资产监督管理委员会
主　任　张崇慧
副主任　王晓勇　李宝文　朱成基　崔联会
　　　　李东洪

省政府直属机构

省地方税务局
局　长　卢晓中
副局长　张跃建　刘建光　张澎涌
省工商行政管理局
局　长　王虎胜
副局长　石清礼*　马联社　薛维栋
省质量技术监督局
局　长　王正喜
副局长　刘　军　盛佃清　武　强
省广播电影电视局
局　长　梁志祥*
副局长　董育中*　梁丽山*　刘英魁*　董晓林*
省新闻出版(版权)局
局　长　李锐锋*
副局长　张明旺　梁宝印　王吉敏
省体育局
局　长　苏亚君
副局长　杨凤楼　李振生　郝晓峰　李世杰
省统计局
局　长　杨文章
副局长　翟振新　卢建明　赵占明
省安全生产监督管理局
局　长　张根虎
副局长　杜建荣*　刘晋英(女)　苏保生*　唐　晋
　　　　霍红义*
省旅游局
局　长　籍振芳
副局长　李太阳　王炳武　王文保
省宗教事务局(民族事务委员会)
局　长(主任)　边根棠
副局长(副主任)　郝中树　卫望军
省文物管理局
局　长　施联秀
副局长　高　可*　刘正辉　宁立新
省粮食局
局　长　姚高宽
副局长　牛银虎　张　文　吕苛青(女)
省人民防空办公室
主　任　常高才

副主任　孙　群　刘　涛　张　铭
省政府法制办公室
主　任　崔国红
副主任　王卫星　刘钢柱
省政府机关事务管理局
局　长　任云峰*
副局长　王东春*　孙富忠*　牛柱珍*

省政府部门管理机构

省物价局
局　长　李福龙
副局长　张存登　庞金龙
省国防科技工业办公室
主　任　刘银才
副主任　张继庆*　温国贵*
省中小企业局
局　长　周明定*
副局长　潘中赋*　陈晓东*　赵志杰*　王怀荣*
省食品药品监督管理局
局　长　赵光国*
副局长　李书凯*　杨恩健*　武树和*
　　　　任晋斌*　谢　红*
省监狱管理局
局　长　冯　征
副局长　李扁顿　王　伟　高　奇*
省扶贫开发办公室
主　任　刘昆明*
副主任　吕占川*　郎作仕*　王汉有*
省政府研究室
主　任　陈永奇*
副主任　张小杰　高建军*
省政府参事室(文史馆)
主　任　冉金刚*
副主任　张志斌*
省公安厅交管局(省交警总队)
局　长(总队长)　边智慧
副局长(副总队长)　李新生　刘　敏　张顺喜
　　　　王丕谟

省政协工作机构

省政协调研室
主　任　杨临生
副主任　王建华　蒋福新
省政协提案委员会
主　任　王俊忠
副主任　薛　山　焦惠生
省政协经济和人口资源环境委员会
主　任　巩安库
副主任　吴晋安　薛万明*　何令祚*　毛银明
　　　　刘道友　李润玺
省政协农村委员会
主　任　刘俊谦
副主任　卫克兴　温福亮　吴潭龙　杨　菲(女)
省政协教科文卫体委员会
主　任　杨左卿
副主任　王耀斌　王建国
省政协社会法制委员会
主　任　徐改清(女)
副主任　阎默彧*　傅银瑜(女)
省政协民族宗教委员会
主　任　根　通
副主任　李廷赫(朝鲜)　白晓军(女)
省政协文史资料委员会
主　任　闫润德
副主任　丁　杰
省政协学习宣传委员会
主　任　章思勇
副主任　郭玉玺
省政协港澳台侨和外事委员会
主　任　王新义
副主任　崔永柱　赵茂林　王阳华(女)

省直属事业单位

省委党校(山西行政学院)
校　长　薛延忠
院　长　申联彬
常务副校长(副院长)　李高山
副校长(副院长)　刘生义*　高健生　王联辉
　　　　郭成文　王永翔*　潘　峰*
山西省直机关党校(山西省直机关行政学院)
校(院)长　尹桂郁*
副校(院)长　赵　凯*　韩晋乐(女)　徐建国
山西日报报业集团
社　长　袁升德
总编辑　王建武
副社长　王建武(常务)　李蜀昌　张　宁　冯爱民
副总编　兰炎平　胡　果　杨小宁
省政府发展研究中心
主　任　张复明
副主任　董宇明*　李劲民　王亦兵
省委党史办公室
主　任　张铁锁
副主任　栗金凤(女)　卢海明
省地方志办公室
主　任　李茂盛

副主任　赵群虎　刘益龄
省农业科学院
院　长　刘惠民
副院长　陈明昌　戴文斌　邢亚静　聂安全　乔雄梧
省社会科学院
院　长　李留澜*　李中元*
副院长　贾桂梓(女)　潘　云　孙丽萍(女)
　　　　孟艾芳
山西社会主义学院
院　长　聂向庭
副院长　王宝生(常务)　李祥熙　王解峰
省档案局(档案馆)
局(馆)长　阎默彧*
副局(馆)长　张彦杰(女)　王保国　邢利民
省万家寨引黄工程总公司(管理局)
经理(局长)　菅二拴
副经理(副局长)　卫亚林*　朱春耀　张俊杰
　　　　　　　　樊安顺　贾伟智
煤炭工业太原设计研究院
院　长　李宏达*　贺天才*
副院长　马建华*　耿建平　李树庭
省煤炭地质局
局　长
副局长　潘增武　郑全发　黄苓丽(女)
省地质矿产勘查开发局
局　长　安俊生
副局长　翁金明　李日彪　韩晋生
省机械设备成套局
局　长
副局长　高保旺　段治强　王拥军
省民航机场集团公司(管理局)
总经理(局长)　李战志*　郝孝义*
副总经理(副局长)　马　升*　段同良　赵庆斌
省测绘局
局　长　牛来有
副局长　陈　睿　于建刚
省公路局
局　长　戴　飞
副局长　蒋　品　陈运生　胡志勇　惠高峰
省农机局(省农业机械发展中心)
局　长(主任)　王立伟
副局长(副主任)　戴建功　姚建忠　许继光
省招生考试管理中心
主　任　赵　晶
副主任　张亚平　张启发　张金文
山西煤炭工业局基本建设局
局　长　赵国源
副局长　王振海
省投资咨询和发展规划院
院　长　南寒松
副院长　刘付槐
中国煤炭博物馆
馆　长　康明章
副馆长　张奎元　陈胜军
省城镇集体工业联合社
主　任　李荣钢
副主任　姚海平*　杨晋才*
省供销合作社联合社
主　任　王俊辰
副主任　齐玉梅(女)　李亚明　王义升
山西博物院
院　长　石金鸣
山西省省级政府采购中心
主　任　赵建新
副主任　王跃进　穆恩科
山西老年大学
专职副校长　覃建平
中国(太原)煤炭交易中心
主　任　郭文奇
省交通征费稽查局
局　长　张晋鹏
省高速公路管理局
局　长　董新品
省交通运输管理局
局　长　李华中
省水资源管理委员会办公室
主　任　张江汀
山西省国有企业监事会
主　席　陈建鹰　赵子传　王孟传　王义堂
　　　　李成业　马　平
省属地方金融类企业监事会
主　席　高向新

群众团体

省总工会
主　席　郭海亮
常务副主席　高凤平
副主席　王兴旺　梁若洁　梁克昌　安　娜*(女)
共青团山西省委员会
书　记　刘润民*
副书记　高　键　雷健坤(女)　安　华　任　忠
省妇女联合会
主　席　李悦娥(女)
副主席　张烈珍(女)　郑　红(女)　顾青圻(女)
　　　　韩　红(女)
中国作家协会山西省分会
主　席　张　平

常务副主席　翁小绵*
省科学技术协会
主　席　侯晋川
副主席　韩裕峰　关原成　郭振德*
　　　　卫小春　王德贵
省文学艺术界联合会
主　席　李才旺*
副主席　宋新柱(常务)　高国俊*　石跃峰*
山西省工商业联合会
主　席　韩儒英
副主席　马天荣*　樊秀清　王建华　郎宝山(满族)
　　　　赵淑芊　郭海刚*
中国国际贸易促进会山西省分会
(中国国际商会山西商会)
会　长　刘致远*　贾雪峰*
副会长　陈铁鹰　靳成福
省残疾人联合会
理事长　郭贵仁
副理事长　郝保平　郭新志(女)　温万一
省社会科学界联合会
党组书记　侯秀娟
省归国华侨联合会
主　席　周运宁*　许并社
副主席　陈端度*　李冠瑶*(女)　范安龙
　　　　刘越泽(女,兼)　王　帆(女,兼)
　　　　方敬爱(女,兼)　李　慧(女,兼)
　　　　张三货(女,兼)　黄成胜(兼)
省台湾同胞联谊会
会　长　梁宪英(女)
省红十字会
专职副会长　冯晋生

驻外办事处

省政府驻北京办事处
主　任
副主任　高永光　张建平
省政府驻上海办事处
主　任　曹美玲(女)
副主任　周爱民
省政府驻天津办事处
主　任　赵茂华
副主任　郜勇智
省政府驻广州办事处
主　任　李　刚
副主任　田月生
省政府驻沈阳办事处
主　任　田　凯
副主任　邢建国　冯　晋(女)
省政府驻南京办事处
主　任　李希远*
副主任　雷向忠

大专院校

山西大学
校　长　郭贵春
副校长　刘滇生　贾锁堂　刘维奇　行　龙
　　　　杨　军　梁吉业　高　策*
太原理工大学
校　长　谢克昌*　张文栋*
副校长　马福昌(常务)*　侯晋川　郭敏泰　郝建功
　　　　路振光　许并社　胡柏彦*　吕　明
　　　　李晋平*
山西财经大学
校　长　原梅生
副校长　郭泽光　赵国浩　刘中朝　张兔元
　　　　张如山*　卢庆山*
山西医科大学
校　长　郭　政*　段志光*
副校长　张　飞　郑建伟　程牛亮　孙安乐
山西农业大学
校　长　董常生
副校长　岳文斌　崔克勇　王俊东　赵春明
　　　　弓永华*
山西师范大学
校　长　武海顺
副校长　常乃军　卫建国　原战勇　闫桂琴(女)
　　　　薛耀文*　郝勇东*
太原科技大学
校　长　郭勇义
副校长　李永堂　曾建潮　董　峰　徐格宁
　　　　黄庆学　柴跃生*
中北大学
校　长　张文栋*
副校长　肖忠良　刘有智　韩　焱　沈兴全
　　　　杨述平　张记龙*
山西中医学院
院　长　周　然
副院长　张俊龙(常务)　冯前进　李华荣*
　　　　周晓明*　张永德*　冀来喜*
长治医学院
院　长　王庸晋
副院长　冯向先　赵中夫　陈忠义　宋晓亮*
太原师范学院
院　长　王尚义
副院长　张瑞君　王川龙　张喜明　王卫平(女)
　　　　齐利平　张虎芳(女)

忻州师范学院
院　长　李思殿
副院长　王志连　冯天仓　郭丕斌　韩泽春*
山西大同大学
校　长　王守义
副校长　马存根　郭　永　石云龙　赵富玺
　　　　冯　锋　张　策*
运城学院
院　长　姚纪欢
副院长　安建平*　梁晋才　王卓民　张凤琴(女)
　　　　梁永平*　李慎明*
长治学院
院　长　李忠康
副院长　茹文明　张国泰*　武有祯
晋中学院
院　长　孙建中
副院长　吴生彦　邓　明　杨高才　郭贤成
山西广播电视大学
校　长
副校长　傅月晟　张耀斌　王瑞芬(女)
山西经济管理干部学院
院　长
副院长　王克勤　张改娥(女)　秦长江
山西煤炭管理干部学院
院　长　刘发威
副院长　李宏达*　李　进　武东升　王凤岗
广播电影电视管理干部学院(山西广播影视职业学院)
院　长　郝本廉
副院长　王建国　王新塘　吴建庭
太原工业学院
院　长　吴俊清
副院长　仉志余　张翠梅(女)　李国臣*
山西省财政税务专科学校
校　长　申长平
副校长　赵丽生　周巧红(女)
山西警官高等专科学校
校　长　张子荣
副校长　胡小平
山西青年管理干部学院
院　长　田建安
副院长　王俊刚
山西省政法管理干部学院
院　长　谭恩惠
副院长　李亚尼　肖峰昌
山西医科大学汾阳学院
院　长　闫肖卿
吕梁高等专科学校
校　长　闫保平
太原电力高等专科学校
校　长　李　忱
太原大学
校　长　任玉平(女)
山西职工医学院
院　长　于明江
副院长　宋有春　黄跃春　杨建堂　杨优帅
山西旅游职业学院
院　长　郑子全
副院长　赵贤松　何乔锁　王碧波
山西管理职业学院
院　长　杨勇翔
副院长　王震强　马联合　闫建辉
山西体育职业学院
院　长　朱天燕
副院长　沈广晋*　何　洋*　王志勇*
山西警官职业学院
院　长　闫绪安
副院长　景周管　郝俊安　杜仁义
山西国际商务职业学院
院　长　郝永新
副院长　刘德奇
山西戏剧职业学院
院　长　赵银邦
副院长　闻志忠
山西建筑职业技术学院
院　长　于世伟
副院长　范文昭*
山西生物应用职业技术学院
院　长　周晓明*　李华荣*
副院长　尹士优　胡尔雅　张震云*
山西交通职业技术学院
院　长
副院长　安正明　钟建民
山西林业职业技术学院
院　长　马宗兆
副院长　段振基　杜庆先*
山西水利职业技术学院
院　长　解爱国
副院长　王连生　张龙改　仝玉才　景国栋
山西艺术职业学院
院　长　李　力
副院长　张俊伟
山西工程职业技术学院
院　长　刘　勇
山西综合职业技术学院
院　长　丁怀民
山西财贸职业技术学院
院　长　牛白琳
山西金融职业学院

院　长　杜明汉

山西煤炭职业技术学院

院　长　曹允伟

副院长　李俊双　王晓鸣　祁茂荣

吕梁市教育学院

院　长　白荣欣

长治职业技术学院

院　长　郭建华

晋城职业技术学院

院　长　王维平

忻州职业技术学院

院　长　晋原平

晋中职业技术学院

院　长　程太生

运城农业职业技术学院

院　长　吴立春

运城幼儿师范高等专科学校

校　长　梁周全

阳泉煤炭专科学校

校　长　霍世平

山西省军区

司令员	方文平	少将
政治委员	张少华	少将
副司令员	何永才	少将
副政治委员	谢玉久	少将
司令部		
参谋长	姬亚夫	少将
副参谋长	蒋世欣	大校
政治部		
主　任	黄献军	少将
副主任	张瑞祥	大校
	董　江	大校
后勤部		
部　长	马彦和	大校
	谢新宁	大校
副部长	郑泰山	上校
	林保江	大校
	于舰钢	大校

武警山西总队

总队长	叶景亮*	少将
	仲　轩*	大校
第一政治委员	杜玉林(省委常委、省公安厅厅长兼)	
政治委员	刘建华	少将
副总队长	吕明录	大校
	郭洛泰*	大校
	杨建国	大校
	张承聘	大校
副政治委员	刘德友*	大校
	胡占林*	大校
参谋长	郭洛泰*	大校
	李善勇*	大校
政治部主任	詹海观*	大校
	张喜文*	大校
后勤部部长	周旭光	大校

民主党派

中国国民党革命委员会山西省委员会

主任委员　谢克昌

副主任委员　王照光(女)　谌长瑞　吴菊仙
　　陈隆宇　刘占中　杨俊和　郭原林

中国民主同盟山西省委员会

主任委员　张　平

副主任委员　亢官文　傅建荣　王全龙　史海涌
　　梅志强　卢准炜　赵恒寿　卢　莉(女)

中国民主建国会山西省委员会

主任委员　王　宁*

副主任委员　成继东　姚宪华
　　刘蓉华(女)　薛维梁

中国民主促进会山西省委员会

主任委员　卫小春

副主任委员　张建豪　张　政　成锡锋　陈维毅
　　任建国　高新文

中国农工民主党山西省委员会

主任委员　周　然

副主任委员　郭新志(女)　王爱萍(女)　李思进
　　张李锁　牛三平　武金贵

九三学社山西省委员会

主任委员　刘滇生

副主任委员　王毓钟　姚二云　杨社堂　张并生
　　李青山　张文旺

注:姓名后加*者为本年度调职

重要会议

【省委九届七次全体会议】 2月26日在太原举行，全会由省委常委会主持，张宝顺讲话。全会听取任泽民受省委常委会委托作的《关于2008年基层党建和干部选拔任用工作情况的报告》，对省委基层党建和干部选拔任用工作情况进行了民主评议，对2008年提拔和任用的主要领导干部进行民主测评。出席会议的省委委员66人，候补委员11人，中组部干部监督局负责同志到会指导。全会充分肯定省委常委会2008年加强基层党建情况和干部选拔任用工作，并指出，在过去的一年，省委常委会认真贯彻党的十七大和十七届三中全会精神，以加强党的执政能力建设和先进性建设为主线，以开展深入学习实践科学发展观活动为重点，紧紧围绕推动科学发展、促进社会和谐、选干部配班子、建队伍聚人才、抓基层打基础，做了大量扎实有效的工作，既严格执行中央的有关规定，又开展一些具有创新性的工作，积累了可贵经验，为建设新基地、新山西提供了坚强组织保证。全会认为，省委坚持把基层党建工作放在全省工作大局中来谋划和推进，采取一系列过硬措施，基层党建工作得到新的加强、取得新的进展。全省基层党组织和广大党员在努力实现转型发展、安全发展、和谐发展，加快建设新基地、新山西进程中，特别是在完成重大任务、应对重大事件中充分发挥组织动员、组织保障和表率带动作用。省委在选拔任用干部工作中，以邓小平理论和“三个代表”重要思想为指导，深入贯彻落实科学发展观，认真学习贯彻党的十七大、十七届三中全会和全国组织工作会议精神，以加强党的执政能力建设和先进性建设为主线，围绕走出“四条路子”、实现“三个跨越”的目标，按照德才兼备、以德为先、注重实际、群众公认的原则选拔任用干部，树立了干事创业的用人导向，不断扩大干部工作的民主化，充分发挥全委会对干部任用的决定监督作用，不断深化干部人事制度改革，全面加强和改进党政干部选拔培养工作，进一步强化对干部选任工作的监督，进一步提高选人用人公信度。全会指出，要根据形势和任务的要求，进一步加强基层党建工作，突出抓好农村基层党组织建设，建立健全村党支部书记培养选拔、教育培训、激励保障、管理监督四个机制，启动新一轮村级组织活动场所建设，两年内覆盖全部行政村，统筹推进国有企业、城市社区、机关学校、“两新组织”等领域基层党组织建设，坚持因地制宜、分类指导，着力解决基层党组织建设面临的新问题。加强对党员的教育管理和服务，继续抓好保持共产党员先进性四个长效机制文件的贯彻落实。完善和落实基层党建工作领导责任制，把抓基层党建工作情况列入县、乡党委领导班子和党委书记年度工作实际考核的重要内容，把考核结果作为选拔任用干部的重要依据。在干部工作中，要不断解放思想、锐意改革创新、狠抓工作落实，着眼于提高执政能力和领导水平，进一步加强领导班子和干部队伍建设。坚持德才兼备、以德为先，加大培养锻炼优秀年轻干部的力度；坚持民主公开、竞争择优原则，不断深化干部人事制度改革，提高选人用人公信度；坚持党管人才原则，推进实施人才强省战略，努力建设宏大的创新型人才队伍，为有效应对国际金融危机、保持经济平稳较快发展、确保全年经济社会发展各项任务的顺利完成提供坚强组织保证。

【学习实践科学发展观活动第一批总结暨第二批动员会议】 2月28日举行。张宝顺对第一批学习实践活动作了全面总结，对扎实搞好第二批学习实践活动提出五点要求：一要用科学发展观武装头脑，在深化山西省走科学发展之路具体途径和战略重点的认识上有新境界，深刻认识“三个发展”的内在要求和相互关系，增强推进“三个发展”的责任感和紧迫感。二要积极应对复杂多变的经济环境，在保持经济平稳较快发展上有新作为，以抓好重点工程、民生工程建设为重点，扎实做好保增长、保民生、保稳定的各项工作，努力把国际金融危机的不利影响降到最低程度，在应对复杂严峻形势的过程中增强推动科学发展的本领。三要注重解决突出矛盾和问题，在推进“三个发展”上迈出新步伐,在转型发展上推动产业格局向支柱产业多元化转变，发展方式向节约、集约、绿色转变,发展动力向创新驱动型转变;在安全发展上坚持把人民生命安全放在至高无上的位置,着眼全面安全、稳定安全、持久安全和本质安全，全面落实安全生产制度,扎实开展安全生产专项整治,坚决杜绝重特大安全生产事故的发生;在和谐发展上加快新农村建设步伐,加快形成城乡一体化发展新格局,推动依法治省,实施文化惠民工程,确保人民安居乐业、社会和谐稳定。四要努力改善民生,在维护群众根本利益上取得新进展,深入实施“五大惠民工程”，认真解决大学毕业生和返乡农民工的就业问题,做好零就业家庭的消零解困工作；深入开展进万户门、解万家难、暖万人心活动,使实现科学发展观具有更广泛、更深厚的群众基础。五要加强党性修养和作风养成,在保持领导干部的良好形象上有新突破;要把加强党性修养和作风养成贯穿于学习实践活动全过程,教育引导广大党员干部特别是领导干部坚持正确的事业观、工作观、政绩观,着力解决一些党员干部信念不坚、党性不纯、党风不正、党纪不严的问题;要大力弘扬艰苦奋斗的作风,认真贯彻落实中办国办关于党政机关厉行节约若干问题的通知和关于坚决禁止公款出国境旅游的通知,勤俭办一切事业,以坚强党性和良好作风为各项事业发展提供保证。中央指导检查组副组长孟宪来出席会议并讲话。省领导王君、申联彬、申维辰、金道铭、胡苏平、高建民、张建欣等出席,薛延忠主持,任泽民对第二批学习实践活动作具体安排。

【学习实践科学发展观活动第二批总结暨第三批动员会议】 9月9日举行。张宝顺讲话,指出要从政治、全局和战略的高度,充分认识搞好第三批学习实践活动的重大意义,按照中央和省委要求,充分借鉴第一、二批学习实践活动包括试点单位的经验,组织好、开展好第三批学习实践活动,全面推进当前工作和党的建设。中央巡回检查组组长虞云耀出席会议并讲话。薛延忠主持会议,申联彬、金道铭、胡苏平、高建民等出席会议,申维辰在分会场参加会议,汤涛对第三批学习实践活动作具体安排。会议认为,全省第二批学习实践活动取得明显成效,积累了宝贵经验。特别是第二批学习实践活动正值本省经济运行较为困难的时期,也是通过努力止跌回升、企稳向好、实现转折的关键时期。通过学习实践活动,起到统一思想、提高认识、稳定大局、凝聚人心的重要作用,增强应对困难和危机的信心和决心,为迎接下一轮经济持续快速健康发展打下坚实基础。

【弘扬“右玉精神”加强作风建设会议】 9月29日举行。省领导张宝顺、王君、申联彬、申维辰、杜玉林、李小鹏、胡苏平、方文平、高建民、汤涛等出席会议,薛延忠主持会议,金道铭宣读省委《关于大力学习弘扬“右玉精神”的决定》。张宝顺讲话并指出学习弘扬“右玉精神”，重点要抓好五个方面：一是要通过大力学习弘扬“右玉精神”,在发扬光荣传统、弘扬时代精神上增添新内涵。二是要通过大力学习弘扬“右玉精神”,为战胜困难挑战、推动“三个发展”注入新动力。三是要通过大力学习弘扬“右玉精神”,在增强宗旨意识、服务人民群众上开拓新境界。四是要通过大力学习弘扬“右玉精神”，在建设善于推动“三个发展”的高素质干部队伍上要有新作为。五是要通过大力学习弘扬“右玉精神”,在激励埋头苦干、营造创业氛围上焕发新气象。

【传达贯彻中央经济工作会议精神会议】 12月10日举行。张宝顺主持会议，传达胡锦涛总书记重要讲话,并提出贯彻中央经济工作会议精神的意见。王君传达温家宝总理重要讲话。省领导薛延忠、申联彬、杜玉林、金道铭、李小鹏、方文平、高建民、李政文、汤涛等出席会议。张宝顺强调,贯彻落实中央经济工作会议精神,要重点抓好以下五个方面:一是着力稳定经济增长,促进经济由总体回升向平稳较快发展转变,使经济进入又好又快发展区间。二是着力推动转型发展,强化绿色、循环、低碳经济理念,扎实推动经济结构调整和战略性新兴产业发展,在转型中保安全、促和谐、增后劲、惠民生。抓紧完成煤炭企业兼并重组整合，大力发展新兴产业,扎实推进节能减排,提高自主创新能力,实施生态兴省战略。三是着力统筹城乡发展,全面落实惠农强农政策,抓好新农村建设,把推进特色城镇化作为扩大内需和调整经济结构的重要抓手,促进大中小城市和小城镇协调发展。四是着力解决民生问题,以发展的思路和改革的办法解决好民生问题，让人民得到更多实惠,使社会更加和谐。五是着力深化改革开放,增强发展的动力和活力,特别是要加强与国家有关部委的联系沟通,做好各项工作,争取国家早日批准山西省为“国家资源型经济转型发展综合试验区”。省委常委、副省长,省人大、省政协负责同志,省法、检两长,省军区党委常委、省武警总队主要负责同志,省直有关部门主要负责同志参加会议。

【全省经济工作会议】 12月23~24日在太原举行。会议全面贯彻落实党的十七届四中全会精神和中央经济工作会议精神，总结2009年经济工作,分析当前形势,安排2010年经济工作。张宝顺、王君讲话。省领导薛延忠、申联彬、杜玉林、金道铭、李小鹏、胡苏平、方文平、高建民、汤涛、杨安和、靳善忠、王雅安、牛仁亮、陈川平、张平、刘维佳、张建欣、郭良孝、韩儒英、周然、李雁红、李潭生、令政策、卫小春、刘滇生、左世忠、王建明等出席会议。会议明确2010年经济工作的总体要求是：全面贯彻党的十七大、十七届四中全会和中央经济工作会议精神,以邓小平理论和“三个代表”重要思想为指导,深入贯彻落实科学发展观,紧紧围绕转型发展、安全发展、和谐发展目标,从战略高度推进经济结构调整和发展方式转变,着力保持经济平稳较快增长,着力提高发展质量和效益，着力统筹城乡发展,着力推进改革开放和自主创新,着力改善民生和促进社会和谐,努力实现经济社会又好又快发展。会议强调,推进2010年经济工作，要把握好以下几个问题。一是着眼于又好又快发展，既要继续做好“保增长”的文章，更要做好“促转变”的文章，切实把工作着力点真正放在调整经济结构、转变发展方式上；二是着眼于强化发展支撑，既要整合提升传统产业，更要培育发展战略性新兴产业，大力提高自主创新能力；三是着眼于拓展发展空间，既要保持一定的投资力度，更要加快特色城镇化进程、加强新农村建设，使之与扩大内需、调整结构、推动转型结合起来，增强发展的协调性和可持续性；四是着眼于增强发展活力，既要加大对外开放力度，更要深化重点领域和关键环节的改革，优化投资发展环境，大力推动全民创业；五是着眼于保障改善民生，既要解决好群众的生产生活问题，更要加快社会保障体系建设，保障困难群众的基本生活，让广大群众共享改革发展成果。会议指出，2010年经济工作要抓好六项重点任务。一是以抓好重点项目、激活民间投资、扩大产品市场为重点，推动经济尽快进入又好又快发展区间。二是以优化经济结构、加强自主创新为重点，通过务实举措推进经济发展方式转变。三是以发展现代农业、增加农民收入为重点，切实加强“三农”工作。多渠道帮助农民增加收入，落实惠农强农政策，完善“以煤补农”机制，加强农业基础设施建设，调整农业产业结构，大力发展林业和畜牧业，培育龙头企业，完善服务体系，加快产业化进程。四是以提升城市建设水平、增强城镇综合承载能力为重点，加快特色城镇化进程。五是以建设高效政府、优化投资环境为重点，加大改革开放力度。深化行政审批制度改革，深化国有企业改革，引导鼓励支持非公有制经济和中小企业快速发展，创新节能环保体制机制，建立基层政权财力保障机制，扎实推进集体林权制度、文化体制、事业单位等方面的改革。六是以改善民生、平安创建、安全发展为重点，推动和谐山西建设。会议指出，2010年经济社会发展要抓好七项工作：一是认真贯彻落实中央宏观经济政策，努力保持经济平稳较快发展。继续立足扩大内需，增强经济增长的内在动力和活力，同时最大限度地增加出口，努力形成消费、投资、出口协调拉动经济增长的良好格局。二要坚定不移地推进经济发展方式转变和经济结构调整，着力提高经济发展质量和效益。三要统筹城乡发展，做好“三农”工作。四要大力推进节能减排和生态建设，促进经济社会可持续发展。五要持之以恒地抓好安全生产和社会管理工作，进一步提高安全发展、和谐发展水平。六要加快发展社会事业，切实保障和改善民生。七要深化改革开放，为经济发展注入新的动力和活力。

（胡海亮　赵俊忠　徐志强）

办公厅工作

【概述】 2009年，中共山西省委团结带领四套班子和全省广大干部群众，坚持以邓小平理论和“三个代表”重要思想为指导，深入贯彻落实科学发展观，全面贯彻党的十七大和十七届三中、四中全会精神，以开展深入学习实践科学发展观活动为契机和动力，把保持经济社会平稳较快发展作为首要任务，积极应对国际金融危机冲击，努力破解发展难题，全力保增长、保民生、保稳定，深入推动转型发展、安全发展、和谐发展，全面推进经济建设、政治建设、文化建设、社会建设以及生态文明建设，各项工作取得新进展新成效。全省地区生产总值完成7365.7亿元，同比增长5.5%；财政总收入1537.5亿元，增长1.3%，一般预算收入805.8亿元，增长7.74%。社会消费品零售总额完成2809亿元，增长19.2%；居民消费价格总水平下降0.5%；城镇居民人均可支配收入13997元，增长6.7%；农民人均纯收入4244元，增长3.6%。节能减排和环境保护取得新成效，主要控制指标均完成或超额完成年度目标。

1.贯彻中央决策部署，有效应对国际金融危机冲击。强调增信心、稳增长、促转型、惠民生，通过加强基础设施和民生工程建设、争取国家投资和激活民间资本、银企合作和金融创新、加快特色城镇化进程拉动经济增长。省委常委会每季度召开一次专题会议，省政府每月召开一次会议，分析研究经济运行情况，针对性地作出部署，始终掌握工作主动权。坚持把保增长与推进结构调整、转变发展方式结合起来，与深化改革开放结合起来，与弥补社会事业欠账、改善民生结合起来，努力使保增长的过程成为提高发展质量、增强发展活力和不断改善民生的过程，成为培育新的经济增长点和竞争优势的过程。重点工程建设取得历史性成就，出台两年投资6500亿元的重点项目和民生工程建设规划，带动全社会固定资产投资1万亿元，全省全社会固定资产投资完成5090亿元，增长38.5%，创15年来最高增速。一批铁路、高速公路、电网、机场、水利项目开工建设，完成投资1300亿元，增长70%。改善消费环境，全面落实家电下乡等政策，积极扩大消费。出台10大产业调整振兴规划，推进产业结构调整。组织各级干部深入一线帮扶重点工程和重点企业，为3.8万户企业减负税费62.9亿元。促进民间资本进入鼓励类投资领域，第三产业对经济的拉动力得到增强。

2.提升煤炭产业素质，煤炭企业兼并重组整合取得重要突破。着眼煤炭产业规模化、机械化、信息化、集约化和可持续发展，抓住经济下行期形成的倒逼机制，下大力气推进煤炭企业兼并重组整合，将全省矿井个数由2600座减少到1053座（国有、民营、混合所有制办矿比例为2:3:5），企业主体由2200多个减少到130个，70%的矿井规模达到90万吨以上，30万吨以下煤矿全部淘汰，保留矿井全部实现机械化开采的目标，产业整体素质和资源利用水平全面提升，煤炭产量恢复到历史最好水平。工作中坚持把市县党委、政府作为组织领导的主体，把企业作为推进实施的主体，完善政策措施，精心组织指导，兼顾各方利益，加强舆论引导，探索建立“以煤补农”长效机制，保持兼并重组整合的顺利健康推进。煤炭企业兼并重组整合是山西省煤炭产业由大到强的一次历史性跨越，有效遏制多年困扰山西省的矿难频发、资源浪费、生产粗放等突出问题,对全省产业结构优化、发展方式转变产生重要的示范和带动作用,为实现安全发展、促进可持续发展打下坚实基础。中央领导同志对这项工作给予充分肯定。积极为全国经济社会发展提供能源支持和服务,全年外销煤4.42亿吨,外送电601.27亿千瓦时。

3.提升传统产业,大力发展新兴产业。推动传统支柱产业改造升级,加快建设国家规划的煤炭基地,推进煤炭产业多元化发展,五大煤炭集团非煤收入占到40%以上。2009年全省煤炭行业实现非煤销售收入1281亿元,同比增长27%,一些重点煤炭企业的非煤收入已占到总收入一半以上。从战略高度推动变"输煤"为"输电",建成国内首条特高压示范工程——山西长治至湖北荆门的交流1000千伏特高压输电线路。这条线路送电55.48亿千瓦时,就地转化煤炭200万吨。国有重点煤炭企业已建成煤矸石、中煤和煤层气(瓦斯)电厂24座,总装机容量3696兆瓦,2009年完成发电量203.7亿千瓦时。煤层气(瓦斯)产业健康发展,2009年完成瓦斯抽采32.31亿立方米,利用12.18亿立方米,同比提高31.34%和65%。潞安集团16万吨煤基合成油项目成功出油,稳定运行,在国内首次实现产业化。太钢不锈钢产能达到300万吨,为世界最大不锈钢生产基地。以太原为中心的铝镁合金生产基地建设取得新的进展。以太原长安重汽新基地落成、运城大运重卡等项目投产为标志,装备制造业发展迈出重大步伐。加快实施服务业"1+10"工程,服务业增速达到10%以上。全年旅游总收入达到893亿元,增长20.7%。配合中财办围绕转型发展进行深入调研,提出推进资源型经济转型发展的政策建议。

4.以节能减排和生态环境建设为重点,加快转变发展方式。强化政府推动、企业主动、社会参与的节能减排工作机制,发挥政府资金示范作用,引导金融机构增加"绿色贷款"额度。淘汰钢铁、水泥、电石、铁合金等方面落后产能1023万吨。加快发展循环经济,加强节水、节材、节地和资源综合利用,开展整治违法排污企业环保专项行动,11个城市气化率、集中供热率、烟控区覆盖率和污水处理率均达到80%以上。"蓝天碧水工程"、造林绿化工程以及汾河流域、太原西山地区等重点地区生态环境修复治理取得重大进展,抓好黄土高原地区综合治理10个试点县工作。全国造林绿化现场会在山西省召开,山西荣获"全国生态建设突出贡献奖"。全年完成营造林35.35万公顷。2009年万元生产总值综合能耗下降5.6%,超额完成年度目标和提前完成"十一五"目标,化学需氧量、二氧化硫排放量同比下降4.01%、3.06%,全部超额完成年度任务。特别是二氧化硫指标提前实现"十一五"目标,在全国排名前十位;11个地级市和119个县中的82个县空气质量达到国家二级标准,实现山西省环保史上新的跨越。

5.加快社会主义新农村建设与特色城镇化进程,推动城乡区域协调发展。认真落实中央强农惠农政策,省财政安排"三农"资金135亿元,增长29.8%。在落实中央多项补贴政策的同时,结合山西省实际出台玉米、生猪、新建奶站、农机具购置、黄河水价等五项农业补贴政策。深化农业结构调整,启动运城、晋中、大同现代农业示范区建设。战胜历史罕见旱灾,粮食总产达94.2亿千克。大力发展农业产业化经营,完善新型农业社会化服务和支撑体系,农民专业合作社发展继续保持全国领先水平。构建以工促农、以城带乡长效机制,新启动2000个新农村重点推进村建设,"四化四改"和"五个一工程"基本完成。农村"五个全覆盖"顺利实施,96%的建制村通了水泥(油)路;完成506万平方米中小学校舍安全改造任务;完成99%的村卫生室空白村建设任务,为全省2.8万个行政村配备基本医疗设备;完成村通广播电视2586个村;新解决272万农村人口饮水安全问题,农村村容村貌和生产生活条件发生明显变化。加快实施开发式扶贫,加强农民工转移就业和返乡创业服务,20万贫困人口脱贫。城市改造和基础设施建设步伐加快。省城十大建筑施工进展顺利,太原、大同等地城市改造建设推进有力。城镇污水、垃圾处理项目建设扎实推进。

6.推进改革开放和自主创新,增强发展的动力和活力。根据国家部署,继续抓好煤炭工业可持续发展政策措施试点的各项工作。省属企业改革重组步伐加快,境内外上市和再融资工作成效明显。出台加快资本市场发展的意见及2009~2015年发展规划,推动区域性资本市场发展。地方金融改革有效推进,晋商银行挂牌成立,全省首家外资银行——汇丰银行入驻。建立市对县财力差异调节机制,"乡财县管乡用"试点县达到81个。全面完成省政府机构改革,基本完成市县政府机构改革,事业单位分类改革工作有序进行。深化农村综合改革,土地承包经营权流转试点工作扎实开展,集体林权制度改革深入推进,1市17县试点全部完成。

进一步拓展对外开放的广度和深度。制定保持对外贸易稳定增长、改进投资环境以及推进区域合作、承接产业转移等方面的政策措施,加强与兄弟省区市、国家部委和国内外大企业大集团的战略协作,招商引资取得新成效。加快出口商品基地规划建设。开发区建设稳步推进,引进资金大幅增长。首届中国(山西)特色农产品交易博览会成功举办。全年共引进各类资金1120多亿元。

加快地区创新体系建设,建设重点工程研究中心和实验室,涌现一批具有自主知识产权的科技创新成果和高新技术企业。加快产业技术创新步伐。实施知识产权战略,推动具有自主知识产权的关键核心技术产业化,以新材料、生物医药、电子信息、新型能源和环保为主的高新技术产业格局正在形成。全省以企业技术改造为主的产业投资达到2370亿元,增长20%,科技支撑作用日益增强。

【改善民生】 全面推进"五大惠民工程"(教育协调发展、创业就业、医疗健康、社会保障、住房安居工程),全年用于发展社会事业和改善民生的投入达到1013亿元,比上年增长20%。(1)扎实推进就业和社会保障工作。完善加强就业工作的政策措施，重点扶持零就业家庭和就业困难群体就业，城镇新增就业岗位42.2万个，应届高校毕业生就业率达81%，返乡农民工再就业率达95%，城镇登记失业率低于4.2%的年度控制目标。完善城乡居民最低生活保障制度，社会保险综合覆盖率达到84%，提前实现“十一五”目标。新型农村社会养老保险试点和被征地农民社会保障稳步推进。连续五年提高企业退休人员养老金待遇。城乡社会救助水平有新的提高。保障性安居工程建设完成投资323亿元，廉租房、经济适用房、棚户区改造、农村困难群众危房改造开工建设超出年度目标任务的30%。全国城市和国有工矿棚户区改造会议在大同市召开。(2)加快发展教育、卫生、体育等社会事业。农村义务教育经费保障机制进一步完善，义务教育学校绩效工资改革稳步推进，招聘4500名高校毕业生到扶贫开发重点县农村学校任教。完善贫困学生资助体系。公共卫生和疾病防控体系进一步健全，加强县、乡、村三级医疗卫生机构达标建设，甲型H1N1流感防控治疗工作富有成效。新型农村合作医疗实现全覆盖，大学生纳入城镇居民基本医疗保险试点范围。城乡医疗救助制度进一步落实。医药卫生体制改革全面启动。食品药品安全工作得到加强。(3)全面提高安全发展水平。出台加强安全生产的一系列政策措施，扎实开展“质量和安全年”活动以及安全生产专项整治，加强全员、全过程、全方位质量和安全管理，严肃查处各类安全生产事故。关闭一批不符合安全生产条件的小企业。全省各类安全生产事故死亡人数同比减少1018人，下降27%；煤矿事故起数下降40%，原煤生产百万吨死亡率下降到0.328。(4)切实加强社会管理和维稳工作。完善社会治安防控体系和公共安全保障体系，严厉打击严重刑事犯罪分子，深入开展社会治安专项整治，加强平安创建工作，加强和改进对流动人口、民间组织和非政府组织的管理。加强反恐斗争，严密防范境内外敌对势力渗透破坏活动。拓宽社情民意反映渠道，推进矛盾纠纷排查化解，开展“信访积案化解年”活动，集中解决一批群众反映强烈的问题，保持社会和谐稳定。特别是国庆期间实现“四个坚决防止”(坚决防止发生危害国家安全和社会稳定的重大政治事件、坚决防止发生暴力恐怖事件和重大治安事件、坚决防止发生大规模群体性事件、坚决防止发生重特大安全生产事故)的目标，实现非正常进京“零上访”，较好地发挥首都“护城河”的作用。

【发展社会主义民主政治】 一是加强民主政治建设。坚持和完善人民代表大会制度，支持人大及其常委会依法履行职能，加强立法工作、法律监督和工作监督。加强和改进代表工作，组织人大代表围绕促进“三个发展”进行专题视察，高质量办理代表议案和建议。坚持和完善中国共产党领导的多党合作和政治协商制度，支持和保证人民政协履行政治协商、民主监督、参政议政职能。完善同民主党派合作共事机制，支持民主党派加强自身建设。实施“凝聚力工程”取得明显成效，做好新社会阶层的工作，开展“新晋商万企联万户感恩行动”，帮助老红军、老八路、老党员解决生产生活困难。全面贯彻党的民族宗教政策，及时妥善处理相关敏感事件。加强和改进新形势下工商联工作，做好党外知识分子和港澳台海外统战工作。支持工、青、妇等人民团体依照法律和章程独立自主开展工作，发挥作用。二是扎实推进法治山西建设。以纪念依法治省工作10周年为契机，部署启动“法治山西”建设。法治政府建设步伐加快。深化司法体制和工作机制改革，规范司法行为，强化执法监督，司法公信力和政法队伍形象得到提升。“五五”普法全面推进，法律服务和法律援助不断加强。完善基层群众自治制度，强化城乡社区建设，推进厂务公开，健全党组织领导下的村民自治机制，加强企事业单位民主管理，完善政务公开、村务公开和公共企事业单位办事公开等制度。

【加强宣传思想文化工作】 进一步巩固马克思主义在意识形态领域的指导地位，推动党的理论创新成果进企业、进农村、进社区、进学校、进军营，探索用核心价值体系引领社会思潮的有效途径，组织优秀社科研究成果评奖活动，推动哲学社会科学繁荣发展。大力宣传中央决策部署，宣传各地各部门的成功做法和基层干部群众创造的新鲜经验，围绕庆祝新中国成立60周年，成功举办系列庆祝活动，广泛开展以爱党、爱国、爱社会主义为主要内容的形式多样的群众性活动，深入开展革命传统教育，推进城乡、区域文化协调发展，“三下乡”“四进社区”活动扎实开展。正确把握舆论导向，建立健全新闻舆论引导处置机制，制定突发公共事件应急新闻处置办法及预案，加大对社会舆情的引导，有力配合了突发事件的处置，切实掌握主流舆论主导权。加大对外宣传力度，加强与重点媒体的战略合作，展示山西省改革发展的新形象。

【实施文化强省战略】 深化文化体制改革，制定出台文化体制改革和文化产业发展的实施意见和相关政策，经营性文化单位转企改制取得突破性进展，公益性文化单位改革成效明显。组织创作一批文艺精品，获得“五个一工程奖”等重大奖项。设立省级文化产业发展专项资金，规划建设“五大特色文化产业区”。城乡公共文化服务体系日趋完善。加强文物保护，推动文化与旅游等行业联动发展。在国家有关部门大力支持下，五台山申遗取得成功。

【加强和改进党的建设】 1.扎实开展学习实践活动。把深入学习实践科学发展观活动作为重要政治任务，省委主要负责同志坚持把这项工作紧紧抓在手上，提出转型发展、安全发展、和谐发展的主题载体，坚持边学边改、边查边改、边整边改，抓好第一、第二批学习实践活动“回头看”，精心组织第三批学习实践活动，搞好三个批次的有序衔接，全省党员干部贯彻落实科学发展观的能力和水平明显增强。省委学习实践活动领导小组多次召开会议，根据每个批次和阶段的特点提出针对性要求。省委常委和省级领导干部带头参加，加强学习研讨，开展专题调研，并经常深入联系点了解情况、检查指导。省委常委和领导小组成员参加各市市委常委民主生活会。张宝顺书记亲自审阅10个市委常委会分析检查报告并提出指导意见。结合山西特点在调查研究的基础上，从10个方面健全推进和保障科学发展的体制机制。特别是第三批活动中，针对基层实际，创新学习方法，搞好帮学送学，组织编写适合农村需要的“乡土教材”，一本是《与农村党员谈心——说一说农村如何贯彻落实科学发展观》，另一本是将学习实践的好经验和12名优秀村支部书记的先进事迹汇编成册，同时还组织优秀支部书记在全省巡回宣讲，用身边的先进事迹增强教育的生动性和针对性。重视发挥活动骨干的力量，对乡镇党委书记、街道党(工)委书记进行集中轮训，对充分发挥大学生村干部作用作出专门部署。6月初，省委成立12个作风建设督查组，对11个市和22个省直重点部门的党政领导干部作风建设展开督查。对排查出的班子不健全、活动难度大的58个难点村，由省委学习实践活动领导小组办公室挂牌督导和集中整顿，各市、县确定3090个重点村、难点村、矛盾突出村，“一村一策”进行转化整顿，切实解决在学习实践活动和党的建设中的突出问题，这些村的面貌发生明显变化。

2.推进思想政治建设。把理论学习作为推进各项事业的重要保证，强化理论武装、理想信念教育和思想道德建设，坚持用中国特色社会主义理论体系武装广大党员干部，努力建设学习型党组织和学习型领导班子。加强和改进党委(党组)中心组学习，倡导开展“多读书、读好书”活动，推动理论学习制度化。2009年，省委中心组围绕资源型地区转型发展、提高应对危机和风险的能力等主题，组织9次集体学习。出台干部学习考核暂行规定，落实党政领导班子成员轮训制度、党政“一把手”和年轻干部专训制度，对干部自主选学工作作出部署。推广党员干部现代远程教育，努力增强学习效果。

3.加强领导班子和干部队伍建设。坚持德才兼备、以德为先，认真贯彻党的干部路线和干部政策，编制全省2009—2020年党政领导班子建设规划，完善体现科学发展观要求的领导干部考核评价体系，以实施市、县党政主要领导干部科学考评办法为重点，制定了干部学习考核、民意调查、民主测评、谈话、巡视评价、心理素质测评、考核评价结果运用、考核评价责任追究等8项制度，强化对领导班子和领导干部的日常考核，并注重考核结果的反馈和运用。加强对县委书记等关键岗位干部的管理，进一步规范提名、推荐、考察、决定、任用等环节的程序和办法，其任免由省委常委会议审议；规范县(市、区)长人选产生办法，突出基层工作经历。加大培养选拔年轻干部力度，把基层工作经历作为选拔优秀年轻干部的重要条件，建立来自基层和生产一线的党政干部培养链。结合省政府机构改革，推进领导班子调整配备和干部交流。实行省市县三级干部选拔任用工作“一报告两评议”制度。深化干部人事制度改革，以“十个一律”的查处办法为重点治理拉票行为，深入整治用人上的不正之风。开展完善干部选拔任用提名权试点工作，积极推行地方党委讨论决定重大问题和任用重要干部票决制，完善全委会闭会期间任用重要干部征求党委委员意见的办法。加强群众监督，坚持任前公示制和任期试用制度，对群众有反映的拟任人选及时调查了解，严防“带病提拔”，进一步提高选人用人的公信度。

4.实施人才强省战略。完成全省中长期人才发展规划纲要的编制工作，开通山西人才工作网站，统筹推进各类人才队伍建设，努力构建上下衔接、左右协调的全省人才规划体系，实现党委联系专家工作向基层延伸。大力实施引进海外高层次人才“百人计划”，成立省海外高层次人才引进工作领导小组，设立5000万元专项资金，择优确定太原理工大学等10个海外高层次人才创新创业基地，为引进海外高层次人才搭建平台。已有16名海外高层次人才入选第一批“百人计划”。同时组织各级各类专家投身基层、服务“三农”，实施“科技入户直通车”，选拔200多名农业专家，开通“12316三农服务热线”，帮助农民解决农业生产技术难题。

5.加强基层党组织建设。实施农村基层党建工作固本强基“五项工程”，加强农村党支部书记队伍建设，提高农村“两委”干部待遇，建立农村党支部书记、村委会主任岗位报酬集中统一发放制度。新选聘9011名大学生村(社区)干部，全省2.8万个村(社区)都有一名大学生干部，提前实现省第九次党代表大会提出的为每个村、每个社区选配一名大学生干部的目标，成为全国第一个实现农村(社区)大学生干部全覆盖的省份。从优秀村干部中招录1200名乡(镇)公务员和县乡事业单位工作人员。启动村级组织活动场所建设，帮助5659个村建设村级组织活动场所，对3232个标准不高的村级组织场所进行改造维修，计划用一年时间使每个村都有一个“好阵地”。召开省属企业党建工作经验交流会，推进国有企业党的建设。健全街道社区“一站式”服务机制，规模以上非公有制企业和律师行业全部组建党组织。实行县以上党委常委会向全委会报告抓基层党建工作情况并接受评议制度。构建城乡一体流动党员动态管理和关怀帮扶机制，加强流动党员管理服务工作。

6.加强党风廉政建设和反腐败斗争。坚持标本兼治、综合治理、惩防并举、注重预防的方针，抓好惩防体系建设，狠抓党风廉政建设责任制的落实和检查。围绕大兴“四种风气”的要求，以领导干部为重点，以保持党同人民群众的血肉联系为核心，加强党性修养，解决突出问题，大力发扬太行精神、纪兰精神、双良精神、右玉精神等，出台进一步从严管理干部的19条具体措施，加强干部的日常管理和监督，把作风建设考核结果作为选拔任用干部的重要依据。认真开展中央和省委、省政府扩大内需、促进经济增长政策措施落实情况的监督检查，保证重点工程顺利建设。加强反腐倡廉教育，29746名党员干部接受廉政教育培训。深入开展煤焦领域反腐败专项斗争，出台在煤炭企业兼并重组整合工作中加强纪律约束、防止发生违纪问题的规定，立查煤焦领域腐败案件，收缴各类资金145.8亿元。严肃查处一批严重违纪违法案件，为国家挽回经济损失3.37亿元。扎实推进国有企业反腐倡廉和农村基层党风廉政建设，坚决纠正损害群众利益的不正之风。出台加强巡视工作的具体措施，规范党政领导干部问责工作。党政机关带头厉行节约，把有限资金和资源用在发展经济和改善民生上。

（胡海亮　赵俊忠　徐志强）

组织部工作

【全省组织部部长会议】 2月16日在太原举行。会议回顾总结2008年的组织工作，研究部署2009年的组织工作。会议宣读省委书记、省人大常委会主任张宝顺所作的书面讲话，省委常委、组织部部长任泽民作工作报告。会议要求，2009年全省组织工作要重点抓好以下六个方面的工作：一是认真组织指导深入学习实践科学发展观活动。二是着眼于提高执政能力和领导水平，进一步加强领导班子和干部队伍建设。三是进一步深化干部人事制度改革，着力提高选人用人的公信度。四是推进实施人才强省战略，不断壮大服务科学发展的人才队伍。五是坚持抓基层、打基础，全面加强和创新基层党组织建设。六是各级党委要切实加强和改进对党的建设和组织工作的领导，各级组织部门要以作风建设为重点进一步加强自身建设。

【开展学习实践科学发展观活动】 2009年，各级党委和组织部门按照中央和省委的统一安排部署，统筹谋划，分类指导，进行第一批学习实践科学发展观活动“回头看”，组织开展第二、三批学习实践科学发展观活动，确保学习实践科学发展观活动有序有效地开展。全省参加第二批学习实践科学发展观活动的领导班子1.3万个，党员90.7万名。第二批学习实践科学发展观活动期间，山西省把应对国际金融危机冲击、保持经济平稳较快发展、维护社会和谐稳定作为学习实践科学发展观活动最大的实践，着力推进“六个突破”，帮扶企业渡过难关，推进重点工程和民生工程建设，增强各级党组织和广大党员应对困难和危机的信心和决心，为迎接下一轮经济持续快速健康发展打下坚实基础。全省参加第三批学习实践科学发展观活动的单位4.8万个，党员112万余名。第三批学习实践科学发展观活动于9月份正式启动，进展顺利，成效初显。

1.强化教育培训，推动理论武装向深度延伸、向广度拓展。第三批学习实践科学发展观活动，对全省1212名乡镇党委书记、198名街道党（工）委书记及主要负责同志进行为期9天的集中轮训，进一步提高全省乡镇党委书记领导和推动科学发展的能力和水平。组织编写适合农村需要的“乡土教材”《与农村党员谈心——说一说农村如何贯彻落实科学发展观》。充分利用农闲时间，运用农村远程教育网等资源，开展适合基层党员需要的学习培训、宣讲辅导和帮学送学活动。广大农村党员干部普遍对科学发展观的科学内涵、精神实质和根本要求有了更加全面的理解和把握，贯彻落实科学发展观的自觉性和坚定性明显提高。

2.强化分类指导，确保学习实践活动整体推进。全省共向非公有制经济组织和新社会组织选派7800多名党建工作指导员，保证活动的健康开展。及时出台《关于在第三批学习实践科学发展观活动中充分发挥大学生村（社区）干部作用的通知》，组织大学生村（社区）干部参加学习实践科学发展观活动，发挥骨干作用，增强科学发展意识，提高领导科学发展的能力。

3.强化包联帮扶，做好重点村、难点村的工作。建立“四级”包联、逐村帮扶的工作体系，采用“树典型、破难点、带中间”的办法，对确定的58个“难点村”进行挂牌督导和整顿建设，省委挂牌督办的“难点村”问题多数得到解决。各市、县列入整顿的3090个农村党支部有半数以上进行了班子调整。农村基层党组织存在的一些突出问题得到有效解决。

4.强化统筹兼顾，做到“两不误、两促进”。把开展学习实践科学发展观活动与做好当前工作结合起来，围绕落实“三保”措施、推动“三个发展”来谋划工作、完善措施，做好服务重点工程、产业工程、民生工程的工作，积极开拓市场，培育新的经济增长点，确保重点工作取得突破性进展。积极应对强降雪灾害，开展“送温暖”和赈灾抚恤、救助慰问活动，让最需要救助的群众得到及时而切实的救助，让农民群众明显地感受到学习实践科学发展观活动带来的显著变化。

【领导班子和干部队伍建设】 2009年，各级党委和组织部门着眼于提高领导班子和领导干部的执政能力和领导水平，着力于领导班子和领导干部思想政治建设，以加强县委书记队伍建设为重点，加大面向基层培养选拔锻炼干部力度，进一步加强领导班子和干部队伍建设。

1.以思想政治建设为重点，着力把各级领导班子建设成善于领导科学发展的坚强领导集体。深入贯彻中共中央《关于进一步加强和改进领导班子思想政治建设的意见》和领导班子思想政治建设座谈会精神。认真编制《2009—2020年全省党政领导班子建设规划》。统筹抓好国有企业、高等院校领导班子思想政治建设。由各位省委常委带队，深入到13户国有企业开展党建工作专题调研。召开全省国有企业党建工作会议，不断深化企业“四好”班子创建活动。在认真总结高校领导班子建设经验的基础上，出台《关于进一步加强高校领导班子建设的若干意见》。以提高执政能力和领导水平为目标，根据干部需求，制定《山西省推进干部自主选学工作的指导意见》，积极推进干部自主选学，探索构建开放式大培训格局。

2.坚持从严管理，加强干部队伍作风建设。针对干部管理工作失之于宽、失之于软的问题，出台《关于进一步从严管理干部的具体措施》，提出19条从严管理干部具体措施，包括：

加强省管领导班子和领导干部年度考核工作的具体意见,规范省管国有企业领导人员薪酬管理的办法,不同类型领导干部轮岗交流的推进措施,挂职干部管理办法,对被问责干部的管理办法,对离任干部车辆和办公设备移交的管理办法等。这些措施把从严管理贯穿干部工作全过程,有效强化对干部的日常管理和监督,完善干部管理体制。

3.加强对县委书记等关键岗位干部的管理。根据《关于加强县委书记队伍建设的若干规定》,有针对性地研究制定山西省的实施意见和工作计划,进一步完善提名、推荐、考察、决定、任用等环节的程序和办法。县(市、区)委书记的任免由原来提交部务会议研究变为提交省委常委会议审议。同时,着眼于把县(市、区)长作为县(市、区)委书记的后备队伍选好配强,从源头上把好县委书记入口关,制定《山西省县(市、区)长人选产生暂行办法》(以下简称《办法》)。对县(市、区)长人选产生的原则、资格条件、提名程序及选拔培养渠道等作出详细的规定和要求,突出基层工作经历、强调年龄结构和性别结构、增加遴选程序。《办法》出台后,选拔配备30名县(市、区)长。研究起草《山西省党政领导干部交流实施办法》,在对关键部门和重要岗位的干部进行交流的同时,探索实行新提拔干部跨地区、跨部门进行横向、纵向交流。

4.以面向基层培养选拔锻炼干部为导向,建设高素质干部队伍。制定《山西省党政领导机关从基层和生产一线逐级遴选干部的规定》。全省招录乡镇和县乡事业单位工作人员1200名,其中大学生村干部996名,占83%,为激励更多优秀的年轻干部主动投身基层、扎根基层、服务基层,为建立来自基层和生产一线党政干部培养链打下坚实的基础。建立完善机关年轻干部到基层任职锻炼制度,把基层工作经历作为选拔优秀年轻干部的重要条件。

【干部人事制度改革】 2009年,各级党委和组织部门以扩大干部选拔任用工作中的民主为目标,着力于提高选人用人的公信度,抓住重点,整体推进,进一步深化干部人事制度改革。

1.进一步建立健全体现科学发展观要求的干部科学考核评价体系。以实施《山西省关于市、县(市、区)党政主要领导干部科学考评办法》为重点,进一步完善干部综合考评办法,制定出台干部学习考核制度、民意调查制度、民主测评制度、谈话制度、巡视评价干部制度、心理素质测评制度、考评结果运用制度、考评责任追究制度等8项制度。强化对领导班子和领导干部的日常考核,并注重考核结果的反馈和运用。

2.进一步强化干部任用工作的监督。围绕健全完善干部选拔任用监督机制建设,制定《山西省调整不称职不胜任现职领导干部暂行办法》等五项制度。以治理拉票行为为突破口,整治用人上不正之风,下发《关于在干部选拔任用工作中认真治理拉票行为的通知》,对拉票行为提出"十个一律"的查核处理办法。组织开展《干部任用条例》检查和民意调查,对11个市、14个省管单位进行"六查"(即对贯彻执行《干部任用条例》情况进行检查、执行干部选拔任用政策法规检查、组织工作满意度民意调查、贯彻全国全省干部监督工作会议精神督查、案件办理情况督查、上次检查整改督查),并对10名离任县委书记履行干部选任职责情况和各单位干部档案管理情况进行检查。

3.进一步扩大干部选拔任用工作中的民主。开展完善干部选拔任用提名权试点工作,探索建立主体清晰、程序科学、责任明确的干部选拔任用提名制度。积极推行地方党委讨论决定重大问题和任用重要干部票决制,完善全委会闭会期间任用重要干部征求党委委员意见的办法。

【人才工作】 2009年,各级党委和组织部门围绕实施人才强省战略的需要,加强组织,统筹协调,积极创新人才工作服务科学发展的体制机制,推动人才工作取得新进展。

1.加强对人才工作的统筹规划和宏观指导。完成全省中长期人才发展规划纲要的编制工作,面向社会发布《山西人才发展战略蓝皮书》,对全省各市人才规划工作进行部署和指导,努力构建上下衔接、左右协调的全省人才规划体系。制定《关于构建省市县三级党委联系高级专家和优秀人才新格局的意见》,实现党委联系专家工作向基层延伸,为基层服务。下发《关于加强农村实用人才队伍建设和人力资源开发的实施意见》,以农村实用人才队伍为重点,统筹推进各类人才队伍建设。

2.大力实施海外高层次人才引进"百人计划"。贯彻落实全国海外高层次人才引进工作会议精神,制定从2009年开始,用5~10年的时间,引进并有重点地支持100名左右海外高层次人才回省(来晋)创新创业的"百人计划"。成立省海外高层次人才引进工作领导小组,设立5000万元专项资金,出台海外高层次人才引进1个意见、9个办法,择优确定太原理工大学等10个海外高层次人才创新创业基地,为引进海外高层次人才搭建平台,优化环境,夯实基础。全省有16名海外高层次人才入选第一批"百人计划"。

3.组织各级各类专家投身一线服务"三农"。利用城市人才资源集中的优势,组织医疗、教育、农业科技机构对口支援农村建设。实施"科技入户直通车",组织全省农业科技人才进村入户开展技术服务。选拔200多名农业专家,开通了"12316三农服务热线",帮助农民解决农业生产技术难题,搭建服务新农村建设的有效平台。

【基层党组织建设】 2009年,各级党委和组织部门坚持抓基层、打基础,明确目标任务,突出工作重点,以农村、企业、街道社区为重点,推进各领域党组织建设。

1.落实"两项"制度,大力开展农村"两委"主干岗位报酬和养老保险发放工作。把落实农村党支部书记激励保障措施,作为加强基层组织建设和新农村建设的重要举措。建立农村党支部书记、村委会主任岗位报酬集中统一发放制度,提升农村"两委"主干待遇，山西省农村党支部书记、村委会主任报酬水平由原来的4000多元提高到了7000多元。同时，将各行政村党支部书记、村委会主任纳入全省新型农村社会养老保险制度体系，按每人每月30元的标准，直接计入参保人的养老保险个人账户。

2.实施“民心”工程，开展第二轮村级组织活动场所建设工作。在详细摸底调查的基础上，按照“三个一批”（对无活动场所的村，重点安排，优先投入，集中新建一批；对房屋年久失修，设施简陋，不能正常使用的场所，坚持标准，适当补助，改造扩建一批；对产权不明、不能长期使用的场所，统筹协调，采取适当方式转化利用一批）的规划，在全省实施建制村村级组织活动场所建设工程。成立由组织部、发改委、财政厅等10个部门参加的全省村级组织活动场所建设工作领导组，实行包片负责制，具体指导村级组织活动场所建设，及时了解掌握工作进展情况，总结推广好的做法和经验，加强督查指导。省发改委、财政厅投资2.5亿元，加上中央投资的6972万元，共3.19亿元，帮助5659个村建设村级组织活动场所，对3232个标准不高的村级组织活动场所进行改造。

3.扩大基层党组织覆盖面，推动非公有制经济组织和新社会组织党建工作。对全省非公有制企业组建党组织情况进行摸底和通报，精心安排部署，加强督促检查。以开展学习实践活动为契机，充分发挥乡镇（街道）、非公有制企业工委、新社会组织业务主管单位等各有关方面的作用，建立健全非公有制经济组织和新社会组织党组织，全省律师事务所共建立党支部160个，11个市的律师协会全部成立党组织。全省规模以上非公有制企业和律师行业党的建设基本实现全覆盖。

4.抓住重点环节，建立完善大学生村干部管理长效机制。2009年山西省选聘大学生村干部9011名，全省选聘大学生村（社区）干部28752名，基本实现“一村一社区配备一名高校毕业生”的目标。成立由省委组织部、省民政厅、团省委等15个部门组成的大学生村干部工作联席会议，在市、县两级组织部门设立专门工作机构，配备专门工作人员，在80%的乡镇设立大学生村干部管理办公室。组建专家指导服务团，帮助大学生村干部创业成长。在充分调研，广泛征求意见的基础上，制定出台《关于建立选聘高校毕业生到村任职工作长效机制的实施意见》《关于大学生村干部续聘和解聘有关问题的通知》《关于高校毕业生到农村基层服务项目工作期间参加社会保险有关问题的通知》等，进一步规范大学生村干部管理工作。

5.以增强党员队伍的生机与活力为着力点，进一步加强党员教育管理服务工作。按照注重质量、优化结构的要求，实施发展党员“四大工程”（在农村全面实施“村村都有新党员”工程、在城市实施“社区入党积极分子队伍扩容”工程、在企业实施“生产经营骨干培养”工程、在新经济组织和新社会组织实施“‘两新’组织负责人培养工程”），进一步壮大党员队伍。全年新发展党员7.5万多名，其中发展生产、工作一线党员4.9万多名，占发展党员总数的64.86%；发展高中以上文化程度党员6.48万多名，占发展党员总数的86.13%；发展35岁以下青年党员5.63万多名，占发展党员总数的74.82%；发展妇女党员2.59万多名，占发展党员总数的34.45%，党员队伍结构进一步完善，分布更加趋于合理。同时，落实党员教育培训规划，制定《山西省2009—2013年党员教育培训工作实施意见》，指导和推动全省党员教育培训工作。下发《关于进一步加强流动党员管理服务工作的通知》，在流动党员中进一步引深“在当地争先锋、为家乡做贡献”活动。全省近3万名流动党员共引进资金4.47亿元，引进、创办项目600多个，带动就业1.15万人，在当地或帮助家乡办好事、实事2.68万件。3月10日开通全省“12371”党员咨询服务电话，搭建新时期创新组织工作、了解基层情况、倾听党员诉求的载体和平台。以农村离任干部、老党员和生活困难党员为重点，创新党内激励关怀帮扶形式，切实解决实际问题。

【自身建设】 2009年，各级组织部门以深化和拓展“讲党性、重品行、作表率，树组工干部新形象”活动为载体，结合开展深入学习实践科学发展观活动，着力于组工干部思想作风建设，进一步推动组织部门自身建设取得新进展。

1.认真学习贯彻四中全会精神，在武装头脑、创新思路上下工夫。各级组织部门将学习贯彻党的十七届四中全会精神作为首要的政治任务，摆上重要日程，迅速安排部署，表现出强烈的政治责任感和高度的政治敏锐性。省委组织部对部机关120余名干部和全省组织人事部门240名领导干部进行党的十七届四中全会精神集中培训。各级组织部门深入调研，认真思考，精心谋划，进一步明确新形势下加强和改进党建工作的思路，制定一批切实可行的制度性措施，形成一批调研成果和制度性成果。

2.深化拓展“讲党性、重品行、作表率”活动，在提升素质、推动工作上下工夫。按照党的十七届四中全会关于深入开展“讲党性、重品行、作表率”活动的要求，坚持从严律己、从严治部、从严带队伍，在自身建设的规范化、制度化上下工夫、做文章。着力在加强学习、提升素质，锤炼党性、改进作风，健全机制、转化成果，围绕中心、推动工作上深化拓展。省委组织部开展中层干部竞争上岗、选派年轻干部到基层和信访部门挂职等工作。

3.开展“组织部长下基层”活动，在改进作风、破解难题上下工夫。认真学习贯彻党的十七届四中全会关于“弘扬党的优良作风，保持党同人民群众血肉联系”的有关精神，以部务会成员为主体，扎实开展“组织部长下基层”活动。活动中，全省组织系统开展调研3953次，完善政策规章887项。建立帮扶联系点3407个，解决一批涉及群众切身利益的具体问题。领导干部与17000余名工作对象进行谈心谈话，督办解决信访案件642件。

（李焱平）

宣传部工作

【全省宣传部部长会议】 2月17日在太原举行。会议的主要内容是:学习贯彻全国宣传部部长会议精神,分析形势,总结经验,研究和部署2009年全省宣传思想工作。张宝顺发表书面讲话,充分肯定全省的宣传思想文化工作,对2009年工作提出五项要求:一是要着眼巩固马克思主义在意识形态领域的指导地位,进一步用中国特色社会主义理论体系武装全省党员干部群众。二是要着眼保持经济平稳较快发展这一首要任务,进一步增强推动转型发展安全发展和谐发展的自觉性坚定性有效性。三是要着眼庆祝新中国成立60周年等重大活动,进一步抓好舆论引导工作。四是要着眼建设文化强省的战略目标,进一步推动文化体制改革。五是要着眼巩固党的执政地位提高党的执政能力,进一步加强和改善党对宣传思想文化工作的领导。省委常委、宣传部部长胡苏平对2008年全省宣传思想工作进行总结,对2009年工作进行了部署。

【为"三个发展"造势鼓劲】 2009年,全省宣传思想文化工作把应对国际金融危机、推动"三个发展"作为围绕中心、服务大局的重中之重,积极出智出力、造势鼓劲,从三个方面为保增长保民生保稳定、维护山西省改革发展稳定的大局作贡献。

1.统一思想方面。把用科学发展观武装全党、教育人民作为首要任务,大力宣传科学发展观的思想内涵、精神实质和重大意义,大力宣传贯彻落实科学发展观的积极成效。坚持以科学发展观统领应对国际金融危机的各项工作,着眼于广大党员干部把学习实践科学发展观与应对国际金融危机的有效措施结合起来,提高认识,统一思想,增强推动转型发展的坚定性和自觉性。

2.提振信心方面。针对国际金融危机下人们思想情绪波动、心理预期降低、发展信心不足的实际,充分运用各种手段,加大对中央和省委应对危机决策部署的宣传,加大对全省各地应对危机的措施、手段的宣传,加大对应对危机新进展、新成就的宣传,加强正面引导,形成宣传强势,提振士气、鼓舞人心。

3.维护稳定方面。面对国际金融危机下各种不稳定因素增多的现实,抓住庆祝新中国成立60周年这一重大契机,大力宣传60年来省委省政府带领全省人民艰苦奋斗、改革拼搏取得的辉煌成就,积极开展各种庆祝活动,营造健康向上的氛围,振奋干事创业的精神。广大人民群众奋发有为的激情进一步高涨,共克时艰的合力进一步凝聚,为形成团结稳定发展的社会环境发挥积极作用。

【增强理论武装工作】 结合山西省改革发展的实际和干部群众的思想实际,精心组织党员干部特别是领导干部的理论学习,为干部群众提升理论素养、培养科学思维、形成发展合力起到积极作用。

1.突出学习的针对性。根据广大干部群众思想实际和存在的问题,精心挑选名师辅导,专题解疑释惑。各级党委以中心组学习为龙头,健全机制,狠抓落实,领导干部的理论学习进一步强化。省委中心组全年举行11次理论学习,先后聘请刘伟、祁斌、王东京、单霁翔等专家做辅导报告。通过中心组的示范带动,有效推进理论武装工作。

2.突出学习的实效性。紧紧围绕山西省应对国际金融危机、推动"三个发展"的重大理论和实践问题,组织社科理论工作者深入研究,刊发一批理论文章,举办一系列研讨会、座谈会,组织举办"应对金融危机、推动科学发展"企业高层论坛。精心组织编写《市县委书记论"转型发展"》《2010:山西经济社会形势分析与预测》等一批图书,深入研究和探索山西省转型发展的特点和规律。结合第三批农村党员深入学习实践科学发展观活动,积极创新科学发展观进村入户的有效载体,组织编写《与农村党员谈心》等一批通俗读本。太原、长治、晋城、临汾等地的广大理论工作者,认真备课,深入宣讲,特别是深入到基层一线宣讲,为理论创新成果的普及作出重要贡献。组织山西省第六次社会科学研究优秀成果评奖,推出一批有影响、有价值的社科成果。

【提高舆论引导能力和应对能力】 着眼于提高舆论引导能力和应对能力,对内凝聚力量,对外提升形象,牢牢把握正确舆论导向,增强新闻宣传的亲和力和吸引力,增强舆论引导的针对性和实效性,形成舆论引导的新格局。

1.组织战役性宣传和深度报道,形成正面舆论强势。全省各级各类媒体紧紧围绕经济建设、"三个发展"和深入学习实践科学发展观活动,紧紧围绕中央和省委的重大决策部署,紧紧围绕广大干部群众关心的热点难点问题,紧紧围绕庆祝新中国成立60周年主题活动等,组织开展一系列战役性宣传和深度报道。特别是在对山西省重大决策、十大支柱产业、十大重点工程以及煤炭资源整合、文化体制改革等重点工作的宣传报道中,开设专栏专版,进行系列报道,形成强大的声势。

2.加强领导,完善机制,增强突发公共事件的新闻应急能力。出台《山西省突发公共事件新闻报道应急预案》《突发公共事件新闻报道工作的实施办法》等重要文件,成立省市县三级突发公共事件应急新闻处置工作领导组,完善重大事件新闻发布制度以及互联网新闻宣传管理的相关制度,突发公共事件新闻应急处置能力明显增强。做到关键时刻不失语,重大问题不缺位,第一时间到达现场,第一时间发布信息。成功组织山西焦煤集团屯兰矿、阳泉网民联名要求增开石太线客车、洪洞生猪蓝耳病等十余次突发公共事件新闻应急处置工作。注重加强对社会舆情的收集、研判、报送,建立社会舆情日报制度,为省委、省政府获取敏感信息,及时科学决策起到重要作用。紧密跟踪社会舆情动态,加强对敏感事件、重点领域、热点话题的及时监控,舆情引导能力显著增强。

3.整合力量,加强管理,保障新闻

宣传的健康运行。主流媒体的主阵地、主渠道作用进一步发挥。加强黄河新闻网、山西新闻网等重点新闻网站建设和管理，以党报党刊、电台电视台为主，整合多种宣传资源，定位明确、特色鲜明、功能互补、覆盖广泛的舆论引导格局基本形成。进一步加强新闻队伍和阵地建设，继续开展规范全省新闻采访秩序的“百日整治”活动，全年共收缴非法报纸期刊9万余份、假记者证等非法证件1200余个，取缔非法记者站8家，切实加强对采编人员、特别是对记者站和聘用人员的管理。持续开展“三项学习教育”活动，进一步强化新闻战线的政治意识、责任意识和阵地意识。加强互联网队伍的建设和管理，组织近300人的网络评论员队伍，及时引导控制网上敏感和热点舆情。

4.创新载体，拓宽渠道，发挥外宣工作提升山西形象的作用。会同省内、省外媒体，协调中央、海外媒体，充分报道山西省经济、政治、文化、社会和生态建设各方面取得的新成就，为山西改革发展营造良好的外部舆论环境。先后组织参加沿黄河九省区“黄河万里行”大型采访活动、中部六省一市“放眼中部看发展”巡回采访活动、第四届全国网络媒体山西行活动。推动文化“走出去”工程，对外文化影响力不断增强。平遥国际摄影大展精品巡展先后在法国和我国台湾等地举办。黄河电视台形成国际卫视、斯科拉台、黄河国际电视孔子学院、北美文艺广播“四轮驱动”的外宣格局，有效覆盖到北美和拉美地区。图书版权对外贸易取得突破，全年输出图书版权25种。一系列文化节庆活动，彰显山西省的文化魅力。成功举办以“生命·梦想”为主题的平遥国际摄影大展以及“晋商文化艺术周”等文化节庆活动，扩大山西省文化和旅游的对外影响。结合山西省对外大型经贸活动呈现系列化、规模化的趋势，积极参与对外经贸活动中的外宣工作，宣传山西对外开放的良好形象。

【文化体制改革新进展】 按照中宣部关于文化体制改革工作路线图、时间表和任务书，把文化体制改革作为全年工作的重中之重，攻坚克难，强力推动，两步并作一步走，两年任务一年完。

1.加强领导，形成合力。省委省政府高度重视文化体制改革工作，省委常委会一年中先后4次专题研究这一问题。张宝顺、王君对文化体制改革工作作出明确指示，要求按照中央规定的时间表、路线图、任务书和刘云山来晋考察的指示精神，不折不扣地完成改革任务。在省委、省政府的坚强领导和强力支持下，全省上下把文化体制改革摆在更加突出的位置，省市县三级全部成立文化体制改革和文化产业发展领导组及其办公室，“党委统一领导、政府组织实施、宣传部门协调指导、文化行政主管部门具体落实、各有关部门密切配合”的领导体制和工作机制全面形成。太原市、长治市由市委书记亲自担任领导组组长，推动改革的力度很大。各级各类媒体为改革鼓与呼，宣传文化体制改革的重要性、必要性和紧迫性，宣传文化体制改革的目标、政策和要求，宣传全省文化体制改革的进程和典型经验，营造支持改革、推动改革、拥护改革、参与改革的强大舆论氛围。

2.完善政策，提供保障。省委省政府围绕文化体制改革和文化产业发展工作，出台《关于深化文化体制改革的实施意见》《关于在各市县建立文化市场综合执法机构的实施意见》等四个指导性文件。省文化体制改革和文化产业发展领导组还出台关于改革和产业发展的两个重点任务分解通知，形成“4+2”的政策框架。省政府相关部门制定完善扶持政策，出台《关于山西出版集团等转企改制单位养老保险有关问题的通知》《关于市、县文化市场行政综合执法机构规格的通知》等政策文件。全省各地在用好用足政策的基础上，因地制宜地提出更加切合实际、更加优惠的政策，充分体现“谁改革支持谁”“早改革早受益”的政策导向，有力推动文化体制改革工作。

3.加强督导，狠抓落实。针对不愿改、不敢改、不会改等问题，采取面对面指导，一对一解难的办法，加强对改革的重点领域和关键环节的指导，逐一解决改革过程中遇到的各种难题。省委宣传部安排部领导带队，组成督查组，对全省改革单位和各市包片蹲点，一周一督查，一周一汇报，一周一通报，加大督促检查力度。12月份，省委宣传部组织开展为期5天的全省文化体制改革工作检查验收，一把尺子量到底，保证改革出实效，达到督促工作、总结经验、发现问题、树立典型的目的。

4.攻坚克难，成效显著。截至12月20日，山西省年初确定的文化体制改革任务全面完成。把经营性文化事业单位转企改制作为中心任务，加大力度，积极推进。全省10个出版单位、110个发行单位，按照中央要求，全部转企改制；省和4个试点市的42家电影制作发行放映单位全部顺利转企改制；省、市10家文艺院团改制试点基本完成改革任务，一批县级院团，如新绛县蒲剧团、清徐县嫦娥艺术公司和高平市文工团也进行转企改革的探索，受到中央领导的肯定。把推动文化行政管理体制改革和文化市场综合执法机构改革作为重要环节，积极实施“以一带三”战略。即以组建文广新局为龙头，同时带动文化市场综合执法机构建设、电台电视台两台合一和电影管理职能划转等工作，实现了一举多赢。全省市县两级文化、广电、新闻出版三局合一、广电局台分离、两台合一，文化市场综合执法机构的组建任务已经完成，工作进度位居全国前列。中央文化体制改革办为此下发专题简报，给予高度评价，中宣部领导也给予充分肯定。在省委常委会上，张宝顺多次肯定推进文化体制改革的做法和成效。

【文化强省建设新成效】 文化事业以庆祝新中国成立60周年为主题，以文化繁荣发展为目标，展示山西的文化形象。文化产业在国际金融危机的严峻冲击下逆势上扬，显示出强劲的发展态势，为建设文化强省作出积极贡献。

1. 庆祝新中国成立60周年系列活动产生广泛的社会影响。以庆祝新中国成立60周年庆典活动为契机，充分发挥宣传优势，在全省范围组织开展纪念新中国成立60周年群众性爱国主义教育八大系列活动。整个庆祝活动有声有色,亮点频出,凝聚力量,振奋精神。“辉煌60年成就展”共有400多个部门单位、12万人次前往参观。“双百”评选、“爱国歌曲大家唱”“祝福祖国歌咏比赛”“情系三晋书画作品展”“60年的变迁摄影展”等活动,参与人数多,社会影响大,在全社会唱响了时代主旋律。特别是系列文化活动“向祖国汇报——山西文化艺术精品剧目晋京献礼演出周”,山西省12个艺术院团的13台优秀剧(节)目轮番亮相,反响之大全国首屈一指;省市县三级民歌、民乐、民舞调演,集中展示几十年来山西省基层文化艺术创作的优秀成果,为60周年活动营造喜庆热烈的气氛。系列文化活动的成功举办,进一步打造山西的文化品牌、展现山西的文化优势、提升山西的整体形象,有力地推动文化强省的建设进程。

2.文艺创作呈现出新亮点。文艺创作继续保持繁荣发展的良好势头。全年共计有631部(个)文化艺术精品获全国各类大奖701项,实现社会效益经济效益双丰收。电视连续剧《走西口》作为开年大戏在央视一套播出,反响强烈,并荣登近年来央视收视率榜首;大型说唱剧《解放》唱响北京,产生轰动效应;电视剧《走西口》、电影《夜袭》、晋剧《傅山进京》以及图书出版物《流动的花朵》等四部作品荣获中宣部第十一届精神文明建设“五个一工程”奖;电视剧《喜耕田的故事》获飞天奖;电影《决战太原》获金鸡奖;京剧《晋德裕》获国家舞台艺术精品工程奖。山西省确定的一批重点影视剧如《西口长歌》《大河风歌》《天地民心》《老醋房》《杏花魂》《申纪兰》《黄河喜事》《矿长》《矿山人家》等都制作完成,部分播出。黄河电视台推出118集大型历史纪录片《昭晰神光——三晋文化影像》。

3.公共文化基础设施建设进一步加强。以山西大剧院、山西省图书馆(新馆)等省城十大公共设施建设为龙头,全省公共文化基础设施建设进一步加快,一大批文化设施场馆建成并使用。市、县两级博物馆、文化馆、图书馆、影剧院等“三馆一院”建设,乡镇文化站、村级多功能文化活动室等基层公共文化服务体系不断加强。全省公共文化设施少、文化产品数量少和看戏难、看书难、看电影难的“两少”、“三难”问题得到缓解。农村电影放映工程、广播电视村村通工程、文化资源共享工程、农家书屋等基层文化服务网络极大改善,公共文化产品供给能力大幅提高。五台山申报世界文化遗产获得成功。

4.文化产业的政策环境不断优化。出台《山西省文化产业发展规划纲要(2009–2015)》《贯彻落实国办发〔2008〕114号文件的补充规定》等文件,确定山西省文化产业的发展目标、主要任务、保障措施和政策条件,明确提出建设“五大文化产业区”的重要任务。结合山西省《加快服务业发展的实施意见》等规划,确定文化产业“1+10”重点项目。省政府已将文化产业纳入重点培育和扶持的十大支柱产业之一。省级和部分市级财政建立文化产业发展专项资金。太原市出台《促进文化产业发展条例》,成为全国继深圳之后第二个对文化产业进行立法的城市。全省各市也都制定文化产业发展的规划。大力发展文化产业已经成为全省各地推动转型发展、提升地区综合实力的最大共识和重要举措。

5.文化产业加速发展。在文化产业发展政策的强力推动下,全省各地都加快实施重大文化产业项目带动战略,加快文化产业基地和区域性特色文化产业集群建设,并取得积极成效。一批产业基础好、发展潜力大、成长性良好的文化产业项目得到有效推动,文化旅游产业、文化创意产业、文博会展产业正在形成。在国际金融危机严峻冲击的不利局面下,山西省文化产业逆势上扬,产值比重不断提高。据初步统计,2009年全省文化产业增加值总量达到250亿元,同比增长25%,占GDP的比重由2007年的2.8%上升到3.45%左右。在第五届中国(深圳)国际文化产业博览交易会上,山西省文化企业共签约15个项目,引资总额13.85亿。山西省文化资源优势正在转化成产业优势、经济优势和发展优势。

【社会主义核心价值体系建设工作】

抓住庆祝新中国成立60周年这个重大机遇,深入开展系列重大节庆宣传活动,并以此作为加强社会主义核心价值体系建设的重要载体,通过庆典活动,群众性文明和谐创建工作不断向广度和深度推进,公民思想道德水平进一步提升,社会文化环境进一步净化。

1.公民思想道德建设水平进一步提升。全省各地各部门围绕庆祝新中国成立60周年,组织开展一系列主题鲜明、隆重热烈的主题实践活动,唱响共产党好、社会主义好、伟大祖国好、改革开放好的主旋律,激发大家爱祖国、爱山西、爱家乡的热情。举办新中国成立60周年报告会、网上谈、送文化下乡、送欢乐下基层等慰问演出活动;组织网上成就展、网上知识竞赛、“我与我的祖国”网上征文、开展“迎国庆讲文明树新风”活动、文明礼仪宣传普及活动、社会志愿服务活动、城乡环境和公共秩序整治活动。春节和清明期间,分别组织开展“文明和谐之春”系列活动和“我们的节目——清明节”系列活动,农历七月初七,举办“中国和顺牛郎织女节”。广泛开展全国道德模范推荐活动和“我推荐、我评议身边好人”活动。

2.群众性精神文明创建活动继续深化。修订文明和谐城市、村镇、行业、单位等考评指标体系,突出“三个发展”内容的考核权重,增强创建工作的针对性和实效性。按照特色城镇化和促进资源型城市转型的要求,深入推动文明和谐城市创建活动。全省各地积极实施城市文化品牌创立工程、市容环境创优工程、市民文明素质提升工程和文明和谐社区创建工程。文明和谐村镇创建活动着眼于建立以城带乡、城乡共建的精神文明建设长效机制,组织1078个市级文明单位与相应的新农村建设重点推进村结成对子、帮扶共建。“科技、文化、卫生”三下乡活动持续开展。积极开展以“安全、诚信、规范、形象”为主题的文明和谐行业创建活动以及“青年文明号”“巾帼文明岗”“诚信示范店”“百城万店无假货” 等文明和谐单位创建活动,文明和谐行业、单位创建工作稳步推进。

3.未成年人成长的社会文化环境进一步优化。成立山西省净化社会文化环境领导小组,出台《关于进一步净化社会文化环境,促进未成年人健康成长的实施意见》。召开全省净化社会文化环境工作推进会,各地各部门齐抓共管社会文化环境的良好局面初步形成。组织开展整治互联网低俗之风、网吧集中整治、荧屏声频净化、校园周边环境综合治理等四大专项行动,并对全省净化社会文化环境工作进行专项督查,成效明显。省新闻出版局持续开展“扫黄打非”行动,连续六次被国家“扫黄打非”领导办公室授予先进集体。开展“向国旗敬礼,做一个有道德的人”网上签名寄语活动, 全省有 30 多万中小学生参与。选编《山西省未成年人思想道德建设创新案例》一书,对中央 8 号文件下发 5 年来山西省未成年人思想道德建设的典型经验进行总结。

(刘剑锋)

统战部工作

【概述】 2009 年,省委统战部团结带领全省统一战线成员,服务“三个发展”,致力开拓创新,圆满完成各项工作任务,有特色、有亮点,得到省委、省政府和中央统战部的充分肯定。

1.扩大理论武装成果,统一战线共同思想基础进一步巩固。组织开展学习贯彻实践科学发展观活动,深化理论学习,解决突出问题,统一战线在服务科学发展和实现自身发展方面取得新的进步。部署开展学习贯彻十七届四中全会和省委九届十次全会精神,采取机关带动基层、统战部门带动统战系统的方法步骤,指导和推动统一战线掀起学习贯彻热潮。围绕纪念新中国成立 60 周年、多党合作制度确立 60 周年、新中国山西统一战线 60 周年, 组织召开系列庆祝活动,统一战线广大成员拥护中国共产党的领导、坚持走中国特色社会主义道路的共同思想基础更加牢固。

2.应对国际金融危机,统一战线优势和作用进一步彰显。先后 13 次召开以应对国际金融危机、促进“三个发展”为主题的通报会、协商会、座谈会,5 次邀请党外人士参加山西省重大工程开工仪式,两次组织统一战线成员参观考察全省重点工程和蓝天碧水工程, 有效调动各民主党派、工商联和无党派人士建言献策的积极性。针对非公有制企业在金融危机中遇到前所未有困难和全省煤炭资源整合的形势,组织工商联等统战系统单位先后撰写 4 个调研报告,报送省委、省政府;3 次召开银企座谈会,为非公有制企业与金融部门有效合作、共同应对危机搭建合作平台。参与省政府《关于促进民间资本进入山西省鼓励类投资领域的意见》的制定,并制定《实施意见》、召开座谈会,推动文件精神的落实。

3.推进“凝聚力工程”九大活动,统一战线围绕中心、服务大局能力进一步提升。召开山西统一战线“凝聚力工程”暨“优秀中国特色社会主义事业建设者”表彰大会,隆重表彰“凝聚力工程” 九大活动中涌现出的 172 个先进集体、181 名先进个人、65 件优秀成果和“优秀中国特色社会主义事业建设者”评选表彰活动中涌现出来的 49 名非公有制经济人士。张宝顺等省四套班子主要领导出席大会并与参会代表合影, 王君代表省委、省政府讲话。“新晋商万企联万户感恩行动”得到全国政协副主席、中央统战部部长杜青林的充分肯定,并被写进省委和中央统战部 2010 年的工作要点。

4. 督查落实中央 5 号文件精神,多党合作进一步加强。深入开展自查和督查,形成省督查市、市督查县和各级党委认真自查的工作局面,有效推动中央 5 号文件在山西省的全面贯彻落实。为全省 875 个民主党派基层组织全部解决活动经费,并列入财政预算。探索建立无党派领导干部教育培养“六个一”机制和民主党派成员领导干部教育培养的 “四个一”机制,并召开民主党派成员领导干部履职座谈会,96 名党外厅级领导干部登台述职,在全省党外干部中产生较强的激励作用。中央督查组和先后来山西省的 5 个民主党派中央领导周铁农、蒋树声、严隽琪、韩启德、蒋正华副委员长,罗富和、张榕明、厉无畏副主席及中央统战部、全国工商联领导,对山西重视多党合作,党际关系和谐的情况给予充分肯定。

5.全面贯彻民族宗教工作方针政策, 团结和谐稳定局面进一步巩固。加强民族团结教育,开展“民族团结进步”评比表彰活动,山西省 7 个模范集体和 8 名模范个人受到国务院表彰。配合开展西藏“3·14”和新疆“7·5”事件的善后处理和警示教育,进一步营造各民族共同团结奋斗、共同繁荣发展的良好氛围。加强对宗教界代表人士的思想教育,全省五大宗教近 80 名代表人士接受了培训。完成太原、运城的天主教选圣,以及省道教协会届中调整工作,使宗教领导权牢牢掌握在爱国爱教人士手中。广泛开展科技、文化、卫生进寺观教堂等活动,引导宗教与社会主义社会相适应迈出坚实步伐。围绕国庆安保,建立健全民族宗教突发事件应急处理机制,做好民族宗教领域重点工作。贾庆林、习近平、周永康、杜青林等中央领导对山西省妥善处理宗教突发事件的做法给予充分肯定。

6.开展对外联系交流活动,港澳台海外统战工作渠道进一步拓宽。适应港澳台海外统战工作形势任务,组织召开全省港澳台海外统战工作会议,加强政策和业务培训,提高三级统战干部做好港澳台海外统战工作的主动性和自觉性。加强与山西省港澳政协委员和海联会理事的联系,鼓励支持他们在维护港澳稳定繁荣、争取人心回归中发挥作用。以亲情、乡情、友情为纽带,以关公文化、根祖文化、晋商文化、佛教文化等为载体,增强港澳台同胞、海外华人华侨乡土感情,有效扩大山西统一战线的亲和力和影响力,为促进改革发展团结凝聚了一批新的力量。

7.加强教育引导,新的社会阶层人士统战工作进一步深入。召开全省非公有制经济人士思想政治工作会议, 学习贯彻中央领导同志对非公有制经济人士思想政治工作的重要批示和全国非公有制经济人士思想政治工作会议精神，深入总结经验，部署工作任务。全国工商联党组书记全哲洙出席并讲话。做好优秀中国特色社会主义事业建设者评选表彰工作。按照全省第三批学习实践活动的安排，加强对非公有制经济组织开展学习实践科学发展观活动的指导，学习实践活动顺利健康发展，受到省委和中央指导组的肯定。协同省海外人才服务中心联合举办“引进海外高层次人才座谈会”，为山西省引进海外高层次人才发挥积极作用。

8.统战调研、宣传、信息工作取得新进展，提升和促进各领域统战工作的效应进一步强化。紧扣经济社会发展和统战工作中的重大问题，深化理论政策研究，全年各级上报论文近400篇，其中50多篇论文被评为全省优秀成果，3篇论文在中央统战部分别获二等奖、三等奖、优秀奖。围绕统一战线工作重大题材、60周年系列纪念活动和全省统一战线重大工作，组织中央驻晋和山西省的主要媒体组织开展宣传报道30余次，在中央和省内主流媒体发表报道260余条，《中国统一战线》发稿量名列全国第三，刊登简讯连续两年排名第一。创新统战宣传形式，开展统一战线60周年网络成就展，增强统战宣传工作的时代感和有效性。加强组织领导，创新体制机制，提高队伍素质，信息工作质量进一步提高，省委统战部排全国省级统战部第四名，获全国统战信息二等奖，太原、长治两个直报点同获一等奖，山西省在全国统战信息员培训班上介绍了经验。

【“三会合一”新形式】 2月19~20日，省委统战部以“三会合一”的形式召开山西统一战线“凝聚力工程暨优秀中国特色社会主义事业建设者”表彰大会和全省统战部部长会议。张宝顺、王君、薛延忠及各民主党派省委和省工商联主要负责同志出席19日下午的表彰大会，并观看《“凝聚力工程”在山西》展板，出席“凝聚力之歌”文艺晚会。省委常委、统战部部长李政文代表省委统战部作工作报告，王君代表省委、省政府讲话。大会表彰“凝聚力工程”先进集体172个、先进个人181名、优秀成果65件，“优秀中国特色社会主义事业建设者”49名。参加会议的有：受表彰的先进集体和个人的代表，各市、县(市、区)委统战部部长，省直工委、高校工委、国资委党委和国防科工委统战部部长，团省委统战部部长，部分本科院校、国有企业统战部部长，省直有关单位负责同志，以及省委统战部机关干部。

【领导干部和党外人士培训班】 6月2~8日，在中央社会主义学院举办全省统战部长培训班和党外人士培训班。近三年来未参加过省委统战部培训的市、县(市、区)委统战部长及工委统战部长40人，民主党派市级组织负责人、市、县级党外干部及新的社会阶层人士223人，参加培训。培训的主要内容为科学发展观、统一战线理论政策、经济金融形势以及领导、管理方面有关知识。这是中央社院举办的规模最大的培训班之一。

【思想政治工作暨组织工作会议】 6月11日，省委统战部、省工商联在长治召开全省非公有制经济人士思想政治工作暨工商联组织工作会议。学习贯彻中央领导同志对非公有制经济人士思想政治工作的重要批示精神和全国非公有制经济人士思想政治工作会议、全国工商联组织工作会议精神，总结全省非公经济人士思想政治工作和工商联组织建设取得的经验，研究部署当前和今后一个时期推进工作的具体举措。中央统战部副部长、全国工商联党组书记、第一副主席全哲洙和李政文出席会议并讲话，省委统战部副部长、省工商联党组书记马天荣参加会议。

【中央督查组莅晋督查】 7月7~9日，中央督查组在山西省督查中发[2005]5号文件贯彻落实情况，听取省委情况汇报并召开省直有关单位负责同志座谈会，薛延忠主持，李政文汇报。张宝顺会见并宴请中央督查组一行，李政文等领导参加宴请。中央督查组还到各民主党派省委机关走访看望、召开座谈会并与各民主党派负责人、无党派代表人士共进午餐。

【非公有制企业座谈会】 7月15日，省委统战部、省工商联在迎泽宾馆召开全省非公有制企业贯彻落实省政府关于民间资本进入鼓励投资领域的意见座谈会。李政文、牛仁亮、韩儒英、马天荣等出席会议，省发改委、省经信委、省财政厅、省国土厅、省环保厅、省商务厅、省国税局、省地税局、省政府资本市场办公室、人行太原中心支行负责人、全省民营企业家代表参加会议。省政府发展研究中心主任张复明就《意见》有关内容进行现场解答，各部门负责人及部分民营企业家代表就贯彻落实意见的思路、措施进行表态发言，李政文、牛仁亮分别讲话，对各部门和全省民营企业贯彻落实意见精神提出希望和要求。

【自主创业事迹报告会】 8月7日，省委统战部在省委多功能会议厅召开“民主党派成员、归国留学人员自主创业事迹报告会”。李政文出席会议并讲话，省委统战部常务副部长王大高主持会议，民主党派成员、归国留学人员刘耀国、杨建新、牛三平、双少敏、宋兴航、伍永安先后作报告。副省长、民盟省委会主委张平出席会议，省委组织部、省委宣传部、省发改委、省人保厅、省教育厅、省人才办、省科技厅、省商务厅负责同志应邀出席会议，各民主党派省委机关干部、部分归国留学人员共300余人参加报告会。

(王　峰)

政法委工作

【概述】 2009年，全省各级党委政法委员会充分发挥组织、领导、协调、监督职能作用，推动全省政法工作取得新进展、新成效。2009年，面对国际金融危机持续蔓延的形势，各级党委政法委紧紧围绕中央“保增长、保民生、保稳定”的总要求和省委“转型发展、安全发展、和谐发展”的工作大局，认真履行第一责任，主动服务第一要务，为经济企稳向好和平稳较快发展提供有力保障。1月17日，省委政法委在太原召开全省政法工作会议，张宝顺出席并讲话，省委常委、省委政法委书记、省公安厅厅长杜玉林代表省委对2009年全省政法工作作出部署。3月31日至4月4日，周永康到山西考察，充分肯定近年来山西经济社会发展取得的成绩和为全国做出的贡献，强调要以科学发展观为统领，积极应对国际金融危机，统筹抓好硬道理与硬任务，以稳定促发展、以发展保稳定，努力实现经济社会又好又快发展。4月29日，省委政法委出台《关于认真学习贯彻周永康同志在山西省考察调研时的重要讲话精神的通知》(晋政法[2009]17号)。各级党委政法委督促指导政法机关出台保障经济平稳较快发展的指导性意见，督促落实维护社会稳定领导责任制，深入排查化解经济领域的不稳定因素，加大对扩内需、保民生、调结构的支持力度。组织政法机关严厉打击经济违法犯罪活动，深入开展关系国计民生的重要产品专项整治和打假行动，维护良好的市场经济秩序。督促指导政法机关依法慎用强制措施，尽可能采取调解、和解等方式方法处理经济领域纠纷，维护企业的合法权益，为重大工程建设提供优质高效的法律服务，确保执法办案的法律效果、社会效果和政治效果。2009年全省人民群众对社会治安的满意度同比增长3.52%。

【维护社会稳定】 一是加强维稳安保工作的组织领导。张宝顺、王君等省领导亲自谋划、具体指导，认真落实维稳研判工作例会制度，多次听取维稳工作汇报，多次作出重要指示和重大决策部署。杜玉林多次深入基层重点县市和治安检查站、民航、交通等部门实地调研督导，深入研究国际金融危机给山西稳定工作带来的挑战，及时协调解决维稳安保工作中遇到的困难和问题。8月18日，省委政法委在太原召开全省政法系统迎国庆保稳定工作会议，对国庆安保和涉法涉诉信访工作进行全面动员部署。各地党委政府、政法机关坚决贯彻落实省委的决策部署，狠抓各项维护社会稳定和国庆安保措施的落实，为做好国庆安保工作提供坚强的组织保障。二是开展社会治安整治行动。在全省范围内组织开展“打黑除恶”、“治爆缉枪”、打击“两抢一盗”、打击拐卖儿童妇女和组织强迫妇女卖淫犯罪、打击电信诈骗犯罪、打击传销、打击制贩假币假发票以及“黄赌毒”、淫秽色情场所整治等一系列社会治安整治行动，有效地遏制刑事犯罪活动的高发势头。4月20~23日，省委政法委、省“打黑”办联合举办“打黑除恶”专题培训班，建立“打黑除恶”通报制度，提出引深全省“打黑除恶”专项斗争的实施意见。牵头抽调政法机关人员组织工作组，先后3次前往各地督查，对全省119个县(市、区)辖区内的黑恶势力犯罪线索进行彻底排查，从重从快地打击黑恶犯罪活动。三是加强社会面控制和重点要害部位安全保卫。在全省大中城市组织开展军警民联合武装巡逻，预防违法犯罪活动的发生。以防恐怖袭击、防冲击、防爆炸、防投毒、防破坏、防事故为重点，进一步加强对党政军首脑机关、要害部位、重要基础设施、人员密集场所的安全防范，确保绝对安全。四是狠抓民爆物品安全管理整治。坚持“五个紧紧依靠”和严防、严查、严管、严打、严治相结合的原则，集中开展安全大检查和“地毯式”收缴，强化部门协作，重奖举报有功人员，严打违法犯罪，确保爆炸物品“不流失、不炸响”。国庆前夕省综治办牵头组织高规格的督查组，深入各市进行为期4个月的专项督查，从制造、买卖、运输、储存、使用等环节切实加强对民爆物品的监管力度，全省爆炸案件事故起数、死亡人数大幅下降，没有发生群死群伤的恶性爆炸案件事故。五是启动实施环京“护城河”工程。从9月15日至10月8日，全省23个省级出省治安检查站全面启动，在“保证安全、方便群众”的前提下，对出省车辆和人员进行严格的安全检查，共盘查出省人员98万余人、车辆37.3万辆，劝返人员650余人、车辆350余辆，有效防止重点人员和危险物品进入北京。

【公正廉洁执法】 一是着力解决涉法涉诉信访突出问题。在全省政法机关组织开展以“争做文明接待窗口、争做文明接待员、争做人民群众贴心人”为主要内容的“三争做”活动，督促指导各级政法机关对涉法涉诉信访案件排查摸底，建立排查网络，实行一案一册台账式管理，并建立主要领导负总责、分管领导具体抓、党组成员配合抓，一级抓一级的领导责任机制。加大领导接访、联动接访、带案巡访力度，对重点案件实行定责任单位、定包案领导、定具体承办人、定处置时限的“四定一包”措施，进一步强化领导包案责任；印发《关于进一步建立涉法涉诉救助资金制度的通知》，督促指导各市、县(市、区)全部建立涉法涉诉救助资金，依法依政策解决上访群众的实际困难；印发《关于加强基层涉法涉诉信访问题联调机制建设工作的意见》，市、县两级全部建立涉法涉诉信访问题联调窗口，坚持调解优先、多调并举，形成处理涉法涉诉信访问题的工作合力。二是推动解决法院“执行难”问题。贯彻落实全国集中清理执行积案活动电视电话会议精神，在全省法院系统组织开展清理执行积案专项行动。党委政法委加强对清理执行积案的组织领导，各级法院发挥主力军的作用，充实执行力量，强化执行措施，加大执行力度，清理执行积案活动取得明显成效，依法维护涉案群众的合法权益。三是加强案件协调，强化督促检查。对《山西省政法系统执法质量考评方案》进行充实完善，推动建立市、县两级执法质量考核评价体系。多次召开会议，协调一批案情复杂、影响重大的案件。四是推进政法系统党风廉政建设。贯彻中纪委十七届四次、五次全会、省纪委九届四次全会精神，按照省委、省纪委关于党风廉政建设和反腐败工作任务的部署，成立惩防体系建设领导组和办公室，出台工作规划，召开碰头会议，向省政法各部门进行责任分解。省政法各部门和各市政法委，结合工作实际，制订实施方案，分解工作任务，层层签订党风廉政建设责任书，狠抓各项部署措施的落实，形成反腐倡廉上下联动、左右贯通的工作格局。结合山西省实际，在全省政法系统组织开展对“利用职权插手案件办理、谋取私利，参与煤焦、矿山领域生产经营，参与经营娱乐场所或者为非法经营活动提供保护”等八类问题的专项治理，有效预防和惩治司法领域的腐败现象，促进公正廉洁执法。

【健全稳定机制和网络系统】 一是做好排查化解工作。结合“大走访”等爱民实践活动，深入重点行业、重点单位和矛盾集中、生活困难的重点群体，认真排查并会同有关部门及时化解矛盾纠纷，协助党委、政府解决一批群众反映强烈的热点难点问题。2009年，全省民事一审案件的调撤率达到56.54%，比上年提高9.62%，人民调解的成功率达到93%，全省矛盾纠纷排查调处机构对各类矛盾纠纷的调处率达到84%。二是创新综治要情信息报送制度。与国家安全机关联手组建社会治安综合治理信息中心，成立专门领导组及办事机构，强化组织管理，明确信息报送、研判和评价程序，及时掌握敌情、社情和稳定情况信息，为维护国家安全和社会稳定发挥重要作用。三是完善人民调解、行政调解、司法调解三位一体的“大调解”工作体系。拓展调解纠纷新领域，完善联调联动工作机制，加强基层调解网络建设，督促指导各行各业建立一大批调委会，全省大部分县乡两级都建立矛盾纠纷排查调处中心，实行矛盾纠纷统一接待、统一管理、统一协调、分流办理，推动调解队伍专业化、职业化发展，实现专业调解与综合调解的有机互动。

【深化综合治理措施】 一是开展平安创建活动。2009年，继续组织开展以“平安县”为重点、以平安“十创”(平安村镇、平安单位、平安学校、平安企业、平安景区、平安矿山、平安家庭、平安医院、平安文化市场、平安交通)为主要内容的基层平安创建活动，涌现出一批平安县，受到中央综治委和省委、省政府的表彰奖励。深入推进社会治安综合治理法制化建设，参与修订《山西省社会治安综合治理条例》。9月24日，山西省十一届人大常委会第十二次会议审议通过修订后的《山西省社会治安综合治理条例》，并于2010年1月1日起实施。为配合新《条例》的颁布实施，省综治办会同省委宣传部，联合举办全省“平安文化”公益广告创意大赛，面向全社会征集平安文化作品，大力宣传社会治安综合治理和平安建设文化，受到社会各界的广泛好评。深入开展综治进矿山活动。4月，省委、省政府转发省综治委《关于加强矿山综治工作的意见》，对矿山综治责任体系、综治机构设立、矿企矛盾化解、矿山治安管理、平安建设保障等方面作出明确规定。各地以严格实行矿山企业法人、实际控制人的治安责任制为龙头，因地制宜积极创新具体工作办法，加强指导检查，推动矿山社会治安综合治理各项措施的落实，矿山治安秩序持续好转。二是加强社会治安防控体系建设。在城市街区和县城推动“天眼工程”建设，新建治安视频监控3万多套，实现对城市街区和县城的全方位覆盖。加强农村平安建设，省综治办与省联通公司加强合作，并于11月4日在大同召开现场推进会，在全省农村推广“平安互助”系统工程。深入开展对治安混乱地区和突出治安问题的排查整治，出台《工作意见》，建立排查整治十项管理制度，建立社会治安和稳定形势定期分析研判制度，加强“两个排查”督导检查。通过拉网式和地毯式摸底排查，找出找准突出治安问题，对排查出来的突出问题和重点人群，按照“属地管理”和“谁主管谁负责”的原则，采取签订整治责任书、挂牌督办、领导包点整治、纳入综治考核等措施，集中整治，强化督查，严格奖惩。2009年，山西没有因排查整治不力而发生在全国有较大影响的案(事)件、群体性事件和治安灾害事故。三是强力推动综治专项工作。完善流动人口管理服务机制，解决流动人口就业、子女教育、劳动保障等问题，构建流动人口一体化信息管理服务网络，加强流动人口治安管理，推进流动人口管理信息化和服务社会化。贯彻落实“首要标准”，深入推进刑释解教人员“和谐回归”活动，加大帮教安置基地建设，成立山西省刑释教人员安置帮教专家组，加强对重点人员的排查摸底和管控帮教，推进安置帮教工作一体化建设。以预防青少年违法犯罪为重点，加强青少年维权服务体系建设，推进“青少年法制建设计划”，实施“青少年维权关爱计划”，大力开展青年创业行动，开展“为了明天——预防未成年人犯罪”工程，建立完善“有效推动工作、维护青年权益、预防违法犯罪、构建法制文明”的青少年维权岗创建体系。以国庆60周年铁路安保工作为重点，加强铁路护路联防工作，率先在全国开展平安铁路“双示范”(即争创“平安铁路示范县(市、区)”和“平安铁道示范线”创建活动)，加强护路组织建设，强化铁路治安防控体系建设，圆满完成国庆期间铁路安保任务。按照“清理一批、整治一片、稳定一方”的工作要求，组织召开全省学校及周边治安综合治理工作电视电话会议，对各类各级学校及周边治安工作进行集中整治，净化校园及周边环境。集中整治互联网低俗之风和手机涉黄短信，推动各地建立完善企业及其周边铁路、油气田及输油气管道和“三电”设施等治安整治的长效机制，消除大量治安和安全隐患。四是认真落实社会治安综合治理领导责任制和目标管理责任制。把综治工作纳入省委组织部领导干部科学考评体系以及和谐社会建设的考评体系，对全省11个市的综治责任制落实情况进行检查考核，其中长治、晋中、大同等6个市被授予“2008年度社会治安综合治理工作先进市”荣誉称号，172个单位被“一票否决”，相关责任人205人被查究责任。五是加强综治基层基础建设。认真贯彻落实中办发[2009]14号文件精神，就加强综治机构建设、基础设施建设、强化组织领导等出台《实施意见》。在乡镇(街道)乡镇普遍建立综治中心，组成协作工作平台，推行矛盾联调、治安联防、工作联管、问题联治、平安联创、突发事件联勤的“六联”工作机制，着力解决乡镇(街道)综治工作力量分散、多头管理、形不成合力的问题。2009年底，山西省94.8%的乡镇(街道)组建综治工作中心。

【队伍建设】 一是加强思想政治建设。深入开展中国特色社会主义理论体系教育、社会主义法治理念教育、职业道德教育、纪律作风教育和廉洁从政教育，引深"大学习、大讨论"活动，确保广大政法干警始终坚持"三个至上"，做到"四个在心中"。二是狠抓从优待警各项措施的落实。推广太原市公安局用人机制改革的经验做法，健全维护干警合法权益工作机制，注重人文关怀和心理疏导。组织开展第四届公正执法先进集体和杰出、优秀政法干警评选表彰活动，弘扬正气，鼓舞士气。2009年，共有65个集体、231名个人受到省部级以上的表彰奖励。三是推进政法机关基层基础建设。积极协调解决影响基层工作发展的困难和问题，使基层政法机关在经费保障、基础建设、物质装备等方面有较大程度的改善。全省基层法庭、检察院"两房"建设基本完成，新建、扩建基层庭所达1101个，全省782个无房、危房派出所建设全部完工。县级政法机关的公用经费按照三类标准全部列入财政预算，确保足额到位。推进政法干警招录体制改革试点工作，协调组织、人事部门为基层政法单位定向招生一批政法干警，在解决基层人才匮乏问题上迈出较大步伐。四是着力构建和谐警民关系。大力推广忻州市公安机关"十进家"活动的成功经验，改进执法方式和执法态度，加大司法救助力度，推出便民利民措施，获得社会各界和人民群众的广泛好评。忻州市公安局在全国公安机关深化"大走访"爱民实践活动总结大会上作典型发言，受到孟建柱和公安部党委的充分肯定。

（侯永霞）

机构编制工作

【行政管理体制改革】 省政府机构改革基本完成。1月中央批复《山西省人民政府机构改革方案》后，省委、省政府于2月19日对省政府机构改革进行动员部署，省政府各部门的机构改革就此全面展开。3月13日，以省委办公厅、省政府办公厅文件形式印发《山西省人民政府各部门"三定"工作的实施意见》（晋办发［2009］7号）。截至年底，省政府各部门的"三定"规定全部印发，省政府机构改革"三定"工作基本完成，取得明显成效：1.组织结构得到明显优化。改革后，省政府机构设置总数为47个，其中，办公厅和组成部门25个，直属特设机构1个，直属机构15个，部门管理机构6个，机构总数减少5个，组织结构明显优化，管理体制更加合理。按照综合设置、理顺关系、强化职责和清理规范议事协调机构的要求，对7个机构的管理体制进行调整，7个机构因职能强化或体制调整而更名，在整合和合并相关机构的基础上新组建2个机构；进一步规范政府机构的层级，将部门管理机构统一调整为副厅级（4个），政府直属机构统一调整为正厅级（1个）。2.转变职能取得积极进展。在"三定"过程中，始终坚持把转变职能、理顺职责、强化责任作为改革的重点。改革后，不包括对应国务院取消的审批事项，省政府各部门共取消职责13项，理顺职责15项，明确职责分工和建立会商机制的23项，下放职责3项，加强职责57项，交给事业单位和社会中介组织8项。3.机构编制得到严格控制。在"三定"过程中严格执行王君省长和省编委会议确定的"三不"原则，改革后，除职责调整较大的部门外，其他厅局没有增加内设机构、行政编制和领导职数；其中，厅级领导职数共减少12名。市县政府机构改革积极推进。根据中央精神，在充分调研基础上，起草《关于市县政府机构改革的指导意见》，并于2月18日以省委省政府文件印发（晋发［2009］10号）。全省政府机构改革动员大会后，各市县积极进行改革方案的研究拟定和相关准备工作，省编制办研究制定审核市县机构改革方案的基本原则。9月中旬，山西省市级政府机构改革方案全部上报中央编办备案。9月28日，省政府再次召开会议，对市县政府机构改革组织实施阶段的工作专门进行再部署。10月15日，省委、省政府批复11个市政府机构改革方案，截至年底，全省11个市、119个县（市、区）的改革方案全部批复，市县政府机构改革正在抓紧组织实施。

【事业单位改革】2009年是事业单位分类改革由准备转到实施阶段的关键一年。4月27日召开全省事业单位分类改革电视电话会议，正式启动全省事业单位改革工作。事业单位分类改革试点工作进入到一个新的阶段：省直事业单位清理规范工作积极稳妥推进。1.通过撤销、合并、转企等办法，对事业单位进行清理。撤销一些长期没有正式在编人员、日常工作由机关或其他外聘人员代替以及只任

全省市县政府机构改革座谈会 （王小琴　赵夏夏提供）

命事业单位领导、无正式人员、没有开展工作的空壳单位。整合一些规模偏小、服务对象单一、功能相近的事业单位。把一些符合转企条件的事业单位先列入转企名单。2.规范事业单位机构编制管理,严格按规定审核编制、领导职数和内设机构。对一些长期空编的单位,在保证其工作正常运转、考虑其发展需要的前提下,通过协商收回部分编制;合理确定事业单位中管理人员、专业技术人员和其他人员的编制比例,实行既管总量又管结构的有效管理,解决事业单位人员结构不合理等问题。严格按标准核定事业单位的领导职数,对清理规范中按规定核减的职数,明确干部在过渡期内保留相应待遇;明确将书记、总工职务等全部计入领导职数,杜绝变相增加领导职数。合理设置和规范管理事业单位的内设机构,切实解决科级机构设置过多过滥的问题。3.科学界定事业单位的社会功能。把明确功能作为事业单位清理规范的一个重要内容,对所有事业单位承担的社会服务功能,逐一进行梳理、分析、研究和界定,尤其把承担行政职能的事业单位作为界定的重点。结合政府机构改革,将事业单位实际承担的行政职能划归政府部门,明确事业单位只承担基础性、服务性、技术性工作。4.初步合理划分类别,细化分类目录。根据"三大类""三小类"的总体分类框架要求,通过对全省事业单位承担的社会功能进行梳理,初步形成《山西省省直事业单位分类目录》,并按照这个目录进行模拟分类工作。5.积极指导市县事业单位分类改革。在做好省直事业单位清理规范和模拟分类工作的同时,加强对市县工作的指导。以省委办公厅、省政府办公厅文件印发《市县事业单位清理规范和分类改革意见》(晋办发[2009]16号),指导市县事业单位分类改革工作。对全省市县两级行政类事业单位、生产经营类事业单位以及副处级以上和使用财政供养编制的事业单位进行摸底统计。（王小琴）

【体制机制调整】 省编办围绕省委、省政府中心工作,主动把握重点领域、关键环节和社会关注、涉及群众切身利益的突出问题,从转变职能、理顺关系入手,着力调整和完善相关体制机制。根据国家燃油税费改革方案,及时研究提出机构调整和人员安置意见,为市县税务部门接收公路养路费征稽管理人员核定下达编制。为配合取消政府还贷二级公路收费,提前与交通运输厅协商,研究制定人员分流安置方案。配合文化体制改革,研究制定有关政策方案,对全省文化市场执法队伍进行整合,11个市均规范设置文化市场综合执法队伍。按照中央关于加强县级纪检监察机关建设有关精神,对县级纪检监察机关的机构编制情况进行深入调查研究,提出调整增加编制的意见。为加强大学生村干部队伍建设,为市县组织部门增设大学生村干部管理机构。参与省委组织部牵头组织的开发区管理体制调研,提出山西省开发区管理体制调整意见。研究探索城市综合行政执法体制改革和经济发达镇行政管理体制改革,对经济发达镇行政管理体制进行专题调研。

【机构编制管理】 机构编制监督检查工作不断深入推进。6月,中央纪委颁布实施《机构编制违纪行为适用〈中国共产党纪律处分条例〉若干问题的解释》后,以贯彻《解释》为契机,把学习宣传《解释》,同近年来党中央、国务院颁布的一系列文件法规以及《山西省机构编制管理规定》等的学习宣传结合起来,通过印制宣传手册、媒体宣传、开辟网站专栏等多种形式,大力宣传机构编制管理各项政策规定,有效增强各级各部门的机构编制意识。全省机构编制管理证制度进一步完善,数据库更新取得新进展,全省11个市直、113个县(市、区)的机构编制管理证数据完成上报,全省机构编制管理证系统已经包含107万行政事业人员信息,占到全省行政事业人员总数的90%。省直机构编制管理证系统共计录入行政机构910家,46268人,事业机构1694家,123862人,人员信息占省直机关事业单位总数的98%,控编审核制度执行有力,有效控制财政供养人员的盲目增长,树立机构编制的权威性、严肃性。完成中央编办委托的《事业单位机构编制管理办法》的拟定工作。承担中央编办委托的公立医院机构编制标准的课题研究任务,会同省卫生厅联合下发《关于对政府举办公立医院机构编制情况进行调研的通知》,分别在省直和太原、运城、忻州市所属的35个公立医院展开调研。

【事业单位登记管理】 2009年,登记管理机关继续贯彻落实《事业单位登记管理暂行条例》和《实施细则》,进一步明确事业单位登记管理机关的执法权限和职责,规范事业单位登记质量标准,强化事业单位登记管理监督机制,切实提高登记质量,所有登记事项全部实现网上办理。1.从1月1日起,全省登记管理机关体制收取事业单位登记管理费。2.按照《实施细则》的规定,重点对事业单位提交的申请材料进行规范,凡不符合《实施细则》要求的一律不予受理。对《实施细则》颁布实施前登记档案中的不规范材料进行清理,要求在事业单位申请补领或变更登记时进行补正。3.加强对事业单位的监督管理,确保事业单位法人具备承担相应民事法律责任的能力。在省直和设区市推行年度报告"零报告"制度。对不按时报送年度报告造成"事业单位法人证书"自动废止的,依法在《山西日报》发布证书废止公告。4.4月份,省编制办领导率省登记局相关同志赴广东省对其建立的网上监督管理系统进行考察。5.为进一步提高全省事业单位登记管理机关工作人员的业务能力,在太原连续举办两期业务培训班。全省各级登记管理机关全体工作人员,包括兼任同级登记局领导职务或实际行使登记核准权的编办负责人,共计约400人参加培训。

【政务和公益域名注册管理】 按照中央编办《关于进一步加强党政群机关和事业单位网上名称管理工作的通知》要求,山西省编办积极开展党群机关和事业单位网上域名管理工作,率先对全省党政群机关和事业单位的专用中文域名集中注册工作进

全省政务和公益专用中文域名注册工作会议　（王小琴　赵夏夏提供）

行动员部署、督促检查并通报情况。截至2009年底，全省共审核完成并报送专用中文域名1100多个，占党政群机关网站总数的70%以上，为进一步加强党政群机关和事业单位网上名称管理奠定基础。（赵夏夏）

省直属机关工委工作

【概述】 2009年，省直工委围绕省委工作大局、围绕"三个发展"，突出重点，全面推进机关党的思想、组织、作风、制度和反腐倡廉建设，保证和促进省直机关党的事业科学发展和各项任务的圆满完成。

【党组织战斗堡垒作用】 省直机关围绕促进经济平稳较快发展这个首要任务，组织机关党员干部深入对口单位，开展调查研究、筹资捐赠、结对帮扶，为群众办实事，把学习实践科学发展观活动成果体现到促"三保"工作中，为山西省经济的回升向好发挥重要的推动作用，受到基层干部群众的一致好评。省直工委围绕加强重点工程党组织建设发出通知，号召参与重点工程建设的党组织和广大党员干部职工，开展以"保质量、保进度、保廉洁、创业绩、创品牌、创先进"为主题的"三保三创"活动，较好地体现机关党建工作"融入中心、推动发展"的要求，为确保重点工程建设各项任务的顺利完成发挥积极作用。

【提高党员干部素质和能力】 2009年，省直工委加强对中心组学习的管理服务、考核通报、成果交流，将31个部委厅局中心组学习成果汇编成册，相互交流，并创办《中心组学习动态》，较好地发挥中心组学习的引领示范作用。积极推进理论武装工作方式方法创新，通过创办省直机关领导干部思想讲坛，举办领导干部历史文化讲座，运用山西机关党建网、《党的生活》《省直党建信息》等学习载体，推动不同层次党员干部的理论学习。注重发挥省直党校培训党员干部的主渠道作用，全年共举办省直机关处级干部学习推进"三个发展"培训班20期，培训处级干部2921人，提升党员干部队伍素质。2009年，在省直工委的指导下，省直部分大专院校、国有企业、民营企业共11个单位13113名党员，参加第二批学习实践科学发展观活动，完成学习实践活动的全部任务。

【党组织建设】 一是强化四个长效机制文件和机关党的工作责任制的贯彻落实；进一步完善一系列规章制度和考核评价机制，对党的关系隶属省直工委的135个单位2009年度党的工作责任制落实情况进行考核。二是强化机关基层组织建设规范化管理。督促指导18个厅局机关党委进行换届，考察调整机关党委书记、专职副书记、纪委书记39人（次）；加强党员教育管理、民主生活会管理、党费收缴使用、党员统计和发展党员工作；省直党校、省直所属院校共培训入党积极分子4000多名。截至2009年底，省直机关共发展新党员4105名；党的关系隶属省直工委的135个单位共有基层党委543个、党总支411个、党支部6197个、党员107097名。三是强化机关党组织的创造力、凝聚力和战斗力。组织开展纪念建党88周年"创先争优"表彰大会，表彰党建工作先进单位13个、先进基层党组织144个、优秀共产党员213名、优秀党务工作者144名；加强机关党建研究会自身建设，召开第三次会员代表大会，圆满完成第二届理事会换届工作，课题研究成果被全国党建研究会机关专委会评为2009年度机关党建研究优秀成果。四是强化党务干部队伍建设。制定《加强省直机关党务干部队伍建设的意见》，举办两期省直机关党务干部井冈山培训班，培训党务干部185人；加强省直企事业单位思想政治工作队伍建设，评审通过初级政工师15名、中级政工师94名，推荐副高级政工师90名、正高级政工师5名。五是强化党内激励、关怀、帮扶机制。坚持元旦、春节期间开展送温暖活动。共为45个厅局1400多名困难党员、3001名建国前的老干部、老党员、老劳模发放慰问金190多万元；省直107个单位组成32个帮扶组，深入省属困难企业，送去慰问金、米面油共计200多万元。

【作风建设】 各单位认真学习贯彻胡锦涛总书记在十七届中央纪委第三次全体会议上的重要讲话、中央办公厅和中央纪委7个有关作风建设的文件和晋发[2009]11号文件精神，普遍召开中心组专题学习研讨、专题民主生活会，开展落实厉行节约八项要求、治理"小金库"、清理调离干部、离退休干部挤占原单位办公室等专项治理工作。省直工委印发《关于省直机关加强干部党性修养，树立和弘扬良好作风的安排意见》《关于学习弘扬“右玉精神”、加强机关作风建设的通知》,组织专题知识测试,省直机关近8000名处以上干部,其中厅级干部777人参加答卷,掀起加强党性修养、改进机关作风的热潮。

【反腐倡廉】 一是惩治和预防腐败体系建设扎实推进。各单位结合实际普遍制定《建立健全惩治和预防腐败体系2008—2012年实施方案》,通过落实党风廉政建设责任制,进一步建立和完善反腐败的领导体制和工作机制。省直纪工委选取22个重点单位的实施方案汇编成册,印发省直各单位学习交流。二是廉政文化建设进一步引深。2009年,省直机关各单位共有358名领导干部讲廉政党课,组织播放廉政教育片518次,受教育者达9万余人(次)。三是党内监督不断强化。省直纪工委对省直机关拟提拔副厅级的112名处级干部进行任前党风党纪审核把关,并制定出《省直机关党务公开的试行意见(送审稿)》,明确党务公开的指导思想、基本原则、内容、形式和保障措施。四是案件查处工作成效明显。省直纪工委全年共受理信访案件141件,立案查处大要案件28件,处分违纪处级党员13人,移送司法机关追究刑事责任3案3人,为有关单位挽回经济损失5293万元。其中,山西路桥集团权钱交易案件被列为2009年全国工程建筑领域重大典型案件。 (单福光)

党史工作

【全省党史研究室主任会议】 3月3日,召开全省党史研究室主任会议,全省11个市分管党史工作的领导和党史研究室主任等共70多人参加会议。会议传达习近平同志关于对党史工作的重要讲话精神和全国党史研究室主任会议精神。省委常委、秘书长高建民出席会议并作讲话,对认真贯彻落实全国党史研究室主任会议精神,推动山西省党史工作科学发展,开拓进取,服务大局,提出明确的要求。

【庆祝新中国成立60周年系列活动】 1与省委宣传部共同承办由省委、省政府主办的《辉煌60年——山西省庆祝新中国成立60周年成就展》。展览充分展示山西60年来,特别是改革开放30多年来在经济、政治、文化、社会和生态文明建设以及党的建设方面所取得的辉煌成就。展览于9月28日正式展出,省四大班子领导出席开展仪式,省城干部群众代表2500人参加。

2.与省委宣传部、省广电局联合摄制电视专题片《回望60年——山西省庆祝新中国成立60周年特别节目》,参与该片选题、策划、撰稿、访谈、监制等工作。该专题片共9集,较为系统全面地记录和反映60年来山西发展进步的光辉历程和取得的伟大成就。9月29日至10月8日,专题片在山西卫视黄金时段播出后,在社会上引起很大反响。

3.与省委宣传部等单位组织开展山西“双百”人物评选活动。7月20日,在全国公布的150名“为新中国成立做出突出贡献的英雄模范人物”候选人中,山西籍和在山西牺牲的人物达30名,占全国的1/5。9月10日,在最后通过全国评选公布的“100位为新中国成立做出突出贡献的英雄模范人物”中,有7位是山西籍和在山西牺牲的人物,分别是刘胡兰、王若飞、叶挺、叶成焕、左权、刘志丹、李林。在“双百”人物评选期间,根据中央党史研究室要求,对“双百”人物已公布的续范亭、贺昌的事迹,作了充实扩写。

4.举办《开国领袖将帅在山西大型图片展》。整个展览由六部分组成,共展出380多幅珍贵历史图片,其中一些是首次展出。展览于9月24日开展,高建民出席开展仪式并讲话,省委原书记李立功、省政协原主席郭裕怀等出席,新华社、山西日报、山西电视台等各大媒体作了宣传报道,参观者达3万多人。

5.以省委党史办公室名义组织撰写题为《与共和国一起走过——新山西60年革命、建设、改革历程回顾》的纪念专文。该文分为“在战火硝烟中新生”“在艰苦创业中前进”“在改革开放中腾飞”三部分,以山西为中国革命的胜利和新中国的成立作出了巨大贡献为切入点,阐述新山西的由来,记述新中国成立60年来,党领导山西人民走过的光辉历程和取得的伟大成就。9月26日,该文在《山西日报》整版发表。

6. 编写《新山西60年大事记(1949年10月—2009年9月)》。

【党史研究】 1.按照中央党史研究室的统一部署和要求,完成《执政中国》(山西篇)4个专题。4个专题分别是《山西对农业社会主义改造道路的探索和实践》《农村家庭联产承包责任制在山西确立的历史考察》《山西吕

庆祝中华人民共和国成立60周年大型图片展开展仪式(高桂珍提供)

梁地区在全国率先拍卖"四荒"使用权概述》《改革开放以来山西加强农村基层党组织建设的探索》。

2.修订再版《赵树理传》,该书被列入《当代中国人物传记》丛书之一。出版《陈永贵传》。编写出版反映曾在太行、太岳革命根据地担任新闻战线领导的金沙业绩的《金沙纪念文集》。编写出版反映省委原领导赵雨亭业绩的《赵雨亭纪念文集》。编写出版《中共山西年鉴》(2007 年)。在完成送审稿方面,继续开展山西社会主义革命、建设、改革历程和成就的重大课题研究,完成《执政山西史稿》12 卷本的 3 卷的送审稿。完成华北五省市区党史协作研究课题《华北解放战争实录》(山西卷)送审稿并送出版社。完成《当代山西重要文献选编》(第 4 卷)送审稿。完成反映晋绥革命根据地著名人士刘少白业绩的《刘少白传》送审稿。完成反映著名戏剧表演艺术家贾桂林经历和事迹的《贾桂林传》送审稿。完成曾任中共山西省委书记陶鲁笳的《陶鲁笳文集》送审稿。

3. 对新民主主义革命时期山西党史的一些重大问题展开集中攻关研究,进一步深化对新民主主义革命时期山西党史特点的认识,并形成重要研究成果,发挥其资政作用。主要有:撰写了《三晋热土铸辉煌,太行丰碑铭千秋——山西在中国新民主主义革命时期的地位、作用和贡献》专题资政报告,撰写了专题《巍巍太行铸丰碑——山西在华北敌后抗战中的重要地位、作用和贡献》、《太行精神:中华民族抗战精神的伟大象征》,为在新形势下大力弘扬太行精神提供研究成果。服务全省各级领导工作中需要了解有关山西党史,撰写《中共山西党史要览(新民主主义革命时期)》。

【党史资料征编】 1.推进"抗战时期山西人口伤亡和财产损失"课题调研,征集整理档案资料、文献资料 4687 卷,13 万多页,编纂完成全省抗战损失大事记 25 万字,省级调研报告 55 万字,基本完成省、市、县三级调研报告和相关资料的整理工作。

2. 围绕编写《执政山西史稿》和《当代山西文献选编》,征集到社会主义时期前 17 年 200 多万字的档案资料,征集到改革开放新时期 100 多万字的档案资料。

3.与薄一波著作编写组征编出版《薄一波论新军》《薄一波书信集》《薄一波百年诞辰纪念文集》,从中央档案馆、解放军档案馆、山西省档案馆征集到 100 多万字的档案资料,报送薄一波著作编写组,供研究和选编。

【党史宣传教育】 2009 年,在开展党史宣传教育方面,除围绕新中国成立 60 周年开展的一系列活动外,发挥中共太原支部旧址纪念馆的宣传教育功能。省纪委在纪念馆坚持开展新任副厅级领导干部"廉政谈话"活动。纪念馆发挥革命传统教育、党的优良作风教育作用。《党史文汇》杂志开辟"纪念新中国成立 60 周年"等专栏,组织编发一系列宣传纪念文章。9 月,承办"中部地区党史期刊第四届年会",山西、河南、湖北、湖南、江西、安徽中部六省及广西党史部门的领导和期刊负责人等 60 多人出席论坛,中央党史研究室副主任张启华、中央文献研究室副主任陈晋向论坛发来贺信,省委常委、秘书长高建民出席论坛并讲话。

【业务指导】 7 月,召开各市党史研究室主任会议,对市县党史工作做了研究和部署。围绕"抗战时期山西人口伤亡和财产损失"课题调研,多次派出人员到市县督促、指导工作,推动该项课题工作的有效开展。根据中央党史研究室在全国开展党史调研活动的安排意见,制定《关于对全省党史工作开展调研的工作方案》,并报省委分管领导同意后,由省委党史办公室牵头,会同省委组织部、省委宣传部,组成多个调研组,分头通过召开座谈会、实地考察等形式对全省党史工作开展一次全面的、有重点的、有针对性的调研活动。

【机关自身建设】 1."三定方案"明确职责。2009 年,原山西省史志研究院分设为中共山西省委党史办公室和山西省地方志办公室。在《中共山西省委党史办公室职能配置、内设机构和人员编制方案》中,对省委党史办公室的职能作出符合党史工作实际和特点的定位,这就是"省委党史办公室是山西省中国共产党党史研究部门,也是中共山西省委主管党史业务的工作部门"。"三定方案"规定:省委党史办公室内设 12 个处级机构。

2.推进和提升机关文明和谐标兵单位的创建工作,2009 年,被省直文明委评为"文明和谐标兵单位"。

(高桂珍)

信访工作

【《县委书记谈信访》】 由省信访局和山西综合广播电台联合举办于 3 月 1 日正式开播。全省 119 个县、市、区委书记将陆续走进山西综合广播直播室,和听众进行热线交流,对反映的问题及时回复和处理,电台记者还将节目中的热点问题进行跟踪报道。此栏目在山西综合广播每周日下午 5 点 05 分现场直播,省和相关市、县广播电台以及网络也将并机直播。同时"网上信访"工作试运行,从 3 月 1 日开始办理国家信访局转送、交办本省的网上信访事项以及本省信访网站受理的网上信访事项。该局将通过全国信访信息系统将网上信访事项转送有关地方和单位处理并限期办结,定期向市级信访局通报转送情况,向国家信访局报告转送、交办信访事项的办理情况。

【积案化解经验交流】 7 月 29 日,全省信访积案化解经验交流现场会在长治召开。会议由省委常委、秘书长高建民主持,薛延忠出席会议并讲话,中联办督促组副组长、国家信访局综合指导司副司长王村理一行莅临指导。省委副秘书长、省联席办主任、省信访局局长阎根生传达中央联席办召开的信访积案化解工作座谈会精神,通报全省上半年信访工作情况。部署下半年信访工作情况。

【信访工作新建议】 12 月 25 日,省委常委会听取省联席会议办公室、省信访局《关于学习贯彻全国信访工作经验交流沈阳现场会精神的汇报》,重点学习周永康在沈阳现场会上的重要讲话精神,回顾总结本省近年来的信访工作情况,研究和讨论省联席会议办公室、省信访局提出的下一步工作打算和建议。会议充分肯定近年来本省的信访工作,会议原则上同意省联席会议办公室、省信访局提出的工作建议。会议议定:1. 创新工作模式,推动市、县、乡三级建立信访联合接待大厅;2.加强部门建设,提升做好新时期群众工作能力;3. 建立专项资金,为解决特殊疑难信访问题提供保障;4.推进事要解决,着力维护健康正常的信访秩序;5.强化组织领导,落实责任主体的责任。 (杨卫兵)

老干部工作

【概述】 2009年,山西省委老干部局全面贯彻落实科学发展观,以加强党的执政能力建设和先进性建设为主线,以建设务实、高效、清廉的模范部门和讲党性、重品行、作表率的过硬队伍为目标,坚持解放思想,着力改革创新,积极推进党的思想、组织、作风、制度和反腐倡廉建设,党组织的创造力、凝聚力和战斗力得到进一步提高,为推动全省老干部工作又好又快发展提供了坚强的政治保证。6月被省直工委第二次表彰为"省直机关党建工作先进单位"。

【强化组织领导】 局务会始终把全局系统党的工作和党风廉政建设同业务工作同部署,同落实,同检查。局长李仁和带头抓党建工作,履行第一责任人的职责,其他副局长根据工作分工,认真抓好分管处室和局属单位的党建工作,做到常过问,勤指导。局机关党委先后召开4次会议,具体研究部署党的工作,及时制定下发《2009年机关党委工作要点》,对局系统全年理论学习、党建工作、党风廉政建设、群团工作、文明和谐单位创建等工作进行安排部署。各党总支(党支部)制定年度党的工作计划并抓好落实,推进全局系统党建工作的开展。

【"讲党性 重品行 作表率"活动】 一是及时安排部署。3月8日召开局系统深化拓展"讲党性、重品行、作表率"活动暨自身建设工作会议,对全局8年来的自身建设工作情况进行全面总结。二是开展学习活动。为深入学习贯彻省委《关于加强领导干部党性修养,大力弘扬良好作风的意见》,根据省纪委、省委组织部和省直工委的要求,机关党委拟定下发《关于加强干部党性修养、树立和弘扬良好作风的实施意见》,提出9个方面的贯彻落实意见。局机关、局属各单位通过中心组和党支部,组织学习胡锦涛在十七届中纪委三次全会上的讲话,并进行讨论。11月份组织44名副处以上干部参加省直机关专题知识答题活动,巩固和扩大学习成果。三是召开局领导班子专题民主生活会。9月25日召开局领导班子专题民主生活会,班子成员对照胡锦涛提出的"六个着力"和树立"新三观"的要求,查找党性修养和作风养成方面的差距和不足,提出切实可行的整改措施,受到省直工委参会领导的好评。四是开展创建"节约型机关"活动,按照中办发[2009]11号文件提出的厉行节约8项要求,贯彻《公共机构节能条例》,从降低机关(单位)运行成本入手,开展节约型机关(单位)创建活动,收到较好效果。五是完成学习实践科学发展观活动后续工作。针对学习实践活动分析检查阶段查找出来的问题,制定《整改落实方案》,将整改落实任务分解到分管领导和有关处室,集中解决一些老干部关心的热点问题,推动整改工作任务的有效落实。

【加强理论武装】 一是精心准备,周密部署。年初,局机关党委根据省直机关党的工作会议精神,下发《2009年中心组和干部职工理论学习安排意见》,对全年的理论学习作出具体部署。同时,下发两个通知,就学习贯彻四中全会精神和学习弘扬"右玉精神"作出具体的安排部署。局机关为干部职工购买了《六个"为什么"》等理论书籍和《中国通史》等12本人文历史方面的书籍,供大家个人自学。二是坚持制度,落实学习任务。一年来,较好的坚持中心组和干部职工理论学习制度,局中心组全年集体学习14次,受到省直工委讲师团的通报表扬。组织干部职工学习党的十七届三中、四中全会,全国两会和全国经济工作会议精神,学习胡锦涛在十七届四中全会和庆祝新中国成立60周年大会上的讲话等,进一步统一了大家的思想认识。特别是通过认真研读《六个"为什么"》,深化对中国特色社会主义理论体系的理解,进一步坚定了理想信念。三是创新学习形式,改进教育方法。邀请省委党校教授高建生举办专题辅导报告。开展向王瑛、吴大观等和弘扬"右玉精神"学习教育活动,邀请省检察院退休干部王艾甫作革命传统教育报告。组织干部职工观看《建国大业》等3部爱国影片,局机关和老年大学、杂志社等局属单位分别组织干部职工到北京、井冈山、大寨等地参观学习,接受革命传统教育。先后组织16名参加处级干部培训班,并受到表扬。

【队伍建设】 一是对机关党委进行成功换届。根据《中国共产党党和国家机关基层组织工作条例》有关规定,严格按照组织程序,筹备召开局机关第五次党员大会,总结机关党建工作的基本经验,对今后一段时期的党建工作作出部署,通过选举并报省直工委批准产生第五届机关党的委员会和纪律检查委员会。二是对党务干部进行培训。举办由47名新任党务干部参加的为期5天的培训班,邀请省委党校教授范俊彦作专题辅导,并进行座谈讨论,组织部分党务干部赴西柏坡等地接受党史教育,选送一名参加省直机关党务干部培训班,强化党务干部队伍建设。三是探索党建工作新路子。2009年初,机关党委指导局机关第三党支部与平顺县苗庄村党支部签订支部帮扶共建协定书,结合实际开展帮扶活动,"七·一"前夕,扶贫工作队为苗庄村捐赠价值6280元的种、养殖方面的图书,使机关党建工作融合到农村经济建设和农民增收致富中。四是按照组织程序发展党员。组织4名参加省直机关入党积极分子培训班,吸收3名加入党组织,批准6名预备党员按期转正。落实省委组织部《关于进一步做好党费收缴、使用和管理的意见》,下发《通知》明确党费收缴的标准和时限,提出具体要求。五是落实党内激励、关怀、帮扶工作。“七一”前夕,结合“创先争优”活动,向省直工委推荐表彰2个先进集体和3名优秀个人。坚持重大节日开展送温暖活动,分别走访慰问省水工局、局系统30户生活困难的职工和党员,发放慰问金18500元。国庆前夕,局领导带队走访慰问局系统14名建国前参加革命的老干部,送去慰问金14000元。组织开展“救灾、帮困、送温暖”捐助活动,向省社会捐助事务管理中心捐款22610元。

【党风廉政建设】 一是狠抓党风廉政建设责任制的落实。根据局领导分工,制定下发《2009年党风廉政建设和反腐败工作任务分解意见》,明确工作职责和具体任务。筹备召开“局系统党的工作暨党风廉政建设会议”,与机关各处室、局属单位主要负责人签订《党风廉政建设责任书》,形成齐抓共管的工作格局。6月份,机关纪委对六个局属单位落实“两个责任制”情况进行检查考核,促进工作落实。二是深入开展党性党风党纪教育活动。局机关和局属各单位分别组织广大党员干部传达学习省纪委4次全会和省直机关党的工作会议精神,明确反腐倡廉工作的指导思想、主要任务和具体要求;深入开展《党章》等党纪党规的学习教育活动,结合反面典型案例,进行警示教育。三是加强党内监督。为强化党员干部的廉洁自律意识,组织大家认真学习党内监督条例和纪律处分条例,特别是在春节前夕,对局机关、局属单位制止奢侈浪费工作进行安排部署,并接受省直工委检查组的督查指导。四是落实述职述廉等各项监督制度。结合年度考核,局领导班子进行大会述职述廉,并组织民主测评。对提拔的2名副处级干部进行任前廉政谈话。同时,通过编发会议纪要,公示干部任职、党费收缴、党员发展和“送温暖、献爱心”捐助情况等,认真落实干部职工对党内事务的知情权、监督权和参与权。五是整顿治理“小金库”。按照省财政厅的工作部署,对局机关、局属各单位的“小金库”进行调查摸底,通过健全完善各项规章制度,规范财务预算和管理。

【文明创建工作】 一是开展庆祝新中国成立60周年系列主题教育活动。根据省直工委的要求,下发《意见》,部署10个方面的具体活动。组织开展征文比赛活动,为24名获奖者颁发荣誉证书。在此基础上选送5篇论文参加省直机关庆祝新中国成立60周年征文大赛,4篇论文分别获一、二、三等奖。举办“我爱我的祖国”演讲,组织机关干部参观“山西庆祝新中国成立60周年成就展”和“省直机关文明和谐创建巡礼”启动仪式以及图片展览,激发大家的爱党爱国情怀。二是强化对工青妇群团组织的指导。三是提升文明和谐创建工作水平。依据山西省、省直文明和谐单位创建管理规定,局机关和局属各单位积极开展文明和谐创建活动,取得优异成绩。局机关和汾东公寓等4个局属单位分别获得省直机关文明和谐单位标兵称号,还获得山西省文明和谐单位称号。

（杨文生）

山西省人民代表大会常务委员会

【省第十一届人民代表大会第二次会议】 1月10~16日在太原召开，应出席会议代表552人，实出席546人。此次会议议程共7项：(1)听取和审议山西省代省长王君关于政府工作的报告；(2)审查和批准省人民政府关于2008年国民经济和社会发展计划执行情况与2009年国民经济和社会发展计划草案的报告，批准山西省2009年国民经济和社会发展计划；(3)审查省人民政府关于2008年全省和本级预算执行情况及2009年全省和省本级预算草案的报告，批准2008年省本级预算执行情况的报告及2009年省本级预算；(4)听取和审议山西省人民代表大会常务委员会常务副主任杨安和关于山西省人民代表大会常务委员会工作的报告；(5)听取和审议山西省高级人民法院院长左世忠关于省高级人民法院工作的报告；(6)听取和审议山西省人民检察院检察长柯汉民关于省人民检察院工作的报告；(7)选举及其他事项。

山西省第十一届人民代表大会第二次会议期间，共收到代表10人以上联名提出的议事原案17件。其中，要求省人大常委会制定、修改地方性法规和作出决定的11件，属于省人民政府职权范围内的5件，其他方面1件。依照地方组织法、代表法、《山西省人民代表大会议事规则》以及《山西省人民代表大会代表议案的提出和处理办法》的有关规定，对代表提出的议事原案逐件进行审查。议案审查委员会建议将7件列为议案，分别交省人大常委会和省人大有关专门委员会在大会闭会后审议办理。本次大会共收到代表提出的建议、批评和意见604件。建议内容涉及经济结构调整、财政金融、资源节约、环境保护、社会保障、“三农”问题、教科文卫、基础设施建设、劳动人事、贸易、旅游、法制建设等方面。议案审查委员会工作机构依照有关法律法规的规定，将分别交有关机关和组织办理，并在法定时间内答复代表。同时，为进一步提高代表建议、批评和意见的办理质量，根据《山西省人民代表大会代表建议、批评和意见的提出和处理办法》的有关规定，议案审查委员会建议，继续选择一些反映本省经济社会发展的重点问题和人民群众密切关注的热点、难点问题的建议，交省人民政府重点办理，省人大常委会对其办理情况进行重点监督。

此次会议于1月15日补选王君为山西省省长；补选刘维佳、张建欣(女)为山西省副省长；补选朱先奇为山西省第十一届人民代表大会常务委员会委员。通过关于接受孟学农辞去山西省省长职务请求的决定、关于接受刘维佳辞去山西省人民代表大会常务委员会委员职务请求的决定。

山西省第十一届人民代表大会第二次会议上，省委书记、第十一届省人大常委会主任张宝顺作了题为《在应对挑战中开创科学发展新局面》的重要讲话。

【省第十一届人大常委会第八次会议】 1月5~6日在太原举行。应出席人员63人，实出席59人。此次会议议程共8项：(1)听取关于山西省第十一届人民代表大会第二次会议筹备情况的报告；(2)听取和审议山西省人民代表大会常务委员会代表资格审查委员会关于山西省第十一届人民代表大会代表出缺情况及补选代表的代表资格审查的报告；(3)审议关于山西省人民代表大会常务委员会向山西省第十一届人民代表大会第二次会议所作的工作报告稿；(4)审议山西省第十一届人民代表大会第二次会议议程(草案)；(5)审议关于山西省第十一届人民代表大会第二次会议主席团和秘书长名单(草案)；(6)审议关于山西省第十一届人民代表大会第二次会议议案审查委员会组成人员名单(草案)；(7)审议山西省第十一届人民代表大会第二次会议列席人员名单(草案)；(8)选举及其他事项。

会议表决通过山西省人民代表大会常务委员会第八次会议选举办法、省人大常委会代表资格审查委员会关于山西省第十一届人民代表大会代表出缺情况及补选代表的代表资格审查的报告、省人大常委会工作报告稿、省十一届人大二次会议议程(草案)、省十一届人大二次会议主席团和秘书长名单(草案)、省十一届人大二次会议议案审查委员会组成人员名单(草案)、省十一届人大二次会议列席人员名单、省人民代表大会常务委员会关于接受刘维佳辞去省十一届人大常委会委员职务请求的决定及人事免职名单。会议补选王君为十一届全国人民代表大会代表。决定免去胡苏平的山西省副省长职务。关于接受刘维佳辞去山西省人大常委会委员职务请求的决定。

【省第十一届人大常委会第九次会议】 3月24~26日在太原举行。应出席人员63人,实出席58人。此次会议议程共12项:(1)审议省人大常委会主任会议关于提请修改《山西省城市供水和节约用水条例》的决定(草案);(2)审议省人大财政经济委员会关于提请废止《山西省乡镇财政管理条例》的决定(草案);(3)审议省人大常委会主任会议关于提请废止《山西省儿童计划免疫条例》的决定(草案);(4)审议省人大常委会主任会议关于提请审议《山西省人民代表大会常务委员会关于山西省“十一五”经济社会发展规划中期评估及指标体系调整报告的决议(草案)》;(5)审议省人大常委会主任会议关于提请审议《山西省人民代表大会常务委员会关于朔州、吕梁市人民代表大会常务委员会组成人员名额的决定(草案)》;(6)审议和批准《太原市促进文化产业发展条例》;(7)审议和批准《太原市机动车排气污染防治办法》;(8)审议和批准《太原市城市供热管理条例》;(9)听取和审议省人民政府关于山西省第八届村民委员会换届选举工作的报告;(10)听取和审议省人民政府关于全省司法行政工作情况的报告;(11)听取和审议省人民政府关于《山西省人大常委会关于〈山西省“十一五”经济社会发展规划中期评估及指标体系调整的报告〉的审议意见》研究处理情况的报告;(12)人事任免及其他事项。

会议表决通过山西省人民代表大会常务委员会关于修改《山西省城市供水和节约用水条例》的决定、省人民代表大会常务委员会关于废止《山西省乡镇财政管理条例》的决定、省人民代表大会常务委员会关于废止《山西省儿童计划免疫条例》的决定、省人民代表大会常务委员会关于批准《太原市促进文化产业发展条例》的决定、关于批准《太原市机动车排气污染防治办法》的决定、关于批准《太原市城市供热管理条例》的决定、省第十一届人民代表大会常务委员会关于山西省“十一五”经济社会发展规划中期评估及指标体系调整报告的决议、省人民代表大会常务委员会关于朔州市、吕梁市人民代表大会常务委员会组成人员名额的决定,会议表决通过人事任免名单。

【省第十一届人大常委会第十次会议】 5月31日至6月4日在太原举行。应出席人员63人,实出席62人。此次会议议程共14项:(1)审议山西省人民政府关于提请审议《山西省劳动合同条例(草案)》的议案;(2)审议山西省人民政府关于提请审议《山西省气象灾害防御条例(草案)》的议案;(3)审议山西省人民代表大会内务司法委员会关于提请审议《山西省社会治安综合治理条例(修订草案)》的议案;(4)审议《山西省农业综合开发条例(草案)》;(5)审议《山西省未成年人保护条例(草案)》;(6)审议和批准《太原市科技风险投资管理条例》;(7)听取和审议山西省人民政府关于2009年省本级预算调整方案(草案);(8)听取和审议山西省人民代表大会财政经济委员会关于2009年省本级预算调整方案的审查报告;(9)听取和审议山西省人民政府关于全省科技工作情况的报告;(10)听取和审议山西省人民政府关于深入贯彻党的十七届三中全会精神、加快推进全省农村改革发展情况的报告;(11)听取和审议山西省人民政府关于2008年环保目标责任制履行情况的报告;(12)听取和审议山西省人民代表大会常务委员会代表资格审查委员会关于代表出缺情况和补选代表的代表资格审查的报告;(13)审议山西省人民代表大会常务委员会关于批准2009年省本级预算调整方案的决议(草案);(14)人事任免及其他事项。

会议表决通过《山西省农业综合开发条例》《山西省未成年人保护条例》,批准2009年省本级预算调整方案的决议,表决通过山西省人民代表大会常务委员会关于批准《太原市科技风险投资管理条例》的决定、省人民代表大会常务委员会代表资格审查委员会关于代表出缺情况和补选代表的代表资格审查的报告。因太原市选举的原山西省公安消防总队总队长李济成调新疆,大同市选举的原山西省邮政公司总经理朱惠忠调北京,晋城市选举的原山西省委常委、组织部部长任泽民调浙江,朔州市选举的原平朔煤炭工业公司总经理刘泽民调北京,晋城市选举的原临汾市委书记夏振贵被罢免代表职务,根据《中华人民共和国全国人民代表大会和地方各级人民代表大会代表法》的有关规定,李济成、朱惠忠、任泽民、刘泽民、夏振贵等5人的省十一届人大代表资格终止。依照《中华人民共和国全国人民代表大会和地方各级人民代表大会选举法》的有关规定,太原市第十二届人民代表大会常务委员会第十四次会议补选山西省发改委主任李宝卿为山西省第十一届人民代表大会代表。决定任命:洪发科为山西省经济和信息化委员会主任;张健为山西省人力资源和社会保障厅厅长;李建功为山西省国土资源厅厅长;刘向东为山西省环境保护厅厅长;王国正为山西省住房和城乡建设厅厅长;段建国为山西省交通运输厅厅长;韩和平为山西省人民政府外事侨务办公室主任;王守祯为山西省煤炭工业厅厅长;严奴国为山西省人民检察院副检察长。决定免去:杜创业的山西省国土资源厅厅长职务。在这次省人民政府机构改革中,不再保留或者更名的省人民政府组成部门,其原任厅长、主任即予免职。

【省第十一届人大常委会第十一次会议】 7月27~30日在太原举行。应出席人员63人,实出席61人。此次会议议程9项:(1)审议山西省人民代表大会常务委员会主任会议关于提请审议《山西省人民代表大会常务委员会关于促进“三保”,推动全省经济社会平稳较快发展的决定(草案)》的议案;(2)审议山西省人民政府关于提请审议《山西省城乡规划条例(草案)》的议案;(3)审议《山西省气象灾害防御条例(草案)》;(4)听取和审议山西省人民政府关于2009年上半年国民经济和社会发展计划执行情况的报告;(5)听取和审议山西省人民政府关于2008年度省本级财政决算及2009年上半年财政预算执行情况的报告;(6)听取和审议山西省人民政府关于2008年省本级预算执行及其他财政收支的审计工作报告;(7)听取和审议山西省人民代表大会财政经济委员会关于2008年省本级财政决算的审查报告;(8)审议山西省人民代表大会常务委员会关于批准2008年省本级财政决算的决议(草案);(9)人事任免及其他事项。

会议批准2008年省本级财政决算的决议,表决通过《山西省气象灾害防御条例》和省人民代表大会常务委员会关于促进“三保”,推动全省经济社会平稳较快发展的决定,表决通过人事任免名单,决定接受柯汉民辞去山西省人民检察院检察长职务,决定王建明代理山西省人民检察院检察长职务。

【省第十一届人大常委会第十二次会议】 9月21~24日在太原举行。应出席人员63人,实出席58人。会议议程共8项:(1)审议山西省人民代表大会常务委员会主任会议关于提请审议《山西省人民代表大会代表建议、批评和意见的提出和处理办法(草案)》的议案;(2)审议山西省人民政府关于提请审议《山西省实施〈中华人民共和国义务教育法〉办法(修订草案)》的议案;(3)审议《山西省社会治安综合治理条例(修订草案)》;(4)审议《山西省劳动合同条例(草案)》;(5)听取和审议山西省人民代表大会常务委员会执法检查组关于检查《中华人民共和国行政诉讼法》实施情况的报告;(6)听取和审议山西省人民政府关于全省外事侨务工作情况的报告;(7)听取和审议山西省人民政府关于山西省实施妇女儿童发展纲要规划情况的报告;(8)其他事项。

会议表决通过《山西省社会治安综合治理条例》和《山西省劳动合同条例》。

【省第十一届人大常委会第十三次会议】 11月23~26日在太原举行。应出席人员63人,实出席61人。会议议程18项:(1)审议山西省人民代表大会常务委员会主任会议关于提请审议《山西省人民代表大会常务委员会关于提请山西省第十一届人民代表大会第三次会议审议〈山西省人民代表大会代表建议、批评和意见的提出和处理办法(草案)〉的决定(草案)》的议案;(2)审议山西省人民代表大会常务委员会主任会议关于提请审议《山西省实施〈中华人民共和国各级人民代表大会常务委员会监督法〉办法(草案)》的议案;(3)审议山西省人民代表大会常务委员会主任会议关于提请审议《山西省信访条例(修订草案)》的议案;(4)审议山西省人民代表大会常务委员会主任会议关于提请审议《山西省人民代表大会常务委员会关于召开山西省第十一届人民代表大会第三次会议的决定(草案)》的议案;(5)审议《山西省城乡规划条例(草案)》;(6)审议《山西省实施〈中华人民共和国义务教育法〉办法(修订草案)》;(7)审议《山西省人民代表大会代表建议、批评和意见的提出和处理办法(草案)》;(8)审议和批准《太原市促进科技服务业发展办法》;(9)审议和批准《大同市散装水泥和预拌混凝土管理条例》;(10)听取和审议山西省人民代表大会常务委员会执法检查组关于检查《中华人民共和国环境影响评价法》实施情况的报告;(11)听取和审议山西省人民政府关于2008年省本级预算执行审计查出问题的整改工作报告;(12)听取和审议山西省人民政府关于全省职业教育情况的报告;(13)审议山西省人民代表大会内务司法委员会关于省十一届人大二次会议主席团交付的代表议案审议结果的报告(书面);(14)审议山西省人民代表大会常务委员会人事代表工作委员会关于省十一届人大二次会议主席团交付的代表议案办理情况的报告(书面);(15)审议山西省人民政府办公厅关于省十一届人大二次会议代表建议、批评和意见办理情况的报告(书面);(16)审议山西省高级人民法院关于省十一届人大二次会议代表建议、批评和意见办理情况的报告(书面);(17)审议山西省人民检察院关于省十一届人大二次会议代表建议、批评和意见办理情况的报告(书面);(18)人事任免及其他事项。

会议表决通过山西省人民代表大会常务委员会关于提请山西省第十一届人民代表大会第三次会议审议《山西省人民代表大会代表建议、批评和意见的提出和处理办法(草案)》的决定;省人民代表大会常务委员会关于召开山西省第十一届人民代表大会第三次会议的决定;《山西省实施〈中华人民共和国义务教育法〉办法》《山西省城乡规划条例》;关于批准《太原市促进科技服务业发展办法》的决定;关于批准《大同市散装水泥和预拌混凝土管理条例》的决定;山西省人大内务司法委员会关于省十一届人大二次会议主席团交付的代表议案审议结果的报告;山西省人大常务委员会人事代表工作委员会关于省十一届人大二次会议主席团交付的代表议案办理情况的报告;通过李渊任省人大常委会副秘书长,免去李中元的省人大常委会副秘书长职务、李生茂的省人大常委会城建环保工委副主任职务和张作峰的省人大常委会研究室副主任职务的任免名单。

【立法工作】 山西省人大常委会根据省地方立法条例的有关规定,围绕国家和本省的中心工作,从2008年10月开始,历时8个月编制《山西省十一届人大及其常委会五年立法规划》。为实施好五年立法规划,在妥善处理需要与可能、数量与质量以及社会立法与经济立法关系的基础上,编制2008年和2009年立法计划。2008年安排的14件正式立法项目,除《山西省煤炭管理条例》(修订)和《山西省节约用水条例》因故未能按时提请常委会会议审议外,其余12件均已审议通过或按期初审。

此届常委会新制定地方性法规6件:(1)《山西省人民防空工程建设条例》;(2)《山西省实施〈中华人民共和国国防教育法〉办法》;(3)《山西省

计算机信息系统安全保护条例》;(4)《山西省畜禽屠宰管理条例》;(5)《山西省民用建筑节能条例》;(6)《山西省预防职务犯罪工作条例》。

此届委员会对本省土地管理法实施办法、人口和计划生育条例、测绘管理条例、丹河流域水污染防治条例等4件法规进行了修改，批准太原、大同两市地方性法规的决定10件:(1)山西省人大常务委员会批准《太原市旅游条例》的决定;(2)山西省人大常务委员会批准《太原市崛围山景区建设和管理办法》的决定;(3)山西省人大常务委员会批准《太原市公园条例》的决定;(4)山西省人大常务委员会批准《太原市绿色转型促进条例》的决定;(5)山西省人大常务委员会批准《大同市农村公路养护管理条例》的决定;(6)山西省人大常务委员会批准《大同市房地产交易管理条例》的决定;(7)山西省人大常务委员会批准《大同市养犬管理规定》的决定;(8)山西省人大常务委员会批准《大同市饮用水水源保护条例》的决定;(9)山西省人大常务委员会批准《大同市建筑节能条例》的决定;(10)山西省人大常务委员会批准《恒山风景名胜区保护条例》的决定。

【政纪监督】 省人大常委会在监督工作中,把听取专项工作报告与执法检查结合起来,把初次监督与跟踪监督结合起来,对执法检查和调研中发现的突出问题、组成人员的审议意见及时转交“一府两院”办理,并将办理和整改情况向常委会报告。常委会围绕五个方面的重点,即:宏观经济调控、“三农”工作、科教兴省和促进社会和谐、环境保护、司法公正进行监督,并采取多种方式将监督工作情况向省人大代表通报和向社会公布,增强公开性和透明度,接受人大代表和广大群众对常委会工作的监督。省人大常委会的重点执法检查安排2项:(1)《中华人民共和国环境影响评价法》的执法检查;(2)《中华人民共和国行政诉讼法》的执法检查。

听取和审议“一府两院”15项专项工作报告,并着力跟踪问效,加大监督力度。(1)听取和审议省人民政府关于山西省第八届村民委员会换届选举工作的报告;(2)听取和审议省人民政府关于全省司法行政工作情况的报告;(3)听取和审议省人民政府关于《山西省人大常委会关于〈山西省“十一五”经济社会发展规划中期评估及指标体系调整的报告〉的审议意见》研究处理情况的报告;(4)听取和审议山西省人民政府关于2009年省本级预算调整方案(草案);(5)听取和审议山西省人民政府关于全省科技工作情况的报告;(6)听取和审议山西省人民政府关于深入贯彻党的十七届三中全会精神、加快推进全省农村改革发展情况的报告;(7)听取和审议山西省人民政府关于2008年环保目标责任制履行情况的报告;(8)听取和审议山西省人民政府关于2009年上半年国民经济和社会发展计划执行情况的报告;(9)听取和审议山西省人民政府关于2008年度省本级财政决算及2009年上半年财政预算执行情况的报告;(10)听取和审议山西省人民政府关于2008年省本级预算执行及其他财政收支的审计工作报告;(11)听取和审议山西省人民政府关于全省外事侨务工作情况的报告;(12)听取和审议山西省人民政府关于山西省实施妇女儿童发展纲要规划情况的报告;(13)审议山西省人民政府办公厅关于省十一届人大二次会议代表建议、批评和意见办理情况的报告(书面);(14)审议山西省高级人民法院关于省十一届人大二次会议代表建议、批评和意见办理情况的报告(书面);(15)审议山西省人民检察院关于省十一届人大二次会议代表建议、批评和意见办理情况的报告(书面)。

【废止的地方性法规目录】 2009年，省人大常务委员会通过决议，废止4个地方性法规。

1.1989年7月19日，山西省第七届人民代表大会常务委员会第十次会议通过的《山西省乡镇财政管理条例》，经2009年3月26日山西省第十一届人民代表大会常务委员会第九次会议废止。

2.1992年7月21日山西省第七届人民代表大会常务委员会第二十九次会议通过的《山西省儿童计划免疫条例》，经2009年3月26日山西省第十一届人民代表大会常务委员会第九次会议废止。

3.1996年9月23日山西省第八届人民代表大会常务委员会第二十四次会议通过的《山西省实施〈中华人民共和国未成年人保护法〉办法》，经2009年6月4日山西省第十一届人民代表大会常务委员会第十次会议废止。

4.1991年9月19日山西省第七届人民代表大会常务委员会第二十四次会议通过的《山西省实施〈中华人民共和国城市规划法〉办法》,1997年12月4日山西省第八届人民代表大会常务委员会第三十一次会议修正，经2009年11月26日山西省第十一届人民代表大会常务委员会第十三次会议废止。 (秦　钟)

山西省人民政府

重要会议

【全省金融工作会议】 1月19日，全省金融工作会议在太原召开。王君出席并讲话。王君指出，各金融机构围绕中心、服务大局，切实做好金融促进经济发展的各项工作。一是加大对铁路、公路、机场、电力、水利等基础设施建设项目的支持力度；二是加大对"三农"工作的信贷投入力度；三是加大对传统产业改造升级、优势产业发展壮大、企业技术改造和自主创新、加快服务业发展等结构调整和发展方式转变的支持力度；四是加大对就业、教育、养老、住房等民生和社会事业的支持力度。特别要加大对返乡农民工、大学毕业生、下岗失业人员等就业创业的支持力度。王君强调，各级政府要加强对金融工作领导，定期研究分析金融工作，搞好协调服务，促进银企合作。要大力加强信用体系建设，加快地方金融体系发展，创优金融发展环境。

省委常委、常务副省长申联彬出席并讲话。驻晋银行、证券、保险等金融机构，地方金融机构，有关部门、各市有关负责人参加会议。

【机构改革动员暨机构编制工作会议】 2月19日，全省政府机构改革动员大会暨机构编制工作会议在太原召开。省委书记、省人大常委会主任张宝顺，省委副书记、省长、省编委主任王君出席会议并讲话。省委常委、常务副省长、省编委副主任申联彬作政府机构改革方案说明，省委常委、组织部部长、省编委副主任任泽民主持会议。省委常委、秘书长、省编委副主任高建民出席。张宝顺在讲话中指出，各级党委要加强对政府机构改革的领导，确保改革顺利推进。一是统一思想，加强领导，切实把政府机构改革摆上党委重要议事日程。二是细化工作、遵守纪律，确保政府机构改革平稳有序进行。三是要进一步重视、关心机构编制工作，支持机构编制部门控制编制、推进机构改革等工作。王君要求，各级各部门要按照精简、统一、效能的原则和决策权、执行权、监督权既相互制约又相互协调的要求，扎实搞好这一轮政府机构改革。他强调，要进一步转变政府职能，提高行政效能；合理配置宏观调控部门职能，积极探索实行职能有机统一的大部门体制；精心做好"三定"工作，科学合理确定部门职责、内设机构、人员编制和领导职数；按照一件事情尽量由一个部门管、上下衔接、有利工作和权责一致的原则，进一步强化落实责任，改进管理体制，努力实现机构改革的各项目标任务。

会议对2009年机构编制工作进行安排部署。省直各部门、各市县负责同志参加会议。

【安全生产工作会议】 2月20日，全省安全生产工作会议在太原召开。省委副书记、省长王君主持并讲话。省委常委、常务副省长申联彬，省委常委、副省长李小鹏，副省长陈川平、张平、刘维佳出席。会议指出，近5个月来，全省安全生产状况总体平稳、趋向好转。但也要清醒地看到，影响安全生产的深层次矛盾和问题还没有得到根本解决，安全生产形势依然十分严峻。会议强调，一要进一步强化组织保证。严格落实企业安全生产主体责任和政府安全监管主体责任。二是要进一步强化制度保证。全面落实省里已建立的包括安全生产委员会会议制度、厅(局)级联席会议制度、联合执法制度、隐患排查治理制度、事故约谈制度、事故和隐患举报制度、重大危险源监控制度、专项督查制度，要加快出台煤焦领域反腐败制度和行政问责制度。三要进一步强化措施保证。深入开展为期一年的安全生产专项整治。切实抓好各行业、各领域的隐患排查治理和安全专项整治。四要进一步强化纪律保证。要按照"四不放过"的原则，严格行政问责。严肃追究有关事故责任人的责任，严肃查处安全生产中的失职渎职行为。五要进一步强化体制保证。进一步理顺安全管理体制，强化监管部门的职责，构建党委重视、政府监管、企业负责、全社会关心的安全生产工作格局。

会上，陈川平对2009年全省安全工作进行安排部署，并代表省政府与11个市政府和22个省直部门签订2009年度安全生产工作目标责任书。会议还对安全生产先进单位和个人进行表彰奖励。

省直各部门负责人，各市市长、分管安全生产工作的副市长，有关中央驻晋单位和省属重点企业负责人，各县县长，市、县长安全生产助理等参加会议。

【重点工程建设动员会议】 2月24日，全省重点工程建设动员大会在太原召开。省委副书记、省长、省重点工程建设领导小组组长王君出席会议并讲话。省委常委、常务副省长、省重点工程建设领导小组副组长申联彬，省委常委、太原市委书记申维辰，省委常委、省纪委书记金道铭，省委常委、副省长、省重点工程建设领导小组副组长李小鹏，省委常委、统战部长李政文，副省长、省重点工程建设领导小组副组长牛仁亮，省政协副主席、省重点工程建设领导小组副组长令政策等出席会议。王君要求，2009年要重点抓好十大领域152个重点工程项目建设。尤其是要抓好大运高速铁路、中南部铁路大通道、太原枢纽西南环线等新建铁路建设项目的开工，加快推进灵丘—平鲁、五台山—保德、太原—佳县等重点高速公路建设项目，加大引黄工程北干线和35项应急水源工程建设的力度，搞好省属重点企业的技术改造和自主创新项目，加快晋东南、晋北、晋中三大电源基地和配套的特高压输变电工程建设，加快推进太原铁路客运南站、山西大医院等省城十大建筑的建设。

会上，省政府与各市和有关部门签订重点工程目标责任书，省发改委、建设厅、交通厅、太原市、大同市，太原铁路局作表态发言。

【纪念依法治省工作十周年暨“法治山西”建设动员会】 3月20日在太原召开。省委书记、省人大常委会主任、省委依法治省领导组组长张宝顺出席会议，省委副书记、省长、省委依法治省领导组第一副组长王君讲话，省委副书记、省政协主席、省委依法治省领导组常务副组长薛延忠主持会议。省委常委、省委政法委书记、省公安厅厅长、省委依法治省领导组副组长杜玉林作工作报告。省领导任泽民、金道铭、胡苏平、高建民、杨安和、张建欣、李雁红、左世忠、柯汉民等出席会议。王君要求，要在全面抓好“法治山西”建设各项工作的同时，大力推进依法行政，着力抓好以下几个方面的工作，一是加强行政立法工作，提高立法质量。二是完善行政决策机制，增强决策的科学性和民主性。三是加强行政执法管理，加大行政执法监督力度。四是加快转变政府职能，努力创新行政管理方式。五是坚持公正司法，努力维护社会公平正义。六是加强法制宣传教育，努力提高公务员队伍法律素质和依法行政水平。杜玉林在工作报告中回顾总结十年来依法治省工作取得的成绩和经验，对推进“法治山西”建设工作作具体安排部署。大会表彰山西省依法治省工作开展十年来涌现出的先进集体和先进个人。各市和省直部门负责同志，各市依法治市领导组办公室主任，受表彰的先进集体和先进个人代表参加会议。

【一季度经济形势分析会议】 4月16日，省政府召开全省一季度经济形势分析会，王君主持并讲话。申联彬、李小鹏、牛仁亮、张建欣等出席。会议认为，2009年以来，全省上下认真贯彻落实中央和山西省扩内需、保增长一系列政策措施，经济运行呈现出一些积极变化，投资、消费、信贷保持较快增长，一大批重点工程项目开工建设，农业生产形势基本稳定。但总体看，全省经济特别是工业经济下行压力很大，经济形势依然严峻。

会议要求，当前要突出抓好以下几方面工作，一是要全力以赴加快重点工程建设，充分发挥重点工程在“保增长”中的火车头和助推器作用。二是要千方百计促进工业经济增长，尽快扭转工业经济持续下滑的被动局面。三是要不失时机抓好以春耕春播为重点的农业生产，稳定农业生产，促进农民增收。四是要不遗余力做好改善民生的各项工作，着力提高广大人民群众的生活水平和质量。五是要坚定不移推进煤炭资源整合、企业兼并重组，促进煤炭产业可持续发展。六是要坚持不懈抓好安全生产，坚决杜绝重特大事故发生，实现安全生产形势稳定好转。

会议强调，各级各部门要进一步解放思想，开动脑筋，真抓实干，狠抓落实。要采取更加有力的措施，围绕保增长、保民生、保稳定，扎实有效地推进各项工作。要创造性地开展工作，不断研究新情况、解决新问题。要团结带领全省广大干部群众，群策群力，共克时艰，确保全年各项目标任务的圆满完成。

各市市长、省直有关部门和省属大型企业主要负责人参加会议。

【造林绿化临汾现场会】 5月19~20日，全省造林绿化现场会在临汾市召开。省委副书记、省长王君出席并讲话，省委常委、统战部部长李政文，省人大常委会副主任郭海亮，省军区副政委谢玉久等出席会议，副省长刘维佳对全省今后一段时期造林绿化工作作安排部署。会议期间参观襄汾、曲沃、侯马、洪洞、尧都等县（市、区）的造林绿化工程，听取临汾、晋中、太原和灵丘等4市县的典型发言，对全省造林绿化先进市、县和单位进行表彰。会议指出，近年来，山西省不断加大造林绿化力度，取得明显成效。但生态环境脆弱的状况还没有得到根本改变。各级各部门要进一步统一思想，提高认识，把生态建设放在更加重要的位置，把促进经济增长和改善生态环境有机结合起来，狠抓造林绿化不松懈，努力实现山西省经济社会发展与生态环境建设相协调。

会议要求，各级各部门要明确目标，把握重点，加快推进全省造林绿化工作。一要正确处理好政府推动与调动全社会积极性的关系。二要正确处理好造林与管林护林的关系。三要正确处理好全面推进和突出重点的关系。四要正确处理好生态效益与经济效益的关系。

会议强调，各级党委、政府要高度重视造林绿化工作，不断强化造林绿化目标责任，细化目标任务，逐级抓好落实。要认真落实国家和省各项林业扶持政策，因地制宜地制定出台一些有针对性的扶持政策措施，努力促进林业健康发展。要及时总结推广造林绿化的先进经验,发挥先进典型的示范带动作用,在全社会形成造林绿化的浓厚氛围。

省直有关部门负责人,各市分管副市长、林业局长和各县(市、区)分管副县(市、区)长等参加会议。

【省政府第五次全体(扩大)会议】 7月30~31日,省政府召开第五次全体(扩大)会议,省委副书记、省长王君主持会议并讲话。省委常委、常务副省长申联彬,省委常委、副省长李小鹏,副省长牛仁亮、陈川平、张平、刘维佳、张建欣出席会议并讲话。会议认为,当前山西省经济逐步摆脱最困难局面,呈现触底反弹、企稳回升的良好态势,出现了许多积极变化,农业生产形势基本稳定,工业经济触底反弹,服务业发展势头强劲,投资消费两旺,财政收入和城乡居民收入稳步增长,社会事业全面发展,安全生产形势得到好转,生态环境不断改善。但经济下行压力仍然较大,经济发展面临的困难和挑战仍然很多,经济回升基础还不稳固。各地各部门务必保持清醒的头脑,做好应对各种复杂情况的准备,分析找准存在问题的原因,有针对性地采取措施,努力推动全省经济平稳较快发展。

会议要求,各级各部门要把思想和行动统一到中央对形势的分析判断和对工作的总体部署上来,在全面推进年初《政府工作报告》提出的九项工作的同时,下半年要重点做好以下几个方面的工作。一是进一步加大对重点工程的推进力度,确保完成全年目标任务。二是进一步加大对"三农"工作的扶持力度,力争全年粮食有个好收成,促进农民持续增收。三是进一步加大对企业的帮扶力度,促进工业经济平稳较快发展。四是进一步加大对产业结构的调整力度,加快推动转型发展。五是进一步加大对民生工程、民生事业的支持力度,保证"五大惠民工程""五个全覆盖"任务的全面落实。六是进一步加大对安全生产的整治力度,巩固来之不易的安全生产形势。

省直各部门、各市及有关部门、中央驻晋单位负责人,部分中央企业和省属大型企业、农业产业化龙头企业、服务业旗舰项目单位负责人等参加会议。

【全省经济工作会议】 12月23~24日在太原召开。会议全面贯彻落实党的十七届四中全会精神和中央经济工作会议精神,总结2009年经济工作,分析当前形势,安排2010年经济工作。省委书记、省人大常委会主任张宝顺,省委副书记、省长王君讲话。省委、省人大常委会、省政府、省政协的领导出席会议。各市市委书记、市长以及发改委、经信委、财政局主要负责同志,省直各部门主要负责同志,省人大、省政协各工作机构和专门委员会主要负责同志,中央驻晋单位和部分企业主要负责同志参加会议。(参见省委工作条目)

(冯翠红)

办公厅工作

【概述】 2009年,在党中央、国务院的领导下,认真贯彻党的十七大和十七届三中、四中全会精神,深入贯彻落实科学发展观,围绕保持经济平稳较快发展这一首要任务,坚持扩内需、保增长与调结构、促转型相结合,与保民生、促和谐相结合,与抓安全、保稳定相结合,与抓改革、增活力相结合,努力推动转型发展、安全发展、和谐发展,经济社会发展和各项工作都取得了新的进展。

【扩大内需】 (1)增加投资。围绕国家鼓励支持的六大领域,安排两年投资6500亿元,带动全社会投资1万亿元。一大批铁路、公路、机场、水利等重大项目开工建设,重点工程建设取得历史性突破。纵贯南北的大同—西安客运专线、横跨东西的出海大通道山西中南部铁路项目启动实施;新开工建设高速公路27条,建设里程超过2000千米;大同、运城机场建设快速推进;引黄北干工程全线开工,35项应急水源工程全面推进;山西体育中心、山西大医院、山西省科技馆、山西大剧院等省城十大建筑全部开工建设。在此带动下,全年全社会固定资产投资达到5033.5亿元,增长38.5%。(2)扩大消费。全面落实"家电下乡"、"农机下乡"等扩大消费政策措施,出台搞活流通扩大消费的实施意见,提高部分农机具补贴标准、扩大补贴范围,全年销售各类家电、农机67万台(件),销售额达到26亿元。出台促进房地产健康发展的意见,商品房销售额增长39.7%。实施扩大旅游消费春季、金秋行动,旅游总收入达到893亿元,增长20.7%。完成30个大型农产品批发市场、7000个农家店(便民店)和1000个放心粮油店的建设改造任务,强化市场监管,城乡消费环境和市场秩序明显改善。全年社会消费品零售总额完成2809亿元,增长19.2%。(3)帮扶企业。对企业实行费用减免缓缴政策,大幅度减轻企业负担;帮助企业解决贷款难问题,各类金融机构全年新增贷款1873亿元,是上年的2.5倍。制定实施促进对外贸易稳定发展的意见,帮助外贸企业稳定出口。制定出台促进民间资本进入鼓励类投资领域的9项优惠政策,促进民营企业发展壮大。

通过这些措施的实施,迅速扭转一度时期经济下滑的局面,经济增速逐季加快,全年GDP增长5.5%,全省经济在克服困难中实现稳定增长。

【推进结构调整】 (1)制定实施十大产业调整振兴规划及28个子行业实施方案。煤炭、焦化、冶金、电力四大传统支柱产业不断优化,淘汰落后产能步伐明显加快;装备制造、现代煤化工、新型材料、食品工业四大新兴产业逐步壮大;文化、旅游产业快速发展,旅游总收入增长20.7%。实施服务业"1+10"工程,全省服务业增速达到10.3%,在三次产业中的比重增加到38.9%。(2)重点推进煤炭资源整合、煤矿兼并重组工作。在深入调查研究、广泛征求意见的基础上,科学制订方案,注重政策配套,兼顾各方利益,坚持政府协调指导与发挥市场作用相结合,坚持煤矿整合重组与煤炭开采秩序治理整顿相结合,坚持上大、改中、关小与淘汰落后产能相结合，坚持发挥省内外国有大型煤炭企业的作用与发挥民营骨干企业的作用相结合，健康有序推进整合重组工作。全省矿井个数由2600座减少到1053座(国有、民营、混合所有制办矿比例为2:3:5)，办矿主体由2200多个减少到130个，70%的矿井生产规模达到90万吨以上，30万吨以下煤矿全部淘汰，保留矿井全部实现机械化开采。煤矿整合重组协议签订率已达到98.5%，兼并重组主体到位率达到96%，采矿许可证换证率达到90%，被整合重组煤矿符合条件的陆续复工复产，保留矿井技术改造有序进行，部分资源枯竭、不具备安全生产条件的矿井实施关闭。全省煤炭产量已恢复到历史最好水平，11月以来月产量达到6000万吨左右。山西省煤炭工业进入一个全新的发展阶段，产业水平显著提高，安全生产状况明显改善，能源基地的地位进一步巩固，在由煤炭大省向煤炭强省的跨越中迈出重要的一步。(3)节能减排和环境保护取得新的成效。全省万元生产总值综合能耗下降5.6%，化学需氧量、二氧化硫排放量分别下降3.6%、2.7%，全部完成年度任务，特别是二氧化硫指标提前超额完成“十一五”目标。深入推进“蓝天碧水工程”和造林绿化工程，实施生态环境修复治理“2+10”工程。全省11个重点城市空气质量优良率达到85%以上，10个重点城市和70个县(市)空气质量达到国家二级标准，完成营造林530万亩，全省生态环境质量进一步改善。全国造林绿化现场会在长治市召开，山西省被授予“全国生态建设突出贡献奖”。

【加强“三农”工作】 (1)全年省级财政对“三农”的投入达到135亿元，增长29.8%。全面落实各项强农惠农政策。在落实国家各类补贴政策的基础上，山西省又出台一系列惠农政策，对玉米按每亩50公斤、每公斤1.5元的标准实行差价补贴；对年出栏生猪20万头以上的县奖励100万元；对新建奶站每个补助10万元；对农业灌溉水价由每立方米0.5元以上降低到0.25元。(2)加强农业基础设施建设。35项应急水源工程进展顺利，12项建成投入使用，改造中低产田13.34万公顷，新增农田灌溉面积13.34万公顷，保护性耕作面积6.94万公顷，完成58座病险水库除险加固任务，新建淤地坝320座。(3)大力推进农业结构调整。运城、晋中、大同三个现代农业示范区和农产品加工龙头企业“513”工程全面启动，带动农业产业化发展和农产品基地建设。农民专业合作社达到2.4万个。(4)扎实推进新农村建设。新启动2000个新农村重点推进村建设。新增15万农村沼气用户。扎实推进扶贫工作，农村村容村貌和生产生活条件发生明显变化。

【安全生产工作】 在全省范围内开展为期一年多的以煤矿为重点、覆盖各行业各领域的安全生产专项整治，安全隐患得到有效治理，非法违法生产行为得到遏制。全面落实企业安全生产主体责任，督促煤矿配齐配强安全管理“六大员”，实行严格的矿工准入和持证上岗制度，强化现场管理和基层基础工作。严格落实政府安全监管主体责任，建立完善十项安全生产制度；为11个地级市和重点产煤县(非煤矿山县)配备市县长安全助理，组建煤炭工业厅，安监局与煤监局分设，强化安全管理职能。严肃对待事故，严格责任追究。通过这些强有力的措施，全省安全生产形势明显好转，各类安全生产事故死亡人数同比减少1018人，下降27%。其中，一次死亡10人以上的重特大事故死亡人数下降72%；煤矿事故起数下降40%，原煤生产百万吨死亡率下降到0.328。

【发展社会事业】 (1)全年用于社会事业发展和民生改善的投入高达1013亿元，增长20%，远高于一般预算收入增幅。积极稳定和扩大就业。采取多种措施，稳定现有就业岗位，增加新的就业岗位；多渠道促进返乡农民工再就业，有95%重新找到工作；采取招录公务员、招聘事业单位工作人员、实施农村教师特设岗位计划等措施，促进大学生就业，就业率达到81%；积极开展就业援助，全省就业形势保持稳定。大力推进保障性安居工程。开工建设各类保障性住房35.9万套、2119万平方米，完成年度目标任务的130%。全国城市和国有工矿棚户区改造工作现场会在大同市召开，推广山西省棚户区改造工作的经验。建立健全社会保障体系。进一步完善城镇职工养老、医疗、失业等社会保险制度，综合覆盖率达到84%。提高企业退休人员养老金待遇。在22个县(市、区)开展新型农村社会养老保险试点工作，受益人数达到378万人。全面推行城镇居民医疗保险制度、新型农村合作医疗制度，参保率分别达到80%和91%。加大对困难群体的救助力度，救助资金增幅高达41%。200万城乡低保对象和14万农村五保供养对象实现应保尽保。启动实施农村“五个全覆盖工程”，即用两年时间，实现全省村通水泥油路、中小学校舍安全改造、村级卫生室、饮水安全、广播电视全覆盖。全年96%的建制村通了水泥(油)路；完成506万平方米中小学校舍安全改造任务；完成99%的卫生室空白村建设任务，并为全省2.8万个行政村配备了基本医疗设备；完成村通广播电视2586个村；新解决272万农村人口安全饮水问题。(2)大力发展社会事业。统筹发展各级类教育，全面实行义务教育阶段教师绩效工资。科技工作和自主创新能力不断强化。医疗卫生、体育事业健康发展。深入开展国防教育和双拥工作，军政军民团结进一步巩固。对口援建茂县工作取得显著成效。(3)进一步加强社会管理。实现“四个没有”：没有发生重大的刑事案件，没有发生重大的治安案件，没有发生重大的群体性事件，没有发生重大的政治事件，社会保持和谐稳定。

【体制机制进一步完善】 省级政府机构改革全面完成，市县政府机构改革有序推进。事业单位分类改革试点工作稳步推进，清理规范任务基本完成。医药卫生体制改革全面启动。集体林权制度改革扎实推进，1市17县试点任务全部完成。国有企业改革不断深化，股份制改造取得新进展。地方金融改革有效推进，资本市场融资420亿元，带动投资1200亿元，是上年的2倍。燃油税改革基本完成,政府性收费还贷二级公路收费站全部撤销。对外开放进一步扩大,先后在北京、上海、深圳、厦门等地举行重点项目推介会,成功举办首届中国(山西)特色农产品博览会,全年共引进各类资金1120亿元。 (冯翠红)

政　务

·人力资源和社会保障·

【就业工作】 2009年,全省城镇新增就业42.2万人,完成全年任务的105.5%;下岗失业人员再就业17.7万人,完成全年任务的118%。全省城镇登记失业率为3.86%,低于4.2%的年度控制目标。

1.及时出台一系列保就业政策措施。面对国际金融危机的冲击,省政府运筹帷幄、果断决策,在制定经济领域保增长一揽子政策措施的同时,把保就业作为保民生的基础,连续制定下发《关于加强全省就业工作》《关于促进高校毕业生就业》《关于做好农民工就业工作和关于促进创业带动就业》的4个综合性文件。省人力资源和社会保障厅厅会同有关部门迅速出台14个配套文件,各市也制定具体的落实措施,形成应对危机,稳定和扩大就业的一整套政策体系。这些政策措施针对性强、含金量高,为稳定和扩大就业提供重要政策保障。

2.全力帮扶困难企业稳定现有岗位。坚决贯彻省政府的决策部署,在全国率先制定出台帮扶困难企业的社会保险"五缓四降三补贴"政策,面向困难企业,简化办事程序,提高办事效率,大力推进政策落实。实实在在为4153户企业缓缴五项社会保险费21.8亿元,降低四项保险费率,减轻企业负担28亿元,为480户企业发放培训补助资金1.3亿元,总金额达51.1亿元,在全国名列前茅,惠及企业职工80余万,产生良好的社会效果,广大企业纷纷承诺不裁员、不欠薪,共同为稳定就业岗位作出重要贡献。

3.积极扶持创业,以创业带动就业。合理布局培训网点,加强师资队伍建设,提高培训补贴标准,扩大培训对象范围,放宽小额担保贷款额度,指导成立省创业就业促进会、创业就业基金会,首批募集基金1000万元,推广"基金+导师"的公益性创业扶持模式,开展创业型城市创建活动,太原、阳泉、晋城被推荐为国家级试点,建立起省、市、县三级创业服务网络体系,建立创业培训、政策扶持、创业服务"三位一体"的工作机制。全年组织创业培训34651人,投入培训补贴1亿余元,发放小额担保贷款2.1亿元,减免税费2423万元,有效激发全社会的创业活力,全年新增个体工商户76066户,带动就业近14万人。

4.突出抓好重点群体就业。把高校毕业生作为城镇新增就业的重点放在首位,出台7项政策、10项措施,实施教师特岗、三支一扶、就业见习、科研项目助理等专项计划,增加有效岗位供给8万余个,鼓励大学生到农村、到基层、到中小企业就业,解决落户、社保、职称等相关问题,形成政策倾斜、跟踪服务的长效机制。经过努力,高校毕业生就业率达到81.1%,高于上年度10个百分点。认真落实农民工进城务工和返乡创业的扶持政策,结合山西省重点项目建设、家电下乡、农业产业化、发展农村便利店以及三产服务业的发展等对劳动用工的需求,大规模、有组织地开展针对性职业技能培训,有效提升就业能力,50多万名返乡农民工有95%以上重新找到了工作。建立台账,对就业困难群体实行"一对一"的帮扶办法,确保零就业家庭动态"消零",通过各种有效途径,共援助就业困难人员就业5.1万人。这是省政府为群众办的"十件实事"之一。

5.加强公共就业服务,促进市场主渠道就业。为适应金融危机下,市场倒逼机制带来的经济结构、产业结构调整对劳动用工的新需求,组织开展为期两年的大规模特别职业培训计划,加强就业资金投入,提供免费公共服务和相关补贴,全年发放专项资金13亿元,全省组织各类培训79.6万人,完成年度任务的110.5%,其中困难企业职工转岗培训16.3万人,农村劳动力实用技能培训20.5万人,城镇失业人员技能就业培训27.8万人,新成长劳动力技能储备培训15万人。全省各级公共就业服务机构共举办招聘会3000余场,参加招聘的用人单位6.4万家,提供就业岗位99.6万个,参加求职142万人(次),达成就业意向55万人。同时,完成四川茂县对口就业援助任务。

【社会保障体系建设】 2009年,全省参加城镇基本养老、基本医疗、失业、工伤和生育保险的人数分别达到564.1万人、879.3万人、293.3万人、280.3万人和185.6万人,新农保参保人数达378.2万人,全部超额完成年度目标任务。

1.养老保险制度进一步完善。实现企业养老保险省级统筹,提高调剂保障能力,为社保关系的跨省转移创造条件;出台并落实养老保险费补缴续缴办法,企业改革、改制中因分流中断参保和未参保人员的养老问题得到解决;统一规范个体工商户和灵活就业人员补缴、续缴政策,优化劳动力市场流动政策环境;增设个体工商户和灵活就业人员缴费档次,满足这部分人的参保愿望;出台"五七"工厂家属工参保政策,妥善解决这一历史遗留问题。仅补缴接续政策出台不到两个月时间,就有6.4万人补缴保险费11.3亿元。

2.在全国率先开展新农保试点。山西省在22个县(市、区)率先开展试点,各级加大政策宣传力度,严密组织实施,全力做好这一得民心、顺民意的大事,也是省政府为群众办的"十件实事"之一。提前完成任务,参保农民达到378万,60万老人按月领到基础养老金,这一举措使山西省养老保险迈出由城镇向农村覆盖的重要步伐,走在全国前列。

3.医疗保障制度实现城乡全覆盖。全省11个市全部启动城镇居民基本医疗保险,提前一年实现城镇居民基本医疗保险制度的全覆盖;出台大学生参保实施办法;争取到中央财政专项补助资金8亿元,加大地方财政补助资金配套力度，将国有关闭破产企业退休人员纳入城镇职工医疗保障范围，通过协调财政，采取由同级财政补助50%的办法，将国有困难企业职工和退休人员纳入城镇职工医保范围，解决这两个群体70万人的医保问题。此外，工伤、生育保险覆盖到各类企事业单位。2009年，由城镇职工医保、城镇居民医保、农村的新农合以及城乡医疗救助制度构成多层次、多形式的医疗保障体系，覆盖全省城乡，山西省跨入“全民医保”时代。

4. 五项社保待遇水平稳步提高。山西省连续第5年提高企业退休人员养老金，月人均由2005年底的627元提高到2009年的1263元；提高大病报销额度，城镇职工医保统筹最高支付限额达到17万元；提高一般住院费用报销比例，职工和居民分别达到70%、50%以上；提高失业保险金待遇，同比增加了9%；提高工伤伤残津贴、生活护理费、工亡职工供养亲属抚恤金标准，同比增长超过30%；对符合政策规定的生育医疗费用，参保职工基本实现零负担。

5.狠抓扩面征缴，强化管理与监督，确保基金运行安全。随着各项制度的逐步健全完善，山西省社会保障不仅覆盖到了广大城镇职工，而且将私营企业、灵活就业人员和城镇非从业居民、农民工、被征地农民以及新农保试点县农民，纳入到制度范围。非公经济组织参保比例提高到55%以上。在实施“五缓四降三补贴”减收保费达51.1亿元的前提下，社保基金扩面征缴实现稳中有升，五项社保基金收入达447.1亿元，同比增长21%，积极争取中央转移支付51.4亿元，总支出307.5亿元，收支相抵，累计结余达450亿元，切实发挥经济运行“减震器”和社会“稳定器”的作用。同时，完善社保基金内部控制、审计监督、社会监督的办法，层层建立健全责任制体系，严格实行一把手负责制，严格实行收支两条线管理制度，加强内部和外部的审计监督，确保社保基金的安全完整。

【人事人才管理与服务】 1.着力完善公务员制度。出台《山西省轮训培训行政机关公务员意见》，大力实施公务员轮训培训工程，组织培训行政机关公务员8万余名，公务员初任培训率达100%。改革完善公务员考录方式，坚持公开、平等、竞争、择优原则，圆满完成行政机关公务员“四级联考”、成品油税费改革分流人员接收、司法公安部门从高校毕业生和退役士兵中招考工作人员等考录任务，报名参考人员达6.9万人，录用1927人。加强事业单位参照公务员管理工作，整体比例控制在全省行政机关编制数的13%以内。深入开展争当“人民满意公务员”活动，左权县县委书记孙光堂、长治市林业局分别获得国家“人民满意的公务员”和“人民满意的公务员集体”荣誉。公务员队伍依法办事、依法行政、服务群众、促进和谐的意识和能力得到明显提高。

2.稳妥推进事业单位人事制度改革。全面推行事业单位新进人员公开招聘制度，引入竞争机制，规范进人行为，强化监督管理，全省各级事业单位共公开招聘9107人，报考人数超过19万余名，公开招聘制度深入人心；着力推进岗位设置管理工作，省、市、县三级事业单位岗位设置管理工作正式启动，全面铺开；扎实做好事业单位收入分配制度改革。加强政策宣传、组织实施和监督检查，全省实施义务教育学校绩效工资制度，月人均增资460元，收入水平与当地公务员拉平。

3.专业技术人才队伍建设进一步加强。选拔新世纪学术技术带头人国家级人选10名，确定“333”人才工程省级人选80人；山西大学光电研究所所长彭堃墀院士、太原理工大学煤科学与技术实验室获得全国杰出专业技术人才和先进集体荣誉称号；积极开展各类继续教育活动，深入实施知识更新工程，培训各类专业技术人员3.1万人次；加强创新载体建设，新设立博士后科研工作（流动）站12个，为历年之最；深化职称制度改革，圆满完成51类(次)职称、职(执)业资格考试，7187人取得高级专业技术职务任职资格。

4. 技能人才队伍建设稳步推进。指导各级各类技工学校拓展办学规模和培训领域，积极开展职业技能竞赛，完善技能人才多元评价体系，规范职业技能鉴定管理。全年共组织40万职工参加各类岗位练兵和技能大赛，24.1万人参加职业技能鉴定，新增技师、高级技师6241人。

5.引进海外人才智力工作取得新突破。以“聚海外人才智力，促山西转型发展”为主题，成功举办2009海外人才山西服务周活动，邀请海外人才88名，对接项目48项，引进高层次海外人才12名，协议利用资金5200万元。加大引进国外智力工作力度，实施重点项目引智计划，积极推广农村引智成果。

6.军转工作有力有序。隆重召开全省军转表彰大会，116名“全省模范军转干部”、68个“军转安置先进单位”和57名“先进军转工作者”受到表彰。强化政治责任，不折不扣地落实安置计划，加大工作力度，655名转业干部得到妥善安置。积极推进军转干部教育培训，不断强化自主择业军转干部管理服务工作。认真做好部分企业军转干部解困和稳定工作，中央和省委省政府关于企业军转干部的各项政策和配套措施得到全面落实，思想疏导和“重点工作对象”稳控工作得到加强，为维护全省和谐稳定的大局作贡献。

【维护权益与和谐劳动关系创建】 从完善工作制度和机制入手，充分发挥协调劳动关系三方机制的作用，积极稳定劳动关系，维护劳动者合法权益。

1.积极推进《山西省劳动合同条例》颁布实施。突出从源头上保护劳动者合法权益，在企业劳动用工管理、企业工资宏观调控、承认双重劳动关系、特殊人群劳动保护等方面具有创新和突破，针对性、可操作性强，具有鲜明的山西特色，得到国家人社部肯定，在全国产生较大影响。

2.深入推进和谐劳动关系企业创建工程。太钢等9家企业和太原高新区分别被评为“全国模范劳动关系和谐企业”和“全国模范劳动关系和谐工业园区”。在6月、7月份保就业的关键时刻,省政府召开全省和谐劳动关系创建工程推进会,表彰全省稳定就业岗位先进企业43户。

3.进一步加强工资宏观调控。提高最低工资标准,健全解决企业工资拖欠问题的应急工作机制,督促企业普遍建立欠薪报告制度,认真落实工资保证金制度,累计存储工资保证金1.17亿元,企业工资拖欠问题得到比较及时的解决;建立企业效益与职工工资挂钩并同步增长的机制,完善企业工资支付保障机制,做实工资指导线。据统计,2009年全省城镇单位在岗职工平均工资28559元,同比增长10.6%。

4.不断加大劳动保障监察力度。强化监察服务企业的措施,规范企业用工行为。以劳动保障监察"两网化"监管工作为重点,持续开展农民工工资支付、人力资源市场、劳动用工执法大检查等专项行动,共主动检查用人单位6.92万户,涉及职工234.3万人。责令补签劳动合同33.7万份,督促4337户用人单位职工补缴社会保险1.5亿元,为13.99万名劳动者追讨工资2.67亿元。检查职业中介机构236户,吊销许可证件9户,有力地维护了劳动者合法权益。

5.积极化解和处理劳动争议纠纷。加强12333信息咨询服务平台建设,解答群众电话咨询52435个。深入排查化解矛盾纠纷,积极预防和妥善处理群体性事件,全年共受理上访44533件,涉及55852人。仲裁立案7909件,结案7195件,结案率91%,有效维护了当事人权益和社会稳定。

(王俊杰)

·民　政·

【为民办的实事全部落实】 2009年,省政府将"110万农村特困群众纳入低保范围,14万农村五保对象实现应保尽保"和"解决14万重点优抚对象就医问题"列入为民办的实事。各级民政部门紧紧围绕这三项任务,完善制度,增加投入,狠抓落实。全年下拨农村低保补助资金76946万元(比上年增长110%),121万农村特困群众纳入了农村低保,人均月补差75元(比上年同期增加25元)。下拨省级农村五保供养补助资金16840万元,14万农村五保供养对象实现应保尽保,年人均分散和集中供养标准分别达到1747.3元、2356.9元,五保对象集中供养率达到12.3%,比上年同期提高了2%。省、市、县(市、区)优抚对象医疗保障实施办法(细则)全部出台,优抚对象医疗保障制度基本建立,落实医疗保障补助资金10938万元,14万重点优抚对象的就医问题基本得到解决。

【城市低保和城乡医疗救助】 全年共下拨城市低保补助资金163970万元(比上年增长19.6%),城市医疗救助资金16838万元(比上年增长27.7%),农村医疗救助资金13110万元(比上年增长16.6%)。保障城市低保对象94.4万人,人均月补差158元,比上年同期增加15元;城乡医疗累计救助116.1万人次。

【救灾减灾工作】 抗击严重的干旱和冰雪灾害,全年下拨救灾资金28100万元(比上年增长71%),严格落实灾民救助卡和"四程序两公开"等制度,对320多万受灾群众进行救助。完善省级自然灾害救助应急预案和应对自然灾害工作规程,制定《山西省民政厅自然灾害应急救助工作方案》,救灾应急预案体系实现上与民政部、下与各市的总体衔接。90%以上的市、县完成预案的修订工作,60%的乡镇(街道)和村(社区)出台救灾应急预案。全省救灾物资储备库达到106个,其中省级库1个、市级库11个、县级库94个,总面积3.38万平方米,物资储备数量和种类有明显增加,救灾物资保障体系初具规模。举办"5·12"防灾减灾日活动,在全省范围内开展一系列防灾减灾知识宣传。

【优抚安置和双拥工作】 全面落实国家和山西省制定的各项优待抚恤政策,下拨抚恤事业费78960万元,优抚群体的生活得到有效保障。贯彻国家提高优抚对象抚恤补助标准政策,提出山西省的提标方案,提标资金逐级下拨。按照民政部的统一安排,启动为部分残障优抚对象换发新型康复辅具活动。优抚事业单位改造成效明显,争取到中央扩大内需资金1600万元用于省内重点烈士纪念设施维修改造。省政府决定从2009年开始,省、市、县三级财政投入不少于6000万元,三年内分批对全省600余处烈士纪念保护设施进行维修改造,2009年维修改造120多个项目。认真落实安置政策,努力推进城镇退役士兵安置改革。完善相关政策,解决复

全省民政工作会议　　(王文广提供)

员干部的生活困难。军休干部的接收安置任务圆满完成,政治生活待遇全面落实,住房制度改革稳步推进。军供站正规化建设得到加强,双拥工作不断深化。

【第八届村委会换届选举】 全省换届率达到100%。选举完成后,各地及时组织村委会进行工作交接,健全完善村民自治、民主决策等各项规章制度。制定下发"难点村"治理工作的实施意见,组织召开电视电话会议,安排部署全省"难点村"专项治理工作。对全省"难点村"进行摸底排查,并对排查出的593个"难点村"建立治理台账。进一步规范村务公开的内容、形式、时间和程序,起草山西省全面推进"四议两公开"工作的实施方案。

【城乡社区建设】 城市和谐社区示范创建活动深入开展,21个单位获"全国和谐社区建设示范单位"称号。贯彻省政府《关于加强和改进社区服务工作的意见》,完成30个社区服务中心、100个社区服务站的建设任务。社区志愿服务工作广泛开展,全年注册社区志愿者21万多人。采取多种形式对1200多名社区干部和88794名新任村委会干部进行轮训。农村社区建设实验全覆盖创建活动在全省展开。

【社会福利和慈善事业】 开展养老服务社会化活动,探索鼓励扶持社会力量兴办养老机构的优惠办法。投入福利彩票公益金1600万元,资助建成16个县级社会福利服务中心。新建县级救助管理站17个。6家民政精神卫生专业机构被列入国家精神卫生防治体系建设与发展规划。"明天计划""重生行动"、社会福利机构自闭症儿童筛查和康复训练取得明显效果,300余名孤残儿童得到不同形式的救助和治疗。全年共发行福利彩票14.86亿元,筹集公益金5亿元。全省建立7个市级慈善总会、48个县级慈善会,广泛开展慈善助医、助学、助困活动。

【社会组织】 出台《关于加强基金会管理工作的通知》,对基金会制度建设、原始基金、法定代表人、志愿者队伍等提出明确要求。开展社会组织评估工作试点。社会组织调研和整顿工作取得成效,监管力度进一步加大,社会组织年检参检率和合格率明显提高。指导新社会组织开展学习实践科学发展观活动,取得阶段性成果;以党组织建设为核心,加强新社会组织机构建设、制度建设、诚信建设和能力建设。"公益进社区,温暖在身边"公益月活动突出社会组织的公益性,让群众感受到开展学习实践科学发展观活动带来的新气象,提升社会组织形象。

2009年5月12日,在太原市南宫广场举办了山西省首个国家"防灾减灾日"大型主题活动 (王文广提供)

【专项社会事务管理】 行政区划调整稳步进行,对全省市辖区存在的结构性调整、撤县改区、撤乡设镇、撤镇改街等工作进行大量的调研和论证。完成883个乡镇12702个建制村的地名标志设置工作。22个城市地名规划专项事务全部完成,山西区划地名网进一步完善,开展地级市区划地名网建设。第二轮市、县行政区域界线联检工作全面完成,平安边界创建活动进一步深化。殡葬服务和婚姻登记服务行业专项治理取得明显成效。清理整顿公墓工作有序进行,全省共整顿经营性公墓16家,清理非法经营性公墓2家。婚姻登记规范化和信息化建设取得新成绩。儿童收养工作稳步开展。

【自身建设】 党风廉政建设责任制全面落实,惩防体系建设取得新的成效,专项资金执法检查和政风行风建设示范单位创建活动深入开展。行政执法责任制全面推行,"权责明确、行为规范、监督有效、保障有力"的执法体制初步建立。政务公开大力推进,行政审批制度改革不断深化。教育培训工作力度进一步加大,职业技能人才脱颖而出,有5人获得"全国民政行业优秀技能人才"称号。

【全省民政工作会议】 1月7日,在太原召开。会议传达贯彻省委九届六次全体会议、全省经济工作会议和全国民政工作会议精神,回顾总结2008年全省民政工作,安排部署2009年的各项工作任务。会议指出,2008年全省各级民政部门以改善民生为重点,扎实推进各项工作,民政事业全面发展。(1)民政事业费实现较快增长,"三个群体"保障水平大幅提高。(2)民政基础设施建设取得较大进展。(3)社会捐助工作成效显著。(4)其他业务工作协调发展、快速推进。会议要求,2009年要着力抓好六个方面的重点工作:一是着力保障和改善民生,推动社会救助工作提升水平。二是着力发展基层民主,推动基层社会管理体制不断创新。三是着力提升福利服务能力,推动社会福利事业向适度普惠型发展。四是着力解决突出问题,推动优抚安置双拥工作再上新台阶。五是着力增强公共服务能力,推动社会行政事务管理工作规范化。六是着力夯实基层基础,推动民政公共服务设施和工作队伍建设上一个新台阶。(王文广)

·公　安·

【概述】 2009年全省公安机关主要做了6项工作:

1.完成国庆60周年安保任务。全省公安机关和广大民警围绕省公安厅(以下简称“省厅”)党委提出的“确保不出大事,力争少出小事,坚决不出丑事,有事妥善处置”的总要求和“五个坚决防止”“八个确保”的工作目标,扎实开展“大情报、大排查、大接访、大整治、大防控”行动,充分发挥环京护城河作用,以山西的稳定策应首都北京的安保工作,完成各项安保任务。国庆期间,全省社会政治稳定,治安秩序良好,人民群众满意,国务委员、公安部长孟建柱专门签署嘉奖令对山西省公安机关圆满完成首都国庆60周年安全保卫任务予以嘉奖。张宝顺、王君、薛延忠、张建欣等省领导也专门作出批示,对全省公安机关圆满完成国庆安保任务给予充分肯定,并拨出专项奖金200万元奖励公安民警。

2.维护社会治安大局稳定。引深“六大战役”,扎实推进打黑除恶、命案侦破、打击“两抢一盗”等多发性侵财犯罪、打击拐卖儿童妇女犯罪专项斗争、打击电信诈骗犯罪、打击制贩假币犯罪、打击涉枪涉爆犯罪专项行动、禁毒人民战争,始终保持对严重刑事犯罪活动的高压态势。全省公安机关共破获各类刑事案件48781起,其中破获危害严重的八类案件7609起,抓获刑事犯罪成员3.1万人,其中打掉黑社会性质犯罪组织、恶势力团伙174个。破获各类命案564起,破案率达到95.75%。全省危害严重的八类案件同比下降22.2%,没有发生在全国有影响的严重暴力犯罪案件。深入开展“打击拐卖儿童妇女犯罪”专项斗争,破案441起,打掉重大犯罪团伙3个,抓获拐卖妇女儿童犯罪嫌疑人495人,解救被拐卖儿童133人、妇女615人。组织开展打击假币犯罪、发票犯罪、传销犯罪等专项行动,严厉打击各类经济犯罪活动,共破获各类经济犯罪案件2372起。深入开展禁毒人民战争,共破获毒品违法犯罪案件1542起。加强治安管理和防范工作,坚持军警民联合巡逻常态化,强化对社会面的巡逻控制,进一步预防和减少违法犯罪活动的发生。全省公安机关共查处各类治安案件25万余起,查处治安违法人员25万余人。深入开展治理非法制贩爆炸物品违法犯罪专项行动,坚持打源头、端窝点、摧网络,开展大规模的排查收缴行动,不断加大民爆物品专项整治行动力度,没有发生影响较大的爆炸案件、事故。加强监管场所安全检查,大力整顿监管秩序,确保监所安全。

3.服务经济社会发展。做好换发第二代居民身份证工作,共制证254万件,并全面完成军人换发第二代居民身份证工作。实行按需申领护照,共批准公民因私出国出境19万余人次。实施出入境证照就近领取。开展对重点地区、场所、涉外单位和机构以及重点外国人的排查整治工作,进一步深化外国人实有人口管理工作。扎实开展消防安全大检查,努力消除火灾隐患,有效遏制重特大火灾尤其是群死群伤火灾事故的发生。全省共发生火灾4617起,死7人,伤14人,直接财产损失2699万余元,与上年同期相比,起数上升12%,死亡人数下降88%,受伤人数下降57%,直接财产损失上升8%。强力推进道路交通事故预防机制建设,以压事故、保安全为重点,不断加强道路交通秩序整治,确保全省道路交通安全畅通。全省共发生交通事故7464起,死亡2579人,受伤8633人,造成经济损失3378万余元,同比分别下降5.28%、11.53%、3.54%、2.79%。深化重点工程建设、煤炭资源整合的安保工作,全力服务山西经济建设。

4.推进“三项建设”。(1)公安信息化建设。完成省厅信息中心数据省厅边界安全接入平台,实现与旅店业信息系统、山西民航信息、移动查询等业务系统的数据接入。建成推广新版警务信息综合应用平台和动态管控平台,规范执法行为,有效提升信息化条件下公安机关维护社会治安的动态管控能力。开展信息化基本操作技能考核,增强全警学习信息化、应用信息化的意识和能力。(2)执法规范化建设。深入开展民警职业道德教育、社会主义法治理念教育和执法反面典型教育,进一步打牢执法为民的思想基础。制定民警执法执勤行为规范,不断完善执法监督考评机制,强化执法监督,严格追究执法过错责任。组织开展执法规范化建设示范单位创建活动,进一步提高全省公安机关执法规范化水平。(3)和谐警民关系建设。深入开展全警“大走访”爱民实践活动,赢得社会各界的广泛好评和人民群众的一致拥护。忻州市公安局以“大走访”为契机深入推进“十进家”活动,受到孟建柱部长和公安部党委的充分肯定。认真落实公安部和省厅制定的便民利民措施,简化办事程序,提高办事效率。

5.加强警务保障工作。在财政部门的支持下,中央财政和省财政共安排公安机关转移支付资金12.1亿元,并全部落实到位。省厅重点加强指挥系统、刑侦技术、信息通信等项建设;保障“金盾工程”二期项目建设的顺利进行;为各市公安局配发毒品探测仪,为所有县级公安机关配发夜视侦察取证仪;新建厅机关视频指挥系统。为全省刑警配发2204台警用移动查询终端,为全省县级公安机关和派出所配发1580余辆警车,为全省看守所各配发一辆囚车。编报山西省公安机关业务技术用房和监管场所建设规划,并与省发展改革委等五厅委联合发出文件,对涉及公安机关基础设施建设的土地征用、规划、立项等相关问题提出明确要求。深入开展公安内部审计监督,严肃公安财经纪律,把有限的资金用在“刀刃”上。

6.加强公安队伍建设。(1)加强领导班子建设。全省除偏关县之外,11个市、118个县公安局长已全部进入同级政府班子或实现高配。强化“一岗双责”和绩效考核，各级领导班子的凝聚力、战斗力进一步增强。积极推进派出所、监管场所、交警、刑警等警种的规范设置工作，切实提高基层民警的职级待遇。省厅制定出台《关于在全省公安机关开展“机关服务基层”活动的意见》，积极主动地为基层公安机关和公安民警提供优质高效服务，有效调动广大民警的工作积极性。组织开展2009年省级统一招考工作，共为长治等6市公安机关录用401人。(2)加强教育培训工作。严格落实“三个必训”，组织开展“轮值轮训”和岗位练兵活动，举办全省市、县公安机关领导干部轮训班，参训学员达900余人，受到公安部充分肯定。(3)加大从严治警力度。针对群众反映强烈的执法不作为、乱作为问题，省厅与人事厅、监察厅联合制定出台《山西省公安厅六条警规》，各地公安机关深入开展现场督察和明察暗访，认真核查落实群众举报，不折不扣地执行“六条警规”，收到良好效果。(4)坚持正面宣传和舆论引导。把握和引导涉警舆情的能力逐步提高。(5)狠抓党风廉政建设和反腐败工作。(6)深入推进精神文明创建活动，省厅机关连续4年被评为省直文明单位标兵。

【“万名民警进万家”活动】 1月1日，省公安厅在全省部署开展“万名民警进万家”爱民实践大走访活动。元旦期间，全省公安民警下基层走访4.35余万人次，深入企业7375家，入户走访21.75万户，收集各种违法线索1972条，征求各种意见、建议和问题47600余条，大办好事实事53760件等，努力把工作做到老百姓的心坎上，受到广大人民群众的一致赞扬。省委常委、政法委书记、公安厅长杜玉林等厅领导及主要业务处室一把手亲自率队分赴全省11个市，扎扎实实地开展“大走访”活动。杜玉林深入自己的联系点——昔阳县，在国投昔阳能源有限责任公司、阳煤集团寺家庄矿与企业负责人和职工代表进行座谈；在大寨村和钟村入户时，与全国人大常委、大寨村党总支书记郭凤莲进行亲切交谈，看望老劳模宋立英、高玉良，先后走访5户群众家庭。省厅11个走访慰问组150多名干警共走访大中型企业24个、特困家庭和帮教对象等127户，召开座谈会27次等。全省11个市119个县(市、区)级公安机关领导干部共深入大中小型企业3792个、入户走访16657户。同时，基层“三所三队”和社区每名民警都按照省厅的统一部署和要求，进行统一入户走访。通过面对面交流、沟通，共听取和征求广大人民群众和社会各界对公安工作和公安队伍建设的意见、建议和问题47600余条。

【严打整治“六大战役”】 2008年12月2日，省委政法委、省公安厅在全省部署开展维护今冬明春社会稳定的严打整治“六大战役”后，各级政法公安机关高度重视，按照省委政法委、省公安厅会议的要求，加强领导，精心组织，严密部署，严厉打击各类重特大刑事犯罪，不断加大整治力度，认真开展矛盾纠纷调处，取得阶段性重大战果。据2009年1月初步统计，一个月来，全省共破获刑事案件6845起，打掉犯罪团伙385个，抓获逃犯1701名，整治治安乱点1639个，收缴炸药50.5吨、雷管11万余枚，整治火灾隐患场所8105个，治理交通事故多发路段890处，维护了全省社会政治稳定和治安稳定。

【“大走访”爱民实践活动】 “全国公安民警大走访”爱民实践活动开展以来，山西省公安信访部门按照公安部及省厅党委的统一部署，将“大走访”活动与构建和谐警民关系、维护社会稳定有机结合起来，通过“进村入户访民意、帮贫解困排民忧”，积极排查化解矛盾纠纷，着力解决群众反映强烈的突出信访问题，帮助特困户解决生产生活中遇到的实际问题，有力地推动一批信访问题的解决，维护人民群众的合法权益。“大走访”活动切实转变工作作风，变群众上访为干部下访，将开门接访、带案下访、预约来访、上门回访有机结合，坚持做到初访人员必访、重访人员必访、已结未息诉案件必访、初信未访人员必访等“四个必访”；针对当前执法活动容易引发信访问题的环节，走访人大代表、政协委员、公安机关执法监督员，进一步征求社会各界和辖区群众意见，及时发现公安工作和队伍建设方面存在的突出问题，规范执法环节，切实避免执法的随意性；大力推行便民利民措施，在接待场所公开有关制度规定，设立意见簿，公布厅局长接待时间和咨询电话，设置供群众使用的桌椅、纸张、笔墨等服务设施及必要的卫生消毒设备。信访窗口的民警在接待期间按照规定着装上岗，做到警容严整，态度热情，语言文明，认真接待，及时化解上访人的抵触和对立情绪，积极构筑和谐的警民关系。

【《山西省公安厅六条警规》出台】 2009年，省公安厅、省人事厅、省监察厅联合制定《山西省公安厅六条警规》，在全社会上下形成人事、纪检、监察等政府部门监督，社会各界监督，新闻舆论监督，人民群众监督的齐抓共管、全力配合的从严治警新格局。

《六条警规》：(1)严禁对群众的报警报案不履行法定职责、不及时出警处置，违者予以纪律处分；造成严重后果的，予以辞退；(2)严禁乱收费、乱罚款、收“黑钱”，违者予以纪律处分；情节严重的，予以辞退；(3)严禁违反规定办证办照，违者予以纪律处分；造成严重后果的，予以辞退；(4)严禁参与经营或变相经营娱乐场所和煤焦企业、非煤矿山，违者予以纪律处分；造成恶劣影响的，予以辞退或开除；(5)严禁收受当事人和代理人财物或违法违规执法办案，违者予以纪律处分；情节严重的，予以辞退；(6)严禁向违法人员通风报信或为违法活动提供保护，违者予以辞退；造成严重后果的，予以开除。

公安民警违反上述规定构成犯罪的，依法追究刑事责任。公安民警违反“五条禁令”等其他违法违纪行为，按现行有关规定处理。

【集中遣返一批被拐卖妇女】 5月23日，省公安厅举行打击拐卖儿童妇女犯罪专项行动被解救妇女集中遣返仪式，对山西省“5·5”特大拐卖儿童妇女案件解救出的15名云南籍妇女和一名婴儿集中遣返。省委常委、政法委书记、公安厅厅长杜玉林,公安部刑侦局“打拐”办主任陈士渠、孟庆甜,省妇联主席李悦娥,省公安厅副厅长李富林,省民政厅副厅长何耀光出席仪式,省妇儿工委、省财政厅、太铁等部门有关负责同志、云南省普洱市西盟佤族自治县公安局有关同志参加仪式。据统计,截至5月18日,全省共立拐卖妇女儿童案件案件36起,破案37起,打掉重大犯罪团伙5个,刑事拘留43人,行政处罚1人,抓获网上逃犯9名,解救被拐卖儿童36人、妇女31人。

【《山西省消防工作规划》出台】 《山西省消防工作规划》明确指出三年内全省消防工作要达到四个目标:一是消防安全责任制层层落实,公民消防安全素质进一步提高,消防工作社会化水平明显提升;二是重特大尤其是群死群伤火灾得到有效遏制,火灾形势持续平稳,人民群众的消防安全感明显增强;三是消防信息化建设快速推进,消防执法监督更加规范,执法公信力明显增强;四是消防部队基层基础工作更加扎实,正规化建设水平进一步提高,部队战斗力明显提升。《规划》明确六项主要任务,包括完善消防法规体系、落实消防安全责任制、深入排查治理火灾隐患、加强消防安全宣传培训、加强消防力量建设、加强灭火及应急救援工作。每一项任务都提出具体的工作目标和完成时限,并对各级政府和有关部门所承担的职责和任务作出明确的要求。

【省警察协会成立】 10月29日,省厅举行省警察协会成立大会,省委常委、政法委书记、公安厅长杜玉林出席会议并讲话。中国警察协会秘书长王冀昆等领导应邀出席会议。大会通过《山西省警察协会章程(草案)》及山西省警察协会理事提名,推选出15名常务理事。选举厅党委副书记、常务副厅长李连琪为主席,厅党委委员、政治部主任李太平,厅政治部现役工作办公室主任张爱国,省警官高等专科学校校长张子荣为副主席,厅国保总队调研员佟振海任秘书长。

【万家寨引黄工程公安处成立】 11月17日,省公安厅、省万家寨引黄工程管理局召开省公安厅万家寨引黄工程公安处成立大会。省公安厅副厅长成振林、省万家寨引黄工程管理局局长菅二栓出席会议并讲话。

【调用直升机成功救援遇险人员】 12月8日上午8时许,黄河水利委员会一艘正在古贤水利枢纽进行勘测作业的皮划艇被河水掀翻,3名职工落水,9名前往营救的职工因救援船只中途搁浅被困水中。危急时刻,省公安厅紧急调用大型直升机,抽调治安、交警、消防等警力,携带冲锋舟、吊绳等专业设备赶赴现场,与当地群众一起展开救援。参加抢险救援的公安民警冒着生命危险,克服大雾天气影响,两次强行起降飞机,成功解救被困人员。临汾市委、市政府专门致信省公安厅表示感谢。12月18日,黄河勘测规划设计有限公司负责人专程来到省公安厅表示感谢,并赠送一面“黄河古贤大营救危难时刻见真情”的锦旗。

【全省公安基层执法勤务装备发放仪式】 12月30日,省公安厅在山西警官高等专科学院举行全省公安基层执法勤务装备发放仪式。杜玉林等领导出席仪式。此次共为全省县级公安机关及派出所配发警车1584辆,为看守所配发囚车120辆,为全省刑警配发2204台警用移动查询终端,总价值1.72亿元。 (王瑞成)

·国家安全·

【全省国家安全机关局处长会议】 1月17日,在太原召开。会议传达全国国家安全厅局长会议精神,研究部署年度工作任务。省国家安全厅党委委员、厅机关各部门主要负责同志、各直属派出机构主要领导及办公室主任参加这次会议。会议期间,省委常委、省委政法委书记杜玉林到会。会议确定2009年度全省国家安全机关主要任务是:高举中国特色社会主义伟大旗帜,坚持邓小平理论和“三个代表”重要思想,深入学习实践科学发展观,贯彻新形势下中央对国家安全工作的重要指示精神,落实国家安全厅局长会议、全省政法工作会议精神,进一步明确政治责任和历史使命,增强大局意识、忧患意识、责任意识、政权意识,把维护政治安全摆在更加突出重要的位置,遵循规律、解放思想、大胆实践、开拓进取,以崭新的精神风貌和突出的工作成绩迎接共和国60周年华诞。

【档案工作】 2009年,省国家安全厅档案管理工作实现跨越发展。一是改善硬件设施。建成文书和资料档案库房、业务档案库房和机房,收藏有包括文书、业务、会计、基建、声像、科技、实物等七大门类档案共计几万余卷(件),达到省“一级”标准,并陆续完成直属局档案达标工作。二是提高档案管理和利用的科技含量,加强档案库房的安全防护,最大限度确保档案安全。三是推进档案工作信息化。完成“信息查询系统”的建设工作,提高档案利用效率,为各项业务工作的开展提供优质高效的服务。四是加强档案编研工作。编撰《山西省隐蔽斗争大事记》《山西革命根据地回忆录》等多本书籍,为领导决策和业务工作提供参考依据。

【密码工作】 贯彻执行《中共中央关于加强新形势下密码工作的决定》,围绕全省国家安全工作中心,提升业务能力,以提供优质、安全、高效的密码保障服务为目标,认真做好密码通信、密码管理、信息化密码保障工作。无论在日常工作中还是在奥运安保等特殊时期,全体密码干部牢记党对密码工作的指示和要求,以畅通为己任,视密码安全如生命,全力以赴确保密码绝对安全和密码通信畅通。省国安厅密码部门被山西省国家密码管理局评为2009年度密码管理工作先进单位。

【信息工作】 2009年,安全厅党委围绕省委省政府重大决策与部署,拓展信息搜集渠道,加大信息研判力度,提高信息质量，及时、准确、全面地采编报送信息，为中央、省委省政府了解情况、科学决策和处置突发事件发挥重要参考作用，信息工作取得显著成效，信息采用率创历史新高。

（厅办公室）

·司法行政·

【概述】 2009年，全省各级司法行政机关，坚持全面履行职责，努力充分发挥作用，服务经济平稳较快发展实现新突破，维护社会和谐稳定取得新成效，推进依法治省进程迈上新台阶，保障人民群众权益取得新进展，全省司法行政工作开创新局面。

一、坚持围绕中心统筹推进整体工作

1.法律服务工作。全省广大法律服务工作者，围绕保持经济平稳较快发展积极开展工作。律师和基层法律服务工作者共办理各类案件76800余件；担任法律顾问8800余家；公证员共办理各类公证事项114000余件；法律援助工作者共办理各类法律援助案件16180余件；司法鉴定人共办理各类司法鉴定事项16400余件，均比上年有较大幅度增长。

2.法律保障工作。全省监狱、劳教系统，坚持"首要标准"，推进各项工作，实现"四无"目标，保持持续安全稳定，特别是国庆安保工作成绩显著。全省各级司法行政机关，扎实开展人民调解工作，共调处各类矛盾纠纷16万余件，成功率达93%。切实推进安置帮教工作，共接收刑满释放解除劳教人员10547人，安置8201人。全面推进社区矫正工作，累计接收社区服刑人员5634人，为维护全省社会和谐稳定作出积极的贡献。

3.普法依法治理工作。全省各级司法行政机关，全面启动"法治山西"建设，依法治省工作得到整体推进。认真实施"五五"普法规划，深入推进"法律六进"，扎实进行"依法治理示范单位"创建活动。

4.国家司法考试和法学教育、法学研究工作。按照"从严、过细、做实"的要求，顺利实施国家司法考试各项

2009年9月10日，省司法厅组织"荡涤心灵 重塑人生"专场文艺演唱会

（张　霏提供）

工作。全省报名9191人，参考7905人，1611人达合格分数线。三所院校按照"三特"办学思路和"三势"办学要求，增强主观努力，发挥客观优势，深化改革，加强管理，提高质量，法学教育取得可喜成绩。围绕"三个发展"中遇到的法律问题开展理论研究，法学研究工作取得新的成果。

二、着力突出重点全面提升工作水平

1.监狱劳教工作。一是监狱劳教所管理工作得到切实加强。全省监狱、劳教系统思想上不松懈，工作上不松劲，管理上不松手，注重制度建设，强化责任追究，民警的管理意识进一步增强，监所直接管理和现场管理进一步强化。二是监狱布局调整和监狱体制改革加快推进。全省监狱系统，认真落实规划，按照《监狱基本支出经费标准》将监狱经费列入财政预算，为完成监狱体制改革任务奠定坚实基础。三是劳教工作不断加强。全省劳教系统，强化监管工作，提高教育挽救水平，开展强制隔离戒毒，劳教工作得到明显提升。四是监狱劳教经济平稳运行。全省监狱劳教系统，进一步树立"一手抓监管，一手抓发展"的思想，在"对外改革开放、对内开发利用"上下工夫，全面启动监狱劳教农场农业综合开发工作。没有发生重特大安全生产事故，受到省政府的表彰奖励。

2.领导干部学法用法工作。全省各级司法行政机关，认真落实司法部《关于进一步加强领导干部学法用法提高依法执政能力的意见》，创新学法用法形式，举办"'法治山西'百场报告会"，推动领导干部学法用法工作深入进行。朔州市司法局从1999年开始坚持领导干部任前法律知识考试，成效明显。

3.司法鉴定工作。全省不断推进建立统一管理体制，严格行政许可准入，开展涉税司法鉴定试点，首家成立省级司法鉴定协会。建立质量管理队伍，有序进行认证认可和能力验证工作。开展专项检查，管理质量进一步提高，收费进一步规范。加大轻伤害、民事、治安人民调解案件司法鉴定力度，保障诉讼工作的顺利进行。

4.法律援助工作。全省以开展"法律援助便民主题活动"为载体，推进网络建设，降低援助门槛，全面开展业务，受援人数达20.77万人，超额完成省政府下达的指标。

5.社区矫正工作。全省普遍成立领导机构和办事机构，形成"党委领导、政府组织、司法行政机关牵头、相关部门密切配合、司法所具体执行"的工作格局。运城市司法局对社区矫正工作高度重视，领导有力，全面展开，共接收社区矫正人员2369人。太

原市杏花岭区司法局社区矫正工作机制健全,大胆创新,特色比较明显。

6.司法所规范化建设和办公用房建设。按照省司法厅要求,各地进一步加强司法所组织、队伍、业务、制度和基础设施工作,又有310个司法所基本达到规范化建设标准。办公用房建设继续推进,累计建成1109个,占应建所的80%。长治、晋城两市前4批司法所全部建成投入使用,第5批已有半数建成,走在了全省前列。

7.反腐倡廉建设。以落实党风廉政建设责任制为龙头,以建立健全惩治和预防腐败体系为主线,整体推进教育、制度、监督、纠风、惩治工作,反腐倡廉建设取得明显成效。

三、始终坚持创新整体工作亮点呈现

1. 工作呈现精彩亮点。《法制日报》4次在头版头条刊发省司法厅的做法和经验;山西省安置帮教工作受到中央综治委、人力资源和社会保障部的表彰;劳教工作、律师行业党建工作、司法所规范化建设和社区矫正工作的做法,分别在司法部会议上作交流发言。

2."法治山西"建设启动。根据省委依法治省领导组会议决定,在依法治省工作开展10周年之际,省司法厅于3月20日,承办召开启动大会,张宝顺、王君等13位省级领导出席。全省会议之后,各级司法行政机关认真落实,积极推动,"法治朔州"、"法治忻州"、"法治长治"建设率先启动,截至11月26日11个市全部启动,12月底119个县(市、区)基本完成启动工作。

3.服务"三保"和"三个发展"工作。全省广大法律服务工作者,为煤炭资源整合、煤炭企业兼并重组提供法律服务,起草调查报告、兼并方案、合同等法律文件12000余份,参与签约谈判上千次,制作谈判备忘录1300多份,协助办理证照1700多个。中吕、科贝、祝融万权、和胜等律师事务所积极参与,成绩突出。广大法律服务工作者,为全省152项重点工程提供法律服务,审查、草拟建设工程合同以及有关法律事务文书,解答法律咨询,参与调解、仲裁、诉讼法律事务。朔州市司法局组织律帅为17家兼并主体提供全程法律服务,涉及标的300多亿元。晋中市司法局组织开展律师与企业结对子活动,应对国际金融危机。佳镜、神明等律师事务所主动服务经济社会发展的重大事项,深受好评。太原市司法局组织律师进社区,调处矛盾纠纷3000余件。太原市城西公证处,主动为屯兰矿"2·22"事故善后处理工作提供公证服务。柳林县司法局在办理资金分配、灾害处理法律文件中作用突出。对此,省委、省政府非常满意。

4.人民调解职能作用。全省人民调解组织,接受法院、检察院、公安机关委托,参与处理轻伤害、民事、治安案件340件。省医疗纠纷人民调解委员会调处医患纠纷523件。加快专业性、行业性人民调解组织建立步伐,成立省道路交通事故纠纷人民调解委员会。

5.律师行业党建工作。认真贯彻中共中央政治局常委、中央政法委书记周永康视察山西佳镜律师事务所时的重要讲话和全省律师行业党的建设工作会议精神,加快推进律师行业党的建设,实现党的组织和党的工作全覆盖。这项工作跨入全国先进行列,得到了司法部和省委组织部的认可,6月8日,《法制日报》头版头条进行了专门报道。

6.司法行政宣传工作。继续贯彻全省司法行政宣传工作会议精神,做到"月月有活动,季季有重点,全年掀高潮"。特别是围绕庆祝新中国60华诞和纪念司法行政机关恢复重建30周年,举办了12项活动,分别是:召开纪念依法治省工作十周年暨"法治山西"建设动员大会;召开纪念山西省司法行政机关恢复重建30周年大会;举行全省司法行政系统人民警察岗位练兵汇报表演;开展"十佳百优"评选表彰暨授章活动;组织"荡涤心灵、重塑人生"文艺演唱会;出版《中国司法(特刊)》;出版《山西司法行政理论研究成果集》;编印《亲切关怀巨大鼓舞》画册;举办演讲比赛;举办全省司法行政系统廉政建设书画摄影展;举办纪念公证工作30周年征文比赛及图片展;召开纪念律师制度恢复重建30周年大会并举办律师之声文艺汇演。这些活动的开展,起到了推动工作,提升水平,扩大影响,凝聚力量,鼓舞士气,激励斗志的作用。集中力量办好《依法治省》和《山西司法》两个刊物,质量在不断提高,影响在逐步扩大。临汾市司法局认真贯彻省厅部署,制订详细宣传计划,积极开展宣传工作,效果非常明显。吕梁市司法局出台专门方案,与近20家媒体建立联系,刊发稿件100余篇(次),掀起宣传高潮。晋中市司法局在全市"和谐政法文化周"活动中获奖14项,获奖论文9篇。

7.政风行风建设。围绕"二年下决心,争取中游水平"的目标,进一步推进民主评议工作,政风行风建设得到切实改进,晋城、晋中、太原、临汾等市司法局2008年提前进入一流行列,其余各市司法局2009年全部达到中游水平。

8.调查研究工作。深入基层,调查研究,工作力度明显加大。省厅在对上半年工作检查调研和对国庆安保工作全面检查后,每个厅领导都撰写了调研报告,其中厅长王水成撰写的《襄汾县乡两级司法行政机关积极主动参与"9·8"特大事故善后处理工作情况的调研报告》,受到周永康、吴爱英、张宝顺、王君等领导同志及时批示,在山西司法行政史上绝无仅有。吕梁市司法局拿出2万多元进行奖励,促进调研工作的开展。

【岗位练兵汇报表演】 10月22日,山西省司法行政系统人民警察岗位练兵汇报表演在省军区教导大队训练场举行。杜玉林、杨安和、张建欣、李雁红等省领导还亲自检阅参演干警,张建欣讲话,司法部专门发来贺电。

参加汇报表演的共有监狱劳教所和3所院校组成的19个方队,以及山西警官职业学院擒敌拳配套表演、警棍盾牌表演和硬气功表演。内容丰富、紧贴实战的精彩演练,充分展现了监狱、劳教人民警察威武之师、文明之师的良好形象。

【道路交通事故纠纷人民调解委员会成立】 为充分发挥人民调解工作优

2009年9月1日，山西省司法鉴定协会成立　　（张　霏提供）

势，更好地解决道路交通事故当事人之间的民事损害赔偿争议，依法保护当事人的合法权利，最大限度地化解矛盾，促进社会和谐稳定，山西省司法厅、山西省公安厅会同山西省保监局，决定在全省各市、县（市、区）建立道路交通事故纠纷人民调解委员会，并于12月21日，举办新闻发布会，就有关情况向新闻界进行通报。

【山西省司法鉴定协会成立】 按照中央司法体制改革关于"司法鉴定实行行政管理和行业管理相结合的体制"的部署，山西省成立省司法鉴定协会。9月2日，协会成立大会在并召开，副省长、省司法鉴定管理委员会主任张建欣出席大会为协会揭牌并讲话，省司鉴委常务副主任、省司法厅厅长王水成主持会议，司法部司法鉴定管理局、国家认证认可监督管理委员会、中国合格评定国家认可中心省高级人民法院、省人民检察院、省科协等相关单位发来贺信表示祝贺。山西省司法鉴定协会成立，标志着山西省司法鉴定工作从此进入了行政管理和行业管理相结合的新的发展阶段。

【高科司法鉴定专家委员会成立】 2月13日，山西省司法鉴定工作管理委员会高科司法鉴定专家委员会召开大型新闻发布会，省人大常委会副主任安焕晓与省司鉴委常务副主任、省司法厅王水成厅长出席新闻发布会并授牌。省高级人民法院、省人民检察院、省公安厅、省国家安全厅、仲裁机构以及社会各界100余人参加了会议。新成立的高科司法鉴定专家委员会依托省科协整合山西省农业科学研究院等省内科研院所的科技人才、实验室资源和技术优势，从省科协大型科技专家库内遴选87名各相关行业优秀的专家担任鉴定人，并纳入《国家司法鉴定人和司法鉴定机构名册》。

【全省法律援助工作会议】 经省委、省政府同意，省司法厅于8月18日召开全省法律援助工作会议，各市政法委书记、司法局局长和法律援助中心主任参加会议，省编办、省财政厅、省人事厅和省民政厅等部门的主要负责同志应邀出席会议。省委常委、政法委书记杜玉林和副省长张建欣讲话，对当前和今后一个时期全省法律援助工作暨组织开展"法律援助便民服务"提出殷切期望和明确要求。同时，会议对山西省受司法部表彰的法律援助先进集体代表和先进个人进行表彰。

【山西省戒毒管理局揭牌】 6月19日，山西省劳教局在机关办公楼前举行增挂山西省戒毒管理局揭牌仪式。山西省戒毒管理局的成立，将有力推动全省的戒毒工作更加全面有序地开展。　　（张　霏）

·财　政·

【概述】 2009年，全省财政总收入完成1538.02亿元，为年度计划（1641.7亿元）的93.68%，与上年决算相比，增长1.26%，增收19.2亿元；其中一般预算收入完成805.83亿元，为年度预算的101.90%，超收15.06亿元，较上年增长7.73%，增收57.83亿元。

分预算级次收入完成情况：省级一般预算收入完成206.82亿元，为年度预算的100.13%，超收0.26亿元，比上年增长4.46%，增收9.2亿元；市级一般预算收入完成220.08亿元，为年度预算的97.80%，短收4.94亿元，比上年增长6.81%，增收14.04亿元；县级一般预算收入完成378.93亿元，为年度预算的105.50%，超收19.75亿元，增长10.05%，增收34.59亿元。11个市一般预算收入增幅最高的晋中市为23.12%，最低的运城市为−19.52%。

2009年，全省一般预算支出执行1561.70亿元，为年度预算的81.08%，与上年决算数相比，增长18.76%，增支246.69亿元。分预算级次看，2009年省级、市级、县级一般预算支出分别执行418.19亿元、279.89亿元、863.62亿元，较上年增长率分别为27.91%、5.05%、19.67%。

主要支出项目的执行情况是：一般公共服务支出247.94亿元，为年度预算的80.31%，比上年增长10.94%，增支24.45亿元；国防支出2.70亿元，为年度预算的93.41%，比上年增长17.45%，增支0.4亿元；公共安全支出98.44亿元，为年度预算的91.28%，比上年增长8.47%，增支7.69亿元；教育支出278.07亿元，为年度预算的86.49%，比上年增长18.33%，增支43.08亿元；科学技术支出17.61亿元，为年度预算的96.98%，比上年下降0.18%，减支0.03亿元；文化体育与传媒支出27.97亿元，为年度预算的89.15%，比上年增长2.88%，增支0.78亿元；社会保障和就业支出236.94亿元,为年度预算的85.99%,比上年增长8.5%,增支18.56亿元;医疗卫生支出101.73亿元,为年度预算的87.41%,比上年增长42.29%,增支30.23亿元;环境保护支出70.61亿元,为年度预算的70.60%,比上年增长9.84%,增支6.33亿元;城乡社区事务支出85.31亿元,为年度预算的93.66%;农林水事务支出198.47亿元,为年度预算的87.99%,比上年增长80.93%,增支88.78亿元;交通运输支出93.68亿元,为年度预算的83.21%,比上年增长178.79%,增支60.08亿元;采掘电力信息等事务支出28.55亿元,为年度预算的89.28%,粮油物资储备管理等事务支出22.15亿元,为年度预算的59.69%;金融监管支出12.99亿元,为年度预算的94.55%;地震灾后恢复重建支出6.40亿元,为年度预算的95.39%;国债还本付息支出1.25亿元,为年度预算的85.40%;其他支出30.90亿元,为年度预算的25.01%比上年增长7.01%,增支2.02亿元。

【扩内需　保增长】1.扩大政府投资规模。多渠道筹措资金600多亿元,主要用于铁路、公路等基础重大设施建设以及民生工程、生态环境整治等公益性建设项目。其中,新增投资项目建设资金146亿元,交通能源重点工程项目资本金31亿元,高速公路建设项目资本金近400亿元。争取财政部核定山西省发行地方政府债券53亿元,用于中央扩内需项目配套和农村公路建设;争取各类补助资金700亿元,比上年增长40%。

2.落实结构性减税政策。增值税转型改革、成品油税费改革、提高部分产品出口退税率、取消和停征134项行政事业性收费等各项税费减免政策措施全部落实到位;对企业从事符合条件的公共基础设施、环境保护、节能节水项目所得实行“三免三减半”税收优惠,对高新技术企业和新技术、新产品研发及技术转让给予所得税优惠,对从事农林牧渔项目所得实行免征或减征企业所得税政策,对符合条件的小型微利企业按20%的税率征收企业所得税,全年累计为企业和居民减免税费约80亿元。

3.增加城乡居民收入。进一步完善收入分配相关政策,不断加大惠农惠民投入力度,稳步推进义务教育学校绩效工资和公共卫生事业单位人员收入分配制度改革,积极提高城乡低保对象、企业退休人员和优抚对象等群体补助水平,认真落实住房转让环节营业税减免等税收优惠政策,及时足额兑现家电下乡和汽车摩托车下乡等补贴资金,促进城乡居民收入的增加和消费能力的提升。

4.帮扶企业渡过难关。落实“五缓四降三补”政策,允许困难企业在一定期限内缓缴基本养老保险等5项社会保险费,阶段性降低失业保险等4项社会保险费,扩大失业保险金使用范围。筹集资金3亿元建立工业经济运行调节专项资金,重点用于解决制约工业经济健康运行的突出问题;对焦化企业政府性基金和收费实行减免政策。缓解中小企业融资难、贷款难问题,筹措专项资金2亿元,用于扩充省中小企业信用担保公司资本金和对符合条件的县级政策性担保机构给予奖励补助;全省新增政策性担保机构73户,各级政策性中小企业信用担保机构总数达147户,注册资本金48.2亿元;全省各类担保机构全年共为中小企业融资担保87亿元。

【经济结构调整和发展方式的转变】1.对省属国有重点煤炭企业应缴采矿权、探矿权价款地方留成部分,给予可分期缴纳或转增国家资本金的政策优惠。允许资金周转困难的企业缓缴煤炭可持续发展基金。争取中央整顿关闭小煤矿专项资金1.9亿元,支持关闭小煤矿安置职工、消除安全隐患。拨付资金20亿元,帮助煤炭企业移交地方192所学校和8个公安机构,解决8户改制企业债务问题,对30户企业关闭破产给予财政补助。

2.安排产业发展专项资金2亿元,支持发展装备制造业、现代煤化工、新型材料、食品工业等新兴产业和高新技术产业。安排旅游基础设施投资3.5亿元支持旅游产业发展,设立省级文化产业发展专项资金对文化产业予以扶持,支持农村信用社、晋商银行等地方金融机构提高金融服务水平。全年下达科技资金6亿元,439项基础研究、工业科技、农业和社会科技项目得到支持,138项科技成果推广和转化项目深入实施,109项科技创新和软科学研究项目有序开展,星火计划、火炬计划以及科技基础平台建设稳步推进。

3.制订企业安全费用提取制度和企业安全生产风险抵押金制度;下达资金3.67亿元,推进全省尾矿库闭库治理,891个尾矿库按期关闭。支持开展安全生产专项整治工作,17个重点行业和领域整治工作经费保障到位。

4.筹措资金50多亿元,支持节能减排和淘汰落后产能,推进“蓝天碧水”工程、造林绿化工程及生态环境治理修复“2+10”工程。设立新能源与节能环保产业发展专项资金,实施省级森林生态效益补偿机制,对右玉、五台等六个县实施生态转移支付。采取“以奖促治”、“以奖代补”等方式支持农村生态环境治理,对全省主要河流实行跨界断面水质考核生态补偿。

5.支持举行重点项目推介会、举办首届中国(山西)特色农产品博览会和参加各种招商引资活动,鼓励企业开展对外贸易和参与国际竞争,引进海外高层次人才来晋创业,争取国际金融组织和外国政府贷赠款,支持全省引进各类资金1120亿元。

【保障民生建设】全省社会保障和就业支出执行235.8亿元,同口径增长13%。全省城镇新增就业42.2万人。连续五年调整提高企业退休人员基本养老金待遇,月人均养老金标准提高到1260元;支持全省22个县开展新型农村社会养老保险试点,惠及农村人口378万人;落实城乡低保、优抚对象补助和农村五保供养等补助政策,200多万城乡低保和优抚安置人员从中受益,14万农村五保供养对象实现应保尽保;解决130余户省属特困企业离休干部和建国前参加革命工作的退休老工人生活待遇问题。

在推动教育均衡发展方面,全省

教育支出执行 277.4 亿元，增长 18.1%。525 万名城乡中小学生享受到免费义务教育；落实各项大中专院校贫困学生奖励资助政策，130 余万名家庭经济困难学生从中受益；推进高等职业院校和职业教育实训基地建设，支持 30 所高校开展重点学科建设、强校工程建设和人才培养工程。在提升医疗卫生水平方面，全省医疗卫生支出执行 101.1 亿元，增长 41.5%。解决全省 17.3 万名关闭破产国有企业退休人员、国有困难企业在岗职工和退休人员的基本医疗问题，对全省 3 万多名贫困残疾人康复救助给予财政补贴。在推进保障性住房建设方面，省级财政下达资金 17.82 亿元，支持开工建设廉租住房、经济适用房、棚户区改造、农村困难群众危房改造 35.9 万套、2119 万平方米。在促进公益性文体事业发展方面，全省文化体育与传媒支出执行 28.9 亿元，同口径增长 10.2%。

【强农惠农政策】 2009 年全省农林水事务支出执行达 197.73 亿元，增长 80.3%。

1.完善涉农补贴相关政策。在落实粮食直补、良种补贴、农机具购置补贴和农资综合补贴等国家涉农补贴政策的基础上，针对全年相继出现玉米价格低迷、奶业滑坡、三季连旱和暴雪灾害等不利情况，出台玉米保护性差价补贴、新建奶站补贴、农业灌溉水价补贴、扩大农机具购置累加补贴等多项地方性惠农补贴政策，并对雪灾畜禽死亡进行补偿和对重建大棚圈舍贷款给予贴息补贴。

2.着力提升现代农业发展水平。支持大同、晋中、运城三市现代农业示范区建设。加大农业综合开发投入力度，开展 2334.5 公顷高标准农田示范工程建设，改造中低产田 133400 公顷，扶持发展 113 个农业产业化经营项目和科技推广示范项目，支持玉米丰产方及标准化奶牛养殖小区建设。下达资金 10.5 亿元，支持实施兴水战略六大工程及重点水利工程，引黄北干线开工建设，12 项应急水源工程建成投入使用，58 座病险水库完成除险加固，小型农田水利重点县建设启动，农业基础设施条件逐步改善。支持农业生产救灾，保障农作物病虫害防控、动物防疫和防汛抗旱经费需要，及时下达应对强降雪灾害资金 1.47 亿元，支持各项防灾救灾工作的顺利进行。

3.支持农村公共事业发展。“五个全覆盖”工程有序推进，96%的建制村通水泥(油)路，完成 506 万平方米中小学校舍改造任务，完成 99%的卫生室空白村建设任务，完成村通广播电视 2586 个村，新解决 272 万人口饮水安全问题。支持 2000 个新农村重点推进村搞好建设，扶持发展连锁农家店、新农村便民店和放心粮油店，完成 2266 个村的整村推进任务，移民搬迁 4 万人。农村生产生活条件明显改善，农民群众得到实实在在的好处。

4.支持农村综合改革。农村义务教育“普九”债务审核确认工作基本完成，争取国家将山西省列为村级公益事业建设一事一议财政奖补试点省份，并在祁县、应县等 11 个县开展试点。农村财会人员培训力度进一步加大，培训人员 3 万多名。集体林权制度改革试点工作稳步推进。

【提高依法理财水平】 1.推进法治财政建设。加大财政普法、立法和执法监督工作力度，财政“五五”普法规划稳步推进，《山西省农业综合开发条例》颁布实施，《山西省煤炭基金稽查管理办法》《山西省耕地占用税实施办法》上报省政府审议。开展规范财政权力运行工作，通过理清工作流程、明确关键环节、完善相关制度等措施，形成涵盖省财政厅权力运行全部内容的一整套工作规程，为规范权力运行机制、加强权力监督与制约、推进依法理财进程奠定基础。

2.不断深化各项财政改革。进一步健全省以下财政体制，“省直管县”改革不断完善。引深部门预算改革，省级部门预算试行按因素法分配项目资金办法和项目支出标准定额化管理办法。国库集中支付制度改革范围扩大至省本级各部门和全省 11 个市、80 多个县区，省本级一般预算资金、政府性基金、预算外资金全部实行国库集中支付，电子支付在省级部分单位试点。政府采购管理制度日趋完善，采购范围进一步扩大，全省采购规模达 98 亿元，比上年增长 9%。全面开展省级行政事业单位新增资产配置预算编制工作，资产处置、使用及收益管理不断加强。“金财工程”建设稳步推进，财政信息化水平不断提高。

3.大力强化财政监督检查。制定实施财政监督检查公示制度，加强对扩内需、保增长政策落实和资金使用的监督检查，强化省级财政项目资金监管，有效查处和遏制了挤占、挪用、截留资金行为；加大对煤炭可持续发展基金提取、缴纳和使用等环节的稽查力度，查出欠缴漏缴煤炭可持续发展基金 17.11 亿元，应提未提矿山环境恢复治理保证金和煤矿转产发展资金 11.46 亿元。财政绩效考评和投资评审力度加大，全省各级评审机构全年评审项目 3742 个，审减财政资金 55.8 亿元。会计管理工作进一步加强，国家会计准则制度深入实施，“小金库”专项治理工作取得阶段性成果，全省自查自纠和重点检查共发现“小金库”1767 个，涉及金额 4.36 亿元。

4.加强中介组织管理。认真开展会计师事务所执业质量检查，建立完善事务所退出机制，严厉打击会计造假等扰乱经济秩序的行为。加强行业诚信建设和内部治理机制建设，支持引导事务所做大做强；组织全省注册会计师、注册评估师行业开展第三批深入学习实践科学发展观活动。

(李晋中　张小三)

·国家税务·

【概述】 2009 年全省国税收入累计 884.46 亿元，比上年同期下降 8.93%，减收 86.68 亿元，完成年度计划的 84.40%。其中：与地方财力挂钩收入 830.62 亿元，下降 8%，减收 72.23 亿元，完成年度计划的 84.76%。分税种看，增值税入库 709.65 亿元，下降 10.44%；企业所得税入库 118.80 亿元，增长 0.82%；消费税入库 19.85 亿元，增长 63.15%；车辆购置税入库

30.40 亿元,下降 17.78%;储蓄存款利息个人所得税入库 5.75 亿元，下降 51.31%。

1.主要产品产量减少,减收 55 亿元。地方煤炭减产,减收 34 亿元。受国际金融危机及价格等多种因素影响,煤炭产量减少。全省 1~11 月份煤炭产量完成 5.49 亿吨，同比下降 5.1%，其中地方非重点矿产量下降 18.26%,减产 4812 万吨。初步测算,全省因原煤产量下降影响增值税减收约 26 亿元。同时，地方煤炭产量下降,煤源紧张,影响到焦炭、钢铁等下游用煤企业,相当一批用煤企业不得不从陕西、内蒙古、青海、甘肃等省外采购煤炭,甚至进口原煤,影响山西增值税多抵扣进项税近 8 亿元。

焦炭减产，减收 15 亿元。2009 年以来，焦炭行业面临严峻形势,在内销市场上，上游煤炭行业货源紧张,下游冶金行业市场疲软,合同订货量减少，导致焦炭行业“两头”受挤,生产经营举步维艰。在出口市场上,受世界金融危机影响,国外焦炭需求明显不足,出口关税提高对焦炭行业也形成一定的压力。受此影响,焦炭税收大幅下滑,居各行业减收额之首。1~11 月,全省焦炭产量 6927 万吨,下降 8.4%,影响增值税减收 15 亿元。

有色金属产量下降，减收 6 亿元。由于需求不足,1~11 月份全省原铝产量 68.9 万吨,同比下降 23.3%,氧化铝产量 230 万吨,同比下降 28.3%,影响增值税减收 6 亿元。

2.价格下跌,减收 95 亿元。价格是山西近年来税收增收的主要动力,同样也成为影响 2009 年税收减收的主要原因。煤炭因价格因素减收 30 亿元。全省监控的 720 户煤炭生产企业,1~11 月份原煤的平均价格为 404 元/吨,下降 4.49%,减少 19 元/吨;洗煤的平均价格 529 元/吨，下降 26.52%,减少 191 元/吨。初步测算,价格下降影响原煤洗煤行业和煤炭运销行业增值税约减收 30 亿元。

焦炭因价格因素减收 29 亿元。1~11 月,全省焦炭价格下降 19.6%,省局监控的 206 户焦炭生产企业,1~11 月份焦炭平均价格 1402 元/吨,下降 21.32%,减少 380 元/吨。初步测算,价格下降影响全省焦炭增值税约减收 29 亿元。

冶金行业因价格因素减收 30 亿元。1~11 月，冶金产品价格下降 25.2%。全省钢材产量略有增长,钢材行业税收却减收 31 亿元，其中价格因素约减收 25 亿元。有色金属由于价格下跌减收 5 亿元。如太钢不锈钢公司不锈钢平均价格 1.19 万元/吨，同比下跌 43.06%;全年实现销售收入 524.9 亿元,同比下降 11.05%;入库税收 6.22 亿元,同比减收 11.97 亿元。

化工等其他产品因价格因素减收 6 亿元。化工产品因需求不足,价格直线下跌。如天脊煤化工集团生产的硝酸磷钾均价为 2094.5 元/吨,同比下降 33 元/吨；硝铵均价为 1698 元/吨,同比下降 429 元/吨;苯胺均价为 6382 元/吨，同比下降 3683 元/吨。该企业全年销售收入仅实现 11.3 亿元,同比减少 5.3 亿元,入库增值税 7424 万元，同比下降 39.94%，减少 4938 万元。

3.落实结构性减税政策,减税 159 亿元。2009 年,为全省各类企业和居民个人减税 159 亿元,如此大的减免规模在山西国税史上是空前的。(1)全面推进增值税转型改革,全年发生固定资产进项税额 63.95 亿元，实际抵扣 47.11 亿元，同比多抵扣 28.64 亿元;矿产品税率提高,为全省电力、焦炭、钢材等行业增加进项抵扣约 32 亿元;小规模纳税人征收率统一降为 3%,为小规模纳税户减税 11.37 亿元;落实残疾人就业、农业生产资料、资源综合利用等税收优惠政策减免税 12.27 亿元。(2)落实新企业所得税法和所得税优惠政策,为各类企业减免企业所得税 28.34 亿元。(3)加快退税进度,全年共为企业办理出口退(免)税 15.89 亿元。另外,特殊车辆减免车辆购置税 1.1 亿元,对 1.6 升及以下排量车辆车购税减半征收,为购车户带来 5.72 亿元的实惠。免征储蓄存款利息所得个人所得税,为居民个人减税 6.08 亿元。

2009 年有三项增税政策。(1)矿产品税率提高,煤炭生产和铁矿石等采选行业增收 89 亿元。(2)执行调整后的再生资源增值税政策增收 1.73 亿元。(3)卷烟消费税政策调整增收 6 亿元。

【依法治税】 全省国税系统自查面达 100%,市局复查面达 50%,省局重点检查面达 36%,在自查和市局复查工作中,共发现税收执法、税务稽查等 145 个方面 721 类问题，涉及 14659 户企业，涉及税款 2386.41 万元,入库 2311.91 万元。在省局重点检查工作中，共发现 8 个方面 74 类问题,涉及 834 户企业,涉及税款 141.8 万元,全部入库。

【税收征管】 全年共组织非居民企业所得税收入 2.01 亿元,比上年同期增长 6.16 倍。加强大企业税收管理。做好 70 户企业的税收自查督导和重点复核工作,共补缴入库税款和滞纳金 4015 万元。

【科技兴税】 开发完成纳税服务平台,建立以省局门户网站为依托和载体,搭建网上办税服务厅,实现税收宣传、政务公开、网上办税、政策咨询、征纳互动等功能。4 月 1 日起在介休市国税局试点运行,实现纳税人网上办税一条龙服务,10 月份在晋中市全面推广,运行良好。山西率先在全国使用新版综合征管软件,整个测试和试运行工作得到总局领导的表扬和肯定。

【税务管理信息化建设】 完善运维流程和知识库系统,保障应用系统正常和高效运行。主要采取建立全方位的系统监控,实现对主机、数据库、应用、网络设备和中心机房的监控,提高预警能力。整合综合征管软件、增值税管理系统、车购税系统的相关数据,实现对管户情况、申报及入库情况、征管质量、重点税源、数据分析、指标通报等 6 方面功能,配合相关业务部门完成包括固定资产进项税抵扣情况的测算分析、近三年来下岗再就业税收优惠政策免税户数及税金情况处理分析、所得税相关指标处理、稽查专项检查数据处理、每月申报及征收数据处理、车购税数据处理、征管质量专项数据处理等16项专题数据处理和分析工作。

【税务稽查】 开展重点区域税收专项整治工作。通过分析、调研、筛选、对比等，省局确定孝义市煤炭生产、加工和运销企业为2009年省级重点区域整治对象，经整治共发现29类涉税违法问题，实现查补1.06亿元。全省范围内开展煤焦领域和非煤矿山企业的税收专项整治，共检查企业1947户，实现查补3.55亿元，有效清理整治煤焦企业在税收征缴中存在的问题。

【专项检查】 开展2009年全省税收专项检查工作。省局在全省范围内组织开展对大型连锁超市及电视购物企业、建筑安装业、办理出口货物退(免)税业务的重点企业、三年以上未实施稽查的重点税源企业、非居民企业、煤焦企业及非煤矿山企业的税收专项检查工作，实现查补11.89亿元。全面部署全省税收检查自查工作。省局分7批安排部署对大型超市、建筑安装企业、出口退税企业、5亿元以上重点税源企业、省级重点区域专项整治、运费异常抵扣企业、酒类生产企业以及总局两批大型汇总纳税企业等9行业的企业自查工作，自查企业共计753户，实现查补收入3.55亿元。

【打击发票违法犯罪活动】 省国税局协同公安、地税、通信等15个部门成功查获制售假发票、假证件的犯罪团伙15个，捣毁制售假发票窝点5个，抓获犯罪嫌疑人33名，缴获假发票46万余份，关闭登载制售假发票、非法代开发票相关信息的违法网站8个，有力地打击制售假发票等涉税违法行为。

【纳税服务】 组织开展以税收政策服务为重点的"税收服务年"活动，大力服务经济、服务民生、服务纳税人。全年全省共计减、免、退(抵)税款159亿元，为"保增长、保民生、保稳定"作出贡献。首次召开以纳税服务为主题会议。创新纳税服务手段和措施，开办手机报，开展网上送税法和利用纳税人学校为纳税人提供税收政策，探索试行"一窗通办""一厅通办"和"同城通办"等服务模式，为纳税人申报缴税提供方便。省局在晋中试点的网上纳税服务平台取得成功，在太原、大同、晋中、晋城4市推行的财税库银横向联网系统运转顺利。

【机构组建】 按照总局的批复和省局党组的安排，组织实施省局机关的机构改革工作，新增设纳税服务处、督察内审处、离退休干部处，明确工作职责，人员配备到位，机构顺利运转。对各市局机构改革的全面启动做准备工作，就职责机构设置和人员编制进行细划、测算和批复，为按时完成市、县级国税局机构改革任务奠定基础。

【党风廉政建设】 省局党组制定下发《全省国税系统惩治和预防腐败体系建设2009~2012年目标任务分解意见》。按照省煤焦领域反腐败专项斗争领导组的要求，围绕7项集中整治重点和3个方面的制度建设重点，开展为期8个月的煤焦行业和非煤矿山企业税收专项整治，取得阶段性成果。全省国税系统纪检监察机构全年共接受群众来信来访电话举报145件，对立案的7起案件进行查处，7名国税干部受到党纪政纪处分，其中有2人受到刑事处理。

【精神文明建设】 省国税局在全省组织开展"爱岗敬业"主题巡回演讲，各级国税机关开展书法绘画摄影比赛、爱国歌曲大家唱等活动。开展税风税纪整顿、争先创优及文明和谐创建活动。全年全省国税系统4个单位荣获全国文明单位称号，6个单位获全国精神文明建设工作先进单位称号，4个基层单位的办税服务厅获全国巾帼文明岗称号。省局机关被评为2008~2009年度"山西省文明和谐单位标兵"和"省直文明和谐单位标兵"。

(董其文)

·地方税务·

【税收完成情况】 2009年，全省地税系统累计完成各项收入707.2亿元，比上年增长6.1%，增收40.6亿元。其中，各项税收累计完成491.99元，比上年增长10.9%，增收48.41亿元；完成年初计划的102.7%。其他规费收入累计完成215.21亿元，比上年下降3.5%，减收7.82亿元；其他收入中，煤炭可持续发展基金完成160.55亿元，比上年下降3.57%，减收5.95亿元，完成年计划的100.35%。

分税种看，多数税种呈现增长，企业所得税贡献最大。14个税种中12个保持增长，资源税和城市维护建设税分别受煤炭产量下降和增值税收入下降的影响呈现负增长。营业税和企业所得税分别完成152.24亿元和146.29亿元，分别比上年增长11.56%和14.26%，分别增收15.77亿元和18.26亿元，分别占整体增收额的32.58%和37.72%，企业所得税贡献率居各税种之首，营业税位于第二，两税贡献了七成的收入增量。城镇土地使用税、印花税、土地增值税、房产税、车船税、烟叶税、耕地占用税均呈现两位数增长，合计增收8.27亿元，占整体增收额的17.08%。

分级次看，各级收入均现增长，中央级增幅最高。中央级收入完成131.29亿元，比上年增长14.2%，分别高于省级和市县级3.9%和4.6%。省级和市县级收入分别完成86.78亿元和273.92亿元，分别增长10.3%和9.6%，合计增收32.08亿元，占整体增收额的66.27%。

【税收收入特点】 1.收入规模连破大关。2005年至2009年，全省地税各项税收累计完成1738.04亿元，收入规模从2005年的203.72亿元发展到2009年的491.99亿元，5年内接连突破200亿元、300亿元和400亿元大关，2009年各项税收规模直逼500亿元关口。

2.历年增幅波动明显。2005年至2009年，各项税收年均增长24.66%。2009年各项税收增幅为10.91%，虽明显低于年均增长水平，但却是在严峻的经济形势下、在上年度增长26.74%的基础上实现的逆势增长，为各项税收实现"十一五"时期稳定增长的目标奠定基础。

3.税收收入增幅在全国处于后位。2009年,税收收入规模在全国地税中位列第12位,在中部6省中列第2位;税收增幅在全国地税中位列第23位,比全国(12.8%)低1.7%,在中部六省中列第5位,仅比河南高0.7%。

4.一般预算收入比重略有提高。2009年,全省财政一般预算收入完成805.8亿元,比上年增长7.7%,增加57.9亿元。全省地税部门组织的一般预算收入为384.4亿元,比上年增长8.9%,增加31.4亿元。地税部门组织的一般预算收入占全省财政一般预算收入的47.7%,比重比上年提高0.5%。

5.月度收入渐趋均衡。从当月收入额度看,前6个月,收入波动较为明显,呈现较大的跳动态势,后6个月呈现较为稳定均衡的运行态势。从全年来看,6月份完成58.4亿元,为收入规模最高的一个月,11月份为收入规模最低的一个月仅完成25.1亿元,两者相差2.3倍。

6.税种结构变化明显。营业税比重基本保持不变,两税比重略有提高。全年企业所得税和个人所得税分别完成146.29亿元和61.84亿元,占各项税收的比重分别为29.7%和12.6%,比重均比上年提高0.8%;资源税和城市维护建设税分别完成30.05亿元和41.25亿元,占各项税收的比重分别为6.1%和8.4%,比重分别比上年下降1.1%和1.3%。营业税和其他税种比重基本保持不变。

7.煤炭行业收入仍占主导地位。煤炭行业共完成171.45亿元,占税收收入比重为35.61%,比重比上年提高5.17%;焦炭行业共完成6.97亿元,占税收收入比重为1.45%,比重比上年降低0.73%;建筑业共完成61.14亿元,占税收收入比重为12.7%,比上年提高1.56%;金融业税收共完成35.21亿元,占税收收入比重为7.31%,比重比上年提高0.77%;服务业税收共完成36.34亿元,占税收收入比重为7.55%,比重比上年提高0.65%。

【科学管理工作】 2009年,省地税局准确把握形势变化,扎实推进地税现代化。在工作思路上,探索实践"信息管税",使"信息管税"成为全系统的广泛共识。在工作内容上,"两个操作示范"和征管规程在基层实践中发挥出突出功效,国家税务总局局长肖捷指出"山西地税'两个操作示范'为转变政府职能做了十分有益的探索,值得认真学习总结,值得其他兄弟省市借鉴"。强化管户动态监控,加强纳税申报后续管理。开展征管质量监控分析和优秀征收管理员考评,运用信息化手段强化征管质效监控考核。出台纳税评估工作规程,在部分重点行业开展试点。开展专项检查和专项整治,推行分级分类稽查,组织企业自查,强化重点税源稽查,查补入库税收收入8.15亿元,查补收入占到税收收入的1.67%。规范发票管理,打击假发票涉税违法行为,查获假发票73万余份。在工作手段上,完善税收征管网络体系,全系统四级广域网络和应用系统安全、稳定、高效运行。推进省局数据处理中心建设,金税三期山西地税建设项目正式立项。加快信息化应用步伐,网上申报缴税、财税库银横向联网、财产行为税税源监控系统、房地产税收一体化管理系统、征管文书及档案电子化管理、建筑业、销售不动产发票开票系统试点运行。完善规费基金征管软件,研发规费基金报表软件。推行预警分析管理系统,税收预警工作保持全国领先水平。

【税收服务】 2009年,省地税局树立"大税收、大服务"理念,全力支持山西省经济社会转型和产业调整振兴。落实税收政策保发展,全面落实国家和山西省产业调整振兴、支持服务业、高新技术产业发展等各项税收政策,运用税收手段促进经济结构调整。认真落实结构性减税政策及各项税收优惠政策,全年审批减免税27.9亿元,纳税人享受税收优惠额107.5亿元。强化职能服务促发展,响应省委省政府落实"三保"的安排部署,对口帮扶重点企业,优质高效提供税收政策把关审核和备查备询服务,全年为省政府及有关部门办理阅办件66件(次),145条涉税意见建议被采纳。出台《地税部门支持大学生村干部创业意见》,创建优惠政策查询系统,修订税收优惠政策读本,编发房地产业税收政策读本,完成重点课题调研,办好《税收理论与实践》,有效服务领导决策。优化纳税服务促和谐,出台纳税服务工作规划实施意见、推进两个减负意见,增强纳税服务的系统性。继续落实"两制",在全社会树立了地税部门优化服务的响亮品牌。广泛推行公开办税、服务承诺,开展第18个税收宣传月活动,统一办税服务厅标识,推进办税服务厅规范化建设,开通门户网站普通发票查询。强化涉税咨询管理,受理各类咨询1.2万条,热点问题收集解答工作受到总局通报表扬。

【防范执法风险】 2009年,省地税局开展警示教育和政策法规教育,提高干部职工防范风险意识,在全省行政法律法规知识大赛中,省地税局凭借雄厚实力一举夺冠。结合煤焦领域反腐败专项斗争,加强与省专项办、省财政厅沟通协调,完善煤焦税费征管长效机制。开展"两权监督"检查,查找问题103条,提出整改建议10类,强化权力监督经验在省纪委监督工作现场会上作了介绍。革新税收执法处罚案卷评查方法,对109宗案卷进行评查分析、分级划档、纠改提高。扎实推进依法行政、依法治理,省地税局被评为全省"依法行政十佳单位",作为省直机关唯一的发言单位进行经验介绍。

【职工教育活动】 2009年,省地税局分层分批组织干部到高等学府集中培训,开展省级业务能手选拔,组织稽查干部参加全国稽查人员考试,完善师资人才库,强化岗位练兵,与高校联合开展研究生学位教育。全系统举办各类培训班832期,培训干部4.78万人次。开展"读书年"活动,指定必读书目,组织"爱我中华、做优秀税官"演讲比赛和"双十佳"巡回报告。

【基层基础建设】 2009年,省地税局全面完成基层基础建设3年任务。在机制体制上,制定实施加强税务所和办税服务厅建设管理考核的一系列办法、省地税局机关处室定点联系基层县局等制度，全系统人力、物力、财力全面向基层聚集，用人导向、工作重心、管理重点全面向基层倾斜。硬件建设上，省市县地税局三年投资1.52亿元，新建改建303个税务所；省地税局投资7500万元为基层配发587辆征收用车、5465台微机、850台打印机、119台复印机等一批征管服务设备。软件建设上，476个税务所升格为副科级，“标准化税务所、标准化办税服务厅”创建、“双十佳”评比、基层干部轮训等取得明显成效。

【税种管理】 2009年，省地税局在税种管理方面采取积极措施，取得明显成效。(1)落实企业所得税法配套政策，推进企业所得税分类管理，出台企业所得税减免税管理办法，抓好年所得12万元以上纳税人自行申报工作，全省有2.12万人主动进行申报，超额完成总局下达的任务，企业所得税和个人所得税分别完成146.29亿元、61.84亿元，增长14.26%、18.13%。(2)落实新修订的营业税暂行条例，加强货物运输业营业税自开票纳税人管理，推进财产行为税税源监控平台建设，开展土地使用税和房产税税源清查，加强土地增值税清算，强化国际税收管理，调整黏土等矿产品资源税税额。(3)强化保险机构代收车船税管理，代收车船税4.53亿元，增长105%，位列全国第一，这一做法得到国家税务总局肯定并在全国推广。(4)推进房地产税收一体化管理，完善管理链条，开展税源普查，加强项目管理，提升房地产交易环节征收窗口功能，全省房地产税收完成45亿元，增长31%。房地产税收一体化管理、财产行为税税源监控平台建设经验在全国财产行为税工作会议上做了交流。(5)继续实行“一把手工程”、“一票否决”和税收与基金“一体化”管理，以“已缴证明”票据为纽带，扎实开展煤焦企业基金查验补征和基金票据专项检查，确保基金任务完成。

（邸　龙）

·审　计·

【审计成果】 2009年，全省审计机关共审计和审计调查单位4468个，查出违规金额191.23亿元，损失浪费金额0.68亿元，为各级财政增加收入38.4亿元，核减投资21.28亿元。移交司法、纪检监察机关及主管部门查处的案件256件，涉及212人。有2627条审计建议得到各级政府和有关部门采纳，审计专题报告、综合报告和信息简报得到各级党委、政府批示采纳1899件(次)，其中得到省领导批示的51件。

【预算执行审计】 省本级组织开展对财政、国土、环保等16个部门及所属267个单位预算执行情况审计。针对审计发现的问题，深入分析研究，从完善体制、健全制度、改进管理的高度向省人民政府提出细化和改进预算管理，增强预算的约束力，完善依法理财、民主理财、科学理财的机制；依法加强征收管理，防止财政收入流失；改进财政资金管理和分配使用方式，提高财政资金使用效益；加强监督检查；加强对财政性担保机构的管理和指导，帮助中小企业解决融资难问题；加强国有企业对外投资的宏观管理和指导；建立国有资本经营预算制度等7方面的建议，全部得到采纳。省政府领导对省本级预算执行审计结果报告、专题报告、审计信息作出批示28次。副省长李小鹏向省十一届人大常委会第十三次会议作整改工作报告。省政府及有关部门单位针对审计查出的问题制定41项相关的管理制度和办法，审计整改工作取得良好效果。

【财政决算审计】 省审计厅直接对太原、吕梁、临汾、晋中、忻州5个市2007年、2008年财政决算进行审计。审计查出未按规定征收、缴纳财政收入38.03亿元，隐瞒转移截留财政收入7.42亿元，财政核算不实2.66亿元，违规改变资金用途10.16亿元，通过审计上缴财政8.99亿元。

【专项资金审计和审计调查】 组织全省各级审计机关对国土资源、环境保护、社会保障、三农、科技、教育、卫生等17项重点专项资金的征收管理使用情况进行审计和审计调查。对全省2382个中小学校舍安全工程进行审计和审计调查，审查项目总投资43.84亿元，提出审计建议213条，得到采纳的112条，建立健全规章制度14项。根据省政府安排，对全省298个政府还贷二级公路项目的债务及里程情况进行审计认定，出具审计报告140份。组织各级审计机关开展全省农村义务教育“普九”债务审计。审计债务责任主体1.7万个，审计债务7.8万笔，核减金额12.2亿元。开展对全省2007年、2008年财政性担保资金使用情况的专项审计调查，针对担保业务地区发展不平衡、担保机构实力和担保规模偏小、担保机构资本金和风险准备金不足等问题，就完善制度、促进担保体系建设、为中小企业发展提供更好的支持提出审计建议。根据审计署授权对全省9个国外贷援款项目进行审计，促进项目管理的进一步规范和利用外资水平的提高。

【政府投资　企业对外投资审计】 根据省委、省政府和审计署的要求，全省各级审计机关把对贯彻中央扩大内需新增建设项目的跟踪检查作为重要任务，采取多种方式开展专项审计调查，调查项目820个。针对发现的问题及时提出审计建议，促进中央扩大内需政策的落实。省市两级审计机关还开展了山西省对口支援四川省茂县恢复重建等一批建设项目的审计。审查投资总额35.69亿元，核减项目投资2.38亿元。根据省人民政府安排，组织省、市审计机关对省属五大煤炭集团公司对外投资情况进行审计。全面摸清2004年以来全省5大煤炭集团对外投资的基本情况，针对审计发现的问题，结合山西省煤炭资源整合和产业发展的政策要求，就加强国有企业对外投资宏观管理和指导，正确引导企业投资方向，完善投资监管机制，控制投资风险，建立省属国有企业国有资本经营预算制度等提出了审计建议，得到省人民政府采纳。

【经济责任审计】 全省各级审计机关开展对985名党政领导干部和国有企业领导人员任期经济责任审计。通过审计,在肯定被审计单位工作成绩的同时,共查出违规资金30.79亿元,管理不规范资金20.59亿元。移交有关部门处理案件线索63件。各级审计机关参加和配合有关部门开展煤焦领域反腐败等专项工作,查处一批重大案件。会同财政、纪检监察等有关部门开展清理"小金库"的工作,为规范财政经济秩序,从源头上预防腐败发挥积极作用。

【审计信息化建设】 会同财政部门加强对市县审计机关信息化建设的扶持,启动省级财政联网审计,计算机审计的规范化建设进一步加强,计算机审计初级、中级培训在更大范围得到开展和坚持。(郑钰卿)

·人口和计划生育·

【概述】 1.坚持综合施治,低生育水平继续保持稳定。山西省始终把稳定现行生育政策和低生育水平作为首要任务,抓紧抓实。坚持分类指导,重点抓好农村、流动人口和人口大县的生育管理。强化孕前服务管理,坚持不懈地抓好长效节育措施落实,严格社会抚养费征收。在全省深入开展党员干部和国家工作人员计划生育情况专项检查,共清理违法生育5830人。各地坚持在评先评优、干部提拔过程中审核计划生育情况,共审核单位4504个,否决41个,审核个人12470人,否决93人。

2.加强组织协调,促进人口问题的统筹解决。召开山西省人口计生领导组扩大会议,专题研究人口计生工作,解决重点、难点问题,进一步强化了对人口计生工作的统筹协调。对省人口计生领导小组成员单位职责重新进行疏理、分解和细化,确保责任落实。开展军民共建计划生育信息联通、管理联接、服务联动的"三联"机制,太原、大同的经验受到国家人口计生委的肯定。深化人口计生工作目标管理责任制改革,突出重点工作指标,创新考核方式方法,做到公开、公平、公正,树立了正确的工作导向。加强人口发展战略研究,启动山西省"十二五"人口发展规划编制工作,为经济社会发展决策提供支撑和参考。

3.注重利益导向,计划生育家庭得到更多实惠。落实国家和省法定的计生"2+4"奖励项目(国家奖扶、特扶,省领证独生子女父母奖励、退二孩指标奖励、双女绝育奖励、独生子女死亡伤残家庭补助),2009年,全省各级财政投入奖扶资金3.36亿元,奖励计生家庭67.33万人(户)。按照普惠优先的原则,整合社会资源,在城乡低保、扶贫开发、升学加分、合作医疗、林权改革等方面,积极探索和落实对计划生育家庭的优先优惠政策。广泛开展"生育关怀行动",发放救助金942万元,救助计生困难家庭和基层计生工作者近4万人。实施"保险保障行动",投入177.2万元为4.8万人(户)计生困难家庭和基层计生工作者办理了意外伤害保险。人口和计划生育利益导向机制逐步完善,2009年全省独生子女领证人数比2008年增加了136976人,增长29.14%。

4.着眼群众需求,深入推进计划生育优质服务。以争创"十旗百佳"活动为载体,深入推动优质服务先进单位创建活动。2009年有7个县、市被评为国家和省级先进,全省评选出12个县级红旗服务中心、11个乡级红旗服务站和123名村级服务标兵。积极推进生殖健康家庭保健服务,免费为育龄妇女开展查环查孕和生殖健康检查,累计180余万人次。广泛开展宣传倡导、优生咨询和出生缺陷一级预防工作,扎实推进健苗(出生缺陷干预)工程、免费增补叶酸以及接种风疹疫苗干预出生缺陷项目,取得良好效果。忻州市投入200万元,将免费增补叶酸干预工程列入市政府为群众办的20件实事加以落实;吕梁市中阳、交口两县营养面粉干预效果明显,出生缺陷发生率明显下降。各地利用广播电视、报刊、墙报专栏、文图宣传品、培训讲座、文艺演出、群众活动、互联网等多种形式,宣传人口计生方针政策,倡导科学、文明、进步的婚育观念,使少生优生、男女平等、少生快富等文明新风蔚然成风,促进了群众身体素质、思想文化水平的全面提高。

5.夯实基层基础,切实提高服务体系和信息化建设水平。推进服务网络建设国债项目,全省规划的20个县级计生服务中心、180个乡级服务站项目进展顺利。全省人口信息网络版正式运行,全省人口计生系统视频会议系统全面开通。启动人口信息直报终端系统,实现基层信息报送与反馈指导服务的双向互动,建成省级集中和动态更新的大型人口信息数据库,为省委省政府及社会相关部门决策、提高公共服务水平提供重要的人口信息支持。

6.强化服务管理,推动流动人口计划生育"一盘棋"工作。全面贯彻落实国务院《流动人口计划生育工作条例》,召开全省流动人口计划生育"一盘棋"工作会议。重点抓好非公有制经济组织、城市社区和城乡结合部的流动人口计生工作,全省共成立流动人口计生协会13700个。各级综治、公安、工商、卫生、劳动保障、人口计生等部门协调配合,齐抓共管,加快建立"统筹管理、服务均等、信息共享、区域协作、双向考核"的流动人口计划生育服务管理新机制。坚持开展每季度第一个月流动人口集中服务月活动,免费为流动人口提供计划生育、优生优育、生殖健康方面的咨询和服务,维护其合法权益。重视抓好流动人口统计信息的管理,搭建省内、省际流动人口信息共享协作平台,实现网上查询、异地迁移流动人口150万人。

【人口发展态势】 (1)人口继续缓慢增长。根据山西省统计局公布的数据,2009年底,全省人口出生率为10.87‰,比上年下降了0.45‰,人口死亡率为5.98‰,比上年下降了0.03‰,人口自然增长率为4.89‰,比上年下降了0.42‰,全省常住人口为3427.36万人,比上年增加了16.72万人。全省人口自然增长率首次低于5‰,低生育水平继续保持稳定。(2)人口老龄化进程加快。根据山西省统计局公布的数据，全省人口中0~14岁人口为593.62万人，占常住人口的17.32%，比上年下降1.03%；15~64岁人口为2556.81万人，占常住人口的74.6%；65岁及65岁以上的人口为276.93万人，占常住人口的8.08%，比上年上升0.18%。全省常住人口中，男性为1758.13万人，占常住人口的51.30%；女性为1669.23万人，占常住人口的48.70%，总人口性别比为105.33。(3)人口城镇化速度加快。根据山西省统计局公布的数据，全省常住人口中，居住在城镇的人口为1576.09万人，占常住人口的45.99%，比上年提高0.88%；居住在乡村的人口为1851.27万人，占常住人口的54.01%。全省共有家庭户1029.66万户，家庭户人口为3377.29万人，占常住人口的98.53%，平均每个家庭户人口为3.28人。

【全省人口和计划生育工作会议】 12月24~25日在太原召开。会议对2009年人口计生工作进行总结，安排部署2010年的工作任务。省委书记、省人大常委会主任张宝顺，省委副书记、省长王君分别讲话，省委常委、常务副省长申联彬主持会议，副省长张建欣作人口计生工作报告，省政协常务副主席郭良孝出席，省政府秘书长王清宪宣读《关于2009年全省人口和计划生育工作目标管理责任制考核情况的通报》《关于表彰2009年落实计划生育国策好书记、好县长的通报》，并进行表彰，省人口计生委主任杨增武分析全省人口形势，并做总结讲话。王君与各市市长和省人口计生领导小组成员单位签订2010年人口计生工作目标管理责任书。会上，还表彰全省"十旗百佳"争创活动先进集体和先进个人。省人口与计划生育工作领导小组各成员，各市市委书记、市长、分管副市长、人口计生委主任，各县(市、区)长、人口计生局长，省军区、武警计生办负责同志，省人口计生委副处以上干部共400余人参加会议。

【开展"五到家"活动】 2009年，山西省人口计生系统在全省开展婚育新风到家、优质服务到家、奖励扶助到家、人文关怀到家、科技致富到家的"五到家"活动，开展免费服务、上门服务，实现优质服务最大覆盖，取得明显成效。在婚育新风到家方面，大力弘扬社会主义新型生育文化。全省开展面对面宣传咨询服务141.1万人次，赠送各类宣传手册300多万册。免费为15万个计生家庭照"全家福"，2009年把"全家福"照片送到每一个计生家庭。在优质服务到家方面，全年人口计生部门上门开展咨询服务达160万例，门诊咨询达80多万例，开展查环239万例，查孕57万例，查病291.8万例，确诊病例达60万例，随访服务达78万例，发放避孕药具179万例。为提高农村育龄妇女整体生殖保健卫生能力，免费为辖区内育龄妇女赠送生殖保健盥洗盆30余万个。在奖励扶助到家方面，2009年，全省各级财政投入奖扶资金3.36亿元，奖励计生家庭67.33万人（户）。对4585名独生子女和双女绝育户女孩落实加分政策；对7650个独生子女户和2206个双女绝育户增加一人份的林地承包面积。在人文关怀到家方面，真心实意为群众办实事，尽心竭力为群众解难事。广泛开展"生育关怀行动"，发放救助金942万元，救助计生困难家庭和基层计生工作者近4万人。实施"保险保障行动"，投入177.2万元为4.8万人(户)计生困难家庭和基层计生工作者办理了意外伤害保险。在科技致富到家方面，实施了"少生快富—牵手"项目，把科技致富送到群众家中。项目实施以来，共争取和筹集资金1161.1万元，实施项目125个，对帮助计生家庭发展生产，脱贫致富起到了重要的推动作用，深受广大群众的拥护。

【考核结果及表彰】 2009年，山西省各市均较好地完成与省政府签订的人口和计划生育目标管理责任制，根据考核结果，山西省政府决定：(1)A类：晋城市、太原市、晋中市，B类：临汾市、朔州市、吕梁市获2009年人口和计划生育工作目标责任制考核综合先进奖。(2)阳泉市、长治市、运城市、忻州市、大同市获2009年人口和计划生育工作目标责任制考核先进奖。(3)长治市获婚育新风进万家创新奖，忻州市获出生缺陷干预特别奖。(4)阳曲县、广灵县、山阴县、河曲县、孝义市、介休市、阳泉市郊区、长治市城区、阳城县、侯马市、古县为全省2009年人口和计划生育工作目标责任制考核先进县(市、区)。(5)屯留县、怀仁县、霍州市、应县、汾阳市为全省计划生育优质服务先进单位。

表彰落实计划生育国策好书记、好县(区)长。2009年12月，山西省人口与计划生育工作领导小组决定，授予迎泽区委书记卫国、大同市城区区委书记雷雪峰、怀仁县县委书记牛志忠、神池县县委书记范波涛、繁峙县县委书记武宪棠、高平市市委书记谢克敏、霍州市市委书记陈纲"落实计划生育国策好书记"称号；授予方山县县长闫孝敏、榆次区区长王继堂、阳泉市矿区区长张清河、长治县县长裴少飞、稷山县县长乔登州、盐湖区区长邓雁平"落实计划生育国策好县长好区长"称号。

【太原市推行居家养老新模式】 2009年，太原市确定在全市50个社区全面推行"足不出户、尽享温馨"的居家养老模式。制定《关于进一步推进居家养老服务工作的意见》(以下简称《意见》)，对全市进一步开展居家养老工作提出具体要求。《意见》指出，居住在城市社区60岁以上的老年人为居家养老的服务对象，重点是身边无子女老人、低保老人、经济较为困难的老人和高龄老人等。服务内容主要包括老年人的生活照料、医疗保健、法律维权、文化娱乐、体育健身等方面。服务方式主要采用无偿服务、低偿服务、有偿服务和储蓄服务等多种模式。（王天定）

·法　制·

【全省政府法制工作会议】 3月27日，山西省人民政府在太原召开全省政府法制工作会议。会议由省政府副秘书长李建功主持，省人民政府各

全省政府法制工作会议　　（郭文强提供）

委、厅，各直属机构主要负责人，政策法规处处长，全省各市区的市政府法制办主任，行政复议先进单位主要负责人，行政复议先进个人，共200多人参加会议。省委常委、常务副省长申联彬讲话。省政府副秘书长、法制办主任崔国红作了题为《以科学发展观为统领以服务“三个发展”为中心加强政府法制工作，全面推进依法行政为建设新基地新山西再做新贡献》的工作报告。省政府法制办副主任王卫星传达了国务委员兼国务院秘书长马凯在全国行政复议工作经验交流暨“双先”、“双优”表彰大会上的讲话精神。省人力资源和社会保障厅副厅长李建刚宣读了《关于表彰全省行政复议工作先进单位和先进个人的决定》(晋人字[2009]16号)，对省劳动和社会保障厅法制处、晋城市政府法制办、吕梁市公安局法制处等12个行政复议工作先进单位和王冠春、杨璇、李克冰等23名行政复议先进个人进行了表彰奖励。

【地方立法】 2009年，地方立法工作以加强安全生产、强化行政问责、落实防灾减灾、规范劳动用工、保障义务教育、促进和谐发展为主线。省人民政府按计划提请省人大常委会审议地方性法规议案共4件，全部经省人大常委会审议通过并公布实施。省政府法制机构完成4件计划内政府规章的审查工作，并根据省政府领导的批示，完成4件计划外政府规章的立法审查任务。按照国务院《全面推进依法行政实施纲要》要求，完成对2件政府规章的立法后评估工作。为提高地方立法质量，提高立法的科学性和民主性，省政府法制机构扩大征集立法项目的范围，除按常规向省直各部门征集立法项目外，还通过互联网发布公告征集立法项目，共征集2010年地方性法规立法项目29件，征集省人民政府规章项目26件。

【地方性法规】 1.为加强气象灾害防御，避免或者减轻气象灾害造成的损失，保障人民生命财产安全，促进经济社会发展，省人民政府组织起草《山西省气象灾害防御条例（草案）》并提请省人大常委会审议。2009年7月30日，山西省第十一届人大常委会第十一次会议审议通过本条例，自2009年10月1日起施行。

2.为规范劳动合同管理，明确劳动合同双方当事人的权利和义务，保护劳动者的合法权益，构建和谐稳定的劳动关系，省人民政府组织起草《山西省劳动合同条例(草案)》并提请省人大常委会审议。2009年9月24日，山西省第十一届人大常委会第十二次会议审议通过本条例，自2010年1月1日起施行。

3.为加强城乡规划管理，协调城乡空间布局，改善人居环境，促进城乡经济社会全面协调可持续发展，省人民政府组织起草《山西省城乡规划条例》并提请省人大常委会审议。2009年11月26日，山西省第十一届人大常委会第十三次会议审议通过本条例，自2010年1月1日起施行。1991年9月19日制定、1997年12月4日修正的《山西省实施〈中华人民共和国城市规划法〉办法》同时废止。

4.为保障适龄儿童、少年接受义务教育的权利，保证义务教育的实施，提高全民族素质，省人民政府组织起草《山西省实施〈中华人民共和国义务教育法〉办法(修订草案)》并提请省人大常委会审议。2009年11月26日，山西省第十一届大常委会第十三次会议审议通过本办法，自2010年1月1日起施行。

【省人民政府规章】 1.为规范机动车维修经营行为，维护机动车维修市场秩序，保证机动车维修质量，保障机动车维修当事人的合法权益，促进机动车维修行业健康发展，省交通运输厅组织起草《山西省机动车维修管理办法(草案)》。经省人民政府法制办公室审查、修改、协调后，报送省人民政府待审。

2.为吸取“9·8”襄汾尾矿库溃坝事件的沉痛教训，加强尾矿库的安全监督管理，实现尾矿库的安全运行，保障人民群众生命财产安全，省安全生产监督管理局组织起草《山西省尾矿库安全监督管理规定(草案)》。经省人民政府法制办公室审查、修改、协调后，报送省人民政府待审。

3.为了保护气象探测环境和设施，确保获取的气象探测信息具有代表性、准确性、比较性、连续性，省气象局组织起草《山西省气象探测环境和设施保护办法(草案)》。经省人民政府法制办公室审查、修改、协调后，报送省人民政府待审。

4.为了发挥煤矿职工在煤矿安全生产中的作用，维护煤矿职工的合法权益，落实煤矿职工享有的安全生产权利，预防煤矿安全生产事故的发生，省煤炭工业厅组织起草《山西省煤矿职工行使安全生产权利办法(草案)》。经省人民政府法制办公室审查、修改、协调后，报送省人民政府待审。

5.为了合理利用土地资源，加强土地管理，保护耕地，省国土资源厅组织起草《山西省耕地占用税实施办法(草案)》。经省人民政府法制办公室审查、修改、协调后，报送省人民政府待审。

6.为有效组织和实施民用运力国防动员工作，保障战时以及平时特殊情况下民用运力国防动员的顺利进行，省交通运输厅交通战备办公室组织起草《山西省民用运力国防动员办法(草案)》。经省人民政府法制办公室审查、修改、协调后，报送省人民政府待审。

7.为落实安全生产责任，防止和减少生产安全事故发生，保障人民群众生命和财产安全，省政府法制办公室、省监察厅、省安全生产监督管理局共同组织起草《山西省安全生产行政问责办法(草案)》，经反复修改、协调后，报送省人民政府待审。

8.为保护森林资源，促进国有林场发展，提高森林的生态效益、社会效益，改善生态环境，省林业厅组织起草《山西省国有林场管理办法(草案)》。经省人民政府法制办公室审查、修改、协调后，报送省人民政府待审。

【立法后评估】 为进一步提高立法质量，根据国务院《纲要》的要求，省人民政府法制办公室分别下发《关于开展〈山西省道路货物运输源头治理超限超载暂行办法〉立法后评估工作的通知》(晋政法字[2009]86号)和《关于对〈山西省治理车辆非法超限超载工作责任追究办法〉实施立法后评估的通知》(晋政法字[2009]180号)。成立由省政府副秘书长、省政府法制办主任崔国红任组长、省政府法制办副主任王卫星、省交通厅副厅长张志川任副组长的评估领导组。通过问卷调查、网上征求意见、现场调查等方式，了解两个政府规章的实施效果和社会反响。通过评估，认为两部规章的公布实施，为治理超限超载提供了制度保障和法律依据，明确了治超职责追究，规范了道路货物运输秩序，提高了企业效益，保障了货物运输安全。存在的主要问题是，个别制度设计还不够完善、治超主体的范围规定不够全面、源头治超经费落实仍然困难。通过立法后评估，明确了立法规范的成效和欠缺，为今后修订和完善立法提供了依据。

全省法制办主任法规处处长会议　　（郭文强提供）

【规范性文件审查备案】 2009年，全年共前置审查规范性文件121件，其中，审查省政府及其办公厅规范性文件60件，审查省政府有关部门规范性文件61件，共提出修改意见100多条，对其中两件文件，因已出台相关规定，而提出无需制定的建议。加强对下级政府规范性文件的备案审查工作，共对太原、吕梁、阳泉、长治、晋城、晋中、临汾7市报备的88件规范性文件进行审查、登记和备案。为适应全省规范性文件制定和审查备案需求，省政府法制办主任崔国红任主编，王卫星、吕连连、傅平任副主编，马春生、李世俊担任撰稿人的《规范性文件制定指南》一书由山西出版集团、山西人民出版社出版发行。本书从理论到实践对规范性文件起草、审查、备案、管理等作了详尽阐述，对两部政府规章作了详尽解读。

【废止一批规范性文件】 11月2日，根据规范性文件检查清理情况，省政府法制办公室下发《关于公布废止部分规范性文件的通知》(晋政法字[2009]88号，决定废止下列29件规范性文件：(1)山西省发展和改革委员会关于印发《山西省现代农业示范项目管理办法(试行)》的通知(晋发改农经发[2007]395号)；(2)山西省经济委员会关于煤泥、煤矸石、洗中煤通过公路出省销售有关问题的通知(晋经能源字[2007]311号)；(3)山西省经济委员会关于对全省独立洗煤厂进行煤炭洗选加工经营资格审查的通知(晋经能源字[2007]694号)；(4)山西省经济委员会关于规范焦炭公路运输秩序确保道路交通安全工作实施方案(晋经能源字[2007]717号)；(5)山西省经济委员会关于加强非法储(售)煤场整治保障道路交通安全工作实施方案(晋经能源字[2007]718号)；(6)山西省人口和计划生育委员会关于印发《农村人口保健养生师管理试行办法》的通知(晋人口发[2007]44号)；(7)山西省商务厅等6部门关于进一步加强报废汽车回收拆解市场监督管理工作的通知(晋商建[2006]622号)；(8)山西省商务厅等3单位关于印发《山西省影楼、彩扩企业等级评定实施办法》的通知(晋商改[2007]117号);(9)山西省农业厅关于加强大中型沼气工程建设管理工作的通知(晋农(生态)发[2007]8号);(10)山西省农业厅关于下发“动物诊疗许可证”发放管理办法等四个管理办法的通知(晋农牧医防治[2007]15号);(11)山西省林业厅关于进一步加强对木材经营加工许可证管理的意见(晋林资发[2007]125号);(12)12.山西省林业厅印发《山西省林业厅关于加强食品安全工作的实施意见》的通知(晋林护[2007]14号);(13)山西省水利厅关于印发《山西省农村饮水安全工程材料设备采购管理办法(试行)》的通知(晋水供排[2008]234号);(14)山西省环保局关于加强企业环境行为评价管理的通知(晋环发[2007]272号);(15)山西省环保局关于进一步加强主要污染物减排工作的通知(晋环发[2007]403号);(16)山西省环保局关于加强建设项目试生产和竣工环境保护验收管理工作的通知(晋环发[2007]523号);(17)山西省环保局关于进一步加强建设项目试生产管理工作的通知(晋环发[2008]315号);(18)山西省盐务管理局等2单位关于加强食用盐质量管理的通知(晋盐管字[2007]43号);(19)山西省盐务管理局关于印发《山西省盐产品质量管理办法》的通知(晋盐管字[2008]13号);(20)山西省安全生产监督管理局关于印发《安全生产事故隐患排查治理实施细则》的通知(晋安监法规字[2008]127号);(21)山西省交通运输管理局关于进一步规范和加强道路旅客运输保障车队管理的通知(晋交运客字[2006]371号);(22)山西省交通运输管理局关于印发《山西省机动车驾驶培训机构质量信誉考核办法(试行)的通知》(晋交运驾字[2006]374号);(23)山西省交通运输管理局关于下发《山西省机动车维修质量抽检制度(试行)的通知》(晋交运修字[2007]48号);(24)山西省交通运输管理局关于印发《山西省道路旅游客运服务质量规范(试行)的通知》(晋交运站字[2007]240号);(25)山西省交通运输管理局关于打击非法改装道路运输车辆规范维修市场的通知(晋交运修字[2007]356号);(26)山西省高速公路管理局《关于印发山西省高速公路管理局治超工作责任追究暂行办法》的通知(晋高管监字[2007]611号);(27)山西省高速公路管理局《关于严厉打击偷逃车辆通行费不法行为有关事宜的通知》(晋高管收字[2007]115号);(28)山西省高速公路管理局《关于下发〈山西省高速公路服务区餐饮企业经营规范实施细则(试行)〉的通知》(晋高管经字[2008]55号);(29)山西省煤炭工业局基本建设局关于下发《山西省建设矿井煤炭销售管理实施细则(试行)》的通知(晋煤基局发[2007]41号)。

【创建依法行政示范单位】 为加强市县政府依法行政工作,通过创建依法行政示范县示范单位活动,发挥示范作用,树立典型,推广经验,以点带面,整体推进全省依法行政工作,为建设新基地、新山西创造良好的法治环境。省人民政府办公厅印发《关于印发〈山西省开展依法行政示范县示范单位创建活动的实施方案〉的通知》(晋政办发[2009]74号)。通知印发后,各地各部门以自荐和推荐方式申报拟创建依法行政示范县21个,创建示范单位153个。

【重大行政处罚决定备案】 为贯彻落实《山西省重大行政处罚决定备案办法》(省人民政府令第206号),针对有些部门对重大处罚决定报备工作重视不够,未履行报备职责,存在报送的备案材料不全或迟报漏报等问题,加强对重大行政处罚决定的监督力度,严格规范行政处罚实施行为,保护公民、法人和其他组织的合法权益,5月份,省政府法制办向各市政府法制办、省政府各有关部门下发《关于进一步做好重大行政处罚决定备案工作的通知》(晋政法字[2009]34号)。截至2009年底,共收到省直部门报送备案的重大行政处罚决定51件。省人民政府法制办公室逐一进行登记和审查,未发现违法或不当问题。

【行政执法证件管理】 为建立完善行政执法人员电子信息档案,推进行政执法证件发放工作,指导督促各地各部门法制机构严格审查领证人员资格,提高申领行政执法证件信息报送工作质量,加快证件换发步伐,省政府法制办起草并印发《关于认真做好申领行政执法证件人员资格审查和有关信息报送工作的通知》(晋政法字[2009]27号)。截至12月底,全省有33个省直单位11个地市约101500余人进行了培训考试,75057人通过审核批准领到证件,14638人的证件正在制作当中,11850人正在进行资格审查。

【行政复议】 2009年,省政府法制机构共收到行政复议申请41件。经审查,10件不符合《行政复议法》规定的受理条件,均依法出具不予受理决定书。依法受理行政复议申请31件,审结25件,其他6件正在审理中。在已审结的25件案件中,维持具体行政行为的9件,撤销的2件,调解结案的6件,自行和解结案2件,驳回5件,中止1件,责令受理1件。本年度行政复议案件,呈现以下几个特点:一是行政复议申请范围、类型进一步扩大。二是行政复议数量明显增加。三是行政复议调解、和解结案比例明显提高,达到已审结案件的32%。

【行政应诉】 全年涉及省政府的行政应诉案件共8件,除省林业厅代省政府颁发林权证一案外,其余均为不予受理行政复议决定或行政复议决定引起。人民法院审结4件。其中3件案件省政府胜诉,另有1件调解结案;中止2件,正在审理1件。

【省政府涉法事务】 全年共办理涉法事务15件。主要有:对《山西省焦煤集团等20户煤炭企业与太矿集团等7户煤机企业推进战略合作协议书》的审查;关于对中铁三局集团有限公司《关于退出和榆平高速公路项目的报告》的审查;对《关于采用BOT方式建设经营长治至临汾高速公路的请示》的审查;对《关于长钢与首钢联合重组有关问题的报告》的审查。参与组织并草拟《关于“浙商”就

山西省行政复议法律知识竞赛　　　　（郭文强提供）

我省煤炭资源整合所提质疑应对思路的报告》等。全年共召开有关涉法事务研究论证会7次。

【法规规章编纂译审工作】 2009年省政府法制办组织编纂出版《山西省法规规章汇编》(2008)，汇编有省人大常委会审议通过的地方性法规12件；太原市人大常委会审议通过并经省人大常委会批准的地方性法规4件；大同市人大常委会审议通过并经省人大常委会批准的地方性法规6件。2009年，省政府法制办组织翻译的10件政府规章，以及之前翻译的19件政府规章，均以英文文本复印成册并在省政府法制办网站公布，以中英两种文字公布政府规章，在山西省尚属首次。　（郭文强）

·外　事·

【概述】 2009年，省外事侨务办重点抓"一个扩大、两个加强"（扩大对外交往、加强外事管理、加强国内国外侨务工作），外事侨务工作呈现出全方位开放、多层次交流、宽领域合作的良好局面，为国家总体外交和全省经济社会发展作出积极贡献。外交部授予山西省外事侨务办全国地方外事工作先进单位"对外新闻及公共外交奖"，国务院侨办授予山西省全国侨办系统"先进单位"和"先进个人"三个奖项，全国友协授予山西省三项"人民友谊贡献奖"称号。

大力开展公共外交。为落实胡锦涛主席对晋非经济贸易合作区的指示，副省长李小鹏率领山西省政府代表团访问毛里求斯，省外事侨务办协调组织包括两个签约仪式和开工奠基仪式在内的18项签约调研考察活动，取得丰硕成果，出访报告入选外交部《2009年省部级代表团出访报告选》。

外事工作服务五台山申遗。2009年5月12日，世界遗产中心对五台山作出拟提交第33届世界遗产大会审议的决议草案，提出五台山不以自然遗产列入世界遗产名录，建议补充材料后以文化景观列入遗产名录。省外侨办主动寻求外交部和驻外使馆支持，发挥外事部门不可替代的作用，为五台山成功申遗作出积极贡献。

因公出国(境)管理。2009年度全省审批办理因公出访766批2900人次，同前三年平均数相比人次下降62.66%。其中本省组团2294人次，部委组团606人次，赴港澳511人次。制止无实质性出访团组23批99人。

礼宾工作。2009年共接待来自世界各地的党宾、国宾、知名企业负责人及驻华大使、使馆重要官员，累计50个国家66批次，团组2172人次，副部级以上团组13批次，跨国公司高管10批次，安排省领导出席外事活动50次。

侨务工作。进一步拓展国外侨务工作，与海内外侨团侨社侨企侨胞开展多方面的联谊与交流，全力支持海外侨胞在山西省投资合作，妥善处理涉侨案件，依法维护侨商和归侨侨眷合法权益。积极为企业提供服务，协调解决遇到的困难和问题，共接待处理侨务信访案件12件。认真协调和办理归侨侨眷来信来访近20件，借省人大执法调研之际，配合省人大进行侨法执法调研，更好地维护侨胞权益。

涉外管理。制定印发《山西省涉外突发事件应急预案》，编制《山西省应对甲型H1N1流感涉外工作预案》，确保山西省未发生涉外疫情。妥善处理涉外案件，受到事件涉及国家驻华使馆和外方人员高度赞誉。加强外国记者管理，不断加强应对外国记者采访的引导工作。认真做好涉外领事业务工作，全年共办理外专、外教来华签证228人次，办理领事认证576份，促进"走出去"战略的实施和山西省民间对外交往。

友城交往。2009年，外交部、全国对外友协批准山西省与美国西弗吉尼亚州、阿根廷圣地亚哥–德埃斯特罗省、匈牙利索尔诺克州、太原市与比利时列日市4对缔结友好城市关系。山西省与匈牙利索尔诺克州、晋中市与匈牙利索尔诺克市正式签署了缔结友城关系协议书。截至年底，山西省友城数量已达30对。

【外事活动综录】 1月12日，山西省直侨界联谊会在太原举行，中国侨联副主席林明江出席并发表讲话，省城近200名归侨侨眷出席联谊会。

1月20日，由省外侨办牵头，会同省纪委、省委组织部、省公安厅、省财政厅、省人事厅、省审计厅、省旅游局七部门联合下发《关于严格禁止党政干部持普通护照、通行证出国(境)执行公务活动的通知》。

2月24~27日，由晋城市人民政府、省外侨办和美国杰克逊侯全球事务中心联合主办的中美新能源科技论坛暨煤矿气回收利用会议在晋城召开。

3月13日，省外侨办召开因公出

2009年3月24日,全省因公出国(境)管理工作座谈会在太原举行
(张晋丽提供)

国(境)中介机构规范管理工作座谈会。

3月24日,省外侨办召开因公出国(境)管理工作会议,省委常委、副省长李小鹏出席会议并作重要讲话。

4月5日,李小鹏在太原会见出席"第二届绵山寒食文化节"的中外使节。

4月11~17日,山西省侨办组织海外侨商团一行50余人在山西进行投资考察洽谈。

5月12日,省人大常委会就《中华人民共和国归侨侨眷权益保护法》《中华人民共和国归侨侨眷权益保护法实施办法》《山西省实施〈中华人民共和国归侨侨眷权益保护法〉办法》和《中华人民共和国护照法》的实施情况,听取省公安厅和省政府外事侨务办公室的专题汇报。省人大常委会常务副主任杨安和出席并讲话。

6月12日,省外侨办召开全省治理公款出国(境)旅游工作任务分解会议。

7月29日,中国前驻法大使吴建民为山西省外事干部作国际形势报告。

7月31日,省政府副秘书长、外侨办主任韩和平,省外侨办副主任贾雪峰在太原会见外交部外管司司长陈育明。

8月14日,韩和平在太原会见日本奥伊斯嘉代表团一行。

8月27日,省政府办公厅下发《关于印发山西省人民政府外事侨务办公室主要职责、内设机构和人员编制规定的通知》。

9月9~14日,晋中市与匈牙利索尔诺克市正式缔结为友好城市。

9月14日,省委常委、宣传部长胡苏平,副省长张平,国际摔联副主席马里奥共同出席第二届山西跤王争霸赛决赛。

9月15~17日,李小鹏率领山西省政府代表团访问毛里求斯。

9月23日,省人大常委会常务副主任杨安和在太原会见美国伊利诺伊州参议院议长亚裔顾问委员会主席尚摩西一行。

9月29日,李小鹏出席山西省庆祝新中国成立60周年招待会。

10月12日,韩和平在太原会见日本国际友人岗淑子。

10月18日,中国煤炭博物馆与英国国家煤矿博物馆建立友好合作关系谅解备忘录签字仪式在太原举行。副省长陈川平会见英国国家煤矿博物馆馆长玛格丽特·福乐女士,并出席签字仪式。

10月20~24日,日本埼玉县知事上田青司、议长奥木信夫率埼玉县政府代表团、议员代表团、商务环保团、企业家代表团、妇女代表团一行80余人,对山西省进行友好访问。

省外侨办副主任、省友协副会长田亦军在太原会见加拿大新西敏斯特市市长万恩·莱特一行。新西敏斯特市分别与大同市、忻州市签署《友好合作交流备忘录》。

10月26日,省外事侨务办副主任贾雪峰在太原会见了加拿大驻华使馆商务参赞、加拿大安大略省驻北京代表宋毅军一行。

10月29~30日,加拿大白求恩纪念协会会长谷世安率领医务工作志愿者团在山西省原平举办医疗讲座,并向当地大林乡卫生院、大林乡小学赠送价值两万元的医疗器械、药品以及文体用品。

10月31日~11月9日,应俄罗斯俄中经济贸易合作中心和匈牙利索尔诺克州的邀请,省委常委、常务副省长申联彬率山西经贸代表团对俄罗斯、匈牙利进行友好访问。

11月6日,省外侨办副主任田亦军会见以谷世安为团长的加拿大纪念白求恩协会医务工作者志愿团一行。

11月7~13日,省外侨办纪检组长高玉厚率领省侨办、省海协会有关人员赴泰国参加第九届世界王氏恳亲联谊大会。

11月12~14日,由外交部举办的地方外事巡回培训在运城举行,近200人参加培训。

11月20日,在山东济南召开的2009年全国友协系统会长年会暨第九届全国理事会届中会上,阳泉市外办副主任路予强,长治市友协理事、张庄村党支部书记王金红获全国友协首批"人民友谊贡献奖"个人奖,与山西省多年来一直保持友好关系,在农业、林业、人员交流中作出突出贡献的日本岩手县山西会获"国际人民友谊贡献奖"团体奖。

12月29日,外交部在京召开表彰大会。山西省外事侨务办公室荣获全国地方外事工作"对外新闻及公共外交奖"。田亦军出席会议并领取奖牌证书。 (张晋丽)

2009年1月12日，省侨办在太原举行省直侨界迎春联谊会

（张晋丽提供）

·统　计·

【省图书馆统计分馆】　省统计局与省图书馆建立全面合作机制，建立省图书馆统计分馆，1月9日省图书馆统计分馆接牌举行仪式。省政府副秘书长崔国红与省统计局局长杨文章、省文化厅厅长张明亮共同为山西省图书馆统计分馆揭牌。

【全省统计工作暨表彰会议】　2月11日，全省统计工作暨表彰会议在太原召开。副省长牛仁亮出席并讲话，省政府副秘书长崔国红及省政府办公厅有关处室负责人出席会议，局长杨文章作题为《全面加强统计能力建设，为山西科学发展提供有力的统计保障》的工作报告，省人事厅副厅长王云龙宣读全省统计系统先进集体和先进工作者表彰决定。

【全国巾帼文明岗授匾仪式】　5月27日，全国巾帼文明岗授匾仪式在省统计局举行，省妇联主席李悦娥出席授匾仪式并授匾。

【统计专家命名会议】　8月19日，省统计局召开统计专家命名会议。省直工委书记刘传旺、省总工会常务副主席高凤平、省妇联主席李悦娥及省统计局领导出席会议，并为获得2009年度统计专家、山西省统计专家和获得三八红旗手荣誉称号的先进集体和个人以及获得省劳动竞赛委员会记功表彰的集体和个人颁发奖牌、奖章和荣誉证书。

【中部六省统计工作研讨会】　8月28日，中部六省统计工作研讨会在太原召开。国家统计局局长马建堂出席会议并讲话。省统计局局长杨文章主持会议并致欢迎辞。来自山西、安徽、江西、河南、湖北、湖南六省统计局局长参加会议。同日，国家统计局局长马建堂接见省统计局干部职工，对山西统计工作进行调研指导。

【全省三级统计局长培训研究班】　9月3日，第三期全省三级统计局长培训研究班在省委党校开班。国家统计局总经济师姚景源作题为《国际金融危机的成因及其对我国的影响》的形势报告，省统计局杨文章局长主持会议。

（王立品）

·参事（文史）·

【参事工作】　2009年省政府参事围绕山西省的经济发展、煤矿重组、新农村建设、城市公共应急体系、卫生公共应急体系、旅游开发等问题，积极履行政府参事的职责，开展参政咨询、建言献策活动，实地考察调研10余次，共撰写调研报告和建议21篇。

1.列席政协会议。1月9~15日，省政府参事、文史馆员共37人列席省政协十届二次会议。围绕《政府工作报告》等报告，建真言，献良策。政协会议《简报》以“议政咨询，建言献策，集思广益，应对时艰”为题，专栏刊登政府参事、文史馆员的发言。

2.开展调查研究，参政咨询。薄生荣参事，面对2009年金融风暴，及时对山西省的经济情况进行分析和探讨，撰写《非常之时、非常之势、当有非常之策》《对山西省今年经济形势的基本研判和政策建议》及《山西省“十二五”规划需要重点关注和深入研究的几个问题》。他撰写的《2009年上半年兄弟省市经济发展经验对我省的启示》，被《省长专阅》登载。

车振华参事撰写《山西经济社会形势分析与预测》《发展低碳经济，创新山西发展模式》《山西服务业发展对策研究》《关于加强山西省城市公共应急体系建设的十点建议》等建议。

郭芳华参事撰写《关于实施生态兴省战略，加快山西省生态调节主导功能区建设的建议》《山西省农业功能区划报告》等建议。

李振喜、杨勇在、陈鸿章三位参事撰写《强化战略管理，优化结构调整，高效综合发展——关于对潞安集团又好又快发展的调研报告》《坚定信心做好主业，抢抓机遇多元发展——关于对山煤集团在全球金融危机中逆势发展的调研报告》。

刘铁城参事撰写《煤矿企业兼并重组整合中反映出的几个问题》。

杨勇在参事撰写《防范煤矿发生重特大事故若干举措的建议》《积极应对，科学防控，我省省级公共卫生应急体系建设巡礼》。他还与车振华、侯耀华参事撰写《建立健全城市公共应急体系是当前政府的一项重要工作》，与车振华参事撰写《以闻喜镁业基地为龙头，带动山西镁业快速良性发展》。

陈鸿章参事撰写《屯兰煤矿事故后的紧急报告》，同时继续致力于煤矿安全生产知识下矿活动。

刘建民参事继续山西金融史与晋商的深度研究，与黄成胜、刘景雯等一行6人，多次赴吕梁市汾阳县，对发掘的一批金代墓葬、出土的壁画进行考察调研，并邀请北京、上海等中国钱币专家来晋研讨座谈。在研究的基础上撰写《汾阳市金墓壁画初探》论文，在中国银行钱币博物馆年会上专题研讨。

王振民参事致力于山西省节能减排工作，进行《烧结和高炉风机变频调速技术改造可行性论证》，一些厂家和企业技术改造后，很快见到成效。在全省节电技术交流会上作《异地电动机变频调速节能技术》的主报告，影响较大。他还撰写《大力推广风机、水泵变频调速节电技术》《建议我省大力发展风电产业和风电场》等建议。

刘景雯参事到忻州、运城地区，对旅游景点进行深入调研，撰写《后金融危机时期对我省旅游业发展的几点建议》以及《对金融危机时期旅游业重大问题的思考》。针对山西省旅游业发展中的特征，提出推进山西省旅游产业转型升级的办法。

黄成胜参事撰写《关于切实加强新一代华侨华人工作的建议》《关于山西省蒙古归侨的现状与思考》。

韩俊文参事撰写《关于本硕连读的建议》《关于禁止楼房住户豢养宠物和合理处理流浪宠物的建议》。

【文史馆员工作】 2009年，省文史馆员认真开展文史研究、艺术创作和交流活动。

《中国地域文化通览·山西卷》（以下简称《山西卷》）是2009年馆员工作的一项重要工作。《山西卷》编委会多次召开会议，并协调吸收多位馆外专家、学者对《山西卷》的编撰事宜进行研究和讨论，完成《山西卷》章节目录。章节目录报送中央文史馆审议通过，并给予很高的评价和肯定。

省参事室（文史馆）在山西文艺大厦与省文联共同主办“从艺60年——李夜冰画展”，产生良好的社会影响。

杨吉魁馆员，在纽约曼哈顿亚洲文化中心举办“都市与自然的对话：著名花鸟画家、齐白石传人杨吉魁大型画展”，进一步促进中美文化艺术的交流。

省政府参事馆员列席政协会议 （王合龙提供）

文史馆员袁旭临、邓明阁、黄克毅、陆贤能、王如何、王木兰、王建华、张连瑞、席德生、刘素珍等在2009年书画、艺术创作上，丰富多彩，硕果累累。

李廷俊馆员，治病研学，扶困助贫，被省卫生厅授予“山西省名老中医”称号。

卫广来馆员，2009年出版山西省的畅销图书《老子》专著，获得“山西史学界的学术实力派”的赞誉，还荣获“宝钢优秀教师奖”。

周敬飞、景占魁、尹世明、张德一等馆员积极开展文化讲座活动，进行文史研究，著书立说。

【馆际交流】 2009年，山西省参事室（文史馆）加强与其他兄弟省区市参事室（文史馆）的交流，密切相互关系。先后有黑龙江、宁夏、江西、云南省参事室（文史馆）来山西考察学习。山西省参事室（文史馆）先后参加全国政府参事室（文史馆）工作会议和山西省统战部长会议等。 （王合龙）

·发展研究中心·

【人才队伍】 2009年，山西省人民政府发展研究中心（简称“中心”）在职职工68人，其中博士2名、博士在读2名、硕士研究生14名、在职研究生5名、硕士学位2名；高级职称13名，其中正高4名，副高9名；享受国务院政府特殊津贴专家6人；中共山西省委联系的高级专家2名；山西省政府参事1人。

【科研项目】 2009年，“中心”内部重点课题51篇，其中转型发展34篇、应对国际金融危机14篇、其他3篇。主要有电视专题片《转型之路》和《山西转型发展调研案例集》《应对当前严峻形势 促进我省经济较快发展的几点建议》《对当前我省“保增长、促转型”的几点看法》《当前我省经济运行状况及应对策略》《金融危机对山西实体经济的影响》《美国金融危机及主要经济体走势》《从先行指标看我省经济运行趋势》《关于调控我省经济运行的几点思考》《相互学习 借鉴经验 进一步强化我省应对金融危机政策》《大力推进林业发展 全面建设生态大省》《金融危机对我省“三农”的主要影响》《上半年农村经济形势分析与政策建议》等。

2009年，“中心”研究人员公开发表文章50余篇，其中1篇发表在《中国社会科学》杂志，13篇发表在《山西日报》《前进》等省内一级刊物。参与《山西社科优秀成果》《山西省土地利用总体规划大纲》（2006–2020年）、新农村规划评审、旅游产业振兴规划、

“世界银行技术援助CC5培训会”“中德合作项目专家座谈会”“山西省现代农业发展战略论坛”等多项课题和规划评审。就结构调整、转型发展、煤矿重组整合等话题接受《中国经济时报》《山西日报》和山西电视台等多家媒体采访。

2009年,“中心”完成省委省政府交办的重大政策研究主要有8项,涉及转型发展、环保、县级财政、煤炭资源整合、民间资本、新农村等多个领域。主要有《关于山西转型发展情况的调研报告》《山西转型发展的探索与启示》《国家资源型经济转型发展综合配套改革试验区体制机制改革建议》《山西生态环境工作主要进展和建议》《关于山西省煤矿企业兼并重组整合进展情况的报告》《山西煤炭企业兼并重组的情况、启示与建议》《关于缓解中小企业困难的若干政策意见》《促进房地产发展的政策意见》等。

2009年,“中心”围绕省委省政府战略部署及社会热点,深入基层开展、参与的大型调研主要有6项。主要有山西全国人大代表资源型城市转型调研、高速公路发展现状调研、焦煤集团应对国际金融危机、煤炭资源整合情况调研、英德资源型城市转型发展调研、平遥小额贷款公司金融创新调研、全省职业教育攻坚调研等,并撰写相关调研报告。

2009年,“中心”开展和参与课题研究23项,其中承担国家级课题1项、参与国家级课题4项、省级课题18项。主要有国家发改委“十二五”规划前期研究课题《矿产开发中的资源生态环境补偿机制研究》、国务院发展研究中心《中国特色农村信息化建设战略研究》《山西省中长期人才发展研究》《山西知识产权纲要研究》《山西工业节能政策效应评估》《山西省提高城乡居民收入研究可行性研究报告》《山西社会领域节能工作推进手册》《山西承接产业转移研究》《关于对“山西晋中现代农业示范区建设规划”的几点建议》《山西省“两区”开发现状与区域经济发展的调查研究》《山西省农村居民消费研究》《低碳经济及其对我省发展的挑战与对策》《山西省治理超越超限长效机制研究》《山西重大决策咨询机制研究》《山西省生育意愿调查研究》《贫困山区卫生服务缺失问题研究》《山西“四气”产业发展推进意见》《山西农村电力管理体制改革研究》《山西新能源产业发展战略研究》等。

2009年,“中心”开展咨询论证会6次,大型研讨会及培训会2次。主要有2009年《政府工作报告》征询修改意见及建议、山西“十二五”经济社会发展重大战略问题及战略思路咨询会、山西转型发展区域政策专题咨询会、上半年经济运行形势分析与对策专题咨询座谈会、山西煤炭资源整合与中国煤炭产业升级咨询座谈会、后危机时代山西发展思路与对策咨询座谈会等。举办“中外资源型经济转型模式与政策比较”大型研讨会、“资源型经济转型发展思路与方法”培训会。

2009年,“中心”购买中国知网、国研网、中宏网等3个数据库,方便科研人员的需求。

【荣誉奖励】 2009年,“中心”获得中国发展研究三等奖2项(《山西煤炭资源整合和有偿使用研究》《德国鲁尔地区结构转型研究》)、山西省科技进步三等奖1项(《德国鲁尔地区结构转型研究》)、社会公开招标课题一等奖1项(《山西装备制造业发展战略研究》)、第一次全国经济普查优秀论文三等奖1项、第六次社会科学研究优秀成果二等奖1项、百部(篇)工程二等奖1项。 (梁正华)

·地方志·

【概述】 2月26日,山西省机构编制委员会正式下发晋编字[2009]18号《关于山西省史志研究院分设的通知》文件。7月17日上午,省委召开山西省史志研究院全体干部会议,宣布中共山西省委党史办公室和山西省地方志办公室人员划分的决定。下午,山西省地方志办公室召开全体干部职工大会,标志着山西省地方志办公室正式独立办公。截至2009年底,山西省地方志办公室积极探索方志工作科学发展的新思路、新举措,努力营造方志编纂的新环境、新氛围,开展一系列有利于方志事业发展的要事、实事。

【山西省地方志办公室恢复独立建制】 2月26日,山西省机构编制委员会正式下发晋编字[2009]18号《关于山西省史志研究院分设的通知》文件。文件指出:经2009年1月15日省编委会议研究,同意山西省史志研究院分设为中共山西省委党史办公室和山西省地方志办公室。中共山西省委党史办公室为中共山西省委直属正厅级建制事业单位,山西省地方志办公室为山西省人民政府直属正厅级建制事业单位。分别核定厅级领导职数为1正3副。山西省地方志办

2009年12月3~4日,山西省地方志工作会议召开 (宋向阳提供)

公室恢复建制标志着山西省地方志事业进入到一个新的发展阶段。

【《山西省志》编纂领导确定】 10月19日，经省长王君批准同意，确定《山西省志》主修为中共山西省委副书记、省长王君，《山西省志》编审委员会主任为中共山西省委常委、常务副省长申联彬，副主任为李茂盛、王清宪、郑建国，《山西省志》总主编为李茂盛。

【全省地方志工作会议】 经山西省人民政府同意，12月3–4日，山西省地方志工作会议在太原召开。省直各有关厅局分管负责人，各市常务副市长、地方志办公室主任，各县常务副县长等有关人员200多人参加会议。会议全面贯彻落实国务院《地方志工作条例》和第四次全国地方志工作会议精神，安排部署今后一个时期全省地方志工作。中共山西省委常委、常务副省长申联彬出席会议并讲话，还与各市常务副市长签订修志工作目标责任书。

申联彬强调，做好地方志工作要在贯彻落实《地方志工作条例》上有新举措，要尽快理顺工作体制，抓紧研究制定与《条例》相配套的具体法规和实施方法，确保地方志工作顺利开展；要在推动第二轮修志工作上有新进展，进一步加快编修进度，严把修志质量，确保按时完成第二轮修志任务；要在地方志资源开发利用上有新成效，进一步保存管理好地方志资源，拓展用志范围，为各级党委政府科学决策提供重要依据；要在加强基础设施建设上有新突破，重点是积极推进地方志馆建设和地方志信息网络建设。申联彬要求：各级政府要把修志工作纳入各地经济社会发展规划和重要工作议程；主要领导亲自抓，负总责，及时研究解决工作中的困难和问题；分管领导要具体抓好工作落实，为地方志工作创造良好条件，提供有力保证。各级地方志办公室要进一步加强自身建设，不断提高科学修志的能力和水平。各有关部门要加强配合，密切协作，努力形成推动地方志工作顺利开展的强大合力，开创全省地方志事业发展的新局面。

山西省地方志办公室党组书记、主任李茂盛作了题为《抓住机遇乘势发展　为山西地方志事业的全面振兴而努力奋斗》的工作报告。他指出，要以这次会议的召开为契机，紧密结合本省经济社会文化发展和地方志工作的要求，以强烈的改革意识、发展意识、超前意识、创新意识指导地方志工作。(1)扎实、快速推进省、市、县三级志书编纂工作。(2)积极推动方志馆建设。要把省方志馆建设作为全省地方志事业发展的一个重大突破，尽快报请省政府启动省方志馆建设工程，争取早立项、早建成。有条件的市也要早作规划，建立市级方志馆。(3)加强旧志整理的组织协调工作和对专志编纂的指导工作。整合旧志资源，转变旧志整理方式，由主要进行点校注释转变为主要依靠现代技术进行影印复制。要组建全省的旧志整理出版委员会，适时启动大型旧志影印丛书《山西历代方志集成》的编辑出版工作。(4)进一步提高年鉴工作质量，提升期刊办刊水平。(5)确立地方志是大事业、大资源、大资政的新理念，加快以数据库和网络化建设为龙头的地方志资源开发利用。

【《山西省志》编纂出版】 到2009年底，《山西省志·军事志》正式出版，《山西省志·交通志》完成全部编纂工作，即将付印。《人事志》《劳动志》《物价志》《供销合作社志》等多部志书已完成初稿。同时，又迅速启动《山西省志·社科志》等近40部志书，先后两批召集13家省志承修单位进行座谈，解决实际问题。

【市县志、专志、旧志整理工作】 组织开展第二轮修志的编纂指导工作，先后指导出版《高平市志》《陵川县志》《临猗县志》，审查验收《晋中市志》，评审《平陆县志》，审核《应县志》等多部志书。编纂出版《北岳恒山志》《晋祠志》《灵空山志》等志书。明代万历《山西通志》和清代康熙《山西通志》正在全力点校中，进展顺利。

【年鉴期刊编纂】 截至2009年底，2008年版《山西年鉴》已出版，2009年版《山西年鉴》正在编审中。《沧桑》杂志作为全省唯一的省级地方志刊物，多年来，坚持改革创新，在版面内容、刊物风格等方面进行积极、有效的探索，不断拓宽生存空间，扩大社会影响。2009年，连续第9年被评为山西省一级核心期刊，并荣获中国北方优秀期刊称号。沧桑杂志社被山西省期刊协会评为先进集体。《沧桑》杂志在继续办好社科理论研究的同时，创造性开展工作，克服财力、人力等方面的困难，加强方志工作与方志编纂理论研究，进一步强化对全省方志工作的指导职能。

【编纂《2009年山西省重点工程大事志》】 2009年是山西省“重点工程年”，共有152项重点工程全面启动和着力实施。为了向全省广大干部群众充分展示山西省重点工程建设的全貌，省志办决定编纂《2009年山西省重点工程大事志》。省长王君在请示报告上批示：“这件事办得不错。”副省长李小鹏批示省建设厅：“全力配合，落实好王省长的重要批示。”截至2009年底，《2009年山西省重点工程大事志》的印制工作正在紧张有序地进行中。

【《沧桑》荣获中国北方优秀期刊称号】 2009年，《沧桑》杂志坚持“以人为本，市场运作，营造品牌，做强做大”的工作思路，加强质量管理，实行严格的“三审制”，刊物的整体质量再上一个台阶。在连续9年荣获山西省一级优秀期刊的基础上，2009年8月又荣获中国北方优秀期刊称号。中国北方优秀期刊评奖活动由中国期刊协会和北京、天津、河北、山西、内蒙古、辽宁、吉林、黑龙江、甘肃、青海、宁夏等中国北方11个省(自治区、直辖市)新闻出版局、期刊协会联合主办，共评出中国北方十佳期刊22种，中国北方优秀期刊219种。

【方志馆前期筹划】 方志馆是地方志事业长远发展的基地、科学发展的方向、繁荣发展的象征。山西省方志

《山西省地方志工作条例》论证会　　（宋向阳提供）

馆不仅要建成与山西省作为方志大省特别是全国新方志发祥地的地位相符的一流方志馆，而且要建成填补山西省基础文化设施建设空白的一座城市文化的地标性建筑。中国地方志指导小组对山西省筹建方志馆给予充分肯定。省政府领导也给予极大关照。

【地方志立法工作】 2006年国务院颁布《地方志工作条例》，标志着地方志工作从此走上法制化轨道。省地方志办公室成立后，积极推进山西省的地方志立法工作，经过广泛调研，科学论证，向省人大法工委作专题汇报。2009年省人大常委会将《山西省地方志工作条例》列入2010年预备立法项目。

【筹划启动一系列大型编研课题】 2009年山西省针对煤矿“多小散乱”、安全事故频发、资源回收率低和生态环境破坏的严重状况，重点推进煤炭资源整合、煤矿兼并重组工作。为此，省志办决定联合省煤炭厅，筹备启动《山西省煤炭资源整合志》。为把全省各级地方志机构建设成为立足当地的地方文献中心、地情资料中心、区域研究咨询中心，利用本单位民国史研究人才集中、成果丰硕、基础雄厚的有利条件，紧紧抓住2011年辛亥革命100周年的契机，启动民国山西丛书，包括民国山西简史、山西辛亥革命史、阎锡山日记等。

（杨建中　董剑云　郝世文）

·档　案·

【概述】 1.档案工作发展环境进一步优化。全省共有58个县的69名主要领导对档案工作作出指示、视察、解决本地档案工作中存在的问题，为档案工作的开展创造良好环境。

2.全省档案部门认真传达贯彻胡锦涛总书记“希望全国档案工作者学习刘义权先进事迹和崇高精神”的批示精神和刘义权先进事迹报告，结合工作实际，把档案事业与人生价值紧密联系起来，为档案事业的全面发展和创新提供巨大的精神支持。

3.档案事业宏观管理职能不断加强。(1)档案业务建设：一是省档案局加强对重大建设项目档案工作的管理，积极开展监督检查和业务指导，2009年共对39项重大项目档案工作进行检查指导；强化对国有及国有控股企业档案工作的管理，并重点对涉及煤炭资源整合的焦煤、同煤等八大煤炭生产和运销集团的档案工作进行业务指导和工作调研。二是加强社会主义新农村建设档案工作。全省各级档案部门完成乡村两级文件归档范围和保管期限表的制定及有关审批工作；山西省档案局与省林业厅共同制定印发《山西省集体林产权制度改革档案管理办法》，太原、晋城等市出台本地的办法和章程，并召开现场会议，加强林权改革档案管理；不少县市档案部门还把对新农村建设档案工作的指导延伸到土地、计生、劳动保障等领域。三是民生档案工作健康发展。省档案局2009年修订完成《山西省社区档案管理办法》，协助山西省企业养老保险管理中心制定档案管理制度和业务规范性文件，积极开展社保档案管理试点工作；太原市档案局开展“档案服务进社区、进家庭、进农村、进企业”活动；闻喜县档案局指导农民王安顺建立起运城市首家农民家庭档案馆，保存1960年以来三类档案500余卷，受到社会关注。(2)档案馆功能建设：一是完成山西省县级综合档案馆建设规划编制和上报工作。针对各市县档案材料统计不完善不真实的问题，研究提出县级综合档案馆年均档案进馆量、馆藏量方面整体参照的做法。二是国家档案资源得到充实。山西省档案局、太原市档案局下发做好庆祝建国60周年重要活动档案资料收集工作的专项通知，组织第二届晋商文化艺术周、群众文化表演等系列重大活动的档案收集工作；吕梁市建立重大活动档案资料接收的长效机制，保证全市重大新闻、重大活动资料的即时接收，并建立图片资料数据库；忻州市档案馆通过长期开展社会档案资料征集月活动、征集南下干部档案资料、探访老红军战士等形式，接收、征集到不少有地方特色的档案资料。三是编纂出版《当代山西重要文献选编》（第四卷）；太原市档案馆公开编辑出版国家新闻出版署“十一五”重点图书、国家档案局城市解放系列重点项目《太原解放档案文献图集》；忻州市档案馆先后举办《忻州老城》《党和国家领导人在忻州》等大型图片展，社会影响广泛；运城市档案局广泛开展档案宣传工作，加大服务力度，在广播、电视、报纸等新闻媒体上刊登文章、信息130余篇。四是扎实推进政府信息公开工作。制定出《山西省档案局政府信息公开审查制度》《山西省档案局政府信息公开责任追究制度》《山西省档案局政府信息公开发布制度》等规范性文件。五是2009年,省档案馆启动信息化建设项目,完成网站改版,使档案信息化建设效率有大的提高。档案技术保护工作有新的进展。省档案馆在传统手工修裱的基础上,又增加机器装裱,大大提高档案抢救工作进度;缩微胶片扫描仪的应用,使档案缩微工作步入数字化时代,解决缩微胶片利用困难的问题。

【永和县建成现代化档案馆】 永和县是山西省政府确定的贫困县。县委、县政府把提升档案管理水平作为全面协调发展社会各项事业的一个重要方面,其主要领导多次到档案馆指导检查档案管理工作,深入档案局现场办公,协调解决档案馆舍建设的资金问题。2009年4月22日,县档案馆迁入新址办公。馆库和办公面积由原来的180平方米增加到600平方米,设立档案库、资料室、阅览室、陈列室。档案库房全部使用密集架,购置服务器、交换机、电脑、打印机等设备,安装局域网和网络版综合管理软件,加快档案管理信息化步伐。同时,还配备档案消防监控智能化管理系统,使档案安全管理工作实现规范化。

【太原市免费提供档案查阅】 8月4日开始,太原市凡享受城市居民最低生活保障金待遇的人员、生活特困居民、下岗待业(再就业)职工、残疾人、革命伤残军人、法律受援人等六类社会群体人员,在市档案馆查阅利用档案,免收7项有关费用。复员退伍军人、现役军人、武警,获太原市委、市政府以上表彰的先进个人、劳动模范和见义勇为者,离休人员,为太原市档案馆无偿捐赠档案资料的人员,为档案事业作出突出贡献,受到市以上档案部门表彰奖励的人员等六类社会群体人员,在市档案馆查阅利用档案,免收5项费用。 (赵永强)

【昔阳县注重民生档案】 9月,昔阳县档案馆将县民政局1988年至2008年的婚姻档案600余卷5000余件接收进馆,涉及婚姻登记人员63000余名。此项工作的开展,填补县档案馆婚姻档案的空白,丰富馆藏内容。同时,经过整理后的有关档案面向广大群众开放,为群众查阅个人档案信息提供便利。

【灵石县建立新型农村养老保险档案】 灵石县是全省首批22个新型农村养老保险试点县之一,县档案局高度重视农保档案的建档,结合实际情况制定分类方案,划分保管期限,积极配合农保档案的规范化管理,从而完善农保建档机制,及时为参保人员档案的完整性提供有力保障。

(郝海香)

经济监管

·宏观经济管理·

【概述】 2009年是山西经济社会发展经受严峻考验并取得来之不易成绩的一年。全年全省经济实现由下滑到较快增长的重大转折,各项社会事业取得新进展。全省生产总值完成7365.7亿元,增长5.5%;全社会固定资产投资完成5033.5亿元,增长38.5%,创下近15年来最高增速纪录;社会消费品零售总额完成2809亿元,增长19.2%;财政一般预算收入完成805.8亿元,增长7.7%;城镇居民人均可支配收入13996.6元,增长6.7%;农民人均纯收入4244元,增长3.6%;居民消费价格总水平下降0.4%。万元生产总值综合能耗下降5.6%。二氧化硫减排3.06%,累计已超额2%完成"十一五"减排14%的目标;化学需氧量减排4.01%。城镇新增就业42.2万人,登记失业率控制在3.86%。

【扩内需保增长政策措施】 1.提出重点领域扩大投资项目盘子。为应对国际金融危机的严重冲击,山西省认真落实中央扩内需保增长决策部署,把重大基础设施、农村公共事业、节能减排、生态建设、技术创新和产业结构调整、保障性安居工程、大型煤炭、电力建设等作为全省扩大内需投资重点领域,确定2009~2010年总投资约6500亿元、并由此带动全社会固定资产投资1万亿元的扩大内需盘子,全力以赴推进落实。

2.推进重点工程建设。协同相关部门千方百计完善重点工程项目前期工作,确保项目顺利推进。2009年省级实施的12大类152项重点工程完成投资1533.7亿元,占到全社会固定资产投资的30%。

3.加大金融促进经济发展的工作力度。出台《关于金融支持山西省扩大内需促进经济社会全面发展的指导意见》,促进银企合作,信贷投放力度明显加大,结构明显优化。全省全年新增贷款1873亿元,是上年的2.5倍。

4.推进资本市场直接融资。出台《关于加快资本市场发展的实施意见》和《山西省资本市场2009~2015年发展规划》,加快拟上市公司储备,推进上市公司再融资和发行企业债券、公司债券,全年资本市场融资420亿元,比上年增加212亿元。

5. 引导民间资本投向鼓励类领域。出台《关于促进民间资本进入山西省鼓励类投资领域的意见》,明确9项扶持政策,调动民间资本转型发展的积极性。全省民营企业转型项目已达400多个,大部分来自煤焦等领域的退出资本。

6. 发挥消费对经济的带动作用。全面落实"家电下乡""农机下乡"等扩大消费政策措施,出台《搞活流通扩大消费的实施意见》,提高部分农机具补贴标准、扩大补贴范围,销售各类家电、农机67万台(件),销售额达到26亿元。出台《促进房地产健康发展的意见》,商品房销售额增长39.7%。实施扩大旅游消费春季、金秋行动,旅游总收入达到893亿元,增长20.7%。完成30个大型农产品批发市场、7000个农家店(便民店)和1000个放心粮油店的建设改造任务,强化市场监管,城乡消费环境和市场秩序明显改善。

7.帮助企业解决生产经营中的困难和问题。制定《促进工业经济平稳较快发展的意见》,大幅度减轻企业负担,省属国有重点煤炭企业资源

"两权"价款地方留成部分可缓缴或转增资本金、资金周转困难的企业可缓缴煤炭可持续发展基金,对焦化企业政府性基金和收费实行减免政策,实行社会保险"五缓四降三补"政策,共为3.8万户企业减负63亿元。健全中小企业贷款担保体系,帮助企业解决融资难问题。制定《实施促进对外贸易稳定发展的意见》,帮助外贸企业稳定出口。

【产业结构调整】 1.出台十大产业调整和振兴规划。紧紧抓住市场回调提供的结构调整难得契机,迅速出台煤炭、焦化、冶金、电力、装备制造、煤化工、新型材料、食品、旅游、文化十大产业调整和振兴规划、编制山西省物流业调整和振兴规划、山西省农村流通体系建设发展规划、"四气"(煤层气、天然气、焦炉煤气、煤制天然气)一体化产业发展规划、晋电外送规划以及新能源发展规划。

2.推进煤炭资源整合和煤矿兼并重组工作。按照国家批准山西实施的煤炭工业可持续发展政策措施试点要求,把煤炭资源整合和煤矿兼并重组作为破解结构调整难题的重要切入点和突破口,顶住空前的经济下行压力,科学制订方案、完善配套政策、兼顾各方利益,坚定不移推进实施,取得重大阶段性成果。全省矿井个数由2600个压减到1053个,企业主体由2200多个减少到130个,70%的矿井规模达到90万吨以上,30万吨以下小煤矿全部淘汰,矿井实现机械化开采,形成国有、民营、混合所有制并存的办矿格局,煤炭产业的规模化、集约化、机械化、信息化水平显著提高。资源整合重组之年,煤炭产量达到6.2亿吨,为全省和全国保增长作出重要贡献。

3.淘汰落后产能。全年淘汰落后钢铁产能676万吨、小火电产能108万千瓦、小水泥产能210万吨、电石产能23万吨、铁合金产能6万吨。

4.培育接续替代产业和战略性新兴产业。太重股份公司研制的世界最大露天矿用挖掘机通过用户验收,太重煤机集团首套国产千万吨级矿井综采成套装备正式下线,太原长安重汽基地落成,运城大运重型卡车项目正式投产,标志着山西在实施"煤机成套"和"重型汽车"两大方面取得重大进展。2009年全省民间资本投向鼓励类领域的400多个在建产业项目中,58%投向旅游、现代物流等服务业,35%投向装备制造、煤化工、新材料、医药等工业行业,7%投向农产品加工业。山西(侯马)方略保税物流中心跻身国家级保税物流中心行列。"四气"产业一体化建设加快推进。可再生能源产业推进势头良好。水电建设稳步推进;风电已核准14个项目,建设规模77万千瓦;秸秆发电已核准9个项目,规模17.5万千瓦。

5.加大扶持"三农"力度。在落实中央各项补贴政策的基础上,进一步出台了玉米差价补贴、生猪大县奖补、新建奶站补助、农机购置补贴、黄河水价补贴等五项惠农政策,补贴额达5亿元。省级煤炭可持续发展基金安排32.24亿元、中央新增投资安排34.1亿元,省财政安排"三农"资金投入大幅增加,有力地支持农村经济和社会事业发展。启动实施晋中、大同、运城三个现代农业示范区建设;出台《关于做大做强农产品加工龙头企业的意见》,启动"513"农产品加工龙头企业培育工程。克服严重干旱,全省粮食总产94.2亿千克;畜牧业企稳回升,肉、蛋、奶产量稳定增长,全年农业增加值增长4.2%。成功举办首届中国(山西)特色农产品交易博览会。

6.促进服务业快速发展。认真落实《关于加快服务业发展的实施意见》,进一步出台《关于加快推进服务业"1+10"工程建设的意见》,对18个重点领域项目建设给予9项政策扶持,各工程项目顺利实施。省级煤炭可持续发展基金安排8.8亿元支持服务业重点项目建设。全省服务业投资增长60.7%,投资额首超第二产业,拉动全省投资增长27.4%。扩大旅游消费春季、秋季行动的实施,促进旅游业快速发展,全省旅游总收入达到892.5亿元,增长20.7%。全省服务业增加值增长10.3%,为保增长发挥重要支撑作用。

7.扶持自主创新和高新技术产业发展。出台《关于发挥科技支撑作用促进经济平稳较快发展的实施意见》,省级煤炭可持续发展基金投入2.5亿元支持高新技术产业、信息产业重点项目和自主创新平台建设。组建了山西省镁产业自主创新战略联盟。5项重大科技成果获国家科技进步二等奖,45项节能减排技术参加全国节能减排技术博览会。第四届高展会集中展示全省高新技术产业发展成果。

【重点领域改革】 1.各项经济体制改革。省级政府机构改革已经到位,市县两级政府机构改革有序推进,乡镇机构改革试点稳步推进,事业单位分类改革试点扎实开展;农村土地承包经营权流转以及集体林权制度改革试点推进顺利;22个县新型农村社会养老保险试点工作迈出实质性步伐;医药卫生体制改革工作全面启动;国企改革继续深入;增值税转型全面实施;成品油价格和税费改革进展顺利,政府还贷二级公路收费一次性取消;投资体制机制改革继续深入,引导鼓励民间投资取得积极进展;资本要素市场建设扎实推进,直接融资扩大,124家小额贷款公司覆盖绝大多数县(市、区);侯马、阳泉城乡一体化发展综合配套改革试验取得进展;煤炭工业可持续发展政策措施试点不断深化并取得阶段性成果;其他领域改革全面推进。

2.区域经济合作和国际经贸交流。进一步加强与周边省(市、区)以及环渤海、长三角、珠三角、台港澳地区的区域经济合作。在北京、上海、深圳举办招商项目推介会,参加中博会、中国国际投资贸易洽谈会等重大展会活动,招商引资效果显著。进一步深化和巩固与日本埼玉县、德国北威州、美国西弗吉尼亚州等国际友好城市的经济合作,恢复并加强与罗马尼亚穆列什县等省级友好城市的高层交往和合作。山西最大的海外投资项目——太钢集团、晋中万邦工贸有限公司和土耳其CVK集团三方投资的土耳其铬矿合作项目正式启动。出台促进对外贸易稳定发展政策措施,有效遏制进出口总额下滑态势。

【节能减排】着力实施1000户重点耗能企业节能改造工程;出台《关于推进城市热电联产的实施方案》,新增热电联产机组93万千瓦,总装机达到834万千瓦;山西成为全国半导体照明推广示范试点省;104个城市污水处理厂建成,日处理污水能力267万吨,提前一年超额完成国家下达山西132万吨的"十一五"目标任务。晋中、大同、长治、阳泉4市实现县级全覆盖。11个重点城市气化率、集中供热率、污水处理率分别达到93.5%、88%和84.3%。太原市在全国省会城市中率先推出绿色建筑标准。11个重点城市空气质量优良率均在85%以上,10个重点城市和70个县(市)空气质量达到国家二级标准。

【循环经济】69个省级、6个国家级循环经济试点单位试点工作进展快、效果好,涌现出太钢集团、西山煤电等一批循环经济先进企业以及同煤塔山等示范性循环经济工业园区。农业和社会领域循环经济稳步推进。煤矸石、粉煤灰、秸秆等综合利用规划启动实施。

【生态建设工程】生态环境治理"2+10"重点工程建设全面实施。汾河流域生态环境治理修复与保护工程建设扎实推进并取得明显的阶段性成效,河道过水量明显增加,水质明显改善,湿地开始恢复,地下水位止降回升;太原西山地区综合整治工程前期工作扎实推进,一批重污染企业启动搬迁程序,淘汰落后和污染治理同步推进,生态工程陆续启动;其余10个市生态环境综合治理工程项目全部实施。大力实施造林绿化工程,全年完成营造林530万亩,山西省被授予"全国生态建设突出贡献奖"称号。

【民生社会事业】1."五大惠民工程"继续推进。(1)教育:支持城镇中小学校新建和改扩建、农村中小学校舍改造、高校教学实验基础设施和创新基地、中职以及特殊教育学校建设。(2)就业创业:鼓励企业稳定现有就业岗位,支持发展服务业和劳动密集型产业,突出抓好高校毕业生、农村劳动力、困难群体就业创业工作。高校毕业生就业率达到81%,返乡农民工95%以上重新找到了工作。(3)医疗卫生:支持县乡村三级医疗卫生服务体系、省直医院、市中医院和社区卫生中心等基础建设和设备配置;新型农村合作医疗制度参合率提高到91%;城市社区卫生服务机构达到755个;山西大医院加快建设;甲型H1N1流感等重大传染病得到有效控制。(4)社会保障:22个县(市、区)率先在全国开展新型农村养老保险制度改革试点,参保人数达378万人,直接受益的60岁以上农民51万人。11个市全部启动城镇基本医疗保险,城镇非从业居民、大中小学生、国有关闭破产企业退休人员、无力参保的国有困难企业职工和退休人员全部纳入城镇医保范围,城镇医保参保率达到80%。企业退休人员养老金月人均增加115元,提高到1263元,待遇水平居全国第12位;失业保险金月发放标准提高9%;工伤保险待遇提高30%。(5)保障性住房:中央和省级安排资金24亿元,确保廉租住房、经济适用房、国有重点煤矿采煤沉陷区治理及棚户区改造工程及时开工和顺利推进。开工建设35.9万套、2119万平方米保障性住房,超额30%完成年度计划任务。(6)农村"五个全覆盖"工程年度任务全部完成。围绕加快农村公共事业发展,全力实施两年"五个全覆盖"工程,即具备条件的建制村通水泥(油)路全覆盖,中小学校舍安全改造全覆盖,村级卫生室建设全覆盖,村通广播电视全覆盖,农村安全饮水全覆盖。到2009年底,两年全覆盖实现程度达67.5%,其中,建制村通水泥(油)路全覆盖率为92.1%,中小学校舍安全改造全覆盖率为61.5%,村级卫生室全覆盖率为100%,村通广播电视全覆盖率为28.1%,农村饮水安全全覆盖率为56.2%。(7)扶贫开发和城乡社会救助力度加大。中央和省级投入扶贫资金13亿元,有力地支持全省扶贫开发,实现全年20万人口脱贫目标。城乡社会救助资金投入增长41%,91.2万城市低保对象和113.7万农村低保对象补助、城乡医疗救助、救灾和优抚投入均有大幅度增加;14万农村五保供养对象实现应保尽保,集中供养率达到12%。各级慈善救助以及残疾人服务设施建设加快,社会福利事业发展水平进一步提高。

【争取国家政策项目】1.国家批复《山西省循环经济发展总体规划》。批复认为《山西省循环经济发展总体规划》具有科学性、前瞻性和创新性,对全国编制循环经济发展规划具有一定的示范意义。这是国家批复的第一个省级循环经济发展规划,是指导全省循环经济发展的路线图,对促进山西省循环经济和节能减排将起到巨大的推动作用。

2.重点领域重大工程项目纳入国家中部崛起规划。经过全力争取,山西省大型煤炭基地、电源基地、太钢技改和跨区域联合重组、部分高速公路和机场建设、煤层气管网、太原城市圈、吕梁山和太行山集中连片贫困地区扶贫开发、晋陕豫黄河金三角区域协调发展等明确纳入国家《促进中部地区崛起规划》。

3.一批重大基础设施和能源项目获得国家批准。国家正式批复山西中南部铁路通道、大同—西安铁路客运专线、吕梁机场项目的可研报告以及运城—三门峡铁路、五台山机场的项目建议书;批复灵丘—山阴、临汾—吉县两条高速公路项目,黎城—长治高速公路拓宽改造工程已经交通部规划院评审;核准阳泉西上庄煤矿500万吨/年、高家庄煤矿300万吨/年两个矿井项目,同意同煤集团马道头煤矿等9个项目开展前期工作;核准霍州电厂2×60万千瓦、兆光电厂二期2×60万千瓦等8个电力项目共计550万千瓦装机,同意左权电厂2×60万千瓦、临汾热电1×30万千瓦机组项目开展前期工作。10个清洁发展机制项目获国家批准,可实现二氧化碳减排330万吨/年。（冯翠竹）

·国有资产管理·

【概述】2009年省监管企业经济实现企稳回升,经济运行总体保持平稳健康的发展势头,为全省经济社会发展作出积极贡献。截至2009年底,省监管企业资产总额达到7396亿元,所有者权益(净资产)达到2487亿元。全年监管企业累计完成增加值1300亿元,累计实现营业收入5224亿元,累计实现利润225亿元,累计上缴税金415亿元。省监管企业资产总额、净资产和实现利润三项指标均超额完成年初确定的目标,在全国省级国资委中位居前列,在全省经济发展中继续起着“引领”作用。其中,资产总额、所有者权益、营业收入和实现利润四项指标分别是2003年省国资委成立前的3.7倍、3.4倍、6倍和9.5倍。上述四项指标在全国31个省(区、市)排名由2003年的第十七位跃居到第二至第五位。

1.全省国有企业总体情况。按照《企业国有资产监督管理暂行条例》和《企业国有资产统计报告办法》规定的汇编范围,2009年纳入统计范围的国有企业(含国有控股参股)4261户,比2008年增加18户。资产总额持续增长,2009年全省国有企业资产总额达到9593.20亿元,比上年增加1593.97亿元,增长率为19.93%。营业收入略有减少,2009年全省国有企业销售收入达到6001亿元,比上年减少179亿元。利润总额有所减少,2009年全省国有企业利润总额为296亿元,比上年减少64亿元。国有资产总量持续增加,截至2009年12月31日,山西省国有资产总量达到2233亿元,比上年底增加353亿元,增长率为18.78%。从统计数据可以看出,国有资产依然主要集中在省属企业,2009年省属企业国有资产总量为1861.47亿元,比上年增加280.71亿元,占总国有资产的比重达到83.38%。从经营规模来看,国有资产主要集中在大型企业,2009年占到74.36%,比上年底增加6.4%。各项获利能力指标有所降低,2009年国有企业利润增长率-12.53%。净资产收益率(不含少数股东权益)为5.75%。

2.国有资产实现保值增值。全省国有企业总体上连续实现国有资产的保值增值。保值增值的原因主要来源于国有企业经营增值,国有资产得到保全并持续增长,国有企业权益资本的稳定增加,保证了国有企业较高应付风险的能力和较强的持续发展能力。2009年全省国有企业保值增值率实现108.01%,比上年减少1.18%。2009年国有企业资本积累率为11.90%,比上年减少11.76%。2009年底国有企业所有者权益为2,413.24亿元(不含少数股东权益),比年初的2,212.02亿元增长201.22亿元。其中,实收资本增加28.15亿元,增长率为2.18%,资本公积增加10.50亿元,增长率为1.69%,盈余公积增加27.58亿元,增长率为25.70%,未分配利润增加92.19亿元。国有资本保值增值率主要来源于省属监管企业的贡献,从分布结构来看,省属监管企业实现107.62%的保值增值率,贡献国有资本及权益1,773.21亿元;省属非监管企业保值增值为105.95%;市级及市级以下企业保值增值为111.70%。

3.应对国际金融危机。省国资委加强对经济运行的监测,建立重点企业主要产品产销量旬报制度和月度经济运行分析制度。省国资委领导深入企业调研达90余次,指导企业调整策略,加强生产经营,应对危机。煤机制造企业积极与煤炭生产企业签署战略合作框架协议,增强抵御危机的能力。省属企业积极实施市场多元化战略,在精耕细作传统市场的同时,千方百计开拓新兴市场。五大煤炭集团通过完成煤炭订货、突出重要客户、开展易货贸易、强化重点煤种销售等措施,稳定提高山西省煤炭价格。各企业加强管理,推行降本增效,严格控制非生产性支出增长。潞安集团全年节约各种费用2亿元。各监管企业严格控制对外担保和金融理财等行为,严格控制资产负债率,有效防范经营风险,如晋煤集团坚持“预收款”制度,有效规避坏账风险。

4.招商引资。监管企业通过多种方式,积极开拓融资渠道。全年省监管企业通过审批的企业债券和中期票据发行量达305亿元,12户大型生产企业获得银行授信额度共计3511亿元。省国资委大力开展招商引资和对外合作,收集并发布52个非煤产业招商引资项目,与上海市国资委进行合作洽谈,组织企业参加中博会、东博会和高交会。同煤与中海油签订共同投资300亿元建设40亿立方米/年煤制天然气项目和配套煤矿项目的合作协议。国际电力先后与华能集团、华润电力等国内外大型企业和民营企业进行接洽,在多领域进行合作并取得实质性进展。

5.技术创新。监管企业积极发挥科技创新引领作用,加大研发投入,努力突破制约企业发展的关键技术,抢占市场竞争的制高点。太钢、潞安、太重、晋煤4家省监管企业入选国家级创新型企业试点,12家监管企业及其子企业入选省级创新型企业试点。太重集团风电整机和千万吨级矿井综采成套装备研制成功,大型铝型材挤压机、大型液压挖掘机等新产品取得了阶段性成果。晋煤集团研发出6.2米液压支架、二代连掘工艺和装备等,并在瓦斯治理和防突上取得突破性成效,使原煤产量较上年有大幅度增长。潞安集团全面提升矿区集约高效水平,建成全国首个自动化矿井,高炉喷吹煤被认定为全国高新技术产品。太钢集团开发出核电、装饰、汽车、锅炉行业用不锈钢和宽幅冷板等多种新产品,增强了国际竞争力。

【煤炭资源整合】 按照省委、省政府整合地方煤矿的有关精神,焦煤、同煤、潞安、晋煤、阳煤、省煤运、煤炭进出口7户具有整合资格的主体企业,扎实推进资源整合和煤矿重组工作。7户煤炭企业经煤炭企业兼并重组领导组会议确定的整合煤矿数979座(整合后410座,现经领导组批复的整合煤矿数为943座),签订正式协议853座,占已批复煤矿的90.5%;办理采矿证372座,占应办证数的90.7%。整合矿井稳妥推进“六大员”进驻和复工复产工作,复工复产的煤矿达到212座。整合后资源储量增加285亿吨,增加产能约3.48亿吨,整合新增产能与约3.5亿吨的原有产能相当,对省属煤炭企业持续发展意义重大。7户整合主体以外的6户省属涉煤企业按省政府要求,对其原控股16座煤矿实行参股或退出。

【企业联合重组】 省国资委提出关

于国有焦化企业资产整合组建焦化大集团的初步意见。办理完成中国重汽集团与大齿集团股权划转、资产移交的有关事项。山西焦煤集团与太钢集团共同出资设立“山西煤钢联能源开发有限公司”，迈出煤钢联合发展的步伐。太钢集团通过山西太钢不锈钢钢管有限公司增资扩股引入天津钢管股份有限公司，同时在海外兼并收购土耳其的铬矿公司，促进产品结构的优化，建立稳定安全的铬资源供应渠道。长治市国资委积极推动长治钢铁集团与首钢重组，在融入环渤海经济圈、承接京津地区产业梯度转移，调整振兴山西钢铁产业上取得重大进展。

【重点项目建设】 省国资委进一步强化监管企业发展规划，加强对重大投资的进度统计和对外投资的专项管理，开展对100个重点建设项目的监督检查和存在问题的协调服务。省监管企业全年完成投资852亿元，完成年计划的116%，竣工项目47个，新增收入300多亿元。其中，同煤集团同忻煤矿、焦煤集团斜沟煤矿已具备设计生产能力，阳煤集团7.5万吨1,4-丁二醇项目，国际能源兆光电厂二期、平朔煤矸石电厂二期，国际电力右玉、平鲁75兆瓦风力发电，太重风力发电设备增速器技改项目建成投产。太原市长安重汽新基地一期工程、新凯纺织印染有限公司新厂一期工程、晋城市大宁发电煤层气电厂项目、天泽煤化工13万吨/年大颗粒尿素技改等项目顺利竣工。

【国有企业改革】 省国企改革办协调解决省直单位所属5户企业改制的土地资产划转和省国有资产经营有限公司所属困难企业的改制专项资金问题。争取国家特批焦煤集团曹村矿、白龙矿实施政策性破产，推动10项破产项目进入法律程序。落实物产集团所属7户企业和医药集团玻璃瓶厂等企业破产费用1亿多元。会同相关部门对享受医保补助的42户省属国有特困企业进行认定。深入各地积极督促企业全面完成中小学移交工作，代省政府起草并下发《山西省分离国有重点煤炭企业办社会职能指导意见》。

【国有企业体制机制创新】 省国资委分三批组织监管企业参加国务院国资委主办的国有大型企业建设规范董事会实务培训班，指导企业加快建立和规范董事会运作的各项规章制度。煤炭进出口集团借壳中油化建在国内同行业率先实现煤炭主营业务的整体上市，净资产由上市前的38亿元提升到200亿元以上。晋烟集团和焦煤集团整体上市工作取得积极进展。焦煤集团、煤炭进出口集团等企业调整或设置董事会的专业委员会，进一步提高董事会的决策水平。部分企业根据生产经营情况变化重新对管理模式进行调整，如阳煤集团整合下属47个煤矿，组建4个区域煤炭公司，构建管理跨度适当的母子公司管理体制。

【企业转型发展】 监管企业努力扩大新兴产业的种类与规模，加快实现转型发展。煤炭企业继续加大非煤产业发展步伐，非煤产业上的投资第一次超过煤炭产业，潞安、晋煤的煤基合成油等一批重点项目投入运营。全年五大煤炭集团非煤产业完成营业收入1115亿元，同比增长22%。太化集团全力以赴做好新基地建设各项前期准备工作，并积极推进以房地产开发为龙头的非煤产业的发展。煤炭进出口集团形成精加工和组装1万对高铁轮对的能力，并抓住时机组建船务公司拓展物流运输产业。国新能源大力实施天然气、煤层气、焦炉煤气、氢气“四气合一”战略，基本形成完备的产业格局。

【节能减排】 监管企业努力淘汰落后产能，强化“三废”治理，大力开发和利用煤层气、天然气等清洁能源，发展循环经济，圆满完成省政府下达的节能减排约束性指标。监管企业全年共实施22项较大的节能减排项目，完成年度投资40多亿元，项目累计投资达到124亿元。太钢投资15.8亿元建设8个节能环保项目，吨钢综合能耗等多项指标均居行业第一。同煤塔山循环经济园区建成运行，实现物料的闭路循环和资源的“吃干榨尽”。潞安集团煤电、煤油、焦化、电化四个循环经济园区初步建成，绿色潞安建设取得积极进展。国际能源、国际电力大力发展煤矸石发电、风电、垃圾发电、城市污水处理项目，实现良好的经济效益和社会效益。

【国有资产管理体制】 省国资委研究起草国有资本经营预算制度，开展相关工作。省国资委及时调解经贸资产公司、三维华邦与其他企业之间的经济纠纷。焦煤集团3户重要子企业设立总法律顾问，完善企业法律工作机制。各市国资工作不断加强，监管工作围绕重点，各有特色：晋中市国资委建立市县两级监管框架。大同市国资委引进中房集团和南京雨润集团投资52亿元进行房地产开发和食品加工。长治市国资委积极推动长治钢铁集团与首钢重组。朔州和临汾市国资委开展监管企业和改制企业的清产核资工作。阳泉市、忻州市国资委进一步完善业绩考核办法，规范企业薪酬分配。吕梁市、晋城市国资委出台企业执行“三重一大”集体决策制度的有关规定。运城市国资委向当地政府移交三所企业自办学校。太原市国资委对11户破产企业完成职工安置。

【财务监督审计工作】 省国资委推动企业全面执行新的《企业会计准则》，提升会计核算国际化水平。完成监管企业2009年度预算审核和2008年度决算审核，以及2008年全省经营性国有资产的统计和2008年度监管企业综合绩效评价，增强出资人财务监督的力度和实效。八户资产公司开展转增资本金工作及转增后的清产核资工作，共转增资本金189.2亿元。省属国有企业监事会完成10份监督检查报告，提交2份专项监督检查报告，下发5份整改意见书和5份关注函，促进企业经营管理和改革发展的规范运行。对2008年和2009年上半年出具的监督检查报告进行梳理，就其中的重点问题督促企业整改。根据计划和重点项目进展情况，开展经济责任审计和重点项目审计。就省审计厅对省属五个重点煤炭企业对外投资专项审计中发现的问题，针对性地进行整改。

【规范产权管理】 省国资委加强产权登记工作和资产评估管理工作，办理产权登记 73 户，完成监管企业资产评估核准项目 62 项，备案项目 31 项。积极推进全省产权交易市场建设，深度整合交易资源，丰富交易品种，实现交易规模稳定增长。截至 2009 年底，全省产权交易机构累计进场交易项目 112 宗，成交额约 41.9 亿元，实现平均增值率 9.4%。其中，省产权交易市场累计进场交易项目 48 宗，成交额约 33.1 亿元，实现增值率 2.54%。

【人才队伍建设】 省国资委推荐太钢和太重成为第一批"山西省海外高层次人才创新创业基地"。与山西证监局联合举办上市公司规范运作培训班。组织监管企业赴香港和澳大利亚进行企业项目、投资及风险管理和现代企业科技创新的培训学习。医药集团大力开展招才引智和创建学习型组织培训活动。省煤炭运销集团结合煤炭资源兼并整合工作，大范围引进和招募中高级煤矿专业管理人才。国新能源与清华大学联合举办新能源研修班，对基层员工进行培训，提升员工的整体素质。

【党风廉政建设】 在省国资委党委领导下，省监管企业纪委大力开展廉洁文化"进机关、进厂区、进岗位、进社区、进家庭"的活动，进一步完善反腐倡廉宣传教育工作格局。深入开展企业效能监察工作，堵塞企业管理漏洞 500 多个，为企业增加经济效益 15 亿元。深入开展煤焦领域反腐败专项斗争，严肃整合煤矿工作纪律，严格工作程序，推动煤炭兼并重组整合工作规范、健康、有序进行。完善"一案两报告"制度，查处一批违法违纪案件，促进企业进一步规范招投标、干部任用、对外投资等重要行为。全年省国资委系统共立案 303 件，处分违纪人员 836 人，其中处级以上领导 128 人。 （刘忠兵）

·国土资源管理·

【保障重点工程用地报批和资源配置】 2009 年，省国土资源厅积极开展"保增长保红线行动"，以 152 个重点项目为主要服务对象，按照"新增指标保重点，一般项目靠挖潜，统筹灵活保开工，严格规范保红线"的原则，采取年度计划指标切块保障、厅领导带队到重点用地部门对接、及时跟踪项目建设情况、开通用地报批绿色通道、适时调整用地计划、专项专题研究等措施，强化上下联动，提高审批效率，取得较好成效。国家下达山西省年度用地计划 9360 公顷，除未利用地外已全部执行完毕。全省供应土地 1534 宗 4067 公顷，成交总价款 168.88 亿元。同时，为解决好省属国有大集团资源接替问题，促进其立足本省实现平稳、快速、可持续发展，根据省政府主要领导同志指示和省政府安排，紧急启动为省内大集团定向配置矿产资源工作，省厅先后分三批集中研究 69 宗资源配置意见，涉及煤炭资源/储量 250 亿吨、其他矿产资源/储量 2 亿吨。

【严保耕地与加大执法力度】 认真落实耕地保护目标责任制，层层签订责任书，完善考核奖惩机制，进一步明确各级政府的保护责任。加强基本农田保护，严禁各种非农建设擅自占用基本农田、擅自改变基本农田区位。继续开展大规模中低产田改造，安排土地开发整理项目 51 个，总投资 6 亿元，新增耕地 5000 公顷，改造中低产田 2.86 万公顷。坚持建设占用耕地"占一补一"、"先补后占"的原则，保持全省耕地总量动态平衡。全省耕地保有量保持在 406.86 万公顷，基本农田面积保持在 344.46 万公顷。

依法维护被征地农民的合法权益，提高征地补偿标准，被征地农民社会保障方案未经有关部门审核同意的，不予受理征地报批材料。开展第九次土地卫片执法检查，针对一些地方项目建设用地片面求快而出现的苗头性和倾向性问题，积极采取有效措施，持续加大执法监察力度，查处一批借拉动内需之名集中违法占地行为。全省共发现违法案件 1708 件，涉及土地 937.88 公顷（其中耕地 349.21 公顷）；共立案 1358 件，涉及土地面积 841.35 公顷（耕地 308.87 公顷）；共结案 1360 件，涉及土地面积 939.72 公顷（耕地 406.83 公顷）；共拆除构建物 269779 平方米；没收构建物 623309 平方米；收回土地 60.02 公顷（耕地 22.06 公顷）；收缴罚没款 3682.36 万元；行政处分 1 人，党纪处分 46 人，刑事案件移送 8 人。矿产方面，立案 263 件，结案 250 件，行政处分 28 人，党纪处分 7 人，刑事处罚 2 人。

省政府与国家土地督察机构签订联席会议框架协议，双方的关系进入良性、互动、相互促进的新阶段。北京督察局在山西省晋中市、长治市开展例行督察，为山西省建立土地管理共同责任机制，更好地管住地、用好地提供经验。同时，派出督察专员和督察室，常驻山西省开展工作，更加全面、真实、准确地了解土地管理动态和困难，总结提炼山西省土地管理的经验和做法，将进一步有效、有力地支持山西省经济社会发展。

【换发采矿许可证工作】 煤矿企业兼并重组整合工作开展以来，省国土资源厅积极参与各市整合方案的审查，完成保留矿区的坐标审核。进入换证阶段后，按照"弄清底数、作出安排，先易后难、分类指导，坚持条件、从快从简，人随件走、立等办妥，政府协调、部门联动"五句话、四十个字的换证工作总要求，变"等待批"为"主动要"，高效换证、优质换证、廉洁换证。(1)做好前期准备工作。积极汇报争取国土资源部授权山西省发放采矿许可证，成立换发采矿许可证工作领导组和办公室，到大同、晋中等地专题调研规范换证程序和资料要求。(2)抓住关键重点突破。对换证工作中遇到的困难，及时调整工作重点，采取针对性措施，积极予以解决。针对换证资料上报慢的问题，召开全系统视频会议，立下军令状，要求 11 月底完成上报资料 80%、换证 70%；为八大集团“量身定做”换证资料和程序要求，提请省政府召开加快换证工作紧急会议，有效调动各市和兼并主体的积极性。(3)切实提高换证效率。在审批过程中，采取一站式快捷办理、一条龙优质服务，设立三个换证大厅，省、市、县三级国土资源部门在省厅集体办公、集中受理、集中审核，换证效率大大提高。(4)真正做到廉洁办证。制订换证工作“五要五不准”，并将省纪委的“十严禁”和省厅的换证流程、“五要五不准”张贴在换证大厅，接受公开监督。

截至年底，在全省资源整合保留煤矿1053个中有986个拿到采矿许可证，占保留企业数的93.6%；全省整合后产能保留12亿吨，换证形成产能11.3亿吨，占94%，为全省煤矿企业兼并重组整合工作作出决定性贡献。

【打击非法违法采矿】 1.全面叫停以各种名义开采浅层矿行为。实行四级监管责任制，即每个开挖点都有省厅、市局、县局及国土所专人监管负责；实行四级定期巡查检查，即国土所每三天、县局每周、市局每半月、省厅每月巡查一次；实行逐级零报告制度，有效遏制变相违法开采浅层矿行为。

2.10个县(区)非法采矿重点监控区域划定工作全部完成。按照年初工作会议确定的对22个非法采矿重点县的监控要求，省厅从4月初开始聘请地勘队伍，对宁武、灵石、交口、汾西等22个重点县的56个乡镇、353条沟、1983个无证非法采矿点、936个关闭矿井进行勘测，划定94个重点监控区。

3.与纪检、公安、检察院、法院等有关部门密切配合，协同作战格局初步建立，共同责任机制逐步形成，联合执法效果显现。特别是公安部门，对全省国土资源执法监察给予大力支持，部分市、县、区有专门的驻局干警队伍配合执法，有力地打击国土资源违法犯罪行为。

4.全面启动打击非法采矿联席会议制度。联合省高院、省检察院、省公安厅、省监察厅制定《山西省打击无证非法采矿联席会议制度》和《山西省打击无证非法采矿行为联合执法制度》，使打击非法采矿行为逐步实现制度化、规范化和常态化。

5.全面开通“12336”国土资源违法举报电话。省、市、县三级国土资源部门在开通161部实体举报电话的同时，制订工作方案，有效地提高打击非法违法采矿行为的及时性和有效性。

【地质灾害防治工作】 1.全面安排布置年度地质灾害防治工作。编制《山西省2009年度地质灾害防治方案》。对2009年全省地质灾害趋势从时间和空间上作出科学分析，提出重点防治区域和重要隐患点，进一步明确市县政府、有关职能部门应对的防治措施。组织专家修订《山西省突发地质灾害应急预案》。会同气象部门认真开展地灾气象预警预报工作。2009年共发布省级地质灾害气象预报15次，提高防灾减灾工作的针对性和及时性，收到良好的社会效果。积极配合教育部门重点对威胁中小学校舍安全的地灾隐患进行排查，提出具体防治对策。

2.启动全省地质灾害群测群防“十有县”建设工作。这是国土资源2009年提出的地质灾害基础建设的重要工作。山西省积极开展此项工作，共确定18个县区进行试点建设，到年底，共有8个县区完成“十有县”建设工作，受到国土部的表扬。与此同时完成朔州市、太原市地质灾害防治规划的审查批复工作。山西省有7个市完成地质灾害防治规划的编制和审查批复工作，为有效开展市级地质灾害防治工作提供依据。

3.狠抓地质灾害防治管理信息系统建设。为完成省级信息系统平台建设及测试的工作，先后召开市、县、乡现场会，并组织完成全省县级地质灾害野外核查工作。截至年底，全省完成128个大型、中型907处、小型6534处灾害隐患点的核查工作。

4.组织检查汛期地质灾害防治工作。5月份，省厅对全省汛期地质灾害防治工作检查进行全面安排部署，并组织5个检查组对部分县(区)进行纳入省级群测群防系统的地质灾害隐患点9251处进行抽查。对检查中发现的问题，及时与所在地的政府部门研究，提出防治措施。汛期全省系统内共派出12578人次进行地质灾害巡查和检查。

5.组织实施地质灾害治理工程立项审查工作。对各市上报的因自然因素形成的地灾治理项目，通过专家实地踏勘、审查论证，对最终确定的23个项目，完成立项前的各项准备。其中完成国土部特大型地质灾害治理项目的申报工作，批准山西省特大型项目资金998万元。

6.组织开展“防灾减灾”宣传活动。省厅充分利用多种媒体，开展丰富多彩的“防灾减灾”宣传活动。开设地灾防治科普专栏，邀请专家讲解防灾科学知识，播放公益广告，在公众场合悬挂宣传条幅，散发地灾防治知识科普画2970张、宣传册1500份、传单5100张。

【土地调查、规划修编、地质找矿、矿产核查工作】 通过国土资源调查、规划修编、地质找矿和矿产核查等基础业务工作的扎实开展和整体推进，不断为依法履行国土资源管理职责，促进保护资源、保障发展、维护权益、服务社会提供坚强有力的支撑服务功能。

1.制定具体措施保证第二次土地调查质量，并按时完成任务。(1)先后共制订并实施《全省第二次土地调查补充技术规定》《全省第二次土地调查田坎系数测算办法》等五个技术规定以及针对各个调查阶段出现具体问题的处理意见十余件。(2)进行多次技术培训。省厅组织技术人员对相关人员进行外业和内业20余期技术培训，规范和统一全省土地调查成果，保证调查成果的质量。(3)省本级承担若干直接调查项目，项目完成后提交给市县开展调查使用，方便市县工作，加快全省完成调查任务进度。(4)对调查成果进行质量把关。专门组织核查队伍，对县级成果进行质量检查，将县级成果分批提交国家后，国家质量检查一次性通过率达98%。

2.新一轮土地利用总体规划修编

取得阶段性成果。(1)省级规划修编工作全面完成。根据《全国土地利用总体规划纲要》中关于山西省主要指标的规定，省厅于2009年初编制完成《山西省土地利用总体规划大纲(2006—2020年)》，经省人民政府常务会议审查同意后上报国土资源部审核通过。省厅以规划大纲为依据，组织编制规划成果，经征求书面意见后，该规划已经厅务会审查后报省政府审核，并上报国务院审批。(2)市级规划修编取得阶段性成果。根据国土资源部的要求，省厅7月份正式启动市级土地利用总体规划修编工作。各市均成立领导机构、落实经费，开展专题研究和编制工作。(3)县级规划修编全面启动。县级规划大部分成立领导机构，落实编制经费，规划处于招投标阶段，部分进展快的县正在编制之中。

3.地质找矿项目进展顺利，勘查成果显著。(1)地质找矿项目进展顺利，勘查成果显著。截至年底，2008年度项目累计完成钻探工作量约15万米，槽探3万余立方米。总体来看，2009年度找矿效果显著，特别是煤、铝土矿、铁矿找矿效果明显。完成野外工作的23个煤炭勘查项目，初步估算可探求煤炭资源量254亿吨；完成野外工作的7个铝土矿勘查项目，初步估算可探求铝土矿资源/储量3.4亿吨；完成野外工作的2个铁矿勘查项目，初步估算可探求铁矿资源/储量1.04亿吨。完成的部分金属、非金属矿产项目，也显示出较好的找矿前景。(2)继续加大勘查投入，服务经济可持续发展。继续围绕省政府的总体发展部署，坚持立大项、找大矿的原则，突出抓好重点矿种、重点成矿区带的资源勘查。在矿种选择上，把煤炭摆在首要位置，突出加强能源矿产勘查；以金、银、铝、铁、铜、铅、锌和冶镁白云岩为重点，攻深找盲，加强国家紧缺性、战略性矿产的勘查；继续加强基础性地质勘查工作。根据省财政拟投入勘查经费额度，综合考虑各种因素因素，初步筛选出79个项目(含5个区域地质调查项目)，初步核定项目经费47070万元。共拟投入钻探工作量418003米，槽探工作量78200立方米，浅井工作量6440米。

3.组织完成矿业权实地核查阶段性工作目标。按照国土资源部的要求和山西省的实施方案，省厅采取有效措施，强力推进核查，完成对8152个矿业权的野外实测，在年底前圆满完成国土资源部确定的实地核查野外实测工作任务，确保国土资源部对山西省矿业权的正常配号。(1)组织召开“山西省矿业权实地核查工作会议”，安排部署核查工作。(2)省厅积极向省财政厅申请专项经费，经省政府审查同意后，省财政厅确定工作经费总额为13000万元。随后，省厅与省财政厅联合下发通知，要求各市、县按核准金额予以支付。(3)督促指导，认真执行月报制度。省厅要求项目单位按月向厅、部报送每月工作进度。同时，指导帮助项目单位解决核查工作中存在的问题。（李俊斌）

·工商行政管理·

【实施创业就业新政策】 2009年，省政府办公厅印发《关于发挥工商职能作用，促进创业就业的实施意见》27条，省工商局出台《全力服务“十大产业”调整振兴实施意见》和《促进大学生村干部创业的意见》，对高校毕业生、下岗失业人员、退役军人和返乡农民工创业就业，实施优惠政策，营造创业环境。全省非公有制经济继续保持较快的增长态势，新登记私营企业11203户，总数达到139263户，比上年增长8.75%；新登记个体工商户76066户，总数达到771088户，比上年增长11.26%。民间投资逆势增长，提供就业岗位47.6万个。省民协评选认定2008年度“山西百强民营企业”。为外资企业提供优质服务，晋城市工商局试行“外资网上远程登记”。长治市局和太原小店分局开展创业知识培训受到社会的欢迎和好评。

【“品牌兴省”战略】 2009年，全省7件商标被认定为中国驰名商标。以“品牌战略与农村发展、农业增效、农民增收”为主题，举办第三届“山西品牌节”，进一步营造“品牌兴省”“品牌兴企”“品牌兴农”的良好氛围。“太钢”“大寨”等7件商标被国家工商总局认定为中国驰名商标，全省驰名商标达到39件，超额完成“十一五”规划目标；新认定山西省著名商标171件，著名商标总量达到764件。引导企业和农户注册商标3400件，全省注册商标总量达到2.81万件，地理标志商标11件，有效国际商标40件。

【“五农工程”建设】 农民专业经济合作组织户数位居全国第一。实施“红盾护农”工程，查处农资违法案件739件。实施“商标兴农”工程，注册涉

第三届山西品牌节暨驰名商标表彰著名商标新闻发布会

（新国琦提供）

农商标1200件。实施“合同帮农”工程，制定合同示范文本254种，签约农户48万户，履约合同金额51亿元。运城市工商局制定土地流转合同示范文本促进3.8万亩土地流转，长治市局指导签约农户达15.3万户，忻州市局培育涉农龙头企业102户。实施“经纪人活农”工程，活跃农副产品的购销。实施“经济组织强农工程”，新登记农民专业合作社11005户，比上年增长86%，总数达到23777户。

【“信用山西”建设】 省工商局在总结晋城、晋中做法和经验基础上，于11月19日召开全省工商系统信用建设晋城现场会，于12月29日举行启动仪式，与中国邮储银行山西省分行联合开展“认定信用商户、创建信用市场”活动，认定信用商户、信用市场4913个。加大信用信息归集力度，归集发布全省各类市场主体152.9万户的登记信息以及环保、税务、质监、海关、食药监等部门发布的企业业绩信息和警示信息共900余万条。开展“信息化推广应用年”活动，省工商局出台《信用信息锁定管理办法》，晋城、晋中市工商局综合业务系统应用广泛，朔州、大同市局做到信息数据实时入库，阳泉市工商局完成省工商局交办的异地信用信息数据库备份建设任务。12月18日省政府召开“信用山西”建设领导组会议，副省长张建欣就进一步加快“信用山西”建设，推进互联互通，归集信用信息、扩大成果应用提出新的任务和明确要求。举办“山西省首届百家信用示范企业”发布暨应对金融危机高端讲座。成立“山西市场信用共建联盟”。省工商局被中国信用联盟授予“中国信用共建特别贡献奖”称号。

【贯彻煤炭资源整合决策部署】 省工商局成立专门机构、选派得力干部进驻联合办公大厅办公；采取预约服务、延时服务方式，依法快捷办理登记服务工作；进行现场办公、解决疑难问题；完成801户(不含名称变更的)煤炭资源整合后的煤矿企业名称预核准任务。

2009年2月12日，全省工商行政管理暨党风廉政工作会议在太原召开 (新国琦提供)

【“万名工商干部进十万家企业”帮扶大行动】 在帮扶大行动中，全省工商部门共出动41292人次，走访企业112009户，帮助企业解决实际困难6047件，减免企业年检登记费用3622.38万元。特别是采取多种形式、帮助贷款融资，共办理动产抵押登记2029件、拍卖备案登记632件，为企业融资362.11亿元；办理股权出质出资登记42件，为企业融资19.22亿元；办理商标、专利等知识产权出资登记39件，为企业融资7.36亿元；利用信用信息，搭建银企桥梁，中小企业和个体工商户获得信用贷款2.2亿元。

【市场监管】 (1)强化流通环节食品安全监管。认真做好《食品安全法》实施工作，省工商局制定出台《食品流通许可证管理实施办法》，在大同、晋中、运城以及太原分别召开片会，现场观摩学习，实地进行培训，确保食品经营许可管理由卫生部门向工商部门的平稳过渡和食品市场的安全稳定。全工商部门共查处食品违法案件2031件。(2)加强反垄断和反不正当竞争执法工作。查处不正当竞争案件473件，其中运城市局查处160件；查处垄断案件39件。(3)治理商业贿赂。查处案件215件，省工商局经检总队、太原、大同、阳泉、晋城、忻州、临汾查处一批大要案件，工程领域商业贿赂案件取得突破，查结案件18起。(4)加大打击传销力度。与省公安厅联合开展打击传销百日联合执法行动，查处传销案件59起，取缔窝点620个，遣散21000余人。运城市工商局编创电影《黑梦》，弘扬红盾精神、揭露传销危害。(5)打击商标侵权假冒行为。共查处案件1744起。(6)打击虚假违法广告。查处案件3008件，其中吕梁市局查办430件，晋中市工商局对辖区网站广告实施在线监测，朔州市工商局开展户外广告专项整治行动。(7)打击合同欺诈行为。查处案件1683件，备案合同格式条款6138份，调解合同争议334起；其中大同市局查办案件324起，太原市局查处房地产案件109起。(8)查处无照经营专项行动。查处无照经营案件10012起；开展打击“黑网吧”行动，查处取缔396户。(9)加强治理超限超载工作。取缔非法储煤(货)场918户、非法车辆改装修理厂15户，其中临汾市工商局取缔户数占到全省的四分之一。治超工作受到省政府治超领导组表彰，为全系统配备治超执法专用车87辆。(10)配合有关部门做好社会治安综合治理工作。开展学校及周边治安综合治理、甲型流感等疾病防控，以及打黑除恶、扫黄、禁毒、反假币、反洗钱等专项工作。

【消费者权益保护】 省工商局出台《关于推动“三消”联动，构建消费维权分工配合协同高效机制的意见》，强化省局监督指挥、市局受理调度、县局和工商所快速反应的“12315”工作机制。在忻州召开现场会全面推进“一会两站”建设，“12315”维权联络站总数翻了一番，达到33309个，维权网络初步形成。全省工商部门受理群众申诉、举报、咨询92706件，做到及时受理、及时调解、及时查处、及时反馈，使大量消费纠纷解决在基层、解决在商户、解决在萌芽状态，没有出现因消费投诉引发群体性上访的事件。认真开展“消费与发展”年主题活动，发布消费警示提示758条，引导居民健康、文明、科学消费，营造良好消费环境，促进扩大内需。

（靳国琦）

·物价管理·

【价格基本走势】 2009年，全省全年居民消费价格总水平比上年下降0.4%。全年除1月、11月、12月居民消费价格同比上涨外，其他月份均为同比下降，全年各月价格降幅呈现逐月收窄的态势。主要特点是农村价格涨幅高于城市，食品价格逐步不断回升，主要工业消费品价格持续下降，全年居民消费价格总体降幅小于全国平均水平。

【清费治乱减负工作】 1.实施收费减免措施，减轻山西省焦化行业负担15.2亿元。因国际金融危机影响，山西省重要支柱产业焦化行业遇到前所未有的困难，为进一步减轻焦化行业负担，会同省财政厅、省经委等部门，在充分调查研究的基础上，提出减轻山西省焦化行业收费负担的实施方案，经省政府常务会议通过，省人民政府办公厅印发《关于减轻山西省焦化企业负担有关事项的通知》。各项减免措施执行期为1年，涉及煤炭可持续发展基金和6项行政事业收费以及服务收费，焦化企业吨焦负担由111.2元减为16~54元。一年可减轻焦化企业负担15.2亿元。

2.清理整顿交通和车辆收费，注销155个二级公路收费站点收费许可证。为规范交通和车辆收费管理，贯彻落实中央关于燃油税费改革的有关规定，对涉及交通和车辆的行政事业性收费进行全面清理整顿。从6月1日起，山西省取消155个政府还贷二级公路收费站点，统一注销《收费许可证》。同时对山西省12项交通和车辆行政事业收费进行清理整顿，取消《机动车驾驶员交通违章记分卡》工本费收费项目。

3.清理整顿涉煤收费，取消三项收费。为促进煤炭行业健康有序发展，保证国家宏观调控政策的有效实施，对全省涉及煤炭生产、销售的行政事业性收费进行全面清理整顿，取消煤炭生产许可证工本费、矿山职业安全卫生检验费、公路运输管理费3项收费项目，由原来的17项行政事业收费减少为14项，每年可减轻企业负担6.5亿元。

4.降低部分涉企经营服务性收费标准。一是降低地产交易手续费、施工图审查收费标准，降价幅度20%~30%，年降价金额2200多万元；二是降低山西省增值税防伪税控系统专用设备技术维护价格，由现行每户每年495元降低为407元，年降低金额260万元。

【实施惠民价格政策】 1.制定有利于充分利用黄河水资源、保护地下水资源的价格政策，降低农业灌溉相关价格。国家分配山西省每年黄河水利用指标43亿立方米，实际年利用不到4亿立方米，主要原因是取用黄河水成本高于采用地下水。在副省长牛仁亮的亲自领导下，与省水利厅、运城市人民政府组成联合调研组，经过半年多时间的艰苦细致的工作，提出“山西省地方电力建设基金使用安排意见”。积极向国家发改委汇报，在国家发改委的大力支持下，利用地方电力建设基金停止征收后的电价空间，大幅降低农业灌溉相关价格。(1)从10月1日起，对山西省使用地表水实施农业灌溉的大中型泵站及省级水行政主管部门核准的小型泵站排灌电价，不分扬程高低统一执行0.06元/千瓦时（不含电源基地建设基金1分/千瓦时），同时降低灌溉工程水价，降价后灌溉工程水价不得超过0.25元/立方米。(2)严格控制由群众自行管理的末级渠系水价。在灌溉工程水价基础上，加上末级渠系管理等费用，对农民供水终端水价标准不得超过0.30元/立方米。实施上述措施可达到多方面良好效应：一是引导和鼓励利用地表水，节约地下水，保护水资源。按年利用黄河水20亿立方米水量计算，年可补充地下水2亿立方米，可有效减少地下水超采，促进水位逐步回升，生态环境逐步得到改善。二是减轻农民负担，促进农业增效、农民增收。按5亿立方米水量测算，年可为灌区农民减负1.285亿元，增收4.53亿元，总计5.81亿元；到2011年用水量达11亿立方米后，年可为农民减负增长11亿元(减负2.8亿元，增收8.3亿元)；到2020年达规划用水目标20亿立方米后，年可为农民减负增收20亿元(减负5亿元，增收15亿元)。

2.降低部分药品和医疗价格。(1)降低部分药品价格。核定并公布108种省级政府定价药品最高零售价格，降低幅度约16%，降价金额约0.93亿元。核定2009年山西省医疗机构网上竞价采购药品临时最高零售价格，共核定挂网1.46万个规格品种，平均降价幅度约20%，降价金额约3.5亿元。合计降价额达4.5亿元。同时，继续执行医药价格公示制度，对400余家制药企业近7000个品规进行药品价格公示，提高药品价格的透明度。(2)降低大型医用伽马刀检查治疗价格。根据山西省实际情况，降低伽马刀检查治疗价格，一年可减轻患者负担1178.4万元。

【推进资源价格改革】 1.调整水资源费征收标准，促进节约用水。调整水资源费征收标准，非超采区水资源费平均标准由每立方米1元调整到2元，地表水水资源费由0.50元调整到1元，调整幅度均在100%以上。继续执行超定额累进加价制度，并对山西省范围内高污染、高耗水等不符合国家产业政策的企业实行差别水资源费政策。

2.继续落实差别电价和脱硫加价政策。(1)根据国家发改委、财政部、国家电监会《关于进一步贯彻落实差别电价政策有关问题的通知》精神,对全省380家高耗能企业进行甄别核实,累计甄别执行差别电价的高耗能企业1261家,促进883家高耗能企业关停、转产、关小上大或技术改造,对优化产业结构起到推动作用。(2)继续认真落实脱硫电价政策,近三年来累计执行脱硫电价的装机容量达到2214.6万千瓦,实现老机组全部脱硫的目标,为改善山西省环境质量发挥不可替代的作用。

3.积极疏导价格矛盾。(1)疏导供热价格矛盾。根据国家发展改革委、建设部、财政部《关于做好冬季供热采暖工作有关问题的指导意见的通知》和省人民政府21次常务会议精神,积极稳妥地疏导供热价格矛盾,做好供热保障工作。山西省省辖市除晋城、长治、朔州、运城、吕梁5市居民供热价格不调整外,其他省辖市对供热价格进行调整。供热价格调整本着均衡负担、低于周边省份、充分考虑困难居民等原则,做到积极稳妥,争取居民理解。比如:太原市居民供热价格调整后,仍然是北方冬季供热的15个省省会城市价格最低的。同时,会同省建设厅印发《关于城市供热价格管理有关问题的通知》,对疏导供热价格、推进计量用热、采暖节能等做出安排。(2)疏导公路汽车客运价格矛盾。为有效应对因燃油价格多次上调对山西省公路汽车客运行业的影响,保持和促进公路汽车客运业的稳定和健康发展,适当调整山西省公路汽车客运基本运价,由0.08元/人·公里调整为0.12元/人·公里。(3)疏导电价矛盾。根据国家发改委的统一部署,深入调查研究,精心测算电价,适当调整山西省电网销售电价和部分企业上网电价。

4.完善成品油价格形成机制。按照国家的统一部署,先后8次调整成品油价格,其中5次上调,3次下调,通过适时适度的价格调整措施,不断完善成品油价格形成机制。

5.积极推进化肥价格形成机制改革。根据《国家发改委、财政部关于改革化肥价格形成机制的通知》,推进山西省化肥价格形成机制改革,将国产化肥出厂价格、除钾肥外的进口化肥港口交货价格由政府指导价改为市场调节价。取消对已放开的化肥出厂价格实行提价申报、调价备案、最高限价以及对化肥流通价格实行差率控制等各项临时价格干预措施。继续对一般贸易进口钾肥价格实行适度监管。暂时保留对化肥生产用电、用气和铁路运输实行的价格优惠政策及对化肥生产、流通实行的税收优惠政策。

6.积极开展资源价格改革调研工作。开展山西焦炭价格问题课题研究,进一步充实和完善课题研究内容。9月省科技厅组织国家和山西省内知名专家,对《焦炭价格问题研究》课题进行科技成果评审,评审意见认为:课题立题重要,研究基础扎实,研究方法得当,主要观点明确,对策建议可行,在外部性与焦炭价格形成机制研究方面富有新意,在同类研究中达到国内领先水平。

【实施价格推进政策】 2009年,在旅游、通信、家电产品等方面实施积极的价格政策,以扩大内需、促进消费。

1.积极运用价格杠杆,促进旅游消费。根据省政府《扩大旅游消费春季行动方案》,按照景区单位自愿的原则,自4月1日至5月31日两个月期间,对晋祠、云冈石窟、应县木塔、五台山、绵山、平遥古城等72个知名度较高的旅游景区门票价格实行半价优惠。对残疾人、学生等实行半价的基础上再半价优惠,对儿童、现役军人等免收门票。免费开放22个爱国主义教育示范基地景点。政策出台适逢清明节小长假,游客明显增加,有力地刺激山西省旅游业的进一步发展,对拉动内需发挥较大作用。下半年,按照省政府《扩大旅游消费金秋行动方案》,加强旅游价格监管,重点是整顿旅游价格环境,规范旅游价格秩序。这些政策措施有力地刺激山西省旅游业的发展,全省旅游总收入增长20%以上。

2.降低部分电信资费标准。从6月1日起,固定电话营业区间通话费上限标准由现行的每分钟0.3元下调为0.2元。同时,会同通信管理局审批山西省部分3G业务资费标准。

3.继续规范房地产价格秩序。配合省建设厅等有关部门,以省政府名义制定印发《关于鼓励和培育住房消费促进房地产市场健康发展的若干意见》(晋政发[2009]11号),在房地产价格管理方面,重点是加强经济适用住房销售价格和廉租住房租金管理,严格按规定程序审批经济适用住房销售价格和廉租住房租金标准,并向社会公示经济适用住房销售价格。认真落实行政事业性收费和政府性基金减免政策,收取行政事业性收费和政府性基金的商品住房建设项目费用,在商品房预、销售后按收费标准的下限收取,减轻企业和消费者负担。进一步规范住房销售明码标价,推行"一房一标价"制度。

【健全价格调控机制】 1.建立健全价格调控机制,居民消费价格保持基本稳定。全省物价工作会议确定山西省2009年居民消费价格涨幅预期调控目标为4%左右。为实现这一调控目标,在价格监测、价调基金使用、价格监督检查等方面进行安排部署。尽管国际金融危机影响巨大,国际、国内经济形势变化剧烈,而山西省的价格在较低的水平上平稳运行,居民消费价格指数比2008年降低0.4%,大大低于预期目标,保持基本稳定。除1月、11月和12月高于上年同期外,其他月份都低于上年同期,2月份最低为-1.8%,12月份最高,上涨2.4%。

与消费品价格相比,由于产业结构和产品特点,山西省工业品价格受国际、国内市场影响更大,工业品出厂价格指数为92%,下降8%,为多年来少见。其中,前8个月逐步走低,8月份最低,比上年同期下降19.3%,之后逐步回升。在行业价格指数中,煤炭开采业维持上年的水平,炼焦业下降17%左右,电力、热力上涨6%左右,其他行业有升有降。

2.完善价格调节基金管理制度。制定实施《价格调节基金使用管理办法》《省级价格调节基金使用工作制度》等规章制度。

3. 建立和完善重要商品价格调控机制。为防止生猪价格过度下跌，稳定生猪生产，维护生猪养殖户（企业）利益，根据国家发改委、财政部等六部委的要求，结合山西省实际，制定《山西省防止生猪价格过度下跌调控预案（暂行）实施细则》。建立生猪价格预警体系，加强对生猪等畜禽产品价格监测，采取综合调控措施，促使猪粮比价、仔猪价格、生猪存栏、能繁母猪存栏等指标保持在合理范围内。

【价格检查】 2009年，全省各级物价部门围绕促进农民增收减负、减轻企业负担、保障价格改革顺利实施等工作重点，先后组织开展涉农收费、涉企收费、电力价格、煤焦领域收费、药品和医疗价格、脱硫加价、教育收费等专项检查和节日检查、日常检查。全省查处价格违法案件2971件，查出价格违法金额13646万元，实施经济制裁8653万元。其中，退还用户2711万元，没收违法所得4563万元，罚款1379万元，上缴财政5942万元。全省共受理各种投诉举报18641件，办结18336件，办结率98%。在煤炭企业兼并、煤炭资源整合的形势下，强化煤炭价格稽查管理，追缴水资源补偿费和稽查管理费12700万元。 （祁治荣　马润卯）

·质量技术监督管理·

【“质量和安全年”活动】 2009年，山西省质量技术监督局（简称省质监局）把开展“质量和安全年”活动作为全年工作的主线，围绕“质量宣传年、质量提升年、质量服务年、质量整治年、质量建设年”这一主题，严密组织，全力以赴，扎实推进。各单位都成立领导小组，制定实施方案，细化目标任务，落实工作责任；省质监局先后两次派出督导组，深入全省60多个县（市）区和近百家企业实地督导。为了促进企业主体作用发挥，省质监局联合山西省国资委、经信委等部门下发《关于做好“质量和安全年”活动有关工作的通知》，全省共有500多家规模以上企业积极踊跃参与活动。为了扩大社会影响，省质监局精心组织开展19项重要活动，包括：联合山西省直17个职能部门和人民网、新华网等8家网络媒体共同举办网上“3·15”宣传咨询活动，在新闻媒体上开设家电下乡专栏，联合阳曲县政府举办以“农资打假下乡”为主的宣传、咨询、服务活动，利用世界标准日、世界计量日、国际认证认可日举办论坛、讲座和宣传咨询活动等等，各市县也广泛开展形式不同的相关活动。6月份，《中国质量报》总编汪发楷带领采访组专程来山西省进行采访调研，随后在《中国质量报》头版连续发表5篇系列报道，各大报刊网站纷纷转载，在全国引起广泛关注。国家质检总局督查组两次来山西省进行督导检查，均给予充分肯定和高度评价。

全省质监工作暨党风廉政建设会议现场 （郝建玉　崔星梅提供）

【名牌兴晋战略】 经广泛调研，省质监局代山西省政府起草《山西省质量立省工作目标责任制考评办法》；9月份，山西省政府在省质监局召开山西省质量立省领导组工作会议，副省长张建欣代表省政府与省发改委等22个厅局签订《质量立省工作责任书》，领导组各成员单位充分讨论《山西省质量立省工作目标责任制考评办法》，并报省政府审定。全省各地和广大企业积极开展质量兴市（县、区）、质量兴企、质量兴业活动。全省共有116个市、县（区）开展质量兴市（县、区）活动，1400余家企业获得A级以上质量信誉等级。按照山西省政府办公厅《关于“十一五”期间加强中国名牌产品培育工作的意见》和国家质检总局对推进名牌战略的要求，培育形成由16个中国名牌产品、9个国家地理标志保护产品和358个山西名牌产品组成的名优企业和产品队伍。

【宏观质量状况分析】 2009年，省质监局在广泛调研的基础上，起草《山西省宏观质量状况分析报告实施办法》，并由山西省政府办公厅印发实施。各地普遍启动宏观质量状况分析工作，长治、吕梁市政府办公厅印发《关于开展宏观质量状况分析工作的通知》，太原、吕梁、长治、朔州、运城、阳泉、晋城等市局和太原经济区局、高新区局围绕重点产品、重点行业开展质量状况分析，并形成报告提交政府。

【食品质量安全监管】 2009年，全省质监系统共检查食品生产加工企业4300多家，发现并督促排除隐患1200余个，立案查处生产加工环节案件659起，注销食品生产许可证87个，查获违法生产食品货值1600余万元。坚持把巡查监管向重点产品和重点区域延伸，将洪洞的腐竹、稷山的蜜枣、闻喜和临猗的果脯、寿阳和阳曲的豆腐干、黄陵的粉条以及文水的白酒等8个重点产品和区域确定为整顿重点,着力解决"行业潜规则"问题,晋中、临汾、运城、吕梁、太原等地按照山西省质监局要求,一手抓帮扶,一手抓整治,有效提高区域性食品生产企业整体质量水平。严格督促企业落实食品安全第一责任人的法定义务,获证企业全部构建和完善质量监管链条和出厂检验制度,质量保证能力明显增强。全省没有发生大的食品质量安全事件。

【特种设备安全监察】 按照山西省政府的统一部署和要求,扎实开展全省特种设备安全生产专项整治和执法、治理、宣传教育"三项行动"。副省长张建欣在全省动员大会上讲话,对专项整治工作提出明确要求。省、市、县三级全部成立领导机构,形成由质监部门牵头、相关部门参与的组织领导和工作网络体系。各级政府召开动员大会进行安排部署。专项整治中,全省共排查特种设备生产企业789家、使用单位特种设备82506台(套),查出并督促整改消除隐患988项。全省还开展特种设备宣传进校园活动,组织5次不同类型的应急演练,朔州市由政府组织的全省首次发电厂特种设备应急救援演练,收到良好效果。通过扎实开展专项整治,全省特种设备安全形势得到进一步巩固,全年共发生4起事故,死亡3人,伤3人,各项指标均在省政府的控制指标之内。

【产品质量监管】 2009年,省质监局完成国家质检总局部署的新一轮重点产品质量专项整治任务。开展产品质量监督检查,完成7000余个企业生产销售的1.1万余批次产品质量的定期监督检查,合格率达到96.56%。以关系安全产品、重大基础设施建设原辅材料等为重点,对19类930批次产品进行监督抽查,合格率为89.5%。配合家电下乡和甲型H1N1流感防控,及时对6类下乡家电产品和3类防控物资进行专项监督抽查。

副省长张建欣出席国家煤矿安全计量器具产品质量监督检验所奠基仪式 (郝建玉　崔星梅提供)

【打假治劣】 2009年,全省质监系统整顿规范市场经济秩序,深入开展打假治劣行动,先后组织开展食品、农资、建材、成品油等打假专项战役和家电下乡专项检查以及区域性质量问题集中整治行动,共出动执法人员14.87万人(次),查处各类制假售假违法案件7290余起,查获假冒伪劣产品货值7800余万元,捣毁制假售假黑窝点1000余个。在查处河南、山东劣质碳酸氢铵案件中,省市县密切配合,检验机构认真负责,不但及时查封近900吨劣质化肥,而且为探索产品质量风险监测评估机制积累经验,得到国家质检总局的表扬。

【服务"三保"】 省质监局制定《关于充分发挥职能作用服务"三保"政策措施落实的意见》(简称《意见》),各级各单位认真落实《意见》要求,普遍采取向企业免费提供技术信息服务、帮助企业提升检验检测能力、简化行政许可程序、减免部分行政事业性收费、实行首违不罚等措施,为促进"三保"发挥作用。按照山西省政府确定山西省质监局帮扶一个重点企业(侯马普天电缆厂)和两项重点工程(灵石县廉租房、旧城改造工程经济适用住房和灵石县农村困难群众危房改造)任务,省质监局领导多次带队深入帮扶,并资助12万元的款物。7月初,省质监局组织召开全省重点企业质量工作座谈会,邀请有关专家对重点企业进行《卓越绩效评价标准》培训;晋中市质监局举办"浙江大学——晋中市名牌与质量信誉等级企业高管研修班",就金融危机形势下如何促进企业发展进行专题培训。全系统积极主动地帮助重点工程项目完善原材料采购、检验检测和工程建设质量制度,加大工程建筑材料和特种设备的质量安全检验检测与把关服务力度,加强相关检测实验室的监督管理,保障重点工程的质量安全。大同市质监局协调市政府出台规定,所有市政工程材料和压力管道必须经质监部门检验合格后方可使用。据统计,全系统在服务"三保"中共出动10余万人(次),减免各类行政事业性收费近千万元。

【标准化工作】 (1)不断完善激励政策与措施。制定出台《山西省重点领域标准化建设项目支持与管理办法》。扎实加强农业标准化,完成第六批41个国家级示范区项目第二年度建设任务,受到国标委抽查组的一致好评;新建并启动省级示范区项目21个;制定发布山西省农业地方标准和规范65项。(2)重点工业领域标准化工作不断加强。批准发布10项节能减排地方标准,完成4个国家循环经济标准化试点城市申报初审,确立第三批国家标准化良好行为试点企业3个、省级14个;积极推进太原市绿色转型标准体系建设,先后组织制定、批准发布22项绿色标准,基本建立起覆盖各产业和城市与社会管理的绿色标准体系。(3)大力加强服务标准化,积极推进晋中市旅游服务标准化试点城市等4个国家级服务标准化试点项目。山西省承建的6个全国标准化专业技术委员会工作进展明显,初步形成开展本领域国家标准制修订的工作机制。参与国家标准制修订的数量和质量大幅提高,山西省食检中心等单位共起草发布国家标准15项。

【计量工作】 (1)大力加强量传溯源体系建设,全省社会公用计量标准的建标数量达到1449个,年增长3%;建标档次和质量明显提升,其中投入500余万元建立的200毫米大口径热能表型式实验装置标准填补国内空白,有力支持全国供热体制改革。(2)能源计量工作成效显著,对全省双百家和千家重点耗能企业的能源计量工作进行专项监督检查,积极为重点耗能企业提供计量技术服务,帮助企业完善能源计量管理制度,全省千家重点能耗企业计量器具配备率和受检率均达97%以上。(3)民生计量工作得到加强,组织开展"关注民生、计量惠民"专项行动,以"诚信计量进市场、健康计量进医院、光明计量进镜店、服务计量进社区"为主题,依法对集贸市场、医疗卫生单位和眼镜店等用强检计量器具进行监督检查,受检率达到100%;煤矿安全计量器具检定工作稳步加强,在煤矿资源整合过程中受检率保持95%以上;扎实开展电子计价秤专项整治、定量包装商品专项抽查和限制月饼过度包装监督检查,对不合格产品依法进行严肃处理,维护人民群众的利益。(4)加强法定计量检定机构管理。坚持成熟一个、考核一个、授权一个,完成70%的机构复查换证工作。

【认证认可工作】 强化实验室资质认定监管,组织力量研发《山西省资质认定实验室管理系统》,并在机动车安全检测机构开始试运行,基本遏制检测机构出具虚假报告、篡改数据以及代检、替检等违法违规行为;对284家获证机构开展能力验证,对300余家获证机构进行专项检查,促进检测机构管理水平和技术能力的提升。在全国率先开展循环经济认证工作,编制《山西省循环经济认证标准体系编制工作方案》。进一步加强3C认证监管,健全生产企业质量档案,严格推行区域监管责任制,初步形成"统一管理、层级负责、区域监管、责任到人"的监管机制。对百家管理体系认证、百家3C产品认证和60家食品农产品认证企业进行检查,规范认证市场秩序。认真完成认证执法监管试点任务,在全国现场会上,山西省质监局作经验介绍。

【科技创新与技术机构建设】 深入推进科技兴检战略,申报国家质检总局科技项目18项,立项13项,山西省科技项目14项,立项6项,山西省食检中心承担的1项质检公益性行业科研专项项目,获财政部预算经费支持76万元。发挥计量所、质检所、特检所、锅检所、信息所和纤检局等技术机构的骨干作用,开展科技攻关、综合研究、成果转化和技术指导。各级技术机构积极加大人才培养、装备投入、科技研发和内部管理工作力度,各项建设取得新的进展。推进技术机构改革,经过广泛调研和多次修改完善,制订改革方案。大力加强国家级专业产品质检中心建设,食检、煤检两个国家中心在项目研究、标准制修订、国家质量抽查和技术服务等方面都取得了较好成绩;国家煤矿安全计量器具产品质检中心征地、设计和奠基工作已顺利完成;新申报的不锈钢、高铝质耐火材料、铝镁合金、煤层气、纺织机械和醋产品等6个专业产品质检中心已被列入国家质检总局二次规划的考察计划。

【基础设施建设】 2009年,省质监局向山西省发改委申报41个市、县级检测实验室建设项目,发改委已批准立项,决定从2009年起分3年投资6600万元帮助质监系统解决实验室条件落后的问题,同时,还争取到国家质检总局县级食品实验室改造投资。 (郝建玉 崔星梅)

·安全生产监督管理·

【概述】 2009年,省安监局坚持以专项整治为主线,以隐患排查治理为重点,以规章制度作保障,以目标责任制为抓手,扎实开展了安全生产"三项行动"和"三项建设",协调指导全省各行业(领域)大力开展安全生产工作,有效遏制重特大事故发生,安全生产状况明显好转,全省安全生产形势取得"三降一低"的好成绩。

各类事故起数和死亡人数大幅度下降。全省共发生各类安全生产事故11855起,死亡2723人。同比事故起数减少511起、死亡人数减少1018人,分别下降4.13%和27.21%。

煤矿、道路交通等各重点行业(领域)事故起数和死亡人数大幅度下降。各类煤矿发生事故72起,死亡206人(包括非法开采1起,死亡4人),同比事故起数减少48起,下降40%,死亡人数减少97人,下降32.01%。非煤矿山发生事故3起,死亡5人,同比事故起数减少4起,下降57.14%,死亡人数减少343人,下降98.56%。发生道路交通事故7051起,死亡2351人,同比事故起数减少829起,下降10.52%,死亡人数减少564人,下降19.35%。发生消防火灾事故4617起,死亡7人,同比死亡人数减少38人,下降84.44%。

重特大事故起数和死亡人数大幅度下降。全年发生一次死亡10人以上事故6起,死亡139人,同比事故起数减少6起、死亡人数减少368人,分别下降50%和72.58%。

各类事故死亡人数低于国家下达的控制指标。全省各类事故死亡人数比国家下达年度控制指标少707人,低20.62%。煤矿、非煤矿山、道路交通等行业死亡人数都在国家下达年度控制指标之内。11个市的各类事故死亡人数都在省政府下达控制指标之内。

【"三类企业"进行专项整治】 按照省政府统一安排，开展了覆盖各行业、各领域的安全生产专项整治。省政府和全省各级、各部门成立领导机构和工作机构，制定实施方案，在生产经营单位自查自整和县级政府排查摸底的基础上，对排查出的350307个企业分"三类"(对非法建设和非法生产经营的一类企业，坚决取缔；对证照手续不全或者存在重大安全隐患的二类企业，一律停产整顿；对证照手续齐全、具备安全生产条件的三类企业，加强监管)进行公示，实施动态监控。5月到10月，17个牵头部门共组织182个省市县三级联动检查工作组，抽调1300多名工作人员、聘请720多名各类专家深入基层开展分类整治。省政府安委办采取打分排队、媒体曝光、领导约谈等形式，对11个市和17个牵头部门专项整治工作开展情况进行了有效督查。11月份，省政府安委办组织"回头看"再检查和全面考核。

【强化"两个主体"责任落实】 一是强化企业安全生产主体责任的落实。各级、各部门与监管企业签订目标责任书，各企业把安全生产控制指标和工作任务落实到车间、班组，并将安全生产内容纳入企业绩效考核；各生产经营单位在专项整治工作中深入开展自查自纠，共自查隐患120多万条，投入治理整改资金16.8亿元，部分企业将过去以"生产"为中心的模式转变为以"安全"为中心的模式，切实提升安全管理水平。二是强化政府安全监管主体责任的落实。完善"一岗双责"安全生产责任体系，落实了各级政府主要负责人、分管负责人的责任，并把专项整治"三类企业"中每个企业的监管责任明确到监管部门、分管领导和具体监管人员，做到"三落实"；将省政府安委会成员由原来的部门副职调整为"一把手"；为11个市和87个重点产煤和非煤矿山县(市、区)配备市县长安全助理；省政府与11个市政府、22个省直部门签订2009年度安全生产目标责任书，年底拿出1404万元对完成2008年安全工作目标责任书的单位和先进个人进行了奖励兑现；按照省政府提出的包保责任制要求，11个市政府组建174个煤矿安全监管5人小组，对870多个地方煤矿分片包点负责。

【推进安全生产"三项行动"】 把国务院安排布置的安全生产"三项行动"与山西省开展的安全生产专项整治紧密结合起来，同步安排、同步推进、同步考核。一是扎实推进执法行动。严厉打击各种非法行为，取缔关闭非法和不具备安全生产条件的生产经营单位26110个，查处各类事故隐患和问题36.5万余条，下达执法文书35万余份；查处各类事故1823起，追究责任人员1828人，其中建议追究刑事责任79人，党纪政纪处分328人。同时，加强事前责任追究力度，查处涉及安全生产的违法违纪案件75件，给予党纪政纪处分129人。二是扎实推进治理行动。落实重大隐患和重大危险源治理监控责任制，对重大隐患实行政府挂牌督办。对排查出的36.5万余条隐患和问题进行治理，其中治理重大隐患1800多条。省政府拿出1亿元专项资金用于尾矿库的闭库治理，带动市、县和企业共投入尾矿库闭库治理资金4.57亿元，关闭尾矿库971座。三是扎实推进宣传教育行动。在《山西日报》开辟"深化专项整治，推动安全发展"专栏，在山西电视台开辟"安全生产狠抓落实"等栏目，山西人民广播电台在重点时段进行安全公益提示；编辑出版《安全发展平安山西》专刊6000册；组织开展了安全生产宣传咨询日、"三晋安全行"、事故案例剖析警示教育、安全生产论文征集等一系列群众性活动。加大安全培训力度，首次将"领导干部安全培训工程"和"优秀青年干部和业务骨干安全培训工程"纳入全省干部培训总体规划。

【加强安全生产"三项建设"】 一是加强法制体制机制建设。省委、省政府出台《关于进一步加强安全生产工作推进安全发展的意见》，以省政府1号文件对2009年全省安全生产工作进行安排部署；起草完成《山西省尾矿库安全生产监督管理规定（草案）》；省政府下发《山西省安全生产工作考核评价体系的通知》等规范性文件。省安监局与山西煤监局分设独立运行，根据新的"三定规定"，完成省安监局内设机构调整工作。省交通厅、建设厅等部门设立专门负责安全监管工作的职能处室，进一步强化行业主管部门安全监管职能。二是加强安全生产保障能力建设。加大政府安全投入力度，省、市两级财政投入8.52亿元用于安全生产工作，省财政下拨专项资金启动安全生产信息网络系统建设；编制《山西省安全生产应急救援体系建设实施方案》，提出理顺应急管理体制机制、整合现有应急资源的意见；修订《山西省安全生产事故灾难应急预案》，颁布《2009年全省工矿企业安全生产突发事件趋势分析及主要对策》，各级、各部门和各企业共开展应急救援演练126次。三是加强安监队伍建设。进一步完善基层安监机构，晋城、晋中、运城、阳泉等市乡镇、街道办事处全部建立安监站。吕梁市将2006年招聘的600名煤矿"三委派"富余人员，全部充实到各县区和乡镇安监部门。

【淘汰落后产能】 通过专项整治，尤其是对煤矿开展资源整合、兼并重组，淘汰一批不符合国家及省产业政策的落后的生产经营单位，取缔列入国家及省明令禁止的生产装置，提升生产经营单位本质安全水平和各行业、各领域的整体安全水平。一是加快推动煤矿兼并重组和关闭步伐。全面实施大企业、大集团战略，提高产业集中度和产业化水平，全省矿井个数由2598处减少到1053处，压减比例60%，办矿企业由2200多家减少到130家，30万吨/年以下的矿井全部淘汰，保留矿井全部实现机械化开采。二是加快烟花爆竹、非煤矿山和化工产业结构调整和淘汰落后的步伐。2009年3月底前，山西省54户烟花爆竹生产企业全部退出生产领域。非煤矿山企业从4257个减少到

2980个，尾矿库从1735座减少到528座，化工企业从7886个减少到7066个。三是依靠科学技术进步提升安全生产水平。在太钢、中条山有色金属公司等重点企业建成矿库安全在线监测系统，运行效果良好；全省有17家选矿企业采用尾矿干排技术，300多家露天矿山采用孔爆破技术；在130家加油站推广使用HAN阻隔防爆技术，进一步提升安全技术水平。

【完善和落实安全生产制度】 根据省政府十项安全生产制度，制定具体的实施细则，并认真抓好贯彻落实。2009年全省各行业共召开安全生产委员会议248次、联席会议96次、事故约谈31次，开展联合执法315次，专项督查861次，受理举报案件237起，兑现举报奖励资金123万元。省政府对“1·14”“2·12”“4·29”等事故，以及专项整治工作较差的市进行约谈。相关部门加大联合执法力度，及时解决个别受尾矿库溃坝威胁的村民搬迁、晋煤集团寺河矿瓦斯管道和瓦斯气罐影响侯月线铁路行车安全等一批重大隐患。

【重大以上安全事故】 2月12日，山西省阳方口汽车运输有限责任公司一辆大客车在从忻州驶往河曲县的途中，翻入22.3米的崖底河床，造成10人死亡，16人受伤。

2月22日，西山煤电公司屯兰煤矿发生瓦斯爆炸事故，造成78人死亡，114人受伤。

5月16日，中煤第一建设公司十处在同煤集团麻家梁矿基建过程中发生炮烟中毒事故，造成11人死亡，6人受伤。

8月24日，晋中市和顺县星光煤业有限公司基建井发生瓦斯爆炸事故，当班下井16人，2人平安升井，其余14人死亡。

10月30日，山西金佳通旅游公司一辆旅游客车在207国道917KM+957M处，翻入57米深沟内，造成14人死亡，40人受伤，其中重伤8人。

12月27日，山西省介休市张兰镇东沟煤矿井下发生瓦斯燃烧事故，造成12人死亡，4人受伤。

（刘英池）

·食品药品监督管理·

【管理体制改革】 2009年，山西省食品药品监督管理局（以下简称省药监局）由省政府直属机构改为部门管理机构，归卫生厅管理；取消省以下垂直管理体制，市县机构由市县政府管理；将食品综合协调职能划归卫生厅，将卫生厅原来承担的餐饮服务、保健食品、化妆品监管职能划归食品药品监督管理局。

【食品安全集中整治】 1.组织开展打击违法添加非食用物质和滥用食品添加剂专项整治，开展学校食堂专项整治，协调全省各级各有关部门分步骤、分阶段、有计划地开展专项整治工作。(2)开展全省食品安全整顿工作。协调各有关部门积极履行各自监管职责，强化责任落实和协作配合，重视和解决分段监管中的空隙和漏洞，及时总结各地、各有关部门好的工作经验，对推进全省整顿工作深入开展发挥积极作用。职能调整后，省食品药品监管局切实履行餐饮服务业、食堂等消费环节食品安全监管和保健食品、化妆品监管职责，及时研究制定食品消费环节和保健食品、化妆品监管工作机制，制定《山西省餐饮服务食品安全事故应急处理预案》，保证监管职能的顺利衔接和工作的连续性。(3)贯彻实施《食品安全法》。为保证监管不缺位，防止出现监管空档，及时与卫生厅联合下发《关于做好餐饮服务许可和监管有关工作的通知》，就餐饮服务监管衔接及事故处置等工作，作出明确规定。针对餐饮许可事权划分模糊的现状，依据《食品安全法》，草拟《山西省餐饮服务业分级管理办法》，明确省、市、县三级机构餐饮服务监管职责，重点强化落实安全责任机制，严防食品安全问题发生。(4)开展国庆、中秋节期间全省食品安全大检查。组织召开全省电视电话会议，集中部署两节期间食品安全工作，并强化综合监督，加大督查力度，抽调专人对各市整顿工作和大检查活动进行督查，有力推进了食品安全整顿工作的深入开展，确保全省没有发生重大食品安全事件。

【药品安全综合治理】 (1)抓日常监管，夯实药品安全基础。在药品注册环节，严格做好批准文号清查和药品再注册工作，制定《药品注册现场核查工作规范》，强化现场核查，共受理药品再注册品种6542个，对文号来源不真实、生产条件不具备、质量不能保证的25个品种予以注销。建立药品批准文号信息库，实现药品信息数据的共享。在药品生产环节，进一步加大药品GMP认证和跟踪检查力度，共完成药品GMP现场检查34家，其中1家不予通过认证，下达限期整改通知书3家。通过对认证企业全部采取飞行检查的方式，提高跟踪检查的有效性。加强疫苗、血液制品、注射剂等高风险药品监管，积极推进药品质量受权人制度，开展注射剂以外其他药品生产工艺和处方核查工作，建立健全药品监管信息档案。为消除特殊药品管理的安全隐患，防止特殊药品流入非法渠道，共对全省48家特殊药品生产经营企业以及蛋白同化制剂和肽类激素、含麻黄碱制剂定点企业进行检查。(2)在药品流通环节，以换证为契机，重点加强批发企业仓储管理，规范流通秩序，切实解决好基础质量管理差，购销记录不完整、不真实，可追溯差等问题，严厉打击过票销售、非法代理、挂靠经营等违法行为。对18家药品批发、353家药品零售企业的质量体运行情况进行跟踪，对15家药品批发企业进行飞行检查，责令2家药品批发企业、42家药品零售企业限期整改，5家企业停业整顿，收回GSP认证证书1张、药品经营许可证3张。加强药品、保健食品广告监管，发布违法药品广告公告6期，对24个严重违法广告药品采取暂停销售的行政强制措施。在全国广告监管工作会议上，山西省局作为先进省市之一作经验介绍。(3)在医疗器械方面，坚持属地管理原则，重点加强高风险医疗器械监管,加大日常监督频次,对生产经营企业监督检查率达到100%。严格按照医疗器械产品和企业审批程序、承诺时限的有关规定,对每个产品和企业的各个环节严格把关、严格审查。完成国家局三类医疗器械注册核查2家。要求各市局制定日常监督检查计划,开展对医疗器械生产企业的日常监管。全省监督检查医疗器械生产企业72家次,其中责令整改8家,责令停产1家。加强对经营高风险医疗器械企业的监管,明确监督检查重点,严格规范企业购进、销售等各项记录,确保此类医疗器械的可追溯性。

山西省药品生产企业质控能力监督评估工作总结大会(鉴辑提供)

【药品医疗器械专项治理】 2009年,共受理举报投诉600件,办理各类药品、医疗器械违法违规案件1587起,罚没款604.66万元。其中5000元以上案件27起,警告534家,限期整改496家,取缔无证经营97户。共完成药品监督抽验8683批次,完成医疗器械监督抽验280批次;发布药品质量公告4期,医疗器械质量公告1期。药品、医疗器械违法违规案件举报查处率达100%。

【药品突发事件处置】 针对大连人用狂犬病疫苗、广西糖脂宁胶囊、黑龙江双黄连注射液等波及全国市场的9起药品不良事件,省食品药品监管局在第一时间采取查封、扣押、暂停销售、责令召回等措施,及时控制事态发展,避免药害事件的发生。甲型H1N1流感发生后,开展甲流防控药械专项监督检查,开辟绿色通道,启动快速审批程序,及时审查批准省中医院金荞除瘟颗粒、省中医学院第二医院预防流感1号、2号三个中药制剂,取得良好效果。亚宝药业研制的"忍冬感冒颗粒"获得国家批准,有效提高山西省防控甲流的能力。

【医药产业转型发展】 (1)引导企业加大产品投入,建立研发平台。山西亚宝药业、振东药业、康宝药业、瑞福莱药业等一批优势企业分别在北京、上海等地建立研发机构,仅亚宝药业就投入8000万元,建立高标准的药物研发中心,吸引高素质的海内外人才,为全省医药发展提供强劲动力。(2)推动产业结构调整,提高医药经济核心竞争力。一是严格产品准入,对缺乏安全性、有效性、质量可控性的25个品种实行淘汰。二是严格企业准入,坚持"只做减法,不做加法"的原则,通过新一轮的认证换证,淘汰了一批管理水平差、不符合规范要求的药品企业。(3)鼓励强强联合,促进产业重组。银湖制药与石药集团共同出资3.5亿元,组建石药银湖制药有限公司;振东制药兼并大同泰盛、长治开元,企业规模扩大,竞争力提升,2009年正筹备上市;大同市政府拟整合全市医药资源,组建同药集团,打造集生产、流通为一体的规模化、集约化医药企业,全省医药产业正步入良性发展轨道。全省医药工业销售收入完成72亿元,同比增长17%;全省医药商业销售收入78亿元,同比增长20%。双鹤、国药等5家批发企业年销售达43.2亿元,占总量的一半以上。

【行政审批制度改革】 加强行政许可项目动态管理,及时清理行政许可项目,全年共取消1项许可项目,调整1项行政许可项目,新增1项行政许可项目,经过清理,现依法实施的行政许可项目共55项。认真推行首问责任制、一次告知制、限时办结制、服务承诺制和审批监督制度,促进行政审批服务大厅规范化。全年政务大厅共受理行政许可事项1071项,办结1027项,尚未办结的44项全部在法定时限内。为推进行政审批制度改革,建立相互衔接、有效制约的权力运行机制,省药监局党组作出了"实行行政受理、审评、审批工作分开办理的决定",并专门成立专家委员会,提高决策审批的科学性。 (高　翔)

中国人民政治协商会议山西省委员会

重要会议

【全体委员会议】 1月9~15日在太原举行。会议应出席委员570名,实到529名。省政协副主席李雁红主持开幕会,常务副主席郭良孝受政协第十届山西省委员会常务委员会委托,向大会作题为《用科学发展观统领政协工作为山西省“三个发展”作出新的更大贡献》的常委会工作报告。副主席周然作《政协第十届山西省委员会常务委员会关于省政协十届一次会议以来提案工作情况的报告》。与会同志列席山西省第十一届人民代表大会第二次会议。选举薛延忠为十届山西省政协主席;审议通过政协第十届山西省委员会第二次会议的各项决议。新当选的十届省政协主席薛延忠在闭幕会上作了题为《高举伟大旗帜坚持科学发展 认真履行职能服务全省大局 为新基地新山西建设积极贡献力量》的讲话。

【常务委员会议】 1.1月6~7日在太原举行。应出席常委会组成人员106名,实出席93名。全国政协委员、全国政协人口资源环境委员会副主任刘泽民应邀出席。李政文作关于增补省政协委员的说明。张平作关于政府工作报告(征求意见稿)的说明;郭良孝作关于政协第十届山西省委员会常务委员会工作报告(讨论稿)的说明;周然作政协第十届山西省委员会常务委员会关于省政协十届一次会议以来提案工作情况的报告(讨论稿)的说明;省委、省政府有关负责人通报政协第十届山西省委员会第一次会议以来提案办理情况。李雁红主持开幕会议,郭良孝主持闭幕会议并讲话。会议协商讨论有关报告,审议通过关于召开省政协十届二次会议的有关事项和增补的省政协委员名单(草案),并推举报告人。

2.1月12日在太原举行第一次会议,应出席常委会组成人员106名,实出席96名。李政文出席会议。郭良孝主持会议。会上,李政文作关于政协第十届山西省委员会主席建议人选名单的说明。会议审议政协第十届山西省委员会第二次会议选举办法(草案);审议政协第十届山西省委员会主席建议人选名单;审议政协第十届山西省委员会第二次会议监票人、总监票人名单(草案);审议政协第十届山西省委员会第二次会议政治决议(草案);审议政协第十届山西省委员会第二次会议关于常务委员会工作报告的决议(草案)。14日晚举行第二次会议。应出席常委会组成人员106名,实出席103名。郭良孝主持会议。通过政协第十届山西省委员会第二次会议选举办法及主席候选人名单,并决定在第五次大会选举;通过政协第十届山西省委员会第二次会议监票人、总监票人名单;审议并原则通过政协第十届山西省委员会第二次会议政治决议(草案)及有关报告的决议(草案),并决定提请省政协十届二次会议闭幕大会审议表决。

3.1月15日在太原举行。应出席常委会组成人员107名,实出席95名。薛延忠主持会议并讲话。会议审议并原则通过《省政协常委会2009年工作要点》。

4.6月3~5日在朔州举行。应出席常委会组成人员107名,实出席77名。薛延忠主持开幕会议并讲话。刘泽民、陈川平应邀出席。陈川平代表省政府通报当前山西省经济形势和为应对国际金融危机、保持经济平稳较快发展所作的努力以及支持中小企业发展的措施;郭良孝作《关于积极应对危机,努力促进山西省中小企业健康发展的建议(讨论稿)》的说明,李雁红作有关人事事项的说明,秘书长阎沁生通报会议讨论情况。会议通过《关于积极应对危机,努力促进山西省中小企业健康发展的建议》和有关人事事项。会议期间,中国社会科学院中小企业研究中心主任陈乃醒教授应邀作积极应对国际金融危机,加快中小企业健康发展报告。出席会议的省政协常委还视察朔州市重点工程建设。

5.9月2~3日在太原举行。应出席常委会组成人员107名,实出席87名。薛延忠主持开幕会议并在闭幕会上讲话。刘泽民应邀出席。陈川平通报全省创业就业工作情况。周然作《关于进一步实施扩大就业战略,促进创业带动就业的建议(讨论稿)》的说明。李雁红主持专题报告会,省政协常委、省煤炭地质局党委书记白秀平作专题报告。阎沁生通报会议讨论情况。郭良孝主持闭幕会议。会议审议并原则通过《关于进一步实施扩大就业战略，促进创业带动就业的建议》。

6.11 月 27~28 日在太原举行。应出席常委会组成人员 107 名，实出席 83 名。薛延忠主持开幕会议并在闭幕会上讲话。刘泽民应邀出席。会议听取省委常委、常务副省长申联彬关于山西省深化改革、促进金融为“三农”服务有关情况的通报；听取李雁红《关于深化改革、促进金融为“三农”服务的建议(讨论稿)》的说明。副主席李潭生主持专题报告会，省银监局局长邓智毅作专题报告。阎沁生通报会议讨论情况。郭良孝主持闭幕会议。会议审议通过《关于深化改革，促进金融为“三农”服务的建议》和有关人事任命事项。

省城各界人士迎春茶话会 （周志清提供）

【主席会议】 1.1 月 6 日举行。省委常委、统战部部长李政文出席会议。省政协常务副主席郭良孝主持。副主席韩儒英、周然、李雁红、李潭生、令政策、卫小春、刘滇生，秘书长阎沁生出席会议。

会议听取李政文关于增补十届省政协委员建议人选情况的说明，通过关于薛延忠同志为政协第十届山西省委员会委员的决定(草案)，提请省政协十届五次常委会议审议。

2.1 月 12 日举行。省委常委、组织部部长任泽民出席会议。省政协常务副主席郭良孝主持。副主席韩儒英、周然、李雁红、李潭生、令政策、卫小春、刘滇生，秘书长阎沁生出席会议。

会议听取任泽民关于政协第十届山西省委员会主席建议人选名单的说明；审议政协第十届山西省委员会第二次会议选举办法(草案)，审议政协第十届山西省委员会主席建议人选名单；审议政协第十届山西省委员会第二次会议监票人、总监票人名单(草案)；审议政协第十届山西省委员会第二次会议政治决议(草案)；审议政协第十届山西省委员会第二次会议关于常务委员会工作报告的决议(草案)；原则通过并决定提交省政协十届六次常委会议审议。

3.1 月 14 日举行。省政协常务副主席郭良孝主持。副主席韩儒英、周然、李雁红、李潭生、令政策、卫小春、刘滇生，秘书长阎沁生及主席会议其他组成人员出席会议。

会上，省政协十届二次会议组织组和文件组汇报委员们分组讨论的情况。会议原则通过政协第十届山西省委员会第二次会议选举办法（草案）；原则通过政协第十届山西省委员会主席候选人名单(草案)；原则通过政协第十届山西省委员会第二次会议监票人、总监票人名单(草案)；决定提交省政协十届六次常委会议第二次会议通过。会议还审议政协第十届山西省委员会第二次会议政治决议(草案)；审议政协第十届山西省委员会第二次会议关于常务委员会工作报告的决议(草案)；审议政协第十届山西省委员会提案委员会关于省政协十届二次会议提案审查情况的报告(草案)；原则通过，并决定提交省政协十届六次常委会议第二次会议通过。

4.1 月 15 日举行。省委副书记、省政协主席薛延忠主持。常务副主席郭良孝，副主席韩儒英、周然、李雁红、李潭生、令政策、卫小春、刘滇生，秘书长阎沁生出席会议。

会议审议并原则通过 2009 年省政协常委会工作要点(征求意见稿)，并决定提交省政协十届七次常委会议审议通过。

5.2 月 16 日举行。省委副书记、省政协主席薛延忠主持会议。常务副主席郭良孝，副主席韩儒英、周然、李雁红、李潭生、令政策、卫小春、刘滇生出席会议。

会议审议并原则通过省政协常委会 2009 年主要工作责任制。根据会议讨论意见，修改后印发执行。

6.3 月 19 日举行。省委副书记、省政协主席薛延忠主持，常务副主席郭良孝，副主席韩儒英、周然、李雁红、李潭生、令政策、刘滇生，秘书长阎沁生出席会议。会议的主要内容：(1)研究《政协山西省委员会 2009 年工作计划大纲》；(2) 研究确定 2009 年省政协领导督办重点提案。

7.5 月 20 日举行。省委副书记、省政协主席薛延忠主持，常务副主席郭良孝，副主席韩儒英、李雁红、令政策、刘滇生，秘书长阎沁生出席。会议研究召开省政协十届八次常委会议的有关事项。

8.7 月 7 日举行，省委副书记、省政协主席薛延忠主持。常务副主席郭良孝，副主席韩儒英、李雁红、令政策、卫小春、刘滇生，秘书长阎沁生出席会议。会议的主要内容：(1)审议并原则通过《服务全省工作大局、认真履行政协职能，紧紧围绕“三保”“三个发展”贡献力量》的意见。(2)听取各专委会上半年工作情况汇报。(3)就近期主要工作进行安排。

9.8 月 25 日举行。省委副书记、省政协主席薛延忠主持，常务副主席郭良孝，副主席周然、李雁红、李潭生、令政策、刘滇生，秘书长阎沁生出席会议。会议的主要内容：(1)研究召开省政协十届九次常委会议的有关事项。(2)审议并原则通过《山西省政协关于加强和改进提案工作的意见》，由提案委根据会议讨论意见作进一步修改后印发执行。(3)会议就近期主要工作进行安排。

10.11 月18 日举行。省委副书记、省政协主席薛延忠主持，常务副主席郭良孝，副主席韩儒英、李雁红、卫小春、刘滇生，秘书长阎沁生出席会议。会议的主要内容是：研究召开省政协十届十次常委会议的有关事项。

会议活动

【省政协第十六次信息工作会议】 1 月 9 日在太原召开。常务副主席郭良孝，副主席韩儒英，秘书长阎沁生出席会议，各市县政协主席、信息工作相关负责人参加会议。会议对在 2008 年全省政协系统信息工作中涌现出的各市政协等 38 个先进单位及 38 名先进个人和 6 条精品信息的作者给予表彰和奖励。

【省城各界人士迎春茶话会】 1 月 19 日在太原举行，省城各界人士叙友情、谋发展、话和谐。省委副书记、省长王君讲话，省委副书记、省政协主席薛延忠主持，省领导申联彬、金道铭、李小鹏、胡苏平、高建民、李政文出席。

【驻晋全国政协委员座谈会】 2 月 20 日在太原举行，省委副书记、省政协主席薛延忠出席。副省长刘维佳通报近期全省经济社会发展情况。全国政协委员、全国政协人口资源环境委员会副主任刘泽民，全国政协委员、省政协副主席韩儒英、刘滇生等参加会议。

【华北地区政协文史工作协作会第 21 次会议】 6 月 16 日在大同市召开。全国政协文史和学习委员会副主任崔占福，天津市政协副主席俞海潮，内蒙古自治区政协副主席牛广明，新疆维吾尔自治区政协副主席阿尤甫·铁衣甫，山西省政协常务副主席郭良孝出席会议。北京市、天津市、河北省、山西省和内蒙古自治区五省区市政协文史工作部门的负责人以及辽宁省、上海市、江苏省、新疆维吾尔自治区和大同市等省区和地市政协文史工作部门负责人参加会议。

【"两岸关系形势"专题报告会】 6 月 26 日在省政协举行。报告会由省政协副主席刘滇生主持，全国政协港澳台侨委员会副主任、海峡两岸关系协会驻会副会长李炳才作报告。副主席李雁红、令政策、卫小春，秘书长阎沁生，省政协在并常委、省政协港澳台侨和外事委员会委员、省政协机关干部，及省台办、省外办、省台联、省侨联、省安全厅各主要单位港澳台事务负责人等 150 余人参加报告会。

【推进科技创新体系建设专题议政会】 8 月 12 日召开，省委副书记、省政协主席薛延忠主持会议并讲话，副省长张平通报山西省推动科技进步与创新的情况，省政协副主席令政策，秘书长阎沁生出席会议。12 位委员围绕会议主题分别从技术、管理、人才、体制机制、环境等层面对贯彻落实省委常委(扩大)会议精神、加快推进山西省科技创新体系建设提出意见建议。

【华北、东北省区市政协第七次提案工作座谈会】 8 月 18~19 日在太原举行。省委副书记、省政协主席薛延忠，全国政协提案委员会副主任王生铁，山西省副省长张建欣，天津市政协副主席何荣林，内蒙古自治区政协副主席王长聚，山西省政协副主席周然出席，山西省政协副主席李雁红主持会议，全国政协及北京、天津、河北、内蒙古、辽宁、吉林、黑龙江、山西省政协的有关负责同志参加会议。

【《一同走过》文艺晚会】 9 月 24 日在省城举行。省委副书记、省政协主席薛延忠观看演出，省领导金道铭、胡苏平、高建民、李政文、杨安和、郭海亮、陈川平、张建欣、郭良孝、韩儒英、周然、李雁红、李潭生、令政策、卫小春，省高级人民法院院长左世忠，省人民检察院代检察长王建明，原省级领导郭裕怀、刘泽民、万良适、薛荣哲、陈德贵、武三松、秦国栋、宋绍华、靳承序、吴慧琴、赵凤翔、吴锦文、聂向庭、徐大毅、边鸣涛、吕日周、阎爱英等出席。驻并十一届全国政协委员、省政协委员，省政协、省委统战部和各民主党派省委机关工作人员等一同观看。

【庆祝中国人民政治协商会议成立 60 周年座谈会】 9 月 26 日在太原举行。省委书记、省人大常委会主任张宝顺出席会议并讲话。省委副书记、省长王君出席会议。省委副书记、省

山西省举行庆祝人民政协成立 60 周年座谈会　　（周志清提供）

政协主席薛延忠主持会议。副省长、民盟省委主委张平，省政协副主席、省工商联主席韩儒英，省政协常委、共青团山西省委副书记高健，省广播影视管理干部学院党委书记李远程分别代表各民主党派省委、省工商联、省各人民团体、省政协委员发言，省政协原主席郭裕怀、原副主席秦国栋也分别发言。各民主党派省委、省工商联负责同志，无党派人士代表，省各人民团体负责同志，在并全国政协委员和省政协常委，省政府参事、文史馆员代表，省有关部门和省辖各市政协负责同志参加座谈。

【“金融危机下的经济增长与金融变革”报告会】 12月7日在太原举行。报告会邀请全国政协委员、国家开发银行顾问刘克崮和中国证监会研究中心主任、著名学者祁斌围绕推进金融改革及资本市场创新等主题作报告。省委副书记、省政协主席薛延忠出席报告会。常务副主席郭良孝主持，副主席李雁红、李潭生、令政策及原省级领导薛荣哲、靳承序、边鸣涛、阎爱英、吴博威，秘书长阎沁生出席。

【全省市政协主席座谈会】 12月14日举行。省委副书记、省政协主席薛延忠主持并讲话。常务副主席郭良孝，副主席韩儒英、周然、李潭生、令政策、刘滇生，秘书长阎沁生出席。会议传达省委书记张宝顺对政协工作的重要批示。与会人员围绕提升履职水平、做好明年工作，就把政治协商纳入决策程序、完善民主监督机制、提高参政议政实效、加强政协自身建设、推进政协工作创新等问题提出意见建议。

【连战一行参观山西】 4月6日，省委副书记、省政协主席薛延忠，海峡两岸关系协会副会长王在希陪同中国国民党荣誉主席连战和夫人、中国国民党副主席林丰正及参访团一行，到襄垣县古韩镇南丰沟村连氏宗祠祭拜先祖。下午，省委书记、省人大常委会主任张宝顺，省委副书记、省长王君，在迎泽宾馆会见并宴请连战和夫人及随行的访问团成员。省委副书记、省政协主席薛延忠参加会见并主持宴会。

省委副书记、省政协主席薛延忠带领省政协委员视察重点工程

（周志清提供）

【严隽琪、罗富和率民进中央考察团一行在晋调研】 全国人大常委会副委员长、民进中央主席严隽琪，全国政协副主席、民进中央常务副主席罗富和率民进中央考察团就“新形势下的农村教育综合改革”于5月13~21日在晋进行专题调研考察。省委副书记、省政协主席薛延忠等到宾馆看望罗富和一行。副主席卫小春等省领导参加座谈或陪同调研。

【厉无畏率全国政协调研组莅晋调研】 全国政协副主席、民革中央常务副主席厉无畏带领全国政协调研组就信访工作于5月23~25日深入太原、晋中、吕梁进行专题调研。省委副书记、省政协主席薛延忠，常务副主席郭良孝，副主席李雁红、卫小春一同看望或陪同调研。

【首届五台山论坛】 省政协与五台山研究会、五台山风景区政府于8月在五台山共同举办主题为“智慧·和谐·发展”的首届五台山论坛。省政协副主席李潭生任五台山论坛组委会主任。海内外的专家学者、高僧大德（共计180余人）云集佛教圣地，对申遗成功后五台山的定位和发展，五台山世界文化景观遗产的价值和影响，五台山旅游业的发展，五台山佛教对东南亚乃至世界佛教的影响等进行探讨。

【视察重大项目开工和重大基础设施建设】 省政协组织部分省、市政协委员于9月14~18日，首次采取省市政协联动、政府有关部门参与，集中时间、统一行动，对全省11个市重大项目开工落地情况和重大基础设施建设进展情况进行视察。省委副书记、省政协主席薛延忠对此次视察活动提出要求。常务副主席郭良孝，副主席韩儒英、周然、李雁红、李潭生、令政策等领导分别带队深入到11个市进行视察。 （周志清）

中国共产党纪律检查委员会山西省委员会

【概述】 2009年，全省各级党委、政府和纪检监察机关坚决贯彻中央关于反腐倡廉建设的各项要求，更加突出地把反腐倡廉建设放在重要位置，紧密联系山西实际，坚持以深入开展煤焦领域反腐败专项斗争为切入点，努力加快推进具有山西特色的惩治和预防腐败体系建设。全省各级纪检监察机关围绕党的工作中心，主动服务大局，认真履行职责，坚持以惩防体系建设为工作主线；以保障扩大内需促进经济平稳较快发展政策措施落实、深入开展煤焦领域反腐败专项斗争、深化农村党风廉政建设、加强领导干部作风建设为工作重点；努力把教育、制度、监督、改革、纠风、惩治六项要求贯穿到各项重点工作任务之中，纪检监察工作融入全局更加自觉、服务大局更加主动、推进发展更加积极、维护稳定更加有效，自身建设更加有力。全省党风廉政建设和反腐败斗争方向明确、措施有力、特色鲜明，取得积极进展和新的成效，为推进改革发展稳定大局提供重要保证。

【省重点工程建设监督检查】 全省先后组织215个专项督查组，检查5457个项目，帮助项目单位解决实际问题1058个。重点对中央新增投资项目和省重点工程项目的投资落实情况加强监督检查，突出推进开工率，推进配套资金落实。中央扩大内需投资项目开工率为94.7%；省级重点工程建设项目开工率为88.8%。及时纠正检查中发现的问题，严肃查处21件违纪违法案件，给予党纪政纪处分33人，移送司法机关2人；对14人进行行政问责。省市两级共发出督查建议书447份，进行提醒诫勉谈话80余人。通过开展专项监督检查，解决一批突出问题，促进项目质量安全、资金安全和干部安全，为全省经济在克服困难中实现较快发展做出积极贡献。

【煤焦领域反腐败专项斗争】 取得“六个一批”的明显成效：一是教育和挽救一批党员干部。通过思想教育、集中培训、组织引导等方式，促使近1000个单位和4000多名党员干部主动申报违规违纪违法问题。二是清理和收缴一批煤炭基金、资源价款、偷逃欠税等资金。重点检查煤焦和非煤矿山企业单位4817个，重点解剖典型626个。已清理上缴各类违规资金145.8亿元。三是揭露和查处一批典型案件。受理群众信访举报1887件次，初核994件，立查869件，结案777件，处分违纪党员干部1217人。严肃查处灵石县公安局原副局长史双生案、繁峙县检察院原副检察长穆新成案等案件。四是发现和整治一批突出问题。重点对违规审批资源、非法倒卖国有资源，漏缴、欠缴、挪用、私吞煤炭资金，不按规定收取资源价款等突出问题进行整治。五是建立和完善一批规章制度。制定出台《山西省煤焦领域惩治和预防腐败制度》，省级建立煤焦领域相关制度262项。六是积极推进并实施一批改革措施。大力推进煤炭资源整合、煤矿兼并重组，有针对性地及时制定出台《关于在煤矿企业兼并重组整合工作中加强纪律约束，防止发生违纪问题的若干规定》，提出并有效落实“十个严禁”；积极推进证照集中办理，增强工作透明度；积极推进资源审批、票据管理等重点环节的改革，着力从源头上防治腐败。

【领导干部作风建设】 省纪委监察厅在全省建立13个作风建设教育基地。深入开展“改进作风、文明过节”和两次较大规模的作风建设专项督查，有针对性地解决领导干部在职不在岗、在岗不尽责等突出问题。切实改进领导干部到基层考察调研接待工作。全省查办作风方面的违纪案件830件，处理有关责任人900余人。严肃查办晋中市公安局原纪委书记赵命文警车开道葬母案、交口县人大组织公款出国旅游案等一批典型案件。严格执行党政领导干部问责有关规定，对455名领导干部进行问责。省纪委监察厅领导班子成员定期接待上访群众。对12个上访重点县的主要领导同志进行告诫性约谈，督促改进作风、切实解决问题。

【领导干部廉洁自律】 1.着力匡正选人用人风气，制定下发《关于在干部选拔任用工作中认真治理拉票行为的通知》；对60余件违规用人问题进行调查，纠正21名处级干部的任用。

全省83964名领导干部进行述职述廉述学,7146名领导干部按规定报告个人有关事项,各级纪委负责人同下级党政主要领导谈话3858人次,领导干部任前廉政谈话5914人次,诫勉谈话1161人次,进行函询1439人次。对985名党政领导干部和国有企业领导人员进行经济责任审计。2.全省车辆购置及运行费用支出比近三年平均数下降15%,公务接待费用支出比上年下降23%。全省因公出国(境)团组和人数比近三年平均数下降39.9%和63.3%,党政机关因公出国(境)经费支出比近三年平均数下降80%。发现和处理1565个单位的1665个"小金库",涉及金额4.07亿元。进一步深化政务公开、厂务公开、村务公开和公共企事业单位办事公开。进一步推进企廉工作,确保国有资产保值增值。

【案件查办】 积极配合中央纪委专案组深入调查襄汾"9·8"事故背后的腐败问题,对113名事故责任人实施问责,51人被移送司法机关依法追究刑事责任,62名事故责任人受到党纪政纪处分。特别是严肃查处运城市公安局原局长段波、临汾市原副市长周杰、吉县原县委书记张金凤等人的严重违纪违法问题,有效回应社会关切。全省各级纪检监察机关共受理群众举报26306件(次),初核案件线索6458件,同比增长2.2%;立查案件7002件,结案6970件;处分党员干部8112人;为国家挽回直接经济损失3.4亿元。严肃查处省委原副秘书长冯其福、省水利厅原副厅长孙廷容、省粮食局原局长高志信、省国资委监事会原主席王义堂等一批严重违纪违法案件。

【治理纠正损害群众利益不正之风】 对现行涉农价格和收费进行全面清理整顿,取消3项、停止7项、免收12项行政事业性收费,降低农村分类综合电价。清理涉农收费文件81个,项目127个,纠正和查处178个损害农民土地权益的问题,查处截留、挪用、克扣强农惠农补贴及直接补贴资金问题26.9万个,涉及金额271.23万元。进一步完善药品集中网上竞价采购制度,挂网药品平均降价幅度达31.57%。查处医疗服务中突出问题253起,医务人员上交回扣、"红包"3824人次。清理教育违规收费项目87项,查处各级各类学校乱收费问题涉及金额900余万元。政府性还贷的二级公路收费站全部撤销,得到广大群众的高度评价。公路超限超载治理成果得到进一步巩固,超限超载率由8%~11%下降到0.2%。查处公路"三乱"问题263件。对社保基金、住房公积金和扶贫、救灾专项资金的监管进一步加强。集中清理整顿评比达标表彰活动取得积极成效。依靠人民群众民主评议政风行风工作持续深入。

【执法监察】 全年共开展执法监察项目750项,协助建章立制445项,提出监察建议1180条,立查案件1524件,处理责任人员1912人,纠正退还违法违纪资金7067.74万元,避免经济损失4621.43万元。一是对全省11个市、14个省级开发区和部分县土地出让专项清理工作进行督查,查处土地违法违纪案件249件,给予党政纪处分229人,提出监察建议111条。二是开展对资源节约和环境保护政策措施落实情况的监督检查,共查处环保违法违纪案件18件,给予党政纪处分22人,提出监察建议40条。三是加大对安全责任事故的查处力度。全省共查处各类安全生产责任事故158起,责任追究612人。积极配合国务院事故调查组对襄汾"9·8"特别重大尾矿库溃坝事故、西山煤电屯兰矿"2·22"特大瓦斯爆炸事故和左云县煤矿瞒报事件进行调查。直接查处朔州市山阴辛庄煤业有限公司"12·5"透水和瞒报事故、忻州河曲"2·12"重大道路交通事故等9起重大事故。

【信访举报】 建成省纪委监察厅信访大厅,开通举报网站,提升"12388"电话举报功能,标志着省纪委监察厅来信举报、来访举报、"12388"电话举报、传真举报、网上举报"五位一体"信访举报新格局的形成,使群众的信访渠道进一步畅通,诉求平台进一步延伸扩展。在全省纪检监察系统广泛开展以解决集体上访、治理重信重访、排查矛盾纠纷为主要内容的"信访积案化解年"活动和信访干部"双百"下访活动,加大工作力度,确保国庆60周年期间本省群众进京"零上访"目标的实现。全年共收到信访举报20416件次。其中来信11377件次,来访2084件次,网上举报2027件次,中纪委转来网上举报2892件次,电话举报2036件次。筛选重要案件线索768件。

【全省党风廉政建设干部大会】 2月24~25日,全省党风廉政建设干部大会暨省纪委九届四次全会在太原召开。会议的主要任务是:高举中国特色社会主义伟大旗帜,坚持以邓小平理论和"三个代表"重要思想为指导,深入贯彻科学发展观,深入学习贯彻胡锦涛总书记重要讲话精神,认真落实第十七届中央纪委第三次全会和省委九届六次全会精神,总结2008年全省党风廉政建设和反腐败工作,研究部署2009年反腐倡廉建设任务。王君和薛延忠分别主持会议;金道铭作题为《深入贯彻落实科学发展观,扎实推进以完善惩治和预防腐败体系为重点的反腐倡廉建设》的工作报告;张宝顺作了重要讲话。出席会议的有:省委常委、副省长,省人大、省政协党员负责同志,省法检两长,各市市委书记、市长等共计700余人。中央纪委也专门派员参会。

(牛彦方)

法院工作

【概述】 2009年，全省法院全年共受理各类案件187593件，审（执）结168712件，分别比上年上升7.82%和9.63%；诉讼标的额为224.8亿元，同比上升43.21%。其中审结刑事案件35460件，同比上升11.01%；审结民事案件97324件，同比上升7.7%；审结行政案件1944件，同比上升17.75%；执结各类案件32459件，同比上升15.83%。省高院审执结各类重大案件2458件，同比上升16.22%。

【刑事审判】 2009年，全省法院始终坚持宽严相济的刑事政策，继续依法严厉打击各种危害社会稳定的犯罪活动，全年受理刑事一审案件21058件，审结20193件，同比分别上升0.99%和0.5%，判决有罪24566人，其中黑恶势力犯罪、团伙犯罪案件433件694人，故意杀人、抢劫、盗窃等严重暴力犯罪和多发性侵财犯罪案件9439件12674人，制售伪劣食品药品、偷税漏税、商业贿赂等破坏社会主义市场经济秩序犯罪案件579件599人，贪污、贿赂、挪用公款、渎职等案件1093件1324人。同时，配合全省安全生产专项整治工作，坚决严惩重大安全责任事故犯罪案件93件，严肃处理涉爆案件521件，有效遏制刑事犯罪，使人民群众安全感大大增强。各级法院还发挥自身优势，积极参与社会治安综合治理，认真做好罪犯的教育、改造、挽救工作，对罪行较轻、确实不致再危害社会的6228名被告人依法适用缓刑并辅之以社区矫正，对11368名服刑人员依法予以减刑假释，努力减少社会对抗，营造和谐稳定的社会环境。

【民商事审判】 2009年，全省法院积极履行化解社会矛盾的审判职能，受理民商事一审案件90203件，审结85221件，同比分别上升4.67%和6.01%。其中审理涉企合同纠纷案件14151件，同比上升6.66%；审理企业破产案件90件，同比上升12.5%；审理劳动争议案件2809件，同比上升19.28%；审理知识产权、不正当竞争和涉外案件157件，积极为山西省发展提供良好法律服务；始终坚持重民生、排民忧、解民难，共审结婚姻家庭、继承案件30696件，同比上升10.1%；审结医疗、住房、消费者权益保护、涉军人军属权益保护案件9604件，同比上升17.34%，均做到及时受理、快速处理，并运用柔性司法方式，强调法律与情理的互动，充分发挥司法的教育引导功能，弘扬社会公德，维护公序良俗；特别注重经济形势变化下困难、弱势群体诉求的实现，开辟"绿色通道"，审结老人、妇女、儿童、伤残人员追索赡养费、抚养费、赔偿费案件767件。

【行政审判和国家赔偿】 2009年，全省法院从妥善解决行政纠纷出发，认真贯彻最高人民法院发布的《关于当前形势下做好行政审判工作的若干意见》，大力开展行政审判工作。全年共受理行政一审案件1411件，同比上升7.06%，审结1342件，同比上升16.1%，其中判决维持行政机关具体行政行为的326件，撤销的206件，全力监督支持依法行政，维护保障行政相对人合法权益。2009年2月，山西省人大常委会主任会议听取左世忠院长所作的《关于全省行政审判工作情况的专题报告》，对全省法院行政审判工作予以肯定。太原、吕梁、晋中等法院通过向当地党委、人大、政府报送行政审判"白皮书"，进一步加强党委、人大对行政审判工作的关心支持，有效增进行政机关对法院工作的理解，使行政审判工作环境进一步改善。全省法院全年还受理国家赔偿案件46件，审结38件，同比分别上升39.39%和26.67%。

【执行工作】 2009年共执结各类案件32459件，执结率为80.81%，执结标的额同比上升4.08%。按照中央、省委统一部署，全省法院集中开展清理执行积案活动，各级法院牢牢抓住有利时机，精心选择一批执行阻力大、社会关注度高、需要重点督办的执行积案，集中清理、集中攻坚。特别是主动加强与检察、公安、工商、税务、银行等部门的联系，充分运用执行联动机制和执行威慑机制，促使被执行人自觉履行义务。不少法院与新闻媒体紧密合作，对典型执行案件进行跟踪报道，对拒不履行法律义务的公开曝光，借助舆论威力推动执行；一些地方建立涉诉特困群体案件执行救助金制度，给予因执行不能的特困群体适当救助，为切实解决执行积案提供有力支持。省高院加大督促检查考核力度，对工作进展情况十天一上报、一月一通报，对执行不力、进展缓慢的法院及时派出督导组进行批评督导，严格责任追究，保证活动的深入推进。活动中，共计执结有财产可供执行的积案8054件，执结率99.67%，执行标的额38亿元；执结终结无财产积案30987件，结案率为98.67%。

全省法院重调息诉和谐司法经验交流会　　（朱永贵提供）

【立案和信访】 2009年，全省各级法院从维护社会稳定、促进社会和谐的高度出发，以前瞻的思维谋划“立案信访窗口建设”，扎实开展创建文明立案信访窗口建设活动。省高院投资50余万元改扩建230余平方米的信访接待大厅，把有限的财力、最好的设备用于为群众服务的诉讼窗口。在上年实行立案信访两个窗口分离的基础上，从队伍建设、基本制度、设施配套和基层基础四个方面入手，构建三级法院机构对口、任务协同、信息共享、工作联动的立案信访工作机制。高院和全省12个中级法院全部实现立案信访两个窗口的分离和功能化改造，122个基层法院中有110个均设有专职信访人员，全省147个立案和信访窗口，直接从事立案信访窗口接待工作的人员有510人。设施人员到位后，全省法院更加注重服务到位，开展“争做文明接待窗口、争做文明接待员、争做人民群众贴心人”活动，全面提升立案信访窗口接待人员的综合素质，从上到下形成规范、文明、高效、廉洁的立案信访窗口。一年来，全省法院围绕国庆安保，切实畅通申诉信访渠道，保障人民群众依法行使权利。省高院在进一步落实“四定一包”信访工作制度的基础上，针对长期存在、难以消化的“重信重访”和“越级上访”案件，创造性地开展自我评查、相互评查、社会评议和带案下访的“两案三评一访”活动，形成高院领导带案下访、层层督办、全员参与的信访工作模式。活动期间，共摸排上访当事人512人次，自评317案，互评273案，纠正确实存在问题的案件40件，有效化解和息诉罢访一批涉诉信访案件，信访数量同比下降5.6%，在全国赴京上访的总体排位明显后移，实现国庆期间“四个坚决防止”要求和进京“零上访”目标，受到省委的表彰。最高人民法院王胜俊院长做出重要批示，认为山西省法院开展的此项工作是解决当前信访问题的一条重要经验，要求全国法院借鉴推广。

【审判监督管理】 2009年，针对绝大多数民事一审案件由各中、基层法院审理的情况，进一步加强二审、再审案件审判工作，依法纠正确有错误的裁判。同时，组织各级法院就有关法律适用问题深入开展调研，对一些带有普遍性的问题及时出台指导意见、发布典型案例、进行专项检查，指导督促下级法院提高审判质量。一年来，省高院和各中院分别审结各类二审案件15652件、再审案件752件，经过全省法院一、二审裁判后当事人的服判息诉率达到97%以上。

【全省中级法院院长会议】 1月17日，在太原召开。会议传达贯彻全国、全省政法工作会议和全国高级法院院长会议精神，对2009年全省法院工作进行安排部署。会上，左世忠院长还代表高院党组，与12个中院院长分别签订党风廉政建设责任书和社会治安综合治理目标管理责任书。

【清理执行积案活动】 继中央和省委政法委部署开展清理执行积案活动以来，全省各地纷纷行动起来，认真学习贯彻会议精神，结合各地实际，采取多种措施，掀起清理执行积案活动的高潮。太原、阳泉、长治、吕梁、运城、晋中、忻州等市分别召开集中清理执行积案活动动员大会，成立以各市政法委书记挂帅、中院院长任副组长的清积活动领导小组，对清积工作进行全面部署安排。吕梁市委、市政府、市委政法委对清积活动高度重视，不仅在组织领导、工作措施上具体安排、精心部署，而且在行动上给予大力支持。一是积极组织协调，调动社会各界力量支持配合法院执行工作。二是增加司法警察编制，配齐配强执行力量。三是拨付专项资金，为法院执行工作提供经费保障。

【李小鹏到省高院视察指导工作】 2月3日上午，省委常委、副省长李小鹏一行专程来到省高院，代表省委、省政府看望法院干警，参观法院法庭和基础建设情况，并与省高院党组成员及副厅级以上领导进行座谈。

【维护国家金融安全和经济全面协调可持续发展实施方案】 2009年，省高院根据《最高人民法院关于为维护国家金融安全和经济协调可持续发展提供司法保障和法律服务的若干意见》,结合山西省情、民情和法院审判实际,制定出台《实施方案》,从指导思想、组织领导、工作机制、工作要求等方面对相关审判工作作出明确具体的要求。

【保障农村改革发展】 根据《最高人民法院关于为推进农村改革发展提供司法保障和法律服务的若干意见》的要求,省高院结合全省法院实际,制定出台服务保障农村改革发展工作方案。

【立案审判工作会议】 2月20日,在太原召开,会议传达贯彻第二次全国立案审判工作会议精神,安排部署全省法院立案审判工作。省高院党组书记、院长左世忠出席会议并讲话。省高院立案、信访部门的全体人员和各中院分管立案、信访工作的副院长、立案庭庭长、信访部门负责人参加会议。

【反腐倡廉建设工作电视电话会议】 2月26日,在省高院召开,省高院党组书记、院长左世忠出席会议并讲话。省高院副厅级以上领导、全院干警及各中院纪检组长、监察室主任在主会场、各中院和基层法院的干警分别在分会场参加会议。

【法院警务车发放仪式】 3月31日,省高院警务车发放仪式在并举行。省高院和省财政厅有关领导、各中院行装处长和基层人民法院的代表130多人参加发车仪式。

【纪念行政诉讼法颁布20周年座谈会】 3月31日,省高院召开纪念《行政诉讼法》颁布20周年座谈会。省委政法委、省公安厅、省律师协会、太原市政府、山西大学法学院等十余个单位和部门的有关负责人应邀参加座谈,为法院行政审判工作的开展建言献策。

【开展对重信重访案件评查下访活动电视电话动员大会】 4月9日,省高院举行全省法院重信重访案件评查下访活动电视电话动员大会。会议主要内容是对2009年全国"两会"期间全省涉法涉诉重信重访、越级上访案件,集中开展自行评查、交叉评查、社会评议和法院领导带案下访进行安排部署,目的是通过为期半年的评查下访活动,切实使重信重访、越级上访案件得到有效解决。省委常委、政法委书记杜玉林出席会议并讲话。省高院领导班子成员、机关全体干警、各中院信访部门负责人在主会场、各中院和基层院中层以上领导在分会场参加大会。

【队伍建设工作会议】 6月22日在太原召开,会议传达贯彻全国人民法院队伍建设工作会议精神,学习周永康和王胜俊院长的重要讲话,就全省法院开展"人民法官为人民"主题实践活动进行安排部署。省委常委、政法委书记杜玉林出席会议并对加强法院队伍建设提出要求。省高院常组书记、院长左世忠讲话。省高院领导班子成员、各中级人民法院、太原铁路运输中级法院院长、政治部主任、省高院机关各庭处室负责同志参加会议。

山西省高级人民法院成立60周年庆祝大会 (朱永贵提供)

【省高院领导带案下访】 从2009年6月下旬到7月初,省高院由院领导带队,组成6个督查组深入全省12个中级法院进行督查指导。院领导在各地重点听取活动开展情况汇报,了解重点上访人员及上访案件的甄别梳理、化解息诉、包案负责、稳控罢访等进展情况,并与各中院领导就处理信访案件的标准和治理、终结措施共同进行研究分析,为更好的解决和处理今后的重点案件进行探索。

【澳大利亚法官代表团来晋访问】 7月9日,由澳大利亚新南威尔士州首席大法官布朗奇为团长的澳大利亚法官代表团一行19人,到晋访问。澳大利亚法官代表团是由最高法院外事局安排,在北京访问之后第二站莅临山西,随后还要到四川、上海进行访问。这也是布朗奇首席大法官第三次率团来晋进行友好访问。到晋后,代表团首先与太原中院的法官代表进行司法交流。

【开展影响司法公正突出问题专项治理工作电视电话会议】 7月14日,省高院召开全省法院集中开展影响司法公正突出问题专项治理工作。全省各中级法院中层以上领导在分会场参加会议。

【电影《亲民院长王天祥》开机仪式暨新闻发布会举行】 7月18日,以真实再现山西省优秀法官王天祥感人事迹的电影《亲民院长王天祥》,在沁县举行开机仪式暨新闻发布会。王天祥同志生前是沁县人民法院院长,他生活上严于律己、清正廉洁,工作中恪尽职守,鞠躬尽瘁,在去年奥运安保的特殊时期,他带病坚持工作,最终倒在维护稳定的第一线。

【重调息诉和谐司法经验交流会】 8月20~21日,在怀仁县召开,来自全省三级法院的院长和有关部门负责同志200余人参加会议。最高人民法院审判委员会专职委员黄尔梅、最高法院审委会委员、立案庭庭长刘学文、山西省人大常委会副主任靳善忠、省政协副主席周然等领导出席会议。最高人民法院黄尔梅专委、省人大靳善忠副主任、省高院左世忠院长在大会上分别讲话。会上,太原、忻州、怀仁、洪洞等十一家单位的负责同志进行大会发言,介绍在重调息诉和谐司法及“两案三评一访”活动开展方面各具特色的经验和做法,另有13家经验通过书面方式进行印发。

【庆祝山西高院成立60周年】 9月27日上午,全省法院庆祝山西高院成立60周年活动举行。最高法院王胜俊院长,中共山西省委书记、省人大常会主任张宝顺专门发来贺信,省委政法委书记、公安厅厅长杜玉林出席会议并讲话,省政协副主席周然、省高院前任院长赵耀仁、李玉臻等领导应邀出席会议。省高院领导、各中院院长、政治部主任、太原中院和太铁中院部分干警以及省高院全体干警和离退休老同志参加会议。

【国庆安保工作】 经过40余天的全力防控,全省法院完成国庆安保工作任务。国庆60周年庆祝活动期间,全省涉诉信访进京非正常访实现“零上访”目标,确保了“四不发生”。

【最高法院检查法院审限管理工作】 10月26~29日,最高人民法院审限检查组一行4人在最高人民法院咨询委员会委员、山东省高级人民法院原院长尹忠显的带领下,对山西省贯彻落实《最高人民法院关于开展案件审限检查的通知》精神进行调研检查。检查组检查山西省三级法院审限管理工作的总体情况以及延长审限的审批标准执行情况。

【调研宣传工作会议】 11月9日,在汾阳市召开。省高院各部门负责同志、各中院分管院长、研究室主任、新闻中心主任和基层信息直报点法院的负责同志共一百余人参加会议。吕梁、太原、运城和晋中4个中院作经验汇报。

【李雁红到省高院调研】 11月30日上午,省政协副主席李雁红等带领部分省政协常委、委员,到省高院就公正司法情况进行调研。省高院党组书记、院长左世忠主持调研座谈会。李雁红一行先后视察参观省高院的多功能视频会议室、党员廉政教育基地、院史陈列室。

【立案信访窗口建设会议】 12月21~22日,在临汾召开。省高院党组书记、院长左世忠到会并讲话。与会代表实地考察临汾市中院、临汾市尧都区法院、浮山县法院、洪洞县法院的立案窗口建设情况。会议对近年来涌现出的涉诉信访工作23个先进集体和20名先进个人进行表彰。会议还听取临汾市尧都区法院、浮山县法院、洪洞县法院在立案窗口建设方面的做法汇报。 (朱永贵)

检察工作

【概述】 2009年,全省检察机关坚持“强化法律监督,维护公平正义”工作主题,认真履行法律监督职责,各项检察工作取得新的进展。

一、发挥检察职能

针对国际金融危机持续蔓延、经济运行困难加剧的严峻形势,全省检察机关围绕“保增长、保民生、保稳定”和“转型发展、安全发展、和谐发展”,积极履行法律监督职责,为经济平稳较快发展、社会和谐稳定提供有力的司法保障。

1.出台服务“三个发展”的意见。为找准检察工作服务“三个发展”的切入点、结合点和着力点,省检察院在深入调查研究、广泛征求意见的基础上,制定《山西省人民检察院关于充分发挥检察职能,为全省转型发展、安全发展、和谐发展服务的意见》(以下简称《意见》),从明确服务方向、加大服务力度、拓展服务领域、拓宽服务渠道、提高服务水平、提升服务质量、落实服务措施等7个方面提出30条意见和要求,《意见》得到省委、省人大、省政府、省政协的充分肯定和人民群众的广泛好评。

2.开展“三深入”活动。为推动《意见》的贯彻落实,全省检察机关开展为期两个多月的“深入农村、深入企业、深入社区”实践活动,共有453名检察长、副检察长,3100多名检察人员参加调研,走访干部群众11000多人次,邀请各级人大代表、政协委员、企业负责人和基层群众参加座谈800余次,发现并及时查办一批危害“三个发展”的案件。针对社会各界提出的意见和建议,研究制定加强和改进检察工作的具体措施。坚决查办危害“三个发展”的犯罪。突出查办煤焦领域职务犯罪,共立案侦查140件149人,促进煤炭资源整合工作的顺利进行。严厉打击金融、证券、房地产等领域的经济犯罪活动,共批准逮捕破坏社会主义市场经济秩序犯罪484件768人,提起公诉539件894人。严肃查办重大工程建设、重大项目投资等领域发生的职务犯罪案件,立案侦查62件73人。开展查办危害能源资源和生态环境渎职犯罪专项工作,立案侦查180件185人。

3.改进办案方式方法。更加注重维护经济社会秩序,积极营造有利于改革、创新、发展的良好环境,努力实现执法办案法律效果和政治效果、社会效果的有机统一。坚持打击与保护并重,在执法办案中严格区分罪与非罪的“六个界限”,依法惩治犯罪,保护改革创新。在办理涉及企业的案件时,严格做到“六个不轻易”和“六个严禁”,尽可能减少办案给企业带来的不利影响,促进企业健康发展。

二、依法打击各类刑事犯罪

全省检察机关认真贯彻落实中央、省委关于国庆安保和维护社会和谐稳定的安排部署,依法履行批捕起诉职责,全年共批准逮捕各类刑事犯罪14136件23572人,提起公诉

18626件29696人。

1.严厉打击严重刑事犯罪。继续坚持“严打”方针不动摇，加强与公安、法院等机关的配合，始终保持对严重刑事犯罪的高压态势。重点打击影响群众安全感的严重暴力犯罪、“两抢一盗”等多发性侵财犯罪和涉枪涉爆犯罪，共批准逮捕此类案件9040件15095人，提起公诉11030件17526人。继续深化“打黑除恶”专项斗争，共批捕黑恶势力犯罪6件70人，提起公诉5件55人。

2.依法适用宽严相济的刑事司法政策。在贯彻“严打”方针的同时，坚持“全面把握、区别对待、严格依法、注重效果”原则，健全完善轻微刑事案件和解及快速办理机制，推行未成年人犯罪案件专人办理制度，探索建立附条件逮捕、附条件不起诉和量刑建议制度，减少社会对立，促进社会和谐。全年共对3096人做出不批准逮捕决定，对1290人做出不起诉决定。高度重视乌鲁木齐“7·5”事件，对于在检察环节涉及到维吾尔族等少数民族人员的案件，慎重稳妥办理，防止因案件处置不当而激化矛盾。

3.依法妥善处理涉检信访问题。实行检察长接待日制度，采取下访巡访、定期走访等形式，畅通控告申诉渠道，及时解决群众合理诉求，全年共受理涉检信访案件2530件，办结2329件，办结率为92%。开展“信访积案化解年”活动，对2004年以来未息诉罢访的涉检信访案件进行全面排查，共排查出54件，已办结45件。重点做好国庆期间涉检信访工作，采取派员驻京接访、领导直接包案等措施，明确稳控和息诉责任，实现涉检进京非正常零上访目标。

三、依法查办和预防职务犯罪

认真贯彻中央、省委关于党风廉政建设和反腐败工作的总体部署，查办和预防职务犯罪，推动反腐败斗争的深入开展。

1.保持查办案件的力度。加强对重点领域职务犯罪发案特点的分析研究，加强侦查机制和侦查能力建设，加强与执法执纪部门的配合，努力形成查办职务犯罪的合力。共查办各类职务犯罪1226件1414人，其中，贪污贿赂犯罪806件930人，渎职侵权犯罪420件484人。通过办案为国家挽回经济损失2.4亿元。突出查办职务犯罪大案要案，共查办大案789件，县处级以上干部要案68人，其中，厅级干部2人。

2.提高办案质量。按照“一要坚决、二要慎重、务必搞准”的原则，严把案件证据关、事实关、适用法律关，实行职务犯罪案件立案报上一级检察院备案，撤案、不起诉报上一级检察院批准，加强侦查、逮捕、公诉内部监督制约，提高案件质量。根据最高人民检察院的规定，从9月份开始，省级以下人民检察院立案侦查的职务犯罪案件由上一级人民检察院审查决定逮捕，省市两级检察院共受理此类案件82件93人，依法决定逮捕73件82人，不捕9件11人，确保逮捕质量。进一步规范和加强人民监督员制度试点工作，人民监督员共监督“三类案件”222件237人。法院已审结的职务犯罪案件，有罪判决率达到99.82%，为5年来最高。

3.查办危害民生的职务犯罪。围绕人民群众最关心最直接最现实的利益问题，加大查办力度。坚决查办因失职渎职导致重大安全生产责任事故的职务犯罪，立案侦查153件156人。严肃查办发生在社会保障、劳动就业、征地拆迁、医疗卫生、招生考试等民生领域的职务犯罪，立案侦查155件165人。依法打击侵害农民利益、危害农业生产、影响农村稳定的职务犯罪，立案侦查227件272人。

4.开展职务犯罪预防工作。贯彻落实《山西省预防职务犯罪工作条例》，切实加强职务犯罪预防工作。省检察院同省人大内司委召开贯彻实施条例座谈会，启动预防职务犯罪“五个一”宣传活动，推动职务犯罪预防工作的深入开展。召开全省检察机关第一次预防职务犯罪工作会议，明确职务犯罪预防的重点、目标和措施。开展法制教育、警示教育103次，结合办案向发案单位和相关部门提出检察建议151件，受理行贿犯罪档案查询662件。

四、加大诉讼监督力度

全省检察机关不断强化法律监督意识，积极开展法律监督专项检查活动，诉讼监督机制进一步完善，诉讼监督效果进一步增强，促进严格执法和公正司法。

1. 加强刑事立案和侦查活动监督。重点监督纠正有案不立、有罪不究、以罚代刑、刑讯逼供以及违法立案等问题，共监督纠正侦查机关应当立案而不立案的案件940件，不应当立案而立案的案件269件；对侦查活动中的违法行为提出书面纠正意见和检察建议2874件；对应当逮捕而未提请逮捕的，依法追捕716人；对应当起诉而未移送起诉的，依法追诉742人。

2.加强刑事审判监督。重点监督纠正有罪判无罪、无罪判有罪、量刑畸轻畸重以及严重违反法定程序等问题，共对213件认为确有错误的刑事判决、裁定提出抗诉。深入开展刑事审判法律监督专项检查活动，对2008年以来审结的刑事案件及审判监督工作开展情况进行全面检查，发现在认定事实、适用法律或量刑等方面存在问题的案件41件，并实事求是地予以纠正；针对专项检查中发现的主要问题和薄弱环节，进一步健全刑事审判监督工作机制。

3.加强民事审判和行政诉讼监督。重点监督纠正裁判不公、侵害当事人合法权益等问题，对认为确有错误的民事行政判决、裁定提出抗诉233件，提出再审检察建议121件。通过督促起诉、支持起诉等方式，加强对侵害国家利益、社会公共利益和弱势群体利益案件的监督，共办理此类案件1209件。在加大监督力度的同时，注重做好息诉服判工作，有效地维护司法权威。

4.加强对刑罚执行和监管活动的监督。重点监督纠正违法减刑、假释、暂予监外执行等问题，对刑罚执行和监管活动中各类违法行为提出纠正意见1160人次，纠正1144人次。依法查办监管干警职务犯罪案件19件19人。会同公安和司法行政部门开展看守所监管执法、全省监狱“清查事故隐患、促进安全监管”和监外执行专项检查工作，对社会关注的“牢头狱霸”、监外执行罪犯脱管、漏管等问题进行重点检查,维护正常的监管秩序。

五、加强检察队伍建设

1.加强思想政治建设。开展深入学习实践科学发展观活动,进一步深化社会主义法治理念教育和开展“大学习、大讨论”活动。认真学习贯彻党的十七届四中全会和省委九届十次全会精神,进一步加强检察机关党的建设工作。省检察院出台《山西省检察机关加强思想政治建设的意见》,明确全省检察机关思想政治建设的指导思想、基本要求和具体措施。

2.加强纪律作风建设。开展“加强领导干部党性修养,树立和弘扬良好作风”活动,剖析并切实纠正工作作风中存在的突出问题。践行《检察官职业道德基本准则》,进一步坚定以忠诚、公正、清廉、文明为核心的职业信仰。鼓励争先创优,全省检察机关共有15个先进集体、7名先进个人受到最高人民检察院和国家有关部门的表彰。开展创建和谐文明单位活动,省检察院连续五年荣获省直机关文明和谐单位标兵称号。对2004年以来全省检察机关立案侦查案件扣押、冻结、处理涉案款物情况逐案进行检查,发现并纠正未依照规定处理扣押、冻结款物案件172件,并及时完善涉案款物管理等制度。加大检务督察力度,省检察院开展大规模督察3次。坚持从严治检,对检察人员违法违纪案件立案7件11人,给予党政纪处分10人,其中追究刑事责任2人。

3.加强领导班子建设。落实巡视制度和上级院派员列席下级院民主生活会制度,省检察院对市级院开展巡视2次,上级院列席下级院领导班子民主生活会138次。落实领导干部廉政档案制度、重大事项报告制度、诫勉谈话和函询制度,加强对领导班子和领导干部的监督。

4. 加强队伍专业化建设。落实《2009~2012年大规模推进检察教育培训工作实施意见》,坚持把教育培训与执法实践结合起来,广泛开展岗位练兵、专业技能比武等活动,着力培养检察人员的实战技能。组织职务犯罪侦查技能、晋升高级检察官资格、司法考试等各类培训班534期,共有1万余人次参加培训,233人通过国家司法考试。严把进人关,积极配合省委组织部做好检察机关公务员招考工作。

5.加强基层基础建设。省检察院在深入调查研究的基础上,出台《山西检察工作科学发展五年规划(2010~2014年)》,从服务大局、执法办案、队伍建设等10个方面提出77条具体任务和措施。为进一步加强基层检察院建设,省检察院下发《2009~2012年基层院建设实施意见》,确立22个基层院为执法规范化、队伍专业化、管理科学化、保障现代化建设试点单位,加强考核评价机制建设。加大经费保障工作力度,80.5%的基层院年终决算落实公用经费保障标准。基础设施和科技装备建设进一步加强,省检察院为基层院发放一批同步录音录像设备、无线通讯指挥设备和办案业务用车。

同时,全省检察机关不断增强接受人大监督的意识,自觉地把检察工作置于人大及其常委会的监督之下,主动报告重要工作,认真执行各级人大及其常委会的决议和决定。2009年,全省检察机关共向各级人大常委会报告工作460次,召开人大代表座谈会360次,邀请人大代表视察工作260次,对各级人大及其常委会转办交办的340件案件全部办结。

【民行检察工作】 2009年,全省民行检察办案工作呈现7个上升、2个下降的特点。7个上升:一是受案数3264件,同比上升47.16%,创历年来新高;二是立案数2371件,同比上升23.04%;三是抗诉数250件,因2008年抗诉的310件中有73件为一起集团诉讼案,实际同比上升5.48%;四是再审法院审结抗诉案件188件,其中改判112件,同比上升60%,撤销原判发回重审16件,调解28件,再审改变率82.98%,同比上升7.2%,也是近年来较高的;五是提出再审检察建议130件,同比上升11.11%;六是提出其他类检察建议1003件,同比上升146.44%,已采纳894件,同比上升198.99%;七是办理支持起诉、督促起诉、刑事附带民事诉讼案件1242件,同比上升81.84%。2个下降:一是提请抗诉511件,同比下降13.68%;二是法院采纳再审检察建议47件,同比下降17.54%。

山西省人民检察院民行处审查办结各市院提请抗诉案件206件(含2007年、2008年积存案件137件),同比上升164.1%;向山西省人民检察院提出抗诉68件,同比上升88.9%。直接受理民事行政申诉案件70件,审查处理52件,立案审查8件,同比上升700%,提请高检院抗诉2件,填补近5年来该项工作空白。

2009年,全省各级民行部门突出办理一批涉及人民群众最关心、最直接、最现实利益的土地补偿款纠纷、合同纠纷、侵权纠纷、劳动争议等类型的抗诉及检察建议案件,全年办理抗诉案件250件,办理各类检察建议案件1133件。

集中清理办结40件抗诉案件积案。省院民行处积存的2008年底以前的137件提请抗诉案件全部办结,全省积存的16件职务犯罪案件也处理完毕。

2009年,民行部门移送的犯罪线索有3件作有罪判决。临汾市院民行处立案查处浮山县人民法院党组成员、执行局局长李学军涉嫌挪用公款一案。长治市郊区检察院民行部门查处的郊区法院审判员潘贵生利用职权索贿、受贿一案。4月,郊区院民行部门在黄碾镇东旺村举行索贿款发还仪式,向被潘某索贿的6名受害群众发还索贿款18000元。

全省办理支持起诉案件822件,办理民行执行监督案件1003件,办理民事调解监督案件1件,针对国资流失等现象,办理督促起诉案件335件,办理刑事附带民事诉讼案件172件,为国家挽回经济损失9000多万元。

开展支持弱势群体起诉、督促起诉、刑事附带民事诉讼等工作。忻州市静乐县人民检察院办理的一起支持弱势群体起诉案件,为174名农民工讨回应得工资75万元,并配合有关部门制止农民工围堵县政府的群体性事件。阳泉市郊区人民检察院民行部门对非法采矿造成煤炭资源破坏的被告人史张福、王猪小、王军保3人提起刑事附带民事诉讼，5月21日，阳泉市郊区法院判决3被告人承担刑事责任的同时，共同赔偿国有煤炭资源损失679.96万元。民行部门针对国有资产流失的现象，开展督促起诉工作。朔州市山阴县检察院督促国土资源局起诉的张宝兴拖欠国有土地出让金一案，涉案金额2430万元。大同市检察院与市国有资产监督管理委员会联合出台《关于积极运用民事检察督促起诉保护国有资产的意见》，共同开展国有资产流失专项调查活动，取得很好的效果。大同市城区检察院在对大同市环保设备厂的调查中发现，该企业在改制过程中账务处理不规范，应收、应支不予互抵，使负债增加160万元，改制后收回核销呆账5.2万元未上交国资委，遂及时向国资委发出检察建议，挽回经济损失165万元。吕梁市检察院、长治市检察院开展国土出让、转让金清缴工作。

【民行执行监督和民事调解】 晋中市人民检察院民行检察部门探索对执行活动进行监督的方式和手段。除采用检察建议、纠正违法通知书等方式对执行过程中的具体执行行为进行监督以外，还通过主持申请执行人和被执行人之间的调解以及现场监督等方式对法院的民事执行活动进行监督。另外，还尝试对检察机关已经立案审查可能启动再审程序的生效判决裁定，通过暂缓执行建议的方式予以监督，并被晋中市中级人民法院采纳，从而达到避免以该种判决裁定为执行依据的执行行为给被申请执行人造成不必要的损失，取得良好的社会效果。阳泉市人民检察院以全国性集中清理执行积案活动为契机，作大量执行监督工作，7月份阳泉市检察院专门下发《关于对全市两级人民法院民事行政执行案件开展复查监督的通知》，阳泉市5个基层院全部与法院会签《关于对民事行政执行案件监督的若干意见》，全市两级民事行政检察部门共复查法院执行案件594件，均提出执行监督的书面检查建议，两级民行检察部门参与全市集中清理执行积案活动取得明显成效。

【检察理论研究】 1.加大组织协调力度。全省各级检察院继续把检察理论研究工作作为关系检察制度前途、检察工作全局和检察事业根本的大事来抓，进一步加强组织领导。全省有10个市级院、95个县级院召开检察理论研究年会，部署本地的检察理论研究工作。太原市检察院检察长赵安灵撰写的《构建刑事诉讼当事人及其近亲属统一救济制度探析》一文在《中国检察官》上发表，并获得高检院检察理论年会三等奖。阳泉市检察院检察长胡克勤撰写的《关于检察机关如何服务我市经济社会发展大局的思考》、长治市检察院检察长王建中撰写的《深入落实科学发展观当好五化建设排头兵》均在《山西检察》上发表。

2.以年会制、课题制为平台，加强和推动理论研究。组织全省检察理论研究年会和各类研讨会，调动检察干警参与检察理论研究的积极性。晋中、晋城、太原通过组织集体攻关和加强联系沟通等措施，促进一些优秀成果的产生，在《人民检察》《检察日报》《中国检察官》等有影响法学期刊、报刊上发表的成果比往年明显增加，其中仅晋城市检察院在各类报刊上发表文章就达157篇。同时检察理论研究骨干继续发挥突出作用，带动检察理论研究的蓬勃开展，一些近年来进入检察机关的新生力量逐渐成长为检察理论研究骨干，撰写不少优秀理论研究文章，晋中市检察院有一名年轻同志2009年在《人民检察》《检察日报》共发表各类业务文章8篇。全省12个市级检察院均建立检察理论研究年会制，95个县级院建立年会制，共举办检察理论研究年会和各类专题研讨会115次，全省检察干警共撰写检察理论研究及专题调研文章1879余篇，在国家级报刊和高检院内部资料上发表73篇，在省级报刊上发表133篇，在知名法学期刊、报刊上发表46篇。在2009年全省检察理论研究年会上，有41篇调研报告、文章被评为优秀调研成果。

3.完善以激励和绩效考评检察理论工作机制，促进检察理论研究工作的良性发展。山西省人民检察院制定《全省检察机关检察理论研究成果奖励办法》实施三年来，各级检察院积极将检察理论研究的工作任务落实到位，逐步建立激励机制，加大对检察理论研究有突出贡献的单位和个人的奖励力度。全省有10个市级检察院制定检察理论研究成果奖励办法，95个县级检察院制定奖励措施。太原、晋中、长治市检察院出台干警晋职晋级必须有发表的业务文章为硬性条件之一，有25个县级院把理论研究列入个人和部门考核，把理论研究能力作为选拔业务部门负责人的一个重要条件。在绩效考评上，修改完善《全省检察机关法律政策研究工作考评办法》和各市、分院的考评办法，强化"狠抓精品、突出成果转化"的工作要求。晋城市检察院、太原市检察院、朔州城区检察院、怀仁县检察院等5个市级检察院25个县级检察院在检察理论绩效考评上下工夫，对综合部门和业务部门分别制定任务量，对领导和干警进行量化，对不同学历和资历进行压担子等，从多方面、多角度详尽的制定相关细则，使得检察理论绩效考评结果能客观反映各部门、各人员的研究能力，增加绩效考评的可操作性，形成钻研业务、研究问题的浓厚氛围。

【专题调研和法律应用研究】 1.重点抓检察理论和政策的调查研究。围绕全省检察长座谈会会议精神，在广泛征求各方面意见和建议的基础上，反复论证，几易其稿，制定出台《关于充分发挥检察职能，为全省转型发展、安全发展、和谐发展服务的意见》，这一指导全省检察工作的重要文件得到省四大班子领导和社会各界的肯定与认可。

2.组织讨论法律法规、司法解释及规范性文件草案、征求意见稿。省检察院研究室组织讨论一批国家法律法规、司法解释或规范性文件，对《关于对当事人搜查、查封、扣押、冻结等侦查措施不服提请人民检察院监督的规定》《关于抗诉工作与职务犯罪侦查工作由不同业务部门负责承办的规定》《关于在审查逮捕和公诉工作中办理当事人达成和解刑事案件的规定》《中华人民共和国未成年人保护法》等10个法律法规提出修改意见，并应邀参加2个法律文件修改征求意见座谈会，所提意见和建议得到上级检察机关或有关部门的重视，有的意见被直接采纳。

3.做好法律适用问题请示、答复工作。省检察院研究室接收下级检察院请示件21件，经认真研究，答复市、分院关于法律适用问题请示件5件，电话答复6件，向下级检察院提供法律咨询51件次，向高检院研究室报送请示件1件；各市检察院答复基层院法律适用请示件55件，向基层检察院提供法律咨询107件次，为领导决策和办案工作及时提供法律咨询意见。

4.开展专题调研。根据检察院领导指示和要求，组织有关部门就扣押款物的处理情况、有关审判监督和相互制约中存在的问题、司法体制改革和创新、检察队伍规范化管理、省级以下自侦案件批捕权上提一级中存在的问题、检委会制度改革相关问题等专题进行研讨。派员全程参与最高人检察院来晋关于《人民检察院扣押、冻结款物工作规定》执行情况的调研，省检察院提出的建议得到高检院研究室的采纳认可。同省公安厅、司法厅等5个厅局制定《关于打击破坏高速铁路设备违法犯罪的通告》会签文件1件，研究并回复省人大法制委员会《关于山西省社会治安综合治理条例》、省政府法制办《关于山西省城乡规划条例》等有关地方法律法规和规定征求意见件5件。（尹桂珍）

重大案件

【尖山铁矿垮塌事故玩忽职守案】 2008年8月1日凌晨0时15分，山西省太原钢铁(集团)有限公司矿业分公司尖山铁矿南排土场1632平台外侧约30米处发生大面积下沉，之后，排土场在产生垮塌滑体的压力作用下，推挤黄土山梁土体产生向下移动，从而推垮并掩埋仅距寺沟旧村黄土梁坡脚50米处的部分房屋，造成43人死亡，2人失踪，直接经济损失3080.23万元。

娄烦县人民法院经审理认为原太原钢铁(集团)有限公司矿业分公司尖山铁矿原矿长、党委书记闫确娃等5人对事故的发生负有管理责任，以重大责任事故罪判处闫确娃有期徒刑四年，公司原副矿长王建中、原总工程师臧龙、原工艺质量科科长任建国、原规划科科长王海林、原工艺质量科采矿组专业负责人赵国成分别被判处不同刑罚。原娄烦县马家庄乡党委书记范建良、原娄烦县米峪镇乡乡长王珠峰、原山西省安全生产监督管理局应急救援办公室副主任穆辑松等四人因犯玩忽职守罪也分别被判处有期徒刑不等。

【襄汾尾矿库溃坝事故玩忽职守滥用职权案】 襄汾县国土资源局原局长张晓民、襄汾县陶寺乡原乡长廉会忠、襄汾县国土资源局原副局长狄建明、襄汾县国土资源局矿山纠察大队第一中队原队长杨江华等12人，襄汾县安监局原局长张新如、原总工程师刘政民等5人，在日常工作和专项检查中，对襄汾县境内的山西新塔矿业有限公司非法生产、违法占用土地、非法建设使用废弃尾矿库等违法违规作业，未认真履行监管职责，致使该公司长期非法生产，违规排放矿渣，给尾矿库造成重大安全隐患，最终导致该尾矿库于2008年9月8日发生重大溃坝事故，造成276人死亡，33人受伤，直接经济损失9619.2万元，给国家和人民生命财产造成重大损失，并在社会上造成恶劣的影响。

该事故相关责任人所涉两起刑事案件，分别经襄汾县人民法院和临汾市尧都区人民法院审理后认为，张晓明、狄建民、杨江华等被告人身为国家机关工作人员，不认真履行安全监管职责，不严格执行有关法律规定，在发现新塔矿业公司尾矿库存在重大安全隐患后，未能采取有效措施，致使尾矿库发生重大溃坝事故，使人民生命安全和国家财产遭受重大损失，其行为已构成玩忽职守罪或滥用职权罪。依照《中华人民共和国刑法》的有关规定，以玩忽职守罪分别判处狄建民有期徒刑5年，并追缴非法所得3000元；杨江华有期徒刑4年；廉会忠有期徒刑3年。其余8名人员因构成玩忽职守罪或滥用职权罪，被依法判处3年至1年不等有期徒刑。张新如、刘政民等5人因玩忽职守罪被依法判处有期徒刑5年至3年不等。

【李海涛等聚众扰乱社会秩序、故意伤害、盗窃案】 2008年5月1日李海涛等纠集多人在浑源县刁窝煤矿聚众殴打他人，最后发展为一起由百余人参与的聚众扰乱社会秩序案，致1人死亡，多人受伤，砸毁财物价值达人民币110450元。此外，在2007年1月至2008年4月间，被告人李海涛等纠集多人聚众扰乱社会秩序、故意伤害、盗窃作案五起，致伤多人并砸毁大量财物。

大同市中级人民法院经审理认为，被告人李海涛、宫治恒等45人在以李、宫等5名首要分子的组织、指挥、策划下，聚众结伙闯入工厂、矿山，肆意打砸财物，随意殴打他人，严重妨害了国家机关对社会的正常管理活动，严重破坏了社会管理秩序，造成了1人死亡，多人受伤，财产遭受严重损失，生产和经营无法进行，其行为均已构成聚众扰乱社会秩序罪。除确定的首要分子外，其他各被告人均为聚众扰乱社会秩序罪的积极参加者。被告人李海涛等7人纠集和实施殴打他人的行为，致人死亡、重伤、轻伤，其行为已构成故意伤害罪。被告人薛晓菠、李红霞采取秘密手段窃取他人手机，数额较大，其行为已构成盗窃罪。被告人李海涛、孙秀红在案发后，为他人提供财物，帮助犯罪的人逃匿，其行为均构成窝藏罪。被告人李海涛等39人因犯聚众扰乱社会秩序罪、故意伤害罪、盗窃罪被分别判处有期徒刑十八年至有期徒刑六个月的刑罚，被告人操满意等7人犯聚众扰乱社会秩序罪、窝藏罪被判处免予刑事处罚。

【央视记者李敏受贿案】 被告人李敏，女，1978年9月生于山东陵县，汉族，大学文化，中国中央电视台社教节目中心法制专题部编辑记者，住北京市朝阳区。被告人李敏在中国中央电视台担任记者期间，受吴晓华（另案处理）之托，利用央视记者身份分别于2008年10月22日和10月30日到太原市人民检察院、太原市杏花岭区人民检察院和广东省惠州市委政法委、纪委、惠阳区委进行采访，对太原市杏花岭区人民检察院正在侦查的吴晓华之兄吴某某涉嫌犯罪一案施加影响。期间先后在太原、北京、惠州等地收受吴晓华的贿赂款3.7万元人民币。案发后，被告人李敏的家属退出全部赃款。

太原市杏花岭区人民法院经审理认为，被告人李敏身为中国中央电视台记者，在从事公务活动中，利用其对社会公共事务进行采访、报道，行使舆论监督的职务便利，非法收受他人贿赂，为他人谋取利益，其行为已构成受贿罪。被告人李敏自愿认罪，积极退赃，根据被告人的犯罪情节、悔罪表现及对社会的危害程度，酌情可予以从轻处罚。法院遂依法判处被告人李敏有期徒刑三年缓刑四年，退缴的赃款3.7万元予以没收，上缴国库。

【梁岗平受贿、巨额财产来源不明案】 梁岗平，男，1961年6月出生，中共平定县委原常委、宣传部长，平定县第十四届人大代表。梁岗平在担任平定县冠山镇党委书记、中共平定县委常委、宣传部长期间，利用职务之便，在工程承包、煤矿安检、干部提拔等方面为他人谋取利益，受贿数额达1447000元。梁岗平家庭财产总额6812077.97元，减去被告人梁岗平受贿所得赃款1447000元、家庭收入779717.69元及赃款利息、房租收入206094.78元，梁岗平不能说明合法来源的家庭财产数额为4379265.5元。

阳泉市中级人民法院经审理认为，梁岗平的行为已触犯刑律，构成受贿罪和巨额财产来源不明罪，以受贿罪判处其有期徒刑十年零六个月；以巨额财产来源不明罪判处其有期徒刑二年零六个月。数罪并罚，决定合并执行有期徒刑十二年，非法所得人民币6032360.28元依法予以追缴。

【苗元礼受贿案】 苗元礼，男，55岁，山西翼城县人，1974年8月参加工作，历任翼城县副县长、临汾市副市长、山西省九届政协常委（无党派人士）。2004年至2007年在其担任临汾市政府副市长期间，利用分管煤炭、地矿、教育、旅游等职务之便，多次单独或通过他人非法索取、收受贿赂人民币417万余元、4万美元、3000欧元等巨额财物，为他人谋取利益。其中非法收受私营煤矿主财物共计398.5万元人民币、4万美元、3000欧元，为私营煤矿主缓、减、免资源费3139万元，拨付维简费405万元，违法保留煤矿10座。

朔州市中级人民法院经审理认为，被告人苗元礼身为国家工作人员，利用职务之便，非法收受他人财物，为他人谋取利益，其行为已构成受贿罪，判处其有期徒刑十四年，受贿所得赃款417万元人民币、4万美元、3000欧元予以没收，上缴国库。

【郝兴仁受贿案】 郝兴仁，男，忻州市国土资源局原局长。被告人郝兴仁在担任忻州市国土资源局局长期间，利用审批土地的职务之便，在河曲县国华学校变更土地用途审批过程中，收受该项目负责人张某贿赂10万元；在忻州市开来房地产开发有限公司建设用地审批时，先后收受贿赂180万元，并将受贿所得赃款100万元分两次在天上人间大饭店入股，共分得红利40万元。

静乐法院经审理认为：郝兴仁身为国家工作人员，利用职务上的便利，非法收受他人贿款190万元，为他人谋取利益，利用受贿赃款入股获利40万元，犯罪事实清楚、证据确实充分，其行为已构成受贿罪。以受贿罪判处其有期徒刑十三年，并处没收个人财产20万元，受贿所得赃款90万元及赃款的孳息40万元予以没收，上缴国库。

郝兴仁以量刑畸重为由提起上诉后，忻州市中级人民法院经审理认为，根据上诉人郝兴仁在案发后认罪态度较好，能如实向纪检、司法机关交代全部犯罪事实，其亲友积极配合退缴赃款，确有悔罪表现，其上诉理由酌情予以采纳。法院遂依法判决：变更一审判决关于受贿刑期部分，判处其有期徒刑十一年，其余部分予以维持。

【李毅重大交通肇事案】 李毅，男，忻州市政协原副主席。2008年10月11日上午，在二河线高速公路701公里处，李毅驾驶丰田凯美瑞轿车，在变更车道时车辆失控，与左侧彭乐祥驾驶的丰田越野车发生碰撞，导致越野车侧翻于对向左侧车道。该事故造成乘车人山西省原政协主席金银焕及其秘书王蓉因抢救无效于当日死亡，驾驶员彭乐祥受轻伤。李毅在肇事后为逃避法律追究，指使其司机被告人李志富顶替其承担肇事责任。被告人李志富听从李毅的指使，顶替其承担肇事责任，并编造肇事经过，制作假证明包庇被告人李毅。

太原市迎泽区法院审理认为，被告人李毅违反交通运输管理法规，致使发生重大交通事故，造成2人死亡、1人轻伤和车辆、路产不同程度损坏的严重后果，对该事故负有全部责任，其行为危害了公共安全，已构成交通肇事罪。且被告人李毅在肇事后为逃避法律追究，指使其司机被告人李志富顶替其承担肇事责任，情节恶劣，依法应予严惩。被告人李志富听从李毅的指使，顶替其承担肇事责任，妨害了司法活动，其行为已构成包庇罪。考虑到被告人李志富的包庇行为客观上未造成严重后果，且认罪态度较好，有悔罪表现，适用缓刑确实不致再危害社会。遂以交通肇事罪判处李毅有期徒刑6年。以包庇罪判处李毅的司机李志富有期徒刑1年，缓刑1年。

（马云跃）

军　　事

山西省军区

【核心价值观主题教育活动】 2009年，为深入贯彻军委主席胡锦涛关于大力培育“忠诚于党，热爱人民，报效国家，献身使命，崇尚荣誉”的当代革命军人核心价值观重要指示精神，根据总政治部和北京军区部署安排，在全区组织开展大力培育当代革命军人核心价值观主题教育活动。区分层次类别，分别在吕梁军分区、太原预备役通信团和省军区直属队三个单位抓主题教育试点，探索出具有指导意义和借鉴价值的经验做法。省军区专门召开主题教育部署会，推广经验，部署任务。试点单位的经验做法先后被总政治部《宣传简报》、北京军区政工网转发，《战友报》头版头条进行突出报道。

【党管武装工作述职会议】 8月1日，全省党管武装工作述职会议召开。会议由省军区司令员方文平主持，省委、省人大、省政府、省政协和省国防动员委员会各成员单位领导，省军区部门以上领导、机关处长，各市市委书记、市长，各军分区（警备区）、预备役师旅军政主官，共143人参加会议。会议回顾分析一年来全省党管武装工作的形势，肯定成绩，查找不足，研究对策，进一步强化责任、理清思路、明确任务，努力在更高起点上推进党管武装工作的落实，推动全省党管武装工作的深入开展。会上11位市委书记兼军分区（警备区）党委第一书记作大会述职；省军区政委张少华总结讲评第一书记履职尽责情况，安排部署今后的工作任务；张宝顺围绕适应新形势新任务要求加强党管武装工作，推动全省国防后备力量建设科学发展，提出指导性意见。

【考核师旅级党委班子】 12月上中旬，省军区常委带机关工作组，深入13个师旅级单位对党委班子建设和班子成员履职尽责情况进行考核。本着注重考核工作实绩、尊重群众公论、坚持考帮结合、增进团结统一的原则，通过听取情况汇报、个人述职、民主测评、个别谈话、听取地方领导意见、深入部团调研和查阅相关资料、实绩分析和综合评定，全面了解掌握师旅级班子建设情况。省军区常委集体与师旅级单位主官和部门领导讲评本单位建设情况，有针对性地指出存在的问题。《战友报》头版头条以题为《征求地方领导意见，结合实际指导帮带——山西省军区全面考核师旅级党委班子提升建设质量》进行报道。

【师团职领导干部网上理论集训】 8月11~19日，采取党委中心组带机关、军师团三级网上同步实施的方式，组织全区师团职领导干部理论集训，共2900余人参加。集训围绕深化

山西省党管武装工作述职会议　　（王海海提供）

中国特色社会主义理论体系武装、加强和改进领导干部作风建设这个主题，着力研究解决坚定理想信念、提高核心军事能力、狠抓工作落实，以及学习吕梁军分区党委和高平市人武部党委两个典型、加强工作指导等现实问题，在全区部队掀起学习党的创新理论新热潮。

【国防教育系列活动】 4月至10月，省军区在全区部队组织开展群众性爱国主义教育活动。先后组织官兵参加“军歌嘹亮颂祖国”歌咏比赛、“祖国在我心中”文学征文活动、“庆祝新中国成立60周年全军摄影展” 以及“迎国庆、展风采”征文及书画摄影竞赛活动和“多彩的军营”文艺评审会演等活动。9月19日，第九个全民国防教育日宣传活动在太原举行。省委、省政府和省军区领导为全省命名的首批38个国防教育基地授牌，省军区战士业余演出队表演《使命颂》等红色文艺节目，省、市党政军领导机关、省城高校国防生、太原市民兵预备役人员及社会各界群众近千人冒雨参加活动。当晚《山西新闻联播》播放方文平的电视讲话。

【民兵基层建设融合式发展现场观摩会】 9月2~3日在阳泉市召开山西省民兵基层建设融合式发展现场观摩会，北京军区副政治委员黄建国到会指导。会上，观摩阳泉市民兵基层建设融合式发展的研究成果，听取阳泉市民兵基层建设经验做法，对实现全省国防动员和后备力量建设军民融合式发展，进行深入动员和部署。北京军区政治部转发山西省推动军民融合式发展的经验做法。

【抗击雪灾行动】 11月，全省遭遇历史上罕见的暴雪灾害。灾情发生后，省军区迅速启动抢险救灾应急机制，积极配合地方各级政府抢险救灾。根据省军区统一部署，政治部迅速启动政治工作预案，及时下发抗击雪灾政治动员令，协调驻军2万余人，动员各型车辆3410余台，开设机动加油站、临时医疗站、临时供应站、临时抢修站80处，打通被堵路段200余千米，牵引抢修车辆800余台，救治受困人员1000余人，发放方便食品3000余份、衣物3000余件、药品1500余盒，圆满完成各项抢险救灾任务。为帮助受灾群众，省军区举行“救灾、帮困、送温暖”捐助活动，共捐资金50余万元。中央电视台、《解放军报》和省内主要媒体对此活动进行重点报道。

【军地联合端掉2个涉军制假窝点】 11月20日凌晨，省军区保卫部门与山西省公安厅、太原市公安局联合行动，在太原市万柏林区西流村、后北屯村的出租房内一举端掉2个制作假证件和假牌照窝点。共抓获犯罪嫌疑人19名，查获军地各类证件、证照1000余份，印章100余枚，造假用的电脑、打印机、刻录机、扫描仪等专用设备一套，群发器4台，假冒军队及地方车辆号牌成品、半成品150余幅(其中军车号牌10余幅)，制牌毛坯1000多幅，钢字模具1000多个，以及制牌模具、上色机、压模机、千斤顶等大量制假工具。抓获的犯罪嫌疑人和收缴的造假设备，均交由太原市公安局处理。

【法制教育和法律服务活动】 2月，结合新兵入伍时间短，职责意识弱的实际，军事检察院为省军区新兵营、总装25基地进行军人违反职责罪专题教育，并举行《军法铸军威》教育光盘发放仪式，《检察日报》作了相关报道。4月，朔州军分区开展“观看法制光盘，筑牢思想防线”教育活动，其经验做法被省军区政工网转发。9月，组织“送法下基层”活动，强化官兵的安全和纪律意识，促进部队的安全稳定。10月，按照北京军区“进校园、进课堂”活动要求，为三所大学1000名国防生学员专题授课，并总结上报近年来开展国防生法制教育的做法与经验，得到北京军区军事检察院充分肯定，并被军事检察工作网络版转载。11月，针对老兵退伍和士官选改，军事检察院在省军区政工网上登载《珍惜以往荣誉，保持军人风采》教育提纲，为部队老兵退伍和士官选改顺利进行提供法律帮助。

【国防生实践锻炼】 7月13日至8月6日，根据总参军训和兵种部、总政干部部《关于做好今年暑期国防生基地化集中训练准备工作的通知》要求和北京军区的安排部署，山西省军区政治部选培办组织太原理工大学、山西大学、中北大学二、三年级733名国防生到驻地某机械化步兵旅进行为期25天的暑期集中军事训练和当兵实践锻炼。选培办精心筹划，积极协调，全程参与；承训单位高度重视、全力保障；训练骨干严密组织、按纲施训；全体国防生积极参训，勇于吃苦，表现出昂扬的斗志。

【抗旱保苗行动】 2009年年初，全省遭受严重冬旱，给冬麦生长和人畜饮水造成极大影响。省军区迅速组织民兵预备役人员投入疏渠清淤、维修灌溉机具、浇麦保苗、拉运饮用水等行动，累计出动人员12万人、车辆4000余台，发射增雨火箭弹800余枚，疏通水渠5.6万米，修缮各类水利设施3640处，浇灌面积6万公顷，拉水340余吨，帮助解决62万人吃水问题，最大限度减轻旱灾造成的损失。

【军事三项队比武竞赛】 1月至2月，省军区广泛选才、科学组训、严格施训，组织为期30天的封闭式高强度训练。2月下旬，在参加北京军区组织的军事三项队比武竞赛中，队员们奋力拼搏，取得6金7银3铜优异成绩，金牌总数名列北京军区8个军级单位第一名，为省军区争得荣誉，激发部队的训练热情。

【应对多种安全威胁综合演练】 8月1日，省军区组织以“庆八一、迎国庆、保稳定”为主题的山西省应对多种安全威胁综合演练，设置4种行动19个课目，共3000余名民兵预备役官兵参加，动用各型车辆装备200余台(部)，充分展示后备力量科学发展的最新成果。省委、省人大、省政府、省政协的领导，省军区、省国防动员委员会成员单位、驻晋部队负责人，各市党政军领导约400人现场观摩。北京军区政治委员符廷贵亲临指导、检阅部队，对演练工作给予充分肯定。

联动综合演练　（王海海提供）

【地震灾害紧急救援二队成立】 8月1日，依托省军区直属分队200人成立山西省地震灾害紧急救援二队，张宝顺宣布成立命令，王君亲自授旗。借鉴国家地震救援队建设先进经验，坚持军地结合，平战结合，一队多用的原则，立足山西、面向全国，高起点谋划、高标准推进、高水平建设，组织针对性训练演练，在年度全省地震应急预案巡检评估中，受到省政府领导的充分肯定。

【普通学校招收士官】 2009年，省军区针对士官直招任务专业种类多、招收难度大的特点，坚持摆正位置，强化科学统筹，按照总部明确的时间节点，制定下发《从普通高等学校毕业生中直接招收士官工作实施计划》，将工作细分为五个阶段，明确各个阶段的任务要求和完成时限，并指导各级严把专业审定、学历审查、体检政审、审批定兵"四个关口"，深入探索把招收工作主阵地转到普通高等院校的有效方法，圆满完成411名士官的招收任务。

【百日安全评比竞赛活动】 按照北京军区的统一安排部署，从7月10日至10月20日，开展百日安全评比竞赛活动。省军区成立由军政主官亲自挂帅，副职领导任组长，机关三部副职领导任副组长，有关处长、主任为成员的活动领导小组。在广泛调研的基础上，研究制定具体实施方案，明确活动的重点内容以及方法步骤和标准要求。全区部队结合自身实际，采取多种形式宣传发动，集中主要精力查纠解决问题，严格对照细则检查评比，并把评比竞赛活动与大项工作任务结合起来，科学统筹、结合渗透，做到两手抓、两促进。活动开展以来，省军区先后3次召开专题电视电话会议进行动员部署、阶段讲评和总结表彰，5次组成联合工作组深入部队检查指导，2次点名通报问题。举办7期简报，及时传达上级精神，通报活动开展情况，推广经验做法。2个单位和3名个人被北京军区评为活动先进单位和个人，30个单位和37名个人被省军区通报表彰。

【国防动员指挥演练】 组织人民防空、交通战备、经济动员办公室、政治、科技、信息动员办公室领导和工作人员全程参加北京军区"铸盾—2009"战役演练；8月1日，组织省国动委成员单位领导参加省委、省政府、省军区应对多种安全实兵演练。在演练演习中，国动委综合办认真组织战役勘察，收集整理全省煤炭、电力、军工企业的潜力数据，修订应急动员预案、转扩产预案和交通运输保障预案。国动委各专业办公室全员参加，积极拟制文书、分析潜力、制订方案、标绘要图、下达命令，共完成各类作战文书65份，标绘各种要图26幅，进一步规范熟悉指挥流程，提高国防动员指挥能力。

【宣传党的创新理论】 2009年，复排大型音乐舞蹈史诗《使命颂》，编排综艺晚会《军营赞歌》，先后为北京军区首长机关、中央党校省部级领导班等进行汇报演出，赴山西大学、中北大学、山西财经大学、忻州、晋城、长治等地巡回演出50余场，广泛宣扬党的创新理论和我军的优良传统。同时，业余演出队参加军区第十二届"多彩的军营"文艺汇演。先期节目评审中，军区首长机关和战友文工团专家给予高度评价，树立省军区部队的良好形象。12月25日正式会演时，《历史和人民的选择》《接受党和人民的检阅》获表演创作一等奖。

【军人保障卡系统试运行】 2009年，省军区以北京战区《关于组织军人保障卡试运行的通知》和《军人保障卡管理暂行规定》为依据，严格落实北京战区联司[2009]146号文件、166号文件内容要求，按照"科学筹划、统一计划、严格标准、稳步推进"的思路，先后组织全区各单位成立保障卡办公室，按期完成保障卡数据中心建设、组织培训和军人保障卡的发放工作，顺利实现全区军人保障卡系统的稳步有序试运行。

【军服专项整治】 2009年全区军服专项整治行动在省军区司令员方文平、政治委员张少华领导下，按照统一指挥、平行展开、重点突出、积极稳妥的原则，成立以副司令员何永才为组长，省军区司令部、政治部、后勤部和省公安厅、工商行政管理局各一名分管领导为副组长，省军区军务、宣传、保卫、供应部门和省公安厅治安管理总队、省工商行政管理局经济检查处为成员单位的领导小组，充分发挥职能作用，各司其职、密切配合、齐抓共管，形成了横向联动、纵向一致的管理合力，有针对性地开展军服专项整治行动。

山西省地图集编纂委员会办公室

地图编绘室

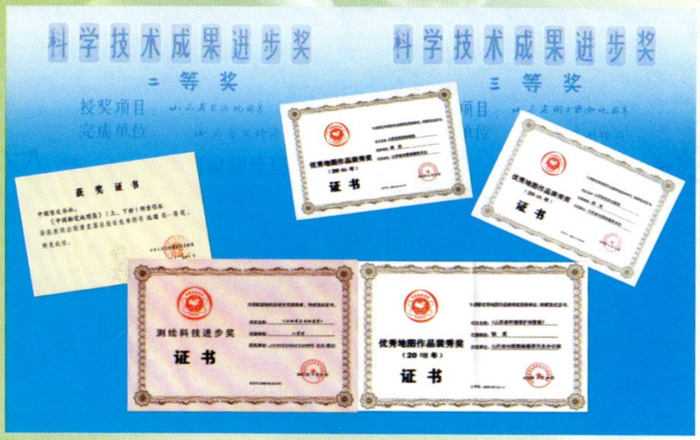

获奖证书

山西省地图集编纂委员会成立于1959年，先后有多位省领导担任编纂委员会主任。山西省地图集编纂委员会办公室是编委会的下设工作机构，甲级《测绘资质证书》单位，内设编绘室、信息部等机构，拥有先进的仪器设备和丰富而权威的地图资料，汇聚多学科、多门类的专家，是一支技术力量雄厚、涉及多学科的、集地图编辑、科研和设计为一体的专业队伍。主要从事全省1：25万地图数据库的管理、维护、更新和应用，各种地图（集、册）、多媒体电子地图的设计、编辑、制作。

为山西省政府制作的模型沙盘

50多年来，办公室编纂出版了《山西省普通地图集》、《山西省自然地图集》、《山西省能源地图集》、《山西省农业地图集》、《山西省国土资源地图集》、《山西省历史地图集》、《山西省人口地图集》等多部集科学性、实用性、综合性、艺术性为一体，具有较高学术价值的地图作品，多次获得省、部级科技奖。“十五”期间，编纂出版了《山西省旅游地图集》、《山西省环保地图集》、《山西省经济地图集》、《山西省灾害地图集》、《山西省资源与可持续发展地图集》等图集；“十一五”期间，将编纂出版《山西省国土资源地图集》、《山西省近现代史地图集》、《山西省农业地图集》等图集，形成涵盖山西经济、文化、环境、资源、自然风光和社会科学等诸多领域的大型地图集系列。为全社会了解山西、认识山西提供了形象、直观、系统的地图服务。

制图人员认真审核

成果累累

临汾市人民政府

市委书记谢海在安泽和川水库调研

市长罗清宇在翼城调研

临汾市位于山西省西南部，全市总面积20275平方千米，总人口 423 万，现辖1区2市14县和两个省级经济技术开发区。临汾文化历史悠久，矿产资源丰富，区位条件优越，经济发展基础较好，是山西省新型能源和工业基地建设的重要组成部分。近年来，该市以科学发展观为指导，认真贯彻落实党的十七届五中全会和全省领导干部大会精神，确立了建设新型工业大市、区域中心城市、中西部经济强市，在全省实现转型发展、跨越发展、先行发展的战略思路，全市各级干部和广大群众，解放思想，负重前行，千方百计谋转型、齐心协力求跨越，取得了良好的发展成果。

现代农业稳步发展

近年来，全市以高产、优质、高效、生态、安全的现代农业为发展方向，突出重点，扎实推进，不断加快现代农业发展，基本上实现了四个转变：一是由单纯追求数量的传统农业向优质高效生态安全的现代农业转变。实施了四大农业调产工程，初步形成了优质专用小麦、优质水果蔬菜、优质小杂粮为主的特色高效农作物生产基地。大力推进农产品标准化生产，全市拥有农产品山西著名商标，山西名牌产品18件，无公害认证产品 80 个，认证面积230万亩。二是由农业经营的分散化向合作化转变。深化农村土地制度改革，促进农村土地有序流转和农产品基地规模化发展。大力发展农民专业合作社，推广“公司+基地+农户+保险”的方式，扩大农产品销售市场。全市农民专业合作社已达 2714个。农民服务协会中介组织 523 个。三是由农业生产的粗放型向集约型转变。充分发挥政府主导作用，实施农村劳动力素质培训工程，大力开展农业科技入户活动，提高农业生产效率。四是由小农生产向产业化转变。从扶持农业龙头企业入手，打造品牌，延伸链条，培育农业新的增长点，全市农产品加工企业 226 家，销售总额27亿元。年销售收入1000万元以上企业74家，其中年销售5000万元以上9家，年销售亿元以上1家。

项目建设如火如荼

积极开展招商引资工作，千方百计引资金、上项目。先后组织举办了上海、深圳、青岛、太原招商引资洽谈会，参加了中国能源博览会、第五届中博会、“广交会”、“昆交会”、“渝洽会”等一系列全国性招商引资活动。共签订招商项目68个，涉及装备制造、能源、化工、电子、冶金、医药、服务业、旅游等行业，总投资2222.7亿元。其中：签订协议 46 个，协议资金2196.8亿元；合同22个，合同资金25.95亿元。2010 年，全市共铺开重点建设项目 216 项，总投资1825亿元，当年计划完成投资387.1亿元，总投资超过了“十五”时期的总和。分类别看，产业转型方面，共铺开项目106项，总投资676.3亿元，当年计划投资217.86亿元。其中：传统产业重点抓了大型煤矿的升级改造、电力项目建设和煤化深加工等项目；新兴产业重点抓了装备制造、农副产品加工、新型建材、旅游服务业等领域的重点项目建设。基础设施方面，共铺开项目79项，总投资291.5亿元，当年计划投资149.36亿元。其中：公路交通重点建设“一个机场”、“五条铁路”、“七条高等级公路”、“2000公里县乡村公路联网改造”；城市建设重点抓好汾河城区段改造、断头路改造、五一路立交桥、南北大道、街巷修复改造、集中供热节能改造、安全饮水深度处理等工程；生态环境保护继续抓好集中供热工程、污水处理工程、

市委书记谢海在马务大桥改造工程现场调研

垃圾转运站、生态林建设等工程。社会事业方面，共铺开项目31项，总投资35.81亿元，当年计划投资19.86亿元。重点推进经济适用房、古城公园一期、新一中、新二中、新医院、妇幼保健门诊住院大楼、霍州棚户区改造和沉陷区治理等项目。同时，成功举办了中国（黄河）壶口文化旅游节、侯马晋国古都文化节、中国（山西·安泽）荀子文化节，大力宣传临汾深厚的文化底蕴和发展优势，提高了临汾的知名度，促进了对外交流与合作。

城镇化推进有序进行

坚持“三规合一、三区支撑、三改推动”（三规：城市总体规划、产业规划、土地规划；三区：尧都区、襄汾、洪洞；三改：旧城改造、城中村改造、棚户区改造），加快推进市域城镇化。一是大手笔规划。抓紧研究制定三个方面的规划：按照“唐尧文明圣地、新型工业之都、和谐宜居新城”的城市定位，围绕建设“百万人口大城市”的目标，着眼于拉大城市框架，以环城高速路为外环、以环城一级路为内环，正在编制155平方公里城市规划；按照建设晋南区域中心大城市的理念，学习借鉴“包头组团式发展模式”，以尧都为核心区，以洪洞、襄汾为支撑区，正在编制“一城三区、组团发展”规划；着眼于全市城镇建设联动发展，正在编制完善各个县城和建制镇的规划，重点做好北霍州、南侯马的城市规划，建设市域次中心。二是高标准建设。按照“打造汾河两岸核心区，建设河西新城、东部新区，逐步疏散老城区，实现新老融合，建设和谐宜居新临汾”的战略构想，向西发展建设河西新城，向东建设东部新区，做到“年年有变化、三年成规模、五年大变样”。三是市场化运作。组建了城市建设投资公司，千方百计拓宽融资渠道，吸引社会资金，走经营城市和市场化运作的路子。同时，研究制定了旧城改造和城中村、城郊村改造办法，对98个城中村、城郊村，统一规划、合理布局、市场运作、综合开发，加快进行改造，进一步优化人居环境，提升城市品位。

现代服务业发展迅猛

现代物流方面，侯马方略保税物流中心B型项目建成投用，使山西南部的进出口企业在侯马就可以办理各项进出口手续。侯马方略保税物流中心、山西宝特国际陆港口岸、侯马北方轻工城等一批现代物流项目竣工投用，成为临汾市发展外向型经济的重要支撑。侯马市被确定为全省三大物流重点城市之一。文化旅游方面，开发建设的洪洞大槐树景区旅

市委书记谢海在翼城牢寨煤业调研

市长罗清宇深入农户家中

市长罗清宇在乡宁县台头煤矿调研

游服务接待中心项目、尧陵祭祀大殿建设项目、乡宁云邱山景区二期工程、曲沃晋国博物馆等项目都顺利推进。在增加全市旅游综合收入上，临汾市与太原、阳泉、运城，河北的石家庄，陕西的渭南、咸阳，河南的三门峡等市联合推出了由134家景区共同参与的“4省8市一证游”活动；加入了沿黄3省8市发起成立的“黄河之旅”旅游联盟；举办了全国百城世博旅游宣传推广周暨晋冀陕豫4省8市“一证游”临汾启动仪式，并与渭南、运城等市开展了互访式的联合宣传推广活动；邀请了10多个全省主要国际客源地国家的旅行商考察临汾旅游景区；启动了从四川赴临汾旅游的近600名游客的首趟旅游专列和北京百人低碳环保自驾游，客源市场得到较大拓展。

园区建设初具规模

市委、市政府按照布局集中、用地集约、产业集聚、管理集成、良性发展的要求，重点规划和建设一批新型产业园区。同时，依托现有初具规模、循环经济特色明显的工业园区，充分发挥其优化布局、示范带动、产业集聚的效应，实施新建项目入园工程，突出园区优势产业，推进国家新型工业化基地建设，促进上下游关联企业向基地集中、生产要素向基地集聚发展。根据资源优势、产业优势和区位优势，全市重点规划了焦化、冶金、机械装备制造等10个工业园区，规划总面积17万亩。目前，10个园区基本具备了一定规模，入驻企业达到100多户，实现销售收入400亿元，利税31.85亿元。同时，着力打造赵城精细煤化工园区和曲沃冶金园区，使之成为全省新型工业化产业示范基地。

市委书记谢海深入基层与百姓亲切交谈

市委书记谢海深入农村调研

循环经济不断壮大

全市把发展循环经济和开展节能减排降耗作为转变发展方式的切入点，大力培育循环经济型企业，推进生态经济园区建设。赵城焦化工业园区内三维集团利用周边瑞德、远中等大焦厂产生的煤气建设42兆瓦发电厂，并且利用周边机焦厂生产的粗苯，采用顺酐法生产1.4—丁二醇；山焦30万吨煤焦油加工项目消化了临汾市1/3机焦厂生产的焦油；高显钢铁工业园区内通才工贸、立恒钢铁、闽光焦化等冶炼焦化企业建成煤气综合利用发电项目；翼城、曲沃钢铁产业集群普遍新上了高炉喷煤、煤气发电、废渣制砖生产设备。循环经济的发展既提高了企业经济效益，也减少了环境污染，实现了经济效益和社会效益双丰收。

市长罗清宇在汾河流域城区段治理工地现场办公

环境质量明显改善

强化生活污染治理，扩大城市集中供热面积，加快城中村、城郊村生活用气改造，建设污水和垃圾处理厂等等，通过持续不断地实施“蓝天碧水”和植树造林工程，开展城乡绿化和汾河生态环境修复，深入开展节能减排降耗，加强境内水污染治理，全市二氧化硫、化学需氧量大幅减排，过境河段水质不断好转，空气综合污染指数明显下降，2009 年为 1.72，临汾的二级以上天数由2005年的 187 天增加到2009年的334天，从2006年全国重点监测的113个城市的末位，一举跃升为2009年的第29位。特别是临汾市汾河城区段生态环境综合治理修复与保护工程，称得上是全市环保工作的大手笔和亮点，该工程北起屯里大桥，南至尧庙景区，东起滨河东路，西至滨河西路，全长 11.2公里，宽 950 米，规划面积10.6 平方公里，包括河道治理水利工程、湿地保护生态工程、市民休闲景观工程，工程总预算投资 14.9亿元。通过治理修复可增加湿地水面6118亩，增加生态绿地5034亩，将极大提升临汾城市的品位，改善临汾生态环境，扩大临汾对外开放，提高市民生活质量，对临汾社会经济发展意义重大。

市长罗清宇在尧都区光宇电源调研

节能降耗负重前行

采取了一系列措施强力推进节能减排工作，具体包括：层层分解量化节能目标，并以目标责任书和市政府文件两种形式对各县市区和重点企业节能目标重新进行分解和量化，对没有完成年度节能目标任务和没有按期推进节能技术项目的企业实行差别电价。坚决淘汰落后产能，7 月底全部关停了63家产能落后的钢铁、水泥、焦化、小火电企业，并对电力、水泥企业，用电大户实施限产。在对高耗企业实施限电的同时加大对低能耗企业生产能力扶持力度。通过以上措施，确保全年节能降耗目标实现。

安全生产持续好转

扎实开展了以煤矿、非煤矿山、尾矿库为主的各行各业安全生产专项整治，坚决排查治理各类安全隐患，针对性的实施了打击非法违法开采，遏制私采滥挖的“春雷行动”。深入实施煤矿企业兼并重组整合工作，全市煤矿数量将减少到129座，产能由8976万吨提高到1亿吨左右，增长12.4%；单井平均产能由22万吨/年提高到平均80万吨/年，煤矿安全将得到根本保障。1～9月，全市共发生各类生产安全事故773起，死亡263人，同比减少42起，减少13人，分别下降5.2%和4.7%。发生一次死亡3～9人事故5起，死亡15人，同比起数持平，死亡人数减少2人；没有发生一次死亡10人以上事故，同比持平。

民生事业长足发展

大力实施创业就业、教育振兴、医疗健康、社会保障、住房安居“五大惠民工程”，把推进“五个全覆盖”作为改善民生的重点工程、精品工程，严格责任分解，积极落实资金，科学配置资源，全面加快进度，确保“五个全覆盖”工程顺利实施。目前，村村通水泥（油）路工程，确定的所有项目已全部开工建设，开工率 100%，已完工25个村235.6公里，完成投资7500万元，预计10月底全部竣工，全市100%的建制村将全部实现村村通水泥(油)路；中小学校舍改造加固工程，建设资金全部落实，开工建设校舍面积110.3万平方米，开工学校651所，完成投资4.34亿元，开工率为97.16%，年底将全部完成任务；村卫生室建设工程，省定100%完成“空白村”卫生室的建设任务，在2009年底已经全部完成。2010 年又制定了实现 80%的村卫生室达到建设标准化、资质合法化、管理一体化、考核制度化、服务规范化的任务，目前60%的村卫生室已经达到“五化”标准；村村通广播电视工程，省政府确定的“十一五”时期完成1422个20户以上已通电自然村通广播电视工程建设任务已全部完成；农村饮水安全工程，全市1453处工程全部开工建设，占计划项目的 100%，完成工程投资 1.97 亿元，占计划的 92.1%，新建饮水工程1202处，占计划任务的82.7%，年底将全部完工。

市长罗清宇深入基层调研

加快转型跨越发展，是一项长期艰巨的历史任务。临汾市人民政府将围绕既定的发展思路，瞄准“十二五”翻番目标，齐心协力，万众一心，为把临汾建设成为唐尧文明圣地、新型工业之都、和谐宜居新城作出积极贡献。

中煤集团总经理助理、平朔煤业有限公司总经理：伊茂森

平朔煤业公司党委书记：王天润

中煤平朔煤业有限责任公司

中煤平朔煤业公司组建于1982年，隶属中国中煤能源集团有限公司，是我国目前规模最大、现代化程度最高的露井联采大型煤炭生产企业，名列全国工业企业500强。如今公司拥有安太堡、安家岭2座年产2000万吨的露天矿，4座年产千万吨的现代化井工矿，年入洗能力1亿吨的5座配套洗煤厂，年运输能力8600万吨的3条铁路专用线，1个投资110亿元正在建设的年产2000万吨的大型东露天矿及配套的铁路专用线。截至2009年，公司资产总额达345亿元，实现产值1114亿元，出口创汇48.3亿美元，缴纳税费175亿元。2009年，公司生产原煤8700万吨，占中煤集团煤炭产量的70%，占山西煤炭产量的14%，占全国煤炭产量的3%。2010年，完成了由年产原煤几千万吨向亿吨级的历史跨越。

公司办公楼

气势恢宏的露天矿区

中煤平朔公司坚持高端规划，高端发展。在80年代建成中外合作的安太堡露天煤矿，开辟了“中国改革开放的试验田”，引领我国露天采矿业一步跨越30年。20世纪末，建成了安家岭露天煤矿，竖起了“中国煤炭工业的新标杆”；21世纪初，创造性地实施露井联采，首次在浅埋深、硬顶板、硬煤层条件下成功应用综采放顶煤工艺，建成3座千万吨级井工矿，为我国煤炭工业积累了新的宝贵经验。2009年以来，公司在可持续发展理念的支撑下，提出了“11456”五年发展目标和“5448”工作要求，大力发展循环经济，着力打造“煤——电——硅——铝——煤化工——建材工业”产业链和“农——林——牧——药——生态旅游”生态产业链，到“十二五”末，中煤平朔公司煤炭产量将达到1.45亿吨/年，电力规模达到1017万千瓦，非煤产值达到50亿元，生态产业达到10亿元，投入和产出均超过千亿元，建成集煤炭、电力、冶金、化工、建材、生态、工业旅游于一体的高标准循环经济工业示范区，保持煤炭企业发展的先进性。

现代化井下采煤

选煤厂主厂房

中煤平朔公司辉煌的成就赢得党和政府的高度赞誉。企业先后荣获全国企业管理最高奖——“金马奖”、全煤系统最高奖——“金石奖”、全国思想政治工作优秀企业、全国五一劳动奖状、全国厂务公开先进单位、全国国有企业创建“四好”领导班子先进集体、全国绿化400佳、煤炭行业AAA级质量信誉等级等多项荣誉。2009年，公司通过质量、环境、职业健康三标一体整合认证，成为我国煤炭行业首家取得三标一体整合证书的企业，并荣获该年度山西省功勋企业称号。

生活区一角

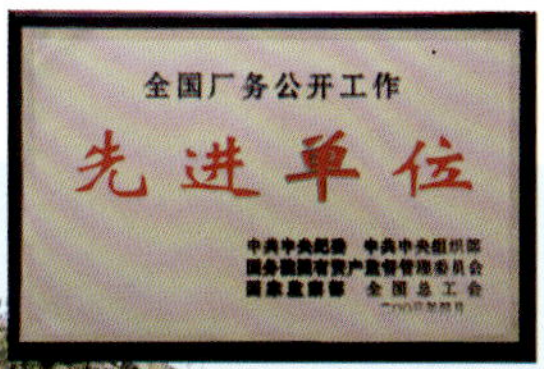

繁华似锦的井工矿区

区委书记：张建平

区委副书记、区长：赵志坚

大同市南郊区人民政府

大同市南郊区总面积1068平方千米，辖3镇7乡 190 个自然村，总人口 28.45 万人，其中农业人口25.8万人，耕地面积 43.78万亩，是全省首批达小康县区，是晋北地区最大的商品集散地，也是城郊农业大区、商贸旅游大区，财税收入连续两年位居全省县区之首。该区交通便利，省道及县际公路纵横交错，是晋、冀、蒙交汇处重要的交通枢纽。该区旅游资源得天独厚，闻名中外的云冈石窟位于本区云冈镇境内，境内还有石窟、寺庙、摩崖刻石、新石器遗址等市级文物景点10余处。

2009 年，全区地区生产总值完成106.63亿元，增长1.9%；财政总收入完成53.84亿元，位居全省县区之首，同比增长 8.79%；一般预算收入完成4.58亿元，同比增长 23.61%，净增8753万元；农民人均纯收入完成 5960 元，同比增长7.02%；农业现价总产值完成 8.23亿元；全社会固定资产投资额完成 110 亿元，同比增长 17.8%，省、市下达该区的各项主要经济指标任务圆满完成。全区现有煤矿总数17座，产能为1005万吨，煤炭企业集中度和安全管理水平得到有效提升。全年共生产原煤331.9万吨，百万吨死亡率为零。全区共新上、续建各类重点调产项目28项，项目总投资158亿元，当年实际完成投资80.2亿元，其中，投资额亿元以上的项目达11项。总投资13.4 亿元的“国投电厂”项目主体及配套工程基本完工，预计今年 7 月第一台机组并网发电；总投资29亿元、年产1000万吨煤炭的同忻矿井项目正式生产；总投资2.3亿元、年产 5万吨双90超细煅烧高岭土的大同煤业金宇高岭土项目已试生产；总投资 3.5 亿元的富乔实业公司“垃圾焚烧发电厂”运行发电；总投资 1.4 亿元的大同七峰山水泥有限责任公司 200 万吨新型干法水泥生产线项目正式生产。此外，恒山国际酒店、大同振华蔬菜批发市场综合交易服务大楼、现代装饰大世界扩建项目、杨家窑村蝴蝶兰花卉基地等一大批转型发展项目相继建成和在建，为该区经济可持续发展开辟了新的增长点。农业基础不断夯实，新打机井62眼，新

西韩岭乡民丰花卉科技公司

口泉乡老窑沟村农民文化节

旅游新起点——焦山石窟寺

省长王君到该区视察

省、市、区领导参观西瓜采摘节活动

大同市委书记丰立祥到该区检查工作

大同市市长耿彦波到该区检查工作

区委书记张建平深入农村检查工作

区领导视察村级卫生室

增水浇地0.2万亩，新增节水面积0.8万亩，改造中低产田0.8万亩，新增农业保护地850亩，解决饮水不安全人口7万多人；各类标准化养殖小区达到49个，奶牛存栏2.2万头，奶类产量达7.37万吨，畜牧业产值达4.6亿元，农民人均畜牧业纯收入达1160元。农村生态环境全面提升，投资2846万元，完成生态建设任务2.96万亩；新农村建设快速推进，累计投资39.76亿元，共建成农民住宅楼134万平方米。全区民营经济继续保持强劲增长态势。全区私营企业发展到716家、个体工商户发展到1.83万户，民营经济实现税收9亿元，占到全区本级财政总收入的三分之一，民营经济呈现出快速发展的良好态势，成为县域经济发展的强大动力。

水泊寺乡古城学校语音室

县委书记：孙光堂

县长：王 兵

左权县人民政府

左权是闻名全国的革命老区，也是国家扶贫开发重点县之一。全县辖5镇5乡1个城区管委会，人口16万。左权属全国100个重点产煤县之一，被国家命名为“中国核桃之乡”、“中国民间艺术之乡”、“全国双拥模范县”。近年来，左权县坚持以科学发展观为指导，以建设“晋中重要新型能源基地、太行山中段明星城市、特色旅游名胜景区”和创建“国家园林城市”、“国家卫生县城”、“全国文化先进县”为目标，创新工作思路，矢志赶超跨越，全县地区生产总值和财政总收入连续九年分别以年均19%和32.5%的速度递增，经济社会一年一个新台阶，步入了全面、协调、持续、快速发展的快车道，被称为“左权现象”。2009年全县地区生产总值完成22.4亿元，同比增长6.5%；财政总收入完成6亿元，是2000年的12.4倍，同比增长29.9%。2010年上半年，全县地区生产总值完成10.8亿元，同比增长18.9%；财政总收入3.1亿元，与上年基本持平；固定资产投资15.4亿元，增长201.8%；城镇居民人均可支配收入6083元，增长7.9%；农村居民人均期内现金收入1281.5元，增长9.8%。2009年是左权历史上项目落地最多、资金投入最大的一年。全县人民期盼多年的华能左权电厂、泽城西安

滨河新城

住宅小区建设以每年10万平米速度推进

村村通了水泥路

县城首家公益花园——祝融公园

农村文化活动广场

左权民歌小花戏唱响神州

水电站均进入前期施工阶段，和榆高速公路开工建设。三大项目概算总投资100多亿元，超过该县近十年固定资产投资的总和。随着一系列重点工程项目竣工投运，老区左权必将走上经济社会发展的高速路。另外，深入挖掘丰富的旅游资源，以建设特色旅游名胜景区为目标，每年投入1000万元扶持旅游业发展，发掘丰富的旅游资源，倾心打造独具魅力的旅游产业，麻田八路军总部纪念馆、龙泉国家森林公园、紫金山风景区等景区景点建设快速推进。左权县连续五年保持“山西省卫生县城”的殊荣，左权民歌“开花调”被列为国家首批非物质文化遗产榜首，在全省率先实现乡乡镇镇都有敬老院的目标，城乡低保、农村五保对象实现应保尽保。人民群众安全感持续增强。平安创建成绩突出，被市委、市政府授予“平安县”称号。连续十八年无赴市以上越级集体访，连续十九年被晋中市授予“信访工作先进县”的称号。县公安局被评为全国公安机关爱民模范集体。县委书记孙光堂被授予全省信访工作先进工作者、全国人民满意的公务员等荣誉称号。

新型工业快速崛起

城郊东沟移民新村

农村居民用上了清洁能源

核桃丰产

生态庄园经济蓬勃发展

长治市郊区人民政府

区长：张治云

区政府领导调研乡村公路建设

长治市郊区地处上党盆地东缘，东依老顶山，西含漳泽湖，东、西、北三面环城。境内交通发达，高速公路纵横交错，铁路、民航通衢九州，区位优势比较独特。现辖5镇1乡，1个旅游开发区，2个街道办事处，122个行政村，国土面积285平方千米，耕地面积13万亩，总人口30万，其中农村人口15.9万。

2009年，郊区政府创新思路，攻坚克难，扎实工作，各项经济指标均呈现出平稳较快发展的良好态势。其中地区生产总值完成114.23亿元，较上年增长13%；完成工业总产值 289.9621 亿元；实现人均国内生产总值37799元，增长12.5%；财政总收入完成19.27亿元，一般预算收入完成28305万元，农民人均纯收入6927元，增长8.5%。2009 年按照全省县级考核方案和表彰奖励办法，郊区进入全省 119 个县（市、区）经济发展指数第六名，受到省政府的表彰。2009年，郊区相继荣获全国科技先进县区、省级卫生县区、全省实施中小学校舍安全工程先进单位和全省防震减灾工作先进县等市级以上荣誉称号115项，区域形象和影响力得到明显提升。

2010年既是全面完成“十一五”规划目标，又是做好“十二五”谋篇布局的重要一年，也是实现郊区跨越发展的关键一年。区政府将围绕长治市“四位一体”发展战略和“1＋5”城市群建设的总体要求，大力实施项目带动战略，集中“八大产业”优势，重点打造老顶山神农文化生态经济园区、长邯路汽贸园区、长治综合物流园区、环湖生态经济园区、长治新区服务园区、农业综合开发园区、职业教育园区、长北建材物流园区、漳泽新技术产业园区、现代电力工业园区、现代冶金工业园区和现代煤化工工业园区等12个产业园区，推进该区跨越发展，为实现“十二五”期间GDP总量翻番打下扎实的基础。

郊区富村敬老院建成剪彩

综合文化站

援助弱势群体就业行动

社区卫生诊所

郊区实现农村饮水安全

享誉全国的长治郊区下秦新村

县委书记李菲深入焦化企业调研

县长加天山视察城市绿化工作

古县人民政府

政务大楼

古县位于临汾市东北部，总面积1206平方千米，辖4镇3乡111个行政村，9万余人，是山西省主要产煤县之一，系国家级卫生县城，是战国名相蔺相如的故里，中国牡丹协会命名的“天下第一牡丹”的生长之地。近年来，古县深入贯彻落实科学发展观，确立了“北部资源型工业经济板块、中部综合型城市经济板块、南部生态型农业经济板块”的发展布局，提出了“农业立县、工业富县、旅游兴县、文化强县”的发展思路，以“核桃、双孢菇、煤焦化、建材、旅游”五大产业为发展支柱，以“新农村建设、新型工业化、接续替代产业、人居环境、社会和谐、党的建设”六个方面的重点突破为发展目标，全力推进“3456”发展战略，全县经济社会呈现出又好又快的发展势头。2007年，综合考评跻身全省第12位。2008年，人均GDP位居全省第4位，人均财政收入位居全省第2位。2009年，全县生产总值完成42.6亿元，财政总收入完成10.05亿元。同时，先后荣膺国家卫生县城、省级园林县城、省级环保模范县城、创建省级文明和谐县城工作先进县等称号，被誉为“三晋大地袖珍强县”。

古县县委、县政府将继续坚持以科学发展观统领经济社会发展全局，依托资源优势，探索具有古县特色的县域经济发展之路，全力创建科学发展、和谐发展新古县。

县城夜晚星光灿烂

万亩优质核桃生产基地

农业基础设施完善，特色农产品丰富

焦化污水处理厂

国内一流的消烟除尘移动地面站

化产粗苯硫铵

城市煤气储备站

魅力古县

古县天下第一牡丹旅游景区

县城全景

区委书记：李润山

区长：王志峰

运城市盐湖区人民政府

运城市盐湖区地处晋陕豫三省黄河“金三角”地带，是全市的政治、经济、文化中心。下辖22个乡镇办，314个建制村，33个社区，总人口65万人，其中，农村人口42万。全区总面积1237平方千米。交通便利，南同蒲铁路横贯区境，公路网四通八达，运城机场已开通北京、上海、广州、深圳、成都、昆明、三亚等国内10多条航线。历史悠久，人文荟萃，有全国最大的武庙——解州关帝庙，关公祖茔、关帝家庙、舜帝陵、池神庙、泛舟禅师塔等景点星罗棋布。工业门类齐全，矿产资源丰富，有全国最大的电解铝和无机盐生产基地。土地肥沃、灌溉便利，是全国重要的商品粮棉生产基地。

2009年，全区生产总值完成105亿元，增长8.1%；区属规模以上工业增加值完成9亿元，增长12.5%；全社会固定资产投资完成125.5亿元，增长72.6%；财政总收入完成12.3亿元，增长13.6%，其中一般预算收入完成3.4亿元，增长23.2%；社会消费品零售总额完成105.6亿元，增长14.9%；城镇居民人均可支配收入达13416元，增长5.2%；农民人均纯收入达5115元，增长18.3%；万元GDP能耗下降5%，万元GDP主要污染物排放量下降10%；居民消费价格涨幅、人口自然增长率、城镇登记失业率分别控制在4.5%、4.2‰和3%以内。

盐湖工业园

新农村建设示范村——振新庄

舜帝大祭盛典

绍家窑移民新村

【住房专项清理工作】 2009年按照上级要求，依据实施方案，在省军区房清领导小组的领导下，全区各级各单位严密组织，密切配合，采取有力措施，完成在职干部住房清理任务，其他人员住房清理也取得阶段性成果。截至2009年底，全区部队共完成调查摸底6595人，查清多占多购住房400余套，已腾退在职干部住房198套，签订住房腾退承诺书225套。

【领导干部经济责任审计】 2009年根据年度审计工作安排，在后勤部领导的带领下，由干部处、纪检处、供应处、审计办公室相关人员组成工作组，对2名师职4名团职领导干部实施任期(离任)经济责任审计。审计中，坚持以财经法规和标准制度为依据，重点审查重大军事活动、重点工程项目、大项经费开支情况；加强对军事训练、演习演练、民兵整组中经费物资管理使用情况的监管；结合打击“假发票”和治理“小金库”专项整治行动，加大对报销发票真假、虚实情况的审查力度。通过审计，向被审计单位提出审计建议25条，帮助规范财务制度8项，达到促进管理、推动党风廉政建设的目的。 (王海海)

武警山西总队

【概述】 2009年，武警山西总队坚持以科学发展观为统领，认真贯彻武警党委决策部署，紧紧围绕建设全面过硬部队目标，确保部队安全稳定和中心任务圆满完成，部队建设呈现出稳步发展的良好势头。

1.坚持把学习实践科学发展观活动作为重大政治任务，持续有力地推进三个批次学习实践活动。紧抓规定篇目的学习，分层分批培训理论骨干537名，两级班子成员带头作辅导报告200余场，促进学习的深入。突出实践特色，狠抓整改落实，新建公寓房153套、经济适用房48套，清理不合理住房467套，缓解干部住房难问题；各级积极筹措资金，提高福利待遇，促进干部队伍稳定；20名长期滞留部队的伤病残人员顺利移交16名，2起涉军积案圆满解决，破解制约部队发展的老大难问题取得明显成效。编发《主题教育辅导读本》《英模故事集》和《格言警句集》，召开典型事迹报告会，广泛开展读书演讲、歌咏比赛等系列配合活动，促进教育成果转化。高标准承办武警部队心理服务工作和十佳“四会”优秀政治教员表彰会议。“深知兵、真爱兵”和“五个过一遍”活动经常开展，个别人转化工作深入细致，经常性思想工作成效明显。广大官兵理想信念坚定，始终保持党和人民忠诚卫士的政治本色。

2.深入开展正规化执勤等级评定和“三共”“三优”评比活动，严格落实制度，加强分类指导，勤务质量不断提升；推行“三员一兵一组”组勤模式，落实哨兵和营区防袭击措施，一线执勤力量有效加强；完成专网电话到哨位、通播对讲、电子围栏、联动报警和监控“扫盲”等五大工程，建成总队卫星通信网系统，执勤信息化建设迈出新步伐。全年根除执勤隐患21处，成功处置目标险情22起，执勤违规现象同比下降37.5%。严密组织各类专业集训，特战队员和通信专业等训练成效明显，在总部比武竞赛中取得较好成绩。协调召开省反恐怖工作会议，争取专项经费500万元，促进处突反恐力量和装备建设。围绕驻地维稳、拱卫首都，担负省内主要城市联勤巡逻、入京检查站协勤等4类21项国庆安保任务，充分发挥“护城河”作用。全年累计出动兵力77587人次，圆满完成温家宝、习近平等中央首长视察警卫，重要会议、重大活动安保和抢险救灾等各类临时任务511起，多次受到总部首长表扬和地方党委、政府及人民群众广泛赞誉。

3. 部队正规化建设水平全面提升。组织两级机关76个工作组深入基层蹲点指导，实现“前方打胜仗，后方保平安”。深化士官制度改革，加大教育管理力度，士官队伍建设得到新加强。协调召开警备工作联席会议，加强涉牌涉证人员和车辆纠察检查，维护部队良好形象。

4.大力加强后勤战备建设，修订完善各类保障预案，及时配备战备物资、装备，资产管理与预算管理相结合成果进一步巩固，最大限度地减少和避免资产闲置浪费，全总队资产达到13亿元，为圆满完成各项任务提供有力保障。积极推进后勤各项改革，大宗物资采购、四种医疗模式、后勤保障社会化等改革成效明显。农副业生产总收益113万元，补助伙食40万元。代表武警部队接受全军打击发票违法犯罪检查中受到好评，总队被国务院经济普查领导小组评为“经济普查先进单位”，晋中支队、指挥学院被总部评为“园林化单位”。

警地联合反恐演练 (吴 鹏提供)

【赴平定驻训】 6月3~5日，围绕高标准完成“6·4”敏感期援京备勤任务，总队共出动兵力800名，车辆45台，赴阳泉市平定县前社村驻训。驻训期间，部队针对所担负任务，进行专项训练，完成3次“处突”演练，并结合国际国内形势有针对性地开展政治教育，同时各级领导始终坚持在训练一线，全程督导训练的组织与实施，进行科学的指导，指出训练中存在的不足，制定整改措施，在单位时间内练出成效，高标准高质量地完成各项训练任务。

【“长城6号”国家反恐怖演习】 6月11~12日，国家反恐办在太原市组织实施“长城6号”国家反恐怖演习(山西段)。在山西省反恐指挥部的统一指挥下，总队1800名官兵参加了演习，“雪豹突击队”80名队员实施跨区增援。演习中，总部副参谋长潘昌杰、训练部部长宋宝善等领导亲临总队指导演习工作。此次演习，以处置“大城市多点、连环恐怖袭击事件”为内容，采取不设预案、临机调理、红蓝对抗的方式实施。整个演习历时近18个小时，演习任务圆满完成，受到国家反恐办、省指挥部及总部协调组的充分肯定。

【抓基层打基础现场会】 7月15日，山西总队抓基层打基础现场会在大同支队召开。总队常委、党委委员、总队机关处长、各支队司政后部门领导计140余人参加现场观摩。观摩会上，代表们参观了2个观摩试点，规范了基层3个军事科目统一、11个训练场所建设、10项库室建设标准、4类工作和建设标准、10项新统一规范内容。7月21日，总部领导作出重要批示：“山西总队落实总部基层会议精神认真有力。政治部尽快转发各单位参考。”

【吴双战视察山西总队】 10月24~25日，武警部队司令员吴双战一行5人到山西总队视察工作。吴双战听取总队党委工作汇报，利用三级网对基层中队执勤情况进行检查，并亲切看望和慰问执勤一线广大官兵。吴双战先后视察了总队机关和晋中、长治、晋城支队部分基层中队，勉励大家要认真履行职责使命，以实际行动践行当代革命军人核心价值观，为党和人民站好岗、执好勤。

【抢险救灾】 1月22日，阳泉市盂县仙人乡发生山林火灾，山西总队出动兵力400人，车辆17台，行程200余千米，参与扑救任务，共扑灭3处火区、10多个火点，救护面积近20平方公里。

4月27日，吕梁市交城县翟家庄地域发生重大山林大火，山西总队出动兵力500人，车辆15台，行程98千米，连续作战4天，共扑灭3处火场、20余千米火线、60多个火点。

5月27日晚，运城市姚暹渠盐湖区段堤坝发生多处决口，其中最大决口长约15米，高约5米。山西总队累计出动150名官兵，奋战15个小时，共搬运沙袋10000余袋，打排木桩100余根，排除了险情。 (吴　鹏)

人民防空

【人防0903工程】 8月15日，山西省人防0903工程举行开工奠基仪式，省委常委、副省长李小鹏，省委常委、省军区司令员方文平少将，省军区政委张少华少将，省军区副司令员何永才少将等领导出席仪式。省人防办公室主任、党组书记常高才介绍0903工程筹备和建设方面的情况。方文平讲话。李小鹏宣布山西人防0903工程正式开工。李小鹏、方文平、张少华、何永才等领导为工程奠基。

【全省首次防空警报统一试鸣】 9月18日，全省首次防空警报统一试鸣仪式在省军区(主会场)和各军分区作战会议室，通过视频会议系统举行。方文平少将，张少华少将，省人大常委会副主任杨安和，省政协副主席卫小春，省军区副司令员何永才少将，省军区参谋长姬亚夫少将，省政府秘书长王清宪等领导参加主会场的试鸣仪式。各市县党委、人大、政府、政协、军事部门领导参加分会场的试鸣仪式。上午10时整，省委常委、省军区司令员方文平下达发放防空警报命令，全省11个人防重点城市、71个县城和30多家厂矿企业的防空警报同时鸣响，依次发放预先警报、空袭警报、解除警报三种信号。同时，省、市、县电视台、广播电台、移动通信公司等也通过图像、声音、文字等方式发放警报信号及规定。防空警报试鸣结束后，与会领导前往太原南宫广场视察省人防办和太原市人防办联合组织的防空防灾街头大型宣传活动。

(李　枫　刘秀林)

山西省首次防空警报统一试鸣主会场　　(刘秀林提供)

民主党派和工商联

民革山西省委员会

【概述】 2009年，全省发展党员196人，大学以上学历76%，比上年增长4%；中上层人士46%。截至2009年底，山西省党员总数为3230人。国家出台的海外高层次人才“千人计划”中山西有2人，其中之一是民革晋城市委党员伍永安。

【思想建设】 民革山西省委继承和发扬孙中山先生爱国、革命、不断进步精神，以纪念新中国成立和中国共产党领导的多党合作和政治协商制度确立60周年为契机，进一步加强思想建设，做到胸中装有全局，自觉服务大局，自觉接受中国共产党的领导，在政治上与中共中央保持一致。

省委机关2月25日首次召开新任处级职务干部座谈会，要求大家着力为民革基层组织和广大党员服务，切实提高民革机关广大干部的服务能力、服务质量和服务水平。省委推动全省民革各级组织学习周铁农看望民革山西省委会机关干部时的讲话精神，结合实际，召开学习贯彻科学发展观动员大会、报告会、座谈会、研讨会。推动全省民革各级组织，举办“我和我的祖国”主题演讲比赛，参加“纪念新中国山西统一战线60周年”征文，“与共和国同行——统一战线庆祝新中国成立60周年”征文，“山西省政协纪念新中国成立和人民政协成立60周年编纂《山西省各民主党派、无党派人士和工商联史料》”、山西省政协“兰花杯”知识竞赛等活动。

【组织建设】 省委贯彻落实中共中央两个5号文件、《关于进一步做好民主党派组织发展工作座谈会纪要》和中共山西省委31号文件精神，加强组织建设，创造性地开展工作。

1.省委加强与基层组织和中共地方党委的联系。历经两年时间，分别深入各市委会和市筹委会，对办公室、组织、宣传、参政议政、祖统和社会服务等工作进行全面调研，为省委在太原和晋城召开的两次工作会议做好准备。12月14日，省委机关选举产生第一届工会委员会、工会经费审查委员会和女职工委员会。

2.基层组织建设难点突破，创新性地开展工作。省委召开三次省直基层组织工作会议，省直基层组织主委履职座谈会尚属先例。各级组织全年举办各种座谈、联谊、演讲、竞赛等70余次，表彰优秀党员380人，走访党员所在单位的中共党组织500余次，节日慰问党员及其家属300余人。

3.市级组织筹建顺利完成，换届稳步推进。省委领导多次赴吕梁、朔州调研，与当地党委协商沟通后达成一致意见，12月11日成立民革省直八支部。省委就民革长治市委的具体情况，与中共长治市委统战部进行协商，帮助民革长治市委解决实际困难，指导部署下一步工作。

4. 后备干部队伍建设统筹规划。省委着眼于2012年的换届工作，4月9日召开十届三次全体会议，就省委副主委后备干部进行推荐，建立省委领导班子后备干部队伍。民革太原市委和大同市委完成领导班子后备干部队伍的推荐工作。全省全年推荐党员干部共计200余人。

5.教育培训力度加大、针对性强。省委在中央社会主义学院首次举办为期一周的新社会阶层代表人士培训班，52人参加学习。省委全年安排后备干部、中青年优秀党员参加由民革中央、中共山西省委统战部在中央社院、山西社院、省委党校举办的各种培训班15人；各级组织举办新党员培训20次，参加培训的基层骨干党员260人次。

【参政议政】 1.省委和各级组织参加各级党委、政府召开的民主协商会、情况通报会和征求意见会40多次。

2.省委推动各级组织认真做好议案、提案、社情民意的收集、整理、修改、提出、反馈等工作。在民革中央2009中国新农村法制建设论坛上，王跃进、代政、宋大琦、李红弢的论文被采纳，王跃进作了发言。省委的《新农村建设中环境污染与保护情况的调研报告》，经民革中央整理送交中共中央、国务院，温家宝总理作了重要批示。

3.省委在省政协十届二次会议上提出34件提案，担任省人大代表的民革党员在十届人大二次会议上提出21件议案、建议。

4.省委社情民意、信息报送共收集、整理、报送民革中央、省委统战部、省政协87件。在民革全国省级组织中排名，由上年的第20名上升为第13名。

【社会服务】 省委主委谢克昌荣膺2008年度国家自然科学二等奖，并捐出此项大奖的27万元，发起设立“晋昌”奖励基金。省委机关向朔州市平鲁区儿童福利院捐款1万元；为白血病患者苗长军捐款39200元，主委谢克昌和副主委杨俊和、郭原林带头捐款3000元；副主委王照光带领妇委会和省委机关相关处室负责人看望了18名白血病儿童；副主委吴菊仙引进台湾泰顺集团2亿元资金，从事番茄食品饮料等系列生产，于2009年8月6日投产，可带动3万亩种植面积，使农民增加收入6000万元。刘太平担任执行主编出版发行《山西省政协庆祝共和国成立60周年名家书画作品集》，组织《锦绣中华——山西篇》大型系列创作活动。民革山西各级组织和党员踊跃参加各种爱民助民活动，为社会献爱心、谋福利。

【两岸交流交往】 山西省民革两岸交流日益增多，交往更加密切，内容更加丰富，与台湾各界特别是与台北山西同乡会、黄埔同学会、台湾陆军军官学校校友会、原国民党的二、三代建立友好关系。省委、各级组织与台进行全面丰富的交流活动。各级组织涉台参政议政工作不断加强，如民革临汾市委《重视对台工作，促进祖国统一》的提案，阳泉市委《胡吴会谈基层民革党员的反映》《基层民革党员对国民党执政台湾后两岸关系的发展提出建议》的社情民意，受到有关部门的高度重视。 （王明德）

民盟山西省委员会

【思想建设】 截至2009年底，全省共有省直属组织47个，其中有11个地级市委会，36个盟省委直属基层组织。共有盟员6956人，2009年发展新盟员362人。

2009年各级盟组织采取多种形式，组织盟员认真学习中国特色社会主义理论体系，学习贯彻中共十七届四中全会和胡锦涛同志在庆祝中国人民政治协商会议成立60周年、庆祝中华人民共和国成立60周年大会上的重要讲话精神，学习盟章、盟史和盟的优良传统，使广大盟员进一步理解多党合作的历史与现状，明确参政党的性质、地位和作用，不断提高运用科学理论指导工作实践的能力，为巩固和发展中国共产党领导的多党合作事业奠定坚实的思想基础。

民盟省委以新中国成立60周年，人民政协成立60周年，我国多党合作制度确立60周年为契机，举办纪念会、座谈会、征文和文艺演出等一系列活动。广大盟员结合自身经历，回顾民盟与共产党亲密合作、与新中国共同前进的光辉历程，深刻感受到60年来社会主义建设和改革开放的巨大成就，进一步增强对中国特色社会主义制度优越性的认识。

电视剧《民主之澜》和《黄炎培》分别在央视8套播出。各级盟组织积极部署，号召盟员认真观看，并结合践行社会主义核心价值体系，广泛开展交流、讨论、座谈等活动，引导广大盟员继承和发扬民盟前辈爱国民主的思想、忧国忧民的品质、清正廉洁的作风以及知识分子的理想主义精神，更加坚定走中国特色社会主义政治发展道路的信念。

【为经济社会发展献计出力】 2009年，民盟省委主要领导多次出席中共山西省委、省政府及有关部门召开的协商会、座谈会、情况通报会，先后就落实科学发展观，发展新兴战略产业、扶持中小企业、推动科技创新等重大问题建言献策。各级盟组织积极开展调查研究，针对地方党和政府重要方针政策的制定、执行及依法行政情况等，利用多种形式和渠道提出意见建议，不断提高参与政治协商、民主监督的水平。

充分利用人大、政协提供的参政议政平台，发挥优势，建言立论。在山西省政协十届三次会议上，盟省委共提交团体提案14件，大会发言1件，书面发言2件，内容涉及科技、教育、文化、旅游、“三农”及生态建设等。其中《保障农业产业安全，协同开展信息分析预警》《开展我省旅游资源普查刻不容缓》等提案被《山西政协报》和省内其他几家报纸全文刊登。在会议期间召开的提案工作表彰会上，《关于加快山西现代农业发展的建议》《关于大力发展山西环保产业的建议》被省政协评为十届一次会议以来的优秀提案，刘本旺等7名盟内省政协委员获先进提案个人奖。各级盟组织始终把促进科学发展作为参政议政的主题，不断创新工作机制，形成一大批见解深刻、可操作性强、富有实效的参政议政成果，有力地推动地方经济社会发展。

2009年4月，盟省委承办民盟中央参政议政工作(太原)会议，受到民盟中央及与会同志的一致好评。12月，在山西省农业厅召开的省政协重点提案督办座谈会上，盟省委提出的《关于加快山西现代农业发展的建议》，受到省政协副主席李雁红等领导的肯定。担任各级特约检察员、监察员、审计员、督导员等职务的盟员，认真履行民主监督和行风评议职能，在加强廉政建设，推进依法行政中发挥积极的作用。

【开展调研】 2009年5月，盟省委组织盟内地质、煤炭、环保等方面的专家、学者，赴山西省采煤沉陷最严重的大同市南郊区进行采煤沉陷区综合治理的专题调研。经过实地考察沉陷区的受灾情况，形成《加大财政资金投入，加快采煤沉陷区治理》的调研报告。另外，针对采煤沉陷区学校受损严重，师生的生命财产面临严重威胁的情况，向省委、省政府提交《关于对大同南郊区采煤沉陷区学校建设增加财政支持的建议》，此建议被省财政厅采纳。9月，盟省委向在内蒙古赤峰市召开的民盟华北五省市盟务工作会议提交《挖掘晋商文化资源，丰富文化旅游内涵，打造跨地区旅游品牌》和《关于华北地区及相邻省份文化交流与旅游合作的几点思考》等调研报告。4月，盟省委组成发展低碳经济调研组,先后赴介休市安泰煤焦集团的国家循环经济工业园区、同煤集团塔山循环经济工业园区、大同冀东水泥厂、太钢集团公司等单位,就余热发电、高炉煤气和烟气利用、煤矸石开发综合利用、焦炉煤气炼钢、以煤矸石为原料制造高岭土系列产品、工业废水处理、节能监察执法等进行考察和研讨。

2009 年,盟省委共采编社情民意信息 362 条,其中 94 条被盟中央采用,76 条被省政协采用,在盟中央的排名中跻身前十名,在省政协民主党派排名中居前三名。2009 年盟省委参政议政部荣获省政协“信息工作先进集体”称号,史海涌等 4 名盟内省政协委员获信息工作先进个人奖。

【社会服务工作】 2009 年,民盟省委注重发挥特色,积极开展社会服务工作,取得良好的社会效果。(1)参与社会主义新农村建设工作。2009 年 5 月,盟省委与完美山西分公司向五台县台城镇东马小学捐资数额达 1.5 万余元,并为该校购置电脑、幻灯机、电子琴及图书和体育器材等。9 月,盟中央副主席李重庵出席民盟山西省委援建的陕西省宝鸡市陇县黄花峪小学的教学楼揭牌仪式,该小学是 2008 年汶川地震发生以后,山西省盟员捐款 53.5 万元,经过一年多的紧张施工建成的。10 月,省委统战部和各民主党派在新绛县兰村开展扶贫捐赠活动,盟省委向该村捐赠了价值约 2.8 万元的图书和文体器材。12 月,民盟上海市委投资 25 万元援建的吕梁市离石区结绳墕希望小学项目,在盟省委的积极争取和协调下,在离石签署援建合同。由民盟中央和汇光石油集团资助的天镇县上吾其学校援建协议,正在积极洽谈签署之中。(2)继续实施民盟“农村教育烛光行动”。据不完全统计,2009 年,各级盟组织共培训农村中小学教师 1430 人;援建希望小学 62 万元;向农村小学捐赠各类图书 15400 册,音乐、体育等教学器材 739 件,捐赠课桌椅 200 套。民盟大同市委成立农村中小学教学与师资培训讲师团,开展培训教师和大型教学观摩活动。民盟太原师范学院委员会在晋中和顺县、朔州平鲁区等地开展示范教学和捐助活动。(3)7 月 24 日,山西各民主党派省委联合举办“各民主党派省委机关救治苗长军同志捐款仪式”。盟省委机关全体干部共捐款 21100 元,同时联名给他送去慰问信,鼓励他面对病魔,保持乐观心态,积极配合治疗,力争早日康复。(4)各专委会开展多种形式的活动。教育、科技委员会举行多次专题座谈,并组织专家就环保、地质灾害等参政议政课题进行调研;妇女委员会和老龄委员会举办健康教育讲座和社区服务活动;文化委员会在天一宫举办“春之约”大型朗诵音乐会;经济委员会召开座谈会,对如何发扬晋商文化进行探讨;法制委员会召开专题研讨会,就省煤炭资源整合中涉及的法律问题进行探讨。(5)帮教工作取得新进展。盟省委在往年对省未成年犯罪人员管教所和省女子监狱服刑人员开展帮教工作的基础上,12 月再次到省未成年犯罪人员管教所进行帮教活动和文艺演出。民盟太原艺术团继续坚持在春节期间到山西省第一监狱慰问干警,帮教劳改人员,受到司法部门的欢迎和社会的好评。

(徐佩雄)

民进山西省委员会

【自身建设】 截至 2009 年底,民进山西省共有基层组织 169 个,会员 3877 人,平均年龄 50 岁,其中大专以上文化程度的 3011 人,占会员总数的 77.7%;教育文化出版 2876 人,占 74.2%;新社会阶层 186 人,占 4.8%。

【六届三次全委会议】 3 月 28 日,民进山西省六届三次全委会议在太原召开,六届委员会全体委员出席会议。原主委、六届退下来的副主委、各工作委员会主任、参政议政特邀研究员、特邀通讯员、机关部门负责同志和市级组织部分专职干部列席会议。省政协副主席、民进山西省委主委卫小春,原主委秦国栋、张正明,副主委张政、成锡锋、陈维毅、任建国,副主委兼秘书长高新文,原副主委张恒、马大华等出席会议。省委统战部常务副部长王大高,民进中央宣传部部长高保华应邀出席开幕式。卫小春代表六届常委会向第三次全委会议作工作报告。会议还进行了分组讨论,小组代表分别作了大会发言,卫小春代表会省委作了闭幕讲话。

【民进中央领导到山西考察】 5 月 17 日,全国人大常委会副委员长、民进中央主席严隽琪,全国政协副主席、民进中央常务副主席罗富和,全国人大常委、民进中央副主席朱永新等民进中央赴山西考察团一行视察民进山西省委机关,与民进山西省委领导班子、基层组织负责人、机关干部、会员代表座谈交流。山西省政协副主席、民进中央常委、民进山西省委主委卫小春代表民进山西省委从开展中国特色社会主义主题教育活动、加强组织建设、提高参政议政质量、推进社会服务工作等几个方面向严隽琪一行详细汇报民进山西省委 2007 年 5 月换届以来的工作情况。省统战部常务副部长王大高在代表中共山西省委统战部的讲话中,充分肯定民进山西省委各方面的工作和取得的成绩。严隽琪作重要讲话。5 月 25 日,民进山西省委向各市委及省直属基层组织发出通知,要求组织广大会员认真传达学习严隽琪在山西考察调研期间与民进会员座谈时发表的重要讲话精神。

【中央统战部领导到山西督促检查】 7 月 7 日,以中共中央统战部副部长楼志豪为组长的中央督察组到山西省就贯彻落实《中共中央关于进一步加强中国共产党领导的多党合作和政治协商制度建设的意见》(中发[2005]5 号文件)情况进行督促检查。督察组在省城太原召开座谈会,省委常委、统战部部长李政文出席会议。座谈会由省统战部常务副部长王大高主持。省政协副主席、民进山西省委主委卫小春出席会议并发言。

【参政议政】 2009 年,参政议政成果丰硕,受到有关部门和各级领导同志的高度重视。《关于健全我国矿产资源有偿取得制度的建议》被评为民进全国参政议政成果一等奖;《关于完善我省失地农民社会保障立法建议》被评为民进全国参政议政成果二等奖;《关于加强我省农村教育综合改革工作的调研报告》和《关于加强我省粮食生产的调研报告》引起省委、省政府有关领导和相关部门的高度重视,张宝顺、张平、刘维佳分别做重要批示;《关于整合旅游资源,促进我省经济发展的建议》和《关于加快信用担保体系建设,解决中小企业融资难的建议》被列为省长领办、省政协主席督办的重点提案。全年向民进中央、省政协和中共山西省委报送信息160余条,被全国政协采用6条,民进中央采用9条,省政协采用37条。

【社会服务】 2009年,民进山西省委积极响应民进中央和省委统战部号召,为灾区捐赠2万余册少儿读物,为"送温暖、献爱心"活动捐款1万余元。农林工作委员会先后赴10多个省(区)、市开展农业科技培训、新农药示范和推广等工作,服务农民1万多人次,通过电话为农民提供技术支持200余次。继续与太原市文物局合作,为晋祠、天龙山等景区养护名木古树,保护文物古迹,发展旅游事业贡献力量。

【山西民进开明画院成立】 9月8日,山西民进开明画院成立大会暨庆祝建国60周年书画摄影作品展开幕式在山西大学美术学院隆重举行。省委常委、统战部部长李政文,省政协常务副主席郭良孝,中央美院副院长、民进中央开明画院副院长董长侠,民进中央开明画院副院长徐圭逊等领导和来宾应邀出席开幕式。李政文代表中共山西省委、山西省政协讲话;董长侠代表民进中央和民进开明画院讲话;省政协副主席、民进山西省委主委卫小春代表会省委讲话。山西民进开明画院现有成员54名,其中国家级书画摄影会员13名,省级书画摄影会员18人。这次书画摄影展共展出作品100余件,展品中有赵梅生、史秉有等享誉全国的著名画家的作品,也有近年来涌现出的山西省著名优秀书画摄影艺术家的作品。展览在山西大学美术学院展厅举办,为期一周。 (孙 敏)

农工党山西省委员会

【思想建设】 1.围绕大事要事开展学习教育:(1)在常委扩大会议上,三次组织学习贯彻科学发展观,进一步巩固政治交接学习教育活动成果。(2)全体省委委员和省直基层负责人统一学习《六个为什么》,提高党员特别是各级组织负责人的政治把握能力和对形势的分析判断能力,引导党员深刻理解中国特色社会主义理论,深化对科学发展观科学内涵、精神实质和根本要求的理解。(3)组织省委委员赴井冈山开展革命传统教育活动。

2.重要纪念日的相关活动:(1)以庆祝建国60周年、人民政协成立60周年和多党合作制度确立60周年为主题,分别举办报告会、座谈会、研讨会、专题征文等纪念宣传活动。(2)依托山西前进画院,举办"山西省各民主党派庆祝新中国成立60周年书画展暨书画院国庆笔会"。(3)参加中共山西省委"纪念新中国——山西统一战线60周年成就展"系列活动。

3. 党员思想教育和社会宣传工作:(1)2009年,骨干党员撰写学习体会、心得122篇。(2)省以上媒体报道农工党山西省委各项工作29次。(3)省委网站全年编辑刊登各类新闻、文章600多篇,照片420多幅。发挥省委网站对外宣传橱窗的作用。(4)省委网站连续第四年获得农工党中央"全党党务网站工作先进集体"荣誉称号。(5)《前进论坛》的订阅工作再次受到中央表彰。

【组织建设】 2009年,发展党员192人,其中高级职称和硕士以上学位人员占有较高比例,全省党员的知识结构和年龄结构有了一定改善。

2009年加强对后备干部的推荐力度。推举出省委领导班子后备干部;指导各市委推举产生各自领导班子后备干部。推荐省、市党员多人参加民主党派干部进修班、党外人士培训班;配合省委统战部举办了副厅级(民主党派)干部履职座谈会。

2009年,完成忻州市委的届中调整工作;在文水县新建基层组织;一批基层组织进行届中调整;忻州市委成立6个专门委员会。在农工党中央举办的全国组织建设工作表彰中,全省3个市级组织、3个基层组织、6名党员受到中央表彰。

省委首次制订《组织工作5年发展规划》;首次系统整理党员档案资料;首次落实全省基层组织活动经费;首次召开与省直有关单位中共党委合作共事座谈会。

【参政议政】 2009年,省委推行"激情创造、务实求精"的参政议政新理念,加强参政议政工作的制度建设和能力建设,参政议政水平和质量有较大提高。省委领导22次参加中共山西省委、省政府召开的协商会、征求意见会、情况通报会和座谈会,就政府工作报告、涉及经济社会发展的重大问题进行协商讨论,提出有价值的意见和建议。

为发挥群体优势,促进参政议政工作制度化、规范化,省委制定《农工党山西省委参政议政工作成果认定奖励办法》和《农工党山西省委社情民意信息工作考评奖励办法》;建立以参政议政为主要内容的工作成果电子记录;举办参政议政工作培训班和低碳经济专题讲座;各市委完善参政议政的制度和机制。

【提案工作】 2009年,给农工党中央推荐全国政协会议提案7件,《关于妥善解决征用集体土地时引发矛盾的几点建议》等3件被中央采纳;《积极应对金融危机影响,切实解决中小企业融资难问题》等4件提案被列为省政协重点提案;《关于实现我省农村居民人人享有社会养老的建议》等4件提案被省政协评为优秀提案。

【社情民意信息工作】 2009年,共收到信息335篇,报送有关部门104篇。全国政协采用6篇;农工党中央采用19篇；山西省政协采用17篇。其中《应对我国政府信息公开情况进行全面督查和改进》被全国政协采用后得到国务院领导的批示；《农田水利设施老化严重》在《山西日报》全文刊登。省委社情民意信息工作在全国30个农工党省级组织中排名第六，被农工党中央评为2009年度社情民意信息工作先进单位；李继红等4人被评为2009年度全党社情民意信息工作先进个人。省委研究室被山西省政协评为2009年度社情民意信息工作先进单位。

【调研工作】 2009年向农工党中央报送调研报告14篇，其中《关于山西省城乡饮用水安全状况的调研报告》等两篇调研报告分获农工党中央优秀调研报告二、三等奖。

在农工党中央召开的第五届中国生态健康论坛会议上，山西省选送郭新志、高志伟、李继红、张进华等同志撰写的4篇调研论文被采用。2009年，承担省政协"关于山西省创业就业专项资金筹集使用情况"的专题调研。在实地调研的基础上，形成调研报告，在省政协第十届九次常委会上作大会发言，并在《山西日报》《山西政协报》上刊登。

【专项社会服务】 1.2009年，农工党山西省委先后组织开展第二届"中国环境与健康宣传周"、第二十一届"国际科学与和平周"和赴沁县大型联合扶贫义诊等系列活动。累计为6万余人提供医疗诊治咨询服务，培训基层医务人员300余人，发放健康宣传资料5万余份，免费发放价值12.5万余元药品，向新绛县捐赠价值约2万余元的药品和残疾人用品。各级组织参与"博爱一日捐"活动，累计捐款20余万元。

2.地市工作。太原市委开展甲流防控宣传活动，深入乡镇开展"送医、送教、送科技"活动；大同市委举办以"践行科学发展观、送医送药送健康"为主题的系列义诊活动；忻州市委开展捐资助学、开发荒山、地震灾区援建等工作；阳泉市委开展"服务革命老区，促进科学发展"活动和"庆六一关爱儿童阳光行"活动；晋城市委与沁水县开展"一党一县智力合作"活动；长治市委开展"支部联乡"活动。

3.社会服务。(1)农工党晋城市委主委陈改玲带队到四川茂县开展为期3个月的对口援助灾区医疗卫生恢复重建工作。(2)协调中国初级卫生保健基金会向山西省捐赠的6776万元医疗设备及药品的落实，继2008年落实2120万元之后，2009年再落实3000万元，山西省"两区"12个基层卫生医疗机构受益。(3)2009年，省委法律援助中心大力实施法律援助工作"阳光工程"，共完成司法鉴定法律援助26件，提供法律援助的刑事案件辩护3件、民事案件辩护1件，义务提供法律咨询服务500余人(次)，涉及金额554万元，减免各项费用60余万元。 （胡小龙）

九三学社山西省委员会

【参政议政】 1月9~15日，山西省政协十届二次会议在太原召开，九三学社山西省委积极履行参政议政、民主监督职能，在会议上共提交党派大会发言2件；党派提案15件；个人提案45件；张文旺副主委作《关于组织钢铁行业进行战略研究的建议》的大会发言，社省委提交的《关于解决中小企业融资难的对策和建议》和《关于农村生活垃圾处理的再建议》提案引起社会的高度关注；刘滇生主委提交的《改善高校办学环境，促进人才兴晋战略》提案得到中共山西省委书记张宝顺、省长王君的高度重视。

1月11~16日，山西省第十一届人民代表大会第二次会议在太原召开。九三学社山西省委副主委、省人大常委姚二云及省人大代表关毅、阎桂琴、张红健、杨武德、张玉萍、乔泉生等出席会议；全国人大代表、社省委主委李青山列席会议。

【八届七次常委(扩大)会议】 12月28日在太原召开。社省委常委及各市、高校、部分省直组织负责人共40余人参加会议；社中央研究室主任岳庆平应邀出席；会议由主委刘滇生主持。岳庆平重点对树立和践行社会主义核心价值体系问题发表讲话，传达社中央全委会精神；刘滇生作了题为《认真学习贯彻中共十七届四中全会精神，大力弘扬社会主义核心价值体系，开创九三工作新局面》的主题发言，对2010年的社会服务工作提出定点服务，坚持数年，做出成效，形成品牌的要求，积极开展九三科技文化论坛，建立九三农林科技示范基地等具体措施。

【新农村宜居住房研讨会】 6月8日，社省委新农村宜居住房建设研讨会在机关会议室召开。主委刘滇生、副主委王毓钟、姚二云和社内外有关建筑、建材等方面的专家15人出席会议。会议研究社省委为推进山西新农村宜居住房建设的设想，研究建筑节能措施等事项。

【王文元莅晋考察新农村建设】 6月16~17日，全国政协原副主席、九三学社中央原副主席王文元一行由山西省政协副主席、九三学社山西省委主委刘滇生陪同，深入长治市部分乡村详细考察社会主义新农村建设情况。

【刘滇生等领导视察省重点工程建设】 7月22日，社省委主委刘滇生、副主委姚二云参加中共省委统战部组织的省级民主党派、工商联负责人和无党派代表人士视察省重点工程活动，对太原铁路南站、省体育中心、省图书馆、省科技馆和山西大剧院等进行视察。

【九三学社山西书画院成立】 11月7日下午，九三学社山西书画院成立大会在太原召开。由政协原副主席、著名国画家、书画家姚奠中和省政协主席、九三学社山西省委主委刘滇生担任名誉院长，姚二云副主委担任院长。

【中国·朔州市煤化工产业经济发展论坛】 12月11日，由九三学社山西省委、山西省政协教科文卫体委员会和朔州市政协举办的"中国·朔州市煤化工产业经济发展论坛”在朔州市举行。省政协副主席、九三学社山西省委主委刘滇生作了题为《关于构建朔州化学工业园区的建议》的主题演讲。

【社会服务】 2月6日，九三学社山西省委主委刘滇生率队到阳泉市农业局落实“九阳合作”中的绿色生态农业种植技术项目进展情况，在阳泉市委统战部长杨永生的陪同下与阳泉市农业局领导及各部门负责人座谈。刘滇生指出，由九三学社成员为骨干的山西大学新型绿色生态农业技术课题组开展相关研究，研究成果已经得到国家相关部门认证，并在河北、河南、山东、黑龙江及山西省的忻州、晋中、运城等地进行较大范围的运用，取得低投入、增产量的预期效果，实现以绿色农业为主导、优质高效为目标的成果，得到当地政府和农民朋友的高度评价。此次送科技农业到阳泉，就是希望在当地政府和相关部门的支持下发挥九三学社的人才优势为阳泉的农业发展、农民增收出力。

“九平合作”。2月9日，九三学社山西省委主委刘滇生等一行7人赴朔州市进行科技服务考察，在怀仁县商洽绿色农肥生产事宜；2月10日赴朔州市平鲁区出席“九三合作”签字仪式。

“九临合作”。3月17日下午，“九临合作”座谈会在临汾市召开。省委常委、统战部部长李政文出席并讲话，九三学社山西省委主委刘滇生致辞并发布20项科技项目，副主委王毓钟向与会者介绍“九临合作”17年来的情况，18日，刘滇生主委一行赴曲沃县考察蔬菜大棚种植情况。

“九清合作”。3月21日，由太原市清徐县委、县政府召开的“太原汾河高校观光农业区重点项目签约”仪式在太原市举行。省委常委、太原市委书记申维辰，太原市市长张兵生，九三学社山西省委主委刘滇生出席签约仪式并讲话。

“九地合作”和“九晋合作”。9月18日，全国人大常委会副委员长、九三学社中央委员会主席韩启德专程赴山西省晋城市考察“九地合作”情况并出席九三学社山西省委和晋城政府“九晋合作”签字仪式。中共山西省委常委、省委统战部部长李政文，山西省人大常委会副主任靳善忠，省委统战部常务副部长王大高，九三学社中央社会服务部部长苟红旗，山西省政协副主席、九三学社山西省委主委刘滇生，晋城市党政领导张茂才、王茂设、师建平、李治国、廖军、李章宏，九三学社山西省委副主委王毓钟、姚二云、杨社堂、张并生、李青山、张文旺等陪同考察、参加座谈出席签字仪式。

【九三学社获表彰】 2月19日下午，山西省统一战线“凝聚力工程暨优秀中国特色社会主义建设者”表彰大会在太原举行。会上，九三学社太原市委员会、运城市委员会、山西大学委员会获山西统一战线“凝聚力工程”奖；九三学社阳泉市委员会、忻州市委员会获“献良策、比贡献”活动先进集体奖；社省委主委刘滇生及社员张放陶、常一民等获“献良策、比贡献”活动优秀成果奖；九三学社晋城市委、九三学社山西省委绿色农业技术推广服务团、九三学社大同市委及社员王梦亮、杨明生、王俊平等获“智力兴晋”服务活动先进集体和先进个人奖；九三学社晋中市委及社员王汉斌、张慧霞、郭丽霞、邓明、贾桂凤、樊秋英等获“强素质、树形象”活动先进集体和先进个人奖。

【九三人物】 李培元，五一国际劳动节前夕，九三学社晋中市委员会副主委、榆次区委员会主委、山西榆次筑路机械制造有限公司高级工程师李培元被中华中国总工会授予全国五一劳动奖章。

杨勇在，10月28日，山西省科学技术协会成立50周年纪念大会上，九三学社山西省委顾问杨勇在荣获“支持科技工作突出贡献奖”。

李青山，2009年7月，由九三学社山西省委副主委、山西医科大学药学院院长李青山教授主持申报的国家重大科技专项“新型结构抗癌化合物DBDCT结构优化、主要药效学、药代动力学及安全性研究”，获国家科技部正式批准，实现山西省医药界国家重大科技专项零的突破。

（刘中玉）

山西省工商业联合会(总商会)

【概述】 2009年，省工商业联合会（简称省工商联）围绕应对国际金融危机、帮助非公企业渡过难关、促进非公经济平稳健康发展的中心任务，履行职能，发挥作用，非公有制经济人士思想政治工作和工商联工作取得新进展。

一、推动非公有制经济调整结构转型发展

1.深入基层和企业，加大调查研究、建言献策的力度。先后组织6次大型调研活动，集中主要力量深入11市82个县180多家企业，对全省非公企业在国际金融危机影响下的生产经营情况和涉煤企业参与煤炭资源整合情况进行广泛而深入的调查研究，取得良好成效。特别是在省工商联主要领导的带领下，13次参加省委、政府、政协组织的议政会、情况通报会和专题调研、视察重点工程等重要会议和活动，提高对全省大局的了解掌握程度和调查研究、建言献策的针对性、时效性。向省委、省政府领导和省政协及全国工商联报送调研报告、提案、社情民意、意见建议26篇（条），编发《非公经济动态》26期30条，其中，有2条社情民意被全国政协采用，3次在省政协全会和常委会上作大会发言，撰写调研报告13份。编印《工商联信息》85期296条，其中2条信息被《全国工商联信息》采用，3条被《山西信息》采用，媒体发稿98篇(条)，做到工商联和非公经济工作“报纸有文、电视有影、电台有声、网络有评”。整理编辑安泰集团、振东集团、沁新煤焦集团、华青活性炭公司、大华玻璃公司、中德型材公司、长雷工艺绣品公司等7家企业的典型案例，报送全国工商联和有关部门参考。

2.协调推动意见和建议转化。省

工商联提出的意见建议得到省委、省政府领导和有关部门的高度重视，省政府召开"激活民间资本、促进民间投资座谈会"和"应对金融危机，加快转型发展，促进经济增长"等民营企业家座谈会时特别吸收工商联参与组织协调，研究制定《关于促进民间资本进入我省鼓励类投资领域的意见》(以下简称《意见》)充分听取工商联的意见和建议，使出台的政策更符合全省民营企业转型发展的特点。为进一步推动《意见》的贯彻落实，与省委统战部组织召开贯彻落实《意见》座谈会，下发《关于推动落实〈关于促进民间资本进入我省鼓励类投资领域的意见〉实施意见》，对全省非公有制经济企业和非公经济人士提出转型发展的要求，鼓励引导广大非公企业响应省政府号召，加大向山西省鼓励类领域投资力度，加快实现转型发展。

3.关注煤炭资源整合，发挥导向作用。在煤炭资源整合、煤炭企业兼并重组中，深入企业调研座谈，收集各方情况反映，10月份写出《关于山西省煤炭资源整合情况及对民营企业影响的调查》，报送全国工商联和省主要领导，介绍民营企业参与情况和民营企业负责人的意见建议等。较早地向中央有关部门和省外媒体乃至研究机构的学者们提供真实的信息，在舆论宣传中发挥积极作用。

二、帮助非公有制企业平稳健康发展

1.组织近百家会员企业参加第十届世界华商大会和第四届中博会、第十一届环洽会、2009年"齐鲁行"、2009全国对口支援三峡库区考察等重大区域经济合作活动，签订总计16亿元投资合作项目。举办"山西民营企业科学发展论坛""经济危机与投资时机主题论坛"和"中小企业融投资峰会"等管理培训活动。与辽宁、湖北等省市合作召开8次大中型招商引资项目推介会。与省人力资源和社会保障厅、省总工会、省林业厅等部门联合开展"暖春"就业服务系列活动暨第五届"民营企业招聘周"和"高校毕业生到非公企业见习"活动，表彰山西省第二届"关爱员工，实现双赢"活动先进单位和先进个人；组织"光彩事业国土绿化贡献奖"评选活动。参与地方立法的调研和国务院《劳动合同法实施条例》《山西省劳动合同法实施条例》的修改工作，在会员企业中进行法律诉求问卷调查。

2.举办2次银企座谈会，促进山西省中小企业融资难问题的改善。据中国人民银行太原中心支行提供情况表明，全省七成以上中小企业受金融机构贷款支持。9月末，1267个成长型中小企业，有1067个获得金融机构信贷支持，贷款覆盖面为84.2%，贷款余额104.08亿元。

3.重点加强与兄弟省市工商联及异地晋商会的联络交往，努力拓展工商联对外交流空间，为会员企业"走出去、引进来"提供支持帮助。9月份，组织全国24家外地晋商会和6家海外山西商会负责人在太原进行座谈交流，加强与省外晋商组织的联络，对搭建晋商交流合作平台产生积极作用。

三、引导非公经济人士主动承担社会责任

6月11日，省委统战部、省工商联在长治市召开全省非公有制经济人士思想政治工作暨工商联组织工作会议。中央统战部副部长、全国工商联党组书记、第一副主席全哲洙，省委常委、统战部部长李政文出席会议并讲话。广大非公企业家在增加财富和知识的同时，思想境界和情怀不断得到升华，自觉地把履行和承担社会责任当做与企业发展同样重要的目标。在国际金融危机来临时，非公企业响应省委、省政府号召，坚持不裁员、不减薪；在与省劳动保障厅等部门联合开展山西省"暖春"就业服务系列活动暨省城大型招聘会和第五届"民营企业招聘周"活动中，250多家企业参加，提供近1.7万个就业岗位；10月份在并的省工商联副主席、常委、执委、直属会员和商会，为受暴雪影响的地区"送温暖、献爱心"，共捐赠87.6万元。广大非公企业为全省保增长保民生保稳定作出贡献，非公代表人士的良好行为得到党和人民的认可和肯定。3名非公经济代表人士被中央统战部等五部委授予优秀中国特色社会主义事业建设者；1名非公经济代表人士被中国光彩事业促进会授予光彩事业突出贡献奖；7家民营企业被劳动和社会保障部等三部委授予全国就业与社会保障先进单位；3名非公经济人士被授予光彩事业国土绿化贡献奖；49名非公经济代表人士被省委、省政府授予山西省优秀中国特色社会主义事业建设者；47家民营企业被省政府授予省稳定就业先进企业。

四、树立非公有制经济人士健康新形象

省委统战部、省工商联启动实施新晋商"万企联万户"感恩行动以来，省市县工商联积极推动，在省工商联30位企业家副主席、副会长赴吕梁老区的兴县和太行老区的武乡县开展"两区行"，结对帮扶60户"三老"之后，8月28日，海鑫集团启动"海仓慈善基金帮扶资助老红军老八路老党员"活动，每年出资120万元，在运城市5县帮扶205位革命老人，每人每年资助6000元，计划3年后帮扶对象扩大到全省范围，整个资助计划持续10年。孝义市组织100名非公经济人士与该市100位革命老人结成帮扶对子。截至2009年底，新晋商"万企联万户"感恩行动已在11个市启动，全省已有2000多家非公企业与3513名"三老"结成帮扶对子。这一活动赢得社会的承认和大家的尊重，全国政协副主席、中央统战部部长杜青林作出批示，高度评价这项活动。省委书记张宝顺对统战部和省工商联组织开展这项活动所做的工作给予充分肯定。该项工作被全国工商联评为2009年工商联工作"十大亮点工作"之一，进一步树立新晋商健康的社会形象。

【组织建设】 截至2009年底，新发展会员1629个，新发展行业商会10个，会员总数达76087个、行业商会375个。

【参加第四届中国中部投资贸易博览会】 4月26~28日，山西省工商联组团参加第四届中国中部投资贸易博览会，达成多项合作协议和意向。省工商联执委、大同市政协委员、大同市工商联副主席、深特发展集团有限公司董事长张志宏与北京中弘基业投资公司达成引资1.8亿元，投资4亿元的合作项目;清徐县美锦能源集团有限公司和巴西利马公司签署的10万吨镁合金制品深加工项目,总投资额9458.27万美元，签约引进资金4634.55万美元。大同民营企业11家,签约18个项目,投资总额86852万元人民币,签约引进资金44267万元人民币。长治民营企业29家,签约19个项目,投资总额3.71亿美元,拟引资资金额3.15亿美元。阳泉市民营企业5家，共签约投资合作项目5个，总投资12.7亿元，拟引资6.5亿元。朔州民营企业20家,签订协议项目20个，投资总额14.84亿元人民币,引资额13.6亿元人民币。临汾民营企业34家,签约29个项目,引资额5.65亿美元。吕梁民营企业20家,签订项目16个，总投资额12897万美元,拟引资9827万美元。

【激活民间资本促进民间投资】 4月29日，山西省政府召开激活民间资本、促进民间投资座谈会,就激活民间资本,促进民间投资听取工商联和会员企业意见。参会人员就省政府提出的“关于激活煤焦资本、促进民间投资进入我省鼓励领域的政策建议”内容进行讨论,提出许多好的意见建议。

【民企座谈会】 5月7日，由省委副书记、省长王君主持的“应对金融危机,加快转型发展,促进经济增长”民营企业座谈会在太原召开。会议听取企业生产经营情况、存在的问题和困难,分析当前经济形势,进一步研究应对金融危机、保持经济增长、推进科学发展的对策措施。省委常委、常务副省长申联彬,省委常委、副省长李小鹏,省委常委、统战部部长李政文,副省长牛仁亮、陈川平,省政协副主席、省工商联主席韩儒英等出席会议。安泰集团等23家民营企业负责人参加座谈会。

与会工商联领导和企业家建议政府：一是平等对待企业,在扩大内需项目方面惠及非公有制企业;二是畅通融资渠道,解决非公企业发展资金严重短缺的燃眉之急;三是落实既有政策，继续出台更多优惠政策;四是加强协调领导,进一步创优发展环境;五是加大政策支持力度,鼓励非公企业转型发展。

【非公有制经济人士思想政治工作暨工商联组织工作会议】 6月11日，山西省非公有制经济人士思想政治工作暨工商联组织工作会议在长治市召开。中央统战部副部长、全国工商联党组书记、第一副主席全哲洙，省委常委、统战部部长李政文出席会议并讲话。会议由省政协副主席、省工商联主席韩儒英主持,省委统战部副部长、省工商联党组书记马天荣作报告。各市统战部分管副部长、工商联主席、党组书记,各县(市、区)工商联主席或党组书记以及省委有关部门负责人共200余人参加会议。

会上,长治市委、运城市委统战部、工商联,长治县工商联就开展非公有制经济人士思想政治工作和工商联组织建设作典型发言,15个市县进行书面典型经验交流。与会人员参观了潞宝集团、振东集团和中德型材有限公司。

【《关于促进民间资本进入我省鼓励类投资领域的意见》出台】 2009年，山西省政府出台《关于促进民间资本进入我省鼓励类投资领域的意见》(以下简称《意见》)。

《意见》从开放投资、财政、税费、环保、金融、市场融资、投资信息、政务环境等九个方面提出具体而且可行性、可操作性都很强的优惠政策。这是近几年来山西省政府出台的涉及民营经济发展的重要文件之一,为激活民间资本，开放更多的投资领域,鼓励和支持民营资本投资发展提供重要的政策依据和支持。

【异地晋商会负责人座谈会】 9月5日,省委统战部、省工商联在太原举办山西省异地晋商会负责人座谈会。来自全国24家异地晋商会和6家海外山西商会负责人参加座谈会。省政协副主席、省工商联主席、总商会会长韩儒英,省委统战部副部长、省工商联党组书记、副主席马天荣和省工商联驻会领导出席座谈会。会上,湖北晋商会、重庆晋商会、河南晋商会、辽宁晋商会、日本山西商会、美国山西商会等商会负责人汇报各地晋商会开展工作情况,表示要发挥商会作用,汇聚海内外晋商力量,促进山西省对外开放、招商引资和区域交流合作。

【山西大运重卡正式投产】 10月26日,由通达集团所属的山西大运汽车制造有限公司生产的大运牌重型卡车投产仪式在运城市举行。省委书记、省人大常委会主任张宝顺,省委副书记、省长王君等四大领导班子有关领导,省政协副主席、省工商联主席韩儒英,省委统战部副部长、省工商联党组书记马天荣出席投产仪式。省领导对通达集团坚持科技创新、实现转型发展给予高度评价和充分肯定,张宝顺称赞通达集团为全省民营企业树立了科学发展的榜样。

【“山西民营企业科学发展论坛”举行】 10月16日,由省工商联、太原市工商联主办,华宇集团承办的“山西民营企业科学发展论坛”在太原举行。全国工商联党组副书记、副主席宋北杉,省委常委、省委统战部部长李政文,省政协副主席、省工商联主席韩儒英,省人大常委会原常务副主任纪馨芳等领导出席论坛。省总商会、太原、阳泉、长治、晋中、吕梁等市工商联领导、非公经济代表人士及新闻单位等200余人参加论坛。

论坛上，国务院参事、中国民(私)营经济研究会副会长陈全生,中央党校研究室副主任、北京科技大学博士生导师周天勇,全国工商联研究室主任、中国民(私)营经济研究会副会长陈永杰,分别进行题为《对当前宏观经济的几点思考》《经济产业政策及企业对策》和《关于“国进民退”的几点认识》的演讲报告。(冯学亮)

群 众 团 体

山西省总工会

【概述】 2009年，全省各级工会组织紧紧围绕转型发展、安全发展、和谐发展，突出服务“保增长、保民生、保稳定”这一工作大局，广泛开展“咱们工人有力量，咱们工会有作为”活动，团结动员广大职工充分发挥工人阶级主力军作用，为山西省经济社会又好又快发展作出贡献，工会各项工作取得新成就，工会事业取得新进展。

1.围绕转型发展，以应对国际金融危机冲击、促进经济平稳较快发展为主线，实施建功立业工程和职工素质工程，在保增长促发展中作出新成绩。省总工会(以下简称省总)组织“千企万人大调研”活动，组织县以上工会开展“心系重点工程、情暖一线职工”巡回慰问演出。命名123个“山西省工人先锋号”，各市总工会命名808个市级“工人先锋号”。全省13283户企业3436006名职工积极投身“我为节能减排作贡献”竞赛活动、“五小”竞赛活动和“金点子”合理化建议活动，实现技术创新、成果发明3739项，提出合理化建议50余万条，创造经济效益11亿元。省总组织全省8个工种第三届职工职业技能大赛、第二届女职工职业技能大赛，组团参加第三届全国职工职业技能大赛，夺得全国钳工决赛单项团体第一和个人第一、团体总分全国第二的好成绩。新建“职工书屋”539个。全省企事业单位培训职工67万人次，70万名职工参加岗位练兵、技术比武活动，初步形成培训、比武、晋级“三位一体”的职工技能提升机制，为企业发展、产品升级提供智力支持和技能保障。山西省马六孩、申纪兰、李双良、郭凤莲荣获全总组织评选的“时代领跑者——新中国成立以来最具影响的劳动模范”光荣称号。

省委书记张宝顺、省长王君为工人先锋号授牌　　（宋海兵提供）

2.实施安康工程取得新突破。全省已有6个市和11个重点产煤县的工会设立劳动保护部，新增劳动保护监督检查委员会6000个（其中非公有制企业建立4600个)、劳动保护小组检查员2.8万人，特聘群众安全监督员1.1万名。全省高危行业中，60%规模以上企业将安全生产和职业病防治列为职代会审议内容，1360家企业签订劳动安全卫生专项集体合同，覆盖职工67.56万人。“安康杯”竞赛活动参赛企业达4380家，班组11万个，职工381万人。

3.实施劳动关系和谐工程和帮扶工程展现新作为。创建劳动关系和谐企业活动覆盖面达75.3%，劳动争议调解组织达11205个，专兼职调解员37900人，兼职劳动争议仲裁员219人。全省职代会建制52400户，建制率94.1%，其中非公有制企业职代会建制30151户，建制率94.3%；厂务公开建制47712户，建制率86.4%，其中非公有制企业厂务公开建制25758户，建制率80.5%。1824户国有企业的改制方案、1882户改制国有企业的职工安置方案、348户关闭破产国有企业的职工安置方案经职代会投票表决通过。聘用集体协商指导员3667名,全省签订综合性集体合同14981份,行业性、区域性集体合同1080份,覆盖企业29885家,覆盖职工333.6万人;签订工资专项集体协议11724份;签订女职工专项集体合同11738份,覆盖女职工109.8万人,促进劳动关系的和谐稳定。全总在吕梁召开全国工会推进行业集体协商工作现场会,推广山西省经验。各级工会投入培训资金2489万元,建立(包括挂靠)农民工培训基地255个,培训农民工216831人,安置就业105107人;培育创业带头人400名,举办用工招聘会251场,发布就业信息25万余条,8.3万人与企业签订就业意向;省总工会协助政府有关部门帮助2788名农民工追讨欠薪1051万余元,直接帮助2993名农民工追讨欠薪1171万余元;"关爱农民工、盛夏送清凉"活动历时两个月,组织大型文艺演出37场,看望慰问农民工20万余人。87个县级困难职工帮扶中心达到五星级标准,其余全部进入四星级行列;建立16.1万份困难职工动态管理档案和临时救助档案。

4.实施理论武装工程、夯基工程和实力强会工程,实现新的发展。大规模培训工会干部,省市两级对工会干部进行任职培训1128人次,适应性岗位培训1074人次,培训企业和乡镇(街道)工会干部500多名。基层工会组织达5.63万个,覆盖法人单位13.1万个,绝大部分非公企业成立工会组织;全省1406家乡镇(街道)全部建立工会组织,建立村工会14636个,社区工会1387个,行业性、区域性基层工会联合会(联合基层工会)3121个,把大量小型企业职工和零散务工人员组织到工会中来;全省工会会员达到712.5万人,占到职工总数90%以上,其中,2009年发展农民工会员25.9万人,总数达到164万人。各级工会加大对基层工会人、财、物支持力度,全省配备乡镇(街道)工会干部11159人,其中专职1852人,省、市、县三级工会每年拿出3000余万元,用于乡镇(街道)工会和基层工会联合会工作。2009年10月召开全省乡镇(街道)工会工作会议,对337个乡镇(街道)工会标兵和基层工会联合会(联合基层工会)标兵,每个单位奖励一辆摩托车或电动车。工会经费纳费户入机率由18%提高到72%,许多市达100%,工会经费收缴稳中有增,省总本级经费收入达1.62亿元,比上年有所增长,县以上工会经费同步增加。

【举办"咱们工人有力量,咱们工会有作为"主题论坛】 1月7日,省总在太原迎泽宾馆举行"咱们工人有力量,咱们工会有作为"主题论坛。省人大常委会副主任、省总工会主席郭海亮出席并讲话。论坛围绕如何在推动山西省经济发展中发挥工人阶级的主力军作用和工会的作用展开讨论,彰显"咱们工人有力量,咱们工会有作为"的主题。先后有12位劳动模范、企业党政领导、专家学者和工会干部代表,从不同的视角,谈体会,介绍情况,提出中肯的建议和具体的措施办法。

【全国工会基层组织建设暨县级工会工作阳泉现场会】 3月31日在阳泉市召开。中华全国总工会副主席、书记处第一书记孙春兰出席会议并讲话,省委副书记、省政协主席薛延忠代表省委致辞。全总副主席、书记处书记王炯,省人大常委会副主任、省总主席郭海亮等出席会议。全总副主席、书记处书记乔传秀主持会议。阳泉市总工会、辽宁省朝阳市总工会、湖北省黄石市总工会和吉林省总工会介绍各自探索加强基层工会组织建设和县级工会工作的做法与经验。全体与会代表先后到阳煤集团新景矿工会、平定县冠山镇总工会和阳泉市城区新华东街社区工会联合会进行现场观摩,深入了解工会在加强基层工会组织建设等方面的实践创新成果。会议总结交流推广阳泉等地工会基层组织建设和县级工会工作典型经验。

【安全生产工作会议】 4月16日,全省工会群众安全生产工作会议在太原召开。省人大常委会副主任、省总主席郭海亮出席会议并讲话;副省长张建欣出席会议。省总常务副主席高凤平主持会议。会议从6个方面回顾总结近年来全省工会群众安全生产工作:(1)各级党政重视支持工会安全生产工作的态势加强。(2)全会抓劳动保护工作的格局完善。(3)从源头上维护职工生命安全和健康权益的能力增强。(4)安全生产群众监督和奖励机制健全。(5)"安康杯"群众性安全生产竞赛活动引深。(6)与有关部门相互配合进一步协调。会议提出当前和今后一个时期全省工会群众安全生产要明确一个总体思路,抓好6项重点工作,特别是抓落实、求实效

"咱们工人有力量、咱们工人有作为"主题论坛会场 (宋海兵提供)

至关重要。会议对在本省2007~2008年度"安康杯"竞赛中涌现出的14家"安全明星企业"、25个"安全示范班组"和17名"安全卫士"进行表彰，并颁发山西省"五一劳动奖状"和"五一劳动奖章"；对24个群众安全生产工作先进单位和36名群众安全生产工作先进个人进行表彰。

帮助困难职工子女上学（宋海兵提供）

【开展"共同约定行动"】 省总工会认真落实全国总工会的部署和要求，联合省劳动关系三方在全省企业组织开展"共同约定行动"。

1.各方高度重视，组织发动充分。2月，省总工会按照中华全国总工会的部署和要求，会同省工商联、省企联下发《关于在全省企业开展"共同约定行动"的意见》，并成立专项工作领导组。组织开展以"金融危机对职工队伍的影响"为主题的千企万人大调研，涉及煤炭、冶金、电力、机械、轻工、餐饮等不同行业的企业共1668户，涉及职工120万人，基本掌握工作底数。3月3日，省总与太原市三方联合在南宫广场举行全省暨太原市"共同约定行动"启动仪式。4月，省总召开全委扩大会议，将"共同约定行动"作为会议重要内容进行研究部署，出席会议的薛延忠对"共同约定行动"给予充分肯定。6月9日，省总组织召开全省"共同约定行动"现场交流会，总结交流各市的典型做法和先进经验，对山西省"共同约定行动"工作进行再发动、再部署。全省11个市均由劳动关系三方联合发文安排部署"共同约定行动"，新绛等20多个市、县的党政和人大负责同志还担任领导组组长。

2.典型示范带动，稳定工作岗位和职工收入。太原市提出"千企共同约定、万人就业援助行动"的主题，并总结实践"多措并举、强力推进"的经验性做法，在全省进行交流推广。临汾市在各级工会成立"共同约定行动"督导组推动企业落实"共同约定行动"的同时，帮助参加"共同约定行动"的企业争取资金、落实政策。尧都区总工会帮助万佳福超市等单位协调解决资金千万元，与信用社联系，对在"共同约定行动"中新招用职工的企业给予资金支持，每安排一位下岗职工及农民工给企业提供贷款5万元。阳泉市将"共同约定行动"作为工会工作考核的重要内容，要求建立工会组织且保持生产经营的企业都要参加"共同约定行动"，将大量小型非公有制企业通过区域性行业性"共同约定行动"普遍覆盖，对表现突出的19个企业、6个乡镇（街道）和5个社区（村）进行表彰，取得明显成效，全市生产经营基本正常的企业参加"共同约定行动"的达89.1%。全省开展"共同约定行动"的企业达19623家，覆盖职工346.4万人。通过企业挖潜，新增岗位27557个。在原计划裁员的4871户企业中，减少裁员74251人。

3.组织动员职工，立足岗位，积极奉献，充分发挥主力军作用。组织开展"咱们工人有力量咱们工会有作为"系列文化活动和大型主题晚会。全省职工为企业提合理化建议近30万条，组织技术比武、技能大赛150多场次，参与职工达120多万人，为企业创造经济效益。

4.开展多形式的职工培训和就业帮扶，帮助职工积极应对危机。全省工会投入2000万元，建立工会所属的培训基地，开展多层次、多门类、多形式的在岗职工专业技能培训和失业人员、返乡农民工创业培训。全省工会共举办就业招聘活动158场次，帮助5万余名职工实现就业。农民工就业培训、创业指导和维权服务方面，共培训、援助农民工30万人以上，帮扶20万人以上。

【为农民工办十件实事】 省总工会开展援助农民工行动，年内办好10件实事。⑴组织开展农民工情况大调研，掌握农民工队伍基本情况。⑵建立一批培训基地，为20万名农民工提供免费技能培训。全省工会筹集资金1000万元，对农民工提供免费技能培训。⑶举办专场招聘会，提供20万条就业岗位信息。⑷实施就业援助，帮助10万名农民工就业。⑸开展"关爱农民工行动"，加大帮扶困难农民工力度。⑹以"稳岗位保工资"为重点，开展"共同约定行动"。⑺帮助农民工追要欠薪，维护农民工合法权益。⑻加强"职工书屋"建设，改善农民工的精神文化生活。⑼组织农民工积极投身"同舟共济保增长，建功立业促发展"竞赛活动。⑽做好农民工入会和会籍管理工作。加大农民工源头入会力度，2009年全省新发展28万名农民工会员。

【开展工会工作大观摩】 6月和10月，分别组织两个阶段全省工会工作大观摩活动，省总领导班子全体成员和11个市总工会的主席、常务副主席，深入11个市27个县（市、区）、16个乡镇（街道）、12个村（社区）、22家企业，检查观摩工作落实情况，促进全省各级工会完成各项任务目标。这次观摩活动是省总工会贯彻省委、省政府开展的省市县机关干部深入基层促进"三保"政策措施落实的重要举措，通过展示亮点、交流工作，推动省总十一届四次全委(扩大)会议精神的贯彻落实，尤其是重点工作的落实。观摩团利用一天的时间进行总结交流。

【服务重点工程建设】 省总工会深入贯彻全总各项工作部署，落实省委省政府加快重点工程建设的一系列决策要求，举全会之力服务重点工程建设。

1.在重点工程开展劳动竞赛，调动参建单位和广大职工的积极性。省总工会与省重点办联合发文，在152项重点工程中开展"四保、两比、两创"(保质量、保工期、保安全、保节能，比安全文明施工、比奉献创新精神，创一流管理、创优质工程)劳动竞赛活动，团结动员50多万重点工程建设者立足岗位、勇于奉献、建功立业，并于6月18日在阳翼高速公路施工现场召开全省重点工程劳动竞赛现场推进会。

2.开展创建"工人先锋号"活动，省总主要领导亲自为重点工程授旗。"工人先锋号"活动是全总在全国广大职工中开展的一项重要立功竞赛活动。省总主席郭海亮明确要求：哪里有重点工程建设项目开工，哪里就要有火热的劳动竞赛的场面，哪里就要有"工人先锋号"的旗帜高高飘扬，带头到山西大剧院、阳翼高速、太原南站、太重、雁门关隧道、忻阜高速等重点工程建设工地授旗。在已开工的120项重点工程中，省总工会授旗27个，各市总工会授旗88个。

3.开展为重点工程工地农民工送清凉活动。省总工会领导班子成员分赴6个重点工程建设工地，直接慰问3500多名农民工，为他们送去价值18万元的防暑降温物品和文化体育设施，各市总工会在两个月时间里深入重点工程工地对农民工进行普遍走访慰问。

4.8月16~31日，省总组织"心系重点工程、情暖一线职工"慰问演出团，先后赴本省铁路、公路、煤炭能源、医疗卫生、节能减排、科技创新、城市建设7大类型10个重点工程建设工地进行慰问演出，为建设者送去慰问金。各市总工会组织慰问演出小分队，共组织演出120场，覆盖全省152个重点工程建设工地。

5.到重点工程建设工地参加义务劳动。省总工会机关全体干部职工集体到太佳高速公路(东段)第四合同段建设工地义务劳动，了解重点工程建设，接受实践教育。

【成立6个产业工会（工委)】 省总对全省产业工会进行整合管理，并于近日下发《关于成立山西省总工会直属基层工会工作委员会等6个产业工会（工委）的通知》(以下简称《通知》)。这6个产业工会(工委)分别为山西省总工会直属基层工会工作委员会、山西省总工会金融工会工作委员会、山西省电业工会联合会、山西省信息业工会联合会、山西省建筑业工会联合会、山西省机械冶金建材工会联合会。《通知》对这6个产业工会（工委）的基本职责和管理范围都作出明确、具体的要求。通过对全省产业工会的调整理顺，省总由原来直管的31个产业工会和直属基层工会调整为15个产业工会(工委)。其中继续保留省国防科技工业工会、省煤矿工会、省公路运输工会、省监狱工会、省教育工会、省财贸轻纺烟草工会、省农林水工会工作委员会、省直机关工会工作委员会、省非公企业工会工作委员会等9个产业工会；调整整合山西省总工会直属基层工会工作委员会、山西省电业工会联合会、山西省信息业工会联合会、山西省建筑业工会联合会等4个工会(工委)；新成立山西省总工会金融工会工作委员会、山西省机械冶金建材工会联合会等2个产业工会(工委)。

【开展建功立业活动】 太原市总工会在全市开展"同舟共济保增长，建功立业促发展"竞赛活动，先后向全市各行各业的劳动模范和职工群众发出倡议书，号召大家变压力为动力、化挑战为机遇，与企业和衷共济、共克时艰，为实现"三保"做贡献。进一步深化群众性经济技术创新工程和创建"工人先锋号"活动。围绕全市重点工程项目，开展以加强工程管理、质量管理、成本控制、科技创新、安全生产和廉政建设为内容的"七比七赛"劳动竞赛，推动重点工程快速、优质、高效建成，促进重点企业投资项目顺利实施、早见成效。全市共荣获3个"全国工人先锋号"、10个"山西省工人先锋号"和123个"太原市工人先锋号"。大力开展"我为节能减排作贡献"活动，着眼于推动节能减排，发展循环经济，促进绿色转型，开展"节约一度电、节约一滴水、节约一块煤、节约一寸材、节约一张纸"竞赛活动。全市共有3236个企业开展这项竞赛活动，节约价值达3亿元。市总把提高职工队伍整体素质作为应对危机、提高企业竞争力和抵御风险能力的重要举措，继续在全市开展"百个工种大比武"和"百企万人技能登高"活动，为企业走出困境和实现新发展储备大批技能人才。在山西省第三届"中国移动杯"职工职业技能大赛上，太原市代表队获得团体总分第一的优异成绩。开展群众性技术攻关、技术革新、技术改造等科技创新活动，帮助企业解决生产和发展中的难题，推动企业实现保增长、促转型、促发展目标。共评选出重大技术难题、技术攻关优秀成果46项，先进操作法61项，采纳实施合理化建议12500余条，创造经济价值4.6亿元，选出市级"十大职工创新示范岗和十大职工创新能手"。西山焦煤的2项合理化建议荣获全国优秀节能减排合理化建议，1项工程荣获全国职工技术创新成果。

【开展"农民工援助行动"】 太原市总工会及时成立"农民工援助行动"领导组，提出具体目标任务。加强与政府有关部门配合，先后组织开展"春风送岗位""就业援助周"、农民工专场招聘会等一系列帮扶农民工的活动，为农民工就业开通绿色通道，共帮助4.5万名农民工得到免费职介、免费指导等公共就业服务，为5000余名农民工提供维权服务和生活帮扶。利用现有资源直接开办或与社会办学机构联办,在全市建立县级以上工会就业培训基地28所,其中,太原市希望职业学校被全总命名为“全国工会就业培训基地”,3所学校被省总命名为全省工会就业培训基地。市总困难职工帮扶中心等3家工会培训机构被确定为山西省家政服务培训机构,与商务局、财政局联系,共同实施“家政服务工程”,两个月的时间,工会家政服务培训机构已累计开展培训12批次,培训家政服务人员1156人,就业上岗率达90%以上。截至2009年底,全市各培训机构已培训返乡农民工和外地来并求职农村劳动力1.2万余人,累计为农民工减免就业培训费用820余万元。

（宋海兵）

共青团山西省委员会

【概述】 2009年,中共山西团省委党组以基层组织建设为主线,以促进青年创业就业和维护青少年合法权益为重点,充分履行“组织青年、引导青年、服务青年和维护青少年合法权益”的职责,团结带领全省团员青年在山西全力保增长保民生保稳定,着力推进全省转型发展、安全发展、和谐发展中,发挥生力军和突击队作用,各项工作都取得明显成效。(1)抓住重大契机,深入推进“我与祖国共奋进,我与山西同发展”主题教育活动。以建国60周年、五四运动90周年、少先队建队60周年等重大节日为契机,广泛开展爱国主义教育活动,500多万青少年参与“青年月”和“青春与祖国同行”等系列活动。山西省纪念五四运动暨青年服务“三个发展”促进大会,表彰第十届“山西青年五四奖章”等优秀青年代表,对第四批“青年就业创业基地”“山西青年安全生产示范岗”授牌,发放“弘扬五四精神,服务三个发展”的画册。(2)充分利用新媒体,集中开展“红色传递”爱国主义教育活动。采取实物传送、网络传送、手机传送等多载体互补的形式,在全省11个市、119个县(市、区)普遍开展党旗、国旗、团旗、队旗传递活动,630多万青少年通过参与活动,增强全省青少年对社会主义祖国的朴素感情和对党、团、队一脉相承的组织认同感和归属感。中央电视台《新闻联播》《人民日报》《中国青年报》等进行宣传报道。(3)扎实推进分类引导青年试点工作。在大学生、企业青年、进城务工青年和农村青年四类青年群体中选取52个试点,发放问卷1.3万份,开展访谈460人次,按要求报送2000份调研问卷和访谈记录后,对9334份问卷、317份访谈记录进行梳理分析,形成6类29份,计达38万余字的研究成果,编印22万余字的《山西分类引导青年试点工作研究资料》,为做好青年分类教育引导积累了第一手资料。(4)以深化“青马工程”为抓手,引导青年加强理论学习。面向全省选拔出11名在理论研究、工作实践方面比较突出的青年骨干组成宣讲团,在各市、县(区)、学校、企业、机关开展宣讲活动。完善《山西省“青年马克思主义培养工程”学生骨干培养的实施办法》,健全“青马工程种子库”,并在18所高校开设“青年马克思主义者”培训班200余期,培训人数达48028人。(5)分别不同对象,以具体活动促进青少年的健康成长。大学以社会实践和青年志愿者为载体,引导广大青年学生在实践中受锻炼、长才干、做贡献。按照团中央和省委的要求,充分发挥团学干部的骨干作用,确保高校学生敏感期的思想稳定。中学以入团教育为抓手,重点开展团员意识教育。少先队以“雏鹰争章”主题实践为依托,广泛开展争做“四好少年”活动。机关和企事业单位以“青年文明号”、“青工技能大比武”、“青年岗位能手”等为载体,引导职业青年立足本职、建功立业。

【促进青年创业就业】 全省各级团组织大力开展促进青年创业就业工作。(1)劳务输出大篷车活动开展21场,参与青年达8400余人,达成用工意向19412人,实现就业6999人。各级团组织举办招聘会31场,参与青年65000人,达成用工意向21451人,实现就业12425人。在全省11市113县区举办金融知识培训318期,培训农村青年23243人,联合省农信社,帮助12614名农村青年、外出务工返乡青年和大学生村官获得创业小额贷款6.24亿元。(2)团省委举办了以创业教育为主要内容的“山西青年大讲堂”162场,联合山西电视台举办4个赛季32场真人秀电视节目——“我要创业”。在《山西青年报》开辟“找工作”专版,免费为省城大学生发放报纸100万份,积极引导大学生树立正确的就业观念。(3)建立大学生就业见习实习基地983个,提供岗位25384个,共有10643人在岗见习实习,见习实习后直接聘用达4842人。全年共为6万余名青年提供创业就业培训,共举办31场青年就业招聘会,帮助4.1万名农村青年达成用工意向,近2万人实现转移就业。(4)组织10名创业成功青年企业家每人出资1000万元建立注册资金1亿元的股份制的山西青年创业投资担保公司,可为青年创业提供5亿~10亿元的资金担保,第一笔资金支持40名大学生实现创业。同时也要求有条件的市县注册成立青年创业投资担保公司,太原市筹资5500万元成立青创小额贷款担保公司。(5)建立青年创业孵化基地,至年底有21个大学生创业团队在省青创基地孵化,并建立10个市级、42个县(市、区)级青年创业就业服务中心。

【维护青少年合法权益】 (1)《山西省未成年人保护条例》于2009年6月4日获山西省人大第十一届常委会第十次会议通过,并于2009年9月1日起正式实施。以《条例》的实施为契机,山西各级团组织深入社区、农村、务工青年聚集地开展宣教活动200余场次,为青少年提供咨询18000余人次。(2)加大12355青少年公共服务平台的建设力度。在原有热线电话的基础上,投资完成室内监控系统、短信服务平台和网络视频平台,对12355网站进行改版升级。全年为青少年提供法律援助、心理疏导、应急救助和困难帮扶等各类服务5000余人次,受理侵权案件700余起,解决个案405起。(3)强化转移就业跟踪服务,联合劳动、司法、执法等部门开通“16800885”外出务工青年维权热线,并通过发放联系卡、聘任法律顾问等形式,会同各地司法和行政执法等部门组建12个外出务工青年法律援助团。

【参与当地社会建设】 (1)推行志愿者注册制度,在注册和服务、接受服务和提供服务两个便利化上下工夫,新开通网络注册、山西省青年志愿者服务QQ群注册、“969009999”和“12580”山西青年志愿者报名专线及项目注册服务站点等通道,全年全省经过规范注册的志愿者达6万余人。在全省各级团组织逐步建立志愿者服务专门工作机构,建立11个市级志愿者协会,58个县级志愿者协会。(2)实施大学生志愿服务西部计划和扶贫开发领域重点项目。西部计划招募291名大学毕业生到甘肃、灾后地区和全省119个县级团组织开展为期1~3年的志愿服务。招募600名大学生到53县开展支医、支教、支农和扶贫工作。(3)通过建立社区和驻区机关事业单位、国有大型企业、非公企业、学校等团组织的联系协调机制,形成以街道团工委为核心,以驻地单位团组织为纽带,以社区团支部、街道企业、新经济组织团组织为工作基础的“资源共享、文明共创、活动共建”的城市共青团工作新格局,为共青团参与社区、街道和基层的社会建设,打下坚实的基础。(4)聘请38名青联委员担任创业指导师,在青创中心建立青年创业授课资源库,为青年就业创业提供咨询、授课、评审、项目指导等公益性服务。邀请知名专家学者开设“山西青年大讲堂”系列活动14场,参与青年达5000余人。为刑释人员帮教基地和春节留校困难大学生等捐赠30余万元的救助资金和物资。邀请中央国家机关青联委员“青春同行”志愿者艺术团赴重点工程一线慰问演出,并捐赠价值12万元的生活用品。

【重要活动综录】 1月15日,组织共青团和青联界的省政协委员深入到太原市英辉刑释人员帮教基地阳曲镇农场进行慰问,捐赠价值6万元的拖拉机和价值1万元的面粉、食用油等;为杏花岭区53户特困残疾人家庭发放26500元慰问金。

1月19日,联合省新闻出版局在省未成年犯管教所举行“爱心图书室”捐赠暨慰问仪式,捐赠价值6万元的爱心图书。

1月20日,团省委第21批扶贫工作队深入临县开展扶贫助困送温暖活动,为玉萍乡希望小学捐助价值5万元的图书,筹建爱心书屋,为当地困难群众捐赠价值5万元的慰问品。

1月21日,在太原市万柏林区、山西大剧院建筑工地开展“送温暖”活动,为城市困难青年和进城务工青年送去价值20余万元的米、面、油及衣物等。

2月24日,共青团山西省第十三届委员会第三次全体(扩大)会议召开。省委副书记、省政协主席薛延忠出席会议并讲话。团省委书记刘润民,副书记高键、雷健坤、安华、任忠,省少工委主任李云峰出席会议。会议总结2008年全省共青团工作,安排部署2009年全省共青团工作;审议通过《共青团山西省第十三届委员会委员、候补委员卸职确认案》,补选共青团山西省第十三届委员会10名委员、5名候补委员、3名常务委员;表彰2008年度十佳团县委和工作特色奖。

同日,“山西青年大讲堂”在共青团山西省第十三届委员会第三次全体(扩大)会议上开讲。

4月10日,召开山西省农村青年创业小额贷款项目启动暨首批项目对接仪式活动。薛延忠、刘润民、高键、雷健坤出席启动仪式。

4月24日,中华环保奖初次评选,保护母亲河行动入围。

5月4日,山西省纪念五四运动90周年暨青年服务“三个发展”促进大会隆重召开。张宝顺、王君、薛延忠、高建民、杨安和、郭良孝等省领导出席大会。近千名工人、农民、学生、武警部队和驻晋单位的青年代表参加大会。

5月18日,省少工委联合省委宣传部、省关工委、省教育厅、省建设厅、省安监局、省公安厅消防局、省公安厅交管局、省地震局举行“小手拉大手、安全促和谐”山西省中小学生安全教育书信大赛启动仪式。1000余名少先队员参加活动。

5月19日,山西省心理援助志愿者服务总队成立。

5月31日,团省委、省少工委联合省委宣传部、省教育厅、省体育局、省妇联共同举办的山西省少年儿童欢庆“六一”暨“红色传递”爱国主义教育活动启动仪式隆重举行。张宝顺、王君、薛延忠、申维辰等领导出席启动仪式并和少先队员一起参加庆祝活动。

6月7~9日,在太原五中考点设立了12355中高考服务站,为广大考生和家长提供考前心理咨询服务,并积极联系可口可乐公司,提供价值4万余元的饮料,向考生、家长、执勤民警免费发放。

6月16~19日,团中央书记处书记汪鸿雁一行就青年就业创业等工作在山西省进行调研。刘润民、高键陪同调研。

6月30日,团省委、省少工委联合省委宣传部、省教育厅举行迎“七一”“红色传递”网站(www.aghscd.cn)开通记者通气会。各界优秀青年代表现场在网络上分别点击传递中国共产党党旗、中华人民共和国国旗、中国共青团团旗、中国少年先锋队队旗。网络“红色传递”活动正式启动。

7月4日,青年干部管理学院举行新校址奠基典礼仪式。薛延忠、申维辰等出席仪式。

8月5日,省青联九届五次常委(扩大)会议召开。薛延忠出席会议并讲话,接见新当选的省青联常委和港澳地区委员代表。常委会增补省青联常委、委员,增选谭晶为省青联九届委员会副主席。

8月15~16日,中央国家机关团工委书记、青联主席吴海英率中央国家机关青联委员代表团一行43人,到山西省进行为期2天的考察交流活动。

8月22~23日,省青基会赴五寨县发放圆梦行动助学金,为13名贫困大学生每人发放3000元,共计3.9万元。

8月24日，山西省手机“红色传递”爱国主义教育系列活动启动仪式在太原举行。

9月11~14日，香港青年联合会主席陈仲尼为团长的香港访问团一行36人到访，薛延忠接见访问团。

9月18日，举行《山西省未成年人保护条例》发放仪式，通过报纸、电台、电视台、网站以及户外大屏广告等媒体对《山西省未成年人保护条例》进行深度报道和宣传。

10月10日，在太原召开《共青情怀——金银焕工作文集纪念文集》发行座谈会。李立功、高建民、安焕晓、郭良孝等省领导出席座谈会并讲话。纪念文集的部分作者等100余人参加座谈会。

10月12日，山西省庆祝中国少年先锋队建队60周年大会隆重举行。来自全省的600余名少先队员、不同年代的少先队辅导员和工作者代表欢聚一堂，共庆建队节。薛延忠接见省“十佳”少先队员、“十佳”少先队辅导员和“十佳”少先队工作者以及建队30年来不同时期的优秀辅导员代表。

同日，山西省少先队工作网站(www.sxsxd.org)正式改版开通。省少工委主任李云峰与少先队员代表、辅导员老师共同点击开通网站。

10月29~30日，与省司法厅联合举办全省青少年法律知识竞赛，并选送竞赛优胜者晋城市代表队参加全国青少年法律知识大赛，获得二等奖。

11月18日，由团省委、省教育厅、省少工委联合中国光大银行太原分行共同举办的“光大爱心·共享阳光”山西省“青少年成长激励计划”启动仪式在太原举行。团中央书记处书记、全国少工委主任罗梅，团中央少年部副部长、全国少工委副主任王路，团省委书记刘润民，省少工委主任李云峰出席仪式。

12月27日，召开第七届山西省杰出(优秀)青年卫士评审会，评选产生第七届山西省杰出青年卫士20名、杰出青年卫士提名奖20名、优秀青年卫士59名。（张　瑜）

妇女联合会

【概述】 1.统筹推进城乡妇女发展工作。(1)多渠道促进妇女创业就业。各级妇联发挥自身优势，协调社会资源，通过培训，提升妇女创业能力；通过送政策、送信息，优化妇女创业就业环境；通过项目资金扶持，拓宽妇女创业就业渠道。各级妇联以帮扶失业失地妇女、返乡女农民工、女大学生为重点，广泛开展春风送岗位、就业援助、组织专场招聘会等系列活动和“女大学生创业导师行动”，发展“妇”字号手工编织、来料加工等产业，组建数十支由优秀女企业家组成的女大学生创业导师队伍，在全省各大高校做专场报告，建立女大学生创业实践基地148个，提供实习岗位3957多个，全年帮助10多万城乡妇女创业就业。注重发挥城乡、区域协作机制的作用，促进项目对接、劳务对接和市场对接，省妇联先后争取到绿色洗衣、阳光大棚蔬菜种植和玫琳凯妇女创业等项目资金78.8万元。11月份，在太原市举办的环渤海区域女性创业成果展示暨合作交流会上，各级妇联组织女企业家促成对接项目47个，现场签约23个，资金总额达45.49亿元。省妇联还与有关单位联合，开展妇女小额担保贷款工作，加大财政贴息力度，有效地帮助城乡妇女解决创业就业中的资金短缺问题。(2)引领各行各业妇女建功立业。省妇联以“巾帼示范村”创建为载体，组织农村妇女参与现代农业生产，发展“妇”字号龙头企业和专业合作社，帮助农村妇女加快增收致富步伐。全省建立省级巾帼科技示范基地20个、各类“妇”字号示范基地1200余个，创建县级以上巾帼示范村792个。不断引深“巾帼建功”活动，省妇联先后与省工会、省银联、司法部门、省教育厅等单位联合，举办女职工技能大赛、法律知识大赛、巾帼建功标兵评选等活动，引导女职工参与科技创新、技术革新、岗位练兵和劳动竞赛，增强竞争意识、提高业务技能、争创一流业绩。推动“巾帼文明岗”创建进行业、进社区、进村镇，开展“姐妹牵手、岗村结对”等特色活动，全省涌现出一大批巾帼文明岗。2009年新增全国巾帼文明岗60个，省级巾帼文明岗195个。(3)加强妇女教育培训工作。各级妇联推动将妇女教育培训纳入政府职能部门的相关培训计划，联合有关部门开展新型女农民培训、城镇妇女技能培训，实施“双百万”培训计划，完善实用新技术、绿色证书等教育培训机制。开展对农村妇女、下岗失业妇女、进城务工妇女、失地妇女、零就业家庭的培训，组织对女村官和女大学生村官的培训，全年分级分类培训城乡妇女100多万人次。

2.依法维护妇女儿童权益。(1)推动两纲两规重点难点问题解决。各级妇联依托政府妇儿工委办公室工作平台，推动妇女儿童发展重点项目的实施和规划目标的实现。先后开展一法、两纲、两规督导检查，开展女职工劳动权益保护、农村妇女土地权益、母婴安全健康、未成年人犯罪等调查，向社会发布有事实、有数据、有分析、有对策建议的妇女发展状况报告。开展劳动用工执法检查、妇女儿童用品质量抽查和妇幼保健、卫生安全检查，查处有关农村妇女土地承包权益的侵权案件，打击各种侵害妇女儿童的违法犯罪行为，遏制了社会丑恶现象的发生。组织开展“十一五”妇女儿童发展规划中期督导检查工作，整合各成员单位力量，强化目标责任落实，通过结对帮扶、示范带动、督促检查、监测评估，增强了实施工作的科学性、实效性，为新一轮编制工作奠定良好基础。(2)加强维护妇女儿童权益工作。加强普法宣传。不断创新宣传形式，拓展宣传内容，扩大宣传覆盖面，坚持以三八妇女节、“12·4”法制宣传日等节日、纪念日为契机，开展大型宣传咨询活动500余场次。在全省组织开展“亿万妇女学法律、家庭平安促和谐”法律知识竞赛活动。配合省人大开展《妇女权益保障法》执法调研和视察，促进《妇女权益保障法》的学习宣传、贯彻落实。加强妇联维权阵地建设，家庭暴力投诉站、报警点、妇女维权公共服务热线和反家庭暴力热线建设不断强化，社区妇女维权站、维权岗等新型维权载体不断涌现。2009年省妇联在佳境法律事务所挂牌建立首个法律援助工作站。完善妇联信访工作制度,畅通妇女诉求渠道。各级妇联都配备专人接访,重点跟踪和推动依法公正解决涉及妇女儿童权益问题的典型案件。2009年全省妇联部门共接待来信来访6580件,接待人次达5000余人,有效地维护妇女儿童的合法权益、促进社会的和谐稳定。(3)开展为妇女儿童做实事、办好事活动。与省卫生厅联合启动妇幼卫生三大项目,即:农村妇女"两癌"检查项目、农村妇女孕前和孕早期免费接受增补叶酸项目、农村孕产妇住院分娩补助项目。筛查乳腺癌14096人,宫颈癌21356人,为全省项目实施县育龄妇女免费发放叶酸片,在全省40个出生缺陷高发县进行200场出生缺陷防治知识宣讲活动,组织全省妇女参加全国妇联和卫生部举办的"关注民生共创和谐——妇女健康知识竞赛",取得良好成绩。通过"母亲健康快车""母亲水窖"等项目帮助农村贫困妇女儿童解决生活生产困难,申请到"母亲水窖"项目款264万元,"母亲健康快车"5辆。推进"春蕾计划",开展"共享蓝天、关爱农村留守流动儿童行动"、未成年人法律援助等活动。"春蕾桥—智海爱心"捐资助学活动资助孤儿1000名,资助总额近160万元。全省有5个市和38个县建立未成年人救助保护中心和流浪儿童救助站。

3. 开展妇女儿童思想道德建设。(1)新中国成立60周年庆祝活动。以"热爱共产党、热爱社会主义、热爱伟大祖国、热爱美丽三晋、热爱和谐家园"为主题,开展新中国成立60周年歌咏比赛、知识竞赛、诗歌朗诵、征文演讲等宣传庆祝活动,开展革命传统教育、爱国主义教育、社会主义理想信念教育和改革开放教育。省妇联举办庆祝新中国成立60周年联谊会,组织参与全省的爱国主义教育成就展。在《山西妇女报》开设专栏,组织"我和我的祖国"征文活动,组团参加第四届全国亿万妇女健身大赛。(2)文明和谐家庭创建活动。继续做好"家"字文章,学习型家庭、节约型家庭、绿色家庭、平安家庭等特色家庭创建工作向系列化、规模化发展。全国家庭志愿者工作推进会在山西省召开,山西所创造的工作经验在大会上交流推广。(3)"双合格"和小公民道德建设实践活动。省妇联以省图书馆"文源讲坛"为新的宣传平台,邀请家教专家举办讲座,坚持一月一主题,使家庭教育知识进入社会大讲堂,推动了科学家教知识的普及。深化"双合格"活动,开展"祖国伴我成长""净化网络、护卫孩子"等特色实践活动,推动未成年人道德阵地建设走向社会化、实事化和品牌化。省妇联建立首批小公民道德建设实践基地12个,在全省建立省级优秀家长学校217所。(4)评先进树典型活动。坚持用先进典型鼓舞和引领妇女,扩大典型表彰规模,增强典型宣传力度,开展三八红旗手、三八红旗集体、巾帼建功标兵、巾帼文明岗、文明和谐家庭等特色鲜明的各种评选表彰活动。三八妇女节期间表彰第五届山西十大女杰,广泛表彰"巾帼创业标兵""女大学生创业之星""巾帼创业促发展杰出女性"等创业典型。

4.加强妇联自身建设。(1)组织建设进一步加强。山西省第十次妇女代表大会召开,会议选举产生新一届省妇联领导机构,增加6位兼职副主席,实现妇联领导体制的改革创新。强化基层组织建设,全省在两新组织中建立妇女组织760个,妇女组织化程度有了新的突破。深化"强基固本"示范县、乡、村创建工作。太原小店区、大同南郊区2个区首批跨入全国基层组织示范县行列。2009年,省妇联分别与省女领导干部联谊会、省女知识分子协会、省女医师协会等7个团体会员共同开展活动。(2)干部队伍建设进一步加强。省妇联在清华大学举办山西省妇女干部理论培训班,市县妇联依托各级党校和妇联活动阵地组织培训,全省有15万人次妇女干部接受各类教育培训。省妇联对机关人事进行大规模调整,提拔任用一批年轻干部,部门领导全部轮岗。(3)妇女理论研究体系进一步完善。在山西大学、太原理工大学等高校设立女性学课程,妇女/性别研究培训基地、妇女研究中心不断增加,初步形成党校、社科院、高校、妇联4位一体的妇女理论研究力量,形成一批高质量的女性理论研究成果。

【女大学生创业导师行动】 为缓解高校毕业生就业压力,促进女大学生创业就业,2009年,省妇联在全省开展女大学生创业导师行动。3月2日,省妇联、山西大学、省女企业家协会在山西大学联合举办女大学生创业就业报告会,授予10家企业为山西省首批"巾帼创业就业见习基地"。女大学毕业生可持相关证件到"巾帼创业就业见习基地"进行见习。同月,省妇联在太原工业大学举办女大学生就业创业报告会。参加女大学生创业导师队伍的女企业家达1123名,建立女大学生创业实践基地148个,提供就业和实习岗位3957个,对上万名有创业意向的女大学生进行项目创业和实践指导,在一定程度上缓解大学生就业压力。

【纪念三八妇女节99周年】 3月3日,省妇联举行纪念三八国际劳动妇女节99周年暨第五届山西十大女杰表彰会。第五届山西十大女杰及提名奖获得者、省直有关单位领导、各市妇联主席、省城各界妇女代表共800余人参加。第五届山西十大女杰代表、太原电力高等专科学校党委书记柴建芳代表获奖者发言。

【女性知识进入社会大讲堂】 3月29日,省妇联主席李悦娥在省图书馆"文源讲坛"作题为《性别的博弈——诠释现代男耕女织的平等》演讲。该讲座为省妇联和省图书馆联合举办的《心系妇女,幸福人生》系列讲座之最后一讲。此前,此系列已分别邀请省妇幼保健院主任医师邹丽洁,中华女子学院教授李明舜,太原师范学院教授郝若平和太原理工大学法学院副教授方改娥等分别就儿童情感、儿童教育、女性职场维权、社交礼仪等专题进行了演讲。

【山西省第十次妇女代表大会】 5月18~21日在太原举行。来自全省各地的593名各界妇女代表参加。省委书记、省人大常委会主任张宝顺,省委副书记、省长王君,全国妇联副主席、书记处书记甄砚,省委副书记、省政协主席薛延忠等出席了19日上午的开幕式。甄砚代表全国妇联,薛延忠代表山西省委向大会致词。李悦娥代表省妇联九届执委作题为《深入贯彻落实科学发展观,团结动员全省妇女为加快建设新基地新山西而努力奋斗》的工作报告。20日,大会选举产生了山西省妇联第十届执行委员95人。21日,山西省妇联召开十届一次执委会,选举李悦娥为省妇联第十届执行委员会主席。选举张烈珍、郑红、顾青圻、韩红为副主席,王卫东、谢红、安娜、贾桂梓、王秀珍、郭莲香为兼职副主席。大会还选举产生25名执行委员会常务委员。会议通过《关于山西省第九届执行委员会报告的决议》。

【环渤海区域女性创业成果交流会】 11月20日,环渤海区域女性创业成果展示暨合作交流会在太原召开。全国妇联党组书记、副主席、书记处第一书记黄晴宜,省委副书记、省政协主席薛延忠,全国妇联党组副书记、副主席、书记处书记孟晓驷,省人大常委会副主任王雅安,省政协副主席韩儒英等出席会议。北京、天津、河北、山东、山西、辽宁、内蒙古、黑龙江、吉林九省区市的妇联主席、部分女性创业代表等200余人参加会议。

会议通过环渤海区域妇女合作发展(太原)宣言,表彰27名第二届“环渤海区域杰出创业女性”。山西省苏俊秀、李海瑕、郝建华获此殊荣。交流会促成23个合作项目成功对接,资金总额达45.49亿元,涉及农牧业、工业、服务业、旅游业、冶金、机械电子、教育等多个领域。本次会议由山西省妇联主办,北京、天津等环渤海区域八省区市妇联协办。 (李 敏)

山西省科学技术协会

【学术交流和学会工作】 (1)开展重大课题决策咨询。针对2009年初全省旱情形势严重的情况,省科协及时组织专家召开“山西省科协抗旱减灾对策研讨会”,邀请中国农科院及山西省气象、水利、作物、植保、土肥等方面专家、基层一线的技术人员20余人共同商讨对策,形成《山西省科协抗旱减灾对策建议》并上报省委、省政府,得到分管省长批示,为政府科学指导抗旱提供决策依据。(2)开展多种学术交流活动。山西省科协作为唯一省级科协试点单位,承接中国科协在线学术论坛项目,已开辟“山西省青少年科技教育在线学术论坛”“医学专题论坛”“省公路学会在线学术论坛”等3个分论坛,充分利用网络优势来丰富学术交流内容和方式。2009年,各省级学会踊跃开展众多学术交流活动,山西省超声影像工程学会举办“山西省第十二届超声医学学术会议”,山西省性学会承办“第六次全国性医学学术会议”,山西省心理学会承办“全国心理健康教育与科普工作研讨会”,山西省水利学会承办“全国第二届堆石混凝土技术研讨会”等,一系列重大学术活动的蓬勃开展有力地促进了学会的发展。

【科普工作】 1.实施“科普惠农计划”。4月13日,到山西考察农村工作的回良玉对山西科普惠农工作给予肯定。省科协下发《关于开展科普惠农计划整体推进试点工作的通知》,在朔州、吕梁、晋中三个市开展试点工作,全面推进“一站一栏一员”“农科110”“科普惠农绿色通道”“科普惠农兴村计划”和“科普惠农信息员大规模培训”5方面内容的均衡发展和有机整合,推动科普惠农计划持续发展。省科协联合省财政厅下发《关于保证科普惠农计划经费投入,推动科普惠农工作深入开展的通知》,并出台《山西省科普惠农绿色通道服务站建设规范》《山西省科普惠农绿色通道服务中心、站考核奖励办法》等一系列规范性文件,出版《科普惠农计划:理论、方法与实践》一书。省科协联合山西农大启动全省“一村一名农信员”培训工程,计划利用3年时间,为全省3万个行政村每个村培养一名农业科技信息员。通过市场化运作方式,为条件成熟的14个科普惠农服务中心(站)配备专用车辆,为400多个科普惠农服务站配备电脑、可视电话、农科110专用电话。12月初,在云南举行的全国科普惠农兴村计划经验交流现场会上,山西省向参会代表介绍山西实施科普惠农兴村计划,推动科普惠农五大工程的经验、做法。

2. 加强全省科普示范体系建设。科普示范是推动科普工作的有力方式,2009年全省科普示范体系建设得到进一步发展,新创建省科普示范县9个,总数达到47个;新增省科普示范基地81个,总数达到170个;新创建省科普教育基地20个,总数达到46个;有4个省级科普教育基地被评为全国科普教育基地。

3.开展企业技术创新行动。9月,省科协邀请18名院士专家与山西省5家大型企业就22项技术难题进行对接并签署9项合作协议,建立3个院士专家工作站。省长王君会见到晋的院士专家,并就此项工作给予肯定和指导。在中国科协咨询中心支持下,先后2次邀请亿维讯培训专家和德国柏林工业大学客座研究员、中国科学技术咨询服务中心总工程师以企业创新为专题开展企业技术创新培训,64家企业近400名技术骨干参加培训。

4.开展群众性、经常性、社会性科普活动。2009年春季,甲型H1N1流感在我国部分省市出现,省科协及时下发《关于大力开展预防甲型H1N1流感科普宣传的通知》,组织广大科技工作者和科普工作者大力开展科普宣传工作。省科技传播中心和省疾控中心联合开发《科学认知甲型H1N1流感》的科普挂图、科普手册、科普光盘等应急科普资源,及时迅速地将这些科普资源发送到基层。9月,省科协以“节约能源资源、保护生态环境、保障安全健康”为主题,组织开展山西省全国“科普日”暨科普三晋系列活动,通过形式多样、内容丰富的宣传展示,向公众宣传普及科学知识。

5.青少年科普教育成绩突出。(1)省科协联合有关单位举办第24届山西省青少年科技创新大赛,共收到参赛项目和作品686件,全省396142

名中小学生参加大赛。在第24届全国青少年科技创新大赛决赛中，山西省荣获学生创新成果竞赛项目二等奖5项、三等奖9项；同时荣获北大先锋青少年科技创新奖、北京理工大学青少年科技创新奖等4项专项奖；获优秀科技实践活动奖一等奖1项、二等奖4项、三等奖2项；获少年儿童科学幻想绘画奖一等奖2幅、二等奖2幅、三等奖26幅；获5个省级以下组织奖。(2)举办第9届中国青少年机器人竞赛(山西赛区)联赛、2009香港"创协杯"机器人竞赛山西省赛区选拔赛，全省共有115支代表队245名参赛选手参加竞赛，规模创历届之最。在第9届中国青少年机器人竞赛上，山西省共派出17支代表队44人参加，获二等奖3项、专项奖4项、三等奖14项的好成绩。(3)在五学科奥林匹克竞赛中，山西省取得优异成绩，其中，63人获报送资格，6名选手参加国家集训。

6.科技传媒建设实现新跨越。近年来，省科协通过改造纸质媒体、整合社会媒体、开发流动媒体、建设网络媒体、创造户外媒体等多种手段，科技传媒建设取得较大发展。由原来一报一刊的山西科普报刊社发展到现有6个处级事业单位的山西科技报刊总社，拥有2报、3刊、4个内参、11个网站、24种科技手机报刊、CN-SCI户外传媒、800多个社区科普报栏、5000多个农村科普阅报栏、2辆总价值150多万元的科普大篷车、数百件科普展板展具，办有《科技直通车》《城乡零距离》电视节目，《科普大篷车》市县电视台联播节目，《农科110》广播节目，全省首家开通科普网络电视节目。

【国际民间科技交流】 2009年初，山西省科协下发《关于实施"海外智力为国服务行动计划"的通知》，广泛宣传"海智计划"，积极组织项目申报，推动海外科技工作者以科技咨询、技术转让、回国创业等方式直接参与省内经济活动，促进本地本部门需求与海外智力资源的有效对接。经审核上报，6个项目入选中国科协海智计划项目。先后促成旅德博士刘百宁两次到山西举办科技创新讲座、开展学术交流。旅日专家赵凤继研发的"多功能无线视频矿山应急救援系统"项目得到中国科协项目资助。

【纪念山西省科协成立50周年】 10月28日，庆祝山西省科协成立50周年大会在省城南宫召开。中国科协和山西省四大班子主要领导出席。省委书记张宝顺和中国科协副主席、党组副书记齐让作了讲话。省科协开展纪念山西省科协成立50周年"10大科技贡献杰出人物""10大科普功臣""10大优秀科技传播平台""10件公众喜爱的优秀科普作品""10项最有影响的科协品牌活动"等评选活动；在《科学导报》等新闻媒体开办"我与科协"等一系列反映山西省科协成立50周年光辉历程的专栏。

【法律咨询评选表彰活动】 省科协于2009年2月成立山西省司法鉴定管理委员会高科司法鉴定专家委员会，并接受省司法厅授牌。这是山西省级别最高、涵盖业务最多的高科司法鉴定机构，委员会下设农牧业、林业、交通、汽车、化工、电力、水利、信息等8个专业专家组，初步形成全省唯一的多学科、跨行业、高级别的科技司法鉴定体系。

"山西省优秀科技工作者""山西省科技奉献奖""金桥工程"评选表彰活动有序进行。省科协开展第5届"山西省优秀科技工作者"评选表彰工作，评选出优秀科技工作者130人。评选"山西省科技奉献奖"先进集体105个，先进个人279个。"金桥工程"立项45项，预计工程效益5431万元。 （王继龙）

社会科学界联合会

【概述】 2009年，省社科界以科学发展观为指导，围绕中心服务大局，抓住本省经济社会发展中的重大现实问题，潜心研究，推出精品，为推动实现"三个发展"献计献策，在各方面取得发展。一是在学会工作中坚持正确的政治方向。加强对各学会、研究会举办形势报告会和学术报告会、研讨会、讲座的管理和监督。一年来，在学会、研究会举办的100余场讲座、报告会、研讨会中，严格执行学术活动申报制度，使学会学术研讨等活动坚持正确的政治方向，巩固马克思主义在哲学社会科学中的指导地位，学会真正成为宣传马克思主义和党的方针政策，传播先进文化，弘扬社会正气的阵地。二是为学会开展学术交流创造条件，推动学会工作创新发展。10月18~20日在忻州举办学会工作经验交流会。会议邀请省民间组织管理局领导作学会工作辅导报告，省社科联领导分别联系各自的业务，就学会管理、课题研究等作专题辅导。各学会、研究会、各市社科联也分别交流了经验。三是学会管理进一步规范，学会管理制度得到落实。每年一次的学会年检工作是社科联的主要任务之一，也是加强学会规范化管理的重要手段。从4月份开始，对全省学会组织建设、学术活动、课题研究、财务审计以及遵纪守法等方面的情况进行严格审查。2009年，全省132个社科类学会、研究会，90%的通过省民管局的年检，是全省年检通过率较好的单位之一，得到省民政厅的肯定。与此同时，省社科联狠抓《学会管理办法》《学会学术活动申报制度》《学会联系人制度》《学会工作绩效考核制度》《新社会组织建立党组织工作程序》等规章制度的建立完善和落实。2009年省社科联处级以上领导深入学会或参加学会的活动达100多人次。

【社科评奖】 社科大评奖是省社科联受省委省政府委托开展的全省社科界的最高奖项，其规格高、影响大、涉及面广、政策性强。2009年是社会科学研究优秀成果评奖由4年改为两年一次的第一次评奖。这次评奖从2月启动，2月12日山西省第6次社会科学研究优秀成果评审领导组召开第一次会议，省委常委、宣传部部长、评奖领导组组长胡苏平主持会议。会议通过《实施意见》，由省委、省政府办公厅下发文件。经过宣传动员、部署安排、网上申报、资格审查、资料整理，先后组织120多名评审专家，进行严格的三级评审，即初评、学科评审、评委会审定，网上公示1个月等程序。另外组织每年一度的“百部（篇）工程”评奖工作。这是省社科联连续开展了15年的一项品牌性工作，也是近年“推出一批优秀社科研究成果”的主要内容之一。

【理论研究】 一是社科联重点课题研究取得重大突破。2009年初，下达省社科联重点课题指南，组织有关人员进行立项评审。《山西可再生能源发展研究》等135项研究课题被确立为重点课题。同时，还确定关于《山西煤炭资源整合》《资源性城市转型发展》《加强新形势下党的建设》等9个重大课题。组织研究力量，整合学术资源，进行联合攻关，先后完成《全球背景下山西文化产业竞争力研究》《山西提升文化软实力的对策研究》《山西矿业安全发展的长效机制研究》《山西煤炭资源整合研究》等课题的研究。组织完成省委组织部、省委人才领导组下达，省委宣传部委托的2009~2020年人才发展规划课题“加强人才队伍社会环境建设研究”。各学会、研究会开展200余项课题研究。在省煤炭整合和企业兼并重组这一战略任务实施进程中，省社科专家开展山西煤炭资源整合研究，从经济产业发展规律、世界煤炭产业发展历史等方面加以论证，澄清一些混乱的思想认识。二是各学会、研究会学术研讨活动丰富多彩。学会、研究会围绕庆祝建国60周年这个主题，开展层次各异、形式不同、内容丰富、各具特色的学术活动。大同、晋中、忻州、朔州、晋城社科联紧紧围绕当地的中心工作，开展课题研究，举办学术研讨活动。一年来，各学会、研究会、各市社科联举办研讨会、报告会、座谈会等活动100余次。三是认真办好社科网站及报刊，社会科学普及工作扎实开展。《山西社科网》《学术论丛》《山西社科联》以及学会、研究会主办、联办、协办的43种报刊是山西社科界的窗口，是广大社科工作者沟通信息、学术交流、成果展示的重要平台。《山西社科网》作为现代媒体，在充分利用它宣传党的方针政策的同时，把办公链延伸，评奖工作的申报、课题的申报立项等，均可通过网上进行，极大地方便了工作。《学术论丛》《山西社科联》《生产力研究》《思想教育》《资产与产权》《山西国资》《山西金融》等报刊，是全省广大社科工作者进行学术交流、展示科研成果的又一平台。 （王纪山）

侨联工作

【林明江慰问侨界困难群众】 全国政协常委，中国侨联党组副书记、副主席林明江率领中国侨联慰问团一行三人，于2009年1月12~14日专程来山西看望慰问困难侨户。省侨联党组书记温福亮、秘书长黄成胜陪同慰问。林明江在晋慰问期间，亲赴太原、长治等地，深入侨界群众家中，走访看望贫困归侨，了解困难侨户的生产生活情况，向他们送去米、面、油等生活必需品及慰问金，为他们送去党和政府的关怀和温暖，向他们转达中国侨联的亲切问候，并向他们致以新春的祝福。对于不能一一看望的困难侨户，林明江委托省、市侨联代为探望，要求各级侨联切实把中国侨联及各级侨联的关心带给每一位困难归侨侨眷。省委常委、统战部部长李政文会见副主席林明江一行，并对林明江亲赴山西慰问侨界群众以及中国侨联长期以来对山西的关心和支持深表感谢。

【“送温暖献爱心”活动】 春节前夕，按照中国侨联《关于在2009年元旦春节期间开展“送温暖、献爱心”活动的通知》和山西省委办公厅、省政府办公厅《关于在全省开展“进万户门、解万家难、暖万人心”活动的通知》要求，省各级侨联积极开展“送温暖、献爱心”活动，向全省困难归侨、侨眷送去慰问金和慰问品，把党和政府的温暖送到广大归侨侨眷家中。

省侨联将6.5万元经费用于扶贫慰问，向全省11个市侨联分别发放5000元，同省侨办一起对省直36户困难侨户、侨界代表和老侨联领导进行慰问。通过调查摸底，将全省501户贫困侨户情况上报省委、省政府，得到领导和有关部门的高度重视，从省财政下拨25万余元专款用于救助困难侨户。

【晋中市侨联开展再就业“对接活动”】 4月21日，晋中市侨联在榆次金融大酒店举行主题为“学习实践科学发展观深入开展为侨服务”的帮助困难侨户再就业“对接活动”。山西路鑫能源集团、山西国联管业集团等10户侨资企业和晋中市48名归侨侨眷参加活动。此次活动得到省委统战部、省侨联和晋中市委、市政府的高度重视和支持。省侨联组织安排全省其他10家兄弟市侨联党组书记和主席对活动进行现场观摩学习。此次活动为39名归侨侨眷找到了合适岗位。

【中国侨联港澳地区顾问、委员等考察团莅晋】 5月8~13日，中国侨联港澳地区顾问、委员、名誉委员考察团一行25人，先后在山西临汾、晋中、太原、忻州、大同等地参观考察。考察期间，重点了解山西的经济、社会、文化等方面的发展情况，先后赴壶口瀑布、洪洞大槐树、平遥古城、乔家大院、晋祠、五台山、应县木塔、云冈石窟等风景名胜区参观。省委常委、统战部部长李政文代表省委、省政府接见考察团全体成员，热忱欢迎大家到山西考察参观，并向来宾详细介绍了山西省悠久的历史文化和丰富的旅游资源及矿产资源、产业发展等情况。率团到晋考察的中国侨联副主席李祖沛代表中国侨联，对山西省委、省政府及山西各级党委、政府以及各级侨联的热情接待和周到服务表示由衷感谢。此次莅晋的考察团成员主要有香港华侨华人总商会会长古宣辉、澳门归侨总会会长罗少荣等港澳地区的全国人大代表、全国政协委员、省市政协委员、侨团领袖、知名人士和企业家。

【晋中市侨联“金桥活动”】 近年来，晋中市侨联积极响应省委统战部、省侨联开展的“凝聚力工程”号召，牵头组织“晋港(澳、台)企业家金桥活动”,充分发挥侨联优势,采取“走出去、请进来”等多种形式,不断巩固和拓宽对外联谊渠道,在积极争取海外捐赠资金为晋中市新农村建设服务等方面取得了很大成绩,先后争取到香港华革会等捐赠资金200多万元,在晋中市太谷、左权、平遥、祁县、榆次建成6所农村希望小学,装备了10个农村卫生所。10月18~24日,经中央政府驻港联络办港岛工作部协调联系,香港华革会观礼团一行30余人,在晋中市参加了祁县古县镇和榆次区东阳镇下丁里村两所希望小学的竣工典礼、左权10所新农村卫生所冠名揭牌仪式及捐助贫困学生等系列活动。

10月19日,分别在祁县古县镇和榆次区东阳镇下丁里村举行由香港华革会名誉会长吴祺光夫妇捐建的祁县古县镇香港华革会李建培英小学和榆次区东阳镇下丁里村香港华革会李建培英小学的竣王剪彩仪式。市长张璞向吴祺光夫妇颁发晋中市荣誉市民证书。

10月22日在左权县举行由吴祺光夫妇捐资52.5万元装备的10所农村卫生所冠名揭牌仪式。省委常委、统战部部长李政文,晋中市委书记李永宏等领导出席了仪式。

另外,还举行“捐助贫困生”仪式,香港华革会为晋中市10所中小学160名贫困生捐助14.2万元人民币。吴祺光夫妇表示,今后将继续为晋中市教育事业慷慨解囊,从2009年起,将连续数年每年捐资16万元资助晋中市13所中小学220名中小学贫困学生完成学业。

【山西华侨商会成立】 12月18日,山西省华侨商会在太原宣告成立。上百名在晋投资的华侨精英出席成立大会,原联合国副秘书长、中国侨联顾问冀朝铸专程到会表示祝贺。山西省政协副主席李雁红等出席大会。王明健当选为会长。中国侨商会、各兄弟省市华侨商会和海外友好社团向大会发来贺电。

山西省华侨商会是经省民政厅批准成立的,具有独立法人资格的非营利性社会团体,主管机关为山西省归国华侨联合会,接受省侨联和省民政厅的监督管理。

【山西省第九次归侨侨眷代表大会】 12月19~20日在太原召开。大会审议通过省侨联第八届委员会的工作报告。省委书记、省人大常委会主任张宝顺,省委副书记、省长王君,省委副书记、省政协主席薛延忠,省委常委、省委统战部部长李政文等省领导和中国侨联副主席王永乐,中国侨联顾问、原副主席冀朝铸出席开幕式,为受表彰的全省侨界先进集体、先进个人代表颁发奖牌、证书,并会见出席会议的全体代表及合影留念。李政文和王永乐分别代表山西省委、省政府和中国侨联致辞。

大会选举产生新一届省侨联领导班子:许并社当选为省侨联主席,范安龙、刘越泽(女)、王帆(女)、方敬爱(女)、李慧(女)、张三货、郭晋普、黄成胜当选为副主席,黄成胜兼任秘书长。会议选举产生35名山西省侨联第九届委员会常务委员。大会聘请冀朝铸为省侨联名誉主席,李彦宏、阎长明、王明健为省侨联名誉副主席,周运宁、陈海荣、陈端度、李冠瑶为省侨联顾问,江立开、张文焕、徐本宁、谢克明、廖军、蔡海燕为省侨联名誉委员。

【基层组织建设】 2009年,全省各级侨联按照中央书记处关于做好新时期侨联工作的意见和中国侨联“组织起来、活跃起来”的总要求以及省侨联“在着力做好重点县(市、区)侨联组织建设的基础上,加强与新侨、‘两新’组织人员的联系,大力推进新归侨侨眷集中的机关、科研院所、大专院校、创业园区、大中企业和城市社区的侨联组织建设工作”的工作目标,不断加强侨联基层组织建设,取得明显的成绩,侨联基层组织建设取得新进展。4月,太原市侨联圆满完成换届工作;晋城市、忻州市侨联顺利完成换届工作。晋中市榆次区、太谷县、平遥县、介休市,长治市城区、郊区和长治县等县(市、区)分别召开第一次归侨侨眷代表大会,正式成立侨联组织。

(张志龙)

三晋文化研究会

【概述】 2009年,三晋文化研究会以“研究三晋之文明,创立未来之新风”为己任,以加快《三晋石刻大全》编纂工作进度为重点,进一步拓宽研究领域,取得优异成绩。

2009年陆续出版10部丛书:《诸神与众生》《辉煌历程》《柴泽俊古建筑修缮文集》《牺盟会决死队论稿》《三晋石刻大全·临汾市洪洞县卷》《陶希晋手书白居易诗选》《武则天往事存真》《山西书院》《山西古今地名词典》《峥嵘岁月话山西》。

三晋文化研究会先后组织文化考察活动。6月3~6日组织长治“红色之旅”考察,9月16~19日组织朔州“朔平文化之旅”考察,10月20日组织“晋城文化之旅”考察,考察活动增加各市三晋文化研究会相互之间的联络,提供学术交流平台。

【《山西历史文化丛书》新增选题】 5月18日,三晋文化研究会召开《山西历史文化丛书》拟新增选题会议。主要对拟新增选题提出意见和建议。《山西历史文化丛书》是以通俗文化为主的历史文化丛书。会议议定新选题为建国后山西主要领导人:王谦、卫恒、王大任、刘开基等,全国著名劳动模范李顺达,在国外华人有重大科技贡献的山西人张民觉、任之恭等。

【《辉煌历程——三晋文化研究会成立20周年》出版】 4月10日《辉煌历程——三晋文化研究会成立20周年》正式出版。该书如实记述三晋文化研究会在挖掘、整理、弘扬三晋文化方面的一些做法、经验和成果,具有史料珍藏价值、欣赏价值和学习借鉴价值。

【《三晋石刻大全·临汾市洪洞县卷》出版】 9月25日,《三晋石刻大全·临汾市洪洞县卷》正式出版发行。组织《三晋石刻大全》是一个抢救性的工程,是一个传承中华文明的工程,

是一个功在当代，利在千秋的工程。《三晋石刻大全·临汾市洪洞县卷》正式出版，实现全省编纂石刻大全零的突破。 （谢　恺）

红十字会

【概述】 2009年，山西省红十字会协助党和政府在开展人道领域的救助、救济、救援等方面做了大量的工作，为构建和谐山西发挥积极作用。全省组织建设工作及实施红十字会法律法规有新进展，理顺管理体制工作取得新突破。为推动山西省各级红十字会的组织建设工作，2月中旬，全国人大常委会原副委员长、中国红十字会会长彭珮云先后深入长治、晋城、太原等地考察红十字会工作，省红十字会也专门对运城等7个市13个县（市、区）的管理体制情况进行调研，截至12月，119个县（市、区）中有45个理顺管理体制。

【救灾救助】 2009年，全省各级红十字会积极开展“博爱一日捐”活动，共募集资金1267.4万元，其中省红十字会募集资金317.8万元，为台湾莫拉克台风募集善款30万元。全省各级红十字会通过“红十字博爱送万家”活动为11500个困难家庭提供价值480余万元的慰问物资，5万多人受益。全省红十字会为88名贫困先心病患者实施救治手术，实施白内障复明手术526人，为176名唇腭裂患者实施手术，对116名因大病致困的省直单位职工给予救助，对临汾市传染病医院“绿色港湾”的艾滋病人进行慰问，捐助救治费20万元。积极参与新农合大病救助工作，6个新农合试点县共筹措医疗救助金47.62万元，为327名参合患病的特困农民提供二次救助，报销医药费32.9万元，援建10所红十字博爱卫生（院）站，有3名志愿捐献角膜者实现捐献角膜的遗愿，并完成宋庆龄基金会通过省红十字会对“非典”去世人员子女的年度救助工作。山西省红十字会被省劳动竞赛委员会授予山西省五一劳动奖状。

【基本知识宣传】 2009年，省红十字会利用“5·8”世界红十字日、世界急救日、“12·1”世界艾滋病宣传日等充分利用媒体作用，广泛宣传和传播红十字运动基本知识，进一步弘扬红十字“人道、博爱、奉献”的精神。全年在电视、报纸、网站等媒体报道红十字会消息、信息2500条（次），编印《山西红十字通讯》6期、《健康生活报》“红十字专版”12期；制作“5·8”彩色宣传折页、“博爱一日捐”宣传资料等宣传品30000余份；与省邮政公司联合开展主题为“谢谢你的爱——爱心感谢卡、友爱传华夏”向爱心捐赠者邮寄爱心感谢贺年卡活动，常家庄园捐赠爱心款10万元，用于制作“爱心感谢卡”，共邮寄爱心感谢卡3万余封，均收到较好的宣传效果。

全国人大常委会原副委员长、中国红十字会长彭珮云在山西考察

（侯晓俊　韩　燕提供）

【群众性救护培训】 加强对全省红十字志愿服务工作的规范化管理，对6000余名红十字志愿者进行登记注册，实施电子化管理。组建5支社区红十字志愿者救援服务队，并对志愿服务队的红十字志愿者进行培训和急救演练。

全省各级红十字会在民航、煤矿、铁路、运管等系统及社区、学校，积极开展救护培训工作，普及灾害应急、自救互救、逃生避险知识，全年共举办3期救护师资培训班，培训师资138人次，培训急救员14000余人次，普及救护知识达11.8万人次。省红十字会备灾救护中心受到省直机关劳动竞赛委员会的表彰，被授予五一劳动奖状。

【无偿献血及捐献造血干细胞工作】 对省财政税务专科学校、山西医科大学、山西中医学院的250余名高校大学生和红十字志愿者进行红十字运动及造血干细胞相关知识的培训。2009年，山西分库全年新增志愿者资料5000人份，有8名志愿者成功捐献造血干细胞，累计有35名志愿者捐献造血干细胞。山西省分库获得省妇联授予的“全省巾帼文明岗”荣誉称号。

【对外交往与合作】 2009年，随中国红十字会总会赴澳门参加“庆祝澳门回归十周年”的活动，完成省红十字会第14批赴日研修生的选派工作，组团赴日本交流访问。先后完成总会与美国红十字会在大同县、与挪威红十字会在武乡县开展的改水、改厕援建项目。

【青少年工作】 成功举办2009年山西省红十字青少年夏令营活动，组织参加“全国红十字青少年防灾避险知识竞赛”，忻州师范学院红十字会等获"全国红十字青少年防灾避险知识竞赛"最佳组织奖,在山西大学、中北大学等9所高校设置红十字会公益画框200余块。

(侯晓俊　韩　燕)

慈善总会

【概述】 山西省慈善总会于2003年10月28日成立,是由热心山西慈善事业的省内公民、法人及其他社会组织,志愿参加的全省性非营利公益社会团体。其宗旨:发扬人道主义精神,弘扬中华民族扶贫济困的传统美德,帮助社会上不幸的个人和特别困难的群体,开展多种形式的社会救助工作。2009年,山西省慈善总会全年筹集社会善款878.31万元,在助医、助学、助困、支援四川灾区等方面支出善款1936.54万元,救助困难群众14154人。截至2009年,全省有7个市、48个县(区、分会)成立慈善会。

【山西慈善暨社会捐助工作表彰大会】 1月7日,山西慈善暨社会捐助工作表彰大会在迎泽宾馆召开。大会对多年来支持慈善事业发展的爱心单位、个人,特别是在四川汶川抗震救灾中做出贡献的单位和个人进行表彰。大会授予省慈善总会、太原市、大同市、阳泉市、长治市、临汾市、运城市、平遥县慈善总会和太原市漪汾苑社区慈善工作站"爱心组织奖"。省慈善总会推荐的山西信托有限责任公司、东方红品牌服饰中心荣获"爱心捐助贡献奖"。省委书记、省人大常委会主任张宝顺,省委副书记、省长王君出席会议并为代表颁奖。省委副书记薛延忠讲话。省委常委、常务副省长申联彬主持会议。省人大常委会常务副主任杨安和、省政协常务副主席郭良孝等领导出席会议。民政部社会福利和慈善事业促进司司长王振耀到会并讲话。

【慈善夫妇捐赠阿洛卡彩超设备】 1月15日,一对慈善夫妇委托律师向山西省慈善总会定向捐赠一台价值150万元的阿洛卡彩超设备。山西省慈善总会按照这对夫妇的意愿将这台医疗设备转赠给太钢总医院。捐赠仪式上,两单位负责人现场签订了协议。

【"慈善医疗济困"行动山西启动仪式】 4月14日,中华慈善总会第二期"慈善医疗济困"行动山西启动仪式在山西省长治市举行。在启动仪式上,来自全省十几个市县的25家基层医疗单位接受了医疗设备捐赠厂家的使用设备培训,并与中华慈善总会慈善医疗阳光救助工程办公室及医疗设备捐赠厂家签订协议,享受资助金额达1000余万元。

【开展助医赠药活动】 山西省慈善总会开展微笑列车、格列卫、易瑞沙、多吉美、达希纳等各项助医赠药项目;与西安高新医院、省荣军精神康宁医院合作开展了心新工程、亲情工程助医项目。微笑列车项目全年救助贫困唇腭裂患者717人,减免金额224.18万元;格列卫项目全年共救助慢性粒细胞白血病、胃肠道间质瘤患者203人,救助药品价值3205.99万元;易瑞沙全年共救助肺癌患者66人,救助药品价值552.87万元;多吉美全年共救助肾癌、肝癌患者19人,救助药品价值546.67万元;达希纳项目全年救助3人,减免金额12.6万元;亲情工程全年共救助贫困精神病患者436人,减免医疗费67.17万元;心新工程全年共救助先天心脏病患者233人,减免医疗费419万元。

【省慈善总会具有公益性捐赠税前扣除资格】 7月6日,省财政厅、省国税局、省地税局和省民政厅联合发出《关于确认山西省慈善总会等4家社会团体(基金会)公益性捐赠税前扣除资格的通知》。

《通知》指出:经省财政厅、省国税局、省地税局和省民政厅联合审核,确认山西省慈善总会符合社会团体(基金会)公益性捐赠税前扣除资格规定条件,纳税人通过山西省慈善总会用于公益性的捐赠,可按现行税收法律法规及相关政策规定在计算缴纳企业所得税和个人所得税时在所得税税前扣除。

【荣获"中华慈善事业突出贡献奖"】 7月15~16日,中华慈善总会成立十五周年暨2009年中华慈善突出贡献奖表彰大会在北京隆重召开。大会对2007年以来,特别是在抗击南方低温雨雪冰冻灾害和四川汶川抗震救灾中作出突出贡献的爱心人士、爱心企业(含海外华人华侨、在华外资机构)、先进慈善机构、慈善工作者、影响广泛且社会效益良好的慈善项目以及长期以来投身慈善公益事

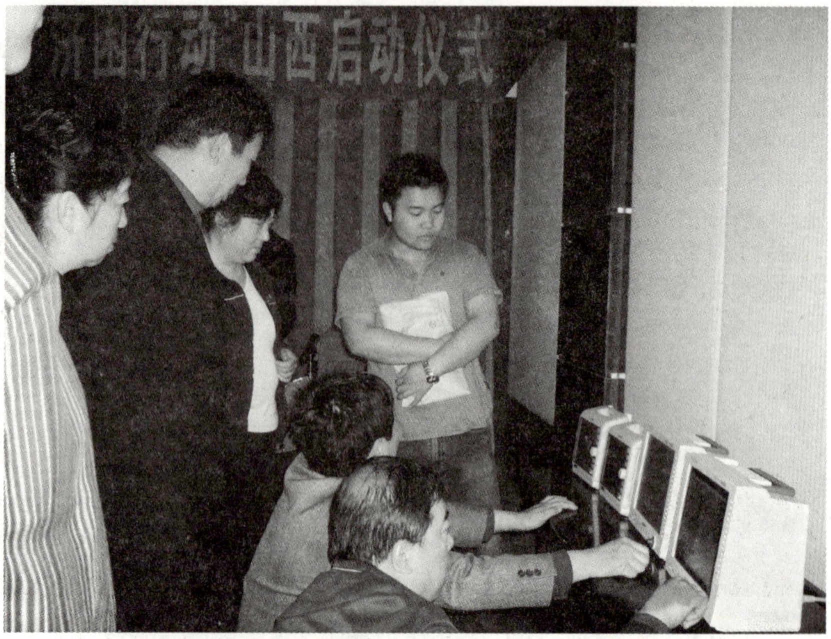

"慈善医疗济困"行动山西启动仪式　　(李昌慧　武学亮提供)

业且成绩突出的慈善志愿者进行表彰。太原市慈善总会荣获“中华慈善先进机构奖”；富士康（太原）科技工业园、太原钢铁（集团）有限公司、太原中和房地产开发有限公司、智海企业集团有限公司、山西百圆裤业有限公司、黎城县粉末冶金有限责任公司六个企业荣获“中华慈善突出贡献单位（企业）奖”；一直热心支持慈善公益事业的“平安”女士、常平集团董事长陈忠孝、山西振东集团总裁李安平、潞宝集团董事局主席韩长安、沁源康伟煤焦有限公司董事长郭向文、山西建峰集团董事长郝建秀、平遥煤化（集团）有限责任公司董事长郭兴银、山西蒲县祥瑞集团董事长邵山城8人获得“中华慈善突出贡献人物奖”；省慈善总会开展的“心新工程”和长治市慈善总会开展的“康复助医”荣获“中华慈善突出贡献项目奖”。省慈善总会李晶慧（女）、长治市慈善总会秘书长张荣旦、平遥县慈善总会秘书长赵成林荣获“中华慈善优秀工作者奖”。

【“圆梦大学行动”】 “圆梦大学行动”是山西省慈善总会开展的一个品牌助学项目，旨在帮助那些当年考上大学却因家庭贫困而上不起学的大学生，通过救助帮他们圆大学梦。8月10~19日，山西省慈善总会举行2009年度“圆梦大学行动”活动，对全省165名贫困大学生进行资助，资助金额达72.23万元。

【成立“慈爱阳光班”】 “慈爱阳光班”是山西省慈善总会联合各市慈善会开展的一个品牌助学项目，其宗旨是救助家庭贫困且品学兼优的高中生，使其能顺利完成高中学业并考入大学继续深造，每位“慈爱阳光班”的学生，每年将得到2000元的资助，连续资助三年。从2007年到2009年，山西省慈善总会已在全省成立了12个“慈爱阳光班”，在校人数达612人，2009年资助金额达122.4万元。

【视敏儿童弱视救助项目】 9月27日，由中华慈善总会主办的视敏儿童弱视救助项目在阳泉市正式启动。在阳泉市慈善总会举办的捐赠仪式上，中华慈善总会向上站小学、下站小学等5所小学捐赠总价值30余万元的护眼检测、训练、康复设备。为保证该项工程顺利实施，中华慈善总会视敏儿童弱视救助项目办公室还在阳泉市设立救助实施联络处，具体负责仪器的安装、调试、维护、维修、人员培训以及业务指导等。

【慈善认捐基金签字仪式】 10月18日，长治市慈善总会与长治市良园振宇房地产开发公司举行慈善认捐基金签字仪式。世界杰出华商协会理事、蒙古国蒙莱矿业公司投资人、长治市良园振宇房地产开发公司董事长曹振宇先生向长治市慈善总会认捐100万元慈善救助基金，期限5年。在签约仪式上，曹振宇表示，把企业文化和慈善文化有机地结合起来，既是企业发展的需要，也是对社会肩负的责任，企业应当通过不懈努力，让更多需要的人群得到应有的生活和生产保障，感受到社会的温暖。

【开展“慈善一日捐”活动】 11月5日，太原市慈善总会开展大规模的“慈善一日捐”活动，截至12月10日，全市募款已达2263.72万元。此次活动受到太原市委、市政府高度重视。太原市委办公厅、市政府办公厅印发《关于在全市开展“慈善一日捐”活动的通知》，确定从2009开始，每年11月份在全市开展以“携手慈善、共建和谐”为主题的“慈善一日捐”活动，提倡个人捐赠一天的工资收入，行政事业单位捐出一天的办公经费，生产和经营与服务性企业单位（包括国有企业、股份制企业、民营企业）除职工捐赠一天的工资收入外，提倡赢利单位捐赠一天的利润或节约下的一笔资金。

【荣获“微笑列车在华10年贡献奖”】 11月17日召开的“微笑列车在华10年贡献奖颁奖大会暨《微笑列车中国10年》特刊出版新闻发布会”上，山西省一批单位和个人荣获“微笑列车在华10年贡献奖”。会上，作为较早开展“微笑列车”项目的山西省荣获多项殊荣。山西省慈善总会、晋中市人民医院、中国解放军二六四医院、山西省儿童医院获组织奖；山西省慈善总会副会长兼秘书长杨润旺、原项目负责人王民生、山西省民政厅处长张金平、山西省大同市第二人民医院副院长李晋、《山西商报》和《三晋都市报》记者董茂、文秀为荣获支持奖。山西省各定点医院口腔科一线医生、护士苏焕香、麻有桂、侯春林、王爱良、王润兰、郭峰、胡斌、杨立新等8人荣获天使奖，柳新华、张培林、石富英、李驻洲、杨秀全、郭兴、常诚、贺永春等8人荣获奉献奖。

【“慈善情暖万家”活动】 “慈善情暖万家”活动是中华慈善总会在全国开展的一个品牌项目，在每年的元旦、春节前夕对生活特困群众进行慰问，使他们和全国人民一起度过欢乐祥和的两节。山西省2009~2010年度“慈善情暖万家”活动于2009年12月18日在临汾市尧都区启动，至2010年春节前为止，全省各级慈善会共发放善款、物2281.76万元，救助贫困家庭4万余户，惠及困难群众16万余人。12月23~24日，中华慈善总会常务副会长李本公带队的“慈善情暖万家”活动山西慰问团先后到太原市儿童福利院、长治市武乡县和平顺县进行慰问，为福利院的孩子和600多户困难群众送去20万元慰问金和1200条毛毯。

【“爱心雅士利　温暖中华行”山西省捐赠仪式】 12月26日，“爱心雅士利温暖中华行”山西省捐赠仪式在省民政厅一楼大厅举行，广东雅士利集团向山西省捐赠价值50万元的奶粉，太原、大同、吕梁、长治、临汾、运城、晋城、朔州等市的9所儿童福利院和榆次相立小学10个单位得到救助。

（李晶慧　武学亮）

工　业

·综　述·

【工业经济运行特点】 (1)工业增速止跌回升,企稳向好。2009年的前几个月,全省工业经济受国际金融危机冲击影响,延续了2008年以来的下滑趋势,其中3月份增速滑落至-27.7%的近几年最低点。二季度以后,随着国际、国内经济形势的缓慢复苏,工业经济增速触底回升,分季度看,一季度全省规模以上工业增加值增长-22.4%,二季度增长-17.4%,三季度增长-8.5%,增速逐月加快,四季度加速回升,11月(42.5%)、12月(40.5%)连续两月实现月度增速全国排名第一。2009年全省规模以上工业累计完成工业增加值3379.2亿元,同比增长2.5%(全国为11%),扭转了2009年以来的工业增加值累计增长持续下滑的局面。

(2)各类型、各层次工业经济增长加速回升,部分地市实现增长。从轻重工业看,12月份,重工业增长42.1%,轻工业增长14.2%。1~12月份累计,重工业完成增加值3209.7亿元,增长2.2%;轻工业完成增加值169.4亿元,增长10.1%。

从企业类型看,12月份,国有企业(28.8%)、集体企业(68.5%)、股份制企业(42.8%)、股份合作制企业(125.9%)、外商及港澳台企业(18.5%)均实现增长。1~12月份累计,国有企业增长5.1%,集体企业增长1.6%,股份制企业增长3.1%,股份合作制企业下降20.6%,外商及港澳台投资企业下降3.9%。

12月份,中央企业增长29.7%、地方企业增长42.3%,1~12月份累计,中央企业增长3.2%,地方企业增长2.4%。

从区域看,12月份全省11个市均实现增长。1~12月份累计,朔州(18%)、长治(12.2%)、晋城(9.8%)、晋中(6.9%)、运城(6%)、临汾(3%)、阳泉(2.6%)、吕梁(0.1%)8市实现增长,大同(-3.9%)、太原(-9.9%)、忻州(-12.5%)3市为负增长。

(3)煤、焦、钢铁产量逐月回升,当月产量大幅增长。随着煤炭资源整合工作取得重大阶段性成果和市场需求的回升,山西省煤、焦、钢铁等主导产品产量下半年以来逐月回升,月度产量连创新高,同比实现大幅增长。12月份,全省规模以上原煤产量6296.9万吨,增长33.3%,焦炭产量724.6万吨,增长71.7%,粗钢产量260.9万吨,增长48.5%,钢材产量225万吨,增长46.4%,生铁产量301.5万吨,增长49.8%,氧化铝产量29.5万吨,增长50.9%。

全年全省原煤产量6.15亿吨,同比下降6.2%,焦炭产量7649万吨,下降5%,粗钢产量2648万吨,增长12.9%,钢材产量2288万吨,增长16.1%,生铁产量3127万吨,增长14.2%,电解铝产量76.4万吨,下降21.1%,氧化铝产量260万吨,下降23.8%,化肥产量375万吨,下降4.6%,水泥产量2482万吨,增长16.5%。

(4)产销率回落,出口大幅下降。全省完成工业销售产值8982.6亿元,同比下降6.8%,产销率为96.96%,同比下降0.47%。全省完成出口交货值198.4亿元,同比下降42.8%。

(5)月度发、用电量和铁路运力基本恢复正常水平。随着工业经济的企稳回升,全社会用电量、工业用电量、铁路货运量增速在10月份转正基础上不断加快,均已基本恢复至国际金融危机前的水平。12月份全省发电量完成195.8亿千瓦时,同比增长36.3%,用电量为130.4亿千瓦时,增长24.5%,其中工业用电量为105.4亿千瓦时,增长21.4%。

全年全省发电量为1873.8亿千瓦时,增长4.3%,用电量为1267.5亿千瓦时,下降3.6%;工业用电量为1027.7亿千瓦时,下降6.8%,其中轻工业用电下降10.1%,重工业用电量下降6.7%,煤炭用电量增长1%,黑色冶金用电量增长1%,有色金属用电量下降22.5%,化工用电量下降14.3%。

全年全省完成铁路货运量45605.7万吨,比上年同期少运6769.5万吨,同比下降12.9%,其中煤炭运量为37701万吨,比上年同期少运6264.1万吨,同比下降14.2%,其他货物运量为7904.7万吨,比上年同期少运505.4万吨,同比下降6%。

(6)经济效益降幅明显收窄。全年全省规模以上工业企业实现销售收入、利润、利税分别为9060亿元、428.4亿元和1093.4亿元,同比分别下降 9.1%、26%和 20.2%，但降幅较上半年分别大幅收窄 12.8%、43.2%和 23.6%。全省工业亏损企业亏损额 218.5 亿元，增亏幅度由上半年的 2.1 倍缩小到 49.3%。

【主要工业行业运行情况】 (1)煤炭行业。总体保持稳定运行，供求趋紧。年初主要体现在局部地区的焦煤、无烟块煤等煤种供应紧张，随着省内资源整合工作取得阶段性重大成果，煤炭产量逐月增长，从一季度的月均 3800 万吨左右，增加至二季度的 4800 万吨，三季度达到 5000 万吨。四季度以来，月度产量突破 6000 万吨，12 月份产量同比增长 39.5%，创出历史新高。在产量稳步增长的同时，受冬季用煤高峰和大范围低温严寒天气影响，四季度以来国内部分地区煤炭供求形势出现紧张局面，价格也明显上涨，2009 年底秦皇岛港口存煤下降至 503 万吨左右，5500 大卡动力煤价格上涨到 780 元/吨左右，达到年内最高价格水平，比 11 月上涨 95 元/吨。2009 年，煤炭行业实现销售收入 3383.8 亿元，同比下降 1.2%，实现利润 428.4 亿元，下降 26%，亏损企业亏损额为 23.5 亿元，增亏 1.7 倍。

从煤炭行业重点企业情况看，多数企业实现生产增长，同煤、阳煤、晋煤工业总产值分别增长 3%、36%和 24%，实现利润分别增长 10%、-15%和 22%，焦煤集团产值、实现利润分别下降 3%和 17%。

(2)冶金行业。2009 年钢铁行业在国家刺激经济政策作用下，逐步走出谷底，产量同比快速回升，价格震荡运行。年初受政策推动，国内钢铁价格上扬，之后回落探底，至 4 月中旬，国内钢铁价格指数达到年内最低的 95.01 点后开始反弹，8 月初到达年内最高 116.3 点，但由于产能大量释放，钢材价格再次回落，四季度在市场需求回暖影响下，价格再次有所回升，处于平稳状态。12 月份，国内市场月平均钢材价格综合指数为 105.62 点，较上月上涨 2.97 点，同比上涨 2.32 点。从全年运行情况看，线材产品受政策因素影响市场形势明显好于板材，国内钢铁产能的快速释放对市场形成巨大压力，钢材价格大起大落加大了市场风险，企业经济效益虽有所好转，但部分企业仍处于微利或亏损局面，整个行业运行仍面临较多困难和不确定因素。有色金属行业产品价格经过一季度的低迷时期后，二季度以来逐步回升，走出最低谷，12 月份国内生产资料市场，铜、电解铝现货平均价分别为 56054 元/吨和 15992 元/吨，比 11 月分别上涨 7.9%和 5.8%，同比上涨 1.1 倍和 43.4%，电价的调整，加大冶金行业成本，经济效益下滑较大，全行业实现利润盈亏相抵仍为净亏损。

2009 年，冶金行业实现销售收入 1889.1 亿元，同比下降 21.9%，实现利润盈亏相抵为净亏损 23.9 亿元，较上半年(净亏损 41.6 亿元)亏损减少 17.7 亿元。从冶金行业重点企业情况看，太钢总产值下降 12%，实现利润增长 2%，长钢扭亏为盈，海鑫集团利润下降 47%。中铝、中条山集团实现利润均为净亏损。

(3)焦炭行业。2009 年，下游钢铁市场的变化直接带动焦炭市场价格的大幅震荡，由 8 月份的 1850 元/吨跌至三季度的 1550 元/吨左右，省内焦炭企业普遍限产 30%~40%，由于焦煤供应持续偏紧且价格始终维持高位，每吨亏损约 100~200 元，焦炭行业陷入全行业亏损状况。四季度后，受下游钢铁行业回暖，需求增加因素影响，焦炭价格开始出现连续上涨，年底二级冶金焦价格回升至 1850 元/吨左右，2010 年初继续出现上涨趋势，企业经济效益有所回升。2009 年，焦炭行业实现销售收入 1086.4 亿元，同比下降 28.8%，实现利润盈亏相抵为净亏损 26.7 亿元，但较上半年(净亏损 35.2 亿元)亏损减少了 8.5 亿元。焦炭行业重点企业中，山西焦化净亏损 5.9 亿元，阳光焦化利润下降 83%。

(4)化工行业。2009 年全省的主要化工产品尿素、聚氯乙烯、甲醇等价格始终处于低位运行，同比均出现不同程度下降。四季度以来，进入冬季储肥期，在电力、煤炭价格上涨等成本因素推动下，尿素价格出现一定幅度上涨，达到 1780 元/吨，甲醇市场需求也有所好转，产品价格回升至 2300 元/吨，但其他多数化工产品价格仍处于低位运行。

2009 年，化工行业实现销售收入 475.5 亿元，同比下降 7.8%，实现利润 2.32 亿元，扭转了上半年净亏损 3.3 亿元的局面，同比下降 87.2%，亏损企业亏损额 14.7 亿元，同比增亏 2.4 倍。化工行业重点企业中，太化实现利润 1630 万元，增长 3%，天脊集团实现利润增长 17%。

(5)机电行业。2009 年运行相对平稳，虽然年初煤炭、钢铁等机电产品原料价格出现较大幅度回落，但在钢铁、煤炭等行业景气下降的同时，机电行业市场需求的滞后因素有所显现，订货情况明显下降。太重集团 1~12 月份新增订货 123.27 亿元，完成年计划的 88.05%，同比减少 8.74%，2009 年，机电行业实现销售收入 711.2 亿元，同比下降 0.35%，实现利润 15.9 亿元，同比下降 27.4%，扭转了上半年净亏损 4300 万元的局面，亏损企业亏损额为 10.7 亿元，同比增亏 62.9%。重点企业中，太重集团实现利润 5.7 亿元，增长 14%，晋西机器实现利润下降 51%。 (王黎红 李凯军)

煤炭工业

【概述】 2009 年，山西煤炭工业着力推进煤炭经济运行调控、煤矿企业重组整合、安全整治、结构调整、素质提升、解决“四矿”问题六大攻坚战，取得重大阶段性成果。一年中，全省煤炭行业沉着应对全球金融危机冲击，危中寻机、化危为机，乘势而上，力排阻力，实施煤矿企业兼并重组整合和推进煤炭市场化改革等事关全局、影响长远的战略性调整工程，取得水平提升、结构优化、效益增收等来之不易的好成绩，为支撑全省经济又好又快发展和保障国家能源安全作出贡献。

【煤矿企业兼并重组整合】 省委、省政府在深入调查研究、广泛征求意见的基础上，制定全省煤矿企业兼并重组整合总体规划和实施方案，注重政策配套,兼顾各方利益,坚持政府协调指导与发挥市场作用相结合,煤矿企业重组整合与煤炭开采秩序治理整顿相结合,上大、改中和关小与淘汰落后产能相结合,发挥省内外国有大企业作用与发挥民营骨干企业作用相结合,依法推进,取得重大阶段性成果。截至2009年底,全省煤矿企业重组整合正式协议签订率达到98.6%,兼并重组主体到位率达到96%,采矿许可证换发达90%以上;全省煤矿由兼并重组整合前的2600座减少到1053座,其中:省属国有重点、地方国有、央企及省外企业办矿208座,占19.8%;民营企业办矿319座,占30.2%;混合所有制煤矿526座,占50%。30万吨/年以下的煤矿全部淘汰,70%的矿井规模达到年产90万吨以上,平均单井规模由30万吨/年提高到100万吨/年以上;办矿主体由2200多家减少到130家,全省煤矿企业重组整合后,产能总规模为113615万吨/年,其中:省属国有重点、地方国有、央企及省外企业38615万吨/年,占34%;民营煤矿29400万吨/年,占25.9%;混合所有制煤矿45600万吨/年,占40.1%。形成了4个年生产能力亿吨级的特大型煤炭集团、3个年生产能力5000万吨级以上的大型煤炭集团;被整合重组煤矿中符合条件的正陆续复工复产,保留矿井技术改造正有序展开,部分资源枯竭和不具备安全生产条件的矿井正在依法实施关闭。通过这一轮重组整合,全省煤矿"多、小、散、乱"的产业格局将发生根本性转变,煤炭产业集中度明显提高,产业结构得到优化,煤炭工业的规模化、机械化、现代化水平明显提高,为煤炭产业优化升级奠定重要基础,对全省结构调整、转型发展既起到主导带动作用,又起到示范带头和基础支撑作用。党中央、国务院对山西省煤炭企业兼并重组整合工作十分关心。吴邦国委员长、温家宝总理等7位中央主要领导同志分别做重要批示,给予充分肯定。

【推进煤炭市场化改革】 2008年四季度以来,全省煤炭经济受国际金融危机的严重冲击和自身结构性矛盾的双重影响,遇到多年来少有的下行压力。全行业审慎应对严峻形势,科学分析判断经济运行走势,正确处理煤炭"产量、价格、结构"三者的关系,实施"以需定产保平衡、以价定销保收益、调整结构保市场"的营销策略,坚持在经济下行期大力推进煤炭市场化改革,理顺上调合同与市场煤价并轨,努力实现煤炭增收目标;坚持全省煤炭市场运行月度协调例会制度,加强市场运行日常监测和调控,调节煤炭供求关系,保持市场供需平衡;加大协调和监管力度,注重运行调控和行业自律,密切关注煤炭产、销、存变化,及时解决一些苗头性、倾向性的问题;强化煤炭销售票使用管理和查验回收力度,严厉打击非法违规生产和经营行为,进一步规范煤炭行业秩序。在2009年二季度全省经济大幅下滑、财政收入下降的严峻形势下,继续坚持"总量、结构、效益相统一"的原则和"灵活、审慎"的经营策略,既推进煤炭市场化改革,又使全省煤炭行业在应对国际金融危机中取得明显成绩。一是全省煤炭产、销量逐季增长。一季度全省月均煤炭产量3667万吨,出省销量3214万吨;二季度月均产量4966万吨,出省销量3613万吨;三季度月均产量5810万吨,出省销量3756万吨;四季度月均产量6103万吨,出省销量3954万吨。二是煤炭产量结构明显优化。全省完成原煤产量6.15亿吨,其中国有重点煤炭集团产量3.79亿吨,同比增加3056万吨,增长8.77%,占全省煤炭产量的62%,比重上升。三是对全省经济的贡献继续增加。2009年煤炭工业在全省"保增长"中的贡献高居各行业之首。全行业完成销售收入3766亿元,同比增加266亿元。其中:国有重点煤炭企业(不含平朔和煤气化)实现销售收入2403亿元,同比增加193亿元,增幅为8.75%。全省煤炭工业增加值比上年增长6.2%,拉动全省工业增长5.1%;实现利税、利润总额分别为884.1亿元、461.5亿元,分别是全省工业企业的80.9%和107.7%。全行业上缴税费592亿元,同比增加178亿,增长43%,上缴可持续发展基金160.6亿元,完成年预算的100.4%。煤炭工业在全省经济和工业"保增长、促转型、促发展"中的作用继续增大。四是煤炭市场化改革基本达到预期目的。2009年,全省重点煤炭企业合同煤价与市场煤价理顺并轨上调80元/吨,基本实现煤炭市场化,传统的年度煤炭订货会、衔接会、汇总会2010年全部取消,长达16年的煤炭价格双轨制结束,完全由企业自主衔接、协商定价,全省煤炭企业2010年产运需衔接取得量价齐升的显著成效,签订合同总量5.47亿吨,合同价格比2009年合理上调40元/吨左右,为全年煤炭经济健康平稳运行、稳定增长奠定基础。

【煤矿安全生产】 2009年全省煤炭行业以"安全生产年"活动为载体,以实施"三项行动"、构建煤矿安全生产长效机制为抓手,以遏制瓦斯、煤尘、水患等重特大事故为重点,全面落实政府与企业"两个主体责任",不断深化安全整治,进一步强化基础管理,下大力气、多措并举抓安全。扎实开展为期一年的煤矿安全生产专项整治,组成10个督查组,对煤矿安全专项整治工作进行全覆盖督查,共排查安全隐患27.9万条,投入整改资金1.73亿元,整改排除27.8万条,安全生产隐患得到及时排查和治理,非法、违法生产行为得到有效遏制;进一步加大行政纠察执法力度,扎实开展现场监督检查,各级煤炭纠察队共出动人员3.5万多人次,检查各类企业3.4万多个/次,下达执法文书1.16万份,受理群众举报案件155件,坚持日常巡回检查和大型节假日检查全覆盖,及时发现和处理安全隐患以及违规行为;认真落实煤矿安全生产"两个主体责任",严格实行安全生产八项制度,切实加强安全监管、基层基础和现场管理工作;坚持管理、装备、培训并重,狠抓了安全质量标准化矿井建设,80座矿井被中国煤炭工业协会命名为安全高效矿井,220座矿井安全质量标准化建设达标;开展煤矿重大事故案例警示教育行动,放映专题片1900多场次,68万多人受到深刻的警示教育;创建安全文化示范企业86家,诚信企业129家,安全社区123个，营造“关爱生命、关注安全”的社会氛围；全面落实全国煤矿瓦斯防治工作会议精神，严格选派煤矿通风区(队)长兼任矿长助理工作，强化煤矿“一通三防”管理，全省煤矿瓦斯综合治理体系建设不断加强。通过这些强有力的措施，有力促进全省煤矿安全生产形势稳定好转。2009年，全省煤矿累计发生事故71起，死亡202人，起数同比减少46起，下降39.32%，死亡人数同比减少73人，下降26.55%，全省煤炭生产百万吨死亡率为0.3283，同比下降22.39%，比全国的0.892低0.5637。

【产业结构调整】 坚持构建“经济、生态、循环、区域”循环经济发展模式，产业结构调整跃上一个新台阶。循环经济园区建设取得新成就。全省14个煤炭循环经济园区有89个主要项目建成投产，有31个项目在建，成为煤炭工业转型发展的样板和新的经济增长点，其中同煤塔山园区正式建成，成为全国首个煤炭循环经济示范园区，2009年实现园区产值85亿元。潞安、阳煤、晋城三大煤业集团一批煤化工项目相继建成，其中以低碳排放为主导的潞安屯留园区煤变油、煤化工、煤变电的循环经济项目，被中科院列为全国循环经济示范项目，其带动作用正在显现。山西煤炭进出口煤集团公司的动车轮对生产线投产，形成年产2.5万对的能力，成为煤炭企业结构调整、实现转型的一个成功范例。被列入山西省重点建设项目的煤机物流港正按计划稳步推进；矿井改造建设加快推进，水平提升。2009年全省通过竣工验收的机械化、信息化、现代化和安全保障程度较高的资源整合矿井47座，新增产能3000万吨/年以上；煤层气(瓦斯)产业健康发展。累计施工地面钻井2114口，全年实际完成瓦斯抽采量32.31亿立方米，利用量12.18亿立方米，分别完成国家下达任务的129.24%和135.33%，比上年提高31.34%和65%。其中，晋城煤业集团建成全国最大的高浓度煤层气抽采利用基地，一期日处理能力25万立方米煤层气液化厂和寺河120兆瓦世界最大的煤层气发电厂建成投产，潞安集团五阳矿首家低浓度瓦斯发电站建成运行；非煤产业规模不断壮大。国有重点煤炭企业建成煤矸石、中煤和煤层气(瓦斯)电厂24座，总装机容量3696兆瓦，2009年完成发电量203.7亿千瓦时，年消耗煤矸石等低热值燃料1061万吨，发电利用瓦斯4.15亿立方米。建成煤矸石砖厂25座，生产能力约23亿块/年，年消耗煤矸石和粉煤灰1500万吨。2009年全行业实现非煤销售收入1281亿元，同比增加269亿元，增长26.58%。其中省属五大集团实现1186亿元，比2008年增加268亿元，增幅达29%，占总收入的49.36%，提前两年实现“十一五”规划目标，为应对金融危机提供有力支撑。

【和谐矿区】 认真落实党和政府的惠民政策，始终把维护职工权益和改善生态环境作为“以人为本”在煤炭行业的具体体现，“保民生”工作有效实施。职工生活水平明显提高。省属国有重点煤炭企业在岗职工年人均收入4.8万多元，同比增加4317元，增长10%。棚户区改造截至2009年11月底，累计新建住房715.61万平方米，有9.53万户矿工喜迁新居。其中:2009年1~11月开工新建住房3.29万套、217万平方米；社保体系日益完善。国有重点煤炭企业52.4万人参加工伤保险，同比增加1.24万人，全省煤矿全部为井下职工建立意外伤害保险。同煤等4个尘肺病治疗中心对230名患者进行肺灌洗临床治疗，先后有2000余名煤矿工亡职工子女享受就学救助，费用支出共计约1000余万元。继续推进中煤保险公司的筹建工作，“事故预防、经济赔偿、资金融通”等作用充分发挥；生态治理和节能减排取得新进展。全面落实环境保护“三同时”制度，新建、改扩建矿井达产时达到清洁生产要求。全行业完成造林8万亩，绿化面积1374万平方米，全面完成造林绿化年度任务，矸石山变成花果山，采空沉陷区变成良田，省煤炭林业管理中心被省政府授予全省造林绿化先进单位。国有重点煤炭企业均完成当地政府下达的节能量和二氧化硫、化学需氧量减排任务，矿井水净化利用率达到60%以上，基本做到达标排放。

【煤炭企业科技】 省属五大煤炭企业集团技术中心全部建立，科技创新体系日臻完善，已有的3个博士后工作站全部投运；产、学、研机制形成，作用突出，共取得煤矿开采、装备制造、煤化工、瓦斯防治、应急救援等100多项科技创新成果，其中获省部级科技进步一等奖2项，获省部级科学技术奖6项，获国家实用新型专利5项。潞安集团煤炭间接液化核心技术获国家发明专利46项，高纯度多晶硅提纯技术达到国际先进水平，“喷吹煤”被认定为国家高新技术产品，“矿用救生舱”填补国内空白，通过国家安全技术鉴定并获准生产，潞安集团被命名为“国家创新型试点企业”。

【煤矿职工队伍】 煤炭企业全员安全培训工作进一步加强。全行业制定并实行职业准入、依法强制培训和持证上岗制度，煤矿主要负责人、安全生产管理人员培训和准入管理工作实现制度化和规范化；培训体系进一步完善，全省共有二级以上(含二级)煤矿安全培训机构10家，三级煤矿安全培训机构56家，四级煤矿安全培训机构113家；全年全行业共培训矿长资格、安全资格3973人(次)，特种作业人员51883人次，科区队长8207人次，班组长19417人次，井下从业工人近60万人次。按照省政府的安排，对选任的102名市、县长助理进行上岗前培训和任职半年考试，促进市、县长助理学习政策法规和专业知识的积极性，提高安全监管能力。按照国家安监总局的部署，全省煤矿采、掘、机、运、通五大系统的班组长进行轮训；专业基础教育进一步加强，职工素质得到提升。煤炭主体专业大专在读4600多人，职业中专培养14000余人；山西煤炭学院筹备工作正在推进，省煤炭职业技术学院新校区及职业教育示范基地建设加快推进。

【行业自身建设】 深入开展学习实践科学发展观活动并取得实效，全行业转型发展、安全发展、和谐发展的动力和活力明显增强；党风廉政建设不断强化，惩治和预防腐败体系全面建立，厉行节俭、廉洁自律不断加强；煤焦领域反腐败专项斗争不断深化，确保煤矿企业兼并重组整合等各项工作的健康推进；精神文明建设硕果累累，同煤集团被命名为“全国精神文明建设先进单位”，山西省煤矿有10名同志获“全国煤炭工业双十佳矿长”称号，10名同志获“全国煤炭工业优秀矿长”称号；扶贫解困送温暖、文明和谐单位创建及《山西省志·煤炭志》编撰等工作都取得新进展，全行业向灾区人民捐款捐物共6亿多元；开展机关行政效能建设活动，增强执法责任意识和勤政为民意识，树立煤炭管理部门“勤政、务实、廉洁、高效、法治、服务”新形象，促进各项重点工作顺利实施；省煤炭厅的组建工作顺利完成，确立对全省煤炭生产、安全、建设、经营全过程监督管理职能，理顺全省煤炭管理体制，成为山西煤炭工业发展史上的一个里程碑，市县煤炭管理机构改革加快推进，为构建山西省科学高效的煤炭管理机制和管理队伍奠定坚实的基础；全面加强党的建设工作，为煤炭工业科学发展提供强有力的保证。 (王崇林)

煤矿安全监察

【概述】 2009年是煤矿安全监察工作取得新的进展，安全生产形势取得重大突破的一年。一年来，全系统以科学发展观为指导，认真贯彻落实党中央、国务院关于安全生产工作的一系列重要指示，坚决贯彻落实国家局和山西省委省政府关于安全生产的重大决策部署，明确目标、突出重点，强化责任、狠抓落实，深入开展煤矿安全生产“三项行动”“三项建设”，全力推进煤矿企业兼并重组整合，有力地促进全省煤矿安全生产状况的明显好转。全省各类煤矿累计发生伤亡事故72起，死亡206人，下降32.01%。煤矿百万吨位死亡率为0.328，同比减少0.0947，下降22.4%，均创历史最好水平。

1.做实做细“三项监察”。围绕全年中心工作，制定目标考核制度，将主要工作任务逐项逐级分解，层层建立监察执法工作责任制，将监察职责具体化，日常考核分值化，处罚裁量刚性化，实行“逐月通报、每季滚动、半年考核、全年综评、奖罚挂钩”，保证各项工作责任到人、落实到位。一是组织开展对国有重点煤矿“一通三防”、煤矿在用机电设备、建设项目、矿井负责人和生产经营管理人员下井带班情况、煤与瓦斯突出矿井、职业危害防治等专项监察和重点监察。二是组织开展“两节”“两会”等重点时段生产建设矿井的定期监察。三是各监察分局、站结合辖区煤矿安全实际，严格执法计划，合理确定监察周期，科学安排监察力量。采取专家监察、解剖监察、示范监察等方式，不断创新监察执法手段方法，提高监察效能。吕梁分局开展对煤矿安全培训机构资质和“三项岗位人员”持证上岗的专项监察，促进煤矿规范职工安全行为；太原分局现场检查“十必查十必看”，着眼于做实做细安全监察。2009年全系统共监察4321矿次，实施行政处罚713矿次，制作各类执法文书12223份，责令停产整顿矿井60个，暂扣安全生产许可证131个，吊销安全生产许可证71个，上缴财政行政罚款8333万元。

2.深入开展“三项行动”，着力解决突出问题。一是广泛开展煤矿安全宣传教育行动。利用信息简报、动态清样、新闻媒体等形式，及时宣传煤矿安全法律法规和监察工作；以“安全生产月”活动为抓手，组织开展重特大事故案例警示教育、监察访谈、三晋安全行、安全生产超千天矿井公开承诺等活动；组织对18571名煤矿安全生产管理人员进行初培、复训、再培和考核发证。二是扎实开展煤矿安全生产执法行动。对大同、朔州、忻州、太原、阳泉等5市，由省局领导带队开展为期一年的煤矿安全生产专项整治三级联动督察，积极参加煤矿安全生产联席会议和联合执法活动。各监察分局、站突出执法工作重点，严厉打击非法违法生产建设行为，促进辖区煤矿安全形势的稳定好转。晋城分局会同公安部门采取零点行动、实行夜间突查；临汾分局与临汾市有关部门开展联合执法，查处辖区重大安全生产隐患。三是持续开展煤矿安全生产治理行动。根据辖区内煤矿安全生产现状实行分类监察、动态监控，有针对性地开展工作，促进及时治理安全隐患。朔州站实行定期通报、安全协管、跟踪治理、促进整改；忻州站通过集中执法、处罚述职、示

省委书记张宝顺到官地矿调研指导工作 (谭海南提供)

安全监察员对煤矿进行现场监察　　（谭海南提供）

范监察、整改巡查、七步监察等方法促进煤矿加快隐患整改进程。全年全系统共查处各类煤矿安全隐患15208条，督促整改隐患14760条。

3.全面加强“三项建设”，着力构建监察执法长效机制。一是完善监察执法体制机构。修订完善省局工作规则、行政许可、效能监察、执法监督、中介监管、应急管理等制度，制订“六个办法”（煤矿安全网络式监控监察办法、煤矿安全程度动态评估办法、煤矿集团公司安全状况评估办法、辖区煤矿安全状况评估办法、监察人员综合考核办法、监察分局（站）年度工作目标责任分解及考核办法），对全省煤矿安全实行网络式监控监察，实时掌握煤矿安全生产动态和现状。大同分局对“六个办法”实施分类细化、加大绩效考核，进一步提升了监察执法效能。二是加强煤矿安全保障能力建设。严格煤矿建设项目安全设施设计审查和竣工验收，严格煤矿安全生产许可工作；加强应急救援工作协调和指导，修订救护队资质认定办法，加强煤矿应急救援队伍建设，对1038名矿山救护指战员进行培训考核；完善煤矿安全评价检测等中介机构监管制度，积极推广煤矿安全新技术、新成果，促进支撑体系建设。三是加强煤矿安全监察队伍建设。制定下发《山西煤矿安全监察局干部选拔任用办法》，坚决贯彻德才兼备、以德为先的选人用人原则，全年共选拔、交流、轮岗、任免处级干部32人。组织监察员法律知识考试、试行公务员综合考核，不断加强业务建设，提高队伍执法能力。

4.积极推进煤矿企业兼并重组整合，提高产业安全发展水平。相继召开3次煤矿安全监察工作座谈会和国有重点煤矿安全生产工作座谈会，针对煤矿企业兼并重组期间煤矿安全监察执法工作的多项措施，组织对五个市推进煤矿企业兼并重组整合工作为期1个月的检查验收。省局积极参与审查煤矿企业兼并重组整合工作方案，成立兼并重组整合煤矿安全生产许可办公室，由专人负责煤矿安全生产许可审查工作，在严把兼并重组整合矿井安全生产条件审查关的同时，做到了快捷高效办理。

5.持续加大瓦斯治理监察力度，有效遏制煤矿重特大事故发生。坚持围绕“先抽后采、监测监控、以风定产”的瓦斯治理方针和“通风可靠、抽采达标、监控有效、管理到位”的瓦斯综合治理工作体系要求，制定瓦斯治理现场监察办法，明确5项15条重点监察内容，不断加大监察执法力度，有效防范和预防重特大事故的发生。制订推进煤矿瓦斯综合治理体系建设“双百工程”监察指导意见，提出监察要求，强化监督检查。各监察分局、站对辖区高瓦斯矿井、煤与瓦斯突出矿井制定监察方案，开展专项监察。阳泉分局按照《煤矿瓦斯抽采基本指标》（AQ1026~2006）要求，制订专项监察办法，对辖区煤矿进行瓦斯抽采达标专项监察，有力地促进了煤矿瓦斯综合治理体系建设。

6.严肃查处煤矿事故，严格实行责任追究。依法履行组织事故查处的职责，加大事故查处和责任追究力度。全年共组织、参与查处煤矿事故77起（含重大涉险事故和瞒报事故6起），结案64起，处理责任人751人，其中移交司法机关追究刑事责任的33人，给予党纪和政纪处分的491人。会同有关部门对事故处理落实情况进行跟踪监督，确保责任追究、防范措施落实到位。对举报45起煤矿隐瞒事故按照有关规定进行核查落实，核查反馈36起，正在核查9起。

【屯兰矿“2·22”特别重大瓦斯爆炸事故】 2009年2月22日2时20分，山西焦煤集团西山煤电公司屯兰煤矿南四采区发生特别重大瓦斯爆炸事故。当班井下436人，其中358人生还，事故造成78人死亡、114人受伤（其中重伤5人）。该矿核定生产能力500万吨/年，采用立井、斜井联合开拓、分区独立通风方式，属高瓦斯矿井。事故发生后，党中央、国务院高度重视，胡锦涛总书记、温家宝总理和张德江副总理立即作出重要批示，张德江副总理亲临事故现场，指导事故抢险救援工作，看望慰问遇难者家属和受伤人员，并对做好事故善后、事故调查、社会稳定和安全生产工作等提出明确要求。接到事故报告后，国家安全监管总局局长骆琳和国家安全监管总局副局长、国家煤矿安监局局长赵铁锤立即率工作组赶赴事故现场，协助、指导事故抢险救援工作。国务院山西焦煤集团屯兰矿“2·22”特别重大瓦斯爆炸事故调查组对该起事故进行了调查处理。通过事故现场勘查和调查分析，这起特别重大瓦斯爆炸事故波及该矿整个南四采区，该采区12403工作面区域破坏严重，瓦斯抽放管路断裂，密闭墙、风桥以及采区变电所等破坏严重。事故反映出该矿区存在通风管理不到位、瓦斯治理不彻底、现场管理不严格、安全措施不落实等问题。

【煤矿安全情况】 2009年，全省各类煤矿共发生死亡事故72起，死亡206人，比上年同期减少48起，少死亡97人，事故起数下降40.00%，死亡人数下降32.01%。其中：国有重点煤矿32起，死亡127人，与上年同期起数持平，多死亡80人，死亡人数上升170.21%；国有地方煤矿19起，死亡39人，比上年同期减少6起，少死亡25人，事故起数下降24.00%，死亡人数下降39.06%；乡镇煤矿21起，死亡40人，比上年同期减少42起，少死亡152人，事故起数下降66.67%，死亡人数下降79.17%。

发生一次死亡3人以上事故11起，死亡139人，比上年同期减少10起，少死亡50人，事故起数下降47.62%，死亡人数下降26.46%。发生一次死亡10人以上事故4起，死亡115人，比上年同期减少2起，少死亡2人，事故起数下降33.33%，死亡人数下降1.71%。 （谭海南）

电力工业

【概述】 2009年底，省电力公司资产总额432.86亿元；职工总数42223人；所属单位42个，县级供电企业101个，多经企业法人实体285家。供电营业区覆盖太原等11个地（市），直接服务客户790万户。全年完成固定资产投资101.1亿元；投产110千伏及以上输电线路2016.12千米、变电容量1098万千伏安；售电量1134.62亿千瓦时，同比增长5.45%；全员劳动生产率21.01万元/(人年)；电费回收率100%；实现利税17.15亿元。

1000千伏特高压电网连通晋豫鄂三省，形成电力输送“高速通道”，山西电网融入全国电网。全年累计外送电量达601.27亿千瓦时，其中省电力公司207.25亿千瓦时。

省内500千伏电网纵贯南北，11个地（市）均建有500千伏变电站，220千伏分区供电就地平衡，220千伏及以上变电站全部为双主变压器双电源。2009年底，山西境内有1000千伏变电站1座，变电容量300万千伏安，线路640千米（山西段116.34千米）；省电力公司拥有110千伏~500千伏变电站468座，变电容量7810.56万千伏安，线路1096条2.20万千米。全省发电装机容量4089.36万千瓦，统调机组容量2794.25万千瓦；全省全口径发电量1873.8亿千瓦时，统调机组发电量1331.2亿千瓦时。

【电网建设与发展】 山西电网“十二五”发展规划编制工作全面启动，《山西省能源中长期规划》《山西电网智能化规划》编制完成，配合国家电网公司取得陕北—长沙、蒙西—山东、晋东南—徐州等特高压工程山西境内输电线路建设有关协议。500千伏阳泉输变电工程、塔山送出工程、雁同变电站扩建工程等7个项目获得核准。

2009年，跨区电网500千伏侯村—石家庄北二回输电线路工程建成投运，500千伏大同—房山三回输电线路工程即将竣工，±660千伏宁夏—山东直流示范线路工程正点推进。省内500千伏稷山输变电工程按期投运，500千伏南北第三通道基本形成。全年投产110千伏及以上输电线路2016.12千米、变电容量1098万千伏安，分别完成计划的100.31%和102.50%，其中投产500千伏输电线路323.8千米、变电容量250万千伏安，220千伏输电线路1197.17千米、变电容量477万千伏安。省电力公司在全省重点工程中的投资额名列全省大型企业第一名。火电施工企业全年承揽河曲电厂二期等35项电源项目。

加快基建标准化管理体系建设，其中业主项目部管理实施细则及标准化管理模板通过国家电网公司审查，并在电网工程指挥部、太原和忻州供电分公司进行试点。电网工程建设全过程贯穿“三通一标”（通用设计、通用设备、通用造价和标准工艺），全面推广“两型一化”（资源节约型、环境友好型和工业化）变电站、“两型三新”（资源节约型、环境友好型和新技术、新材料、新工艺）线路工程，110千伏及以上新建输变电工程达标投产率100%。长治500千伏久安变电站获中国电力行业优质工程奖，500千伏吕梁变电站及运城万荣等10座220千伏变电站获国家电网公司优质工程奖。电网建设项目全部纳入全省重点工程范围，与省发改委、省国土厅等5个政府部门签署电网建设工作备忘录，与太原铁路局签订合作发展协议，电网发展环境不断优化。

【经营管理】 全年推进财务核算由三级核算向一级核算转变，实现关联业务横向集成、重点业务纵向管控。推进集团账户建设，银行账户总数减少67个，资金归集度达90.8%。强化资金集中支付，加大票据融资力度，减少利息支出1.44亿元。争取政府支持，取得电价、财税政策重大突破，11月20日起，山西省销售电价提高3.88分/千瓦时，外送电价提高1分/千瓦时，在现有电价空间内疏导电网电价矛盾0.31分/千瓦时，实现城乡各类用电同价，销售电价提高0.65分/千瓦时；实现地市增值税预征率由3%降为2%，全年增抵增值税额3.5亿元。加强“统一招标、规模采购、高效仓储、集中配送”的大物流管理，实现物资管理职能集中统一归口。创新招投标方式，拓展招投标范围，实行电网建设物资框架招标、办公物品集中采购和配送，节约资金1978万元。开展“三节约”（节约一张纸，节约一分钱，节约一寸导线）活动，管理费用同比降低1.23亿元。

开展省电力公司和供电分公司两个层面的本部机构规范工作。实施供电企业劳动定员贯标工作，制订3年达标实施方案。推广和深化绩效考核。薪酬福利向生产一线倾斜。生育保险的全面实施，标志着5项法定社会保险完整建立。推进主多分离多经资产整合处置工作，将大同一电厂、晋能燃料公司、二铺煤业公司等7个单位人员、资产移交华电集团公司，和信公司人员、资产划转国网能源公司，完成晋源网络有限公司等股权分置改革，晋能集团公司与华电集团公司煤电合作取得重大进展，省公司层面多经资产整合处置和地市层面多经人员、资产摸底工作基本完成。出台《经营责任追究办法》《案件败诉责任追究办法》，强化纪检监察、审计监督功能，实施专项效能监察129项，开展内部审计762项，加大查处和纠正违规行为力度。开展财会、营销审计案例与相应法规制度、党风廉政建设相结合的特色培训，提升依法规范经营水平。

【安全生产】 开展安全生产“三项行动”(安全执法行动，安全教育行动，安全生产隐患排查治理行动)、“三查一整改”(查制度、查管理、查隐患，对查出的问题进行整改)等活动，实施技术改造，电网设备运行水平和健康状况提升，成为国家电网公司安全管理专业标杆单位。转变生产方式，12个分公司全部通过状态检修验收。投运数字化应急指挥中心，开展电网大面积停电事故应急演练及电网实战演练，提升安全应急能力。设立117处线路蹲守点，安排1.2万余人参与国庆60周年保电各项工作，确保北京和全省人民节日用电。开展创建红旗变电站（线路）竞赛活动，2009年500千伏临汾、忻州、晋城变电站分别被国家电网公司授予“标杆变电站”“红旗变电站”。加强信息网络、交通、治安和消防安全管理，保持安全平稳态势。全年综合电压合格率99.28%，城市供电可靠率(RS1)99.86%；实现特高压安全运行392天；连续十一年实现基建安全“四个零”(无人身死亡事故、无重大机械设备损坏事故、无重大火灾事故、无重大交通责任事故)目标。

【农电工作】 省电力公司扩大内需，农网完善工程分3批施工建设，总投资12.75亿元，年末完成投资9.47亿元。建成5个电气化县、40个电气化乡、600个电气化村，提前实现一市一个电气化县目标。开展农电设备隐患排查、农电安全生产反违章等专项活动，推进农电安全性评价、安全风险管理。全年农网综合电压合格率97.34%，同比提高0.13%；农网供电可靠率99.59%，同比提高0.20%；农网综合线损率7%，比年计划降低0.05%。加强农网应急管理，成功处置运城平陆线路冰灾、永济黄河漫滩等事件。开展“农村供电营业规范化服务(示范)窗口”建设和农电特色服务。完成县供电企业混岗清理工作，清理各类混岗人员853人。培训6500名供电所人员，提升农电队伍素质。随机抽取的30名选手参加国家电网公司供电所人员调考，获得全国农电工调考团体第五名。开展农电标准化和一流县供电企业建设，年内完成100个标准化供电所建设，16个供电所达国家电网公司示范供电所标准；口泉、文水供电支公司被国家电网公司命名为“一流县供电企业”。

【营销工作】 2009年全省净增用电容量580万千伏安。促成与山东、湖南外送电力战略合作框架协议签署。开展月度增量外送电交易工作，依托特高压累计外送电量55.48亿千瓦时。

供电企业依法与用户签订付费购电协议，对特殊难点客户实行驻场催收，努力规避电费风险。推广自助收费、无线pos收费等多种方式，逐级落实收费责任，电费回收继续保持“双结零”(本年度和陈欠电费全部结零)。以“三电一线”(电量、电价、电费、线损)为重点，全力开展营销稽查工作，形成打击窃电、违约用电常态机制。2009年省电力公司综合线损率完成6.9%，同比下降0.15%。推进发电权交易，购电结构进一步优化。

投资6.1亿元推进“双源双变”建设与改造，保证高危客户安全可靠供电。对业扩报装准入、供用电合同签约等关键点严格把关，供用电安全风险防范体系进一步完善。通过“营销运行监控中心”和“95598投诉举报中心”的集中监控，实现营销风险的“可控、能控、在控”。实施全省变电站及电厂电能信息采集系统升级改造，实现购电量、供电量的全采集和专线大用户信息采集功能。开展电能计量资产定位系统、电能计量检定一体化平台系统试点工作，投运电磁兼容实验室。

【科技与信息化】 全年科研投入3.16亿元，开展1000千伏特高压交流线路带电检修技术实用化研究、全省高危和重要用户供用电管理系统等150多项科研攻关。特高压交流输电关键技术研究、设备研制及工程应用等4项成果获得国家电网公司及以上科技进步奖，58项获得专利授权，比计划指标增加190%。推进输电线路状态监测中心等3个智能试点项目建设，对54项科研成果的运用情况开展后评估工作，全力推动新技术应用。电力系统非线性负荷动态影响实验室通过国家电网公司评审。

SG186工程高质量通过验收，一体化平台、企业统一门户、ERP、生产管理、协同办公等一批核心系统成功上线，信息安全等6大保障体系日益完善，网络运行可用率100%，信息系统安全运行可用率99.98%，信息化水平步入国家电网公司先进行列。其中ERP系统的投运，标志着省电力公司初步建成包括财务、项目、物资、人资、设备5个管理模块的企业级一体化信息管理平台，覆盖省电力公司本部及各供电分、支公司。

【行业获奖】 2009年，省电力公司获国家电网公司综合管理进步先进单位，连续六年评为“政风行风评议先进行业”，11个供电分公司获当地“政风行风评议”第一名，省电力公司本部及所属7个供电分公司获“全国文明单位”，1个供电分公司获“全国五一劳动奖状”，4个供电分公司获“全国精神文明建设先进单位”。

【行业大事录】 1月4日，山西、山东两省在北京签订《晋鲁两省加强能源交通领域合作框架协议》。

1月6日 1000千伏晋东南—荆门—南阳特高压交流试验示范工程正式投运。

1月8日 山西省电网建设动员大会在11个地(市)同时召开，标志着总投资达310亿元的新一轮电网建设项目全面展开。

1月21~22日　省电力公司六届二次职代会暨2009年工作会议在太原召开。

3月9日　山西、湖南两省在北京举行《关于进一步加强能源领域合作框架协议》签字仪式。

4月17日　省电力公司与省发改委、省国土资源厅、省交通厅、省林业厅、省环保局5个部门签署山西省电网建设工作备忘录。

6月8日　省电力公司ERP系统在4个试点单位成功上线。10月21日,ERP系统在全公司推广应用。

6月30日　省送变电公司中标±660千伏宁夏-山东直流输电示范工程(包8标,长度72.55千米)。

7月23日　省电建三公司与中国电工设备总公司合作,中标非洲博茨瓦纳Morupule B电厂4台15万千瓦燃煤火力发电厂项目土建安装工程。

7月31日　省电力公司与国网能源开发有限公司在太原签署《山西和信电力发展有限公司国有股权划转协议》《山西省电力公司与国网能源开发有限公司关于山西和信电力发展有限公司移交协议》,划转和信公司70.49%国有股权,并移交生产、管理等各项工作。

8月19日　山西省政府组织全省电网突发大面积停电事故联合应急演练。分太原、大同等5大区域,以太原电网大面积停电事件为主,采取全省电网同步、分区演练的方式,完成事故报告、应急预案启动、新闻发布等流程。省电力公司及所属12个供电公司,兴能发电厂等14家电力企业,化工厂、消防队、医院、银行等12家重要用户共3000余人参加。

8月27日　忻都500千伏开关站串联电容补偿装置投运,该装置容量67.8万千伏,补偿度35%,填补山西超高压电网此项技术空白。

9月24日　500千伏朔州输变电工程竣工投产。本期工程安装75万千伏安主变压器2台;建成500千伏朔州—云顶山(古交)输电线路及Π接线路190千米。

10月14日　国家电网公司与中国华电集团公司在北京签订《辽宁、山西区域资产重组协议》。

10月29日　中国华电集团公司、华电山西能源有限公司、省电力公司、晋能集团公司签署人员资产经营管理权移交协议。从10月31日起,大同一电厂、晋能燃料公司、二铺煤业公司等7个公司移交华电山西能源有限公司,彻底解决"厂网分开"遗留问题。

10月　省电力公司圆满完成国庆60周年保电任务。

11月22~25日　省电力公司历时4年建设的SG186工程通过国家电网公司验收。

11月25日　跨区电网500千伏侯村—阳泉—石家庄北二回输电线路投运,线路全长229.67千米(其中山西段145.33千米)。

12月1日　省电力公司开展首次特高压月度增量交易,标志着在特高压外送电交易中形成以年度合同为主、月度增量竞量交易为辅的交易机制。

12月25日　500千伏稷山输变电工程投运,安装2台100万千伏安变压器,建成500千伏临汾—稷山—运城输电线路145千米。(高一萍)

电力监管

【概述】　2009年,国家电力监管委员会太原监管办公室(简称太原监管办)以专项整治为抓手做好安全生产年各项工作,把强化市场监管作为构建和谐电力的有效途径,将电力许可监管贯穿于各项电力监管工作之中,突出重点,扎实工作,各项工作取得新的进展。

1.以专项整治为抓手做好安全生产年各项工作。电力安全事关经济发展和社会进步,事关人民群众生命财产安全。2009年,紧紧围绕国家电监会和山西省委省政府关于电力安全工作的各项部署,求真务实,开拓创新,深入开展电力安全生产专项整治,同电力企业一道,齐心协力,共克时艰,共同维护电力系统安全稳定运行和可靠供应,促进全省经济实现平稳较快发展。

2.把强化市场监管作为构建和谐电力的有效途径。市场建设和监管是电力监管机构的核心职责。在实际工作中,因地制宜,结合山西电力工业的特点,不断强化专业监管知识,提升行政执法能力,通过创新电力监管综合检查机制,全面开展电力市场运行监管,开展大用户直购电试点研究,推进电力市场建设,加强电力监测预警,推进价格财务监管工作,建立辅助服务机制,加大稽查力度,加强行政执法,不断深入探索和实践电力监管的有效形式,较好地维护电力投资者、经营者和使用者的合法权益。

3.将电力许可监管贯穿于各项电力监管工作之中。许可证制度作为电力体制改革的核心内容之一,是培育经济、环保、合格的电力市场主体的重要制度。新的监管理念应当以许可监管为主线,将各专项监管串联形成互联作用的统一系统,以许可带动其他各项监管工作,全面拓展电力监管方式和领域,以实现行政许可在维护公共利益与保障个人权益之间的平衡,达到维护电力市场秩序、推进电力体制改革、增进公共福利与保障个人权利的共赢效果。通过三年的许可工作实践,从许可制度的探索到工作方式的基本确定,从困境到突破,从沿陈到创新,逐步形成以许可监管为主线,包括事前、事中、事后监管措施的电力监管工作体系,不断改进和创新工作方式方法,较好地完成各项工作任务。

【市场监管】　2月初组织召开2009年山西电力监管工作会议。7月24日至8月28日,对太原、忻州、晋中3个地(市)供电分公司,及其所属的阳曲、定襄、榆次3个县供电支公司,以及9个电力施工企业和6个所属的电力设计院进行综合检查。会同省经信委每季度召开全省电力"三公"调度信息发布会。5月12日,与省质监局就全面启动电力企业标准化良好行为试点工作进行座谈。2月份,协助会信息中心在太原召开电力监管统计系统培训会议。4月中旬,举办"山西区域电力监管统计分析系统培训班”。5月11日，召集省电力公司和省有关部门召开第二次座谈会，基本统一山西大用户直供电试点工作的方法和步骤。5月15日，形成“山西省工业企业参与大电力用户直购电交易试点的暂行办法”。随后，在广泛征求电网企业、发电企业和省政府有关部门意见后，向省政府主管领导进行专题汇报。与省经信委、省物价局联合草拟《山西省电力用户与发电企业直接交易试点方案》并于8月6日正式上报给省政府。8月26日，省政府正式向国家电监会、国家发改委、国家能源局上报。10月16日，会同省经信委、省物价局、省电力交易中心召集有意向参与直购电试点的电力用户和发电企业在省电力交易中心进行直购电试点申报模拟运行。

【安全监管】 5月11日，制定并下发《山西电力安全“三项行动”工作实施方案》。7月21日，研究制定《山西电力安全生产“三项建设”实施方案》。6月10日，组织召开2009年上半年电力安委会联络员会议。8月至12月，对电力企业主管安全负责人、安监部门负责人、专职安全员分期进行培训。2月19日，赴现场详细调查河津振兴集团储灰场存在安全隐患事宜。5月5日，省安监局联合太原监管办对太原第一热电厂晋阳湖水库安全隐患治理工作进行督查。5月14日，省领导就神头第二发电厂储灰场安全隐患作出批示，立即安排相关人员赴现场调查核实情况。5月20~22日，对省内3家水电站汛期安全准备工作进行检查。8月11日，再次对太原东山热电厂进行现场检查，对发现的问题立即发函要求其迅速制订方案，迅速整改。1月22日，省政府召开第四次全体(扩大)会议，责成太原电监办牵头“扎实开展电力安全专项整治”工作。1月上旬制定《山西电力行业安全生产专项整治工作方案》。1月13日，省政府以晋政办发〔2009〕17号文转发太原电监办制定的工作方案。3月3~20日，组成3个督查组对全省6大电网、发电公司和11个地市的发、供电、电力建设企业安全专项整治第一、二阶段工作开展情况进行督查。6月5日，组织有关专家对省内主要水电企业安全生产情况进行督查。5月27日，组织召开全省电力行业安全生产专项整治领导组会议。6月10~12日，举办2009年山西电力安全生产“三项行动”、专项整治培训班。6月22日至7月10日，开展电力行业安全生产专项整治第三阶段工作。6月22日，省政府印发由太原电监办制定的《山西省处置电网大面积停电事件应急预案》。8月19日，山西电网大面积停电应急联合演练在太原如期进行。积极协调处理“11·15”太原第一热电厂和“10·16”西龙池抽水蓄能电站事故。9月4日，组织召开2009年山西省电力安委会（扩大)会议暨电力安全工作会议。9月16日开始，执行24小时值班和安全信息“零报告”制度。9月15日，函请省反恐办、省武警总队协调解决华北大同超高压供电公司、国电电力大同第二发电厂和国网能源神头第二发电厂武警上勤问题。9月24~25日，检查太原、大同、忻州、朔州部分重要电力企业，特别是涉及北京供电的发电企业和输电线路。

【资质管理】 年初，对许可工作流程和各项规章制度进一步给予完善和规范。2月份，试推行许可电子审批系统。6月份开始在承装(修、试)企业内先后开展“三员一长”培训。对承装(修、试)电力设施许可申请中涉及的技术人员的职称认定标准进行统一规定，并对出具专项报告的中介机构进行备案。允许太原电力高等专科学校、山西电力职业技术学院等5家综合电力学校应届毕业生直接参加电工进网作业许可考试。对煤矿、非煤矿山电工的取证做了一定的限制。制定《太原电监办许可评审委员会议事规则》。全年共召开14次评审会议，对100余项许可申请进行评议。年初逐一对各培训机构进行现场调研和摸底，并对电工进网作业许可工作制定一系列规范措施。清理撤销部分不达标培训机构，对同一地市部分培训机构进行整合。同时，对历年来颁发的电工进网作业许可证进行归类整理和存档。6月份，制订并下发《山西省发电类电力业务许可证监督管理试点工作实施细则(试行)》。3月30日至6月30日对省内已取得承装(修、试)电力设施许可证的企业进行全面复查。全年对43家定期检查不合格企业下发整改通知。8月份，省公司系统内95家供电公司完成变更审批流程，提前完成年度计划。上半年，63家国网系统内各分、支公司所属的承装(修、试)电力设施许可证持证企业，许可有效期届满而未在法定期限内提出续期注册申请，太原电监办统一进行清理注销工作，所有注销决定通过太原电监办网站对外公示。

【电价财务(稽查)监管】 在全省建立电力企业财务经营、输配电成本和电费结算月度、季度信息例报制度。于每月5日前，按月对全省电力企业经营情况及电煤价格信息进行统计分析，形成专报上报省政府。4月中旬，初步建立不同地区、不同类型的多口径电力数据统计库。历时两个月，在全省率先高质量地完成国防动员潜力调查经济数据库的报送工作。适时开展省内电力企业工程造价资料的报送、统计和分析工作。按地市分企业完成全省供热机组装机容量、供热面积基础数据的摸底统计工作。对山西省各电力企业2008年度电价执行情况进行收集、分析和整理，形成正式报告上报国家电监会。6月上旬，对长治区内小水电企业和供电企业开展重点检查。会同省物价局、省经委积极开展优惠电价政策自查自纠工作，4月上旬将自查报告上报国家电监会等三部委。完成特高压电网投资成本和价格测算基础数据的核实和分析工作。11月上旬会同省物价部门赴京向国家发改委作山西电价调整方案的汇报。5月19~21日，对山西省跨区跨省电能交易开展重点检查。7月份，制定并下发《关于建立新机调试有偿辅助服务机制暨规范调试差额资金分配管理等问题的通知》，首次建立新机调试有偿辅助服务机制。3月中旬，接到反映大同市通途电力机械设备工程安装有限公司不具备其现有承装(修、试)许可等级要求的条件。通过现场检查,一为企业正名,二为企业指出不足。4月初,接到山西省司法维权委员会定襄管理处反映定襄供电支公司对多家锻造企业多收损耗电费。经现场调查了解,立即复函山西省司法维权委员会定襄管理处,澄清相关情况。6月下旬,发现山西金远电力物资有限责任公司和山西新电电力电缆附件安装有限公司在申请许可时,使用相同的技术经济管理人员。6月26日,赴现场调查,初步认定这两个企业违反了相关许可规定。经研究决定撤销上述两家公司的承装、承修五级电力设施许可。（王青山）

机械电子工业

【主要经济指标】 完成情况。2009年,全省机电工业实现工业增加值191亿元,同比增长1.25%;实现销售收入711.20亿元,同比下降0.35%;实现利税总额35.55亿元,同比下降16.10%;实现利润总额15.91亿元,同比下降27.40%;实现产品出口11.10亿美元,同比下降18.60%。（姚文举）

【经济运行主要特点】 (1)低位回升总体向好。上半年产业陷入低谷,工业增加值负增长最高达到两位数,产业净亏损4300万元。下半年,工业增加值逐月攀升,最终由负转正,产业经济效益也扭亏为盈,经济运行呈现"V"形反弹,低位回升,整体形势明显好转。(2)重点企业发展良好。2009年山西机电重点监控的14户企业,有3个企业产品销售收入增幅超过10%;5户企业利税总额增幅超过10%;3户企业利润总额增幅超过10%;8户企业产品销售率超过100%;14户重点监控企业实现产品销售收入占全行业同期值38.68%;实现利税总额占全行业同期值44.59%;实现利润总额占全行业同期值48.59%。(3)重点建设项目进展顺利。产业固定资产投资全年完成182.7亿元,同比增长32.5%。太原长安重汽基地、运城通达大运重型卡车生产线、太矿集团年产千万吨级大采高综采成套设备、太重集团1.5兆瓦风力发电机组等44个重大项目建成投产。智奇公司建设成为目前国内唯一的高速动车组轮对生产和检修基地。太原北车铁路装备工业园开工奠基,标志着山西省国家铁路装备示范基地建设迈上新的台阶。(4)一是中小型企业情况堪忧。在全球金融危机的影响下,全省装备制造业中小型企业受到极大冲击。由于存在产品和服务同质化现象,在市场萎缩情况下,价格恶性竞争,严重侵蚀中小型企业经济效益。尽管国家投入4万亿元用于扩大内需,并实施相对宽松的货币政策,山西省财政也加大支持力度,但由于中小企业可担保资产少,在市场不景气形势下,融资困难;同时,大企业和大用户联手将行业门槛提高,进一步压缩中小企业市场生存空间,使大量中小企业在上半年处于停产和半停产状态,下半年开始复苏。二是产业经济效益下滑严重,亏损企业亏损额大幅增加。产业主营业务收入减少,成本费用上升,两头挤压,严重侵蚀产业利润空间,使产业利润总额同比下降27.40%。全年亏损企业亏损额高达10.7亿元,同比增亏62.9%。

【科技成果及新产品】 (1)超大功率采煤机。9月28日,国家科技支撑项目——年产千万吨级大采高综采成套装备正式组装下线庆典仪式在太重煤机·太矿工业园举行。省长王君、副省长陈川平等领导出席庆典仪式。中国煤炭机械工业协会理事长许亚雄宣读了中国煤炭工业协会会长王显政发来的贺电。这台超大功率采煤机是一种多电机横向布置,机载式交流变频调速的大功率大采高新型无链电牵引采煤机,总装机功率达2500千瓦,可一次采全高6.2米,牵引速度每分钟25米,生产能力每小时3500吨,是当今世界上最大的采煤机。同时,以这套采煤机为代表的《千万吨级矿井高产高效工作面综采成套设备与关键技术攻关》科研项目通过专家组的评议验收。专家表示,这是中国具有自主知识产权的首套大型综采成套设备,标志着中国千万吨级综采成套设备结束了完全依赖进口的历史,意味着中国煤机制造业进入一个新的发展阶段。在此次综采成套设备的联合攻关中,太重煤机·太矿承担2500千瓦采煤机、平阳重工集团承担6.4米高的液压支架、山西煤矿机械公司承担刮板运输机和转载机等的研制。在技术、制造和工艺等方面,都瞄准世界先进水平,其自主知识产权完全为中国拥有。(2)100MN双动卧式"短行程"前上料铝挤压机。这台为青海国鑫铝合金管棒型材股份有限公司生产的产品,主要适用于铝及铝合金管材、型材和棒材的正向挤压加工,其设备功能和特性完全符合主要技术要求,更好地满足挤压工艺的特点及缩短非挤压时间、提高生产效率为前提,具备整机布局紧凑合理,造型新颖独特,装机水平较高,设备运行可靠、稳定,维修简单、方便,使用维护成本低等优点。此次研发首台世界上最大的100MN双动卧式"短行程"前上料铝挤压机,树立了太重挤压机在国内的主导地位,使铝挤压机技术跻身世界先进水平。(3)首台风力发电机组研制成功。10月12日,山西省首台独立研制的1.5兆瓦风力发电机组在太原重型机械集团下线发运。该发电机组采用国内先进的自动变桨距调速控制、自动偏航的变速变桨等,额定发电功率1500千瓦,切入风速每秒3米,切出风速每秒25米,额定发电时的风速每秒12.1米,并网后每天平均发电1万千瓦时,最高可达3.5万千瓦时,能适应两类、三类不同风场使用。太重拥有这套机组的完全自主知识产权。

【重点项目】 (1)太重挖掘机新总装厂房竣工。6月28日,太重重大技改项目—挖掘机新总装厂房竣工剪彩。新建成的挖掘机总装厂房为单跨大跨度钢结构重型厂房,厂房建筑高度34.45米,跨度38.5米,为目前国内机械制造行业内最大跨度、最大高度的机械制造装配厂房之一。厂房配备220/80吨、100/32吨、50/10吨行车各一台。结合新总装厂房建设,对原有挖掘机旧厂房也进行扩建改造工程,新增生产面积2268平方米,为挖掘焦化设备分公司释放产能、提升制造水平、拓展市场创造了条件。(2)太重(天津)滨海重型机械有限公司奠基开工。太重(天津)滨海重型机械有限公司是太原重工股份有限公司的全资子公司,于2009年11月正式奠基开工,预计2011年一期建成投产。全面建成后公司新增年销售收入100亿元,利润8亿元以上,实施再造一个"太重"的经营战略目标。公司将在大型港口机械、造船门机和起重运输设备、2.5兆瓦~5兆瓦海陆用风力发电设备、大型锻压设备、大型压力容器等重大装备领域着力自主创新、取得突破。(3)太原长安重型汽车新基地落成。10月22日,太原长安重型汽车新基地落成庆典。省领导张宝顺、王君、薛延忠、申维辰、杨安和、陈川平、郭良孝,中国兵器装备集团党组副书记、副总经理、长安汽车集团总裁尹家绪等出席仪式。新基地规划占地50.03公顷,2008年8月8日开工建设第一期工程,2009年7月初开始试运行。一期工程建成国内较大规模的重车总装车间,生产线总长360米,包括整车总装配线、驾驶室内饰装配线以及发动机、车桥、水箱等16个分装区,全部采用智能化、信息化管理。28个专业工位满负荷运转后,每7分钟就能生产一台重车,全线产能达5万台。(4)大运重型卡车正式投产。10月26日,拥有多项专利和自主知识产权的大运重型卡车在山西大运汽车制造有限公司正式投产。省委书记、省人大常委会主任张宝顺,省委副书记、省长王君为"大运一号"重卡揭幕。省委常委、宣传部部长胡苏平,省委常委、秘书长高建民,省委常委、统战部部长李政文,省人大常委会常务副主任杨安和,省政协副主席韩儒英出席投产仪式。副省长陈川平代表省委、省政府致辞。山西大运汽车制造有限公司始建于2004年,具有国内先进水平的冲压、焊装、涂装和总装4大工艺生产线,并拥有驾驶室等项目的自主知识产权和多项专利。至2009年底,大运重卡项目完成投资20多亿元,一期工程正式投产后,形成年产重卡5万辆、年产值150亿元、年利税10亿元以上的生产规模。二期工程将扩大为年产10万辆以上规模,年产值可实现300亿元以上,直接和间接吸纳就业人员达数万人,带动数百家配套厂商形成相当规模的汽车零配件产业集群。(5)铁路装备工业园奠基。10月28日,太原铁路装备工业园正式开工建设。省委常委、太原市委书记申维辰,副省长陈川平,中国北车股份有限公司执行董事、总裁奚国华等出席奠基仪式。太原铁路装备工业园位于太原市尖草坪区与万柏林区相接壤区域,全园规划面积500万平方米,占地约500.25公顷,投资约180亿元。该工业园将依托产业链条、工业基础、运输市场、能源原材料、综合服务等5大优势进行生产经营。年产货车2万辆、工程机械作业车300台、车轴50万根、车轮100万片、轮对20万对、摇枕侧架4万辆份;年修电力机车400台、货车1万辆;年可产(修)城轨车辆100列。预计年销售收入可达到500亿元。

【行业规划和实施方案】 5月,省政府出台《山西省装备制造业调整和振兴规划》。规划期为2009~2011年,规划目标:至2011年,全省装备制造业规模以上企业实现销售收入1000亿元。培育一批具有自主知识产权的名牌产品和自主创新能力强的优势企业,实现产业发展由加工制造向集研发、生产、成套、服务于一体转变,力争形成以5大装备制造国家示范基地(煤机成套制造国家示范基地、铁路装备制造国家示范基地、重型机械制造国家示范基地、纺织机械制造国家示范基地、液压元器件[系统]国家示范基地),5大新型装备制造基地(重型汽车及新型燃料汽车制造基地、新型能源装备制造基地、钕铁硼永磁元器件制造基地、节能环保装备制造基地、电子装备及信息化系统制造基地),4大装备制造业产业集群(铸造产业集群、锻造产业集群、不锈钢深加工产业集群、铝镁合金深加工产业集群)为主体的装备制造业格局。为全面贯彻落实《山西省装备制造业调整和振兴规划》,省经信委先后制订了《山西省汽车工业调整振兴实施方案》《山西省煤机装备制造业调整振兴实施方案》《山西省铁路装备制造业调整振兴实施方案》《山西省新能源装备与环保装备制造业调整振兴实施方案》《山西省重型机械行业调整振兴实施方案》《山西省液压行业调整振兴实施方案》《山西省纺织机械制造业调整振兴实施方案》《山西省铸造行业调整振兴实施方案》《山西省锻造行业调整振兴实施方案》。 (姚文举)

冶金工业

【概述】 2009年,全省有规模以上冶金企业438个,从业人员26.51万人。年末形成生铁产能5100万吨、粗钢产能4331万吨、钢材产能3542万吨;氧化铝、电解铝、金属镁产能分别为430万吨、120万吨、70万吨。

受全球金融危机的冲击和影响,上半年,冶金工业经济继续承接下行走势,随着投资的强力拉动和一系列产业振兴规划政策的陆续出台,下半年,经济形势逐渐好转,生产和经营稳步回升。

2009年粗钢完成2648.49万吨,同比增长12.94%;生铁完成3166.84万吨,同比增长13.85%;钢材完成2288.99万吨,同比增长15.81%;铁合金完成94.44万吨,同比降低1.27%。十种有色金属完成105.85万吨,同比降低24.84%,其中:铜完成6.71吨,同比降低26.52%;铝完成76.40万吨,同比降低21.47%;镁完成22.69万吨,同比降低30.36%;氧化铝完成259.80万吨,同比降低23.79%。

2009年,全省规模以上冶金企业完成主营业务收入1896.6亿元,同比降低20.49%;实现利税53.69亿元,同比降低57.94%;实现利润-14.09亿元,同比降低157.37%。

【产业结构优化升级】 面对金融危机带来的冲击和影响,为推动山西省产业结构调整,实现产业升级,增强产业竞争力,山西省政府开始部署重点产业调整和振兴规划,山西省经信委编制了重点产业调整振兴实施方案重点项目推进计划。其中冶金工业的重点是:借鉴煤炭资源整合的成功经验,以管住增量、调整存量、上大压小、扶优汰劣为重点,着力提升以太钢为代表的优势不锈钢生产企业以及重点铝镁合金生产企业核心竞争力,全力推进高附加值钢种项目建设和特种钢工艺技术研发,做大做强做精不锈钢深加工产业和铝镁合金深加工产业,使不锈钢、铝镁合金深加工成为本省冶金行业新的增长点。

2009年,全省冶金行业重点推进的76个以钢种结构优化和铝镁合金深加工为主的建设项目,有安泰集团年产120万吨H型钢、80万吨高速线材;中阳钢厂与1080立方米高炉配套的200平方米烧结机、90万吨焦炭项目;海鑫钢铁七机七流连铸;长钢投入技改资金近13亿元,使5#烧结机、7#转炉小方坯连铸机、4#变电站、9#高炉、年产20万吨活性石灰生产线、年产50万吨高速线材生产线等19个项目建成投产或部分投产。太钢袁家村铁矿、尖山铁矿扩建、峨口铁矿改造等项目进展顺利,精密带钢和不锈钢无缝钢管等21项目完成工程量的60%以上。

太钢不锈钢工业园依托太钢不锈钢品牌优势,按照"统一规划、合理布局、突出重点、园区式管理"的原则,引进国内、外知名不锈钢深加工企业,高起点、大规模延伸不锈钢加工产业链,把太钢不锈钢工业园打造成世界级不锈钢深加工基地。形成年转化不锈钢25万吨的能力,其中制品加工能力10万吨/年,各种精密开平、精细分条、等离子、水切割加工、配送等能力15吨/年。

铝镁行业重点推进武圣、肥美各30万吨氧化铝项目投产运行;同德铝业100万吨氧化铝项目完成前期工作;中铝山西分公司兴县80万吨、鲁能晋北铝业二期100万吨、山西兆丰铝冶二期40万吨氧化铝工程进展顺利。

【淘汰落后产能】 严格按照国家《产业结构调整指导目录》和行业准入条件的要求,制定淘汰落后产能实施方案,完善落后产能退出机制,对淘汰落后项目给予补偿和奖励。2009年全省淘汰落后钢铁产能676万吨、铁合金产能5.02万吨。2007~2009年,全省累计淘汰落后钢铁产能4338万吨、铁合金产能33.38万吨。进一步优化山西省冶金工业的装备基础,有效提升山西省冶金工业的产业水平,为行业今后发展奠定较好的基础。

【节能减排】 各冶金企业加大节能资金投入,全力推进节能重点工程;推进节能技术进步,建立完善节能新机制;推广实行新机制,节能降耗工作取得明显成效。

太钢投资15.8亿元实施冷轧废混酸再生工程、发电冷凝水回收工程、焦炉煤罐工程、烧结节能减排技改升级工程、固态渣处理项目、高炉矿渣超细粉等节能减排项目。长钢投入上亿元启动"蓝天碧水"工程,建成生活污水处理工程、瑞达焦化地面除尘站,实施变频节电改造一期工程、9#高炉TRT项目、8万立方米转炉煤气柜等项目建设。淘汰4台蒸汽机车,对烧结余热回收和炼钢红烟除尘实施改造。

在节能环保技术的消化吸收创新上,太钢率先建成国内第一座7.63米焦炉、焦炉煤气脱硫制酸及饱和蒸汽发电工程,建成全国处理能力最大的膜法工业污水处理工程,率先接纳城市生活污水和中水,建成国内最先进的碳素钢渣和不锈钢渣处理线。

在处理废弃物上,太钢跟踪国外最先进制渣技术,率先建成处理能力达200万吨的钢渣处理线,生产高尔夫球场专用肥料、建材速凝添加剂等高附加值产品。

同时,在推进制造过程中进行二次能源转换。太钢实施一大批节能技术项目,实施焦化不排尘、发电不烧煤、转炉负能炼钢。目前,回收利用副产煤气产生的能量已经占到生产所需能源的40%,余热余能发电量占到生产用电量的19%。

6月,发电厂完全采用高炉、焦炉、转炉回收的煤气、余热发电,结束燃煤发电的历史,实现粉煤灰零排放。

在技术创新和管理创新"双轮"驱动下,太钢节能减排项目现在每年可增加产值16.7亿元,增加效益5.5亿元。

【资源整合】 贯彻落实国家钢铁产业调整政策,顺应钢铁业联合重组潮流,8月8日,长钢与首钢总公司联合重组签约。借助首钢公司的品牌效应,企业融资环境明显好转;总公司技术服务团入驻长钢,有助于快速提高长钢的管理和技术水平;外矿及主焦煤采购纳入首钢公司统一采购平台,将与大钢企在同一成本线上竞争。

积极参与资源整合,太钢在资源战略和产业链建设实现重大突破。在成功收购土耳其CVK公司铬矿项目的同时,积极推进缅甸、菲律宾、澳大利亚等地的镍矿项目;8月晋煤集团与太钢集团投资成立山西晋煤太钢能源有限责任公司(晋煤集团控股51%;太钢参股49%);3月焦煤集团与太钢集团投资成立山西煤钢联能源开发有限公司(焦煤集团控股60%;太钢集团参股40%)。煤钢联公司按照省煤矿资源整合工作部署,积极开展项目寻源。

长钢1.2亿吨储量的焦煤资源基本落实到位,1490万吨的石灰石资源已获市国土资源局批复,其他铁矿、煤矿资源整合正在有序推进。

【科技成果与技术创新】 2009年,由中国钢铁工业协会、中国金属学会主办的全国冶金科学技术奖评选活动中,太钢参评的7个项目中,"新型铁路货车车体用T4003不锈钢及应用技术开发"获一等奖;"西气东输二线用厚规格X80卷板技术开发与产品应用""大型高压煤气柜成套技术研发及工程应用"获二等奖;四个项目获三等奖。由中国金属学会、中国钢铁工业协会、钢铁研究总院、省科技厅、太原科技大学、中北大学、山西省金属学会、山西冶金工业管理办公室的专家学者参加的太钢省级科技成果鉴定会上,与会专家学者一致认为,太钢的5项科技成果中有3项达到国际先进水平,1项达到国内领先水平,1项达到国内先进水平。长钢自行设计、制造特大型下调式三辊卷板机，填补国内生产厚200~250mm特大型卷板机空白。

中国铝业股份有限公司山西分公司研发的八项科技成果通过中国有色金属工业协会组织的行业鉴定。中国铝业山西分公司和中铝国际沈阳铝镁设计研究院合作完成的“高效固液分离工艺及设备技术开发”项目，整体技术达到国际先进水平。

以科技创新、内部挖潜为手段，着力提高企业经济效益和经济运行质量。

近年来，太钢依托装备、技术、人才等优势，充分发挥SBU组织功能，大力开发高附加值、高技术含量产品，铁路行业用钢、双相钢、耐热钢、造币钢、车轴钢、纯铁、9%Ni钢等21个品种国内市场占有率第一。

以新产品开发创造市场。跟踪重点行业用钢发展趋势，为用户推荐产品，加强与用户在使用技术和新产品先导性研究方面的沟通，进行双向特色培训等增值服务，使太钢一些重点产品的市场占有率迅速上升，有效替代了进口产品。太钢2205双相不锈钢在化学品船制造领域实现突破后，相继又进入国家核电项目和石化行业；成功开发出2205双相不锈钢最小厚度为0.6mm的冷轧宽幅卷板，形成热卷、冷卷的批量供货；国内率先成功开发S32750超级双相不锈钢板材，替代进口；S32101双相不锈钢用于核电设备开始批量生产，填补国内空白，实现国内首家超宽超长规格供货。铁路行业用钢中，北京地铁4号线客车车体用不锈钢面板首次替代进口产品，实现该线客车用不锈钢100%为太钢产品。TD305B耐热钢新产品开发，填补了国内材料空白。高牌号厚涂层冷轧硅钢实现在百万千瓦火电、核电项目上的使用；高牌号及高磁感、低铁损冷轧硅钢年产量达到12万吨，继续保持国内市场占有率第一。船卷开平板首次进入海洋工程行业。

长钢开发HPB235、HPB300热轧光圆钢筋和HRB400E（Φ8mm~20mm）、HEB500E（Φ8mm~32mm）抗震钢筋等新品种；矿用钢系列、优质碳素结构管钢等具备生产条件；低成本生产工艺推广应用到热轧带肋钢筋的生产；启动高线硬线产品技术方案，计划适时实施；机加工用钢组织了试生产，处于市场开发阶段，企业技术创新能力增强，产品规格逐步齐全。

中条山集团围绕公司发展战略及当年科技进步计划，加大对科技进步项目的论证、审批、实施，全年共完成10个科技进步项目，充分发挥科技在企业发展中的引领和支撑作用。

闻喜华盛镁业镁合金折叠自行车研制成功，拓宽镁产品运用领域。

（康建基）

化学工业

【概述】 2009年，全行业实现工业总产值426亿元，同比下降10.4%，其中一季度末降幅26.7%，二季度末降幅24.8%，三季度末降幅22%。12月份单月实现工业总产值47亿元，超过上年最好水平。

2009年，全省化工规模以上企业300个，资产合计765亿元，同比增长19.3%；完成产品销售收入421亿元，同比下降9.7%；实现利税12.68亿元，同比降低63.39%，实现利润2.32亿元，同比降低87.24%；出口交货值完成9.77亿元，同比下降35.6%。产销率98.9%，同比增长0.73%。

【主要产品产量】 2009年，主要产品产量同比增长的有：离子膜烧碱4.15万吨，增长8.1%；橡胶轮胎外胎产量为137万条，上升34.5%；子午线轮胎65.6万条，上升49.00%。同比下降的有：尿素（折纯）305万吨，下降1.1%；精甲醇52.1万吨，下降26.8%；电石57万吨，下降19.6%；烧碱（折100%）34.3万吨，下降38.1%；硫酸26.3万吨，下降51.8%；合成橡胶2.04万吨，下降12.9%。

【重点项目建设】 重点工程项目的投资对山西省化工行业经济企稳回升起到积极的带动作用。2009年，有20个项目投产或部分投产。如天脊潞安化工60万吨焦炉煤气制甲醇一期工程、晋煤集团10万吨/年合成油示范工程、山西侨友化工股份有限公司环保型新工艺加工16万吨/年粗苯一期工程、山西焦化集团两条3万吨硬质炭黑项目等。21个项目完成工程量的60%以上。另有28个煤化工项目开工建设，如山西焦化集团公司投资11.27亿元的调产项目150万吨焦炉扩建工程以及20万吨醋酸项目、10万吨粗苯加氢项目、18万吨合成氨和30万吨/年尿素易地改造项目；中煤集团在山西省晋中市灵石县炭子堡镇开工建设的30万吨甲醇项目和银亿宏峰10万吨甲醇项目；阳煤集团2009年12月奠基开工的40万吨电石及其下游产品项目和百万吨合成氨尿素项目一期工程等。2009年全省化工保持30%以上的投资增速，为拉动全省化工经济实现增长目标

2009年山西省化工行业经济指标对照表

单位：亿元

项目 / 年度	2008	2009	2010年预计	预计比2009年增长%
资产合计	650	765	800	4.6
亏损额	4.8	14.71	10	-32
工业总产值	475	426	500	17.4
产品销售收入	467	421	480	14
利润	14.7	2.32	10	331
利税	30.5	12.68	20	57.7

奠定基础。省政府提出的新产业政策提高11类煤化工装置项目的准入门槛,停止审批涉及危险化学品的7类装置项目,淘汰4种落后产能。市场准入门槛的提高,明显使省内煤化工项目招商引资工作受到一定程度的影响。

【节能减排】 全年共淘汰落后电石产能23万吨。自2007年以来,已累计淘汰115万吨。大量落后产能的退出,为新上转型、转产项目提供充分的市场容量和广阔的发展空间。行业节能减排也为化工企业提供了技术突围的契机,一些大型焦化企业着力于产品深加工,以高附加值产品做强产业链。截至2009年底,粗苯等回收率达65%以上,比“十一五”初期提高40%,一批先进适用的环保技术得到应用。在“蓝天碧水工程”确定的36项指标中,全省的环境空气质量、焦炉煤气和工业固废综合利用等32项指标提前完成“十一五”目标任务。山西化工行业的废水排放量和化学需氧量分别占全省工业的23.18%和16.32%,相对于山西化工产值占全省工业总产值4.85%,化工生产的能耗、物耗仍较高,环境保护和“三废”治理的任务繁重。

【煤化工行业发展规划】 山西化工《山西省煤化工产业调整和振兴规划(2009–2011年)》(简称《规划》)和《山西省煤化工产业调整振兴实施方案》的编制工作完成。《规划》出台后,担负起应对危机、提振经济的重任。中国缺油少气但相对富煤,以煤化工路线生产化工基础产品和清洁能源是化学工业的必然选择;山西省煤化工产业依托煤炭资源优势初具规模,具备快速发展的基础。

【煤炭电力价格影响煤化工产业发展】 (1)煤炭成本。生产尿素的主要原料为煤炭,但目前的煤炭价格几乎是2002年前的8倍。由于煤炭价格已放开,无烟块煤价格从7年前的100元/吨左右上涨到现在的800元/吨,甚至1000元/吨以上。从原料成本的角度算,1吨尿素成本中煤炭成本占到50%。也就是说,煤价每上涨100元,尿素成品的成本就要增长50元。(2)电力成本。2009年底,国家发改委宣布,全国非居民用电平均提高0.028元/千瓦时。就山西省而言,电网销售价格平均提高0.0388元/千瓦时。按全国用电平均涨价0.028元/千瓦时计算,每吨尿素成本提高25.858元;按山西省平均涨价0.0388元/千瓦时计算,每吨尿素成本提高35.83元;按山西运城化肥企业电价上涨0.058元/千瓦时计算,则每吨尿素成本提高53.56元。

【存在的问题】 (1)化工行业的废水排放量和化学需氧量分别占全省工业的23.18%和16.32%,相对于山西化工产值占全省工业总产值4.85%。化工生产的能耗、物耗仍然较高,环境保护和“三废”治理的任务相当繁重。山西省作为全国最大的焦化生产基地,存在着焦强化弱,大量剩余焦炉煤气、煤焦油、余热和其他废弃资源得不到深加工和合理利用等问题,大量的废水、废气、废渣及剧毒化学品对环境造成巨大的影响,严重影响着产业的进步和发展。(2)化肥产品尿素受持续干旱的气候影响,聚氯乙烯、甲醇等化工产品价格同比均出现不同程度下降。四季度以来,在电力、煤炭价格上涨等成本因素推动下,尿素价格出现一定幅度上涨,达到1780元/吨,甲醇市场需求也有所好转,产品价格回升至2300元/吨,其他多数

2009年山西省重点跟踪化工产品产量对照表

项目 / 年度	计量单位	2008年	2009年	同比	2010年预计	预计比2009年增长%
硫酸(折100%)	万吨	54.6	26.3	−51.80%	40	52
氢氧化钠(烧碱)(折100%)	万吨	55.5	34.3	−38.10%	55	60.3
离子膜烧碱	万吨	3.8	4.15	8.10%	15	261
碳酸钠(纯碱)	万吨	15.9	14	−14.20%	16	14.3
碳化钙(电石)(折300升/千克)	万吨	71	57	−19.60%	60	5.3
合成氨	万吨	483.8	484.3	0.10%	500	3.3
化肥总计(折纯)	万吨	393	375	−4.60%	400	6.7
氮肥(折含N100%)	万吨	383	366	−4.60%	390	6.6
尿素(折含N100%)	万吨	308	305	−4.50%	320	4.9
磷肥(折含P2O5100%)	万吨	10	9.6	−1.10%	10	4.2
纯苯	万吨	9.4	10.4	−5.40%	20	92.3
精甲醇	万吨	71	52.1	11.70%	100	91.9
合成橡胶	万吨	2.3	2.04	−26.80%	3.5	71.6
橡胶轮胎外胎	万条	102	137	34.50%	140	2.2
子午线轮胎外胎	万条	44	65.6	49.00%	70	6.7

化工产品价格仍处于低位运行。

（王乐意）

建材工业

【概述】 2009年，全省建材工业规模以上439户企业，资产总计326亿元，同比增长17.6%，从业人员10.1万人。实现工业总产值（现价）182.1亿元，同比增长8.49%；工业增加值53.9亿元，同比下降7%；主营业务收入167.9亿元，同比增长7.21%；利税总额5.49亿元，同比下降31%；主营业务成本147.9亿元，同比增长9.42%。

全省建材工业基本平稳增长，按全省统计的20种主要建材产品产量，同比保持增长的有：规模以上企业水泥完成2700.8万吨（全社会约3600万吨），增长12.37%，其中新型干法水泥产量1597.4万吨，占水泥总产量的59.2%；水泥熟料1596.2万吨，增长6.68%，其中预分解窑熟料1064.9万吨，增长16.66%；商品混凝土357.1万立方米，增长17.61%；花岗石板材403.9万平方米，增长20.06%；钢化玻璃83.7万平方米，增长49.49%；夹层玻璃47.2万平方米，增长19.24%；耐火材料制品135万吨，增长32.18%；其余同比保持增长的还有建筑涂料、塑料型材、砖、瓦、石膏板、卫生陶瓷等。同比出现下降的主要建材产品有：平板玻璃完成1278.4万重量箱，同比下降3.64%；陶瓷砖3982.7万平方米，下降3.33%；石墨及碳素制品51.4万吨，下降14.55%；玻璃纤维纱392吨，下降47.87%；玻璃纤维增强塑料制品528吨，下降9.4%；水泥电杆1.76万根，下降15.46%；水泥排水管15.91千米，下降10.82%。

从工业增加值完成情况看，同比保持增长的行业主要有：轻质建材制造150.8%，黏土砖瓦及建筑砌块制造38.42%，建筑陶瓷制品制造37.1%，耐火陶瓷制品及其他耐火材料制造46.19%，建材生产专业机械制造97.21%，防水建材制造16.7%，水泥制品制造55.17%，塑料板、管、型材制造8.41%。同比下降的行业主要有：水泥制造22.09%，平板玻璃制造48.1%，石墨及碳素制品制造41.17%，建筑用石加工30.63%，以及建筑材料及非金属矿采选业、涂料制造、石灰和石膏制造、玻璃纤维增强塑料制品制造、石棉制品制造、建筑装饰及水暖管道零件制造等行业。

（汪 洋）

【发展不均成本加大】 全省建材工业产品销售率完成95.13%，同比下降0.47%，比全国建材工业平均水平低2.26%。主要表现在：建筑材料生产专用机械制造业仅为36.74%，非金属矿采选业为83.41%，轻质建材制造为83.84%，黏土砖瓦及建筑砌块制造84.75%，玻璃纤维增强塑料制品制造业为86.29%，建筑陶瓷制品制造89.73%，石灰及石膏制造89.53%，砼结构构件制造90.02%，石墨及碳素制品制造90.72%，占全省建材行业总产值近40%的水泥制造业为93.22%。

【亏损严重情况】 全行业产成品资金占用28亿元，比上年同期增长17.9%；应收账款净额同比增长7.3%，总额达32亿元。管理费用、财务费用、利息支出等费用均大幅增长，全行业负债总计234亿元，比上年同期增长19.46%。全行业亏损企业总数为186户，亏损面达42.4%，其中水泥行业亏损61户，亏损额3.44亿元；石墨及碳素制品业亏损22户，亏损1.14亿元；技术玻璃制品业亏损1户，亏损1.17亿元；黏土砖瓦及建筑砌块制造业亏损9户，亏损0.54亿元；耐火陶瓷制品及其他耐火材料制造业亏损23户，亏损0.28亿元。全行业亏损总额8.15亿元，比上年增亏2.73亿元，增长50.2%，全行业利润总额为-4.63亿元，比上年增亏2.95亿元。

【固定资产投资】 全省建材工业完成固定资产投资107.5亿元，比上年增长67.84%。在国家产业政策及调整与振兴规划的贯彻实施中，水泥、墙材、玻璃、耐火材料、建筑陶瓷、高岭土等行业都加大固定资产投资力度，每年都有一批落后企业被淘汰出局，加快了经济结构调整。外省企业的入驻，以及煤电企业投资建材，为本省建材工业的结构调整打下坚实基础。(1)水泥工业。全省水泥工业完成固定资产投资53.7亿元，同比增长89.8%，创历史新高。全年建成4条日产2500吨和2条日产5000吨新型干法水泥熟料生产线，开工在建的有8条日产4000吨以上和6条日产2500吨的水泥熟料生产线。(2)墙材工业。新型墙体材料工业完成固定资产投资15.9亿元，同比增长39.5%，是多年来墙体材料工业投资建设规模最大的一年。(3)其他工业。水泥制品、平板玻璃、砼结构构件、建筑装饰用石开采、石灰和石膏制造、轻质建材制造、建筑陶瓷制品制造、防水建材制造、其他非金属矿物制造等行业固定资产投资完成额均超过1亿元，多数行业同比均有较大幅度增长。

【重点工程项目】 (1)2009年山西吉港水泥有限公司等企业4条日产2500吨和冀东2条日产4500吨熟料新型干法生产线建成，新增水泥产能900万吨，使新型干法水泥总产能达到2600万吨，新型干法水泥产能占规模以上企业总产能的比重达到55.5%。智海水泥集团、新绛威顿、冀东海天配套的低温余热发电项目顺利建成投产运营，大大降低生产成本，引领着水泥工业向节能减排、低碳方向发展。(2)山西利虎玻璃集团黎城日产600吨生产线的建成，新增产能420万重量箱，使全省玻璃产能达2300万重量箱。(3)新型墙材工业发展较快。全年生产能力折标砖120.5亿块，2009年实际产量约为64.9亿块，新型墙材占墙材总量的比例由上年的38%提升至41%。

【淘汰落后工艺产能】 省经信委、省环保局联合下达2009年度水泥行业淘汰落后产能目标任务及企业名单，结合本省实际，对拟淘汰的企业资料进行审查并提交了《关于山西省2009年度水泥行业淘汰落后申请补偿资金的企业审查情况》，保证本省淘汰落后工作的准确性和真实性。2009年，共淘汰落后水泥工艺设备65台套，淘汰落后水泥产能351万吨。根据山西省墙材工作情况，由省墙改中心制定《山西省墙体材料革新工作考核办法》,并加大考核力度,积极推动“禁实”工作的稳步发展。2009年,全省“禁实”工作保护和节约土地约1.07万亩,节约标煤69.5万吨,减少SO_2排量约1.56万吨。

【发展新材料特色产业集群】 山西的新型墙体材料、耐火材料、陶瓷材料、煤系高岭土材料、镁合金材料等新型材料生产具有明显的区位优势和资源优势。省委、省政府将新型材料产业列入全省重点培育发展的新兴产业之一。到2009年底,山西省新型墙体材料行业在建项目超过25个,投资规模超过18亿元,涉及产品有煤矸石(粉煤灰)烧结砖、多孔砖、废渣蒸压砖、承重混凝土和粉煤灰蒸压加气混凝土砌块、石膏条板、石膏砌块,节能环保型干粉预拌砂浆、锰渣和粉煤灰制陶粒等。全省各地新型耐材和环保耐材在建项目超过10个,总投资额超过5亿元。

煤系高岭土行业以精选和超细煅烧高岭土为发展重点,依托山西金洋、山西晋坤、山西琚丰、山西恒源、山西天磊等重点企业,大力开展技术改造,进一步提升传统煅烧高岭土产品,巩固国内领先地位,生产高档涂布高岭土、超细煅烧高岭土、改性煅烧高岭土,不断提升产品档次,提高在国际市场的份额,重点拓展涂料、造纸、橡胶和塑料、陶瓷等消费领域。

【节能新技术新装备的推广应用】 山西省水泥行业采用纯低温余热发电技术的企业有:山西中条山新型建材有限公司、智海企业集团有限公司榆次水泥分公司、山西省新绛威顿水泥有限责任公司,三家企业总装机容量达19.8兆瓦,全年可发电1.3亿千瓦时,供电1.2亿千瓦时,节约标煤4.5万吨,减少CO_2排放量8.1万吨。其自供电量占企业需求电量的1/3,扣除发电成本,供电价按0.35元/千瓦时计,每吨熟料降低电费约11.4元,三年即收回余热电站投资,具有较好的经济效益、社会效益和环境效益。

新绛威顿水泥公司通过采用变频器技术和伺服电源控制系统等节能新技术,使熟料热耗低于800千卡/千克,达到国内先进水平。

潞城市卓越水泥有限公司以年销售收入的5%作为专用基金,用于节能技术研发,真正做到应用一代,储存一代,研发一代。通过新技术的应用,在确保水泥质量的前提下,提高混合材掺入比例,发展循环经济和低碳经济,单位水泥综合能耗仅为68.9千克/吨,是全省水泥行业节能减排示范标兵企业。

【水泥企业能效对标活动】 2009年开始与省资源利用协会共同组织开展水泥企业能效对标活动。该活动由美国提供资金和技术,所选企业主要是山西省节能双百企业,这些企业在全行业中具有一定的示范意义。通过活动的认真开展,共收到10户企业的对标报告,各企业在对标活动中应用对标工具找出与标杆企业的差距,并结合自身实际提出节能目标和措施,对于完成全行业节能任务具有一定的推动作用。

【水泥企业化验室监督检查】 对新建的8户水泥企业化验室进行现场评审考核,并颁发“水泥企业化验室合格证”和检验报告专用章。为加强水泥企业化验室年度检查工作,采取就近各市交叉互检的办法,对266户水泥企业化验室进行年度监督检查,有233户企业年度检查合格,11户企业基本合格,14户企业不合格,对已经关闭、长期停产和2009年度淘汰的8户企业注销其化验室合格证和检验报告专用章,对41户水泥企业化验室管理优秀单位和43名化验室管理优秀工作者进行表彰。

【培训工作】 省建材办举办水泥企业化验室主任培训班,134名水泥企业的化验室主任经过系统的理论、业务及管理知识的学习和严格的考核,获得化验室主任资格证书。对全省210名熟料煅烧工和中央控制室操作员进行理论知识和操作技能培训,考试合格者获得岗位操作上岗证书。

【特有工种职业技能鉴定工作】 按照《山西省建材行业特有工种职业技能鉴定实施办法》及相关要求,积极开展建材行业特有工种职业技能鉴定工作。先后组织进行9批建材行业特有工种职业技能鉴定工作,共有熟料煅烧工、中央控制室操作员、化学分析工等5个工种176人,经过理论知识和技能操作考核合格,分别获得国家人力资源和社会保障部颁发的初、中、高级职业技能等级证书。

【行业岗位职业技能竞赛】 省建材行办会同省劳动和社会保障厅、省总工会、共青团山西省委共同举办全省建材行业“综职院杯”水泥化学分析、物理检验岗位职业技能竞赛。优秀选手分别荣获“山西省五一劳动奖章”“山西省三晋技术能手”“山西省青年岗位能手”称号。

中国建材联合会与中国机冶建材工会全国委员会共同举办“ctc杯”全国水泥化学分析工、物理检验工技能竞赛。山西亚美建筑工程材料有限责任公司贾彬丽获得全国水泥化学分析工三等奖,并获晋升一级技能等级。

【培育优势企业】 组织开展山西省建材行业30强企业和优秀管理工作者的评选活动,评选出太原狮头水泥股份有限公司等单位为全省建材行业30强企业及全省建材行业优秀管理工作者,进行表彰颁奖。

【技术咨询和交流】 在综合利用工业废渣、循环经济、节能环保新技术等方面,组织专家级会员,对省内部分地市的企业,进行专家咨询和无偿技术服务,企业急需的煤矸石烧结砖、粉煤灰建材、水泥窑余热利用等新技术得到推广。组织召开中日水泥行业节能减排技术交流会议,全省50多名水泥企业骨干、领导和技术人员参加了会议。

【网站建设和会讯出版工作】 省建材办投入较大精力进行网站建设,从网页设计、内容更新、到通讯员队伍建设,都进行安排,并在硬件设施上进行高配备。网络内容有较大变化,

服务功能更强。全年出刊的《山西省建材工业协会会讯》，及时提供国家及省有关的方针、政策和行业动态等各种信息。 （王 洋）

2009年度山西省建材行业30强企业名单

太原市

太原狮头水泥股份有限公司

山西焦煤集团公司西山水泥厂

山西双良水泥有限公司

太原福星斯达现代建材有限公司

长治市

潞城市卓越水泥有限公司

山西省长治市水泥制造有限责任公司

长治钢铁(集团)瑞昌水泥有限公司

山西晋牌水泥集团有限公司

大同市

大同冀东水泥有限公司

大同新友粉煤灰综合利用有限责任公司

大同铸石工业(集团)有限责任公司

晋城市

河南孟电集团陵川水泥有限公司

晋城市钻石水泥有限责任公司

晋城市恒建混凝土有限公司

朔州市

右玉县内外石材有限公司

临汾市

山西中条山新型建材有限公司

洪洞县安定水泥有限公司

临汾市晋杭水泥建材有限公司

忻州市

山西省保德县水泥有限公司

晋中市

山西晋投夏工水泥有限公司

山西汾西矿业集团水泥厂

智海企业集团有限公司榆次水泥分公司

阳泉市

山西亚美建筑工程材料有限责任公司

华通路桥集团有限公司建材分公司

运城市

山西省新绛威顿水泥有限责任公司

冀东海天水泥闻喜有限责任公司

山西省运城市清华水泥厂

吕梁市

山西吉港水泥有限公司

山西川东水泥有限公司

山西金虎水泥有限公司

（王 洋）

2009年度山西省水泥企业化验室管理工作优秀单位

太原市(5户)

太原狮头水泥股份有限公司

山西省公路构件厂

山西焦煤集团公司西山水泥厂

山西双良水泥有限公司

太原市广厦水泥有限公司

大同市(4户)

大同冀东水泥有限责任公司

山西石工水泥有限公司

广灵精华化工有限公司绿川建材分公司

大同市永和新荣水泥有限责任公司

阳泉市(1户)

阳泉天隆工程材料有限公司

长治市(5户)

山西晋牌水泥集团有限公司

长钢集团瑞昌水泥有限公司

长治市水泥制造有限公司

天脊煤化工集团股份有限公司水泥分公司

壶关县红旗水泥厂

晋城市(3户)

河南孟电集团陵川建材有限公司

晋城市钻石水泥有限公司

阳城县太岳水泥厂

朔州市(2户)

太原狮头水泥股份有限公司朔州分公司

山阴县三关建材有限责任公司

忻州市(3户)

保德县水泥有限公司

忻州市奇石水泥厂

河曲县晋北水泥有限公司

晋中市(3户)

智海企业集团有限公司榆次水泥分公司

汾西矿业(集团)有限公司水泥厂

介休市绵山水泥有限公司

吕梁市(6户)

交城圣源水泥有限公司

山西卦山水泥有限公司

吕梁中盛水泥有限公司

山西川东水泥有限公司

山西吉港水泥有限公司

孝义东义煤电铝集团特种水泥有限公司

临汾市(4户)

山西中条山新型建材有限公司

临汾市晋杭水泥建材有限公司

临汾市汾河水泥有限公司

临汾市尧都锐丰建材水泥有限公司

运城市(5户)

山西省新绛威顿水泥有限责任公司

冀东海天水泥闻喜有限责任公司

山西省运城市清华水泥厂

山西中条山建筑有限公司水泥厂

平陆条山建材有限公司

（王 洋）

纺织工业

【概述】 1.2009年全省规模以上纺织企业76户，占全省规模以上工业企业户数的1.69%。其中纺织业40户(棉、化纤纺织、印染精加工企业29户，毛纺织和染整加工企业1户，麻纺织企业1户，丝绢纺织及精加工企业5户，纺织制成品制造企业2户，针织品及编织品制造企业2户)，服装鞋帽业14户，化学纤维制造业3户，合成纤维单（聚合）体制造业1户，纺织专用设备制造业18户。

2.资产规模。截至2009年底，全省纺织企业资产总计为112.43亿元，比上年增加3.28%。其中：纺织业28.45亿元，增加1.97%；服装鞋帽业10.77亿元，增加21.28%；化学纤维制造业2.67亿元，减少29.18%；合成纤维单(聚合)体制造业46.00亿元，增加6.11%；纺织专用设备制造业24.54亿元，减少1.69%。

3.从业人员。截至2009年底，全行业从业人员总数为35126人，比上年减少9.20%。其中：纺织业15497人，减少11.78%；服装鞋帽业6471人，减少9.42%；化学纤维制造业1150人，减少14.31%；合成纤维单(聚合)体制造业2793人，增加2.27%；纺织专用设备制造业9215人，减少6.95%。

【主要产品产量】 2009年受国际金融危机和国有纺织企业停产破产影响，山西纺织工业生产和销售全面下滑，主要大类产品产量大幅度下降，除印染布增产77.3%、丝增产66.9%和蚕丝被增加26%外，化学纤维、纱、布、绒线、丝织品等产品的减幅都在两位数以上。

【主要经济指标完成情况】 2009年全省纺织工业规模以上企业主要经济指标完成情况如下：

工业总产值完成64.14亿元，比上年下降12.38%。其中:纺织业18.17亿元，下降1.84%；服装鞋帽业11亿元，增长10.66%；化学纤维制造业0.76亿元，下降81.46%；合成纤维单(聚合）体制造业21.75亿元，下降20.07%；纺织专用设备制造业12.46亿元，下降7.35%。

工业销售产值实现62.01亿元，比上年减少14.34%。其中：纺织业16.20亿元，减少10.35%；服装鞋帽业10.56亿元，增长8.20%；化学纤维制造业1.25亿元，减少64.69%；合成纤维单(聚合)体制造业21.62亿元，减少19.12%；纺织专用设备制造业12.38亿元，减少13.36%。

新产品产值完成13.51亿元，比上年减少19.49%。其中:纺织业0.88亿元，增加18.92%；服装鞋帽业和化学纤维制造业没有新产品产值；合成纤维单(聚合)体制造业10.29亿元，减少21.27%；纺织专用设备制造业2.34亿元，减少21.07%。

产品出口交货值完成3.11亿元，比上年下降53.09%。其中：纺织业1.73亿元，下降33.20%；服装鞋帽业和化学纤维制造业没有出口；合成纤维单(聚合)体制造业0.51亿元，下降49.00%；纺织专用设备制造业0.87亿元，下降71.42%。

主营业务收入完成64.46亿元，比上年减少12.79%。其中：纺织业15.92亿元，减少10.31%；服装鞋帽业11.02亿元，增长16.00%；化学纤维制造业1.25亿元，减少64.49%；合成纤维单(聚合)体制造业21.44亿元，减少18.01%；纺织专用设备制造业14.83亿元，减少12.7%。

利税总额实现0.55亿元，比上年下降19.12%。其中：纺织业-0.14亿元，上年为-0.26亿元；服装鞋帽业1.16亿元，增长18.37%；化学纤维制造业-0.31亿元，上年为-0.49亿元；合成纤维单(聚合)体制造业0.92亿元，增长13.58%；纺织专用设备制造业-1.08亿元，上年为-0.36亿元。

实现利润总额-1.90亿元，上年为-2.19亿元。其中:纺织业实现-0.51亿元，上年为-0.84亿元；服装鞋帽业0.69亿元，比上年增长16.95%；化学纤维制造业-0.39亿元，上年为-0.56亿元；合成纤维单(聚合)体制造业利润为零，上年为-0.39亿元；纺织专用设备制造业-1.69亿元，上年为-0.99亿元。

亏损企业及亏损额:全行业共有34户企业发生亏损，比上年减少2户，亏损企业亏损额2.78亿元，比上年减亏10.90%。其中:纺织业有19户发生亏损，减亏32.32%；服装鞋帽业有1户发生亏损，减亏60%；化学纤维制造业有2户发生亏损，减亏31.58%；合成纤维单(聚合)体制造业无亏损；纺织专用设备制造业有12户发生亏损，亏损额为1.7亿元，增亏51.37%。

【纺织工业振兴规划】 山西省纺织工业行业管理办公室提出并经山西省经济和信息化委员会审定《山西省纺织工业调整和振兴规划》，规划期为2009~2011年。规划目标:一是总量保持平稳增长，到2011年，全省纺织工业实现销售收入80亿。二是产业结构明显优化，到2011年，全省棉纺织生产能力达150万锭，精梳纱比重达到40%，无梭布比重达40%；大麻及混纺纱生产能力达8000吨，大麻及混纺面料达7000万米；家用纺织品、服装等终端产品的销售比重达50%以上；碳纤维原丝达3000吨，碳

2009年山西省纺织工业主要产品产量完成情况

产品名称	单位	2009年	比上年增减(±%)
化学纤维	吨	8878.44	-70.6
其中:粘胶纤维	吨	0.00	-100.00
合成纤维	吨	8878.44	-15.5
其中:涤纶纤维	吨	5262.00	-19.9
纱	吨	37897.44	-22.7
其中:棉纱	吨	35313.44	-24.1
混纺纱	吨	2584.00	2.7
布	万米	3126.34	-58.7
其中:棉布	万米	2548.81	-63.9
棉混纺布	万米	577.53	14.6
印染布	万米	13169.60	77.3
绒线(俗称毛线)	吨	126.25	-19.6
丝	吨	265.71	66.9
丝织品	万米	57.80	-39.9
棉被	万条	4.48	7.7
蚕丝被	万条	0.63	26.0
服装	万件	1008.35	-1.2
其中:梭织服装	万件	50.57	-25.6
其中:西服套装	万件	12.40	39.5
衬衫	万件	18.66	-57.1
针织服装	万件	957.78	0.5

纤维达500吨;印染行业达3亿米的生产能力; 服装生产能力达3000万件。三是技术水平明显提升,高新技术产品的产业化及应用取得进展,具有国际先进水平的纺织技术装备比重得到提高,特色产品向终端产品延伸,向高档化发展。四是品牌建设取得突破,提升产品品质,加强市场推广。

10大主要措施:(1) 利用碳纤维原丝及预氧丝的产业化优势,使其在能力、品质、新品研发等方面得到提升,形成上下游衔接的产业群。(2)发挥大麻及丝麻产品的特色优势,保持大麻产品生产加工技术在全国的领先地位, 创新开发大麻纱、面料、服装、家纺4大系列新产品,促进大麻及丝麻产品向舒适化、精细化、高档化发展。(3)集中力量做大动植物蛋白纤维这一具有自主知识产权的特色产品,使其广泛用于绒纺、精毛纺、丝类服饰等领域。(4)加快印染技术创新,把无盐染色技术优势转化为竞争优势, 以山西华晋纺织印染公司、山西彩佳印染公司为龙头,以高档服装面料为纽带, 带动周边的纺织、服装企业,在运城形成纺织、印染、服装一条龙产业链的产业群体。(5)发展新型纤维混纺、纯纺产品,提高精梳纱、无接头定长纱、无梭布等高档产品的比重。(6)加大技术改造的投资力度,采用紧密纺、全自动气流纺、高性能精梳机等新型纺纱技术装备,推广清梳联、细络联等一体化纺纱工艺,提高喷气织机、剑杆织机等无梭织机的比重。(7)实现产业用纺织品加工的历史性突破。以碳纤维原丝生产为基础,向下游延伸生产预氧丝和碳纤维, 引进碳纤维制品生产企业,开发生产航天航空、军用装备、能源交通、石油化工、电子工程、医疗器械等领域的碳纤维制品。以山西新新纺织行业技术中心开发的PPS耐高温纤维为基础,生产电厂除尘和水泥生产除尘用过滤材料。利用再生涤纶短纤维发展无纺土工布、煤矿用材料、过滤材料等。(8)鼓励非公有制纺织企业的发展,引导民间资本向纺织业投资,促进各地经济的转型发展。(9)扶持有条件的市县建设纺织工业园区。(10)强化品牌意识,实施名牌战略。全省现有中国驰名商标1个(百圆),中国名牌1个(绿洲大麻)。山西名牌、著名商标有:森鹅、吉俐迩、红萍、暖神、三五三四、堂威、三林、格芙兰等。

【重点项目】 运城华雄纺织有限公司在运城空港开发区投资40万锭棉纺项目,是山西省首家煤炭行业民营资本进入10万锭以上棉纺织行业的重点项目。2009年7月19日,一期工程10万锭高支精梳纱生产线正式投产。运城华雄纺织有限公司是由企业家吴荣华独资筹建的,是山西省纺织系统技术装备水平最高、生产效率最高的现代化纺织企业。

际华三五三四制衣有限公司“采用计算机集成制造系统的中高档服装生产线”、山西绿洲纺织有限公司“精梳大麻混纺面料生产线”、山西鸿鑫纺织有限公司 “3万纱锭180台无梭织机”、山西亚希印业公司 “年产10000吨无纺布生产线”等4个技术改造项目得到省经信委的贴息支持共计500万元。

山西金澜丝绸纺织品有限公司的50万套丝绸服装加工项目于6月10日在高平市正式开工,该项目是国家“东桑西移”工程在山西的一部分,也是山西丝绸服装行业积极应对金融危机的重大举措。省政府批准项目占地3.332公顷, 总投资3800万元。项目投产后,可年产高档丝绸服装50万套(件)、蚕丝床上用品3万件、刺绣工艺品5万件、手工布鞋1万双,年销售收入5000万元,利税2300万元。并采用“公司+农户”的形式,安排农村剩余劳动力和下岗职工750人就业。

【质量管理成果】 2009年,山西省获得全国纺织行业优秀质量管理小组称号的是经纬纺织机械股份有限公司榆次分公司中小件工艺二组QC小组和冷锻检验QC小组,获得全国纺织行业质量信得过班组称号的是经纬纺织机械股份有限公司榆次分公司棉纺机械总装厂机架班。经纬纺织机械股份有限公司榆次分公司被评为全国纺织行业质量管理小组活动优秀企业,该公司副总经理张新民被评为全国纺织行业质量管理小组活动卓越领导者,该公司梁志丽被评为全国纺织行业质量管理小组活动优秀推进者。经纬纺织机械股份有限公司榆次分公司中小件厂工艺二组QC小组的提高F1520420010A支承座结合件合格率被评为全国纺织行业质量管理小组活动十大成果之一。

5个单位获2009年度山西省优秀质量管理小组称号,它们是经纬纺织机械股份有限公司榆次分公司棉纺总装厂技术室QC小组和棉专部罗拉精品QC小组,山西三维集团股份有限公司丁二醇分厂二车间QC小组、丁二醇分厂二车间QC小组和热力一车间QC小组, 获2009年度山西省质量管理小组活动优秀企业的是经纬纺织机械股份有限公司榆次分公司。经纬纺织机械股份有限公司榆次分公司总质量师郭玉云获2009年度山西省质量管理小组活动卓越领导者称号,该公司侯润花获得2009年度山西省质量管理小组活动优秀推进者称号。

【纺机出口免验】 6月8日, 国家质检总局在经纬纺织机械股份有限公司榆次分公司举行授牌仪式,授予该公司自主研发的F1520型环锭细纱机为出口免验产品。这标志着该公司成为国家质检总局批准的山西省第一家出口免验企业,也是中国首家纺机类产品出口免验企业。

【品牌文化】 12月,山西绿洲纺织有限公司被中国纺织工业协会授予2009中国纺织十大品牌文化称号。该公司的纯麻纺纱技术居国内同行业领先水平,有7种面料被科技部认定为国家重点新产品,29种面料被国家纺织产品开发中心评定为中国流行面料, 公司拥有6项国家发明专利,新技术产品销售收入占企业销售总收入的比重达60%以上,是全国大麻产品的开发基地和全国麻纺织行业的龙头企业。

【翼城县纺织行业协会】 11月19日成立,系翼城县各纺织企业加盟的联合性、地方性、自愿性、非营利性社会团体,这也是本省纺织系统第一个县级行业协会。该协会成员单位有18家,其中:纺纱企业7家,拥有棉纺锭8.9万锭;织布企业1家,年生产能力为560万米;漂染企业1家,年生产能力为2000吨;针织企业5家,年产370万件;服装企业4家,年产服装21.3万套(包括织布企业兼营服装的能力)。 (孙宝民)

轻工业

【主要指标完成情况】 2009年,全省轻工业实现销售收入300亿元,同比增长11%;完成主要产品产量:食醋33万吨,同比增长10%;白酒12万吨,增长13.6%;乳制品53万吨,同比增长10%;饮料45万吨,同比增长15%;日用玻璃17亿元,同比增长13%,25万吨;日用陶瓷9亿件;同比增长12.5%;机制纸及纸板30万吨,同比增长11%;塑料制品27万吨,同比增长10%;合成洗涤剂13万吨,同比增长18%。前4个月,在食品工业较快增长的带动下,轻工业呈现回升。太原市轻工业产品出厂价格同比下降1.67%,而重工业同比下降11.45%。

【食品行业发展规划】 2009年将食品工业纳入经济转型的重点支持范围,并划定131项重点技改项目。主要包括:以本省果蔬、杂粮等农产品的资源优势为依托,提升酿酒、食醋、肉制品、饮料四大行业;整合乳品、淀粉、食用油脂3大优势产业集群;壮大小杂粮、干鲜果蔬等加工特色产品。食品工业成为山西的支柱产业。

山西省出台《食品产业调整和振兴规划》(以下简称《规划》)。《规划》提出,到2011年,山西省食品行业产业规模以上企业年销售收入达到450亿元以上,其中50亿元的企业1户。做大做强以知名品牌为支撑的三大传统食品产业,酒类制造:以汾酒集团为龙头,推进对省内和周边白酒资源的有效整合,壮大汾酒规模,提高汾酒占有率,确保晋酒在国内白酒市场的品牌地位。扶持具有潜在优势的保健酒、葡萄酒、黄酒,搞好产品定位,提升产品品质,扩大产品规模。食醋制造:推进骨干企业区域性整合中小醋企,提高产业集中度,进一步提高山西陈醋在食醋市场的占有率,确保山西陈醋在食醋市场的品牌地位;开发适合不同人群的饮料醋、药用醋、风味醋、保健醋等系列产品,拓展食醋的应用领域,提高产品附加值。乳品制造:发展雁门关生态畜牧区,加强奶源基地建设,整合重组中小乳企,着力提高古城乳品的知名度,形成以伊利、蒙牛、夏进为主的引进品牌和省内自主品牌共同发展的乳业市场格局。完善乳制品质量安全体系,提升全行业整体技术装备水平,发展巴氏杀菌乳、发酵乳、配方乳粉等产品,适当发展奶酪、乳清和奶油等乳制品。《规划》还提出,依托资源优势和产业基础,省小杂粮加工、肉类加工、特色食用油加工、干鲜果蔬加工、功能食品加工具有较强的发展潜力。通过技术创新、优化整合、合作开发、重点扶持,促进产业化、高端化、品牌化、集约化发展,做精做细以浓郁地域品牌为支撑的五大特色食品产业。

【获国家驰名商标产品】 2009年,"大寨核桃露""六味斋"、山西老陈醋集团"东湖牌"、山西梨花春集团"梨花春"荣获国家驰名商标称号。

【重点项目建设】 从2009年起,山西省打造绿色农产品深加工基地,投资约800万元煤炭可持续发展资金,支持农产品深加工。(1)大同市1个项目。左云县山西佳鑫食业有限公司年转化1.4万吨小杂粮生产续建。项目建成后将形成年产10000吨冷冻杂粮面、10000吨速食杂粮面、4500吨鲜食杂粮面、500吨燕麦粉、2500吨荞麦粉的生产能力。项目总投资5606万元,省煤炭可持续发展资金安排贴息150万元。(2)晋中市2个项目。山西榆社主力阿胶食品有限公司高档驴肉及阿胶制品加工生产线技改项目。项目建成后将年产2200吨高档驴肉、100吨阿胶含片和100吨阿胶嚼片。项目总投资3450万元,省煤炭可持续发展资金安排贴息150万元。太谷县山西新太食业有限公司蔬菜综合加工项目。项目建成后将年产30吨预冷蔬菜、120吨冻干蔬菜、2200吨速冻蔬菜、6000吨韩式泡菜。项目总投资4656万元,省煤炭可持续发展资金安排贴息150万元。(3)长治市2个项目。沁县檀山黄小米基地有限公司年产5万吨五谷专用粉系列产品生产基地。项目建成后将形成年产2万吨食品工业原料专用粉、1万吨特色主食专用粉、2万吨发芽谷米及粉的生产能力。项目总投资5606万元,省煤炭可持续发展资金安排项目资本金200万元。长治市芸生粮业有限公司高筋玉米粉生产线续建。项目建成后高筋玉米粉生产能力由5000吨扩建到1.5吨,年转化玉米3.75万吨。项目总投资3154万元,省煤炭可持续发展资金安排贴息150万元。(4)山西水塔老陈醋股份有限公司是国家八部委确定的首批全国农业产业化重点龙头企业,也是目前国内规模最大、品种最多、市场占有率最高的山西老陈醋生产基地。

【市县区域轻工发展】 屯留县通过转型发展推进现代轻工业。金泽生物工程有限公司是一家大型玉米深加工企业,每年可转化90万吨玉米,占长治市玉米产出量的75%以上。该企业具有发展可持续性强、低污染的特点。在把握市场和发展方向的基础上,投资建设年产5万吨麦芽糊精及10万吨结晶葡萄糖项目,使企业提高附加值。

祁县是全国著名的玻璃器皿生产和出口基地,为应对国际金融危机给玻璃器皿产业带来的冲击,祁县玻璃器皿行业实施了产业振兴工程,内抓管理,外抢市场,在提高产品质量的同时,积极开拓中东、南非、东南亚等国际市场,生产已恢复到金融危机前的90%。

交口县出台核桃深加工企业优惠政策,积极创造条件支持企业创品牌、闯市场。该县明尔康公司就是精加工的典型龙头企业，该公司生产的核桃露等系列饮品、食品，市场竞争力较强，每年可消化核桃干果占全县总产量的90%以上，可带动4000余农户。

运城市是全国最大的芦笋生产加工出口基地，出口量占全国出口量的60%，占世界份额的40%。永济生产的芦笋因品质好，已被有关国际权威机构列为地域保护产品。

太谷县推进工业集群化、新型化，把扩大内需、克服困难的过程转化为调整经济结构、提高质量的过程。该县的昌寿公司驴肉加工、新太食业蔬菜加工、荣欣堂太谷饼及杂粮加工、通宝醋业老陈醋4个项目，被列入省经委《山西省食品行业重点项目推进计划》。为全县工业经济的持续增长，起到积极的推动作用。该县结合太原环城高速太谷连接线建设，根据产业发展、环保要求，统一规划，分步实施，完成新型工业园区征地拆迁及场地平整工作，启动园区供水、供电、供气、供暖以及污水处理等配套工程建设。

汾阳县建成全国最大的核桃干果集散基地；杏花村被中国品牌发展组委会授予“中华名酒第一村”称号。

【行业动态】 10月27日山西省政府《关于做大做强农产品龙头企业的意见》公布，凡资源型企业转产和省外资本来山西省投资农产品加工项目，投资额在5000万元以上的，享受省级龙头企业的政策待遇。全省启动实施农产品加工龙头企业“513”工程，即省市县分别培育50个、100个、30个龙头企业，做大做强450个农产品加工龙头企业，到2013年，全省农产品加工龙头企业销售收入比2008年翻一番，达到800亿元。加工转化率达50%以上。 （袁 珊）

国防科技工业

【概述】 2009年完成工业总产值188.48亿元，与上年持平；工业增加值40.1亿元，同比增长8.52%；销售收入218亿元，增长5.2%；盈利企业实现利润6.26亿元，增长15.63%；亏损企业11个，亏损3.45亿元，比上年增亏0.36亿元；职工年平均工资增长11.19%，达到26738元。

1. 武器装备科研生产取得新突破。全年全省军工单位承担的高新技术武器装备研制生产任务和项目，均高质量按节点顺利进行，未发生重大质量问题。全年有3项武器装备科研新成果获国家科学技术奖国防专项奖，23项获年度国防科学技术奖。在庆祝新中国成立60周年阅兵仪式上，受阅的30个地面装备方队和12个空中梯队中，山西省国防科技工业军工单位参加受阅装备的总体或配套任务。

2.军民结合产业取得新进展。全年民品产值大体与上年持平，同比下降9.45%。石油钻具、铁路产品、汽车部件、矿用机械等主要民品产量出现大幅度下降。环保产品活性炭等民品呈现增长态势，新型环保产品风力发电机成为新的经济增长点。全省军工有10个单位的14个民品列入省工业振兴和结构调整重点项目，总投资29.9亿元。

3. 加强质量管理和安全生产工作。针对军工和民爆高危行业的特点，狠抓安全生产教育培训，制订安全生产的11项制度；狠抓安全生产目标责任制落实，召开安全生产工作会议，与各军工单位签订年度安全生产目标责任书，加强目标考核管理；狠抓安全生产专项整治，制定山西省国防科技工业安全生产专项整治工作方案，定期对全省各军工企事业单位和民爆行业安全生产专项整治进行检查，对排查出的安全隐患实施“定人员、定标准、定时间”进行分类整治。对重大危险源特别是火工品、危险化学品、放射性物质重点生产环节、库房、销毁场、运输等进行重点监控，采取人防物防技防措施。全年共查出军工行业安全隐患175个，民爆行业安全隐患158个，提出整改意见和建议122条，隐患整改率达100%。全年全省国防科技工业部门共发生死亡事故2起，死亡2人，没有发生重大爆炸事故，连续四年高标准完成省政府下达的安全生产责任目标。

【行业发展存在的主要问题】 (1)如何有效推进军民结合和军工科技成果转化应用，如何进一步融入地方经济发展体系，如何实现投资主体多元化特别是引进民营资本参与民品发展等深层次问题，仍困扰着军工企业，一定程度上制约军工的快速发展。(2)科技自主创新能力不强，高素质的科技人才缺乏，技术、研发力量薄弱，缺乏有竞争优势的新产品，储备不够，支撑民品持续稳定增长的基础很脆弱。(3)民品市场需求萎缩，产能过剩凸显，市场竞争激烈，民品规

山西省人民政府与中国船舶重工集团公司战略合作框架协议签字仪式 （赵登斌提供）

模仍处于一个较低的水平上,民品产成品出厂价格下降幅度超过原料的降幅,一些重点民品增长速度明显放缓,部分产品产销出现大幅下滑,造成部分企业的盈利水平下降。市场运作,不善于资本运作、不善于打破封闭搞联合,融资渠道单一和手段缺乏的状况没有根本性扭转,民品发展难以有大的作为。

【民品产业结构调整】 晋西机器工业集团有限公司利用企业的资源优势,围绕铁路产品,大力开发二级民品,开发KM70煤炭漏斗车(快装接头)、C70C焦炭专用敞车等产品,增加订货350辆,增加收入1.5亿元。通过开发高速铁路用预埋件新产品及13米煤气环形炉、轮轴动态测试台、预压装涂油翻转机等非标产品,为企业的发展奠定基础。中国电子科技集团第二研究所狠抓产业结构调整,培育产品竞争能力,在现有液晶显示器(LCD)、真空焊接为民用主导产品的领域布局下,重点发展SiC材料制备工艺及装备、微组装工艺设备、太阳能光伏电池设备及产业,提升电子专用设备领域的核心竞争能力;同时积极推进国家发改委"平板专项"工程"TFT-LCD后工序系统集成项目"、国家发改委信息产业企业技术进步和产业升级专项"片式薄膜电容生产设备产业升级""极大规模集成电路制造装备及成套工艺"三个科技部重大科技专项。山西平阳重工机械有限责任公司通过两次扩产技改,初步形成年产液压支架5000架~6000架的生产能力,具备批量生产高端支架和出口架型的能力,形成液压支架自主设计和自主创新较完善的设计体系,列入国家"十一五"重点支撑项目的液压支架电液控制系统完成井下6个月的工业性试验,并一次通过认证,取得煤安标志。山西春雷铜材有限责任公司提出10万吨高精度铜板带产业规划,由多家公司入股在太原组建年产值达20亿元的股份制企业,各项准备工作进展顺利。山西北方惠丰机电有限公司全年安排民品科研项目7项,其中人工心脏项目完成2次动物试验,取得初步成果,正在进行参数调整、零件的加工装配。山西柴油机工业有限公司与在国际上处于领先地位的德国MTU公司的战略合作项目——山西北方安特优发动机有限责任公司,主要生产和销售国际上较为先进的柴油机产品之一的956系列大功率柴油机,满足中国核电市场和高速大功率船用柴油机以及部分重车用发动机市场需求,合资公司的各项工作正在有序推进。

(赵登斌)

食品工业

【概述】 2009年全省规模以上食品工业企业296个,比上年同期增加6个;全省主营业务收入279.22亿元,上涨10.49%;利润总额16.34亿元,上涨18.13%;利税总额42.89亿元,上涨14.97%。

全省食品工业4大行业经济运行良好,恢复全面上升的局势:农副食品加工业主营业务收入127.45亿元,比上年同期上涨28.80%,利润总额4.14亿元,上涨53.65%,利税总额5.56亿元,上涨40.15%;食品制造业主营业务收入52.27亿元,上涨2.37%,利润总额2.39亿元,上涨14.18%,利税总额4.01亿元,上涨12.94%;饮料制造业主营业务收入76.02亿元,上涨4.09%,利润总额7.83亿元,上涨57.18%,利税总额18.89亿元,上涨36.37%;烟草制造业主营业务收入23.48亿元,上涨14.61%,利润总额1.98亿元,上涨0.85%,利税总额14.43亿元,上涨15.67%。

【行业大事录】 1月7日 山西省食品安全快速检测车发车仪式在太原举行。由省政府拨款495万元集中采购的11辆食品安全快速检测车配发到全省11个市。这个流动"实验室"可随时在现场快速检测食品质量,10分钟检出农药残留量,并可检测上千种食品。

3月11日和28日 分别在太原和北京召开山西省食品产业调整和振兴规划座谈会。会议分别邀请国家工信部、消费品工业司、中国食品工业协会等部门负责同志、全国食品工业知名专家、省发改委、省轻工行业办、省内食品行业专家以及汾酒集团、粟海集团、水塔老陈醋集团、厦普赛尔集团等15家龙头食品企业负责人参加会议。

4月 山西粮油集团有限责任公司与北京古船食品有限公司正式建立合作关系,前者保证优质小麦粉供应,后者负责生产,销售工作由山西粮油集团有限责任公司和山西古船食品有限公司共同开发。合作双方注册新品牌"佳家储",属于"古船"品牌的子品牌。

4月2日 由省商务厅主办召开芦笋生产企业与省内大型酒店产销合作对接会。会上,省内10家芦笋生产企业与山西大酒店、大同宾馆、迎泽宾馆、国贸大酒店、康庄生态园、山西会馆、江南等全省众多餐饮企业签订芦笋产销对接合作协议。

4月24日 中国食品工业协会发布2008年度中国食品工业百强企业和重点行业十强企业名单,山西杏花村汾酒集团有限责任公司入围中国食品工业百强企业和白酒行业十强企业;山西水塔老陈醋股份有限公司入围酿醋行业十强企业。

5月13日 在太原召开全省工业振兴大会,《山西省食品产业调整和振兴规划》以山西省人民政府晋政发[2009]16号文件正式发布。

6月2日 省质监局举办"山西老陈醋"专用标志使用新闻发布会。相关负责人宣布,山西省9家老陈醋生产企业纳入国家地理标志产品包含的范畴,全省共有17家醋企纳入国家地理标志保护产品。

6月3日 省工商局在第三届山西品牌节暨中国驰名商标、山西省著名商标新闻发布会上,为全省2009年度获得的7个中国驰名商标进行颁牌,其中获得食品类中国驰名商标的是太原六味斋实业有限公司的"六味斋"商标和山西老陈醋集团有限公司的"东湖"商标。

6月11日 山西省国家级非物质文化遗产老陈醋酿制技艺高层论坛在太原举行。由山西老陈醋集团有限公司申报的"美和居老陈醋酿造技艺”入选国家级“非遗”。

6月 食品行业有100件食品产品注册商标被认定为山西省著名商标,其中新认定62件,重新认定38件。山西古城乳业集团新一届董事会成立。与外方合资后的古城乳业将投资亿元资金,重新树立山西省乳品行业的龙头形象。

7月4~5日 国务院总理温家宝到山西考察。温家宝在山西老陈醋集团公司察看东湖老陈醋的传统酿造工艺过程,亲自品尝陈酿醋。温家宝特别指出:老陈醋等传统产业应该说竞争比较激烈,食品最重要的就是质量。山西的东湖老陈醋和杏花村汾酒、竹叶青等传统食品工业,要把安全和质量放在第一位。

9月6~8日 第四届“中国食品工业协会科学技术奖”授奖大会暨第七届全国食品工业科技进步工作会议在山东省荣成市召开。山西省有4家企业获奖:山西世龙食品有限公司宋天雷、李忠林、徐枫完成的《“世龙”牌上党腊驴肉系列产品开发》获乳、肉、蛋制品开发、安全生产及综合利用新技术研究与应用项目二等奖;山西杏花村汾酒集团有限责任公司杜小威等完成的《汾酒勾贮优化管理系统》获白酒生产、勾贮新技术研究与应用项目二等奖;蓝顿旭美食品有限公司获食品工业科技进步优秀企业称号;山西世龙食品有限公司宋天雷获食品工业科技进步先进科技工作者称号。

10月10~14日 全国人大常委会副委员长、民建中央主席陈昌智率全国人大常委会食品安全法执法检查组到山西省检查。检查组一行深入太原、运城、清徐和新绛等市县的食品生产、经营、餐饮等单位,实地检查法律贯彻执行情况和食品安全现状。

10月20~26日 由农业部、省政府、中国国际贸易促进委员会联合主办的中国(山西)特色农产品交易博览在太原举办。这次农博会招商引资项目签约总金额262.9亿元,贸易签约总金额242.2亿元。参展、参会企业1400多家,涉及23个省、市、自治区和14个国家和地区。参展商品数量1万多个,展品90%为农产品和食品产品参观人数达22万人次。

10月26日 紫林集团年产30万吨食醋产业园及醋文化旅游园林项目正式开工奠基。园区总投资6.8亿元,项目分两期完成,2011年前完成30万吨食醋生产规模的建设任务;2012年前形成以现代食醋生产工业园为核心的集醋文化旅游园林、醋立方理疗保健养生中心、食醋生产技术培训中心、食醋工程技术中心、醋理疗保健研究所为发展格局的现代化、规模化食品生产示范园区。项目建成后,园区年产值实现12亿元,利税3.8亿元。

10月 山西省和北京市农业部门负责人在太原签订农产品产销合作框架协议:在今后3年内,山西省将规划建设一批稳定供应北京市农产品生产基地,北京将协调组织相关企业到山西省投资农畜产业。

11月14~16日 省政府驻南京办事处和运城市政府举办“山西运城特色食品推介活动”。运城市、县、区60余家食品企业和南京百余家商贸企业共200余人参加推介活动。推介食品主要有酒、果蔬、蜜饯、肉制品、面粉制品、休闲食品等6大类约200种产品。推介会上,分别签署战略合作协议3项,两地食品商贸企业签署购销合作协议32项,达成产品销售意向资金5000万余元。 (高小荷)

农 林 水 利

种植业

【概述】 2009年，自然灾害频发重发，农产品市场波动，种植业生产经受严峻考验。特别是全省遭遇50年一遇的特大旱灾和历史罕见的暴雪灾害，给种植业生产带来极大的困难。全省各级农业部门扎实工作，奋力抗灾，千方百计把损失降到最低程度，使得大灾之年粮食产量达到中等年景水平。2009年全省农作物播种面积369.40万公顷，比上年的372.84万公顷减少0.92%。2009年全省粮食面积314.82万公顷，比上年的4667万亩增加1.14%。粮食产量94.2亿千克，达到中等年景水平。玉米等高产高效作物面积继续增加。2009年全省玉米种植面积145.19万公顷，比上年的137.92万公顷增加5.27%。玉米总产65.4亿千克，比上年的68.28亿千克减少4.17%。小麦种植面积得到稳定，2009年全省小麦种植面积72.78万公顷，比上年的69.77万公顷增加4.31%；小麦总产21.11亿千克，比上年的25.3亿千克减少16.56%。谷子、豆类、薯类等杂粮效益较低，农民种植积极性不高，种植面积有所下降，尤其是谷子面积减少较多。2009年全省谷子种植面积19.98万公顷，比上年减少11.28%。

【强农惠农政策】 2009年，粮食直补、生产资料综合补贴、良种补贴三项补贴资金总量达到25亿元，比上年增加2亿余元。围绕惠农政策落实，探索和完善粮食直补办法，改资金发放以上年度实际种植面积为依据，确保资金在春耕前发放，解决省下达面积与县实际面积存在差距的问题；良种补贴实现小麦、玉米、水稻、棉花4种作物全覆盖；全国首家出台玉米保护性差价补贴政策，补贴资金达到2.2亿元，进一步保护和调动农民种粮的积极性。

【结构调整】 粮食作物与经济作物种植比例基本保持稳定，品种、品质结构进一步优化。粮食作物中，由于继续增加补贴资金、比较效益相对较高的玉米种植面积连续六年增长，首次超过140.07万公顷。粮食作物优种率达到90%以上。由于各地的政策扶持，高效园艺建设工程进展顺利，设施蔬菜保持快速发展势头，新增设施蔬菜0.70万公顷，新建省级无公害标准化示范果园0.17万公顷。园艺产品质量安全水平明显提高，蔬菜农残超标率下降到3.4%。

【果业生产】 2009年全省果园面积达54.55万公顷，果品总产量717.1万吨，果品总收入达130.26亿元，农民人均果品收入达552元。水果出口总量为9.8万吨(其中苹果出口量为6.9万吨，梨出口量为2.9万吨)，均比上

副省长刘维佳在麦收现场　　　　(武少东提供)

年有较大幅度增长，超额完成年初制定的目标任务。桑园面积达到1.13万公顷，发种8.8万张，产量3724吨，蚕茧收入0.78亿元。全省中药材面积达到7.07万公顷，总收入9亿元，全省农民药材人均收入45元。由于2009年春节过后贮藏果品价格上扬、名新优品种和地方特色品种发展势头强劲、农民栽植果树的积极性高涨等因素影响，加上近几年本省不断调整和优化果业种植结构，各项实用技术得到进一步的推广应用，优良品种率明显提高，早、中、晚熟比例更加符合市场需求，使得2009年全省果园面积保持稳定增长。

【种子质量管理】 2009年，山西省种子部门代表农业部抽查辽宁、吉林两省16家企业40.98万千克种子和山东、河南两省4个种子集散市场的春播种子。组织实施本省种子质量专项抽查，共抽查174家企业生产经销的226个批次种子，覆盖率达90%以上。完成106名种子检验(人)员考核工作，有75人分别通过3个类别共计196项资格的考核，通过率70.8%。开展检验机构和达标检验室考核，对省内3家种子检验机构和5家种子企业进行评审。

【高效园艺建设工程】 2009年全省组织实施的“高效园艺建设工程”以“优势农产品示范基地县建设”和“巩固退耕还林成果后续产业设施蔬菜建设”等工程项目为载体，突出抓好4个蔬菜优势农产品示范基地县建设和40个优势区域重点县的开发建设及36个县区退耕还林设施蔬菜建设，超额完成年初制定的目标责任制。全省设施蔬菜面积达到8.40万公顷（其中日光温室面积3.03万公顷，大棚面积2.16万公顷，中小拱棚面积3.21万公顷)，较上年新增面积0.7万公顷，增幅9.15%；比年初新增0.667万公顷的目标任务增加373公顷，增幅5.6%；比省政府年初新增3335公顷的目标任务增加3709公顷，增幅111.2%，翻了一番。

【抗灾减灾】 2009年，针对50年不遇的特大旱情，全省各级农业部门全力组织开展“一抗两保”、“三夏”工作及抗旱保秋工作。在农业生产的各个关键时期，三次组织专家和技术人家赴各地督促指导。2009年全省投入抗旱资金近1亿元，投入抗旱机械55万台(套)，最大限度减轻灾害损失，全年粮食总产达到中等年景水平。11月份暴雪灾害后，组织全省各级农业部门全力抓好灾害应急处置工作，并与财政等部门紧急研究出台雪灾后恢复农业生产有关政策办法，帮助受灾地区农户尽快恢复生产，最大限度减轻农户损失。

玉米丰产方　　（武少东提供）

【小麦丰产方建设】 从2008年开始，山西省在适宜小麦种植的县建设小麦丰产方，计划用3年时间建设小麦丰产方6.67万公顷。2009年，全省重点扶持曲沃等25个小麦主产县，每县1334公顷，目前已建成丰产方3.34万公顷。在项目县，通过小麦连片种植，大规模推广新品种、新技术，辐射带动当地小麦稳定增产。2009年夏收期间，省农业厅会同统计部门对丰产方建设项目县进行测产，随机抽样13.34万公顷，平均每公顷5541.23千克，比全省小麦平均亩产历史最好水平高125.6千克，2009年建成的3.34万公顷丰产方总产达1.85亿千克。

【表彰粮食生产先进单位先进工作者种粮大户】 2009年，农业部对全国粮食生产先进单位、先进工作者和种粮大户进行表彰。山西省文水县、永济市、屯留县、朔城区、平遥县、定襄县等6县(市、区)被评为全国粮食生产先进县。省农业厅张软斌、省农业技术推广站董方红、省植物保护植物检疫总站武清彪、阳高县县委曹世平、安泽县农林局任晋安、省农机局许继光、临汾市农机局宋林、沁县农机局郭保庆等8名同志被评为全国粮食生产先进工作者。清徐县徐沟镇西怀远村陈万荣、郊区李家庄乡桑堰村赵五栋、平陆县三门镇禹庙村杨恩生、山阴县马营庄乡马营庄村康有奎、闻喜县裴社乡宋家庄村谢官群、繁峙县杏园乡泽萌泉村张兴宝、山阴县岱岳乡北王庄村郭青府、孝义市振兴街道北辛安村刘书志、忻府区播明镇大檀村米根和、南郊区西韩岑乡北村訾普亮等10人被评为全国粮食生产大户。陈万荣还被授予“全国20个粮食生产大户标兵”称号。

【表彰粮食园艺生产先进单位生产大户】 2009年，省农业厅对全省5个粮食生产先进单位、5个园艺生产先进单位、20个粮食生产大户和20个果菜标准化生产示范园进行表彰奖励。运城市农委、吕梁市农业局、晋中市农业局、阳泉市农业局、太原市农委等5个单位被评为粮食生产先进单位。晋中市农业局、长治市农业局、忻州市农委、运城市果业局、临汾市农业局等5个单位被评为园艺生产先进单位。繁峙县张海明、孝义市郭文敏、定襄县胡梅花、山阴县邵加喜、天镇县王永、太原市武拥军、文水县段文川、夏县杨云峰、大同市崔培勤、山阴县郝进仁、太谷县杨文龙、晋中榆次区王金堂、潞城市张虎山、芮城县张雷、长子县郭河根、临汾尧都区吴村镇洪堡村靳并生、安泽县杨瑞明、泽州县苏有庆、阳城县焦向明、平定县张长有等20个种粮大户受到表彰。新绛县丁村设施蔬菜标准化示范园、寿阳县大北河无公害蔬菜标准化示范园、清徐县集义蔬菜标准化示范园、榆次区张庆蔬菜标准化示范园、长子县方兴现代农业高效示范园、曲沃县鑫霸蔬菜标准化示范园、阳高县利农蔬菜标准化示范园、高平市寺庄现代农业生态示范园、朔城区富强现代农业示范园、忻府区高城辣椒标准化示范园、临猗县角杯乡豆氏村吴忠定苹果示范园、平陆县槐下绿帆苹果示范园、吉县吉昌镇东关村洛中中苹果示范园、万荣县王显乡贤胡村王贵通苹果示范园、翼城县隆化镇北鲗村王功苹果示范园、文水县西城乡西城村温拉堂葡萄示范园、祁县昭馀镇西关村于建江酥梨示范园、榆次区郭家堡乡源涡生态果园、尖草坪区南翟村现代农业生态园区示范果园、代县磨坊乡东沙沟村刘志成梨示范园等20个示范园受到表彰。

【全国种粮大户标兵陈万荣】 清徐县徐沟镇西怀远村人，中共党员，高中文化。他勇于实践，走出了一条规模化种植、集约化经营的科学种田之路。20世纪90年代，承包村内闲散土地33.35公顷，开始尝试大规模种植的道路。随着国家土地流转政策的出台，"承包农户土地，反雇农户劳作"的办法，将农民手中的土地进行流转，发展农业规模经济。他于2000年成立广源种植场，走上规模生产、科技兴粮、示范带动、踊跃售粮之路，产生较好的经济效益和社会效益。同时，他制定规模种植实施方案，科学规划所承包土地的种植结构。通过测土配方，改善土地质量，改良种植技术，引进农大84、强盛101、先玉335等新品种来推动科学种粮，确保丰产增收。截至2009年，种植面积达到166.75公顷，其中粮食作物146.74公顷，单产520千克，总产1144吨，年种粮收入100万余元，家庭年收入预计可达140万元。

【耕地综合生产能力建设工程】 根据山西省政府《2000万亩耕地综合生产能力建设工程实施意见》，在各地农业部门和相关部门的共同努力下，全省建设不同规模的示范区500余个，项目区农田基础设施、耕地土壤肥力得到明显提高，大旱之年，充分显示出抗灾减灾、增产增收的作用。2009年全省共建设工程田26.39万公顷，项目工程总计增粮1.81亿千克，增果菜2.37亿千克，增加其他经济作物276万千克，总增产值5.07亿元，总节本7378万元，总增收益5.09亿元，圆满完成年初制订的目标任务。农业部对本省在耕地质量建设中取得的成就给予充分肯定。6月24日《农民日报》以《山西耕地质量建设创新中求发展》为题刊载山西省耕地质量建设的做法和成就。9月在武汉召开的全国耕地质量建设与经验交流会上，山西省做典型发言；有3个集体和3名个人受到国土资源部和农业部全国基本农田保护工作通报表彰。

【保护性耕作增粮效果显著】 2009年全省保护性耕作农业成功抵御旱灾的干扰，全省57.28万公顷实施保护性耕作耕地增产粮食4.3亿千克，节本增效10亿元以上。其中，实施保护性耕作的小麦较传统耕作增产1.78亿千克，保护性耕作小麦2009年平均每公顷产5127.44千克，比传统耕作增产14.3%。近年来，山西省不断加大对保护性耕作项目的投入。2009年，全省保护性耕作项目总投入达1.25亿元，带动农民投入资金7500万元，新增项目亩均投入首次达到120元。投入的增加使全省实施保护性耕作项目的县扩大到104个，占全省农业县的90%。2009年全省新增保护性耕作示范面积6.93万公顷，实施总面积达到57.28万公顷，较上年增长13.7%。

【主要作物机械化水平提高】 2009年全省主要作物机械化水平达到47.1%，比上年提高3.4%，比全国平均增幅高13.3%。农机化事业的快速发展，对全省农业综合生产能力的提高和农民增收起到明显的推动作用。农机购置补贴是推动全省农机化快速发展的重要动力。上年全省共落实农机购置补贴资金4.45亿元，补贴6.7万户农民购买各类农机具7.6万台(件)。截至2009年底，全省农业机械原值达到153亿元，比上年增长10.7%；农机总动力达到2655万千瓦，比上年增长5.8%。农机总动力的增加直接提升了全省农机化作业水平。2009年，全省机耕、机播、机收面积分别达到了236.85万公顷、199.10万公顷、86.11万公顷，机耕、机播、机收水平分别达到62.4%、51.6%、22.3%。

【晋北盐碱地试种燕麦成功】 2009年，晋北八县(区)266.8公顷盐碱地试种燕麦成功。山西省北部大同、朔州盐碱荒漠地面积近33.35万公顷，其中轻度盐碱地10.67万公顷，中度盐碱地4万公顷，重度盐碱地1.67万公顷。主要分布在天镇、阳高、大同、大同南郊、山阴、怀仁、右玉、朔城等县(区)。盐碱地上试种燕麦的成功，实现"盐碱地上燕麦香"的愿望，取得生态和经济效益的双丰收。

【省财政对"三农"投入135亿元】 2009年，山西省在落实国家各类补贴政策的基础上，又出台一系列惠农政策，对玉米按每公顷749.63千克、每公斤0.375元的标准实行差价补贴；对年出栏生猪20万头以上的县奖励100万元；对新建奶站每个补助10万元；对农业灌溉水价由每立方米0.5元以上降低到0.25元。全年省级财政对“三农”的投入达到135亿元，增长29.8%。

【科普惠农服务中心挂牌】 2009年，山西省晋中、晋东南片区8个县级科普惠农服务中心得到8辆专款配发的科普惠农服务车，431个乡、村级科普惠农服务中心获省科协、省邮政授牌。至此，全省正式授权挂牌的乡、村级科普惠农服务中心、站点达到1500个，省、市、县、乡、村五级科普惠农绿色通道服务体系初步形成。

【山西引黄水价减半】 2009年，山西省大幅降低提黄灌溉水价。提黄水每立方米平均由0.57元降到0.25元，每方水可以降低支出0.27元，降幅达50.69%。水价、电价补贴政策的出台使山西沿黄地区农民浇地积极性大大提高，灌溉面积增加一倍，全省农业灌溉面积引用黄河的水量将由现在不足3亿立方米增加到10亿多立方米。 （张软斌 武少东）

山西农垦系统安全生产工作会议 （许云麒提供）

农 垦

【概述】 全省农垦系统现有企业29个，分布在9个市、26个县（区），其中，省属企业8个，市属企业10个，县属企业11个。垦区总人口23081人，土地总面积2.21万公顷，其中：耕地0.63万公顷，牧草地3800公顷，林地0.61万公顷，果园面积127公顷，可垦荒地2601公顷，居民及工矿用地944公顷，其他1921公顷。至2009年底，以农牧业为主的企业25个，工业企业1个，商业企业3个。全省垦区总资产66534.1万元，总负债63190.7万元，所有者权益3343.4万元，资产负债率为94.97%。2009年，全省农垦系统实现国民生产总值32339万元，基本与上年持平。其中第一产业5723万元，第二产业15406万元，第三产业11210万元，分别比上年增长34.78%、-8.97%和40.32%。企业利润亏损2053.7万元，比上年减亏737.5万元，减亏幅度26.4%。

1.农业和农村经济政策得到有效落实。一是积极协调落实粮食直补政策。二是将农垦企业列入省级良种补贴资金使用计划。三是获得农垦的企业和职工购买农机可享受政策补贴的待遇。四是奶牛良种补贴取得实质性进展。五是就农垦企业列入测土配方施肥、中低产田改造、畜牧养殖园区、沼气、新型农民培训、现代农业技术示范等项目范围同省有关单位进行沟通，已初见成效。

2.深入推进税费改革。逐步建立起以山阴农牧场为主的国有农场农工负担监测点，省局通过对国有农场农工负担调查研究，力争使全省垦区面向农工的各项收费不断规范，减轻农工负担的长效机制逐步建立，促使农工负担监管制度不断健全。

3.医疗保险和困难补助资金落实到位。通过与相关部门的积极协商和争取，共落实各类补助、补贴360.04万元，其中：企业拖欠职工工资专项补助资金和借款235.18万元；企业困难职工慰问金16.4万元；离退休干部医药费和统筹外生活补贴57.43万元；特困企业职工基本医疗保险补助51.03万元。

4.土地确权与管理工作不断加强。截至2009年底，全省农垦系统已确权土地面积1.28万公顷，占土地总面积的55.92%；已发证土地面积6730公顷，占土地总面积的29.49%，占已确权土地面积的52.74%。

5.“学生饮用奶计划”推广工作取得实效。制定《山西省“学生饮用奶计划”暂行管理办法》，进一步促进全省“学生饮用奶计划”的推广和监管工作。组织省内专家对山西古城乳业集团有限责任公司的学生饮用奶定点生产企业资格进行复审。2009年，古城乳业集团公司所属的山阴古城奶牛场和兴荣奶业养殖有限责任公司被国家学生饮用奶计划办公室确定为第三批学生奶奶源示范基地创建单位。

【重点工程和项目】 山阴农牧场奶牛原种场建设项目和优质饲料基地建设项目整改工作基本完成，引进良种奶牛157头，并进入试运行阶段，现待农业部和省农业厅对两个项目进行复查和验收；全省23个国有农场承担卫生院基础设施建设项目，总投资657万元，其中：国家投资575万元，配套资金82万元；4个省直农场分别实施农田水利基本建设、饮水工程改造和道路建设等扶贫项目，总投资306万元。 （许云麒）

畜牧业

【概述】 2009年，全省各级畜牧部门

围绕稳定生产、调整结构、保障安全,开展重大疫病防控和奶业、饲料、兽药专项整治,积极应对甲型H1N1流感疫情,及时有力处置各种突发事件,畜牧兽医工作取得显著成效。

1.畜牧业生产。2009年,生猪、奶业生产和市场波动问题,政府关切、社会关注、农民关心。各级畜牧部门积极实施产业调控,认真落实良种补贴和生猪调出大县奖励政策,大力开展生鲜乳收购站清理整顿,生猪生产继续在调整中发展,奶业生产逐步走出困境,蛋鸡生产保持平稳,肉牛、肉羊在封山禁牧形势下健康增长。2009年,全省肉、奶、蛋产量分别达到68万吨、72.5万吨、75.3万吨,出栏猪1120.2万头,出栏肉牛79.9万头,出栏羊763.1万只,出栏禽8977.8万只,形成猪鸡牛羊四大产业齐头并进的格局。

2.规模健康养殖。省级用于标准化养殖的资金近3.43亿元,朔州市扶持养殖小区建设资金近1亿多元,晋城市、忻州市列出规模健康养殖专项资金。全省新建高标准、规范化养殖小区800多个,标准化养殖小区和规模化养殖场达到2000多个,畜禽规模化饲养比例达到58%,呈现出畜牧发展、保护生态和农民增收多赢的可喜局面。

3.重大动物疫情防控工作。全省共投入基层防疫基础设施资金1.94亿元,建设151个县级防疫、动检和边检站,2270个乡镇兽医站,改扩建实验室13.3万平方米,购置仪器设备8.6万台套,全省范围95%的基层站有办公场所,基层防疫基础条件得到明显改善。93个县的乡镇站全额解决人员工资,115个县设立村级防疫员,109个县落实工资补贴。全省连续三年没有发生禽流感、牲畜口蹄疫疫情,疫情大幅度下降。

4.畜产品质量安全。全年共检查饲料生产和使用企业5628家,吊销经营许可证136个,查处违法饲料产品57.46万吨,查处"三无"产品175个,立案调查15起。全省已发放生鲜乳收购站经营许可证474个,占收购奶站总数的72.7%,检测生鲜乳样品499批,三聚氰胺检测全部合格。检查兽药生产经营和使用单位3339个,取缔无证经营单位53个,查获假劣产品4848支(瓶)。

5.良繁体系建设。全省改扩建种猪场70个、种羊场6个、种鸡场3个、资源保护场5个。全省确定13个生猪良补大县,对良繁母猪和奶牛进行全覆盖补贴,极大地调动了饲养户改良品种、推广良种应用先进技术的积极性。同时加大种畜禽生产经营执法检查和监管力度,制定出台《山西省种畜禽生产经营许可证管理办法》,对所有种畜禽场进行规范整顿,吊销取缔11个单位的种畜禽生产经营许可证资质,种畜禽质量监管水平明显提升。

【榆社笨鸡养殖确立"标准"】 1月20日实施的《山西省地方标准》,以DB14/T195-2008标号确立"榆社·笨鸡蛋"地方标准。该标准从笨鸡养殖、笨鸡蛋经营适用范围、规范性引用文件、定义、技术要求、检验程序与方法、检测规则、判定规则、标志、包装、贮存、运输等事项进行明确规定。该标准的制定为榆社县笨鸡养殖、笨鸡蛋经营提供保障性的生产技术依据,为笨鸡蛋品牌经营提供安全质量保障。

【孝义市实施生猪屠宰前待宰6小时制度】 从3月14日起,孝义市开始实施生猪屠宰前待宰6小时制度。孝义市动物卫生监督所检疫人员每天在规定的时间内对各屠宰厂进行监督检查,督促各屠宰厂严格执行生猪待宰制度和行业自律规定,保证上市鲜猪肉的品质和质量。实施生猪屠宰前待宰6小时制度,可以有效制止不法分子给活猪注水谋取不当利益的违法行为,还可以通过待宰前的观察,防止疾病猪的屠宰上市,从而有效杜绝生猪注水行为和不合格肉品上市流通,维护广大消费者的身心健康。

【粟海集团肉鸡扩建项目投产】 3月,山西粟海集团肉鸡扩建项目竣工投产。该项目共投资3.65亿元,建设内容包括种鸡场、孵化厅、饲料加工车间、肉鸡屠宰加工车间和冷库等配套工程。其中,新扩建的34000平方米的屠宰加工车间,是国内同行业规模最大的肉鸡加工车间,自动化程度居世界一流水平。新车间共安装从荷兰引进时宰肉鸡10000只生产线两条,每小时屠宰加工肉鸡20000只,年屠宰加工肉鸡1.2亿只,可吸纳3000人到企业上班,标准化商品鸡场可带动3万余人从事肉鸡养殖业,年可为农民增收2亿元。为企业新增销售收入20亿元,新增利税1.8亿元。

【山西养猪业协作联盟】 4月26日,山西省首家旨在积极进行生猪生产关系创新的产业联盟——山西养猪业协作联盟正式成立。该联盟属非盈利性松散组织,由省畜牧协会牵头,省农科院科技开发中心、省农科院畜牧研究所、山西农业大学动科院和农产品加工杂志社等单位联合发起,全省生猪相关企业自愿加入。率先加盟的五家企业分别是:山西奥信动物药业有限公司、山西达益园农牧科技发展有限公司、太原田和食品集团、山西汇福科技发展有限公司、太原百科汇通农牧科技发展有限公司。

【生猪良繁体系建设暨新技术推广现场会】 5月12日,全省生猪良繁体系建设暨新技术推广现场会在平定县召开。会议对全省生猪良种繁育建设工作进行总结,对生猪良繁工作作出具体部署。会议提出山西省生猪繁育体系建设的核心是四个关键环节:体系完善、产业化经营、科技支撑和规范管理;突出支持四项重点内容:种猪场改造、人工授精点建设、品种培育引进、人员技术培训。着力提高生猪生产效益,保障畜产品质量安全。

【20个畜禽品种列入省级保护名录】 7月,省农业厅公布马身猪(黄淮海黑猪)等20个畜禽品种为山西省省级畜禽遗传资源保护品种。依据《畜牧法》的规定,山西省组织专家对猪、鸡、牛、羊等五大基础地方畜禽品种进行论证,并结合山西省畜禽遗传资源保护利用现状,最终确定20个品种为山西省省级畜禽遗传资源保护

品种，主要包括：猪：马身猪（黄淮海黑猪）、山西黑猪、太原花猪；鸡：右玉边鸡；羊：洪洞奶山羊、黎城大青羊、灵丘大青背山羊、吕梁黑山羊、阳城白山羊、广灵大尾羊、山西细毛羊、晋中绵羊、陵川半细毛羊；牛：晋南牛、平陆山地牛；其他品种：广灵驴、晋南驴、临县驴、襄汾马、中华蜜蜂。

【华北地区第十四次中兽医学术研讨会】 8月22~24日，华北地区第十四次中兽医研讨会在繁峙县召开，来自京、津、晋、冀、内蒙古等5省市区的130余名学者、专家、中兽医工作者出席会议，就中药在防治畜禽病方面的研究、中兽药的最新发展动态展开广泛探讨。会议以表决形式，产生第四届华北地区中兽医研究会新一届理事会，山西省动物疫病防控中心主任闫春轩，山西农业大学动物科技学院教授李宏全被推选为副理事长，山西省有15名兽医工作者入围理事名单。

【长治市动物疫病预防控制中心落成】 10月18日，长治市动物疫病预防控制中心落成启用。该中心是长治市人民政府投资兴建的具备防控重大动物疫病指挥中心、兽医中心实验室、畜产品安全检测中心、重大动物疫病防控物资储备库、动物医院、兽药饲料超市六大功能，是全国一流、全省唯一的规模最大、功能最全、仪器设备最新、诊断能力最强的市级动物疫病预防控制和畜产品质量检验检测中心。

【长治市郊区畜牧业协会成立】 10月31日，长治市郊区畜牧业协会成立暨第一次会员代表大会召开。大会通过长治市郊区畜牧业协会章程并选举产生协会理事长、副理事长、三个专业分会会长和秘书长等领导机构。长治市郊区畜牧业协会是由区畜牧兽医局牵头组建，全区畜牧工作者和规模养殖场（户）自愿加入的行业性社团组织，其承担协调、指导、管理、服务、维权、自律等职能，又起着政府部门和广大畜牧业工作者之间的桥梁和纽带作用。

【晋城市5个畜产品通过无公害农产品认证】 12月，山西凯永养殖有限公司、山西健奥种猪公司、泽州小庙岭种猪场的生猪和陵川县六畜通顺养鸡有限公司、陵川县圣农野生公司的鸡蛋产品通过农业部无公害农产品认证。至此，晋城市无公害畜产品数量已达30个，全市共认证无公害生猪61200吨、蛋鸡5300吨、牛肉1250吨、肉牛300吨、蜂蜜1000吨、奶产品7500吨，畜牧业无公害认证工作继续在全省保持领先地位。

（侯晋兰　谢　卓）

农业机械化

【农机装备】 2009年，全省农业机械原值达到153亿元，比上年增长10.7%；农机总动力达到2655万千瓦，比上年增长5.8%。大中型拖拉机保有量达到6.26万台，其中109千瓦以上大型拖拉机8174台，增长77.9%；联合收割机保有量达到1.04万台，其中玉米联合收割机1896台，增长104.3%，马铃薯收获机械发展到1595台，增长39.8%。这样的增长幅度是农机化发展史上的第一次。大中型拖拉机及玉米、马铃薯收获机械的大量增加，有效地优化农机结构，强化粮食综合生产能力。

【农机化经营】 全省农机化经营总收入达到87.6亿元，比上年增加8.7亿元，增幅11%。其中农机户经营纯收入达到43.7亿元，比上年增加6.6亿元，增幅17.7%；农机户人均收入4557元，比上年增加589元，增幅14.8%，比全省农民人均纯收入增幅高11.2%。

【农机安全生产】 2009年，全省发生1起死亡1人、伤3人的农机事故，完成与省政府签订的农机安全生产事故起数、死亡人数“双降低”目标任务，农机安全生产形势保持稳定。

【农机购置补贴】 全省全年共落实农机购置补贴资金4.45亿元，其中中央财政分两批安排3.8亿元，比上年增加2.8倍，省财政投入3500万元，比上年增加1.3倍，市县配套3000万元，比上年增加1000万元。共补贴6.7万户农民购买各类机具7.6万台件，提前、超额完成省政府下达的补贴4万农户购买5万台农机具的任务，实现农机购置补贴工作“三个百分百”，即：补贴资金100%用于农民购机、资金结算率达到100%、完成补贴任务100%。在落实资金、补贴进度和结算进度等方面均列全国前茅，受到农业部5次通报表扬，先后在全国农业厅局长会议、全国农业工作会议和农机专业会上作典型经验交流。在实际工作中，对大马力拖拉机、玉米和薯类收获机、保护性耕作机具等实行针对性很强的累加补贴政策；改革农机购置补贴程序，由省市县三级逐级审批改为县级直接审批、省市两级监督管理，提高工作效率；增加补贴定点供应企业，实行“生产企业自主选择经销企业、农民自主选择农机产品和自主选择经销企业”的“三个自主”，更加方便农民购机；增加结算次数，全年共结算16次，为补贴定点供应企业资金流转提供有力支持；适时组织开展“三方万户百日”农机大回访行动，进村入户，见人见机，了解补贴机具使用情况，征求农民意见和建议，帮助农民解决农机使用中的困难和问题。农机购置补贴政策的实施，引导农民投入11.3亿元发展农业机械；拉动农机工业产值达到13亿元，比上年增长近30%，农机销售总额达到15.8亿元，比上年增加2倍多，取得“农民得实惠、企业得效益、政府得民心”的良好效果。

【机械化保护性耕作】 全省共新增保护性耕作实施面积6.93万公顷，创历史之最；累计实施面积达到572.75万公顷，受益农民达到1012万人。保护性耕作的实施为全省全年增产粮食4.3亿千克，为农民节省支出2.9亿元，总节本增效10亿元。2009年的保护性耕作发展主要呈现以下四个特点：(1)项目资金投入大，示范区每亩投入首次突破120元。全省共投入保护性耕作建设资金1.25亿元，其中利用国家农机补贴资金1715.2万元，农业部安排专项资金 261 万元,省财政安排专项资金 1100 万元,利用玉米丰产方项目资金 1242 万元,市县配套资金 766.3 万元,农民及乡村投入 7510.6 万元,平均亩投入达到 120.3 元。(2)技术培训力度大,受训人数首次突破 6 万人。省农机局在孝义、永济和榆次区分别召开不同类型的保护性耕作技术现场培训会,各地举办保护性耕作培训班 400 余期、机具展示演示会 200 余场,培训农民及农机手 6 万多人次。(3)综合利用资源,首次与其他农业项目实行整合。孝义、潞城等 10 个项目县将保护性耕作与农业综合开发、农业耕地生产能力建设和玉米丰产方等项目进行有效整合,提高保护性耕作技术实施水平。(4)加快机具创新,狠抓"多用途少免耕播种机"研发和推广,使机具系统向多用途、复合型作业演进迈出扎实步伐。通过全省各级农机部门的努力,山西省形成较为成熟的保护性耕作技术体系和机具系统,实施规模占到全国实施总面积的近六分之一,在发展速度、发展质量、发展规模和资金投入上继续"领跑"全国。

【农机化生产】 (1)狠抓春季抗旱保春耕春播生产。针对二、三月份山西省部分地区遭遇严重旱情,省局及时出台农机抗旱工作措施,提前在部分市县补贴农民购买 4594 台提水灌溉机械,组织 20 万余台(件)农机具投入抗旱作业,扩大抗旱灌溉 13.34 万公顷、耙耱保墒 13.34 万公顷、抗旱播种 120 万亩。(2)狠抓"三夏"机收跨区作业和复播生产。全省共组建跨区机收服务队 403 个,成立跨区机收接待服务站 85 个,投入各类农业机械 42.3 万台件,其中联合收割机 1.1 万台,共完成小麦机收面积 62.56 万公顷,机收率达到 86.7%,作业进度较往年提前 4 天;争时间、抢积温,完成复播面积 40.62 万公顷,比上年增加 10 万公顷。(3)狠抓"三秋"玉米、马铃薯等作物机械化生产。全省共组织各类农业机械 21.9 万台,完成各类作业面积 215.64 万公顷,玉米、马铃薯机收水平分别达到 10%和 17%,分别比上年提高 3%和 6%;争取中国华能集团捐赠的 100 万元抗旱资金,在大同、阳高等 8 个县区,实施机械化秸秆还田、深翻、浅旋覆盖等作业补贴,有效提高土地抗旱能力。

【农机科技创新】 (1)山西省特色农业机械在国家级农博会得到展示,且受到市场青睐。2009 年,省农机局承办中国(山西)特色农博会农业机械展区,展示一大批适合山西省农业生产需要的特色农机产品,受到各级领导干部、广大群众、社会各界和新闻媒体的广泛关注。省领导张宝顺、王君、薛延忠、刘维佳等分别到农机展区进行视察指导,山西电视台、山西电台、《山西日报》和《农机化导报》等主流媒体都做详细报道。此次展会吸引 8 万人观摩,实现现场交易额 2.68 亿元,协议贸易额达到 7.78 亿元,取得显著成效。省农机局先后举办第四届北方现代农业装备展示会、全省马铃薯机械化作业现场培训会和秋季农机化生产现场会,市县农机部门结合当地实际,举办各类农机展示、演示会 183 场次,组织技术培训 221 期,向广大农民群众推介一大批农业生产急需的作业机具。(2)"十大"农机化新技术覆盖面积有新突破。全省共新增各类新机具 5.2 万台件,其中新增卷帘机 12825 台,有效增强温室大棚抵御暴雪灾害能力;新增粮棉油棉油蔬加工机械 1951 台,改善农产品加工技术落后的状况;小杂粮、牧草、中药材、棉花、柠条等机械化生产机具都有较大幅度增长,全省农机化新技术实施面积达到 433.55 万公顷。(3)旗帜县建设取得初步成果。全省 16 个农机推广旗帜县,不断深化体制改革,在县级站、基层服务站、示范基地、示范区等建设上进行积极探索,以点带面,有效提高基层农机推广服务能力。(4)农机科研开发取得重大突破。有 10 项农机科研成果通过省级科技成果鉴定,其中"下吸式井用潜水电泵""不对行轻型玉米收割机"2 项成果达到国际先进水平,其余 8 项达到国内领先水平;"全自动智能化红枣去核机""饲料液体组分添加系统的研究"等 7 个项目获得开发立项支持。

【农机社会化服务体系建设】 2009 年,全省共投入农机社会化服务体系建设资金 4500 万元,其中省级投入 1700 万元,新发展农机专业合作社 200 个,累计达到 525 个,各类农机服务组织达到 4100 个;新增农机大户 1112 个,农机户和农机专业户达到 80 余万个,其中固定资产 50 万元以上农机大户达到 360 个。在广泛调查研究的基础上,省农机局印发《关于进一步加快全省农机专业合作社建设实施意见》,为进一步推动全省农机社会化服务体系建设提供政策依据。举办全省农机专业合作社和农机综合服务站负责人培训班,邀请有关专家、领导进行系统辅导授课,有效提高基层农机服务组织的管理服务能力。探索农机社会化服务体系新模式,成立集农机销售、维修、零配件供应和技术培训为一体的农机服务"4S"店,为全省农机服务组织建设树立样板。

【农业机械安全监督管理】 在全省开展为期一年的农机安全生产专项整治活动,开展农机执法检查 21 万余台次,排查各类农机安全生产隐患 7.3 万项,纠正各类违章 2 万余人次;发放安全宣传资料 35.2 万份,组织安全培训 9.9 万人次;检验各类农业机械 4.4 万台,比上年提高 135.7%;新上户各类机车 3.8 万台,比上年增长 35.3%;新培训新考驾驶员 2.35 人,比上年增长 32.3%,实现应上户机车注册率 100%、所有登记机车 100%配有正式驾驶员、所有登记车辆应检率 100%的整治工作目标。省农机局投入 150 万元为 11 个市和 18 个县配备农机安全监理专用车。《农业机械安全监督管理条例》(简称《条例》)颁布施行后,各地按照省局的部署,积极采取多种形式宣传《条例》,在全社会产生广泛影响。在农机质量监管方面,组织全省"3·15"农机质量维权宣传咨询活动,共散发宣传资料 31 万余份,接受群众咨询 2.9 万余人次,现场受理投诉 13 起;对列入山西省农机补贴目录的 22 家微耕机、12 家小型拖拉机生产企业的生产条件、质量保障能力及产品质量进行现场督导,对全省 94 家补贴机具定点经销企业销售的 6 大类 5560 台(件)农机产品质量及售后服务进行检查督导,对补贴购买的 156 台玉米联合收获机进行质量调查和使用情况摸底,及时公布调查结果,并对相关企业提出整改意见;组织重要农时季节农机打假活动,查处假冒伪劣农机产品及零配件 4685 台件;受理并处理农机质量投诉 48 起。 (赵忠伟)

农业科技

【概述】 2009 年度山西省农业科学院共开展科研课题 1023 个,包括国家级课题 198 个,省级课题 385 个,院级课题 421 个,地市课题 19 个。全年新开各级各类课题 294 个,全院共鉴定(评审、验收)科研新成果 29 项,有 1 项达到国际领先水平,10 项达到国际先进水平;2009 年获得国家科技进步二等奖 2 项、教育部科技进步一等奖 1 项;获得 2009 年度山西省科学技术奖 22 项。14 个专利(其中发明 9 项、实用新型 5 项)获准授权,新注册商标 6 个。玉米研究所"富玉"商标获山西省著名商标。64 个农作物新品种通过省级审(认)定,11 个农作物新品种通过国家审(鉴)定,11 个农作物新品种获得国家植物新品种权;2009 年发表省级以上科技论文 343 篇,其中国家核心期刊论文 127 篇,出版科技著作 17 部。其中 SCI 收录 16 篇论文。组织参加中国(山西)特色农产品交易博览会,重点展出新技术 8 项;新品种 61 个;新产品 66 个。2009 年列入省农村技术承包项目 17 项,获山西省技术承包一等奖 6 项、二等奖 10 项、三等奖 2 项。

【芦笋无公害生产及生物农药研发】 省农药重点实验室"芦笋无公害生产及生物农药研发"项目,针对芦笋主要病害,筛选出对芦笋茎枯病和芦笋枯萎病有显著防治效果的广谱促生生物农药 B96-II,提出田间使用技术。该药对芦笋病害的田间防治效果达到 90%左右,每亩增加经济效益 500 元~1000 元左右,防效高于化学农药多菌灵;研究提出"芦笋无公害生产技术",依照该技术用药,农药残留量低于国家规定标准,该项研究达到国际领先水平。

【内陆干旱型盐碱地综合改良技术研究与示范推广】 省农科院"内陆干旱型盐碱地综合改良技术研究与示范推广"项目,采用以井灌井排为主,井渠沟结合、灌排结合等综合灌排措施,形成竖井垂直排、渠沟水平排的良性灌溉排水体系,实现"灌排洗盐";建立平整土地,秋深翻结合增施有机肥,春季浅耕,开沟播种,适时播种,地膜覆盖等综合农艺配套技术体系,实现"沃土抗盐"。研究火电厂烟气脱硫残余物脱硫石膏对土壤理化性状的影响机理,提出脱硫石膏在碱化土、碱化盐土、苏打盐化土上的施用技术规程,实现"化学改盐"。在引进日本盐碱地化学改良剂 DS-1997 的基础上,经过消化、吸收和再创新,开发拥有自主知识产权的 3 种盐碱地改良剂,实现国产化生产。项目实施以来,建立试验示范点 350 个,示范总面积 0.33 万公顷,推广面积达到 3.34 万公顷,辐射 6.67 万公顷,在内蒙古、甘肃、宁夏、新疆、吉林得到应用推广,取得显著的经济、社会和生态效益。对示范带动中国北方盐碱地综合治理具有重要价值,研究成果达到国际先进水平。

【规模化猪场母猪精确饲喂舍饲散养工艺及配套设备】 省农科院畜牧兽医研究所"规模化猪场母猪精确饲喂舍饲散养工艺及配套设备"项目,从母猪精准饲养工艺入手,将计算机控制技术、智能传感技术与养猪生产结合,完成基于动物福利的规模化猪场母猪精确饲喂舍饲散养工艺设计,研制出配套设备,并进行母猪生产性能、行为特点和母猪生殖激素变化的研究。经在山西省 6 个市 10 个规模化猪场试验示范,母猪生产性能明显提高,每头母猪年提供断奶仔猪 21.6 头,比单体限位栏母猪饲养模式年提供仔猪多 3.69 头,母猪淘汰率降低 20%,母猪利用年限增加 1 年。项目申报发明专利 3 项,成果达到国际先进水平。

【水力驱动旋洒式带状喷灌机研制】 省农科院旱农中心完成的"水力驱动旋洒式带状喷灌机研制"项目,针对中国旱地面积大,水资源极度缺乏

2009 年 10 月 21 日,全国政协副主席罗富和在省长王君、副省长刘维佳的陪同下视察了中国(山西)特色农产品交易博览会山西省农科院展区

(梁海萍提供)

的现状,研制了水力驱动旋洒式带状喷灌设备,具有节水、便捷、灵活的特点,提高喷洒均匀度,可与农用三轮车喷洒农药设备配套,适合丘陵沟壑区小块农田旱季进行必要的补水灌溉。研究成果达到国际先进水平。

【高档盆花营养诊断指标及质量控制技术研究】 省农科院园艺研究所“高档盆花营养诊断指标及质量控制技术研究”项目,系统研究不同生长环境条件下11种元素对安祖花、丽格海棠、蝴蝶兰、一品红、仙客来五种盆花18个品种生长发育、生理指标、植物学性状的影响;研究不同温度、湿度、光照及施肥水平对植株光合作用、生长速度、根系活力、植物学性状及观赏性的影响;研究不同遮光方式、保温措施、水肥管理对日光温室环境条件、生长介质的理化特性及盆花质量的影响,建立五种盆花各自的生产质量控制技术指标,开发几种花卉不同生育时期的专用肥,达到同类研究的国际先进水平。

【水地小麦产量品质同步提高抗逆栽培技术体系】 省农科院小麦研究所“水地小麦产量品质同步提高抗逆栽培技术体系”项目,研究明确小麦产量与品质的形成规律、生理生态及增产调优栽培管理的基本理论和关键技术。创新集成“水地小麦产量品质同步提高抗逆栽培技术体系”,提出配套栽培技术规程,使小麦平均亩产528.17千克,达到国际先进水平。

【丰水梨黄金梨贮藏保鲜关键技术研究】 省农科院农产品贮藏保鲜研究所“丰水梨、黄金梨贮藏保鲜关键技术研究”项目,针对日韩梨品种果实贮藏中存在的问题,研究确定适宜的果实气调指标,提出及时预冷快速降温的方法,开发出利用高透气性保鲜袋+高效乙烯去除剂的袋装贮藏方式,有效降低袋内CO_2和乙烯含量、减少水分损失,有效保持果实硬度,贮藏期达210天。该项目达到同类研究的国际先进水平。

副省长刘维佳视察省农科院高梁研究所试验基地　　(梁海萍提供)

【奶牛子宫内膜炎免疫防治技术研究】 省农科院畜牧兽医研究所“奶牛子宫内膜炎免疫防治技术研究”项目,通过对山西省奶牛子宫内膜炎的流行情况和主要致病菌的调查研究,摸清全省奶牛子宫内膜炎的情况;研制出奶牛子宫内膜炎四联菌苗,并建立山西奶牛子宫内膜炎的免疫程序,免疫期达3个月,临床应用证实对奶牛子宫内膜炎的免疫保护率达85.7%;通过综合治疗试验,总结出一套行之有效的具独特性的综合防治措施,使奶牛子宫内膜炎发病率平均降低13.7%,淘汰率平均降低4.6%,有效的降低奶牛子宫内膜炎的发病率,提高治愈率,研究成果达国际先进水平。

【利用西改牛选育红白花奶牛研究】 省农科院畜牧兽医研究所“利用西改牛选育红白花奶牛研究”项目,选育出红白花西改牛杂交奶牛后代2000多头。红西杂一代产奶量达4010.33千克,二代产奶量达5086.95千克,完全达到中国黑白花奶牛平均产奶量。年产生经济效益2250万元。在同类研究中达到国际先进水平。

【猪主要繁殖障碍性疾病检测诊断及防治技术研究】 省农科院畜牧兽医研究所“猪主要繁殖障碍性疾病检测诊断及防治技术研究”项目,首次在国内外建立同时诊断猪繁殖与呼吸综合征猪细小病毒、伪狂犬病、猪圆环病毒2型的多重PCR检测技术,试验证实该方法特异性强、敏感性高和重复性好。多重PCR较单项PCR节省70%的时间和检测成本。在山西省11个地市139个规模种猪场和300个散养户进行基因诊断,针对性地进行免疫、治疗等综合防控措施,降低猪主要繁殖障碍性疾病以及混合感染和继发病的发生,病死率降低5%。研究成果达到国际先进水平。

【大久保桃贮运保鲜关键技术研究】 省农科院农产品贮藏保鲜研究所“大久保桃贮运保鲜关键技术研究”项目,采用控制温度、改变气体组成、选择包装材料等方法,研究乙烯气体、乙烯利、催熟纸垫等多种方式对贮藏果实的催熟效果,开发大久保桃贮运的有效方法,明显减轻果实冷害、防止果肉褐变,果实有效贮藏期达到70天,为大久保桃的长期贮藏和常温运输提供完整的技术措施。研究成果达到国际先进水平。

【获奖成果】 2009年国家科技进步二等奖:(1)中国北方冬小麦抗旱节水种质创新与新品种选育利用(完成单位:山西省农科院)。(2)北方抗旱系列马铃薯新品种选育及繁育体系建设与应用(完成单位:山西省农业科学院高寒区作物研究所)。

2009 年教育部科技进步一等奖:枣林害虫生态调控关键技术的研究与示范(完成单位:山西省农业科学院果树研究所)。

2009 年山西省科技进步类一等奖:(1) 国审高产、高油大豆晋遗 30 号的选育及应用(完成单位:山西省农业科学院作物遗传研究所)。(2)高产优质谷子新品种晋谷 36 号选育及应用(完成单位:山西省农业科学院作物遗传研究所)。

2009 年山西省科技进步类二等奖:(1) 抗旱优质小麦新品种临丰 3 号选育与应用(完成单位:山西省农业科学院小麦研究所)。(2)肉鸡规模安全养殖综合技术研究(完成单位:山西省农业科学院畜牧兽医研究所)。(3)规模化猪场母猪精确饲喂舍饲散养工艺及配套设备(完成单位:山西省农业科学院畜牧兽医研究所)。(4)农药新产品斑蛾清微乳剂的推广应用(完成单位:山西科锋农业科技有限公司,山西省农牧厅植保植检总站)。(5)反刍动物多元复合活性饲料添加剂的研制与应用科技进步类技术开发二等(完成单位:山西省农业科学院土壤肥料研究所)。(6)奶牛子宫内膜炎免疫防治技术研究(完成单位:山西省农业科学院畜牧兽医研究所)。(7)富含亚麻酸亚麻新品种示范推广及营养油产业化开发(完成单位:大同开发区绿元科技有限责任公司,山西省农业科学院高寒区作物研究所)。(8)晋尖椒 1、2、3 号系列辣椒品种推广(完成单位:山西省农业科学院蔬菜研究所)。(9)苹果新品种“绯霞”的选育及推广应用(完成单位:山西省农业科学院果树研究所)。(10)西葫芦新品种“早丰一代”的选育及应用(完成单位:山西省农业科学院蔬菜研究所)。(11)“晋富 2 号”苹果新品种选育(完成单位:山西省现代农业研究中心,山西省农业科学院果树研究所)。(12)中草药高效饲料添加剂推广应用(完成单位:山西省现代农业研究中心)。(13)棉花农杆菌介导转化体系的优化与应用(完成单位:山西省农业科学院棉花研究所)。

【国家发明专利授权】 (1)一种抗氧化杂粮营养配方面粉(完成单位:山西省农业科学院农产品综合利用研究所)。(2)沙棘果皮食品基料及其加工方法和应用(完成单位:山西省农业科学院农产品综合利用研究所)。(3)亚麻籽脱皮分离方法及设备(完成单位:山西省农业科学院农产品综合利用研究所)。(4)聚乙烯果蔬气调保鲜袋及其生产工艺和应用(完成单位:三水渗水地膜中心)。(5)獭兔种母兔专用配合饲料(完成单位:山西省农业科学院畜牧兽医研究所)。(6)獭兔专用配合饲料(完成单位:山西省农业科学院畜牧兽医研究所)。(7)一种八宝粥及其制备方法(完成单位:山西省农业科学院经济作物研究所)。(8)高蛋白整秸秆氨化饲料的激化剂(完成单位:山西省农业科学院经济作物研究所)。(9)多功能轻便中耕保墒追肥机(完成单位:山西省农业科学院小麦研究所,旱地农业研究

2009年山西省获国家植物新品种保护权目录

品种名称	选育单位	第一完成人
晋遗 30 大豆	山西省农科院作物遗传研究所	张海生
海 9-21 玉米	山西省农科院作物遗传研究所	苏书文
LR1921 玉米	山西省农科院作物遗传研究所	苏书文
强盛 9 号玉米	山西强盛种业有限公司	尚春树
强盛 5 号玉米	山西强盛种业有限公司	尚春树
强盛 49 号玉米	山西强盛种业有限公司	尚春树
金穗 18 号玉米	山西强盛种业有限公司	尚春树
强盛 1 号玉米	山西强盛种业有限公司	尚春树
临优 2018 普通小麦	山西省农科院小麦研究所	张定一
临优 2069 普通小麦	山西省农科院小麦研究所	张定一
临丰 3 号普通小麦	山西省农科院小麦研究所	卫云宗

2009年山西省通过审定的新品种目录

品种名称	选育单位	第一完成人
大丰26号玉米	山西大丰种业有限公司	郭国亮
运单668玉米	山西省农科院棉花研究所	董喜才
强盛62号玉米	山西强盛种业有限公司	尚春树
并单390玉米	山西省农科院作物遗传研究所	段运平
诚信6号玉米	山西大丰种业有限公司	郭国亮
晋单65号玉米	山西省农科院玉米研究所	郑联寿
晋单66号玉米	山西省农科院玉米研究所	樊智祥
晋单67号玉米	山西省农科院玉米研究所	王富荣
晋单68号玉米	山西省农科院作物遗传所	段运平
忻黄单85号玉米	山西省农科院玉米研究所	白永新
腾糯2号玉米	山西省农科院作物研究所	赵怀生
迪糯278玉米	山西省农科院高粱研究所	董良利
晋棉51号棉花	山西省农科院作物遗传研究所	牛永章
汾选339棉花	山西省农科院经济作物研究所	刘建平
晋棉52号棉花	山西省农科院棉花研究所	梁哲军
晋棉53号棉花	山西省农科院棉花研究所	孙来虎
晋豆40号大豆	山西省农科院经济作物研究所	张小虎
晋豆41号大豆	山西省农科院高寒区作物研究所	冯　高
晋谷46号谷子	山西省农科院作物遗传研究所	马建萍
长农39号谷子	山西省农科院谷子研究所	郭二虎
长生06谷子	山西省农科院谷子研究所	王节之
晋杂25号高粱	山西省农科院高粱研究所	王良群
晋黍9号黍子	山西省农科院高寒区作物研究所	李　海
晋绿豆6号绿豆	山西省农科院经济作物研究所	王彩萍
黔苦4号荞麦	山西省农科院高寒区作物研究所	郭忠贤
晋葵10号向日葵	山西省农科院经济作物研究所	郑洪源
晋花6号花生	山西省农科院小麦研究所	宁东贤
晋亚10号胡麻	山西省农科院高寒区作物研究所	杨建春
并紫苏1号紫苏	山西省农科院旱农中心	南建福
晋花无籽西瓜	山西省农科院生物中心等	王果萍
墨抗无籽西瓜	山西省农科院综合考察研究所等	张全发

续表

品种名称	选育单位	第一完成人
晚红杏	山西省农科院果树研究所	戴桂林
玉酥梨	山西省农科院果树研究所	邹乐敏
鸡蛋李	山西省农科院果树研究所	田建保
长丰番茄	山西省农科院蔬菜研究所	张建国
瑞丰番茄	山西省农科院蔬菜研究所	王永珍
艳粉3号番茄	山西强盛种业有限公司	尚春树
惠丰6号甘蓝	山西省农科院蔬菜研究所	武永惠
晋研11号辣椒	山西省农科院蔬菜研究所	刘洪炯
长青王5号西葫芦	山西省农科院棉花研究所	雷锋进
长青王6号西葫芦	山西省农科院棉花研究所	雷锋进
寒丽西葫芦	山西省农科院蔬菜研究所	武俊新
晋西葫芦7号西葫芦	山西省农科院蔬菜研究所	郭　尚
晋西葫芦8号西葫芦	山西省农科院蔬菜研究所	郭　尚
嫩玉3号西葫芦	山西省强盛种业有限公司	尚春树
四季丰架豆	山西省农科院综合考察研究所等	张全发
新青二号白菜	山西省农科院蔬菜研究所	逯保德
丰美一代萝卜	山西省农科院蔬菜研究所	武玲萱
金薄香7号核桃	山西省农科院果树研究所	田建保
金薄香8号核桃	山西省农科院果树所	田建保
晶玲樱桃	山西省农科院果树研究所	陈秋芳
阿巴特梨	山西省农科院果树研究所	田建保
公关枣	山西省农科院园艺研究所	吴国林
相枣1号枣	山西省农科院园艺研究所	吴国林
运旱719小麦	山西省农科院棉花研究所	李秀绒
太13606小麦	山西省农科院作物遗传研究所	唐朝辉
晋春16小麦	山西省农科院作物遗传研究所	马慧英
长5222小麦	山西省农科院谷子研究所	孙美荣
长麦5973小麦	山西省农科院谷子研究所	常云龙
临优7287小麦	山西省农科院小麦研究所	张定一
临抗19小麦	山西省农科院小麦研究所	张明义
忻6160小麦	山西省农科院玉米研究所	贾海瑜
舜麦1718小麦	山西省农科院棉花所	潘辛来
晋稻11水稻	山西省农科院作物遗传研究所	王广元

（梁海萍　王和平）

中心)。(10)地黄播种机(完成单位:山西省农业科学院棉花研究所)。(11)蔬菜折叠包装箱(完成单位:山西省农业科学院农产品贮藏保鲜研究所)。(12)移动式果蔬冷库消毒及乙烯脱除机(完成单位:山西省农业科学院农产品贮藏保鲜研究所)。(13)控释型水果催熟纸垫(完成单位:山西省农业科学院农产品贮藏保鲜研究所)。(14)农作物小区试验开沟器(完成单位:山西省农业科学院旱地农业研究中心)。

【新注册商标】(1)"草丹隆"(山西省农业科学院　农产品综合利用研究所)。(2)"暝钻特"(山西省农业科学院　植物保护研究所)。(3)"卷暝特"(山西省农业科学院　植物保护研究所)。(4)"顽完"(山西省农业科学院　植物保护研究所)。(5)"苗本"(山西省农业科学院　植物保护研究所)。(6)"爽生"(山西省农业科学院高粱研究所)。

【农业技术推广示范行动项目】省农科院组织实施的重大农业科技推广项目"山西省农业技术推广示范行动",在实施过程中,取得显著的示范效果,圆满完成各项任务指标。实施20个农业技术推广示范项目,推广新品种165个,组装配套85项先进适用技术,新品种、新技术在示范区的覆盖率达85%以上。全年粮食作物示范面积0.31万公顷,推广3.68万公顷;棉花示范335.97公顷,推广0.17万公顷;蔬菜示范133.4公顷(设施33.35公顷),推广0.12万公顷;高光效苹果示范600.3公顷,推广0.667万公顷;盐碱地改良示范33.35公顷,推广466.9万公顷;设施养羊示范1000户,发展30万只,新增经济效益3000万元。粮、棉、果、菜、畜牧等示范推广累计增加社会经济效益3.06亿元。

2009年山西省农村技术承包奖目录一等奖

项目名称	承包单位
水地玉米吨粮栽培技术	山西省农业科学院玉米研究所
小麦玉米优质高产栽培技术	山西省农业科学院小麦研究所
农业综合开发测土配方施肥技术	山西省农业科学院土壤肥料研究所
核桃新品种"金薄香1号"早期丰产栽培技术	山西省农业科学院果树研究所
酿造专用高粱种植技术	山西省农科院高粱研究所
马铃薯测土配方与平衡施肥技术	山西省农业科学院高寒区作物研究所

2009年山西省农村技术承包奖目录二等奖

项目名称	承包单位
外销型甘蓝无公害高产栽培技术	山西省农业科学院蔬菜研究所
日光温室绿色蔬菜标准化生产技术	山西省农业科学院蔬菜研究所
畜禽防疫消毒实用技术	山西省农业科学院畜牧兽医研究所
高效健康养猪关键技术	山西省农业科学院畜牧兽医研究所
设施蔬菜高产高效栽培技术	山西省农业科学院蔬菜研究所
小麦玉米一年两作高产栽培技术	山西省农业科学院小麦研究所
晋谷36号新品种推广	山西省农业科学院作物遗传研究所
戎子酒庄酿酒葡萄基地建设	山西省农业科学院果树研究所
优质多抗黍子新品种高产栽培技术	山西省农业科学院高寒区作物研究所
脱毒马铃薯高产技术	山西省农业科学院高寒区作物研究所

(梁海萍　王和平)

【农业科技示范工程及农村技术承包】2009年城郊型、工矿型、示范村农民人均纯收入达到7260元,传统农区型的示范村农民人均纯收入达4980元,贫困地区示范村农民人均纯收入达到3735元。全年共推广主要农作物及果树、蔬菜、棉花、杂粮等新品种206个,组装配套新技术76项,新品种、新技术推广产生社会经济效益3.46亿元,示范村人均增收350元。

2009年列入山西省农村技术承包项目17项,参加人员150余人,累计承包面积6.27万公顷,增产粮食5489.17千克,增产蔬菜3.16亿千克,累计承包畜禽20万只(头),增产肉蛋300万千克,总增收6.2亿元。本年度获山西省技术承包一等奖6项、二等奖10项;三等奖2项。

【国家现代农业产业体系综合试验站】2009年省农科院21个试验站共有122位科技人员在全省98个县(市、区)134个乡(镇),开展针对17个产业的新品种及综合集成技术展示、示范等工作。全年累计综合集成技术65项,示范新品种87个。粮食作物示范面积16941.8公顷,果树示范面积3268.3公顷,蔬菜示范面积1200.6公顷,累计辐射面积26.68万公顷。示范区作物亩产比当地主栽品种增产20%以上。同时,各试验站还引进、征集、筛选全国不同产业新品种、新种质415个。2009年4个色型的彩色獭兔的基础母兔数量达到300余只,彩色獭兔的数量和质量目前在国内居首位。

【农民科技培训】针对农业生产的关键技术和急需技术,利用形式多样的方式和方法对农民进行农业科技培训。全年350余名科技人员深入到农村生产第一线，共开展培训活动442次、观摩活动68次，培训农民骨干6.15万人，发放技术资料59万份，制作宣传版面200余块，共培训农民56.6万人(次)。

【援建项目】 山西农科院赴茂县地震灾后恢复重建项目组特派团，2009年分三个专题组深入茂县东兴、土门、凤仪、雅都等具有代表性的生态类型的7个乡镇20多个自然村60多个农户实地调研，先后有20余名科技特派员赴茂县农业生产第一线，将山西农科院的新成果、新技术、新品种在当地推广应用，帮助当地农民引进10个蔬菜新品种、6个果树新品种。新品种的产量和收入比当地品种高15%左右，果树苗木成活率达95%以上，完成预定的定植建园工作；建成大黄、藁本、贝母药材种植基地各6.67公顷；对全县的养猪、养兔和饲养土鸡的重点户进行猪、兔和鸡的饲养管理技术，疾病防治技术，猪的人工授精技术，土鸡的选育提高技术以及圈舍的选址与建设的技术培训。以茂县农业局果树站为依托，以果农为基本实施单位，通过建立示范基地，将近年取得的水果保鲜技术、气调保鲜袋、保鲜剂等科研成果集成配套、进行示范推广，提升茂县的茂汶苹果、红阳猕猴桃贮藏保鲜技术水平。项目共培训农民1000多人次，发放技术资料2000余份。5月，四川省政府授予山西农科院"情系灾区无私援建，科技帮扶重建家园"锦旗，孙振、巫东堂被科技部评为"优秀科技特派员"。

2009年山西省农业科学院与新疆进行科技支疆签约，共签合同8份。省农科院科技人员就当地棉花、高粱、畜牧、红枣、蔬菜、贮藏保鲜、盐碱地改良等产业发展进行现场调研和技术培训。园艺所先后深入到疏勒、麦盖提、泽普、巴楚等8个县进行技术培训，听讲人数达5000余人次。

省农业科学院综合利用研究所、果树研究所、园艺研究所共同承担的科技援藏项目，2009年在白郎县、谢通门县、日喀则市已引进30个红枣品种，建立0.33公顷的示范基点3个，建成年产300吨苦荞茶生产线一条、年产500吨苦荞挂面厂一条，为边疆人民创造更多的经济价值。

【特色农产品交易博览会】 10月农科院精心筹备和组织中国（山西)特色农产品交易博览会，重点展出新技术8项，新品种61个，新产品66个。山西省农科院有6个单位被评为先进集体，10名科技人员被评为先进个人。省农业科学院获得农博会颁发的优秀组织策划奖和优秀设计造型奖，"玉露香梨"获最佳科技创新产品奖，"强盛51"玉米、"长杂2号"谷子获优秀科技创新产品奖，另有7个产品获得畅销产品奖。

【玉米新品种"强盛51号"】 10月，省科技厅主持，邀请省农业厅、山西农业大学、省农科院玉米栽培、育种专家组成的专家组，对山西省农科院强盛种业有限公司育成的抗旱耐密型玉米新品种"强盛51号"在文水县胡兰乡东堡村的生产田进行现场测产验收。专家组依据山西玉米丰产方测产验收办法进行测产验收，平均亩产为1224.9千克。最高亩产达1291.8千克。创造本省玉米种植史上单产的最高纪录。 （梁海萍　王和平）

林　业

【造林绿化】 2009年，山西省启动实施汾河流域、太原西山等"2+10"生态环境综合治理修复工程。全年完成营造林35.37万公顷，其中人工造林19.81万公顷，飞播造林0.8万公顷，封山育林14.76万公顷。天然林保护、退耕还林、京津风沙源治理、三北防护林和太行山绿化等国家林业重点工程完成29.21万公顷；以汾河流域绿化、交通沿线荒山绿化、石太高速铁路绿化为重点的省级造林绿化工程完成3.16万公顷；以干果经济林、薪炭林为重点的巩固退耕还林成果专项工程完成3万公顷。四旁植树11212万株，其中义务植树5306万株。新育苗1.46万公顷，育苗总面积达3.51万公顷。

【森林资源保护】 省森林防火指挥部抽调成员单位组成11个督查组进行巡回督查，制定出台《森林防火应急预案》，加大涉火案件查处、森林火灾问责力度，惩处火灾肇事者112人，追究有关人员责任154人。全省发生森林火灾37起，均及时得到扑救，没有一起重特大森林火灾和重大财产损失、人员伤亡事故。建成并启用森林远程视频监控系统。组织开展打击破坏森林和野生动植物资源的专项行动，查处各类林业案件900起，比上年下降14.4%，挽回直接经济损失122.6万元。加强国有林区、国有林场基础设施建设，利用扩大内需投资建成林场卫生院237个，新建、改建国有林场32个，森林管护站17个，林区派出所5个，省直林区保护森林资源能力不断提升。朔州、忻州、大同等3市按照《山西省封山禁牧办法》，设立封禁标志，推行舍饲圈养，从6月1日起实行封山禁牧，标志着全省基本实现封山禁牧。

【集体林权制度改革】 继2008年在1市17县启动集体林权制度改革试点工作之后，左权县成为全省第18个林改试点县。省林改试点工作领导组专门在祁县召开现场推进会，学习推广祁县林改试点工作经验，对试点工作进行再部署。通过试点市县努力，试点任务全面完成，共完成集体林地确权71.73万公顷，占应确权林地面积92.25万公顷的77.8%，其中家庭承包45.6万公顷。通过入户调查，群众满意率达到98.7%。全年共调处林权纠纷1740起，面积1.73万公顷，调处率达到85.6%。山西银监局制定出台《关于金融支持集体林权制度改革的意见》。

【林业产业发展】 全省发展干果经济林2.81万公顷。省政府批准新增葡峰、孤峰山、珏山、三合牡丹、玉华山、和谐园、飞龙山、清水河、洪涛山、杀虎口等10处省级森林公园，新增面积2.22万公顷；批准建立娄烦县等

造林绿化工程现场　　（谢英杰提供）

56 处县级(城郊)森林公园。全省森林公园总数达 111 处，总面积达 54.09 万公顷，占全省总面积的 3.5%。全年森林旅游人数达 549 万人次，实现门票收入 5180 万元。

【林业对外开放】 继续实施中日合作中国黄土高原造林技术普及培训项目，举办经济林、用材林、生态林 3 个林种 6 期培训班，对 54 个县、9 个省直林局的 247 名林业技术员、造林大户进行培训。继续实施日中绿化交流基金山西省五台山绿化项目，完成造林 35 公顷，修建林道 0.5 千米，拉设防护栏 600 米。

【林业科技】 结合林业生产，启动“华北土石山区植被恢复与重建技术试验示范”“抗盐碱植物材料选育与盐碱地植被恢复技术”等 22 个项目的攻关研究。启动实施乡土树种振兴工程，成立乡土树种选优和繁殖课题组，对臭椿、核桃楸、黑椋子等 21 个优良乡土用材树种开展优良单株选优和繁殖技术研究。启动林业生态建设科技示范工程，在省直 9 个国有林管理局、11 市的 27 个县(林场)实施，完成造林面积 1333.3 公顷。实施科技服务林改工程，“参与式地理信息系统在集体林权改革中的应用研究”技术成果在试点县得到推广应用。林业标准化工作稳步推进，《森林食品·核桃仁》《森林食品·梨枣》2 个行业标准和《参与式生态林业规划技术规程》1 个地方标准分别由国家林业局、省质量技术监督局颁布。林业科研取得重大突破，《山西省林业生态规程构建技术》《山地森林灭火装备及其应用技术研究》等 9 项研究成果通过省科技厅鉴定。

【林业投资】 2009 年，中央投资 18.3868 亿元，其中财政投资 14.6643 亿元，基建投资 3.7225 亿元；省级投资 13.2679 亿元，其中省财政投资 4.8614 亿元，省发改委煤炭可持续发展基金投资 8.4065 亿元；市县及社会投入林业资金 3.32785 亿元。全省林业投融资总量达到 649331.1 万元。

【中国绿色碳基金山西专项启动】 4 月 2 日，中国国电集团公司捐赠暨中国绿色碳基金山西专项成立仪式在太原市举行。省委副书记、省长王君发来贺信。国家林业局副局长李育材、副省长刘维佳、中国国电集团公司总经理朱永芃出席仪式。中国国电集团公司捐赠 2000 万元，省内多家企事业单位和社会组织、个人积极捐赠，其中潞安集团捐资 1100 万元。中国绿色碳基金山西专项全年共接受捐赠 3347 万元，在 11 个市的 26 个县(市、区)安排造林 2866.7 公顷。

【全省造林绿化先进集体名单】 5 月 19 日，山西省人民政府下发《关于表彰全省造林绿化先进市县和先进单位的通报》(晋政函【2009】55 号)，对 2008 年以来在造林绿化中涌现出的先进市县和先进单位进行表彰。省人民政府决定：授予晋城市等 5 个市全省造林绿化先进市称号，各奖励 50 万元；授予大同县等 11 个县全省造林绿化先进县称号，各奖励 10 万元；授予太原市万柏林区林业局等 30 个单位全省造林绿化先进单位称号，各奖励 3 万元。

全省造林绿化先进市：晋城市、朔州市、长治市、临汾市、太原市。

全省造林绿化先进县：大同县、灵丘县、保德县、偏关县、孝义市、吕梁市离石区、灵石县、和顺县、阳泉市郊区、新绛县、芮城县。

全省造林绿化先进单位：太原市万柏林区林业局、大同市新荣区林业局、山阴县林业局、柳林县林业局、晋中市榆次区林业局、屯留县林业局、永济市林业局、省煤炭林业管理中心、西山煤电集团公司、阳泉市燕龛煤炭有限责任公司、山西潞安矿业集团有限责任公司、霍州煤电集团有限责任公司、武警山西省总队、大同军分区、25 基地、武警忻州市支队、吕梁林局、中条林局横河林场、杨树局五旗林场、中阳乔氏林场、运城空港管委会、左云县左兴镇人民政府、侯马市新田广场管理处、山西大学商务学院、忻州市职业技术学院、晋城市凤鸣中学、平顺县西沟村、泽州县巴公镇山耳东村、左权县茂丰生态庄园、省改革创新研究会。

【全国造林绿化现场会】 8 月 25~26 日，全国造林绿化现场会在山西省长治、晋城两市召开。各省(直辖市、自治区)人民政府副秘书长、林业厅(局)长、全国绿化委员会成员单位、国家林业局有关司局负责同志参加会议。全国政协副主席罗富和，国家林业局党组书记、局长贾治邦，副局长李育才，全国总工会书记处书记李世明，省委书记、省人大常委会主任张宝顺，省委副书记、省长王君，副省长刘维佳，省政协副主席卫小春等出席会议。罗富和向山西省颁发“全国生态建设突出贡献奖”，贾治邦作重要讲话，李育才主持会议。与会代表参观了长治、晋城两市造林绿化现场，听取山西、河南、江西、重庆及军队系统的经验介绍。张宝顺向大会致辞，王君介绍山西造林绿化工作的成效、做法和经验。会后，先后有江西等12个省市2000多人到长治、晋城考察学习。

【全省林业工作会议】 11月19日，省委首次召开全省林业工作会议。省委书记、省人大常委会主任张宝顺，省委副书记、省长王君出席会议并讲话，省政协主席薛延忠主持会议，省人大常委会常务副主任杨安和、副省长刘维佳、省政协副主席李雁红、省军区副政委谢玉久等出席会议。各市市委书记或市长、分管副市长、林业局局长，各县(市、区)委书记或县(市区)长，省直有关部门负责同志参加会议。会议作出“实施生态兴省战略、建设山川秀美新山西”的重大战略部署，全面安排林业改革发展工作，对近年来在林业改革发展中作出突出贡献的先进集体和先进个人进行表彰，长治、晋城、右玉、祁县作典型发言。

【全省林业建设先进集体与个人名单】 11月18日，中共山西省委、山西省人民政府印发《关于表彰全省林业建设先进集体的决定》，授予长治市、晋城市、右玉县、祁县全省林业建设突出贡献奖号称，授予朔州市、临汾市、太原市全省林业建设先进市称号。11月17日，山西省绿化委员会印发《关于表彰全省林业建设先进集体和个人的决定》，授予王辅刚等40人全省林业建设优秀县委书记、县长称号，授予长治市林业局等50个单位全省林业建设先进单位称号，授予张连印等101人全省林业建设先进个人称号。

全省林业建设优秀县委书记、县长：苏安乐(夏县县委书记)、冯芳汇(永济市市长)、杨勤荣(河津市市长)、王志峰(新绛县县长)、段新(洪洞县县长)、薛愿兵(尧都区区委书记)、马彪(侯马市市委书记)、杨治平(曲沃县县委书记)、郭行杰(永和县县委书记)、刘予强(泽州县县委书记)、谢克敏(高平市市委书记、市长)、张玉宏(晋城城区区长)、冯志亮(阳城县县长)、王辅刚(屯留县县委书记)、张圣(长子县县委书记)、陈鹏飞(平顺县县委书记)、段树新(壶关县县长)、孙宏波(长治郊区区委书记)、王进军(长治城区区委书记)、张红星(襄垣县县委书记)、周涛(武乡县县委书记)、赵峰(阳泉市郊区区委书记)、王继堂(榆次区区长)、郭燕平(灵石县县委书记)、黄耀春(寿阳县县委书记)、孙光堂(左权县县委书记)、庞鹏峰(方山县县委书记)、张旭光(孝义市市长)、郭建发(古交市市委书记)、张秀武(娄烦县县长)、张齐山(万柏林区区长)、王继明(保德县县委书记)、郭泽兵(五寨县县长)、张春(静乐县县长)、郭连厚(朔城区区委书记、区长)、李俊(平鲁区区委书记、区长)、牛志忠(怀仁县县委书记)、侯元(山阴县县长)、张小立(灵丘县县委书记)、王伟国(左云县县委书记)。

全省林业建设先进单位：大同县林业局、大同市十里河林场、大同市南郊区杨家窑村、朔城区林业局、怀仁县林局、中煤平朔煤业有限责任公司、偏关县林业局、五台县林业局、武警山西总队忻州市支队、清徐县林业局、杏花岭区林业局、晋源区赵家山村、交口县林业局、方山县林业局、汾阳市裕源土特产贸易有限公司、和顺县林业局、昔阳县国有碧霞观林场、介休市国有苗圃、阳泉市平定县冠山镇、长治市林业局、长治县林业局、潞城市林业局、沁源县林业局、沁县林业局、黎城县林业局、山西潞安环保能源开发股份有限责任公司、沁水县林业局、晋煤集团凤凰山煤矿、陵川县第一山林场、夏县林业局、永济市林业局、垣曲县林改办、盐湖区解州镇阎家庄村、省发改委农经处、省财政厅农业处、省煤炭林业管理中心、省改革创新研究会、《山西日报》社农村部、省电视台新闻中心、中国移动山西分公司、吕梁山国有林管理局、中国人民解放军忻州军分区、中国太原卫星发射中心。

全省林业建设先进个人：王建伟 王建平 王文田 王洪波 王煦杰 王先明 王志宏 方志有 尹福建 申建国 史元胜 付文清 兰学欣 冯志刚 师蕊新 乔建平 任忠义 任春玲 任润厚 任占龙 任建喜 刘万堂 刘凤平 刘来旺 刘彦青 刘恒泰 刘树兵 汤福明 许 霞 杜建午 马忻荣 马晓 马建明 李艾珍 李成泉 李江华 李永生 李向东 李文明 李晓明 李秀亭 杨文平 杨旭芳 杨宝灵 杨建红 吴永平 吴建功 宋永祥 张连印 张云龙 张树堂 张吉林 张东晓 张继善 张振贤 张金虎 张三保 武俊鹏 苗武军 苟 谦 罗晋川 金广瑞 周 宏 郑文祥 赵学梅 赵旭旺 郝秀龙 胡 禹 侯执亮 秦庆祥 秦松涛 索俊秀 贾文革 贾宏伟 原加喜 晏国政 高景全 郭建峰 郭连芝 郭世和 郎诗华 姬连魁 黄明放 常

2009年11月19日，省委林业工作会议在太原召开　(谢英杰提供)

成　梁吉明　尉文龙　葛银生　韩祥林　景广林　程锡景　焦学亮　谢玉辉　窦正南　燕建平　樊明瑞　樊志新　薛泽会　薛圣宣　霍转业　霍世昌　魏小平。

【生态兴省战略】 12月30日，中共山西省委、山西省人民政府出台《关于实施生态兴省战略　加快推进林业改革发展的意见》(晋发【2009】30号)(简称《意见》)。《意见》明确提出，实施生态兴省战略的战略目标：到2010年，全省森林覆盖率达到18%；到2015年，森林覆盖率达到23%；力争到2020年，森林覆盖率达到26%以上，森林面积达到400.2万公顷以上，森林蓄积量达到1.5亿立方米。《意见》对建立健全公共财政支持林业发展机制、金融服务林业发展机制、林木采伐管理制度、集体林权流转制度等四项政策和创新林业发展机制作出明确规定。

【省级森林生态效益补偿制度】 山西省首先在省直林区启动省级森林生态效益补偿制度，标志着全省省级森林生态效益补偿制度开始启动实施。省直林区森林生态效益补偿范围涉及有林地、灌木林地、未成林造林地和疏林地4个地类，面积达111.1万公顷，每公顷补偿75元，补偿资金8332万元。

【森林远程视频监控系统建设】 省林业厅与中国移动通信公司山西分公司合作，在全省启动实施森林远程视频监控系统建设，并被省政府确定为2009年152项重点工程之一，总投资2亿元。4月22日，山西省森林远程视频监控系统工程建设项目启动仪式在太原举行，副省长刘维佳出席启动仪式。经过努力，建成1个省级指挥中心、11个市级指挥中心、104个县级指挥中心、400个监控点，覆盖全省70%以上的林地。12月22日，省政府举行全省森林远程视频监控系统启用仪式，省人大常务副主任杨安和、副省长刘维佳、省政协副主席李雁红出席启用仪式。

(谢英杰　贾向前)

水　利

【概述】 2009年，全省完成水利投资121.35亿元，其中市县和群众自筹14.24亿元；建成大型水库7座，中型水库57座，现有大中型水库库容38.72亿立方米；新增有效灌溉面积2.51万公顷，新增节水灌溉面积2.11万公顷，实际灌溉面积达到107.4万公顷；小型水利设施新增37处，累计达14233处，小型水利灌溉面积9.54万公顷；累计除涝面积8.91万公顷；万亩以上灌区178处，万亩以上机电灌站656处，渠道防渗长度59947.47千米；累计堤防长度4234.57千米；水利工程总供水量42.43亿立方米，其中向农业供水32.13亿立方米，向工业供水4.25亿立方米，向城镇生活供水1.44亿立方米，向乡村生活供水3.46亿立方米，为生态环境供水0.79亿立方米，其他供水0.36亿立方米；此外，水电供水27.03亿立方米；当年地下水开采量26.88亿立方米；水土流失累计治理面积509.39万公顷，全年新增水土流失治理面积22.41万公顷；解决农村饮水安全人数272万人。农村人畜饮水工程年供水量4.12亿立方米，农村自来水人口1698万人。全省小水电全年发电量1.7亿千瓦时；水产品总量达到3.1万吨，渔业产值达到4.03亿元。

【水政水资源工作】 1.水政工作。全年完成《山西省水资源征费稽查办法》的起草、意见征求及论证工作；完成2010年水利立法计划建议项目的报送工作，将《山西省抗旱条例》《山西省节约用水条例》列入省政府立法计划；向省政府法制办报送《山西省水利建筑市场各方主体信用管理暂行办法》(试行)、《山西省水利科技优秀成果奖奖励办法》两部规范性文件，现已发布实施。处理河曲县违规修建堤防侵占黄河河道、保德堤防工程侵占黄河河道、阳高镇大沟上游河道堵塞问题、河津铝厂水源地违规取水、永济黄河滩涂违规取水等省际及涉及流域管理范围的水事纠纷。全省借助“世界水日”“中国水周”“12·4”法制宣传日，利用广播、电视、报刊等，以座谈会、文艺演出和张贴宣传画等形式向社会宣传水法规。活动期间，共发放宣传单8万余张，宣传画1万余张，覆盖全省100%的城镇，95%以上乡村和90%的城乡居民。

2.水资源管理。全省严格实施取水许可制度，全面展开取水许可清理工作。全年共发放取水许可证93家，对28家新建、改扩建项目进行取水许可申请初审意见和批复；对33家项目进行取水意见批复；对到期的8家许可证给予换发，对2家新建项目发放取水许可证；晋中、吕梁、运城、临汾、阳泉等市完成全省取水许可数据库建设。全省水资源信息化建设工作扎实推进，各市水资源信息中心均已建成，共计安装取水计量监控设备2500余台，水位自动监测170余套，目前全省所有工业企业和自备水源已基本实现取水监测。全省控制地下水超采成效显著，太原、晋中、临汾等7市实现地下水位止降返升，平均上升0.56米；太原市较上年同期上升1.87米，最高上升16.17米。阳泉市娘子关泉水源保护工程初见成效，重点泉眼水质已达到饮用水标准，泉域生态环境得到改善。山西省全面开展建设项目水资源论证工作，全年共审查水资源论证项目13项。全省水资源费征收标准大幅提高，超采区由1.2元提高到3元，采矿排水按照开采矿石或原煤每吨3元计征，征收水资源费达12亿元，实现历史性突破。

【工程建设与管理】 至2009年底，省委省政府确定的35项应急水源工程，有33项开工，12项完工和基本完工。已完工和正在建设的这批应急水源工程，基本形成覆盖全省中心城市的稳定供水格局，不仅是山西省实施兴水战略的标志性工程，更是确保山西省长远发展、可持续发展的重大基础设施。列入全国病险水库除险加固专项规划的101座水库，开工95座，完工58座。未列入全国规划的小型病险水库，由省、市、县自行筹资进行应急处理，确保水库安全度汛。各市按照淘汰和新建1:1.2的比例进行新的水库规划。

山西省组建成立拥有120亿元固定资产的山西水务投资有限公司，以此作为融资平台，贷款40亿元从根本上改变单一依靠政府投资的局面。在以煤补水机制方面取得新成效。省水利厅与省物价局、财政厅联合印发《关于促进节约用水调整我省水资源费征收标准的通知》，从2009年1月1日起，按照开采吨矿石或原煤3元计征水资源费，重点用于新水源工程建设和水生态修复。基建加农建的水利工程建设模式进一步推广。

【防汛抗旱】 全省731座水库、206座骨干淤地坝和1249处边山峪口等分别明确行政责任人、技术责任人和报汛责任人，做到防患于未然。4月份开始，对全省防汛工作进行全面检查：一方面由县到市，自下而上，层层检查、落实隐患处理责任，各市县的主要领导和分管领导亲自带队检查指导防汛工作；另一方面由各有关部门按照隶属权限分工，查找和排除隐患，国土部门检查滑坡等地质灾害，安监部门检查尾矿库，建设部门检查城乡危房和城市防洪隐患，教育部门检查学校危房，水利部门检查水库、淤地坝、河道等，整个检查纵横结合，不留死角。7月初，省水利厅组织11个检查组，对各市检查情况从9个方面进行抽查。全省凡是有山洪防御任务的乡村，都制定防灾责任制，全面实行村干部包组、党员骨干包户的工作机制。省防汛指挥部建立严格的责任追究制，对领导不力、失职渎职或处置不当而造成严重后果的防汛责任人进行严肃处理，并依法依纪追究责任。省防指还对全省46个重点防洪城市（含县城）的技术人员和全省119个县防汛总指挥进行防汛业务、防洪预案专题培训，提高基层干部的防汛应急抢险指挥能力。

2009年山西省遭遇了50年一遇的冬春连旱。面对持续旱情，山西省先后3次发布干旱预警，启动相应的抗旱应急响应。省委省政府对旱情高度重视，累计下达中央和省级抗旱资金8850万元用于抗旱，并首次启动省长预备金2650万元用于抗旱减灾，为各县配备125辆供水服务车和1153台水泵，确保大旱之年全省人民的饮水安全。省防指安排抗旱资金1500万元用于大中型泵站电价补贴，实施高扬程电价补贴政策，调动群众用水的积极性。13处沿黄泵站比正常年份多提水7100万立方米，增加灌溉面积2万余公顷。

【农村水利】 2009年山西省出台灌溉电价水价补贴政策，灌溉电价每度由0.269元降到0.06元，水价由每立方米0.507元降到0.25元。全省实灌面积突破107.3万公顷，创历史最好水平。汾河等10大灌区节水改造和夹马口、尊村、西范3大泵站改造进展顺利，小型农田水利建设项目扎实推进。山西省水利系统组织开展为期1个多月的千名干部下基层活动，对全省1285个乡镇、28173个行政村、48414个自然村逐村、逐工程进行普查建档。

【城乡供水】 (1)农村供水。2009年始，山西省将用两年时间实现全省农村饮水安全全覆盖。全年全省共解决农村饮水安全人口272万人，新建成饮水工程5000处，占年初目标任务的136%。(2)城乡节水。全省现有9个节水型社会建设试点县。在项目建设中，对3100眼机井实施用水计量监控、对51眼机井实施地下水位监控，初步实现省级部门对各县地下水位的远程实时监控。全省启动了平川县地下水位监测工作。在用水计量控制监测体系建设方面，共安装IC卡用水计量控制器1822台、地下水位自动监测装置60套，可在60分钟内完成相关地下水位数据的收集；建立水务局信息化总站和11个乡镇子站，与山西省数字水利中心进行对接；编制《山西省农业节水定额编制大纲》，组织完成对全省19个典型县的农业用水定额调查任务。

【水土保持】 全年全省共完成中央和省级财政投资5.16亿元，新建淤地坝305座，完成水土流失初步治理面积2100千米，实施生态修复面积4160平方千米，分别超额完成计划2000平方千米和4000平方千米的105%和104%。共开展水保监督执法1031次，检查项目277个，审批开发建设项目水土保持方案255个。全省开发建设项目水土保持方案申报率、实施率和设施验收率均达到90%以上。省煤炭行业生态补偿取得突破性进展，从煤炭可持续发展资金安排水利水保工程资金达8亿元。截至2009年底，全省共有7个市、102个县(市)分别出台相关的封禁治理政策，开展生态修复面积达2.5万平方千米，占全省水土流失面积的1/4。全省承包或购买“四荒”面积在33.33公顷(500亩)以上的民营水保大户5132户，承包或购买面积达177万公顷，治理水土流失面积81公顷。省水利部门组织技术力量对存在隐患的206座大中型淤地坝逐坝进行检查，病险较严重的67座淤地坝的应急除险初步设计审批工作已完成，对未建设的62座淤地坝坝址进行调整。

【地方水电】 全省小水电代燃料试点项目实施成效显著。对晋城市东焦河水电站设计变更方案批复；定襄县南庄小水电代燃料项目一级站电源工程和项目区建设完成；陵川县夺火小水电代燃料项目电源工程浆砌石枢纽大坝主体工程建设完成，并执行0.26元/千瓦时的小水电代燃料到户电价；阳城县东冶小水电代燃料项目区改造工程建设完成，执行0.295元/千瓦时的小水电代燃料到户电价。新上马的左权县苏公水电站、灵丘县上沿河水电站、平顺县湾里水电站、沁水县佛圪咀4个小水电代燃料项目进展顺利。

【渔业】 2009年，新认定无公害水产品产地13家，新增无公害水产品产地认定面积767公顷。全省累计认定无公害水产品产地29家，认定面积2153公顷，累计通过农业部认证的无公害水产品19个，产量1900吨。山西省渔业专业合作社已发展到26家，基地+农户、协会(合作社)+农户的养殖发展模式促进了水产业的投入和发展，名特优新品种的产量占水产品产量的比重加大。农业部对山西省的两次共计50个样品的产地水产品质量安全监督抽查合格率均为100%。全省渔业部门在11个水库、3个重点河段组织开展渔业资源增殖放流活动，全年放流各种经济鱼类1620万尾，带动水管单位效益增长和沿河、沿库农民的增收。垣曲县渔政监督管理站和长治市渔政监督管理站被农业部确定为全国渔业文明执法窗口单位。

【水利科技外事】 2009年，省水利厅完成对4个重点科研项目的验收和2个重点科研项目的鉴定工作，其中，4个科研项目达到国内领先水平，2个科研项目达到A级。10月，联合国粮农组织及英国、印度、突尼斯等国的专家对运城市夹马口灌区进行考察，为联合国粮农组织和日本政府资助山西省的两个水资源配置和灌区现代化规划项目立项提供基础依据。11月，省水利厅邀请美国犹他大学冶金工程系教授王旭明实地考察汾河河道、二坝等断面和汾河二库的水污染状况，并举办专题讲座。省水利部门还组建成立水利科研推广专家库，共收录水利工程、农田水利、水文水资源、水土保持等12个专业268名专家。 (武年丰)

中小(乡镇)企业

【概述】 2009年，全省乡镇企业完成增加值1731.8亿元，同比下降11.68%。一产完成15亿元，占全省0.8%；二产完成1486.7亿元，占全省85.8%，比上年上升2%，其中工业1325.2亿元，同比下降15.88%，占全省76.52%，比上年下降4%；规模及以上工业完成1148.9亿元，同比下降16.62%，占全部工业的72.28%；三产完成229.7亿元，同比下降23.47%，占全省13.26%；全省6.5万户乡镇企业中，工业、批发零售、交通运输业最为集中，分别为2.9万户、1.2万户、0.8万户，占全省百分比分别为45.8%、16.7%、13.9%；完成营业收入5298.8亿元，同比下降12.05%；其中工业4107.7亿元，同比下降15.18%，占全省77.52%，比上年下降3%；完成总产值5678.7亿元，同比下降11.50%，其中工业4466.3亿元，同比下降14.49%，占全省78.65%，比上年下降3个百分点；实现利润总额446.5亿元，同比下降20.58%，其中工业329.2亿元，同比下降26.22%，占全省73.72%，比上年下降6%；上交税金334亿元，同比下降19.03%，其中工业280.7亿元，同比下降21.72%，占全省62.87%，比上年下降24%。

【现行政策】 为加快全省以乡镇企业为主的中小企业发展，省委、省政府对中小企业发展情况多次展开调研和考察，基本形成《山西省关于进一步促进中小企业发展的若干意见》草拟稿，提出进一步促进中小企业发展的政策建议。省直有关部门出台相关的配套政策，各市县也相继出台了实施意见和政策文件。以乡镇企业为主体的中小企业发展方面，形成国家、省、市、县四级，法律与政策相互衔接配套的政策、法律支持体系。在财政扶持、税费减免、土地政策、户籍政策、金融支持、信用担保、人才培训、公共服务体系建设等方面对中小企业进行扶持和指导，具有较强的延展性与操作性。以中小企业财政扶持和服务体系建设为例，省非公经济30条中规定，从2005年起省财政已列入预算科目2000万元；省县域经济20条中规定，允许县市整合各类支农资金，提高资金使用效率；对36个国家级贫困县和欠发达县，实施"省直管县"财政管理改革试点，"四税"(增值税、营业税、企业所得税和个人所得税)，新增部分省市分成全部留县；每年安排1000万元专款用于贫困县农业产业化项目贷款贴息。全省以乡镇企业为主的中小企业发展氛围日渐浓厚，政策环境日趋宽松，发展局面日益向好。

【经营管理】 2009年，全省乡镇企业的落后产能逐步淘汰，企业在技术装备、管理水平、规模档次、科技含量、产品质量、自主创新能力等方面都有了明显进步。一批为大企业协作配套的产业正在形成，晋城、临汾、晋中、太原、忻州等地的机械加工制造业和铸造业，优势越来越明显。运城卓里集团、太原南方重型汽车有限公司、长治清华机械厂获得汽车整车出口资质，实现山西省汽车整车出口"零突破"。从企业产品价格方面看，煤炭、焦炭、铁矿石、铁矿精粉等大宗产品的市场价格均出现不同程度的下跌。焦炭1248元/吨，生铁2291元/吨，线材2906元/吨，粗钢3100元/吨，成品钢材3500元/吨。同比下跌幅度在70%~30%之间，回升缺乏内动力刺激，基础仍不牢固。省统计考核的44种主要产品中，有20种产品继续保持增长，同比增幅最大的依次为：陶瓷增长116.98%、汽摩铸件增长39.23%、乳制品增长35.97%、干果系列增长32.93%、食醋增长26.54%。有24种产品出现负增长，其中原煤产量11302万吨，同比下降32.33%；生铁产量2439万吨，同比下降16.27%；焦炭产量6657万吨，同比下降21.08%；成品钢材产量1189万吨，同比增长2.29%。全省乡镇企业工业产销率为92%。

【产业结构】 2009年，全省乡镇企业总数达6.5万家，比上年减少7000家；其中年营业收入500万元以上的规模工业企业达2888家，比上年减少765家；亿元企业达509家，比上年减少了80家；10亿元以上的企业达59家，比上年减少3家；20亿元以上的企业达18家，比上年减少3家。规模工业企业个数仅占全省乡镇企业总数的4.4%，但实现营业收入达3035.6亿元，占乡镇企业总收入的57.29%。；其中山西海鑫钢铁集团公司完成销售收入84.7亿元，是省内最大的乡镇企业。2009年，全省中小企业拥有30万吨以上洗煤厂100多家，40万吨以上机焦企业近百家，1000立方米以上高炉2座、百万吨钢厂6家。新兴产业、第三产业总量扩大，服务业得到较快发展，医药、旅游、文化、高新技术产业等新兴产业发展加快。初步形成乳制品、食用醋、小杂粮、粮油、饮料、果蔬、畜禽、枣系列产品等八大农副产品加工企业集群；初步形成生物制药、精细化工、磁性材料、新型建材、信息科技五大高新技术企业群体；初步形成餐饮服务、商贸流通、交通运输、文化娱乐、信息服务和旅游等六大第三产业发展重点；初步形成玻璃器皿、玛钢铸造、纺机制造、精密铸造、法兰盘、碳素等一批具有县域特色的块状经济和产业集群。2009年，山西省第三产业增速近7年来首次超过第二产业增速，近4年来首次超过GDP增速。

【园区建设】 各类工业园区、技术园区建设步伐加快，集聚效应逐步显现。晋城市狠抓产业园区化、企业规模化发展，区域优势明显，2009年，民营经济增加值完成370.14亿元，发展速度仍达到18%以上，经济总量和发展速度分别由2006年的全省第六、第三位跃居第四和第一位。晋中市规模工业园区发展到15个，其中省级园区3个，工业园区的建设，促使中小企业由分散走向集中，集聚效应逐步凸显，企业布局趋向优化。太原市民营企业2009年出口交货值44.12亿元，同比增长86.16%，在传统出口产品严重受阻的情况下，正是由于园区企业出口交货值大幅提升强力带动促使全市出口实现增长。运城市积极发挥特色优势，培育壮大汽车和运输设备、铝镁深加工、化工、农副产品加工、文化旅游服务五大产业，全市新改扩建的78个项目中60%以上集中在这五大产业园区。临猗县大力加强工业园区建设，60%以上规模企业集中到工业园区，园区工业总产值占到全县工业总产值的72.1%，规模以上工业增加值比上年增长10.7%，明显高于运城市5.2%和全省6.5%的增长水平。

【科技教育】 2009年，全省民营科技企业达到1300多家，全省中小企业有6种产品被评为中国名牌产品，225个产品被评为山西省名牌产品，涌现出一批拥有自主知识产权、产学研相结合的科技创新型企业，数百项新产品填补国家和山西省的空白。山西乐百利特科技有限公司研发的新产品，成为全球最节能、最亮的、可靠性最高的大功率发光二极管光源产品。山西诺成制药有限责任公司非pvc软袋大输液和塑瓶大输液等医药科研产品，成为国内最大的非pvc软袋生产基地。山西大华玻璃实业有限公司受国家相关行业协会委托成为制定玻璃行业节能降耗准入标准制定单位之一。

山西省在提高企业创新能力的同时重视人才培养。(1)抓“银河培训”和蓝色证书培训。2009年“银河培训”共培训中小企业经营管理人员850人，超额完成国家分配给山西省的“银河培训”工作任务。至年底，蓝色证书培训培训职工310万人次。(2)抓人才的评定及开发。组织实施“山西企业家培养工程”，至年底有500多人取得国家有关部门颁发的职业经理资格证书；开展职业技能培训与鉴定，在食品加工、酒店管理、农产品经纪人、水泥化验等工种，至年底有5000多人取得国家劳动和社会保障部颁发的职业技能资格证书；开展乡镇企业(非公有制经济组织)职称评定，至年底有1.5万多人取得经济师、工程师等专业技术职称资格证书。(3)抓人才的招聘引进。利用中国中小企业网、山西中小企业网、山西教育网、山西人才网，为中小企业招聘大学生。配合省人事厅在北京、太原举办大型人才招聘会，为广大非公有制企业、中小企业招聘了一大批急需的经营管理人才和专业技术人才，有效地提高中小企业人才队伍素质。人才总量的大幅增加，人才素质的迅速提升，有效推动中小企业科技进步。

【外经外贸】 全年组织或组团参加的大型招商洽谈活动共10余次。主要有：8月19~22日组团参加中国贵阳特色农产品加工业博览会；9月19~22日组团参加全国农产品加工业博览会暨全国乡镇企业东西合作经贸洽谈会；9月22~25日组团参加第六届中国国际中小企业博览会暨中西中小企业博览会。尤其是第六届中博会，共组织133家企业参展，申购国际标准展位49个，包括煤及煤化工产品、焦化及焦化延伸产品、冶金、机械装备、电子设备、环保及环保设备、建筑材料、陶瓷及玻璃、医药、畜牧业、食品、饮料、农产品加工、旅游服务业等14大行业288种产品。会展期间，多数参展企业积极开展经贸交流，共签约项目58个，其中引资项目27个，贸易项目31个，总投资49.37亿元。引进资金44亿元，其中合同资金6.7亿元，意向协议资金37.3亿元；销售资金5.36亿元，其中合同资金7585万元，意向协议资金4.6亿元。2009年，全省主要出口产品因税收的大幅增长，对焦化、铸造、玛钢、玻璃器皿、法兰盘等企业出口影响较大。全年完成出口交货值118.7亿元，同比下降53.08%。

【资金投入】 2009年，全省乡镇企业固定资产投资增速下降。共完成投资总额767.6亿元，同比下降10.01%，其中新建完成378.2亿元，同比减少26.54%，占全部投资的49.27%，同比下降1%；其中亿元以上项目、1000万至亿元新建和扩建项目分别完成投资404.6亿元、269.7亿元，占全部投资的52.71%、35.13%；在资金来源上，重点落实三项资金。(1)落实乡镇企业焦化技改资金9800万元。重点支持符合产业政策，用高新技术改造传统产业的重点项目；支持节能减排和产品深加工的重点项目以及出口创汇能力强的重点项目。共计安排项目26个，总投资达57.57亿元。(2)落实煤炭可持续发展资金5500万元。重点支持小企业创办、骨干企业培训、接替产业、新兴产业发展等。共计安排项目165个，总投资达60.96亿元。(3)落实中小企业专项资金1亿元。重点支持中小企业专业化发展、技术进步和改善中小企业发展环境、完善服务平台等，共计扶持项目265个。同时，通过金融机构贷款112.2亿元，同比增加4.14%，其中工业项目贷款94.4亿元，占全部贷款总额的84.14%，比上年增加11%。引进资金106.6亿元，同比减少3.09%，其中外资9.4亿元，占引进资金的8.82%，比上年减少9%；亿元以上项目，5000万以上项目，1000万以上项目分别引进资金46.3亿元、64.6亿元、92.1亿元，分别占引进资金的41.26%、57.57%、

82.08%。企业融资难的形势依然未能得到有效缓解，自有资金比重上升0.5%。（原晋军）

城镇集体经济

【概述】 2009年，山西省城联社全面贯彻落实省政府确定的工作目标责任制，推进全省城镇集体企业的深化改革，大力发展多种形式的集体经济、合作经济，坚持以帮扶企业为重点，促就业保民生，解难题保稳定。2009年完成工业总产值78亿元；比上年增长10.62%；完成销售产值74亿元，比上年增长10.29%；工业增加值29.96亿元，比上年增长11.85%；完成利税总额14.93亿元，比上年增长6.22%；资产总额138.92亿元，比上年增长10.29%；出口交货值5.46亿元，比上年减少14.35%；负债总额97.54亿元，比上年增加8.98%。

1.落实工作目标责任制。省城联社把落实目标责任制与省政府办公厅《关于2008~2010年深化经济体制改革的意见》结合起来，把任务分解到有关处室、直属单位及各市城联社，提出省城联社贯彻落实中央和山西省扩大内需政策的10项举措，召开省城联社2009年工作会议和直属单位专题工作会议对目标责任制进行贯彻落实，并通过“山西城联信息”和“山西省城镇集体工业经济网”广泛宣传。同时，配合人力资源和社会保障部、财政部摸清城镇集体企业状况，调查了解城镇集体企业改革改制、社保、医保等问题。

2.坚定信心，加大企业改革力度。(1)坚持三个原则。一是坚持整体推进原则；城镇集体企业的改革要统筹兼顾，围绕转型发展制定切实可行的整体改革推进方案。二是坚持整体统筹运作。如长治市城联社在摸清现有集体资产家底的基础上，打包算账，变现后的资金全部进入改革专户，专门负责企业产权资产清算，以充分发挥调节功能。三是以人为本原则。在推进改制中时刻把职工利益放在首位，把握好政策，使改革成果惠及全体职工。(2)各级联社采取分类指导，一厂一策，改制分流，股份合作，资产重组等多种形式推进企业改制。对于产品没有市场，长期停产扭亏无望的企业坚决实施关闭，破产的资产置换形式，一次性彻底改制。(3)规范企业改制程序。一是把好产权界定关。二是把好资产评估审计关。三是把好阳光操作关，所有改制程序都要公开、公证、依法办事。(4)对城联社资产参股和控股的企业，根据参股、控股企业经营情况，采取委派产权代表进行有效监督，并规定企业法人代表每年必须向常务理事会报告工作，接受工作效能考核、审计。加强城联社资产的监督管理，认真抓好集体资产的安全和保值增值，了解和掌握联社资产存量和变动情况，有效维护集体企业合法权益。

3.调整结构，加大引资上项力度。2009年，各地联社努力推进行业结构、产品结构和企业布局调整：晋城市利用煤炭资源整合促进企业的产业转型升级；阳城伏岩山煤矿与阳城新源电力开发公司达成协议，共同开发瓦斯发电项目；阳城联社与晋煤集团签订协议，投资3亿元新上2×13.5千万煤矸石发电项目。新上60万吨选煤厂5个，项目完成后，煤炭深加工能力占到生产能力的60%以上。同时启动了“一矿带一厂”工程，一方面盘活了地面企业的存量资产，另一方面解决了困难企业职工就业问题，实现了优势互补，共同发展。

【创新岗位增加就业新措施】 2009年，省城联社制定10条“创新岗位、增加就业”。一是营造“人人可以成才，人人可以创业”的创业环境。因企制宜，拓展传统生产、经营业务，创造性地开拓新的生产、经营、服务等业务，加大新产品、新技术、新项目的开发。二是充分利用直属单位的闲置厂房和场地面积优势，扩大业务范围，创办中小企业创业孵化基地或积极争取面向本行业和社会对各类劳动者开展职业技能培训。三是优化细分各传统工种岗位，创新发展新的工种岗位，为安置就业拓宽渠道。四是优先安排原单位下岗职工的零就业家庭、困难家庭、困难职工子女，特别是待业的高等院校毕业生和转业、复员军人子女；优先安排已同本单位解除劳动关系，现已失业的原单位职工，实行再就业。五是本年度生产经营正常的直属单位，对已同本单位解除劳动关系，仍未再就业的原单位职工，在双方协商自愿的前提下，可恢复身份，重新就业。六是本年度生产经营正常，有一定支付能力的直属单位，对已同本单位解除劳动关系后未更换工作单位，现已失业且距退休年龄不足5年的原单位职工，特别是家庭困难的原单位职工，在社保资金支付和生活上实施救助。七是本年度生产经营正常，有一定支付能力的直属单位，对已同本单位解除劳动关系，在退休前未更换工作单位，现已退休的职工，可提供同本单位退休职工相同的政治、经济服务待遇。八是按照省政府《贯彻国务院〈关于做好促进就业工作的通知〉的通知》和省政府《关于实施创业就业工程的意见》中“就业扶持、小额担保贷款、就业服务补贴、社会保险补贴”等一系列政策，省城联社将适时建立“创业发展与解困救助基金”。九是主动争取相关政策，帮助困难企业稳定就业岗位。十是落实省城联社《直属单位管理制度》30条，加大对直属单位服务、管理的力度。

【省工艺美术事业跨入全国先进省份】 山西省城联社、山西省工艺美术协会抢抓山西省实施文化强省、旅游强省的战略机遇，在传承、抢救、发展传统工艺美术技艺上下工夫，制定《山西省传统工艺美术保护发展资金》，引领全省工艺美术企业参加国内外举办的文博会、艺博会，并争得广交会工艺美术品出口摊位。这些举措，使山西工艺美术成为山西省文化产业的一支生力军，在国内同行业中赢得声誉，由落后省份跃为先进省份。山西省城镇集体工业联合社主任、山西省工艺美术协会理事长李荣钢也当选为中国工艺美术协会副理事长。

【第六届中国国际中小企业博览会】 9月22日在广州开幕。山西省城联社

山西省非物质文化遗产传统技艺大展　（冯晓东提供）

作为副团长单位参加了此次大会。并精选8类201个项目参会，参展企业133家，参展产品288种。展会期间，山西省签约项目58个，其中：引资项目27个，贸易项目31个，总投资49.37亿元；引进资金44亿元，其中：合同项目6.7亿元，意向协议37.3亿元；销售金额5.36亿元，其中：合同7585万元，意向协议4.6亿元。

【非物质文化遗产传统技艺大展】 6月10日在太原开幕。此次展览汇集一大批国家级及省级非物质文化遗产名录中的传统技艺、传统美术、中华老字号等项目。期间，众多国家级和省级非物质文化遗产项目的代表性传承人、中国工艺美术大师、民间艺人在现场展示其精湛技艺。此活动是山西省自开展非物质文化遗产保护工作以来规模最大、种类最全、内容最丰富的一次传统技艺大展示。

【参加深圳文博会】 5月15日，第五届中国（深圳）国际文化产业博览交易会在深圳会展中心开幕。山西省工艺美术协会第三次组团参展，其规模内容、展场面积、参加企业均超以往各届。本届博览会上山西玻璃器皿、刺绣、骨质瓷、广灵剪纸、河边三石砚、宇达青铜器等产品得到国内外同行的一致好评和赞扬。

【全国文房四宝艺博会】 10月1日，联合国教科文组织正式把与中国文房四宝有着鱼水关系的中国书法列入世界非物质文化遗产，中国文房四宝申遗提上了议事日程。为庆祝这一成就，11月3~8日，由中国文房四宝协会、山西省城联社主办的第二十四届全国文房四宝艺术博览会在山西省工艺美术馆举行。本届艺博会展出内容有：中国十大名纸、十大名笔、五大名墨、十大名砚、十大文房用品、高档书画印泥、美术绘画颜料，以及各种画具、画毡、红木小件、石章石料、篆刻刀具、裱画机等相关产品。

【李荣钢荣获“2009年度十大文化创新人物”】 12月26日，山西省2009年度十大文化强县和十大文化创新人物评选结果揭晓。山西省城镇集体工业联合社党组书记、主任、省工艺美术协会理事长李荣钢以高票获得“山西省2009年度十大文化创新人物”称号。

【广灵蕙花剪纸展】 5月9日，广灵县蕙花剪纸系列作品展在山西省工艺美术馆隆重揭幕。省委常委、宣传部部长胡苏平，省人大常委会副主任王雅安，省政协副主席令政策，省城镇集体工业联合社主任李荣钢出席开幕式。展览由省文化厅、省城镇集体工业联合社、大同市委宣传部、广灵县委县政府、省工艺美术协会、省包装协会主办，省民间工艺美术家协会、省民间剪纸艺术家协会协办，省工艺美术馆、广灵县蕙花民间文化艺术发展有限公司承办。展览展出的24幅名人肖像、49幅山西风光作品充分展示了广灵剪纸这一民间艺术奇葩的独特艺术魅力。其形象传神的历史名人、革命伟人肖像，古朴典雅的“山西人家”，气象万千的“山西美丽风光”等作品，既充满浓郁的乡土气息，又体现现代艺术之风貌，格外引人入胜。　（冯晓东）

住房和城乡建设
环境保护

住房和城乡建设

·城乡规划建设管理·

【城乡规划】 坚持发挥规划在城乡建设中的龙头作用，加强城乡规划的编制与实施。制定特色城镇化评价指标体系，组织对11个设区城市进行初步评价；报请省人大颁布《山西省城乡规划条例》，于2010年1月1日正式实施；编制完成《太原经济圈规划》《介孝汾城镇组群规划纲要》；完成太原、晋城、临汾、运城4市的城市总体规划修编，《晋城市城市总体规划》已经省政府批复。围绕全省重点工程建设，为山西中南部铁路通道、大同至西安铁路客运专线（山西段）、黄陵至韩城至侯马铁路（山西段）、太原铁路枢纽西南环线等重点工程选址审批开辟“绿色通道”。不断推进城市规划信息系统建设，委托上海数慧系统技术有限公司编制《山西省城乡规划管理信息系统总体计划与建设规划》。参加城乡规划实施监督检查，根据住房和城乡建设部统一部署，组织开展房地产开发领域违规变更规划调整容积率问题专项治理工作，全省上下积极行动，对2007年1月1日至2009年3月31日期间领取规划许可证的房地产开发项目进行清理，对违法违规行为进行查处。共自查项目3505个，自查用地面积14063.44万平方米，其中，调整容积率项目123个，补交规费收入8075.92万元，罚款4658.42万元，房地产开发领域变更规划调整容积率等违规行为得到有效遏制。

【历史文化遗产保护】 认真贯彻实施《历史文化名城名镇名村保护条例》，不断加强城镇历史文化遗产保护工作，在对全省设市城市和县城历史文化遗存调查摸底的基础上，报请省人民政府公布太谷、孝义、介休、左云为山西省历史文化名城，太原市南华门历史文化街区等14个街区为山西省文化街区。太原市积极申报国家历史文化名城，经省政府审查同意后已报国务院审批。平遥县编制平遥古城保护控制性详细规划，实施平遥古城范家街历史文化街区保护与利用工程。

【基础设施建设】 认真开展市政公用设施专项规划修编工作。报请省政府出台《关于加快完善市政公用设施专项规划促进市政公用行业健康发展的通知》（晋政办函【2009】4号），对市政公用设施专项规划的内容、范围、编制要求、经费保障以及实施管理提出明确要求。各市深入推进各项基础设施建设，切实加大城市道路、桥梁、绿化和供水、供气、供热等市政公用基础设施建设力度。全年全省共完成市政公用基础设施建设投资285亿元，同比增长75.3%，是历史上投入最多的一年。截至年底，全省城市污水处理率达73.5%，同比提高2.1%；城市生活垃圾无害化处理率达55.3%，同比提高7.83%；城市集中供热普及率达78%，同比提高7.8%；11个设区城市建成区绿化覆盖率同比提高1.45%；城镇居民人均住宅建筑面积能达29平方米，同比增加1平方米；农村居民人均住宅建筑面积达26.31平方米，同比增加0.35平方米，以上指标均超额完成。续建的43座城镇污水处理厂全部建成，计划新建的28座全部开工，全省城镇污水处理率达69%，同比提高5.41%，完成新增生活COD减排量2.511万吨，同比提高17%，为山西省超额完成国家下达的COD减排约束性指标承担主要任务；续建的21座城镇垃圾无害化处理场全部建成，计划新建的28座全部开工，全省城镇生活垃圾无害化处理率达37%，同比提高10%。

【城市绿化】 编制印发《山西省绿地系统规划编制纲要（试行）》等8个市政公用行业的专项规划编制纲要，各地按照要求开展修编工作。深入开展“创建园林城市”活动，城市绿量继续增加，绿化水平不断提高，城市生态和人居环境质量得到改善。全省共投入绿化资金43.9亿元，建成区（含县城）共新增绿化面积2148.85万平方米，完成年度任务量的124.97%；11个设区城市共新增绿化面积899.46万平方米，完成全年任务量的142.8%，城市绿化覆盖率平均提高1.45%；太原、侯马、潞城、武乡、怀仁被住房和城乡建设部命名为国家园林城市(县城);介休、长子、襄垣、左权、古县被省政府命名为省级园林城市(县城);新绛县古代园林公园被列为国家重点公园,全省40%的县(市)建成至少一个具有生态文化特色的综合公园。

2009年3月27日上午，山西体育中心工程建设开工仪式在太原市举行。省委副书记、省长王君,省委常委、太原市委书记申维辰,省委常委、副省长李小鹏,副省长张平,省政府秘书长王清宪等出席开工仪式
(樊保平提供)

【宜居城市创建】 按照省政府《关于开展创建宜居城市活动的意见》要求,报请省政府成立山西省创建宜居城市领导组;将11个设区城市的创建工作列入省政府年度责任目标,加大对创建工作的推动力度。太原、朔州、侯马、孝义等城市成立创建领导组,制订工作方案,组织完成自查,创建工作正在推进。同时,为更加科学合理地开展创建活动,组织建立宜居城市创建评审专家库,完成考核标准的修订工作。

【城市供热保障】 (1)报请省政府下发《关于认真做好2009年冬季全省城镇供热和解决农村取暖用煤问题的通知》等4个明传电报,省住房和城乡建设厅印发《关于对全省城市供热监管工作进行考核的通知》等一系列文件,并建立供热日报和通报制度,有力地强化全省城市供热工作。各地按照要求采取有力措施,确保温暖过冬。大同市创新管理模式,实现城市供热"全覆盖,全接管"。(2)进一步推进供热价格改革。省住房和城乡建设厅与省物价局共同印发《关于城市供热价格管理有关问题的通知》,对热价调整工作进行具体的安排部署,规范热价调整工作,并召开全省供热计量收费工作座谈会。太原、阳泉、运城等城市出台相关政策,并开展供热分户计量试点工作。从城市集中供热行业的长远发展考虑,组织起草《山西省城镇集中供热管理办法》和《山西省城市集中供热发展规划》,提出全省城市集中供热的发展目标和推进措施。

【城市供水节水和污水处理】 对全省170座城市(县城)自来水厂的供水水质进行调查,编制完成《2009~2012年城市供水水质保障和设施改造规划》;开发并试行城市供水信息监管系统;制定《山西省城市公共供水企业(单位)运行考核暂行标准》,有力保障城市供水安全。国家水质监测网太原监测站通过国家的实验室资质认定,达到新国标106项水质指标的检测能力。省住房和城乡建设厅与省发改委、省经委联合下发《关于进一步加强城市节水工作的意见》,对全省城市节水规划、水价改革、宣传教育等工作提出要求。出台《山西省节水型城市申报与考核办法》和《山西省节水型企业(单位、校园、小区)考核管理办法》,启动"省级节水型城市"和"节水型企业(单位、校园、小区)"创建活动,并开展"节水宣传周"活动。

省住房和城乡建设厅报请省政府出台《关于加快城镇污水处理设施建设和保障运行的通知》(晋政发[2009]35号),就设施规划建设、污水处理费征收、运行经费保障、提高设施管理水平、强化行业监管等方面提出明确要求。制定《山西省城镇污水处理企业运营考核评价标准》;举办三期污水处理厂关键技术岗位培训,实行持证上岗制度;建立污水处理信息系统填报通报制度;对晋中、晋城、侯马、孝义、寿阳、榆社等40余个市县进行实地指导,有力提升全省污水处理设施运行管理水平。召开全省污水处理特许经营推进会,与北京、重庆两家公司签订战略合作协议,太原、晋中、大同、侯马、灵石等市县的污水厂建设和运营都采取BOT、TOT等合资合作方式,在特许经营方面迈出实质性步伐。全省投入运行的82座污水处理厂,全年累计处理污水50786.37万吨,平均负荷率达68.9%。

【市容环卫】 召开全省市容环卫工作会议,对市容环卫工作进行总结和安排部署。省住房和城乡建设厅会同省总工会组织全省环卫行业开展"清洁家园迎接国庆"百日竞赛活动,举办全省环卫行业先进模范代表座谈会和颁奖晚会,表彰一批先进单位和个人。启用山西省城市环境卫生信息监管系统,加强行业监管。积极探索垃圾处理收费方式改革,各市结合实际,采取直接收取、联合收取和委托代收等形式征收处理费用,征收形式灵活主动。太原市委托煤气公司代收,征收率达90%。晋城市将垃圾处理费同水费捆绑征收,有效提高征收率。

【市政设施运营安全】 开展市政公用设施安全运营专项整治工作,制定专项整治方案,召开专题会议,进行专项培训和专项检查,共抽查市政公用企业597个,依法取缔68个,停业整顿64个,有效改善全行业安全生产运营状况。对城市供水、供气、供热、桥梁、公共交通的重大事故应急预案进行修编;太原市、忻州市、晋中市和阳泉市的市政行业应急处置队伍在太原市进行拉练,提高应急处置保障能力。同时,在国庆、汛期、日食等特殊时期,省住房和城乡建设厅下发《关于加强市政公用行业安全工作的紧急通知》等一系列文件,对加强全省市政公用行业的安全生产运营工作进行安排部署和指导,确保市政公用行业的安全稳定运营。

【风景名胜区管理】 报请省政府印发《关于实施山西省风景名胜区体系规划的意见》,明确风景名胜区管理的指导思想、发展目标和基本原则,对景区规划编制、资源保护和强化监管等方面提出具体要求。印发《关于做好风景名胜区和列入国家自然遗产暨自然与文化双遗产预备名录申报工作的通知》,完成对运城市百梯山等9个景区申报省级风景名胜区的论证和审核工作。5个国家级景区的总规完成省内评审;芦芽山、碛口景区的总规上报省政府。同时加强“一书两证”管理工作,对全省风景名胜区内建设项目的选址、管理进行规范。五台山申遗工作历经5年时间,于2009年6月以文化景观列入世界遗产名录。五台山申遗成功,不仅促进生态文化保护,而且提高在全国和全世界的知名度,推动旅游业发展和永续利用。恒山、芦芽山双双列入国家自然和文化双遗产名录;壶口列入国家自然遗产名录;壶关太行大峡谷等9个景区被命名为山西省风景名胜区。

·村镇建设·

【村镇发展概述】 截至2009年底,全省共有乡镇1196个,其中建制镇563个,乡633个。共有村庄48322个,其中行政村28167个。全省村镇现状用地总面积44.45万公顷。其中一般建制镇现状用地面积4.91万公顷(不含85个县级人民政府所在地镇和已纳入城市统计范围的区域),乡现状用地面积2.56万公顷,村庄现状用地面积36.4万公顷。全省村镇总人口2403.2万人,其中户籍人口2291.7万人,暂住人口111.5万人。

【村镇住宅建设】 全省全年用于村镇住宅建设的投资达98.8亿元,新建村镇居民住宅建筑面积1246万平方米,共有5.87万户居民建新房,喜迁新居。新建村镇居民住宅的楼房建筑面积达1080万平方米,占新建住宅建筑面积的86.8%。截至年底,建制镇、乡集镇和村庄新建住宅建筑面积分别是159.9万平方米、75.3万平方米、1010.5万平方米。全省年末实有农村住宅建筑面积5.15亿平方米,人均住宅建筑面积26.47平方米。村镇住宅建设从单纯追求数量增加逐步转变到注重质量水平的提高和功能的完善,并开始注重内外装修。村镇住宅建筑形式日渐丰富,一批规划布局合理、建筑形式新颖、设施配套齐全、环境整洁优雅的住宅小区相继建成,较好地改善村镇居民的居住条件和居住环境。

【村镇基础设施建设】 2009年,全省村镇建设投资共计183.9亿元,其中用于生产性建筑的投资达35亿元,新建生产性建筑面积329.38万平方米,建成一批农业和乡镇企业急需的生产性设施,为农业和乡镇企业的发展创造良好条件。用于村镇公共建筑的投资达19.5亿元,新建公共建筑面积250万平方米,村镇公用基础设施逐步配套,生产生活环境进一步改善。用于道路和自来水建设的投资达17亿元,有19910个村镇的居民用上比较清洁的自来水,受益人口达1855.6万人,自来水普及率达77.2%,乡镇道路年末实有长度达8310公里,均为宽度在3.5米以上的铺装道路。全省乡镇基本实现通油路,行政村全部实现通机动车。实有桥梁1716座,防洪堤长度达1493千米,全部建制镇、乡集镇和95%的村庄通电,排水管道长度达3010千米,乡镇绿化覆盖面积达15952公顷,乡镇人均绿地面积达16.1平方米。

【村镇规划】 全年共编制完成县域村镇体系规划18个、小城镇总体规划65个、历史文化名镇名村保护规划38个、新农村建设规划2000个。上述规划的编制,对县域经济和社会发展的空间安排,解决县域城镇布局、设施建设与资源开发的空间关系问题,合理确定县域城镇的等级规模、职能分工和空间布局,指导城镇科学发展,起到积极促进作用,为科学配置县域资源、优化生产力布局、实现县域经济可持续发展奠定坚实基础。

【小城镇建设】 加快特色小城镇发展,灵石县静升镇等6个村镇被住房和城乡建设部、国家旅游局公布为全国特色景观旅游名镇名村;天镇县新平堡镇等30个村镇被省政府公布为山西省历史文化名镇名村;古交市马兰镇等6个镇被省政府公布为山西省园林城镇。认真搞好建制镇绿化工作,截至年底,全省建制镇绿化覆盖率达21.9%,人居环境明显改善。积极利用好1亿美元亚行贷款,加强全省小城镇的基础设施建设。通过对各类特色小城镇加强政策引导、技术服务和资金支持,培育和扶持一批布局合理、功能完善、特点鲜明、人居环境好、经济增长快的特色小城镇,对周边地区产生辐射带动作用。

【农村住房解困】 省住房和城乡建设厅总结2008年开展3000户试点的经验,加强领导,明确责任,通过农村危房调查、相关政策出台、科学制定目标、尽快落实资金等措施,进一步加大农村危房改造力度。全省共开展20889户农村危房改造,包括29个国定贫困县13800户(含建筑节能示范500户)和58个非国定贫困县7089户,增加社会总投资近5.5亿元,拉动国内生产总值增加3.2亿元。截至年底,共开工20521户,竣工19836户。建筑节能示范开工500户,竣工500户。

·建筑业管理与工程建设·

【建筑业概述】 全省全年共有建筑业企业2468家，勘察设计企业609家，工程监理企业217家，招标代理机构146家，项目管理备案企业33家，基本形成以施工总承包企业为主体，专业承包企业配套，劳务分包企业为基础，工程勘察设计、监理、招标代理机构为辅助的建筑业结构体系。全年完成建筑业总产值1772.8亿元，同比增长30.83%；实现建筑业增加值469.3亿元，同比增长28.8%；完成勘察设计合同额97亿元，同比增长44.8%。建筑业从业人员达85万人，同比增长9.1%，占全省从业人员总数的5.2%；劳动生产率18万元/人，同比提高3.6%。

【建筑市场管理】 省住房和城乡建设厅下发《关于进一步加强工程建设监督管理工作的通知》（晋建建字[2009]207号），要求各级建设行政主管部门增强服务意识，提高办事效率，及时协调解决项目建设过程中出现的各种问题，做好跟踪服务和工程现场的质量安全监管。在工程冬季施工阶段，以省政府办公厅名义印发《关于加强冬季施工管理确保工程建设顺利推进的通知》（晋政办函[2009]205号），明确工程冬季施工的组织管理和监管重点。

初步建立起建筑业、勘察设计、工程监理、招标代理机构及相关注册执业人员基本信息数据库。资质审批管理子系统基本建成，对招标代理机构资格审批进行网上同步报送和审批的试运行。项目管理子系统完成需求研究。建立不良信息记录平台，对发生不良行为的企业通过平台进行公示，做到诚信激励、失信惩戒，有效规范企业的市场行为。

以资质管理为抓手，开展专项检查，实施动态考核，对不符合资质标准要求、不遵守法律法规、市场行为不规范的企业，公示其不良行为记录直至吊销资质证书，市场监管力度进一步加强。开展建筑业、设计、监理企业和招标代理机构的动态考核，参加动态考核的4类企业3206家，依法注销306家建筑业、9家设计、18家监理、22家招标代理机构的资质、资格，清退率分别占到同类企业的10%以上。组织开展施工许可证专项检查，共检查在建项目2739个；实施工程质量、安全综合执法检查，对发生建筑施工生产安全事故涉及的29个单位和27名个人进行行政处罚。

太原市汾河景区公园　　　（樊保平提供）

【建筑工程质量】 全省各地围绕“质量安全年”活动主题，利用网络、电视、广播、报纸和杂志等宣传手段，累计下发各种宣传单10万余份，组织各种培训5000多人次，在电视、广播上做专题节目13起，全面普及建设工程质量安全知识，营造良好的社会氛围。加强对工程重点部位以及地基基础、主体结构安全的监督检查，重点加强对大型公共建筑、市政桥梁工程、保障性住房工程及中小学校舍工程等直接涉及公共利益工程的监督管理工作。严格执行《质量通病防治细则》和《住宅工程分户验收管理办法》，逐步将消除工程质量通病活动延伸到整个工程建设领域。加强对各方质量责任主体行为的执法检查，强化对各方质量责任主体质量责任制的落实。全年全省有2项工程被评为国家“鲁班奖”工程，39项工程获得省“汾水杯”称号，72项工程申报省优良工程。全省工程质量验收合格率100%，竣工验收备案率达95.1%，全省未发生重大质量事故。

【建筑安全生产】 制定山西省建设系统安全生产隐患排查治理工作制度、山西省建设系统重大隐患和等级事故举报制度等10项安全生产制度。全年开展三个阶段的安全生产专项整治活动，共检查1178家建筑施工企业、市政运营企业和2001项在建房屋建筑和市政工程，检查出重大隐患2284条，一般隐患9409条，下达行政执法建议书482份，对115家企业进行重新分类，责令停工整顿的房屋建筑工程362项、市政工程50项。责令限期整改的房屋建筑工程982项、市政工程124项。依法加强安全监管的房屋建筑工程216项、市政工程181项。省住房和城乡建设厅先后对山西建筑工程(集团)总公司、河南省建设厅驻山西省建筑管理处主要负责人进行安全生产约谈，提请省政府对吕梁市政府进行安全生产约谈。全年未发生一起死亡6人以上的生产安全事故，市政运营事故起数为零，百亿元施工产值死亡率为1.33，较好地完成省政府下达的安全生产指标任务。坚持将安全培训与专项整治相结合，严格持证上岗。共组织举办三类人员培训班18期，培训人员达10496人，合格率94%。

【解决拖欠工程款和农民工工资】 省

住房和城乡建设厅配合省信访局、省人社厅等有关部门处理因拖欠工程款和农民工工资引发的群体性上访、突发性事件和典型案件6起;协助解决河北省清欠办要求帮助解决的拖欠农民工工资案件1起;全省共反映拖欠工程款和农民工工资问题299起,拖欠工程款(含劳务费)18569.69万元,经核查认定,共解决98起,解决拖欠的工程款(含劳务费)2165.39万元;其他201起进入司法程序。

【重点工程建设】 按照省委、省政府2009~2010年投资6500亿元,带动全社会投资1万亿元,加快重点工程建设的决策部署,2009年共确定省级重点工程项目12大类152项,年度计划投资总额1498.96亿元,各市确定市级重点工程2166项,年度计划投资总额1529.44亿元。截至年底,省级重点工程开工建设135项,其中,当年新开工48项,是近年来开工率最高的一年,累计完成投资1533.68亿元,同比增加1156.41亿元,增长3.1倍;市级重点工程累计完成投资2808.08亿元,为年度投资计划的162.9%,省市两级重点工程完成投资4041.76亿元,带动全省全社会固定资产投资完成4599.93亿元,重点工程完成投资占到全省城镇固定资产投资总额的87.9%,重点工程完成投资总额、完成投资率、完成投资增长率均创历史最好水平。

备受全省人民关注的“省城十大建筑”全部开工建设,并按要求进度顺利推进。省四套班子领导多次亲赴施工现场视察指导,对工程建设给予充分肯定,使广大建设者受到极大鼓舞。由省住房和城乡建设厅所属省工务局承建的山西体育中心等4项工程建设速度快、质量高,发挥表率作用。

【工程招投标管理】 全省进入建筑市场的招标工程2324个,其中房屋和市政基础设施建筑类2236项,应公开招标工程2236项,公开招标率100%。加强对评标专家的动态管理,健全各类评标专家库,建立全省统一的包括7大类66个专业3072名专家的评标专家库。加强对招标投标工作的监督指导,加强建设工程交易中心的建设,完善评标规则,在晋城、长治等市开展资格后审、异地抽取评标专家、工程量清单计价招标分部分项合价等试点工作,积累经验,有效规范工程招标投标行为。

【工程建设标准造价管理无障碍城市创建】 省住房和城乡建设厅修订国家标准《屋面工程质量验收规范》《屋面工程技术规范》和《地下防水工程质量验收规范》;审定山西省工程建设地方标准《建筑工程质量检测管理规程》《玻化微珠系统整体式保温建筑应用技术规程》《仿瓷涂料》《行道树栽植技术规程》《蒸压粉煤灰砖建筑技术规程》《烧结煤矸石多孔砖建筑技术规程》等10项地方标准,并报住房和城乡建设部标定司备案。10月中旬和12月下旬,建筑节能系列标准各编制组召开两次修订工作会议,开始全面修订山西省建筑节能系列标准。认真贯彻落实国家标准《建设工程工程量清单计价规范》,根据2008版《建设工程工程量清单计价规范》,完成《山西省建设工程工程量清单计价规范实施细则》(草案)的修订工作,出台《山西省建设工程造价信息动态管理办法》。对2005年《山西省建设工程计价依据》进行修订。编制发布《山西省建筑节能项目预算定额》《山西省建设工程其他费用标准》,为合理确定和有效控制工程造价提供指导性依据。各市造价管理部门认真执行有关信息的收集和发布制度,完成材料信息价格的发布和工程造价指数的测算工作。省住房和城乡建设厅开发完成工程造价指数配套计算的软件,并进行测试。按照住房和城乡建设部的要求,完成城市住宅成本信息的收集、整理和上报工作。全年共为165家工程造价咨询企业进行资质延续换证资料审查工作。

省住房和城乡建设厅会同民政厅、残联和老龄工作委员会办公室于2月中下旬对山西省太原、大同、长治、晋城和运城市创建全国无障碍建设城市进行中期检查。5月底,召开无障碍建设城市创建工作座谈会,进一步加大无障碍建设城市的创建力度。

【建筑企业劳保费用统筹管理】 全省全年共收缴建筑企业劳动保险费5.345亿元,同比增长14%,向建筑施工企业拨付劳动保险费3.228亿元,拨付率达100%;向省困难施工企业调剂补贴劳动保险费4716万元。深入推行工程担保制度,省住房和城乡建设厅连续两年印发关于进一步推行工程担保、做好保证担保工作的通知,工程担保工作取得新的突破。全省共培育工程担保机构29个,累计承担担保项目近2600项,累计担保总额近20亿元,担保行为、担保品种以及监管力度上都有实质性进展。

【建筑节能建筑科技】 加强建筑节能监管工作,省住房和城乡建设厅组织认定4批共365项建筑节能技术(产品)。全年新建成可再生能源规模化应用建筑363.86万平方米,占新建建筑的18%。中国煤炭博物馆被列入国家级太阳能光电与建筑一体化示范项目,临猗县被正式列为可再生能源建筑应用示范县,太原市被纳入可再生能源建筑应用示范后备城市。正式实施《建筑能效测评标识与标准》,启动建筑能效测评与标识工作,确定5个建筑能效测评机构,晋中东升经济适用房建安小区1号住宅楼被评为建筑能效标识一星级建筑。按照省政府办公厅《关于460万平方米既有居住建筑节能改造省级配套奖励资金落实请示的会议纪要》要求,省级财政将按照中央财政的补贴标准(45元/平方米)进行1:1的配套补助。全年共开工既有居住建筑节能改造项目78个,共计332万平方米;已竣工项目36个,共计120.6万平方米。启动省人大机关办公楼等6个省直机关办公建筑和大型公共建筑节能改造项目,共计8.63万平方米。编制《山西省省直机关办公建筑和大型公共建筑节能监管体系建设项目可行性研究报告》,初步确定省环保厅等7个单位办公建筑作为首批监测试点。国家机关办公建筑和大型公共建筑节能能耗监测平台省级监测机构—政府办公建筑节能监测办公室经省编办批准成立，完成软件开发、商务谈判、项目初选等工作。落实平台建设首批资金600万元和办公运行经费30万元，完成省级平台硬件设备及监测系统软件的采购安装及运行调试工作。争取国家专项资金500多万元，太原理工大学和山西大学列入国家节约性校园建设示范，争取到专项资金950万元。

省住房和城乡建设厅组织开展“高能级强夯置换技术”8项节能新技术课题研究。其中《建筑抗震加固与节能改造一体化研究》《城市“窑居式”建筑自保温体系研究》被住房城乡建设部列入全国建筑节能新技术研究目录。将2007~2008年通过的省级工法进行汇总筛选，评出42项申报国家级工法。此外，向全省推广混凝土预制拼装多用塔基基础研究应用等3个新技术新产品。省科技馆等40项工程被列为山西省建筑业新技术应用示范工程。成功举办第三届山西绿色建设科技产品展览会，共有100多个厂家400余种产品参展，2万余人参观，收到良好效果。2009年全省节能建筑面积达8100万平方米，共节约采暖能耗121.5万吨标准煤。

·住房保障与房地产业·

【保障性住房】 省委、省政府高度重视保障性住房建设工作，切实采取有效措施推进保障性住房建设。(1)连续制定多项政策措施。出台《山西省人民政府办公厅关于规范和加强政策性住房供应管理的通知》(晋政办[2009]31号)、《山西省人民政府关于鼓励和培育住房消费促进住宅和房地产业健康发展的若干意见》(晋政发[2009]11号)、《山西省人民政府办公厅关于认真贯彻全国保障性安居工程工作会议精神加快保障性安居工程建设的通知》(晋政办发[2009]97号)，为进一步健全和完善住房保障政策体系，解决城市低收入家庭的住房困难提供政策依据。(2)筹措建设资金。从国家争取廉租住房补助资金12.9281亿元。在省财政极为困难的情况下，对52个贫困县和5个插花县按照国家标准给予1:1配套补助，共补助1.9545亿元。安排4000万元的资金用于发放廉租住房货币补贴。此外，积极拓展廉租住房资金筹集渠道。将土地出让净收益用于廉租住房建设的比例，由不低于10%调整为不低于20%，新增市县财政预算外有关专项资金、清房补缴的超标价款、市县行政事业性收费等资金投入廉租住房建设。(3)颁发目标责任状。副省长李小鹏代表省政府与各市政府颁发保障性安居工程建设目标责任状。各市政府又与所辖县市、县市政府与项目单位签订目标责任书，层层分解任务，量化指标，明确责任。(4)加强督促检查和指导。通过月报通报制度、召开现场推进会议、组织督查检查、进行约谈等方式，推动保障性住房建设，确保目标任务的顺利实现。2009年，全省保障性住房共开工建设2119.03万平方米35.9万套，开工率达139.63%。其中：廉租住房开工建设568.33万平方米11.33万套。经济适用住房开工建设499.15万平方米8.1万套。城市居民棚户区改造开工建设住房767.67万平方米11.86万套。国有重点煤矿棚户区改造开工建设住房217万平方米3.3万套。启动省属国有非煤矿山棚户区改造试点，开工建设住房6.8万平方米1100套，兑现省政府向全省人民所作的承诺。

【房地产开发】 全省共完成房地产开发投资477.3亿元，比上年同期增加149.3亿元，增幅45.5%，在全国排第1位。房地产开发投资占全国房地产开发投资总量的比重比上年底提高0.2%，达1.3%；占全省城镇固定资产投资的比重较上年底提高0.5%，达10.4%。完成城镇住宅投资612.8亿元，同比增长38.2%。住房价格保持基本稳定。商品住房平均销售价格为2566元/平方米。国家康居示范工程创建工作取得新突破，城镇居民住房水平明显提升。太原文湃苑和大同御景苑等7个项目相继通过住房和城乡建设部住宅产业化促进中心组织的国家康居示范工程规划设计方案和可行性研究报告评审，列入国家康居示范工程项目，创建国家康居示范项目总数达13个，在全国排第5位。城镇居民人均住房建筑面积达29.73平方米，比上年增加1.69平方米。

【市场秩序】 各市对新建住宅小区的“楼霸”进行全面排查整治，共排查新建住宅小区116个，对存在非法吊装、搬运和买卖装潢材料的22个新建住宅小区进行整治，配合公安机关抓捕“楼霸”违法犯罪人员35名，破获故意伤害、寻衅滋事、强迫交易等违法犯罪案件30余起，治理“楼霸”工作得到住房和城乡建设部的肯定。

【房地产交易与权属登记】 各市进一步建立健全房屋登记的操作流程，完善登记工作标准，依法简化房地产交易与权属登记程序，提高办事效率，推行房地产交易与权属登记一体化管理。开展“房地产交易与权属登记规范化管理单位”创建工作，太原市房地产管理局、晋中市房地产交易中心、忻州市房地产交易中心被评为全省房地产交易与权属登记规范化管理单位。

【城市房屋拆迁】 认真落实城市房屋拆迁项目验收和信访接待登记、转办、督办制度，开展拆迁矛盾纠纷排查调处工作，拆迁信访批次和人次实现“双下降”，上访批次和人次分别比上年下降18.2%和15.2%。省住房和城乡建设厅对节假日的拆迁信访工作进行专门部署，对赴省、进京上访预防和处置工作提出具体要求，印发《关于做好全国“两会”期间拆迁信访工作的紧急通知》和《关于做好国庆期间信访接待工作的通知》，实现全国“两会”期间和国庆期间零上访。

【物业管理】 全省物业管理覆盖率达45%，比上年提高0.9%。太原和信广场和晋中田森佳苑等8个项目被评为全省物业管理示范项目。省住房和城乡建设厅下发《关于促进物业服务业持续健康发展的意见》(晋建房字[2009]382号)，明确发展物业服务业的基本原则、发展目标及具体措施，从开展旧住宅区整治工作，引导广大业主正确的物业消费观念，提升物业管理服务水平等方面提出明确要求。

【住房制度改革和公积金管理】 2009年职工领取住房补贴人数新增3072人(其中:省直单位新增726人),发放住房货币化补贴金额3577.92万元(其中:省直单位发放1305.48万元),位于全国中等水平。省住房和城乡建设厅加强住房制度改革的政策指导和咨询服务,协调接待群众来访近百人次,提供电话政策咨询170余次。同时,继续加快公有住房出售,有效推进住房商品化、社会化的进程。全省住房公积金缴存职工人数达278.77万人,覆盖率为66.8%;新增住房公积金归集额106.79亿元,同比增长23.8%,归集总额达491.07亿元;全年共为2.63万户职工发放个人住房贷款21.9亿元,同比增长27.31%,累计发放贷款总额为91.79亿元;全年提取廉租住房补助资金5878.59万元,提取总额达1.19亿元。开展住房公积金管理专项治理工作,清理回收历史遗留的住房公积金逾期项目贷款、挤占挪用资金4244.77万元,占应清收总额的66.47%。

·建设法制·

【建设立法】 《山西省城乡规划条例》于2009年11月26日经省人大常委会审议通过,2010年1月1日起施行。省住房和城乡建设厅对54件国家、省、省直相关部门的法律、法规、规章及规范性文件草案来文征求意见依法进行审查,提出修改意见182条。《关于乙级工程造价咨询企业资质延续有关问题的通知》等5件规范性文件报至省政府法制办公室进行审查、公布,并实施。

【建设普法】 省住房和城乡建设厅组织《山西省建筑节能条例》宣贯培训班,全省住房城乡建设系统节能专业负责人、法制工作负责人、节能专业科室和法制科科长(处长)及工作人员308人参加培训。根据依法治省领导组要求,组织厅机关280余名公职人员参加法律考试,全部合格。

【建设执法】 省住房和城乡建设厅配合省人大城建环保工委,对《城乡规划法》执行情况进行监督检查,对违法规划和违法建设的行为依法进行查处,切实维护城乡规划的严肃性和权威性。对全省建设系统29个市、县建设行政主管部门贯彻实施行政诉讼法、行政复议法和行政处罚情况进行检查,为下一步规范全省建设系统的行政执法行为、提高执法人员素质、制定限制自由裁量权的基准制度和指导山西省建设执法工作奠定基础。根据省政府法制办安排,对厅直建设行政执法人员进行摸底、培训、考核,并为考核合格的261名行政执法人员颁发执法证件。按照省政府要求,对省住房和城乡建设厅有法律授权或者委托执法权的11个事业单位的法律依据进行逐一清理。全年共计下达行政处罚决定书76份,收缴罚没款262万元,暂扣安全生产许可证12家,降低资质3家,停业整顿5家,撤销个人执业证件8人,停止个人执业10人,对33家单位和17个个人记不良行为记录,对4家单位记严重不良行为记录。

【建设行政复议和应诉】 省住房和城乡建设厅全年共计收到行政复议申请39件,经审查后不予受理的12件,建议到有受理权限的行政主管部门申请复议的2件,因原具体行政行为主体不合法予以撤销的1件,终止的2件,维持的5件,采取调解等其他方式处理的15件,正在进行受理审查的2件。

【建设教育】 省住房和城乡建设厅于5月初完成中英艾滋病策略支持项目山西建设系统150名管理及师资骨干的培训工作;组织参与山西省第三届职业院校技能大赛和2009年全国职业院校技能大赛;在阳泉召开2009年全省建设行业职业技能培训鉴定工作会议,交流工作经验,表彰成绩突出的鉴定站和优秀考评员,总结安排全年培训目标任务,一线操作人员职业技能培训鉴定共13543人;年底召开专业技术管理人员培训机构负责人座谈会,进一步规范专业技术管理人员培训考核工作,共培训发证19525人。向住房和城乡建设部推荐绿色建筑评价标识专家委员专家人选;向省科技厅推荐山西省软科学研究人才库专家人选;选派3名住房和城乡建设部组织的中日建筑抗震技术人员研修项目研修人员;选派1名厅级干部参加国家行政学院举办的城市管理行政执法专题研讨班。

【信息化建设】 认真贯彻实施《中华人民共和国政府信息公开条例》和省政府信息公开有关规定,进一步加大政府信息公开力度,加强政府信息公开平台建设。省住房和城乡建设厅在厅门户网站政府信息公开专栏设置“政府信息公开指南”“政府信息公开目录”“依申请公开政府信息公开年报”“政府信息公开规定”等5个栏目,并及时更新。按照省政府统一的标准和规范要求,开发、建设政府信息公开网上目录系统,对须公开的政府信息进行分类整理,建立索引目录,向公众公开,方便公众的查询和使用。2009年省住房和城乡建设厅向省政府网站主动报送公开政府信息730条,在政府信息公开网站主动公开信息1091条;受理政府信息公开申请1件,未发生行政复议、行政诉讼及举报事件。同时,加强网站专题栏目建设,宣传山西省住房和城乡建设重点工作。增加网站互动功能,增强政府与公众的互动交流。全年网站访问量为60万人次,同比提高20%,发布信息总量为3027条,同比提高5.1%。

为推进行政审批制度改革,省住房和城乡建设厅开发行政许可内部审批系统,完成纳入省监察厅电子监察的三项行政许可事项相关网上行政审批系统开发工作。开发完成城市供水信息监管系统及市容环卫信息监管系统,进一步加强对市政公用行业的监管。 (樊保平)

建筑工程

【概述】 山西建筑工程集团是全省规模最大的综合性建筑集团。山西建筑工程(集团)总公司具有国家建设部批准的房屋建筑工程总承包特级资质和多项总承包与专业承包一级资质,并具有国家商务部批准的对外工程承包和对外贸易经营权。集团总公司连续六年入选“中国承包商60强”,2009年排名第36位,并连续六年荣获“山西省百强企业”称号,2009年排名第15位。被建设部确定为重点支持的全国33家大型建筑企业之一。集团总公司及所属企业全部通过ISO9000国际质量体系和环境及职业安全健康体系认证,其覆盖产品与覆盖范围为省、市建工集团之最,实现与国际市场的接轨。

截至2009年末,山西建筑工程(集团)总公司的资产总额为97.72亿元;在册职工20246人,其中各类管理、专业技术人员12413人;完成经营总额125.57亿元,竣工面积493.13万平方米。集团总公司辖有11个子公司,其中9个一级总承包建筑公司,两个附属工业企业。另有1所建筑工程技术学校,1个托管企业——中国山西国际技术合作公司。集团本部有法人单位9个。

【经济指标完成】 (1)市场开发。全集团承揽任务突破200亿元大关,达到229.12亿元,同比增长32.89%。(2)经营总额。全集团综合经营额突破100亿元大关,达到125.57亿元,同比增长29.3%。(3)竣工面积。完成493.13万平方米,同比增长16.8%。(4)实现利税。全年实现利税4.91亿元,同比增长14.45%。以上四项指标均提前完成集团“十一五”规划目标。(5)安全生产。创省级安全标准化工地40项,地市级安全标准化工地49项。(6)职工收入。人均年工资21764元,同比增长9.11%,超过职代会提出的平均工资不低于2008年水平的目标。

【应对金融危机】 (1)大力压缩各种非生产性的开支,节俭经营。集团系统各单位都建立年度财务收支预算制度,区别轻重缓急,合理调配资金,把有限的资金用到保证企业正常运营最需要的地方。(2)及时掌握政策信息,借助政府扩大内需、支持企业应对国际金融危机的各项政策措施,主动寻求帮助,共渡经济难关。2009年全集团共得到财政直接拨付企业资金1535.22万元,减少社保资金812.9万元,获得财政直接拨付军转干部生活补助资金140万元。(3)结合上年特殊的经济环境调整市场开发策略,大幅减少垫资项目和其他资金状况差、付款风险大的项目,对付款条件苛刻的项目坚决放弃。(4)继续加大工程拖欠款的清收力度。2009年,集团确定清欠难度较大的重点项目355个,总金额10.03亿元,回收资金4.11亿元,回收率34.18%。同时激活清产核资应收账款损失项目16个,收回资金460.86万元。(5)千方百计打通融资渠道。经过多方努力,集团系统融资授信工作在艰难中有所突破:实现集团总公司与山西汽运集团的授信互保;总公司海外部取得国家开发银行2115万美元援外项目流动资金贷款,并已取得国家开发银行综合授信3亿元的意向;4家公司取得银行融资授信1.3亿元;6家公司在工行综合授信额度达到1亿元。

【国有资产保值增值】 2009年,集团总公司国有资本及权益总额期初数为29485万元,剔除影响国有资本增减变动的客观因素后,集团总公司2009年期末国有资本及权益总额为30263万元,资本保值增值率为107.56%,国有资本实现增值,与上年度资本保值增值率106.8%相比提高0.76%。

【科技进步】 2009年,总公司下达科技项目246项,总投入为6184.64万元,比上年增长18.98%。其中总公司投入1704.72万元,带动各单位投入4479.92万元。总公司组织集团各单位赴广州、深圳等地的大型项目参观学习,并邀请北京专家进行“建筑地基处理新技术”的专题讲座。组织集团内部专家、学术带头人,对山西大剧院、朔州师专、吕梁8126主体工程高模架等16项危险性较大的工程方案进行论证,帮助项目解决技术难题。集团有72项工法通过鉴定,其中36项达到国内领先水平,获得国家级工法7项。全系统获得山西省科技进步二等奖1项、三等奖2项,有两项科技项目被确定为省科技攻关项目。“试制塔机”项目被列为2009年第一批省重点创新项目。总公司坚持多年承担《屋面工程技术规范》《地下防水工程质量验收规范》等多项行业标准和《预应力混凝土管桩基础技术规程》等山西省地方标准的编写和修订。2009年10月,集团总公司获得“全国工程建设标准化先进集体”荣誉称号。

【质量管理】 2009年集团总公司组织召开全系统的质量、环境和职业健康安全标准的强化培训。根据ISO9001-2008《质量管理体系要求》,总公司完成“三标一体”管理文件的修订换版工作。全系统继续开展全面质量管理和QC小组活动,获得省级QC成果一等奖21项,二等奖3项,优秀奖38项;获得国家级QC成果一等奖1项,二等奖11项,三等奖1项。集团创“鲁班奖”工程1项,“汾水杯”工程11项,“太行杯”工程13项,北京“长城杯”金奖1项、银奖1项,甘肃“飞天奖”1项,山西省用户满意工程8项。装饰公司承建的太原金融大厦外立面装修工程获得“全国建筑工程装饰奖”。

【《特殊地质条件下嵌岩桩的施工工艺研究》通过鉴定】 12月19日,山西省科技厅组织有关专家对集团总公司科技攻关计划项目《特殊地质条件下嵌岩桩的施工工艺研究》进行科技成果鉴定。鉴定意见:该项目针对中国援建喀麦隆国家体育馆工程地基岩极硬(可达193MPa),地下水位高、水量丰富,基岩面倾斜、凹凸的特殊地质条件,经现场的大量试验,提出一套人工挖孔和潜孔锤成孔相结合的变截面嵌岩桩施工方案和工艺,成功应用于该工程,缩短工期,降低成本,取得良好的经济和社会效益,保证工程的顺利进行,维护国家形象。该项目在同类研究中达到国际领先水平。

【太原武宿国际机场新航站楼工程获"鲁班奖"】 山西建筑工程(集团)总公司总承包的太原武宿国际机场新航站楼工程,建筑面积5.5万平方米,地上二层,建筑物最高35米。于2006年3月开工,2008年6月竣工。该项目为第六批全国建筑业新技术应用示范工程,应用新技术的整体水平达到国内领先水平。2009年10月,太原武宿国际机场新航站楼工程获得全国建筑工程质量最高奖——"鲁班奖"。

【承担四川茂县援建任务】 省建八公司作为集团的代表,承担山西省政府支援四川茂县的建设项目,先后承建茂县人民医院、中医院、茂县高中、茂县广播电视大楼等8项重大工程项目。公司参加援建的人员斗风沙、战严寒,日夜奋战在项目工地上,谱写出山西人民援建灾区的动人篇章,受到当地政府和山西省委领导的充分肯定和赞扬。 (黄 斌)

重点工程

【概述】 2009年,省委、省政府作出2009~2010年投资6500亿元,带动全省全社会固定资产投资1万亿元,加快重点工程建设的重大决策,确定12大类152项省级重点工程,年度计划投资总额1498.96亿元;各市确定市级重点工程2054项,年度计划投资总额1529.44亿元。省市两级重点工程投资占全省全社会固定资产投资计划的66.7%。

全年省市两级重点工程累计完成投资4041.76亿元,完成全年投资计划的133.5%,占全省全年城镇固定资产投资总额的87.9%。

【重点工程建设】 2009年省重点工程全年累计完成投资1533.68亿元,投资完成额比上年同期增加1156.41亿元,同比增长3.1倍;累计完成投资占年度投资计划的102.3%,投资完成率比上年同期高7%;省重点工程累计到位资金约为1440.53亿元,占年度计划的96.1%。152项重点工程建

同煤集团棚户区改造后的新面貌 (樊保平提供)

设项目中,省重点工程已经开工建设135项,开工率88.8%,比上年同期高8%。年内有22个项目竣工投产,投入使用。

1.保障性安居工程5项,年度计划投资322.97亿元,完成投资329.02亿元,达到计划的101.9%。407个子项目1995万平方米33.58万套住房全面开工建设。有效解决城乡低收入家庭的住房困难问题。

2.农业水利基础设施项目15项,年度计划投资76.10亿元,完成投资90.27亿元,达到计划的118.6%。全省农业示范园工程全面开工建设,全年完成中低产田改造任务13.54万公顷。引黄北干线工程、全省应急水源工程顺利开工建设。张峰水库经过四年多的建设,成功蓄水并完成输水工程;北赵引黄、夹马口北扩工程实现新增面积6.67万公顷以上的建设任务。

3.铁路项目18项,年度计划投资98.05亿元,完成投资101.86亿元,达到计划的103.9%。太中银铁路、准格尔至朔州铁路、南同蒲榆次至侯马北电气化改造、北同蒲应县至原平新建取直线工程及北同蒲韩家岭至应县增建四线工程、大秦铁路4亿吨配套站场扩能改造和大秦线牵引供电系统扩能改造工程等续建工程进展顺利。改造完成大包铁路电气化改造大同枢纽联络线及配套工程、北同蒲韩家岭至大新线应急改造工程和石太客专扫尾等项目,形成营运里程189千米。特别是新开工建设大同至运城至西安客运专线、山西中南部铁路通道、太原枢纽西南环线、太原至兴县铁路、吕梁至临县铁路、侯马至禹门口扩能改造、邯长铁路改造、新建太原铁路局调度指挥中心等8个项目,使铁路建设总里程达到3276千米。为实现到2012年全省铁路营运总里程由2009年的3000多千米增加到5300千米,路网密度达到全国平均水平的两倍以上奠定坚实基础。

4.高速公路项目15项,年度计划投资354.23亿元,完成投资392.06亿元,达到计划的110.7%。2009年在建高速公路总里程接近2000千米,开工建设灵丘-山阴-平鲁、五台山-忻州-保德、太原-佳县、临汾-吉县等27条高速公路。预计到2010年末,全省高速公路运营总里程将由2009年的1965千米增加到3000千米。

5.机场项目6项,年度计划投资5.76亿元,完成投资5.91亿元,达到计划的102.6%。吕梁、大同、运城3个机场开工建设,五台山、临汾、长治机场正在积极筹备中。

6.医疗卫生、文化教育项目18项,年度计划投资54.07亿元,完成投资51.64亿元,达到计划的95.5%。全省共有3834所中小学危房改造项目开

工，其中3174所已竣工，开工面积485.95万平方米，竣工面积405.21万平方米。山西省心血管病医院门诊楼，山西省中医药研究院门诊楼投入使用；山西地质博物馆完成主体工程。

7.节能减排和生态建设项目6项，年度计划投资48.91亿元，完成投资50.85亿元，达到计划的104.0%。启动汾河流域环境生态治理和西山地区改造等两大综合性工程，全省新建的56座垃圾无害化处理和污水处理厂项目全部开工建设。建成污水处理厂43座，垃圾处理厂21座。完成石太高速铁路周边绿化工程，全省林地面积增加0.33万公顷；完成山西省林火视频监控系统工程，形成覆盖全省的森林监控网络。

8.产业结构调整项目15项，年度计划投资65.80亿元，完成投资56.22亿元，达到计划的85.4%。建成年产10万吨合成油的晋城高硫无烟煤合成油示范厂；完成覆盖全省的农村数字电视多媒体综合示范网，实现信息村村通。太钢集团通过技术改造，发展成规模、技术、效益全球一流的特大型钢铁联合体和特种不锈钢生产基地。

9.自主创新和科技制造项目2项，年度计划投资5.20亿元，完成投资3.97亿元，达到计划的76.35%。太原长安重型汽车有限公司搬迁改造项目全部完成，形成年产5万辆重型载重卡车的生产能力；太重集团风电自主化等项目顺利完成。

10.电力项目29项，年度计划投资312.32亿元，完成投资306.85亿元，达到计划的98.2%。开工建设霍州电厂、轩岗电厂等一批大型坑口电站，长治热电厂、晋城热电厂、临汾河西热电厂等一批热电联产项目和右玉、山阴等一批煤矸石电源点项目，在建的23个电源项目总装机容量达到1641.15万千瓦。投产大同二电厂三期2×600兆瓦工程、兆光电厂二期2×600兆瓦工程和2个风电项目，投产装机容量247.5万千瓦。改造完成10千伏以上电网线路2880千米。

11.煤炭能源项目13项，年度计划投资117.62亿元，完成投资104.79亿元，达到计划的89.1%。开工建设现代化矿井8座，在建矿井规模7440万吨/年；建成投产同煤集团同忻矿井等3座现代化煤矿，投产矿井规模达到2200万吨/年。投产运行3条天然气支线管道，开工建设晋城至博爱煤层气管道项目和世行贷款压缩煤层气液化项目。

12.省城十大建筑年度计划投资37.93亿元，完成投资40.24亿元，达到计划的106.1%。2009年省城十大建筑已全面开工建设，为确保2011年中博会的顺利召开，精心组织、倒排工期，超额完成形象进度计划。

【省市重点工程分市建设】 在省市两级重点工程全年累计完成的4041.76亿元投资中，各市市级重点工程累计完成投资2808.08亿元，完成市重点工程年度投资计划的162.9%。其中：太原市省市两级重点工程累计完成投资503.82亿元，占年度投资计划的126.4%，其中12月份完成投资58.75亿元；运城市省市两级重点工程累计完成投资428.89亿元，占年度投资计划的191.6%，其中12月份完成投资119.43亿元；长治市省市两级重点工程累计完成投资424.80亿元，占年度投资计划的128.8%，其中12月份完成投资62.10亿元；临汾市省市两级重点工程累计完成投资424.10亿元，占年度投资计划的127.3%，其中12月份完成投资63.85亿元；大同市省市两级重点工程累计完成投资421.98亿元，占年度投资计划的122.1%，其中12月份完成投资28.06亿元；晋中市省市两级重点工程累计完成投资396.10亿元，占年度投资计划的123.2%，其中12月份完成投资36.30亿元；朔州市省市两级重点工程累计完成投资379.92亿元，占年度投资计划的121.8%，其中12月份完成投资21.14亿元；忻州市省市两级重点工程累计完成投资339.73亿元，占年度投资计划的159.9%，其中12月份完成投资68.53亿元；吕梁市省市两级重点工程累计完成投资308.59亿元，占年度投资计划的124.9%，其中12月份完成投资71.58亿元；晋城市省市两级重点工程累计完成投资212.30亿元，占年度投资计划的196.9%，其中12月份完成投资67.64亿元；阳泉市省市两级重点工程累计完成投资201.53亿元，占年度投资计划的119.1%，其中12月份完成投资19.02亿元。

【重要工作】 (1)2月24日省委、省政府召开全省重点工程建设动员大会，省长王君出席会议并作动员报告，省政府成立以王君为组长的省重点工程建设领导小组。全省152项省重点工程项目有134项同省政府签订含有年度投资计划的目标责任制。(2)4月1日省政府批准成立由省发改委、国土厅、住房城乡建设厅、水利厅、林业厅、环保厅、文物局组成的省重点工程行政审批中心，对涉及重点工程的19项审批事项实行集中受理、及时分配、分别审批、限时办结。全年共受理217项审批事项，在规定期内办结206项，无一项超时办理，接受项目单位咨询600多人(次)。(3)4月省纪委、监察厅建立重点工程建设监督检查联席会议制度，对重点工程建设进行效能监察。(4)6月18日在晋城市召开全省重点工程劳动竞赛现场推进会。省人大常委会副主任、省总工会主席郭海亮等领导为有关项目单位授奖、授旗。20个重点工程建设单位被命名为“工人先锋号”。(5)2009年省委常委、副省长李小鹏代表省重点工程建设领导小组共召开调度会12次，主要针对铁路、机场、电力、高速公路等行业重点工程影响建设进度的问题进行协调解决。对于一些需要由国家审批，行政区域跨度大，影响因素多的大型项目，如大西客专、山西中南铁路通道等项目，组织发改、环保、国土、建设等部门的骨干力量，集中进行攻坚，使3年才能完成的项目前期手续，缩短到1年内完成。　（任　皓）

环境保护

【概述】 2009年，山西省环境保护厅把环保工作放在服务经济、服务企业、改善民生的大局中去思考和把握,确定"以污染减排为抓手,以蓝天碧水工程、环境综合整治为重点,以提升和改善环境质量为目标,以确保经济企稳回升、产业结构优化、发展方式转变"的工作思路,真抓实干,取得经济向好回升、环境质量改善的"双赢"结果。污染减排、"蓝天碧水工程"、环境空气质量等7项环保指标按计划全面完成,其中环境空气质量、饮用水源地水质、污水处理率、集中供热率、烟控区覆盖率等项指标均创历史最好水平。

【政务信息与环境信访】 组织建立政务信息工作领导组,确定相对稳定的信息联络队伍,健全全省环保信息网络系统;通过建立信息工作目标责任制、信息报送分级审核制、信息考核通报制等三项制度,切实提高政务信息工作管理水平,确保政务信息报送的质量和效率。全年共报送环保信息87期,其中34期被环保部采用,21期被省委、省政府采用,起到参谋辅政和促进工作的效果。

2009年,收到信访案件5792件(其中环保部信访办转办20件),接待群众来访245批400人(次)。环境信访案件比上年同比下降12%,来访批次同比增长15%,来访人次同比增长67%。结案率达到98%,反馈率达到85%。

【投资与规划】 2009年,全省环保投入228.9亿元,其中用于工业污染源治理和建成投产"三同时"项目投资9.35亿元,用于城市污水处理工程建设、燃气工程建设、供热工程建设、垃圾处理工程建设等城市环境基础建设投资135.4亿元。省厅会同省环境规划院初步开展山西省"十二五"环保规划编制实施与体系创新研究、"十二五"环境保护目标与指标体系设计研究等课题研究,并通过征求环保部意见,选择6个课题作为前期研究课题。截至2009年底,山西省"十二五"环保规划编制实施与体系创新研究、"十二五"环境保护目标与指标体系设计研究的初稿已经完成,并提交山西省环境咨询委员会的省内外专家进行函审。

【污染物减排】 2009年,全省淘汰落后产能水泥406万吨、造纸4万吨、电石铁合金33.44万吨,对浪费资源、污染严重的59家焦化、化工企业的266台(套)设施实施末位淘汰,对476家"零点关停行动"企业的关停情况、59家环境污染末位淘汰企业、36家重点燃煤电厂进行逐家逐户的现场督查。经环境保护部(以下简称环保部)核定,山西省2009年化学需氧量(COD)排放量34.44万吨,比上年下降4%;二氧化硫(SO_2)排放量为126.84万吨,比上年下降3.06%。

【环境影响评价】 2009年,认真贯彻落实《规划环境影响评价条例》,在规划环评的审查过程中严格把关,针对因规划实施和区域开发可能带来的不良环境影响提出减缓措施。结合区域环境综合整治和清查违法建设项目工作,下发《关于对各类经济技术开发区、工业园区、工业集中区和循环经济示范区开展环境综合整治的通知》,彻底清查各类开发区内的违法建设项目,对一些工业集中区出现的违反环保法律法规的"土围子、土政策"进行严肃查处整治。7月,环保部与中央纪委监察部对山西省的环境影响评价审批工作进行专项执法检查,8月,山西省人大对全省执行《环评法》情况进行检查。2009年,全省组织完成11个规划(区域)环评项目的审查,审批建设项目3540个,其中环境影响报告书533个,环境影响报告表1353个,环境影响登记表1654个。

【污染防治】 2009年,全省11个省辖城市环境空气质量除太原市外,均达到国家二级标准,全部退出全国倒数前22名。102个地表水监测断面中,水质优良断面30个,与上年同期相比,30个断面水质有不同程度的好转。对205个县级以上饮用水源保护区内污染源进行清理整顿,对115个乡镇饮用水源进行调查评估,完成地表水断面考核生态补偿机制的制订和试运行,完成重点流域水污染防治专项规划275个项目中的221个,对汾河流域490家企业进行分类处置。

2009年,山西省为48家符合条件的企业发放排污许可证,累计拆除太原市城中村锅炉7915台。在保障国庆期间环保"北京护城河"工程专项行动中,对化工、钢铁、造纸及涉铅、尾矿库和海河流域沿线等100多家环境违法企业立案处罚,对7家企业实施挂牌督办,对23家企业实施限期治理,确保山西省在国庆节前后未发生任何影响北京环境的事件。

【自然生态保护】 2009年,呈请山西省政府印发《山西省煤炭开采生态环境恢复治理规划的通知》和《山西省煤炭开采生态环境恢复治理实施方案的通知》,编制完成山西省矿区生态环境质量季报技术指导实施细则。研究制定生态经济区划技术导则,推动各市、县生态功能区划和生态经济区划的编制工作。按规定程序依法调整五个省级自然保护区的功能区划和范围,组织黑茶山自然保护区申报国家级自然保护区。开展生物多样性评价试点工作,编制《山西省生物多样性评价指标数据集》和《山西省生物多样性评价报告》。在生物多样性评价和现状调查的基础上,组织相关技术单位编制完成山西省生物物种资源保护与利用规划,建立物种资源的保护与监管体系。

【农村环境保护】 2009年,呈请省政府办公厅转发《山西省环境保护厅等部门关于实行"以奖促治""以奖代补"加快解决突出的农村环境问题的实施意见》,设立省级农村环保资金,并会同省财政厅制定《山西省农村环境保护"以奖促治""以奖代补"项目管理办法》等3个具体管理实施办法,使农村环境综合整治有资金保障。在农村生态示范创建活动中,命名表彰54个省级环境优美乡镇,160个省级生态文明村,向环保部申报1个国家级生态乡镇,3个国家级生态村。编制《农村环境综合整治规划》,组织实施18个农村环境综合整治项目,对存在突出环境问题的村庄进行环境综合整治。组织土壤污染状况调查，建成省级土壤样品库，完成采样分析、数据汇总工作，对重点地区重金属污染进行风险评估。

【辐射与危险废物安全监管】 2009年，共出动核与辐射安全执法检查人员276余人(次)，对124家核技术利用单位进行现场检查，清查出未申报登记的单位9家27枚放射源，对32家单位下达限期整改通知书，核发和补办辐射安全许可证174家。办理放射性同位素转让审批159家、338枚放射源，办理放射性同位素与射线装置异地使用备案24家、31枚放射源。举办4期辐射工作人员上岗培训，经考核共为1001人颁发“辐射工作人员上岗证”。对305枚废旧放射源进行收贮监测并入库。对国家辐射环境监测网第一批国控点山西部分的14个点位进行监测。对63家核技术利用单位进行验收监测，对123个单位进行监督性监测。截至12月31日，全省放射源使用单位553家，使用放射源3214枚。

2009年，《山西省辐射事故应急预案》经省政府批准，于12月4日正式印发。

【环境监察与排污收费】 在全国整治违法排污企业保障群众健康环保专项行动中，持续开展饮用水源保护区后督查和城镇污水处理厂、垃圾填埋场集中整治，对山西省已划定的205个饮用水源保护区开展后督查，取缔关闭一级保护区内企业16家、取缔直接排污口10个，取缔关闭二级保护区内企业11家、拆除违法建设项目5个，督促完成饮用水源保护区定桩立界183个，已建成投运73家城镇生活污水处理厂中有69家实现达标排放。对钢铁、水泥、造纸、化工、火电等14个“两高一资”行业的1572家企业进行专项检查，对59家企业的266台(套)设施实施环境污染末位淘汰，排查出涉砷企业18家，对9家钢铁企业的9座高炉、5台烧结设施实施环境污染末位淘汰，对3家企业的环境违法问题进行立案处罚，督促关闭1万吨以下造纸企业22家。开展重点行业企业、重点流域和建设项目执法检查，对汾河、涑水河、丹河、滹沱河流域和“蓝天碧水工程”范围内的29个县(市区)实施全方位环境综合整治；对黄河流域和海河流域的751家重点排污企业、359家国控废气重点污染源、152家国控废水重点污染源和449家省控重点污染源进行检查，对一批典型环境违法企业实施挂牌督办，保障COD减排工作的顺利进行；对2008年7月以后开工建设、投运的1483个建设项目开展执法检查，对458个违法建设项目立案查处；对95个投产1年以上但未申请竣工验收的建设项目进行检查，推动“三同时”制度的执行。2009年，山西省环保专项行动，累计出动执法人员10余万人(次)，检查企业37603家(次)，编发工作简报18期，推动一批环境问题的解决。

2009年，全省强化排污申报登记，规范排污收费行为，采取有效措施促进排污费征收。全省排污费开征户数11282户，排污费征收总额16.8735亿元，重点排污单位6213户，征收入库金额16.1446亿元，占总数的95%，其余为小型三产、建设施工、污水处理厂等入库金额。

【环境宣传教育】 2009年，山西省大胆创新环保宣传教育理念，在全国环保系统率先提出环保职能论、环保话语权论、环保宣传超前论、环保舆论监督论和环保宣传效应论等五大环保宣教理念。开展生态汾河大型公益宣传系列活动，推动山西水环境攻坚的决战，成为山西环保公益活动的新亮点，也成为山西环境宣传的新亮点。2009年，环保系统共组织新闻发布会50多场，组织新闻记者集体采访活动40多次，省级以上主要媒体宣传山西环保新政的新闻报道达10000多篇(次)，各大网络媒体发布新闻信息400余万字。针对干部职工、环保执法人员、企业负责人、大中小学生等重点对象，开展形式多样的环境教育培训活动，受教育人数达到上万人。　(胡　早)

交通运输　邮政

交通运输

【全省交通工作会议】 1月20日全省交通工作会议召开。省人大常委会副主任靳善忠、省政协副主席韩儒英出席，副省长牛仁亮讲话。会议确定2009年全省交通工作的主要任务是：(1)抢抓机遇，再掀公路建设新高潮；(2)养管结合，继续加强公路养护和治超工作；(3)调整结构，努力提高运输产业素质和服务保障能力；(4)改革开放，建立充满活力的交通运输管理体制；(5)统筹兼顾，积极推进综合运输体系建设和法制建设；(6)着眼未来，切实做好科技创新和节能减排工作；(7)以人为本，继续加强安全监管和应急维稳工作；(8)围绕中心，加强党组织建设、党风廉政建设和行业文明建设。

2009年，省交通厅继续为民办好6件实事：(1)实施村村通水泥(油)路工程1.5万千米，全省90%的建制村通水泥(油)路；(2)新建乡镇汽车站80个，新安装候车亭和招呼站牌各1000个；(3)实施村村通客车工程，全省95%的建制村通客车；(4)实施干线公路安保工程500千米，改造加固农村公路危桥2万延米；(5)严格落实鲜活农产品"绿色通道"和化肥运输季节性"绿色通道"政策；(6)逐步有序取消政府还贷二级公路收费，年内先撤一批公路收费站点。

会议还对2008年度完成工作目标责任制优秀单位和先进单位、农村公路质量年活动优胜单位和优秀项目进行了表彰。厅长段建国代表省交通厅与各市交通局及厅直单位签订2009年度工作目标责任书。

【全省公路工作会议】 2月11日在太原召开。副省长牛仁亮，省交通厅党组书记、厅长段建国出席并讲话，省公路局局长戴飞作《抓住新机遇，迎接新挑战，开创公路事业科学发展新局面》的工作报告。

2009年目标是：投资100亿元，完成路网改造1200千米，完成公路大中修300千米，危桥改造100座。同时，力争养护优良路率达到75%，把"双超"车辆控制在1%以内。要完成既定的目标任务，就要抓好8个着力点，即着力化解制约性难题，再掀公路建设新高潮；着力找准突破口，加快推进养护转型；着力推进农村公路事业快速协调健康发展，为新农村建设作不懈努力；着力用先进科学指导管理，不断提高全面管理水平；着力把握好成品油税费改革政策机遇，打造更为宽广稳定的发展平台；着力抓好安全生产和行业稳定，为科学发展创造和谐稳定环境；着力加强党风廉政建设和行业文明建设，保障公路事业又好又快发展；着力加强干部队伍建设和政风行风建设，为圆满完成全年目标任务奠定坚实基础。

【重点公路工程建设工作会议】 4月

2009年9月山西省跨度最大的钢管拱北深沟特大桥钢管拱肋合龙（梁锦华提供）

10日，全省重点公路工程建设工作会议在太原召开。副省长牛仁亮出席并讲话。

2009年任务有4项：完成高速公路建设投资520亿元；新开工平遥—榆社、灵丘—山阴、山阴—平鲁、临汾—吉县、长治—临汾、榆社—和顺、榆次—祁县、平定—阳曲、长治—平顺、大同—浑源、临汾环城、天镇—大同、三门峡黄河二桥、运城—芮城、平鲁—朔城区、闻喜—合阳16个1331千米高速公路建设项目；抓好已开工的阳城—翼城、汾阳—平遥、闻喜—垣曲、阳泉—盂县、五台山—忻州、忻州—保德、太原—佳县东段、太原—佳县西段、太原—古交、晋城环城、陵川—高平、大同—右玉12个项目979千米高速公路建设管理；纳入2010年全线或部分路段竣工的18个项目，除特大桥梁、特长隧道等控制性工程外，路基桥涵工程完成工程总量80%以上，力争基本完成。会议还签订2009年度重点公路工程建设工作目标责任书。

【重点公路工程建设推进会】 4月28日，省政府召开全省重点公路工程建设推进会，副省长牛仁亮主持并讲话。省政府副秘书长崔国红、各市分管副市长、省发改委、省交通厅、省劳动厅、省国土厅、省水利厅、省林业厅、省环保局、省文物局、省重点办主要负责同志参加。会议对在建项目、计划年内开工项目建设和前期工作中存在的主要问题逐一进行落实，尤其是对14个计划年内开工项目的工可、环评、水保、初设、土地预审、地质灾害评估、压覆矿产评估、林地审批、被征地农民社保工作，要求相关单位和部门负责人现场拍板，承诺办理期限。

【全省村通水泥(油)路全覆盖现场推进会】 8月25日，全省村通水泥(油)路全覆盖现场推进会在阳泉召开。会议通报全省村通水泥(油)路全覆盖工程进展情况，并对今后工作进行安排部署。副省长牛仁亮出席并讲话。会议指出，村通水泥(油)路是省政府承诺的“五个全覆盖”的一项重要内容。自5月21日动员大会以来，截至8月15日，完工1072个项目，完工里程5277千米；在建825个项目，在建里程3024千米，在建工程总合格率84.77%，较往年有新的提高。会上，阳泉市、忻州市、临县、平顺县作经验介绍。

【全国治超工作现场会】 7月23~24日，2009年全国车辆超限超载治理工作现场会在太原召开。全国治超工作领导小组组长、交通运输部党组书记、部长李盛霖出席会议并讲话。省委副书记、省长王君出席会议并致欢迎词。省委常委、纪委书记金道铭，省治超领导组顾问兼总监督员吕日周出席会议。副省长、省治超领导组组长牛仁亮介绍全省治超工作的做法和经验。会议由全国治超领导小组副组长、全国治超办主任、交通运输部副部长冯正霖主持。李盛霖指出，山西省委、省政府对治超工作高度重视、认识深刻。组织开展治超总行动，坚持政府治超、依法治超、源头治超、科技治超、责任倒查、重奖重罚、经济调节、机构保障等综合治理措施，内涵丰富，既完全符合九部委政策要求，又结合山西实际，是治超工作的新创造、新做法、新举措、新经验，山西经验管用有效、可学可鉴。冯正霖指出，这次会议之所以选在山西召开，是因为山西省近几年治超工作成效显著，在地方政府主导、部门齐抓共管、区域协同作战等各方面积累了很好的经验，值得各地学习和借鉴。截至6月30日，山西省车辆超限超载率由治理前11%下降到0.2%，为国家挽回公路基础设施直接经济损失10亿多元。

【全省治理车辆超限超载新闻发布会】 1月14日，省委宣传部和省政府治超办召开治理车辆超限超载新闻发布会。经过各级政府及相关部门一年艰苦努力，全省治理超限超载取得重大阶段性成果，特别是在源头治超方面，取得突破性进展。

【全省治超工作会议】 4月21日，全省治理超限超载工作会议召开。自2007年12月19日启动新一轮“无缝隙、拉网式”治超总行动以来，全省车辆严重超限超载的势头得到有效遏制，治超工作取得重大突破和阶段性成果。一是超限超载率大幅下降。2009年一季度，全省超限超载率继续下降，控制在0.1%以内，高速公路未发现55吨以上非法超限超载车辆。二是公路运输环境得到改善。长时间大面积堵车现象基本消除。全省没有发生一起道路、桥梁坍塌事故，公路“三乱”问题得到有效遏制。为此，省交通厅对获得治超工作优秀县（市、区）的孝义市、忻府区、阳泉市郊区分

平坦畅通的太旧高速公路　　（梁锦华提供）

别安排改建工程项目3000万元补助奖励;对获得治超工作先进县的泽州县、清徐县、和顺县分别安排改扩建工程项目2000万元补助奖励;对获得治超工作先进县(市、区)的大同县等13个县(市、区)分别安排改造工程项目1000万元补助奖励。

【运管系统源头治超工作】 2009年上半年,全省运管系统共投入近4000名运管人员,对经政府公示的10477家货运源头企业实施进驻巡查。其中,运管进驻424家,巡查10053家,出动运政执法人员33万人(次),抄报、抄告、移送案件53件,处罚超限超载案件15件,共处罚金52.4万元。下半年继续加大对源头企业的巡查监管力度,对移送、告知、抄报相关部门未得到处理反馈的案件进行核查,建立公示货运源头企业停复产报备制度,同时加大督察力度。省运管局不定期对各市的源头企业进行明察暗访,继续开展“无双超示范县”和“无双超示范乡镇”创建活动,开展“诚信企业”评比活动。

【《高速公路治超不停车快速检测系统》研究课题通过鉴定】 6月19日,省科技厅组织省内有关专家,对太原高速公路公司研发的《高速公路治超不停车快速检测系统》研究成果进行鉴定。

与会专家经质询和充分讨论后一致认为该研究成果取得了国内高速公路治超手段的重大突破,达到国内领先水平。该成果已在山西省得到全面应用,效果显著,建议尽快在国内推广。

【全省高速公路施工安全强化培训班】 7月20~25日,全省高速公路施工安全高级管理人员第一期和第二期强化培训班,先后在忻州和太原举办。此次培训,邀请中国矿业大学博士生导师、国家安全生产专家组成员傅贵教授,石家庄铁道学院安全工程系主任王景春教授等,围绕施工安全管理技术、重大施工隐患及安全分析、公路工程施工安全生产技术措施、《山西省交通运输厅公路建设项目高危工程施工安全强制性要求》进行讲授和解读,并观看安全生产重特大事故警示教育片。来自15条在建高速公路各建设单位、施工单位、监理单位分管安全的领导和部门负责人共630余人参加。

【纪念交通战备机构恢复30周年】 3月5日,全省纪念交通战备机构恢复30周年暨2009年交通战备工作会议在太原召开。省委常委、省国防动员委员会常务副主任、省军区司令员方文平,北京军区联勤部军交运输部副部长、北京军区交战办副主任庄联营,省交通厅党组书记、厅长段建国出席并讲话。30年来,全省交通战备基础工作建设扎实推进,交通战备物资储备管理和开发利用上台阶,圆满完成各项交通保障任务。各市、县根据承担的任务,组建规模不等的各类交通保障队伍。一个与战区军事战略部署相适应,与全省交通力量分布相协调,精干管用、工种配套、互相衔接、平时服务、急时应急、战时应战的交通保障力量体系初步形成。先后完成“北国利剑”、“黄河93”、统一2000、挥戈-01、猎豹-04、渤海-05、砺剑-06、攻坚-06、联动-08等60余次重大军事活动的交通保障任务。共组织出动保障人员2万多人(次),动用机械设备2000台(次),整修路面500多千米,抢建、抢修便道200余千米。会议还对30年来交通战备工作中作出突出贡献的先进个人、2008年度交通战备工作先进单位和先进个人进行表彰。

【四川茂县渭永公路开工建设】 4月12日,省交通厅对口援建四川茂县渭门乡—永和乡公路工程举行开工仪式。该工程由山西路桥一公司承建,是继黑虎羌寨旅游公路开工后启动的第二个援建项目,公路全长11.79千米,工程造价2829.6万元。

省人大常委、省人大城乡建设环境保护委员会主任王晓林,厅党组副书记、副厅长张润,阿坝州副州长、茂县县委书记尼玛木及茂县县委副书记、县长高加军等出席开工仪式。王晓林和尼玛木共同启动引爆器破土。

【山西公路建设60年成就展】 9月28日,《山西公路建设60年成就展》在省展览馆开展。省委书记、省人大常委会主任张宝顺,省委副书记、省政协主席薛延忠,省委常委、常务副省长申联彬,省委常委、太原市委书记申维辰,省委常委、政法委书记杜玉林,省委常委、宣传部部长胡苏平,省委常委、省军区司令员方文平,省委常委、组织部部长汤涛,省人大常委会常务副主任杨安和,省人大常委会副主任安焕晓,省人大常委会副主任、省总工会主席郭海亮,副省长牛仁亮、刘维佳参观展览,并启动成就展开展按钮。

此次展览分为山西公路建设60年历程展示厅、高速公路建设成就展示厅、在建高速公路风采展示厅、干线公路展示厅、农村公路展示厅、远景规划及展望厅等6个展厅,全景展示新中国成立60年来特别是改革开放30年来山西公路建设取得的辉煌成就和宝贵经验。

【山西省交通运输厅正式挂牌】 6月23日,山西省交通运输厅正式挂牌。这是山西交通运输发展史上具有里程碑意义的一件大事,标志着山西交通运输事业从此进入一个崭新历史阶段。副省长牛仁亮,厅党组书记、厅长段建国共同揭牌。新组建的山西省交通运输厅,履行原省交通厅职责和省建设厅指导城市客运职责。

【省汽车客运管理办公室划归省交通运输厅】 根据省政府机构改革要求,原山西省城市出租汽车客运管理处的主管部门变更为山西省交通运输厅,并更名为山西省城市汽车客运管理办公室,隶属山西省交通运输管理局管理。12月7日,省运管局为山西省城市汽车客运管理办公室全体同志举行欢迎仪式。截至2009年底,全省有城市公交车8920标台,出租车36674辆。

【山西省交通运输执法局成立】 12月25日,全省交通征稽工作总结表彰暨山西省交通运输执法局成立大会召开。副省长牛仁亮,省政府副秘书长崔国红，省委组织部副部长、省编办主任张高宏，省人力资源和社会保障厅副厅长李建刚，省交通运输厅党组书记、厅长段建国等领导出席。牛仁亮和段建国为山西省交通运输执法局揭牌。张高宏宣读省编委《关于组建山西省交通运输执法机构的通知》。省交通运输厅党组成员、副厅长王志民宣读对山西省交通运输执法局领导班子的任命文件。省交通运输执法局局长张晋鹏代表新成立的山西省交通运输执法局作表态发言。大会为获全省交通规费征收贡献突出单位和个人颁奖。各市交通局长、厅机关各处室负责人、厅直各单位主要领导以及全省交通征稽系统的代表参加。

【“09晋交投债”发行信息发布会】 8月14日，省交通运输厅在并召开“09晋交投债”20亿元人民币企业债券发行信息发布会。副省长牛仁亮发来贺信。

经国家发改委批准，山西省交通建设开发投资总公司于8月5~7日，成功发行总额为20亿元人民币的企业债券，期限10年，第5年末付发行人上调票面利率选择权和投资者回售选择权，票面年利率5.8%，本期债券为无担保债券，省交通运输厅对本期债券提供偿债支持。经评定，本期债券信用等级为AA级。本期债券采用实名制记账式，按债券面值平价发行，发行结束后即申请上市交易。中信建投证券有限责任公司担任本期债券主承销商及上市推荐人。

此次发行的债券募集资金拟投入高平——陵川等高速公路建设。其是山西省新规划的高速公路网中重要组成部分。路线全长63千米，总投资36.3亿元。此次发行企业债券是山西交通企业首次在国内资本市场进行债券融资，也是公司第一次在国内资本市场进行债券融资，也是2009年以来全省第一笔获准发行的企业债券，是山西省内单笔发行金额最大、首只无担保企业债券。

【全省境内一次性取消政府还贷二级公路收费】 5月31日24时，全省一次性取消境内政府还贷二级公路收费。取消收费的收费站共155个，包括106条二级公路，总里程6551千米，分别由省公路局、省征费局、省交通建设投资开发总公司以及各市、县人民政府管理。在大运二级公路小店收费站举行停止收费仪式。取消收费的收费站点，其设站许可证、收费许可证同时作废。任何地方、部门、单位和个人，不论以任何理由、任何名义继续收取或变相收取政府还贷二级公路通行费，将被严肃查处并追究责任。从6月1日零时起，山西省境内155个政府还贷二级公路收费站正式撤销，停止收取车辆通行费。

【运城绕城高速公路西南段建成通车】 5月7日，运城绕城高速公路西南段建成通车仪式举行。副省长牛仁亮，省交通厅党组书记、厅长段建国出席并讲话。省直有关部门领导以及运城市四大班子领导出席。该项目主线全长41.51千米，概算投资10.7亿元。

【太长高速公路通过竣工验收】 6月11~13日，太长高速公路顺利通过交通运输部组织的竣工验收。项目2003年10月18日开工建设，2005年11月8日正式通车。验收组通过听取汇报、现场检查验收、小组汇总讨论、小组通报检查结果等议程，对工程进行认真验收和总结。一致认为：该工程投资少，效果好，对最终设计效果表示满意，对工程质量给予高度评价，综合评定为优良工程。

【郝建文被授予“优秀治超员”称号】 2月27日，省交通厅党组作出决定，授予郝建文“优秀治超员”荣誉称号并号召全省交通系统开展学习活动。郝建文8年如一日，坚守在治超工作第一线，忠实履行着法律赋予的神圣职责。他勤奋好学、爱岗敬业、恪尽职守、刚正不阿，在平凡的治超工作岗位上作出不平凡的业绩。

【王君等领导看望李万定】 9月27日，省委副书记、省长王君，省委常委、常务副省长申联彬，省委常委、纪委书记金道铭，省委常委、宣传部部长胡苏平专程来到省高管局宿舍区，亲切慰问被中央授予荣誉称号的交通系统先进模范李万定。

王君与李万定夫妇亲切交谈，询问生活情况，听取他对全省经济社会发展等方面的意见和建议，代表省委、省政府对他在社会主义建设和改革开放等历史时期作出的贡献表示感谢与敬意，并将鲜花和慰问金送到他手中。希望他发挥余热，继续为全省公路建设献计献策，作出新贡献。

【大呼高速公路大同——右玉段开工奠基】 1月5日，大同——呼和浩特高速公路大同——右玉段开工奠基。省委副书记、代省长王君，省人大常委会副主任靳善忠，省政协副主席令政策，省人大常委会原副主任杜五安出席。副省长牛仁亮讲话。

项目起于大同市新荣区，终于右玉县右卫镇杀虎口村，全长103千米，双向四车道，概算37.41亿元。建设工期2年。

大同市市长耿彦波、朔州市市长冯改朵、大呼高速公路建管处负责人分别作表态发言。

【灵丘——山阴段高速公路开工建设】 6月10日，荣成乌海高速公路灵丘——山阴段开工仪式举行。省委副书记、省长王君出席并宣布项目开工，副省长牛仁亮讲话。省政府秘书长王清宪、副秘书长陈永奇，省直有关部门及金融部门负责同志，大同市、朔州市四大班子领导出席。省交通厅党组书记、厅长段建国主持会议，厅党组副书记、副厅长张润介绍工程概况。

该项目是国家规划建设的“7918”高速公路网的重要组成路段，国家发改委于2009年3月30日正式批准立项。项目全长153.96千米。双向4车道，时速100千米，路基宽26米，概算投资83.2亿元。

【大同——天镇等高速公路开工建设】 9月9日，大同——天镇、大同——浑源、浑源——广灵、朔州——平鲁等4条高速公路开工建设。省委副书记、省长王君分别出席在大同、朔州举行的开工仪式并宣布开工,副省长牛仁亮讲话。

大同——天镇、大同——浑源、浑源——广灵、朔州——平鲁等4条高速公路都是全省高速公路网“三纵十一横十一环”规划的重要组成部分。其中,大同——天镇、大同——浑源、浑源——广灵总里程224千米,总投资122亿元,建设工期3年。朔州——平鲁高速公路由西、南两段组成,全长67.6千米,是贯通全省西北部与中南部地区的重要通道。

【平遥——榆社高速公路建设推进会】 6月25日,平遥——榆社高速公路建设推进会召开。省委副书记、省长王君出席并启动开工按钮,副省长牛仁亮讲话。省政府秘书长王清宪,省直有关部门、金融部门负责同志,晋中、长治两市四大班子领导等参加推进会。省交通运输厅党组书记、厅长段建国主持会议,厅党组成员、副厅长张志川介绍工程概况。

项目是全省“三纵十一横十一环”高速公路网的第七横,是汾阳——邢台高速公路的重要组成部分。起于平遥县侯冀村南,经介休、平遥、祁县、武乡、榆社5个县市,终点接太长高速公路立交枢纽,全长83千米,其中晋中境内64.5千米,长治境内18.5千米。双向4车道,路基宽26米、24.5米。全线共设桥梁64座,隧道3座,互通立交5处,服务区两处。概算总投资57.43亿元,工期目标为一年实现小循环,两年完成山岭区,三年打通宝塔山隧道,2012年全线建成通车。

【长治——平顺高速公路开工建设】 6月26日,长治——平顺高速公路开工建设。省委副书记、省长王君出席并宣布工程开工,副省长牛仁亮讲话。省政府秘书长王清宪,省直有关部门负责同志,长治市四大班子领导出席开工仪式。省交通运输厅党组书记、厅长段建国主持,厅党组成员、副厅长张志川介绍工程概况。

项目是全省“三纵十一横十一环”高速公路规划网“十一”环和长治——河南安阳高速公路重要组成部分。全长108千米,其中主线全长40千米,环城段全长58千米,长治连接线全长10千米。主线起于山西、河南两省交界河坪辿,终于壶关县逢善村,双向4车道,设计时速80千米;环城段起于潞城西贾村接长邯高速公路,在长治县官道村与长晋高速相接,设计时速100千米;长治接连线起于壶关逢善,终于长治市北天桥,设计时速100千米。概算总投资79亿元,建设工期4年。除与长晋、长邯高速相连外,长治——平顺高速公路还与国道207、309、325、324、226及省道、县乡道路沟通。

太旧高速公路穿越长城旧关 (梁锦华提供)

【临汾——吉县、临汾市北环、临汾连接线开工建设】 8月5日,青岛——兰州高速公路临汾——吉县段、临汾市北环、京昆与青兰高速公路山西境临汾连接线开工仪式举行。省委副书记、省长王君出席开工仪式并宣布开工,副省长牛仁亮讲话。省交通运输厅党组书记、厅长段建国主持开工仪式。省政府副秘书长陈永奇,厅党组成员、副厅长王志民,省直有关部门及金融部门负责人,临汾市四大班子领导出席会议。

临吉高速公路是国家高速公路网青岛——兰州公路和山西省“三纵十一横十一环”高速公路网第九横的重要组成部分,也是全省“十一五”规划重点建设项目之一。起于临汾市南辛店,与拟建的长治——临汾高速公路相接,经襄汾、乡宁、吉县,终于晋陕交界壶口黄河大桥,全长99.27千米。双向4车道,设计时速80千米,路基宽24.5米,估算投资约91.7亿元。工期安排为2010年建成襄汾南辛店——乡宁光华段20千米,实现小循环;2012年建成乡宁光华——吉县壶口段79千米,全线贯通运营。

临汾市北环段是山西省高速公路网“三纵十一横十一环”规划中“临汾环线”的重要组成部分。起点为洪洞县曲亭镇,终于大运高速龙马枢纽,全长19.255千米,投资估算8.57亿元,建设工期2年。

京昆与青兰高速公路山西境临汾连接线是国家高速公路网连接线工程,也是全省“十一五”规划重点项目之一,起点接青兰高速公路长临段曲亭互通,终于京昆高速公路山西祁临段明姜互通西南,全长16.03千米,投资估算14.11亿元,建设工期2年。两项目均由省政府投资,临汾市政府承建。

【闻喜——合阳、运城——灵宝、河津——运城高速公路开工建设】 8月6日,闻喜——陕西合阳、运城——河南灵宝、河津——运城高速公路奠基开工。省委副书记、省长王君出席开工奠基仪式,宣布工程开工,副省长牛仁亮讲话。运城市委书记高卫东主持,省交通运输厅党组书记、厅长段建国就三个项目建设提出明确要求。省直有关部门和金融部门领导，三个项目沿线市县负责同志及河南省三门峡市、陕西省渭南市领导出席。

闻喜——合阳、运城——灵宝、河津——运城高速公路都是全省高速公路网规划“三纵十一横十一环”的重要组成部分。

闻喜——合阳为第十一横组成部分，起点闻喜东镇，终点临猗孙吉镇，接拟建的黄河特大桥，与陕西西禹高速公路相连，主线全长76.2千米，项目总投资33.98亿元，建设工期3年。

运城——灵宝高速公路是中纵的重要组成部分，起点运城市盐湖区解州镇，终点芮城县陌南镇，接拟建的黄河特大桥，路线全长31.3千米（包括芮城连接线19.5千米）。项目总投资25.4亿元，建设工期4年。

河津——运城高速公路为西纵的组成部分，全线位于运城市境内，起点河津市，终点盐湖区，主线全长80.95千米。项目计划投资39.1亿元，建设工期3年。

三个项目纵横河东大地，承接豫陕两省，都是山西省对外开放、区域交流的重要出口公路，建成后，运城境内高速公路总里程将近600千米，出省口将达到6个。

【榆次——祁县高速公路开工建设】9月1日，榆次龙白——祁县城赵高速公路奠基仪式在太谷县举行。这是全省首条由市级政府投资建设的全省首条全标准双向六车道高速公路项目，是全省高速公路建设投资体制改革的一次尝试。省委副书记、省长王君出席仪式并宣布开工奠基。副省长牛仁亮，省政府秘书长王清宪，省交通运输厅领导段建国、张德仪、赵振田，晋中市委副书记、市长张璞等出席，晋中市委常委、副市长马彦平主持并介绍工程概况。

项目是全省“三纵十一横十一环”高速公路网的重要组成部分，也是全省首条采用双向六车道技术标准设计的高速公路。起点位于榆次龙白与太旧高速公路连接处，经北合流、修文工业园区、巩村、任村、小常村、白村、杜村、牛家堡，终点位于祁县城赵，接大运高速公路太原与祁县段，建设里程71.496千米，设计时速100千米，估算投资36.9894亿元，建设工期3年。省直有关部门、晋中市四大班子领导及市直有关部门负责同志，沿线各县市（区）党政领导、厅机关、厅直有关单位负责同志参加。

【干线公路养护技术比武活动】9月8日，全省第六届干线公路养护技术比武在长治举行。来自全省公路系统11个公路分局的近两百名队员参赛。比武分为理论测试和现场操作两部分。现场操作比赛科目有三项，分别为公路技术状况评定、养护机械操作和沥青路面灌缝。经过角逐，晋中分局、太原分局、长治分局及忻州分局分获沥青路面灌缝比武第一至第三名；晋中分局、长治分局、忻州分局和太原分局分获公路技术状况评定比武第一至第三名；晋中分局、长治分局、晋城分局和太原分局分获养护机械操作比武第一至第三名；晋中分局、长治分局、太原分局分获全能前三名；李小东等60名队员获得“技术能手”称号。（师国梁）

铁　路

【概述】太原铁路局管辖石太、京原、南同浦、北同浦、侯月、侯西、京包、太焦、大秦9条干线；云岗、湖大、口泉、宁岢、忻河、玉门沟、太岚、上兰村、介西、礼垣10条支线和与国铁办理直通运输的迁曹铁路、孝柳线、武左线、沁沁线。石太线从太原北至赛鱼与北京铁路局相接；南同蒲线从太原至港口与西安铁路局相接；侯西线从侯马至下峪口与西安铁路局相接；侯月线从侯马至嘉峰与郑州铁路局相接；太焦线从修文至夏店与郑州铁路局相接；北同蒲线从太原到管内大同；京原线从原平至大涧与北京铁路局相接；京包线从大同至古店与呼和浩特铁路局相接，从大同至柴沟堡与北京铁路局相接；大秦线从韩家岭至秦皇岛与北京铁路局相接。东起能源大港秦皇岛港、京唐港、曹妃甸港，西至黄河禹门口，北到煤都大同，南至古迹风陵渡，主要担负着国家新型能源工业基地——山西省的客货运输和冀、京、津、蒙、陕等省市区的部分货运任务，用户群辐射全国26个省市自治区、15个国家和地区。

2009年末，太原铁路局职工总数115909人（不含通信段1694人）。路局机关设限额内机构22个，限额外机构4个，学（协）会3个，派出机构1个（北京），临时性机构4个，党群机构7个。路局直属单位75个。下设主要运输站段31个（其中：一等站13个、二等站37个、三等站59个、四等站70个），直属站4个，车务段7个，客运段1个，机务段3个，供电段2个，车辆段3个，工务段7个，电务段2个，通信段2个；公安系统12个；路局直属多经公司11个；工程指挥部（筹备组）10个；其他单位11个。路局管辖线路共计7941.375千米，其中运营线路合计7426.613千米，合资线路514.762千米；运营线路正线4688.851千米，运营道岔共计8634组；桥梁2790座，其中正站线2739座，岔特段51座；隧道242座。配属机车总数1241台、客车1908辆、CRH5型动车组4组。

【经营管理】2009年，全年货物发送量4.2亿吨，旅客发送量5026.2万人，运输收入400.1亿元，大秦线运量完成3.3亿吨，侯月线交口运量完成7442万吨。全年节支11.87亿元，实现利润总额82亿元。完成基本建设投资78.1亿元，创建局以来最好水平。路局荣获全国企业文化建设“百佳贡献单位”、全国安全文化建设“十强单位”等荣誉称号，名列2009年度中国企业500强第109位，全国500强服务企业第43位和中国企业效益200佳第23位。

【安全生产】积极推进“三项工程”建设，制订实施方案和一系列配套办法，安全管理中间环节大幅减少；围绕落实逐级负责制，进一步明确全局领导负责、分工负责、专业负责、岗位负责的具体责任、权限标准和量化指标，安全责任落实体系日趋规范；围绕安全生产重点、难点，深入推进10项安全专项整治，安全关键得到有效控制;加大"五道防线"建设力度,治安综治、安全防范措施和应急管理体系进一步完善,确保春运、"两会"、国庆60周年等特殊时期的安全稳定。2009年,较好完成铁道部下达的主要运输任务指标。特别是大秦线运量多次刷新历史纪录,最高日达到111.35万吨,提前18天完成全年任务。紧紧抓住石太客运专线开通、动车组开行和"4·1"、"7·1"、"11·11"三次运行图调整优化的契机,快速扩充旅客运输能力,全局运能达到日均10万个,最高日完成旅客发送量22.3万人,创历史之最。

【企业改革】 大力推进生产布局调整、劳动组织整合、市场化经营等基础性改革工作,全局主要运输生产站段由34个减少到29个,并新组建2个通信段,封闭23个、拆除24个中间站,生产资源配置进一步优化;清理和取消劳动用工12866人,职工总量完成铁道部下达计划。房建系统实施内部模拟市场运作,太原客运段整备、保洁、洗涤、餐饮业务整建制划归新创餐饮公司经营和管理,路达地铁公司和三晋路兴公司合并,成立大秦物流公司,全局多元经营市场竞争能力明显提升,服务专业化、经营市场化、管理专业化的格局进一步形成。铁通山西分公司管辖的太原通信段、大同通信段整建制划转太原铁路局管理。同时,路局电务处设置通信科,电务检测所设置通信实验室和通信数据管理室,强化铁路通信工作的管理;分开设立卫生监督所和疾病预防控制所,为进一步推动卫生防疫工作向专业化、高效化的轨道发展奠定基础;将山西三晋路兴工程有限公司和山西路达地方铁路运输有限责任公司合并,成立山西三晋铁建工程集团有限公司。

【科技成果】 利用铁道部有关政策,确立保障安全质量类课题45项,提高效益效率类课题11项,管理创新类课题5项,通过积极开展科技攻关,研究开发运输生产、安全保障和经营管理等方面的新产品、新技术,使科技保安全能力得到进一步提高。全年承担铁道部科研计划项目10项,取得科技成果67项,获省部级科研成果奖6项,获技术创新奖23项,成果转化推广应用16项。在上海召开的世界重载运输大会和现代化铁路装备展览会上,全局16篇专业技术论文参加了大会论文交流。

【铁路建设】 2009年共完成19个站场的扩能改造任务,新铺轨110千米,接触网架设1236条千米,新建牵引变电所3个,完成路基土石方3278万立方米,桥梁32882折合延米,隧道25000折合米,涵洞18176折合横延米,完成基本建设投资78.1亿元,创建局以来最好水平。全局4个在建项目竣工开通,新建大西客专、山西中南部铁路通道、太原枢纽西南环开工建设,太兴铁路、吕临支线、侯西复线、运三铁路等项目已满足或即将具备开工条件。 (孙淑环)

民用航空

【概述】 2009年,山西省民航机场集团公司(山西省民航机场管理局)各民用机场共开通航线71条,通航城市66个。太原武宿国际机场通航航线49条,通航城市42个;长治王村机场通航航线4条,通航城市5个;运城张孝机场通航航线14条,通航城市15个;大同倍加皂机场通航航线4条,通航城市5个。各民用机场共完成旅客吞吐量5592278人(次),完成货邮吞吐量36471.0吨,起降架次64615次,同比分别增长11.96%、11.63%、11.32%。太原武宿国际机场共完成旅客吞吐量4632179人(次),货邮吞吐量34495.7吨,起降架次52236次,同比分别增长7.4%、9.47%、9.0%,在全国166个民航机场中排名29、32、27;长治王村机场共完成旅客吞吐量340613人(次),完成货邮吞吐量466.3吨,起降架次4595次,同比分别增长30.59%、103.09%、30%,在全国166个民航机场中排名71、92、77;运城张孝机场完成旅客吞吐量506642人(次),完成货邮吞吐量1024.2吨,起降架次6116次,同比分别增长66.89%、43.22%、29.6%,在全国166个民航机场中排名63、78、65;大同倍加皂机场完成旅客吞吐量112844人(次),完成货邮吞吐量484.8吨,起降架次1668次,同比分别增长-3.9%、126.33%、-11.4%,在全国166个民航机场中排名111、91、115。

2009年,山西省民航机场集团公司加强经营责任考核,严格收益预算管理,逐月落实绩效考核,实现总收入2.65亿元,同比增长19%,其中航空性业务收入17091万元,非航空性业务收入9456万元,同比增亏1556万元(包括新增资产报废损失1254万元)。

【航空安全】 2009年,山西省民航机场集团公司围绕"确立安全发展理念,实现持续安全发展"的指导思想,把"安全第一,预防为主,综合治理"的方针贯穿于各项工作中,切实完善安全责任制,将安全主体责任、监管责任、领导责任、岗位责任进行细化,形成"一级抓一级、一级对一级负责、层层抓落实",有责必究、有过必罚、有功必奖的安全生产目标责任制和奖惩体系。在安全培训和教育中,教育员工增强安全工作的主动性、预见性和安全生产的可靠度,正确处理好安全与效益的关系,提高员工群体安全意识。

2009年,山西省民航机场集团公司加大安全生产的投入,特别是应急救援设备的配备,提高安全生产裕度,推进机场SMS安全管理体系建设,规范安全管理。太原武宿国际机场以98.47的高分通过安全审计,为机场安全工作夯实根基。发挥机场安全管理委员会作用,及时对太原、长治驻场各单位存在的问题进行沟通协调;落实安全防范措施,并主动组织安全生产隐患排查治理,熟练掌控各类应急处置预案,全面提高太原、长治两机场安全风险管理水平,确保国庆60周年大典纪念活动的机场安全保卫和备降机场服务准备工作。

【企业管理】 2009年,山西省民航机场集团公司加强企业管理,年初即与

太原武宿国际机场新航站楼夜景　（靳国斌提供）

下属单位签订《目标责任书》，逐月落实绩效考核，严格预算管理；强化对合同的审核，从严报批程序；按照劳动法规范短期合同劳务用工管理；按新颁布的机场收费标准，与各航空公司重新签署《航空地面服务代理协议》，有效保障运输生产和收入结算工作的开展；非航空业务细化严管，收入得到较大提升。开展"机关工作作风整顿"，加强工作纪律，提升工效。着手开展公司办公自动化建设工作，及时完善干部职工培训大纲，健全教育培训档案和资料库；加强上岗安全资格、危险品运输检查、消防安全等安全培训，共有153名员工通过行业统一认证考核，467名员工取得上岗证书，466名员工取得航空危险品运输培训合格证。本着"专业化经营，板块化管理"的原则，根据公司发展战略需求，对优化组织结构、薪酬体系设计、绩效管理体系、企业文化、企业VI系统建设进行战略调整。新的机构职能及机场管控模式已基本成型。公司按照省委、省政府的指示精神，就整合山西省民航机场资源，推进一体化管理，进行机场基础工作调研和管控方式的初步探讨。

【服务工作】　2009年，山西省民航机场集团公司以服务各航空公司正常飞行和优质服务旅客，做好不正常航班的细微服务为重点，创新服务理念，延伸服务内涵，完善管理体系，强化员工服务意识，全面完成太原、长治两机场航空生产服务任务。首先，制定《山西省民航机场集团公司航空运输地面服务质量标准》，有效规范服务程序和行为准则，并对各服务《岗位工作检查单制度》的执行情况进行专项督察，杜绝人为差错的发生。其次，针对2009年11月9日太原罕见大雪对机场保障工作带来的困难，积极组织应对并获得成功经验；面对全球甲型流感疫情的蔓延，采取严格的航空港进出入境检查制度，积极防范，对内实施流感疫苗接种，使太原、长治机场防控工作有效起到"三晋第一关"的把关作用，防止疫情从空港向外传播。第三，针对高铁动车的开通对民航业的冲击，在加强2号航站楼内各信息系统和设施设备监管力度的同时，联合东航、海航、国航等多家航空公司优化服务流程，确保服务工作有效展开，提高航班正常率，打造"并京快线"服务品牌，也奠定了太原武宿国际机场优质服务的声誉。

【国庆60周年大典服务保障工作】　山西民航机场集团公司太原武宿国际机场与长治王村机场担负保障中华人民共和国建国60周年大典备降机场各项服务工作。两机场完成对工作人员政治背景调查4141人次，审验车辆355台、审验驾驶员及发放证件572个，另外投入3000万元改进各种设施设备，公安局全部警力轮流巡逻值班确保机场空防安全和治安秩序。

公司协调空管、航油等九家驻场单位开展大量工作，为北京国庆大典受阅机队备降两机场作充分保障和应急准备工作。

【集团公司干部任免】　9月9日，省委常委、副省长李小鹏，省委组织部副部长张葆，省政府副秘书长韩和平等领导参加山西省民航机场集团公司干部大会。会上张葆宣读任免文件，任命郝孝义为山西省民航机场集团公司总经理（山西省民航机场管理局局长）、党委书记，免去李战志的山西省民航机场集团公司总经理（山西省民航机场管理局局长）、党委书记职务（晋组干字[2009]24号、晋政任[2009]35号）。李小鹏作指示，李战志、郝孝义做工作交接表态发言，公司班子全体成员、中层三级正以上干部参加会议。

【武宿国际机场通过安全审计】　受中国民用航空局委托，民航华北地区管理局、民航山西监管局9月23日～25日对太原武宿国际机场进行安全审计。审计内容为机场综合安全管理、飞行区安全、目视助航设施、机坪安全、消防安全、应急救援、机场供油安全、旅客运输管理、货物运输管理、危险品运输管理、机场空中交通管理等十一项。太原武宿国际机场最终以98.47分的优异成绩顺利通过安全审计。　（靳国斌）

2009年太原武宿国际机场新辟和加密航班一览表

航　线	新辟和加密时间	航空公司	加密航线班期	备　注
太原至三亚	1月23日	海南航空公司	每周一、二、三、四、五、六、日	—
太原至北京	2月20日	重庆航空公司	每周一、二、三、四、五、六、日	太原至北京航班由每天十二个班次增加为十三个班次
太原至上海	3月29日	东方航空公司	每周一、二、三、四、五、六、日	太原至上海航班由每天六个班次增加为七个班次
太原至武汉至深圳	3月29日	东方航空公司	每周一、二、三、四、五、六、日	—
太原至杭州	3月29日	大新华航空公司	每周一、二、三、四、五、六、日	太原至杭州航班由每天两个班次增加为三个班次
沈阳至太原至武汉	3月29日	南方航空公司	每周一、二、三、四、五、六、日	—
太原至合肥至温州	3月31日	大新华航空公司	每周二、四、六	—
太原至运城	4月6日	大新华航空公司	每周一、二、三、四、五、六、日	太原至运城航班为每天往返四个班次
太原至南京至厦门	4月6日	山东航空公司	每周一、三、六	—
太原至青岛	4月12日	东方航空公司	每周一、二、三、六、日	太原武宿国际机场共有东方航空公司、海南航空公司和山东航空公司三个航空公司的航线班机在执飞太原至青岛国内航线
太原至大连	5月5日	海南航空公司	每周一、二、三、四、五、六、日	太原至大连航班增加为每天三个班次
广州至太原至银川	5月7日	海南航空公司	每周四、五	—
太原至大连	5月22日	深圳航空公司	每周一、二、三、四、五、六、日	太原至大连航班增加为每天四个班次
太原至长沙至南宁	6月1日	东方航空公司	每周一、三、五、日	—
南京至太原至呼和浩特	7月5日	深圳航空公司	每周一、二、三、四、五、六、日	—
太原至西宁	7月15日	海南航空公司	每周一、三、五、日	—
太原至合肥	7月16日	海南航空公司	每周二、四、六	—
广州至太原至西宁	7月16日	海南航空公司	每周二、四、六	太原至广州航班增加为每天八个班次，太原至西宁航班增加为每周一、二、三、四、五、六、日
深圳至太原至银川	7月19日	海南航空公司	每周一、三、五、日	太原至深圳航班由每天两个班次增加为三个班次，太原至银川航班增加为每周一、二、三、四、五、六、日
太原至青岛	8月1日	东方航空公司	每周二、四、六	太原至青岛航班增加为每周十四个班次
太原至青岛	8月1日	山东航空公司	每周一、二、三、四、五、六、日	太原至青岛航班增加为每周二十一个班次
太原至杭州	8月10日	东方航空公司	每周一、二、五、六	太原至杭州航班增加为每周十一个班次
太原至沈阳	8月14日	东方航空公司	每周一、二、三、四、五、六、日	太原至西安航班增加为每周十四个班次，太原至沈阳航班增加为每周十四个班次
太原至西安	8月18日	幸福航空公司	每周一、二、三、四、五、六、日	太原至西安航班增加为每周二十一个班次
上海至太原至呼和浩特	9月1日	东方航空公司	每周一、二、三、四、五、六、日	—
太原至济南至青岛	10月25日	山东航空公司	每周一、二、三、四、五、六、日	—
太原至广州	10月28日	海南航空公司	每周一、二、三、四、五、六、日	—

邮　政

【概述】　2009年，全省邮政业务总收入18.67亿元，同比增长2.35%。全年新增邮政储蓄余额60亿元，其中新增活期余额占到46.28%，拉动总余额比上年提高1.11%，达到33.28%。邮储非利差业务从8月份起呈现持续向好的发展态势，累计销售国债、基金、理财和发展小额质押贷款占邮银总量的比重较前半年分别提高了32.9%、3.3%、3.27%和8.39%。代理保险综合收益率达到3.11%。定向邮品收入同比增长66.67%，同比提高4.16%。短信收入同比增长40%，同比提高10.5%。航空票务销售量同比增长136.4%。2010年一次性报刊大收订的收益率达到25.26%，同比提高1.9%。2010年贺卡营销中，定制型贺卡收入增长45.56%，增幅列全国第3位，同比提高10.14%。

年内全省通过转岗、招聘等方式新增专职营销人员264人、发展社会代理营销人员149人。大客户服务体系不断完善，全省新增万元以上大客户630户，总数达到2030户，大客户用邮收入同比增长19%，达到2.14亿元。项目营销得到加强，39项省级重点营销项目实现收入3.03亿元，占到邮政业务收入的35.36%。爱心包裹、农行账单、交警账单、农家书屋、移动贺卡、保险贺卡等一批省市总部营销项目实现良好效益，促进总部经济的开发。山西省邮政总公司(以下简称“省公司”)精心策划的“思乡月”营销项目，首次采取三大板块联动、六个专业共同参与的运作模式，实现综合营销收入3366万元，完成预期目标的124.7%。

全省固定成本支出基本控制在年度预算目标以内，变动成本同比下降7.85%。重点控制的成本费用中，业务费占收入的比重同比下降1.18%，对收入的贡献率同比提高11.83%，修理费同比下降32.69%，管理费用同比下降10.68%，办公费同比下降25.20%，招待费同比下降16.77%，通信费同比下降11.75%，会议费同比下降8.67%。

加强邮运资源整合，合理调整省内干线邮路和区内邮路，推进干线车辆的综合利用和县内邮路的委办运输，全省日均减少邮运里程近2900千米，干线车辆的满载率达到95%以上，年可节约车辆运行成本330多万元。优化作业组织流程，将普通邮件省际出口集中到太原邮区中心局处理，在提高邮件上机分拣效率的同时，有效提高大网结算收益，全年节约省际干线运费225万元；在大同、侯马邮区中心局推行进口邮件直封到段，减少邮件经转层次和基层单位的分拣人员；在全省推进集装箱、信盒运邮、塑料封志改革和邮件散件外走，简化作业环节，降低封发成本。对全省全部机动车辆实施集中管控，建立单车费用核算机制，年可降低车辆维修、燃油、保险等费用1200多万元。同时，集中管控后，通过合理调拨车辆，减少急需新增和更新车辆投入450多万元，缓解车辆投资压力。

针对营业网点效益不高、布局不合理等问题，出台网点优化调整指导意见，进一步优化网点结构。根据网点营业时间的分类标准，全省共划定一类网点330处，占自办网点总数的26.9%，二类网点563处，占总数的45.9%，三类网点334处，占总数的27.2%。

针对部分单位存货积压严重、收入不实和占用业务资金等突出问题，省公司采取措施，对历年积累的遗留问题进行清理。存货方面，在盘点清账、查明原因、明确责任的基础上，将清理责任落实到具体单位和人员，要求限期完成清理。其中，清理历年库存积压存货2406万元；追缴物流合同损失35万元。欠费方面，加大报刊用户欠费的清缴力度，累计清缴历年欠费2800多万元。业务资金管理方面，对占用进行严格清理。针对相关单位经营管理中存在的违规违纪问题，进行严肃的责任追究。其中，针对《生活晨报》经营服务问题和占用业务资金的问题，解除劳动合同1人、降职3人、记过2人、警告4人、通报批评6人、经济处罚5人。同时，省公司严明经营纪律和财务纪律，完善收入考核办法，加强经济合同管理，加大经济责任审计、财务收支审计、业务资金专项审计、项目营销审计和效能监察力度，坚决杜绝形成新的问题。

完成速递物流省市县机构的组建和人员、资产的划分工作；组织各级邮政部门配合中介机构进行速递物流改革的尽职调查、审计、资产评估和“两证”办理等工作；落实速递物流财务独立核算的相关工作，保证了从2010年起的独立运营。省公司争取集团公司支持，在初期确定的6市25县参加改革的基础上，将其余5市

邮政深受农民朋友欢迎　　(李　江提供)

及其所属的11个县纳入改革范围。建立全省邮政金融协调工作例会制度和内控、经营、建设工作协调小组例会制度，对邮银双方运行中的有关问题及时进行沟通协调。完成省市县邮银代理业务协议的签订工作，为代理邮政储蓄业务的长期、稳定、健康发展奠定基础。

全年改造营业网点68个，包括1个速递旗舰店、14个精品店和7个标准店；安排购置9处城市营业网点；新建电子化支局65个，总数占到自办局所的94.48%；新建报刊亭80个；争取地方支持，下达34个农村支局所的新、改、扩建计划。制定2009年投递网建设达标意见，推进73个县级城市投递网的建设达标工作；加强投递信息化建设，投递信息系统在全省乡镇以上的866个投递部上线。部分市局组建账单专投队伍。提升网运支撑能力。集团公司安排建设的太原物流仓储中心，实现当年立项、当年完工和当年投产，提高投资效益；争取集团公司试验项目，投资近4300万元的交叉带分拣设备及配套的场地改扩建工程进展顺利，这一重点项目投产后，实增土建面积6868平方米，将有力地提升邮件处理能力，为下一步普邮、速递上机分拣以及市县局分拣前置的系统优化工作提供条件。通过整合网运资源，优化作业流程，竞争性业务的传递时限进一步加快，省内地市互寄特快邮件实现当日营业终了揽收、次日投递的目标；畅销报刊当日赶发率达到81.83%，较上年提高14.33%；干线快速汽车邮路平均准点率达到95.64%，普通邮路达到94.22%，较好地支撑业务发展。推进信息网的建设和应用。完成集团公司安排的邮储2.0版本改造、绿卡通、储蓄和代理保险全国大集中、电子商务平台、11185客服系统等32项重点信息化项目的上线运行；根据山西省业务需求，开发建设代收交警罚没款、代收电信话费、金融从业人员管理、全省网络视频会议等信息系统。

利用侯马邮电技校的资源，组建全省邮政教育培训基地，并开始建立省公司层面的内训师队伍。加大员工教育培训力度，共培训各类员工13252人，培训率达到53.2%。通过开展职业技能鉴定，全省培养一大批技术能手。在第二届全国邮政通信特有职业技能竞赛中，取得团体总分第四名等16个奖项的成绩。

热情优质的邮政EMS服务　　（李　江提供）

【太原至石家庄特快汽车邮路开通】 2月25日，太原至石家庄特快汽车邮政开通。新邮路的开通使山西省由太原、阳泉出口发往上海、浙江、安徽、江苏等省市的“全夜航”邮件时限均提前了一个频次。

【荣膺全国邮政系统先进称号】 4月21日，在全国邮政系统先进个人先进集体表彰大会上，山西省朔州市右玉县邮政储汇局局长王鹏梅，晋中市邮政局计财部主任助理贾永凤，晋城市泽州邮政局晋庙铺支局局长翟建强，邮储银行太原市分行行长、党委书记石麒鹿荣获“全国邮政系统先进个人”荣誉称号；太原市古交市邮政局储蓄组、吕梁市邮政局、邮储银行吕梁市分行荣获“全国邮政系统先进集体”称号。

【《鹳雀楼与金门》特种邮票首发式】 8月14日，中国邮政与乌克兰邮政联合发行的《鹳雀楼与金门》特种邮票首发式在运城永济市鹳雀楼广场举办，这是中外联合发行邮票在山西首发，永济市第三届《黄河风情》旅游文化节活动也同期举办，首发活动现场安排邮票设计家签名活动和邮品展销。

【11185客服中心挂牌】 11月26日，山西省邮政11185客服中心挂牌仪式在新建成的客服中心举行。实现集中后的11185客服中心，功能更加强大，是为社会各界提供更规范、便捷、高效、现代化邮政服务的平台之一，对进一步提升邮政服务能力和水平，推动山西邮政转型发展、扩大市场经营范围具有十分重要的意义。

【邮政储蓄物理大集中工程】 12月13日，山西省邮政成功实现邮政储蓄物理大集中工程正式切换及业务测试等工作，实现省内旧储蓄主机物理隔离，全国中心新系统开始对外营业。邮政储蓄物理大集中工程的成功切换，有利于快速创新业务产品，提高邮政金融业务市场核心竞争力，进一步推动邮政金融信息化迈上新台阶。

（李　江）

高新技术产业
物流业

高新技术产业

【概述】 2009年，山西省有省级以上开发区24个(其中，国家级2个，省级22个)。太原经济技术开发区，科工贸总收入228.86亿元，区内生产总值54.79亿元，工业总产值168.12亿元，税收收入7.66亿元，进出口总额9.37亿美元，实际使用外资1.46亿美元；太原高新技术产业开发区，科工贸总收入920亿元，区内生产总值288亿元，工业总产值810亿元，税收收入7.02亿元，进出口总额2.65亿美元，实际使用外资381万美元。

省级开发区22个。实现科工贸总收入994.63亿元，区内生产总值34亿元，工业总产值568.27亿元，税收收入58.89亿元，进出口总额5.99亿美元，引进国内资金151.91亿元，实际引进国内资金108.66亿元。

【晋中经济开发区】 2009年，开发区以保增长、保民生、保稳定为工作主线，倾力抓项目带动，着力提升产业级次，培育新的经济增长点，经济运行止跌回升，社会事业健康发展，各项工作迈出新的步伐。

1.经济运行呈现回升态势。2009年区内生产总值完成128018万元，同比增长10.4%；规模以上工业增加值完成51568万元，同比增长11.2%；工业总产值完成206250万元，同比增长2.86%；财政总收入完成38143万元，同比增长0.52%；固定资产投资完成190854万元，同比增长9.62%；农民人均纯收入达到6404元，增收1006元，同比增长18.6%。科工贸总收入和进出口总额降幅较大。总体来看，经济运行的态势与全国宏观经济同步，呈现出逐步向好态势。

2.招商引资取得新成效。2009年新引进3000万元以上项目9项，总投资约8.1亿元，亩均投资强度达253万元，远远高于国家规定的标准。其中投资5000万元和亿元以上的项目7个。这批项目中，有4个工业项目的科技含量达国内先进水平，有5个项目利用、盘活存量土地160余亩。新引进项目、续建项目全年到位资金15.6亿元，是开发区历史上到位资金最多的一年。

3.项目建设取得新进展。2009年，全区铺开经济和社会发展项目共计53项，总投资106.75亿元，当年完成投资19.08亿元。53个项目中有工业项目

2009年山西省高新经济技术开发区综合情况表

单位:亿元

指　标	2008	2009
当年地区生产总值	635.5	676.8
当年工业总产值	1501.0	1546.4
当年进出口总额(万美元)	142526	180047
出口总额(万美元)	94492	109418
进口总额(万美元)	48034	70628
当年财政收入	70.5	74.6
# 税收收入	69.9	73.6
全区从业人员(万人)	44.2	40.4
当年入区企业数(个)	1080	1194
当年引进国内资金	193.0	194.2
# 引进省外资金	60.3	59.5
科工贸总收入	1984.3	2143.5

2009年山西省各开发区综合发展情况表

单位:亿元

开发区	科工贸收入	工业总产值	税收收入	进出口总额(万美元)	区内生产总值	引进国内资金	实际引进国内资金	合同外资金额(万美元)	实际使用外资金额(万美元)
总　计	2143.5	1546.4	73.6	180047.3	676.8	194.2	150.8	18166	16627.2
大同经济开发区	155.4	74.5	4.0	8276.7	28.1	5.8	—	203	728.0
长治高新开发区	210.0	182.0	24.9	117.0	123.0	2.8	2.8	—	100.0
太原高新开发区	920.0	810.0	7.0	26500.0	288.0	21.8	21.8	860	380.8
太原经济开发区	228.9	168.1	7.7	93652.0	54.8	20.5	20.4	12637	14582.2
阳泉经济开发区	24.0	13.3	1.4	4085.1	6.6	35.7	15.8	—	—
临汾经济开发区	102.9	7.5	1.7	694.1	15.4	9.6	9.6	18	17.6
侯马经济开发区	46.3	6.6	1.3	3170.0	12.6	11.6	6.9	—	—
晋城经济开发区	50.6	20.1	2.5	29384.5	13.2	19.0	17.9	−98	500.0
太原工业园区	60.5	3.2	2.4	3200.0	13.1	7.4	—	—	—
风陵渡经济开发区	37.0	31.1	2.5	776.0	10.9	5.1	5.1	—	—
绛县经济开发区	15.3	16.5	0.5	3529.8	5.1	5.0	5.0	—	—
朔州经济开发区	12.1	2.1	1.0	22.2	4.8	13.7	13.7	—	—
忻州经济开发区	27.2	14.1	1.1	116.0	8.2	5.7	1.3	4391	—
晋中经济开发区	83.7	20.6	3.5	622.9	12.8	15.6	15.6	155	318.6
运城经济开发区	169.8	13.4	0.9	727.0	35.6	14.9	14.9	—	—
文水经济开发区	—	20.7	0.6	—	—	—	—	—	—
壶关经济开发区	—	35.9	0.4	—	35.8	—	—	—	—
交城经济开发区	—	87.1	7.9	5174.0	—	—	—	—	—
清徐经济开发区	—	19.7	2.3	—	8.8	—	—	—	—

25个,商贸服务业项目9个,其中包括规划总投资35亿元的山西能源工业国际分销物流港、总投资30亿元的山西三晋国际物流商贸城以及计划总投资25亿元的山西兰田专用车有限公司扩产等一批投资规模大、科技含量高的项目。截至2009年底,双合成食品、三晋国际物流商贸城、万豪美悦国际大酒店等18个项目竣工投产或部分投入运营,成为带动开发区实现可持续发展的重要支撑。同时,争取中央扩大内需预算投资项目2项,争取资金374万元,开工率、投资完成率、地方配套资金到位率和四制执行率均达到100%;还有13个项目列入省煤炭可持续发展基金扶持范围,共争取扶持资金3060万元。

4.重点工程、重点项目推进。国家重点工程太中银铁路建设工程,涉及开发区段路线长,拆迁任务重,困难大,在包括沿线各村的共同努力下,克服重重困难,使该铁路建设成为省内推进最快的区域之一;市重点工程城市总退水,在资金不到位的情况下,多措并举,积极推进,历时一年半,按期完成任务;龙湖大桥建设涉及侯方村整体搬迁,仅大桥建设的一、二期工程就需拆迁村民住房200余户,经过一年多的努力,圆满完成下达的拆迁任务。在基础设施建设方面,全年投资5025万元完成二级路改造10千米,新增公路5.8千米,完成拉动内需道路建设项目2.4千米,新农村

晋中开发区管委会主任刘贵海在重点项目施工工地现场办公

(吴旭光提供)

街道硬化15千米。此外,城区污水管网改造工程、城市绿化建设改造工程等均取得了较好成绩。

5.民生工程建设成效显著。(1)加大财政对民生的保障力度。2009年财政用于三农的投入达到685万元,同比增长8.56%,用于教育的资金投入达2532万元,同比增长8.62%。(2)加大惠民实事的推进力度。省政府实施的"五个全覆盖"工程和市政府确定的10件实事以及开发区确定的8件实事健康推进。投资110万元的王杜节水园区完工并投入使用,投资260万元完成农田林网、园林村、河道等绿化工作,计划总投资500万元的奶牛标准化养殖园区建设已经铺开,落实粮食直补13.68万元,汽车、家电下乡补助61.62万元,农机购置补贴67.42万元,各项举措对开发区农业农村健康发展发挥积极作用。全年农村经济总收入达到19.05亿元,瓜、果、菜、肉、蛋、奶等产量保持稳定。新组建农民专业合作社6家,达到40家,带动2360户农户7000余人增收。同时,甲型流感、动物疫情的防控工作取得阶段性胜利。(3)加大和谐开发区建设力度。积极维护社会稳定,不断加强信访工作,切实推进社会治安综合治理,有效防范和坚决遏制各类安全生产事故,为保增长营造良好的社会环境。继续完善农村养老保险和农村新型医疗合作制度,参保人数和征缴保险均超额完成全年目标任务。从制度上探索解决拖欠农民工工资问题,成功为983名农民工讨回工资327.2万元,有效保护农民工的合法权益。引导企业履行社会责任、在困难时期少裁员或不裁员,通过加大劳动力培训力度推进农村剩余劳动力的转移、增加农民收入。从人民群众最关心、最直接、最现实的利益问题入手,加强市场监管、环境保护、应急处置,及时处理暴雨暴雪带来的灾害,对受灾农户按政策给予补偿,千方百计为群众排忧解难。同时,民政、计生、文化体育等各项工作也取得新进展。　（吴旭光）

物流业

【物资产业】 2009年,山西省物资产业集团有限责任公司(以下简称"集团公司")加大转型发展力度,开拓主营业务,稳步推进企业改革改制和困难企业关闭破产工作,完成各项目标任务。截至2009年底,集团公司资产总额22.05亿元,拥有企业21户,在册员工1083人。集团纳入省国资委考核企业实现营业收入14亿元,利润总额1276万元,净资产收益率2.75%。整个集团公司经营规模达到26.5亿元。

1.综合贸易。集团进出口公司围绕煤炭运销业务,加大开发客户的工作力度,实行跟踪服务,加快资金周转;同时充分利用拥有的铁路发运权,开展煤炭代发运业务,全年超额完成利润目标任务1倍以上。民丰化工公司开辟新的资源渠道和供货渠道,成为中石油产品的代理商和销售代表,与包钢等大型焦化企业合作,取得第一手资源,在山东、宁夏、河北等地开发新的用户,使化工产品年销售量创下历史最好水平。同时,抓住塑料制品需求量上升的时机,针对特殊用户的特殊需求,开发生产窄幅包装膜等产品,参与国家农业直补项目的产品供应,不仅使当季的成品全部销完,而且将年初的库存全部销售。物产金属公司抢抓国家和省大力投资基础建设的机遇,集中开发重点工程市场,使经营规模和经济效益实现同步增长。物产再生公司一方面抓废钢经营,使之逐步成为公司的另一主营业务,另一方面进一步理顺报废汽车回收拆解业务程序,做到一站式服务,大力开拓新的收车渠道,报废汽车拆解销售坚持公开竞拍,保证拆解收益最大化,收到好的效果。

2.现代物流。集团公司抓住国务院出台《物流业调整和振兴规划》和山西省加快扶持物流业发展的机遇,不断调整经营结构,开拓物流市场,物流业务实现初步转型。长风物流公司从提升综合物流能力出发,主动调整储户结构,经营业务从单纯仓储和货物发运向仓储、配送、办市场等一体化转变,开展中转集散、停车配货、信息服务等综合物流服务,综合收入提高近1倍。现代物流公司在省发改委支持下,按要求投资1300万元开工建设1.8万平方米轻钢结构现代物流仓库,引进海尔电器、美的电器等一批具有国际知名度的大客户;广泛开展质押监管业务,2009年又取得光大银行资质,仓单质押规模月均达6500万元。民丰公司储运分公司通过调整存储产品结构,加大火车到达和汽车到货量,增加安全生产投入,实现业务收入稳步增长。此外,集团公司还分别争取到山西塑料物流中心项目、商品车物流基地建设项目及信息化建设项目资金。大宗商品物流基地信息化系统已在工业和信息化部的年度倍增计划中立项。申请山西塑料物流中心(园区)建设项目二期、综合性区域物流配送中心第三期建设、家电下乡物流配送、物流与电子商务信息平台和山西报废汽车拆解循环利用市场项目扶持资金。

3.房地产开发。宝佳房地产公司在完成宝佳·丽景花园综合楼和回迁楼交工使用、正式运营太原宝佳物业管理有限公司的同时,办理长风街机电仓库南区、宝佳公寓、物产再生地块和马道坡街项目的前期手续,做好开工前策划工作。同时,为做好机电仓库南区土地的开发准备工作,经过考察,最终确定与万科企业股份有限公司进行合作开发的战略思路。

4.企业改革改制。(1)企业改制进一步深化。集团公司对进出口公司进行增资扩股,同时引入民营资本。随着注册资本的扩大,企业实力增强,并按照现代企业制度的管理理念,建立相互制衡机制,促进企业健康快速发展。在资金紧张的情况下,提前解缴长风物流公司和物产再生公司的注册资本金,为企业进一步巩固改制成果、实现健康运作奠定基础。(2)困难企业关闭破产工作稳步推进。2009年,集团公司完成进入法律程序7户破产企业《费用测算方案》的制定、报批和资金争取工作,经省财政厅和省国企改革办核定的破产费用于10月底全部拨付到账。制定下发《关于认真做好困难企业破产职工分流安置工作的实施意见》，明确职工分流安置工作的相关要求、原则，规范相关程序及有关问题，有条不紊地分流安置职工。同时，经法院指定的实物资产拍卖机构在太原市产权交易市场公开拍卖，完成6户驻并企业的资产处置工作。12月18日太原市中级人民法院下达破产终结裁定，在并6户企业的破产工作终结。省木材晋南公司的破产工作也基本结束。集团公司一次性顺利推进7户企业破产，创下山西省大型集团所属企业破产数量最多的纪录，得到省国企兼并破产工作办公室和太原市中级人民法院的好评。

5.化解债务风险。集团公司多次与DAC公司谈判，最终达成抵顶债务的调解协议，使集团公司长达十年之久的担保责任得以终结，彻底解除集团公司为机电公司兼并租赁公司提供担保形成的对美国DAC公司不良债权的诉讼风险。回购东方资产管理公司对省物资储运经销公司的债权，化解储运公司债务风险、实现资产一体化经营。（王鹏声）

山西省首家保税物流中心——山西方略保税物流中心正式启动

（编辑部提供）

【山西方略保税物流中心】 1月8日，山西首家保税物流中心——山西方略保税物流中心正式启动。山西方略保税物流中心是山西省“十一五”发展规划重点项目、全省“无水口岸”的试点、大通关的平台和融入国际市场的“试验田”。山西方略保税物流中心地处晋、陕、豫三省的中枢地带，居于太原、西安、郑州经济圈和山西省南部临汾、运城、晋城经济圈的中心位置，近可辐射山西全省，远可辐射陕西、河北、内蒙古三省。具有国际中转功能、国际配送功能、国际采购功能、转口贸易功能和出口退税功能，同时为各类进出口企业提供国家所赋予的保税存储、出口退税、进出口贸易和转口贸易功能以及全球采购、国际物流中转、分拨和配送、国际国内集装箱多式联运、物流信息处理和咨询服务、流通性简单加工和增值服务、进出口手续一条龙服务、一站式办结、寄售维修和其他配套服务等十大功能。方略保税物流中心成为拉动山西经济发展的第一大支柱产业和新的经济增长点。

【2009山西现代商贸物流业发展论坛】 4月10日，由山西省发展与改革委员会、晋中市人民政府共同主办，晋中市经济开发区承办，三晋国际商贸物流城协办的“2009山西现代商贸物流业发展论坛”在太原举办。山西省发改委、晋中市领导到会并讲话，商贸物流企业近600人出席此次论坛。

物流业是山西省“十一五”规划中重点发展的产业之一，根据《山西省现代物流“十一五”发展规划》，山西省将建设太原、大同、运城、临汾、晋城五大物流基地，重点培育“一轴两翼”物流带。依托高速公路主骨架，合理规划物流业空间布局，构筑山西现代商贸物流枢纽中心。2009年初，山西省已选定100多个经济和社会效益好、带动和辐射功能强的现代物流项目，这些项目总投资额达360亿元。

晋中市市委常委、常务副市长杨随亭，晋中市经济技术开发区党工委书记申立康就晋中发展现代商贸物流业的地理优势、现实意义及产业规划进行深入阐述和分析。

与会专家学者就三晋国际商贸物流城项目的规划、运作模式、思路等问题进行深入交流，一致认为三晋国际商贸物流城项目120万平方米的建筑规模、1000亿的交易金额，其庞大的货流、人流、资金流、信息流必将成为山西省又一财富引擎，成为山西省发展现代商贸服务业、促进产业升级的龙头项目。（编辑部）

信息产业　会展业

信息产业

·无线电管理·

【概述】 截至2009年底，全省各类无线电设备总数为1576.9万部，无线电台(站)总数为51894部，其中：广播电视台236个，短波电台218个，超短波电台15235个，航空器电台68个，集群通信台站369个，卫星地球站105个，微波站509个，业余电台393个，无线接入台站7408个，蜂窝移动通信基站(GSM、CDMA)14610个，移动电话用户1493.6万，无线市话基站12541个，无线市话用户78.1万。全省全年共办理设台手续120多个，指配频率130多个(对)，核发无线电台站执照2823个，共受理和排查各类无线电干扰68起，干扰排查率为100%，共检测各类无线电发射设备4804部，检测率为96%。2009年山西信息产业占全省GDP总量的7.44%。其中：无线电通信产业占全省GDP总量的5.55%，信息传输计算机服务软件业占全省GDP总量的1.89%。

【无线电频率资源和台站管理】 2009年，按照"围绕一个重点、坚持二个原则、确保三个完成"的工作思路，即：围绕3G网络建设一个重点，坚持热情服务和按章办事二个原则，确保全年工作目标责任制、各类专项活动和重要任务、工作要点的全面完成，重点开展3G业务的频率保护及专项电磁环境测试调研等工作。各市管理处深入移动、联通、电信三大公司开展调研，召开座谈会，发放调查表，主动服务，大力支持3G建设。晋中市管理处在辖区内选择31个测试点，基本覆盖晋中市各县、市、区的主城区、重点乡镇、旅游景点，在收集分析测试数据的基础上，编制晋中市第三代公众移动通信系统专用频率电磁环境测试调研报告。省市配合共同排查联通3G建设中的无线电干扰，积极协调解决电力系统大同—呼和浩特微波干线、朔州引黄微波对联通3G通信的干扰，保障3G业务的正常运营。在全国无线电管理工作会议上，局长谢飞波在工作报告中对山西省的这项工作给予表扬。

2009年，省市无线电管理机关对150兆赫兹、400兆赫兹频率台站设置使用情况进行调研，深入设台单位，了解频率和设备使用情况，核对频率台站资料和技术参数，指配频率130多个(对)，收回频率21个，查封无线电设备59部，取缔停用无线电台200多部。省无委办与省气象局、省广播电视局等单位就加强台站设置、发射设备管理进行座谈。

【清理违法使用对讲机专项活动】 针对省城对讲机使用数量多、用户散、范围广的情况，先由省无线电监测站开展专项监测，将监测数据与频率台站数据库进行比对，发现不明信号逐一查清查实。在专项执法活动中，省、市无线电管理机关共出动500多人(次)、100多车次，行程上万千米，发放宣传资料2万多份，检查近600家销售商和设台单位，基本摸清违法设置使用对讲机的情况。全省共清理登记各类对讲机19419部(其中：公检法司系统9071部、铁路系统3778部)，办理设台手续的1183部，取缔停用的200多部，查扣60余部。

【清理整顿违法使用干扰设备】 省无委办和省委610办、公安、广电、工商、安全等部门联合下发《关于清理整顿违法使用广播电视频率频道资源播出广播电视节目和广播电视设备设施销售市场的通知》，在全省范围内组织开展一次维护广播电视安全播出的专项活动。大同市管理处采取人机见面的方式，对辖区内7县、4区的广播电视发射台、转播(差转)台、微波站、卫星上行站进行清理整顿，依法查处未经批准使用广播电视频率、擅自设置广播电视转播台(站)的行为。运城市管理处与610办、工商局、广电局、公安局联合组成检查组，对非法销售广播电视器材、卫星电视干扰器、对讲机等行为进行检查。其他各市管理处也对广播电视台站进行认真细致的审核检查，加大对广播电视发射的监测力度，严防非法插播和恶意干扰。对有的单位从局部利益出发，擅自安装使用移动通信干扰器及卫星电视干扰器，对公众移动通信和群众收看电视节目造成严重干扰的行为，发现一起，查处一起。有的市管理处与市县广播电视局签订严禁使用卫星电视干扰器保证书;有的市以市委、市政府办公厅文件下发《关于加强销售使用移动无线电干扰器管理的通知》;长治市管理处针对本辖区移动通信干扰器使用较多的情况,与市保密局组成联合检查组,对全市各县市区移动通信干扰器的使用情况进行全面检查,经人机见面核查到的移动通信干扰器共有2600余部,基本摸清全市移动通信干扰器的设置使用情况。截至年底,部分市管理处共检查登记设置使用移动通信干扰器5700多部。受理排查卫星电视干扰器11起,拆除设备7部。

【防范和打击无线电作弊】 2009年,省市无线电管理机关先后参加全国研究生统考、高考、公务员招考、司法、注册会计师、执业医师资格、成人招生和自学考试等13种各类考试的无线电监管工作。共出动1000多人次、400多车次,共发现作弊信号218个,排查定位75个,技术阻断140余个,共查获作弊嫌疑人员117人,查扣作案用无线电设备92台(套),有效地防范和打击各类考试中利用无线电手段作弊的行为,为维护各类考试的公平、公正作出重要的贡献。

【安全保障工作】 为了保障国庆60周年活动期间的无线电安全,设立全省无线电管理应急指挥中心。全省无线电管理机关从9月15日至10月10日,实行24小时监测值班和无线电重大干扰突发事件及时上报及监测日报制度,重点加大对广播电视等重要业务频段的监测监听力度,及时定位查处不明信号。省市无线电管理机关全年完成监听监测值班10824小时,其中:两会期间监测值班2640小时,“7·22”期间监测值班2376小时,国庆期间监测值班5808小时,省无线电监测站全年累计存储监测数据4776小时。此外,省市无线电监测站,还有针对性地开展对民航、铁路、森林防火、防汛、公众移动通信等重要无线电业务频段的专项监测工作,保障重要无线电业务的安全畅通。

【维护空中电波秩序】 坚持民航导航通信频率保护长效机制,及时查处对民航导航通信的干扰。截至年底,查处民航无线电干扰13起,军航无线电干扰2起。5月以来,太原武宿机场二次雷达多次受到不明无线电干扰,给空中交通管制带来严重威胁。省无线电监测站和晋中市管理处组成联合排查组,对干扰进行持续数月的排查。经过反复排查、分析和试验,最终查明此干扰是由联通公司GSM1800基站带外辐射超标所致,干扰得以彻底排除。为总结交流工作经验,在山西省无线电管理简报和《中国无线电》发表《一起公众移动通信基站信号干扰民航二次雷达的案例分析》的论文,国家无线电办公室、国家无线电监测中心领导认为文章提出了公众移动通信基站信号对民航二次雷达干扰的特征,对以后此类干扰的排查具有十分重要的借鉴意义,论文还在中国通信学会召开的2009年全国无线电应用与管理学术会议上进行交流,并被中国通信学会收入论文集。此外,还及时有效地为公众移动通信、公安、铁路、防汛、气象等重要无线电业务排查各类无线电干扰。省、市无线电管理机关全年共受理和排查各类无线电干扰68起,干扰排查率达100%。

【加强军地无线电管理】 4月7日,省军区政委张少华、副司令员何永才、参谋长姬亚夫及军区相关职能部门30多人对省无委办进行战役勘察。7月中旬,为配合省军区“联动-2009”军事演练活动,省无委办派出由省无线电监测站两辆监测车、1辆电子对抗车和9名技术人员组成的战场频谱管理预备役分队,赴太原陆军预备役通信团进行十多天的强化军事训练。8月1日,在山西省民兵预备役部队应对多种安全威胁联合实兵演练中,和太原预备役通信团现场模拟构设复杂电磁环境、小场地开设指挥通信枢纽、进行电磁频谱监测和管控、组织电子对抗。监测组现场模拟通过对电磁环境的全域监测,分析处理采集数据,交叉测向定位电磁源,实现对战场电磁频谱资源的有效管控;电子对抗组使用电子压制设备压制、破坏和干扰敌通信指挥,保护通信顺畅。在大家的共同努力下,圆满完成这次演练任务,接受省委、省政府、省军区领导的检阅。

【技术设施建设 技术设备管理】 全省B级站项目建设完成以后,全部30个固定站、10个控制中心经过近半年的试运行,在无线电频谱监测统计报告、干扰排查及重要时期无线电监测值班工作中发挥重要作用。3月份,省无委办在运城市举行山西省无线电监测网B级站(一、二、三期)建设项目验收评审会,中国无线电协会、陕西省工业和信息化厅、河南省工业和信息化厅、黑龙江省无线电监测站、中北大学等单位的专家组成验收评审组,专家组听取省无委办、省无线电监测站的汇报,现场观看运城市B级站监测网的监测测向操作演示,认真审查相关文件和材料,就有关问题进行讨论和现场提问。在省无线电监测站组织协调和各市管理处的积极配合下,先后完成内网电路调整、各市联网软件的安装调试、摄像头的安装调试、省控制中心的网络控制系统、大屏系统、音频系统的安装调试工作。10月中旬,全省无线电监测网联网工作全部完成。此外,还对部分市的5台移动监测系统进行全面升级改造和翻新,配备部分频谱分析仪和无线电信号压制系统等设备。

(马庆彪)

·山西电信·

【概述】 2009年,中国电信山西分公司深入推进聚焦客户的信息化创新战略,坚持转型统领、品牌经营和融合发展,不断加快全业务经营发展步伐,各项工作取得了新的进展:成功进入移动市场,客户经营服务工作取得明显成效,基础管理能力与支撑保障能力有效提升。2009年公司业务收入完成9.73亿元;移动用户达到113万户;宽带用户达到41万户;固定电话用户达到36万户。

【提升全业务服务能力】 (1)在中国

电信集团公司统一的服务标准基础上，结合山西省情况制定下发《中国电信山西分公司全业务客户服务标准(试行)》，并加紧实施落实，具备业务开通和业务关停立即生效的实时服务能力，单业务办理实现“临柜5分钟”，社会网点、电子渠道、自助服务和空中充值等达到既定服务标准。(2)公司从缴费充值、增值业务使用、套餐销售、产品功能、电子/实体渠道、投诉处理、一站式服务等方面共梳理出业务优化点34类，完成优化工作280项，在短期内使基础服务能力有了明显提升。(3)将挖掘投诉信息、聚焦主要短板、改善生产流程、降低投诉发生率作为贯穿全年的一项重要工作，在业务规则优化、生产流程优化、网络质量整治、订制关系清理、服务规范再造等方面，完成一系列专项整治工作，使月投诉发生数较年初下降33.68%。(4)按照渠道“资源共享、优势互补”的原则，建立由VIP客户服务经理与政企客户经理、10000号客户服务热线、营业厅和网上营业厅等组成的分工协同团队，服务中高端客户。(5)7~8月，山西境内三家电信运营商的固网、宽带、移动用户开展服务质量用户满意度调查工作。中国电信山西分公司在这次测评中短信服务满意度排名第一，综合满意度、固话满意度、手机满意度、宽带满意度排名第二，且与排名第一的运营商差距缩小。

中国电信山西分公司2009年工作会议 （赵 苇提供）

【无线宽带业务发展成效明显】 (1)全面推广账号经营。以语音卡+上网卡方式向用户捆绑销售，推进上网业务快速销售的同时，通过语音卡销售，突出账号经营，拉动语音业务的发展。(2)推进产品优化开发工作。按照集团要求协调各部门协同作战，按时完成无线宽带(3G)业务准备和业务测试，确保4月1日如期上线。组织各市分公司并协调省公司相关部门按时完成无线宽带统一认证工作；通过短信向用户推送套餐使用和套餐消费，做好用户消费信息提供和服务，进一步方便用户。(3)统一部署，组织天翼上网本销售。按照集团公司统一采购，统一渠道的安排，和天津中邮公司洽谈合作，并完成合约签订。组织各分公司按照合作要求开展天翼上网本的销售，拓展无线宽带业务新的营销着力点，促进无线宽带业务的发展。(4)加强营销指导，推进业务快速发展。在无线宽带(3G)销售方面，宣传突出“早”，大力传播“增强版无线宽带”品牌形象，扩大业务影响，形成“先入为主”优势。针对新老用户，实施区隔营销政策；在产品包装上实施标准化，以有利于社会化销售；通过与电脑卖场合作，销售人员进驻卖场帮扶，以及节假日厅内、户外宣传促销等方式，实现无线宽带稳步、快速、健康发展。截至年底，全省电信无线宽带用户达到10万户。

【山西省“3G警务通”签约】 12月3日，中国电信山西分公司与山西省公安厅举行《山西省公安厅与中国电信股份有限公司山西分公司“警务通”业务合作协议》签约仪式。省委常委、省政法委书记、省公安厅厅长杜玉林，省公安厅党委委员、副厅长燕和平以及省公安厅其他相关领导和中国电信山西分公司领导参加仪式。“3G警务通”旨在全面提升公安系统管理工作的科技含量和信息化应用水平。

【开展“希望工程爱心天翼”系列活动】

9月9日，中国电信山西分公司与共青团山西省委、山西省学生联合会、山西省青少年发展基金会、中国黄河电视台以“帮扶困难学生完成学业，带领青年建功立业，促进青少年健康发展”为目标，在全省范围内联合组织开展“希望工程爱心天翼”系列活动，展现中国电信山西分公司奉献公益爱心、提升企业社会形象的责任和诉求。并以此为契机，大力推进校园市场营销工作。活动内容主要包括：(1)设立“希望工程爱心天翼”奖学金和圆梦基金。分别用于奖励省内品学兼优、家庭贫困的学生和资助家庭经济困难的大学生。(2)设立大学生就业见习基地。在各市分公司挂牌设立大学生就业见习基地，供大学生参加见习活动。同时与团省委共同为大学生建立青年创业就业信息服务平台，提供招聘就业信息、兼职信息、创业政策、校园信息等内容。(3)设立“希望工程爱心天翼”校园店。作为贫困学生在校期间进行勤工俭学的实际工作场地，最大限度由在校贫困学生管理运作，进行“希望工程爱心天翼”活动及业务推广，进行相关的品牌宣传和产品演示。(4)面向社会用户推出优惠服务。扩大“希望工程爱心天翼网”的用户量，并使用户可以享受到超值优惠的多种套餐服务。(5)共建“爱心天翼乡乡通”共青团工作通信网。为省、市、县、乡四级团委建立共青团工作通信网，提高全省团组织办公效率，并为县乡两级团委和高校及大中专院校团委统一配备至少一

部中国电信CDMA工作手机,开通189专用邮箱。 (赵 苇)

·山西联通·

【概述】 2009年是山西联通发展进程中具有特殊意义的一年,作为公司融合重组后的起步之年、3G建设运营年和全业务经营元年,公司全体干部员工围绕“一年打基础、两年迈大步、三年创一流”的赶超战略,在平稳中过渡、在改革中发展、在创新中融合,以3G业务正式商用为标志,形成优势互补的全业务产品链条;以“三大生命线”工程(3G精品网络建设、2G补网完善、“光速城市”行动),实现基础网络能力的跨越式提升;以营销体制改革为突破点,进一步激发基层员工的工作积极性;以深入学习实践科学发展观活动为载体,切实解决生产经营中一些突出问题;以深度融合为目标,保持企业稳定和谐。通过一年的扎实工作,顺利完成夯实基础、平稳过渡、顺利起步的工作任务。全年实现营业收入68.97亿元,其中通信服务收入67.77亿元;实现利润总额3.29亿元;EBITDA率完成39.6%。

【山西联通揭牌】 5月13日,中国联合网络通信有限公司山西省分公司在太原市举行揭牌仪式,标志着山西联通融合重组进入到一个新的全业务经营发展时期。副省长张平、省政协常务副主席郭良孝、省通信管理局局长刘永斌、山西联通公司总经理苏强共同为山西分公司揭牌。原山西网通和原山西联通二者的“强强联合”,组成省内最具全业务领先优势的主导运营企业。合并后的山西联通,拥有2.5万员工,服务网点覆盖三晋、遍布城乡,拥有1200万固话和移动电话用户,近200万宽带互联网用户,在移动、固定、小灵通和宽带互联网等各个领域都有较大规模的用户群,拥有功能完备的多种业务网络、安全可靠的骨干传输网络和技术先进、智能化的电信管理网络,拥有多年积累的重要通信、应急通信和行业信息化建设及维护经验,系统集成、内容应用等全方位服务能力。

【3G业务试商用】 5月17日,山西联通在太原正式启动3G业务试商用。联通的3G业务采用国际领先的WCDMA技术体制,全球已经部署228个WCDMA商用网络,占3G商用网络的70%,覆盖全球100多个国家,用户达3.2个亿,占全球3G用户总数的80%,具有技术成熟、终端多样、用户广泛、下载速度快和通话质量好五大特点。为保证作为中国联通全国55个3G试商用城市之一的太原能及时开通3G业务,山西联通在时间紧、任务重的情况下,加大投资,大规模开展超常规的网络建设,随着“5·17”3G业务的试商用,3G业务给省城人民生活带来新的感受。

【全业务经营】 山西联通相继开展贯穿全年的“联通送吉祥·好礼进万家”“情满三晋·联通你我”“可持续发展四大战役”及“决战60天·迈上新台阶”等4次大型主题营销活动,全业务优势初步显现。全年净增宽带用户53.56万户,同比增长54.3%;宽带互联网收入累计完成11.69亿元,同比增长23.26%;宽带提速取得突破性进展,2M及以上接入用户占比较年初提升66.52%,达到88.25%,提升速度列中国联通集团公司首位。3G业务按照集团公司“六统一”策略,全面启动3G业务市场营销,截至年底,3G业务出账用户到达10.23万户,累计完成收入1949万元。融合产品攻坚成效显著,完成融合业务绑定G网手机用户103.5万户,累计完成业务收入2.56亿元,家庭客户、集团客户的融合业务收入分别完成集团下达目标的164%、105%。传统业务方面得到有效保有,净增GSM出账用户50.02万户,“灵通包月”用户渗透率达28.97%,固话业务收入降幅控制在11.6%以内。增值业务下滑势头得到遏制。GPRS业务收入和手机报出账用户数均超额完成计划进度。

【专项市场营销】 2009年,山西联通在校园市场、农村市场、工矿业市场等专项市场营销工作上取得显著成效。8至12月,净增校园宽带用户9000户,净增校园2G出账用户15万户,较历年累计发展量(9.8万户)多5万户,2G业务新生渗透率达70%。成立农村通信市场拓展机构,“平安互助”网点突飞猛进,到达9043个;“农党网”站点稳步推进,到达18909个;农村综合语音VPN业务覆盖1500个村。同时,开展手机下乡和“电脑+宽带”下乡活动,累计发展“电脑+宽带”用户6273户,排北十省前列。工矿业市场方面也发展迅速,在10月至12月不到2个月的时间内,签约客户达148家,预计拉动11.6万G网用户入网,截至年底,完成2.2万用户的入网工作。

【信息化建设】 2009年,山西联通深入推进信息化建设工作,7月21日,山西联通与山西省政府签订战略合作框架协议,在通信基础设施建设等五个方面进行深度合作,随后各市分公司均与当地政府签订合作协议,为信息化建设创造良好的外部环境。同时成功实施电子政务外网、金盾网扩容优化、中石油视频监控、新农合等项目,行业信息化应用得到进一步拓展。

【高清视频业务】 为进一步丰富宽带应用内容,有效驱动宽带提速,使互联网客户能坐在家中就能享受到高质量电影电视作品。4月20日,山西省联通公司引入并正式推广高清视频业务,高清视频业务是通过宽带三晋II网站向山西联通宽带用户提供的一项视频产品,其内容主要包括“高清电影”“高清电视剧”两个频道,通过联合美国好莱坞、亚洲韩国、中国香港7大电影出品公司以及内地几大出品机构,为用户提供个质画面端正清晰,声音通透的高质量视频服务,带宽达到2M的用户均可享受到流畅清晰的视频效果。

【农村宽带】 4月,山西省联通公司牵头组织省商务厅、英特尔(Intel)及山西省首批家电下乡销售企业海尔公司,本着政府主导、企业让利、农民受益的原则,充分整合电脑上下游产业链资源，以“政府补贴买电脑，企业优惠为百姓”为载体，在农村通过惠农电脑、联通宽带优惠和信息化培训的创新服务模式来共同拓展农村市场，该项工作受到农民朋友的欢迎。

【完成“光进铜退”三期项目】 截至4月29日，山西联通“光进铜退”三期项目实施全面完成。“光进铜退”项目是山西联通为有效支撑农村宽带业务发展，降低电缆被盗造成的高额成本，进一步提高农村基础网络质量，提升服务水平而实施的一项战略性项目。从2007年底开始，全省建设战线员工连续奋战500余天，克服时间紧、任务重、连续封网、天气恶劣等困难，圆满完成项目的实施。全省新建农村宽带接入网点3487个，新建宽带12万线，新建及挖潜语音80万线，新建光缆9325千米，割接用户70万户。项目的实施使农村基础网络能力实现历史性跨越，同时有效降低电缆被盗造成的巨额损失。

【“12316”三农热线开通】 9月25日，全省“12316”三农热线正式开通，标志着山西联通与省农业厅在农业和农村信息化建设的全面合作进入一个新阶段。副省长刘维佳、山西联通总经理苏强等共同启动热线。“12316”三农热线是中国联通与各地农业主管部门合作，面向农村客户提供以语音、短信、互联网、视频、图书为主要载体，以实时交互的专家服务为主要特点的信息化服务解决方案，包含农业生产指导、政策咨询、农资投诉等内容。为保证热线开通，2008年底，公司投资1560万元，搭建“12316”三农热线呼叫中心平台，设置“12316”三农热线坐席区，实现信息咨询、电话转接、三方会议功能和外呼功能等。公司还为“12316”三农热线的162名专家配备手机终端，方便专家随时随地解答农民朋友的问题。同时，针对农民朋友特别制订三农热线优惠套餐，并与电视台和广播电台联手，采取农民朋友喜闻乐见的形式，在固定时段播放专家录制的节目。

【“三大生命线”工程】 2009年，山西联通全面启动3G精品网络建设、2G补网完善、“光速城市”行动“三大生命线”工程，全年共完成资本性支出46.93亿元，整体通信能力显著增强。

1.3G精品网络初具规模。年初，公司召开3G工程建设誓师大会，全面打响3G网络建设大会战。成立3G会战指挥部和8个专业工作组，开通3G网络建设绿色通道，组织召开移动网络质量周例会，精心组织、周密部署、倒排时间、严格把控，超常规完成3G网络建设任务。从2月26日接通首个视频电话，到10月1日全省正式商用，仅用6个月时间，使3G网络初具规模，新建RNC25套、宏基站2194个、载频6568块，实现全省11个中心城市市区、96个县城及重点旅游景区的3G网络覆盖，完成3G网络从无到有的跨越。

2.2G网络建设快速推进。针对2G网络基站少、覆盖差的现状，公司大力开展补网扩容。新建基站1929个，新增载频12947块。仅用4个月时间，完成移动核心网替换工程；仅用1个月时间，完成晋中等4个市分公司MOTO设备搬迁工作，有效提升移动网络质量。

3.宽带网络能力大幅提升。早在2008年12月，山西联通就在集团率先启动以FTTB建设为主的“光速城市”行动。坚持以光纤向用户最大幅度推进为目标，快速推进楼宇光纤覆盖，实现宽带网络端到端整体提速。IP骨干网出省中继由年初的180G增加到280G；城域网出口中继由年初的300G增加到560G。全年共新增FTTB覆盖楼宇1.5万栋，新增宽带接入能力102万线。2M及以上宽带接入能力占比达到95.8%，4M及以上宽带接入能力占比达到78%，8M及以上宽带接入能力占比达到48.5%，走在集团前列。

4.技术创新步伐不断加快。在宽带网络建设上，公司采用GPON、E-PON接入方案；在集团率先完成网络融合与演进专题规划，率先启动全省软交换综合关口局工程；在3G站点配套传输方面，双栈承载开通在集团名列前茅，FE传输带宽提供能力在全国处于领先水平。与此同时，山西联通还积极跟踪IMS、PTN、WLAN、Femto等业界先进技术，在山西全省729个热点区域进行WLAN规模部署；在一个月内完成Femto工程建设，具备试商用条件。在网络建设中，山西联通积极开展共建共享，全省累计共享他方铁塔775个、机房500个；共建铁塔394个、杆路149千米、管道4463孔千米。共节约建设投资3.1亿元。

【网络运行质量】 2009年，山西联通坚持以客户为中心，以市场为导向，前后台紧密联动，网络维护与系统支撑并举，有力保障业务发展，不断提升客户感知。

1.固网运维工作方面。公司完成现阶段的网络融合及优化工作，实现长途传输网集中监控、集中调度、集中管理，并将移动网所有集团客户纳入统一的大客户故障处理流程；启动为期三年的电缆线路专项整治工作，全年投入6400万元，完成整治项目2757项，有效降低通信质量投诉率和电缆障碍率；在集团率先完成IP城域网扁平化工作；组织开展全省网络运维3A达标工作；调整城域光缆维护模式；开展网络瘦身、盘活资源、节能降耗、板件维修等“经营网络”活动，共节约各项费用1.32亿元，增收1806万元；圆满完成国庆60周年、古交屯兰矿难等通信保障任务。

2.移动网络运维工作。以2A达标活动为主线，狠抓维护规程和关键流程落实，年终检查得分处于集团中上游水平；全面开展网优会战和以“畅网行动”为主题的专项优化，网络运行质量指标明显改善；2G网络接通率由年初的92.91%提高到97.27%，业务信道掉话率由年初的0.54%下降为0.39%；3G网络高标准通过集团公司的评估验收，参加测试的太原在集团省会城市中排名第9，运城在22个非重点城市中排名第7。

【全业务服务体系】 2009年，山西联通以“全新联通、全心服务”为主题，建立“标准+等级+特色”的全业务服务标准体系，实施全业务全过程服务质量管控。重点针对移动网络质量、宽带修障投诉、移动增值业务强行定制等进行短板治理,全年改善热点问题90项,移动网络质量投诉率同比下降67%,移动增值业务强行定制同比大幅下降,宽带修障满意度继续保持集团公司上游水平。同时公司认真落实VIP客户分级分类服务,建立VIP客户体育俱乐部、3G用户手机俱乐部和iPhone俱乐部,VIP客户保有率达到80%。制定实施3G服务领先行动计划,开展“倾听客户心声”“树新风·网上行”等行风建设工作。固话、宽带的客户满意度继续保持省内运营企业首位。

【支撑系统融合建设】 2009年公司为在第一时间内实现支撑系统的融合,采取一系列有效措施,实现新一代BSS系统移动侧割接上线和固网侧功能割接,完成一、二期系统融合改造,实现合单缴费、共享时长等功能,支撑亲情号码、同振、综合语音VPN等融合业务。建设以鉴权中心为核心的增值业务统一管理系统,与BSS同步割接上线;完成客服系统整合;完成“一卡充”、经分系统改造、IT监控等项目建设,及时满足业务需求。

【立体化渠道体系】 山西联通初步建立立体化的渠道体系,全年共整合实体渠道125个,建设3G销售渠道2069个,新建自有校园厅49个,校内直销队伍达5000人,农村渠道行政村覆盖率从年初的7%上升到48%。充分发挥电子渠道全业务网上缴费及受理功能,实现收入1.7亿元,位列中国联通集团公司第六。

【机制体制改革】 2009年,山西联通以改革创新为动力,持续深化公司深度融合。首先,开展营销体制改革。对自有营业厅、农村市场、城市社区、集团客户、驻地网、商务客户6类渠道推行单厅核算、联产承包模式的营销渠道体制改革,67个县(分局)、484个营业厅(社区、支局)、46名大客户经理参与试点,一线员工积极性提高,收入增长明显。其次,完成新国信山西分公司的组建,在集团率先实现114语音导航业务专业化运营。再次,加快实业改革步伐。完成旅游公司、器材公司、印刷公司注销清算收尾工作和山西长源信息工程监理公司股权转让工作。

【人力资源工作】 山西省联通公司重视人力资源管理工作,建立统一的职位薪酬体系,最大限度保障基层一线员工利益,确保全体员工固薪不降低。加强核心专业人才队伍建设,评选50名专家型人才。选拔40名后备干部,为持续发展提供人才储备。同时大力加强培训工作,组织3G等各专业培训,实施宽带装移修人员认证考试并实行持证上岗;面向优秀一线员工开设中专学历班,招收学员353名。

【企业财务管理】 山西联通完成过渡期财务融合工作,强化资金收支两条线管理,确保资金安全。推进财务工作的转型,初步搭建响应及时、支撑到位的经营财务管理体系。建立会业核对机制,提升收入数据真实性。大力推进ERP试点工作,持续提升财务信息质量。组织开展资源与资产清查工作,进一步推行“账、卡、实、责”四位一体的资产管理模式。

【企业综合管理】 公司加强基础管理工作,建立总经理督办、内部工单、公文绿色通道“三位一体”的综合管理体系。完成OA系统、IP宽带计费系统扩容,实现统一门户上线;启动业务流程梳理与再造工作,进一步明确细化各部门职责,管理创新与QC质量管理工作取得可喜成果;认真抓好党风廉政建设,党风廉政建设责任书、廉政承诺书签订率达100%,全力推进“三重一大”执行情况专项效能监察工作;发挥审计职能,全年完成8549项审计项目,直接促进节约投资成本5090万元;建立完善公司综合管理和专业管理相结合的内控与风险管理机制;建成省市县三级合同电子化管理系统;建立健全安全生产责任体系,开展宣传教育和隐患排查治理工作,确保全年无事故。

【企业文化建设】 (1)认真落实民主管理各项工作,建立健全各级党组织,组织召开全省一年一次职工代表大会。(2)以“学业务、比技能、争先锋、选精英”为主题,组织开展20项劳动竞赛,同时开展各种文体活动,营造和谐向上的企业文化氛围。省公司在保持“全国精神文明建设先进单位”荣誉的基础上,再次被省文明委命名为“省级文明和谐单位标兵”。

(刘洪敌　黄云霞)

会展业

·展洽会·

【出口产品(芦笋)产销对接会】 为帮助山西重点农产品芦笋拓展内销,省商务厅借助3月30日至4月2日举办的全国第六届烹任技能竞赛平台,组织省内大型芦笋生产企业与山西省诸多大型酒店进行芦笋产销对接会。对接会上,山西永济富民芦笋技术推广公司等9家芦笋生产企业与山西大酒店、大同宾馆、迎泽宾馆、国贸大酒店等40多家大型餐饮企业签订40份芦笋产销对接合作协议。

【参加第105届广交会】 第105届广交会于4月15日至5月7日在广州举行。本届广交会山西省共有展位418个,参展企业117家。山西交易团三期累计成交13421.24万美元,比上届下降52.32%。其中,机电类产品成交5787.04万美元,轻工产品成交4459.36万美元,分别占成交总额的47.48%和36.59%。从成交企业性质看,民营、外资及其他企业成交10743.42万美元,占到成交总额的80.05%,其成交主体地位进一步巩固。在金融危机影响下,国外采购商是观望的多,下单的少。参展企业接待客户尤其是欧美传统市场客户数量比上届减少,但新兴市场客户明显增加,主要为南美、中东、印度等新兴经济体采购商。山西省品牌、特装区展位成交情况好于普通展位,新品、名优产品和节能环保型产品受到广大采购商的青睐。

【首届中国·太原汽车配件交易会】首届中国·太原汽车配件交易会暨中国汽车后市场高峰论坛于5月16~18日在山西蓝海国际汽配城举行，由山西省商务厅、太原市人民政府和全国工商联合会汽车摩托配件用品业商会联合举办。本届交易会共举办专题推介会11场，其中省外5场，省内6场。本届交易会参会企业7000余家，其中汽车及配件生产企业1000余家，经销企业近6000家，参会客商1万余名。与会的1021家汽车及配件生产企业与3000多用户达成购销协议，235家骨干汽车配件及相关产品生产企业与586家汽配及相关产品经销企业签订长期供货合同；有51家汽车配件及相关产品生产企业与经销企业签订了产品区域代理协议。

【参加第五届中国(深圳)文化产业博览交易会】 5月18日，为期4天的第五届中国(深圳)文化产业博览交易会闭幕。本届文博会上，山西省代表团共签约15个项目，引资13.85亿元，现场销售各类文化产品近100万元，初步达成各类产品合作意向60多个，现场订单总计300多万元。在近2100家参展机构中，山西省获得优秀组织奖和优秀展示奖两项大奖。

【首届中国(太原)国际卡车暨物流展览会】 6月2日，首届中国(太原)国际卡车暨物流展览会在山西省展览馆隆重开幕，展会由太原市政府、山西省商务厅、中国汽车工业国际合作总公司共同主办。此次展会依托山西煤炭大省、全国卡车最大用户优势资源，充分发挥山西省在发展物流业中承东启西的作用，以“卡车拉动内需、物流盘活经济”为主题，聚集来自国内外20多家卡车领军企业，7万余卡车团体和个人用户参会。此次展览会汇集了包括世界知名企业德国曼商用车、瑞典斯堪尼亚商用车以及国内中国重型汽车集团、第一汽车集团解放汽车公司、陕西汽车集团、北汽福田汽车公司等一大批企业参展，展示中国和世界卡车工业的最高成就、最新技术，实现卡车与物流的有效结合。

【参加第106届广交会第一期】 第106届广交会山西省交易团共组织118家参展企业，第一期参展企业60家，品牌展位16个，其中卫浴设备8个，建筑及装饰材料4个，化工产品4个，共成交1896.7万美元，比上届增加46.0%；特装区展位19个，比上届增加4个，共成交1152.6万美元，成交情况好于普通展位。本届第一期广交会(10月15~19日)山西省交易团共成交1.01亿美元，比上届增长56.02%，比104届秋交会的1.30亿美元下降22.3%。大会第一期累计成交155.8亿美元，比年初春交会增长19.6%，比上年秋交会下降5.3%。山西省参展企业共接待境外采购商咨询、洽谈5500多人次。本届第一期山西省共有参展企业60家，展位168个。成交的主要商品是管件、其他五金产品、铸件、其他机械设备、汽车零配件及电子产品，成交额均在300万美元以上，成交的主要企业是：山西明迈特实业贸易有限公司、山西君正贸易有限公司、山西城联对外经济贸易有限公司、山西中瑞天悦贸易有限公司、山西天利丰瑞贸易有限公司、山西至正实业有限公司、山西泉聚贸易有限公司、山西省阳泉市五金矿产进出口有限公司、山西大典商贸有限公司、山西中澳能源科技有限公司，成交额均在350万美元以上。

【参加第106届广交会第二期】 第106届广交会第二期于10月23~27日在琶洲展馆举行，参展的主要商品为日用消费品类、玩具礼品及赠品类、家居装饰类等，共设16个展区。本期山西省共有展位163个，其中品牌展位40个，参展企业59家，涉及玻璃工艺品、餐厨、陶瓷、礼品、铁石等品种，共成交6717.2万美元，比上届增长37.6%，比上年秋交会下降33.4%。大会第二期到会客商5.3万人，比第一期减少1/4。大会一、二期累计总成交238.7亿美元。山西团一、二期累计总成交16827.2万美元，比上届增长48.1%，比上年秋交会下降27.1%。第二期163个展位中，玻璃工艺品展位共有105个，占全部展位数的64.0%，参展企业44家。平均每天接待客商700人次左右，共成交6717.2万美元，比上届增长37.6%，比去年秋交会下降33.4%，占第二期总成交额的67.0%。本届广交会第二期山西省共有品牌展位40个，共成交2172.4万美元，比上届增长119.5%。

【参加2009年中国四川采购商大会】由商务部、四川省人民政府共同举办的2009中国四川采购商大会于10月17~18日在成都市举行。山西省组织来自5个市的8家采购商和4家供应商参加大会。其中，山西省美特好连锁超市有限公司分别与都江堰禹王生态果品有限公司和成都米田鞋业有限公司签订采购协议，初步协议每年采购水果(苹果、猕猴桃等)和女鞋近6000万元；太原正大医药保健品有限公司与四川圣天海农业投资发展有限公司及新加坡聚和兴贸易(私人)有限公司等签订供货合同，合同金额为35万元。其他参会企业也有不少收获。本届大会采取由供应商带样品与采购商对接洽谈的方式进行，为山西省采购商集中采购商品、拓展采购渠道、寻找贸易伙伴提供便捷的途径，为供应商低成本扩销、寻求发展新空间提供难得机会。

【2009年山西省秋季农产品网上购销对接会】 为解决农民农产品卖难问题，根据商务部的安排部署，山西省商务厅于9月22日至10月31日，开展为期40天的秋季农产品网上购销对接会，总成交额36393.31万元。其中，意向成交额20711.81万元，涉及大豆、大葱、玉米、红谷子、葡萄、核桃、胡萝卜、冬枣、奶牛、梨、木炭、苹果、辣椒、白谷子、李子等品种；实际成交额15681.5万元，涉及大葱、玉米、黄花、朝天椒、红谷子、奶牛、冬枣、谷子、苹果、青豆、辣椒、白谷子等品种。在全国排名第七位。

【参加第八届沙迦中国商品交易会】第八届沙迦中国商品交易会(CCFS)于12月13~16日在阿联酋沙迦世贸中心举办，展会由商务部和阿联酋沙迦工商会共同主办、中国国际经济技术交流中心和中国机电产品展览中心共同承办。山西省代表团由16家企业组成，参展产品涉及法兰、玻璃器皿、农产品、节能灯具等。展会上，山西省参展的玻璃器皿成为一大亮点，祁县红海、远通展出的样品被抢购一空，签约了不少意向订单和代理商。此外，山西乐百利特科技有限公司展出的LED灯具、大晋国际(集团)股份有限公司展出的重型卡车和山西省铸造法兰产品在展会上也表现不俗，均拿到了意向订单，并与客商建立了联系。期间，山西省代表团还与中乔嘉志集团有限公司、美航物流有限公司迪拜分公司及中东投资贸易促进中心的新老客商进行会谈。 （陈艳刚）

·山西省展览馆·

【概述】 截至2009年底，山西省展览馆展区面积8.6万平方米，展览总面积4万多平方米，可设2000个国际标准展位。展馆可提供接待宾客、洽谈业务、举办讲座、通信联络等服务设施。

展馆内设置大小共20个展厅、2个贵宾室、3个接待室、1个可容纳150人的报告厅。另外还设有2个共3000平方米的餐厅，1个宾馆。展厅内水、电、气、广播、通信、消防、安检设备齐全，配套完善，功能齐备，完全具备承接国内、国际大型会展活动的条件。室外展场可进行大型机械设备的展览展示。

2009年山西省展览馆先后举办山西(太原)建材五金博览会、山西第六届铸造工业装备与技术展览订货会、第八届(太原)煤炭工业技术装备展览会、第十届山西医疗器械展览交易会、太原市第十一届大型房地产交易会、中国国际卡车展览会暨中国公路物流展览会、山西省“蓝天碧水”工程成就展、山西省第四届高新技术产业成果展暨合作洽谈会、第三届山西绿色建设科技产品展览会、辉煌60年——山西省庆祝新中国成立60周年成就展、中国(山西)特色农产品交易博览会等展览。

山西省参加外出展览有西交会、运城名优产品展销会、浙江义乌旅游展。

【第八届(太原)煤炭工业技术装备展览会】 4月20~24日，由省煤炭工业厅、省煤矿安全监察局、省煤炭工业协会共同主办的第八届(太原)煤炭工业技术装备展览会在山西省展览馆举办。全国政协常委、中国煤炭工业协会会长王显政，省政协副主席韩儒英，中国煤炭工业协会高级顾问路德信等领导出席开幕式。此次展览展出面积15000平方米，参展企业281家，意向签约近百份。

【中国国际卡车展览会暨中国公路物流展览会】 5月31日至6月4日，由中国汽车工业总公司、山西省商务厅、太原市人民政府共同主办的中国国际卡车展览会暨中国公路物流展览会在山西省展览馆举行。省委副书记、省长王君，省委常委、常务副省长李小鹏，省委常委、太原市委书记申维辰等领导观看展览。此次展览专业观众1万多人，普通观众2万多人，展出面积9000平方米。

【“蓝天碧水”工程成就展】 6月8~12日，由省人民政府、省实施“蓝天碧水”工程领导组、省环境治理协会共同主办的山西省“蓝天碧水”工程成就展在山西省展览馆举办。省委副书记、省长王君，省委副书记、省政协主席薛延忠等领导出席开幕式并观看展览。

【山西省第四届高新技术产业成果展暨合作洽谈会】 6月23~26日，由省发改委、省科技厅共同主办的高新技术产业成果展暨合作洽谈会在山西省展览馆举办。展出面积5000平方米。省委副书记、省长王君，副省长牛仁亮，省政协副主席令政策等领导出席开幕式。

【辉煌60年——山西省庆祝新中国成立60周年成就展】 9月26日至10月13日，由省委、省政府主办的辉煌60年——山西省庆祝新中国成立60周年成就展在太原举办。展出面积10000平方米。省委书记张宝顺、省长王君等省市领导出席开幕式并参观展览。

【中国(山西)特色农产品交易博览会】

10月20~26日由农业部、山西省人民政府、中国贸易促进委员会共同主办的中国(山西)特色农产品交易博览会在山西省展览馆举办。副省长刘维佳主持开幕式，省长王君致词。参展企业1200家，展出面积20000平方米，参观观众220000多人，签约项目69个，签约金额151.26亿元。

（张丽萍）

·中国煤炭博物馆·

【煤博馆20周年馆庆】 9月23日，中国煤炭博物馆20周年馆庆大会召开。省委常委、宣传部部长胡苏平，原煤炭部副部长韩英，原山西省政协副主席武三松，中国煤炭工业协会副会长王广德及国家煤矿安全监督管理局、省煤炭厅、省文物局、省旅游局等部门的领导出席大会，并为煤博馆获得的国家一级博物馆、国家4A级旅游景区举行揭牌仪式。参加大会的还有全国煤炭文物征集委员会、全国煤炭工业技术委员会节能与新能源专业委员会、全国专业科技博物馆委员会的代表、中国煤炭博物馆职工、兄弟单位、合作单位、业务单位、友邻单位的领导等共计500余人。

【《中国煤炭博物馆志》出版】 9月，中国煤炭博物馆组织编写的《中国煤炭博物馆志》，由山西人民出版社出版，总字数400千字。该书共包括11篇33章83节，内容包括煤博馆各方面发展情况，是煤博馆20年来第一次全面、准确记述实录。

【《光辉的足迹》电视纪录片】 5月，煤博馆邀请山西电视台的专业技术人员开始拍摄有关煤博馆发展历程的电视片《光辉的足迹》，9月该片制作完成。电视片正式放映后，受到各级领导、专家和全馆职工的高度评价。

中国煤炭博物馆外景 （张红霞提供）

【学术交流】 9月22~23日，中国煤炭博物馆先后组织召开“全国煤炭文物征集委员会第二次会议暨煤炭档案文物保护座谈会”“全国专业科技博物馆委员会年会”“全国煤炭工业技术委员会节能与新能源专业委员会”等3个学术交流会议，130多名专家学者参会。

【国外博物馆专家访问】 2月24日，美国休斯敦自然历史博物馆副馆长波尔博士、德国图宾根大学刘光华博士参观中国煤炭博物馆的基本陈列与模拟矿井后，都表现出极大的兴趣。刘光华博士还即兴在“煤炭生成厅”辅导讲解员专业知识与讲解技巧。波尔博士则对基本陈列布展形式的细节表示赞许。

【澳门学生考察团参观】 7月20日，澳门学生考察团一行30人到中国煤炭博物馆学习参观。本次活动是由中央人民政府联络办、国务院港澳办组织。山西省外事办公室参与配合本次活动的组织工作。澳门是一个没有煤炭生产的地区，进入展厅后团员们无比兴奋，在讲解员的引领和介绍下，参观了“煤的生成厅”“煤炭与人类厅”“模拟矿井”及新推出的“煤炭精品馆”。

【与英国国家煤矿博物馆建立合作关系】 10月18日，中国煤炭博物馆与英国国家煤矿博物馆建立友好合作关系签字仪式在中国煤炭博物馆教科文交流中心举行。副省长陈川平会见英国国家煤矿博物馆馆长玛格丽特·福乐女士。双方签订《中国煤炭博物馆与英国国家煤矿博物馆建立友好合作关系谅解备忘录》。

【中组部山西考察组视察指导】 8月26日，中组部山西考察组组长雷元亮一行10人到煤博馆视察指导。考察组在详细观看“煤的生成厅”“煤炭与人类厅”“地下模拟矿井”“煤炭精品馆”和“山西古代壁画馆”后，对煤博馆基本陈列给予充分肯定。

【张柏到煤博馆视察指导】 10月12日，国家文物局副局长、国际博协中国国家委员会主席、中国博物馆协会理事长张柏，国家文物局博物馆司副司长张建新等领导到煤博馆视察指导。张柏对馆内基本陈列给予高度评价，认为基本陈列特点鲜明，具有较强的行业特色。

【徐善衍到煤博馆视察指导】 10月16日，中国自然科学博物馆协会理事长、煤博中国科协党组原副书记徐善衍到煤博馆视察指导。视察过程中，徐善衍详细询问场馆建设投资、年接待人数、旅客人群比例、门票收入等情况，并就今后的发展方向提出许多建设性意见和建议。 （张红霞）

·文博展览·

【获“全国博物馆陈列展览最佳内容设计奖”】 10月18日，全国博物馆十大陈列展览精品评选颁奖仪式在京举行。本次评选活动由国家文物局主办，中国博物馆学会、中国文物报社牵头协调组织。煤博馆“煤海探秘”基本陈列被评为“全国博物馆陈列展览最佳内容设计奖”，这是中国煤炭博物馆继获得国家一级博物馆、国家AAAA级旅游景区之后，在主业方面获得的又一最高奖项。

【“煤炭精品馆”建成】 三期基本陈列暨精品馆建设是中国煤炭博物馆继二期基本陈列之后的又一件大事，经历内容设计、工程招标、施工及总结验收，截至5月5日，各项工作基本结束，圆满完成各项任务，既为基本陈列增添新成员，也丰富展陈内容。

【山西省非物质文化遗产传统技艺大展】 6月10~14日，山西省非物质文化遗产传统技艺大展在中国煤炭博物馆举行，此次大展由山西省委、省政府、省文化厅、省文物局、省非物质文化遗产保护委员会、中国煤炭博物馆共同合作举办。展览分8个展厅，面积近10000平方米。集中展示山西省国家级和省级100余个非物质文化遗产项目，主要包括修复古籍善本、织绣缝纫、酿制技艺、传统美食、木本技艺、传统中医药、制作文房四宝、美术摄影、民间工艺、书画艺术、剪纸贴画、戏曲艺术等20多个大类100余个非物质文化遗产项目。

【晋商文化艺术周展览】 9月4~7日，在中国煤炭博物馆举办晋商文化艺术周展览。此次展览由太原市委、市政府、山西省晋商联合会、中国煤炭博物馆共同举办。本次展览按内容分为7个展区，分别为现代宜居区、新型产业区、现代服务区、商业企业区、诚信晋商区、创意文化区和新闻发布区。总展面积10000平方米，展品数量达10000余件，约800个展位。

【晋风古韵——山西出土两周文物精华展】 3月12日，在浙江省博物馆开幕。此次展览由浙江省文化厅、浙江省文物局主办，浙江省博物馆、山西博物院、山西省考古研究所承办。此次展览作为浙江博物馆建馆80周年艺术精品系列特展之一，共展出两周时期文物119件(组)，展现晋国辉煌的历史风采和称霸群雄的波澜壮阔，展览还增加桐叶封弟、唇亡齿寒等晋国历史故事。

【山右清风——山西清代名家书画展】 5月18日，在山西博物院举办。展示面积808平方米，展览从山西博物院所藏的清代山西书画名家作品中，遴选出傅山、祁寯藻、赵昌燮等名家的百余幅精品以飨观众，其中，很大一部分作品是首次对公众展示。这批作品集中代表清代山西书画的高度和水平，描绘出一段清晰的三百年山西艺术史，称得上书画爱好者、研究者的又一盛事。

【南国记忆——江西新干大洋洲出土文物精华展】 6月17日，由山西博物院和江西省博物馆共同推出，在山西博物院开幕。此次展览展览面积达800余平方米，展期3个月，共展出江西省新干县大洋洲商代大墓出土的文物精华125件(组)，此次展出的文物品种多、造型奇、纹饰美，具有鲜明的赣江流域地域特色。《南国记忆——江西新干大洋洲出土文物精华展》是山西博物院策划引进的"长江文明系列展览"的第一个展览。

【晋国雄风——山西出土两周文物精华展】 7月10日，由大连现代博物馆、山西博物院和山西省考古研究所联合在大连现代博物馆举办，展期95天。此次展览展出山西省出土的两周时期晋国的珍贵文物119件(组)，其中国家一级文物34件(组)，展示出具有鲜明地域特色的晋文化和晋国工艺的高超水平。这是近年来大连现代博物馆举办的第一个历史文物类展览。

【60年的变迁——庆祝新中国成立60周年摄影展】 9月25日，由中共山西省委宣传部、山西日报报业集团主办，在山西博物院东广场隆重开幕。展览从5000多幅作品中精选出260多幅图片，分五星红旗迎风飘扬、我们的生活充满阳光等6个部分，从不同视角真实记录了新中国成立60年来伟大祖国和山西省经济社会建设取得的巨大成就。山西省委常委、宣传部长胡苏平宣布摄影展开幕并讲话。

【和平礼赞——中华人民共和国国际礼品展】 9月29日，由山西博物院和国际友谊博物馆共同推出，在山西博物院开幕，展厅面积800余平方米，展期为2个月。此次展览共展出党和国家领导人接受的来自80多个国家的外交礼品共120余件，通过大量图片、视频和触摸屏查询等陈展形式，让观众亲历新中国外交的辉煌成就，领略世界各国独具特色的风土人情。

【走过90年——山西博物院历史回顾展】 10月12日，在山西博物院中央大厅举行，展示面积300余平方米，展览遴选博物院90年发展历程中的珍贵资料、藏品，以图片资料结合实物的形式回顾了山西博物馆事业从举步维艰到蒸蒸日上的沧桑历史，也反映了几代晋博人自强不息、艰苦奋斗的创业之路。

【晋国金玉——山西出土两周文物精华展】 12月9日，由江西省博物馆和山西博物院、山西省考古研究所联合主办，在江西省博物馆开幕。本次展览汇集山西博物院收藏两周时期晋国出土文物精华119件(组)，展期为3个月，这是本批展品继深圳、杭州、大连成功展出后，在国内巡展的第四站。 (田若微)

贸　　易

口岸管理

【航空口岸运营情况】 2009年,太原航空口岸共出入境飞机289架(次),出入境人员28091人(次)。其中太原—香港航线共飞行204架(次),出入境旅客18926人(次),工勤人员1896人(次);临时客包机及公务专机共飞行85架(次),航线主要为太原—韩国、太原—日本,出入境旅客6377人(次),工勤人员892人(次)。

【航空口岸建设】 为表彰太原航空口岸相关单位在北京奥运会期间作出的突出贡献,1月16日,由山西省政府口岸办与民航山西安全监督管理办公室联合召开太原机场驻场单位保障北京奥运会、残奥会工作总结会议。会议总结太原武宿国际机场保障2008年北京奥运会、残奥会备降国际航班查验服务保障工作,由山西省政府口岸办公室、民航山西安全监督管理办公室对太原海关、山西出入境检验检疫局、山西省公安边防总队、山西省民航机场集团公司等单位进行通报表彰。并要求驻场单位继续发扬奥运精神,通力协作,努力做好太原航空口岸各项工作。

2009年7月,全国人大香港代表团一行30多人赴山西考察调研,山西省政府口岸办与接待单位召开协调会,口岸联检单位特事特办,并对每个环节进行安排部署,为代表们安全顺利返港提供优质服务。

【电子口岸建设】 4月23日,山西电子口岸建设工作小组成员及专家一行赴上海、杭州等地就地方电子口岸建设进行调研,并就山西与兄弟省市电子口岸合作的可能性进行探讨。调研组分别听取各地电子口岸建设工作基本情况介绍,并就如何建立电子口岸信息系统规范化体系,如何实现通关数据资源共享,提高口岸通关效率,电子口岸跨区域合作可能性等问题进行详细的了解和深入的探讨。

9月下旬,在前期调研的基础上,召开山西电子口岸建设项目推介会议。山西电子口岸建设工作小组成员及专家参加会议。同时还邀请太原钢铁(集团)国际贸易有限公司、山西煤炭进出口集团有限公司等山西省进出口总额较大的外贸企业参加。会上,来自各省市的项目推介单位分别进行公司简介、项目介绍、系统应用以及相关产品的功能演示。与会企业代表、建设专家就各单位推介的电子口岸项目的功能、特点、运行以及后期维护等问题进行现场咨询,对电子口岸项目目前的实施情况和相关技术应用进行深入的探讨和广泛的交流。

11月,山西电子口岸建设工作小组召开第六次全体会议,听取电子口岸专家对山西省电子口岸建设(一期)软、硬件招标项目的详细介绍。山西电子口岸建设工作小组组长周斌对山西省电子口岸(一期)招标工作高度重视,对下一步建设提出明确的要求。他要求山西电子口岸建设(一期)招标工作要严格按照国家和山西省的相关法律、法规进行,在确保招标项目的规格型号和技术参数科学、适用、经济、先进的基础上,严格竞标单位的资质,同时充分考虑本地化能力。要制定具体的建设实施步骤,各相关部门要组织和抽调技术人员、管理人员对山西电子口岸进行相关建设和维护工作,要同心协力,集思广益,积极共建,将各个部门现有的网络资源和信息资源利用好整合好,通过山西电子口岸这个平台用信息技术手段提高行政执法效能,并为企业提供宽松、快速、畅通的通关服务。

【口岸"大通关"建设】 4月,为落实《沿海部分省市与中部六省口岸大通关合作协议》,进一步推动太原、青岛两地口岸区域大通关合作,方便山西省进出口企业,青岛市口岸办组织相关口岸企业一行赴山西省开展口岸区域合作交流活动。山西省政府口岸办与青岛市口岸办就深化两地口岸区域合作进行研讨,并召开山西重点外贸、物流企业座谈会,以促进两地企业合作,优势互补,共同发展。在晋期间,青岛市口岸办与山西省侯马市政府签署两地《口岸跨区域合作框架协议》,两地相关企业也分别签署"点对点"项目合作协议。

6月中旬,山西方略保税物流中心正式验收工作会议在山西侯马市召开。山西省委常委、副省长李小鹏,国务院联合验收组组长、海关总署加贸司副司长吕伟红等出席验收工作会议并颁发合格证书。至此,山西方略保税物流中心正式通过国家验收并封关运行。

山西方略保税物流中心位于山西侯马,是国家海关总署等六部门批准、在中部内陆省份设立的、唯一一家政府支持建设的保税物流中心试点,同时也是山西省"十一五"发展规划重点建设项目。山西方略保税物流中心具有国际中转、国际配送、国际采购、转口贸易和出口退税功能,它的批准设立和运行,结束了山西没有海关特殊监管区域的历史,使山西在外向型经济、国际贸易和现代物流等方面具备更优厚的政策优势,对培育我省发展对外贸易优势、增强对外开放竞争力、促进外向型经济的发展将发挥重要作用。

·省公安边防总队·

【实现"养成定式年"工作目标】 按照公安部边防局统一部署,山西边防总队在2009年全面开展边检服务养成定式达标年活动。一年来,省边防总队坚持从细节入手,精心打造特色品牌,克服执勤警力紧张、航班时间不确定、战线较长等困难,相继完成俄罗斯脑瘫患儿治疗包机,韩国、日本及我国台湾地区旅游包机等勤务,为全国政协委员荣智健、台湾著名企业家郭台铭、香港庄氏集团、泰国正大集团和印度环球快车石油公司等各界人士提供优质通关服务。2009年2月,根据太原口岸出入境团队旅客较多的特点,省边防总队在认真研究和多方论证之后,提出"检查员、旅行社'一联一'"的创新服务设想,组织召开旅行社见面会,对团队验放所存在的问题、服务模式的涵盖范围以及需要配合的方向等事项与旅行社负责人进行交流沟通,并根据旅行社建议组织开展团队旅游"网上报检"培训工作,选派专业技术人员对来自山西21家具有出境游组团资格的旅行社相关人员进行了授课,在此基础上,研究出台旅游社团队旅游免排队服务措施,得到广大旅客和各大旅行社的一致欢迎和好评。

【完成国庆60周年安保边检任务】 为确保国庆期间太原口岸的安全平稳,山西公安边防总队一方面通过开展政治教育,提高总队官兵对形势严峻性的认识,另一方面通过强化岗位技能、处突演练、边检业务培训等措施加强勤务组织,科学合理安排警力,增强官兵的警务实战和整体处突能力,保证执法服务的质量和效果。2009年,在总结奥运安保成功经验的基础上,山西边防总队严格落实勤务分析、研讨制度,坚持勤务前对航班出入境人员预报预检信息进行集中研判,结合预报信息制定执勤方案,保证每次勤务工作预案准备到位、处置措施得当有力;加大台外哨和机组工作的监察力度,防止无关人员窜入窜出口岸限定区域和非法出入境事故的发生;充分发挥边检信息录入和航班预报系统功能,提高通关效率,加强口岸管控,确保国庆60周年安保任务的圆满完成。

【打造实战型执勤执法队伍】 山西公安边防总队始终将执法规范化建设作为边检工作的一项重要内容。在工作中紧扣执勤执法实战需要,坚持层层落实责任制,严格履行把关职能。结合各个时期的工作重点有针对性地开展业务研讨、检查员培训等工作,将执勤人员的能力素质与边检工作实践有机结合,不断提高业务人员的执勤执法规范化水平。2009年,省边防总队查获在逃人员1名,查处逾期居留等违法违规事件10余起,接收6名境外遣返人员,顺利完成7架次备降航班相关勤务工作。配合山西出入境检验检疫局成功处置1起2人次疑似感染甲型H1N1流感事件。实现了无执勤安全事故、无群众举报投诉、无内部犯罪案件、无违纪问题的工作目标,保证边防检查执勤、备勤等各项工作的正常有序。

【信息化建设】 信息化建设是边检工作适应快速发展形势的首要需求。省公安边防总队在开展执勤执法工作中坚持向科技要警力,向科技要战斗力,以高科技手段服务保障勤务工作。根据查验需求,省公安边防总队更换了执勤现场的视频服务器,使现场监控系统与总队指挥中心连通,实现勤务工作"实时可控可查"的目标;在检查台内安装呼叫器,规范报警人员处置程序,提高工作效率;建造检查员电教学习室以及远程证件鉴别系统;在总队营区内安装红外线报警系统,加强部队内部的安全保卫工作。以上科技手段的运用和实施,使山西公安边防总队的边检工作向着"反应迅速、精确指挥、运转高效"的勤务组织先进模式迈进了一步。

(宋晓徽)

·太原海关·

【业务工作】 太原海关坚持以税收为轴心,成立综合治税工作领导组,建立例会制度,及时研究解决税收工作中遇到的问题。强化职能部门、各业务现场和二线部门的税收责任,聚全关之力保税收。加强职能部门监控、现场监管、中期核查、后续监管,确保监管到位。保持打击走私高压态势,加大打击走私力度。强化业务基础建设,建立"日监控、月复核、季检查、年总评"制度,强化审单、审价、归类等各环节的审批和复核,组织开展减免税、加工贸易、通关管理、稽查业务的常规督察、执法检查以及隶属海关关长的任期经济责任和管理审计。2009年太原海关业务工作呈现出质量和数量齐头并进的良好局面,完成税收32.24亿元,同比增长39.3%,达到计划数的137.2%,创历史新高;监管货运量1153万吨,同比增长1.2倍;监管进出境飞机285架次,同比增长11.8%;监管出入境人员2.8万人次,同比增长12.5%;稽查有效率为40%,稽查补税919.9万元;风险布控率10.8%,布控有效率为40.7%,大幅超过海关总署规定指标;一般贸易、重点大宗商品、加工贸易货物价格水平、同名商品归类差错率保持在优区;统计预警监测和预警分析文章被《海关要情》采用12篇,被中办采用1

篇、国办采用 1 篇，获国务院领导批示 1 篇，较好地发挥海关统计为国家宏观经济决策服务的作用。成功查办太原海关首起涉嫌侵犯知识产权案件。

【打击走私】 太原海关高度重视打私工作，始终保持打击走私的高压态势。成功侦破“10·10”走私汽车专案，案值 9200 余万元，涉嫌偷逃税款 2000 多万元，被海关总署缉私局确定为一级挂牌督办案件和全国打击汽车走私首战案件。抓获犯罪嫌疑人 41 人，批准逮捕 11 人，查扣涉案汽车 74 辆，查获一大批涉案书证材料和假印章、假牌照。该案的侦办，有力地震慑了关区走私违法行为，开创山西地区打击走私的新局面，为全国海关打击汽车走私专项行动提供了有力支持，受到国务院和总署党组的重视和表扬。办结行政违法案件 8 起，追缴税款 581.5 万元，罚没收入 184.1 万元，各项业务指标均大幅增长。关警融合工作进一步深化，典型经验在全国海关关警融合工作会议上作书面交流。

【构建海关大监管体系】 构建海关大监管体系是全国海关关长会议确定的 2009 年的重点工作之一，太原海关把组建“风险分析防控中心”和“集中审核中心”作为落实总署构建海关大监管体系、优化海关监管和服务、破解制约科学发展的薄弱环节的突破口，取得实质性进展。组织课题调研组，深入基层开展调研，多次研究讨论，反复征求意见，最终形成构建大监管体系“三步走”的实施方案，优化整合通关监管运行模式，集中审核中心和风险分析防控中心实际运行。两个中心的设立，进一步提高风险管理的效能，促进关区执法尺度的统一，提高工作效率，加大两大风险防控力度，优化人力资源配置，避免原来各部门对同一货物（企业）多头下达指令、重复核查的弊端，规范统一执法，有效节省通关环节的审批时间。减免税审批由原来的 6–7 个环节减少为 3–4 个环节，平均时间由原来的 6 天减少为 3 天左右。

【服务地方经济发展】 2009 年，太原海关深入贯彻落实科学发展观，把促进山西外向型经济平稳较快发展，作为贯穿全年工作的一条主线，推出多项新举措，服务地方经济发展。一是在 2008 年推出支持山西省经济平稳较快发展的“十二项措施”的基础上，2009 年针对上半年进出口降幅较大的实际，及时提出加快电子口岸建设、促进对外贸易结构调整、培植保税物流产业发展、加大进出口贸易的预警监测和决策服务力度、完善大客户协调员制度等 5 项重点工作，服务山西省外向型经济发展，帮助进出口企业尽快走出低谷。二是大力开展政策宣讲工作，集中一个月的时间在省内主流媒体宣传海关总署和太原海关出台的服务经济的各项措施。三是深入政府、企业宣讲政策。关领导深入到长治、晋城、运城、大同、朔州等市，向地方党政领导和企业宣讲海关支持经济发展的举措，各隶属海关开展“送政策进企业”活动，纷纷举办政策宣讲会和业务培训班，引导企业利用政策措施积极应对国际金融危机不利影响。

【海关特殊监管场所建设】 大力支持海关特殊监管区域建设，一是严格建设标准，加强业务指导，并积极协调海关总署和财政部、国家税务总局、国家外汇管理局等四部委于 6 月份对方略保税物流中心进行正式验收。方略的封关运作结束了山西省没有海关特殊监管区域的历史。二是支持太原高新区保税仓库、太原高新区出口监管仓库以及大同机车公用型保税仓库的建设，利用保税仓库在功能、政策、产业上的优势，带动地区经济和企业发展，引导和推进产业结构转型升级。三是批准设立山西海鑫国际钢铁有限公司保税仓库、侯马陆港口岸公用型保税仓库、侯马陆港口岸出口监管仓库，并随时跟进项目进展情况，解决经营企业在建设过程中遇到的难题。

【扩大区域通关范围】 2009 年在与天津、青岛、北京、连云港海关签订区域通关合作备忘录的基础上，进一步拓展区域通关范围，一是与深圳海关、石家庄海关签订合作备忘录，使山西省进出口企业的“出海口”达到 6 个。使省内 A 类以上进出口企业可以进一步享受“一次报关、一次验放”区域通关模式带来的便利，简化海关作业，降低企业通关成本，提高通关效率。二是为畅通企业转关渠道，关领导主动走访天津、青岛等主要口岸海关，为省内企业争取更加便捷的服务，确保应转尽转，真正实现区域通关“把口岸搬到家门口”的目的。三是与山西出入境检验检疫局签订《共同促进山西外向型经济发展合作备忘录》，确立“直通放行”“绿色通道”等服务措施，加强联检联查协同执法，避免重复开箱、重复检查，为进出口企业提供一站式通关便利服务。

【统计预警分析】 高度重视统计数据对领导决策的辅助作用，不断扩展海关统计的内涵和外延，一是适应领导需求，增加海关统计数据报送内容，及时出台旬报速报制度。除每月 12 日定期向山西省政府报送月报数据外，每月还三次向省领导定期提供旬报数据，为领导掌握外贸动态，科学决策提供相关信息。二是结合实际做好外贸分析。针对山西省进出口主要商品焦炭、煤、铁矿砂等变化明显的情况，积极跟踪，加强分析研判，捕捉变化特点，分析变化原因并提出具有针对性的意见和建议。三是加强对各地市外贸形势的分析和研究，除了第一时间向 11 个市政府和商务部门提供海关统计数据外，还对大同、朔州、吕梁、临汾、运城和晋城等市进出口贸易情况进行分析，撰写的贸易分析文章得到相关领导的重视。

【电子口岸建设】 制定《山西电子口岸一期建设具体工作实施步骤》，组织“山西电子口岸一期建设项目推介会”。同时，电子口岸的数据交换、信息发布、办事应用平台建设、通关状态查询系统建设全面展开。克服电子口岸保税仓库联网项目地域跨度大、建设时间紧等困难，主动跟进企业需求，完成方略保税物流中心联网监管系统建设，并顺利通过国家验收。太

2009年太原海关主要业务数据统计表

序　号	业务类别	累　计	同比(%)
1	监管货运量(万吨)	1153	120
2	进出口报关单(张)	4304	−35.8
3	进出口报关单记录(条)	8797	−27.7
4	集装箱标准数量(箱次)	10717	−8.0
5	税收入库(万元)	322371	39.2
6	实际减免税(万元)	24937	−77.2
7	加工贸易合同备案(份)	142	−
8	企业注册累计(家)	2635	0.1
	实际进出口企业(家)	1056	−3.6
9	监管进出境飞机(架次)	285	11.8
10	监管进出人员(人次)	27976	12.5
11	采取强制措施(人次)	74	3600
12	罚没入库(万元)	184	475

原高新区、大同北方机车车辆集团、海鑫钢铁集团三家企业的保税仓库联网监管系统建设完成。截至2009年底,山西省办理电子口岸入网企业230家,制作企业IC卡1200余张,显著地提高了进出口企业电子商务的应用水平。　(宋　雷)

出入境检验检疫

【概述】 2009年,受国际金融危机影响,山西省出口贸易大幅下降,全局共检验检疫进出境货物1.4万批次、货值16.8亿美元,批次、货值与上年同比分别下降31.8%、54.8%;签发各类原产地证书1.1万份,签证金额5.4亿美元;检疫查验出入境人员2.7万人次、健康检查4542人次。从出境货物中检验出不合格商品36批、货值73万美元,从进境货物中检验出不合格商品48批、货值889万美元;在出入境人员健康体检中,检出梅毒、肝炎等传染病157例;在进口货物中8次截获有害生物共31种,其中禁止进境的检疫性有害生物4种;截获入境旅客携带的禁止进境动植物产品98批次。至2009年底,山西检验检疫局全员编制303名,实有在职职工277人(其中行政人员195名,企事业单位人员82名);离退休人员64名;党组成员4人,巡视员和副巡视员各1人,处级领导干部63人;局机关内设办公室等17个处室,下设大同局、阳泉局、长治局、侯马局、太原机场局、平朔煤矿办事处6个分支机构,技术中心、保健中心、服务中心、协会、中检认证集团山西有限公司5个直属企事业单位。全局拥有各级各类实验室11个,其中,省局技术中心拥有煤炭、化矿、农食畜、动植物、纺织品5个实验室(其中农食畜[食醋]实验室为在建国家重点实验室),保健中心所属健康体检及艾滋病检测实验室1个,4个分支局各设立技术中心1个。各实验室除金属材料、机电产品外基本能满足山西省进出口商品检验检疫工作的需要。

【质量安全"五个年"活动】 按照国家质检总局和山西省政府的部署,以开展"质量和安全年"活动"五个年"(质量宣传年、质量提升年、质量整治年、质量建设年、质量服务年)为目标,按照"四抓"(抓深入、抓企业、抓联动、抓长效)要求,扎实推进,做到了"六个到位"(动员部署到位、目标任务到位、方案措施到位、责任落实到位、督促检查到位和舆论宣传到位)。国家质检总局督查组先后两次到山西局进行督导,上半年第一次督查指导时,指出山西局的质量和安全年活动"领导重视、安排及时、部署到位,开了一个好头";10月下旬第二次督导时,督查组对山西局在推出服务企业举措,创新检验监管模式改革,加强部门协作等方面的工作给予高度评价。

一是围绕质量建设年,抓动员部署,提高全员质量和安全责任意识。局党组对开展"质量和安全年"活动高度重视,成立专门组织机构,在全局干部职工中进行深入动员,将20项重要活动和70项重点工作分解细化,明确责任部门、进度要求和目标任务,同时将活动的开展情况纳入全局年度绩效考核管理,实行动态跟进督查,确保落实。国家质检总局上半年工作总结暨质量形势分析会后,山西局迅速召开全局半年工作总结和"质量和安全年"半年总结两个会议,学习贯彻王勇局长的讲话精神。围绕"认识再深化、队伍再动员、目标再强化",对"质量和安全年"活动进行再部署。把开展活动的重点放在发动企业上,督促企业制定和落实活动方案,引导企业积极参与"质量和安全年"活动,推动企业落实质量安全主体责任,促进企业提高质量安全水平。

二是围绕质量提升年,推进合作联动,努力构建质量安全综合管理体系。按照国家质检总局和山西省政府签署的合作备忘录要求,山西局积极加强与地方政府以及有关部门的联系与合作,不断深化合作内容、拓宽合作领域。承办辽宁、内蒙古、河北等六省区加强植物及其产品检验检疫合作会议;与山西省农业厅、运城市政府联合召开三方合作联席会议,就建立出口食品农产品精品示范区等合作事宜深入研讨、达成共识；与太原海关签署《共同促进山西外向型经济发展合作备忘录》；与商务厅签署《加强协作共同促进山西外向型经济发展合作备忘录》。各分支局积极与驻地政府、所辖大型企业建立合作机制，极大地改善检验检疫把关与服务环境。着力开展出口产品质量安全示范区建设，积极推进建立“政府主导、监管部门引导、企业负首责、社会共同参与”的质量安全综合管理体系。山西局与山西省农业、商务部门合作，在农产品主产区运城市、忻州市以及岢岚县、万荣县等地分别建立果汁、水果、芸豆等出口产品质量安全示范区，取得明显成效，产品出口呈现逆势增长的良好局面。在接待美国、加拿大、澳大利亚等国官方考察山西出口水果、欧盟检查山西兔肉出口生产企业等工作中，山西省省长王君，副省长李小鹏、刘维佳分别作出批示，山西省政府专门发文，要求有关地市与检验检疫部门共同做好迎检工作，极大地促进工作的顺利开展。

三是围绕质量整治年，集中力量，大力开展专项整治行动。在进出口食品专项整顿中，山西局按照“四查、四建、四落实”的总体要求，制定整顿方案，突出对重点国家和地区、重点商品、重点企业、重点项目的清查，特别是加强对山西出口量大的供港鲜鸡蛋、活牛、活猪、冻肉、蔬菜水果等高风险食品农产品的检验检疫监管，确保产品的质量安全。根据国家质检总局和山西省政府的部署，山西局及时下发《关于开展打击违法添加非食用物质和滥用食品添加剂专项整治的紧急通知》，全面完成所辖122家出口食品生产企业和12家出口食品添加剂生产企业的自查自纠和督促整改工作。在重点工业产品专项整治工作中，对进口原料固体废物、进口旧机电产品、出口煤炭、陶瓷、家具、油漆涂料等敏感、大宗商品及新纳入法检目录商品进行重点排查，完成了12类进口儿童用品、31类新调入法检目录的进出口商品、12类目录外商品的摸排监管工作，对涉及安全、卫生、健康、环保的项目进行了重点检测。开展针对出口非洲和中东国家产品以及市场采购出口商品的专项整治，加强了输俄产品的检验监管。

四是围绕质量服务年，多措并举，提高服务能力和水平。山西局按照国家质检总局“服务外贸、稳定发展”和山西省委省政府“转型发展、安全发展、和谐发展”的部署和要求，采取多项有力措施服务全省外贸经济发展。第一，从自身着手，增强服务本领。对现行的检验检疫业务规章制度进行全面清理，制(修)订9个应急预案，出台《业务流程时限管理办法》《对外委托检测工作管理规定》等系列规定，进一步规范检验检疫业务行为；加强对工作人员的行风教育、纪律教育和技能培训，不断提高依法行政能力；借助信息化手段启动《标准与技术法规信息快车》查询系统，为全局业务工作提供内容全面、快捷准确的一站式标准检索平台；加强对基层检测实验室的指导和检查，加大检测设备设施投入，提升区域实验室的检测水平。第二，改善通关环境，便利快进快出。启用进出口企业诚信系统，将系统运行情况纳入绩效考核管理，规范对外经济发展秩序与环境，增强检验检疫监管有效性。坚决执行出口食品农产品、纺织服装等减免和降低检验检疫收费政策，努力减轻企业负担。在继续推行“5+2”“24小时工作制”“预约服务、电话报验”等服务举措的同时，积极推进分类管理，引导企业申请“绿色通道”、直通放行等待遇。全省远程电子申报企业总数达300家，永济新时速电机电器有限责任公司等16家企业进入“绿色通道”，经纬纺机厂等2家大型机电出口骨干企业获得了出口免验资格。第三，发挥部门优势，丰富服务手段。在帮助出口企业应对技术贸易壁垒、健全质量管理体系、提高自检能力、获得原产地认证、地理标志保护、食品农产品认证以及对国外注册等方面，发挥检验检疫部门信息、技术优势，采取一系列措施：为全省40余家出口企业义务培训检测人员近百人，帮助企业提高检测能力；扶持左云苦荞获得“地理标志产品保护”；帮助山西水果主产区——运城市、晋中市通过水果检疫要求严、准入门槛高的澳大利亚、美国和加拿大等国官方评估检查，为山西水果向高端市场出口赢得机遇。第四，主动服务，为重点工程和项目保驾护航。对山西省重点工程——太钢集团350万吨特种钢项目、晋北铝业有限公司100万吨氧化铝二期项目、晋城至济源高速公路建设工程进口设备等重点项目采取跟踪和“贴身”服务，保障重点工程和项目进度。积极协助西龙池水电处理进口发电机组的质量事故，大力扶持重点招商引资项目——富士康（太原）科技园区有效应对全球金融危机，该企业全年出口移动电话1879批，货值达7870万美元。

五是围绕质量宣传年，广泛发动企业，营造良好氛围。山西局专门制定宣传方案，通过组织开展有奖问答、“质量安全年”征文活动积极向进出口企业开展宣传。利用报刊、电视、网络等媒体，开展形式多样、内容丰富的宣传活动。全年“质量和安全年”活动被中央媒体报道20次、地方媒体报道61次、广播电视报道21次。在局门户网站开设的5个“质量和安全年”活动专栏，报道有关信息293条，被点击1万余次。

【甲型H1N1流感疫情防控】 2009年4月，面对全球爆发的甲型H1N1流感疫情，山西局按照国家质检总局和山西省委、省政府的部署和要求，组织全局干部职工迅速投入到防控甲型H1N1流感战役中。一是高度重视、迅速行动，全局第一时间进入应急状态。4月27日，山西局召开紧急动员会，成立防控领导组，启动应对口岸突发公共卫生事件应急预案，全局进入应急状态。国家质检总局防控甲型H1N1流感疫情视频会议后，山西局连夜召开领导组工作会议，进行再动员、再部署。二是明确责任、加强查验，严格落实防控措施。进一步细化口岸检疫查验岗位职责、工作流程，采取增加体温检测次数、对现场检疫全过程电子监控等系列措施，加大查验力度。三是抽调人员、加大投入，为防控工作提供保障。山西局增派21名有口岸工作经验的人员充实到一线，先后选派10名检疫人员支援上海口岸流感疫情防控工作,购置体温检测仪等设备及消毒防护物品,为做好防控工作提供有力保障。四是加强演练、沉着应对,妥善处置进境发热旅客。山西局与山西省卫生厅联合组织的“甲型H1N1流感医疗救治应急演练”，山西省电视台等多家新闻媒体进行现场直播报道,引起社会各界的积极反响。在对香港—太原航班入境旅客实施检疫时,及时、妥善地处置发热旅客。五是加强协作,建立机制,切实履行检验检疫部门职责。山西局加强与政府主管部门和口岸联检部门的协调,作为出入境检疫检测协调工作组组长单位,制订工作方案,牵头召开由山西省民航管理局等7家单位参加的“口岸防控甲型H1N1流感疫情工作协调会”，建立疫情防控协作机制。六是未雨绸缪、毫不松懈,打好防控持久战。防控工作转入常态后,针对全球疫情持续快速蔓延,国内疫情扩散加剧的严峻形势,一方面做好自身的防护工作,另一方面发扬持续作战的精神,继续坚持有效的各项防控措施,进一步完善机制、做好储备,内防扩散、外堵输入,全力做好冬春季节流感的防控工作。

【实施新《食品安全法》】 针对6月1日正式实施的新《食品安全法》,开展法律进机关、进基层、进社会、进企业、进学校系列学习贯彻和宣传活动,宣传贯彻工作抓出了声势、抓出了特色、抓出了成效。一是抓好检验检疫人员的学习。局党组中心组专题学习《食品安全法》,在全局范围举办专题培训;先后两次组织分支机构及局相关单位人员召开研讨会,就贯彻执行中的具体问题进行研究,进一步明确具体执行中的有关问题,使基层执法人员尽快掌握相关知识。二是抓好企业人员的学习。将进出口食品生产企业作为宣传工作的重点，开展“六个一”活动,即“一本书、一次培训、一次研讨、一次征文、一张网页、一次采访”。举办全省100余家企业、200余人参加的培训班；组织15个重点企业的30余名代表参加的食品安全法理论研讨会,就贯彻执行食品安全法中遇到的问题听取企业的意见和建议。三是抓好对社会的宣传。山西局门户网站设置《食品安全法》宣传栏；通过开展进口食品市场检查,及时向社会和公众宣传《食品安全法》的新规定和要求。四是对现行的进出口食品安全规范性文件进行梳理,进一步完善相关制度,强化工作人员的法制意识和责任意识,很好地履行进出口食品监管工作职责,确保进出口食品安全。

【动植物检疫】 一是开展外来有害生物监测工作。制定《2009年外来有害生物监测实施方案》，成立监测工作组,明确任务和职责,加强组织领导和实施。在进口大豆、小麦等粮谷接卸地、运输沿线、定点加工厂、仓库等周边地区增加有害杂草的监测;增加对进境种子、苗木及花卉在后续监管过程中的疫情调查和监测。认真做好实蝇监测工作，共在山西省11个地市的出口水果注册果园和蔬菜种植基地、大型水果批发市场、太原机场、旅游区域等实蝇适生地设置实蝇监测诱捕点480个,建立科学的监测网络，开展外来有害生物的监测,防止有害生物的传播,保证山西省出口水果、蔬菜等农产品质量。二是认真开展供港活猪甲型H1N1监测工作。对供港活猪养殖场进行了采样监测,并及时将监测结果上报国家质检总局（共检测样品70余份，无一例阳性)。三是认真开展动植物源性食品残留监控工作。开展兽药、农药、重金属、化学污染物等使用、污染等情况普查摸底，适时调整监测的品种、项目、频率和范围,全年共监测出口动物源性食品及供港澳食用动物残留监控样品343份、118个检测项目,监测植物源性食品样品150份、53个检测项目。四是严格检验检疫执法把关,防止疫情疫病传入传出,确保国门安全。2009年共检验检疫2378批出境动植物及其产品,未发生任何质量问题。全年在进口货物中8次截获有害生物共31种，其中截获禁止进境的检疫性有害生物4种：刺蒺藜草、美丽猪屎豆、三裂叶豚草、锯齿大戟。五是为山西水果进入高端市场搭桥铺路。2009年4月20~24日,国家质检总局安排中国—澳大利亚双边植物检疫会谈在山西举行,山西局为协助会议成功举行做积极的准备,向澳大利亚检疫官员介绍《山西检验检疫局出口水果管理质量保障体系》。澳大利亚检疫官员还深入山西省水果主产区——运城市苹果基地以及出口水果包装厂进行了检疫准入考核。澳方检疫代表团对山西局注册果园和包装厂的检验检疫监督管理工作给予充分肯定,对出口水果的检验检疫质量保障体系给予了高度评价。

（张建龙）

商务发展

【概述】 一、多管齐下,扩大消费,全方位收获消费硕果

1.政策驱动作用显现。认真贯彻国务院搞活流通扩大消费的一系列政策措施,结合山西省实际,从农村消费、城市消费、热点消费、安全消费、农村流通基础设施、流通现代化建设、财政支持等方面,开展大量调研,起草《山西省关于搞活流通扩大消费的实施意见》，山西省人民政府及时出台50号文件，有力地扩大全省消费。在此基础上,省商务厅和各市商务局先后举办“山西品牌产品上海推介会”等一系列大型促销活动,效果显著。太原颁布百货企业绿色标准和餐饮企业绿色标准,创新行业管理模式,大打时尚、节假日、健身、绿色、礼品等营销牌,促进消费。

2.家电下乡成效显著。自2月1日开展家电下乡活动以来,认真制订实施方案,积极做好政策宣传,扎实开展业务培训，加快建立销售渠道,及时落实补贴资金,社会效益逐渐显现。运城市家电下乡活动的销售量和销售额均名列全省第一。朔州市家电下乡销售网点代办申领并垫付补贴资金办法,受到国家家电下乡督查组的充分肯定。阳泉市出台《家电下乡产品财政资金补贴兑付办法》，在全省率先实施“一次性购买、一次性补贴”办法。

3.汽车以旧换新成功实施。山西

省报废汽车回收拆解企业共16户。截至2009年底，全省共回收拆解报废汽车5248辆，其中166辆报废汽车符合补贴标准，发放补贴207.5万元；换购新车106辆，拉动汽车消费1532.4万元。晋城“汽车以旧换新”工作走在全省前列。

4.消费环境进一步改善。严格执行省、部酒类流通管理条例和办法、《山西省畜禽屠宰管理条例》等法规，开展“放心酒”工程，推进定点屠宰工作。加强流通监管力度，严厉打击借“家电下乡”等名义制售假冒伪劣产品行为，维护市场经营秩序。开通12312商务举报投诉热线，初步建成公共服务平台15个。不断规范和促进典当、拍卖、直销、融资租赁等特殊行业稳定发展。

二、加快流通领域市场体系建设，不断提高流通现代化水平

1. 农村市场体系建设取得新成效。深入实施“万村千乡”市场工程，大力推进“双三十”农产品市场工程建设，积极开展农超对接。长治市积极试点“三网合一”，不断提升农村流通网络服务功能。

2. 城市社区商贸服务业稳步发展。按照“便利消费进社区，便民服务进家庭”的总要求，加强社区便民服务网点建设。召开第四届山西酒饮食品博览会和首届山西卡车物流展览会。太原、晋城、晋中、吕梁等市积极推进市级商业中心改造。

3. 市场监测应急能力不断提高。加强产销衔接，建立对口协作机制，指导重点企业做好重要生活必需品市场供应工作，完善重要商品储备体系以及省市应急物资储备联动机制，积极应对甲型H1N1型病毒的传播和强降雪天气。加强市场监测，扩大市场监测样本，进一步提高监测数据及时率和准确率。大同市市场运行监测工作实现全省“五连冠”，成品油市场管理工作全省领先。

三、加大稳定外需政策支持力度，全力保市场保份额

1.稳定外需政策取得效果。根据国家稳定外需政策精神，起草关于保持对外贸易稳定增长的实施意见，并以省政府文件下发执行。该实施意见从建立外贸发展资金、出口基地建设、促进加工贸易发展、扩大企业融资、积极开拓国际市场、实施品牌发展战略、外资外经工作促进外贸增长、提高服务水平等九个方面进行支持。

2.贸易结构调整稳步推进。结合山西省十大产业调整振兴规划，加快推进出口基地建设。大力支持机电产品、高新技术产品和服务贸易的发展，不断优化出口产品结构，提高出口产品技术含量和附加值。健全服务贸易联席会议机制，初步建立山西省服务贸易统计体系，指导和协调服务贸易发展，落实服务贸易优惠政策。太原高新区新材料基地成功申报国家级科技兴贸创新基地。围绕全省重点工程建设，鼓励进口急需的重要原材料和关键设备，进出口结构进一步改善。

3.帮扶企业力度进一步加大。召开外贸联席会议，多次召开银贸、出口信保等座谈会，积极帮助企业扩大融资，防范出口风险，稳定外需。会同有关部门，积极向国家反映，提高山西省玻璃器皿、芦笋、果汁、不锈钢板材出口退税率。协调海关等部门，解决富士康承接加工转移设备的免税问题。支持协助山西方略保税物流中心顺利通过海关总署等部门验收。与省检验检疫局签订《贸检合作备忘录》，为外贸企业提供便利化服务。建立完善百家外贸出口企业分级联系制度，实行一对一帮扶，先后赴全省重点外贸企业就焦炭、金属镁、不锈钢、芦笋、玻璃器皿、法兰盘等，进行调研，宣讲扶持政策。发挥电子商务区域平台作用，先后赴6市为近300家外贸企业进行免费培训。积极组织企业参加广交会、高交会、中博会等国内外展会，成功举办芦笋等出口产品内销推介会，不断开拓国内外市场。继续加强产业损害调查工作，认真做好太钢对欧盟的不锈钢板材的反倾销应诉、山西红星公司对印度的亚硝酸钠的反补贴应诉工作。

四、服务转型发展和“三保”目标，利用外资质量不断提高

1.重点工程招商引资卓有成效。9月在太原举行山西省招商引资项目签约仪式，签约项目协议金额3300亿元，项目总投资880亿元。与上海签署“山西省上海市合作备忘录”。华能、大唐、华电、中电投等中央大型企业也与山西省签订合作协议。举办“山西能源产业投融资论坛”，与加拿大安大略省举办“矿业论坛”。中国重型汽车集团、江苏雨润集团、中海油新能源投资有限责任公司等9家国内500强企业正在落户大同。忻州市实施“开放引进、项目带动”战略，大项目资金到位、开工建设速度大大加快。临汾市在全省开展的重大招商引资活动中，完成审批项目和竣工项目均列全省前茅。

2.利用外资质量不断提高。根据国家政策的调整，省商务厅编印《外资政策法规汇编》《服务贸易文件汇编》等，收录山西省十大产业调整和振兴规划等方面的重要内容，对提高利用外资质量起到积极作用。从项目所涉及的行业看，正在实现由制造业向服务业转变，外资产业布局日趋合理，投资结构更趋优化。

3.投资环境进一步改善。下放部分商业领域外商投资审批权限，提高行政效率。积极宣讲外资政策，提高依法行政能力，促进企业合法经营。确定重点联系企业，深入调研，解决困难。协调指导，妥善解决重大纠纷案件，使一些矛盾纠纷较大、长期得不到解决的案件得以妥善处理，企业反映良好，投资发展环境进一步改善。外资企业的社会责任感不断增强，20家外资企业荣获履行社会责任优秀企业称号。

4. 能源博览会筹备工作有序进行。在认真总结前两届“煤炭博览会”的基础上，为适应世界经济发展、能源需求不断增加的形势，进一步提升理念、拓宽内容和突出主题，经充分调研和反复论证，将“中国(太原)国际煤炭与能源新产业博览会”更名为“中国（太原）国际能源产业博览会(简称能源博览会)”，2010年举办第三届，今后每两年一届。

五、创新外经合作方式，积极稳妥地实施“走出去”

1.晋非经贸合作区进展顺利。成立了合作区建设领导组，专门协调合

作区建设有关事宜。组成由山西太钢控股、山西焦煤和山西天利公司共同投资的山西晋非投资有限公司,全面推进合作区的建设进展工作,合作区于2009年9月16日开工后进展顺利。

2.境外投资合作快速增长。积极组织企业参加“走出去”培训,主动为企业“走出去”搭建平台。2009年共批准境外投资项目18个,中方投资协议额4.7亿美元,仅运城制版厂就在巴基斯坦、俄罗斯、墨西哥、埃及、印度、泰国、乌克兰等16个国家开办20个企业,投资总额达6388万美元。太钢投资土耳其铬矿项目投资总额高达2.9亿美元。

3. 承包工程劳务合作稳步推进。对外承包工程领域正在从以劳务密集型为主逐步发展到技术密集型的高速公路、铁路、电子通信、电力冶金等领域,项目档次逐年提高,合作方式趋于多样化。截至2009年底,具有对外承包工程经营资格的企业有38家,大型专业公司比重不断增加,形成一支门类齐全、具有较强实力的经营队伍。

【涉外活动】 2009年省商务厅邀请南非、巴基斯坦、印度、孟加拉国、美国、汤加、澳大利亚、伊拉克、伊朗、德国、尼日利亚、荷兰、斯里兰卡、法国、阿联酋、乌兹别克斯坦、菲律宾、毛里求斯、马来西亚、土耳其、比利时、塞尔维亚、丹麦、斯洛文尼亚、加纳、加拿大、韩国、英国、乌克兰、日本、迪拜、捷克、意大利、俄罗斯、芬兰等35个国家和地区的259名客商到山西省进行经贸活动。

2009年省商务厅派往美国、巴西、阿根廷、德国、英国、法国、瑞士、西班牙、毛里求斯、埃及、匈牙利、澳大利亚、土耳其、捷克、哈萨克斯坦、阿联酋、波兰、加拿大、蒙古等19个国家和中国港澳地区49人次进行考察、推销和经贸洽谈。

【国内贸易】 1. 社会消费品零售总额。2009年山西省社会消费品零售总额2808.97亿元,比上年增长19.20%。按地域分,城市1783.50亿元,县561.27亿元,县以下464.20亿元。按行业分,批发和零售贸易业2370.53亿元,住宿和餐饮业362.29亿元,其他行业76.15亿元。

2.批发和零售贸易业企业商品销售总额。批发和零售贸易业企业商品销售总额2370.53亿元,比上年增长19.14%。其中,限额以上企业773.27亿元,限额以下企业1597.26亿元。

3.市场物价。商品零售价格指数为99.1(以上年价格为100),其中城市99.0,农村99.3;居民消费价格指数为99.6(以上年价格为100),其中城市99.0,农村100.9。

4.市场秩序建设。强化信用信息体系建设。涉及的审批事项全部输入商务部信用信息库。加强信用担保,协调20余家担保公司为500多个中小商贸企业解决贷款担保26亿元左右。积极开展商务综合行政执法试点工作。阳泉市、晋城市、运城市、临汾市、长治市、忻州市、晋中市、大同市和祁县、曲沃县、陵川县、岢岚县、文水县、尧都区等8市6县被列入全国试点范围,将1050万元奖励资金如数下拨试点单位。开展专项整治活动。组织开展打击违法非食用物质和滥用食品添加剂专项整治、打击非法传销、扫黄打非、防治甲型H1N1流感等专项活动,执法人员先后出动10余万人次。

5. 市场体系建设。“双百市场工程”进展顺利。大力引导农产品批发市场和流通企业进行标准化升级改造,拓宽大宗特色农产品销售渠道,促进农民增收,提升农产品流通现代化水平,完善农产品流通网络。“万村千乡”市场工程继续深入推进。2009年发展连锁农家店7000家,使全省农家店总数达到2万家,2009年实现销售额72亿元,带动就业2.1万人。农村消费环境进一步改善,农村现代流通网络逐步形成。家电下乡成效显著。2009年,全省核准备案销售网点4781个,销售9类家电下乡产品58.32万台,销售额12.21亿元。农村家电流通和售后服务体系得到完善,扩大农村消费成效显著。“汽车以旧换新”顺利启动实施。全省11个地级城市“汽车以旧换新”联合服务窗口全部设立。全省共回收拆解报废汽车5248辆,其中166辆报废汽车符合补贴标准,发放补贴207.5万元;换购新车91辆,拉动汽车消费1216.4万元。汽车消费持续增长。全省汽车销量达到44.5万辆,同比增长20.2%;销售额达432.4亿元。全省补贴下乡汽车摩托车4.5万辆,拉动汽车摩托车消费11.08亿元,补贴1.1亿元。

6.商贸服务管理。推动物流企业的规范化、标准化、规模化建设,盛唐物流配送有限责任公司和山西太铁联合物流有限公司被评为4A级物流企业,太钢集团汽车运输分公司被评为3A级物流企业。加快城市社区服务发展。实施“放心早餐工程”,完成9家早餐主食加工配送中心建设,发展早餐网点694个,新增就业1196人,全年销售额1.8亿元。完成8个菜市场标准化改造试点,营业面积4.5万平方米,从业人员3254人。完成4个家政服务网络平台建设,培训家政服务人员4500余人。继续开展国家级和省级商业示范社区创建活动。开展商贸领域节能降耗工作。加强再生资源回收经营企业备案工作。在太原、大同、晋城、临汾4个市开展再生资源回收体系建设,建成回收亭(点)260个,中转站25个,交易市场4个,加工中心5个。太原市和大同市被商务部列为再生资源试点城市。不断加强成品油市场管理。进一步规范审批流程,严格市场准入,切实做到依法行政,做好批发企业申报、加油站改扩建及新建加油站的规划确认。继续实行成品油市场运行周报及月报制度。

7.市场运行调节。全省监测样本扩大到409家,覆盖11个市、14个县。全面开展商务预报发布工作,提高公共服务水平,初步形成全方位、立体化的信息发布网络,促进市场配置资源水平的提高。生活必需品市场应急和调控工作取得新进展。全省生活必需品市场应急管理工作稳步推进,生活必需品市场应急数据库建设取得重要进展,应急数据库覆盖11个市,应急监测、决策支持和公共服务能力有所增强。全省重要生活必需品储备体系进一步完善,全面落实市级储备，储备品种更加丰富，储备数量更加充实。酒类流通规范有序。全面实施《酒类随附单》，加强市场稽查，开展汾酒专卖店专项整治，成功举办山西酒饮博览会，顺利开通山西酒管网。加强对生猪定点屠宰工作的管理。对330个生猪定点屠宰场点换发新“生猪定点屠宰证书”，更换新《肉品品质检验验讫印章》，使用“肉品品质检验合格证”。发放病害猪无害化处理补贴费用939万元。积极做好茧丝绸协调工作。对执有鲜茧收购资格证与缫丝（绢纺）生产准产证的企业进行审核换证，积极做好桑蚕种、桑蚕茧、桑蚕丝生产指导性计划与蚕茧收购的相关工作。

【出口贸易】 2009年，山西省进出口总额85.55亿美元，比上年下降40.57%。

1.出口总额。2009年，全省出口总额28.38亿美元，比上年下降69.33%，占全省GDP的2.63%；占全国出口额的0.24%。

2.出口商品品种。2009年全省出口商品1313种，出口额在100万美元以上的商品218种，金额26.80亿美元，占出口总额的94.43%。其中出口额在500万美元以上的商品82种，金额23.51亿美元，占出口总额的82.84%。

出口额在300万~500万美元的商品有29种，金额为12680万美元，占出口总额的4.47%。主要是鲜鸡蛋、瓷餐具、额定容量超过10兆伏安、由每根被覆光纤组成的光缆、制成的饲料添加剂、草酸、非电气的灯具及照明装置、全自动或半自动电阻直缝焊管机、其他硅、直接从铁矿还原的形状铁产品、未列名陶制品、内径在500毫米及以上的圆形截面铸铁管、其他钢石油天然气无缝管道管、碳（碳黑及其他编号未列名的其他形态的碳）、富铝红柱石、厚>10毫米的普通钢铁卷材、无可锻性铸铁管子附件、P≥132.39kw(180hp)柴油机的零件、棉制女裤、直流电动机及直流发电机、聚酯短纤<85%棉混漂白平纹布、陶瓷制绝缘零件、其他非夹丝浮法玻璃板、增炭剂、金属轧机用轧辊、铝合金管、未列名阀门、非电热的铸铁制集中供暖用散热器及其零件、柠檬酸盐及柠檬酸酯等。

出口额在100万~300万美元的商品有107种，金额为2.022亿美元，占出口总额的7.12%。主要有未列名木制品、聚酯短纤<85%棉混印花平纹布、核桃仁罐头、未列名电灯及照明装置、其他芳香多胺及其衍生物以及它们的盐、初级形状的聚乙烯醇、其他结构上含有一个嘧啶环或哌嗪环的化合物、活字、明胶制装药用胶囊、凿井机械的零件、核桃仁、液体泵零件、炉用碳电极、未列名已加工花岗岩制品、非肥料用硝酸钾、其他石油或天然气管道管、定减径轧管机、棉制其他男裤、棉≥85%染色三或四线斜纹布、不锈钢制法兰、其他棉制盥洗及厨房用织物制品、其他以石墨等碳为主的糊状、其他餐桌或厨房用玻璃器皿、稀土永磁体、1—萘胺与2—萘胺及其衍生物以及它们的盐、钠的其他硫化物、其他绿豆、钻探石油及天然气用无缝钢铁套管及导管、其他棉制盥洗及厨房毛巾织物等毛圈织物制品、装在蹄片上的制动摩擦片、冷轧不锈钢板材、聚酯短纤<85%棉混染色平纹布、喀什米尔山羊细毛制、冻兔肉、海绵橡胶或泡沫塑料制褥垫、不规则盘卷的不锈钢热轧条杆、未列名混合或非混合产品构成的药品、履带式起重机、轻型柴油及汽油货车用装差速器驱动桥及零件、其他铁圆形截面焊缝管、处理器及控制器、矿用电铲用零件、未列名车辆用车轮及其零件、柠檬酸、其他钢铁制对焊件、切成一定尺寸或形状的滤纸及纸板、二氧化硅、烟花、爆竹、镀或涂锌的普通钢铁丝、已搪瓷铸铁制餐桌、厨房等家用器具及其零件、其他柴油货车、初级形状离子交换剂、肥料用硝酸钾、乙酸钠、其他车身覆盖件、天然硫酸钡（重晶石）、其他电感器、羟氨苄青霉素制剂、人造石墨、钾的磷酸盐、聚酯短纤<85%棉混印花平纹布、未酸洗热轧不锈钢卷材、其他钢石油天然气管道管114.3毫米<外径<215.9毫米、蒸汽及过热水锅炉零件、其他乙酸盐、其他纵向焊石油天然气管道管、钙、热轧并经除包镀涂外加工宽≥600毫米钢铁板材、活动房屋、苦杏仁、其他变压器的零件、其他耐火砖及类似耐火陶瓷建材制品、其他薄板制竹胶板单板饰面板多层板厚≤6毫米、盐渍绵羊肠衣、其他餐匙等类似的厨房或餐桌用具、硫酸钡、铝合金空心异型材、未列名贱金属雕塑像及其他装饰品、客车或货运机动车辆用新的充气橡胶轮胎、其他钢石油天然气管道管215.9毫米≤外径≤406.4毫米、其他螺钉及螺栓、滚动轴承的其他零件、其他工业或实验室用炉及烘箱、制冷机组及热泵的零件、多相交流电动机、未列名切成形的纸及纸（浆）制品、其他电缆、其他未列名无机酸、化纤制刺绣的餐桌用织物制品、化纤制其他非针织或钩编餐桌用织物制品、山羊肉、其他金属永磁铁及磁化后准备制永磁铁的物品、钨丝、其他棉制手帕、其他聚乙烯等材料制货物包装袋、冷轧管机、机械加煤机及机械炉箅、机械出灰器等装置、铸造机的零件、天线及其零件、棉制针织或钩编的T恤衫、热交换装置、未列名焊接机器及装置等。

出口额在100万美元以下的商品1095种，金额为15806万美元，占出口总额的5.57%。

3.出口商品市场。出口商品销往166个国家和地区。出口额在100万美元以上的国家和地区85个，出口金额28.18亿美元，占出口金额的99.30%。其中，出口额在2亿美元以上的国家和地区有3个，主要是韩国、美国、印度，出口金额10.29亿美元，占出口总额的36.26%。出口额在1亿~2亿美元的国家和地区有3个，主要是中国香港、日本、中国台湾省，出口金额为4.81亿美元，占出口总额的16.95%。

出口额在1000万美元~1亿美元的市场34个，主要有荷兰、意大利、委内瑞拉、德国、俄罗斯、巴西、加拿大、伊朗、土耳其、澳大利亚、英国、泰国、马来西亚、印度尼西亚、安哥拉、比利时、西班牙、以色列、阿联酋、新加坡、墨西哥、法国、匈牙利、南非、阿尔及利亚、越南、菲律宾、沙特阿拉伯、孟加拉国、约旦、秘鲁、奥地利、巴基斯坦、埃及等，出口金额为11441

万美元，占出口总额的40.31%。

出口额在500万~1000万美元的市场有9个，主要有波兰、阿根廷、挪威、希腊、芬兰、叙利亚、瑞典、捷克共和国、缅甸等，出口金额6162.29万美元，占出口总额的2.17%。

出口额在100万~500万美元的市场有36个，主要有哥伦比亚、葡萄牙、也门共和国、埃塞俄比亚、伊拉克、智利、肯尼亚、新西兰、尼日利亚、黎巴嫩、丹麦、斯洛文尼亚、保加利亚、摩洛哥、乌克兰、罗马尼亚、吉布提、爱沙尼亚、巴拿马、爱尔兰、特立巴哥、斯里兰卡、塞浦路斯、毛里求斯、克罗地亚、莫桑比克、瑞士、利比

2009年山西省出口额500万美元以上商品情况表

金额分类	商品名称	出口金额（万美元）	占出口总额比重（%）
1亿美元以上（5种）	其他合金钢热轧卷材，无烟煤，手持式无线电话机的零件（天线除外），含镁量至少为99.8%的未锻轧镁，自动数据处理设备及其部件等。	65694	23.15
1 000万~1亿美元（40种）	焦炭及半焦炭，其他钢铁制法兰，手持（包括车载）式无线电话机，冷轧不锈钢板材，其他固定支架的高架移动式起重机，热轧不锈钢卷材，非特种用途的其他类型电视摄像机，6氨基青霉烷酸(6A-PA)，耐火粘土，活性炭，可锻性铸铁及铸钢管子附件，硅铁，炼焦煤，其他未锻轧镁，其他铸铁管及空心异型材，热轧管机，其他玻璃杯，未列名一般体育活动、体操或竞技用品及设备，铁道及电车道机车或车辆的轮及上述货品零件，其他无可锻性铸铁制品，其他碳电极，其他玻璃盥洗室、办公室、室内装饰等器皿，热轧不锈钢非卷材，其他未酸洗热轧不锈钢卷材，其他玻璃高脚杯，石油或天然气钻机的零件，未列名硝酸盐，其他钢铁制石油或天然气管道管，其他烟煤，健身及康复器械，未列名含有其他抗生素的药品，仅热轧、厚≥4.75毫米普通钢铁板材，7氨基头孢烷酸、7氨基脱乙酰氧基头孢烷酸，镁锉屑、车屑及颗粒，光导纤维、光导纤维束或光缆用连接器，钢铁制钉、平头钉、图钉、波纹钉、U形钉等，起重机、叉车、钻井机械的其他零件，其他干芸豆，其他金属轧机零件，未锻轧锰、废碎料、粉末等。	141276	49.77
500万~1000万美元（37种）	其他酸洗热轧不锈钢卷材（3毫米≤厚<4.75毫米），马来酐，用作荧光增白剂的有机合成产品，未列名机动车辆用其他制动器及其零件，硫化黑（硫化青）及以其为基本成分的制品，碳化硅，阀门零件，牵引车、拖拉机车辆用未列名零件、附件，硝酸铵，铁道及电车道机车等车辆的轴，环已基氨基磺酸钠（甜蜜素），其他自推进采油机械，不论是否煅烧的高岭土，锻轧镁，未列名铁合金，棉≥85%染色三或四线斜纹布，变像管及图像增强管、其他光阴极管，其他钢铁结构体、钢结构体用部件及加工钢材，硝酸钙和硝酸铵的复盐及混合物，沥青，锰铁，未列名化学工业及相关工业化学产品及配制品，芦笋罐头，其他厚<3毫米经酸洗热轧不锈钢卷材，矿用电铲，硫酸二钠，未命名白利糖浓度超过20的苹果汁（未发酵及未加酒精的），其他电力控制或分配盘、板、台等（V>1000V），其他专用于或主要用于电动机的零件，未列名钢铁制管子附件，氧化铝或氧化硅等>50%的耐火砖、瓦等，叉车的零件，乙内酰脲及其衍生物，镁制品，玻璃陶瓷器皿，1.5毫米<厚<3毫米的其他热轧卷材，热轧不锈钢非卷材（4.75毫米≤厚≤10毫米），电缆，其他电气设备用石墨或碳精制品等。	28152	9.92
合 计	82种	235122	82.84

2009年山西省主要出口市场情况表

国家(地区)	出口金额(万美元)	占出口总额比重(%)
韩 国	42243	14.88
美 国	32211	11.35
印 度	28455	10.02
中国香港	19986	7.04
日 本	17826	6.28
中国台湾	10312	3.63
荷 兰	7625	2.69
意大利	7062	2.49
委内瑞拉	6873	2.42
德 国	6798	2.40
合 计	179391	63.20

亚、科威特、中非、厄瓜多尔、突尼斯、坦桑尼亚、卡塔尔、厄立特里亚、喀麦隆等，出口金额为10237.73万美元，占出口总额的3.61%。

【进口贸易】 2009年，山西省进口总额57.16亿美元，比上年的51.45亿美元增长11.17%。

1.进口商品品种。2009年山西省进口商品925种，进口额在100万美元以上的商品212种，金额55.92亿美元，占进口总额的97.83%。其中进口额在500万美元以上的商品79种，金额53.05亿美元，占进口总额的92.80%。

进口额在300万~500万美元的商品27种，金额为9368万美元，占进口总额的1.64%。主要有初级形状的聚乙烯、线型低密度聚乙烯、未列名物镜、非特种用途的其他类型电视摄像机、其他滚珠轴承、其他电力控制或分配盘、人造石墨、非自推进的截煤机、四层以上的印刷电路、未列名化学工业及相关工业化学产品及配制品、核桃仁、多相交流电动机、初级形状的丙烯共聚物、其他电力控制、分配盘、其他精炼铜管、已装配的压电晶体、核磁共振成像装置、非家用型气体的净化机器及装置、回收(废碎)的未漂白牛皮纸或瓦楞纸及纸板、未列名连续运送货物的升降机、输送机、锥形滚子轴承、交流发电机、非公路用自卸车用装有差速器的驱动桥及零件、吹塑机、未列名液体过滤装置等。

进口额在100万~300万美元的商品106种，金额为19420万美元，占进口总额的3.39%。主要有闪烁摄影装置、其他饱和无环一元羧酸等及其衍生物、放大器、冶炼钢铁所产生的熔渣废料、旋塞及类似装置、保护或连接用电气装置、其他用途的干燥器、坚果或蔬菜加工机器、旋转式手提风动工具、液压往复式柱塞泵、未列名钢铁废碎料、未列名数控磨床、其他空气调节器、其他机动叉车、其他装有升降或搬运装置工作车、履带式推土机、其他未列名测量或检验仪器、脱水机、金属切削加工过程中产生的钢铁废料、铜镍、铜镍锌合金板、其他未涂布牛皮纸、其他铲运机、矫直机床、其他检测液体或气体变化量的仪器及装置、卧式加工中心、注塑机、不锈钢制对焊件、链(铰接链除外)的零件、其他变压器、片式多层瓷介电容器、门座式起重机及座式旋臂起重机、以环氧树脂为基本成分的粘合剂、其他扬声器、制造单晶柱或晶圆用的切割设备、其他钢铁结构体、钢结构体用部件及加工钢材、锯床或切断机、其他载体催化剂、未列名处理金属的机械、苯乙烯、其他橡胶或塑料及其产品的加工机器、硫化橡胶制机器及仪器垫片密封垫、其他制半导体器件、集成电路用的机器及装置、具有独立功能的电气设备及装置、工业或实验室用感应或电介质炉及烘箱、系统形式的分散型工业过程控制设备、液体或喷雾机械器、可控气氛热处理炉、含石油或从沥青矿物提取油类的润滑油添加剂、其他黏聚磨料、陶瓷制砂轮及其零件、其他测量或检验用光学仪器及器具、其他工业或实验室用电阻加热炉、烘箱、液压马达、折叠或矫平机床、汽油越野车(4轮驱动)、销及开尾销、其他包装或打包机器(包括热缩包装机器)、无衬背铜镍合金、铜镍锌合金箔、未装有滚珠或滚子轴承的轴承座、其他液压往复式排液泵、鼓形滚子轴承、其他书籍、乙二醇、其他初级形状的烯烃聚合物、塑料或橡胶用注模、压模、电动轮非公路用货运自卸车、其他大地及水道测量海洋气象地球物理用仪器、未列名X射线的应用设备、未列名的电气机器或设备用绝缘配件、数控矫直机床、多工位组合机床、铁道及电车道机车等车辆的其他转向架、其他诊断或实验用配制试剂、气压升降机、输送机、数控卧式车床、使用光学射线的分光仪、其他螺钉及螺栓、锂离子蓄电池、阴离子型有机表面活性剂、厨房用木家具、液相色谱仪、未列名数控铣床、其他电感器、硼酸、带有螺纹或翅片的精炼铜管、其他酶、未去壳核桃、其他冲孔或开槽机床、气相色谱仪、钢坯连铸机用振动装置、数控外圆磨床、未列名液压压力机、滚动轴承的其他零件、铅矿砂及其精矿、超声波探伤检测仪、有接头电缆、非公路自卸车用车轮及其零件、其他电视摄像机的零件、乙二胺等。

进口额在100万美元以下的商品713种，金额为12383万美元，占进口总额的2.17%。

2.进口商品市场。进口商品来自77个国家和地区，进口额在100万美元以上的国家和地区有51个，进口额57.13亿美元，占进口总额的99.94%，其中进口额在2亿美元以上的国家和地区有10个，进口额43.70

亿美元,占进口总额的76.44%。主要是澳大利亚、巴西、印度、加拿大、哈萨克斯坦、德国、古巴、美国、南非、日本等。

进口额在1亿~2亿美元的市场有2个,金额为2.37亿美元,占进口总额的4.15%。主要有印度尼西亚、韩国。

进口额在1000万~1亿美元的市场有25个,金额为10.37亿美元,占进口总额的18.15%。主要有中国台湾省、俄罗斯、土耳其、意大利、英国、哥伦比亚、秘鲁、智利、奥地利、法国、荷兰、新喀里多尼、伊朗、挪威、西班牙、泰国、蒙古、菲律宾、墨西哥、巴基斯坦、扎伊尔、瑞典、老挝、乌克兰等。

进口额在100万~1000万美元的市场有14个,金额为6879.91万美元,占进口总额的1.20%。主要有瑞士、新加坡、阿尔巴尼亚、马来西亚、中国香港、比利时、阿曼、新西兰、波兰、津巴布韦、丹麦、卡塔尔、捷克共和国、加蓬等。

3.技术进出口。2009年,山西省技术进出口总额6655.65万美元,比上年增长27.31%。签订引进技术和进口设备合同项目32个,比上年增加

2009年山西省进口额500万美元以上商品情况表

金额分类	商品名称	进口金额(万美元)	占进口总额比重(%)
1亿美元以上(8种)	铜矿砂及其精矿,其他未锻轧非合金镍,铬铁,镍湿法冶炼中间产品,不锈钢废碎料,铬矿砂及其精矿,炼焦煤,镍铁等。	416689	72.90
1000万~1亿美元(38种)	已烧结的铁矿砂及其精矿,处理器及控制器,锰矿砂及其精矿,其他烟煤,其他煤,建筑业或工业搬运车辆及机器用,链式连续运送货物或材料的升降机及输送机,冷轧不锈钢平板轧材(0.35毫米<厚<3毫米,宽<600毫米),自推进的截煤机、凿岩机及隧道掘进机,手持式无线电话机的零件(天线除外),未列名的具有独立功能的机器及机械器具零件,齿轮及其他变速、传动装置,金属轧机用轧辊,铁道及电车道机车或车辆的轮及上述货品零件,褐煤,齿辊式固体矿物质的破碎或磨粉机器,无烟煤,润滑油基础油,空气泵或真空泵的零件,铁道及电车道机车等车辆的轴,机床零件、附件,铜锍、沉积铜(泥铜),交流电机驱动的铁道电力机车,固体矿物质的分类、筛选、分离或洗涤机器,其他自推进的钻机,其他传动轴及曲柄,未列名钢铁链,乙酸乙烯酯,四层及以下的印刷电路,其他圆柱形滚子轴承,行星齿轮减速器,转动轴及曲柄零件,未列名风机、风扇,离合器及联轴器(包括万向节),未列名阀门,未煅烧石油焦,未列名具有独立功能的机器及机械器具,炉用碳电极等。	90103	15.76
500万~1000万美元(33种)	其他自动调节或控制仪器及装置,初级形状非合金生铁,其他四硼酸钠,装有点燃式活塞内燃发动机的发电机组,化学木浆、溶解级,搅拌机器零件,半漂白或漂白的针叶木烧碱木浆或硫酸盐木浆,其他金属轧机零件,数控切齿机、齿轮磨床或齿轮精加工机床,其他铁道及电车道机车零件,矿用电铲用零件,钢坯连铸机用结晶器,其他集成电路,未列名叉车等装有升降或搬运装置的工作车,其他固体矿物质的破碎或磨粉机器,热交换装置,多相交流电动机,自动处理设备的零件、附件,未列名升降、搬运、装卸机械,其他未列名离心机,起重机、叉车、钻井机械的其他零件,其他未煅烧石油焦,医疗、外科或兽医用X射线应用设备,存储器,其他空气泵,气体压缩机,通风罩、循环气罩,直线作用(液压缸)的液压动力装置,镍矿砂及其精矿,离心通风机,油压传动阀,棉≥85%未漂三或四线斜纹布,非电热的工业或实验室用炉及烘箱零件等。	23668	4.14
合 计	79种	530 460	92.80

2009年山西省主要进口市场情况表

国家(地区)	进口金额(万美元)	占进口总额比重(%)
澳大利亚	141304	24.72
巴　西	56922	9.96
印　度	50963	8.91
加拿大	33054	5.78
哈萨克斯坦	28643	5.01
德　国	28510	4.99
古　巴	28053	4.91
美　国	25169	4.40
南　非	22960	4.02
日　本	21376	3.74
合　计	436954	76.44

14个；合同金额6539.36万美元，增长32.02%；签订技术出口合同项目9个，合同金额116.29万美元，下降57.61%。

4.服务贸易。2009年山西省服务贸易进出口总额11.50亿美元，比上年增长15.00%。主要行业有旅游、建筑服务、计算机和信息服务、专有权利使用和特许费等，旅游行业的主要贸易伙伴是俄罗斯、加拿大、马来西亚、韩国等，建筑服务行业主要贸易伙伴是阿尔及利亚、安哥拉等，计算机和信息服务行业主要贸易伙伴是日本、韩国、印度、加拿大等，专有权利使用和特许费主要贸易伙伴是欧盟地区、美国等。

【利用外资】 1.外商直接投资企业生产经营情况。2009年参加年检的外商投资企业营业收入1042.86亿元人民币，利润41.40亿元人民币。2009年外商投资企业出口额6.92亿美元。

2.外商直接投资行业。外商直接投资项目中生产型项目27个，占46.55%；非生产型项目31个，占53.45%。

3.外商直接投资来源。外商直接投资主要来自我国香港、台湾地区及英属维尔京群岛、德国、美国、捷克共和国、加拿大、澳大利亚、日本、马来西亚等国家。

【对外经济合作】 1.承包工程和劳务合作。2009年，签订对外承包工程和劳务合作合同项目54个，金额49591万美元，比上年下降42%；完成营业额114921万美元，比上年增长118%；当年派出劳务人员2022人，年末在外人数6113人，派往的主要国家和地区是日本、俄罗斯、毛里求斯、新加坡、阿尔及利亚、安哥拉等；承包工程的主要项目是：中铁十七局承建的阿尔及利亚高速公路项目及安哥拉房建项目、山西晋吕建设公司承建的越南铝化项目、中铁三局承建的伊朗德黑兰北部高速公路项目。

2.对外经济技术援助。承担援外项目3个，受援国家和地区是喀麦隆、中非共和国，涉及的行业是建筑业；当年派出援外人员116人，年末在外人数115人。

3.对外投资。2009年在海外举办企业项目投资总额98218万美元，中方投资48074万美元，主要投资在土耳其、美国、墨西哥、新加坡、加拿大、吉尔吉斯斯坦等19个国家和地区。主要项目有：太原钢铁集团有限公司在土耳其投资开采铬矿项目、山西明迈特实业贸易有限公司在墨西哥投资开采铁矿项目、山西东方资源发展有限公司在新加坡投资收购彩虹矿业私人有限公司16%的股份在南非开采锰矿项目、山西海锐金属工业有限公司在加拿大收购翠岛工业有限公司100%股份生产金属产品项目、山西晋非投资有限公司在毛里求斯投资建设合作区项目。

【涉外旅游】 2009年，山西省接待入境的外国人666269人次，接待香港同胞170629人次，接待澳门同胞90480人次，接待台湾同胞140457人次，旅游外汇收入37794.05万美元，增长25.71%。

2009年山西省利用外资情况表

利用外资方式	批准签订的合同			实际利用外资	
	项目数(个)	外资金额(万美元)	金额比上年增加(%)	金额(万美元)	金额比上年增加(%)
外商直接投资	58	66893.00	−37.92	135349.32	−50.26
合资企业	25	22548.00	−25.28	86886.82	−34.25
合作企业	13	22019.00	−14.18	6065.25	168.16
外资企业	20	22326.00	−54.39	42397.25	−47.99
合　计	58	66893.00	−37.92	135349.32	−50.26

2009年山西省外商直接投资行业情况表

国别(地区)	外商直接投资合计		
	项目数(个)	合同外资(万美元)	实际外资(万美元)
农、林、牧、渔业	3	5005.00	5252.16
采矿业	4	7545.00	4953.73
制造业	20	36993.00	65220.38
电力、燃气及水的生产和供应业	10	5770.00	39444.24
建筑业	1	8.00	
交通运输、仓储和邮政业	—	−106.00	1160.41
信息传输、计算机服务和软件业	3	736.00	483.27
批发和零售业	9	2406.00	2094.81
房地产业	1	2000.00	8838.79
租赁和商务服务业	3	1326.00	1996.17
科学研究、技术服务和地质勘查业	3	4545.00	2957.86
卫生、社会保障和社会福利业	1	665.00	2947.50
合　计	58	66893.00	135349.32

2009年山西省外商直接投资来源情况表

国家(地区)	项目数(个)	合同外资(万美元)	实际外资(万美元)
中国香港	28	63859.00	76098.86
英属维尔京群岛	4	−32 208.00	12309.21
中国台湾省	3	2217.00	630.00
德　国	3	118.00	2624.65
美　国	3	546.00	5026.71
捷克共和国	2	56.00	36.56
加拿大	2	213.00	1152.41
澳大利亚	2	733.00	44.12
日　本	1	12341.00	81.10
马来西亚	1	4 391.00	54.00
合　计	49	52266.00	98057.62

(陈艳刚)

【家电下乡启动仪式】 2月28日，由省人民政府主办、省商务厅和省财政厅承办的山西省家电下乡启动仪式举行。副省长李小鹏出席启动仪式，并宣布山西省家电下乡正式启动。省政府办公厅、省商务厅、省财政厅以及省委宣传部、省经委、工商局、国税局、地税局、质监局、农村信用联社等省家电下乡工作联席会议成员单位的负责人和来自全省20家家电下乡销售企业代表、部分农民代表、多家新闻媒体记者共计800余人参加启动仪式。

启动仪式上，省商务厅从确保惠农政策深入民心、备案销售网点全面达标、产品销售井然有序和农民群众放心购买等方面对全省商务系统做好家电下乡工作作表态发言；省财政厅对政府补贴资金的管理和及时发放等方面作表态发言。太原海尔工贸有限公司等20家销售企业代表集体宣誓，对农民消费者作出“十大服务承诺”。至此，山西省家电下乡工作进入全面实施阶段。

【发放消费券活动】 3月25日，山西华宇集团举办的“2000万会员消费券发放活动”启动仪式暨新闻发布会在太原市举行。省商务厅、太原市委、太原市商务局、太原市工商局、华宇集团等单位出席发布会并接受新闻媒体的采访。此次发放消费券活动在山西省商贸企业中尚属首次,活动主题为"响应政府号召,拉动内需,促进消费,华宇与您共行动"。华宇集团联合千余家商家,向每位会员免费发放200元的消费券,共计发放2000万元。消费者购物时,在享受华宇旗下3家商场既有全部优惠后,每消费300元可使用50元消费券,不设上限。据测算,此项活动可拉动社会消费1.2亿元。

【银企座谈会】 6月12日,省商务厅和中国进出口银行北京分行在太原召开"共商发展大计,共渡经济难关"银企座谈会。山西省11个地市商务主管部门、太原高新技术开发区、太钢、太重等全省56家进出口企业共120多人参加会议。参会企业涉及煤焦、钢铁、化工、金属镁、矿产品、农产品、生物制药、纺织、汽车零部件、玻璃器皿、铸造等行业。各企业和进出口银行进行了交流座谈,内容涉及中小企业融资、民营企业走出去等。8家企业介绍了企业概况及当前遇到的困难,中国进出口银行北京分行一一答复,并表示会后将尽快到企业进行实地考察,帮助企业解决资金等问题。截至2009年底,中国进出口银行北京分行在山西省共有14个项目,6家客户,贷款余额达到39亿元,为全省外向型经济发展提供有力支持。

(陈艳刚)

粮食工作

【概述】 2009年,全省农作物种植面积369.21万公顷,比上年减少0.92%。其中,粮食种植面积314.67万公顷,增长1.14%;油料种植面积16.99万公顷,减少5.15%;棉花种植面积7.02万公顷,减少2.12%。在粮食种植面积中,玉米种植面积145.12万公顷,增长5.27%;小麦种植面积72.75万公顷,增长4.31%。2009年全省粮食总产942万吨,比上年减产8.37%。其中,玉米654万吨,减产4.2%;小麦211.11万吨,减产16.5%。夏粮总产212.9万吨,减产16.4%;秋粮总产729.1万吨,减产5.7%。2009年国有粮食企业收购粮食292.5万吨,非国有粮食企业收购粮食507.3万吨。国有粮食企业销售粮食345万吨,非国有粮食企业销售粮食648.1万吨。工业用粮130万吨,种子用粮24万吨,饲料用粮356.3万吨,城镇用粮184万吨,农村口粮456万吨。截至2009年末,全省共有国有粮食企业1224个,在职职工33613人。其中购销企业475个,在职职工18486人。山西国有粮食企业总仓容811.1万吨,有效仓容723.4万吨。

【粮食购销】 2009年,全省共收购粮食512.3万吨,达到全年任务385万吨的133%。其中,晋中、吕梁2个市收购量超目标任务200%以上。全省收购新小麦30.3万吨,是2004年全省粮食购销市场和价格放开以来,在减产严重情况下收购量较多的一年。全年共销售粮食894.6万吨,达到全年目标的232.36%。其中,太原、阳泉、晋中、吕梁4个市销售量超目标任务300%以上。

【粮油储备】 11月初,省政府下达地方储备粮油规模指导性计划,入库落实工作抓紧进行。其中,忻州、阳泉、朔州、太原4个市,完成或超额完成省政府下达的指标。山西省地方储备粮油规模的增加具有标志性的意义,使全省粮油安全保障能力提升到一个新水平。

【储粮管理】 2009年,继续开展示范站(库)建设达标和现代化粮库建设活动,共有360个站(库)达到"示范站(库)"的标准,12个省直储备库和32个市、县储备库达到现代化粮库建设标准。11个市和山西粮油集团完成安全储粮目标。探索常储常新等储备粮轮换新方式,运用网上交易等现代粮食交易新方式,太原国家粮食交易中心实现网上交易粮食42万吨,交易额6.5亿元。国有粮食购销企业库存粮油账实相符,粮情稳定,"一符六无"粮仓率达到97.8%。推广"三项"储粮新技术和"双低""三低"等实用技术,科学保粮率达到90%以上。粮油质量监测体系建设有新进展,省粮油质检中心在粮食质量调查和品质测报工作中发挥积极作用。

【粮食产销合作】 为加强粮食产销衔接,确保市场粮油供应,省粮食局积极同小麦、大米主产省衔接洽谈,组织双方粮食企业签订贸易合同,确保全省粮食供应不脱销、不断档,促进粮油市场的稳定和繁荣。据不完全统计,2009年全省共调入小麦109.5万吨、稻谷53万吨,达到全年产销合作调入目标125万吨的130%。

【粮油应急体系建设】 全省11个市全部出台粮食应急预案,建立应急成品粮储备1750万公斤,落实应急供应网点354个、应急加工企业95户,建立国家和地方粮油价格监测点47个。省军粮供应中心坚持以兵为本的服务宗旨,在军粮统筹采购配送、双拥共建、军粮网点建设等方面取得新进展。

【"放心粮油"工程】 2009年,省政府把发展1000家放心粮油店列入为全省人民办的十件实事之一。省发改委将"放心粮油"工程和粮食物流体系建设纳入服务业发展总体规划,列为"1+10"重点项目之一。截至10月底,实际建成1128家,超额128家,提前完成省政府下达的任务。

在重点建设1000家放心粮油店的同时,全面推进"放心粮油"工程三年建设规划的实施。自实施"放心粮油"工程以来,市、县两级配送中心共完成投资3.5亿元,其中政府补助5501万元,带动社会投资2.95亿元。1128家放心粮油店共完成投资1.59亿元,其中,政府补助760万元,带动社会投资1.52亿元。2009年,新建成市级配送中心5个、县级配送中心62个。全省共建成市级配送中心13个,县级配送中心102个,建设发展放心粮油中心店、经销店及经销点8772个。"放心粮油"网络已覆盖全省1118个乡(镇、街办)、10756个行政村(占全省行政村的38%)和1155个城市社区(占全省社区的71%),覆盖人口1800多万人，占全省总人口的一半以上。“放心粮油”工程从业人员达到18643人,其中安置国有粮食企业分流人员2885人，安置社会人员9552人。截至2009年底,市、县两级配送中心累计实现粮油经销量95万吨,销售收入28亿元,利润4366万元。

【清仓查库工作】 全省粮食清仓查库工作按照“有仓必到、有粮必查、有账必核、查必彻底”的要求,完成县级自查、市级普查、省级复查、部级联合工作组抽查和汇总整改6个阶段的各项工作任务。全省粮食库存账实相符率98.9%,账实基本相符;库存粮食质量合格率达94%以上,粮情基本稳定;粮食库存与银行贷款基本相符;各种政策性粮食补贴资金基本能够按期拨付到位,库存管理工作基本符合规定，粮食清仓查库总体情况良好。

【粮食流通管理】 2009年,省粮食局按照《粮食流通管理条例》,严格履行职责。1个市级粮食局全部具备执法主体资格,均成立监督检查内设机构和粮食流通管理稽查队。113个县级粮食局中,具备执法主体资格的达到97个。为规范粮食收购市场秩序,夏粮收购期间,省粮食局下发《关于开展夏粮收购市场监督检查的通知》。为保证节日期间粮油食品安全,下发《关于在国庆中秋节期间开展全省粮油食品安全大检查的通知》等。全省共开展各项检查2050次，出动行政执法人员10856人(次),检查各类粮食经营企业13134个(次),查处粮食违法案件130起,办理粮食违法案件363件。

【企业改革】 2009年,对340个国有粮食购销企业进行不同形式的改革、改组和改造,其中退出7个,破产70个,进入破产清算程序的37个,拍卖14个,租赁5个,政府收回19个,合并重组188个。2009年全省保留购销企业数462个,其中完成公司制改造99个。全省国有粮食企业发生亏损9074万元,同比减亏1.35亿元,减幅60%。其中,国有粮食购销企业发生亏损4896万元，同比减亏8793万元，减幅64%。从各市来看,太原、晋城继续保持盈利,朔州、运城、忻州、阳泉、临汾等5个市减亏幅度较大。

【产业化建设】 1.推进山西粮食物流中心建设，全年共落实资金1000万元,其中,中央安排资金400万元,省安排资金600万元。与晋中市政府沟通联系,加紧办理山西粮食物流中心建设用地手续。省物流中心大同节点项目落实中央资金200万元,完成土建工程。长治物流中心开工建设,其中仓储物流功能区总占地面积22.2万平方米,总投资2.75亿元。

2.培育粮食龙头企业。太原市大力培育粮食龙头企业集团，成效初显,初步实现从“田间”到“餐桌”的产业延伸。良源集团采取股份合作、联手经营等形式,发展订单农业;通过发展有机产品，促进有机产品联盟，提升核心竞争力;形成“龙头+基地+农户+市场”的生产经营格局。物流集团积极调整产品结构,由“生”向“熟”升级,推出馒头、饼子、包子、点心、面包、豆浆等产品上市经营。临汾市曲沃县与黑龙江佳木斯市三江米业合资合作，建成曲沃三江米业有限公司,日处理稻谷150吨,安排粮食职工100人。曲沃县天泉淀粉加工有限公司投资6000万元，实现年加工能力6万吨淀粉、4万吨高麦芽糖,年销售收入1.2亿元、利税1260万元,安排就业岗位200个。晋中市灵石县粮食局利用技改资金，投资1200万元建设天和养猪场,现存栏3000头,年实现利润600万元，转化粮食1000万公斤,形成从面粉加工到养殖的产业延伸。

3. 大力推进粮食产业化发展。2009年省粮食局确定建设的12个产业化项目全部建成投产。山西粮油集团有限责任公司鸣李储备库和古船集团合作，共配送销售面粉3000多万公斤,实现销售额7200多万元、利润100多万元。鸣李库在轮换中为古船提供小麦2500多万公斤，实现互利双赢。 (祝志光)

供销合作工作

【主要经济指标保持快速增长】 2009年1~11月，全省供销系统累计完成购进总额115.5亿元，比上年同期增长23.1%。其中,批发零售贸易业购进总额完成109.9亿元，增长23.5%;农副产品购进14.3亿元,增长25.7%。销售总额累计129.2亿元,增长23.8%。其中,批发零售贸易业销售总额125.7亿元，增长24.3%；消费品零售67.4亿元,增长36.1%;售给农民的农业生产资料31.2亿元,增长23.8%。商品交易(批发)市场交易额完成10.4亿元,增长163.9%。资产经营收入3381万元,增长2.6%；所有者权益15.9亿元,增长19%；全系统汇总实现利润4174万元,增长28.8%。主要经济指标均保持两位数增长。

【“新网工程”建设】 全年全系统共有各类经营网点1.6万个。其中,新农村便民店1.3万个；共有农资连锁配送企业59个，农资连锁店3404个,农资配送中心覆盖面达80%以上;建设日用消费品连锁经营企业82个,连锁店5195个；已建和在建农副产品批发市场141个;已建和在建再生资源回收利用集散市场102个,回收网点2880个。

1.县域连锁配送中心建设进一步升级。省供销社积极推广晋城市供销社“三级网络”体系建设模式。本着“县域试点、稳步推进、重点支持、资金倾斜”的原则,推进县域配送中心建设，促进连锁配送体系建设的升级,使“新网工程”向经营规模化、管理规范化发展。阳城县供销社神农配送中心有10个配送站、20多部配送车,年配送商品8000万元。长治市供销社对已有的日用消费品配送中心,按照“仓储面积不低于2000平方米，配送车辆不少于10辆，配送商品不少于2000种，统一配送率不低于50%”的标准进行规范、完善和提升。

2.加强以市场建设为主的农副产品购销服务。创建农副产品输出网络、新建改造各类经营流通网点、发展各类农村交易市场及销售平台，有8个市场建设得到424万元的资金支持。组织全省各级供销社及所属龙头企业、物流配送中心、农民合作经济组织等参加“特色农博会”，签约和零售总额31.36亿元，搭建农产品购销和农村信息化平台，实现农产品购销与大市场有效对接。

3.电子信息网络有效推进。省社筹集资金100万元成立山西农信通信息技术股份有限公司，与中国移动合作搭建“农信通”电子商务信息平台，组建“山西供销网”。农村市场信息服务网络建设取得进展，农民主动上网发布农产品信息20万余条。太原市就市、县两级信息平台建设及百合盛物流配送中心与便民店联网事宜达成意向，百合盛农信通信息网络平台安装设备并试运行。长治等市的电子信息网络全面启动。

【培育龙头企业】 在优惠政策、资金支持上重点向龙头企业倾斜，扶持龙头企业做大做强。一方面通过产权重组、企业并购等资本运作方式，将现有的龙头企业进行资源整合、体制改革。另一方面多渠道、多途径培育流通型、加工型龙头企业，提升农产品精深加工水平和市场竞争力，促进农业增产、农民增收。有75个龙头企业得到3785万元的资金支持。省农资公司的改制进入资产清算和企业改制风险评估阶段。

垣曲县供销社山里红食品有限责任公司是集科研、种植、加工、贸易为一体的综合性生态干鲜果蔬菜深加工企业，年生产能力1000吨，可转化干鲜果蔬3000吨，带动该县6乡21村5000余农户发展无公害杏梅、圣女番茄、红枣、山楂等优质原料基地534公顷，企业采用“公司+基地+农户”的经营模式，帮助农民年增收500余万元，成为全县农业产业化龙头企业。新绛县供销社绛州绿公司围绕无公害蔬菜种植产业，新建5000个无公害日光大棚和一个配菜中心，年配送量可达150万吨，建成4个产地市场，年交易额达3.2亿元，“绛州绿”成为山西省著名商标和山西省名牌产品。

【农村新型合作经济组织】 各级社全年发展各类专业合作社1722个，各类协会177个。

1.规范发展专业合作社。临汾市尧都区彩虹果蔬专业合作社入社农户216户，入股资金8万多元，发展葡萄近万亩，种植优质品种20多个，亩均收入8000多元，为农民人均增加收入800多元，农民专业合作社走向规范化管理。

2.引导专业合作社由生产型向服务型转化。河津市小梁供销社成立丰民农机服务专业合作社，吸引5户农民入股，投入资金85万元，购置13台农业机械，为30.67公顷土地进行统一供肥、播种、施肥、整地等田间管理，统一收割，统一销售等系列化服务，为入社农民增加收入10万余元。

3.协办各类农产品行业协会。各级社农产品协会和农民经纪人的队伍不断发展壮大，服务功能显著增强。五寨县社成立的马铃薯协会联合有关部门先后在全县12个乡镇组织专场演讲，对200余户农民进行技术培训，通过县电视台举办马铃薯专题电视讲座，全县马铃薯产业形成“协会+龙头企业+基地+农户”的产业模式。 （李 岩）

烟草专卖

【概述】 山西省烟草专卖局（山西省烟草公司，后简称省局（公司））下辖11个市级烟草专卖局（公司）、111个县级烟草专卖局（营销部）。公司拥有总资产86.66亿元，其中，固定资产18.71亿元、流动资产61.95亿元，资产负债率为12.08%。截至2009年底，共有从业人员7120人，其中聘用员工2921人。

2009年，省局（公司）被山西省直机关精神文明建设委员会授予“文明和谐单位标兵”称号，被山西省直属机关工作委员会授予“2006~2008先进基层党组织”称号，被山西省财贸轻纺烟草工会委员会授予“山西省创建优质服务品牌模范单位”称号。

【专卖管理】 卷烟打假打私。省局把2009年确定为“打假纵深推进年”，与公安部门建立重大案件通报制度，开展各类打假专项行动和打击制售假烟网络工作，其中，元旦、春节卷烟打假专项行动受到国家局通报表彰，晋城市局查获的“1·4”制售假烟网络案件被公安部、国家局列为督办案件。全省共查处各类涉烟违法案件1.24万起，其中贩运假烟案件299起、销售假烟案件4758起。查获假冒卷烟15667万支，查处案值5万元以上的假烟案件137起，查获制假烟机2台，打掉制假窝点3个、贩藏假烟窝点318个，查处符合国家局标准的制售假烟网络案件21起，向公安机关移送案件108起。公安、司法机关依法拘留145人，逮捕122人，判刑100人。

专卖队伍建设。组织行政执法、行政许可、专卖内管、专卖信息系统培训，全省专卖人员参训率达100%，人均培训时间40课时以上。省局组织培训21批次，参培人员达4300人次。在县级局设置稽查中队，消除农村卷烟市场的监管盲区。细化专卖管理工作91项考核内容，对各市局实行网上考核、结果通报。

【生产经营】 2009年，全省烟草商业系统销售卷烟703.26亿支（140.65万箱），同比增长3.65%，其中，销售一类烟50亿支（10万箱），同比增长24.01%；二类烟4.52亿支（0.9万箱），同比增长86.29%；三类烟162.03亿支（32.41万箱），同比增长18.47%；四类烟323.62亿支（64.72万箱），同比下降0.86%；五类烟163.09亿支（32.62万箱），同比下降5.2%。年末卷烟库存39.16亿支（7.83万箱）。本辖区销量居前三位的品牌为“红河”“红旗渠”“云烟”，其中，销售“红河”100.09亿支（20.02万箱），同比增长19.98%；“红旗渠”86.02亿支（17.2万箱），同比下降5.32%；“云烟”55.55亿支（11.11万箱），同比增长3.54%。

全年实现卷烟销售收入184.38亿元，同比增长12.8%。根据国务院有关精神，调整卷烟消费税，部分利润转为税赋，全年新增卷烟消费税9.09亿元。实现卷烟税利41.58亿元，同比增长13.71%，其中，实现卷烟利润26.78亿元，同比下降6.5%。公司三项费用率为7.71%。

【卷烟销售网络建设】 订单供货。完成订单供货业务流程的调整和营销系统的优化升级。以晋城市公司为试点，建立货源自动分配系统。在2009年全国烟草行业订单供货检查评价结果中，省公司列第一名。

品牌培育。制定《山西省烟草行业全国性重点骨干品牌培育三年规划》，深化品牌品类管理，对品牌培育工作进行全程监管。对“七匹狼”“云烟”“黄山”“娇子”“黄鹤楼”等品牌进行市场咨询诊断，撰写品牌分析报告80余篇。9月23日，省局(公司)举办全省行业培育品牌“第一要务”高层论坛，就探索培育品牌新路子进行交流，确定全省品牌培育三年发展目标。

工商协同营销。实施《山西烟草协同营销工作规范》，完善对驻地工业企业的服务。省公司走访上海、云南、湖南、湖北、江西等工业公司，召开省级层面工商协同营销座谈会6场。与上海烟草(集团)公司启动“中华”品牌精准营销，对全省300余名营销人员进行系统培训。

提高网络运行效率。制订《全省卷烟销售网络价值提升指导意见》，重点在把握市场需求、挖掘客户资源、创新品牌营销、提升管理效率方面寻求突破。围绕“怎么把烟卖好”“怎么帮助客户赚钱”“怎么提升自身素质”三个营销课题，开展专题研究。拓展“双万信息工程”，通过多种渠道采集消费信息。完善客户服务体系，强化客户经理职能和投诉中心职能，加强客户细分和零售业态研究。开展网上订货，全省网上订货客户比例年末达30%。

现代物流建设。制订《2009年全省行业现代物流工作指导意见》，加强物流标准管理、统一管理、效率管理、成本管理和服务管理。4月，在山西长治召开全省行业物流贯标工作现场会，推广学习长治市公司物流贯标工作经验，强调把物流贯标纳入全员流程化管理体系。

山西烟草工商协同营销新春茶话会　　(陈晓勇提供)

【烟叶生产】 烟叶生产与收购。采取“四限”“八控”措施，即限计划、限面积、限产量、限购销，控合同、控补贴、控育苗、控移栽、控烤量、控质量、控收购、控销售，层层签订《烟叶种植收购合同》，全省烟农全部实施入网管理，严格生产收购秩序，完成“烟叶防过热”任务。全年落实烤烟种植面积3560公顷，同比减少446.7公顷；收购烟叶0.84万吨(16.8万担)，同比减少0.08万吨(1.55万担)。

实施规模化生产。优化和调整烟田布局，全省2公顷以上连片的烟田面积占总面积的32%，同比提高8%；漂浮育苗面积2766.7公顷，占总面积的77%，同比提高5.1%；集约化育苗总面积3026.7公顷，占总面积的85%，同比提高9%。全省共有4个千亩连片村、25个家庭农场和2352个种烟专业户，生产组织模式有专业大户、家庭农场、股份制农场三种类型。

烟叶生产基础设施建设。2008年全省烟叶生产基础设施建设工程项目通过国家局项目组的检查验收。实施2009年烟叶生产基础设施建设工程，完成烤房设备招标采购。全年全省烟草行业共投入1890万元，其中，申请国家局补贴1260万元，省内烟草系统配套投资630万元，年内建成密集式烤房900座，烟水配套工程实际受益面积累计3560公顷，受益农户3092户。

【企业管理】 质量管理体系建设。7月起，全省行业质量管理体系建设由试点阶段转入全面实施阶段。省局(公司)逐月下达计划、公布执行情况，所属各单位建立定期汇报、工作例会、督导检查等制度，加强标准宣贯和分层培训。

对标工作。省局(公司)制订《山西省烟草行业对标工作实施方案》，实行“分级分专业”管理，建立对标工作制度、分析评价模型和信息交流平台，定期分析和通报指标。所属各单位在营销中心、物流中心、县级局(营销部)等层面开展标杆引领工作。

预算管理。严格预算编制，规范执行程序，加强过程控制，降低成本费用支出。2009年，全省行业业务招待费同比下降2.96%，办公费同比下降18.82%，资本性支出、对外捐赠支出控制均在预算内。

基层创优活动。省局(公司)制订《优秀基层单位创建活动实施方案》，确定以24个县级局、22个营销部为全省创建活动试点单位。召开全省行业创建优秀县级局工作经验推广会，推广清徐县局和长治城区局的创建经验。召开全省行业“两基”工作现场会，推广临汾市局(公司)在转变工作职能、持续创新企业管理、提升队伍素质、推进现代流通等方面的工作经验。

【信息化建设】 基本完成财务信息

化建设。对营销体系进行以网上订货、网上配货为主要特征的升级改造。开发山西烟草专卖监督管理信息系统,5月26日,在临汾市局召开全省专卖信息系统使用现场会,推广应用该系统;7月1日,系统正式上线运行。山西烟草一体化现代物流管控平台上线试运行。完善全省行业数据中心和决策分析系统,为系统集成整合奠定基础。

【内部管理监督】 三项检查。3月开始,省局(公司)对全省行业2008年以来实施的工程投资、物资采购和宣传促销项目进行逐一检查验收,共检查2103个项目,涉及金额13.3亿元,完善265个工作制度和流程。加强对宣传促销项目的管理,制订《山西省烟草商业企业卷烟宣传促销管理办法(暂行)》等。

专卖内管。完善专卖内管信息系统,全年共处理预警信息32万余条,督促整改存在问题。加大对"两烟"生产经营重点环节的监管力度,开展全省专卖内管工作大检查。开发山西烟草专卖监督管理信息系统。

内部审计监督。省局(公司)开展同级审计,共出具审计意见11份,提出审计意见137条。完成对太原、阳泉、长治、晋城、忻州、晋中市公司法人代表任期经济责任审计,提出审计意见140余条。开展基建工程项目审计和烟叶基础设施专项资金审计,共核减造价1亿元。7月26日,全省行业正式启动审计委派制,向各单位派驻审计组。

【人力资源管理】 用工分配制度改革。2009年,参加全省行业第二批、第三批用工分配制度改革的9个市局(公司)按照"优化机构、科学设岗、明确职责、岗位评估、设计薪酬、落实考核、全员竞聘、制度配套"的"八步法",完成用工分配制度改革,统一市县两级的机构设置、人员编制和岗位职责,实现由身份管理向岗位管理的转变,打通各类员工晋升通道,建立宽带薪酬分配体系,缩小基层与机关、聘用在岗与在册在岗人员的收入差距。改革后,市局(公司)科级干部平均年龄39岁,比改革前下降3岁;具有大专以上文化程度的员工占73%,比改革前提高8%;共有10名聘用人员竞争到副科级岗位,128名聘用人员竞争到股级和高级工岗位;聘用人员收入平均增幅达30%;劳动合同签订率为100%。4月,全国烟草行业用工分配制度改革汇报暨研讨会在太原召开,省局(公司)在会上作典型经验介绍。

员工教育培训。制订《2009年度全省行业教育培训计划》。开展教育培训,全年省局(公司)共组织培训班30期,培训员工3300余人次。共有1870人参加专卖管理岗位、营销师(卷烟商品营销)等职业技能资格鉴定,其中,1203人获得资格证书。

【姜成康到大同烟草调研】 4月21~22日,国家烟草专卖局局长姜成康到大同市局(公司)调研营销、电访和物流配送工作,并对山西烟草提出"规范要上新水平、营销要上新水平、管理要上新水平、市场监管要上新水平、队伍建设要上新水平"的要求。

(陈晓勇)

石油供销

【概述】 中国石油化工股份有限公司山西石油分公司(简称山西石油分公司)是山西唯一的、也是全省最大的成品油销售企业,承担着成品油资源配置、供应主要任务,下辖11个市分公司、139个县(区)片区,实行人、财、物统一管理。截至2009年末,正式职工4402人,资产总额47.89亿元,在用油库14座,在营加油站1400座。

2009年,山西石油分公司经营总量达到405.93万吨,同比增加25.45万吨;实现利税5.89亿元;油库、加油站实现安全经营无事故;继续弘扬中国石化"规范、严谨、诚信"的企业文化,坚持"扬中国石化品牌,树山西石油形象"经营理念,为三晋经济社会发展鼓劲加油,树立良好国企形象。

【经营总量创新高】 2009年,山西石油分公司以"双千万元大促销"活动为抓手,资源上,优化进货结构,发挥外采作用,提高创效能力;销售上,本着"直销扩量,零售创利,区内做优,区外扩量"的思路,零售抓住管理提量、服务提量、改造提量和IC卡促销四个着力点,积极推进轻润组合、有奖促销和小额配送三大营销策略,稳价、创利、保量,确保经营质量;直销在加强客户关系维护、力保既有市场的同时,抓住重点工程、煤矿整合和区外销售三大增量点,上下联合攻关,内外发展用户,确保经营规模。润滑油经营通过降库存、辟市场,实现长城润滑油经营新突破。年内,成品油经营量381.42万吨,完成计划的104.21%,同比增长39.93万吨,增幅8.52%,计划完成率和同比增幅均排在中国石化销售企业前列,其中零售量261万吨,完成计划的99%;直销批发量120.3万吨,完成计划的133.9%,同比增长32.6万吨,增幅37%;长城润滑油经营量2.64万吨,完成计划的117.4%,同比增长3.55%;燃料油经营量21.73万吨,完成年计划的108.63%,同比减少1.87万吨。三项合计全省系统经营总量突破400万吨大关,达到405.93万吨,完成中国石化总部下达计划的104.49%,同比增长25.45万吨,增幅6.69%,创山西石油历史新高。

【区外销售增销量】 2009年,山西石油分公司贯彻中国石化集团公司发展战略,将区外销售提上议事日程,在认真调查研究的基础上,充分利用毗邻陕西、内蒙古等省区的地理优势,采取直销积极拓市,零售适时跟进的策略,拓展区外市场,取得明显成效。年内,区外经营量达17.5万吨,其中大客户直销达到6万余吨,还发展5座区外加油站,为做大总量、做优区内销售做出贡献。这一举措得到中国石化总部的充分肯定。

【"五降三挖"见成效】 2009年,山西石油分公司以提高效益为目标,推进全口径分专业预算管理,强化各级管理者的"现金流""效费比"和"投入产出”理念,重点实施“五降三控”增收节支措施,使资金、资产、资源、物流、税收、费用、预算等各项管理得到进一步加强和优化。通过盘活账销案存资产、清收历史呆死账,出售报废资产,出租闲置资产等深挖资产潜力,做大甲醇汽油经营规模,深挖新能源潜力、进一步优化计价密度深挖资源潜力,实现增收。通过不断优化物流提高一次资源到位率、降低公路转储量、实行运价和油价联动、重新核定运距等措施,降低公路运杂费;通过发挥中心站资金归集功能、合理降低银行上门收款加油站比例等举措,进一步优化加油站银行上门收款方式,加快资金回笼,强化资金管理,降低财务费用;通过制定实施《经营性租赁加油站考核办法》,细化、强化对租赁加油站吨油租赁费、可研销量完成率和持续经营时间等指标的考核,同时清理整顿低效租赁站,降低加油站租赁费;通过灵活运用增值税转型政策,统筹优化投资项目采购等税收管理,并争取土地等税收优惠政策;通过规范投资项目资料报审行为,完善建设项目委托审计制度,实行交叉与第三方复审相结合的控制管理办法,动态考核评价中介机构的审计质量,节约投资审计费用。年内,各项举措累计增收节支6789万元,确保企业效益。

【非油品业务】 2009年,山西石油分公司将非油品业务提到与油品经营同等重要的地位。通过发展经营网点,引进推广重点和特色商品,制定并落实销售激励机制,促进非油品业务逐步走上稳步、健康发展的轨道。以大中城市为主、国省道为辅、覆盖全省、遍布城市市区、高速公路和重点国省道的易捷便利店网络布局得到不断完善,燃油宝、降凝剂、矿泉水、汾酒系列产品等一批深受广大消费者喜爱的商品业务量逐月攀升,加之元旦、春节、中秋等节日促销、福利彩票销售、油非互动等营销活动的有效开展,销售激励机制的及时落实,推动全省系统非油品业务取得超常规、跨越式发展。年内,营业便利店数达到259座,完成中国石化总部下达计划220座的118%;累计营业额4158万元,完成中国石化总部下达计划2300万元的180%,同比增长5.5倍,实现毛利717万元,毛利率17.13%。

【安全经营无事故】 2009年,山西石油分公司继续狠抓安全工作,以“我要安全”主题活动为主线,通过组织巡回演讲、开展“我要安全”大讨论、编制宣传手册等,强化全员的主动安全意识;贯彻国家及省内安全问责精神,严格落实安全生产责任制;开展安全文化建设“六个一”“双百”和油库“达标创优”活动,强化对承包商、承运商的安全监督;加强安全预案的完善、培训和推演,提高员工的应急处置能力;深化完善HSE管理体系,及时开展安全检查监督及培训,整治各类隐患,确保全年安全经营无事故。被中国石化集团公司评为安全生产先进单位,被山西省人民政府评为消防工作先进单位,被山西省安全生产监督管理局评为安全生产先进单位。

【苏树林到山西石油分公司调研】 7月2~3日,中国石化集团公司总经理、党组书记、股份公司董事长苏树林到山西石油分公司调研。调研中,苏树林一行先后深入太原滨河加油站调研考察油品与非油品经营情况,看望省公司机关干部职工,慰问老同志、劳模代表并进行座谈。期间,省委书记张宝顺,省委常委、常务副省长申联彬会见苏树林一行。

【中国石化杯火炬传递活动】 2009年,中华人民共和国第十一届运动会中国石化杯火炬传递活动山西省火炬传递起跑仪式在太原滨河体育中心举行,山西石油分公司代表唯一赞助商中国石化,全程参与整个活动并通过组织百人方队,开展油品及加油卡知识咨询等,全面展示中国石化有实力、负责任的特大型国有企业形象。山西石油分公司总经理韩烈火参加火炬传递起跑仪式并致辞,省委书记张宝顺点燃主火炬并宣布第十一届全国运动会中国石化杯火炬传递活动山西省火炬传递起跑仪式开始。

(李志平)

晋中经济开发区

省委书记袁纯清、省长王君视察开发区

副省长李小鹏视察开发区

副省长胡苏平视察开发区

2009年，晋中经济开发区认真贯彻落实科学发展观，以保增长、保民生、保稳定为工作主线，倾力抓项目带动，培育新的经济增长点，经济运行止跌回升，社会事业健康发展，各项工作迈出新的步伐。

经济运行呈现回升态势 区内生产总值完成129556万元，同比增长9.9%；规模以上工业增加值完成 51568 万元，同比增长11.2%；财政总收入完成38143万元，同比增长0.52%；固定资产投资完成190854万元，同比增长9.6%；农民人均纯收入达6404元，同比增长18.6%。

招商引资取得新成效 新引进3000万元以上项目9项，其中投资亿元以上的 2 项，总投资约8.1亿元。当年引进到位资金15.6亿元，创历史新高。

项目建设取得新进展 年初铺开经济和社会发展项目53项，到年底已有双合成等18个项目建成投入运营。争取中央扩大内需资金374万元，开工率、投资完成率均达100%。

重点工程推进顺利 太中银铁路建设工程涉及晋中开发区段拆迁任务顺利完成，市重点城市总退水工程于年底基本完工，龙湖大桥建设涉及200余户的拆迁全部完成。

民生工程建设成效显著 当年财政用于“三农”和教育的资金分别同比增长 8.56%、8.62%；省政府实施的“五个全覆盖”工程、市政府10件实事均达到预期目标。投资 370 万元完成节水园区、农田林网建设，落实粮食、汽车家电、农机购置补贴共142.72万元；农村养老保险和新型医疗保险均超额完成，新农村建设不断深入。

晋中市委书记李永宏在开发区指导工作

市委书记 张旭光

市长 郭保平

中共孝义市委 孝义市人民政府

现代化焦化企业

孝义作为全省唯一的中国百强县市，必须牢牢把握经济社会“大转型、大跨越”这一基调，紧紧围绕资源型城市经济转型和建设区域性中心城市两大战略，放眼全国，放胆争先，继续在全国百强中进位赶超，五年再造一个新孝义。“十二五”期间，力争GDP年均增长25%，达到790亿元；财政总收入年均增长25%，达到150亿元；全社会固定资产投资总量突破1000亿元。

（一）围绕重点园区大承载、高新产业大崛起，全力推进新型工业化进程。立足大园区建设，推动传统产业循环化、新兴产业规模化、优势产业高端化，加快经济转型跨越进程。一是依托总投资300亿元的孝义千万吨级新型煤化园区，加快金岩集团与联盛集团500万吨新型煤化工综合项目和其它四个200万吨以上新型焦化项目建设。依托化工原料主攻精细加工，力争开发更多化工产品，着力打造世界一流新型煤化工基地。二是依托总投资200亿元的现代制造业园区，主攻装备制造业。加快兴安化工与江苏悦达集团合作，建设山西一流现代制造业基地。支持太钢集团与我市城财集团合作，投资100亿元建设500万吨普钢基地，实现钢铁产业新突破。三是依托总投资100亿元的高新科技产业园区，主攻现代高科技产业。依托孝义乐百利特LED项目，打造集光电技术研发、规模制造、技术展示与产业化推广于一体的综合光电产业园区，建设世界领先的光电技术研发中心。四是依托总投资50亿元的高阳现代农业示范园区，五年投资10亿元，进一步提升园区规模和档次，打造全国一流的农副产品加工示范基地。五是依托中心城区现代服务业集中示范区，建成以金融、现代商贸、专业技术服务为重点的太原都市圈区域性现代服务业聚集区。

（二）围绕特色农业大发展、现代农业大繁荣，全力推进农业产业化进程。着力构筑以“一园三企三大基地”为重点的现代农业体系，走出具有孝义特色的现代农业发展之路。一园：依托高阳农业示范园区，以省级、国家级大型现代农副产品加工企业为载体，打造全国一流的农副产品加工示范基地。三企：山西铭信禽业已建成华北最大的生态肉鸭养殖加工

城区一角

LED照明产业基地奠基

基地。引进省级重点农副产品加工企业山东六和集团建设的孝义大象1亿只肉鸡加工及50万吨饲料生产项目明年建成投产。正在筹备上马投资亿元以上山西一流的核桃加工销售企业。三大基地：市财政投入1亿元专项用于核桃产业发展，力争打造50万亩汾州核桃基地，建成全国重要的核桃生产加工基地。以铭信、大象两大龙头畜产品加工企业为平台，着力打造3亿只鸡、鸭禽类养殖加工基地。以禽类养殖所形成的饲料需求为载体，带动发展33万亩玉米种植基地。

生态肉鸭养殖加工基地

（三）围绕城乡联动一体化、城镇化率大提升，全力推进特色城镇化进程。牢固树立特色城镇化理念，充分运用城乡建设用地增减挂钩政策，大力启动实施“1420”工程，即，打造一流主城区，提升4个中心镇，建设20个社区化中心村，实现中心城区、中心集镇、中心村“三位一体、协调联动”，力争到“十二五”末，市区面积达到57平方公里，控制区面积达到240平方公里，通过工业化吸纳、城镇化承载，全市270个村、约47万人向城区、中心镇、中心村集聚，农民集中居住度达到90%以上，城镇人口达到39万，全市城镇化率达到80%以上，在全省率先实现市域城镇化、城乡一体化。

（四）围绕产业发展低碳化、市域环境生态化，全力推进市域生态化进程。以“创建全国文明城市、国家园林城市、国家卫生城市、国家环保模范城市，建成全省公认的宜居宜业宜游的现代化区域中心城市”为载体，继续强力实施“大造林、大绿化”和“蓝天碧水”两大工程，实现整个生态环境的脱胎换骨。一方面，坚持一年投入1亿元不动摇，力争到“十二五”末，全市造林绿化率达到50%以上，森林覆盖率达到36%以上。另一方面，继续把节能减排作为一项硬性指标常抓不懈，确保万元地区生产总值综合能耗按国家、省和吕梁市要求完成任务，市区空气质量稳定到二级以上。

（五）围绕发展成果全民共享、居民收入实现翻番，全力推进城乡协调发展。始终秉承“统筹和谐”理念，把社会事业发展和民生工程建设摆在更加突出的位置，建设城乡群众生活更宜居、更安康、更富裕、更幸福的新孝义。富裕，就是依托五大产业园区和三大特色基地，吸纳解决近10万人的就业问题，有效增加群众收入。“十二五”期间，城镇居民人均可支配收入和农民人均纯收入年均增长15%，达到33000元和达到15000元，均实现“翻一番”。宜居，就是加快廉租房、经济适用房建设工程，切实解决困难群众和中低收入群体住房难的问题。安康，就是进一步健全社会保障体系，力争在全省率先实现新型农村养老保险、城镇居民医疗保险全覆盖。幸福，就是大力发展社会各项事业，努力建设全省乃至全国最具幸福感的现代化城市。

胜溪湖景色

山西焦煤财务有限责任公司

——夏苏萍先进事迹

她有着南国女子的秀丽和清雅，思维细密而敏捷，处事果断又干练；她智慧出众，才干超群，风度骄人，以自身的特殊优势，展示了现代女性的风采，让人们领略到女性领导独特的人格魅力；她具有强烈的使命感和责任心，怀有一种成就事业的强烈愿望和动机，以女性纤弱的肩膀，为山西焦煤集团公司的辉煌贡献了自己全部的力量，默默书写着巾帼风流，她用自己卓越的工作成就构筑了一道亮丽的风景，像一朵奇葩绽放在财会战线上。她就是山西焦煤集团财务公司副董事长、总经理夏苏萍。

总经理：夏苏萍

从1981年大同煤炭工业学校毕业踏进西山矿务局大门始，夏苏萍在矿山一干就是30年。她在工作中学习，在学习中提高，从中国人民大学财务会计专业本科学历一直到中央党校经济管理硕士研究生，不断的学习使她的羽翼逐渐丰满，专业水平得到提升，干起工作更加得心应手。她从基层财务会计做起，干过出纳，当过会计，从财务科长、副主任会计师、主任会计师，财务处副处长、处长，山西焦煤集团副总会计师、财务部部长到山西焦煤西山煤矿总公司总会计师，再到山西焦煤西山煤电集团董事、总会计师……2008年8月，山西焦煤集团组建企业集团财务公司，调任筹备组副组长，负责企业集团财务公司筹备工作，同时兼任山西焦煤集团住房公积金管理中心主任、企业年金管理中心主任。2009年9月，她被任命为山西焦煤集团财务公司副董事长、总经理。职务的升迁，就像一串串坚实的脚印，勾勒出她人生的轨迹，书写出她人生的辉煌。

作为女性，在工作中，夏苏萍凸显了女性领导特有的领导魅力，具有更细的观察力、更浓的亲和力、更强的凝聚力、更大的感召力。她思维敏锐，在财务和行政管理中实施比较精确的量化管理，工作方法更细腻，处理问题更耐心，能从大局、全局和长远去谋划企业问题；她善于理解人、体贴人，更注重情感的投入，更关注下属的需求和期望，能够用情感的正效应营造积极向上、团结和谐的人际关系和工作氛围；她有坚忍不拔的意志和不屈不挠的毅力，对于多年来从事的财务事业，兢兢业业工作，扎扎实实做事，勤勤奋奋地谋划未来；她善于沟通，有丰富的情感以及对他人情感的感知力，在工作交流中，往往是动之以情、晓之以理，以平等的身份与他人沟通交流，拉近和下属的距离，增强下属对组织的认同感和归属

感，激发大家的合作心理，调动积极性和主动性，提高了整个组织的工作效率。她这种独特的品质，影响和感染着身边的同事为着共同的事业奋斗进取。多年来，她打造了一支作风优良、技术过硬的经营型财务团队，大多已成为企业内的经营专家和管理高手，共同为企业集团的快速发展发光发热，做出贡献。2008年8月，夏苏萍带领山西焦煤集团财务公司筹备组一班人，团结奉献，奋力拼搏，以饱满的热情，积极的态度，进取的精神，创造性的做了大量卓有成效的筹备工作。她与材料编写人员一同加班加点，努力克服人员少、经验不足、材料收集工作量大等实际困难，仅用了不到1个月时间，就编制完成了32万字筹建申请资料，材料主要内容报经集团公司董事会批准，由于编制总体质量好，内容准确全面，得到了集团公司领导、山西省银监局和中国银监会的一致好评。之后她亲自数次赴京协调沟通，终于在较短时间内完成审批程序。2009年7月，取得了中国银监会批准筹建的文件。2009年12月25日，财务公司成功举行了开业庆典仪式，圆满实现了2010年初财务公司开业运营奋斗目标，开创了山西省内首家新设成立财务公司的先河，实现了山西焦煤多年打造金融板块的夙愿，是山西焦煤在建设亿吨级现代型国际化能源大集团征程上迈出的重要一步，也是山西焦煤坚持转型与跨越两大工作主题，积极推进经济多元化促进战略的一个成功典范。她付出的艰辛努力、取得的丰硕成果和展现的“焦煤人”精神面貌，得到了中国银监会、省领导、上级管理部门的亲切关注和高度赞扬！

岁月不居，天道酬勤，一份耕耘，一份收获。经过在财会战线多年的打拼和领导岗位的淬炼，夏苏萍收获了成熟和自信，也获得了大家的肯定和信任。焦煤集团劳动模范、“十大女杰”荣誉称号，太原市新长征突击手、劳动模范、五一劳动奖章称号，山西省五一劳动奖章获得者、十佳总会计师、“三好”女职工、优秀企业家、山西省劳动模范……这一个个闪闪发光的荣誉称号就是生活对她最好的回报。从夏苏萍身上，可看到山西焦煤人顽强拼搏、锲而不舍的战斗精神，正是这种精神支撑着企业集团的蓬勃发展。她多次表示，是山西焦煤给了她发挥才智的平台，是新的时代为她创造了良好的成长环境，只要积极发挥自身优势，勇于投身实践的熔炉锤炼打磨，就一定能创造辉煌的业绩，真正托起企业发展的一片蓝天。

山西潞安煤基合成油有限责任公司

2006年2月，煤基合成油项目奠基仪式

省长王君(左二)等领导到公司调研

副省长牛仁亮(右二)到公司调研

省委常委、组织部部长汤涛(右二)到公司调研

山西潞安煤基合成油示范项目是国家“863”高新技术项目和中科院知识创新工程重大项目的延续项目，是国家发改委及财政部重点支持建设的煤间接液化的示范装置，是山西省委、省政府确定的重点工程建设项目。该示范项目以中科院山西煤炭化学研究所自主研发的“煤基液体燃料合成浆态床工业化技术”为依托，该技术通过了中科院组织的专家鉴定和科技部“863”组织的专家验收，具备了示范厂建设条件。其中，F-T合成技术、16万吨合成油联产IGCC系统关键技术研究开发等项目已列入国家“863”计划先进能源技术领域“以煤气化为基础的多联产示范工程”重大项目课题。项目建成后将是我国煤基合成油技术第一条产业化生产线。示范项目联合攻克了大型煤基合成油装置的关键工艺和装备技术，为360万吨大规模产业化创造了条件。

2006年7月，山西潞安煤基合成油有限责任公司正式成立，示范项目位于山西省长治市屯留县余吾镇，是由山西潞安矿业（集团）有限责任公司独家发起设立的有限责任公司。公司下设：人力资源部、计划财务部、生产技术部、党务工作部、工程管理部、机械动力部、环保安全部、供应销售部、质检部、公司办、后勤科；10个车间：气化、净化、仪表、电气、检修、合成、尿素、热动、水处理、备煤；拥有在册职工1300余人。

该项目建设规模为21万吨/年当量油品，主要产品为柴油、石脑油、石蜡，并合理利用合成油装置富余氢气、排放的高纯度氮气和二氧化碳气，同期建设联产18万吨/年合成氨、30万吨/年尿素装置，CO2减排27万吨/年。

省委常委、统战部部长李政文到公司调研

公司总经理刘斌向省委常委、纪委书记金道铭介绍油品控制情况

示范项目工程进展情况：2006年 2 月，16万吨煤基合成油示范项目正式奠基开工；2008年12月22日，潞安煤基合成油示范项目钴基固定床合成装置产出第一桶煤基合成油，受到社会各界广泛关注。国家发改委能源局专门发来贺信，新华社播发了通稿，《人民日报》、凤凰卫视等作了专题报道。12月23日，中央电视台新闻联播报道了这条消息，被中国企业联合会、中国企业家协会联合评选为2008年度中国企业十大新闻之一。中央政治局委员、国务委员刘延东、科技部部长万钢等领导先后作出了一系列重要批示和指示；2009年 4 月，由国家发改委、中国工程院组织的循环经济座谈会上，潞安集团对煤基合成油项目及循环经济园区建设情况作了专门汇报，受到李克强副总理充分肯定；2009年 7 月，潞安煤基合成油示范项目铁基浆态床合成装置正式出油，潞安集团成为世界上唯一一个掌握两种催化剂进行煤制油的企业，确立了世界领先技术优势，为产业化生产奠定了良好基础；8月 19 日，项目的油品精制部分全部打通，产出高品质柴油，负荷达到 50%，产量稳定在300吨/天。随着钴基、铁基两种催化装置的投运，16 万吨煤基合成油示范项目的生产规模将变为21万吨/年；12月 4日，合成氨和尿素装置投入运行，产出合格尿素。随着示范装置生产的油品和化肥陆续进入国内市场，标志着潞安集团以煤基合成油为基础的、煤化工多联产、低碳排放循环经济示范园区基本建成。

示范项目产出全国第一桶煤基合成油

环境优美的职工宿舍和食堂

潞安集团石圪节煤业公司

——杨同敏先进事迹

总经理：杨同敏

杨同敏，男，汉族，1957年生，中共党员，硕士研究生，高级工程师。现任石圪节煤业公司总经理。作为石圪节新一代“掌门人”，作为全煤系统新一代“擎旗人”，杨同敏用4年时间再次为这座百年老矿续写了新辉煌。

石圪节煤业公司由石圪节煤矿改制而成，位于山西省长治市境内，矿区周边有长（治）晋（城）、长（治）邯（郸）高速公路和208、309国道及多条省级公路。矿井地处山西省沁水煤田东部边缘。矿井铁路专用线在长治北站与太焦线相连，直达全国各地。当前生产采区主要为3#煤残采区和下组煤开采。煤矿设计能力90万吨，配套年入洗能力达90万吨洗煤厂1座。最高年产原煤150万吨，2009年生产煤炭70余万吨。现有职工2000余人。

石圪节有着优良的革命传统和辉煌的历史。1963年石圪节以连续多年在全国煤炭战线效率最高、成本最低、质量最好、机构最精干的突出成绩，被周恩来总理树为全国工交战线勤俭办企业五面红旗之一。石圪节矿风也升华为“艰苦奋斗、勤俭办矿”的石圪节精神。1990年，江泽民、李鹏等11位党和国家领导人为石圪节题词赠言，号召全国学习石圪节。“艰苦奋斗、勤俭办矿”，杨同敏不愧为石圪节精神的传人。靠着这一传家宝，石圪节一路奋斗一路高歌，经过五次大的技术改造，石圪节实现了“由小到大”的蜕变；经过建设全国首批现代化矿井，石圪节实现了“由土到洋”的蜕变；进入新世纪，面对资源枯竭的严酷现实，石圪节再次力挽狂澜，另辟蹊径，完美演绎了由“黑”到“绿”的壮烈涅磐。杨同敏正是这一壮举的实践者。置身资源枯竭的十字路口，石圪节初步谋划了依托高新技术健康产业、苗木花卉生态产业、洁净能源生产产业，进行第三次创业的宏伟蓝图。经过4年来的实施和引深，杨同敏最终将三大产业由草创推向辉煌，由弱小推向壮大，由产品推向名品。

公司办公大楼

杨同敏(右二)在井下指导安全生产

下组煤工作面

几十年来，石圪节获得省部级以上荣誉100多项。先后被评为煤炭工业一级企业、现代化矿井、特级质量标准化矿井、全国百佳学习型社区，并两度荣获全国五一劳动奖状、全国文明单位。有30多位省部级以上领导亲临石圪节视察指导工作。杨同敏先后被煤炭工业技术委员会授予煤炭工业科技进步矿井先进工作者、山西省煤炭学会评为“煤炭综合利用先进个人”、山西省劳动竞赛委员会授予“山西省五一劳动奖章”，并荣获了由中煤政研会颁发的“石圪节精神奖”。还多次获得潞安集团优秀管理者、安全生产长周期突出贡献者等荣誉称号。

荣获石圪节精神奖

石圪节瑞福莱老陈醋在上海世博会展出

天脊——中国煤化工骄子

董事长、总经理：王光彪

天脊集团是在20世纪80年代初成套引进国外先进技术和装备、建设的中国第一套大型复合肥生产装置的基础上，不断发展壮大为集化肥、有机化工、煤炭深加工产业为一体的大型煤化工集团。

公司主要产品年产能为：85万吨合成氨、81万吨硝酸、90万吨硝酸磷肥（或100万吨/年硝酸磷钾）、60万吨尿素、30万吨甲醇、20万吨硝铵、13万吨苯胺、28万吨水泥等。公司通过了ISO9000质量管理体系认证、ISO14000环境管理体系认证、国家实验室认可。

天脊集团是化肥行业唯一拥有“二项桂冠”的企业。2003～2007年，天脊品牌连续三年获得中国最具价值品牌标号，天脊商标荣获“中国驰名商标”称号，“天脊牌”硝酸磷肥被认定为中国名牌产品和国家免检产品，天脊品牌价值目前达29.72亿元。目前企业总资产78亿元，年产值50亿元。

公司本部

年产90万吨的硝酸磷装置

年产13万吨的苯胺装置

年产20万吨硝铵装置

天脊集团董事长、总经理王光彪，现为山西省第十届政协委员，曾获山西省劳动模范、山西省五一劳动奖章、山西省功勋企业家、中国品牌建设十大优秀企业家、全国化工质量管理小组活动卓越领导者、国家科技进步二等奖等荣誉称号。目前，集团围绕建设新型能源和煤化工工业基地这一战略中心，依靠自身独特的技术优势、规模优势、管理优势、人才优势、品牌优势、产品优势，发扬“自强不息、务实创新”的企业精神，决心到“十二五”期间实现销售收入超过200亿元，把天脊建成全国重要的煤化工技术研发基地和煤化工产业循环经济工业园区。

年产45万吨合成氨装置区夜景

天脊潞安共同投资兴建的30万吨甲醇项目

同煤集团大唐热电公司

——山西省优秀企业家张玉军先进事迹

公司董事长、党委书记：张玉军

张玉军，1979年毕业于山西矿院电气自动化专业。曾在大同矿务局永定庄矿担任技术员、副总工程师，在挖金湾矿担任机电矿长。2004年起先后担任同煤集团大唐热电有限公司总经理、董事长和党委书记。

张玉军2009年 1 月被山西省发展和改革委员会聘为山西省评标专家，大同市联系的高级专家；2007年被中国职业经理人协会评为特级经营管理大师；2009年10月被中国煤炭工业协会评为煤炭工业改革开放 30 年行业表彰会先进个人。2009年2月获得大同煤矿集团公司思想政治工作研究会优秀工作者荣誉称号。

同煤大唐热电公司是以资源综合利用为主，兼顾热电联产、集中供热、改善环境、综合利用的同煤集团第一个电厂。是塔山循环经济园区“二矿十厂一条路”的一个中间环节。是利用塔山洗选后的废弃物——中煤，作为生产原料进行发电和供热，产生的废弃物可供水泥行业做原材料。是对煤炭产业链的延深，建设资源节约型、环境友好型企业，实现循环经济的良好开端。

公司领导班子成员

张玉军作为同煤大唐热电公司领导班子的班长，始终牢记承担着的集中供热和发展电力的政治、社会和经济责任，以“当好同煤第一代发电人、管好同煤第一个热电厂”为己任，在集团公司的正确领导下，紧紧围绕集团公司 81620 战略，把“抓班子、带队伍、促发展”放在头等重要位置。以科学发展观统领各项工作，以经济效益为中心、以安全生产和技术改造为基础、以节能

厂门

降耗为突破口，以精确化管理为手段、以队伍建设和人才作用发挥为动力，以加强党的建设为政治保证，锐意进取，深化管理，开创高效和谐、科学发展的大好局面。时时处处以身作则，对认准并经过论证后可行的改造项目，主动积极地进行全面实施，并通过管理提升、成本创新、技术改造，各项工作取得了显著成绩。

在张玉军的带领下，热电公司从2007~2009年，3年迈出了六大步。即经营工作迈出了三大步；管理工作迈出了三大步，安全生产创出高水平。3年来每年完成集团公司下达的各项考核指标，得到了集团公司领导的高度评价。集团公司董事长、党委书记吴永平亲自批示：3年来的工作总体不错，从培养电厂自己的专业人员，由委托运行到自己管理和操作，值得提倡，在全局通报。充分发挥科技是第一生产力的作用，积极进行技术攻关。3年来，共提出科技攻关项目10项，主持参与完成技术改造项目22项，为公司发展提供了技术支撑。

在张玉军的带领下，该公司先后荣获集团公司先进单位、精神文明建设和谐单位、企业文化优秀单位、宣传思想政治工作先进单位、信访工作先进单位、文化体育工作先进单位、绿化达标单位等称号。被大同市授予项目推进先进单位，被大同市文明办、大同市红十字会授予博爱奉献优秀单位，被山西省环境信息管理委员会授予常务委员单位，被中国文化管理学会、中企电联企业文化发展中心授予全国电力系统企业文化建设先进单位。

张玉军陪同集团公司董事长吴永平等领导视察该厂

张玉军陪同集团公司总经理视察该厂

张玉军深入基层检查流程管理

厂区

文化石

荣誉墙

西山煤电集团公司总经理薛道成为东曲矿局家洼风井工程竣工剪彩

东曲矿羊圈港风井建设开工仪式

现代标准化风机房

山西焦煤西山煤电集团公司东曲矿

东曲矿座落于煤电之城的山西古交市，矿井于1991年 12月建成投产,年设计生产能力400万吨，并配套有同等洗选能力的选煤厂。2009年以来，东曲矿以科学发展观为指导，按照“和谐东曲、共建共享”的总体要求，围绕中心工作，实施民心工程，构筑综治体系，培育企业文化，提高职工素质，丰富职工生活，美化矿区环境，提升企业形象，实现了井下文明生产，井上文明生活。一年来，东曲矿先后荣获全国煤炭行业一级安全高效矿井、山西省文明和谐单位，山西省模范单位、山西省五一劳动奖状、太原市劳动竞赛集体一等功、太原市绿化先进单位、太原市安全生产培训先进机构等荣誉称号。

提升安全强管理 全矿上下始终把安全生产当作矿井发展的基础，矿领导班子目标明确认识一致，中基层干部队伍作风扎实，执行有力，各部门各单位齐抓共管，措施得力，确保矿井实现了连续安全生产。严格执行干部下井“四对口、两汇报、双签字”制度，坚持逐日工作汇报点评，切实强化干部失职问责。严格执行隐患治理闭合和“三员两长”现场安全确认制度，切实变控制事故为控制隐患。积极推行职工安全帐户管理，不断加大经济杠杆在安全工作中的激励约束作用。严防重大事故和恶性事件，深入开展现场纠错和习惯养成活动，广大职工规范和约束自身行为的能力进一步增强。加强安全技术培训，组织开展“事故案例问卷”、井口“送温暖、献爱心”、“为采掘职工过生日”、“下井前看一眼全家福”、“讲述矿工自己身边的故事”、“家属井口迎接丈夫下班”、“安全演讲进班前”等系列安全宣传教育活动，增强了职工安全意识。

安监人员整队出发

深化管理增效益 强化算帐意识，讲投入，算产出，外争政策，内严管理，想法设法消除煤质、煤种和赋存条件影响造成的成本超支因素。重视抓好采掘生产接续，按照多煤种配采的原则，确保矿井生产系统高效运转和生产组织的正常进行。完善煤质管理办法，实施煤质流程管理，改造了地面矸选系统，有效地提高了产品质量。并投入上千万元完成了浮选系统改造、浮精脱水系统技术改造，大大提高了洗选能力。广泛开展回收复用工作，2009年回收废旧材料2039万元，复用1597万元，创效4927万元。坚持经营联审制度，每季度对经营工作进行总结分析，不断规范经营管理，提高经济运行质量。

井下综采工作面

企业文化创新添活力 充分发挥党委的政治核心作用，凝聚人心，凝聚智慧，凝聚力量，为矿井发展营造安定团结、文明祥和的

刚刚升井的职工

地面瓦斯抽放泵站

良好氛围。通过贯彻民主集中制，完善议事规则，在各级班子中形成了团结协作、和谐共事的工作氛围；通过出台《关于强化干部深入现场的管理规定》，督查问责岗位履职情况，使各级干部的责任心、事业心明显增强；通过全员企业文化考试、改进精细化管理模式、实行准军事化管理、工厂化试点等扎实有效的工作，逐步实现了企业与员工价值观和行为准则的双向认同，形成了强大的核心竞争力。

以人为本聚民心 坚持在发展企业的同时充分兼顾职工利益，让职工群众感受到企业大家庭的温暖，分享企业发展成果。每年职代会审议年度工资分配方案和调资方案。深入开展“一帮一、结对子”扶贫帮困活动，到目前为止，矿领导、工会干部先后与136户困难职工家属结成了帮扶对子，为对子户资助帮困资金及实物折合人民币近20万元，使22户困难职工脱贫。成立了困难职工救助基金、职工子女助学基金和职工子女教育基金等十大基金，并积极运作各项基金，仅09年就向贫困、退休、伤残、患病职工及工、病亡职工遗属发放救助金、救济金、慰问金共计90余万元。对工业广场、“两堂一舍”、离退休职工活动中心、俱乐部、职工文化活动中心进行改造。强化矿区绿化、美化工作，整个矿区绿化覆盖率达到45%，呈现出“春有绿、夏有荫、秋有花、冬有青”的花园式景观。坚持每年对职工进行体检，建立了井下职工健康档案。

按照山西焦煤集团公司的发展远景，东曲矿将建成年产500万吨以上大型煤炭生产基地，在东曲矿5000干部职工的共同努力下，东曲矿的发展必将迎来更加绚丽美好的明天。

该矿文化广场

开展准军事化管理活动

该矿老年活动中心

矿长：剧通达

矿党委书记：李福仁

同煤集团四台矿

安全生产监测监控中心

402盘区变电所

作为同煤集团企业文化、安全质量标准化、精神文明建设排头兵的四台矿，以“追求卓越敢为人先”的竞争精神，实施新战略、渗透新理念、推行新方法、创造新品牌，着力打造全国一流的质量标准化矿井、本质安全型矿井，谱写出企业科学发展的新篇章。

2009年，新一届矿领导班子在深入调研的基础上，从实现矿井可持续发展的战略高度出发，果断提出了“三步走”矿井发展战略：第一步：扭转生产被动局面。通过优化队组管理、生产主战场接替转移、降低生产成本、开展综采搬家会战和工掘会战等方式，彻底转变生产衔接不畅、生产效率低下、生产成本高位运行的局面。第二步：实施井下战场转移。加快412盘区开拓接替，实施长短面配采，薄厚煤层结合，新老设备兼顾举措，实现矿井北三南二的均衡生产格局，保持好三个强采队，一个调采队，一个准备搬家队的稳定生产格局。第三步：实现矿井持续发展。通过用足、用好、用活国家、省、集团公司有关政策规定，积极争取可持续发展基金、环保资金，加快石炭系的延伸和生态工业园区建设，确保矿井服务年限有效延长。在这一重大战略的指导下，全矿工作扎实推进，步步深入，一举扭转了生产被动局面，走出了成本困窘，安全生产步步攀高，捷报频传，全矿发展形势一片大好。矿井先后被评为全煤系统企业文化建设示范矿和企业文化安全建设先进单位。四台矿全体员工在矿党政的带领下，不辱使命，砥砺奋进，全面建设文化四台、魅力四台、和谐四台、永恒四台，使矿井朝着新型现代化、标准化、本质安全型矿井建设大步前进。

职工公寓宾馆化

金融　保险　证券

金　融

·山西银监局·

【支持地方经济发展】 山西银监局以支持经济发展为己任，及时出台银行业支持全省经济发展的“十条具体措施”，引领银行业机构以扩大内需为着眼点，千方百计保增长。推动银团贷款业务支持省级重点工程项目建设，支持重点项目159项，银企签约2365亿元，保证重点工程的信贷需求，有力地支持全省基础设施建设投资。在山西银监局的指导、协调和助推下，各银行业机构通力配合，积极跟进，全年银行业新增贷款1873亿元，是上年全年贷款投放的2.5倍，全社会固定资产投资增长40%，有效拉动经济增长，成效明显。全省GDP逐季回升，由2009年初的负增长8.1%、上半年的-4.4%、到前三季度的正增长0.5%、全年6%，全省经济实现从下滑到增长的重大转折，保持平稳较快发展。

【改善中小企业金融服务】 针对中小企业发展面临的困境，山西银监局研究制定中小企业金融服务工作指引，出台全面提升中小企业金融服务水平、促进经济发展的20条意见。推动各银行业机构建立完善专门机制，成立中小企业金融服务专营机构25家，培养专业队伍1000多人，开发各类服务产品70余种，中小企业金融服务收到明显成效，“融资难”问题得以有效缓解。2009年末，全省银行业中小企业贷款余额2223亿元，比年初增加468亿元，增长26.6%，是既定全年目标的2.3倍。

【提升“三农”金融服务水平】 推动全省农村信用社先后实施“三千三百惠农工程”和“农信社支农惠民行动计划”，出台农民专业合作社贷款指引，支持专业合作社3351个，发放贷款28.5亿元，促进农民持续增收。全力推动空白乡镇金融服务工作，指导银行业机构在金融服务空白乡镇采取自助银行、信合便利店、电话服务及贷款“二人组”等多种灵活方式，为农民群众提供更加便捷的服务。督促涉农银行业机构设立服务“三农”的专门机构，积极推广农户小额信用贷款。指导涉农银行业机构重点解决农村基础设施、医疗教育、春耕备耕、抗旱救灾、返乡创业等急难问题，为全省新农村建设提供强有力的资金支持。2009年末，全省农业贷款余额1037亿元，比年初增加157亿元，增长17.8%，有力地推动全省农民增收和农业经济的持续发展。

【推动山西服务业发展】 全力推动银行业支持山西服务业发展，督促2008年“中部崛起·旅游业先行”首届高层论坛暨旅游业振兴银企洽谈会205亿元签约资金尽快到位，确保落到实处。印发《关于保增长促调整支

汇丰银行（中国）有限公司太原分行揭牌　（赵未陆提供）

持旅游业发展的通知》，指导中国工商银行山西省分行与省旅游局签订《战略合作框架协议》，为全省旅游产业发展提供不少于30亿元的融资支持。配合省政府实施扩大旅游消费金秋行动，提出"农旅卡"设计方案被采纳并广泛使用。2009年末旅游业贷款余额325亿元，同比增长1.3倍。

【晋商银行成立】 山西银监局积极协调，有序推进，晋商银行于2月28日正式挂牌营业，被誉为山西深化改革的标志性创举。省委书记、省人大常委会主任张宝顺专门作出批示予以肯定。

【汇丰银行入驻太原】 为丰富全省金融服务体系，山西银监局全力协调推动首家外资银行——汇丰银行入驻太原，并于12月25日挂牌开业，实现山西银行业历史上外资银行零的突破，标志着山西金融业在推动全省加快对外开放中迈出新的步伐。

【三家企业财务公司成立】 为提高省内大型煤炭集团公司财务管理水平和资金使用效率，山西银监局经过多方努力，成功推动山西焦煤集团、晋煤集团、阳煤集团3家财务公司相继挂牌开业，其中焦煤集团财务公司是近5年来银监会在全国范围首次批复新设的财务公司，开创设立财务公司的先河，得到省委、省政府及相关部门的广泛好评。

【推进银行业深化改革】 2009年，省银监局制定中小商业银行设立异地分支机构市场准入操作细则，支持银行业机构向地市和县域延伸，丰富金融服务体系。交通银行临汾分行、民生银行吕梁分行、浦发银行忻州支行、中信银行吕梁支行、华夏银行晋中支行等9家异地银行先后挂牌营业；批准农业发展银行新设立5家县级支行，邮政储蓄银行在县域内普设支行，丰富基层金融服务体系。

【完善农村金融服务体系】 全面完成全省109家县级统一法人社的组建审批工作。指导和督促农村信用社做好专项央行票据兑付，完成109家机构的审核报送工作，107家成功兑付。制定三年发展规划，积极培育新型农村金融机构。推进深化产权制度改革，繁峙农村合作银行已获准筹建。针对临汾市汾西县金融服务严重不足的问题，迅速制订方案，全力推进实施，在汾西县设立7个自助银行、筹建2家村镇银行和1家农村资金互助社，金融服务空白问题得到基本解决。2009年末，全省农村中小金融机构存贷款余额分别比年初增长18.7%和17.6%，实现规模和效益同步发展。

【坚守风险管理底线】 2009年，省银监局密切关注严峻形势下信贷快速增长情况，及时出台进一步加强银行业风险管理和监管的六项要求，着力促进银行业机构有效提高风险管控水平。建立政府融资平台监测制度，加强与政府领导和财政部门的汇报沟通。在全国率先实现集团客户风险预警信息共享，牵头开展全国煤炭行业信贷风险监测。组织开展全省银行业"五管齐下"系列监管行动，围绕新发放贷款、担保机构担保的贷款、票据业务案件风险、房地产信贷、公司治理、债券投资等开展现场检查，全年共派出检查组876个，投入工作量9万个，累计检查各类机构3157家（次），提出整改及处理意见3145条。通过以上措施，有效确保信贷快速增长建立在合规稳健的基础上，实现审慎与快速的有机结合。

【构建银行业案件防控长效机制】 2009年，省银监局组织银行业机构全面开展风险排查，组织在省内11个地市分别召开银行业案件防控警示教育大会，突出对基层机构、一线员工的教育力度，每场参会人员千余人，全省累计参加人数达2万余人，强化事前严防。出台案件内部结案暂行办法和案件责任追究暂行办法，强化事后严惩。对全省11个市银行业机构案件防控工作8个方面69项内容进行检查督导，对发现的违规问题督促全面整改。通过努力，全省银行业案件治理工作初见成效。

（赵未陆）

2009山西省招商引资项目签约仪式 （赵未陆提供）

·中国人民银行太原中心支行·

【概述】 2009年，全省金融业运行总体平稳，持续高速增长的银行贷款为支持全省经济逐步走出低谷提供了有力支持。各项贷款高速增长；各项存款平稳增长，储蓄存款分流趋势显现；金融市场总体运行良好。(1)银行业金融机构本外币各项存款比年初增长22.8%，增速同比下降4.4%。其中，企业存款比年初增长29.1%，同比多增348.2亿元，增速同比提高5.9%；储蓄存款比年初增长14.8%，同比少增570.0亿元，增速同比下降15.1%。

银行业金融机构本外币各项贷款比年初增长31%,增速同比提高17.1%。全年新增贷款达到上年同期的2.5倍,超过了前3年的贷款增量。与中部六省相比,山西省贷款较年初增量、同比增速均排第5位。(2)全省有35家金融机构加入了全国银行间同业拆借市场和债券市场,累计成交金额7997.5亿元,比上年增加3253.9亿元。全省已有20家企业获得中国人民银行的批准,发行短期融资券和中期票据,全年全省企业共发行中、短期票据256亿元,占银行新增贷款的14%。其中,短期融资券64亿元,中期票据192亿元,对信贷资金形成有力补充。全年累计签发银行承兑汇票1352.7亿元,同比增加243.3亿元,年末余额546.2亿元,同比增加60.6亿元;累计贴现1884.4亿元,同比增加150.8亿元,年末余额359.3亿元,同比增加20.5亿元;再贴现余额1.2亿元,同比增加1.2亿元。(3)全省证券市场资金账户开户数为127.4万户,同比增长17.8%;客户保证金余额180.7亿元,同比增长96.3%;累计交易额为12268.3亿元,同比增长83.9%。省内共有28家上市公司,总市值5918.2亿元,在全国排第7位;28家上市公司共融资62.7亿元,直接融资累计549.8亿元。(4)全省保险业资产总额达到531.1亿元,比年初增长22.5%。全省保险业累计实现保费收入289.3亿元,同比增长10.9%。其中,财产险公司累计实现保费69.6亿元,同比增长11.6%。人身险公司累计实现保费219.7亿元,同比增长10.6%。全省赔付支出78.6亿元,同比增长6.7%。

【健全组织体系】 2009年,太原市商业银行成功改制为晋商银行股份有限公司并顺利挂牌,邮储银行各级分支机构挂牌营业,2家村镇银行先后开业,新增3家财务公司,近10家银行设立或正在筹建辖内异地分支机构,引进第一家外资银行——汇丰银行。小额贷款公司发展迅速,截至年底,共设立150家小额贷款公司,较2007年增加了近100家,注册资本81亿元,贷款余额41亿元,其中"三农"和微小企业贷款占贷款余额的66.2%。

【支付清算体系建设】 以风险防范为切入点深化支付清算体系建设。探索人民币银行账户档案资料影像化管理,解决档案查询难的问题;推广非现金支付结算工具,在商业承兑汇票、银行本票的推广方面实现零的突破;在全省推广中央银行会计核算电子对账系统,提高对账时效、降低了资金风险;开展会计核算、支付清算、账户管理三项检查,及时纠正违规行为;积极组织对涉及银行卡跨行清算业务、银行票据跨行清算业务、网上支付业务、储值卡跨法人清算业务等4类业务的特定非金融机构进行登记,规范支付清算行为。

现代化支付系统稳定运行。2009年,大小额支付系统发生大小额支付来账864万多笔,金额76452亿元,较上年分别增长32.5%和21.6%;发生往账828万笔,金额75888亿元,较上年分别增长21.85%和21.01%;发生同城票据交换220万笔,金额5000亿元。

农村支付环境大为改善。《山西省农村支付服务环境建设工作实施方案》的实施在孝义等6个县(市)试点取得明显成效;加快各支付业务系统向农村延伸,截至年底,县以下地区银行网点接入行内系统、现代化支付系统、账户管理系统和公民身份联网核查系统比例分别达87.97%、63.45%、68.73%和76.65%,农村支付效率有了较大提高。

【改善信用环境】 征信系统数据范围不断扩大,系统应用和服务功能不断增强。截至年底,企业征信系统共收录19.1万户企业信用信息、信贷业务余额6091亿元;个人征信系统收录1121.8万个自然人基本信息、信贷余额360亿元。非银行信息采集范围和技术不断扩大和提高:企业公积金信息实现按月更新,全年采集上报1.2万余户企业公积金信息,公积金缴存信息入库账户数达46万条;协助网通公司开发信息报送接口程序,进行企业电信欠费数据试报。建立数据运行监测制度,为金融机构防范信贷风险提供有力支持;强化异议处理工作,有效监测代表性案例风险,为金融机构赢得客户信赖与支持。

金融执法力度加大,清欠工作效果显著。山西省各级人民法院多措并举妥善处理因金融危机引发的各类金融纠纷;省政法委、省高院、人行太原中心支行等14部门联合开展集中清理积案活动,全省纳入清理范围的8081件财产案件结案率达99.67%;集中力量开展清欠工作,全年清收公职人员、企业、其他个人逾期3年以上贷款共计22065万元。

农村信用体系建设有序推进。2009年,多个县(市)农村信用体系建设领导机构相继成立,规范文件陆续出台。建立信用档案的农户362.33万户,占全部农户数的58.45%,其中82.86%的农户被评定为信用农户。

【开通农民工银行卡特色服务】 1月15日,山西省政府金融工作办公室、人民银行太原中心支行、中国银联山西分公司在太原举办山西省农民工银行卡特色服务开通启动仪式。中国人民银行党委委员、副行长苏宁,省委常委、常务副省长申联彬出席仪式并讲话,中国人民银行太原中心支行党委书记、行长毛金明主持会议。此项服务开通后,为山西省200多万外出农民工提供更加方便、安全、快捷的金融服务。截至12月底,全省累计发生"农民工银行卡特色服务"跨行交易业务122503笔,累计取款交易笔数51947笔,累计交易总金额5091.43万元。

【反走私与反洗钱工作合作备忘录签字仪式】 5月25日,《太原海关与中国人民银行太原中心支行反走私与反洗钱工作合作备忘录》签字仪式在太原海关举行,太原海关、中国人民银行太原中心支行有关领导出席仪式。备忘录的签署进一步加强山西省反走私和反洗钱工作的协调配合,充分发挥部门合作机制的优势,加大执法力度,提升执法能力,共同维护国家经济秩序和金融安全。

【开展银行卡应用宣传活动】 6月2日，中国人民银行太原中心支行、中国银联山西分公司、各发卡银行及专业化服务机构共同组织举办"放心用卡，安全支付，促进山西省银行卡应用"大型系列宣传活动启动仪式。这次活动引导社会公众增强安全用卡意识，掌握安全用卡知识，提升放心用卡信心，营造更快捷、更方便、更安全的银行卡支付环境，更好地维护和保障持卡人的合法权益，推动山西省银行卡产业快速发展，促进消费、拉动内需，支持和促进山西省经济走出低谷，走上平稳较快发展轨道。

【银贸合作座谈会】 为进一步稳定外需工作，帮助外贸中小企业解决融资问题，6月30日，中国人民银行太原中心支行和山西省商务厅联合召开"共谋发展、共渡难关"银贸合作座谈会。18家省级商业银行分行、11个地市商务主管部门、中国信保山西办事处、太原高新技术开发区、39家外贸进出口企业参加会议。银企对话，各家银行进一步与企业沟通协调，最大限度满足外贸企业发展的资金需求，促进外贸和金融共同发展，互利共赢。

【中小企业信用建设工作座谈会】 7月31日，中国人民银行太原中心支行组织召开山西省中小企业信用建设工作座谈会。18家省级金融机构中小企业贷款部门负责人、省财政厅和中小企业局有关部门负责人参加会议。会议分析金融机构中小企业贷款的有关情况和存在的问题，通报中小企业信用档案的建设和应用情况，提出要依托中国人民银行企业征信系统、个人征信系统和中小企业信用档案系统，创新融资产品和担保机制，改进金融服务，共同搭建政府、银行、企业、担保机构和评级机构"五位一体"信用建设平台，推动解决中小企业融资难问题。

【《票号》剧本研讨会】 11月18日，山西省金融学会组织召开大型文献纪录片《票号》剧本研讨会，中国人民银行太原中心支行、山西省金融学会领导与有关专家学者、创作人员参加会议。《票号》剧本突出三个方面：一是通过大力宣扬票号先辈的世界视野和创新精神，为深化当代金融改革，加快中国金融业对外开放提供智力支持；二是深入研究山西票号的经营管理思想和方法模式，使票号经营理念、智慧元素古为今用，更好地被现代金融消化、吸收、传承和发展；三是用珍贵的历史画面、史料，给人启迪、发人深省，激发大家研究晋商票号的兴趣和热情，为中国金融史的教学服务。

【执行适度宽松的货币政策】 2009年，中国人民银行太原中心支行组织制定《金融支持山西扩大内需促进经济社会协调发展的指导意见》《关于推进山西省农村金融产品和服务方式创新的指导意见》《全省金融机构信贷政策效果评估暂行办法》等一系列信贷指导意见，促进银企合作、项目对接和对口帮扶重点企业等工作，为山西经济走出低谷、回升向好发挥重要支撑作用。2009年，全省贷款增长1873亿元，增长31%，是上年增量的2.54倍，创历史最高水平；企业发行短期融资券、中期票据融资余额达到563.6亿元，中部六省排名第一；小额贷款公司扩大到150多家，贷款余额40多亿元。

【专项中央银行票据基本兑付完毕】 2009年，中国人民银行太原中心支行先后召开四次全省农村信用社改革资金支持工作后续监管会议，对现场跟踪检查中发现的部分农村信用社，实施冻结存款准备金、停止计息等处罚措施，对农村信用社继续完善内部机制形成有力推动。截至2009年末，全省110家农村信用社中有109家兑付央行票据，兑付金额达到53.6亿元，占发行金额的99.8%。这些资金注入农村信用社后，为农村信用社改革处理不良资产、化解历史包袱发挥重要作用。在中央银行资金支持下，农村信用社经营状况有很大的改善，2009年末全省农村信用社各项存、贷款分别较基期(2002年末)增长313.2%和252.5%，不良贷款率较基期降低27.8%，资本充足率较基期提高25.2%，实现利润19.1亿元，是基期(2215万元)的85倍。

【国库惠民工程显成效】 2009年，实现全省12个金融机构、35个税务机构成功上线运行财税库银联横向网系统。截至2009年末，全省累计有13亿元政府补助资金通过国库直接支付，涉及资金种类52项，惠及百姓500多万人(户)，使群众得到实惠，拓展中国人民银行社会化服务功能，为反腐败源头治理提供有效途径，相关做法在《人民日报》《人民日报清样》和新华社作专题报道。 (褚　文)

·中国建设银行山西省分行·

【概述】 截至2009年底，建行山西省分行全口径存款余额1754亿元，新增331亿元。一般性存款余额1662亿元，新增286亿元。其中：企业存款余额768亿元，新增142亿元；个人存款余额893亿元，新增144亿元；同业存款余额92亿元，新增44.9亿元。各项贷款余额770亿元，新增150亿元。其中：对公类贷款新增146亿元，个人类贷款新增4.6亿元。中间业务收入6.27亿元，同业中继续保持四行排名第二，占比25.06%。资产质量实现大幅"双降"，取得历史性的突破：不良贷款额14.7亿元，减少8.6亿元；不良贷款率1.91%，下降1.79%。

【信贷营销实现多项突破】 (1)提高营销层次，针对重点营销。一是与诸多单位签署合作协议、开展业务座谈，进一步树立形象、扩大影响，促进业务拓展。同时，组建任务型营销团队，针对重点项目、重点客户营销，确立重点营销拓展项目，成立由行领导带队组成任务型团队分项目分赴二级加强督导与帮促，收效明显。二是充分利用信贷资源，把握和倾向优质客户。2009年，建行山西省分行投向煤炭、交通、电力、钢铁、焦化、化工等六大行业贷款新增135亿元，占全部新增贷款的90%，余额达到552亿元，占各项贷款余额的72%。(2)拓宽客户融资渠道，加大新产品拓展力度。积极营销并购贷款、银团贷款业务，大力发展供应链融资产品；成功办理首笔国内信用证业务，不仅为业务转型和拓展进行了有益探索，同时为省分行实现了较为丰厚的佣金收入。(3)努力做大贴现业务规模。累计办理贴现124亿元，创历史最好水平。2009年，省分行贷款新增创出历年来最高水平。其中：对公类贷款新增146亿元；个人类贷款新增4.6亿元。四行余额占比24.79%，新增占比21.79%，均居第二位。

【负债业务持续发展】 个人存款以零售网点转型的可持续发展和创建全省红梅理财示范点为着力点，扎实推进网点软硬件流程细节建设，全力开展"存款达千亿·销售进位次·服务上水平"主题竞赛活动，个人存款实现持续快速增长。省分行所有二级行以红梅理财中心为标杆进行选点，复制、推广红梅理财中心服务模式，在客户经理队伍建设和服务流程优化方面渗透、熔铸红梅理财中心服务理念和精神，并以此推进全行网点转型提质，促进网点综合实力整体提升，全行相继涌现出一批优秀网点。2009年个人存款余额893亿元，新增144亿元。个人存款余额四行排名第三，占比20.47%；新增四行排名第二，占比28.24%。

企业存款针对客户基础薄弱的现状，全行上下积极行动，上线综合报表管理系统，确定账户管理重点监测行，全面带动企业存款的发展。2009年企业存款余额四行排名第三，占比21.63%；新增四行排名第三，占比23.67%。

同业存款严格执行总行相关利率政策要求，紧抓大型煤炭集团财务管理改革机遇，积极组建财务公司拓展任务型团队，同业存款余额达到92亿元，同业四行余额占比19.63%，新增占比33.25%，排名由第四位上升至第二位。2009年，省分行全口径存款余额四行排名第三，占比20.91%；新增四行排名第三，占比26.59%。一般性存款余额四行排名第三，余额占比20.99%；新增四行排名第二，新增占比25.78%。

【抓重点产品 拓亮点业务】 中间业务树立全行一盘棋的效益意识，进一步完善和规范"买单制"激励政策，着力拓展重点客户、重点产品，有效促进业务快速发展。对公条线中间业务收入3.66亿元，个人中间业务收入2.24亿元。

电子银行业务全面开展个人电子银行"351"和企业网上银行"112"竞赛活动，有效地推动业务开展。电子银行客户新增102万户，创历史最好水平；企业网上银行活跃客户新增1077户；个人网上银行活跃客户新增25万户。

投行业务完善和规范财务顾问业务模式，常年财务顾问客户群体进一步扩大。财务顾问签约121户，信托理财业务发行15笔33亿元。

机构业务代理保险业务实现收入3887万元，四行占比24%，同业排名第二。百易安交易资金托管业务突破千万元大关，成为建行山西省分行中间业务产品收入新的增长点。

国际业务贯彻落实总行"新双超"战略，加强条线管理与业务指导，在逆市中实现稳步发展。完成国际结算量17.9亿美元，同业占比提高7%，四行中唯一保持正增长。实现国际结算收入2870万元。

信用卡业务实施积极市场拓展策略，加强公私联动，开展交叉营销，组建直销团队，业务发展保持又好又快发展态势。全年累计发卡24.8万张，同业排名第二。

房金业务强化激励约束考核，优化个人贷款业务流程，有效推进业务快速发展。累计发放个人贷款15.1亿元，新增四行占比第二位。委托性住房金融市场领先优势得到进一步巩固和提升，住房存款新增27.3亿元；公积金个贷新增5.4亿元；存贷款余额、新增同业均居第一。

【资产质量实现历史性突破】 着重加大对不良重点户、不良大户有效处置。2009年共处置1000万元以上公司类不良贷款本金7.5亿元，占全部公司类不良贷款处置89.06%。"双十大"客户风险程度明显降低，重大项目不良处置的突破性进展，为全行资产质量的显著提高起到关键性作用。

重点突破个人类不良贷款处置。在全国系统内首次采取"以物抵债"的方式，实现不良贷款处置手段新的突破。全行个贷不良额由年初3.46亿元下降至1.16亿元，减少2.3亿元，不良率由年初10.2%下降至3.01%，下降7.18%。2009年是省分行风险管理体制改革以来，不良贷款额和不良贷款率下降幅度最大的一年，也是历史上资产质量最好的一年。同业中，分别低于农行、中行4.42%和7.05%。

【抓好内控防范 夯实发展基础】

加强竞争能力研究，提升核心竞争能力。以现有产品、价格和服务，针对业务流程、工作效率、激励约束等多个方面为重点，开展以"发现问题，分析问题，解决问题"为主要内容的竞争力研究。各行各部门充分挖掘，查找出管理、作风、创新、发展等诸多方面存在的问题和不足，仔细查找与同业、与先进行的差距，并有针对性地拿出具体的、操作性强的整改措施。

加强管理，完善激励，促进业务发展。通过建立太原地区对公对私两个业务条线的调度会制度、二级分支行主要业务经营情况按月发布上网、二级分支行绩效发放与业务指标完成进度挂钩等多项有效措施，进一步加强沟通，加大激励，为业务发展创造有利环境。

严查细防，加强整改，夯实发展基础。从违规高发部位抓起，严格按照总行确定的监控检查范围和频率，组织开展基层机构内控管理合规建设系列活动，对基层机构和营业网点的检查覆盖面达到100%。切实加强对账管理，控制资金风险，2009年1~3季度，银企综合对账率分别达到98.22%、99.98%、99.92%，在系统同持续保持在前列。同时，从案件多发领域入手，积极配合总行巡视组工作，主动邀请山西审计介入对信贷领域、柜面操作等关键岗位和环节进行风险排查与审计，发现并及时采取措施查处相关风险事件。全年共收到内外部审计监管检查整改项目28个，已经全部按照要求报送整改报告;内外部审计监管检查发现问题共计1265个,已经完成整改1113个,个数整改率为88%。

强化制度,加强联动,努力防范案件。根据案件防控工作需要,制订《日常柜面业务操作禁止性规定》和《存款风险滚动式检查制度》等多项制度,提出25项禁止性要求,全面排查风险隐患和案件线索,完善内部控制体系建设。同时,为推动部门和条线落实案件风险防控责任,坚持每季度召开部门联席会议,安排部署各个时期案件风险防控工作。 (赵建伟)

·交通银行山西省分行·

【概述】 截至2009年末,全行资产总额较年初增加143亿元,增长50.9%,同比增长81亿元。存款余额较年初增加115.4亿元,增长43.8%,同比增长58.5亿元,完成总行计划任务106.43%。其中,储蓄存款余额较年初增加23.76亿元,增长28.5%,完成总行下达计划任务的132%。存款平均存款余额较年初增长45.80亿元,完成总行下达计划任务的140.38%。贷款余额较年初增加125.4亿元,增长73.6%,同比增长72亿元,完成总行计划任务的358.29%,其中对公贷款290.4亿元,较年初增加124.5亿元。外汇贷款余额较年初增加495万美元,增幅284.5%。全行不良贷款较年初减少1.04亿元,比年初下降2.27%;不良贷款拨备覆盖率达到99%。全年实现拨备后经营利润5.53亿元,完成总行计划任务的100.8%。

【加快存款业务发展】 (1)强化"高效管理+快速发展"的条线管理。(2)树立全局意识和一体化经营理念,不断提高自身的管理能力和水平,加强对省辖行的管理和指导,实施"全辖意识+一体经营"的管理模式,推进省辖行中后台业务集中,提高省分行整体经济效益。(3)加强对机构网点的规划管理,推广"精品网点"经验,促进网点业绩和服务水平快速提高。(4)完善"产品经理+客户经理"的营销模式。(5)加强业务"名单管理+精细管理",实现网点的高效营销。(6)固化"客户沟通+客户培训"的沟通方式。(7)建立"合规中矩+客户满意"的合规发展文化。(8)营造"外部支持+内部协调"的和谐环境。2009年全行存款业务实现良好的发展态势,各项排名继续前移。与总行计划相比,交通银行山西省分行人民币对公存款增量完成率在总行部门内排名第五,人民币存款平均余额完成率排名第三。对公存款在本地市场占比较上年提高了0.7%;储蓄存款市场占比较上年提高了0.18%。与部门内分行相比,全行对公存款增量排名较上年前移8位。

【扩大贷款规模】 2009年全行按照总行存贷款计划管理的目标,在切实防范风险的前提下,适度加快人民币贷款业务发展,贷存比水平进一步提高,以规模的适度增长弥补利差收窄对收益的影响。(1)围绕国家"保增长、扩内需、调结构"的发展要求,着眼于国家鼓励支持的六大重点投资领域和山西省制定实施的十大产业调整振兴规划,以总行"一行一策"发展方针为导向,重点加大对交通基础设施、煤炭、电力等关系国计民生的基础性产业和全省重点建设工程的信贷支持。银团贷款业务取得零的突破,参与山西兴能发电有限责任公司古交电厂35亿元人民币银团贷款项目、太原市城市建设发展公司滨河西路快速化建设等110亿元人民币银团贷款项目,并且成功牵头筹组山西省交通厅汾邢(平遥—榆社、榆社—和顺段)高速公路100亿元人民币银团贷款项目。(2)加大票据融资业务发展。加大转贴现力度,截至2009年底累计办理转贴现业务700余笔,转入业务发生额48.4亿元,实现票据融资收益2327.6万元。

加速重点业务战略转型。(1)全行零贷业务稳步发展。截至2009年底,全辖累计发放个人贷款855笔,剔除核销因素,分行个人贷款较年初实际净增19182.78万元;全行对银监会标准小企业与展业通合计授信共34户,授信余额为5909.63万元,贷款余额为5452.43万元。(2)全行企业网银客户完成总行下达全年计划的109.14%;个人网银签约客户完成全年计划的243.30%;手机银行签约客户数完成全年计划的150.92%。业务收入激增,全年合计完成电子银行业务收入计划任务的166.16%。网上银行交易量进一步攀升,全行网银业务累计完成交易99万笔,交易金额1117.15万元;电子银行业务分流率达45.48%,完成全年任务的159.82%。

【提升业务质量 促进优质发展】 交通银行省分行抓住降低不良贷款这个主要指标,盘活存量资产,优化增量资产质量,建立保障资产质量持续稳步提高的长效管理机制,资产质量明显好转。(1)实现不良贷款余额和占比双降。截至2009年末,不良贷款余额较年初进一步减少,占比下降2.27%,特别是个贷不良占比大幅度下降。(2)新增不良率指标严格控制在总行新增不良控制指标内。全行逾期贷款较年初明显减少,逾期90天以上贷款较年初下降15.62%。(3)进一步加大存量不良贷款和逾期贷款清收化解力度,全年清收压缩存量不良贷款29587万元,累计转化逾期贷款45070万元。

全年中长期贷款余额占比由年初的34.71%上升到62.48%;考核口径的担保贷款抵质押占比较年初提高10%;重点支持类行业贷款余额达211.05亿元,占比达72.69%,余额比年初增加85.88亿元。四大重点管控行业贷款余额较年初减少2.98亿元,占比0.73%,较年初下降1.07%。

负债结构更加合理。省分行出台负债结构调整的相关措施,存款期限结构调整优化效果明显,本地同业市场储蓄余额占比较年初提高0.21%;活期存款比重进一步扩大,到12月末全行定期占比较年初下降1.96%,下降幅度较大,全行定期存款占比得到进一步的控制。加强主动负债管理,降低负债成本。下发《关于进一步加强资产负债管理工作的通知》,提高协定存款起存额度,全方位对负债成本进行了控制。全年1~5级客户贷款占比较年初提高6.24%。按内评口径,正常类客户中内评1~8级优质客户占比91.44%。

客户结构进一步优化。截至2009年末，全行达标沃德财富客较年初增加1445户；达标交银理财客户较年初增加9624户，完成总行计划任务的113.22%；资产5万元以上客户占比4.66%，高于年初0.54%。

（阎瑞生）

·中国工商银行山西省分行·

【概述】 2009年，工行山西分行面对国际金融危机和省内经济急剧变化的严峻形势，根据国家出台的一系列扩内需、保增长政策，围绕省政府提出的未来两年6500亿总投资规划，及时调整业务方向，进一步加大对交通、城建、煤炭、冶金、电力等基础设施建设项目和国家重点工程项目的支持力度，制定实施扶持困难企业等八项具体措施。分行主要领导多次深入大型企业调研座谈，了解市场变化和客户资金需求，向经营出现暂时性困难的钢铁、电力、冶金等重点企业表明“三不变”（授信不变、政策不变、支持力度不变）态度，与企业同舟共济，共度时艰。同时启动企业应急预案，扎实推进全面风险管理，充分运用呆账核销政策，进一步加快不良贷款清收处置进度。2009年各项贷款净投放256亿元，超过前3年净增额的总和，累计向全省重点项目建设发放贷款636亿元。累计清收处置和核销不良款5.89亿元。紧密围绕全省十大产业振兴规划，为重点行业客户的上下游企业累计发放贸易融资39.9亿元。

积极参与全省交通基础设施项目建设，为省交通厅量身定制2500亿元的结构性融资方案，拓宽企业方资本金筹措思路，并适时发放100亿元资本金搭桥贷款，有效解决项目建设资本金不足的难题。加强与省内外银行同业合作，牵手北京银行、邮储银行、民生银行、兴业银行、招商银行等单位，以组建银团贷款方式，支持太原、大同、阳泉、朔州等市旧城改造和城市基础设施建设项目，累计发放52亿元贷款。与上海绿地、恒大绿洲、大连万达、富力地产等全国大型房地产公司加强合作，投入拉动消费需求的房地产开发贷款、个人消费贷款14亿元，为运城金鑫房地产公司发放了全省首笔经济适用房贷款1.5亿元。

针对全省煤炭企业兼并重组政策的实施，向省政府提交《山西省煤炭行业整合建议书》，加强与省煤炭厅、各级地方政府、并购主体的沟通，了解企业需求，积极创新金融产品，为企业出谋划策、提供融资安排。与临汾市签订煤炭资源整合战略合作备忘录，与山西煤炭进出口公司签订了150亿元融资合作协议，向省煤运公司提供整合融资方案，并新增授信40亿元。根据客户需求，及时为华润联盛发放全国首笔煤炭9.7亿元并购贷款，随后又陆续为其他并购主体发放近9亿元并购贷款，有力地助推了山西省煤炭资源整合进程。

【实行绿色信贷政策】 在信贷审查审批过程中，严格落实国家环保政策法规，深入贯彻绿色信贷评审机制，实行环保政策的“一票否决制”，有效控制对国家重点关注的电解铝、铅锌、水泥、电石、化工、造纸等高耗能、高污染、产能过剩行业的贷款投放。对环保违法企业和项目、降低减排不达标的企业从严掌握授信政策，加大融资压缩力度，真正将总行行业信贷政策落到实处，推动改善山西的生态平衡。

把发展小企业金融业务作为落实国家宏观政策、促进省内产业结构调整的重要抓手，全面梳理小企业金融业务发展机制体制，加强营销服务力量，逐步下放部分业务审批权限，在全省11个市地行分支机构设立小企业金融业务部和小企业金融服务专业支行，加强对省内有市场、有效益、有信誉、有特色优势的小企业营销服务力度，累计为各类小企业投放贷款5.15亿元。加快绿色信贷转型步伐，重点加大对旅游、文化、教育、医院、传媒、运输、涉农、和治理污染等方面扶持力度。在第四届中部投资贸易博览会上，与省旅游局签署《金融战略合作协议》，未来3年将对全省旅游重点项目提供不少于30亿元的意向支持。与省旅游局、省旅游投资公司、大同市政府等进行沟通，创新合作模式，以五台山、平遥古城、云冈石窟为重点，促进全省旅游业做大做强，并以此带动文化等相关产业的发展。加大对“三农”的支持力度。通过办理化肥、农产品等商品融资业务，不断加大服务“三农”力度，累计发放支农、涉农贷款19亿元。

【全面提升服务质量】 工行山西分行拥有各级机构469个、自助服务网点355个，集网上银行、手机银行、电话银行、自助银行于一体，开办12大类900多种业务，为全省5万多法人客户、800多万个人客户提供全方位、多样化的金融服务。仅代理水、电、煤气、有线电视、社保、医保、税款、交通罚没款等事业性收费就达到30多种；每年为全省4300户企业161万名职工代发工资近170亿元。为帮助企业做大做强，工行山西分行积极发挥自身资源和渠道优势，2009年先后为太钢不锈、同煤集团、晋煤集团等重点企业代理发行了中票和短融累计达75亿元。启动“财政集中支付子系统建设”“山西交警罚没收入联网缴款”项目工程，与山西证券、山西移动开通银企互联业务，与山西移动签订网上支付合作协议，实现了合作共赢发展。

2009年，开展“为工行添彩、为国庆献礼”服务大提升活动和“满意在工行”主题宣传活动，分渠道、按客户整合制定服务标准，推行内部服务规范和承诺制度，选树营业网点旗舰店，评选出“十佳服务机构”和“二十佳服务标兵”。出台了营业网点服务质量考核测评办法，从服务管理、现场服务能力、现场服务体验三个方面，对100多个营业网点进行检查，使服务问题得到有效的整改落实。通过客户满意度问卷调查、神秘人和客户体验三种方式，全面调查辖内营业网点服务能力和客户满意度，推动服务质量的整体提升。

【维护金融安全和社会稳定】 面对全省案件高发态势，始终以稳健经营统领各项工作，认真处理依法合规与创新发展的关系，实行业务开拓与内控管理、案件防范同部署、同落实、同考核,有效防范和化解经营管理中的各类风险。在辖内组织开展"内控文化建设促进年"和"百日集中教育整治活动",加大对重点业务和重要环节的检查力度,全面增强业务操作的规范性。组织开展多种形式的员工教育活动,引导员工不断增强依法合规经营、严密核算操作的意识,确保客户资金安全。投入大量财力在全辖安装集中监控系统,在规范网点业务操作、增强安全防范能力、强化非现场内控监督、严明员工纪律、提高服务和监督管理水平等方面发挥重要作用。同时,在全辖11个二级分行推行了守押社会化改革,进一步提高了防范外部侵害的能力。针对2009年重大活动多、政治敏感时段集中的特点,强化生产系统安全运行管理,加强各类突发事件应急演练,确保建国60周年各类业务安全运营,为全省金融稳定作出应有的贡献。

【社会公益事业】 继续秉承"回馈社会、服务社会"的宗旨,积极投身社会公益事业,在赈灾、扶贫、支教、助残、环保等方面发挥金融骨干作用。利用春节、国庆等重大节日,积极开展送温暖活动,将总行拨付资金87万元,自筹资金50万元用于特困救助,力度之大为历年之最。在2008年向四川籍在并就读受灾大学生定向捐助100万元的基础上,继续和省教育基金合作,完成第二次对受灾大学生的救助工作,被省政府授予"捐资助学特别奖"。2009年各项业务继续保持快速健康发展,市场竞争能力和业务发展能力得到进一步提升,综合效益在全国工行系统排名第10位,在中部六省排名第1位,实现社会效益和经营效益双丰收。 (闫　峰)

·华夏银行太原分行·

【概述】 截至2009年末,华夏银行太原分行资产总额356.56亿元,负债总额351.93亿元,实现拨备前利润5.94亿元。现有同城机构10家,异地机构1家,员工总人数400余人。

截至年末,太原分行实现拨备前利润5.94亿元,一般性存款余额为316.5亿元,较年初增长87.29亿元,增幅38.08%,在太原市股份制商业银行中稳居第二。完成国际结算量4.54亿美元,计划完成率103.17%。完成中间业务收入6225.55万元,同比增长1009.55万元,增幅19.35%。已成长为一家规模在同类股份制银行中居前、创利水平较高、在当地政府、企业和居民中享有较高声誉的中型银行。

【业务工作】 1.存款规模快速增长,负债结构持续优化。一季度末存款全面超额完成华夏银行总行计划,一般性存款增量在山西银行同业中排名第四,在股份制银行中排名第二,大大提升华夏银行在当地同业中的地位和影响力,受到监管部门和同业的一致好评。在4月28日召开的山西省银行业协会换届选举中,华夏银行太原分行当选为副会长单位,王一平当选为新一届银行业协会副会长,成为股份制商业银行(含城市商业银行)的唯一代表。太原分行通过狠抓营销机制建设,整合各类营销资源,存款工作年末突破300亿元大关。

2.贷款投放及时有效,客户结构明显改善。太原分行一直以来是以中小民营企业为主的客户结构。新一届领导班子上台后,果断调整发展思路,立足山西省情,确立围绕山西支柱产业和优势行业做文章,全面扩大与省内大型国有优质企业的全方位金融合作,兼顾拓展交通运输、能源化工行业优质客户和机关事业类客户,很快取得明显成效。先后拓展同煤集团、焦煤国际、山西能源交通建设总公司等一批优质重点客户。太原分行的客户结构持续改善。开拓中小企业市场,新推出的专为服务中小型成长性企业而量身定做的"龙舟计划",一推出即在市场上引起轰动,真正在解决中小企业融资难问题上迈出扎实的一步。截至2009年末,分行各项贷款余额174亿元,纯贷款余额166亿元,新增投放74.25亿元。

3.利润大幅增长,收入结构有所改善。太原分行主动调整存款结构,狠抓无贷户营销,提高活期存款占比,不断降低负债成本。同时倡导"厉行节约、勤俭办行"的理念,在办公、后勤、差旅等方面推行精细化管理,持续开展"增收节支、节能降耗"活动,有效降低运营成本。截至12月末,分行拨备前利润5.94亿元,较上年增长1519万元。全年实现中间业务6225万元,同比增长1009万元,增幅19.35%,收入结构有所改善。

4.个人业务取得较快发展,系统内综合排名居前。太原分行在狠抓公司业务快速发展的同时,始终没有放松对个人业务的投入。通过完善考核评价机制、加强个人营销队伍建设、强化营销组织推动、狠抓产品推广与创新等工作,使个人业务在资本市场活跃、储蓄再次出现大规模流出的不利形势下呈现出新气象。"商旅卡"是在卡品种创新方面的又一力作,以其卡面精致、功能独特、使用便捷而在同质化严重的银行卡市场上独树一帜。截至2009年末,太原分行储蓄存款余额49.5亿元,华夏信用卡累计发卡量26300张,累计销售理财系列产品4.3亿元,累计代销股票型基金1.7亿元。

5.不良资产清收化解取得积极进展。由于国际金融危机的影响,山西省经济从2008年下半年起进入衰退周期,尤其是2009年初山西省煤矿事故发生后,全省煤炭企业进行停产整顿并开始资源整合。在这两方面因素的影响下,山西省2009年GDP上半年为负增长,居全国倒数第一,到三季度才艰难转正。太原分行采取一系列行之有效的工作措施狠抓资产质量工作,使分行资产质量状况有了实质性改善,资产质量基本保持稳定,没有出现大规模欠息、逾期现象。

(李红胜)

·中国农业银行山西省分行·

【概述】 2009年,全行各项存款余额达到2062.78亿元,净增253.32亿元;各项贷款余额达到530.1亿元,净增141.65亿元;实现净利润11.79亿元,同比增长3.4亿元;实现经济增加值3.29亿元,同比增长2.38亿元。

【"三农"服务取得重大突破】 2009

年，全面落实服务“三农”的市场定位，在面向“三农”的经营管理方面建立了新体系。(1)绘制县域“三农”金融生态图谱，积极促进“三农”服务有效开展。2009年，山西农行深入一线调查当地经济特色、支柱产业、发展趋势，推出一县一策针对性较强的金融服务措施，即组织绘制所有县域“三农”金融服务生态图谱。图谱描绘山西农行服务三农的总体规划、重点领域、目标客户群体及具体措施，为全行提供服务“三农”与商业运作的有机结合点。在此基础上，山西农行积极实施县域信贷投入战略，为农业发展、农村繁荣和农民增收提供强有力的金融支持。2009年，山西农行集中信贷规模和资金，大力扶持农业产业化龙头企业，发放贷款9.4亿元。紧密结合本省县域经济特色，积极推广小企业简式快速贷款、小企业自助可循环贷款等适合中小企业特点的金融产品，并将“三农”业务贷款审批权下放到二级分行，简化办贷流程，全年共投放贷款4.4亿元，重点支持了89个县域企业。如定襄县法兰企业具有显著县域经济特色，农行定襄支行筛选出12户法兰锻铸中小企业，利用存货抵押、房地产抵押等担保方式发放贷款11060万元，新增贷款额占该县四大国有商业银行总增量的90%。此外，山西农行还在汾西县空白金融服务乡镇开设了两家自助银行，既履行社会责任，又受到当地政府、群众的高度赞扬。截至年底，山西农行涉农贷款余额达到127.99亿元，当年新增43.68亿元，占到全行新增贷款总量的31%，从而实现涉农贷款增速高于贷款平均增速、增量和占比均高于上年的发展目标。(2)大力推广惠农卡，加大金融产品创新力度。2009年，山西农行大力推广集农户小额贷款、代理支付和支付结算三大功能于一体的惠农卡，在全省确定22家重点突破县支行，实行各级领导挂点帮扶。在惠农卡的信用方面，山西农行通过严格坚持“真农民、真本人、真密码、真用途”的原则，确保农户小额贷款业务的合规性与风险防控的及时性，有效实现贷款无逾期、无欠息。截至年底，全行共发放惠农卡61.33万张；卡存款余额达到7309.74万元；农户小额贷款授信6213户，22311万元，出贷5715户20215万元。同时，继续加大金融产品创新力度，特别是“三农”金融产品创新取得重大突破。即根据农户金融需求特点，除研发及大力推广具有普惠制、广覆盖、多功能的惠农卡外，还针对种养大户、多种经营户、创业农户的需要，开发农村个人生产经营贷款产品；针对农村批发市场和广大个体工商户研发惠农信用卡和个人商铺经营权质押贷款，初步形成面向广大农民的产品体系。为了适应扩大内需、启动农村市场的需要，农行研究推出了农村城镇化贷款、农村基础设施贷款、县域房地产贷款、农副产品季节性收购贷款等新的产品。截至2009年底，汇集在农业银行“三农”金融产品统一品牌“金益农”旗下的产品已达212种之多，初步形成一套适应农村市场特点的“三农”产品体系。(3)积极推进县域事业部制改革。2009年，山西农行通过“三农”县域事业部改革，从分行至县级支行都初步建立起“三农”事业分部组织架构。按“县域为界”的原则，理清事业分部的客户营销、维护和管理事权。通过建立边界清晰、运转高效、核算清楚、激励到位、保障有力的“三农”发展体制和运行机制，不仅为“三农”业务的可持续发展提供有效的组织保障，而且通过调整机构、增配资源、改造渠道、优化流程、下沉业务经营重心等系列措施，切实增强县支行的服务能力和经营活力。

【重点客户和重点项目营销】 2009年，山西农行从完善对公业务体制与机制入手，进一步加快城市对公业务营销体系建设，建立以客户名单制为中心的客户分层营销管理体系，通过提升管理效率，提高前台部门的直接营销、直接经营能力。同时，抓住省委、省政府加大投资保增长和推进煤炭行业战略性重组的契机，抓紧落实总行与省政府6月签署的重点工程项目合作协议，积极支持全省煤炭资源整合和企业兼并重组，集中精力拓展一批优质项目和优质客户，提高省农行的存贷比率、授信率、出贷率和项目渗透率。通过全行上下联动营销，总行与省政府、省分行与交通厅、7家大型煤业集团等签署约2000亿元的授信协议；仅用14天时间，山西农行成功营销出贷农业银行系统内首笔境外并购贷款。截至年底，贷款余额比年初净增141.65亿元，是本行恢复组建30年来单年增加最多的一年。

【业务与建设实现同促进同发展】 2009年，山西农行确立“硬件转型先行，软件转型跟进”的零售业务转型策略，全面启动网点“小改大、租改买、旧改新”的改造工作，计划用5年左右时间，按照总行建立的标准化网点样板，对全部网点进行更新改造，力争到2010年全行自助设备总量达到1000台，3~5年后全行电子渠道建设达到全省同业先进水平。2009年立项审批网点改造101个，开工建设60个，竣工入住7个；新购置、布放自助设备341台，是2008年前历年投放自助设备总量的75%；新设离行式自助银行10个、审批银亭1个，自助银行总量达到42个；同时着力推进网点软件转型，加快网点文明标准服务导入进程，促进网点由交易核算型向营销服务型转变。2009年，山西农行还根据汇率市场变化，及时把握欧元回调时机，协调配合基层行抢抓营销良机。其中根据一企业客户的远期购汇业务需求，对企业进行跟踪式服务。并于8月10日为其成功办理近1.6亿欧元的远期购汇业务。此笔业务是山西农行自开办远期结售汇业务以来单日为大客户办理的最大远期购汇业务。截至年底，全行电子银行客户达74万余户，同比增长308%；全年电子渠道金融性交易笔数达2100余万笔，交易金额达2100多亿元，同比分别增长24%和31%；电子渠道交易占比达31.28%，较上年末提高4.5%。转账电话新增24668部，手机银行客户新增35165户，发放贷记卡58552张，信用卡消费5.99亿，新增有效特约商户728户；新上线现金管理客户19户，新增第三方存管开户数21418个；实现中间业务收入45606万元；托管养老金业务规模新增12.65亿元。

【构筑新一代核心系统】 2009年,在积极推进精细化管理方面,山西农行依据ISO20000国际标准建立的IT服务管理体系以"零不符合项"的优异成绩通过国际权威认证机构验收,这在全国银行业省级分行IT管理中尚属首家。此外,山西农行与全国农行系统共同启动了新一代核心银行系统建设,计划用3~5年时间,对现有系统进行全面的升级改造和整合,协调推进应用架构、基础架构、数据架构和IT治理架构的完善和优化,最终实现应用和数据的逻辑集中。新一代核心系统的建设将达成三大目标:以客户为中心;符合流程银行的要求;适应现代公司治理的需要。在建设过程中,最终实现以客户为中心、以产品为支撑,全面支持"前台前移、中台上收、后台集中"的流程银行再造,满足服务"三农"、业务经营转型和精细化管理的需要,推动农行经营战略目标的实现。 (田喜成)

·农村信用社联合社·

【概述】 山西省农村信用社联合社是省政府直接领导下的地方性金融机构。截至2009年末,全省农村信用社共有省级机构1个,市级机构11个,县级机构110个,乡镇级机构1645个,分社763个,储蓄所424个,共有员工36066人,是山西省发展历史最久、服务战线最长、从业人员最多、支农力度最大的金融机构。全年全社各项存款2508.59亿元,其中储蓄存款1865.51亿元;各项贷款1484.45亿元,其中,农业贷款1102.07亿元,储蓄存款、各项贷款、农业贷款在全省银行业金融机构排名中均位列第一。在宏观经济形势极为不利的情况下,实现经营利润56.50亿元,经营效益不断提升。

【经营管理模式转变】 1.推进产权制度改革。截至2009年底,全省110家县级联社全部完成一级法人组建,其中1家完成组建农村合作银行,1家获准筹建农村合作银行;全省110家县级联社全部搭建起"三会一层"的组织管理框架,逐步建立起决策、监督、执行相互制衡的运行机制。2.转换经营机制。按照机构设置扁平化、业务管理垂直化的原则,改革内设机构,探索岗位、制度、流程的再造,缩短管理链条,在实现由管理服务向经营管理、分散经营向统一经营、粗放管理向规范管理、职能重叠向精简高效转型道路上迈出新的步伐。3.落实优惠扶持政策。全省110家县级联社已有109家兑付专项央行票据53.60亿元,共有10亿元地方政府扶持资金落实到位,并争取到营业税返还延长3年、省级政府专项扶持资金每年1000万元延长3年等优惠扶持政策,成为全国第一个获得此项优惠政策的省份。

【支持地方经济社会发展】 1.启动"农信社支农惠民行动计划"。省联社根据中央经济工作会议、农村工作会议精神,按照省委、省政府"三个发展"战略部署和支农工作规划,3月全面启动"农信社支农惠民行动计划",通过实施基地建设、龙头带动、三社联动、青年创业、农村信用、组织资金、盘活旧贷"七大工程",有效促进和带动全省农村经济发展,开创农民增收、政府满意、农信社增效的三赢局面。截至2009年底,全省农村信用社累放支农贷款1048.3亿元,为558.6万农户提供金融服务。其中,重点支持269个优势农畜产品种养基地、12954户规模经营户、1156个农业龙头企业、687个农民专业合作社、447个农村供销社(流通企业)、15390名创业农村青年,取得良好的社会效应和经营效益,受到社会各界的广泛好评。2.支持社会主义新农村建设。按照省委、省政府有关社会主义新农村建设的统一安排部署,省联社出台做好新农村试点村、重点推进村信贷服务的工作安排及扶持"两村"规划。各级农村信用社根据省联社的安排部署,紧扣信用评级,突出一村一品,改善服务方式,重点支持新农村建设试点村和重点推进村的农户、企业和农民专业合作社三类对象,为新农村建设试点村和重点推进村的4502个企业发放贷款162.87亿元、63.99万户农民发放贷款234.89亿元、1900个农民专业合作社发放贷款5.53亿元,加快全省新农村建设步伐。3.做好中小企业帮扶工作。在做好支农服务工作的基础上,针对全省中小企业受金融危机影响融资难的问题,认真落实国家适度宽松的货币政策,坚持"有保有压,区别对待"的信贷原则,及时解决企业困难,改进金融服务,给生产经营出现暂时困难的中小企业"输血供氧",帮助中小企业走出困境、健康发展。

【规范化管理】 1.加强内控制度体系建设,提高风险防范水平。截至2009年末,出台实施179项规范性文件,基本形成一套覆盖各业务条线和经营管理各方面的较为完善的制度体系,为实现各项工作的规范化、制度化、程序化奠定坚实的基础。2.加强信贷管理体系建设,提升资产质量。推进信贷管理规范化进程,制定完善信贷管理具体操作流程和实施细则,开展"借新还旧"和"借冒名"贷款的集中治理,开发使用贷款管理系统、到逾期贷款检测系统、报表管理系统,增强风险预警能力,提高风险防范水平;优化信贷资产结构,扩大农业贷款覆盖面,促进农业产业化龙头企业以及农副产品加工转化企业等的稳定发展,优先解决中小企业贷款难的问题;改革不良贷款管理机制,全面完成不良贷款划转工作,推进不良贷款集中管理,有效提高信贷资产质量。3.加强财会管理体系建设,提升规范化水平。落实新《企业会计准则》,推进财会基础工作规范化管理工作,初步形成以基本制度为主、专项制度为辅、操作规程和实施细则为补充的财会管理制度架构;探索县级联社统一会计管理工作,统一账务组织,统一核算标准,提高全省农村信用社财务管理水平;落实财会人员持证上岗制度,提高财会队伍整体素质;推行财会人员分级管理制度,实行差别管理和正向激励;不断强化核算意识,健全收入成本考核机制,最大限度地提高经营效益。4.加强稽核安保体系建设,有效防范经营风险。组建"统一领导、分级管理、上挂下查、精干高效、规范运行、权责分明”的专职稽核队伍；不断创新稽核检查方式，创造性地推出接管式稽核、“飞行式”检查等工作办法；层层落实安全责任制，加大安全设施改造力度，开展形式多样的安全教育和技能培训，加大安保工作检查力度，构筑安全稳健运行的坚实防线。

【全系统安全稳健发展】 省联社按照中国银监会有关案件专项治理的部署要求，积极探索、持续引深，多策并举、扎实推进，不断强化案件专项治理工作。通过建立健全制度体系，规范业务操作流程，严格落实干部交流、轮岗、强制休假、亲属回避等内部约束机制，奠定案件防范长效机制建设基础；通过全系统深入开展以“培育合规文化，创建合规单位”为主题的合规管理年活动，合规理念深入人心，合规管理得到加强，合规文化初步形成；通过落实案件专项治理工作安排部署、案件分析、案件通报等会议精神，开展形式多样的警示教育，员工的法律意识、自我约束意识和风险防范意识进一步提高，确保全省农村信用社总体上实现安全经营、稳健发展。省联社于3月31日召开2009年案件防控治理工作电视电话会议，并层层签订案件防控目标责任书，制定《山西省农村信用社2009~2011年案件防控治理工作三年规划》，加大各类案件的责任追究力度，将案件专项治理工作推向深入。4月份起，全系统抽调近1500名专业人员组成11个重点业务核查工作组、98个重点业务核查工作小组和4个督查组，开展为期50天的重点业务核查工作，并根据核查情况进行“百日整改”，初步摸清全省农村信用社的风险底数，查找出经营管理方面存在的漏洞，排除经营中存在的风险隐患，有效整改存在问题。2009年，全系统共处理违规违纪人员6429人(次)，其中处理案件责任人61名，起到较好的震慑和警示作用。

【人力资源管理】 1. 深化劳动用工制度改革。3~8月，以右玉、中阳、长治城区、黎城、洪洞等5家联社为试点，启动劳动用工制度改革试点工作，并取得成功。8月初，全面启动全省农村信用社劳动用工制度改革，通过“三定”、“双考”、竞聘、分流等措施，全面完成县级联社劳动用工制度改革任务。2.完成省联社机关“三定”工作。9月份，启动省联社机关“三定”工作，根据业务发展需要重新调整内设处、室，对各部门主要负责人进行调整交流，对处室人员进行调整配备，解决长期借调人员问题，对机关干部的职级进行确定。3.加强员工队伍建设。严格按照“业绩推荐、群众推荐、组织推荐”的干部任用原则，对8个办事处、3个市联社、110个县级联社的班子全部进行调整交流。其中调整交流办事处(市联社)班子成员29人，调整交流县级联社班子成员313人。

【信息化建设和金融产品创新】 1.在电子化建设方面，全面完成省联社中心机房建设并投入正式生产运行；全省综合业务系统项目经过需求分析、软件开发和前期测试；试点单位繁峙县联社、神池县联社、大同市综合业务系统成功上线。2.在中间业务方面，优选太平洋人寿、中国人寿、泰康人寿和中国人民财产保险公司等合作伙伴，加大推行代理保险业务力度，进一步拓展业务范围和品种。3.在银行卡业务方面，加强与人民银行、中国银联的沟通协调。1月，全省除忻州市外，全面开通“农民工银行卡特色服务”受理业务，取得良好的社会效应和经营效益。做好申办全省统一品牌银行卡的准备工作。

(聂宏伟 雷鹏锋)

·中国邮政储蓄银行山西省分行·

【概述】 截至2009年末，中国邮政储蓄银行山西省分行(简称邮储银行山西分行)辖内有1208个机构，其中：11个二级分行，41个一级支行，228个二级一类支行，370个二级二类支行，558个代理网点，营业网点遍布全省所有县区和主要乡镇，充分发挥出服务“三农”的社会职能。

2009年，邮储银行山西分行不断提升管理水平，提高发展质量，较好地完成各项工作任务。全省邮政金融业务收入实现18.1亿元，同比增长18.02%，收入绝对值在全国同业排名第13位。在业务快速发展的同时，以“合规管理年”和“制度执行年”为契机，实现全面风险管控，着力推进审计转型，不断加强安全保卫工作，积极探索行之有效的资金安全管理措施，风险合规管理体系初步建成，合规管理意识不断增强，实现风险管理的初步转型。

【“合规管理年”活动】 中国邮储银行山西分行将2009年定为“合规管理年”，以小额贷款等资产业务规范管理为切入点，积极开展小额贷款合规风险评价、机构合规评价、反洗钱工作评价等“三项活动”，认真落实中国邮政储蓄银行山西省分行民事诉讼工作管理实施细则(试行)，格式化法律文件审查工作管理实施细则(试行)，协助有权机关落实查询、冻结、扣划工作管理实施细则(试行)和中国邮政储蓄银行授权管理办法等“四个办法”。以规章制度梳理为基础，以三项专题活动为抓手，积极开展学习、宣传和评估活动，加强业务操作风险点控制，实现合规管理对业务发展的支撑、促进作用，夯实行内法律事务工作的基础，构建合规风险管理组织体系、合规文化体系、合规制度体系、合规评价体系，增强执行制度的能力和自觉性，树立良好的企业合规文化。

【个人商务贷款】 3月，根据中国邮政储蓄银行总行批复，邮储银行山西省分行开办个人商务贷款业务。贷款对象主要针对长期经营、收入来源稳定并具有良好还款意愿的小型私营企业主，包括个体工商户、个人独资企业主、合伙制企业合伙人和有限责任公司股东等。对单一借款人授信额度最高不得超过100万元(含)，循环额度授信期限为5年，额度下单笔贷款期限最长为5年。

【95580电话银行业务】 5月，中国邮政储蓄银行山西省分行正式在全省推广电话银行业务，通过全国统一的电话银行客户服务号码“95580”，对

外提供 7×24 小时客户服务，包括自助交易和人工服务方式，为客户提供业务咨询、投诉建议、账户查询、账户挂失、转账汇款、投资理财、代理业务等金融服务。

【与山西省邮政公司签订委托代理金融业务协议】 7月31日，中国邮政储蓄银行山西省分行与山西省邮政公司签署了委托代理金融业务协议。委托代理协议对邮银合作机制做了进一步规范，约定合作原则，约定双方在代理网点的机构管理、人员管理、业务管理、风险控制管理和损失界定等方面的权利和义务，明确双方对代理金融业务的管理责任。从法律层面上进一步明确邮政企业和邮储银行之间代理和被代理的关系，明确邮储银行是代理金融业务的管理主体，从制度上进一步明确邮储银行“自营+代理”的经营管理模式。委托代理协议将法律法规的强制规范转化为合作双方的内在要求，转化为双方作为平等民事主体的权利和义务，对邮银双方共同长远发展具有重大意义。

【代收山西省公安交警罚没款】 8月末，受山西省财政厅、山西省交警总队委托，中国邮政储蓄银行山西省分行在全省范围内代收交警罚没款。被处罚人凭公安交通管理部门开出的《公安交通管理行政处罚决定书》和《公安交通管理简易程序处罚决定书》，就可以到邮储银行山西省分行的任意网点缴纳罚款，实现交通违章罚款的异地缴纳。

【绿卡·外汇卡服务】 9月，在全省范围内推出绿卡·外汇卡(以下简称“外汇卡”)服务。外汇卡具有个人外汇业务积分兑奖和国际汇款快速服务两大功能。外汇业务积分从客户开卡日起计算，积分涉及的业务包括国际汇款、结汇、售汇、外币储蓄及外币理财等。国际汇款快速服务是指以外汇卡为载体，通过客户事先预留持卡人或常用收款人信息，实现客户汇款免填单和柜员对汇款信息的快速处理，既可节省客户的填单时间，又能大幅提高交易处理速度和质量。

【推广农民工银行卡特色服务业务】 继2008年100个网点开办农民工银行卡特色服务业务之后，2009年末，邮储银行山西省分行进一步扩大受理范围，在全省县及县以下网点开办了农民工银行卡特色服务业务。农民工朋友持加入农民工银行卡特色服务的银行卡，就可轻松实现异地跨行取款，且手续费比普通卡要低。相较普通卡1%的手续费率，下限2元，上限50元，农民工卡取款手续费仅为交易金额的0.8%的，下限1元，上限20元，极大地体现对农民工群体的关爱，真正成为方便农村外出务工人员异地取款的一项惠及农民工切身利益的实事工程。

【与省福彩中心签订资金归集合作协议】 12月26日，在山西电脑福利彩票开通十周年纪念日之际，邮储银行山西省分行与山西省福彩中心签订资金归集合作协议，为省福利彩票资金归集增添新的渠道，也为福利彩票资金风险防范和安全归集提供可靠保障。

【开展“认定信用商户，创建信用市场”活动】 12月28日，邮储银行山西省分行与省工商局联合举办“认定信用商户，创建信用市场”活动启动仪式，副省长张建欣出席仪式。活动期间，全省各级工商部门将向邮储银行提供信用分类等级为A级以上的中小企业、个体工商户的信用信息，并向银行公开企业开业时间、变更事项、年检情况和“守合同重信用”等信用记录。邮储银行则对工商机关推荐的守信个体工商户、中小企业提供优先调查、优先评定、优先授信、优先放贷的信贷支持。对联合认定的信用商户、信用市场，将通过“信用山西”网站向社会公布；贷款失信的个体工商户、中小企业，将被列入“黑名单”予以失信曝光。 (张晓妹)

·中国民生银行太原分行·

【概述】 1998年2月中国民生银行太原分行成立，至2009年末，民生银行太原分行下设1个营业部、14家同城支行、1家异地二级分行（吕梁分行）、75家自助银行，员工总数768人。建行以来，民生银行太原分行以支持地方经济建设为己任，为地方企业提供强有力的信贷支持，累计发放贷款4000亿元，重点支持煤炭、电力、钢铁、化工、高科技、公路等省内支柱产业和基础建设项目，为实施兴晋富民战略，支持优势企业率先发展，促进全省经济繁荣，加快山西产业结构调整作出贡献。

在支持地方经济发展的同时，民生银行太原分行也得到长足发展，市场份额连续七年在民生银行系统内和当地股份制同业保持第一。至2009年末，总资产规模528亿元，各项存款余额497亿元，累计创利超过35亿元，上缴税金近12亿元，机构单产效益位列当地同业首位，资产质量保持山西金融业较优水平。

民生银行太原分行连续两届被中央文明委授予全国文明单位，连续三次获得中国银监会系统文明单位称号；10月30日，获评我国企业文化建设领域的最高荣誉——全国企业文化建设示范基地，并先后获评山西省五一劳动奖状、全国金融五一劳动奖状、全国金融模范职工之家、全国企业文化建设50强单位、山西省模范单位、功勋企业等荣誉称号。

【获全国文明单位称号】 1月，民生银行太原分行被中央精神文明建设指导委员会授予第二届全国文明单位，是银监会系统6个获奖单位中唯一一家商业银行，这也是继中央文明委2005年表彰首批全国文明单位以来，民生银行太原分行第二次获此殊荣。

【推介“商贷通”】 3月18日，民生银行太原分行在迎泽宾馆召开“商贷通”产品推介会暨与太原市政府支持中小商户(企业)战略合作协议签字仪式，分行党委书记、行长欧阳勇与太原市委副书记、市长张兵生共同签署支持中小商户(企业)发展战略合作协议，就太原市中小企业交易结算、融资服务、现金管理等方面开展

城市建设战略合作协议签字仪式 （王 晶提供）

全面战略合作关系。

【城市建设战略合作协议签字】 4月21日，民生银行太原分行与太原市人民政府在迎泽宾馆举行城市建设战略合作协议签字仪式，分行党委书记、行长欧阳勇与太原市委副书记、市长张兵生现场签订支持城市建设战略合作协议。根据协议，太原分行将为太原市基础设施建设、重大民生工程、棚户区改造、管网改造等建设项目提供全方位、多层次的综合金融授信融资服务。

【推进中小企业业务发展】 4月22日，民生银行太原分行参加太原市中小企业融资担保项目签约暨推介会，以实际行动支持中小企业发展、全力解决中小企业融资难问题。推介会上，共有13家企业获得分行信贷支持，占签约企业一半以上，签约金额占到推介会签约总额的1/2。

【创建青年就业创业见习基地】 4月28日，民生银行太原分行作为当地金融系统代表，首家与团省委签署青年就业创业见习基地协议；5月4日，在山西省五四运动90周年暨青年服务“三个发展”促进大会上，民生银行太原分行被山西团省委授予第四批青年就业创业见习基地，同日，青年就业创业见习基地创建活动正式启动，共接纳近50名大学生实习，为帮助高校毕业生顺利就业、促进社会和谐稳定做出贡献。

【获2008年度山西省功勋企业称号】 5月13日，在山西省工商联合会、山西省企业家协会召开的第二十次年会暨双优表彰大会上，民生银行太原分行被命名表彰为2008年度山西省功勋企业。太原分行自成立以来，始终坚持“以客户为中心”进行金融创新，积极支持地方经济建设，组织架构、产品设计、业务流程、服务模式都随着市场和客户的变化而变化，不断提升服务品质，在当地形成鲜明的经营特色，取得良好的经营业绩。

【与中国(太原)煤炭交易中心签订战略合作协议】 7月15日，中国民生银行与中国(太原)煤炭交易中心在太原市迎泽宾馆举行战略合作协议签约仪式。中国民生银行行长洪崎、山西省副省长陈川平、中国(太原)煤炭交易中心党组书记郭文奇、分行行长欧阳勇等出席本次签约仪式。会上，洪崎与郭文奇正式签署战略合作协议书，并与陈川平、欧阳勇共同举行战略合作启动仪式。根据协议，双方将就煤炭交易中心在交易结算、融资服务、现金管理和网络建设等方面建立全面战略合作关系。

【支持山西省重点节能项目建设】 8月28日，民生银行太原分行参加山西省重点节能项目银企洽谈会，会上与省市重点节能企业签订项目贷款意向书。为推动全省重点能耗企业加快节能改造步伐，民生银行太原分行主动对接省市政府出台的节能措施政策，介入重点项目，加大对新领域、新客户的拓展力度，对于符合节能改造项目规划要求、符合市场准入条件、符合信贷原则的企业和项目，及时高效保证信贷资金供给，多方面拓宽重点产业调整和振兴的融资渠道。

【组建太原民生投资担保股份有限公司】 9月16日，山西省首家政银企合作创新型担保公司——太原民生投资担保股份有限公司开业庆典在龙城国际大厦国际会议厅举行。太原民生投资担保股份有限公司以打造中小企业融资交流平台为目标，整合政府、银行、企业等三方资源和优势，可在政策、资金、信息等三个方面提供全方位服务，积极为中小企业排忧解难，为中小企业贷款融资发挥积极作用。公司这一组建模式在全省尚属首创。

【营业部获殊荣】 12月21日，民生银行太原分行营业部从山西省6000多家银行网点中脱颖而出，荣获2009年度中国银行业文明规范服务百佳示范单位称号。

【私人银行顶级服务登陆山西】 12月23日，民生银行太原分行在迎泽宾馆举行私人银行业务启动仪式，在山西正式推出私人银行服务，为以太原为中心的山西富裕阶层带来顶级金融服务体验，为金融净资产超过1000万元的客户提供个人、家族及旗下企业的金融、非金融整合管理方案，让客户尊享高级别、定制化的私人银行服务。 （王 晶）

·晋商银行·

【概述】 2008年8月6日，山西省政府成立晋商银行组建领导小组，全面启动组建工作；同年12月30日中国银监会批复同意；2009年1月8日，中共山西省委副书记、省长王君主持省政府第28次常务会议,听取晋商银行筹备组《关于晋商银行组建工作的情况汇报》,议定:按照中国银监会的批复,同意太原市商业银行更名为晋商银行,晋商银行属省政府直接管理的省属大型企业。2009年2月5日,晋商银行股份有限公司股东大会成功召开;2009年2月28日正式挂牌。

晋商银行现有在岗员工1726人,辖71个支行。全行现有股份24.68亿股,其中,国家股8亿元,占股份总额的32.41%;法人股15.89亿元,占股份总额的64.37%;自然人股7943.81亿元,占股份总额的3.22%。占全行股份总额5%以上的有8家股东,分别是山西省财政厅、太原市财政局、山西国际电力集团有限公司、山西潞安矿业(集团)有限责任公司、长治市南烨实业集团有限公司、太原钢铁(集团)有限公司、山西晋城无烟煤矿业集团有限责任公司、山西焦煤集团有限责任公司,合计持股21.79亿股,占比88.3%。

晋商银行挂牌以来,全行上下积极进取、开拓创新,各项业务快速发展,取得历史性突破。截至12月31日,晋商银行全行各项存款余额287.09亿元,各项贷款余额177.52亿元,全年实现税后利润14282万元,资本充足率达16.4%,核心资本充足率达14.81%,拨备覆盖率达到163.74%。

【建立健全机制体制】 2月5日,晋商银行股份有限公司第二届董事会2009年第一次会议召开。会议选举上官永清为董事长、阎俊生为副董事长,聘任阎俊生为行长、栗建强为副行长。同日,晋商银行股份有限公司第二届监事会2009年第一次会议召开,选举吕福贞为副监事长。

5月6日,晋商银行股份有限公司第二届董事会2009年第二次会议召开。会议审议修订《晋商银行股份有限公司董事会议事规则》《晋商银行股份有限公司董事会各专门委员会工作规则》等一系列工作制度,审议通过《关于2008年度利润分配方案的议案》《关于成立晋商银行中小企业金融服务中心的议案》等十八项议案。同日,晋商银行股份有限公司第二届监事会2009年第二次会议召开,一致通过《关于修订晋商银行章程的议案》《关于修订监事会议事规则的议案》等十一项议案。

6月3日,晋商银行股份有限公司2008年度股东大会。会议审议通过《晋商银行2009年度财务预算及经营计划》《关于修订晋商银行股份有限公司章程》等十项议案。

6月6日,晋商银行召开太原市内机构调整动员大会。将原有的“总行—太原本部—管辖行(二级行)—三级行”的四级管理模式变为“总行—直属支行(总行营业部、中小企业金融服务中心)—支行”的三级管理模式,形成三家总行直属支行、总行营业部和中小企业金融服务中心并立的“大总行—大部门—小分支”经营架构。同日,晋商银行宣布成立解放中路直属行和并州北路直属行(暂定)。7月17日,晋商银行解放中路支行正式更名为晋商银行太原并州支行。晋商银行并州北路直属行正式更名为晋商银行太原龙城支行。

7月27~28日,晋商银行股份有限公司第二届董事会2009年第三次会议召开。会议审议通过《关于晋商银行股份有限公司董事履职评价办法的议案》《关于晋商银行股份有限公司股权管理办法的议案》等二十二项议案。同时,晋商银行股份有限公司第二届监事会2009年第三次会议召开,会议审议通过《关于晋商银行股份有限公司监事选任制度》《关于晋商银行股份有限公司监事履职办法》等八项议案。

8月14日,上官永清任晋商银行股份有限公司党委书记,阎俊生任晋商银行股份有限公司党委副书记,吕福贞、栗建强任晋商银行股份有限公司党委委员。

9月2~3日,晋商银行股份有限公司第二届董事会2009年度第二次临时会议以书面提案方式召开。会议以记名投票方式通过《关于修订晋商银行股份有限公司董事会议事规则的议案》《关于修订晋商银行股份有限公司董事会2009年度授权书的议案》和《关于晋商银行股份有限公司办公场所迁址的议案》等三项议案。

12月10~11日,晋商银行股份有限公司第二届董事会2009年度第四次会议召开。会议审议通过《关于晋商银行股份有限公司2009-2011年发展规划的议案》《关于修订晋商银行股份有限公司章程的议案》等十七项议案。同时,晋商银行股份有限公司第二届监事会2009年度第四次会议召开,会议审议通过《关于修订晋商银行股份有限公司流动性风险管理办法的议案》《关于修订晋商银行股份有限公司市场风险管理办法的议案》等四项议案。

【晋商银行揭牌仪式】 2月28日,晋商银行举行揭牌仪式。省委常委、常务副省长申联彬,省委常委、太原市委书记申维辰,省人大常委会副主任安焕晓,省政协常务副主席郭良孝,中国银监会、山西银监局、人民银行太原中心支行、省直与太原市有关厅局及省内外金融同业等单位领导,共计500余人出席揭牌仪式。山西银监局局长邓智毅宣读关于晋商银行股份有限公司挂牌的批复,向晋商银行颁发金融许可证。

【汤涛到晋商银行调研】 9月9日,山西省委常委、组织部长汤涛等一行三人到晋商银行调研。汤涛要求晋商银行从实际出发,做好员工的业务培训,特别是要抓好基层的党建工作。

【周小川到晋商银行调研】 12月18日,中央深入学习实践科学发展观活动领导小组成员、中国人民银行党委书记、行长周小川等一行9人到晋商银行调研指导。省委常委、常务副省长申联彬,省政府副秘书长王纯,太原中心支行行长毛金明,山西银监局局长邓智毅,省直工委副书记郭康锋,省深入学习实践科学发展观领导小组办公室指导检查组组长安雅文等人陪同调研。

【对外合作】 7月23日,晋商银行与山西省经济和信息化委员会举行战略合作签约仪式。仪式上,晋商银行与山西省经济和信息化委员会签订《山西省经济和信息化委员会与晋商银行战略合作协议》，并与山西亚宝药业集团股份有限公司等六家企业签订总额12亿元的银企合作协议。

7月31日，晋商银行与运城市人民政府举行战略合作签约仪式。仪式上，晋商银行与运城市人民政府签订《运城市人民政府与晋商银行战略合作协议》，并与山西粟海集团有限公司等六家企业签订总额10亿元的银企合作协议。　（张　晶）

·中国农业发展银行山西省分行·

【概述】 中国农业发展银行山西省分行成立于1995年2月。截至2009年底辖1个省分行营业部、10个市分行、60个县级支行和44个客户服务组，营业服务网络基本覆盖全省，现有员工1609人。是专门从事信贷支农的农业政策性银行，农发行山西省分行的贷款范围覆盖农、林、牧、副、渔业，形成全方位、多领域的信贷支农格局。

2009年，全行累计投放各类支农贷款116亿元。到年底，各项贷款余额282.4亿元，较年初增加22.8亿元；各项存款余额98.3亿元，较年初增加29.8亿元。

【支持粮食多渠道收购】 受国内外粮食市场价格波动影响，全省粮食收购工作面临的不确定因素有所增多。在此情况下，农发行山西省分行严格执行总行信贷政策，通过调整收购贷款投向布局，有效维护粮食市场稳定，保护农民利益。⑴通过增加地方储备促进收购。在大力支持国家和省级粮食储备、轮换的基础上，辖内各级行主动协调地方政府出台临时增储计划并给予积极支持。晋中市、朔州市不仅启动玉米临时储备，而且给予利费补贴，调动农民卖粮及积极性。2009年，全行累计投放各级粮食储备贷款15.13亿元，支持增储和轮换粮食8亿公斤，占全省粮食商品量的15%左右。⑵通过支持粮食加工转化扩大收购。重点扶持加工转化能力强、规模大的产业化龙头企业和加工企业入市收购。农发行山西省分行支持的农业产业化龙头企业中，年加工转化能力在10万吨以上的大型企业12家，每年可转化粮食25亿公斤左右，约占全省粮食商品量的50%。如所支持的长治市金泽生物工程有限公司，每年可加工转换玉米70万吨，使长治市玉米基本实现就地转化。⑶择优支持国有粮食企业入市收购。对改革改制到位、经营状况良好、没有挤占挪用的国有粮食企业，积极予以支持。2009年，农发行山西省分行累计发放粮棉油收购、调销贷款31亿元，多渠道支持企业收购、调入粮食26.5亿公斤、棉花24.8万担，保证全省跨年度粮食收购、夏粮收购、新棉收购顺利进行。

【支持农业产业化经营】 ⑴围绕省政府农业产业发展规划，把规模较大、市场竞争能力强、带动范围广的农业产业化龙头企业和加工企业作为重点扶持对象。先后支持山西“水塔”老陈醋、大寨核桃露、运城市粟海集团、长治金泽生物有限公司、文水大象禽业、山西龙海实业、山西天鹏牧业等一批国家级、省级产业化龙头企业，帮助企业做大做强，有效提升企业应对金融危机的能力和市场竞争能力。到2009年底，全行农业产业化龙头企业和加工企业贷款余额42.1亿元，共支持企业204户，涉及粮油加工、畜牧养殖、棉纺印染、饮料果蔬、食品、中药材、林业等十几个行业。其中国家级龙头企业8家、省级龙头企业21家、市级龙头企业70家，分别占全省同级龙头企业总数的35%、22%和10%左右。同时，通过大力扶持“公司+基地+农户”的经营模式，有效推动全省农业上下游配套产业的发展，促进农业产业链条的延伸。⑵通过支持种子产业促进农业生产，先后支持粮油种子企业8户，累计发放贷款近3亿元。通过给予良种培育、农业科技创新项目积极支持，较好带动粮食增产和农民增收。⑶结合全省各地市区域农业经济发展特征，大力支持具有区域优势的农业小企业发展，在带动农民就业和增收方面发挥积极作用。到2009底，全行农业小企业贷款余额2.7亿元，共支持各类企业87个。

【支持生态建设】 农发行山西省分行立足山西省自然资源丰富、生态环境独特、文化底蕴深厚的省情优势，围绕各级政府生态建设和综合开发规划，对符合贷款条件的农业生态建设项目主动介入，大力支持。年末，全行农业综合开发贷款余额8.2亿元，较年初增加7.4亿元。先后对五台山生态恢复和综合治理项目发放贷款4亿元，支持当地新增绿化面积1600余亩，改善2.6万余户农民的生活环境，为五台山申遗成功提供助力。为朔州市规划建设的50个“人畜分离小区”和1万个“青贮窖”项目发放农业综合开发贷款1亿元，项目建成后改善当地1万多户农户的人居环境，带动该市绿化7000余亩。

【支持农村基础设施建设】 农发行山西省分行结合全省新农村建设规划和区域经济发展优势，围绕省政府城乡和经济社会一体化发展思路，不断加大对农村道路、水利等基础设施建设项目的支持力度，全年累计投放农村基础设施建设贷款36.7亿元。到2009年底，全行农村基础设施建设贷款余额51.3亿元，共支持农村路网、水网建设等市、县政府主导非经营性项目34个，支持的新农村建设示范县（市）总数已达29个。其中，向大同市城乡道路改造项目发放贷款14.6亿元，为农发行山西省分行建行以来单笔贷款投放额度最大的一个项目。通过发放这些农村基础设施建设贷款，共支持全省新建和改造农村公路468.1公里，增加蓄水4325.4万立方米，修缮疏浚沟渠3万米，增加绿地面积7200亩，在推动全省新农村建设步伐的同时，取得较为明显的经济效益和社会效益。

【支持农村流通体系建设】 农发行山西省分行认真落实省、市各级政府关于保证市场粮油副食品供应、维护价格稳定的政策要求，积极支持地方政府开展化肥、猪肉和烟叶储备工作，配合政府平抑农业生产资料和重要农产品市场价格，维护市场稳定。2009年初，以化肥为主的农业生产资料价格出现较大幅度上涨，对此，农发行山西省分行积极支持企业扩大化肥等农业生产资料的储备和采购,较好地发挥化肥储备的市场调节作用。同时,认真贯彻国家扩内需保增长政策,积极支持“家电下乡”工程和农村流通体系建设。2009年,全行就累计发放商业性储备贷款、农业生产资料贷款及农村流通体系建设贷款7亿元,累计支持企业储备化肥38万吨、猪肉2776吨,先后支持流通企业增设网点20多个。

【完善金融服务功能】 农发行山西省分行积极发挥省分行贷款调查、审查、监测“三个中心”作用,明确贷款调查、审查等环节时限要求,定期对办贷情况进行通报,极大提高了办贷质量和效率。不断完善金融服务功能,累计为企业办理牡丹金山卡2992张,安装POS机30台,累计结算金额2200万元;为企业开通网银账户325户,累计结算金额50.5亿元;累计办理国际结算业务220笔,金额1705万美元;为贷款企业代理保险业务保险金额80亿元,累计代收保费2074万元。同时,积极开展县级支行增设工作,首批筹建的5个县支行已陆续挂牌,其余17个正在积极申报。到年底,全行县级支行数量增加到60个,农村金融服务网络进一步健全。

(高雁斌)

保 险

·山西保监局·

【概述】 2009年,山西省保险业实现平稳增长。全年累计实现保费289.25亿元,同比增长10.87%,保险密度为869.27元,保险深度达到3.96%。财产险公司实现保费69.58亿元,同比增长11.64%。人身险公司实现保费219.66亿元,同比增长10.63%。产、寿险保费规模比例为24:76,与上年持平。全省保险业资产总额突破500亿元,达到531.12亿元,比年初增长22.53%。

2009年全省赔付支出比较平稳。财产险公司发生赔款支出34.35亿元,同比增长8.38%。人身险公司发生赔付支出44.19亿元,同比增长5.52%。保险业资产总额突破500亿,达531.12亿元,比年初增长22.53%,保险行业实力进一步增强。

截至2009年末,全省共有保险公司省级分公司28家,其中财产保险公司15家,人身险公司13家,保险公司分支机构合计1806家;保险中介方面,共有保险代理法人机构69家、保险代理分支机构23家、保险公估法人机构3家、保险经纪分支机构8家,以及2019家保险兼业代理机构,全省保险营销员已达9.37万人。

【财产险业务】 财产险公司2009年的综合费用率、综合赔付率、业务及管理费用率均低于全国平均水平,全年实现承保利润2.64亿元,同比增长6.45%,位居全国第五;承保利润率达到4.56%,位居全国第四。15家财产险公司中8家盈利。规模较大的车险、企财险、责任险等险种也实现盈利。

财产险公司在巩固车险业务基础上积极开展非车险业务。围绕重点工程、重大项目,积极跟进保险服务,工程保险得到快速发展,实现保费收入1.33亿元,同比增长189.87%;责任险实现保费2.02亿元。其中,校园方责任险、医疗责任险发展迅速,业务规模分别是上年的4.49倍和3.26倍。

财产险公司积极探索新兴产品销售渠道。大力开展交叉销售,逐步推广电话销售,2009年交叉销售实现保费2.86亿元,电销业务实现0.88亿元。

财产险公司城乡均衡发展,农业保险实现保费4144.05万元,小额信贷借款人意外险实现保费3929.36万元。

【人身险业务】 人身险公司2009年着力发展风险保障型和长期储蓄型业务,适度收缩投资型产品和趸缴业务,业务内涵价值逐步提升。标准保费同比增速达21.33%,是规模保费增速的2倍多;新单期缴业务同比增长27.21%,结构占比上升5.31个百分点。保障功能较强的普通寿险业务增速高于全国平均水平。

人身险公司在加大投入、业务结构实现较大调整的同时,手续费率、业务及管理费用率等指标与全国平均水平持平,总体处于正常范围内。短险业务实现承保利润476.12万元。人身险公司大力发展个人代理渠道,个人代理业务规模同比增长18.95%,在总保费中的占比达到44.59%,上升3.12个百分点。银行邮政代理渠道占比下降1.97%。

人身险公司城乡均衡发展,县域保费占比超过40%,农村小额保险实现保费3689万元,统保行政村1351个,累计为152.2万人提供150多亿元的风险保障。7月,国际保险监督官协会和保监会共同在太原举办“小额保险国际研讨会”。

【行业风险有效化解】 山西保监局将风险防范作为2009年重要工作任务,完善机制制度,关注重点环节、重点领域和重点公司的风险状况,早预见,早安排,及时排除风险隐患,有效防范和化解风险:

1.建立健全风险防范机制。建立行业风险动态监测和预警机制,强化对重点指标分析监测,密切关注外部环境变化对行业的影响。督促各公司制定风险防控预案,定期报告风险情况、对重点环节和领域进行风险排查;制订包括非正常退保、群体性上访等突发事件应急制度,建立应急管理动态报告与反馈制度。

2.有效预防退保和满期给付风险。一是对公司退保周报、月报定期进行汇总、分析。对金融市场波动可能造成新型投资型产品的非正常退保,对某些公司大额团单退保,要求公司定期报告、及时跟踪处理。全年退保率为2.35%,低于全国平均水平,保持在正常范围内。二是对满期给付相对集中的业务和公司进行重点监测。督促公司按照预案做好资金保证,确保满期给付平稳度过。

3.健全信访投诉处理机制,化解矛盾纠纷。对侵犯消费者利益,复杂的影响较大的投诉,要求保险公司负责人现场接待、现场提出处理意见。建立局长信访接待日制度。完善保险纠纷调解中心工作制度。全年共妥善处理各类信访案件399件。

【市场环境得到改善】 2009年山西保监局抓住重点领域和地区，不断完善监管制度体系，创新监管方式方法，努力营造良好的市场环境。

1.以整章建制为抓手，严把市场准入关。一是制定和修订《行政许可实施规程》等制度，细化流程，明确公司申请设立、批筹、开业验收等环节的操作标准。二是督促公司将监管规定融入内控制度体系，使监管政策和公司内控制度有效衔接。三是强化高管人员管理。严格任职资格审查，启动高管电子化考试工作，将高管人员基本情况、流动情况及接受行政处罚情况等纳入高管管理系统，实行动态监管。

2.以风险评价为基础，稳步探索分类监管。产险监管，围绕内控建设、经营行为和效益状况三方面内容、45个指标，对10家公司进行风险评价；寿险监管，对开业满3年的5家寿险公司实施潜在风险水平和风险管理能力评估，确定综合风险等级，制定分类监管措施；中介监管，进一步优化专业中介分类评价指标，在评价63家专业中介基础上，对10家评级为"现场检查类"的机构及与其合作的保险公司实施现场检查。

3.以指标分析为导向，积极推行成本管控监管。一是初步建立成本管控指标监测体系。将公司的综合费用率、综合赔付率、手续费率、利润指标以及基层机构的费用政策纳入成本分析框架。二是加大分析力度。建立健全指标采集、筛选、审核、计算等程序，定期进行分析，出具分析报告。三是进行风险提示。针对关键监测预警指标的异动，向公司进行质询和风险提示，并根据情况进行专项检查。

4.以自律组织建设为着力点，逐步完善网状监管。一是按照专业化、职业化、规范化要求，山西省保险行业协会完成换届改革，大同、运城协会完善议事规则，建立考核奖惩机制。临汾、朔州协会完成组建工作。二是行业协会及自律小组发挥自律职能，开展自律检查，对违约公司实施惩戒。三是认真开展地市监管联系小组督导工作，传达监管政策，了解基层市场情况，指导地市自律。

5.以现场检查为手段，着力规范市场秩序。一是深入落实保监会70号文件要求，以车险业务为抓手，对保费收入不真实、不严格执行条款费率、非法套取资金等违法违规行为加大查处力度。二是在反映较强烈的大同银邮市场，集中查处销售误导和账外支付手续费问题，在全省开展航意险、乘意险专项检查，规范意外险市场秩序。三是坚持同查同处原则，根据线索双向对查，一查到底，着力

2009年山西省财产保险市场份额表

单位：万元

序号	财产险公司名称	保　费	增　速	市场占比
1	中国人民财产保险股份有限公司山西省分公司	385683.8	2.86%	55.43%
2	中国太平洋财产保险股份有限公司山西分公司	53996.42	14.45%	7.76%
3	中国平安财产保险股份有限公司山西分公司	61996.84	49.23%	8.91%
4	永安财产保险股份有限公司山西分公司	28175.42	−13.60%	4.05%
5	天安财产保险股份有限公司山西分公司	8916.14	−2.34%	1.28%
6	中国人寿财产保险股份有限公司山西分公司	61552.07	70.85%	8.85%
7	中国大地财产保险股份有限公司山西分公司	41285.53	8.79%	5.93%
8	华安财产保险股份有限公司山西分公司	3785.43	732.81%	0.54%
9	永诚财产保险股份有限公司山西分公司	15876.89	8.47%	2.28%
10	阳光财产保险股份有限公司山西分公司	12445.97	51.79%	1.79%
11	太平保险有限公司山西分公司	10332.35	−5.78%	1.48%
12	安邦财产保险股份有限公司山西分公司	2545.32	−4.83%	0.37%
13	渤海财产保险股份有限公司山西分公司	347.62	−86.81%	0.05%
14	都邦财产保险股份有限公司山西分公司	3962.29	2.03%	0.57%
15	华泰财产保险股份有限公司山西分公司	3785.43	16.53%	0.54%
合　计		695848.5	11.64%	—

2009年山西省人身保险市场份额表

单位:万元

序号	人身险公司名称	保费收入	同比增速	市场占比
1	中国人寿保险股份有限公司山西省分公司	1175926	3.58%	53.53%
2	中国太平洋人寿保险股份有限公司山西分公司	309806.9	-8.95%	14.10%
3	中国平安人寿保险股份有限山西分公司	149308.5	46.48%	6.80%
4	新华人寿保险股份有限公司山西分公司	163032.3	6.24%	7.42%
5	泰康人寿保险股份有限公司山西分公司	158984.2	7.14%	7.24%
6	太平人寿保险有限公司山西分公司	33149.73	152.77%	1.51%
7	中国人民人寿保险股份有限公司山西分公司	155542.5	143.45%	7.08%
8	嘉禾人寿保险股份有限公司山西分公司	15523.45	1.99%	0.71%
9	中国人民健康保险股份有限公司山西省分公司	16629.89	42.94%	0.76%
10	合众人寿保险股份有限公司山西分公司	2751.45	1229.90%	0.13%
11	英大泰和人寿保险股份有限公司山西分公司	13794.89	532.89%	0.63%
12	民生人寿保险股份有限公司山西分公司	1331.36	-	0.06%
13	平安养老保险股份有限公司山西分公司	864.79	-	0.04%
合计		2196646	10.63%	-

整治保险公司利用中介渠道弄虚作假、套取资金等违法违规行为。四是成立稽查工作委员会,完善查处分离机制,坚持即查即处,加大对违法违规机构的处罚。五是深入开展打“三假”专项工作,初步形成与工商、公安等多部门联合的执法协调机制,查实“恒亚迪”等假机构、假保单案件4起,假赔案322起,涉案金额近900万元,其中部分案件已移交公安司法机关处理。

【经营效益保持稳定】 2009年面对国际金融危机,山西保监局适时出台促进结构调整的指导意见,引导公司稳步推进结构调整。各公司结合自身实际,顺势而动,调整政策,优化结构,成效显著。

山西保监局兼顾规模、速度、质量和效益,实施成本管控监管,约束恶性竞争,控制行业成本水平。各公司立足自身实际,积极转变经营理念,加强和改进内部管理,利用制度和技术刚性约束,优化市场环境。实施车险“见费出单”制度,遏制虚挂应收保费问题,提高保费充足率;出台车险条款费率优惠因子使用标准,规范打折行为。通过多方努力,全行业盈利水平保持稳定。

【保险功能进一步发挥】 2009年山西保险业围绕省委省政府的工作重心,主动融入地方经济社会发展大局,发挥“经济助推器”和“社会稳定器”作用,扩大保险覆盖面,提高保险渗透度。全行业累计积累养老和健康准备金726亿元,承保保险金额和责任限额11.65万亿元,为1.45万家次企业、244万台次车辆、60多万个家庭和4400万人次提供风险保障,支付赔款和给付共计78.55亿元,上缴税金4.27亿元,新提供就业岗位1万多个。特别是配合公安交警等部门,建立交通事故快处快赔机制和交通事故纠纷调解机制,积极参与“11·10”特大暴雪灾害处理等工作,得到社会各界的好评。 (王艳华)

·中国人寿保险股份有限公司山西省分公司·

【概述】 2009年,中国人寿山西分公司业务实现稳定增长,总保费收入117.6亿元,比上年增长4.2%。业务总量在全国系统内连续三年排第10位,总保费增长率在全国20个大省中排名第3位。核心业务快速发展。个险5年期首年期缴保费收入3.54亿元,同比增长220%;个险10年期以上首年期缴保费收入6.14亿元,同比增长31.5%;银保首年期缴保费收入2.43亿元,同比增长59.2%。市场地位持续巩固。公司的总体市场份额为54.25%。11个市公司的市场份额均占据当地第一的位置,其中9家在55%以上。关键指标超额完成。个险5年期、个险10年期、银保期缴,分别完成全年预算的126.9%、102.3%和104.7%。代理业务平稳发展。全年代理企业年金总规模达到4.12亿元,互动财产险业务1.08亿元。

【城乡市场协调发展】　省会城市太原分公司以整合促发展，全年总保费收入16.08亿元，实现2.62%的稳增长，总体市场份额为33.6%，巩固市场优势地位；县域公司总计保费收入66.85亿元，同比增长9.59%，高于全省平均水平5.3个百分点。52家县域公司保费收入超过5000万元；55家县域公司10年期业务占期缴业务比重60%以上；农村小额人身保险新增承保人数153.8万人(次)，新增保费收入3388万元，在全国系统内名列前茅；全面推广以村统保的发展经验，统保行政村1146个，公司"一张保单保全村"的做法被称之为"中国模式"，并获得总公司"创新奖"。此外，2009年7月中旬，成功协办国际小额保险研讨会实地考察活动。

【增强后台服务能力】　省级集中管理优化：深入实施档案集中管理项目，清理碰对保单782万份，扫描纸质文档1860万页，率先在全国系统完成清理任务。顺利完成新一代财务管理系统和人力资源管理系统的上线工作。推广保全免填单服务，调高小额即时给付金额。出单、理赔和满期给付平均时效分别缩短到33小时、3.6天和10分钟。提升服务效能：建成标准化柜面85个，占柜面总数的58%；6个柜面和300名柜员达到星级服务水平。开展特色客户服务活动48次，推进了"国寿1+N"品牌建设；发放"国寿鹤卡"108.8万张，综合发卡率达到39.9%；95519接通率达到92.02%，为47.9万人次提供了人工热线服务。强化公关宣传：以推广农村小额人身保险为契机，促成9个市级政府、62个县级政府和262个乡镇政府下发红头文件；以中国人寿建立60周年为契机，采用多种方式大力宣传山西国寿建设百亿公司的辉煌成就，提升公司品牌的知名度和影响力。

【加大风险管控力度】　提出"风险防范重于发展、风险防范大于发展、风险防范优于发展"的理念，把风险防范提到新的高度，并切实加大风险管控力度。坚持依法合规。层层签订《合规经营10个100%承诺书》，认真学习贯彻新《保险法》，保证平稳过渡。防范风险主题教育活动覆盖面达到95%。第二届"诚信我为先"活动成效明显，5298名营销员获得甲类AA信用评级。加强内部控制。大力推广内部控制标准，对比执行控制措施1059个；持续推进"零现金"管理，取消城区营销员的暂收款收据，搭建起了批量代收代付平台。顺利完成单证管理体系改革，实现了全省系统印章的上收管理。风险预警系统上线运行，排查营销员3.7万人次、保单15.5万件。强化监督检查。开展财务业务数据真实性自查、关键岗位检查和县支公司内控评估、反洗钱自查等工作。特别是针对县支公司组织开展大排查行动，切实查补基层公司内控管理上的漏洞。

【加强队伍建设】　加强纪检监察工作，深入推进惩防体系建设，落实党风廉政建设责任制。对2个市和1个县公司进行巡视检查，对4个市和65个县公司进行效能监察。严肃追究在张建荣案件上负有责任的两级公司、3个部门和20名人员的责任。加强各级班子建设，调整市级公司领导干部32人，特别是调优配强了6个市公司一把手。遵循"一把尺子、一个标准"的原则，全面考核了县级公司经理的经营管理水平。加强员工队伍管理，注重对招聘大学生的培养、使用和管理，壮大基层后备人才队伍，受到公司总裁万峰的肯定。继续在省公司机关实行重点工作目标管理，深入开展省公司机关作风大整顿，强化执行力建设，更好地引领全省系统的发展。加强教育培训，成立11个市公司教育培训部，着手组建省公司专兼职讲师队伍，并组织开展大规模的培训。加强销售队伍建设，个险省级集中管理取得阶段性成效；晋城分公司创造的银保511工作模式，被总公司在全国系统推广。到2009年底，个险营销持证人力达到33700人，占到全省总人口的1‰以上；银保销售人力达到2036人；团险销售人力达到680人。加强民主管理。省公司召开了第一届职代会第二次全体会议。各级公司通过选树典型、表彰先进，进一步激发了广大员工争先创优的热情。

（刘建珍）

证　券

【概述】　2009年，山西证监局认真落实辖区监管工作责任制，积极促进上市公司规范运作，提升公司治理水平，培育优质企业上市，支持上市公司再融资和并购重组；推动证券公司基础管理工作有效开展，支持证券公司创新发展，不断提高证券业整体服务水平；促进期货公司规范经营，支持期货公司做优做强；全力做好市场安全维稳工作，有效防范和化解市场风险，切实保护投资者合法权益；加强班子和队伍建设，加强反腐倡廉建设；建立辖区市场维稳机制和市场宣传引导机制，有效维护辖区资本市场的安全稳定健康发展。

截至2009年11月底，辖区共有27家上市公司，总市值5809.76亿元，在全国排第8位；27家上市公司共融资62.75亿元，其中，安泰集团非公开发行10.3亿元，晋西车轴配股8.45亿元，西山煤电发行30亿元公司债，国阳新能发行14亿元公司债，27家上市公司直接融资累计549.84亿元。

2009年前三季度，辖区上市公司总资产为2766.08亿元，净资产为1234.52亿元；实现营业收入1432.3亿元，净利润118.11亿元，平均每股收益0.347元，净资产收益率9.567%；平均每股收益比沪深两市平均每股收益0.304元高出14.14%，净资产收益率比沪深两市平均净资产收益率9.87%低0.3%。辖区有17家公司实现盈利，合计净利润130.7亿元，有10家公司亏损，合计亏损12.59亿元；与去年同期相比，有8家公司实现净利润增长，有19家公司净利润下降。

山西辖区山西证券和大同证券2家证券公司，注册资本分别继续保持在20亿元、1亿元。在2009年证券公司分类监管评价中，山西证券保持

B类BBB级，大同证券跃升为A类A级。截至12月底，山西证券总资产141.71亿元，净资产31.04亿元，比上年末分别增长82.05%、27.53%；累计营业收入13.69亿元，净利润6.13亿元，比上年分别增长76.42%、115.85%；净资本收益率34.91%，比上年上升20.46%。大同证券总资产42.15亿元，净资产5.03亿元，比上年末分别增长114.83%、48.38%；累计营业收入4.91亿元，净利润1.94亿元，比上年分别增长73.5%、97.96%；净资本收益率50%，比上年增长6.83%。

辖区有62家营业部和24家服务部，其中山西证券有22家营业部和15家服务部，大同证券有13家营业部和5家服务部，省外证券公司有27家营业部和4家服务部。截至12月底，辖区内投资者开立资产账户127.35万户，比上年末增长17.79%；客户交易结算资金180.73亿元，增长96.34%；指定与托管总市值1858.98亿元，增长362.43%。全年股票基金等交易总额12268.26亿元，比上年增长83.88%；手续费及佣金收入24.84亿元，增长93.46%；利润总额18.12亿元，增长100.66%；净利润15.46亿元，增长93.73%。

截至2009年底，山西辖区共有5家期货公司、12家营业部，公司资产总额达到154795.86万元，较上年同期增加70931.89万元，增长84.57%；净资产总额达到30186.50万元，较上年同期增加4357.12万元，增长16.87%；客户保证金余额为119876.67万元，较上年同期增加65452.41万元，增长120.26%；投资者开户数为24503户，较上年同期增加7144户，增长41.15%。2009年代理交易量为10710.08万手，较上年同期增加4352.89万手，增长68.47%，占全国的市场份额为4.96%，较上年同期增长0.30%；代理交易额为5.09万亿元，较上年同期增加2.15万亿元，增长73.03%，在全国市场占比份额为3.90%，较上年同期下降0.17%；实现净利润2440.89万元，较上年同期增加1825.58万元，增长2.97倍。

【上市公司融资和规范运作】 (1)全力推进上市公司治理整改工作，提升上市公司治理水平。截至2009年11月中旬，治理问题的97.17%均已完成整改，其余问题正在积极整改中。(2)积极探索规范控股股东和实际控制人行为，促进上市公司规范运作。一是与省国资委共同组织国有企业控股股东及上市公司高管，举办上市公司规范运作培训班。二是向大秦铁路实际控制人铁道部致函，提请支持和维护上市公司资产完整、规范运作。三是就大股东财务公司对上市公司影响事项研究监管措施，维护上市公司独立性。(3)狠抓上市公司信息披露监管，提高上市公司透明度。本年度完成对27家公司的年报、半年报、季报和300多份临时公告的事后审核，并采取相应的监管措施，同时做好年报审计工作，有效排查化解风险。(4)扎实做好上市公司现场监管，全面提高上市公司质量。2009年，进一步加大现场检查的深度和广度，有针对性地锁定检查目标，明确检查重点，及时向公司及控股股东高管反馈现场检查问题，切实督促公司整改。同时，严格做好上市公司不定期现场监管，特别是对公司治理存在缺陷、借壳重组上市公司、民营上市公司、高风险公司加大现场监管的力度与密度。

【上市公司融资和并购重组】 (1)挖掘培育上市后备资源，积极推动优质企业上市融资。2009年，抓住创业板推出的契机，和省发改委、省资本办等相关部门赴全省各市调研，共同挖掘和培育优质上市资源，充实拟上市资源储备库。制定《山西辖区拟上市公司辅导验收监管工作规程》，继续加强对拟上市公司改制辅导的监管工作，及时高效完成对山西证券、振东制药和辰兴房地产等公司的辅导验收。(2)支持已上市公司再融资，做好再融资持续监管。认真审阅相关材料，及时为西山煤电、煤气化发行公司债和安泰集团非公开发行，出具再融资持续监管意见。积极做好太钢不锈、山西三维再融资后的持续监管，持续督促公司兑现再融资承诺。(3)高度关注高风险公司，做好辖区ST公司风险排查和跟踪工作。(4)持续做好上市公司并购重组监管。

【证券经营机构基础制度建设】 1.着手开展经纪业务营销监管，提升客户服务和客户管理水平。(1)通过摸底调查和回访，摸清各机构经纪业务营销底数。(2)督促各机构对其营销人员的行为承担起管理责任，进一步完善内部管理制度，建立检查维护机制，提升后台技术支持系统水平，切实加强培训和管理，规范执业行为，抓好客户服务和客户管理。(3)研究制定以经纪业务营销活动为核心的营业部综合性现场检查工作方案和工作底稿，采用多种检查方式，卓有成效地开展现场检查工作。(4)对于确定实施证券经纪人制度的2家公司，通过例会、检查等方式审慎指导其着手制定经纪人制度实施方案，建立经纪人管理制度。(5)先后下发4个专门文件，召开多次专题会议，研究安排创业板投资者适当性管理及投资者教育工作，确保创业板平稳有序推出。

2.强化信息化建设和信息安全监管，保障证券交易持续正常进行。(1)进一步明确山西证监局信息化工作领导小组及其办公室工作职责和工作机制，完善与相关部门的沟通协作机制，整合业内信息技术专家顾问资源，促进辖区证券行业信息安全保障组织体系建设。(2)针对2008年行业信息系统安全大检查中发现的问题，建立辖区信息系统安全台账，对各机构整改情况进行持续跟踪检查。(3)为进一步提高各机构电力系统和消防系统安全保障水平，配备发电机和机房自动气体灭火系统。(4)明确信息化建设与信息安全情况通报工作实施要求，完善通报工作联络、汇总、分析、编报机制。(5)在省市公安部门的紧密配合下，积极指导2家公司开展重要信息系统安全等级保护定级备案工作。

3.完善制度，推动证券公司合规管理工作有效开展。(1)建立合规管理定期沟通、定期现场督查、以违规事件为导向的有效性评估、合规总监事前审核和合规谈话等五项配套工作机制，力求推动证券公司提高合规管理工作的独立性、有效性。(2)开展专项检查，使公司合规管理工作更加精到。

4.2009年，针对2家公司风控指标动态监控系统初步建立、存在缺陷的状况，进一步督导和推动其完善动态监控工作制度流程，加大投入改造监控系统，建立和完善行业风控指标、流动性和财务状况的敏感性分析和压力测试机制，改进和增强系统的风险监测、评估和预警功能，确保动态风控系统发挥重要作用。

【优化证券营业网点布局】(1)按照“适度竞争，稳步放开，逐年增加”的原则，引进优质券商在辖区内新设证券营业部，增强市场竞争活力。(2)以规范证券服务部为契机，引导有关机构加大投入，扩充人员，完善系统，改进服务。(3)指导和帮助辖区两家证券公司调整网点分布结构，到外省市设置新网点，拓展经纪业务区域范围，提高经纪业务市场占有率，提升公司盈利能力。通过营业网点迁址、新设、规范，逐步形成适度有序的良性竞争态势。

【期货经营机构监管】(1)加强日常监管，夯实市场基础性工作。注重及时沟通与指导，更好地发挥净资本监管工作的作用；充分发挥“电子眼”功能，切实做好期货保证金安全存管工作；开展期货公司合规现场检查和整改验收工作；加强对期货公司从业人员的管理。(2)督促辖区期货经营机构切实落实开户实名制，做好统一开户系统准备与上线工作。要求机构进一步完善现有开户流程和风险管理制度，严格执行开户审核制度；通过强化现场检查对影像资料采集、保存等存在的不足及时加以指导，促使其按要求严格规范；加强统一开户系统各项准备工作的督导，确保辖区5家期货公司统一开户系统工作如期启动。(3)强化对首席风险官及其他高管人员的监管，督促公司完善法人治理结构。2009年，5家期货公司全部完成首席风险官的设立工作。(4)组织分类监管首评工作，推动期货公司规范运作。本着公平、公正的原则，山西证监局按时完成辖区期货公司分类监管自评与初审的试评工作。(5)以信息系统安全运行为重点，持续做好辖区期货公司维稳工作。进一步建立完善信息安全运行通报机制，严格落实信息安全责任制，切实提升期货公司网络与信息安全能力；加强辖区期货公司网络病毒安全防护工作；及时完成期货公司重要信息系统安全等级保护定级备案的督促与审核工作；开展信息安全应急演练现场检查工作。

【维护证券市场稳定】(1)2009年依法对3起涉嫌内幕交易案件进行非正式调查和移交，对3起涉嫌市场操纵案件进行协查，维护辖区市场的正常秩序。(2)与省公安厅联合进行打击非法证券活动专项调研活动；对辖区海润投资公司非法发行股票及辖区部分电视台、广播电台等媒体的非法证券投资咨询活动进行查处和整治。全年非法证券活动投诉量同比显著下降。(3)不断完善信访工作机制，确立领导干部责任到位，信访部门工作到位，机关处室配合到位，监管工作跟进到位的“四到位”体制，形成全局信访工作合力。全年共处理信访投诉265件，其中受理群众来信23件，接听来电227人次，接待个体来访15批次21人次，办结率达到了100%。

（靳莉莉）

教　育

【教育经费收入与支出】 2009年全省教育经费收入380.91亿元，其中预算内教育经费拨款（不含教育费附加）269.48亿元，较上年增长17.20%；各级政府征收用于教育的税费收入达22.79亿元，较上年减少10.88%；企业办学教育经费1.22亿元，比上年减少7.59%；民办学校中举办者投入经费2.08亿元，较上年减少17.51%；社会捐集资办学经费0.82亿元，较上年增长2.77%；事业收入75.14亿元，较上年增长7.81%；其他收入5.14亿元，较上年的2.98亿元增长72.48%。

2009年全省地方教育和其他部门教育经费总支出346.15亿元，较上年增长13.22%。教育部门教育经费总支出327.21亿元，较上年增长13.48%。

2009年教育部门事业性经费总支出318.10亿元，比上年的280.43亿元增长13.43%。其中：个人部分支出200.82亿元，比上年的177.94亿元增长12.86%；公用部分支出117.27亿元，比上年的102.49亿元增长14.42%。普通高校事业性支出44.95亿元，其中：个人部分支出25.84亿元，占事业性支出的57.49%；公用部分支出19.10亿元，占事业性支出的42.51%。普通高中支出42.24亿元，其中：个人部分支出22.36亿元，占事业性支出的52.94%；公用部分支出19.88亿元，占事业性支出的47.06%。普通初中支出70.09亿元，其中：个人部分支出45.53亿元，占事业性支出的64.96%；公用部分支出24.56亿元，占事业性支出的35.04%。农村初中支出39.52亿元，其中个人部分支出25.59亿元，占事业性支出的64.75%；公用部分支出24.56亿元，占事业性支出的35.25%。中等职业学校支出20.59亿元，其中：个人部分支出11.99亿元，占事业性支出的58.23%;公用部分支出8.6亿元，占事业性支出的41.77%。小学支出114.84亿元，其中：个人部分支出82.49亿元，占事业性支出的71.83%；公用部分支出32.35亿元，占事业性支出的28.17%。农村小学支出78.09亿元，其中：个人部分支出57.37亿元，占事业性支出的73.47%; 公用部分支出20.72亿元，占事业性支出的26.53%。

2009年度教育部门财政预算内教育事业费总支出237.02亿元，较上年的197.36亿元增长20.10%。其中个人部分支出174.88亿元，比上年的151.28亿元增长15.60%；公用部分支出62.14亿元，比上年的46.08亿元增长34.85%。普通高校预算内事业性支出24.49亿元，其中个人部分支出17.53亿元，占事业性支出的71.58%；公用部分支出6.96亿元，占事业性支出的28.42%。普通高中预算内事业性支出23.80亿元，其中个人部分支出17.94亿元，占事业性支出的75.38%;公用部分支出5.86亿元，占事业性支出的24.62%。普通初中预算内事业性支出60.87亿元，其中个人部分支出42.63亿元，占事业性支出的70.03%；公用部分支出18.25亿元，占事业性支出的29.97%。农村初中预算内事业性支出36.49亿元，其中个人部分支出24.92亿元，占事业性支出的68.29%；公用部分支出11.57亿元，占事业性支出的31.71%。中等职业学校预算内事业性支出12.56亿元，其中个人部分支出10.05亿元，占事业性支出的80.02%；公用部分支出2.51亿元，占事业性支出的19.98%。小学预算内事业性支出100.71亿元，其中个人部分支出76.27亿元，占事业性支出的75.73%；公用部分支出24.44亿元，占事业性支出的24.27%。农村小学预算内事业性支出71.27亿元，其中个人部分支出54.46亿元，占事业性支出的76.41%；公用部分支出16.81亿元，占事业性支出的23.59%。

落实《教育法》规定的“三个增长”的情况。

1.全省各级人民政府预算内教育拨款增长速度与财政经常性收入的增长速度比较（由于2009年全省财政经常性收入数据尚未计算出来，所以此处采用一般预算收入计算）。

2009年全省各级人民政府预算内教育拨款（不包括城市教育费附加）为269.48亿元，比上年增长17.2%。同年全省财政一般预算收入完成805.8亿元，增长7.7%，全省预算内教育拨款增长速度高于财政一般预算收入的增长速度9.5%。

2.各类教育生均预算内教育事业

费支出增长情况。

2009 年全省普通小学、普通初中、普通高中、中等职业学校、普通高等学校生均预算内教育事业费支出情况是：

全省普通小学生均预算内教育事业费支出 3430.75 元，较上年增长 27.52%，其中：农村普通小学生均预算内教育事业费支出为 3851.42 元，比上年增长 28.93%。

全省普通初中生均预算内教育事业费 4036.01 元，较上年增长 25.14%，其中：农村普通初中生均预算内教育事业费支出 4541.40 元，较上年增长 29.9%。

全省普通高中生均预算内教育事业费支出 3536.40 元，较上年增长 13.64%。

全省中等职业学校生均预算内教育事业费支出 4259.36 元，较上年降低 7.99%。

全省普通高等学校生均预算内教育事业费支出 5881.77 元，较上年增长 12.63%。

3. 各类教育生均预算内公用经费支出增长情况。

2009 年全省普通小学、普通初中、普通高中、中等职业学校、普通高等学校生均预算内公用经费增长情况是：

全省普通小学生均预算内公用经费支出 832.20 元，较上年增长 46.63%，其中：农村小学生均预算内公用经费支出 908.21 元，比上年增长 50.66%。

全省普通初中生均预算内公用经费支出 1208.41 元，比上年增长 46.04%，其中：农村普通初中生均预算内公用经费支出 1438.37 元，比上年增长 59.1%。

全省普通高中生均预算内公用经费支出 868 元，较上年增长 38.11%。

全省中等职业学校生均预算内公用经费支出 878.86 元，较上年降低 10.75%。

全省普通高校生均预算内公用经费支出 1670.54 元，较上年增长 18.34%。

【高校党建工作】 2 月 12 日，召开全省高校党建工作会议。省委副书记、省政协主席薛延忠出席会议并作重要讲话，省委常委、宣传部长胡苏平主持会议。会议回顾总结改革开放新时期山西省高校党的建设的宝贵经验，以开展深入学习实践科学发展观活动为主线，以培养中国特色社会主义合格建设者和可靠接班人为目标，认真研究和部署新时期高校党的建设工作。山西师范大学、山西财经大学、太原科技大学、运城学院和太原电力高等专科学校等五所学校党委就加强党员队伍建设、加强领导班子建设等方面作大会交流。

加强领导班子建设。配合省委组织部对高校领导班子进行了全面考核和补充调整，一批年富力强，有较高学术造诣和较强能力的中青年补充到领导班子中来，全省高校领导班子结构进一步优化，年龄结构更加合理。指导高校进行基层党组织换届选举，评选表彰一批高校先进基层党组织，太原理工大学党委等 93 个先进基层党组织、山西大学环境与资源学院党委书记林建亚等 100 名优秀基层党组织书记和山西大学文学院韩志强等 100 名优秀党员受到表彰。

【中小学校舍安全工程】 2009 年初，省政府将实施中小学校舍安全工程，维护、加固和改造 400 万平方米中小学校舍列为 2009 年为全省人民办的十件实事之一。各级政府高度重视，加大投入，有关部门协调配合、精心实施、合力攻坚。全省各级教育行政部门全力组织实施。一是做好规划，细化责任。在上年排查的基础上，按照国家要求，完成新一轮排查鉴定工作。认真做好中小学校布点规划、三年校舍改造总体规划和分年度实施计划，制订每一所学校的加固改造方案，明确总体目标和阶段性任务。二是制定政策，完善制度。会同有关部门制定下发《中小学校舍安全工程建设项目管理办法》《中小学校舍安全工程资金管理办法》《关于对中小学校舍安全工程进行督导检查的实施意见》和《校舍新建改扩建与加固技术导则》等，对中小学校舍安全工程项目的立项、规划、建设、监理、验收以及资金管理等作了明确规定，指导各地开展工程建设。三是多方筹资，落实经费。据统计，2009 年全省累计投入中小学校舍安全改造资金 45.48 亿元（其中：中央和省财政 18.76 亿元，市县配套 14.73 亿元，其他资金 11.99 亿元）。在确保政府投入的基础上，广泛宣传、积极引导社会各界开展捐助活动，对捐款 100 万元以上的单位和个人报请省政府授予“捐资助教先进单位”和“捐资助教功臣”称号。四是建立机制，强化督查。教育厅建立厅领导联系地市、处室联系县区工作制度，组织厅机关干部深入基层进行督查。并抽调 30 余名懂管理、懂基建、懂财务的专业人员，由省督学带队对所有建设项目进行两次全面督查，相关督查结果报省政府向全省通报。经过全省上下的共同努力，2009 年全省累计完成改造任务 506 万平方米，超额 106 万平方米。

【大学生思想政治教育工作】 进一步加强高校思想政治理论课工作，6 月 17~18 日在长治医学院召开全省高校思想政治理论课实践教学推进会。通过推进思想政治理论课实践教学工作，努力提高思想政治理论课的针对性和实效性，进一步巩固思想政治理论课在大学生思想政治教育中的主渠道地位。在山西师范大学召开第九届思政部主任论坛，评选表彰全省高校思想政治理论课“精彩多媒体课件”“优秀教学案例”和“精彩教案”。确定山西大学、太原科技大学、山西建筑职业技术学院为高校思想政治理论课督查试测学校。高校辅导员队伍建设得到加强建设。做好高校“学生心理健康教育与咨询中心”和“思想政治教育主题网站”建设工作。在高校扶持建设 12 个“大学生心理健康教育与咨询中心”和 8 个“高校思想政治教育主题网站”。截至年底，全省有近 40 家高校建立规范的心理健康教育与咨询中心；15 所高校建立高校思想政治教育主题网站，多数高校建立思想政治教育主题网页。

【未成年人思想道德建设】 加强德

育示范学校管理,完成对首期203所德育示范学校的复查。加强中小学生心理健康教育工作。6月15~16日在长治市召开全省中小学生心理辅导室建设工作会议,进一步推进全省中小学校心理辅导室建设。继续推进中小学生行为习惯养成教育工作。下发《关于继续推进全省中小学生行为习惯养成教育工作的通知》,进一步明确行为习惯养成教育的内容,创新养成教育工作的方法和途径,确保此项工作取得实效。10月,在晋中市太谷县召开全省中小学养成教育区域推进现场会,学习推广晋中市养成教育区域推进做法。做好中小学弘扬和培育民族精神月活动,以庆祝新中国成立60周年为主题,在全省中小学开展"中小学弘扬和培育民族精神月"系列活动。

【教师队伍建设】 平稳推进义务教育绩效工资改革,出台《义务教育学校教师绩效考核工作实施办法(试行)》《义务教育学校校长、书记绩效考核工作实施办法(试行)》《中小学教师职业道德考核办法(试行)》《中小学校师德建设工作考核办法(试行)》与《山西省义务教育学校教师工作量参考标准(试行)》,建立绩效工资考核指标体系,以考核带动中小学教师队伍建设和人事制度改革,推动教师向农村流动。在国家、省扶贫开发工作重点县实施"农村义务教育学校教师特设岗位计划"和"农村中学教育硕士师资计划",公开招聘4000名高校毕业生和80名教育硕士到贫困县800所农村学校任教,引导和鼓励高校毕业生从事农村教育工作,逐步解决农村师资总量不足和结构不合理等问题,提高农村学校教师队伍整体素质。加强教师继续教育,围绕学习贯彻《义务教育法》,提高教师现代教学技能和教学创新能力开展全员培训。强化师德师风建设,制订中小学校师德建设工作考核办法和中小学教师职业道德考核办法,在教师职称评定、评模奖励时将师德师风作为重要依据,实行一票否决。

【庆祝教师节暨表彰大会】 9月8日上午,隆重举行庆祝2009年教师节暨表彰先进大会,对全国和全省模范教师、优秀教师、德育和思想政治教育先进个人,全国和全省教育系统先进集体、先进工作者、优秀教育工作者,以及捐资助教先进单位和先进个人进行表彰奖励。省委副书记、省长王君出席大会并作讲话。他强调,全省广大教师和教育工作者要忠诚党的教育事业,努力践行胡锦涛总书记对教师提出的"四点希望",始终把师德建设放在首位,不断提高思想素质和业务水平,树立为人师表、教书育人的良好形象。会议由省委副书记、省政协主席薛延忠主持,副省长张平宣读表彰决定,省政协副主席令政策等省领导出席会议。省教育厅在并厅领导、省人力资源和社会保障厅、省发展和改革委员会、省财政厅、省妇联、省教育工会的负责人也出席了会议。

【语言文字工作】 推进二、三类城市语言文字工作评估达标工作。原平市、高平市等10个县(市、区)评为语言文字工作三类达标城市,山西大学、太原理工大学等17所学校被命名为国家级语言文字规范化示范校。推动"中华诵""中华赞"活动的深入开展,举办山西省"中华诵2009经典诵读大赛",并于3月31日成功承办了全国"中华诵·2009经典诵读晚会(清明篇)",在全省上下掀起了对中华优秀传统文化和祖国语言文字的学习热潮。

【山西教育60周年成就展暨书画作品展】 9月25日,山西教育60年成就展暨全省教育系统庆祝新中国成立60周年书画作品展在省实验中学举行。副省长张平、省教育厅厅长李东福分别作了讲话。省委副书记、省政协主席薛延忠出席并宣布展览开幕。全国政协人口资源环境委员会副主任、原省政协主席刘泽民,省委常委、宣传部长胡苏平,省人大常委会副主任安焕晓,省政协副主席韩儒英,省军区副政委谢玉久,原省级老领导以及省委统战部等厅局单位的负责同志出席并参观展览。山西教育60年成就展是山西省教育厅为庆祝中华人民共和国成立60周年举行的一项重要活动。展览分三个部分,近900余幅图片图表,全面反映60年来山西教育所取得的辉煌成就,充分展示实行改革开放、贯彻科学发展观以来山西教育事业发生的历史巨变。

【《山西省实施〈中华人民共和国义务教育法〉办法》颁布】 《山西省实施〈中华人民共和国义务教育法〉办法》于11月26日在山西省第十一届人民代表大会常务委员会第十三次会议上修订通过,于2010年1月1日起施行。新修订的《山西省实施〈中华人民共和国义务教育法〉办法》对义务教育阶段的学生、教师、学校、教育教学、经费保障以及法律责任等方面作出一系列具体规定,是落实《义务教育法》、保障九年义务教育、提高教育质量、促进人的全面发展的一个重要的地方性法规。

【学校安全稳定工作】 2009年初,制定并由省政府下发《全省学校安全专项整治工作方案》,在全省各级各类学校全面开展安全专项整治,消除一批影响安全稳定的矛盾和隐患。制定下发2009年全省中小学(幼儿园)安全管理工作意见,指导、督促各市、县(区)进一步完善安全管理各项制度。5月,按照省政府应急办《山西省防灾减灾宣传周活动方案》要求,结合山西省教育工作实际,认真组织开展全省教育系统防灾减灾宣传周活动,提高自救互救能力。5月4日下发《关于推行校方责任险完善校园伤害事故风险管理机制的实施意见》,在全省中小学全面推行校方责任险,完善安全事故风险管理机制。

【群防群控甲型H1N1流感】 面对秋冬季甲型H1N1流感疫情持续、迅速蔓延的严峻防控工作形势,在省甲型H1N1流感防控工作领导协调组的指导下,省政府多次组织召开"全省学校甲型H1N1流感防控工作会议",安排部署流感防控工作。教育厅相继制定下发《山西省教育厅关于印发山西省教育系统甲型H1N1流感防控工作应急预案》等一系列文件，积极安排部署学校落实甲型H1N1流感防控的各项工作，并与省卫生部门联合组成督导检查组，对全省各级各类学校通过抽查和实地调研相结合的方式，督促各地各校积极应对，联防联控，依法科学处置，扎实做好各项防控工作。通过与卫生部门的密切配合和各省教育系统群防群控甲型流感，有效遏制疫情的发生，在维护师生健康和正常教学秩序方面取得积极成效。

【建立贫困家庭学生政策资助体系】 在普通高校建立健全以国家奖学金、国家励志奖学金、国家助学金和国家助学贷款为主体的助学体系，普遍开通新生入学"绿色通道"。2008~2009学年，山西省获国家奖学金学生共836人，发放金额共计669万元，全部为中央资金。获励志奖学金学生共14534人，发放金额共计7267万元，其中：中央资金4535.2万元，省级资金2575.1万元，市级资金156.7万元。普通本科高校、高等职业学校国家助学金受助学生106800人，发放金额共计21360万元，其中：中央资金13540万元，省级资金7372万元，市级资金448万元。从2009年秋季开学起全面启动生源地信用助学贷款工作，切实保证考上公办普通高校的学生不因家庭经济困难而失学。2009年因推动助学贷款工作力度大，获国家奖励资金2400万元。在中等职业学校建立健全国家助学金制度，并着手实施农村家庭困难和涉农专业中职生免除学费制度，开展全省500所中职学校管理人员的业务培训工作。

【教育法制建设】 落实国家和山西省教育系统"五五"普法规划，全面推进教育系统普法工作，与团省委等7部门开展"为了明天——法律进校园"青少年法制宣传教育活动。根据省委依法治省领导组《关于组织2008年度全省公职人员法律知识考试的通知》精神，组织全省各级各类大中小学及中等职业学校教师和学校的其他公职人员、教育厅机关及厅直属单位全体公职人员、各高校和各省直中等专业学校的校级以上领导同志43万人参加考试。深入开展创建依法治校示范校活动，山西师范大学、太原工业学院等7所高校通过审核并报送省委依法治省办审查验收。

【毕业生就业工作】 面对受国际金融危机影响就业形势进一步严峻的情况，5月，省政府办公厅下发《关于加强全省普通高等学校毕业生就业工作的实施意见》，从鼓励和引导高校毕业生到城乡基层就业、鼓励中小企业和非公有制企业招聘毕业生等七个方面提出具体的意见和措施，努力增强学生创业能力，推动学生到基层就业。围绕增加岗位，教育厅出台促进高校毕业生就业的十项政策措施：与组织部密切配合，选聘近1万名高校毕业生到村任职工作，实现省委确定的一村一名大学生计划；选聘4500名高校毕业生参加"农村义务教育阶段学校教师特设岗位计划"；选聘600名高校毕业生到基层支教、支农、支医实施"三支一扶"计划；组织10000名高校毕业生到山西省各类企业进行就业见习；组织有关科研项目单位聘用2000名高校毕业生担任研究助理，参与研究工作；积极开发城乡基层社会服务和公共管理类公益岗位，安置5000名就业困难的高校毕业生；招募公安干警900余人；组织实施各级事业单位公开招聘工作，全省下达事业单位增人计划20000余名；鼓励高校毕业生应征入伍服义务兵役。这些措施共提供毕业生就业岗位60000余个，占全部毕业生人数的35%。同时，以校园市场为依托积极举办"天天招聘"等各类招聘活动。全省高校毕业生就业率达到75%以上。

【规范办学行为】 制定下发《关于认真落实山西省人民政府办公厅〈关于进一步加强普通高中教育管理工作的意见〉的紧急通知》，就高中教育管理的热点问题，特别是高考信息管理等方面问题进行全面规范。并对4所违规宣传高考成绩的高中学校在全省范围内进行通报批评和行政处理。建立中职学校办学资质清查制度，对全省教育系统管理的504所中等职业学校的办学资质进行全面清查，取消48所学校办学资格；对68所存在问题的学校，限期一年整改。对8所独立学院开展教学工作检查，检查结果作为今后本科专业设置和招生计划安排的重要依据。省教育厅组织各市教育行政部门、各主办学校和有关专家对各校(函授站)教学工作进行抽查、突查，并将教学检查的结果作为2010年函授站年检的重要依据，促进山西省成人高等教育教学质量进一步提高。

【教育交流与合作】 加强国际合作与交流，2009年共选派出国留学人员94人次，留学人员回国103人。新聘、延聘268名外国文教专家、外籍教师，接受、延期留学生61人。审核、批准教育系统短期出国合作研究、参加国际学术会议、短期出国考察及赴港、澳、台进行学习或学术交流百余人次，接待来自美国、日本、俄罗斯、澳大利亚、新西兰、意大利、阿富汗亚美尼亚、泰国等国家的教育代表团30余次，组织73名高中生分两批参加中日政府高中生交流项目；遴选2名高中生参加2009年度中国高中生访问日本(长期)项目。加强省筹资金留学回国人员科研资助管理工作，全年共落实资助项目87项，资助经费445万元。继续强化对自费出国留学中介服务机构和中外合作办学的管理，审批山西大同大学4个专业中外合作办学项目。加大汉语国际推广力度，山西大学、太原理工大学分别获准承担美国费佛尔大学孔子学院、牙买加西印度大学莫纳分校孔子学院的建设工作。全省在亚洲、美洲、拉丁美洲建立4家孔子学院，其中亚美尼亚孔子学院、阿富汗孔子学院、美国费佛尔大学孔子学院均已举行了挂牌仪式。

·基础教育·

【概述】 2009年，全省有小学14722所(其中单人校2246所)，比上年减少2445所；在校学生304.69万人，比上年减少16.65万人；招生43.08万人，比上年减少4.4万人；毕业生58.38万人，比上年增加3.17万人。其中：民办小学校258所，在校生20.4万人，分别占小学校数和在校生数的1.75%和6.69%，均比上年有所增加。小学学龄儿童净入学率99.88%，比上年提高0.02个百分点。小学毕业生升学率为99.93%。小学教职工有210015人，比上年减少51人，其中专任教师193657人，比上年增加279人；小学专任教师学历合格率为99.68%，比上年提高0.08个百分点。全省小学校舍建筑面积1813.74万平方米，比上年增加15.68万平方米，生均校舍建筑面积5.90平方米，比上年增加0.3平方米。

初中阶段教育（包括普通初中、职业初中）共有学校2356所，比上年减少119所；招生58.34万人，比上年增加3.31万人；在校生数174.27万人，比上年减少5.1万人；毕业生数62.13万人，比上年增加0.22万人。普通初中校数2316所（含九年一贯制学校393所），比上年减少111所；招生57.96万人，比上年增加3.53万人；在校生172.68万人，比上年减少4.6万人；普通初中毕业生61.54万人，比上年增加0.5万人。普通初中专任教师119901人，比上年增加228人。普通初中校舍建筑总面积1288.29万平方米，比上年增加59.22万平方米。职业初中校数40所，比上年减少8所；招生3813人，比上年减少2153人；在校生15880人，比上年减少5011人；毕业生5894人，比上年减少2768人。职业初中专任教师1107人，比上年减少264人，专任教师学历合格率96.84%，比上年提高0.71个百分点。职业初中校舍建筑总面积为16.15万平方米。

【农村义务教育经费保障机制】不断完善义务教育经费保障机制的落实，保证基层学校的正常运转。2009年普遍提高家庭经济困难寄宿学生生活补助标准和农村中小学校生均公用经费标准，将农村小学生均公用经费补助标准从上年每生254元、城镇284元统一提高到329元，农村初中从上年每生392元、城镇427元统一提高到530元。解决了学校冬季取暖经费问题。

【义务教育水平均衡发展】立足城乡一体化要求，6月制定出台《山西省义务教育阶段中小学办学标准（试行）》及配套政策文件，对教师管理、经费投入、部门职责等重大问题作出明确规定，大力推进中小学建设和管理实现标准化规范化。组织专家对2008年通过义务教育标准化建设初评的17个县（市、区）进行复查和复评，对按规划2009年、2010年拟接受评估验收的42个县（市、区）进行指导。开展了“农村中小学现代远程教育工作教学应用年”活动，远程教育资源库建设和教学应用指导工作得到加强。加大中考改革力度，进一步提高将优质高中招生指标分配到初中学校的比例。

【普通高中教育】全省普通高中学校数（含初高中合设）544所，比上年减少15所；招生277882人，比上年增加7488人，增长2.77%；在校生805659人，比上年增加22722人，增长2.9%；毕业生251434人，比上年减少7355人，降低2.84%。其中：民办普通高中学校数183所，在校生167028人，分别占普通高中总校数和在校生数的33.64%和20.73%。普通高中专任教师51447人，比上年增加2185人。普通高中校舍建筑总面积1293.84万平方米，比上年增加62.61万平方米。加强示范高中建设，组织专家对2007年通过初评的24所学校和2008年初评通过的38所学校进行复评。全省共有108所高中学校通过省级示范高中学校的评估验收。11月，召开省示范高中专家组座谈会议和全省高中教育工作会，对6年来山西省示范高中建设工程工作进行全面总结。

【素质教育】普通高中新课程实验工作稳步推进。制定下发《普通高中校本课程开发与实施指导意见（试行）》和《普通高中通用技术课程实施指导意见（试行）》。认真组织实施学生综合发展报告制度工作，全面运行学生综合发展报告电子管理系统，积极推进评价考试制度改革。继续扎实组织普通高中新课程实验培训工作。青少年校外活动中心建设项目达到106个。“阳光体育”活动广泛开展。4月，省委、省政府联合下发《关于加强青少年体育增强青少年体质的实施意见》。成功举办“汾酒·竹叶青杯”山西省大、中（第17届）学生田径运动会。

【特殊教育和学前教育】2009年全省幼儿园4354所，比上年减少132所，在园幼儿（包括学前班）64.29万人，比上年增加4.07万人。其中：民办幼儿园1417所，占全省幼儿园总数的32.54%；在园幼儿数为20.18万人，占在园幼儿总数的31.39%，均比上年有所增加。学前三年毛入园率为51.12%。特殊教育学校45所，招生1257人，比上年减少208人；在校生8809人，比上年增加919人；毕业生607人，比上年减少61人；专任教师1163人，比上年增加58人。

年初下发《山西省关于加强乡（镇）中心幼儿园建设工作的意见》，推进乡（镇）中心幼儿园建设。对五台县等5个基本满足学前三年教育的县（市、区）进行评估验收，使通过验收的县达到81个。

认真贯彻第四次全国特教会议精神，起草《关于进一步加快特殊教育事业发展的意见》；组织安排全省特殊教育情况专项调研工作，完成特殊教育情况调研报告；5月份举办全省特殊教育培智专业教师基本功大赛，6月份配合教育部和中国教育学会特教分会在山西省举办全国培智学校“启智杯”（中西部）青年教师基本功大赛。全省有两位教师获得一等奖。

·职业教育·

【概述】2009年中等职业教育（包括普通中等技术学校、职业高中、技工学校和成人中专）共有学校588所，比上年减少42所；共计招生271874人，比上年增加31823人；在校学生

686606 人，比上年增加 49334 人；毕业生 184625 人，比上年减少 2662 人。普通中等技术学校有 93 所，其中民办学校 15 所。普通中专共计招生 83940 人，比上年减少 281 人；在校生 222703 人，比上年增加 877 人；毕业生 75602 人，比上年减少 1518 人。教职工有 11918 人，其中专任教师 7147 人，比上年增加 279 人，师生比为 1:31.16。学校占地面积 503.81 万平方米，比上年减少 7.16 万平方米；校舍建筑总面积为 257.46 万平方米，比上年增加 3.1 万平方米。职业高中有 258 所，比上年减少 31 所；招生 118226 人，比上年增加 20075 人，增长 20.45%；在校生 279970 人，比上年增加 23452 人，增长 9.14%；毕业生 70865 人，比上年增加 8046 人，增长 12.81%。专任教师 12328 人，比上年增加 480 人；专任教师学历合格率 74.68%，比上年提高 4.91%。校舍建筑总面积为 239.17 万平方米，比上年增加 13.88 万平方米。成人中等专业学校有 128 所，招生 32918 人（全日制 5847 人，非全日制 27071 人），比上年增加 22391 人；在校生 49496 人（全日制 10462 人，非全日制 39034 人），比上年增加 22181 人；毕业生 6404 人，比上年减少 2553 人；教职工 4760 人，专任教师 3177 人。

【中职招生工作】 狠抓中职招生工作，积极开展面向农村青年、返乡农民工、下岗失业人员、退役军人和企业一线员工的招生工作。结合山西省煤炭企业兼并重组、技术升级的实际需要，送教下矿，对煤矿关键技术岗位从业人员实施中等职业教育；结合加强农村基层组织建设和促进科技致富的实际需要，开展送教下乡，选定 4 所农业类学校试点，培养农村"双带头人"。2009 年共完成招生任务 27 万人，基本实现中等职业教育与普通高中教育招生规模大体相当。

【职业教育基础能力建设】 积极申报中央财政支持的职业教育实训基地建设项目，有 9 所中等职业学校和 4 所高等职业学校获得通过，同时启动中职学校省级实训基地建设项目，支持 10 所学校建设省级实训基地每个项目由省财政支持 100 万元，学校主管部门配套 100 万元，用于实训基地，设施设备购置。努力推动县级职教中心建设，22 个县通过县级职教中心评估验收。

【职业院校学生技能大赛】 5 月，山西省教育厅、山西省劳动竞赛委员会、山西省劳动和社会保障厅共同举办"山西省第三届职业院校技能大赛"，大赛共分电工电子、计算机、烹饪等 17 个专业，200 多个学校 1623 名选手参加各专业技能比赛项目，大赛共决出一等奖 158 个，二等奖 298 个，三等奖 449 个。在 2009 年全国职业院校技能大赛上，由 16 所职业院校的 99 名选手，组成山西代表团，参加全部项目比赛，共获得 2 个一等奖、8 个二等奖、21 个三等奖。

【职业院校德育工作】 组织中职学校德育课程教师参加德育课程新大纲、新教材培训。组织全省中等职业学校师生参加第六届全国中等职业学校"文明风采"竞赛活动，共获得 9 个一等奖、36 个二等奖、27 个三等奖。

·成人教育·

【概述】 成人高等教育继续以学历教育为基础，重点放在岗位培训、技术教育、短期培训、专业证书教育和大学后的继续教育上。有成人高等学校有 15 所，与上年持平。成人高等学校有教职工 3365 人，比上年增加 27 人，其中专任教师 2000 人，比上年增加 34 人，专任教师中副高级以上职称的占专任教师总数的 38.70%，比上年提高 0.04%。具有研究生及以上学历学位的教师占专任教师总数的 14.95%，比上年增加 1.55%。成人高校占地面积 97.31 万平方米（折合土地 1460 亩），校舍建筑面积 82.26 万平方米，教学行政用房建筑面积 38.67 万平方米，学生宿舍建筑面积 18.24 万平方米，图书资料 221.84 万册，固定资产值 62494.15 万元，教学仪器设备值 16298.04 万元。成人高等教育非学历教育中资格证书培训 15272 人结业，岗位培训 16944 人结业，进修及培训结业 49810 人，在校生 13303 人。其中民办的其他高等教育机构 39 个，自考助学班招生 5843 人，在校生 8785 人，结业生 1403 人。成人技术培训学校 7713 所，其中职工技术培训学校(机构)161 所(其中民办 13 所)，农村成人文化技术培训学校 6821 所(其中民办 12 所)，其他培训机构(含社会培训机构)731 所(其中民办 705 所)。2009 年共培训结业职工、农民 205.41 万人(次)，其中结业职工 80.16 万人(次)，农民 104.98 万人(次)。有注册学生 207.56 万人。成人技术培训学校共有教职工 24168 人，专任教师 10714 人。成人初等学校 3295 所，2009 年注册学生数 93864 人(次)，结业生数 97382 人(次)，其中扫盲班结业生数 7903 人（次）。共有教职工 4106 人，专任教师 1847 人；其中扫盲班教职工 1375 人，专任教师 985 人。

【农村教育改革】 2009 年出台学习型乡镇建设的标准和评估验收方案，在全省范围内进行学习型乡镇创建活动，继续在全省范围内推进科教兴乡、兴县工程。全省共有 48 个县(市、区)、907 个乡镇达到省定的科教兴乡标准。建立和完善文盲和脱盲人员档案，加大扫除剩余文盲的力度。全省全年完成了 2 万人的扫盲（15 周岁~50 周岁）任务，其中扫除青年文盲(15 周岁~24 周岁)5000 人。

【成人高等教育】 完成 2009 年高等学校在晋函授站年检工作，年检合格的函授站共 164 个。建立山西省成人高等教育教学检查工作机制，加大成人高等教育教学监督检查工作力度，重点对 8 所承担"煤矿五长班"教学任务的院校和 4 所医学类院校的教学情况进行检查，保证煤矿五长班和医学类成人院校的教育教学质量。顺利完成 2009 年成人高等教育学生学籍和毕业生电子注册工作。

【民办教育】 2009 年加大对民办教育的扶持力度。深入贯彻落实《民办教育促进法》及《实施条例》，在深入调研和广泛征求意见的基础上,由省政府办公厅出台《关于进一步促进我省民办教育发展的意见》和山西省《民办学校办学风险保证金提取及管理办法》,并结合山西省民办学校实际,制订《〈民办学校办学风险保证金提取及管理办法〉实施办法》。完成42所在山西省境内招生的民办学校招生简章和广告备案工作。批准山西广泰财贸专修学院、山西华维信息技术专修学院等4所民办非学历高等教育机构成立。组织各市对民办学校特别是民办培训机构招生工作治理整顿的专项检查,进一步规范民办学校的办学行为。

·高等教育·

【概述】 全省有普通高等学校63所,比上年增加2所。招生176312人(其中:普通本科59545人、独立学院本科18189人、高职高专87673人、五年制高职转入10905人),比上年的184316人减少8004人,减少4.34%。在校生547391人(其中:普通本科201982人、独立学院本科67995人、高职高专233876人、五年制高职转入43538人),比上年的526756人增加20635人,增长3.92%。毕业生153422人,比上年的141214人增加12208人,增长8.6%。普通高校有教职工56804人,比上年增加1387人,其中专任教师35863人,比上年增加978人。普通高校占地面积2633.89万平方米(折合39548亩)。校舍建筑面积1484.53万平方米,生均校舍建筑面积27.12平方米,比上年减少0.01平方米。学生宿舍面积338.55万平方米,生均学生宿舍面积6.18平方米,比上年减少0.09平方米。

【高等教育质量工程】 实施高等教育强校工程初见成效。2009年遴选出教学名师55名、省级优秀教学团队19个、省级人才培养模式创新实验区9个、省级精品课程73门、实验教学示范中心18个,评选并支持大学生创新性实验项目103个。在省级建设基础上,国家质量工程建设项目取得新进展。长治医学院魏武荣获第五届高等学校教学名师奖;有4个教学团队为国家级教学团队;有8门高职课程批准为国家精品课程;山西医科大学的临床技能实验教学中心、太原理工大学设计艺术实验教学中心补评为国家级实验教学示范中心;山西师范大学被列为第二批(2009年度)教师教育人才培养模式创新实验区;4所高职院校的实训基地列入国家中央财政支持的建设项目。还有7项教学改革成果被评为国家级教学成果二等奖,11个专业评为国家级特色专业。新增太原师范学院现当代文学、大同大学凝聚态物理、长治医学院内科学为省重点建设学科,忻州师范学院中国古代文学、运城学院管理科学与工程为省重点扶持学科。山西财政税务专科学校通过“国家示范性高等职业院校建设计划”立项建设院校项目验收,山西煤炭职业技术学院通过“国家示范性高等职业院校建设计划”培育院校验收。山西工程职业技术学院代表队在大学生数模竞赛中获得高职组全国第一名。

【高职高专人才培养工作评估】 2009年根据制定下发的《山西省高等职业院校人才培养工作评估实施细则》和《山西省高职院校人才培养工作评估操作规程》,全面启动山西省新一轮的高职院校人才培养工作评估。成立新一届评估委员会,组建由教育专家与一线教师、行业专家组成的评估专家库。完成对忻州职业技术学院、山西警官职业学院、山西华澳商贸职业学院等三所院校的评估任务。率先成立高职院校评估数据中心,按照教育部统一要求,实施山西省《高等职业院校人才培养工作状态数据采集平台》的建设、采集、上报和管理工作。

【高层次人才队伍建设】 太原理工大学以刘旭光为带头人的团队入选教育部“优秀创新团队支持计划”,又有6人入选教育部“新世纪优秀人才支持计划”。遴选出2009年度山西省高等学校优秀创新团队1个、中青年拔尖创新人才9人、优秀青年学术带头人31人。截至2009年全省高校共有优秀创新团队13个,中青年拔尖创新人才45人、优秀青年学术带头人159人。组织有关高校申报和遴选海外高层次人才,向省委组织部申报太原理工大学于伟泳、王进、高利珍3人为“千人计划”;山西大学等7所高校的朱坤炎等16人为“百人计划”。下发《关于做好高等学校引进海外高层次人才工作的通知》,对今后5年到10年的引才工作作出安排,对提高导师队伍建设具有重要的促进作用。通过评审后确定8名高等学校重点学科引进海外高层次人才。

【高校科技创新】 2009年高校又新增博士后科研流动站12个,教育部工程研究中心1个,获国家技术发明二等奖1项,国家教学成果奖7项,1人被评为国家教学名师,4个团队为国家教学团队。加强创新平台建设。中北大学“微纳惯性传感与集成测量”工程中心成为教育部工程研究中心。新增2个山西省高校人文社科重点研究基地,全省高校共有教育部人文社科重点研究基地1个,省级人文社科重点研究基地12个。国家重大科学研究计划项目实现零的突破,山西大学王海作为首席科学家承担国家重大科学研究计划项目“基于光场量子态的量子信息研究”,项目经费2400万元。这是科技部于2006年启动重大科学研究计划以来,山西省首次主持承担该类计划。高校承担的国家自然科学基金项目首次突破100项,共承担国家自然基金126项,项目经费3951万元,占全省总数的92%和93%;与2008年相比,项目数和项目经费分别增长46.5%和23.3%。承担国家社科基金14项,占全省项目总数的82.4%;承担教育部哲学社会科学研究项目37项,项目经费239.5万元,其中人文社会科学重点研究基地重大项目2项,项目经费各20万元。承担省发改委“十二五”规划项目24项。遴选出高校科技研究开发项目42项,资助经费100万元;高校高新技术产业化项目22项,资助经费100万元,重点支持与山西产业结构调整紧密结合的项目。遴选出哲学社会科学研究一般项目75项（含2008年34项），资助经费130万元；遴选出哲学社会科学研究基地项目20项，资助经费100万元，支持和鼓励全省高校人文社科重点研究基地围绕山西省经济社会发展的重大问题选题，取得高质量的系列成果。

【启动国家大学科技园建设】 2009年以中北大学科技园为基础，联合山西大学、太原理工大学、太原科技大学等高校建设的山西中北大学科技园，被科技部、教育部批准成为国家级大学科技园，填补山西省国家级大学科技园的空白。园区建筑面积2万平方米，孵化面积1万平方米；入驻企业及机构66家（校外企业9家），其中在孵企业58家，涉及电子信息、装备制造、新能源与节能技术、化工与环境保护、现代交通等多个领域；园区从业人员1253人，授权专利20多项，培训学生及社会人员3000多人。

【重大成果奖励】 太原理工大学许并社获得国家技术发明二等奖，山西省高校连续6年获得国家级科学技术奖励。遴选出山西省高等学校科学技术奖75项，其中一等奖35项，并向省科技厅推荐参加省科学技术奖的评选。修订《山西省高等学校科学研究优秀成果奖(人文社会科学)奖励办法》，遴选出山西省高等学校科学研究优秀成果奖（人文社会科学)99项(一等奖40项)，其中有7项获得教育部奖励（二等奖2项、三等奖5项)，是山西省高校获奖最多的年份。山西师范大学戏曲文物人文社科重点研究基地被文化部授予“非物质文化遗产保护工作先进集体”。

【高等教育信息化建设】 CERNET省网中心的依托单位太原理工大学荣获中国教育和科研计算机网管理委员会颁发的“突出贡献奖”。制订多种应急预案，确保高考网上录取、研究生网上报名、录取等工作的顺利进行。召开“山西省教育科研计算机网和高校信息化建设会议”；建成可容纳70个标准机柜、面积200平方米的CERNET省网中心标准核心机房，并投入运行；建成CERNET网络运行监控中心，可及时了解和掌握接入中国教育与科研计算机网的全省各高校的网络运行状况，实现实时监控，为确保CERNET信息安全奠定基础。

【研究生教育】 全省共有培养研究生单位12个，其中：普通高校9个，科研机构3个。全省共计招生8031人(其中博士生421人、硕士生7610人)，比上年6919人增加1112人，增长16.07%；在学研究生21556人(其中博士生1654人、硕士生19902人），比上年的18938人增加2618人，增长13.82%；毕业生5498人(其中博士生281人、硕士生5217人)，比上年的4728人增加770人，增长16.29%。

新增山西财经大学为法律硕士专业学位研究生培养单位，山西师范大学为体育硕士专业学位研究生培养单位，山西大学为艺术硕士专业学位研究生培养单位，山西财经大学为高级管理人员工商管理硕士专业学位研究生培养单位。

【实施研究生创新计划】 2009年评选出研究生教育优秀创新项目108项，其中优秀项目22项。启动研究生教育精品课程和优秀教材评选工作，评选出山西大学《国学概论》等8门精品课程、5部研究生教育优秀教材。评选出优秀博士学位论文10篇、优秀硕士学位论文24篇。山西大学光学专业苏晓龙论文《连续变量四组份纠缠光场产生和量子保密通信研究》获优秀博士论文提名奖。为发挥导师和团队在研究生教育中的作用，评选出山西大学梁爱华等14名优秀导师和山西大学理论物理学科等9个优秀导师团队。

【研究生教育创新中心管理】 2009年教育厅与省经委联合对已建成的5个山西省研究生教育创新中心进行考核评价，综合专家现场评价结果及网上材料上报情况，确定煤矿装备、煤矿工程、汾酒工程3个研究生创新中心为良好，催化技术、装备制造2个中心为合格。为了推进研究生教育培养、管理模式改革，加强创新型人才培养力度，鼓励高校教师及研究生长期深入企业从事研发及技术服务，对进入校企联合培养研究生创新中心从事研究和创新工作的在读研究生进行毕业考核和导师考核，会同省经委对进入中心并符合要求的学生颁发《研究生创新中心实践经历证书》。 （侯文一 张湘滔）

科 技

【概述】 1.2009年，山西省科技厅举办多期次企业高管知识产权培训和基层科技管理干部能力培训，联合有关厅局开展“科技人员服务企业行动”，全省各级科技部门派出科技特派员1370余人。发挥科技计划的引导作用，对全省十大产业振兴规划项目，给予大额度的研发经费支持。与有关机构合作，从资金上保障企业渡难关、抓住机遇求发展。2009年新认定的69家高新技术企业共享受税收优惠政策3.93亿元。浦发、中信、交通三家银行共为全省科技型中小企业提供贷款10亿元。

2.开发科技资源，提升科技基础实力。新组建太钢“先进不锈钢材料国家重点实验室”，新组建太重“矿山重型装备山西省（企业）重点实验室”。新认定山西焦煤集团有限公司等26家创新型企业，山西佰源智能科技有限公司等151家民营科技企业，培育山西佳鑫食业有限责任公司等3家农产品深加工企业。截至2009年末，全省民营科技总数已达1011家。2009年度对全省的562家民营科技企业进行统计，其中长期职工数量为130291人，工业总产值为628.54亿元，工业增加值为173.16亿元。认定的民营科技企业都为各市、县科技含量高、经济效益好、资源消耗低、环境污染少的典型企业，涉及领域为煤炭、化工、机械、农业及农副产品加工、电子通信、计算机系统集成、软件开发、生物医药、煤炭深加工、金属及非金属冶炼加工、食品与饮料制造加工、皮革与纺织服装制造加工、专用设备制造等20多个领域近100多个行业。

启动山西大学等9家省级国际科技合作基地,中电集团二所等3家单位被授予国家级国际科技合作基地。山西软件园被认定为国家软件产业基地,新认定中北大学国家大学科技园。中国辐射防护研究院等2家机构晋级国家级技术转移示范机构。山西省成为科技部"中药现代化科技产业基地省",成为生产力促进中心体系建设重点省试点。新建设长治市、右玉县2个国家级可持续发展试验区。长治等4个市、屯留等17个县区成为2007~2008年度全国科技进步考核先进市、县(区),泽州县成为国家科技进步示范县。山西大学张靖团队被认定为国家自然科学基金创新团队,量子调控研究项目获得国家重大科学研究计划资助经费2400万元。专利申请量持续增长,全年申请专利6823件,比上年增长26.6%。全省新登记科技成果300多项,新评选省科学技术奖191项。累计争取国家立项180项,争取国家科技计划资金1.9亿元。5个项目获国家科技奖励。引进海外人才千人计划2人,百人计划16人,杰出青年基金获得者1人。

3.推进企业主体促进工程,提高企业技术创新能力。山西省"一类一策"企业主体促进工程取得明显成效。企业申请专利2296件,增长36.7%,占全省申请总量的33.6%。太钢产品和技术综合开发能力达到国际水平。专利增长率连年保持在50%以上,2009年专利申请374件,平均每天都有一项专利产生。参与技术提升和转型的企业数量明显增加,全省技术合同市场交易额近4年一直保持高速增长,继2008年成为中部地区技术吸纳大省之后,2009年技术交易额为中西部九省之首。

省化工研究所和省应化所的中试基地共实现销售收入1.7亿元,创利税近4300万元。一批中小企业正在由"制造产品"向"既制造产品,又研究技术,还制定标准"的创新型企业迈进。山西华诚睿光(中国)生物科技有限公司在承担省科技创新计划"奶牛乳房炎综合防控技术"项目中,研发推出便携式体细胞速测产品,同时制定牛奶质量体细胞数SCC重要指标,列入新制订的国家乳品质量安全强制性标准。高新技术企业山西虹安科技股份有限公司首创呼吸器防护工程学理论体系,主持制订的《自给闭路式压缩氧气呼吸器标准》、参与制订的《呼吸器用复合气瓶生产定期检验与评定标准》都成为国家标准。

【产业关键技术创新】 调动社会资源组织实施重大科技项目攻关,一批创新计划取得优异成绩。太阳能多晶硅制造关键设备铸锭炉,提升了该行业的技术水准。乐百利特公司成为世界首家实现130流明1瓦高亮度LED光源量产的企业。太原风华信息装备股份有限公司"LCD偏光片贴附机研发和产业化"项目,提升了中国LCD生产线制造装备系统工艺解决能力。省化工研究所成功开发出能耗低、质量好的成核剂产品,立项不足一年累计生产45吨,试销38吨,取得良好的经济效益。

2009年9月28日,被誉为"中国综采巨无霸"的国内首套年产千万吨级综采成套设备在太重煤机成功下线。该项目的研制工作,组织9个单位联合,发挥产学研用机制的优势,在立项阶段就确定设备承接使用单位,从根本上打通科技—产品—产业—效益的科技经济一体化链条,创立科技与经济相结合的科技创新新模式。

【提升传统产业素质和培育新兴产业】 山西省承担的大型煤炭基地高效集约化开采关键装备与技术、全矿井数字化安全生产监测监控及重大灾害预警系统的研究、煤炭开发利用副产物利用关键技术开发等国家科技支撑计划项目,大部分课题已进入工业试验阶段。项目开发新产品40个,新技术、新工艺、新材料10项,新上中试线8条。申请专利105项,其中发明专利47项,获得授权专利23项,其中发明专利8项;研究制定技术标准13项,完成研究报告、论文121篇。

中电二所等批量生产装备的国内龙头企业,依靠自主创新完成多线切割机、硅料清洗机、光伏电池电极电镀装置等关键设备试制、试用。潞安集团5000吨高纯多晶硅、万吨级工业硅项目正在建设中。

以中国北车集团永济电机厂为龙头的山西风能产业正在形成。具有完全自主知识产权的1.5兆瓦空空冷却双馈风力发电机,成为国内风力发电机的主力机型。807千瓦永磁直驱风力发电机研发成功并出口韩国,标志着我国风电制造企业已具备大型永磁电机研发及制造能力。

半导体照明技术研究和产业化,形成从生产设备、芯片制备、器件封装到集成应用的比较完整的产业链。通过镁业科技专项的引导,以闻喜银光镁业、广灵镁业、太原富士康和太原同翔为重点的镁合金大截面型材、宽幅板材、汽车零部件加工的生产基地正在形成。

太原国家高新区形成以中科合成油为代表的煤化工技术研发,以罗克佳华、中绿环保为代表的环保节能产业,以耐特斯达、澳易思为代表的软件与服务外包产业,以问天科技为代表的文化创意产业等创新型、特色化、集群式发展的高新技术产业格局。实现科工贸总收入920亿元,同比增长8.2%,实现出口创汇2亿美元。

长治高新区着力改善基础设施,成立科创担保有限公司,建立中小企业创业创新辅导基地,全区科工贸总收入完成189亿元。

【农业科技创新和服务】 始终把良种选育和旱作节水技术作为农业科技创新的核心,继续组织实施"主要农作物优种科技创新""山西省旱作节水高效农业综合配套技术研究与示范"等重大专项。新育农作物新品种76个。玉米品种"大丰26号"亩产达到1149.3千克。"强盛51号"亩产达到1224.9千克,创下山西省玉米单产记录。全省小麦丰产方平均亩产达到369.9千克,旱作小麦新品种"长6878"亩产达到616.3千克,创造山西省旱地小麦产量的最高纪录。旱作节水技术已经形成了7套比较成熟的模式，在全省推广17342公顷，使玉米增产40%，杂豆增产46.3%。

全省新型农村科技服务体系建设继续推进，启动星火科技12396信息服务工作，省级服务中心建设和相关科技服务的基础条件有序进展。选派370人作为省农村技术承包科技特派员，服务农村发展。晋城、太原的蚕桑、蜂业和蔬菜等三个特派员创业链得到科技部的认定。实施科技抗旱减灾和科技对口援助行动，帮扶地震灾区茂县建立畜牧、果树、蔬菜、保鲜加工和中药材等5个科技示范基地。科技富民强县专项计划为推动县域经济发展发挥了突出作用。

【科技惠民】 在环境保护方面，实施“工矿区土地复垦与生态重建研究与示范”“黄土高原退化草地植被恢复及草食畜生产关键技术研究与示范”等项目；在节能减排方面，实施“镁合金制备过程中节能减排关键技术研究”“矿井瓦斯抽放及瓦斯高效利用技术研究”等项目；在人口健康方面，实施“中药产业化基地省建设”科技工程，加强对22个医学重点学科支持力度。

【科技公共服务】 加强科技发展战略研究和技术预测，编制《山西省传统产业与新兴产业技术发展状况研究》，发布面向全社会的技术指南目录，与有关部门联合出台《山西省科普基地认定管理办法》。

科技文献、科学基础数据、自然科技资源、大型科学仪器共享、技术转移与专业创新六大基础条件平台建设进一步完善。“大型科学仪器应用公共实验室”成为大学生实习和研究人员攻关的实验基地。

产学研合作正在向整体性、长期性、战略性的高层次跨越。山西大学与三维集团合作的“四氢呋喃聚合制PTMEG固体酸催化剂的研究开发”项目，将形成自主知识产权的煤下游精细化学品集成化的生产工艺和技术，突破相关技术瓶颈和技术垄断。

（陈红科）

测　绘

【概述】 2009年省测绘局直属事业单位完成千万元以上项目5个，百万元以上项目25个，50万元以上项目9个，测绘产值和服务值达到1.27亿元，比计划增长23%，同比增长60%，在全国排名由2008年的第16位前移到第10位。5大成果深入推广，服务领域持续延伸。1件实事落到实处，在2007年、2008年7个市基本完成数据库建设的基础上，2009年有3个市基本完成数据采集，1个市启动市级基础测绘，2010年有望全部建成市级基础地理信息数据库。

【重点项目建设】 数字太原地理空间框架项目于7月15日全国第一家通过国家测绘局组织的竣工验收。同日在太原召开项目建设汇报及成果发布推广会。省委常委、常务副省长申联彬，国土资源部副部长、国家测绘局局长许德明，国家测绘局党组成员、副局长李维森、办公室主任吴兆琪，省政府副秘书长王纯，省国土资源厅厅长李建功，省国土资源厅副厅长、省测绘局局长牛来有，太原市委副书记、市长张兵生等领导出席会议。中国科学院院士陈俊勇、中国工程院院士刘先林、院士张祖勋等11位专家组成的验收委员会一致认为：数字太原地理空间框架建设项目圆满完成了各项任务，具有典型的示范作用和应用推广价值，一致同意通过验收。利用该成果建设的环保、药监、基准地价、人防、公共服务等5个应用示范系统取得明显成效。来自国家测绘局有关司室和直属单位、全国29个省（自治区、直辖市）、太原市有关部门和各县（市、区）的代表300余人参加了会议。太原市被国家测绘局授予“全国数字城市示范市”称号。

晋城、晋中两市列入国家测绘局数字城市地理空间框架建设示范城市。12月23日数字晋城地理空间框架建设工程设计书评审暨共建共享合作协议签署仪式在晋城市举行，国家测绘局国土测绘司司长张燕平，省国土资源厅副厅长、省测绘局局长牛来有，晋城市副市长贾联亭出席会议并讲话。多名专家组成的评审组对该项目建设工程设计书进行评审。会上，与会专家听取工程设计书设计情况汇报，进行专家质询与答疑，认为该项目设计书提出的建设内容符合晋城市经济社会发展的需求，采用的技术路线和方法先进、可行，符合国家有关标准和基本技术规定，一致同意通过评审。张燕平、王喜瑞、贾联亭

省测绘局地图编绘　　（杜永刚提供）

分别代表国家测绘局、省测绘局、晋城市政府签署数字晋城地理空间框架共建共享合作协议书。

完成的山西省连续运行基准网及综合服务系统(SXCORS)项目于年12月22日、27日先后通过专家验收和成果鉴定。这是继广东、江苏之后,全国第三家建成的省级连续运行基准网及综合服务系统,项目总投资2000多万元,是山西省“十一五”基础测绘重点项目之一,是实现省域现代化、大众化地球空间信息服务的重要基础设施,是山西省继高精度三维大地基准及似大地水准面确立之后又一个大地测量新成果。专家认为该项目成果实现多项技术创新,整体水平达到国际先进,为目前国内精度最高的省级CORS系统之一。

完成山西省重要地理信息统计分析系统建设。该项目充分利用现有基础地理信息数据资源,综合考虑山西自然与人文地理实体的状况、省情和社会需要、技术手段的有效性、已有数据资源的占有、前人工作的程度和性质、人力、财力、物力和时间要求等因素,确定山西重要地理信息数据获取、统计、分析的范围和内容,完善地理信息变化统计分析与数据库更新的技术和工艺流程,促进了测绘学科与相关学科的结合,全力推进地理信息服务技术体系建设和地理信息产品的社会化应用。

完成山西省896公里明长城长度测量和省汾河流域生态环境治理修复与保护信息系统建设。配合国家测绘局完成中国大陆构造环境监测网络项目、国家GNSS连续运行基准站项目的相关工作。省地理信息公共服务平台项目建设进展顺利,完成项目投入800万元。2.5米分辨率的数据、一期硬件设备、前期配套软件通过政府采购全部到位(包括平台管理和分发服务软件等),并与有关单位签订了技术合作协议。

及时向国土部门提供覆盖全省的数字高程模型和2600余幅1:10000正射影像图,完成全省116个县的1:10000坡度数据制作,为完成第二次土地调查奠定了基础。省重要地理信息统计分析系统项目通过国家测绘局验收。省国土资源生态环境地质灾害卫星遥感动态监测系统、矿产资源执法监察遥感监测系统、汾河主河道流域生态地理环境影像信息系统、高精度数字高程模型、三维激光测量技术应用系统建设等项目正在积极实施。省地质博物馆测绘展厅内容设计方案通过专家评审,布展的前期工作全部就绪。

积极参加全国地理信息应用成果及地图展览会。山西省展出的五台山主峰高程测量幻影成像、“数字太原”地理空间框架建设成果、遥感调查与监测、山西地理文化组图屏风、电子翻书等展品受到广泛关注,山西省测绘局被国家测绘局授予最佳设计奖和优秀组织奖。同时,这些成果也参加了全省庆祝建国60周年成就展。

【基础数据更新】 省级基础测绘更新进展顺利。完成1000余幅1:10000基础地理信息数据采集,开展1:50000数据库的更新。完成全省GPSD级网的建立,形成统一的地籍测量控制起算基准,有效保障第二次土地调查工作的测绘精度和总体进度。市县级基础测绘步伐加快。太原、晋城、晋中、长治、阳泉、临汾、朔州等市加大投入更新基础地理信息,建立和完善市级数据库,扎实有效推进县级基础测绘工作。吕梁市全面启动市级基础测绘工作,大同市要求各县(区)高度重视基础测绘规划的落实。

【测绘保障能力提高】 2009年全省测绘部门为社会提供各种比例尺地形图7714幅、成果数据8068幅、各种控制点8222个、航片2216片。编制新版《省领导工作用图》和《领导工作用图》,为省交通战备、煤炭运销、铁路、公安、教育等部门制作20多种专题地图共计4900余幅。完成省交通管理、河道管护信息系统建设,省林业信息采集管理系统的数据处理、山西电信网络优化系统的数据制作等工作。完成太旧二通道、天大等高速公路测量,山西临县—柳林—临汾天然气(煤层气)利用工程、石膏山水库等10多项遥感环境评价项目和省第二次土地调查的相关任务。主动为抢险救灾和应对突发性事件服务,2009年2月22日屯兰煤矿发生矿难,省测绘局及时提供的古交市数字地图和三维地理信息演示成果在中央电视台当天的晚间新闻中引用。

利用引进的新技术新设备,相继完成苏州市ADS40影像处理、长江水利委员会四川摄区ADS40数字航空摄影测量等项目,涉及面积8900平方千米。

各市充分发挥测绘优势,积极主动为社会服务,取得明显成效。太原市为国土规划修编、“百校兴学”工

为山西省政府制作的模型沙盘　(杜永刚提供)

程、西山片区改造、新客站建设规划、山西大医院规划等重点项目提供各种比例尺地形图1300余幅。长治市采取送货上门、特事特办的办法,简化办事程序,提升服务保障效率。阳泉市建立地籍管理、矿山管理、土地利用等信息数据库,积极推进信息资源共享。

【专项整治工作】 按照全国地理信息市场专项整治工作领导小组的部署,与省军区、安全、保密、工商、新闻出版等部门共同组织实施了全省地理信息市场专项整治工作,加大对涉外、涉军测绘的监管力度,采取积极措施强化涉密测绘成果管理。长治市及时制止一名美籍男子对某军工企业的非法测绘行为,依法遏制某合资企业在军事设施附近进行违法勘测的行为,采取措施及时制止日本以无偿援助我国贫困地区和考察地质、地貌、佛教遗迹、历史名胜等名义进行违法测绘、收集地理、地貌、气象等信息数据的行为;太原市查实某外资公司使用专用GPS接收机在太原市地图、电子地图上测量并标注太原移动基站信息及对应基站所在单位名称等重要地理信息,报请有关部门及时上报国家安全部,引起高度重视,维护国家安全和地理信息市场秩序。

省测绘局行政审批厅共接收并受理各项行政许可申请490件。为16家新申请单位办理“测绘资质证书”,办理测绘作业证212本,完成测绘资质复审换证和年度注册工作。完成地图审核27项、测绘成果审批410项。完成长治市188块测量标志警示牌设立和32座测量标志的维修工作。开展测绘成果质量监督检查工作,强化质量管理。

各市以地理信息市场专项整治为契机,结合实际组织开展多项执法检查,规范市场秩序。晋城、临汾、阳泉、吕梁等市开展地图市场检查,晋中、朔州等市开展房产测绘专项检查。吕梁市强化测绘项目登记,开展涉煤单位检查。长治市健全测量标志管理体系,实现测量标志有偿保管。

【提升技术装备水平】 2009年是山西省测绘设施建设投入较大、技术装备实力大幅提升的一年。投入1000多万元引进的拓普康IP-S2移动测量系统以及示范基地为亚洲首家。投入2800多万元引进的“像素工厂”软件、ADS80航摄数码传感器与ALS60机载激光扫描系统,走在了全国前列。投资300余万元建成测绘成果高清立体演示系统,实现测绘成果的三维仿真显示,为宣传测绘、推进成果应用提供展示平台。遥感、地理信息数据处理、地图编制等方面的设备与软件都进行升级换代。

【科技成果】 建成具有自主知识产权的省以工代赈管理信息系统,经专家鉴定达到国际先进水平。参与完成的我国区域精密高程基准面建立的关键技术及推广应用项目,获国家科学技术进步奖二等奖。完成的太原市数字航摄土地测绘项目,获中国测绘学会2009年优秀测绘工程银奖。省高精度三维大地基准的建立及似大地水准面的确定、ADS40数字航空摄影测量生产体系研究,两个项目分别获省科技进步二等奖、三等奖,成果应用也取得明显效益。省国防动员综合应用系统获军队科技进步二等奖。周耀学、杨爱民分别获得2009年省“科技奉献奖”个人一、二等奖。

(杜永刚)

煤炭地质

【概述】 山西省煤炭地质局主要从事煤炭资源及其延伸产业勘查、规划、科研、施工。截至2009年底,全局有9个下属单位和6个直属单位,共有职工7000余人,在职专业技术人员1455人。其中,中高级职称技术人员634人,享受国务院特殊津贴等荣誉的高级专家7人。成为拥有煤炭、煤层气资源勘查与评价,钻探与地球物理勘探,地质测量与地形测绘,水文地质、工程地质、环境地质、灾害地质勘查与治理,“3S”与信息技术,矿山应急抢险与地质司法鉴定,制图与印刷等多专业构成的煤炭地质综合勘查与科研队伍。拥有全省最全面、最翔实、最权威的煤炭地质资料。2009年全局共完成货币收入9.3亿元,同比增长13%。其中,对外创收7.6亿元,增长16%;全局资产总额达到10亿元,同比增长7.8%;全局人均对外创收15.7万元,相当于人均净资产的近两倍,较上年增长24.1%;在职职工年人均收入3.6万元,较上年增长21%;在岗职工年人均收入4.1万元,较上年增长29%。

【“10350”目标】 2009年,省煤炭地质局经反复研讨论证,提出今后3年“10350”的目标,即从2009年开始到2011年,实现全局对外创收10亿元,其中延伸产业达到3亿元;在职职工

省煤炭地质局与山西省煤炭企业战略合作座谈会 (马 涛提供)

年工资水平达到5万元;重大伤亡事故为“0”。

【地质产业】 2009年全局共开动钻机164台,完成钻探进尺44万米,三维地震58279个物理点,测量面积4437平方公里。新发现煤炭资源量70亿吨,提高储量级别47亿吨;竣工水井30多眼,日出水量3.5万立方米,可满足10万人生活用水。

【科研项目】 2009年,开展和完成多项国家及省重点课题和科研报告。(1)《山西省煤炭资源有效保障能力分析》,编写报告22份、图纸82张、统计附表22本,对全省22个规划矿区的煤炭生产、勘查状况、潜力预测进行分析,研究成果收获较大。(2)《山西省煤炭(煤层气)资源潜力评价》课题,完成“资源远景区圈定和优选成果报告”,后续工作正在有序进行。(3)《矿山突水灾害预警系统的研究》(国家级)科研课题,各种装置和软件运行正常,正处于试验阶段。(4)中美合作《山西省CO_2排放状况调查及地质封存可行性研究》,符合低碳经济发展要求,意义十分重大,完成立项和审批前期工作。(5)山西省矿业权实地核查项目,完成野外作业和室内入库工作,通过省级验收。(6)“数字煤田”工程,第一阶段主流程已完成,即将投入使用。同时,省煤炭地质局114院在煤层气施工中固井、绳索取芯和深孔泥浆技术达到国际领先水平;144院在华晋焦煤沙曲矿瓦斯抽排项目施工中,完成孔径1.2米的国内最大口径生产井。

【省政府出台36号文件】 在省国土资源厅的支持下,经与省林业厅、省农业厅、省水利厅、省煤炭工业厅多次协调,3月19日,省政府办公厅出台《关于进一步加强全省煤炭地质和环境地质勘查工作的意见》(晋政办发〔2009〕36号)。主要集中在开辟与市、县政府沟通渠道;参加煤矿抢险救助;参与煤炭资源整合、煤矿企业兼并重组工作;开展地质环境及地质灾害监测、预警和综合治理工作;创新煤炭地质事业发展模式和加强煤炭地质队伍建设等6个方面。这是新中国成立以来山西省第一次以法规的形式专门对煤炭地质行业提升服务全省经济能力下发的重要文件。

【战略合作】 2009年与省煤炭地质局建立战略合作关系的大型企业达17家,其中煤炭企业12家,另外还包括中石油、中石化等。通过双方合作,在体制机制上进行突破和创新,深化战略合作的空间,有力拉动产业结构和增长方式转变,从而为提升技术管理、拓宽省内外市场、促进转型发展开辟新的通道。据不完全统计,2009年与各大企业共签订合同137份,合同金额超过5亿元。同时,与阿联酋东方地质工程技术公司通过合作,联合进入阿联酋、也门地勘市场,实现国际市场零的突破。 (马 涛)

水文水资源勘测

【降雨情况】 2009年全省年降水量475.8毫米,比多年平均值491.4毫米少15.6毫米,比上年降水量多9.4毫米,为近10年来降水量的第三个多水年(2003年632.0毫米、2007年518.6毫米)。年内1月、3月、4月、6月、7月、10月和12月为干旱少雨月份;2月、5月、8月、9月和11月为多雨月份。其中,2月和5月分别为近10年来第一多水年;11月份降水量35.8毫米,为1971年以来的第三多水年(1971年降水量为46.0毫米,1993年降水量43.6毫米),属异常偏多。1月、4月和6月为近10年来同期最干旱月份。2009年各市年降水量与多年平均值比较:大同市283.5毫米,比多年平均值少118.1毫米;朔州市298.7毫米,比多年平均值少79.0毫米;忻州市418.6毫米,比多年平均值少18.6毫米;太原市608.9毫米,比多年平均值多152.3毫米;晋中市498.5毫米,比多年平均值少4.4毫米;阳泉市628.6毫米,比多年平均值多126.7毫米;吕梁市596.1毫米,比多年平均值多109.2毫米;临汾市490.3毫米,比多年平均值少27.3毫米;运城市479.4毫米,比多年平均值少61.6毫米;长治市456.6毫米,比多年平均值少102.8毫米;晋城市480.9毫米,比多年平均值少94.9毫米。

2009年山西省汛前降水量占年降水总量的21.4%,汛期降水量占年降水总量的66.4%,汛后降水量占年降水总量的12.2%。

1.汛前降水。汛前(1~5月),降水量介于24.5毫米(广灵县)至223.2毫米(永济市)之间,降水呈北部少,中、南部多。全省降水量102.0毫米,比多年同期平均多13.2毫米,为近10年来第二多水年(上年同期降水量104.0毫米)。汛前各市平均降水量与多年同期平均比较:大同市43.3毫米,比多年同期平均少21.2毫米;朔州市41.9毫米,比多年同期平均少21.1毫米;忻州市46.5毫米,比多年同期平均少23.2毫米;太原市74.7毫米,与多年同期平均少5.6毫米;晋中市87.8毫米,比多年同期平均多4.4毫米;阳泉市79.5毫米,比多年同期平均多1.7毫米;吕梁市85.9毫米,比多年同期平均多2.8毫米;临汾市140.3毫米,比多年同期平均多43.0毫米;运城市167.8毫米,比多年同期平均多45.9毫米;长治市150.2毫米,比多年同期平均多49.7毫米;晋城市167.8毫米,比多年同期平均多53.2毫米。

1月份,山西省自上年10月中旬至2009年1月份,已持续3个多月干旱,全省平均降水量0.2毫米,比多年同期平均值少3.6毫米,为1971年以来第四个降水偏少年份,之前的1976年、1995年和1999年1月份无降水。在近10年内与2007年月降水量(0.3毫米)接近。

2月份,山西省除北部降水量偏少外,其余大部分降水异常偏多;月降水量介于0.2毫米~38.7毫米之间,全省平均降水量12.7毫米,比多年同期平均多6.7毫米,为近10年来降水最多的年份。主要降水过程有4次,分别发生在1~2日、7~8日、18日和25~26日,其中,7~8日中南部和忻州大部共计92个县(市)普降小到中雨或雨夹雪,有58个县市降水量在5毫米以上,12个县市降水量超过15毫米,稷山县降水量最大,达到19.7

毫米。

3月份，山西省除南部部分地区降水偏多外，其余大部分地区降水偏少；月降水量介于1.1毫米~29.4毫米之间，全省平均降水量11.3毫米，比多年同期平均少3.9毫米。主要降水过程有3次，分别发生在2~5日、11日和20日，其中，11日降水量最大，南部部分地区降中雨，日平均降水量在0.5毫米~13.6毫米之间。

4月份，山西省大部分地区降水量偏少，月降水量介于0.8毫米~29.1毫米之间，全省平均降水量10.2毫米，比多年同期平均少15.6毫米。为近10年来第一位少水年。主要降水过程有5次，分别发生在9~11日、13~15日、18日、22日和30日，其中，18日全省普降小到中雨，日平均降水量在0.3毫米~19.5毫米之间。

5月份，山西省北部降水量偏少，中部、南部降水量异常偏多；月降水量在6.4毫米~157.6毫米之间，全省平均降水量67.7毫米，比多年同期平均值多29.6毫米，接近1991年，为1971年以来历史降水第4位多水年（前3位分别是1983年、1985年、1998年）。5月份山西省出现三次大范围降水过程：9日出现2009年第一次暴雨天气，中南部部分地区降中到大雨，南部局部降暴雨，日平均降水量在0.5毫米~101毫米之间，有10个县（市）超过50毫米，长治市区最大达101毫米；16日中南部大部分地区降小雨，局部降中到大雨，日平均降水量在0.1毫米~27.6毫米之间；27~28日出现大范围降水，3天降水量在0.2毫米~62.3毫米之间，23个县市降大雨，24个县市降中雨，59个县市降小雨。

2.汛期降水。汛期（6~9月）山西省中部大部地区降水量偏多，南部和北部大部降水量偏少，降水量介于141.3毫米(侯马市)至555.9毫米(交城县)之间，全省平均降水量315.5毫米，比多年同期平均353.0毫米少37.5毫米。为近10年来第四位少水年，与2000年接近。

汛期各市平均降水量与多年同期平均比较：大同市203.3毫米，比多年同期平均值少105.6毫米；朔州市220.0毫米，比多年同期平均值少67.7毫米；忻州市335.7毫米，比多年同期平均值多2.1毫米；太原市473.3毫米，比多年同期平均值多136.2毫米；晋中市349.1毫米，比多年同期平均值少20.3毫米；阳泉市471.2毫米，比多年同期平均值多86.2毫米；吕梁市442.0毫米，比多年同期平均值多85.3毫米；临汾市286.7毫米，比多年同期平均值少73.3毫米；运城市243.0毫米，比多年同期平均值少103.1毫米；长治市242.5毫米，比多年同期平均值少157.0毫米；晋城市238.5毫米，比多年同期平均值少159.5毫米。

汛期（6~9月），有7个县（市、区）降水量大于500毫米。分别是：太原杏花岭区505.0毫米、太原尖草坪区503.8毫米、阳曲县503.4毫米、清徐县508.9毫米、阳泉矿区501.4毫米、方山县526.1毫米、交城县555.9毫米。

6月份，山西省降水量介于4.4毫米（祁县）至90.3毫米（吉县）之间，全省平均降水量27.7毫米，比多年同期平均值少32.4毫米，是近10以来的第一少水年。全省仅有吉县(90.3毫米)、繁峙县(65.1毫米)和大宁县(58.5毫米)降水量多于多年同期平均值，其余116个县（市、区）都少于多年同期平均值。各市平均降水量为北部14.8毫米~28.6毫米，中部18.9毫米~37.0毫米，南部31.7毫米~42.7毫米。主要降水过程有两次，16日降水量在0.2毫米~34.9毫米之间；18日降水量在0.2毫米~30.4毫米之间。

7月份，山西省北部和南部降水量偏少，中部地区降水量偏多，基本在100毫米以上；降水量介于13.3毫米（阳城县）至193.8毫米（阳泉矿区）之间；全省平均降水量97.3毫米，比多年同期平均值少24.6毫米，是近10年以来的第四少水年（前3位分别是2008年、2002年和2005年）。各市平均降水量为北部72.1毫米~107.8毫米，中部110.1毫米~144.6毫米，南部56.6毫米~97.2毫米。主要降水过程有5次，其中，3次大范围的降水过程为7~8日全省大部分地区出现入汛后最强的降雨，降水量在0.4毫米~103.6毫米之间，有8个站累积雨量超过100毫米，其中最大的是交城县横尖站129.8毫米；16~17日降水量在0.2毫米~75.6毫米之间，有2个站累积雨量超过100毫米，其中最大的是榆社县社城站110.7毫米；19~20日降水量在0.3毫米~93.3毫米之间，有2个站累积雨量超过100毫米，其中最大的是安泽县李垣站达173.4

全国《水文基础设施建设及技术装备标准》编制座谈会

（梁述杰提供）

毫米。

8月份，山西省降水量介于23.3毫米(大同市矿区)至204.8毫米(太原杏花岭区)之间，北部部分地区和中部及南部大部分地区降水量偏多，太原市属显著偏多。全省月平均降水量111.3毫米，占汛期降水量的35%，与多年同期平均值持平，是近10年以来的第三多水年（前两位是2003年、2006年)。各市平均降水量为北部48.6毫米~116.3毫米，中部128.0毫米~176.1毫米，南部81.8毫米~101.4毫米。主要降水过程有5次，其中，降雨强度大、范围广的降水过程有3次，1~8日降水量在0.1毫米~71.2毫米之间，有2个站累积雨量超过100毫米，其中最大的是安泽县飞岭站139.3毫米；15~18日降水量在0.1毫米~86.1毫米之间；20~22日全省有15个县(市)降暴雨，34个县市降大雨，42个县市降中雨。降水量在0.1毫米~98.4毫米之间，有4个站累积雨量超过100毫米，其中最大的是交城县横尖站121毫米。

9月份，降水量介于32.2毫米(临猗县)至172.0毫米(太原尖草坪区)之间；全省月平均降水量79.3毫米，比多年同期平均值多17.6毫米。在近10年中第5个多水年（前4位是2003年、2005年、2002年、2008年)。各市平均降水量为北部57.2毫米~83.0毫米，中部91.2毫米~137.9毫米，南部53.0毫米~59.9毫米。主要降水过程有3次，分别发生在3~10日全省出现连续8天的连阴雨，有8个县(市)降暴雨，45个县(市)降大雨，150个县(市)降中雨，降水量分别在0.2毫米~130.8毫米之间；11~13日南部普降小到中雨，局部降大雨，2个县市降大雨，25个县市降中雨，18个县市降小雨；18~20日南部大部降中到大雨，降水量在1.3毫米~46.6毫米之间。

3.汛后降水。汛后(10~12月)，山西省除南部(运城市)偏少外，其余大部分地区降水量都偏多，降水量介于15.8毫米(五寨县)至93.9毫米(阳泉郊区)之间，全省平均降水量58.3毫米，比多年同期平均值多8.7毫米。为近10年来第四位多水年，与2007年接近。

汛后各市平均降水量与多年同期平均比较：大同市36.9毫米，比多年同期平均值多8.7毫米；朔州市36.8毫米，比多年同期平均值多9.8毫米；忻州市36.4毫米，比多年同期平均值多2.5毫米；太原市60.9毫米，比多年同期平均值多21.7毫米；晋中市61.6毫米，比多年同期平均值多11.5毫米；阳泉市77.9毫米，比多年同期平均值多38.8毫米；吕梁市68.2毫米，比多年同期平均值多21.1毫米；临汾市63.3毫米，比多年同期平均值多3.0毫米；运城市68.6毫米，比多年同期平均值少4.4毫米；长治市65.1毫米，比多年同期平均值多5.7毫米；晋城市74.6毫米，比多年同期平均值多11.4毫米。

10月份，山西省大部分地区降水量偏少，月内降水前期少、后期多；降水量介于6.2毫米~48.8毫米之间，全省月平均降水量20.3毫米，比多年同期平均值少12.1毫米。主要的降水过程有3次，分别发生在6~8日、10~11日和30日。各县(市)平均降水量分别在0.2毫米~19.4毫米、0.3毫米~20.7毫米和0.3毫米~22.8毫米之间。

11月份，受强冷暖空气影响，山西省出现有记录以来最强的大范围暴雪天气，全省降水量介于7.6毫米~68.8毫米之间，月平均降水量35.8毫米，比多年同期平均值多22.1毫米。为1971年以来的第三高值年，为近10年以来第一高值年，属于异常偏多月份。

11月9~13日，山西省大部分地区出现强降雪天气过程，其中，中部地区出现有统计资料以来的大暴雪。全省有79个县(市)出现历史同期最大值，17个县市出现历史同期次大值。最大降水量出现在阳泉市，达67.8厘米，积雪深度达48厘米，为百年不遇。

本次降雪从11月9日夜间开始，13日早晨结束。全省平均降水量29.2毫米，各市平均降水量为：大同市14.6厘米，朔州市8.7厘米，忻州市21.2厘米，阳泉市55.7厘米，晋中市34.7厘米，太原市43.厘米，吕梁市27.5厘米，临汾市30.9厘米，运城市29.6厘米，长治市33.7厘米，晋城市27.0厘米。这次降雪对山西农牧业、交通、城市基础设施、人民群众生产生活造成严重影响，山西大部分高速公路、机场封闭，市区交通压力增大。

12月份，山西省大部分地区降水量偏少，降水量介于0.1毫米~10.8毫米之间，全省月平均降水量2.3毫米，比多年同期平均值少1.3毫米。为近10年以来同期第四少水年(前三位是

山西省水文计算手册编制会议　（梁述杰提供）

2008年、2000年、2005年)。

主要的降水过程有两次,分别发生在7日和14~15日。其中,7日降水量在0.1毫米~3.4毫米之间;14~15日降水量在0.1毫米~7毫米之间。

【暴雨】 5月9日至9月19日,山西省大部分地区暴雨频繁发生,较大范围的暴雨主要发生在5月9日、7月6~8日、7月16日、7月19~21日和8月20~21日。

【雹情】 2009年全省有8个县(市)遭受不同程度冰雹袭击,导致部分地区房屋、农作物和牲畜受灾,造成一定程度的经济损失。据统计,冰雹粒径在10毫米~40毫米之间,降雹历时在9分钟~40分钟之间。

【河道水情】 2009年山西省各水文站年平均流量与多年均值相比,除汾河干流宁化堡站(宁武)、静乐站及河岔站(娄烦)、汾河支流涧河娄烦站及中西河岔口站(交城)偏多以外,其余站点均偏少。

各主要河道水文站年平均流量与多年均值比较:桑干河固定桥站(大同)0.531立方米/秒,比多年均值少5.06立方米/秒;唐河南水芦站(灵丘)0.822立方米/秒,比多年均值少2.06立方米/秒;滹沱河界河铺站(原平)1.01立方米/秒,比多年均值少5.01立方米/秒;南庄站(定襄)6.43立方米/秒,比多年均值少11.8立方米/秒;松溪河泉口站(昔阳)0.834立方米/秒,比多年均值少1.44立方米/秒;桃河阳泉站0.596立方米/秒,比多年均值少0.714立方米/秒;浊漳河石梁站(潞城)2.61立方米/秒,比多年均值少12.2立方米/秒;偏关河偏关站0.105立方米/秒,比多年均值少1.06立方米/秒;鄂河乡宁站0.017立方米/秒,比多年均值少0.239立方米/秒;汾河静乐站8.49立方米/秒,比多年均值多0.660立方米/秒;兰村站(太原)4.05立方米/秒,比多年均值少9.75立方米/秒;义棠站(介休)13.0立方米/秒,比多年均值少2.80立方米/秒;柴庄站(襄汾)11.8立方米/秒,比多年均值少21.7立方米/秒;潇河芦家庄站(寿阳)1.92立方米/秒,比多年均值少2.49立方米/秒;沁河飞岭站(安泽)0.924立方米/秒,比多年均值少5.82立方米/秒。除汾河静乐水文站偏多以外,其余站点均偏少。

1.汛前河道水情。2009年各水文站汛前平均流量与多年同期平均相比均偏少。其中部分站点出现断流现象,如永定河水系南洋河天镇站、壶流河广灵站,子牙河水系桃河旧街站(阳泉)和阳泉站,汾河水系冶峪沟河董茹站(太原)、静升河灵石站和续鲁峪河大交(续)站(翼城)。

2009年汛前各主要河道水文站平均流量与多年同期平均比较:桑干河固定桥站(大同)0.791立方米/秒,比多年同期平均少16.6立方米/秒;唐河南水芦站(灵丘)0.823立方米/秒,比多年同期平均少11.6立方米/秒;滹沱河界河铺站(原平)0.512立方米/秒,比多年同期平均少14.4立方米/秒;南庄站(定襄)5.90立方米/秒,比多年同期平均值少45.4立方米/秒;松溪河泉口站(昔阳)0.451立方米/秒,比多年同期平均值少4.44立方米/秒;桃河阳泉站河干;浊漳河石梁站2.42立方米/秒,比多年同期平均值少26.9立方米/秒;偏关河偏关站0.001立方米/秒,比多年同期平均值少2.33立方米/秒;鄂河乡宁站0.008立方米/秒,比多年同期平均值少0.245立方米/秒;汾河静乐站6.46立方米/秒,比多年同期平均值少12.7立方米/秒;兰村站(太原)7.01立方米/秒,比多年同期平均值少55.8立方米/秒;义棠站(介休)2.71立方米/秒,比多年同期平均值少26.9立方方

2009年山西省各县(市)雹情统计表

县(市)	站名	时间			冰雹粒径(毫米)	降雹历时(分钟)
		月	日	时:分		
灵丘县	南水芦	6	6	21:00	20	40
垣曲县	皋落	6	14	19:10	10	10
屯留县	北张店	6	15	16:50	30	9
沁县	里庄	6	15	16:00	40	12
屯留县	南坡	6	15	16:50	20	12
屯留县	芳草沟	6	15	16:40	40	10
屯留县	宜凤	6	15	16:40	10	25
汾西县	勍香	6	16	11:55	15	25
沁水县	王寨	6	16	13:00	20	30
阳泉矿区	吴家掌	7	23	17:00	15	25
高平市	牛村	7	24	14:20	28	10

米/秒;柴庄站(襄汾)4.78立方米/秒,比多年同期平均少81.6立方米/秒;潇河芦家庄站(寿阳)0.230立方米/秒,比多年同期平均值少7.19立方米/秒;沁河飞岭站(安泽)1.36立方米/秒,比多年同期平均值少11.8立方米/秒。

2.汛期河道水情。(1)汛期各主要河流控制站来水量。2009年汛期,山西省各主要河流控制站流域总面积为91499平方千米,径流总量43220万立方米,其中,海河流域面积40443平方千米,占总控制面积的44.2%,汛期径流量15518万立方米,占汛期径流总量的35.9%;黄河流域面积51056平方千米,占总控制面积的55.8%,汛期径流量27702万立方米,占汛期径流总量的64.1%。(2)汛期各主要河道水文站平均流量。2009年各水文站汛期平均流量与多年同期平均值相比均偏少。其中部分站点出现河流断流的现象,如永定河水系桑干河新桥站(应县)、御河孤山站(大同),汾河水系冶峪沟河董茹站(太原)、静升河灵石站和续鲁峪河大交(续)站(翼城)。

汛期各主要河道水文站平均流量与多年同期平均比较:桑干河固定桥站(大同)0.154立方米/秒,比多年同期平均值少40.9立方米/秒;唐河南水芦站(灵丘)0.813立方米/秒,比多年同期平均值少14.2立方米/秒;滹沱河界河铺站(原平)1.37立方米/秒,比多年同期平均值少36.5立方米/秒;南庄站(定襄)6.99立方米/秒,比多年同期平均少118立方米/秒;松溪河泉口站(昔阳)1.40立方米/秒,比多年同期平均值少16.7立方米/秒;桃河阳泉站1.72立方米/秒,比多年同期平均值少12.0立方米/秒;浊漳河石梁站(潞城)3.12立方米/秒,比多年同期平均值少112立方米/秒;偏关河偏关站0.316立方米/秒,比多年同期平均值少9.68立方米/秒;鄂河乡宁站0.035立方米/秒,比多年同期平均值少2.49立方米/秒;汾河静乐站6.83立方米/秒,比多年同期平均值少50.7立方米/秒;兰村站(太原)2.29立方米/秒,比多年同期平均值少79.4立方米/秒;义棠站(介休)28.4立方米/秒,比多年同期平均值少103立方米/秒;柴庄站(襄汾)22.9立方米/秒,比多年同期平均值少203立方米/秒;潇河芦家庄站(寿阳)4.14立方米/秒,比多年同期平均值少27.9立方米/秒;沁河飞岭站(安泽)0.645立方米/秒,比多年同期平均值少49.3立方米/秒。

3.洪水。山西省受降雨的影响,汾河、榆社河、屈产河、洪安涧河、松塔河和潇河等河流发生洪水,其他河流未发生大的洪水。

4.汛后河道水情。2009年各水文站汛后平均流量与多年同期平均值相比,除汾河干流宁化堡站(宁武)偏多以外,其余站点均偏少,部分站点出现河流断流的现象,如桑干河新桥站(应县)、南洋河天镇站、浑河镇子梁站(浑源)、壶流河广灵站、滹沱河上永兴站(繁峙)、桃河旧街站(阳泉)、偏关河偏关站、汾河水系冶峪沟河董茹站(太原)、静升河灵石站、洪安涧河东庄站(洪洞)和续鲁峪河大交站(翼城)。

汛后各主要河道水文站平均流量与多年同期平均值比较:桑干河固定桥站(大同)0.599立方米/秒,比多年同期平均值少6.43立方米/秒;唐河南水芦站(灵丘)0.833立方米/秒,比多年同期平均值少7.08立方米/秒;滹沱河界河铺站(原平)1.34立方米/秒,比多年同期平均值少10.7立方米/秒;南庄站(定襄)6.56立方米/秒,比多年同期平均值少34.2立方米/秒;松溪河泉口站(昔阳)0.713立方米/秒,比多年同期平均值少4.03立方米/秒;桃河阳泉站0.087立方米/秒,比多年同期平均值少1.56立方米/秒;浊漳河石梁站(潞城)2.26立方米/秒,比多年同期平均值少31.3立方米/秒;偏关河偏关站河干;鄂河乡宁站0.007立方米/秒,比多年同期平均值少0.260立方米/秒;汾河静乐站14.1立方米/秒,比多年同期平均值少1.50立方米/秒;兰村站(太原)1.45立方米/秒,比多年同期平均少18.6立方米/秒;义棠站(介休)9.65立方米/秒,比多年同期平均值少22.7立方米/秒;柴庄站8.66立方米/秒,比多年同期平均值少80.2立方米/秒;潇河芦家庄站(寿阳)1.77立方米/秒,比多年同期平均值少4.42立方米/秒;沁河飞岭站(安泽)0.560立方米/秒,比多年同期平均值多16.7立方米/秒。

【大中型水库蓄水情况】 1.汛初大中型水库蓄水情况。汛初全省50座大中型水库蓄水量统计:2009年汛初蓄水总量为6.52亿立方米,比年初少蓄0.72亿立方米,比上年同期少蓄0.41亿立方米,比多年同期平均值多蓄1.05亿立方米。

汛初全省8座大型水库蓄水量统计:2009年汛初蓄水总量为4.70亿立方米,占所有大中型水库汛初蓄水量的72%,比年初少蓄0.43亿立方米,比上年同期多蓄0.57亿立方米。

2.汛末大中型水库蓄水情况。汛末全省50座大中型水库统计:2009年汛末蓄水总量为7.28亿立方米,比2009年汛初多蓄0.72亿立方米,比上年同期多蓄0.55亿立方米,比多年同期平均值多蓄0.63亿立方米。

汛末全省8座大型水库蓄水量统计,2009年汛末蓄水总量为5.35亿立方米,占所有大中型水库汛末蓄水量的74%,比汛初多蓄水0.66亿立方米,比上年同期多蓄水0.85亿立方米。

3.年末大中型水库蓄水情况。全省50座大中型水库2009年年末蓄水总量为7.86亿立方米,比汛末多蓄水0.58亿立方米,比上年同期多蓄水0.61亿立方米,比多年同期平均值多蓄水0.50亿立方米。

全省8座大型水库年末蓄水量统计:2009年末蓄水总量为5.86亿立方米,占所有大中型水库年末蓄水量的75%,比汛末多蓄水0.51亿立方米。

【墒情】 山西省共有墒情观测站点70个。

1.春季干旱分析。2009年1月全省降水量较多年同期显著偏少,全省平均降水量0.2毫米,比多年均值少94.7%;2月份的降水量较多年同期明显偏多,全省平均降水量12.7毫米,较多年均值多 111.7%；3 月份降水量较多年同期仍显著偏少，全省平均降水量 11.3 毫米，较多年均值少 25.7%。

受 1 月份降水较少影响，根据降水量距平百分比旱情等级划分标准，1 月份全省除大同中度干旱外，其余各地均发生特大干旱。2 月份降水量明显增加，大部分地区旱情明显缓解，只有北部地区仍处于轻度干旱。3 月份降水量又显著偏少，从而又加重了全省的旱情，使得土壤墒情严重不足，使雨养农业区播种困难。

2.秋季干旱分析。2009 年 8~9 月份，全省降水量较多年同期略偏多，北部和南部降水量较多年同期偏少，中部、西部降水量较多年同期偏多。

根据降水量距平百分比旱情等级划分标准，8 月份北部（大同、朔州）、南部（临汾、运城、长治、晋城）发生轻度干旱，中部（太原、阳泉、晋中）和西部（吕梁）土壤含水量较为适宜；9 月份北部和南部部分（长治）旱情得到缓解，南部部分（临汾、运城、晋城）依然存在旱情。

【灾情】 1.洪灾。2009 年受局部暴雨影响，山西省部分地区遭受洪涝灾害。全省共有 8 个市（太原、阳泉、忻州、晋中、晋城、临汾、运城、吕梁）、30 个县、102 个乡镇、18.8 万人受灾。倒塌房屋 6361 间，死亡人口 4 人，失踪 1 人，转移人口 4143 人。农作物受灾面积 48691 公顷，成灾面积 30015 公顷，绝收面积 7337 公顷；毁坏耕地 2267.8 公顷，减产粮食 6.8 万吨，损失粮食 0.4 万吨，死亡牲畜 20 头（只）。全省因洪灾全停产工矿企业 2 个（乡镇企业），部分停产工矿企业 12 个（乡镇企业），公路中断 7 次，冲毁桥涵 2 座，毁坏路基 8 千米，供电中断 3 小时，损坏输电线路 1 千米、通讯线路 2 千米。损坏堤防 50 处 10.6 千米，堤防决口 5 处 1.1 千米，损坏护岸 4 处，损坏管理设施 20 处。损坏机电井 3 眼，损坏机电泵站 2 座，渠道决口 25 米，直接经济总损失 4.5 亿元，其中水利经济损失 0.23 亿元。

2.旱灾。2009 年受降水量偏少的影响，山西省遭受严重的冬春夏连旱。自上年 10 月下旬开始，山西省降雨持续偏少，使得全省一直处于严重干旱状态。2009 年山西省干旱可分为冬旱、春旱、夏伏旱三个阶段。根据统计，全省冬春旱高峰期受旱面积达到 247.9 万公顷，其中小麦受灾面积 55.3 万公顷，成灾面积 34.6 万公顷，夏粮产量受到严重影响，据山西省统计局数据表明，山西省夏粮产量 21.3 亿千克，比上年减产 16.4%。同时有 114 万人 21 万头大畜发生临时性饮水困难。大秋农作物受灾面积 93.98 万公顷，成灾面积重旱面积 49.9 万公顷（包括绝收面积 12.36 万公顷），同时全省有 68.28 万人 16.38 万头大畜吃水仍然困难。

【水资源量】 1.降水量。2009 年全省降水量 779.38 亿立方米，平均雨深 498.7 毫米。与 2006 年相比，年降水量增加 6.9%，与多年（1956~2000 年平均值，下同）平均值相比，偏少 2%，基本属于平水年。

（1）降水量时空分布。2009 年全省年降水量地区分布极不均匀，总体走势由南向北递减。北部大部分地区在 400 毫米以下，洋河区小于 300 毫米；中部地区大多在 500 毫米~600 毫米之间，芦芽山、湫水河上游、滹沱河下游局部地区少于 520 毫米；东南部的清漳河、浊漳河、沁河、丹河上游区降水量较大，一般在 600 毫米左右，而下游则相对较小，在 500 毫米左右；南部的中条山一带降雨量大多在 600 毫米以上，盆地区相对较小，在 450 毫米~550 毫米之间。

（2）分区降水量。流域分区中，2009 年平均降水量黄河流域大于海河流域，前者年降水量为 535.3 毫米，后者年降水量为 438.4 毫米。最大值出现在黄河流域的潼关——三门峡分区，降水量为 610.5 毫米，最小为海河流域的洋河分区，仅 282.5 毫米。各分区降水量丰枯评价：海河流域壶流河分区属枯水年，永定河分区、洋河分区、大清河分区、漳河分区属偏枯年，滹沱河分区、卫河分区属平水年；黄河流域红河分区、汾河上中游分区、汾河下游分区、沁河分区、丹河分区属偏枯年，偏关——吴堡分区、龙门——三门峡分区属平水年，吴堡——龙门分区、潼关——三门峡分区属偏丰年。从两大流域来看，海河流域为“偏枯水年”，黄河流域为“平水年”。

行政分区中，全省 11 个市，太原、大同、吕梁、晋中比上年和多年均值都多，属于是偏丰水年，忻州、临汾属于平水年，长治、晋城、朔州、运城属偏枯水年，大同属枯水年。

2.河川径流量。2009 年全省天然径流量 47.6681 亿立方米，平均径流深 30.5 毫米。与上年比较，天然年径流量减少 7.2%，与多年平均值比较，相对偏少 45.1%。2009 年天然径流量最多的是忻州市达 7.2765 亿立方米，最少的是太原市仅 1.0943 亿立方米。但从径流深的角度看，全省天然径流量最多的是阳泉市达 85.3 毫米，最少的是太原市仅 15.9 毫米。

（1）主要河流天然年径流量及利用情况。海河流域主要河流桑干河、滹沱河、浊漳河，按其控制水文站册田水库、南庄、石梁统计，2009 年天然年径流量分别为 2.8635 亿立方米、4.4194 亿立方米和 1.4908 亿立方米；黄河流域主要河流汾河河津控制站，2009 年天然年径流量为 12.8354 亿立方米。

黄河流域汾河河津水文站以上耗水量 9.1113 亿立方米，占当年天然年径流量的 71%；海河流域桑干河册田水库以上，耗水量 1.9815 亿立方米，占当年天然年径流量的 69.2%；浊漳河石梁水文站以上，耗水量占当年天然年径流量 38.7%；耗水量最少的是三川河，耗水量仅占当年天然年径流量的 28.4%。

（2）分区天然径流量。流域分区，海河流域天然年径流量为 20.6248 亿立方米，黄河流域为 27.0433 亿立方米。与上年相比，海河流域壶流河分区、卫河分区，黄河流域龙门——潼关分区、潼关——三门峡分区、汾河上中游分区、丹河分区均有不同程度增加，增幅在 2.0%~19.3%之间；其余各分区都有不同程度的减少，减幅在 4.5%~28.9%之间。与多年平均比较，各分区都不同程度偏少，偏少幅度在 27.5%~79.1%之间。

行政分区天然年径流量，与上年相比较，太原（1.0943 亿立方米）、阳泉

2009年山西省汛期部分河流洪峰流量统计表

序号	站 名	地 址	河 名	日 期	时 间	洪峰流量(立方米/秒)
1	独 堆	寿阳县	松塔河	6月17日	3时20分	100
2	偏 关	偏关县	偏关河	6月19日	5时30分	60.0
3	汾河二坝	清徐县	汾河	7月9日	08时00分	53.4
4	阳 泉	阳泉城区	桃河	7月13日	17时00分	60.0
5	兰 村	尖草坪区	汾河	7月14日	14时30分	72.0
6	后大成	柳林县	三川河	7月17日	09时21分	81.6
7	裴 沟	石楼县	屈产河	7月17日	12时12分	194
8	榆 社	榆社县	榆社河	7月17日	12时24分	620
9	义 棠	介休市	汾河	7月19日	18时00分	64.1
10	东 庄	古县	洪安涧河	7月20日	09时00分	188
11	柴 庄	襄汾县	汾河	7月21日	17时00分	90.0
12	偏 关	偏关县	偏关河	8月1日	13时15分	60.0
13	偏 关	偏关县	偏关河	8月4日	21时24分	97.0
14	岔 口	交城县	中西河	8月22日	05时00分	81.6
15	汾河二坝	清徐县	汾河	8月22日	17时30分	56.0
16	独 堆	寿阳县	松塔河	8月26日	00时30分	120
17	芦家庄	寿阳县	潇河	8月26日	05时54分	100
18	赵 城	洪洞县	汾河	8月29日	04时00分	95.0
19	义 棠	介休市	汾河	8月29日	08时00分	105
20	府 谷	府谷县	黄河	8月30日	00时36分	1610
21	柴 庄	襄汾县	汾河	8月30日	08时00分	95.5
22	龙 门	河津市	黄河	9月1日	05时30分	1830
23	河 津	河津市	汾河	9月1日	07时00分	82.5
24	柴 庄	襄汾县	汾河	9月2日	08时00分	50.0
25	榆 社	榆社县	榆社河	9月6日	17时00分	62.1
26	圪 洞	方山县	北川河	9月7日	08时00分	50.2
27	独 堆	寿阳县	松塔河	9月7日	12时00分	96.8
28	岔 口	交城县	中西河	9月8日	08时00分	73.5
29	后大成	柳林县	三川河	9月8日	09时48分	52.0
30	芦家庄	寿阳县	潇河	9月8日	20时00分	57.1
31	汾河二坝	清徐县	汾河	9月8日	20时30分	142
32	义 棠	介休市	汾河	9月10日	20时00分	298
33	赵 城	洪洞县	汾河	9月11日	05时00分	218
34	柴 庄	襄汾县	汾河	9月12日	11时00分	226
35	河 津	河津市	汾河	9月14日	12时42分	141
36	潼 关	潼关县	黄河	9月16日	11时30分	2390

(3.8517亿立方米)、吕梁(6.3859亿立方米)、晋中(5.2190亿立方米)、运城(3.7984亿立方米)都有不同程度增加，太原市增幅最大为78.6%，大同(2.8697亿立方米)、长治(4.6295亿立方米)、晋城(5.6638亿立方米)、朔州(1.8500亿立方米)、忻州(7.2765亿立方米)、临汾(5.0293亿立方米)均有不同程度减少，减少幅度最大的是长治市比上年减少了25.8%。与多年平均比较，各市都呈减少状态，减少幅度最大的是临汾市，达63.2%。

3.水资源总量。2009年全省水资源总量85.7597亿立方米，其中地表水资源量47.6681亿立方米，地下水资源量74.1467亿立方米，扣除二者重复量38.0552亿立方米。全省产水系数0.11，产水模数每平方千米5.49万立方米。

海河流域和黄河流域水资源总量分别为31.8752亿立方米和53.8844亿立方米，产水系数分别是0.12和0.10，产水模数分别为每平方千米5.39万立方米和每平方千米5.55万立方米；各分区产水系数介于0.04~0.19之间，产水模数介于每平方千米1.93万立方米~11.61万立方米之间。

忻州市水资源总量最多，为14.1321亿立方米，占全省总量的16.5%；运城市次之，为11.1646亿立方米，占全省总量的13%；阳泉市水资源总量最少，为3.2031亿立方米，占全省总量的3.73%。产水系数以晋城市最大，为0.16；吕梁市、临汾市最小，为0.08。产水模数晋城市最大，为每平方千米8.64万立方米，大同市产水模数最小，仅为每平方千米3.91万立方米。

4.蓄水动态。(1)大中型水库蓄水动态。统计全省6座大型水库和57座中型水库，2009年末总蓄水量7.7607亿立方米。6座大型水库年末蓄水量5.0478亿立方米，较上年末增加0.4223亿立方米，其中：汾河水库减少0.0459亿立方米，漳泽水库减少0.0003亿立方米，后湾水库减少0.0573亿立方米，册田水库无变化，汾河二库增加0.1464亿立方米，文峪河水库增加0.2869亿立方米，关河水库增加0.0925亿立方米；57座中型水库年末蓄水量2.7129亿立方米，较上年末增加0.3622亿立方米。

(2)地下水动态。全省共统计天阳、大同、忻定、长治、太原、临汾、运城7个盆地浅层地下水动态，总体来看，呈现为相对稳定。稳定区面积16954平方千米，占统计面积的65.6%，上升区面积2831.6平方千米，占统计面积的11%，下降区面积6037.4平方千米，占统计面积的23.4%。最大上升区出现在太原盆地，面积为1680平方千米，上升幅度0.76米；最大下降区出现在大同盆地，面积为1862.1平方千米，下降幅度为0.89米。从盆地蓄水量来看，除太原盆地较上年增加了0.4388亿立方米外，其余盆地蓄水量都有不同程度减少，其中以运城盆地蓄水量减少最多，为2.8642亿立方米。各盆地内，上升区平均水位升幅最大出现在运城盆地，上升1.00米；下降区平均水位降幅最大也出现在运城盆地，下降1.38米。

【供用水量】 1.供水量。2009年全省实际供水量60.3452亿立方米，其中：地表水源供水量23.3263亿立方米(含提引黄河水量2.8357亿立方米)，占总供水量的38.65%；地下水开采量32.9463亿立方米，占总供水量的54.6%；污水回用1.918亿立方米，占总供水量的3.18%；矿坑水利用2.1546亿立方米，占总供水量的3.57%。

海河流域永定河、大清河和黄河流域龙门——三门峡、汾河、沁河区均以地下水源供水为主，占各自供水总量的六成左右；海河流域卫河、黄河流域三门峡——沁河区以地表水源供水为主，占到各自供水总量的八成左右，其他分区两种水源供水比例基本持平。

大同、运城2市以地下水源供水为主，占各自供水总量的六成以上接近七成；晋城、朔州、晋中使用地下水接近六成；吕梁、临汾、长治、太原、忻州5市两种水源供水量基本相近；阳泉市以地表水供水为主，占供水总量的71.3%。中水供水量以太原市0.93亿立方米为最多，占全市总供水量的18.3%。

2.用水量。2009年山西全省总用水量56.2699亿立方米(新鲜水)，其中：居民生活用水量7.2843亿立方米；农田灌溉用水量32.1542亿立方米；林牧渔畜用水量3.0756亿立方米；城镇工业用水量10.5331亿立方米；城镇公共用水量1.8953亿立方米；生态环境用水量1.3301亿立方米。全省中水利用量4.1052亿立方米，总用水量(含中水利用量)65.5115亿立方米。

海河流域总用水量20.7967亿立方米，其中永定河区、滹沱河区用水量最大，为9.3189亿立方米和6.6095亿立方米，分别占总用水量的15.2%和10.8%；黄河流域总用水量40.6096亿立方米，其中汾河区用水量26.7219亿立方米，为全省最大，占黄河流域用水总量的65.8%，占全省用水总量的43.5%。

由于各市自然地理条件和经济发展水平以及产业结构的差异，其用水结构亦不尽相同。朔州、忻州、吕梁、晋中、临汾、运城以一产用水为主，一产用水占到各自用水量的60%以上。阳泉市以二产用水为主，二产用水量占本市用水量的66.9%，其余各市用水量各有侧重，太原市生活用水量最大，占到全省用水量的18.1%。

【废污水排放量】 2009年全省废污水排放量6.6830亿吨，其中城镇生活污水2.5876亿吨，第二产业污水3.1117亿吨，第三产业污水0.9843亿吨。

海河流域的卫河区水资源的开发利用程度较低，基本无废污水排放。汾河上中游区废污水排放量高达2.1096亿吨，占全省废污水排放总量的31.6%，位于全省各区之首；次之为永定河区(0.9754亿吨)、丹河区(0.7808亿吨)、滹沱河区(0.6619亿吨)。这4个区域2009年排污量达4.5277亿吨，占全省废污水排放总量的67.7%。

太原市废污水排放量最多，为1.6099亿吨，占全省废污水排放总量的24.1%；次之为晋城市，废污水排放量0.9505亿吨，占全省总排放量的14.2%。太原市以城镇生活废污水排放量为主，占全市废污水排放总量的44.5%;大同、长治、临汾等较大城市，也以生活废污水排放量为主,其他各市均以第二产业废污水排放为主。

【水质状况】 1.河流水质。2009年全省主要河流评价河段中，无Ⅰ类水，Ⅱ类水河长占评价河长的14.6%,Ⅲ类水河长占评价河长的4.1%,80%的河段被污染,严重污染河段占67.7%,河流污染形势非常严重。河流主要超标项目为氨氮、溶解氧、化学需氧量、挥发酚等,汞、硒等项目在有些河段亦被检出。

2.水库水质。2009年全省共监测7座大型水库水质,即汾河水库、汾河二库、文峪河水库、册田水库、关河水库、后湾水库、漳泽水库。册田水库水质为超Ⅴ类水,主要超标项目为化学需氧量、五日生化需氧量、氨氮;文峪河水库为Ⅲ类水,其余5座水库水质较好为Ⅱ类水。7座大型水库4~9月富营养化程度评价,汾河水库、汾河二库为轻度富营养,其余5座水库为中度富营养。

【地下水动态】 地下水是水资源的重要组成部分,也是山西省主要供水水源,其开发利用与保护在国民经济发展和城市建设中具有重要作用。

2009年1月1日8时~2010年1月1日8时全省盆地地区降水量411.8毫米,比上年增加了18.0毫米,增加幅度4.6%,比多年同期均值减少59.6毫米,减少幅度12.6%。全省盆地地区地下水位平均下降0.24米,除太原盆地平均地下水位呈上升趋势(上升值为0.21米)外,其余各盆地平均地下水位均呈下降状态，运城盆地、长治盆地下降最大，分别为0.53米和0.52米。2009年全省地下水蓄变量为−32610万立方米,太原盆地地下水蓄变量为正值,其余各盆地均为负值。

【降水量分析】 1.行政分区(盆地部分)降水量分析。2009年全省平原区降水量为411.8毫米，比上年增加4.6%,增加量为18.0毫米,比多年平均值减少12.6%。全省各行政盆地地区降水量统计情况：太原市563.0毫米,比上年增加49.3%,比多年平均值增加29.9%;大同市266.8毫米,比上年减少31.4%，比多年平均值减少33.3%米;长治市480.1毫米,比上年减少7.1%,比多年平均值减少18.1%;朔州市295.2毫米，比上年减少26.7%,比多年平均值减少24.1%;忻州市405.5毫米，比上年减少15.3%,比多年平均值减少5.6%；吕梁市560.7毫米,比上年增加60.1%,比多年平均值增加25.7%；晋中市434.4毫米,比上年增加53.5%，比多年平均值增加8.9%;临汾市436.4毫米,比上年增加17.8%,比多年平均值减少15.6%;运城市461.3毫米，比上年增加17.4%,比多年平均值减少14.4%。各行政区(盆地部分)2009年降水量与上年比较，太原、吕梁、晋中、临汾和运城这些中部和南部地区降水量增加,增加幅度最大为吕梁市;而大同、朔州、忻州和长治这些北部和东南部地区降水量减少,减少幅度最大为大同市,减少31.4%。2009年降水量与多年同期比较,太原、吕梁市为增多,其余各市为减少。

2.盆地地区降水量分析。2009年天阳盆地降水量257.0毫米，比上年减少33.1%，比多年平均值减少37.0%；大同盆地降水量287.1毫米，比上年减少28.0%，比多年平均值减少26.6%；忻定盆地降水量405.5毫米,比上年减少15.3%,比多年平均值减少5.6%；长治盆地降水量480.1毫米,比上年减少7.1%,比多年平均值减少18.1%;太原盆地降水量502.1毫米,比上年增加54.4%,比多年平均值加9.8%;临汾盆地降水量429.8毫米,比上年增加16.6%，比多年平均值减少16.8%；峨嵋台地降水量475.6毫米,比上年增加26.9%,比多年平均值减少13.2%,运城盆地降水量471.3毫米,比上年增加12.0%,比多年平均值减少13.1%。山西省各盆地地区2009年降水量与上年降水量比较,中部和南部盆地地区降水量增加,分别为太原、临汾、运城盆地和峨嵋台地,增加幅度最大为太原盆地,增加54.4%;而北部和东南部盆地地区降水量减少,分别为天阳、大同、忻定和长治盆地,减少幅度最大为天阳盆地,减少33.1%。各盆地区2009年降水量与多年同期比较，太原盆地为增多，增加幅度9.8%;其余各盆地为减少,减少幅度最大为天阳盆地,减少37.0%。

【地下水蓄变量】 太原盆地地下水蓄变量为正值,其中太原市和吕梁市蓄变量为正，而晋中市蓄变量为负，其余盆地和各市地下水蓄变量均为负值。全省地下水蓄变量为−32610万立方米。

全省盆地地区面积25823平方千米,地下水蓄变量减少32610万立方米。太原市盆地地区面积1143平方千米，地下水蓄变量增加4014万立方米；大同市盆地地区面积3125平方千米，地下水蓄变量减少9729万立方米;长治市盆地地区面积1169平方千米，地下水蓄变量减少2564万立方米;朔州市盆地地区面积3994平方千米，地下水蓄变量减少6205万立方米;忻州市盆地地区面积1169平方千米，地下水蓄变量减少2564万立方米;朔州市盆地地区面积2751平方千米，地下水蓄变量减少5415万立方米;吕梁市盆地地区面积1379平方千米，地下水蓄变量增加2434万立方米;晋中市盆地地区面积2219平方千米,地下水蓄变量减少674万立方米；临汾市盆地地区面积2789平方千米，地下水蓄变量减少1546万立方米;运城市盆地地区面积7254平方千米,地下水蓄变量减少12925万立方米,

按地理形态的盆地地区计算,天阳盆地地区面积1030平方千米,地下水蓄变量减少3037万立方米;大同盆地地区面积6089平方千米,地下水蓄变量减少12898万立方米;忻州盆地地区面积2751平方千米,地下水蓄变量减少5415万立方米;长治盆地地区面积1169平方千米,地下水蓄变量减少2564万立方米;太原盆地地区面积4741平方千米,地下水蓄变量增加5775万立方米;临汾盆地地区面积4359平方千米,地下水蓄变量减少4530万立方米;峨嵋台地区面积2526平方千米，地下

水蓄变量减少2173万立方米；运城盆地地区面积3158平方千米，地下水蓄变量减少7769万立方米。

【漳泽水库水藻监测】 为加强水资源管理和水环境评价策略，预防发生水生态灾害，保障供水水源地的水质安全，山西省水文水资源勘测局于5月在漳泽水库试点开展水藻监测工作。规定在11月以前每月进行一次采样分析。这是山西省历史上首次开展的藻类监测，监测项目主要有藻分类、藻密度、优势种群等。

【国家"948"项目通过验收】 10月17日，水利部在太原对省水文水资源勘测局承担的"948"项目《山区地下水勘测技术推广应用》进行验收。来自水利、地质、煤炭行业的科研、高校、生产管理专家观看项目录像，听取项目执行情况的报告，审阅验收文件和相关资料，就项目的技术、推广、应用、管理等多个方面进行质疑和讨论。验收专家认为项目组提交的技术报告和文件资料完整，内容翔实，达到验收要求；超额完成项目合同规定的推广应用任务，经济、社会效益显著；在原有技术上取得技术创新；不仅在水利，而且在地热、能源、地质构造、环境地质等勘测领域得以拓展应用，一致同意通过验收。综合评价为A级(最高级)。

【省水环境监测中心通过国家计量认证复查评审】 11月29日，国家认证认可监督管理委员会对山西省水环境监测中心计量认证的复查评审工作在太原进行，来自水利部、北京、辽宁、吉林等地具有国家评审员资质的6位专家对山西省水环境监测中心和大同、吕梁、太原、临汾、运城、长治6个分中心进行严格的现场检查，并随机抽查人员进行理论笔试和现场操作考核。

省水环境监测中心是山西省水利界唯一获得国家计量认证资质的单位，本次申请认证的参数为水(包括地表水、地下水、生活饮用水、大气降水、污水)、土壤与底质共两大类71项，增加的参数主要为有机类项目。

水利部"948"项目《山西地下水勘测技术推广应用》验收会

（梁述杰提供）

【调整水资源费征收标准】 2008年12月30日，山西省物价局、财政厅、水利厅联合以晋价商字[2008]406号文印发《关于促进节约用水调整山西省水资源费征收标准的通知》(以下简称《通知》)，决定于2009年1月1日起进一步提高全省的水资源费征收标准。在维持现行水资源费征收范围不变的基础上，结合山西省实际，提高水资源费征收标准，自备水源一般用途取用水，地表水和地下水分别由原来的每立方米0.5元和1元提高到1元和2元（地下水超采区由1.2元提高到3元）。《通知》还规定城镇公共供水和水利工程供水供工业、商业、经营服务业，地表水、地下水分别由原来的每立方米0.25和0.5元提高到0.50元和1元（地下水超采区由0.6元提高到1.5元）。《通知》还大幅度提高采矿排水水资源费征收标准，规定排水量每立方米征收1.2元的水资源费，对没有安装排水计量设施的采矿企业，按照开采吨矿石或原煤3.00元计征水资源费。

《通知》针对城镇公共供水和水利工程供水水资源费不易操作的问题，规定在最终供水环节采用价外附加的方式征收水资源费。为严格控制地下水开采，《通知》将超采区和非超采区水资源费标准差别幅度由原来的20%提高到50%。针对现行标准对高耗水、高污染行业差别水资源政策不易操作的弊端，《通知》还对差别水资源费征收对象和标准作出明确规定。

【干旱黄色预警(Ⅲ级)】 1月17日，山西省人民政府防汛抗旱指挥部发布干旱黄色预警(Ⅲ级)。自2008年10月以来，全省累计降水量仅20.4毫米，较历年同期偏少29.3毫米，偏少5.9成。尤其是11月份以来，全省基本无雨雪，土壤失墒严重，旱情持续发展。全省受旱面积已达3100多万亩，其中农作物受旱面积816万亩。根据《山西省抗旱应急预案》，决定启动抗旱Ⅲ级响应行动。

【干旱橙色预警（Ⅱ级）】 2月3日，山西省人民政府防汛抗旱指挥部根据《山西省抗旱应急预案》，决定2月3日发布干旱橙色预警(Ⅱ)，并启动抗旱Ⅱ级响应行动。

【暴雨洪涝灾害防御工作】 7月8日，省防指向各市防指发出《关于切实做好暴雨洪涝灾害防御工作的紧急通知》(以下简称《通知》)。《通知》

说,7月7日,全省出现较强降雨天气,降雨主要集中在山西省中部太原、忻州、吕梁一带,据气象部门预报,降雨天气将持续,仍可能发生大到暴雨,防御暴雨洪水灾害形势十分严峻。省委、省政府领导高度重视当前防御暴雨洪水工作,7月8日,省委书记张宝顺、省长王君分别作出指示,要求各地务必做好防范暴雨洪水工作,保证人民群众生命财产安全,确保社会安全稳定。

【世行贷款节水灌溉二期项目专家组到和顺调研】 7月30~31日,由水利部组织的专家组一行,就和顺县恋思水库及恋思灌区世行节水灌溉贷款项目的可行性社会评价进行调研。和顺县世行贷款节水灌溉二期项目分两个部分。总贷款额410万美元,其中用于恋思水库主体工程建设300万美元,用于恋思水库灌区工程建设110万美元。

【干旱黄色预警(Ⅲ级)】 8月16日,国家防总根据山西、内蒙古、辽宁、吉林等10省、自治区的受旱程度,启动抗旱Ⅲ级应急响应。根据《山西省抗旱应急预案》和旱情,山西省人民政府防汛发布大同、朔州、长治、晋城、临汾、运城六市干旱黄色预警(Ⅲ级),并启动Ⅲ级应急响应。

【降低提黄灌区电价水价】 7月22日,省政府第47次常务会议研究通过由省水利厅与省物价局联合提出的"关于对山西省使用地表水灌溉的大中型泵站灌溉电价水价实施政策扶持的建议",同意通过降低灌溉电价、财政补贴、加强管理等措施降低泵站灌区灌溉水价。对使用黄河水、地表水实施农业灌溉的大中型泵站以及省级水行政主管部门核准的小型泵站,不分扬程高低统一执行每千瓦时0.06元的电价,享受优惠电价的泵站,其灌溉水的计费水价控制在每立方米0.25元以下。

【专项水行政执法检查】 11月7~8日,黄河水利委员会一行10人联合山西省、陕西省水利厅组织开展黄河干流晋陕保德县、府谷县河段专项水行政执法检查。检查组对黄河干流晋陕保德县、府谷县界河段河道进行现场查看,召开座谈会,听取两省有关情况的汇报,讨论后形成检查意见,要求两岸加强沟通协作,杜绝违规水事活动的发生,确保该河段河道行洪畅通和人民生命财产安全。

【省长基金购水泵】 为确保广大山区群众干旱之年有水吃,到2010年底实现全省农村饮水安全全覆盖的目标,省政府决定在购置125台拉水车的基础上,从省长预备金里拿出2650万元,支援抗旱工作,其中1000万元用于购置深井泵、流动机泵,共购置各类水泵1153台。

【破解水资源制约】 2009年,山西省把有效缓解水资源供需矛盾、加快民生水利建设作为重点,全年省级以上投资51.64亿元,全力破解水资源瓶颈制约,为全省经济社会发展提供水利保障。到2009年底,省委、省政府确定的35项应急水源工程,有33项开工,12项完工和基本完工。国家重点工程张峰水库,继枢纽建成蓄水后,输水总干63千米和二干18千米全部完成,具备通水条件。2009年,全省新建成饮水工程5000处,272万人受益,是山西省农村饮水投资力度最大、受益人口最多的一年。2009年,山西省出台灌溉电价水价补贴政策,灌溉电价每千瓦时由0.269元降到0.06元,水价由每立方米0.507元降到0.25元,极大地调动了农民群众的积极性。2009年,全省实灌面积突破1610万亩,创历史最好水平。2009年,全省病险水库除险加固工作进展顺利。列入全国病险水库除险加固专项规划的101座水库,开工95座,完工58座。对未列入全国规划的小型病险水库,按照"轻重缓急、分期分批、市县包干、限期完成"的原则,由省市县自行筹资进行应急处理,确保水库安全度汛。地下水开采控制及水土生态建设成效显著,2009年,通过在汾河流域实施全面节水、优化配置水源、水库联合调度、河道综合整治等措施,实现汾河全河段不断流,流域生态环境逐步改善。太原、晋中、临汾等7市实现地下水位止降回升,且平均上升0.56米,其中太原市较2008年同期上升1.87米,最高上升16.17米。

2009年,全省新建水保淤地坝305座,完成水土流失综合治理21.01万公顷,实施生态修复41.62万公顷,有效改善项目区群众的生产生活条件。 (梁述杰)

气 象

【主要天气气候事件】 2009年主要气象灾害及气候事件有干旱、暴雪、冰雹、连阴雨、寒潮、高温等,其中干旱、暴雪、冰雹等造成的影响较为严重。

1.干旱。从2008年10月中旬至2009年1月,由于全省近3个月几乎没有大范围的有效降水,加之气温偏高,致使全省大部分地区发生了大面积严重干旱。

从2008年10月中旬至2009年1月全省平均无降水日数达到106.4天,降水日数之少为历史第二位。全省大同、忻州市西部和运城市南部偏少五成以内,其余大部分地区降水比常年偏少五成以上,平均降水量仅为11.8毫米,较常年同期偏少七成,为1961年以来历史同期第二个少雨年,属30年一遇,局部地区达到了50年一遇。由于降水少、气温偏高,地下害虫为近10年最重的一年,部分地区出现土地干裂,麦苗枯死现象,森林草原火险等级居高不下,干燥的气候也造成了人体不适。

3月中旬~4月中旬,几乎无大范围有效降水。夏季干旱范围持续扩大,面积达到117.8万公顷,18.9万公顷农作物绝收,其中大同、朔州、晋城和运城出现严重伏旱,对农作物生长发育不利。受干旱影响,红蜘蛛、蝗虫等喜旱性病虫害偏重发生,其中红蜘蛛发生面积达到48万公顷。

2.暴雪。2009年11月9~12日,全省遭遇了历史罕见的强降雪天气,全省过程降水量在5.1厘米~66.1厘米之间,天镇最少,阳泉最多。除天镇、保德2个县市不足10厘米外，其余县市均在10厘米以上，其中，有17个县市在10厘米~20厘米之间，17个县市在20厘米~30厘米之间，41个县市在30厘米~40厘米之间，24个县市在40厘米~50厘米之间，5个县市在50厘米~60厘米之间，阳泉为66.1厘米，平定为60.9厘米。全省有86个县市出现历史同期最大值，18个县市出现历史同期次大值。受灾人口146.1万人，受灾面积3.74万公顷，成灾2.47万公顷，绝收1.31万公顷。倒塌农业生产大棚31698座，损坏6263座，大量反季节蔬菜及水果被冻死；死亡家畜家禽110万余头(只)；林木特别是经济林倒伏断枝，影响今后数年的生长。暴雪还导致全省倒塌和损坏居民房屋21186间，被困6540人，大批工矿及个体企业车间、工棚倒塌。雪灾直接经济损失约17.5亿元。

暴雪对交通、电力造成严重影响，全省11个市近90个县区的城市道路和70多条公路均受到严重影响，高速公路全部封闭，国省干线公路19条线路封闭；全省各条公路受困车辆1.3万辆，被困人员3万多人；造成道路交通事故530起，死亡24人，经济损失80多万元。部分列车因暴雪晚点，大量旅客滞留火车站。太原武宿机场也于11月10日7时30分关闭，关闭时间长达25小时。

强降雪造成23条220千伏及以上线路有覆冰现象，导线最大覆冰厚度70毫米~80毫米，杆塔最大覆冰厚度100毫米；有49座1426处变电站覆冰。累计发生220千伏及以上主网设备掉闸12次，110千伏城网掉闸26次，35千伏及农网线路运行异常270条次，倒断杆231基，断线331处。

历史罕见的大雪，极大增加了境内的水资源，全省累计增加水资源49.5亿立方米；有效缓解了10月以来大范围的干旱，对大部分适时播种正值分蘖生长阶段的冬小麦生长十分有利；地面植被被积雪覆盖，极大降低了林火发生；低温冷冻降低了越冬虫卵和病菌的存活率，对减轻来年病虫害有利。

3.暴雨、冰雹。进入5月，全省出现多次大范围降水天气，充足的降水对冬小麦后期生长和灌浆较为有利，但期间光照不足，影响冬小麦的授粉。5月9日，中南部大部、忻州、大同市和朔州出现降水，有40个县市降大雨，29个县市降中雨，昔阳、长治、屯留、长子、壶关、黎城、晋城、陵川等8个县(市)出现了第一场暴雨。5月16日，51个县市出现雷暴，39个县市出现7级或以上大风。运城市万荣、临猗2个县10个乡镇遭受冰雹袭击，受灾作物有苹果、杏、秋作物等，受灾面积12006公顷，成灾9144.5公顷，其中万荣县损失粮食405万千克，农业经济损失1500万元，林业经济损失4500万元；临猗县因雹受灾面积达8004公顷，其中水果类5102.6公顷，农经作物类2901.5公顷，成灾面积5669.5公顷，绝收面积2334.5公顷。

4.连阴雨。5月9~16日，晋城市出现持续一周的连阴雨天气，过程降雨量为70.7毫米~105.4毫米。连阴雨天气缓解了前期旱情，土壤墒情得到改善，有利于后期冬小麦的灌浆，但期间光照不足，影响处于开花阶段的冬小麦的授粉，对这期间冬小麦的光合作用及干物质积累有一定影响。

9月，全省出现持续连阴雨天气，从9月3~10日全省出现连续八天的连阴雨，有8个县市降暴雨，45个县(次)降大雨，150个县(次)降中雨，其中北部、中部大部分地区降水量在50毫米以上，部分地区降水量在100毫米以上；9月11~17日运城市的平陆、芮城、永济、盐湖区、夏县和垣曲出现连阴雨天气，过程降水量分别为40.4毫米、43.7毫米、52.3毫米、36.3毫米、34.0毫米和31.6毫米，全市过程平均降水量为31.9毫米。

5.气温阶段性异常。3月，全省各地气温阶段性异常偏高。3月17~18日，全省部分地区最高气温突破历史极值。最高出现在介休，为30.2℃。太原市区和清徐县最高气温创出历史极值，达到了28.6℃，同时娄烦、阳曲、古交最高气温达25.9℃~27.9℃，突破了各站的3月份最高气温极值。3月12~13日吕梁北部的岚县日平均气温为−6.6℃，14日气温持续上升，到18日最高气温达25.8℃，7天之内气温高低反差将近30℃。3月17~18日，晋城市最高气温达到28℃以上，有四站超出有气象记录以来的历史极值。

6.高温。6月21日、23~26日，运城、临汾、太原、吕梁、阳泉、晋中地区持续出现大于35℃高温天气，运城最高温度达40.7℃。极端高温使农田水分蒸发加快，加剧前期农田旱情的发展。8月13~15日，运城市出现连续三天日最高气温在37℃以上的高温天气，其中盐湖区最高气温达到39.1℃。

7.大风降温、寒潮。受中西伯利亚强冷空气东移南下影响，2009年1月21~23日，全省出现大范围寒潮和大风降温天气。大同市过程降雪量为2.4毫米，降雪过后全市最低气温下降幅度在11.7℃~22.2℃之间，是入冬以来最强的一次寒潮过程。太原地区最低气温下降了10.5℃~15.1℃，并出现5级~7级的大风。此外，阳泉、晋中、晋城等均出现寒潮天气过程。2月15日，大同、朔州市大部以及忻州市部分县市24小时降温达10.0℃~15.7℃之间。2009年11月份全省平均气温为−1℃，较常年均值(2.2℃)偏低3.2℃，是1971年以来历史同期最低气温，偏低地区占79%。11月1~2日，受冷空气影响，大同、朔州、太原、晋中等地出现强寒潮天气，48小时最低气温下降10.7℃~17.3℃，并伴有5级左右西北风。12月24~25日吕梁市出现大风降温天气，岚县31日最低气温达−18.8℃。

【气候影响评价】 2009年度全省冬小麦生育期内降水时空分布不均，关键生育期内出现严重干旱，病虫害偏重发生，亩穗数和穗粒数下降明显，较上年度减产一成多。玉米生育期间前期发生干旱，后期阴雨寡照，造成产量下降。全省年平均降水量折合降水资源量为747.4亿立方米，基本接近累年值均值，较上年偏多78.9亿立方米。根据降水资源及丰枯标准，降水资源总量属正常年份。人体舒适度日数为150天，比累年均值偏多21天。对交通影响比较大的气候事件主

2009 年 11 月 10 日,大暴雪将道路边的大柳树压倒

（李国英提供）

要有连阴雨、暴雪和大雾等。对林果业影响较大的气候事件是干旱、连阴雨、暴雪等。

【气象防灾减灾】 针对全年的天气气候状况,全省各级气象部门加强监测预警预报服务工作,先后启动气象干旱Ⅱ级应急响应、暴雪灾害Ⅰ级应急响应和寒潮Ⅱ级应急响应,向省委省政府和有关部门报送200多份服务材料。利用多种媒体发布各类预警信号2176次，为政府决策发送专题预警短信近8万多条,向社会群众发送手机预警信息5000多万人次。针对古交屯兰煤矿“2·22特大瓦斯爆炸事故”、3月中旬忻州、太原、晋中等地山林火灾、吕梁中阳县山体滑坡等多起突发事件,组织省市县三级联合应急气象服务,均取得很好效果。继续加大中小学雷电防御工程建设力度,完成35所农村中小学校雷电灾害防御示范工程。完成806次防雷安全图纸审核、363次防雷安全工程竣工验收。

【重大气象服务】 11月9~12日,本省出现有气象记录以来最强的大范围暴雪天气。省气象台提前两天作出30毫米以上降雪的准确预报,副省长刘维佳亲自启动山西省历史上第一个气象灾害Ⅰ级应急预案,发布暴雪灾害Ⅰ级预警命令。气象灾害应急指挥部办公室(省气象局)代表省政府宣读应急预案启动命令和22个预案成员单位的工作职责,省长王君对气象灾害应急保障给予充分肯定。省建设厅、省交通厅、省公安厅、省交管局、省通信管理局、省农业厅等20个成员单位每天向省气象灾害应急指挥部办公室书面报告暴雪灾害应对情况。由“政府主导,部门联动,社会参与”的应对暴雪灾害应急气象服务取得显著成效,全省没有因灾死亡一人,国务院表扬山西应急预案启动及时,措施得力,副省长刘维佳表扬气象部门“在此次抗击暴雪灾害中立了头功”。

【应对气候变化】 省气象局参与省发改委主持的《山西省应对气候变化实施方案》编写工作,完成了12个电厂的空冷气象条件分析、26个项目的环境影响评价。与北京区域中心合作开展《华北地区气温资料均一性检验与订正》《华北地区极端气温、降水的时空变化规律》等气候变化科技项目研究。完成气象灾害、气候区划、粮食安全、山西气候、山西气候变化等5篇气候变化决策咨询报告并上报省政府。开展风能资源详查实时观测和太阳能资源普查分析，为更好地开发利用风能、太阳能资源提供科学依据。

【人工影响天气】 3架人工影响作业飞机全年投入人工影响天气业务和大气云物理科学研究。圆满完成国庆首都北京外围消雨作业任务。组织实施飞机增雨作业155架次,飞行时间296小时,作业覆盖影响面积124万多平方公里。各市县局共组织人影作业610次,发射增雨弹6405发,发射火箭弹3214枚。全年增雨总量近27亿立方米,为抗旱保墒、降低森林火险、生态环境建设作出突出贡献。

【“三农”气象服务】 全省信息员队伍达5548人，乡镇覆盖率达100%。制定下发《山西省近期(3~5年)农业气象发展方案》。提出加快气象防灾减灾，为新增10亿公斤粮食生产能力的保障系统建设规划方案。组织编写出版发行的《农村气象防灾减灾手册》列入新农村建设系列丛书,并免费发放到每一个行政村。加强粮食产量监测预报,开展主要作物病虫害发生发展气象条件分析预报、农田土壤墒情预报、作物物候期预报、农用天气预报和农业年景预报,提高农业抵抗自然风险能力。

【公共气象服务】 森林防火气象服务工作到位。全年通过卫星遥感共监测到各类热点875个,向森林防火有关部门提供火情监测信息403期,发送火情手机短信7617条，为扑救林火赢得了时间。针对重大天气气候事件，共组织召开气象新闻发布会110次;向省政府和省直有关部门提供各种气象服务产品599期。省委、省政府领导、中国气象局领导先后38次对省局上报的材料作出批示并予以表扬和鼓励。省领导先后9次到省气象局调研指导工作。山西省气象局首次荣获中华全国总工会授予的“五一劳动奖状”;全省气象部门有63人被省劳动竞赛委员会记功表彰;省气象台荣获中国气象局重大气象服务先进集体称号,省观象台荣获中国气象局新中国成立60周年庆祝活动气象服务先进集体称号。

2009年2月8日，山西省政府新闻办公室首次举行气象干旱新闻发布会，省气象局局长杜顺义通报了全省气象干旱情况（李国英提供）

【现代气象业务体系建设】 建成包括广播、电视、电话、手机短信、网络、农村大喇叭警报系统、电子显示屏等多种传播手段的气象灾害预警信息发布平台，预警信息覆盖率达90%以上。7套中国气象频道节目全天24次、20套省级电视气象服务节目全天63次、5套电台广播气象服务节目全天30次播出气象服务信息。成立独立运行的省气象决策服务中心，完善决策气象服务流程。完成中国天气网山西站一期工程建设。开发乡镇精细化天气预报业务系统，填补山西乡镇气象要素预报的空白。启动尾矿库气象灾害预警系统的研发。开发干旱动态监测预警系统。引进的法国区域气候数值预报模式（LMDZ-regional）完成本地化应用试验。引进美国云物理探测系统(DMT)投入业务科研。全省449个区域站观测资料实现全国共享。全省109站全部实现自动观测单轨运行。启动五寨多普勒雷达和中频雷达、岢岚大气光学干涉成像仪项目建设。与省测绘局合作共建的62个GPS/MET站实现业务化运行，全省63个GPS/MET站探测资料向国家气象信息中心传输资料。完成8座测风塔建设。进行农业气象观测站网调整。启动航空遥感项目建设。建立新一代极轨卫星(FY-3)接收系统，这是国内省级业务单位第一套可接收和处理FY-3资料的业务系统。

【科技创新】 完成气象科技创新体系建设年度计划。争取到5项省科研项目、1项中国气象局新技术推广项目，支持经费比2008年增长49%；争取到中科院大气科学和地球流体力学数值模拟国家重点实验室两个科研项目。安排现代化建设项目中654万元用于业务服务系统的开发、研制和培训。建立180万元科研基金，重点支持青年人才科研开发。启动大气成分理化分析实验室、气象灾害和气候变化重点实验室建设。实现太阳能生物能综合利用技术业务服务应用转化，在贫困农村地区推广。《山西气象公众传媒解说词荟萃》获山西省科学技术进步三等奖。本省气象科技工作者共在核心期刊发表论文34篇（其中SCI5篇）。

【地方气象事业发展】 “十一五”规划中的重点建设项目山西省开发利用空中云水资源三期建设工程进展顺利。总投资达2.5亿元（省级投资3258万元）的国家突发公共事件预警信息发布系统山西分中心于4月得到省发改委正式批复立项，前期建设经费下达。总投资近9000万元的山西省气象防灾减灾体系与应急服务系统有效推进。全省各级气象部门落实地方气象事业经费达到1.4亿元。

【气象法制体系建设】 继《山西省气象条例》之后又一部规范和调整山西省气象工作的地方性法规《山西省气象灾害防御条例》正式实施。首次与人大法工委举行联合新闻发布会。首次在全省气象部门开展依法治理示范单位创建活动。依法履行社会管理职能，全省各级气象部门气象行政执法1738次，气象行政许可2016次。吕梁探索“一证一档一票”（防雷检测认可证、防雷图审竣工检测验收档案、收费标准发票）的防雷管理模式初见成效。开展了气象部门“小金库”专项治理工作。积极争取落实国家优惠政策，将太原、大同、阳泉、长治市局和娄烦、河曲、五台等50个县局比照享受振兴东北地区等老工业基地和实施西部大开发有关政策待遇，列入中国气象局2010年财务预算。

（李国英）

地　震

【震情跟踪和预测预报】 2009年，山西震情形势较为严峻、复杂。为此，山西省地震局进一步强化震情跟踪和预测预报工作，制定印发《山西省强震强化监视跟踪工作方案》，修订《山西省地震震情会商和预测预报管理制度》《山西省地震前兆异常核实工作制度》等制度。

全年召开全省年度地震趋势会商会1次，各有关厅局参加的联合会商会1次，周、月会商会52次，临时或紧急会商会23次，较好的把握了震情动态，提出地震趋势判定意见。全省2010年度地震趋势会商会形成如下结论：(1) 山西地区及其邻近地区2010年度地震活动水平可能增强，强度为5级左右。(2)山西地区2010年度值得注意的地区是山西北部至晋冀蒙交界及山西中南部。

【监测台网管理】 “十五”网络项目完成后，网络化台网运行模式成为主体。为适应新的运行模式，按照中心、台站网络化分级运行管理模式，建立以省台网中心为核心,各台站中心为分级的监测系统运行管理体系,完善各项运行细则,保障监测系统的正常运行。

2009年,观测质量再上新台阶,在2008年度全国地震监测预报工作质量统评中获8项前三名,为历年来最好成绩。其中,代县台地形变综合获第一名,代县台倾斜潮汐形变获第一名,代县台(临汾、夏县)流动水准获第三名,临汾台断层形变获第一名,监测信息中心地震编目获第二名,夏县台水汞获第二名,大同台地电阻率获第二名,昔阳台钻孔应变获第三名。

全年全省测震台网九五系统运行台站9个,系统运行率94.13%,脉冲合格率92.33%。十五系统运行台站32个,系统运行率96.37%,脉冲合格率99.85%;全省前兆台网运行仪器79台套,运行连续率99.81%,数据完整率99.67%;全省信息服务网络运行信息节点19个,省区域中心核心网络运行率98.89%,网络服务运行率86.66%,市县信息节点运行率98.55%,台站信息节点运行率99.19%,区域行业网运行率95.82%。

结合监测系统网络化运行的新模式、新要求,在2008年底和2009年初进一步修订完善《山西省地震速报技术管理实施细则》《山西测震台网运行实施细则(试行)》《山西地震前兆台网运行实施细则》《山西省地震信息网络运行管理细则》《山西地震信息网络运行评比评分细则》《地震信息网络运行评比办法》等一系列管理制度,规范测震台网、前兆台网、信息服务网络的运行管理,细化工作流程,保障运行质量。

【观测环境保护】 在观测环境保护方面,采取措施,力求实效。主要事件有:太原市滨河西路南延工程干扰太原武家寨磁电台观测环境;太原铁路枢纽西南环线建设影响太原台测震及武家寨地电观测环境;临汾市临午公路改建工程占用GPS—SX28点位;陵川村民建房影响陵川测震台观测环境;山阴县政府广场建设工程影响了一侧中心的水准点位及物探中心的重力点位;大西客运专线建设项目对全省观测环境影响、西电东输1000千伏安超高压输电线路对沿线观测环境的影响等。山西省地震局与建设单位接洽,依法提出建议、通告,并采取有效措施合理解决,较好地保证了全省的观测环境。

【台网建设】 2009年,完成夏县中心地震台优化改造项目,并通过总体验收投入使用。完成昔阳地震台改造收尾工作,实施武家寨磁电台观测环境优化改造,完成离石地震台迁建项目和北武当山观测站的建设,与铁路、地方有关单位协调,有效推进整体迁建工作,基本完成金岗库地震台土建主体工程。申报灵丘、长治地震台优化改造项目。

此外,配合华北强震强化跟踪工作,在全省部分台站新安装观测仪器5台(套),分别为:大同台、太原台安装电离层斜测仪器;临汾台安装砂层应力仪;临汾台、代县台安装四分量钻孔应变仪。并投入试运行。

【基础科研】 2009年继续推进与中国地震局、京津地区直属院所、省科技厅、省气象局等单位交流合作。2009年全省地震部门各单位共申报本局科研项目60项,经评审批准资助31项。获准中国地震局“三结合”项目2项、山西省科技项目4项、参与中国地震局直属研究所地震行业基金专项2项。共争取科研项目经费154.4万元。组织申报2010年中国地震局“三结合”项目4项、申报2010年山西省科技项目9项。

2009年共举办学术报告会16次,其中邀请国内外地震学专家讲学10次。参加学术活动共约360人次。组织完成2009年科技成果奖励工作。评选出防震减灾优秀成果奖项目12项,其中一等奖3项,二等奖6项,三等奖3项。获中国地震局防震减灾优秀成果奖2项,其中二等奖1项、三等奖1项。推荐山西省科技进步奖项目2项。

【抗震设防管理】 加强抗震设防要求管理方面:(1)通过省政府与各市签订目标责任书推进抗震设防要求管理纳入基本建设程序。太原等8市将抗震设防要求纳入基本建设程序或行政审批事项。(2)加大对学校、医院等人群密集场所的抗震设防管理。山西省地震局进入省中小学校舍安全工程领导小组,要求各市地震局要参与校舍安全工程。2009年底,全省11个市全部参与校舍安全工程工作,并重点对在特殊地震地质条件下的60余所学校和医院进行地震安全性评价、动参数复核及抗震设防要求管理。运城等市对辖区内的学校的抗震安全还进行专门的检查。截至12月底,省地震局共对240个建设工程进行地震安全性评价,审批217项,市县两级地震局共对1025项工程进行抗震设防要求管理。

【农村民居地震安全工程】 (1)对全省21个县233个乡镇4754个自然村进行农村民居抗震性能现状普查,调查1086116户。通过此次普查,基本了解全省农村民居现状,为下一步开展工作积累基础资料。(2)继续推进农村民居地震安全示范工程建设,将农村民居地震安全工程深入到新农村建设、沉陷区改造、移民搬迁中,截至12月底,全省共有100个县205个乡镇建设了469个示范村,共涉及139205套民居。

【防震减灾宣传教育】 2009年初,省地震局专门下发《关于印发2009年防震减灾科普宣传教育工作要点的通知》,全面部署2009年防震减灾宣传工作。(1)做好重点宣传与一般宣传工作。重点开展“5·12”防震减灾宣传周和“7·28”防震减灾宣传周活动。在“5·12”期间,印制5万册防震减灾宣传图书,在省直机关、省委党校等组织十余场防震减灾专题讲座,在报刊发专版介绍防震减灾知识,并与省宣传部共同印制3万套宣传挂图,发放到社区和农村。除开展集中宣传外,平时利用防震减灾科普宣传教育基地及科普示范学校等阵地开展广泛的防震减灾科普知识宣传,全年共印制发放1505814份(套)宣传作品,深入社区2367次,农村5988次。(2)

继续推进科普教育基地和科普示范学校建设。2009年山西省共建成6个市级94个县级科普教育基地和620个科普示范学校。(3)组织全省119个县参加全国防震减灾知识竞赛山西赛区比赛并组织全国防震减灾知识竞赛中部赛区的复赛。山西省代表队获得参加全国决赛资格。(4)在全省范围内进行防震减灾知识调查问卷活动,共收回2826份调查问卷,其中机关642份、农村483份、社区758份、学校527份、企业416份。

【防震法制工作】 以贯彻落实《中华人民共和国防震减灾法》为重点,从强化培训和宣传教育入手,加强法制工作。(1)学习培训《防震减灾法》。组织召开有45个省防震减灾领导组成员单位、11个市地震局负责人参加的电视电话会议;举办防震减灾法等法律法规的讲座10余次、法律知识有奖答题15次、行政执法培训3次,在全省地震系统掀起学法用法、贯彻实施的高潮。(2)加大普法宣传力度。充分利用"3·1""5·12""7·28""12·4"等全国法制宣传日和防震减灾重要纪念日,进行重点普及宣传,为依法推进防震减灾工作奠定坚实的基础。(3)推进科学立法工作。2009年6月24日至7月3日,先后赴大同、运城、临汾、太原4个市进行立法调研,实地考察13处新建工程,组织召开9次座谈会,广泛征求社会各界意见建议。2009年9月3日,正式将《山西省抗震设防条例(征求意见稿)》上报省政府法制办。(4)规范行政执法行为。通过执法监督培训和清理法规性文件,加强对全省地震行政执法队伍的管理,全年共依法查处各类违法案件120起,绝大多数属于建筑工程抗震设防审批和环境保护方面的案件,有力推进全省抗震设防管理和地震台站观测环境保护工作。2009年山西省地震局先后荣获山西省委授予的"1999—2009依法治省十佳单位"、山西省政府授予的"五五普法中期评比先进单位"和中国地震局授予的"2008年全国地震系统法制工作先进单位"等表彰。

【地震应急求援工作】 1.在应急指挥技术系统建设方面,主要开展以下三项工作:(1)经山西省编委批准成立了"山西省地震应急中心",处级建制、编制8人,全面负责地震应急指挥技术系统的运行和管理工作。(2)以省防震减灾领导组名义印发实施《山西省地震应急基础数据收集管理办法》,建立一套地震应急基础数据收集、更新、完善的长效机制。(3)完成应急指挥大厅、地震现场技术系统、地震应急基础数据库和卫星系统的运行维护工作;完成应急指挥大厅的技术改造与升级工作;更新地震应急基础数据库系统的15项基础数据。大同、临汾、运城、忻州4个市建设完成地震灾情上报系统;长治、晋城2个市建设完成市级地震应急指挥系统。

2.3月30日,省政府正式印发实施《山西省地震应急预案》,加强新一轮修订、学习、宣传和演练应急预案工作。(1)修订完善预案。以省防震减灾领导组文件形式印发《关于制定、修订地震应急预案的通知》,要求全省11个市、57个防震减灾成员单位和一类特大型工业企业于2009年底前完成预案修订工作,并指导太原等8个市和30个成员单位修订印发地震应急预案。(2)组织预案培训。省防震减灾领导组举办2期地震应急预案培训班,共计培训市级人民政府分管防震减灾工作的副秘书长和省防震减灾领导组成员单位分管防震减灾工作的厅局领导69人、省委办公厅等省直部门75名防震减灾联络员。(3)开展应急检查。全年共进行3次地震应急检查。(4)进行应急演练。据不完全统计,2009年全省共计举办各级各类地震应急演练12000余次,其中全省90%中小学校举办地震避险、逃生疏散、自救互救的地震应急演练。(5)加强应急避难场所建设。2009年10月下旬,组织对全省地震应急避难场所建设情况进行专项检查,并印发《山西省人民政府关于切实推进应急避难场所建设的工作方案》。

3.(1)率先组建省地震灾害紧急救援二队。(2)组建朔州、忻州2支市级救援队,截至2009年底,全省11个市均建立市级综合救援队伍,提高了地震专业救援的能力。(3)加强地震应急现场工作队伍的建设和管理,全省共有1支省级现场队、11支市级现场队、90支县级现场队,合计现场队员近600人。

4.应急救援条件保障。(1)加强地震应急救援经费保障。2009年共购置近2000台套的救援装备和设备。截至2009年底,共为两支省救援队伍配置包括破拆、顶升、个人防护、应急通信、应急车辆等7大类2743台套的救援装备和设备。为地震现场应急工作队配置应急车辆9台、卫星电话4部、短波电台10台套、集群对讲机14台、现场工作队员个人防护装备100套。(2)规范应急救援工作程序。全年制定并印发《加强地震重点危险区地震应急准备工作方案》等一系列规章制度,起草《山西省地震灾害紧急救援队管理办法》《山西省地震应急基础数据收集管理办法》和《山西省企业救援队伍地震应急征用管理办法》,并上报省政府。 (董康义)

【防震减灾工作会议】 2009年4月10日,召开全省防震减灾工作会议。省防震减灾领导组成员单位、防震减灾联络员及各市分管市长、地震局长及省地震局处以上干部近200人参加会议。省委常委、省防震减灾领导组组长、副省长李小鹏出席会议并讲话。李小鹏代表省政府与各市人民政府签订2009年防震减灾目标责任书。 (赵晋红)

【地震活动】 2009年山西地区发生ML≥1.0级地震662次,其中1.0~1.9级地震553次,2.0~2.9级地震96次,3.0~3.9级地震13次,4.0~4.9级1次,最大地震是2009年3月28日原平ML4.7级地震。

ML≥3级地震空间分布特征是:大同盆地1次,忻定盆地4次,临汾盆地3次,东部山区3次,西部山区2次。地震活动具有以下特点:(1)小震活动保持低水平。从山西地区地震年频度统计结果分析,2009年度2.5级以上小震次数接近多年活动水平。

ML≥3.0 级地震本年度发生 13 次，与 2008 年的 14 次近于持平，但低于多年 18 次的平均值。(2)3 级地震空间分布较为集中。ML≥3.0 地震主要集中在忻定盆地和临汾盆地，太原盆地 2009 年无 ML≥3 级地震发生，这是近几年较为少见的。(3)地震活动水平为近 5 年来最高。2009 年 3 月 28 日发生原平 ML4.5 级地震，改变了 2004 年 5 月 27 日原平 ML4.1 级地震以来山西地震低水平活动，打破了 1970 年以来 4 级平静间隔时间最长的格局。（宋美琴）

2009 年山西省 ML≥3.0 级地震目录表

序号	发震时间	纬度(°′)	经度(°′)	震级(ML)	深度(km)	地　点
1	2009–01–22	3845	11243	3.2	8	原平县
2	2009–03–02	3925	11243	3.5	8	山阴县
3	2009–03–28	3854	11255	4.7	9	原平县
4	2009–04–10	3631	11149	3.1	9	霍州市
5	2009–04–17	3845	11251	3.1	7	原平县
6	2009–04–18	3525	11057	3.5	8	万荣县
7	2009–05–02	3625	11107	3.7	7	蒲　县
8	2009–06–08	3825	11255	3.0	8	忻州市
9	2009–07–17	3728	11349	3.1	9	昔阳县
10	2009–07–18	3528	11031	3.0	11	万荣县
11	2009–08–01	3855	11137	3.3	8	五寨县
12	2009–08–25	3734	11319	3.2	9	昔阳县
13	2009–10–27	3752	11343	3.2	12	平定县

社 会 科 学

社会科学研究

【中国特色社会主义理论体系研究】 石苏谊、徐玲撰写的《列宁的新经济政策与中国特色社会主义》(《山西高等学校社会科学学报》2009年第10期),白琦瑞专著的《毛泽东思想和中国特色社会主义理论体系概论的哲学思维教学法研究》(山西人民出版社2009年版),该书不是教义、而是方法,它提供的不是现成的教条,而是更进一步研究中国特色社会主义的出发点和供这种研究使用的方法,该书教学最根本的任务是:培养学生实事求是思维方式的哲学品格。冉建梅撰写的《毛泽东对中国特色社会主义理论体系的贡献》和孙小叶撰写的《浅析毛泽东关于处理中央与地方关系的思想及对构建社会主义和谐社会的启示》(均载《沧桑》2009年第4期),周静撰写的《浅谈毛泽东思想形成和发展的主观条件》和申冬梅、王艳撰写的《论毛泽东的人民利益观》(均载《山西高等学校社会科学学报》2009年第11期),苏瑞珍、张丽撰写的《邓小平判断社会主义社会主要矛盾的方法论视野》(同上,第9期),贾桂梓撰写的《求真务实与中国特色社会主义》(《前进》2009年第3期),30年来,我国改革开放之所以取得辉煌成就,就是因为我们党坚持求真务实,创立了中国特色社会主义理论体系,走出了中国特色社会主义道路。张曾祥撰写的《"中国特色社会主义理论体系"的理论意义与科学认识》(《晋阳学刊》2009年第6期),"中国特色社会主义理论体系"这个概念的科学意义,在于它具有指导思想表述的总括性、新思想新观念的建设性和民族文化的传承性;对于"中国特色社会主义理论体系"的理解,可以有发展战略、发展道路、哲学基础和现代化路径的不同视域,这些不同视域表现了它开放的理论建构能力。李湘江撰写的《对中国特色社会主义民主政治建设的几点思考》和孟富国撰写的《解放思想与中国特色社会主义理论体系创新》(载《中共山西省委党校学报》2009年第1、4期),前文认为,社会主义民主政治建设是社会主义政治文明建设的重大课题,而发展中国特色社会主义民主政治则是我们党始终不渝的奋斗目标;后者指出,解放思想是中国特色社会主义理论体系形成和发展的先导,是新时期发展中国特色社会主义的一大法宝。因此,发展中国特色社会主义需要我们继续解放思想,这是科学发展观的根本要求,也是发展中国特色社会主义的本质体现。耿世雄撰写的《坚定不移发展中国特色社会主义民主政治》(《山西高等学校社会科学学报》2009年第11期)。

【科学发展观研究】 郭正红撰写的《科学发展观的哲学意蕴》(《中共山西省委党校学报》2009年第4期),科学发展观是中国特色社会主义理论体系的重要组成部分,蕴含着丰富的哲学思想,它主要表现在坚持了马克思主义认识论实践第一的观点;坚持了马克思主义的矛盾学说;坚持了马克思主义唯物辩证法的基本观点;坚持了马克思主义唯物史观的双向视角。杨森林《以科学发展观统领行政监察工作:以山西行政监察工作为例》(《理论探索》2009年第1期),以科学发展观统领行政监察工作,要增强针对性和有效性,使行政监察工作跃升到一个新水平。樊爱霞撰写的《试析科学发展观的科学性》(《山西高等学校社会科学学报》2009年第5期),科学发展观较之以往的发展观的根本不同就在于它鲜明的科学性。科学发展观的科学性表现为:以人为本凸显了发展动力和发展目的定位的科学性;全面发展凸显了发展布局规划的科学性;协调发展凸显了发展原则梳理的科学性;可持续发展凸显了发展视野调整的科学性;统筹兼顾凸显了发展方法选择的科学性。张高宏撰写的《提高领导干部和公务员队伍推进科学发展的能力》(《理论探索》2009年第4期),要加强领导干部和公务员队伍的世界观、人生观、价值观教育,提高理论素养,夯实理论基础,注重业务能力培养,适应工作岗位需要,重视现代知识培训,进一步开阔视野。姚芝楼撰写的《在科学发展中推进反腐倡廉建设》和段志平撰写的《论科学发展观的理论基础和历史地位》及盖志平撰写的《推动科学发展必须始终把握好的几个问题》

(均载《山西高等学校社会科学学报》2009年第3期),黄晋太撰写的《论科学发展与和谐社会构建》(同上,第4期),贯彻和实践科学发展观,不仅对如何进一步实现科学发展具有重要里程碑意义,而且对构建社会主义和谐社会具有现实的重大影响。

【构建和谐社会研究】 王醒撰写的《新闻媒介与和谐社会》(《山西大学学报》2009年第1期),新闻媒介是构建和谐社会最得力、最有效的宣传者,是构建和谐社会最为便捷的信息传播者,是推动社会发展的促进者,是社会主义先进文化的重要建设者。陈凯撰写的《行政执法理念的更新与和谐社会的建设》(《中共山西省委党校学报》2009年第1期),为太原科技大学校青年基金资助项目成果。苏玉娟撰写的《民生科技对构建和谐山西的语境研究》和李小萍、张杰撰写的《支持农村经济和谐发展的财政对策选择》(载《经济问题》2009年第3、7期),前文为山西省哲学社会科学课题研究成果。郑文靖撰写的《民营经济是中部地区构建和谐社会的重要力量》(《中共山西省委党校学报》2009年第5期),民营经济作为最活跃的经济形式,不仅在经济领域而且在整个国家与地区和谐社会的构建中意义重大。和谐社会的构建依靠地区经济的良性发展,而地区经济良性发展的基础是民营经济,民营经济强则地区强,民营经济富则地区稳,民营经济优则百姓和。邸敏学撰写的《私营企业构建和谐劳资关系探讨》(《理论探索》2009年第3期),为山西省人文社会科学重点研究基地项目"现阶段我国私营企业劳资合作研究"成果。

【晋商研究】 高春平专著的《晋商学》(山西经济出版社2009年版)、《潞商文化探究》(天津人民出版社2009年版)和撰写的论文《票号的组织架构与风险防范》(《中国经济与管理科学》)2009年第6期)与《诚信晋商与信用山西》(《山西社会主义学报》2009年2期)及《买树梢:晋商开中国粮食期货贸易先河》(《太原日报》2009年9月4日)等均为研究晋商的佳作。范世康编著的《晋商兴盛与太原发展:晋商文化论坛论文集》(山西人民出版社2009年版),所收录的论文均为2008年9月在太原举办的"首届晋商文化艺术周",来自国内外政界、商界和学界精英的珠玑之作,学术价值和应用价值都是值得称颂的。薛勇民撰写的《伦理视域下的晋商精神》和崔俊霞撰写的《晋商伦理形成原因探析》及白明东撰写的《晋商常家商业伦理的基础特征》(均载《山西大学学报》2009年第6期),均为国家社会科学基金项目"唯物史观视野下的晋商伦理研究"成果。艾斐撰写的《论"晋商之都"》(《山西日报》2009年8月31日),燕红忠、韩芸撰写的《晋商兴衰的信用解析:基于历史制度分析方法的视角》(《经济问题》2009年第3期),为国家社会科学基金项目"晋商信用制度及其变迁研究"的阶段性成果。郭建兰、宫宏祥撰写的《晋商人事管理制度的现代启示》和周建波撰写的《晋商股份经营制度刍议》(《山西高等学校社会科学学报》2009年第3、4期),薛荣撰写的《略论晋商的金融创新》(《经济问题》2009年第6期),晋商在商业实践活动中进行着各种创新,他们不仅对资本的组成和管理机制进行了创新,而且在防范金融风险和内部管理经营制度上,也做了不少积极探索。创新是晋商能够在相当长的一段时间内称雄于国内外商界的主要原因。张舒撰写的《晋商经营理念与精神》(《晋商》2009年13期),贡振羽撰写的《议晋商的商业文化特点》(《沧桑》2009年第1期),山西商人将中国传统文化融入商业经营,并在实践中逐渐形成一套具有自身特点的晋商商业文化。开拓进取、诚实守信等鲜明的商业文化特点,使得晋商取得了辉煌的历史成绩,并对现代商业文化发展产生积极的影响。李楠撰写的《浅论晋商窖藏白银的原因》和白明东撰写的《浅述晋商常家的家庭伦理》(同上,第1、3期)前文试图在清末民初的历史大背景下,从晋商的投资环境、风险意识及传统文化的影响几个方面分析窖藏白银这一做法。吴恩培撰写的《同为周后:吴、晋国家关系的源头爬梳》(《晋阳学刊》2009年第1期),赵李娜撰写的《西汉河东郡地域风习研究》和梁静撰写的《中古河东薛氏与文学概述》(载《山西大学学报》2009年第4、5期),畅海桦、鞠振撰写的《晋国史书〈乘〉探微》(《山西师大学报》2009年第3期),文中指出,晋国的史书《乘》也被称作《春秋》,由于特殊原因而失传,它涉及了晋国的政治、军事、土地制度等方面的内容。该书属于编年体史书,起始于西周、春秋之交,亡于三家分晋。田同旭撰写的《荆浩太行洪谷考辨》(《山西大学学报》2009年第1期),晚唐五代荆浩太行洪谷到底位于何处,自北宋以来说法不一。文章系统清理了古代地方志与地理书的相关记载,结合民间传说,实地考察后认为:荆浩太行洪谷,即山西沁水境内中条山主峰东北麓之洪谷,荆浩祖籍是山西沁水,荆浩是以山西沁水洪谷山水之雄姿气派为背景题材进行构图,作出不朽的传世名画《匡庐图》,写出著名的山水画论《笔法记》。困扰古今学者的千年悬案,得以明确合理破解。房春草撰写的《误断与误解:傅山相关研究著述中的两个问题》(《晋阳学刊》2009年第3期),认为傅山相关研究著述中对傅山一些诗文存在着两方面的误读:一为句读误断,一为文意误解,为此,作者就傅山相关研究著述中所发现的讹误略作疏释,以期学界能对此等问题加以注意。赵新平撰写的《庙会与乡村经济发展》(载《晋阳学刊》2009年第1、3期),后文认为,庙会的祭祀活动和商品贸易活动促进和推动了乡村经济发展,而休闲娱乐活动又拉动了乡村经济的发展。采用文献法和田野调查法,通过分析庙会与乡村经济之间的关系,可以探讨出庙会活动对乡村经济发展的积极影响。

【经济学研究】 王琦、梅建军撰写的《初次分配公平原则的理论基础》(《经济问题》2009年第2期),为山西省哲学社会科学"十一五"规划2008年度课题研究成果。梁华林、赵玉华撰写的《初次分配中效率与公平关系探讨》(同上,第5期),陆嵬撰写的

《论经济学的思维方式》(《沧桑》2009年第4期),在总结前人研究成果的基础上,对经济学的思维方式进行了不同角度的探索,并简要探讨了经济学的思维基础和几个核心概念。艾凌宇、林静撰写的《中国近几年来宏观投资效率研究》(《山西大学学报》2009年第3期),运用索洛增长模型,对国内生产总值的几个决定因素进行分析,以期对我国的投资效率进行测算。白琦瑞撰写的《生产力智能化及其对经济社会的促进作用》(《经济问题》2009年第3期),生产力智能化对经济社会发展的促进作用主要表现为:促进经济增长;转变就业结构;加速经济全球化的进程。翟纯红、郝家撰写的《基于循环经济的产业集群发展模式研究》和杜建亮撰写的《市场经济中政府失灵的表现、成因及对策》(同上,第1、4期),杭斌、申春兰撰写的《经济发达地区城镇居民预防性储蓄动机研究:基于微观数据的实证分析》(《山西财经大学学报》2009年第6期),为国家自然科学基金资助项目成果之一。张宏业撰写的《中国人力资本国际流动现状及启示》(《经济问题》2009年第11期),张信东、吴遐撰写的《基于分层价值权力的企业价值》(《山西大学学报》2009年第2期),沿着实物期权在企业战略管理应用中的发展进程,文章在推进该领域最新研究结果——价值权力的基础上,根据实物期权的不同特性,提出了分层价值权力概念。结合分层价值权力各层次在企业价值形成和构成中的不同作用,导出了一种全新的企业价值循环运作关系,进而阐述了"以分层价值权力为指导的企业价值非负"的战略命题。方琳、刘兆征撰写的《构建企业循环经济发展模式的对策思考》(《经济问题》2009年第3期),分析了企业发展循环经济的宏、微观机制的构建,探讨了企业发展循环经济的对策,进而提出了企业发展循环经济的机制与对策的基本框架。曹海敏撰写的《基于社会责任的企业绩效评价问题研究》(同上,第12期),为山西省回国留学人员科研资助项目计划的研究成果之一。秦兴俊撰写的《民营科技企业创业模式与融资契约》(《山西财经大学学报》2009年第8期),张爱权撰写的《金融危机背景下保障职工体面劳动新思考》(《理论探索》2009年第1期),当前保障职工体面劳动,需要进一步发挥工会组织的作用,需要建立健全和深入贯彻有关保障职工体面劳动的法律与政策。范建平等撰写的《基于企业生态系统的管理学研究纲领》(《山西大学学报》2009年第3期),从分析后工业社会中企业经营由竞争向合作、协同转化的趋势出发,提出了运用企业生态系统的分析方法研究企业管理的思想。以科学研究纲领方法论为指导,提出基于企业生态系统的企业协同演化管理研究纲领。李梅撰写的《城镇土地收益分配机制理论研究》(《经济问题》2009年第9期),从分析城市土地收益分配的性质出发,从理论上界定各利益相关者取得收益分配的权利;在分析我国城市土地收益分配现存问题的基础上,提出改革城市土地收益分配制度的构思。李馨华、韩克勇撰写的《经济欠发达地区政府投资管理的探讨》(《经济问题》2009年第4期),针对从2008年第四季度到2010年底全国将投资4万亿元用于基础项目和重点项目投资这一状况,主要探讨了在如此空前的投资规模下如何对经济欠发达地区政府投资项目进行管理。王劲松、张翅撰写的《股权分置改革与我国股票市场》(《理论探索》2009年第4期),为国家哲学社会科学基金项目研究成果。张文龙、郭泽光撰写的《融资约束、控制权私利与金字塔结构:来自中国中小民营上市公司的经验证据》(《山西财经大学学报》2009年第5期),研究发现,边际获利能力越低的公司越可能被金字塔结构控制,被金字塔结构控制的公司更可能雇佣高质量的会计师事务所,向外部投资者发送不掠夺的信号。国家的税收和其他政策对公司组织结构的选择具有重要影响,税负越低的公司越可能被金字塔结构控制,股权分置改革后终极控制人较少利用金字塔结构控制上市公司。

【能源经济研究】 于秀娥撰写的《我国能源安全的可行性战略选择》(《理论探索》2009年第3期),曹晨明、连璞撰写的《中国煤炭基地洁净煤技术进步及产业化发展的政策与规划(1—3)》(《中国能源》2009年第10—12期),李晋中撰写的《煤炭工业可持续发展的财政政策探析》和王建秀等撰写的《焦化生态工业园区建设探索》(均载《山西大学学报》2009年第1期),前文对煤炭生产的税收、产业分类、补偿金等政策作了分析;后者认为构建焦化生态工业园区既是实施可持续发展的战略,也是推动经济快速发展的战略。陈红爱撰写的《促进山西煤炭工业多种经营发展的对策与建议》(《中国煤炭》2009年第4期),认为山西煤炭企业的非煤总体发展至今还未能形成支撑起一方天地的替代产业,提出的对策建议为:抓大放小,转换经营机制;拓展融资渠道,加大资金投入;适度发展非关联项目,提高外部适应性。曾谦撰写的《近代山西煤炭的开发与运销》和郭战成撰写的《近代山西煤矿业兴起的非物质因素》(载《沧桑》2009年第3、4期),后文以煤炭资源与近代山西区域社会意识的变动为切入点,全面展示近代山西煤矿业兴起的非物质因素。研究表明,作为潜在动力的社会意识,例如晋商的崇商重利思想、开山封禁观念的转变、晋人的资源主权意识、教育事业的发展以及劳动力市场的扩大等,对山西煤矿业的发展起了巨大的推动作用。

【历史学研究】 张颔撰写的《古代少数民族在今山西遗踪杂拾》(《晋阳学刊》2009年第1期),王潇慧撰写的《从史前玉器解读中华文明起源信息》(《沧桑》2009年第4期),通过对史前玉器的制作技术、文化与社会背景等方面的研究,探讨史前玉器所表现出的文明因素,分析史前玉器所传达出的史前社会生产力与生产关系。程中原撰写的《关于华国锋的评价问题》(《晋阳学刊》2009年第5期),评价华国锋,有一件事情应该澄清,即华国锋是否有意阻碍邓小平的复出。当时,华国锋对此的原则是,应该恢复邓的工作,但要时机成熟,逐步来。

总的来看,华国锋并没有蓄意阻碍邓小平的复出,邓此次的复出也没有花费更长的时间,此外,华国锋还不断采取措施改善邓小平的生活待遇和政治处境。孟红撰写的《罗荣桓元帅在山西》(上下)(《党史文汇》2009年第2、3期),罗荣桓在他的革命生涯中,曾经三次踏入三晋热土,在汾河两岸、吕梁山上留下了光辉的足迹,为三晋大地播下了革命火种,领导抗日军民英勇抗击日军侵略,创立了不可磨灭的功绩,在山西人民心中树立了不朽的丰碑。冯雪撰写的《山西国民党抗日游击战研究概述》(《沧桑》2009年第1期),主要介绍研究山西国民党敌后游击战的概况,包括海外、大陆、台湾的概况。

【语言学研究】 温端政、吴建生主编的《汉语语汇学研究》(商务印书馆2009年版),该书是首届汉语语汇学学术研讨会(2007年7月,太原)论文集。是从大会交流的84篇论文中选录了其中一些优秀汉语语汇学研究论文,汇编而成文集。吴建生、李淑珍专著的《三晋俗语研究》(书海出版社2009年版),为山西省哲学社会科学"十一五"规划课题成果。该书集学术性和实用性为一体,资料翔实,内容丰富,是一本极富地域特点的语汇类图书。吴建生主编的《实用谚语丛书——农业谚语》(山西经济出版社2009年版),李小平撰写的《论汉语方言成语的性质》(《语文研究》2009年第1期),书面性不是汉语成语最重要的属性;汉语方言熟语系统中凡是"二二相承的表述语和描述语"都应当称作"成语",这类熟语与汉语通语成语对举时,可以称作"方言成语";方言学中不应当另立"方言四字格""方言四字组""俗成语"等名目。赵秀红、聂建中撰写的《十余年来我国英语口语研究综述》(《山西师大学报》2009年第4期),吴建生撰写的《山西方言语汇的特点》(同上,第1期),山西方言中有大量的谚语、歇后语、惯用语和成语,活跃在人民群众的口语中,发挥着不可替代的交际作用。随着时代的发展,方言语汇处在急剧的演变之中。如不尽快启动抢救工程,这一宝贵的文化遗产就有可能随着一代人的逝去而大量消亡,甚至会给地方文化的传承带来不可弥补的损失。

【社会学研究】 谭克俭专著的《农村养老保障体系构建研究》(中国社会出版社2009年版),为国家社科基金项目的最终成果。全书分综合研究与框架构建、专题研究和实证研究三部分。内容包括:导论;有关研究文献回顾;农村养老保障体系现状分析;四省养老保障述评;构建农村养老保障体系的总体设想等。阎钟撰写的《社会转型期的城市公共安全分析》(《山西大学学报》2009年第5期),目前,中国正处于从传统社会向现代社会转变、从计划经济向市场经济转轨的大变局之中,城市公共安全面临着严峻的挑战。城市改革的安全问题已引起了党和国家的高度重视,中央政府已着手建立健全公共安全管理体制,从而为实现社会和谐稳定、国家长治久安提供重要保证。张玮撰写的《问题、经历与思考:区域乡村社会研究的经验》和陈映婕、张虎生撰写的《村落记忆与空间表征:对山西上安村的文化地理学考察》(均载《山西师大学报》2009年第1期),前文为国家哲学社会科学基金项目和山西省高等学校优秀青年学术带头人支持计划基金项目研究成果。李雁红撰写的《关于山西发展生存型创业的思考》和白秀平撰写的《关于促进我省就业的几点思考》(均载《前进》2009年第12期)前文指出,如何通过创业尤其是生存型创业带动本省就业的增长,从而实现经济与社会的和谐发展,这是现阶段解决山西省就业矛盾必须研究和解决的一个重大民生问题;后者认为,解决当前的就业问题,必须认真贯彻市场导向的就业方针,实施积极的创业就业政策。具体来讲,就是要抓住六个重点,破解五道难题。韩淑娟撰写的《农民工社会保障缺失的制度因素研究》(《山西师大学报》2009年第5期)认为,要提高农民工社会保障的水平,就必须着力改善当前的制度环境,建立健全公平、公正、公开的制度模式。谭克俭撰写的《山西农村女性流动人口的人口学分析》(《中共山西省委党校学报》2009年第3期),农村女性人口流动对农村的人口学影响直接而深远,在导致农村生育人口结构改变的同时,还使农村的人口总量和生育水平下降,同时加剧了农村的婚姻市场挤压。任季萍撰写的《人口老龄化问题:挑战及其应对》(《理论探索》2009年第1期),应对我国的人口老龄化挑战,需要做好以下工作:变革传统老龄观,建立以家庭养老为主的多元化养老模式,发展老年医学,实行弹性退休制度等。

【文化强省建设和研究】 焦斌龙、王建功撰写的《文化产业解构传统产业:挑战与路径》(《晋阳学刊》2009年第3期),为国家社会科学基金课题、山西省发展与改革委员会高级专家基金全国招标课题研究的阶段性成果。中共山西省委政策研究室撰写的《山西动漫:如何破茧成蝶》(《前进》2009年第8期),作者结合国内外动漫产业发展态势,并在深入调研的基础上,具体分析了山西省动漫产业的发展现状,提出了加快发展的相关建议,以努力促进山西动漫产业的崛起。邓蕊撰写的《山西休闲产业系统探析》(《山西高等学校社会科学学报》2009年第8期),随着休闲时代的到来,山西省应形成休闲产业观念,尽快制定休闲政策,增加休闲设施,开发休闲产业,以形成多方位的全面的休闲产业系统。由范世康主编的《太原文化资源概览》(山西人民出版社2009年版),以整体性思维对龙城太原的文化资源进行了梳理,材料真实可靠,分类科学合理,介绍详略得当,文字客观准确,是一部理论价值和实践价值兼具的太原文化资源大集。由崔树民、姜艳生主编的《2007年太原市绿色转型年度报告》(山西人民出版社2009年版)和由艾斐主编的《2008年度太原文化发展蓝皮书》(山西教育出版社2009年版),孙丽萍、朱伊文撰写的《太原文化休闲业怎样可持续发展》(《山西日报》2009年7月27日),文化休闲业必将为太原打造新城、改造旧城、保护老城以及宜居城市建设插上飞腾的翅膀,将为全省文化产业的大发展起到率先冲关、提升形象的重要作用。

【社会主义新农村建设与“三农”问题研究】 吕微、唐伟撰写的《山西农村全面建设小康社会》(《山西大学学报》2009年第1期),剖析了制约农村全面小康社会建设的主要因素,进而提出了推动农村小康社会建设的对策建议。李雁红撰写的《关于加快农村剩余劳动力转移促进农民增收的思考》(《前进》2009年第1期),苏昕、吴斗庆撰写的《县级政府在新农村建设中的主导作用分析》(《山西大学学报》2009年第4期),选择经济不太发达但新农村建设效果好的山西某县为案例,分析新农村建设中县一级政府的主导作用。任志江、王育森撰写的《关于山西省大学生村官制度实施以来的问题思考》和罗涛、白瑜撰写的《对大学生村官工作缺位问题的探究:以山西省五台县为例》(均载《沧桑》2009年第3期),前者认为,大学生村官制度的实施,有力地促进了山西省社会主义新农村建设。但从全省的整体情况来看,能很好地融入当地农村或者是干出点“名堂”的人还是少数,在这一制度的实施中反倒有不少人浮于事和陷入工作困境的情况。作者在分析造成这些问题的原因的基础上,提出一些相应的对策建议,以期对山西省大学生村官制度的完善和“三农”问题的解决有所帮助;后文从四个方面分析五台县大学生村官工作缺位的原因后,又分别从加强组织领导、角色转换、培养考核、完善制度和调整任期五个方面提出了改进意见。李莉撰写的《山西实施“大学生村官”制度的思考》(《中共山西省直机关党校学报》2009年第2期),实施“大学生村官”制度优化了农村干部队伍结构,缓解了大学生就业压力,提高了大学生的实践能力。针对“大学生村官”制度实施过程中存在的问题,从政府层面来讲,要公开公平公正地选拔村官,保证“大学生村官”的待遇,并加强对“大学生村官”的管理和监督;从“大学生村官”自身来讲,要增强自身综合素质,提高服务农村的能力。李雯撰写的《农民专业合作组织是推动农村社会发展的重要力量》(《中共山西省委党校学报》2009年第6期),大力发展农民专业合作组织,是新时期提高农民参与市场的组织化程度、增强农业竞争力、增加农民收入的客观需要和现实选择,是推动农村社会发展的重要力量。杜娟撰写的《论现代农业建设与新型农民培养》(《山西高等学校社会科学学报》2009年第2期),毕雪萍等撰写的《山西省农产品物流体系研究》和武星亮撰写的《试析县级农业和农村现代化建设规划的指导思想》(同上,第11、12期),均为山西省软科学项目阶段性研究成果。潘云、黄桦撰写的《关于发展山西现代农业的思考》(《山西农业科技》2009年9期),探讨现代农业的内涵特征和运作模式,把握现代农业的着力点,科学选择山西省现代农业的发展模式和发展路径,对于山西省建设社会主义新农村,提升农业整体竞争力,建设现代农业都具有重大的理论意义和实践价值。

【哲学与思维科学研究】 毛建儒、马俊峰撰写的《论马克思主义哲学批判精神在当代的意义》(《晋阳学刊》2009年第1期),马克思主义哲学的批判精神是一种辩证的否定,马克思主义哲学的批判精神包括革命和保守两个方面,马克思主义哲学的批判精神是手段而不是目的。姚纪纲、董丽撰写的《比较与融合:马克思主义哲学中国化的有效途径》(同上,第3期),从我国改革开放和现代化建设的具体实践出发,着眼于世界历史变革和未来发展,以马克思主义哲学批判性思维为工具,分析比较中国哲学、西方哲学产生的不同文化背景、致思特点和理论旨趣,大胆地吸收借鉴其中所蕴藏的合理因素和思想营养,必将丰富充实马克思主义哲学的理论宝库,从而推进马克思主义哲学中国化的伟大历史进程。马春茹撰写的《马克思主义自由观赋予实践的意义》(《中共山西省委学校学报》2009年4期),毛建儒撰写的《论实践检验真理的类型及其复杂性》(《山西师大学报》2009年第4期),贺天平撰写的《哲学视野下主客体关系的嬗变》(《科学技术哲学研究》2009年第1期),文章以历史发展为线索,论述了主客体关系在哲学视野下的嬗变过程。毛建儒撰写的《论理论检验的一元性和多样性》(同上,第5期),高专诚撰写的《儒学命运的历史观察和现实瞻视》(《山西社会主义学院学报》2009年第3期),针对儒家思想是中国古代专制统治者的“帮凶”、或者儒家思想对经济社会发展是“拖后腿”的、或者儒家思想是一种“过时”的思想这三方面错误或狭隘的说法,应该从儒学发展史以及历史上的儒学与时政之关系的角度进行辩说和澄清,对儒学的现实意义和未来前景应作明确的定位。卫麦鹏、李书吉撰写的《浅析早期儒家治学三义》(《山西大学学报》2009年第4期),分析、论证早期儒家治学的特点及依据,提出儒家治学宗旨为大学的论点,希望为认识儒家治学特点,提供一个初步的视角。何茜撰写的《五台山佛教》(《五台山研究》2009年第1期),通过对五台山佛教音乐转化过程的分析,意在表明五台山佛教音乐并非是随同佛教一并传入的。赵改萍撰写的《能海法师对五台山藏传佛教发展的贡献》(同上,第2期),能海法师是近现代藏传佛教高僧,弘法40余年,重新将藏传佛教弘传内地,期间与五台山结下了不解之缘,为五台山藏传佛教的复兴和发展作出巨大贡献。李晚莲撰写的《韦伯的“文化科学”对社会学发展的贡献》(《理论探索》2009年第3期),为国家社会科学基金项目研究成果。殷杰、尤洋撰写的《社会认识论视域中的信息与知识》和宋尚玮撰写的《浅谈概率论中的认识论及方法论问题》(均载《山西大学学报》2009年第2期),前文从社会认识论的视域对信息和知识进行考察,详细阐明了社会认识论中信息交流、制度组织以及知识增长等问题,探讨了信息科学研究的社会认识论研究方法,最后揭示出社会认识论之于信息科学的三方面价值;后者指出,概率论的产生与应用过程一直同哲学保持着千丝万缕的联系,它的产生过程中有着深刻的认识论渊源和坚实的方法论基础,同时它的理论体系及广泛应用又引发了对它本身的认识论争论和方法论评价。

【政治学研究】 王建军撰写的《推进当代中国马克思主义大众化的思考》和李少斐、张驰撰写的《当代中国马克思主义教育要生活化》(均载《理论探索》2009年第6期),前者认为,推进当代中国马克思主义大众化,就要使马克思主义中国化的最新成果走进群众、深入群众,就要回答人民群众关心的重大理论和现实问题,就要不断探索最有效的途径和方式;后文指出,要努力增强百姓对当代中国马克思主义的理解和把握,增进百姓对当代中国马克思主义的认同,促进百姓对当代中国马克思主义的关心,引导百姓积极、有效地在实践中运用当代中国马克思主义,使当代中国马克思主义教育生活化。李娟撰写的《建设马克思主义学习型政党的思考》和李伟杰撰写的《把密切党群关系作为党建的着力点》(出处同上),张瑄、张国玉撰写的《经济全球化中我国政府角色定位问题研究》(《山西大学学报》2009年第4期),以政府自主性和政府能力为分析视角,对经济全球化进程中中国政府角色定位问题进行研究和评价。石磊、宋德强撰写的《全球化视阈中的第四世界及其对中国发展的启示》(《晋阳学刊》2009年第5期),陈艳珍撰写的《优化政府绩效评估的几点思考》(《理论探索》2009年第1期),优化政府绩效评估,需要完善政府绩效评估指标体系,全面提升政府绩效;明确政府绩效评估主体,确保政府绩效评估的全面、客观与公正;改进政府绩效评估方式,提高政府绩效评估工作的质量、效率和水平。朱晓云撰写的《发达国家与发展中国家关于人权内容的论争及其根源》(《山西高等学校社会科学学报》2009年第4期),发达国家与发展中国家关于人权内容的论争是双方人权观论争的一个焦点。发达国家只承认公民权利和政治权利为人权的内容。发展中国家在承认公民权利、政治权利的同时,承认经济、社会、文化权利,特别是承认生存权和发展权为人权的内容。论争产生的根源在于其不同的历史背景、经济基础和人权发展状况。邢云文撰写的《社会主义精神文明建设的历史经验检视》(《理论探索》2009年第2期),改革开放30年来,社会主义精神文明建设理论伴随着改革开放和社会主义建设的实践经历了一个不断完善的过程,我们对这一理论的理解也经历了一个不断深化的过程。孟艾芳撰写的《发挥党员主体作用 增强党的创新活力:提高党员民主素质 增强党员发挥主体作用 行使民主权利能力研究》(《中共山西省委党校学报》2009年1期),同年经中国特色社会主义理论研究丛书编撰委员会评审,获特等奖,并入选《走向和谐社会》一书。

【法学研究】 程长生撰写的《国家出资企业法人治理结构:问题与对策》《理论探索》2009年第4期),按照公司法的规定,切实落实用人权、执行权和监督权,建立和完善国家出资企业的法人治理结构,是国家出资企业实现科学发展的根本途径。任凤莲、高成新撰写的《关于构建我国老年人监护制度的思考》(《山西大学学报》2009年第3期),构建我国的老年人监护制度,因应监护法的现代发展趋势,借鉴国外成年人监护制度的改革经验,突破我国传统的监护理念,在制度设计上体现出尊重老年人意愿、区分被监护人多元化需求、为老年人提供更人性化保护和支持等特点。刘开衢撰写的《从法制史的角度看死刑在我国的存与废》(《沧桑》2009年第3期),死刑的废除是历史的趋势,是人类文明的最终体现。只是当代中国由于基本国情的限制,短时间还不具备废除死刑的条件。但从长远的角度看,我国现阶段仍有必要有针对性地限制、减少死刑,不过对于有重大社会危害,且主观恶性较大的犯罪分子,保留死刑仍然是十分必要的。

【教育学研究】 侯怀银撰写的《中国教育学领域的"接着讲"》(《教育理论与实践》2009年第12期),借鉴冯友兰先生建设中国哲学的基本立场,提出中国教育学的建设必须"接着讲"的观点,引起很大的社会反响。侯怀银、刘亚敏撰写的《回归人性:高等教育的自身呼唤》(《山西大学学报》2009年第3期),高等教育对人性的回归主要体现在高等教育应关注人性、引领人性、成全人性。关注人性是高等教育的本真诉求;引领人性是指高等教育应引领人性向着自由、自然、多样、独特、适应生活世界以及和谐的方向发展;成全人性是指高等教育不仅要提供一种对人性的正确的认知,而且要提供充满人性的环境以及人性化的手段和方法。朱颖原撰写的《教育与社会分层之思考》(《山西高等学校社会科学学报》2009年第11期),贾锁堂等撰写的《省部共建高校绩效评价方法探析》(《山西大学学报》2009年第4期),在创造性地改造层次分析方法的基础上,利用十分制记分法赋予指标权重,探索出一套适合于省部共建高校的绩效评价指标体系,并将其应用于省部共建高校教学和科研单位绩效评价的理论和实践中。韩龙淑撰写的《提高讲授教学有效性的基本策略》(《山西师大学报》2009年第6期),讲授教学的有效运用以实现有意义学习为基本宗旨。在新课程背景下讲授教学处于两难境地,时下当务之急是挖掘讲授教学的合理内核。而注重知识的合理组织,恰当把握过程教学的实质,丰富并贯穿启发式教学思想,是提高讲授教学有效性的基本策略。王梦云撰写的《职业教育存在的问题及有效发展模式探析》(《山西大学学报》2009年第3期),文章在审视我国职业教育现状的基础上,提出应积极确立和发展职业教育的校企合作模式。为保证这一办学模式的建立,要灵活调整政策和建立相应的法律规范。职业教育在由传统教育模式向校企合作模式转变的过程中应注重对办学机制、办学体系、办学理念等诸多方面内容的调整。

【文学研究】 张志江专著的《关公》和编著的《中国古代游记名篇选读》(均由中国社会出版社2009年出版),前书从历史人物、传奇英雄、"千古正神"三个方面进行了分析,揭示了关公信仰的来龙去脉。在此基础上，将关公信仰作为中国古代特有的一种宗教文化现象进行了形态分析，并尝试归纳出了关公信仰兴盛的三个根本的原因；后者选注了从汉代到清代的百余篇游记作品，略加提示，为古代文学读者提供了一个较好的读本。周萍专著的《世华文韵》（中国文联出版社2009年版），是一部对海外华文作家创作具有直接指导意义的著作。郭鹏撰写的《论中国古代文学批评的习惯性思维及其特点》（《山西大学学报》2009年第1期），要科学地继承古代文学理论的优秀传统并建立符合时代需求的新的理论体系，就应从分析研究古人在接受文学作品时的思维习惯入手，把握其基本思路，科学对待其优点及缺点。只有继承其优点并对传统思维方式的某些偏颇和保守的方面进行清醒的分析和必要的改造，才能建立起既具民族性又具时代性的理论批评体系。宋丹撰写的《现实与理想：古希腊悲剧与元代悲剧人物似同实异的人性追求》（《晋阳学刊》2009年第3期），古希腊悲剧与元代悲剧产生的不同文化背景，决定了悲剧人物尽管都表现出在灾难面前渴望生活，在悲痛中追求享受平等的本能需要和人性中的基本取向，但两个民族作品中的人物在面对灾难时的悲剧意识、悲剧精神等悲剧的人性力量之不同，说明了两个民族悲剧人性品格的差异，而这种差异来源于两个民族不同的人性内涵。王春林撰写的《赵树理、农民文化与政治意识形态》和张红娟撰写的《论赵树理小说中外路人形象的创作模式》（《山西大学学报》2009年第4期）前者认为，赵树理既是一位农民文化的自觉辩护者，同时也是一位政治意识形态的自觉代言人。这两种身份的包容与契合促成了赵树理40年代小说创作的巨大成功，但也正是二者之间的矛盾冲突导致了赵树理1949年后小说创作艺术的衰退以至于难以为继；后文以外路人形象为切入点展示了赵树理在现代小说中所起的垦拓性作用，这为其积极的一面，其消极面在于赵树理在外路人形象的塑造上存在着一定的创作模式，这种创作模式为赵树理的小说带来了必然的缺憾。

社科活动

【《西游记》与山西娄烦学术研讨会】 6月14日在山西娄烦县举行。来自全国各地的《西游记》研究学者，娄烦县文物、史志、民俗、文学等领域的工作者60余人相聚一起，共同探讨中国古典名著《西游记》中孙悟空的艺术原型为山西说这一观点；交流《西游记》研究成果，实地考察与《西游记》故事起源和孙悟空人物形象有关的娄烦县花果山、水帘洞、潘家庄、大圣堂等地。参会专家学者一致认为，娄烦与中国古典名著《西游记》很有渊源，是《西游记》成书的根本条件之一，这一点应该得到肯定。与会专家学者还指出，要以《西游记》与山西娄烦这一文化资源来大力宣传三晋文化和弘扬山西的华夏文明。

【中美两国政治运行机制比较理论研讨会】 由中央党校亚太研究中心与中共山西省委党校共同主办的“中美两国政治运行机制比较”理论研讨会于7月1日~5日在省委党校举行。会上，中央党校原校委委员、副教育长、教授、博士生导师王瑞璞作了题为《中美两国社会保障》的报告，北京大学中国战略研究中心研究员、美国路易维尔大学亚洲中心主任、教授华世平作了《美国的人权、公民参与和政党》的报告，中央党校亚太研究中心常务副主任、教授、博士生导师刘德喜作了《中美两国立国基础与中国特色社会主义道路》的报告。与会同志围绕4位专家的学术报告以及中国社会保障制度的建立和完善、中美两国民主发展的不同历史文化传统比较、中美两国的立国基础比较、中国共产党与立法的关系、中国的人权发展与立法等5个问题进行了热烈的研讨。

【第六届中国灾害史国际学术研讨会】 由山西大学中国社会史研究中心、中国灾害防御协会灾害史专业委员会、中国人民大学清史研究所、山西省历史学会共同发起，山西大学中国社会史研究中心承办的“第六届中国灾害史国际学术研讨会”于7月11~13日在太原举行。本次研讨会的主题是“华北灾荒与社会变迁”，来自国内外数十家科研部门的40余位多学科的专家学者齐聚一堂，紧紧围绕“近30年中国灾荒史研究的理论与方法、华北灾荒与社会变迁、华北地区重大自然灾害及减灾对策研究、共和国时期的灾荒研究、灾荒史研究的新资料”等主题，分别从各自的学科出发，对历史时期的不同灾害进行了深入探讨。这次研讨会的举办，推动了当前的灾害史研究，对于今后全国

《山西省志·社会科学志》编纂工作启动仪式 （霍春英提供）

及华北地区防灾减灾工作的开展具有重要的借鉴意义。该会议在本省尚属首次举办。

【《康熙字典》暨词典学国际学术研讨会】 由中国训诂学研究会、北京师范大学辞书研究与编纂中心、山西省皇城相府集团共同主办的《康熙字典》暨词典学国际学术研讨会于7月15~17日在山西阳城县举行。来自美国、韩国、意大利、日本、乌克兰、比利时、南非、匈牙利、尼泊尔等国家及中国澳门、台湾地区和内地的120余位专家、学者出席会议,提交论文近百篇。著名训诂学家,全国人大常委会原副委员长许嘉璐出席研讨会并发表了题为《当前词典学三讲》的学术报告。与会专家、代表围绕《康熙字典》及陈廷敬学术思想、辞书编纂与文化传承、词典编纂与辞书评论等议题进行了研讨。《康熙字典》是中国历史上第一部以皇帝年号命名的字书,是中国第一部用"字典"命名的字书,也是中国历史上第一部官修字典,是一部经典传世之作,至今仍为一些学者引用, 其在中国字典发展史上的地位是值得研究的。

【集体化时代的中国农村社会国际学术研讨会】 由山西大学中国社会史研究中心和山西省历史学会联合主办于8月8~9日在昔阳县大寨村召开。来自中国、美国、日本20多所高校和科研机构的40余位专家学者参加研讨会。会议就集体化时代农村社会的研究视角、研究方法、理论关怀、资料运用等问题进行了探讨,"三农"问题依然是关注的焦点。与会学者认为山西大学中国社会史研究中心收集整理的集体化时代基层史料,为进行集体化时代社会史研究积淀了深厚的学术基础。会议期间,大寨村党支部书记郭凤莲回顾了大寨走过的集体化路程,对当前农村的发展模式发表了看法,引起全场共鸣。本次研讨会是本省史学界首次举办的关于集体化时代农村社会研究的学术会议,得到海内外史学界同仁的积极响应,集体化时代的中国农村社会的研究体系正在形成。

【中国和顺牛郎织女文化品牌研讨会】 于8月10日在太原举行,来自省委宣传部、省文化厅、省文联、省社科院等有关部门专家、学者及晋中市、和顺县的相关领导济济一堂,共话如何精心打造"牛郎织女文化"这一品牌,并为其产业延伸和发展积极建言献策。和顺县地处太行山中段,地域辽阔、风光秀丽、气候宜人,有关"牛郎织女"的爱情故事传说在当地广为传颂。2006年,该县被中国民协命名为"中国牛郎织女文化之乡",2008年,该县"牛郎织女传说"被国务院正式公布为第二批国家级非物质文化遗产,2009年,该县又被省文化厅命名为"山西省首批民族传统节日(七夕节)示范保护地"。

【新晋商大会暨新晋商形象展示与产业博览会】 于9月4日在太原开幕。全国人大常委会原副委员长蒋正华出席并讲话。省委书记、省人大常委会主任张宝顺,省委副书记、省长王君,省委副书记、省政协主席薛延忠,省委常委、太原市委书记申维辰,省委常委、副省长李小鹏,省人大常委会副主任安焕晓,省政协副主席周然、李雁红等出席。薛延忠讲话,申维辰致辞,李雁红主持。来自美国、加拿大、澳大利亚、日本等国际与国内多个省、市、自治区300位新晋商代表、知名晋商研究专家参会。本次大会将通过"新晋商形象展示与产业博览会、高层峰会、信息化论坛、投融资高峰论坛"等方式,弘物晋商文化,展示晋商风采,联合海内外优秀晋商,为天下晋商创造共同发展机遇,为新晋商实现跨越式发展提供一个全新的平台。

【《山西省志·社会科学志》编纂工作启动】 由山西省社会科学院组织召开的《山西省志·社会科学志》编纂工作启动仪式于9月29日在省城举行。省委宣传部副部长杜学文、省教育厅副厅长王李金出席并致辞,省地方志办公室主任李茂盛、省社会科学院副院长、《山西省志·社会科学志》执行主编孙丽萍出席并讲话。省委党史办公室、省社科联、省文物局,省社科院各所、处、中心、编辑部的负责人和编纂人员以及来自全省13所高校的社科研究管理部门的近90位专家、学者参加会议,共同商讨修志方案和提纲。《山西省志·社会科学志》将全面、系统、科学、客观地记述党的十一届三中全会以来全省社会科学研究的发展盛事和重要成果,坚持以"存史、资政、育人"为宗旨,做到《山西省志·社会科学志》编纂工作的时代性、科学性和学术性的有机统一。

【全国社科系统哲学大会召开】 由中国社科院哲学所和山西省社科院主办、山西省社会科学院哲学所和汾酒集团承办的2009年度全国社科系统"哲学大会"于10月14日在太原召开。本年度"哲学大会"的主题是"国学与时代精神",与会专家和哲学工作者围绕什么是国学、国学应该包括哪些主要内容、当前的"国学热"将走向哪里、国学的发展能否对当代中国和世界文化作出积极贡献、国学如何为中华民族的复兴作出贡献、国学能否与时代精神合拍、国学能否成为时代精神的一部分等问题展开热烈讨论。该会是首次在本省召开,这对扩大山西省知名度、推动山西省哲学社会科学的发展将起到积极作用。

论著选介

【《潞商文化探究》简介】 孙宏波、高春平撰写,天津人民出版社2009年版。这是第一本较全面系统地研究潞商的兴衰、特点、商道、经营项目、商贸集镇的著作,填补了国内潞商研究的空白。

【《王谦:一个省委书记的风雨征程》简介】 张国祥主编,张国祥、雒春普、郭秀翔撰稿,中共党史出版社2009年版。全书43万字。该书是在采访王谦的基础上,采取当事人自述和作者记述加评说相结合的写法,分别从13个不同侧面,真实描述、反映和展现了一个有着70多年党龄的久经考验的忠诚的共产主义战士的人生经历、风雨征程、历史业绩、政治品格、革命情怀、优良作风、能力作为、个性特征，而且集生动、活泼、亲切、感人于一体，是一部特色突出、别具一格、珍贵而难得、鲜活而厚重的革命人生教科书。

【《女性学》简介】 刘翠兰、冯爱红、李凤华撰写，中国妇女出版社2009年版。全书有以下三个特点：一是以独特的视角拓宽女性学的研究领域。二是对女性学学科体系的构建作了新的有益尝试。三是充分体现了鲜明的时代特征和本土特色。

【《建构的历史与历史的建构：女性主义与妇女史研究文集》简介】 畅引婷著，三晋出版社2009年版。全书共30万字，分为“绪论：经验与历史建构”“理论探索”“本土思考”“近代妇女研究”“附录：编辑与历史建构”等五个部分。

【《政治社会学》简介】 梁丽萍著，中央编译出版社2009年版。全书有如下三个特点：一是研究议题之间严密的逻辑关联，二是前沿理论与现实关怀的紧密结合，三是丰富而扎实的前期研究，凸显了其良好的学术素养。

【《建国60年山西若干重大成就与思考》简介】 杨茂林、高春平主编，山西人民出版社2009年版。全书分为14个专题，共50万字，是向新中国成立60周年献礼的一部著作。该书从新中国成立60年来山西的发展过程中，选取了民主政治、“三农”、交通、教育、科技、能源基地建设、商业外贸、旅游产业、文化产业、历史文化、妇女解放、民众生活与社会习俗、艰苦创业与时俱进精神系列及山西水资源等14个重要问题，较为集中地进行了研究。

【《牺盟会决死队论稿》简介】 师文华著，山西人民出版社2009年版。该书是在研究历史资料的基础上，对抗日战争全面爆发之前和抗日战争初期，在山西产生和活动的牺牲救国同盟会、决死队等山西新军，从历史背景、政治领导、理论指导、革命性质、历史作用、经验教训等几个方面，进行了一些理论探讨，阐述了山西特殊形式统一战线的特点和历史作用。

【《天下潞商》简介】 田秋平著，三晋出版社2009年版。全书近30万字，共分物华天宝商贾潞人、商旅足迹遍布天下、诚实经商信誉至高、上党物产天下美誉、名胜名人商迹潞州、红色商绩伟业弘扬6大部分，66篇。是研究上党经济历史的一部力作。

【《毛泽东谋略市场应用》简介】 段卫东、郁旭光著，北岳文艺出版社2009年版。丛书共75万余字，分战略决胜、管理之道、营销制胜三册，分别从企业战略、管理、营销3个方向48个方面，通过近200个国内外著名企业的应用案例解读，把毛泽东思想同较为微观的企业管理有机结合起来，是理论结合实践的成功探索和尝试。

【《山西能源思路与出路》简介】 刘春阳编著，山西人民出版社2009年版。全书30万字，汇集作者近3年来刊发于《山西日报》上百篇文章的摘要部分。

【《山西古今地名词典》简介】 李玉明主编，刘纬毅执行主编，三晋出版社2009年版。该书由三晋文化研究会组织专家学者和地方志工作者编纂，历时四年，被誉为山西地名“辞海”。该书涵盖5000余个词条，用百万字的语言解释地理实体4900个。

【《社会主义新农村建设典型案例研究》简介】 马友、孟艾芳主编，党建读物出版社2009年版。全书44.8万字，收入新农村建设典型案例100余例。根据每个村的发展模式与特色，分别设置了集体经济等10个栏目，资鉴性、可读性很强。

【《农民转型与中国工业化》简介】 冯子标、王建功著，经济科学出版社2009年版。全书12万余字，收入了作者重要学术论文13篇。这些论文，曾分别在《经济研究》《当代经济研究》《经济学家》《中国农村观察》《中国流通经济》《生产力研究》《新疆农垦经济》和《光明日报》《山西日报》等报刊上发表。

【《山西美术史》简介】 范晓杰、张莹、张德录编著，人民美术出版社2009年版。全书50万字，由上下两篇共18章组成。本书以图说史的编撰原则，采取参阅并收集文献、文物考古资料和史学专著等方法收集到5000余幅图像资料和数百万字的文字资料。可谓史料充分、以图说史、史论结合、结构合理、见解独到，极具史学研究价值和观赏价值。

【《科学社会学新论》简介】 魏屹东著，科学出版社2009年版。该书是科学技术哲学文库丛书之一，共38.8万字。全书从创新的角度出发研究科学社会学体系。

【《三晋俗语研究》简介】 吴建生、李淑珍著，书海出版社2009年版。为山西省哲学社会科学“十一五”规划课题成果。全书共38万字，集学术性和实用性为一体，资料翔实，内容丰富，是一本极富地域特点的语汇类图书。

（霍春英）

文　　化

文化工作

【概述】 2009年，山西省文化工作围绕中心，服务大局，积极引深文化体制改革，全力搞好庆典活动，各项工作取得重大进展，文化艺术事业出现可喜的繁荣局面。

1.国庆系列活动。2009年，围绕国庆60周年庆典，推出10个舞台大剧、3台综合晚会，全省共有12个艺术院团的13台优秀剧目在60周年文化艺术精品晋京献礼演出活动中演出30余场，李长春、刘云山、刘延东等12位党和国家领导人、近200位部级领导、300余位文化界名人和近五万余名各界群众观看演出。成功举办第三届全国地方戏优秀剧目（北方片）展演、“向祖国汇报——新基地、新山西、新成就”大型画展、《盛世华章》省城国庆文艺晚会、非物质文化遗产宣传展示系列活动、第六届广场文化艺术节激情广场大家唱、“三民”调演等一系列文化艺术展览、展示和展演活动，引起社会的广泛关注和认可。“魅力山西”彩车在国庆展示中获五个单项奖。有3人获梅花奖、4人获小梅花奖，电影《酸枣坡》获中美电影节金天使奖，晋剧《龙兴晋阳》获中国戏剧节大奖。省劳动竞赛委员会为18个单位和70名个人记功。

2.七大文化工程。（1）以庆祝新中国成立60周年重大活动为契机，着力推进繁荣艺术创作生产，围绕60周年庆典共推出3台综合晚会和一批优秀剧目如说唱剧《解放》、晋剧《麦穗黄》和《常家戏楼》、歌舞剧《九曲黄河》、新版全新阵容的《打金枝》等，形成山西舞台艺术创作生产的新高潮。同时，多渠道、多层次研讨整理各类文化艺术文献资料、编辑出版《山西文化60年》《山西舞蹈图谱》《山西老地图》《话剧史话》《金色世界》等25种文献资料，为祖国60华诞献上一份厚礼。（2）进一步确立“培育三大支柱、构建八大方阵、打造三张名片”的文化产业发展思路，提出“十百千”战略带动项目（打造10个龙头项目、100个示范项目、1000个带动项目），加快完善文化产业政策，出台《山西省文化产业示范基地评选命名管理办法》等三个政策性文件，组织参加第五届中国（深圳）国际文化产业博览会、第四届中国中部贸易投资博览会·国际动漫展、首届中国宁夏国际文化艺术旅游博览会等，总计达成合作交易成果8亿多元人民币。（3）以实施“万村千乡文化设施建设工程”为重点，省、市、县、乡、村五级公共文化服务设施建设稳步推进。通过扶持和引导，一批县级文化设施相继建成或得到改善，2009年全省在建县级文化设施达到47个，建筑面积11.2万平方米；乡镇综合文化站按照“五个统一”稳步推进，截至2009年底，山西省下达乡镇综合文化站补助计划1505个，涉及108个县（区、市）的877个乡镇，开工项目总数达到692多个，建成项目401个，完工面积12.1万平方米，累计完成投资2.69亿元。（4）面向基层，面向群众，不断加大以文化信息资源共享工程为重点的各项惠民工程的实施力度，深入开展“三下乡”活动，努力满足人民群众多层次、多方面、多样化的文化需求。完成72个县级支中心和15000多个资源共享村级站点的建设工作，为500多个已建成完工的乡镇文化站配备资源共享及文化活动器材设备，10万册价值210多万元的图书陆续配送到各基层单位，完成9968个村图书和书柜的配送。年底举行文化惠民工程设备配送仪式，为基层11个单位配送文化惠民工程设备，10个基层单位配送“流动舞台车”，30个县图书馆配送“流动图书车”。截至2009年底，全省70%的县配备流动图书车。（5）集中力量开展全省非物质文化遗产普查工作，新发现6万多条非遗信息。成功举办山西省非物质文化遗产传统技艺大展，完成第三批国家级非物质文化遗产代表作和代表性传承人申报工作，公布山西省第二批非物质文化遗产项目和第二批代表性传承人。截至2009年，山西省有国家级非物质文化遗产项目96个，省级项目301个，国家级项目传承人72人，省级项目传承人228名，初步建立国家、省、市、县四级非物质文化遗产保护名录体系和传承人保护体系。（6）以全省、全国重大文化活动和对外文化交流为平台，全面提升和树立山西良好文化形象。重点围绕庆祝建国60周年，在全国和全省成功举办一系列重大文化活动，充分展现山西省文化工作的丰硕成果，展示山西省改革开放取得的伟大成就，全面提升山西对外的良好形象。全年完成16个对外文化交流项目，足迹遍及欧、亚和北美三大洲的12个国家和地区。(7)以提升艺术教育层次为核心，山西戏剧职业学院和山西艺术职业学院大力开展合作办学，以省艺术职业学院和省戏剧职业学院为重点的高层次人才基地建设取得重要进展。采取“走出去、请进来”的方式举办各种形式的专题培训班，一大批高、中级文化专业人才和文化干部接受培训，共同打造21世纪人才培养工程计划开始实施。

3.重点工作。(1)舞台艺术创作生产出现新高潮。话剧《立秋》、京剧《走西口》分别进入国家经典保留剧目和舞台精品剧目，晋剧《傅山进京》、蒲剧《山村母亲》进入国家舞台艺术精品工程(二期)资助剧目，新创献礼剧目《解放》、新版《打金枝》、《九曲黄河》叫好又叫座，演出都超过40场，电视剧《喜耕田》获飞天奖和中日韩三国电视剧奖。(2)艺术院团转企改制工作取得突破性进展。按照中央和省里确定的时间表、路线图、任务书，加大力度，加快进度，全面启动文艺院团转企改制工作，包括省歌舞剧院在内的4个试点市、10个院团转企改制任务全面完成。(3)推进省直重点文化设施建设取得突破。全省重点工程山西大剧院、山西省图书馆新馆主体建设基本完成。

【全省文化局长会议】 2月23日，山西省文化局长会议在太原召开。省委常委、宣传部部长胡苏平，省人大常委会副主任安焕晓，副省长张平，省政协副主席令政策出席会议。会议传达全国文化厅(局)长会议和全省宣传部部长会议精神。表彰山西省十大文化品牌、山西省十大文化创新人物、山西省十大文化领军人才、山西省十大杰出非物质文化遗产传承人。会议还向全省11个市发放农村数字电影放映设备。

会议明确提出2009年全省文化工作的重点工作是加快文化体制改革，进一步转变政府职能，实现由小文化向大文化、办文化向管文化、简单服务向全面建设的“三大转型”；坚持实施艺术精品生产工程，精心组织建国60周年系列庆典活动；坚持实施文化基础建设工程，四级联手、三网整合，推进“万村千乡文化设施建设”；坚持实施文化产业发展工程，推进重大项目带动战略，打造晋商文化、关公文化、五台山佛教文化三大品牌；坚持实施文化惠民工程，深入开展送书、送戏、送电影、送流动舞台车“四下乡”和人才培养、设施建设、扶持民办文化、推进共享工程“四项基础”工作；坚持实施非物质文化遗产保护工程，建立完善省、市、县三级保护体系；坚持实施山西形象提升工程，通过特色强势品牌扩大山西文化影响力，增强山西文化软实力；坚持实施人才培养工程，为实现文化工作转型发展创新发展跨越发展提供人才支撑。

2009年11月，在深圳文化产业博览会上，绛州鼓乐表演吸引了大批观众 （陈燕萍提供）

【省领导深入重点工程工地慰问】 7月14日，在省委常委、宣传部部长胡苏平，副省长张平的带领下，省委宣传部、省文化厅、省体育局有关领导及省城艺术家来到省重点工程建筑工地，慰问奋战在一线的建筑工人。

【文化部表彰山西省先进个人和先进集体】 11月24日，大同市耍孩儿剧团团长王斌祥等7人被评为“全国文化系统先进工作者”，山西省图书馆、山西华晋舞剧团、山西省群众艺术馆、忻州市北路梆子剧团、运城市蒲剧青年实验演出团被中华人民共和国文化部评为“全国文化系统先进集体”。

【山西省歌舞剧院转企改制】 山西省歌舞剧院作为文化部文化体制改革工作领导小组确定的首批42家转企改制工作的国有文艺演出院团之一，2009年年底由差额事业单位转制为国有企业单位，成立山西省歌舞剧院有限责任公司。

山西省歌舞剧院整体转企改制后的体制模式为：单位转企、自主经营、身份保留、全员合同。单位性质由事业法人变为企业法人、劳动关系由事业干部变为全员劳动合同、分配方式由平均工资变为激励工资、发展方式由靠政府变为靠市场、管理方式由纵向管理变为现代企业治理、经营方式由政府投资变为经营资产。转企后的发展目标是，打造新型文化市场主体，创作生产具有国际水准、中国气派、山西特色的舞台艺术精品，大幅提升市场竞争力，延伸产业链条，促进企业可持续发展。

与此同时，山西省4个试点市、10个院团转企改制任务全面完成。

【重大文化活动表彰大会暨文化惠民工程设备配送仪式】 12月24日，2009年山西省重大文化活动表彰大会暨文化惠民工程设备配送仪式在并举行。省劳动竞赛委员会为18个先进集体颁发“五一劳动奖状”，对70名同志进行记功表彰。

在表彰大会上，山西出版集团为全省各图书馆捐赠总价值120万元的30辆流动图书车，11个市文化局领取文化惠民设备，省京剧院等10个院团、文化局领到流动舞台车。

【“山西省文化强县”暨年度文化创新人物】 12月26日，“山西省文化强县”暨年度文化创新人物揭晓，颁奖庆典在太原举行。

山西省2009年度文化强县(市、区)分别是：高平市、晋中市榆次区、临猗县、长治县、屯留县、汾阳市、清徐县、永济市、洪洞县、朔州市朔城区。

山西省年度文化创新人物分别是：中共临猗县委书记胡宝、中共芮城县委书记王正风、中共屯留县委书记王辅刚、中共广灵县委书记刘振国、灵石县英武乡岑泊村村长马计斌、山西省晋剧院一级演员苗洁、山西省城镇集体工业联合社主任李荣钢、洪洞县文化体育局局长赵文卿、太原市实验晋剧院名誉院长谢涛、山西艺术职业学院教师任中杰。

·戏　剧·

【新创剧目现代戏评比演出暨山西省青年演员大奖赛】 1月18日，山西省新创剧目现代戏评比演出暨山西省青年演员大奖赛闭幕式及颁奖晚会在省演艺中心举行。评比及大奖赛历时一个月，是山西省纪念改革开放30周年系列文艺活动之一，两项活动共演出30场，全省共有8台剧目参加山西省新创剧目现代戏评比活动，山西省晋剧院的《麦穗儿黄》、太原市实验晋剧院的《走进绿林》和长治市豫剧团的《平民母亲》等三台剧目荣获优秀剧目奖，其余五台获剧目奖，另评出编剧、导演、表演、音乐设计、舞美设计等44个单项奖。山西省青年演员大奖赛包括戏曲、声乐、舞蹈、小品等多个艺术门类，178位年龄在30岁以下的选手参加决赛，共评出121个奖项。

【山西省振兴京剧基金会】 1月18日，山西省振兴京剧基金会成立，该基金会是由山西省文化厅批准、省民政厅核准，山西省首家弘扬戏剧艺术的基金会。基金会成立揭牌仪式在省京剧院艺术活动中心举行，省级老领导李立功、王昕等出席揭牌仪式，著名京剧表演艺术家于魁智、李胜素同省京剧院老、中、青三代演员为揭牌仪式演出。

【平遥中国年活动】 1月18日，第三个平遥中国年活动开始，来自国内、省内的百台大戏从腊月小年开始直到正月十六，以戏剧、歌舞、秧歌、曲艺、杂技等丰富多彩的艺术形式唱响2009年平遥中国年。

【《立秋》演出500场】 4月24~26日，话剧《立秋》在北京国家大剧院演出4场，完成自2007年4月27日首演后的第500场演出，创下近年来话剧演出的奇迹。全国人大常委会原副委员长、中国红十字会会长彭珮云，文化部副部长王文章，文化部艺术司司长董伟，省领导申维辰、胡苏平、张平以及中央有关部门领导和首都群众一起观看演出。“满目秋色色更浓”——大型话剧《立秋》五年演出500场展览同期在国家大剧院举办。

【2009年京剧优秀剧目展演活动】 5月11日，由山西省文化厅和山西省振兴京剧基金会联合主办、山西省京剧院承办的“2009年京剧优秀剧目展演活动”在太原拉开帷幕，本次活动特邀北京京剧院梅兰芳京剧团到晋演出。著名京剧表演艺术家叶(盛兰)派小生传人、中国戏剧梅花奖得主李宏图携同叶金援、朱强等十余位京剧名家为山西观众演出《十老安刘》《吕布与貂蝉》《赵氏孤儿》等3台优秀剧目和一场《京剧经典片段演唱会》。

【刘云山对话剧《立秋》作重要批示】 5月12日，中共中央政治局委员、中宣部部长刘云山对《国内动态清样》第1888期刊发的文章《话剧〈立秋〉长演不衰　引发社会诚信共鸣》作出重要批示：要从多角度宣传《立秋》。《光明日报》《经济日报》等刊发文章深入报道。

【纪念毛泽东《在延安文艺座谈会上的讲话》发表67周年】 5月17~24日，为纪念毛泽东《在延安文艺座谈会上的讲话》发表67周年，省直文艺团体安排丰富多彩的演出。省歌舞剧院新创排的《黄河情　太行韵》民族

为庆祝建国60周年，展示山西的文化艺术成就，在北京举办了“山西文化艺术周”　　(陈燕萍提供)

音乐会、省歌交响乐团同山西省合唱协会、山西艺术职业学院等单位联合排演的《心中的太阳——矿工大合唱》、省京剧院的京剧《赵氏孤儿》和《京剧折子戏专场》、省晋剧院的现代戏《麦穗儿黄》在省城各大剧场上演；省曲艺团走进太钢直属小学的校门，将《为明天》青少年思想道德专场晚会带给可爱的孩子们；省戏剧职业学院邀请广东省歌舞剧院民族交响乐团到并演出，为省城观众献上一台南国特色的民族音乐会。

【三位演员获戏剧“梅花奖”】 5月18日，由中国文联、中国戏剧家协会主办的“第二届中国戏剧奖·梅花表演艺术奖”（第二十四届中国戏剧梅花奖）颁奖晚会在杭州市举行，山西省三位演员走上颁奖台。太原市实验晋剧院青年团演员谢涛摘得本届“二度梅”第一名，临汾市眉户剧团的潘国梁和运城市盐湖区蒲剧团的孔向东分别荣获梅花表演奖的第一、三名，这是山西在历届“梅花奖”评比演出中取得的最好成绩。至此，山西省有42人44次获得“梅花奖”，获奖人数居全国第一。

【第三届全国地方戏（北方片）优秀剧目展演】 5月29日至6月13日，第三届全国地方戏（北方片）优秀剧目展演在太原举行。展演历时15天，中国评剧院及天津、河北、河南、山东、陕西、甘肃、宁夏、新疆、内蒙古、辽宁、吉林、黑龙江、山西等13个省市的22个艺术表演团体参加展演。山西省有三台剧目参加展演，获奖情况为：山西省晋剧院的《麦穗儿黄》获得特别奖，山西省太原市实验晋剧院青年团的《傅山进京》获一等奖，临汾市眉户剧团的《父亲》获参演剧目奖。山西省文化厅获组织工作奖。

【梅花版《打金枝》演出】 8月10日，由6位获“梅花奖”演员共同演出的“梅花版”《打金枝》在山西省演艺中心向省城观众汇报演出。山西梅花艺术团改编排演的梅花版《打金枝》汇集史佳花、谢涛、苗洁、成凤英、武凌云、胡嫦娥6位戏剧梅花奖演员，邀请国内一流舞美、灯光设计师加盟创作，在运作模式上，打破院团限制，采取政府和企业共同出资，国有、民营院团互相联合的方式，共同打造这台晋剧经典保留剧目。

【晋京献礼演出周】 8月29日至9月7日，“向祖国汇报”庆祝中华人民共和国成立60周年——山西文化艺术精品晋京献礼演出周在北京演出，省直及地市共12个表演团体的13台剧目在国家大剧院等7个剧场轮番献演，30场演出涉及晋剧、蒲剧、上党梆子、京剧、话剧、舞剧、音乐剧、说唱剧、曲艺、歌舞等十余个艺术形式，凝聚着山西儿女特别是山西文艺工作者的深情厚谊，为祖国母亲的60华诞献上最衷心最热烈的祝福。本次献礼演出演职人员超千人，是新中国成立以来山西省最大规模的晋京文艺展演活动。观众近4万人次，引起首都各界的广泛关注。

【《解放》在国家大剧院上演】 9月1~7日，大型山西说唱剧《解放》在国家大剧院隆重上演。作为国内首部说唱剧，《解放》新颖别致的舞台形式和浓郁质朴的乡土气息，引起首都观众的强烈反响。中共中央政治局常委李长春，中共中央政治局委员、书记处书记、中宣部部长刘云山，中共中央政治局委员、国务委员刘延东，中共山西省委书记张宝顺和几十位部级领导以及首都文化界、艺术界的人士和近万余名观众观看演出。李长春深情寄语文化工作者，通过《解放》都要解放，要进一步大胆地进行文化创新，体制机制创新，形式内容创新，表现手法创新，业态创新，传播手段创新。

【晋京献礼剧目汇报演出周暨山西省优秀剧目展演月】 9月22日~10月28日，由山西省委宣传部、山西省文化厅主办的“庆祝中华人民共和国成立60周年山西文艺精品晋京献礼剧目汇报演出周暨山西省优秀剧目展演月”活动在太原举行，省直院团及太原、长治、大同等8个市共26台剧目在省演艺中心、太原市青年宫演艺中心、太原工人文化宫、省歌演艺中心等4个剧场隆重上演，这些剧目涵盖晋剧、京剧、豫剧、上党梆子、上党落子、蒲剧等剧种，同时还有话剧、说唱剧、歌舞剧、音乐剧、笑剧、歌舞诗等多种艺术形式。

26台剧目中，山西梅花艺术团的晋剧《打金枝》、山西戏剧职业学院的大型说唱剧《解放》等8台剧目为晋京献礼汇报演出剧目，其中朔州市歌舞团的歌舞诗《塞外长歌》、山西省歌舞剧院的《九曲黄河》、临汾蒲剧院小

2009年9月7日晚，李长春、刘云山、刘延东等在国家大剧院观看大型山西说唱剧《解放》 （陈燕萍提供）

梅花蒲剧团的《尧颂》3台剧目同长治市上党落子剧团的《枫叶红》、阳泉豫剧团的《女人家》等11台新创剧目在展演的同时参评第十二届山西省杏花奖的评比；另有太原市实验晋剧院青年团的《傅山进京》、太原市话剧团的《疯狂的疯狂》等7台优秀剧目献礼展演。

【《立秋》获文化部优秀保留剧目大奖】 9月30日，文化部公布新中国成立以来优秀保留剧目大奖入选名单，全国共有18部作品入选，每部获奖100万元，山西省话剧院的《立秋》名列其中。

【《走西口》入选国家舞台艺术精品剧目】 9月，由山西省京剧院、国家京剧院、中国戏曲学院、山西省歌舞剧院联合创排的京剧《走西口》入选文化部2007—2008年度国家舞台艺术精品剧目，成为山西省继话剧《立秋》、舞剧《一把酸枣》之后第三台入选国家舞台艺术精品工程的剧目。

【山西省戏剧导演进修班结业】 10月29日，由山西省委宣传部、山西省文化厅联合主办的山西省戏剧导演进修班结业仪式在中国戏曲学院举行，省直及地市院团共16位学员在京完成为期一年的培训。

【《龙兴晋阳》获中国戏剧节奖】 11月28日，第十一届中国戏剧节在厦门开幕，来自全国17个省、市、自治区和解放军艺术团体及台湾地区的28台剧目参加艺术节。山西清徐嫦娥文化艺术有限公司出品的晋剧《龙兴晋阳》为山西省唯一参演剧目，获"优秀剧目奖""优秀表演奖"。

【纪念丁果仙诞辰百年暨山西省晋剧院建院50周年活动】 12月10日，由山西省文化厅主办，省晋剧院承办、省戏剧研究会协办的"纪念丁果仙诞辰一百周年暨山西省晋剧院建院五十周年"活动在山西省演艺中心正式开幕，举行《丁派艺术专场赏评演唱会》系列活动从12月5日开始至19日，活动期间举办《丁果仙百年诞辰纪念文集》《五十年的记忆》首发式、《晋剧与丁派高层论坛》《四大梆子名家演唱会》及《打金枝》等晋剧经典剧目和新创剧目展演活动。

【两部剧目获文化部"年度资助剧目"】 12月14日，2008~2009年度国家舞台艺术精品工程(二期)32部"年度资助剧目"签约仪式在京举行，太原市实验晋剧院青年团创排的《傅山进京》、运城市蒲剧青年实验演出团创排的《山村母亲》入选并签约。

·音乐 舞蹈·

【《解放》签约仪式】 3月11日，由山西戏剧职业学院推出的大型山西说唱剧《解放》签约仪式在国家大剧院举行。北京市政协副主席、国家大剧院院长陈平，山西省副省长张平，著名编导、解放军艺术学院院长张继钢，省委宣传部常务副部长杨波，省文化厅厅长张明亮，国家大剧院副院长邓一江，省文化厅副巡视员窦明生，山西戏剧职业学院院长赵银邦及省委宣传部、省文化厅有关人员出席签约仪式。

【矿工大合唱在北京演出】 5月26日，应中国合唱协会邀请，由山西省委宣传部、山西省总工会、山西省文化厅、山西省文联等单位主办，山西省艺术职业学院青年合唱团、交响乐团、山西省歌舞剧院交响乐团、西山煤电集团太阳石合唱团、山西省合唱协会爱乐合唱团联合演出的《心中的太阳》矿工大合唱在北京音乐厅演出，这是一台以歌颂矿工和矿嫂为主题的大型交响合唱音乐会，着力宣传全省人民建设新山西、新基地的巨大热情。

【第四届"三晋之春"合唱比赛音乐会】 9月，山西省第四届"三晋之春"合唱比赛音乐会在晋中市圆满结束，来自全省各院校11支合唱队伍云集一堂，互相探讨、学习合唱艺术。最终，中北大学合唱团、山西大学合唱团、山西艺术职业学院青年合唱团、长治学院音乐系合唱团获得一等奖。本届合唱比赛音乐会是山西省庆祝建国60周年重大文化活动之一。省政府张平副省长、省政协令政策副主席等领导出席并观看比赛。

【《九曲黄河》演出】 6月15~16日，山西省歌舞剧院新创大型歌舞晚会《九曲黄河》在榆次演出。这台晚会以黄河流经山西的地理特征为主线，分为《河风》《山情》《土韵》三个篇章，展现三晋大地的山水自然和流传数千年的天籁之音，使人感受太行山西、黄河东岸的黄土气息和山西儿女昂扬向上的精神风貌。

【《一把酸枣》参加中国(宁夏)国际文化艺术旅游博览会】 6月20~21日，舞剧《一把酸枣》应邀赴宁夏银川参加首届中国(宁夏)国际文化艺术旅游博览会系列展演活动，作为开幕式剧目在宁夏会堂演出三场。宁夏回族自治区党委书记陈建国、自治区主席王正伟等自治区党政军领导观看演出，并接见全体演职人员。

【《一把酸枣》获奖】 8月，舞剧《一把酸枣》获文化部"2007—2008年度优秀出口文化产品和服务项目"评比一等奖。

【2009中国单簧管萨克斯艺术节】 8月18~22日，由山西省文化厅、中国单簧管学会、山西省音乐家协会主办，山西省歌舞剧院承办的"2009中国单簧管萨克斯艺术节"在太原举行。艺术节邀请美国、意大利、比利时、日本、韩国等国家及中国台湾、香港地区的数十位单簧管、萨克斯演奏艺术家和众多国内音乐院校、交响乐团的专家和教授参加，4天时间内的11场专场音乐会充分展示当今世界顶级单簧管、萨克斯的演奏艺术；同期举办的多场次讲座，各位单簧管、萨克斯演奏艺术家传授最新、最权威的教学方法和演奏技巧，此外还有中外知名企业乐器展示。

【《为祖国喝彩》上演】 8月24日，受中央电视台委托，由山西省委宣传部、省文化厅、省广播电视局主办，省广播电视总台和永济市承办的庆祝中华人民共和国成立60周年大型文艺晚会《为祖国喝彩》在永济市黄鹳楼前广场上演，晚会汇集山西省民歌、民乐、民舞等具有地方特色的节目，充分展示山西悠久的历史文化，展现三晋儿女在60年内与祖国同发展共进步的新的精神面貌。山西省歌舞剧院、运城市文工团等单位参加演出。该台晚会于2009年9月8日中央电视台三套播出。

【《打击乐组合》获奖】 8月28日山西省歌舞剧院民乐团排演的《打击乐组合》参加“第二届CCTV民乐大赛”，获二等奖。

【《盛世华章》晚会】 9月29日，由山西省委、省政府主办，省委宣传部、省文化厅、省广播电视局承办的山西省庆祝新中国成立60周年大型文艺晚会《盛世华章》在太原市青年宫演艺中心举行。《今天是你的生日我的中国》《唱得幸福落满坡》等一首首耳熟能详、饱含激情的动人乐章，充分表达三晋儿女的爱国热忱和对和谐社会的美好祝愿。省四大班子领导、省级老领导与省城各界人士、驻晋部队、武警官兵一起观看演出。

【《一把酸枣》演出800场】 10月24~25日，舞剧《一把酸枣》在中国剧院演出两场，完成演出800场的纪念庆典，同时为山西省在京举办“向祖国汇报——庆祝中华人民共和国成立60周年献礼演出活动”画上圆满的句号。财政部、交通部、文化部、航天部等部委的40余名省部级领导和千余名首都观众观看演出。

·曲 艺·

【《站台》获“山河杯”曲艺大赛一等奖】 2月9~13日，山西省曲艺团参加中国曲艺家协会在河南宝丰县举办的第十二届晋、冀、鲁、豫、津“山河杯”曲艺大赛，尹海鹏、张霞表演的小品《站台》获一等奖，池银寿获编导二等奖。

【二人台《海南游》入选曲艺精品节目】 2月18日，山西省曲艺团创排的二人台《海南游》赴京参加中央电视台《中国好人颂》曲艺精品节目录制，节目于全国两会期间在中央电视台播出。《中国好人颂》曲艺精品汇演由中宣部和中央文明办主办，以53位“全国道德模范”的先进事迹为素材，共36个节目，涵盖23个曲种。

·社会文化·

【第二届中国清明(寒食)文化节】 4月2~15日，“2009山西·介休中国清明(寒食)文化节”系列活动在介休市举行。省委常委、宣传部部长胡苏平，副省长张平，省文化厅厅长张明亮等领导及来自全国民俗界、历史界、文化界的二十余名专家学者出席开幕仪式。系列活动以“奏中华长歌，祭先烈先贤”为主题，通过展览、庙会和文艺演出等形式，展示清明(寒食)节的起源、文化内涵。主题文化活动包括晋剧《介子推》展演、《绵山神佛造像上品》新书发布会、传统节日与假日旅游高层论坛；主题民俗活动包括清明习俗活动比赛、寒食精品展等清明(寒食)民俗活动；主题缅怀活动包括缅怀介子推大典等。

【“群星奖”创作研讨会】 3月28~30日，由山西省文化厅主办、山西省群众艺术馆承办的山西省“群星奖”创作研讨会在太原举行。来自全省十一个市的文化局局长、群众艺术馆馆长和群众文化工作者代表共一百多人参加会议。研讨会还特别邀请中国艺术研究院舞蹈研究所所长罗斌，中国群众文化学会音乐专业委员会主任顾春雨，中国曲艺家协会主席刘兰芳，中国戏曲学会副会长王蕴明，山西大学文学院教授姚宝渲，山西省舞蹈家协会副主席、国家一级编导王建军共六位专家为会议作专题讲座。

【“远中杯”全国鼓王邀请赛】 4月9~10日，“远中杯”全国鼓王邀请赛在洪洞大槐树寻根祭祖园祭祀广场举行。本次活动由中国非物质文化遗产保护中心支持主办，山西省非物质文化遗产保护中心、山西省群众艺术馆、第十九届中国·洪洞大槐树寻根祭祖节组委会承办，山西远中焦化有限公司协办。来自山东、陕西、浙江等十个省份的16支鼓乐队伍相聚大槐树下，同台竞技，齐展风采。经过紧张激烈的预赛和决赛，山西省太重锣鼓队等7支队伍获得最佳鼓王奖，山西洪洞威风锣鼓队等4支队伍获得优秀鼓王奖，浙江省舟山锣鼓队等5支队伍获得最佳表演奖。

【第六届广场文化艺术节】 7月9~11日，由山西省委宣传部、省文化厅、省总工会和市委宣传部联合主办第六届广场文化艺术节，开幕式及节目展演在太原市汾河景区碧水沙滩进行，文化部副部长周和平致辞，省领导胡苏平、郭海亮、张平、令政策，省文化厅厅长张明亮等出席。来自全省11个市近800人的文艺代表队伍表演《龙城天鼓》《火红的秧歌扭起来》《塞外韵鼓》《壶口汉子》等10余个具有浓郁地方特色的民间文艺节目。山西省第六届广场文化艺术节为期3天，7月10日，与中央电视台联合举办《激情广场大家唱》演出，全国知名歌唱家阎维文、马玉涛、付笛声、任静、陈琳等现场助兴，献上《人说山西好风光》《汾河流水哗啦啦》等经典歌曲。

【民歌民乐民舞调演】 8月10~12日，由中共山西省委宣传部、山西省文化厅主办山西省民歌民乐民舞调演在太原举行，本次调演共有70多个节目参赛，评出金奖节目9个，银奖节目18个，铜奖节目22个。

【小小红歌会】 8月至12月，由山西电视台、山西省群众艺术馆主办的全省青少年“歌唱祖国，赞美祖国”为主题的“小小红歌会”在太原举行。活动历时4个月，全省共有3000名5岁—15岁的小选手参赛。经过五轮激烈的较量和比拼，评选出10位小选手，并获得山西电视台“形象大使”称号。

【民歌及原生民歌展演】 9月11~13日，由文化部民族民间文艺发展中心、山西省文化厅主办，右玉县委、县政府、山西省群众艺术馆承办的"唱支山歌给党听"全国部分省市民歌及原生民歌展演在右玉县举行。来自羌族、藏族、蒙古族、苗族、佤族等21个少数民族和汉族的26支代表队200多名选手参加展演，涵盖全国各地21个民族的代表性歌种。《跟你走》《沂蒙山我的娘亲亲》《酒歌》《花开蜜蜂来》等获得金奖，来自新疆维吾尔族的盘吉尕木卡姆演唱的《佩希热维》、四川北川羌族自治县的多声部合唱《立萨》获得特别奖。同时，右玉县人民政府获得优秀组织奖。

【"感恩社会，歌唱祖国"残疾人专题晚会】 4月17日晚，由山西省群众艺术馆主办，太原市民政局、太原市文广局、太原市残疾人联合会等单位协办的"感恩社会，歌唱祖国"残疾人专题首场晚会在山西省艺术职业学院星光剧场上演。同时太原市残疾人文化艺术团举行揭牌仪式。

【让梦想成真公益主题演出】 5月17日，是全国第十九个助残日。由山西省残联和山西省文化厅联合主办，山西省群众艺术馆承办的"关爱残疾孩子，发展特殊教育——手牵手，让梦想成真"公益主题演出在山西省戏剧职业学院剧场举行。来自太原市聋人学校、太原市盲童学校、太原市杏花岭区特殊教育中心学校、太原市迎泽区特殊教育中心学校等五所特校的老师和学生一齐为社会各界关心残疾人事业的热心人士进行汇报演出。《让世界充满爱》《天亮》等节目让台下观众流下感动的泪水。

【开展净化社会文化环境专项行动】 3月中旬到年底，省文化厅集中力量开展净化社会文化环境专项行动。专项工作的重点与目标是：始终保持高压态势，深入开展网吧专项整治行动，严格控制网吧总量，采取有力措施防止淫秽色情等违法有害信息在网吧传播，进一步整治校园周边环境，同时继续加大扶持力度，丰富未成年人活动阵地和活动内容，为未成年人提供更多更好的精神文化产品和服务。

【六大重点文化产业发展项目】 4月，山西省政府办公厅公布《山西省文化产业发展规划纲要2009—2015年》。根据《纲要》，在未来5年的发展规划中，全省将着力打造大遗址保护和博物馆建设工程，出版物流配送体系构建工程、面向旅游市场的文艺精品生产工程，提升广播影视影响力工程，网络、新媒体与内容产业建设工程，文化品牌打造工程等六大工程。

·对外交流·

【韩中文化交流会访问团】 2月27日至3月1日，韩国韩中文化交流会中央会长姜元求、釜山会长表秀一、副会长韩承南一行3人在运城市进行文化考察。访问团先后赴新绛县、稷山县、永济市对绛州澄泥砚、仿古彩绘陶、仿古青铜器、云雕、绛州鼓乐、稷山螺钿、赵氏"四味坊"麻花、高台花鼓、走兽高跷、蒲津渡遗址等非物质文化遗产保护项目和文化产业项目进行参观考察。双方达成保持经常性联系和互访，积极推动文化、艺术、文化遗产等相关事宜的交流与合作，积极参加在两市举办的各项重大文化活动和传统文化活动的共识。

【斯里兰卡文化遗产部官员一行访晋】 3月8~11日，斯里兰卡文化遗产部官员培训团一行18人到晋进行友好访问。培训团此行主要目的是对山西省在世界文化遗产的保护方面进行学习和调研。该团由斯里兰卡文化遗产部计划司司长普瑞雅达什妮夫人率领，文化部外联局亚洲处负责人陪同。培训团对五台山、平遥古城、晋祠进行参观访问。普瑞雅达什妮夫人对山西省所做的文化遗产保护工作表示赞赏，并就文化遗产的有效保护、科学开发、合理利用提出宝贵意见。

【《一把酸枣》参加精品剧目在港系列演出活动】 5月22~23日，应(香港)中华文化城有限公司邀请，舞剧《一把酸枣》剧组赴港参加由香港特区政府康乐及文化事务署与文化部联合举办的"精品剧目在港系列演出"活动，在香港屯门大会堂演出两场，深受香港市民欢迎。香港众多政要到现场观看舞剧，并给予很高的评价。《大公报》、《文汇报》等香港媒体报道演出盛况。

【山西四大梆子演出团赴港交流】 8月25~29日，应香港康乐文化事务署邀请，山西省四大梆子演出团一行51人赴港交流访问，在香港大会堂连续演出3场，受到当地观众的好评。

【新竹市立国乐团到晋交流】 8月26日，台湾新竹市立国乐团来并交流演出，增进山西民乐同台湾民乐间的交流学习。山西省唢呐演奏家王高林与台湾艺术家合作的一曲《喜酒歌》成为当晚演出的一大亮点。

【太重鼓乐团参加中国文化周演出】 9月22~28日，应中国驻墨尔本总领事馆要求，并由墨尔本最大华侨自治组织华联会邀请，太原市重型机械集团公司鼓乐队一行24人赴澳大利亚墨尔本参加首届中国文化周演出。演出鼓乐《黄河船夫曲》等。澳大利亚当地华文报刊、《澳华日报》和SBS电台，凤凰网都以较大篇幅报道太重鼓乐团的精彩演出。

【太原市实验晋剧院赴日本演出】 10月16~21日，山西省太原市实验晋剧院一行16人应《日本读卖新闻》广告社邀请，赴日本东京进行文化交流演出。演出在东京SPIRAL HALL剧场举行。由"梅花奖"获得者谢涛领衔主演，12名演员都是实验晋剧院的中青年优秀演员，他们通过传统折子戏的喷火、翎子功技巧、水袖功技巧、珠子功技巧、帽翅功技巧、髯口功技巧、钻椅功技巧、跷子功技巧，展示中国传统戏曲的精髓。

·非物质文化遗产保护·

【首批民族传统节日保护示范地】 5月7日，山西省文化厅公布山西省首批民族传统节日保护示范地名单，共涉及传统节日12项、示范地15个，分别是：清徐、祁县、平遥和太谷的春节(元宵节);怀仁的元宵节(大旺火);介休的清明(寒食)节;和顺的七夕节;泽州的中秋节;阳城的重阳节;洪洞的羊獬"三月三"走亲、广胜寺"三月十八"庙会、洪洞大槐树寻根祭祖节;襄汾的尉村三月十六鼓车节;乡宁的中和节;河曲的河灯会。

【非物质文化遗产传统技艺大展】 6月14~19日,由山西省文化厅主办的全省非物质文化遗产传统技艺大展在太原举行。在为期5天的展览、展示与展演中,展出山西省国家级和省级非物质文化项目80余项、实物8000余件,48名非物质文化遗产传承人现场表演绝活绝技,内容涉及古籍善本修复技艺、织绣缝纫、木作技艺、铜作技艺、雕镌技艺、传统中医药、彩扎技艺、塑作技艺、文房四宝、陶艺、传统酿制技艺等。传承人展示和现场制作的各类民间艺术品被抢购一空,现场销售达500万元,观展总人数逾7万人次。山西杏花村汾酒集团、山西老陈醋集团有限公司、中国广灵剪纸文化产业园区、临汾"土疙瘩"手工布艺有限公司等12个非物质文化遗产项目与商家签约总金额达1.6亿元,标志着山西省非物质文化遗产项目面向市场,正在向着产业化转化。

【开展非物质文化遗产普查】 3月至5月,山西省非物质文化遗产普查工作在全省11个市同时展开。在为期两个月的普查过程中,10万余名工作人员参加田野调查,共获取"非遗"线索20万余条,有效信息8万余条,135项重大发现。采访、登记传承人8.8万人,拍摄照片20余万张,录制视频资料3000多个小时,音频资料3300多个小时。通过普查,较为全面地掌握目前全省非物质文化遗产资源的种类、数量、分布情况、生存状态、保护现状及存在的问题,为今后的保护工作奠定坚实的基础。

·艺术科教·

【山西省艺术规划领导小组及办公室成立】 1月,山西省艺术规划领导小组及办公室成立,对全省的艺术科研实行课题制管理,并通过对课题的研究带动艺术科研人才的培养。

【"山西民间艺术数据库"通过鉴定】 12月7日,山西民间艺术数据库成果鉴定会在山西省音乐舞蹈曲艺研究所召开。山西民间艺术数据库包括"民间文艺、民间文学、民间美术"三个部分的单独分类,收录音频资源2644段,视频资源221段,曲谱3138份,图片373张,剧曲目527个;民间文学5060条,人物803人,社团210个,文论276篇,民间美术图片256张。同时还根据语言、地域环境、艺术品种的形式以及音乐特点将山西艺术划分成7个文化区域,为数据库使用者了解山西提供较客观的材料。研究成果顺利通过鉴定。

【"晋阳之春"晋商会馆图片展】 1月,由太原市委宣传部、山西省戏剧研究所、太原市文广局、太原市精神文明办、太原市文联联合主办,由全晋会馆承办的"晋阳之春"晋商会馆图片展在太原全晋会馆拉开帷幕。

展览从文化物质遗产角度展示明清晋商在全国各地建造的至今尚存的三十多个会馆的三百余幅图片,清晰呈现出明清建筑的布局严谨、建筑精湛、装饰精美、品格高雅的特点,体现其高超的艺术、晋商的文化品位与审美追求,见证晋商在历史上的辉煌卓越,展示晋商开拓创新的魄力和智慧。

【山西省文化站长培训班】 7月16日,为期一周的文化部全国文化干部培训暨山西省文化站长第一届培训班在长治开班。全省共有50名乡镇文化站长参加培训。此次培训由文化部人事司与文化厅共同主办,旨在提高山西省文化站长的政治、业务素质和开拓创新的能力,进一步促进农村文化建设。

【8名选手获全国少儿戏曲"小梅花"称号】 8月,在全国少儿戏曲小梅花比赛中,山西省推荐的14名选手参加全国比赛,有8名选手获小梅花称号。

【《扇花花开》获"桃李杯"奖】 8月,在由文化部主办的全国"桃李杯"艺术院校舞蹈比赛中,山西艺术职业学院创作演出的舞蹈《扇花花开》获创作、表演二等奖。

·美 术·

【《向祖国汇报——新基地新山西新成就》大型画展】 6月19日,为纪念中华人民共和国成立60周年,由文化部和山西省人民政府主办,中国国家画院、山西省文化厅承办的《向祖国汇报——新基地、新山西、新成就》大型画展在中国美术馆举行。画展汇集国内及山西省知名画家的120多幅作品,通过中国画这一传统绘画形式,反映和描绘出山西丰厚的文化遗产,美丽的自然风光和改革开放中蓬勃发展的经济文化成果。6月26日,中共中央政治局常委、全国政协主席贾庆林参观画展并称赞山西近年来在文化建设中取得的成就。9月13~18日,该画展在太原展出。

【第十五届山西省美术作品展】 7月8~12日,由山西省文学艺术界联合会、山西省文化厅、山西省美术家协会主办的"第十五届山西省美术作品展"在文艺大厦展出。此项展览是五年举办一次的全省最高规格的综合性美术作品展览,评委会从全省980幅作品中选出600余幅参展。7月8日下午,第十五届山西省美术作品展座谈会在文艺大厦召开,中国美术家协会顾问尼玛泽仁、四川美术家协会主席阿鸽、北京画院著名油画家王沂东、中国美协《美术家通讯》编辑杨萍参加座谈。他们谈对此次画展的感受,对各个画种进行具体的评价,提出山西省美术存在的问题。

【"红枣颂"美术作品展】 7月,由中共吕梁市委、吕梁市人民政府主办的吕梁"红枣颂"美术作品展在中国美术馆开幕。本次展览共展出油画、国画、版画等各类美术作品180件,展示吕梁的自然风光和社会经济文化发展成就。展览曾于 2009 月 1 月在吕梁和太原汇报展出。

【中国画·画中国——走进山西作品展】 8 月 18~20 日,由中共山西省委宣传部、中国美术家协会艺术委员会、中国艺术科技研究所、中国文化艺术发展促进会主办,山西吉天利科技实业有限公司协办,山西省文联、山西省美协、山西画院承办的“中国画·画中国——走进山西作品展”在山西文艺大厦开幕,展览共展出 136 幅中国画作品。展览期间召开中国画·画中国——走进山西国画展座谈会。

【山西画院美术交流展】 10 月 26 日~11 月 1 日,“山西画院美术交流展”在甘肃美术馆举行。展览展出山西画院画家创作的 61 幅作品,其中国画 51 幅,油画 10 幅。26 日上午,举行山西画院美术作品研讨会。

(陈燕萍)

图书馆

【为“两会”提供信息咨询服务】 1月8~16日,山西省“两会”召开期间,山西省图书馆为委员和代表们现场提供信息咨询服务,七个小组共发放专题资料800余册,专题咨询10余项,解答各类口头咨询200多次;为代表录入、修改、打印建议40余件5万余字;为与会记者报道大会提供实时服务(收发电子邮件、传送照片等)50余次件。服务得到人大代表、政协委员和多家媒体的一致好评。

【省图书馆统计分馆成立】 1月9日,山西省图书馆统计分馆揭牌仪式在山西省统计局举行,省政府副秘书长崔国红、省文化厅厅长张明亮、省统计局局长杨文章、省图书馆馆长李小强等领导和专家出席仪式。在省统计局建立分馆,是山西省图书馆在政府机关建立的第一个标准化、规范化分馆。

【全省市级公共图书馆馆长联席会议】 1月13日,全省市级公共图书馆馆长联席会议在山西省图书馆召开。省图书馆及各市级公共图书馆馆长、各市中心馆馆长、部分市文化局社文科的同志出席会议。会议对2008年全省公共图书馆工作进行总结和回顾,部署2009年全省公共图书馆古籍保护、流动书库建设、继续推进业务总分馆制度、构建公共图书馆服务体系等工作。与会人员一致通过《山西省公共图书馆延伸服务——太原共识》。

【胡苏平视察省图书馆】 2月3日,省委常委、宣传部部长胡苏平视察山西省图书馆工作。胡苏平一行实地考察山西省图书馆借阅部等对外开放部门的设施环境,了解馆藏情况,参观数字阅览室和自动化网络部,对省图书馆的自动化网络建设和数字资源建设工作给予肯定。胡苏平还重点考察山西省古籍保护中心,详细询问馆藏古籍情况,指出要充分发挥古籍保护中心的积极作用,收集整理保存更多的珍贵古籍,保护好珍贵文化遗产。

【推出新书刊快捷借阅服务】 4月1日,山西省图书馆筹建成立的新书刊借阅室,正式面向广大读者开放,为读者提供全新而便捷的借阅服务。新书刊借阅室收集最热门的社科新书及150多种畅销期刊。

【举办儿童阅读日系列活动】 4月2日是国际儿童图书节,也是第3个中国儿童阅读日。期间,山西省图书馆少儿部举办系列读书活动:4月2日推出“我的阅读我做主”少儿读者和家长读者荐书专栏;4月4日在少儿部低幼阅览室举办读书知识暨清明专题知识竞赛活动。这些活动进一步激发小读者的读书兴趣,特别是清明知识竞答,让小读者们了解传统节日文化,学习清明节的由来、习俗以及与清明有关的人物、谚语和诗词等专题知识。

【新建图书流通站】 5月26日,山西省图书馆山西省老年公寓流通站成立。山西省图书馆在“世界读书日”、“图书馆服务宣传周”、“全民读书月”等期间,分别在山西省老干部活动中心、山西医科大学第一医院、山西省荣军精神康宁医院等单位设立图书流通站点,开展送书活动,为老干部、病人、医护人员阅读提供方便。2009年,山西省图书馆建设一批行业分馆和流通站,使数量达到53个,是近年来建站最多的一年。

【首家分馆正式接待读者】 6月15日,全省图书馆总分馆建设的第一个分馆晋中市榆次区图书馆正式加入Interlib系统,用新系统接待读者,成为山西省公共图书馆业务总分馆制建设向市县分馆推进的一个里程碑。实行总分馆制后,各成员馆的读者均可在本地图书馆办理拥有借阅权限的读者证,读者证在全省图书馆范围内一证通用、通借通还,读者可以在各成员馆借阅图书、报刊等文献,也可在各成员馆直接阅览。总分馆制实现“一馆办证、多馆借书,一馆借书、多馆还书”的服务,既满足广大读者的客观需求,也缓解各分馆资源紧缺的状况。总分馆制的实施也使成员馆之间的数据共享带来极大的便利。

【省图书馆百年华诞】 7月9日,山西省图书馆举办百年华诞庆典仪式。文化部副部长周和平,省委常委、省委宣传部部长胡苏平,省人大常委会副主任郭海亮,副省长张平,省政协副主席令政策,文化部社会文化司副司长刘小琴,中国国家图书馆馆长詹福瑞,文化部全国文化信息资源建设管理中心主任张彦博,省文化厅厅长张明亮等领导和省有关部委、厅局负责人,全国各省级公共图书馆馆长、山西省高校图书馆、科研院所图书馆馆长及其他特邀嘉宾,省图书馆全体员工和读者代表500余人参加庆典仪式。周和平、张平在仪式上讲话。庆典仪式为中国国家数字图书馆山西分馆进行揭牌。

省图书馆为纪念百年馆庆还举办系列展览。展览既有实物又有图片,共分五大展览:《“百年薪火 盛世华章——山西省图书馆百年掠影”

图片展》《山西省文化信息资源共享工程成果展》《山西省图书馆馆藏珍品展》《山西省图书馆改革开放三十年读者工作巡礼》和《山西省古籍保护工程成果展》。此外，《新世纪山西考古新发现》也在省图院内展出，展示新世纪山西考古成果。

【全省公共图书馆评估定级】 8月7日至10月25日，山西省公共图书馆第四次评估定级工作历时两个多月，圆满结束。由省文化厅和省图书馆领导带队，从省图书馆抽调的业务专家组成5个评估小组，分赴全省11个市进行评估和审核。10月中旬，各评估组多次召开会议，按照文化部的评估标准，认真核查各县图书馆的分值，结合实地测评，对所测评馆客观公正地给出分值，汇总并写出各市图书馆评估报告。评估表明山西省公共图书馆事业取得长足的发展，但也存在影响发展的诸多不良因素。

【"文化共享杯"知识与技能大赛】 9月19日，文化共享工程山西省分中心推出"文化共享杯"山西省文化共享工程知识与技能大赛活动。全省各市选拔出优秀人才组队参赛。每个代表队的2名参赛队员中，1名来自市或县支中心(图书馆)，1名来自乡(镇)、村基层服务点(文化站)，人员水平高低不一，整个备战及竞赛过程为他们提高文化共享工程技术服务水平提供了非常有益的帮助。竞赛采取现场必答、抢答和风险答题的方式进行，在紧张激烈的角逐中获得圆满成功。

【全民终身读书活动进社区】 10月18日，山西省图书馆在迎泽区并州路三社区开展流动图书车进社区"2009全民终身读书活动"。流动图书车提供了流动图书500册、期刊100册，现场办理借阅证和借还书刊，让社区居民在家门口体会便捷的服务。数字资源播映区，为社区百姓大屏幕播放省图书馆精心挑选的文源讲坛视频资源。当晚，省图书馆还为社区居民及周边务工人员放映资源共享优秀影片。

【省图书馆荣获"全国文化系统先进集体"称号】 11月24日，国家人力资源和社会保障部、文化部在京召开的全国文化先进单位、全国文化系统先进集体和先进工作者表彰大会在人民大会堂举行。山西省图书馆荣获人力资源社会保障部、文化部联合授予的"全国文化系统先进集体"荣誉称号，山西省图书馆石焕发荣获"全国文化系统先进工作者"荣誉称号，并代表山西省图书馆参加此次表彰大会。

【文化部评估组督导组莅省图书馆评估督导】 12月3~4日，以上海图书馆副馆长周德明为组长的文化部第四次全国公共图书馆评估组暨文化共享工程督导组一行五人莅临山西省图书馆开展评估督导工作。评估组充分肯定山西省图书馆近年来取得的显著成绩，对山西省图书馆在古籍保护、共享工程、延伸服务等方面的突出贡献表示称赞，认为山西省图书馆在全省图书馆界真正起到了龙头作用、引领作用和指导作用，在全力打造公共图书馆服务体系、提升公共图书馆在全社会影响力的过程中，山西省图书馆成绩显著。专家们在肯定成绩的同时，也指出不足，提出需要增加购书经费、增加人员编制、加强新馆建设等科学合理的具有前瞻性的宝贵建议。

【承办古籍保护全国培训班】 9月1~18日，受文化部、国家古籍保护中心委托，第四期全国古籍鉴定与保护高级研修班在山西省图书馆举办。10月19日至12月30日，第十期全国古籍修复技术培训班在山西省图书馆举办。两次培训时间达3个月之久，培训全国各地学员128名。两次高规格、高水平的全国研修班在山西省图书馆承办意义重大，既是国家中心对山西省古籍保护工作的重视与支持、肯定与鼓励，更是本省古籍工作者学习提高的极好机会，山西省的古籍保护与普查工作将迎来一个崭新的局面。

【省图书馆成为首批12家国家级古籍修复中心】 12月15日，山西省图书馆古籍修复中心经文化部正式评审后确立为国家级古籍修复中心。此次公布的首批国家级修复中心仅12家，山西省图书馆能在众多公共、高校、文物系统修复单位中脱颖而出，得力于近年来在古籍修复硬件设备、技术提升等方面的大力建设和不懈耕耘。

(李德胜)

文 物

【概述】 2009年，全省文物系统深入贯彻落实科学发展观，自觉、主动服从服务于省委、省政府工作大局，突出重点，扎实工作，全省文物事业全面推进，繁荣发展，各个方面都取得了可喜进步。五台山成功列入世界文化遗产名录；榆社县、翼城县被国家文物局表彰为全国文物工作先进县；全省重点工程中的文物保护工作受到省政府的表彰；文物事业的社会贡献率不断提高。2009年全省对外开放文博单位的游客近2300万人次，仅门票收入一项即达4.76亿元，远远大于各级政府对文物事业的财政投入。特别是国家文物局局单霁翔为省委中心组作《留住民族文化的"根"与"魂"——我国文化遗产保护的现状与展望》的专题报告会，对增强全省各级领导的文物保护意识、推动山西省文物保护工作的蓬勃发展，产生深远而广泛的影响。

【全省文物局长会议】 2月24日，全省文物局局长会议在太原召开。来自全省11个市和119个县(市、区)的文物局局长、省局机关及直属单位班子成员等近200人参加会议。省委常委、宣传部部长胡苏平，副省长张平出席会议并讲话。省文物局局长施联秀作工作报告。会议对2008年全省文物工作进行回顾总结，对2009年的工作作出全面部署，表彰奖励了2008年全省第三次全国文物普查工作先进单位和个人。

【打击文物犯罪专项行动电视电话会议】 12月17日，山西省公安厅与山西省文物局在太原联合召开打击文物犯罪专项行动动员部署电视电话会议,动员部署全省打击文物犯罪专项行动。省公安厅党委委员、刑侦总队总队长段绪忠,省文物局副局长宁立新出席会议并讲话。各市、县的公安机关分管刑侦的领导、文物行政部门负责人及相关人员在各地分会场参加会议。

山西是全国文物保护的重点地区,也是国家文物局和公安部明确的打击文物犯罪的重点省份之一。2008年,全省共立文物案件195起,破获182起,抓获文物犯罪嫌疑人378名,其中盗掘古墓葬案件132起,破获131起;盗窃文物案件32起,破获24起;倒卖文物案件27起,破获26起。为了做好这次打击文物犯罪专项行动,省公安厅成立专项行动领导组,指定由专门机构具体承担领导组办公室职能,并要求各市公安机关在会后成立由主要负责同志任组长的打击领导组。

【全省文物保护宣传工作会议】 5月5日,省文物局召开全省文物保护宣传工作会议,总结2008年全省文物保护宣传工作,研究部署2009年文物宣传工作任务和第四个"文化遗产日"活动。省文物局领导和来自全省11个市的文物局局长、局直属单位主要领导和局机关正副处长共50余人参加会议。省文物局局长施联秀讲话。各市和直属单位领导作交流发言。会议对全省2009年文化遗产日活动的总体方案进行通报说明。与会人员就全省文物保护宣传工作和文化遗产日活动总体方案进行讨论交流,进一步明确全省文物保护宣传工作思路,对全市各单位的文物保护宣传工作提出新的要求。

【全省重点工程建设文物保护工作会议】 为进一步发挥文物部门在全省经济建设中的积极作用,省文物局于3月27日召开全省重点工程建设文物保护工作会议。省重点办负责人及省直有关部门、各市文物局负责人,共80余人参加会议。省文物局局长施联秀向全省各级文物部门提出三点要求:一要充分认识实施重点工程建设和做好重点工程建设中文物保护工作的重要性和紧迫性,紧跟省委、省政府的战略部署,围绕中心,服务大局,主动参与,以实际行动确保如期、高效地完成重点工程建设中的文物保护任务,确保重点工程建设工期。二要特事特办,高效率地做好重点工程涉及文物保护的各项前期准备工作,凡是重点工程涉及文物保护的行政审批事项,要开通"绿色审批通道",为快速审批创造条件。三要严密组织,如期完成重点工程建设中的考古调查、勘探和发掘任务,省、市、县三级文物行政部门务必加强领导,严密组织,完善制度,三级联动,全力以赴,高质量地完成重点工程建设中的文物保护任务,向全省人民交一份满意答卷。

【完善文物保护法规体系】 经省政府确认,省文物局公布了18项行政许可项目,检查清理了省局规范性文件的制定和履行审查情况,组织起草了文物保护工程设计、施工单位资质管理办法,文物保护单位、文物保护项目管理办法,文博单位安全技术防范、消防工程建设管理办法,完善下发文博系统处置突发应急预案。山西文物网开设的政务信息、政务大厅、局长信箱等专栏,及时公开文物工作重大决策、重要信息,并对全省文物拍卖企业进行年检许可,审核全省拍卖企业涉及文物的拍卖标的。

【文物工作"五纳入"】 "五纳入"主要体现在机构建设和资金投入两方面。本次市县两级政府机构改革中,全省11个市均保留设置文物行政机构。其中正县级、行政性质10个,副县级、事业性质1个(阳泉);设有独立的文物局6个,与旅游合署的文物旅游局3个,与文化广电新闻出版局两块牌子、一套人马的2个。全省119个县(市、区),共设有独立的县级文物行政机构(文物局)30个,文物旅游局(含中心)41个,与文广、体育、科技等部门合署的48个。各级文物行政部门的基本稳定,为本省文物事业繁荣发展提供有力的组织保证。在国际金融危机的严重影响下,2009年投入山西省文物保护的专项资金仍保持稳定增长,总数达23964.05万元,其中中央12723万元,省5210.76万元,市、县6030.29万元。

【重点工程建设文物保护】 2009年省委、省政府确定了152项事关全省经济社会发展、稳定大局的重点工程。为保证这些重点工程的顺利实施,省文物局与省重点办联合召开全省重点工程建设文物保护工作会议,提出全力以赴、服务大局、低限取费、确保工期,以实际行动为重点工程建设做贡献的要求。省文物局在行政审批上依法办、不误事,并在全省组织13支文物调查勘探队、7支考古队,近500名文物勘探和考古工作者现场作业,保证重点工程如期开工。截至2009年底,已报省局和国家文物局的119个重点工程项目中,95项已完成行政审批,24项设计单位正在修改完善设计方案。需要勘探的27个项目全部完成,勘探总面积968.6万平方米,发现古遗址31处、古墓葬589座、其他遗迹78处。需要发掘的23个项目已全部完成,发掘面积12.1万平方米,发掘古遗址23处、古墓葬485座,出土各类文物15933件(套),顺利完成重点工程建设中的文物保护任务。

【长城资源调查】 明长城调查已按要求完成,第一次全面摸清了山西省境内明长城家底和现存状况,正式公布全省明长城总长度为896.53千米。明长城资源田野调查成果和测绘成果通过国家级验收,数据库已提交国家文物局,田野调查资料汇编已全部完成并交付出版,调查报告已顺利进入分县编写阶段。组织开展早期长城资源田野调查,其中汉长城调查已全部完成,其他时代长城田野调查任务完成过半。

【南部早期建筑保护工程】 山西省南部105处早期木结构建筑数量占全国同期同类建筑总数的一半以上,是我国重要的古建筑遗存,也是本省建设文化强省的重要资源。截至2009年底,国家文物局已拨项目资金8170万元,国家发改委已拨6793万元。已编制完成保护规划44处，占总量的42%,其中24个规划已报经国家文物局批准;已编制完成修缮方案74处，占总量的70%，其中58个方案已获批准;编制完成环境整治方案11处，已上报国家文物局审批;组织完成15个项目的招投标,已实施34处,其中19处已完成本体维修。

【世界遗产和文物保护重点工程管理】 2009年省文物局完成平遥古城城墙上全长1800余米的城墙外散水修复工程，实施补砌内墙夯土等200余处局部抢险维修。完成云冈石窟保护范围和建设控制地带重新划定,周边环境治理工程整改等方案及保护总体规划已上报国家文物审批。《五台山11处寺庙文物保护总体规划纲要》已由忻州市政府公布实施，五台山遗产管理体制现状、遗产本体的影响因素、文物消防工作改进措施以及环境整治等材料，已如期报送ICOMOS组织（国际古迹遗址理事会)。配合国家文物局完成应县木塔近期保护工作研讨;围绕历年研究资料梳理、汇总和建立信息化系统等重点工作，组织2008年监测数据成果评审、论证,木塔维修养护工作进入新阶段。

【五台山申遗成功】 中国政府于2007年将山西省五台山以文化与自然双遗产项目向国际遗产组织提出了申报。根据职能分工,省文物局主要负责文化遗产方面的有关工作。几年来,本局积极协助忻州市和五台山区政府,邀请国内有关专家学者组成了文化遗产专家指导组,对五台山申遗做了大量切实有效的指导帮助。组织专业人员对五台山的文化遗产状况进行了全面调查,对重点文物建筑进行了全面测绘,对申遗文本中涉及文化遗产方面的内容进行了大幅度的调整修改,对五台山文化遗产保护的档案、法规等各项基础工作进行全方位的建设完善;组织晋冀陕豫四省文物保护队伍会战五台山,对山内的文化遗产进行了大规模的规范整修，保证了国际文化遗产组织特派专家的现场考察。2008年5月12日世界遗产委员会通知中国政府,根据国际遗产组织两个专业机构的评估,认为五台山的自然资源不具备世界遗产标准,可以文化景观申报世界文化遗产,但要延缓一年,再由世遗大会讨论表决。此时距世遗大会召开仅有40天时间。在国家文物局的鼎力支持下,省文物局临危受命,积极组织力量,高效完成、如期报出有关补充材料,得到世遗组织的认可,使五台山申报世界文化遗产迈出了关键性一步。6月26日,五台山在第33届世界遗产大会表决通过列入世界遗产名录,成为我国第38处世界遗产、山西省第3处世界文化遗产。

·考古发掘·

【发掘成果】 1.浮山县梁家河西周早期墓地。发掘面积780平方米,在此范围内清理古墓葬5座，出土铜鼎、铜矛、铜戈、铜车马器、骨梳、漆器等。其中M2、M6两座没有被盗,墓葬中随葬铜鼎1件和车马器1套,M6出土的铜鼎上还有“父已簟”的铭文,这是继翼城凤家坡、曲沃曲村邦墓、曲沃北赵晋侯墓地、浮山桥北和翼城大河口墓地之后,发现的又一处西周时期墓地。对于研究晋国始封地“唐”,意义甚大。

2.翼城县大河口西周墓地。由省考古研究所、临汾市文物局、翼城县文物旅游局三家组成的考古队,从2007年至2009年,对位于翼城县隆化镇大河口村北台地上的西周墓地进行考古发掘。截至2009年底已揭露面积15000平方米,发现墓葬615座。其中大型墓葬7座,中型墓葬40座,小型墓葬568座,车马坑21座,圆形灰坑31座。已清理完成大型墓葬1座,小型墓葬60余座,圆形灰坑10座。出土青铜器、陶器、玉器、玛瑙、蚌器、海贝、骨器等各类器物1000余件。如M4055时代为西周晚期,该墓虽已被盗,但在棺椁之间仍然出土青铜鬲、盘、甗、簋、扁壶以及大量铜鱼、蚌坠、铜片饰等。从该墓地出土的铜器铭文看,此地是新发现的一个西周封国,它与绛县横水西周墓地存在诸多相似之处,这对于研究西周时期晋南地区的封国及其与晋国间的关系具有非常重要的价值。

【大遗址保护与利用】 截至2009年底,旨在展示曲村天马遗址的晋国博物馆已动工兴建,展示广武汉墓群的汉墓博物馆主体工程已完工。这两个展示园区的开工建设,揭开了山西省大遗址保护利用的序幕,对全省掀起大遗址保护利用新高潮发挥带动和示范作用。对于本省其他规模较大、内涵丰富、遗址情况基本清楚、具备展示利用条件的大遗址,省局也已先期组织编制总体保护规划,其中侯马晋国遗址、曲村天马遗址、广武汉墓群遗址的总体规划已经国家局批准,晋阳古城遗址、蒲州古城与蒲津渡遗址保护规划正在加快进行。

【公众考古普及活动】 12月1~6日,省考古所在运城市稷山县下王尹遗址考古工地现场,举办名为“走进考古触摸文明”公众考古普及活动,邀请遗址发现地村民,近距离感受4000年前祖先的生活,并参与到考古工作中,用问卷方式,帮专家们分析出土物品的用途。

7月,在第三次全国文物普查中,山西省文物工作者发现距今四千多年前的下王尹遗址。9月份开始进行发掘,出土房址、陶窑、祭祀坑等遗迹,以及小口尖底瓶、陶鼎、陶碗、石斧等古代生产生活工具。为了和当地村民分享下王尹遗址的考古成果,省文物局、省考古所会同当地有关部门举办了本次活动。此次活动,不仅让民众走进考古现场,考古工作者也走出去，在遗址周围的村庄进行宣传,让更多的人了解考古的意义和价值。

【第三次全国文物普查】 按照国务院总体部署,2009年底前完成第三次全国文物普查实地调查登录阶段的工作。为确保这一目标的实现,省“三普”办作了周密的部署:5月份,省政府召开了“三普”第三次汇报会,副省长张平出席并讲话;10月份，省“三普”办连续召开11次会议,一市一策进行分类指导。各级政府克服金融危机带来的困难,11个市全部落实文物普查经费，大部分县(市、区)也落实必要的文物普查经费，确保实地调查登录工作的顺利开展。经过全省三级普查机构和普查队员的共同努力，到2009年底，全省“三普”实地调查登录阶段工作顺利结束。共登录不可移动文物55599处，其中新发现37782处，复查17817处。为了确保普查质量，省“三普”办组织先期完成调查任务的地方开展市级初步验收和省级验收，太原、大同、运城、晋中4市的验收工作全面结束，全省有53个县(市、区)已通过省级验收，为转入第三阶段奠定坚实基础。

【第三次全国文物普查图片展】 6月11日，省文物局在山西博物院隆重举办“厚重山西——山西省第三次全国文物普查重要新发现图片展”。省委常委、宣传部部长胡苏平，副省长张平出席并为展览剪彩。本次全国文物普查采用多种现代技术手段，以新发现的不可移动文物为重点，着重加强对工业遗产、乡土建筑、文化景观、文化线路、文化空间、老字号、近现代优秀建筑、当代遗产等文化遗产新类型的普查，同时对已登录的不可移动文物进行复查。为充分展示本省第三次全国文物普查已取得的阶段性成果，从全省大量新发现文物中遴选出120多项重要新发现，以图片展览的形式，向省委、省政府和全省人民汇报。

·博物馆·

【博物馆建设】 全省11个市中，有7个市正在积极筹建新博物馆，其中朔州、阳泉建成竣工，运城、太原、临汾开工。孝义等县市也在2009年开建新馆。地方特色博物馆如曲沃晋国博物馆开工建设，晋绥边区革命纪念馆、山西牺盟会决死队纪念馆主体工程完成。县级文物样板库房建设有序推进。山西博物院在全国文化遗产保护宣传讲解大赛中获得团体一等奖。省局承办晋陕豫博物馆理论与实践研讨会，协办中国博物馆馆长论坛。

【扩大博物馆免费开放范围】 2009年全省又确定22个免费开放的博物馆、纪念馆。在免费开放政策的推动下，博物馆、纪念馆公益性社会文化场所的作用得到进一步发挥，接待量比免费开放前翻番，尤其是低收入群体和农民工参观者有较大幅度增加。免费开放后的各博物馆、纪念馆以“三贴近”为宗旨，把握人民群众精神文化需求多层次、多样性的特点，挖掘文化内涵，提升展示水平，改变管理模式，彰显人文关怀，形成安全、有序、平稳的运行格局。

【黄河文化博物馆开工建设】 12月28日，备受关注的运城黄河文化博物馆开工奠基仪式隆重举行。省文物局副局长刘正辉，省博物院院长石金鸣，运城市委书记高卫东，运城市市长王安庞等领导出席奠基仪式。截至2009年，运城市共有馆藏文物17万余件，其中仅珍贵文物就有3926件。为了保护好这些珍贵的历史文化遗产，运城市委、市政府果断决策兴建运城黄河文化博物馆，并将其列入2009年度重点工程。该馆位于运城市东区，占地面积38.07亩，总投资7000万人民币，建筑面积2.357万平方米，其中展厅面积1.5万平方米，文物库房、文物修复室5000平方米，科研、办公、服务等设施3570平方米。主要建筑和功能区分为陈列展示区、文物藏品库、休闲活动区、业务办公区、后勤管理区等。

【省文物局召开新闻发布会】 在第四个“文化遗产日”到来之际，山西省文物局于6月12日召开新闻发布会。省文物局局长施联秀就全省文物保护工作情况向各新闻媒体作介绍。中央、香港驻晋媒体、省城各新闻单位的50余名记者参加新闻发布会。施联秀讲到，在今年文化遗产日来临之际，省政府下发了《关于做好文物保护和利用工作的通知》，这是新的历史时期本省文物事业的一件大事，是现阶段指导全省文物事业科学发展的纲领性文件，对加快建设文化强省、促进社会主义文化大发展大繁荣、推动全省经济社会全面协调可持续发展，具有重要的意义和深远的影响。施联秀接着介绍了山西省第三次全国文物普查取得的阶段性成果、山西省明长城资源调查情况。最后，介绍了“新世纪山西考古十大发现”评选结果。进入新世纪以来，全省已有吉县柿子滩旧石器遗址群、太原王家峰北齐徐显秀墓、芮城清凉寺史前墓地、绛县横水西周墓地、大同沙岭北魏壁画墓、柳林高红商代夯土基址等六项考古项目入选全国十大考古新发现。除此而外，专家评审组在新世纪山西省进入全国年度重大考古新发现项目中，遴选出“新世纪山西考古十大发现”：(1)襄汾陶寺新石器时代城址。(2)浮山桥北商周墓地。(3)曲沃北赵晋侯墓地一号车马坑。(4)翼城县大河口西周墓地。(5)黎城西关西周墓地。(6)曲沃羊舌晋侯墓地。(7)侯马西高祭祀遗址。(8)大同操场城北魏皇家建筑遗址。(9)太原龙泉寺唐代塔基遗址。(10)汾阳东龙观宋金墓群。

【文物精品展】 2009年，山西博物院组织、引进《南国记忆—江西新干大洋洲出土文物精华展》《和平礼赞—中华人民共和国国际礼品展》等展览，在杭州、大连、南昌等地举办《晋国霸业——山西出土两周时期文物精华展》。省局参与《走过丝绸之路的马》《信仰与贸易》以及《早年中国》《见证辉煌》等展览。全省各级各类博物馆以国庆60周年为契机，组织举办各种展览近400个，接待观众近1000万人次，为群众提供了丰富的精神食粮，保障了人民参与和分享文物保护的基本权益，加深了民众与文化遗产的情感联系。

【文化遗产保护宣传讲解大赛获奖】

12月13日，为期4天的全国文化遗产保护宣传讲解大赛在沈阳落下帷幕。此次比赛吸引了来自全国的158名优秀讲解员参加，赛制分为专业中文、专业英文和志愿者组进行。山西省委托山西博物院组队参赛。最终荣获本次讲解大赛团体一等奖，六名讲解员参赛并悉数获奖，其中二等奖5名，三等奖1名。

【史晓璐获全国优秀讲解员电视决赛

铜奖】 8月30日，由中宣部、中国红办、湖南卫视、中国教育电视台举办的全国优秀讲解员电视大赛决赛，在长沙湖南卫视演播厅举行。本次大赛有200多名选手参赛，经过层层的激烈角逐，最终有10名幸运者进入决赛。山西武乡县八路军太行纪念馆讲解员史晓璐参加了赛事，并成功闯入决赛，最终荣获全国优秀讲解员电视决赛铜奖。

·执法督察与安全保卫·

【文物安全隐患排查】 按照省政府统一部署，从2008年10月起，用一年时间在全省范围内开展文物安全隐患排查治理活动。省局召开专题会议进行安排部署，明确目标、任务和责任，确定谁主管、谁检查、谁签字、谁负责的原则，提出把安全隐患编号登记、专人负责、限期整改、复查消号的工作要求。各市县积极行动，认真落实，较好地完成各个阶段的工作。2009年3月起，省局巡回检查组用半年时间，共检查11个市91个县525个文博单位的安全工作，查出大小隐患506处，绝大多数得到整改，取得明显成效。

【探索文物安全防范长效机制】 以创建安全单位为核心的文物安全金铠甲工程达标活动不断深入推进，2009年又有24个文博单位达标，隰县千佛庵和夏县博物馆因发生文物被盗案件，被撤销文物安全达标单位称号。逐步推行重大隐患约谈、举报、排查、监控以及重点专项督察、行政问责等文物安全管理制度，建立国保单位、重点博物馆安全档案。制订文博单位安防和消防工程建设管理办法，设立文物安全基础设施建设项目库，省保以上单位、重点博物馆和一级风险单位的安全设施建设全部进入项目库。为保证消防、技防工程质量，省文物局公开比选出24家力量强、管理严、信誉好、资质高的设计、施工单位，通过公示后供业主聘用。截至2009年底，全省已经完成各级各类文博单位消防工程120处，技防工程31处。全省文物保护员队伍也得到不断加强。

【加大文物行政执法督察力度】

2009年，大同市、应县等地方不履行报批程序，擅自在文物保护单位的保护范围和建设控制地带内建设施工，违反了文物保护法的有关规定。省文物局协助国家文物局严格执法，妥善处理这些事件。2009年，省、市、县三级文物行政部门依法查处25件违法案件，不仅保护文物，也使一些领导干部和当事人增强了文物保护的法律意识。文物部门与公安部门密切配合，连破隰县千佛庵铜佛像被盗、介休东岳庙彩塑头像被盗抢以及发生在祁县、左权、介休、灵石、和顺、阳曲等地盗墓案件，追回涉案文物，抓获涉案嫌犯。翼城大河口考古发掘安全保卫得到武警部队的大力支持。

【破获“小西天”佛像被盗案】 山西临汾警方成功破获“小西天”佛像被盗案，追回被盗佛像，7名犯罪嫌疑人全部落网。2009年3月30日凌晨，临汾市隰县“小西天”无量殿中5尊铜佛像被盗。案发后，山西省公安厅派出刑侦、技侦专家指导侦破，临汾市公安局抽调精干警力组成专案组，兵分三路展开调查。一路由市公安局刑侦技术专家对案发现场反复进行认真勘查；一路重点开展外围走访和设卡盘查；一路运用高科技手段开展侦控排查。专案民警先后辗转陕西、四川、贵州、重庆4省市3000余千米，于4月11日在四川成都、泸州警方的全力配合下，成功抓获5名涉案犯罪嫌疑人，追回全部被盗佛像。4月12日晚6时，在四川泸州和贵州赤水将最后两名犯罪嫌疑人抓获。 （谢宾顺）

文学艺术

【文联要事】 2009年，山西省文联认真履行联络、协调、服务基本职能，开展大量围绕大局、面向基层、服务人民的文艺活动。

2月25日，省文联七届六次全委会召开。会议书面印发省委常委、宣传部部长胡苏平的重要讲话。

3月1日，省文联《走进书画》栏目在中国黄河电视台开播。

5月20~23日，由中国电影家协会、山西省文联、山西省农村文化促进会、吕梁市委市政府联合主办，山西省电影家协会、吕梁市委宣传部、吕梁市文联、孝义市委、市政府承办，中国电影理论评论工作委员会协办的“全国第二届农村题材电影创作研讨会”在孝义市召开。中国电影家协会分党组书记、副主席康健民等领导、专家以及来自全国各省市的60余名代表参加了研讨会。

4月18日，由晋中市人民政府主办，晋中市委宣传部、山西省电影家协会等单位承办的常家庄园中国老电影文化周暨首届中国老电影收藏品交易博览会在山西榆次常家庄园举行。

4月27日，由山西省文联、黑龙江省文联主办，山西省美术家协会、黑龙江省美术家协会承办的“黄土地、黑土情”山西黑龙江中国画名家作品展在太原隆重开幕。中国美协分党组书记吴长江为本次展览题写展标，山西省美协常务副主席、秘书长李明主持开幕式。山西省政协副主席李潭生，山西省人大秘书长朱明，山西省政协秘书长阎沁生，黑龙江省文联副主席吴团良，黑龙江省美协副主席、秘书长赵丹琪，山西省文联党组副书记石跃峰等领导和美术界代表数百人出席开幕式。

5月，由中国文联、中国戏剧家协会主办的“第二届中国戏剧奖·梅花表演艺术奖暨第二十四届中国戏剧梅花奖”颁奖晚会在杭州市举行。太原市实验晋剧院演员谢涛凭借新编晋剧《傅山进京》荣获本届“二度梅”第一名；临汾市眉户团的潘国梁凭借主演的现代眉户戏《父亲》荣获本届“梅花奖”第一名；运城市盐湖区蒲剧团孔向东凭借主演的《清风亭》荣获本届“梅花奖”第三名。

8月23~28日，由省委宣传部、省文联、省委老干部局主办，省艺术研究创作中心、省美协、省书协等单位承办的庆祝新中国成立60周年“情系三晋”海内外山西儿女书画作品展在山西文艺大厦展出。省委书记、省

庆祝中华人民共和国成立60周年"情系三晋"海内外山西儿女书画作品展开幕式　（李陈华提供）

人大常委会主任张宝顺，省委副书记、省长王君参观展览。

9月11日，由省书协主办，朔州市委宣传部、朔州市文联协办的山西省第八届书法篆刻作品展在朔州市文化中心举行。省人大常委会副主任王雅安，省文联领导宋新柱、李才旺、石跃峰，朔州市领导田喜荣、冯改朵等以及省书法名家、获奖入展作者、书法爱好者等400余人参加开幕式。此次展览，共评选出入展作品223件，获奖作品14件，获奖提名16件。

由中国文联、中华全国总工会、中央电视台、中国曲艺家协会联合主办，山西省产业(企业)文联、太原钢铁(集团)有限公司共同承办的"向祖国汇报——庆祝新中国成立60周年全国产业(行业)系统曲艺小品展演"暨颁奖晚会，于11月4~6日在太原钢铁(集团)有限公司隆重举办。中国文联副主席、中国曲艺家协会主席刘兰芳，中国文联产业(企业)文联常务副主任、中国文联国内联络部主任夏潮，省委宣传部副部长杜学文，省人大常委、省文联党组书记、常务副主席宋新柱，省文联主席李才旺，太原钢铁(集团)有限公司董事长李晓波，党委书记杨海贵和总经理胡玉亭，中国文联产业(企业)副主任、省产业(企业)文联主席刘廷明等出席颁奖晚会。共评选出金奖8名、银奖15名、铜奖20名、优秀组织奖30名、优秀创作奖35名、特别贡献奖2名。山西省产业(企业)文联荣获优秀组织奖和特别贡献奖。此次活动共有全国30多个省、市、区工会、文联(文协)、产业(企业)单位500余人参加。

12月14日，"庆祝新中国成立60周年暨山西省文联成立60周年"名家书画摄影邀请展、山西省第二届书法精品展、山西省首届书法新人展、山西60年版画展在太原开幕。省委常委、宣传部部长胡苏平，省人大常委会副主任安焕晓，省政协副主席李潭生等领导出席开幕式并参观展览。

12月16日，纪念山西省文联成立60周年大会在太原举行。中国文联党组成员、副主席杨志今，中国文联副主席、中国曲艺家协会主席刘兰芳，省领导胡苏平、郭海亮、王雅安、张平、刘滇生等出席大会。大会对山西省从事文学艺术工作60年的文艺家进行表彰并颁发荣誉证章和证书。

【曲艺家协会要事】 2月5日，中国曲艺家协会和晋、冀、鲁、豫、津曲协在河南共同主办第十二届"山河杯"曲艺大赛。山西省李晋平、尹海鹏、张霞参赛小品《男女有别》荣获创作表演一等奖；刘生辉、赵鹏英参赛的二人台《拜大年》和博继冬、郝启飞的对口快书《朱大爷的感受》获二等奖。

4月，大同数来宝被批准为"山西省非物质文化遗产"。

4月8日，在榆社县创办第一个"山西省少儿曲艺创作基地"并挂牌。

5月8日，成立太原市民间曲艺团。

7月，池银寿、付越午表演的二人台《路遇》参加在天津举办的全国小戏小品大赛，荣获特等奖。

9月，由中宣部、中国文联、中国曲协、中共山西省委宣传部、山西省文化厅主办，山西省曲协、山西省曲艺团承办的"向祖国汇报——庆祝建国60周年大型文艺活动'晋曲情声'山西曲艺专场"在北京民族文化宫演出。

9月，省曲艺家协会主席、省曲艺团团长马小平参与录制中央电视台"周末喜相逢'山西曲艺精品专场'"。

大型笑剧《咱爹咱妈》多次演出并取得良好社会反响，获得山西省"五个一工程奖"。

11月，柴京云、柴京海兄弟表演的曲艺节目《防不谨防》获全国产业(行业)系统曲艺小品展演金奖。

【电视艺术家协会要事】 5月6~8日，举办山西省第十七届电视艺术评奖活动，共评选出十二类118个单项奖，其中一等奖26个，二等奖49个，三等奖43个。

5月，中共山西省委宣传部、省文联、省广播电视局、省电视艺术家协会在太原联合举办山西省第五届"十佳电视艺术工作者"评选活动。牛龙飞、王云飞、皮胜利、杨虹、肖彦芳、苏云丽、英瑞、姚卫民、赵建平、潘引来十位同志获此殊荣。

5月26日，在太原举办山西省第十七届电视艺术评奖暨第五届山西省十佳电视艺术工作者评选表彰大会。

7月9~12日，省视协赴浙江省嘉兴市参加中国电视艺术家协会组织评选的第六届全国德艺双馨电视艺术工作者评选活动，山西广播电视台副总编辑王云飞和黄河电视台的杨虹获此殊荣。

组织山西省解放战争题材电视

剧的推选活动。省视协推选的由省作协等单位拍摄的《江阴要塞》参加了中国电视艺术家协会组织的全国解放战争题材电视剧的评选活动。《江阴要塞》荣获解放战争题材电视剧质量评比三等奖。

参加中国电视艺术家协会组织的纪念四川汶川大地震抗震救灾一周年电视节目评选活动。山西广播电视台电视晚会“山西省支援四川汶川大地震抗震救灾赈灾晚会”荣获二等奖。

山西省第二届“农村小康电视节目工程”评奖活动共评出16部作品。省视协将这16部作品报送中国视协评选全国奖项，有13部作品获奖，其中，改革开放以来农村题材的电视剧奖7部，优秀电视专题节目奖4部，优秀栏目奖1部，农民才艺展奖二等奖1部。

推荐山西优秀城市形象片参加中国视协组织的评选活动。由中共太原市委宣传部、太原电视台联合拍摄的城市形象片《太原赋》荣获二等奖和最佳城市形象片奖。

【民间文艺家协会要事】 9月8~11日，山西省民间文艺家协会常务副主席、秘书长李剑斌赴河南省济源市参加“中国民间文艺(化)之乡暨新农村文化建设县(市)长论坛”。

9月，与省老年咨询服务中心在山西省煤炭博物馆共同举办老年用品博览会。

10月，在新东方品牌大世界举办民间工艺品展览。

10月，在山西寿阳“寿星文化研究基地”召开“中国寿星文化研讨会”。

11月5~7日，山西省民间文艺家协会常务副主席、秘书长李剑斌带领吕梁市民间艺术团赴江西婺源参加由中国民间文艺家协会主办的“江西民间艺术节暨第九届山花奖民间艺术表演奖”的演出和评选活动。

【舞蹈家协会要事】 3月和10月，在太原市举办中国舞蹈家协会第七、八期教师培训班，参加培训教师达240余人，参加培训的教师一半来自山西省的各个县市。

4月4~27日，举办太原市第十九届校园艺术教育活动月舞蹈类比赛暨第五届“小荷风采”全国少儿舞蹈展演太原选拔赛。

4月30日至5月3日，中国舞蹈家协会《中国舞蹈考级》第38届教学成果展演暨山西表彰会在太原召开。中国舞蹈家协会常务副秘书长李淑芬和《中国舞蹈》杂志社常务副社长赵士军出席此次活动。

5月11~15日和5月17~21日，分别在忻州市忻府区和运城市盐湖区举办中国舞蹈家协会“新农村少儿舞蹈美育工程”山西省第三期、第四期乡镇村教师舞蹈培训班。

7月23~27日，由省舞协推荐选送的运城市盐湖区教育局的节目《关乡伞娃娃》参加在北京举办的“新农村少儿舞蹈展演”活动。

7月底和8月初，分别在北京和淮南参加中国舞协举办的第五届“小荷风采”全国少儿舞蹈展演，山西省舞协选送的《晋韵》等10个节目分获“小荷之星”“小荷之秀”奖；参加辅导的教师获“园丁奖”；省舞协荣获“优秀组织奖”。

9月23日，“第七届中国舞蹈荷花奖·民族民间舞大赛”在贵阳开赛，吕梁歌舞剧院的群舞《核桃熟了》进入决赛，并在本次大赛中荣获“十佳作品奖”。

11月27日，中国舞蹈家协会在北京人民大会堂召开“庆祝中国舞蹈家协会成立60周年纪念大会”。山西省舞蹈家兰田、王秀芳、冯玉梅被授予“卓越贡献舞蹈家”称号，省舞协主席付汉生被授予“突出贡献舞蹈家”称号。

由省舞协推荐报送的5名舞蹈工作者，于11月27日至12月1日参加中国舞蹈家协会在北京举办的“中国舞蹈发展论坛暨第二届全国舞蹈大师进修班”，并获得“大师证书”。

12月3~7日，由山西省舞协组织的省内业余舞蹈教师18人赴广东东莞中国舞蹈家协会南方舞蹈学校学习，同时观摩在广东举行的第23届全国国际标准舞大赛。

【戏剧家协会要事】 3月，成立山西省梅花奖艺术团。

5月17~22日，省剧协副主席李继民应邀带领垣曲县曲剧团到曲剧的发源地河南汝州参加“首届中国戏剧曲剧节”。垣曲县曲剧团演员白雪琴荣获“中国曲剧十大明星”提名奖，其演出剧目荣获“优秀剧目演出奖”。

应中宣部、文化部邀请，山西省梅花奖艺术团于8月29~30日赴京参加“向祖国汇报——庆祝建国60周年全国优秀剧目展演”活动。

8月2~7日，在江苏盐城举办的第十三届中国少儿戏曲小梅花荟萃活动中，山西省选送的11名小演员获得“小梅花金奖”称号，其中4人获得“十佳”称号。

10月29日至11月5日，第三届“中国戏剧奖·小戏小品奖”评比活动暨颁奖晚会在江苏省张家港举行。山西省选送的晋北小戏《九品官上树》在小戏综合评比中排名第二名，并获第三届“中国戏剧奖·小戏小品奖”优秀剧目奖。小品《暖风》获群众最喜欢剧目奖，主演郭梅芸、朱建军、任玉生等人获群众最喜欢演员奖。“中国戏剧奖·小戏小品奖”系“中国戏剧奖”子项之一，是由中宣部批准的国家级小戏小品类最高奖项，每两年举办一次。

10月，由中国戏剧家协会艺术发展中心举办的第四届中国戏曲红梅荟萃活动结束，薛盼盼、李慧琴、白卫卫、乔月香等16人荣获中国戏曲金梅花称号，其中李慧琴获得“红梅之星”称号。

参加在厦门举办的第十一届中国戏剧节。山西省民营剧团清徐嫦娥文化艺术有限公司创作排演的大型新编历史剧《龙兴晋阳》获“优秀剧目奖”和“优秀表演奖”。

【摄影家协会要事】 3月，与省国土资源厅在太原举办“地质遗迹摄影展”。

2月15日，举办“山西省摄影团体对抗赛”大展览，有30个摄影团体参加，共展出照片600余幅。

举办“山西省六人摄影联展”，成立太行山摄影协会，与省教育厅、省体委联合举办“山西省大中学校田径运动会摄影大赛”,举办“山西省五台山国际摄影展”。

6月,在襄垣县举办“‘聚焦襄垣’摄影大赛”。

6月,在太原举办“聚焦下元”摄影活动。

举办“宁武芦芽山摄影大赛”,举办“‘聚焦西山’摄影大赛”,与省科协联合举办“山西省科普摄影展”。

组织摄影家赴沁水、晋城、平型关进行采风创作。

举行“山西省摄影理论研讨会”,组织摄影家赴太行山进行采风活动。

编印《山西省摄影精品画册》,编印《生活平遥摄影画册》。

【电影家协会要事】 3月30日,由山西省纪委、山西省监察厅、山西省委宣传部、山西省煤炭工业局、山西省煤矿安全监察局、山西省电影家协会、山西飞天影视传媒等单位联合摄制的大型煤矿安全题材故事影片《命比天大》在太原举行首映式。山西省委常委、省纪委书记金道铭,山西省委常委、宣传部部长胡苏平出席首映式并观看该影片。

8月31日,晋商巨片《白银帝国》观摩会在太原影都举办。省委常委、宣传部部长胡苏平出席。

10月,参加在南昌举办的第18届中国金鸡百花电影节。由山西省委宣传部、太原市委宣传部、中央新闻纪录电影制片厂联合出品的《决战太原》荣获第27届金鸡奖最佳纪录片奖。

【书法家协会要事】 1月22日,山西省书法家协会组织举办的省城书法名家送春联活动在太原市公安局交警支队举行。省文联主席、省书法家协会主席李才旺,省文联党组副书记石跃峰,太原市人大常委会副主任郝小军,省书法家协会副主席田树苌、李晓林、刘锁祥、沈晓英、宋富盛、张铁锁、姚国瑾、赵长秋、韩少辉,秘书长韩清波,以及张明智、赵社英、郭存魁、阎亚伦等省城书法名家为坚守在交通安全战线上的交警同志们写下了饱含敬意和祝福的春联200余幅。

3月6~8日,由山西省书法家协会主办的第四期书法培训班在太原市中铁十七局建筑公司举行。60余名学员参加为期三天的培训。

5月,由省书协、难老印社、青云宏公司主办的“难老印社”社员诗书画印作品展览在太原南宫青云宏收藏文化广场开展,共展出24位书画家的作品百余件。

5月14日,由山西省书协主办,阳泉石舟印社发起并承办的“‘福彩杯’山西省首届印社篆刻艺术作品联展”在阳泉市开幕。

6月8日,“山西省·埼玉县友好省县缔结26周年纪念‘日中书法交流埼玉展’”在日本展出。

7月23日,山西省第五期书法培训班在太原市开班。全省各地近60余名学员参加此次培训。

7月28日,由中国书法家协会主办,河南省总工会、河南省书法家协会承办的全国第八届书学讨论会论文评审结果在河南郑州揭晓。山西省杨二斌的《西汉官文书运行书体研究》和赵维红的《从“齐垒论辩”“碑学”“帖学”之辩看吴云折衷之书法观念》分别获得一、二等奖,这是山西省在全国书学讨论会论文评审中获得的最好成绩。

8月10日,在第25届中日青少年友好交流高野山书法比赛中,太原市北环小学智久真、太原市双西小学郑丹阳获得日本高野山书道协会奖。

8月21日,山西省备战兰亭展重点作者作品观摩会在省民俗博物馆举行。全省60余名重点作者参加此次活动。

8月27日,阎炜生书画展在长治市潞州剧院开展。此次展览共展出书画作品59幅。

8月31日,由山西省文联主席、省书法家协会主席李才旺历经两年日夜操劳、呕心沥血,用自己辛勤创作的书画作品,筹集巨资,精心兴建的山西壶关县五集小学暨五集饮水工程竣工剪彩仪式在五集村隆重举行。省书协为孩子们带去价值3000余元的毛笔和字帖。

9月11日,由省书协主办,朔州市委宣传部、朔州市文联协办的山西省第八届书法篆刻作品展开幕式在朔州文化中心举行。省人大常委会副主任王雅安,省文联领导宋新柱、李才旺、石跃峰,朔州市领导田喜荣、冯改朵等以及省书法名家、获奖、入展作者、书法爱好者等400余人参加开幕式。

9月21日,由山西省书协、山西省美协、山西省摄协、山西省煤矿文化体育协会、山西东方文化艺术研究院、山西晋城煤业集团承办的“晋城煤业杯”第二届全国书法家精品展览暨“晋城煤业杯”山西煤炭系统职工书法、美术、摄影作品展览在晋城举办。

9月23日,由中共太原市迎泽区委宣传部、迎泽区政协和迎泽区文联联合举办的“晋风·晋韵·晋魂”名家书画展在景峰国际美术馆开展,省城80多位书画名家以最新的书法作品和画作庆祝新中国成立60周年。

10月12日,山右美术馆成立暨“百年撷英——山右美术馆藏画展”开幕式在华宇国际精品商厦举行。

10月,“山西省首届书法新人展、第二届书法精品展”评审活动在省民俗博物馆举行。精品展共评出书法精品近百件。

11月19日,赵维红的论文《道光之际“宣南”书家行迹考辨》获第三届中国书法兰亭奖理论奖三等奖,朱世杰获第三届中国书法兰亭奖教育奖三等奖。

11月30日,“着墨周秦——张颔先生九十寿辰文字展”在山西省博物院举行。

12月14日,由山西省文联主办,省书法家协会、省美术家协会、省摄影家协会、省产业(企业)文联共同承办的“庆祝新中国成立60周年暨山西省文联成立60周年名家书画摄影邀请展”在山西文艺大厦举行。邀请展汇集全国700多名书画摄影名家的近千幅精品力作。

12月14日,由省书协主办、潞安集团余吾煤业公司协办的“庆祝山西省文联成立60周年‘余吾煤业杯’山西省第二届书法精品展”在山西文艺大厦开展。

12月14日,由省书协主办的“山

西省首届书法新人展”在山西文艺大厦开展。

12月18日，由山西省书法家协会、湖北省书法家协会共同主办的“山西书法邀请展”在湖北武汉举行，展览共展出山西省书法精品140余件。

12月23日，由山西省书法家协会、太原市文联、深圳市文联、太原市书法家协会、深圳市书法家协会联合举办的“沈晓英书法篆刻展”在深圳博物馆隆重开幕。

【杂技家协会要事】 参与撰写大型文化丛书《魂系山西》。

与《太原晚报》“天龙晋风”栏目合作，进行山西民间杂技的研究宣传工作，在其《天龙晋风版》介绍山西民间杂技，挖掘山西民间杂技的文化内涵。撰写出《舞龙》《舞狮》《抬阁》《二鬼跌跤》《火流星》《踩高跷》等专题文章，并相继在《天龙晋风版》发表。

撰写并报送参加“中国杂技高层论坛”的论文。

省杂协会员康洁获得由中国艺术家协会颁发的“全国优秀艺术人才奖”。

致力于杂技艺术的建设，积极领导鼓励会员进行杂技节目的创作乃至创新，太原杂技团排演杂技晚会《我们年轻，我们有梦》。

【音乐家协会要事】 4月27日，省音协、山西大学音乐学院共同主办《阎征宇师生音乐会》。

5月5日，省音协、山西大学音乐学院共同主办《张立忠学生马杰钢琴独奏音乐会》。

5月6日，省音协、太原科技大学共同主办《张英民个人独唱音乐会》。

5月6日，省音协、山西大学音乐学院共同主办《中韩作曲家新音乐作品交流音乐会》。

5月7日，省音协、中北大学体育与艺术学院共同主办《马跃二胡独奏音乐会》。

6月2日，省音协、山西大学音乐学院共同主办《焦春梅学生张静独唱音乐会》。

6月3日，省音协、山西大学音乐学院共同主办《陈方圆小提琴独奏音乐会》。

6月13日，省音协、山西大学音乐学院共同主办《李岩峰学生叶培隆、赵敏毕业音乐会》。

6月17日，省音协、山西大学音乐学院共同主办《薛晓姝师生钢琴音乐会》。

6月19日，山西省音协、山西省教育厅、太原市教育局、太原市青少年活动中心共同承办由中国音乐家协会主办的“让心灵的花儿尽情开放——全国优秀少儿合唱歌曲进校园”活动山西启动仪式。

6月，在由中国音乐家协会主办的全国优秀流行歌曲创作大赛(华北赛区)评选中，省音协获组织奖。

省音协和山西民族管弦乐学会共同主办中央音乐学院教师吉炜的古筝和张强的琵琶独奏音乐会。

省音协与山西民族管弦乐学会共同主办上海音乐学院教授詹永明笛子独奏音乐会。

9月，由省音协推荐的山西大学合唱团在参加由中国音协举办的第七届中国音乐金钟奖合唱比赛中荣获优秀奖。

11月，省音协与长治学院共同举办《郝峰合唱指挥音乐会》。

【美术家协会要事】 1月13~16日，由山西省美术家协会山水画艺委会主办的“山西省山水画精品提名展”在山西文艺大厦展厅举行。

4月8日，由山西省美术家协会、山西画院主办“刘大为艺术工作室人物画展”。共展出刘大为艺术工作室人物画家王辅民、李广平、李庆富、李晓柱、张嵬、张立奎、罗江、郝爱平及特邀参展画家巫卫东、宣兵共10人80余幅人物画作品。

由山西省文联、黑龙江省文联主办，山西省美术家协会、黑龙江省美术家协会承办的“黄土地·黑土情”山西·黑龙江中国画名家作品展在山西文艺大厦隆重开幕。山西省政协副主席李潭生、山西省人大常委会秘书长朱明、山西省政协秘书长阎沁生、黑龙江省文联副主席吴团良、山西省文联党组副书记高国俊、石跃峰等领导和文艺界代表数百人出席开幕式。本次展览展出作品100余件。

4月28日，由中国文联、中华慈善总会、中国美术家协会和中国美术馆共同主办的“礼赞生命——5·12中国汶川大地震抗震救灾周年纪念雕塑展”在北京中国美术馆展出。由山西省雕塑家吴大勇创作的雕塑《妈妈的脊梁》，宋建利创作的雕塑《血脉》参加此次展览。

4月30日，山西省美术家协会迎来了世界著名版画家、首届中国云南国际版画展金奖获得者澳大利亚的威恩安德鲁·科罗斯先生。

5月17日，“中国画·画山西——走进山西”作品展在全国政协礼堂隆重开幕。活动由中共山西省委宣传部、中国美术家协会艺术委员会、中国艺术科技研究所、中国文化艺术发展促进会共同主办。

5月17日，由山西省美术家协会、山西水彩画学会主办的第十四届山西省水彩画展在山西省民俗博物馆隆重举行。此次水彩画展共展出山西省优秀作品100余幅。

6月3日，由山西省委宣传部主办，山西省美术家协会、山西画院承办的“赵梅生新写意中国画展”在山西文艺大厦隆重举行。展览展出赵梅生近几年来创作的各类题材、各种形式的新写意中国画精品近百幅。

山西省花鸟画家、原山西师范大学美术系主任杨吉魁先生应美国CCA画廊诚邀于6月17日~7月16日赴美国纽约参加画展和学术交流活动。

7月8~12日，由山西省委宣传部、山西省文联、山西省文化厅主办，山西省美术家协会承办的“第十五届山西省美术作品展”在山西文艺大厦展出。省委常委、宣传部长胡苏平出席开幕式并讲话。

8月18日，为庆祝新中国成立60周年，“中国画·画中国——走进山西作品展”在山西文艺大厦展出，共展出画作百余幅。省委常委、宣传部长胡苏平，原省级老领导卢功勋、王庭栋以及部分画家代表观看展览。

8月，为庆祝新中国成立60周年，由山西省委宣传部、山西省文联、

李夜冰从艺 60 年画展　　（李陈华提供）

山西省委老干部局主办，山西艺术研究创作中心、山西国际能源集团有限公司、山西三晋文化研究会、山西省美术家协会、山西省书法家协会共同承办的“‘情系三晋’海内外山西儿女书画作品展”在山西文艺大厦隆重举行。共收到加拿大、法国、美国、日本等国家，还有中国台湾、香港等地区和山东、云南等省和本省的作品千余幅，其中 300 余幅作品集中展出。

10 月 10 日，由山西省文联、山西省政府参事室（文史馆）联合主办，山西省文联发展文化产业协会、山西省美术家协会承办的“从艺六十年——李夜冰画展”在山西文艺大厦隆重开幕。省委常委、宣传部部长胡苏平，省人大常委会常务副主任杨安和，省政协副主席韩儒英等省领导出席开幕式并观看展览。

11 月，由山西省美术家协会、山西省油画学会主办，新星大世界会馆视觉空间美术馆承办的“2009 年山西省油画写生展”在新星大世界会馆展出，展出作品 100 余件。　（李陈华）

新闻出版
广播电视电影

新闻出版

【精品战略】 不断推出优秀出版物，全年共有30余种出版物荣获省级以上出版奖项。其中，《流动的花朵》一书荣获第十一届全国“五个一工程”奖，《资治通鉴校补》荣获全国优秀古籍图书奖，《蒙学六种》《讲给孩子的中国大自然》《讲给孩子的世界大自然》3种图书入选2009年向全国青少年推荐百种优秀图书目录，《中国佛学史》《中国当代教育学术文库》等6种图书入选“十一五”国家重点图书出版规划增补项目，《小学语文教学》《中华风湿病学杂志》等20种期刊在中国北方优秀期刊评选活动中被评为十佳期刊和优秀期刊，《小学生拼音报》入选2009年全国优秀少儿报刊推荐名单，《山西舞台新经典》列入国家庆祝新中国成立60周年重点音像电子出版物选题目录，大型3D网络游戏《苍穹》入选全国20个“民族网络游戏出版工程”名单。

【产业发展】 为重点出版物选题争取筹措资金，《祁隽藻文集》获国家古籍资助项目补贴9万元，《中国儿童文学大系》《八路军》《中国古代乐舞史》3个项目获得国家出版基金资助经费218万元，其中2009年拨付121万元。同时，山西省确定2009年度图书、音像电子出版物重点选题92种，申请获得省重点出版物补贴65种计793.25万元。近30种新闻出版产业相关项目列入首批全省文化产业发展重点项目，山西日报报业印刷基地、英语周报、语文报扩建项目等被列入山西省服务业“10+1”重点扶持项目。还组织推荐13种项目申报进入国家新闻出版业发展项目库，入选后将享受国家政策、资金优惠以及出版资源优先配置倾斜。积极促进版权相关产业发展，为太原高新区的动漫企业和广灵剪纸等非物质文化遗产提供免费登记服务。以平遥古城为试点，开展平遥国际摄影大展和推光漆器等版权产业发展情况调研。提前部署、早走一步，分别起草山西省2010~2015年新闻出版业发展规划和印刷复制业发展规划，为指导长远发展奠定基础。

【推动出版物“走出去”】 组织相关企事业单位参加法兰克福国际书展、北京国际图书博览会、全国图书交易博览会、北京图书订货会、越南柬埔寨中国图书展销会等海内外各大展会，进一步提升晋版出版物和三晋文化的对外影响力。在北京国际图书博览会上，山西省已连续三年实现版权输出大于引进，2008年协议引进输出比达到1:34，2009年又向英国、荷兰、韩国、越南、马来西亚等国家共计输出版权25项，达成版权输出及合作出版意向50余种。

【农家书屋工程】 农家书屋工程是国家出台的一项服务“三农”、保障公民基本文化权益的惠民文化工程，同时也是积极应对金融危机、扩投资、拉消费、促进行业发展的重要项目。截至2009年底，省、市、县三级已建立了较为顺畅的工作体制和运行机制，并正式出台一系列建、管、护等管理办法。上年度全省2100家“农家书屋”的中央补助经费2100万元和省级配套经费957.4万元全部到位，第一期“农家书屋”工程采购招标及出版物配送工作圆满完成。7月下旬，经总署督导组验收评分，山西省被抽检的45个“农家书屋”全部达标。通过对各市县“农家书屋”建设情况督察调研发现，“农家书屋”这项惠民文化工程受到普通百姓，尤其是农民朋友的普遍欢迎，同时当年即拉动山西省新闻出版单位销售4933万元，从而促进产业发展，实现了真正的“双赢”。第二期“农家书屋”的出版物选目工作已展开。

【出版服务】 利用书号调控、补贴政府重点选题、评优评奖等方式，引导出版单位立足国情、省情、民情，出版一批应对国际金融危机、防控甲型H1N1流感、弘扬三晋历史文化的主题出版物和面向“三农”、面向未成年人、面向大众的群众喜闻乐见的优秀出版物，以及适应山西经济结构转型调整的有关矿山管理、安全生产、战略研究的出版物。

【全民阅读】 围绕建设“学习型社会”，营造“书香社会”氛围的目标，引导各地各部门开展各类主题阅读活动,培养和引导全民阅读兴趣和阅读习惯。在2009年全国全民阅读活动评比中,山西新华书店集团、山西省阳泉市教育局被评为全国先进单位。此外,还组织省内出版单位向四川地震灾区少年儿童捐赠图书377种4770册。

【深化改革】2009年,是中央确定的文化体制"改革攻坚年",随着省政府关于深化文化体制改革四个配套文件和总署《关于进一步推进新闻出版体制改革的指导意见》的出台,山西省新闻出版体制改革已经推进到由点及面、由表及里、持续深化的新阶段。根据安排,2009年山西省新闻出版行业要全面完成所有图书、音像出版单位的转企改制;要推进非时政类报刊转企改制试点;省和各市级党报党刊还要按照"两分开"的原则剥离经营性业务,并在年底前完成转企改制;以及推进文化市场综合行政执法体制改革,推进转制企业实行兼并重组等等。山西省新闻出版体制改革工作顺利推进,又一次走在全省宣传文化系统的前列:山西出版集团从8月10日至10月10日,仅用2个月时间,就完成前期工商注册、税务登记、人员分流等工作,以11月27日正式签订劳动合同为标志,山西出版集团已成为山西省第一家全面完成整体转企改制的文化单位;英语周报、语文报作为报刊转企改制试点单位,已完成企业登记注册,人员身份转换正在按程序稳步推进中;山西音像出版社、山西教育音像出版社的转企改制方案也已确定,相关工作已正式推开;山西日报和各市级党报"两分开"改革、市县文化市场综合行政执法改革,在省委宣传部和各市县政府领导下,正在积极推进中。在各级各部门的共同推进下,山西省新闻出版战线的体制改革在重点领域和关键环节取得突破性进展,已从"攻坚"走入"决胜"的新阶段。

【出版物导向管理】督促出版单位严格执行"三审制度"和"出版责任制度",严格落实书(报、刊、版)号调控、选题审批、重大选题备案和调审等管理手段,对涉及热点、敏感问题的选题和出版物进行严格把关,没有一种出版物出现导向问题。全年,审批图书选题2600余种、调审10余种,审批音像电子出版物选题40种,重点审读报纸43种、期刊23种,编发《审读快报》46期,对《共和国大阅兵》《名将粟裕珍闻录》《阎锡山大传》和《长平之战史乘》等9部图书进行专题备案。

【新闻报刊管理】以"打四假"为重点,引深开展规范新闻采访秩序"百日整治"活动,采取多种有效措施,规范新闻记者的采访行为,大力查处报刊及其从业人员违法违规行为,积极维护新闻媒体的公信力。全年注销《中国老年报》《中华新闻报》等驻晋记者站6家,缓验报刊6种,注销内部资料性出版物66种。建立违纪违规新闻从业人员档案,纳入已查实的违纪违规人员档案人员46人,纳入举报未查实档案人员179人。加大对夜市、早市游商报摊的治理,取缔非法报摊116个,收缴非法报刊11532份。

【"扫黄打非"斗争】以查缴政治性非法出版物为重点,不断加大"扫黄打非"工作力度。全年"扫黄打非"工作中,全省各级执法部门共出动执法人员62385人次,收缴各类非法出版物1319315件,查办"扫黄打非"案件439起,查办行政处罚案件350起,另外关闭各类非法网站227家,删除和屏蔽有害信息117266条,全面净化山西省出版物市场和社会文化环境。特别是在打击政治性非法出版物的6次全省统一专项检查行动中,紧抓关键环节、敏感问题、重点场所,部门联合,大力查缴政治性非法出版物,未发生影响工作大局的恶性案件,有效保障"6·4"、"7·5"、国庆等敏感时间节点的社会稳定。

【依法行政】巩固和发展审读、年检、质检等行之有效的监管手段,严把出版准入关、内容关、质量关,实现对编、印、发等各环节的全流程管理,形成工作的长效机制。扎实推进日常产品质量检测工作,组织开展迎接新中国成立60周年出版物印刷复制质量监督检测活动、全省第十四轮编校质量检查活动,完成以语文类辞书、生活类地图、社科类翻译作品为重点的专项质量检查和全省中小学教材教辅读物专项质量检查工作,晋版出版物整体质量大幅提高。创新行政管理手段,大力推进书号实名制改革,已完成网上实名核发书号1500个,办理追加书号630个,实现书号申请信息、条码办理的网上传输以及书号使用情况的实时监控,提高出版管理效率。统一省内报刊、广播、电视等媒体的新闻记者证管理,核发新版记者证2237个。推进互联网出版网站备案审批工作,有3家网站通过总署审批核准。

【版权执法与管理】结合"4·26"知识产权宣传周活动,推进版权宣传与服务进企业、进校园、进社区,全社会版权保护意识进一步增强。作品自愿登记率显著提升,全年共办理各类作品著作权登记139件,计算机软件代理登记21件。企业软件正版化工作有序推进,完成正版化验收企业124家,其中全省各大银行、各保险公司、各烟草单位的软件正版化率达100%。打击侵权盗版工作力度持续加大,全年收缴侵权盗版出版物413254件,受理著作权侵权投诉43件,调节著作权纠纷38件。重点查证部分企事业单位侵权使用Coreldraw计算机软件、侵权使用微软软件以及"听酒吧音乐"网站侵权等犯罪事实,有力打击盗版泛滥的势头,保护知识产权。

【行政审批制度改革和政务公开】

结合工作实际,在完善《首办负责制》《限时办结制》《服务承诺制》的基础上,制定推出《行政首长负责制》《行政不作为和过错追究制》《AB岗位制》等制度,形成挂牌上岗、文明上岗、定期学习、举报投诉、违规责任追究相结合的办事机制,确保行政审批工作的规范、透明、高效运转。省新闻出版局行政审批工作已搭建形成"服务窗口统一受理、各业务处室分别审批、服务窗口统一送达”的“一站式”服务平台，全年共受理行政审批项目256件，审批办结率达100%。按照省政府建设统一的政府信息公开目录的要求，积极推进政务公开，及时更新编制省新闻出版局政府信息公开目录，全年更新上传目录信息434条，通过省新闻出版局政务网站、省政府门户网站以及省图书馆、省档案馆等公开载体，为公众提供及时便捷的查询和检索服务。适应新闻出版业改革发展实际，根据省级机关机构改革“上下对口”的要求，重新拟定了新“三定方案”，进一步理顺行政管理体制与机制，实现“三分开”以后机构职能的新转换。认真落实新闻出版行业职业准入和岗位准入制度，全面做好教育培训、职业考试、技能鉴定、职称评审等人才工作，不断提升新闻出版从业人员的思想素质和业务水平。全年共开展各类培训、调训活动20余期（次），参加培训人员近5000人（次）。　　（郭跃鹏）

报　纸

【概述】 2009年，认真贯彻落实全国和全省宣传思想工作会议精神，围绕中央和省委、省政府的重大战略部署，把握正确导向，积极开展新闻宣传工作。《山西日报》不惜版面、不惜篇幅，消息、通讯、言论一起上，体现党报的权威性、思想性，充分发挥党报新闻宣传的主渠道、主阵地作用。《山西日报》报业集团（以下简称“集团”）其他所属媒体，也积极大力宣传省委、省政府应对国际金融危机的多项举措，特别是在重点工程建设、中小企业发展和反映城乡居民生产生活等方面，取得了很好的成绩。在新中国成立60周年系列报道中，集团所属媒体各展所长，密集报道，全面、真实、形象地展示新中国成立60年来山西发生的巨大变化，用生动的事实、充沛的感情歌颂党，歌颂伟大的祖国，唱响时代主旋律，激发全省人民热爱党、热爱祖国、热爱家乡的热情。2009年，《山西日报》的新闻报道先后受到省委书记张宝顺6次、省长王君7次的批示表扬，10次受到中宣部《新闻阅评》的专题介绍及充分肯定。

【创刊60周年暨集团成立5周年】 2009年4月26日，是《山西日报》创刊60周年暨《山西日报》报业集团成立5周年纪念日，自4月1日起到4月27日，集团各媒体对此进行宣传报道。通过回顾《山西日报》历史、老读者的征文及4月26日前后的密集性报道，极大地扩大党报的影响力，为集团发展注入新的活力。此外，集团举行庆典大会、出版纪念画册、举办摄影及书画作品展等纪念活动。

【“三项学习教育”活动】 7月27日，集团党委下发了《关于进一步深入开展“三项学习教育”活动的通知》，8月4日，对深入开展“三项学习教育”活动工作进行再动员，并做出具体安排部署。随即公布本报及报业集团各媒体的监督举报电话，将持有记者证的编辑记者名单向社会公布，欢迎社会各界予以监督。集团将《经济时讯》从《山西日报》编辑部剥离，完全交给广告公司经营，真正做到“两分开”。8月14日，集团300余新闻采编人员听取《山西日报》原副总编辑、老报人郭寅祥作的《做让党和人民放心满意的新闻工作者》专题学习辅导。8月19日，集团52名编辑、记者深入太原第一监狱参观采访，接受法制教育。8月21日，集团50余名年轻编辑、记者奔赴延安，追忆光荣传统。集团还相继修订、出台《〈山西日报〉编辑部考核办法》《对重大差错进行重奖重罚的实施办法》《关于评选好标题、差标题的实施办法》《关于开展“提高编校质量、治理报面差错”的实施方案》等，增强采编校检人员的责任感和质量意识。山西新闻网按照省“三项学习教育”活动领导组的要求，开设“深入开展三项学习教育”专栏，进一步扩大“三项学习教育”活动在网民中的影响力。

【经营管理】 围绕“做强做大报业、实现又好又快发展”的总体目标，出台《关于加强经营收入的有关规定》等制度。年初制订2009年度财务预算，明确经济预期目标和各经营实体的任务指标，做到目标明确，责任到人。同时，严格执行动态监督、按月考核、内部审计、财务审批、经费包干和招投标等制度，严控支出，以管理促效益，保证经营工作顺利开展。全年，集团广告、发行、印刷和多元化产业经营发展态势良好，总收入达3.89亿元，上缴国家税费1800万元，实现利润124万元。

【整合广告资源】 集团广告经营加强管理、调整思路、创新举措，保持在规范中持续稳定健康发展的态势。《山西日报》《山西晚报》和《三晋都市报》的广告由集团广告总公司统一经营，三报联动，优势互补，着重在活动策划、品牌建设和服务客户等方面下工夫，充分发挥“广告航母”的旗舰作用，广告收入大幅提高。特别是《山西晚报》广告收入超额指标1000多万元并首次突破亿元，全面实现了“三个一”：12月1日单日广告收入190万元、9月广告收入1580万元、全年广告收入1.049亿元。

【报刊发行】 2009年集团报刊平均期发行量近130万份，同比稳中有升。由于2008年新闻纸持续涨价，社委会年底经反复研究决定提高报刊发行价格，并要求“提价不掉量”。提价后《山西日报》采取“责任区”发行制度，发行量达16万份以上，发行收入同比增加400余万元。《农民报》《经济日报》等党报系列报纸发行保持稳定；《三晋都市报》结合自身发展采取限量发行策略，读者结构更加合理；《生活文摘报》《良友周报》增开分印点，缩短投递时间，发行量稳步提高；《山西法制报》提价后，提高服务能力，发行量持续增长。发行公司全力抓好《山西晚报》在中心城市的发行，发行结构进一步优化，为广告经营打下坚实基础，同时开展文化物流配送业务，努力培育新的经济增长点。

【集团获奖】 1月，集团被授予“爱心捐助贡献奖”;集团机关被评为“省直文明和谐单位”;集团广告经营进入全国30强,李伟荣获中国报刊广告30年30人“杰出贡献奖”;集团财务管理中心、《山西日报》图片社被命名为省级“青年文明号”;《三晋都市报》获“2008广告主、广告商青睐的中国报刊”奖。

2月,集团被省委、省政府授予“凝聚力工程奖”。

3月,《山西日报》被授予三晋环保行15年“优秀组织奖”,《山西日报》张隽波、李爱珍、任华杰,《山西晚报》王冠兴被授予三晋环保行15年“优秀记者”。

4月,发行总公司总经理侯百管获全国报纸自办发行协会2008年度“先进个人”;省劳动竞赛委员会分别为《山西日报》记者崔新龙、范林鹏、何小卫、辛义生记一等功、二等功和三等功;《良友周报》被全国妇联授予“全国巾帼文明示范岗”;侯忠泉被授予“2008年度全国知识型职工先进个人”称号。

5月,集团被评为调研工作先进单位,集团4篇调研成果获特别奖;李伟、孙荣祥、秦洋、齐作权、边治国被授予“省五一劳动奖章”;《山西日报》、《山西晚报》、闻兴印务总公司被授予“省直五一劳动奖状”;于彦军、桂小纯、冯印谱、来惠平被授予“省直五一劳动奖章”;第十八届(2008年度)山西新闻奖评选中,《山西日报》《山西晚报》《三晋都市报》《山西经济日报》《山西法制报》《发展导报》《山西农民报》和山西新闻网选送作品中的73件作品获奖。

6月,《山西晚报》党总支获“先进基层党组织”称号;李伟、郝枢波获“优秀共产党员”称号;于彦军、王兵获“优秀党务工作者”称号;集团机关党委获“党风廉政建设先进集体”称号;闫刚、初晓琴获“党风廉政建设先进工作者”称号。

7月,集团发行总公司获全国省级党报发行先进集体,发行总公司副总经理罗长征获全国省级党报发行先进个人。

9月,《山西农民报》23件作品获2007、2008年度全国农民报好新闻奖;《山西晚报》刊发的《怪事!搭错航班竟能一路通行》获中国新闻奖三等奖。

10月,集团被授予企业文化建设先进单位荣誉称号,于彦军被评为企业文化建设先进工作者。

11月,《山西日报》席殿晋和《山西晚报》尹长虹被评为“全国优秀新闻工作者”;《山西日报》席殿晋、崔新龙、薛锁明、赵向南,《山西晚报》尹长虹、侯锐、郭斌,《山西农民报》李久标,《三晋都市报》吴修明,《发展导报》任啸,《人民摄影报》李涛,《山西经济日报》孙瑞生,《山西法制报》屈怀明被授予“山西省第五届百佳新闻工作者”荣誉称号;《山西晚报》记者郭凤情获新闻战线演讲比赛一等奖;山西新闻网康娜获得三等奖;集团广告总公司被授予山西省广告行业龙头称号。

12月,集团获省直文明和谐单位称号,郝枢波获文明和谐创建先进工作者称号;《山西晚报》获“最受广告主、广告商青睐的晚报”大奖;《三晋都市报》荣膺“2009中国十大创新都市报”称号,同时获得“2009最受广告主、广告商青睐的都市报”殊荣;闻兴印务公司总经理王良荣获“毕昇印刷优秀新人奖”;《山西农民报》《良友周报》被评为2009年度省级“青年文明号”。

(孙　峰　赵　青)

出版传媒

【概述】 2009年12月18日山西出版集团正式转制为山西出版传媒集团有限责任公司。集团由中共山西省委宣传部领导,省新闻出版局实行行业管理,承担着国有资产保值增值的责任。山西省人民政府为山西出版集团的出资人,授权省财政厅依法对山西出版集团经营性国有资产进行监管。集团的发展理念是:做人类文明进步的播火者,当中国文化崛起的铺路人。

山西出版传媒集团有限责任公司下设山西人民出版社、山西教育出版社、希望出版社、北岳文艺出版社、山西科学技术出版社、山西经济出版社、三晋出版社、山西春秋电子音像出版社等8个出版社,山西新华书店集团1个子集团,山西新华印业有限公司、山西人民印刷有限公司、山西省美术印务有限公司等3家直属印刷企业,山西省新闻出版纸张公司、山西省印刷物资总公司2个物资供应公司和教材中心、报刊中心2个本部二级核算单位,由集团对成员单位行使出资人权利。集团共有员工近万人。

截至2009年底,山西出版集团总资产为35亿元,共实现销售收入35亿元。与集团成立时相比,资产和

中共中央政治局委员、书记处书记、中宣部部长刘云山到山西出版传媒集团调研　　(郭文礼提供)

销售每年以平均5个亿的速度递增。集团正在逐步形成以图书、报刊、电子音像、网络等出版物的出版、印制、发行及相关物资供应为主，产、学、研相结合的较为完备的产业体系。

【社会效益】 2009年集团年出版图书品种3358种，其中重印图书达到46%。先后有310余种图书获得省部级以上及各类专项图书奖，其中《流动的花朵》获得中宣部第十一届“五个一工程奖”；《文物中国史》《华夏之根》获首届中国出版政府奖提名奖；《傅山书法全集》《晋人援蜀记》等9件作品获得中华优秀出版物奖；《中国农村财政理论与实践》等10种图书入选新闻出版总署“三个一百”原创出版工程。集团的改革发展进程中不仅收获优秀的精神文化产品，而且涌现出一批引领先进文化发展的杰出人才。集团有两位同志被中宣部确定为全国宣传文化系统“四个一批”经营管理人才，一位同志获得第十届“韬奋出版奖”，实现了山西“韬奋奖”零的突破。截至2009年底，集团所属山西教育出版社、山西省新闻出版纸张公司、山西人民印刷厂、山西省新华书店集团等4家单位蝉联省直文明和谐标兵单位；山西省新闻出版纸张公司荣获省“五一劳动奖状”；集团机关、山西人民出版社和山西新华书店集团荣获省直“五一劳动奖状”；集团机关、山西新华印业公司、山西美术印刷厂、希望出版社、山西省印刷物资总公司等5家单位蝉联省直文明和谐单位称号。

【体制改革】 在全省文化企业中率先完成全面整体转企改制，体制机制改革实现重大突破；集团实施的山西数字出版研发中心、山西新华现代物流中心、山西新华数字化印制中心、《三晋文库》出版工程等重大项目有序建设，并取得阶段性成果；产业调整步伐加快，资源整合实现“统出合力，分出活力”的总目标，发展基础和发展势头强劲。集团坚持走具有自身特色的出版产业科学发展之路的探索，得到李长春、刘云山等中央领导和省领导的关注和肯定，省长王君在全省经济工作会议上的讲话中专门提到“山西出版集团率先完成整体转企改制工作”。《人民日报》《光明日报》和中央电视台分别对集团的改革发展成果进行报道。（郭文礼）

广播·电视·电影

【概述】 2009年全省共有广播电视播出机构125座（电台8座、电视台10座、广播电视台107座），开办213套广播电视节目（广播101套，电视112套）。其中：省级广播播出7套节目；省级电视国内播出9套节目，国外播出4个外宣频道；市地级广播电台8座，播出18套节目；市地级电视台10座，播出28套节目；县级广播开办76套节目，县级电视开办77套节目。

全省广播每天播出时间为977小时，其中，省级广播每天播出158小时，市地级广播每天播出310小时，县级广播机构每天播出509小时。全省每周电视播出时间为8839小时，省级电视每周播出时间1102小时，市地级电视机构每周播出时间3655小时，县级电视机构每周播出时间4083小时。

全省广播综合覆盖人数达3153.59万，综合覆盖率为92.46%。电视综合覆盖人数达3300.62万人，覆盖率为96.77%。山西卫视省外覆盖130多个大中城市，覆盖人口2.6亿。全省有线网络总长93584公里，网络用户385.76万户。

截至2009年底，全省广播电视从业人员19498人，省级广播电视从业人员3503人，市级广播电视从业人员5738人，县级广播电视从业人员10257人。全省广播电视从业人员中大专以上学历12029人；研究生及以上学历120人；专业技术人员9480人，高级职称634人，中级职称3181人。到2009年底，山西广播电视系统资产总额为57.035亿元，省级广电16.72亿元。

【舆论引导能力有新提高】 应对危机宣传成效显著。全省广电系统紧紧围绕中央和省委、省政府应对金融危机的一系列重大决策部署，紧紧围绕“三个发展”“重点工程建设”“振兴八大产业”“全省煤炭资源整合”“五个全覆盖”“六项惠民工程”“三保”和“节能减排”等宣传重点，精心策划一系列宣传活动，推出60多个专栏和10余项大型采访活动。特别是省台卫视新闻、黄河新闻、广播新闻全新改版，每天的新闻时长净增85分钟，为全省上下坚定信心、应对挑战、促进发展提供精神动力和舆论支持。

重大主题宣传氛围浓厚。围绕“十七大精神”“科学发展观”“国庆60周年”“全国、全省两会”“全国节能工作现场会”“农博会”等重大活动，推出《市委书记访谈录》《三晋巨变》《科学发展在并州》《策马全力走太行》《绿龙舞上党》等30多个专栏，深入报道全省经济、政治、社会、文化建设的新举措、新成就、新典型。特别是国庆60周年的宣传浓墨重彩、高潮不断。全国“两会”期间，省台在央视《新闻联播》发稿连续六年名列各省前茅。

突发事件报道把握适度。省局和两台建立《突发公共事件宣传报道应急预案》和突发事件报道工作机制。在屯兰矿瓦斯爆炸事故、H1N1流感、强降雪灾害等报道中，省、市、县台紧密协作，反应迅速，处置得当，充分发挥主流媒体传播正确信息和引导、主导社会舆论的功能。特别是屯兰矿瓦斯爆炸事故的报道，中央台和省台密切配合，进行及时、客观、适度报道。

【外宣工作有新成效】 外宣格局初步形成。SCOLA台3个频道日播汉语教学节目扩版为27小时，直接受众突破1500万人；长城平台卫视频道汉语教学节目占节目总量的70%，成功在东南亚落地，在美国、加拿大、拉美地区的收视率和视听网点击率位列省级频道前茅；“黄河电视孔子学院”试播良好，北美定制用户达490万，与西点军校合作开发制作的多媒体汉语教材在美国发行；文艺广播汉语节目在美国落地播出，并覆盖到北美、拉美地区，填补省级广播在美落地播出的空白。山西外宣形成长城平台卫视、SCOLA台、黄河电视孔子学院、汉语广播“四轮驱动”的新格局,受到总局领导表扬。

央视上稿再创新高。省台电视加强与央视的通联协作和互动对接,广播与21家省级广播建立“中国新闻广播协作网”。2009年省台在央视上稿1033条,太原台在央视上稿145条,均创历史新高。

【精品打造结硕果】 影视剧生产喜获丰收。全年生产电影24部、电视剧11部311集。电影《黄河喜事》、电视剧《西口长歌》被确定为建国60周年献礼剧。电视剧《在那遥远的地方》在央视一套黄金时段播出,创平均收视率和单集收视率新高。共获国家级奖20项,其中:全国五个一工程奖2个,华表奖2个,数字电影百合奖5个,金鸡奖1个,飞天奖2个,中国文联电视艺术家协会奖1个,大学生电影节奖1个,中国首届新农村电视艺术节奖5个。电影《鹰笛天缘》作为唯一华语影片入围摩纳哥国际电影节。山西省的电影产量、电视剧在央视的播出量和影视剧获奖量三项指标均处于全国省级广电领先地位。

节目创新成效明显。省台电视频道全面改版,推出20多档新栏目。特别是新闻节目的改版设计受到省领导好评。2009年山西卫视在全国的排位提升了3位,5个地面频道在本省的排位平均提升了5位,各类节目获得国家级奖20项。太原、阳泉、晋中、大同、吕梁、忻州、临汾、运城等台都推出一批新栏目,打造《新闻快车》《忻州故事》《蒲乡红》等一批深受百姓欢迎的优秀节目。

大型活动生动精彩。举办“2009春晚”“全国青年歌手山西赛区电视大奖赛”“中国原生态民歌展演”“唱响七夕节情歌大赛”“魅力老爸老妈评选”“超级票友晋剧名家名票演唱会”“梦想大冲关”等20多项大型活动。特别是省台举办的“2009春晚”获得中国电视文艺晚会最佳作品奖。广播60周年庆祝活动,通过举办展览、论坛,出版系列丛书、推出大型专题节目和庆祝晚会,受到好评。

【推进农村广播电视电影全覆盖】 村村通工程有新进展。制定全省20户至49户已通电自然村的村村通广播电视规划,落实资金11888.85万元。完成第一批村村通直播卫星覆盖任务,2586个偏远山村与城市同步并且免费收到了74套高品质的数字广播和数字电视节目。

广播电视覆盖有新进展。在全国率先完成中央台无线覆盖补点建设工程,使中央1套广播节目的全省覆盖率提高了25%,中央1套、7套电视节目的覆盖率分别提高了38%和57%,受到总局表扬;完成省1套广播和电视节目无线覆盖一期工程发射及配套设备的安装,制定二期工程的实施方案;制定卫视、黄河、新闻综合广播和农村广播的无线覆盖规划;卫视全国覆盖人口达到5.46亿,增长25%。

电影下农村、进工地有新进展。深入开展“农村公益电影放映活动”,为农民兄弟放映电影33.5万场;开展“千场电影进工地活动”,深入全省近百个工地,为农民工兄弟放映电影1000场。

【多元推进产业发展有新成效】 数字化改造有新进展。省台筹资2500万元对新闻中心采编播系统和公共、少儿、彩民、老年福频道以及技术区进行数字化改造,继广播装备全部实现数字化之后,电视装备的数字化水平达到90%以上。

新媒体开发有新进展。山西视听网的点击率连续三年列全国省级广电网第一,被评为“全国百强新闻网站”;新媒体公司新申办“天启视听网”;IPTV广播电视的开发进展顺利,组建“山西国广互动电视有限公司”,与省电信运营商签署框架合作协议,正在进行节目平台建设;CMMB(手机电视)的开发进展顺利,成立“山西中广移动有限公司”,新建覆盖全省10个地市的11个发射站,发展营业厅7个;新开办的省台电视购物频道试播顺利,年销售额突破2亿元;移动电视广告收入超过1000万。太原、晋城、大同开发互动数字电视业务。

数字电视整体转换有新进展。制定新的《全省广播电视有线网络整合方案》,报省文化体制改革领导组待批;各市积极推进数字电视整体转换和网络整合,太原、阳泉、晋城完成市县一张网整合;全省有线电视用户达到385.76万,数字电视用户达到160.27万。

产业开发和经营创收有新进展。省局在全国广播影视系统率先出台《山西广播影视业振兴规划》;“南内环园区”建设省发改委已经立项,45万平方米的规划设计已得到规划局批准,土地开发已得到省政府机关事务管理局授权;“528台搬迁置换项目”已与晋中市政府达成意向。2009年全省广播影视总收入完成18.73亿元;全省广播影视经营收入完成13.76亿元。其中,省级广电经营收入完成8.04亿元,同比增长55.82%;广告收入完成4.17亿元,同比增长26.36%。

【体制机制创新发展】 推进广电体制改革。省局新制定《山西省广播电影电视局主要职责内设机构和人员编制规定》,得到省政府批准;根据省委常委会议决定和总局批复,确立管办分开后“局设台、局管台、台控企”的体制构架,初步理顺行政、事业、产业的关系,为资源重组、深化体制机制改革创造了条件;市级文化、广电、新闻出版“三局合一”改革取得重大进展,初步建立行政、事业、产业分开运作的体制格局。

完成省级电影管理体制改革。完成省级电影管理职能和电影公司成建制划转工作;增设省局电影管理处,初步建立全省电影行政管理新体制。

完成经营性单位事转企改革。省电影制片厂、省电影公司、省音像出版社、总台电视剧制作中心4个单位完成转企改制任务。全省39家电影发行放映单位转制为企业。

推进制播分离改革。省市两级在总局政策框架内,通过委托制作、联合制作、市场购买、独立制片人制试行制播分离。省台电视节目的制播分离比重达到40%,广播节目的制播分离比重达到15%,做法得到广电总局认可。

推进人事、分配制度改革。省台和太原、临汾、大同等市台进一步完善以"全员聘用制"为主的人事制度改革和以"绩效挂钩制"为主的分配制度改革,基本做到了干部能上能下、收入能高能低。省台人事、分配和总监负责制三项改革的经验受到中央文化体制改革领导组重视,并以专题简报形式印发全国。

【管理工作】 强化安全播出。进一步完善省、市、县三级广播电视安全播出调度指挥系统、应急系统、预警系统及防范措施,制定以确保安全播出为重点的防震减灾应急预案,开展为期一个月的安全播出大检查,完成各个重要保障期的安全播出任务。省无线中心微波、卫星、调频、电视、中波传输停传率创历史最好成绩,机组运行质量达到总局制定的甲级标准。

强化宣传管理。开展规范新闻采访秩序"百日整治"活动和"三项教育"活动,保证导向不出问题;开展"净化社会文化环境"工作,完善自查自纠、监听监看和社会监管责任制,停播、整改68条违规广告;抵制低俗之风工作受到总局表扬,省局在全国会议上介绍经验。

强化社会管理。完成全省节目制作、播出机构年检及各种许可证审批;开展卫星电视接收设施专项整治,出动8325人次,取缔非法销售安装窝点299个,查扣接收机5882台、天线6772面、高频头6414个,拆除非法接收设施11901座,责令4个市、县有线网停传境外卫星电视节目;建立全省互联网视听节目监管机制,制定互联网突发事件及重大事故应急预案,开展整治互联网低俗之风专项行动,查处10家非法传播视听节目的网站。总局向全国推荐转发省局监管互联网视听节目的技术标准和程序制度。

【队伍建设】 加强思想政治建设。全系统以党的基本纲领、基本理论、方针政策和科学发展观为重点,通过坚持中心组学习、个人自学、定期交流和开展"增强党性锻炼、提高党性修养"活动等多种方式加强思想政治建设,提高党员干部的党性修养和思想、理论、政策水平,增强在思想上、政治上、行动上与中央保持高度一致的自觉性。

加强组织作风建设。按照《党章》规定,进一步健全基层党组织和党的工作责任制,各级领导班子成员都能结合分工、联系实际、深入调研、指导工作。省局积极开展厉行节约工作,全年日常办公、公务用车、会议招待、能源消耗等支出平均下降了10%。省局机关在全省"三保"工作中,对口帮扶潞城棚户区改造,自筹资金60余万元,开展"一安三送"(免费安装有线电视、送彩电、送收音机、送数字电影放映设备)工作,受到了群众好评。省台《政风行风热线》和《政风行风面对面》节目受理百姓反映问题的解决率达到96.1%,各市的行风政风栏目受理问题解决率平均在85%以上,受到了社会各界好评。在2009年全省行风评议中,省局在省直社会管理部门中排名第3,受到省政府表彰。

加强党风廉政建设。省局制定《2009年党风廉政建设和反腐败工作任务分解意见》及《实施办法》,通过层层签订责任书、节假日编发廉政短信等多种方法,认真落实党风廉政建设责任制,完善有效惩治和预防腐败机制,党员领导干部廉洁自律的意识明显增强。

加强业务技能建设。组织506人参加国家采编播资格考试,200人次处级干部进行理论考试,136人次参加机务员业务等级培训,58人参加监测和供配电技术培训竞赛,150人参加了法规培训,600人参加省法律知识竞赛,提高了队伍素质。省级广电有3个集体被授予"省五一劳动奖状",2个集体被授予"省直五一劳动奖状",29名个人被授予"省五一劳动奖章"和"省一等功",1名个人荣获全国优秀新闻工作者。阳泉台被授予"省五一劳动奖状"。

【存在的差距】 一是围绕中心、紧扣重点的重头报道、深度宣传不够,引导舆论、主导舆论的水平需要进一步提升;二是品牌节目栏目偏少,频道频率的专业化、特色化水平需要进一步提升;三是电影电视剧的大片偏少,产业规模和市场化运作水平需要进一步提升;四是安全播出在查找隐患、堵塞漏洞、提升常规长效管理水平上需要进一步强化;五是存量资源的开发利用、新媒体产业的拓展、有线网络的整合需要进一步加快;六是省级管办分开、市级三局合一后,行政、事业、产业分别运作、协调运作、依法运作的格局需要进一步理顺等等。

（王　珽）

旅游　服务

旅　游

【概述】 2009年全省旅游业积极应对国际金融危机和甲型H1N1流感的冲击，采取积极措施，大力整合旅游资源，努力开拓旅游市场，不断创新旅游机制，全面提升旅游产业素质，使本省旅游经济实现稳定快速增长。1~11月，全省共接待旅游人数1779.44万人次，同比增长7.66%；全省旅游总收入累计达850.49亿元人民币，同比增长21.55%，提前14个月完成“十一五”规划总收入，达到800亿元的目标。

1.推出十大旅游措施拉动内需。为应对国际金融危机，实现国务院提出的扩内需、保增长、调结构的目标，使旅游业成为本省转型发展、安全发展、和谐发展的突破口，省旅游局出台2009年全省旅游业拉动内需十大措施。主要内容：进一步加快旅游产业进程、加大旅游基础和服务项目建设、扶持乡村旅游发展、大力开发生态度假旅游、开拓国内旅游市场、“山西人游山西”活动、创优旅游环境、刺激旅游消费、完善旅游咨询服务项目、促进京晋旅游升温、开展“旅游进社区”活动等。活动实施一年以来，全省旅游业实现平稳较快增长，旅游拉动经济综合效益明显，旅游经济逆势上扬成为山西省经济发展的亮点。

2.省政府组织实施扩大旅游消费春季行动和金秋行动。4月1日至5月31日、8月15日至10月31日，省政府先后实施扩大旅游消费春季行动和金秋行动。春季行动先后推出了旅游消费券、大宗业务奖励、部分景区半价、晋京旅游动车、旅游门票“一卡通”等5项活动。金秋行动推出红色旅游产品、农旅卡、大宗业务奖励、旅游节庆活动、“山西人游山西”等5项措施。上述措施力度大、针对性强，充分调动旅游企业的积极性，引发市场的热情，拉动旅游消费，对旅游业保持快速增长发挥重要作用。

3.进一步加大旅游管理体制改革力度。2009年，全省旅游行政管理体制改革进一步深化，省旅游局逐步减少对企业的直接管理，重点加大对全省旅行社行业的宏观管理。国际旅行社监督管理权下放至所在市旅游行政管理部门，监督国际旅行社日常管理、业务管理、导游管理、旅游安全、质量监督、投诉受理和市场检查，实行属地管理，即由旅行社所在旅游行政管理部门全权管理。三星级饭店终审权下放至地市，由各市旅游星级饭店评定委员会组织实施本辖区内三星级饭店的初评与终审，减化审批手序，提高工作效率。

4.公共信息化建设取得巨大进步。山西省积极加强旅游信息化平台建设，进一步提升旅游经营管理水平，为游客提供更加方便、快捷的服务。7月，省旅游局与山西移动公司签订旅游信息化全面合作的框架协议，并于8月8日全面启动“山西旅游数码港”

“游天下”全国百城旅游宣传周太原启动仪式　（黄　源提供）

网站、“山西旅游目的地管理营销系统”“山西旅游企业营销管理系统”的建设，使山西旅游信息平台初具雏形，初步建立全省旅游行业管理主平台，完善管理与营销系统，提升了全省旅游服务水平。9月，建立“12301”旅游信息数据库，设立企业填报、各市初审、省局终审的三级采集管理体系，并于2010年1月1日正式开通“12301”旅游热线。

【《山西旅游产业2009-2011年发展规划》审议通过】 7月，《山西省旅游产业(2009~2011年)发展规划》经省政府常务会议讨论通过，成为指导全省2009~2011年期间旅游业发展的纲领性文件，对引领本省旅游业快速发展起到积极作用。

【全省高速公路旅游交通标识实现全覆盖】 2008~2009年，使用省级旅游产业发展专项资金，省旅游局在全省高速公路上共设置460块旅游交通标识牌。截至2009年底，山西省高速公路实现旅游交通标识全覆盖，进一步完善本省旅游配套设施建设。

【晋京动车开通引发旅游热】 4月1日，太原至北京动车组开通，这为晋、京、津、冀的游客出游和新线路、新产品的推广提供良好条件，更为四地旅游业合作带来新机遇。4月6日，晋京旅游协作山西赴北京旅游专列首发式在太原火车站隆重举行，620位旅客踏上了为期3天的赴京旅程。山西方面向北京赠送200万元的山西旅游消费券，北京市也向山西游客赠送水立方、鸟巢和国家大剧院等景点的门票。

【太原市评选首批A级绿色旅行社】 依据《太原市绿色旅行社服务质量等级评定》，太原市旅游局成立评定机构，组成3个检查考核组，从11月上旬开始，对52家旅行社进行现场检查考核。此次考核将评出太原市第一批A级绿色旅行社。共分规模场所、经济指标、综合管理等3个方面近20项检查考核项目，将旅行社划分为1A、2A、3A、4A、5A五个等级，其中5A为太原市绿色旅行社的最高级别。

山西人游山西活动产品推介会　　（黄　源提供）

【赴台游开通】 1月20日，海峡两岸旅游交流协会受权公告，山西省被列为第二批赴台旅游区域，山西商务国际旅行社有限公司、大同中国国际旅行社有限责任公司、山西太行国际旅行社有限责任公司、山西皇城相府国际旅行社有限公司等4家旅行社获准经营赴台业务。12月30日，国台办宣布太原市成为赴台客运直航点，太原、台湾两地人员往来也将更为便利。本省居民赴台旅游的顺利实施，实现了两地旅游的双向往来，标志着山西省和台湾的旅游合作交流步入了一个新的阶段。

【旅游业评选活动】 由省旅游局主办，依托《旅游时代》等媒体，在全省范围开展旅游业杰出品牌、典型人物展示评选活动。此次活动按照公开、平等、择优的原则，采取组织推荐、自我推荐和公众推荐相结合的方法确定候选人和候选单位。广大群众通过寄(送)选票，发送短信和网上点击等方式进行投票，累计收到票数超过1000万张。投票结束之后，组委会组织评审团听取候选单位代表的现场陈述，进行现场无记名投票，与报纸投票、网络投票、短信投票结果加权计算后，确定每一位候选品牌和候选人的最终得票数。9月24日评选出吴彤、贺志勇、任民、刘顺平、侯廷亮、闫广、张敬忠、闫吉英、闫成荣、张焯等“山西省十大旅游功勋人物”，杨天平、王凤岗、张华、李雪梅、孔庆祥、李虎、范忠义、王辉、王涛、田卫政等“山西省十大旅游创新人物”，芦芽山风景区、太行山大峡谷自然风光旅游区、李家大院、唱享山西、山西大酒店、洪洞大槐树寻根祭祖园、雁门关、五台山风景区、金光快捷酒店、山西商务国际旅行社等“山西省十大旅游品牌企业”。

【云冈石窟周边环境整治工程】 大同市积极实施“大文化旅游战略”，开展云冈石窟周边环境综合整治工程。该工程是省委、省政府确定的2009年全省产业结构调整重点项目之一，总投资17.08亿元，其中核心景区5.6亿元。此次环境综合治理以云冈石窟为核心，围绕“绿色云冈、文化云冈、生态云冈、和谐云冈”，以云冈峪沿途景点为辅助，旨在精心打造核心景区、统筹建设沿途景点，特别突出云冈景区的历史文化旅游、生态环境旅游、民俗民风旅游和佛教修学旅游价值，将其独有的浓厚历史内涵用外在的形态展示给广大游客。

【“走进绿色山西　感受生态文明”活动】 2009年是国家旅游局确定的“生态旅游年”，山西省“以走进绿色山西,感受生态文明”为主题,在充分整合资源的基础上,推出一批别具特色的生态旅游产品。以“太行山水、黄河风光”两大经典产品为龙头,推出20条生态旅游线路、百家生态旅游景点,真正形成“春看、夏观、秋赏、冬玩”,四季不断、月月精彩的生态之旅,把三晋打造成为游览观光、避暑度假、休闲养性的理想之地,充分发挥旅游业拉动内需的综合带动功能,使旅游业成为本省产业转型发展的先导。

【新增4A级景区10处】 2009年,山西省在4A级景区评选中再创佳绩,阳城蟒河、泽州珏山、盐湖区舜帝陵、河边民俗馆、云丘山、垣曲历山、八路军纪念馆、太行龙洞、柳氏民居、右玉县等10处被评定为4A级景区。截至2009年底,全省4A级景区已达40处。其中,朔州右玉生态旅游景区是目前山西省唯一以整个县命名的国家4A级旅游景区。

【精神文明建设】 2009年,山西省旅游行业相继开展“百城万店青年文明号信用示范活动”“青年文明号优质服务月示范活动”,围绕当前旅游经济工作特点,开展青年文明号“保增长、促稳定”环境建设创建活动;开展青年文明号就业创业活动;信用建设示范活动;讲奉献、促和谐等活动。经团中央命名,全省新增3家全国文明号、2家省级文明号集体。至此,全省旅游行业共有14家全国青年文明号。

【右玉县获“中国首批魅力小城”称号】 12月7日,“发现中国·魅力小城”全国评选在浙江乌镇揭晓。朔州市右玉县从全国50多个候选城市中脱颖而出,获“中国首批魅力小城”荣誉称号。此次活动共评出18个魅力小城,右玉县作为山西省唯一的城市入选。

【第二届中国(晋中)社火节】 1月18日,第二届(中国)晋中社火节举行。本届活动以“民乐、乐民”为目的,遍及全市各区县和各旅游景区(点),近百万人参与,并荣获全国节庆最高奖——节庆中华十佳奖。经过多年打造,中国(晋中)社火节已成为国内颇具影响力的民俗活动之一,也是晋中城市形象的重要名片之一。

【太原市在全国首推旅游电子合同】

为实行旅行社电子网络化监管,太原市旅游局组织研发了旅行社网络监管软件。简称“旅游电子合同”。4月,市旅游局专门就此问题下发文件,要求旅行社开始试用“旅游电子合同”。其主要内容包括:旅游合同、旅行社委托合同、旅游汽车运输合同以及旅游汽车、导游员资料数据库、地接数据的升成统计系统等。旅游电子合同作为太原市旅游局承认的唯一合法有效的旅游合同示范文本。其实施为旅行社规范操作、科学监管提供了一个科学手段。推广使用旅游电子合同在全国尚属首次。

【太原市旅游集散中心建成】 9月28日,太原市旅游咨询集散中心举行启动仪式。该中心从3月开始运作,历经8个多月的建设,在太原火车站、迎泽大街南侧晋龙捷泰汽车公司建成占地1000平方米、内设5个咨询服务台,具有旅游信息服务、火车、飞机票预售、旅游购物等功能的市旅游咨询集散大厅。还分别在太原飞机场出入港各设立一个咨询服务台,并在20个旅游星级酒店配备旅游咨询触摸屏。至此,形成“一心、多点”的旅游咨询服务网络。太原旅游咨询服务中心是向不同类型游客提供自助游和其他散客旅游地集中服务场所,填补山西省没有旅游咨询服务的空白。

【宝健公司年度会议奖励3000人游山西】 4月14日,省旅游局在晋祠公园举行隆重仪式,盛迎宝健公司年度3000人奖励旅游团游客。这是山西省有史以来接待的最大旅游团队。会议奖励旅游是国际流行的新时尚,此次活动不仅为本省旅游产业扩内需、保增长、调结构、促民生作出了很大贡献,而且开创了山西省会议奖励旅游的先河。

【山西首家旅游高清视频观景平台落户应县木塔】 11月24日,国内最先进的全数字、高清、智能网络实时视频观景平台在国家4A级景区朔州市应县木塔安装落户,届时应县木塔将成为全省第一个全数字实时高清视频观景平台试点。该平台在木塔景区的安装运行,能够充分挖掘木塔景区不为人知的美景与魅力,吸引全球各地游客,延长游客游历行程,大大提升景区的影响力。

【2009中国·长治太行山大峡谷国际攀岩节】 8月28日至9月4日,长治市成功举办“2009中国·长治太行山大峡谷国际攀岩节”,提升长治市知名度,促进旅游业大发展。攀岩节期间,长治各主要景区(点)均呈现“井喷”现象,旅游接待人数、旅游综合收入,均刷新历史纪录。共接待国内游客90.48万人次,旅游总收入4.04亿元,比历史上最好的2008年“十一”旅游黄金周分别提高21.83%和15.7%。

【编制太行山大峡谷景区发展规划】

为把长治太行山大峡谷旅游品牌做大做强,长治市政府拨出专项资金960万元,聘请中国城市规划设计研究院,重新高标准编制长治太行山大峡谷景区发展规划。9月24日,国家旅游局、住房和城乡建设部、北京市城市规划设计研究院、北京旅游学院、中科院地理所旅游研究与规划设计中心、山西省建设厅、山西省社科院等单位组成专家评审组,对《中国长治太行山大峡谷风景旅游区总体规划》进行了评审。

【山东塔山集团投资平顺县旅游产业】 8月28日,平顺县政府与山东烟台塔山集团和山西振动集团成功签约。塔山集团拟投资5.2亿元,开发建设平顺县虹霓大峡谷和平顺大酒店(五星级),并以烟台纪念品公司为依托,成立平顺专门的研发机构及生产公司,“山水联姻”、优势互补、资源共享等优势得到进一步的显现。该项目的签约对平顺县旅游产业的发展、旅游市场的开拓具有重要作用。

2009年山西省旅游四星级以上饭店基本情况

名　称	星　级	地　址
山西国贸大饭店	☆☆☆☆☆	太原市府西街69号
万狮京华大酒店	☆☆☆☆☆	太原平阳路126号
晋祠宾馆	☆☆☆☆☆	太原晋祠路中段669号
云冈国际酒店	☆☆☆☆☆	大同大西街38号
天贵国际酒店	☆☆☆☆☆	大同市新开南路133号
金辇大酒店	☆☆☆☆☆	晋城泽州南路
金鑫大酒店	☆☆☆☆☆	运城槐东南路88号
山西大酒店	☆☆☆☆	太原新建南路5号
山西迎泽宾馆西楼	☆☆☆☆	太原迎泽大街189号
山西愉园大酒店	☆☆☆☆	太原开化寺街148号
三晋国际饭店	☆☆☆☆	太原迎泽大街30号
黄河京都大酒店	☆☆☆☆	太原平阳路17号
山西阳光大酒店	☆☆☆☆	太原北大街47号
山西晋协宾馆	☆☆☆☆	太原东缉虎营35号
世纪王朝·商务会馆	☆☆☆☆	太原长治路88号
山西滨河饭店	☆☆☆☆	太原府西街103号
月亮湾国际商务酒店	☆☆☆☆	太原市北大街107号
宏安国际酒店	☆☆☆☆	大同迎宾西路28号
京原迎宾馆	☆☆☆☆	大同拥军南路甲3号
大同宾馆	☆☆☆☆	大同迎宾西路37号
五洲大酒店	☆☆☆☆	大同迎宾西路宾西街88号
花园大饭店	☆☆☆☆	大同市大南街59号
浩海国际酒店	☆☆☆☆	大同市新建南路46号
雁北宾馆	☆☆☆☆	大同市御河北路甲1号
悦龙休闲商务酒店	☆☆☆☆	大同市操场城街5号
阳光海悦大酒店	☆☆☆☆	大同市大庆路3号
晨光国际酒店	☆☆☆☆	大同市迎宾东路68号
北冰洋大酒店	☆☆☆☆	阳泉市北大街80号
泉美国际酒店	☆☆☆☆	阳泉南大西街
鹏宇国际大酒店	☆☆☆☆	长治市长兴中路509号
财苑大厦	☆☆☆☆	长治市长兴中路305号
富景国际饭店	☆☆☆☆	晋城新市东街81号

续表

名　　称	星　级	地　　址
晋城大酒店	☆☆☆☆	晋城凤台西街 2 号
太平洋大厦	☆☆☆☆	晋城凤台西街 59 号
颐宾大酒店	☆☆☆☆	晋城前西街 58 号
晋城高都大酒店	☆☆☆☆	晋城新市东街 8 号
晋城阳光大酒店	☆☆☆☆	晋城市泽州路 76 号
棋源山庄	☆☆☆☆	陵川县棋子山风景区
万通源大酒店	☆☆☆☆	朔州市开发北路 68 号
平朔宾馆	☆☆☆☆	平朔生活区
百乐泰度假城	☆☆☆☆	介休市义安镇安泰工业区
颐景国际大酒店	☆☆☆☆	榆次区西顺城街 71 号
通宝国际酒店	☆☆☆☆	运城禹都经济技术开发区大运路北
运城宾馆	☆☆☆☆	运城市红旗东街 84 号
运城大酒店	☆☆☆☆	运城红旗东街 376 号
新耿大酒店	☆☆☆☆	河津市新耿北街
天都大酒店	☆☆☆☆	河津市振兴东路
桃源国际酒店	☆☆☆☆	运城市圣慧北路 2 号
山西邮电忻州培训中心	☆☆☆☆	顿村度假路 4 号
五台山银海山庄	☆☆☆☆	五台山台怀镇
五台山五峰宾馆	☆☆☆☆	台怀镇龙泉寺
原平市宾馆	☆☆☆☆	原平前进西街 57 号
花卉山庄	☆☆☆☆	五台山大车沟
瑞龙大酒店	☆☆☆☆	忻府区公园路
侯马华翔大酒店	☆☆☆☆	侯马市火车站南侧
唐尧大酒店	☆☆☆☆	临汾经济开发区中大街
金海湾大酒店	☆☆☆☆	临汾市向阳西路西段
吕梁国际宾馆	☆☆☆☆	离石区滨河南东路 2 号
吕梁国贸大酒店	☆☆☆☆	离石区新建沟口 43 号

【阳泉市完善旅游基础设施建设】娘子关、藏山、翠枫山是阳泉市重要的旅游景区。为了打造特色旅游、推进重点旅游项目建设步伐，阳泉市实施娘子关景区河道治理申报和临泉步行街整治改造一期工程，协调亚行资金 7700 万元，政府配套资金 7700 万元。同时全力优化投资环境，使藏山景区公路、步道硬化绿化工程和滹沱河风景带旅游项目招商引资工作稳步推进。（黄　源）

服　务

【概述】 2009 年，山西省服务业增加值为 2886.92 亿元，比 2005 年增加 1275.85 亿元，按可比价格计算，年均增速达 12.3%，比全省 GDP 增幅快 1.7%。在服务业中，十大现代服务业(交通运输仓储邮政业、信息传输和计算机软件业、金融保险业、房地产业、租赁和商务服务业、科研技术服务业、环境与公共设施管理业、文化体育和娱乐业、卫生社会保障和社会福利业、居民服务和其他服务业)实现增加值1603.1亿元，比2005年增加655.42亿元，按可比价格计算,年均增速达13%，分别高于服务业和GDP增速0.7%和2.4%，现代服务业的快速发展，服务功能的日益增强，使其在全省经济和整个服务业中的地位越来越突出。2009年全省现代服务业对GDP和第三产业的贡献分别达30%和43%。

2009年,在十大现代服务业中,交通运输、仓储、邮政业规模最大,其增加值总量为523.4亿元，其次分别为金融业（361.6亿元）、房地产业(173.3亿元)、信息传输计算机服务和软件业(170.7亿元),四大行业增加值占现代服务业比重达76.7%，高于2005年2.3%。从增长速度看:在十大现代服务业中,2006~2009年平均增速超过10%的达7个行业，其中,金融业和信息传输计算机服务和软件业平均增速分别为20.9%和14.8%,均大大超过同期GDP增速（10.6%)和整个服务业增速(12.3%)。

2009年，全省全社会投资完成5033.5亿元，其中服务业投资完成2649.5亿元，在全部服务业投资中，交通运输、仓储、邮政业、信息传输计算机服务业和软件业、金融业、房地产业、租赁和商务服务业等现代服务业分别完成投资787.4亿元、88.1亿元、1.9亿元、923.2亿元和14.3亿元，同比分别增长98.9%、28.5%、150.2%、40.7%和278.4%，除房地产业受国家宏观调控及信息传输计算机服务业和软件业增速略慢外,交通运输仓储邮政业、金融业、租赁和商务服务业增速则分别高于整个服务业38.7%、90%和218.2%。占全社会投资比重除金融业相对稳定外,其余行业分别由2005年的11.2%、1.7%、13.1%和0.1%上升为15.6%、1.8%、18.3%和0.3%。现代服务业固定资产投资的快速增长,投资规模的不断扩大,为全省服务业进一步发展打下良好的基础。

2009年，山西省城镇单位服务业从业人员达到206.1万人,比2005年增加18.7万人，年均增长2.4%,服务业从业人员占整个从业人数的比重由52%提高到53%。带动服务业从业人数增长的一个重要因素,是山西省现代服务业发展迅猛,吸纳劳动力的功能得到进一步增强。从主导行业看:2009年，山西省城镇单位中从事信息传输计算机服务和软件业、金融业、房地产业、租赁和商务服务业等现代服务业人数分别达到4.3万人、14万人、2.7万人和6.2万人,比2005年分别增加0.2万人、1.9万人、1.4万人和1.4万人，年均分别增长1.2%、3.7%、20%和6.6%,占服务业从业人员比重分别由2.1%、6.5%、0.7%和2.6%提高为2.1%、6.8%、1.3%和3%。

山西现代服务业取得了长足发展,但仍存在总体水平较低,企业规模偏小,综合竞争力不强、发展不够充分等问题,与先进地区相比仍有较大差距。服务业发展中还存在一些掣肘因素,应引起高度关注。

【《关于加快推进服务业"1+10"工程建设的意见》】 2月27日山西省人民政府办公厅转发省发展改革委《关于加快推进服务业"1+10"工程建设的意见》(以下简称《意见》)。《意见》对服务业"1+10"工程的主要内容作了明确规定,实施服务业"1+10"工程,即在全省服务业发展的18个领域选择一批重点项目,一类是"旗舰项目",每个领域选1个,另一类是"示范带动项目",每个领域选10个(其中旅游和现代物流两个重点领域选20个),18个领域的"1+10"项目总计218个。初步测算，这些项目总投资2855亿元。通过这些项目的建设,直接带动全省服务业的投资额和营业收入快速增长。各市政府是落实服务业项目建设的重点,除创造条件支持省级"1+10"工程建设外,还要侧重当地优势服务业领域,规划建设本市的"1+10"工程。使省级"1+10"工程成为带动服务业发展的先锋,市级"1+10"工程成为18个领域发展的中坚力量，为实现全省提升服务业比重、优化内部结构、协调城乡发展等服务业总体目标打下坚实基础。《意见》还对服务业"1+10"工程提出总体要求,明确政府资金支持服务业"1+10"工程的原则,以及推进服务业"1+10"工程建设的政策措施等。 （编辑部）

卫　生

【医药卫生体制改革】 2009年，山西省卫生厅广泛调研，研究制定和贯彻落实山西省医改实施方案；制定实施国家基本药物制度工作细则，确定首批实施的523个基层医疗卫生机构；制定基本药物集中招标采购实施办法，开展集中招标采购工作；新农合参合率、住院补偿比、补偿最高支付限额都达到或超过了国家要求，1118.8万参合农民获得补偿，金额达21.9亿元；积极推进基本公共卫生服务逐步均等化，全面实施9类国家基本公共卫生服务项目和6项新增国家重大公共卫生服务项目；启动晋城市高平公立医院改革试点。

【基层医疗卫生服务体系建设】 2009年，经过全省各市、县的共同努力，提前一年实现村卫生室全覆盖的目标，受到省委、省政府的充分肯定，省委书记张宝顺、省长王君先后4次作出批示。积极改善村卫生室工作条件和村医待遇，为全省每个行政村卫生室争取到5000元的医疗设备补助经费，将村医补助标准由每月60元提高到400元以上；加大县乡医疗卫生机构建设力度，各级财政共投入12.9亿元，新建、改扩建县、乡医疗卫生机构640所，为1201所乡镇卫生院增添设备，为445所中心卫生院装备急救转诊车。全省共建成社区卫生服务机构760个。新创建20个示范社区卫生服务机构，积极探索公立医院与社区卫生服务机构分工协作机制，卫生部在太原召开了全国现场研讨会。

【甲型H1N1流感防控等公共卫生工作】 2009年，面对席卷全球的甲型H1N1流感疫情，省卫生厅按照省委、省政府的工作部署，坚持依法防控、科学应对，有效控制了疫情蔓延，减少了疫情危害，卫生部对山西省防控工作给予充分肯定。成功治愈山西省首例全国年龄最小的人禽流感患儿。及时有效地组织屯兰煤矿事故医疗救援工作，114名伤员全部治愈，受到国务院副总理张德江的充分肯定。积极推进健康教育与促进工程，深入开展城乡环境卫生清洁工程，全国爱卫会、卫生部和联合国儿童基金会在山西省长治市召开全国农村环境卫生整洁行动现场研讨会。

【医院内涵建设】 2009年，山西省卫生系统启动实施医院内涵建设工程，成立多专业学科的医疗质量控制中心，制定相关专业质量安全管理规范；认真开展医疗质量万里行和创建平安医院等活动，受到卫生部督导组的充分肯定；加强重点学科建设和科教工作，积极开展对外交流合作，先后邀请160余位医学专家来晋讲学。启动实施人才强卫工程，加强人才队伍建设，评选首批40名山西名医、3名优秀院长、2名优秀院党委书记。中医药“三名三进”工程扎实推进。

【食品药品监管和卫生监督执法】 2009年，认真学习贯彻《食品安全法》，积极推进食品药品监管体制改革，顺利完成省级机构改革任务，卫生部部长陈竺在全国食品安全与卫生监督工作会议上，把山西省的做法称为“山西模式”给予肯定；组织开展餐饮业食品安全、打击违法添加非食用物质和滥用食品添加剂专项整治行动，加强药品监管，保障食品、药品安全；加大打击无证行医和非法采供血力度，取缔无证行医1115户；建立乡镇卫生监督站1049个，卫生监督能力建设进一步加强。

【山西大医院建设工程】 6月25日山西大医院奠基开工，到12月底，主体工程基本完成，建成近4万平方米地下建筑，共完成投资2.2亿元，提前20天完成年度任务，经质检部门检测，工程达到优质标准。在2009年12月份省重点办组织的年度考评中，山西大医院在“十大重点工程”中综合考评并列第一。

【党风廉政建设和医德医风建设】 2009年，全省卫生系统加强惩防体系建设，探索建立卫生行政权力运行监控机制，开展“小金库”专项治理工作。认真指导基层医疗卫生单位开展深入学习实践科学发展观活动。启动实施医德医风建设工程，制定《医务人员执业行为守则》，开展医德考评和纠风专项治理工作，对98所二、三级医院进行明察暗访。机关效能建设进一步加强，老干部、卫生法制、综合治理等工作取得新成绩，厅机关晋升为“省级文明和谐单位”，荣获省文明委“精神文明特别贡献奖”。

（朱哲文）

医药行业

【《山西省医药产业调整振兴实施方案》起草和论证】 为加快结构调整，实现产业升级，推进山西省医药行业调整和振兴，培育形成山西省新型支柱产业，省经信委组织《山西省医药产业调整振兴实施方案》的起草制定工作。并于3月组织省内医药龙头企业以及政府相关部门负责人召开座谈会。该方案对山西省医药行业的振兴从行业现状进行客观准确的分析，明确指导思想和发展目标、发展重点，并提出切实可行的政策措施。

【落实基本药物制度】 8月18日，《国家基本药物目录（基层医疗卫生机构配置使用部分）》（2009版）正式公布，卫生部要求从9月21日起施行。建立国家基本药物制度是医改的重点，也是难点。三年内全面实行国家基本药物制度将对现行体制和利益格局产生深刻的调整。山西省贯彻相关政策，实行药品集中招标采购、统一配送和零差率销售，截至2009年底，共有37个县市、523个基层医疗卫生机构建立起新的制度，完成国家2009年底2010年初要在30%基层医疗卫生机构建立新的基本药物制度的要求。

【全省药品经营企业大换证】 9月1日起，山西省食品药品监督管理局决定为省内药品批发企业、药品零售连锁企业和药品零售企业换发“药品经营许可证”。此次换证涉及的企业必须是此前已取得“药品经营许可证”的企业，且无挂靠经营、过票行为，无出租、出借、转让“药品经营许可证”的行为。

【药品安全专项整治】 10月，山西省食品药品监督管理局结合实际，制定印发《山西省药品安全专项整治工作实施方案》，统一部署，开展药品安全专项整治工作。药品安全专项整治任务涉及药品注册环节、药品生产环节、药品流通环节、医疗器械环节等四个方面。为加强组织领导，责任落实到位，专门成立山西省药品安全专项整治工作领导小组，各市、县局成立相应机构，开展为期两年的专项整治，建立健全药品安全责任体系，集中解决药品研制、生产、流通、使用等环节中影响质量安全的突出问题，严厉打击生产销售假药行为。

【基本医疗保险、工伤保险和生育保险药品目录调整】 11月30日，国家人力资源和社会保障部发布《关于印发国家基本医疗保险、工伤保险和生育保险药品目录（2009年版）的通知》，新版目录包括2151个西药和中成药品种。12月，山西省人力资源和社会保障厅下发关于执行使用《国家基本医疗保险、工伤保险和生育保险药品目录（2009年版）》甲类药品的通知，同时制定《山西省人力资源和社会保障厅向社会公示山西省基本医疗保险、工伤保险和生育保险乙类药品目录调整工作方案（征求意见稿）》，制定总体思路、基本原则以及调整范围，成立由省人力资源社会保障厅牵头，由省发改委、经信委、监察厅、民政厅、财政厅、卫生厅、物价局、食品药品监督管理局等部门负责同志组成的“乙类药品目录调整领导小组”，负责协调调整工作中有关重大事宜。

【“晋药战略”网站开通】 12月21日“晋药战略”网站在国际互联网上成功开通，网址：www.jyzl.org.cn。该网站由山西省食品药品监督管理局主办，山西省药品审评中心承办。其目的着力于打造“晋药品牌”，提升社会对企业的认知度、对产品的信任度，建成连接企业间合作交流的纽带，方便公众及时检索山西省医药企业和产品的相关信息。网站设企业信息、产品信息、晋药论坛、审评信息、应急机制、监督信息、寻医问药、政务信息、组织机构、政策法规、热点专栏等11个模块和30余个栏目，收录山西省经注册合法的130余家药品生产企业（制氧企业除外）、具有批准文号的7000余个品种的图片、文字信息（后期建设中还将收录山西省医疗器械、保健食品、化妆品生产企业及产品的信息），是山西省医药行业涵盖信息量最大、涉及范围最广、影响力最强的网站之一。

【亚宝药业谋发展】 亚宝药业集团股份有限公司投资3.5亿元，按照美国FDA要求，在风陵渡亚宝工业园和北京亚宝生物制药公司分别建设年可生产片剂60亿片和胶囊剂10亿粒、年出口额达1亿多美元且具有国际先进技术的缓控释制剂及生物制剂cGMP基地，生产的产品主要是瞄准欧美等发达国家市场。两大项目主体工程已完成，设备安装完毕，并从外资制药企业招聘10多名骨干人员进行认证的软件编制。

【山西振东制药公司获殊荣】 12月，国家科技部在广州召开“中药现代化科技产业基地第四次工作会暨基地建设十年总结大会”。山西振东制药股份有限公司荣获国家科技部“中药现代化科技产业基地建设十周年优秀单位”荣誉称号，公司总裁李安平荣获“中药现代化科技产业基地建设十周年先进个人”称号，是山西唯一获此殊荣的单位和个人。近年来，振东制药与中国中医科学院中药研究所、中国中医科学院广安门医院、山西省中医药研究院等科研机构开展各类技术合作，承担国家科技部、卫生部科技重大专项之“超五亿元岩舒大品种改造”项目，完成两万亩苦参中药材种植基地建设项目，实施复方苦参注射液高技术产业化项目。在中药制剂生产中采用在线监测和自动化控制，确保产品质量均一、稳定可控，提升中药产业化水平，有力地促进中药现代产业化基地建设。

【山西中药注射剂产业技术联盟】 12月28日，山西省中药注射剂产业技术联盟成立。该联盟由省经信委和省企业技术创新促进会组织指导，宗旨是扩大省内中药注射剂生产企业的技术合作与交流,研究中药注射剂产业面临的形势和存在的问题,解决中药注射剂生产中的关键共性技术难题,提高山西省中药注射剂的质量,为山西省中药产业发展发挥积极的促进作用。亚宝药业集团股份有限公司董事长任武贤任联盟理事长。

(张晓蕾)

体 育

【概述】 2009年是第十一届全国运动会的举办年,全省体育部门以科学发展观为统领,在省委、省政府的领导下,全面推进山西体育事业又好又快发展,不断加强自身建设和廉政建设,较好地完成了省政府目标责任制确定的各项工作任务。

1.圆满完成第十一届全运会参赛任务目标。第十一届全运会山西代表团共获得金牌9枚、银牌7枚、铜牌12枚及4个第四名、8个第五名、10个第六名、8个第七名、6个第八名,奖牌总数28枚,总分567分,奖牌数和总分数均超过上届全运会,在全国46个代表团中,金牌和奖牌排位均为第17位,总分排位第18位。去除北京奥运会带入因素,本届全运会山西省金牌9枚排第13位,奖牌24枚排第15位,总分525分排第18位。并荣获体育道德风尚奖,圆满完成"两个确保"(确保金牌数、奖牌数、总分数有一项超过上届全运会,确保不出现任何赛风赛纪和兴奋剂问题)任务目标。

2.积极承办国际国内高水平体育赛事。圆满完成女子摔跤世界杯、第十一届全运会古典式摔跤预赛、全国小轮车锦标赛、全国蹦床锦标赛、华北区射箭邀请赛、CBA男子篮球职业联赛、中国乒乓球俱乐部超级联赛等一系列国际国内大赛,极大提高了本省大型体育赛事组织管理能力,有力促进了山西竞技体育整体实力的提高。

3.积极探索北京奥运会后全民健身活动长效机制,努力为广大群众提供优质的健身服务。举办山西省体育

2009年8月23日,第十一届全运会火炬在太原传递

(李俊温提供)

"三下乡"、全省第三届农民篮球赛、全省"健身大拜年"系列活动、全省社区运动会、山西省青少年象棋、围棋、国际象棋、足球、篮球、排球、门球、乒乓球、游泳、武术、健身操锦标赛等全省性群众体育赛事和活动;特别是为迎接国务院批准设立的全国首个"全民健身日"和庆祝建国60周年而举办的全民健身系列活动,历时近6个月,全省联动,群体活动层出不穷、精彩纷呈;连续多年举办的元旦、春节登山、长跑、冬泳、秧歌、篮球、棋牌等系列赛事,内容丰富、形式多样,2009年全省参与群体活动人数达到230万人次。

4. 以农民体育健身工程为重点,继续推进场地设施建设。2009年建成农民体育健身工程6056个,全民健身路径95条。屯留县全民健身活动中心获得国家体育总局命名资助,万荣、神池、交城获国家体育总局批准成为2009年中国体育彩票"雪炭工程"受援单位。

5.继续推进传统项目学校、先进体育社区、青少年体育俱乐部创建工作。2009年新创建国家级体育传统项目学校2所、体育先进社区2个、青少年体育俱乐部8所,创建省级体育传统项目学校50所、体育先进社区11个。研究出台《山西省三级社会体育指导员培训三年规划》并着手实施。第十一届全运会期间,全省有70个先进集体、60名先进个人、3个农民体育健身工程先进县和2所青少年体育俱乐部受到国家体育总局表彰。组队参加全国群众体育赛事和活动,取得较好成绩。组队参加全国首届智力运动会,取得1金23分,在51个代表队中金牌和总分排位均位列第14位;与省教育厅组队参加全国中学生运动会,取得2银、2铜,总分107分,团体总分列13名;组队参加全国第二届山地运动会,获得1金、1铜、1个第六名。

6.体育产业积极推进。成立山西省体育产业协会,加强体育彩票销售工作,年内完成增机450余台,实现全省各县市区体彩网点全覆盖,全年体育彩票实现销售额8.07亿元。省体育局所属航空运动学校完成人工增雨、抗旱救灾、火情勘察、西气东输、南北同蒲铁路选线、高压输电线航摄、张家口至唐山航测等飞行任务1000余小时,取得了明显的经济效益和社会效益。

【山西体育十大新闻】 1.10月16~28日,山西代表团180多名体育健儿参加第十一届全国运动会16个大项110余个小项的决赛,获得9金7银12铜、567分,奖牌数、总分数均超过上届全运会,并荣获体育道德风尚奖。

2.山西体育中心工程项目主体育场、主体育馆、游泳跳水馆、自行车馆、综合训练馆等主体工程于年内封顶。

3. 山西体育产业取得可喜进展：CBA 山西中宇队获得汾酒集团赞助；第十一届全运会山西代表团获得康威集团 100 余万元运动装备赞助。

4.山西省体育局领导慰问组一行于第十一届全运会结束后，冒风雪驱车千里专程赴全运冠军家中慰问，在全国首开“情感之旅”。

5.山西省体育彩票全年销售 8.07 亿元，超额完成了原定 6.5 亿元的基本销售任务。并在“泳坛夺金”玩法中，创单机销售全国第一。

6.新增农村体育场地 6056 块，农村体育场地建设覆盖面达到全省行政村的 67.7%。全省农村体育看点增多，相继成功举办全国农民健身秧歌邀请赛、中国 CBO 小康村篮球赛。

7.8 月 8 日，全国首个“全民健身日”山西主会场活动在太原滨河体育中心启动，会上进行了全民健身展示和万人健步行活动。全省各市联动，先后有 200 多万人次参加。

8.第一届全国智力运动会山西代表团 78 人参加了 5 个大项 30 个小项的比赛，取得 1 金 23 分佳绩。

9. 山西运动员袁晓超获得第八届世界运动会男子长拳冠军；董栋摘得蹦床世界杯德国站男子网上个人金牌；董栋和涂潇夺得第 26 届世界蹦床锦标赛男子网上团体和个人两项冠军。

10.山西省航空体育产业为全省经济建设作出贡献。全年完成人工增雨、抗旱救灾等飞行任务 1000 余小时，并出色完成国庆 60 周年消云减雨任务，8 人受到省委、省政府立功表彰。

【十佳运动员】 常永祥（古典式摔跤）、董栋（蹦床）、梁磊（自由式摔跤）、祝珊珊（射箭）、李翔宇（田径）、王丽静（柔道）、王重阳（自行车）、袁晓超（武术）、陈占国（自由式摔跤）、郑义（跆拳道）。

【十佳教练员】 高二伟（摔跤）、崔补和（摔跤）、王友群（射箭）、蔡光亮（蹦床）、谢学红（沙滩排球）、王建明（摔跤）、刘斌（跆拳道）、庞林太（武术）、卜帮民（乒乓球）、岳安元（自行车）。

【全省健身迎新年】 1 月 1 日，全省各市举办丰富多彩的全民健身活动，广大群众以参加体育活动、快乐健身的方式共同迎接新年的到来。省城新年群众登高健身活动在太原二龙山举行。副省长张平、省政协副主席周然、省政府副秘书长郭慧民、省体育局局长苏亚君等出席仪式。省市体育部门干部职工、中北大学学生代表等 2000 余人及登山爱好者登高健身。活动由山西省体育局、太原市人民政府主办，太原市体育局承办。

【体育网站浏览量破百万大关】 1 月 19 日，山西省体育局官方网站浏览总量突破百万大关。2004 年，山西省体育局官方网站正式开通。该网站先后与国家体育总局官方网站、省政府网站、体总网等政府和国内知名网站成功链接。2009 年 1 月 1 日网站改版。6 月 26 日，门户网站点击量突破 200 万大关。

【两学校入选国家级体育传统项目学校】 1 月，国家体育总局办公厅和教育部办公厅联合下发《关于命名 100 所国家级体育传统项目学校的决定》（体群字［2009］7 号），大同机车中学和临汾三中位列其中。

【全省体育局局长会议】 2 月 6 日，全省体育局局长会议在太原召开。副省长张平到会并讲话。会议主题是：传达贯彻全国体育局长会议精神，回顾总结 2008 年工作，安排部署 2009 年任务，进一步动员全省体育部门干部群众以科学发展观为统领，以打好第十一届全运会为中心任务，统一思想，勤勉尽职，在新的、更高的起点上开创全省体育工作新局面。张平强调：一是扎实细致做好第十一届全运会备战参赛工作，力争运动成绩和精神文明双丰收，是体育工作的首要任务。二是体育工作必须适应新的经济和社会条件，按照胡锦涛总书记“9·29”讲话中提出的“要继续推进体育改革创新”的要求，从根本上解决影响体育事业发展的突出问题为重点，努力推动体制创新、制度创新、理论创新、科技创新，不断增强体育发展活力，提高发展质量。三是充分发挥体育的功能和作用，为构建社会主义和谐社会服务。全省体育部门要积极落实省委、省政府作出的保增长、扩内需、调结构、重民生的一系列决策，继续大力推进全民健身活动，提高竞技体育水平，加强体育产业发展，为扩大内需、调整结构、产业升级作出更大贡献。

【女子摔跤世界杯】 2009 年女子摔跤世界杯比赛于 3 月 21 日在太原滨河体育中心开幕。国际摔跤联合会主席拉费·马丁内迪，国际摔跤联合会副主席马里奥·萨勒特尼格、福田富昭，国际摔跤联合会执委金义忠、金昌奎，副省长张平，省政府副秘书长郭慧民，太原市市长张兵生，省体育局副局长杨凤楼等出席开幕式。比赛于 22 日结束，中国队先后战胜日本队、美国队、白俄罗斯队和加拿大队，获得冠军。

【山西体育中心工程开工】 3 月 27 日，山西体育中心工程建设开工奠基仪式在省城举行。省委副书记、省长王君，省委常委、太原市委书记申维辰，省委常委、副省长李小鹏，副省长张平等出席仪式并为工程奠基。王君等省领导观看了山西体育中心展板，要求坚持百年大计质量第一，坚持对人民和历史负责，尊重建设规律、科学安排进度，加强质量监理，精心组织、设计、施工，将工程建设成精品工程、样板工程、放心工程。出席仪式的各位领导与本省北京奥运会参赛运动员梁磊、“武术王子”原文庆、老群体工作者景永魁共同为工程奠基。山西体育中心总占地面积 82.57 公顷，总投资为 16 亿元，包括 60000 座主体育场、8000 座主体育馆、3000 座游泳跳水馆、1500 座自行车馆和综合训练馆等。

【女柔世界杯赛山西创佳绩】 6 月 7 日结束的 2009 年女子柔道世界杯赛葡萄牙站比赛中，山西省女子柔道队代表中国参赛并获得佳绩。+78KG 选手薛源先后战胜奥地利、西班牙选手获得铜牌，创造了山西省女柔选手参加世界比赛历史最佳战绩;-78KG选手刘美璐获得第五名。

【中国小康村篮球赛】 6月14日,中国CBO小康村篮球赛启动仪式暨华北赛在山西省屯留县体育馆开赛。启动仪式有当地特色的文体表演、首届新农村乡村文化体育发展与农民健身论文颁奖仪式、百村赛场互动和首场中国CBO小康村篮球赛华北赛等活动。中国CBO小康村篮球赛是由中国合作经济学会农村社区小康建设委员会联合湖南省韶山村、山西省大寨村等100个全国知名小康村共同发起的,每年一届。本届比赛于14~19日在屯留县进行。山西燕家河村队、古群村队,内蒙古乌兰木伦村队、建昌营村队,河北小邢村队、保定南白楼村队、辛集村队及河南朱家寨村队等8支队伍100余名运动员参赛。

【喜庆"全民健身日"】 8月8日,庆祝全国"全民健身日"启动仪式山西主会场暨省城万人健步行活动在太原市滨河体育中心举行。省委常委、宣传部部长胡苏平,副省长张平,省政协副主席令政策及太原市有关领导出席仪式。省、市部分机关、企事业单位的干部职工、火炬手代表及省市新闻媒体记者逾万人参加仪式。1000名省市太极拳协会会员表演二十四式太极拳,太原市老年体协表演千人柔力、健身球,省体育局等单位展示了千人广播操。参加全民健身展示的万人队伍从滨河体育中心广场出发,绕望景路、滨河西路,最后返回省博物院,全程约1.5公里。沿途腰鼓、秧歌等健身表演与行进队伍交相辉映。山西庆祝"全民健身日"活动以太原为主会场,各市设分会场,全省联动,总体庆祝活动从8月8日始延续到十一运会开幕前,时间跨度达100余天,参与人数50万人之多。

【第十一届全运会山西体育代表团成立】 8月28日,第十一届全运会山西体育代表团出征誓师大会在太原隆重召开。省委书记、省人大常委会主任张宝顺,省委副书记、省长王君,省人大常委会常务副主任杨安和,副省长张平,省政协副主席令政策等出席大会。王君代表省委、省政府对代表团成立表示热烈祝贺,向代表团全体运动员、教练员和工作人员表示亲切慰问。他说,山西体育代表团代表着山西的形象、代表着山西体育的形象,要恪守体育道德、遵守比赛规则,尊重裁判、尊重对手、尊重观众,赛出风格、赛出水平、赛出友谊,以精湛的竞技水平、良好的精神风貌,夺得运动成绩和精神文明双丰收。张宝顺向代表团副团长苏亚君授团旗。山西体育代表团任务目标是"两个确保",即:确保金牌数、奖牌数、总分数三项指标有一项超越上届全运会,确保不出现任何赛风赛纪和兴奋剂问题。山西共派出290多名运动员参加18个大项、143个小项的预赛,获得奖牌20枚,总分480分,180人在摔跤、柔道、跆拳道、射击、射箭、自行车、田径、举重、体操等16个大项114个小项上获得决赛资格。

【十一运会集邮展山西创历史最好成绩】 10月21日,"佳能杯"第十一届全运会体育集邮展览评选结果在山东省博物馆揭晓。由山西省体育集邮协会选送的朱江的《奥林匹克百年》荣获专题类金奖、蒋军民的《赛跑》获得开放类一等奖,创本次展览最好成绩和山西参加全国体育集邮展览历史最好成绩。此次展览有全国21个省、市、区和香港特别行政区的74部集邮展品、共300标准展框参展。

【十一运会摄影展山西两作品获奖】 10月21日,"佳能杯"第十一届全运会体育摄影展在山东省博物馆结束。山西李俊温的《喜极金陵》《女子跤的较量》两幅作品分获佳作奖和入选奖。参加体育摄影展的398件作品是从来自全国各省、区、市千余名作者创作的7000多幅作品中评选出来的。

【山西获全国老年体育健身大会51枚奖牌】 10月26日,第一届全国老年人体育健身大会在浙江桐庐闭幕。山西代表团共取得金奖13个、银奖21个、铜奖17个。本届大会先后在全国9个城市进行10个项目的交流比赛。山西代表团由省体育局、老龄办和老年人体育协会共同组成,包括10支代表队165名运动员,参加全部项目的交流比赛活动,共获得奖牌51枚。省老年人体育协会被国家体育总局等主办单位授予最佳组织奖,门球、网球、太极拳剑代表队荣获最佳组织奖,健身气功、乒乓球、气排球代表队荣获体育道德风尚奖。

【表彰全运会功臣】 11月18日,山西省参加第十一届全运会总结表彰大会在太原召开。省委副书记、省长王君,省委副书记、省政协主席薛延忠,省人大常委会常务副主任杨安和,副省长张平等领导出席大会并颁奖。省体育局局长苏亚君汇报参加第十一届全运会备战参赛情况。运动员代表董栋、教练员代表崔补和分别发言。大会上,男子自由式摔跤队等3个运动队获"山西省五一劳动奖状",省摔柔中心等18个集体被授予集体一、二等功,常永祥等10人被授予"山西省五一劳动奖章",张品琴等63人分别记个人一、二等功。男子自由式摔跤队等8个集体获"山西青年五四特别奖状",梁磊等28人获"山西青年五四特别奖章";省女子射箭队等7个集体获"三八红旗集体"、王丽静等12人获"三八红旗手"荣誉称号。

【开通全国首家全民健身网】 12月30日,山西全民健身网开通仪式在省体育局举行。山西全民健身网是在全国首次以省"全民健身网"命名的网站,服务领域涵盖全省11个市119个县,主要功能为服务平台、工作平台、宣传平台。 (李俊温)

孝义供电支公司

——范益先进事迹

经理：范益

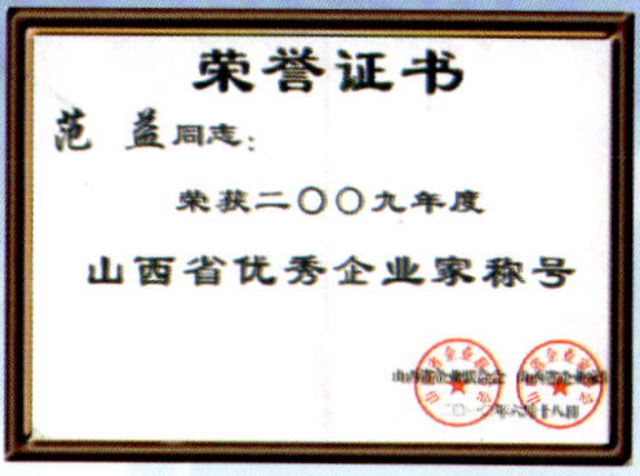

荣誉证书

范益同志：

荣获二〇〇九年度

山西省优秀企业家称号

孝义供电支公司党总支书记、经理范益，1985年参加工作，2007年任孝义供电支公司经理，2009年兼任孝义供电支公司党总支书记。

多年来，他以“努力超越，追求卓越”的精神，兢兢业业，开拓进取，攻艰克难，为孝义地方经济的发展作出了重要贡献。2009年，公司完成供电量65238.49万千瓦时；完成售电量59700.52万千瓦时；售电均价完成528.60元/千度；高压线损率完成6.39%，低压线损率完成9.95%，综合线损率完成5.84%，综合电压合格率达97.86%，供电可靠率RS~3达99.558%。电费回收完成100%，多年来，未发生过任何考核事故。多年来，他怀着高度的政治责任感，解放思想，转变观念，坚持贯彻孝义市委、市政府和分公司的决策部署，紧紧围绕“保增长、保民生、保稳定”的工作大局，狠抓落实企业的各项工作，全力加强和谐执行力度，努力打造国网公司品牌形象。他用心智和汗水，努力探索实践，取得了骄人的成绩，荣获了一个又一个荣誉称号。先后被授予吕梁地区纠风办“行风建设先进个人”、吕梁供电分公司“优秀共产党员”、省工会“五一劳动奖”、吕梁供电分公司“先进工作者”；公司也被山西省命名表彰为“文明单位”、“五一劳动奖”，被国网公司命名表彰为“文明单位”，被山西省电力公司命名表彰为“迎祖国六十华诞、展供电服务风采”先进集体，多次被吕梁供电分公司命名表彰为“先进单位”。还先后荣获了孝义市委、市政府推动经济转型先进单位奖、服务地方发展奖、下乡扶贫开发先进单位、扶持农业产业化发展先进单位，人口计生目标责任制考核先进单位等荣誉。

国新能源发展集团岢岚煤运公司

——張春生先進事迹

董事长：张春生

张春生，42岁，山西岢岚县吴家庄村人，山西省人大代表，山西省特级劳模，优秀复退军人，山西省优秀企业家，现任山西国新能源发展集团岢岚煤炭运销有限公司董事长。

岢岚煤炭运销有限公司是山西省人民政府批准的晋煤外运企业，为山西国新能源发展集团有限公司控股企业。公司注册资本504万元，员工300余人，拥有铁路运输货场1050米，年发运量300万吨的发运储煤场一座，年选煤100万吨的选煤厂一座，年入洗 180 万吨的现代化数控洗煤厂一座。公司现已发展成为资产总值2.82亿元，年上缴税金1594.76万元，集完整的铁路、公路运输、选煤、洗煤等煤产品的开发、加工、销售为一体的明星企业和支柱产业。目前，一座注册资金5000万元，年发运煤炭1000万吨一站两线的铁路专用站台（山西昊东煤炭集运有限公司）正在建设当中。2011年可实现运营，预计营业额将超过10亿元，利税超过亿元，并可安置400人就业。

致富后的张春生十分注重回馈社会、回报父老乡亲。2007年开始，他先后投资4624万元，把吴家庄村打造成一个现代化新农村。建起 72 套户均建筑面积119平米、配套地暖，具有防震功能的欧式民宅，无偿分给每户村民一套入住。并且规划建设了包括学校、超市、卫生所、农民培训中心、计生服务室、两委办公室和文体广场、文化活动中心等公共设施。对新农村周边山头、村街巷道、空闲地带种草1080平方米，种树4000多株，建起了1000米的景观带，修通了通村柏油路 500米,总绿化面积8000平方米。建起4000平方米50座日光温室蔬菜大棚及配套设施，分配给每户村民一个大棚种植蔬菜，建起占地面积15亩的15套高标准舍饲养殖小区，同时注册了“农民养殖合作社”“阳光蔬菜合作社”“无公害蔬菜”商标，使农副产品走出了山庄窝铺进入了高档超市。按照“标准化、产业化、区域化”要求，采取“合作社＋农户”的生产方式，实行“统一农资采购、统一技术指导、统一渠道销售、统一市场价格、统一售后服务”。仅蔬菜大棚一项，全村年总收入125万元，户均 1.9 万元。2009年吴家庄村人均纯收入由原来的1200元，提高到7676元，农民人均纯收入排名全市第一。

他深深懂得脱贫致富要把治标和治本结合起来，以治本为主。他不仅帮助贫困户通过发展生产解决生活困难，更重要的是帮助村民从根本上摆脱贫困，走勤劳致富的道路。在继续扶持村民发展生产的同时，投入更大力量实行经济开发。今年，新增投资 500 万元在吴家庄建设占地面积1500平方米，建筑面积 550 平方米的小杂粮生产基地、蔬菜恒温保鲜库。又投资2350万元，兴建吴家庄农民接待中心，总占地面积3500平方米，建筑面积3363.24平方米，该接待中心于2011年将全面建成且正式对外运营。接待中心与吴家庄新农村的自然风光、人文景观融为一体，构成自然、宁静、优雅集现代农业观光、度假旅游、会议培训为一体的功能齐全的旅游接待中心。一个文明富裕，绿树成荫，瓜果飘香的“晋西北第一村”即将展示在世人面前。

作为成功人士的张春生始终保持着“普通一兵”的光荣本色。与张春生接触，总能感受到平易近人、如沐春风的亲和力。吴家庄的乡亲们都搬进了豪华的小洋房，而他和家人至今还住着简易的彩钢房。他一次次慷慨解囊救助他人，而自己的办公室竟那样的简朴无华。四川汶川、舟曲灾区，踊跃捐款达 6 万元；支持助建大涧乡卫生院10万元；捐款 5 万元为贫困村民和白血病学生治病；每年正月十五闹元宵积极捐款，累计捐款达100万元。2008年他参加山西省人大第 11 届会议，提出：加开大同至岢岚旅客列车议案，解决了城际间学子往返不便的困扰。不胜枚举的事例，透射出张春生金子般纯洁高尚的赤子之心。

张春生曾被忻州市委、市政府评为“农村改革30年十大功勋杰出农民企业家”。2007年当选为山西省第十一届人大代表。2008年被忻州市委、市政府评为“优秀复转军人”。2010年被忻州市委、市政府评为“新农村建设十大功勋”，山西省委、省政府评为“山西省新农村建设带头人”。2009年被评为“山西省特级劳动模范”“山西省优秀企业家”“山西民主法制建设十项业绩暨感动山西的人大代表”。2010年被评为“山西好人”。

山西焦煤汾西矿业（集团）有限责任公司
——贾进锋先进事迹

公司财务处长：贾进锋

贾进锋，男，50岁，中共党员，高级会计师，现任山西焦煤汾西矿业（集团）有限责任公司财务处处长。2007～2010年，贾进锋先后荣获山西省财会先进工作者、五一劳动奖章、劳动模范、第一届十佳财务部门负责人等多项荣誉称号。

贾进锋从2007年担任汾西矿业集团公司财务处处长以来，一手抓财务管理，一手抓人才培养，齐头并进，创造性开展财务管理与会计核算工作，使公司各项财务工作走在了全省前列。他坚持不懈开展会计信息质量检查，不断提升会计基础工作水平。每年组织开展两次会计信息质量检查，建立了会计质量标准化长效机制；编写下发了《汾西矿业集团公司财务管理制度》《建设项目财务管理与会计核算办法》，针对资源整合财务管理工作下发了《汾西矿业集团公司在资源整合单位实行会计核算中心管理办法(试行)》《汾西矿业集团公司在资源整合单位实行委派财务负责人管理办法(试行)》等一系列财务管理制度，使企业经营工作、内控制度得到有效控制和加强；推行全面预算管理，使全面预算理念深入人心，取得预期效果。2009年实现利润 8 亿元，实现利税总额32亿元；组织制订了一系列资金管理措施，加强资金预算管理和大额资金使用会审制度。实行保压相互结合，控制非生产性投资和消费，压减无效益和投资回报率低的项目。另外，他高度重视提高职工素质，连续五年举办会计电算化应用技能大赛，极大地促进了员工整体素质的提高。在2007年、2009年山西省会计电算化应用技能大赛中，公司代表队取得了团体、单项优异成绩，提高了企业的知名度，得到了省财政厅领导的高度评价。为进一步提高全公司会计核算与财务管理水平，他组织全公司财会人员开展了会计核算与财务管理征文活动，并筛选出优秀论文，在国家财经类期刊以专刊的形式刊登，该专刊的出版，走在了全省兄弟单位的前列。

山西焦煤汾西矿业（集团）有限责任公司

——李镇汾先进事迹

公司副总会计师：李镇汾

李镇汾，男，55岁，中共党员，高级会计师、注册会计师，现任山西焦煤汾西矿业（集团）有限责任公司副总会计师。2006～2010年，李镇汾先后两次荣获汾西矿业集团公司劳动模范称号，山西省第三届十佳总会计师荣誉称号。

李镇汾自担任汾西矿业集团公司副总会计师以来，全力协助总会计师开展工作，以国家经济政策和法律法规为准则，以企业发展壮大为己任，以提高企业经济运行质量为重点，大力推行精细化管理与创新，公司近几年保持了良好的经营业绩。他根据企业经营方案和长远奋斗目标，注重走发展速度快、经济效益好、资源消耗低、环境污染少的新型工业化道路，积极调整产品结构，把精煤当作事业来抓，大力进行原煤的洗选加工，增加产品附加值，煤炭产品结构实现了由量变到质变的突破性跨越；推行全面预算管理，协调和优化配置企业资源，改善物流和资金流，最终达到提高经营质量的目的；与总会计师一道充分利用国家各种优惠政策，实施了三次大的资本运营，使汾西矿业实现了跨越式发展，实现经济效益的最大化；在资金管理上，严格规范投资论证和决策程序，防范和减少项目投资损失，总量控制企业专项资金不超支；与总会计师一道组织全公司开展“双增双节”活动。2009年全年“双增双节”共完成14.12亿元，2010年“双增双节”项目共计53项，增收节支目标15.16亿元；作为公司资源整合资产评估评审委员会主任，严格把好资产评估中介机构选聘关，把好资产评估清查范围关，把好资产评估资产核实关，做到确保国有资产不流失，做到确保资源整合的顺利推进。

中共临汾市委书记谢海在市发改委调研

中共临汾市委副书记、市长罗清宇在市发改委调研

临汾市发展和改革委员会

临汾市发展和改革委员会作为市政府主要组成部门，负责研究拟定全市经济和社会发展政策，进行总量平衡，结构调整，指导区域经济体制改革。近年来，市发改委在市委、市政府的正确领导下，紧紧围绕全市的发展战略，明确任务，分解责任，团结一心，狠抓落实，为促进全市转型发展、跨越发展作出了积极贡献。

临汾市发改委党组会议

狠抓项目建设，加快转型发展

2010年，按照市政府的部署筛选确定了216个项目作为全市政府重点监测项目，总投资1004亿元，当年计划投资387亿元；加强项目动态管理，确保工程实施、项目落地；积极争取国省投资，强化基础设施建设、经济结构调整、社会事业发展和民生改善。2007～2009年，累计争取中央资金和省煤炭可持续发展基金29.51亿元；科学遴选项目，建立市级项目库。在“十二五”规划编制过程中，坚持“以规划统筹项目，以项目支撑规划”的理念，认真编制“十二五”规划项目库，努力开发一大批好项目、大项目。通过在全市自上而下的三次筛选，确定了1489个投资在2000万元以上的项目，总投资8624.75亿元。除部分项目要延伸投资到“十三五”时期，“十二五”时期预计投资7500亿元。这一大批项目的陆续实施，将有力地推动全市的转型跨越和先行发展。

科学编制规划，绘就美好蓝图

在组织实施好“十一五”规划和年度计划的同时，确定了“十二五”规划的初步思路和基本框架，制定并实施了《临汾市“十二五”规划编制工作方案》，明确了全市“十二五”规划的体系构成和编制要求，确定并组织编写了30个规划前期课题和全市“十二五”50个重点专项规划，组织编写了《临汾市十二五规划纲要》（送审稿），分三次收集、筛选了“临汾市十二五重点投资项目情况表”。

临汾市委常委、常务副市长徐树荣在市发改委调研

临汾市发改委党组书记、主任：郑建文

规范决策管理，推进依法行政

实行项目民主决策、科学决策，规范项目管理，严把项目审批关，严格按照项目审批、核准、备案的条件、内容、范围、标准审定项目。严格执行国家产业政策和城乡规划、土地、环保、安全生产、节能评估等相关规定。对符合国家产业政策、发展建设规划、市场准入标准、土地供应政策、环保和节能评估要求的项目及时审批。严格执行投资项目管理制度。严格执行项目法人责任制、招投标制、合同管理制、工程监理制“工程四制”。实行程序化操作，规范化审批，提高办事效率，实行首问负责制、限时办结制。加大项目稽察力度，建立并认真执行了重大项目稽察报告制度。

突出重点任务，搞好统筹兼顾

围绕全市经济结构调整和产业合理布局，狠抓现代农业、新农村建设、生态流域治理，搞好扶贫和以工代赈工作；抓好工业园区建设，发展循环经济，推进节能减排；推动煤炭资源整合，加快发展转型；发展商贸物流、文物旅游、现代服务业；推动实施“五个全覆盖”等民生工程；加快全市医药卫生体制改革进程；推进“黄河金三角”区域经济合作试验区申报工作。

近年来，委党组加强领导，坚决贯彻党的路线方针政策，认真落实市委市政府的发展战略和工作部署，围绕大局，突出中心，把握重点，较好地完成了各项工作任务。2007年以来，50多次受到了省、市和上级有关部门的表彰奖励。2009年，单位通过了市直文明和谐单位创建验收，2010年，荣膺“山西省模范单位”称号。

市发改委招商引资人员与外商洽谈

检查重点工程建设

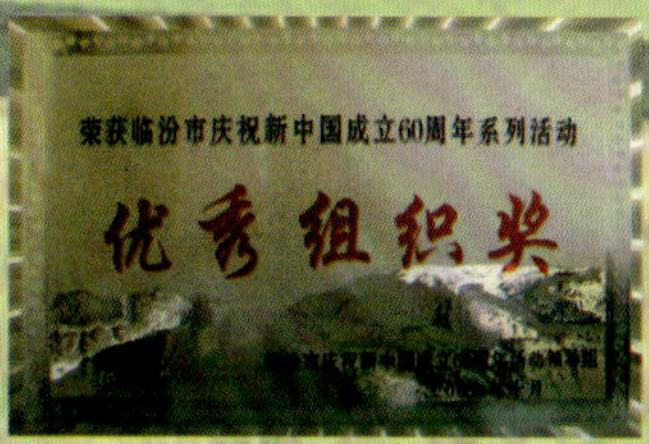

阳泉市旧街煤炭有限责任公司

——记优秀企业家赵玉成

董事长：赵玉成

公司董事长赵玉成（左三）陪同阳泉市市长李栋梁（左二）视察公司工作

公司开展“安康杯”知识竞赛

阳泉市旧街煤炭有限责任公司地处阳泉市郊区旧街乡测石村田家庄。矿井始建于1979年，1984年6月建成投产，2004年投入资金1.2亿元进行了年产30万吨原煤改扩建建设，2007年投入生产。公司现拥有资产2.23亿元，注册资本3369万元，法人代表赵玉成，职工622人，其中大中专毕业生56名，专业技术人员34名。公司技术装备先进，安全设施、设备可靠有效。采煤工艺为长臂式开采，技术装备为综采、综掘、罐笼提升、皮带运输，瓦斯、人员、产量自动监控。连续十余年安全生产无重大伤亡事故。

赵玉成自2009年担任公司董事长以来，带领公司全体员工，认真贯彻落实科学发展观，不断创新管理，狠抓全员培训和双基建设，增强职工队伍自保、互保、联保意识。按照标准化要求组织生产，特别是安全生产专项整治年和煤矿“一通三防”管理年的活动，在高浓度瓦斯抽放的基础上又建成低浓度瓦斯抽放系统，确保了作业环境的安全可靠。作为公司党支部书记，他牢固树立合作意识、整体意识，充分发挥党支部的战斗堡垒作用。提倡民主管理，调动广大职工的积极性，为广大职工谋福利。经过公司全体员工的同心协力，实现了全年安全生产无重大事故，圆满地完成了年初制定的各项工作任务。

环境优美，绿树成荫的工业广场

山西中医学院第二中医院

——魏中海先进事迹

院长：魏中海

魏中海，男，1949年10月生，教授，主任医师，博士生导师，第四批全国名中医，国务院特贴专家，毕业于北京中医学院（现北京中医药大学）。现任山西中医学院第二中医院院长。

魏中海从事中医临床、科研、教学工作40余年。长期从事临床和临床科研工作，积累了丰富的临床经验。他先后主持完成多项临床科研课题。出版著作8部，达200余万字。发表20余篇论文，完成省部级科研成果多项，其中2项达国内先进水平。获省部级科技进步奖、中华中医药学会科学技术奖、优秀论文、论著奖和翻译奖等奖项，其中二等奖2项，三等奖3项。多次应邀到日本、美国、新加坡、马来西亚等国研修讲学。

2001年魏中海担任院长以来，在短短几年时间内，医院发生了巨大变化。医院由二级甲等晋升为三级甲等。连续多年被评为全省卫生系统先进集体、全省医德医风先进集体，获得全国医药先进集体、全国百姓放心医院等称号。医院被国家发改委和中医药管理局分别确定为全国重点建设中医院、全国中医院文化建设重点建设医院。其本人先后荣获全国卫生系统先进工作者、全省卫生系统先进工作者、山西省五一劳动奖、山西省高等院校科技创新标兵、山西省优秀院长等荣誉称号。

吕梁市人民医院

——任刚先进事迹

医院外景

院长：任 刚

任刚，男，1954年生，中共党员，山西省方山县人，主任医师，现任吕梁市人民医院院长，山西医科大学兼职教授，兼任中华中医药学会会员、山西省继续医学教育委员会委员、中共山西省委决策与调研编委会特邀编委委员、山西医学会血液学专业委员会委员、吕梁市人大代表、吕梁护理学会会长。

团结奋进的院领导班子

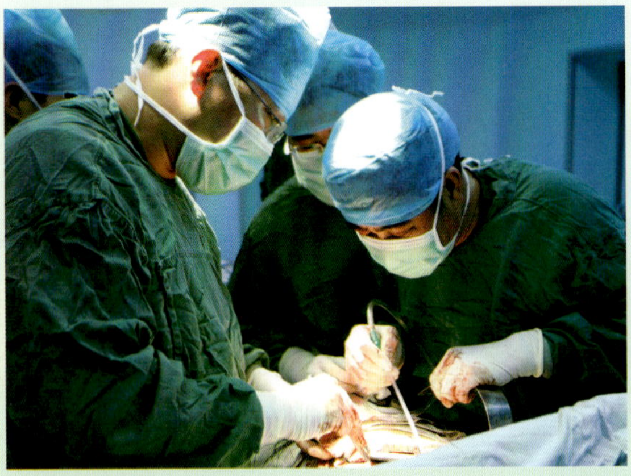

精心手术

任刚自担任院长职务以来，以解决百姓看病难看病贵为己任，审时度势，造福老区，成绩众口同锹。如今的吕梁市人民医院已发展成集医疗、教学、科研、预防、急救为一体的大型综合性三级乙等医院，山西中医学院非直属附属医院，山西医科大学、长治医学院、汾阳医学院、吕梁卫校等十所院校教学医院。医院现有床位620张，设有14个医技科室、28个临床科室，固定资产2.1亿元。2009年门急诊达25万人次，出院18693人次，手术6870例次。医院为保障全市人民群众的身体健康作出了突出贡献。任刚先后7次被市责任制考核评为优秀，数十次受到全国、省、市有关部门的表彰奖励。其中2006年被评为全国卫生系统先进工作者；2008年获人事部、卫生部、国家中医药管理局联合颁发的全国卫生系统先进工作者称号；2009年出席吕梁人大二届代表，并被山西中医学院聘为硕士生导师；2010年5月被授予山西省劳动模范称号。

山西省电建二公司

——牛耀林先进事迹

牛耀林，男，汉族，48岁，大学文化，中共党员，高级工程师，山西省电力公司电力建设二公司经理。

2007年以来，牛耀林团结带领公司广大职工，狠抓安全生产和质量工艺，工程质量合格率100%，建筑工程优良率99.8%，安装工程优良率99.85%，是山西省电力系统唯一一家两次荣获中国建筑工程最高奖——“鲁班奖”单位，4次荣获“全国优秀焊接工程”，3次荣获山西省建筑工程最高奖——“汾水杯”。三年来共承揽项目工程46个，合同总额32.26亿元，完成产值35.29亿元。牛耀林作为公司的领头雁，抓管理，拓市场，坚持以人为本，不断完善机制，以市场为导向，以提升职工队伍素质为抓手，以强化职工培训为着力点，以提高企业竞争为落脚点，围绕企业发展目标，努力开创员工与企业和谐共赢新局面。几年来，公司相继获得中国建筑500强企业、中国节能减排贡献企业、全国建筑业最具竞争力企业、全国质量信誉AAA级企业、全国“安康杯”竞赛优胜单位、全国电力建设优秀施工企业等60多项国家、省级荣誉。

2007年牛耀林被山西省企业联合会授予山西省优秀企业家称号；2008年被山西省建筑企业家联合会授予山西省优秀建筑企业家称号；2009年被中国施工企业管理协会授予全国优秀施工企业家称号。

经理：牛耀林

牛耀林（中）亲临工地指导工作

介休市集中供热有限责任公司

董事长：邵维信

介休市集中供热有限责任公司于2003年4月经市计委立项批准建设为股份制企业，注册资金2250万元。介休市集中供热工程作为市委、市政府的重点工程之一，由介休市集中供热有限责任公司负责建设并管理。集中供热工程从2005年4月开工建设，实现了当年投产，截至2009年底，公司总体规模包括：三台75吨循环硫化床蒸汽锅炉，一台160T循环硫化床水锅炉及配套水、电、除尘、脱硫等系统，2台6000千瓦背压发电机组。44千米主管网和39个换热站，解决了200余个单位，约3万余户居民的供暖，供热面积已达450万平方米，供热运行正常。

公司注重提高环保意识，加强能源利用，随着供热工程的完善，目前，公司已取缔小型燃煤锅炉300余台，减少二氧化硫排放628吨，灰渣6.13×104立方米,节约锅炉房和煤灰场用地63亩,节约标煤15万吨，具有明显的社会效益和环保效益，使介休市的二级天气由原来的82天升至346天。

城市供热主管网自朝阳路热源厂开始分南线、北线、中线、次北线，共4路主线贯穿整个市区。北线：朝阳路——三贤大道——北坛路——新华北街；中线：朝阳路——东大街——北大街——体育路———金融路——经五路；南线：新建路——南河沿——南文明街；次北线：经十一路——纬四路

公司将再接再厉、继续完善自身，争取为构建和谐介休，建设美好家园作出更大贡献，使介休市的蓝天碧水工程再上新台阶。

山西省煤炭资产经营有限责任公司

山西省煤炭资产经营有限责任公司是山西省人民政府2003年7月批准设立并授权经营的国有独资公司,公司主营业务是:对1995年以来发放的省地方煤炭发展基金贷款进行管理并进行资本运营。为省政府36户国有重点骨干企业之一。公司注册资本为人民币5.81亿元。现有下属企业9户(5户全资企业,4户控股企业),参股企业19户。2009年,公司实现营业收入1.52亿元,比上年增长1443万元,增幅达10.71%;全年实现利润3876万元,比上年增长2479万元,增幅达177.45%;全年实现利税总额5420万元,比上年增长2829万元,增幅达109.19%。全年回收贷款本息3.8亿元,比目标值增加15228万元,超额67.53%,全年资产保值增值率达118%,比上年提高13%,全年净资产收益率为3.58%。截至2009年底,公司资产总额28.8亿元。

公司不断深化企业内部改革,建立权责明确、产权清晰的现代企业制度,实现了企业的转型发展、和谐发展、内涵发展,确立了公司在国企改革和经济建设中实施资产经营、资本运作的优势地位。现经营范围已由过去单一的煤炭发展基金管理拓展到资本运营、科研、服务、金融、商贸、房地产开发,铁矿、铜矿开采、开发,煤炭生产、运销等领域,形成了多元化,规模化、集约化经营的格局。

公司坚持以人为本的理念,建立健全人才培养、储备、使用和激励的机制。做到用待遇吸引人才,用事业造就人才,用真情打动人才,用发展留住人才,不断提高员工素质,为公司的可持续性发展夯实了基础。

总经理、党委书记郑福和在党员大会上讲话

公司领导班子在研究工作

公司领导班子成员在2010年度工作会议主席台就座

总经理、党委书记郑福和与有关人员在考察调研工作

2010年度工作会议全体参会代表合影

平朔多种经营开发公司润滑油厂

厂长：黄志宏

近年来，润滑油厂积极谋求企业发展，落实煤与非煤产业并重、做大与做强并举的战略举措，不断加大销售力度，向市场要效益；同时推进注油工作，搞好清洁注油服务，不断加大厂区建设力度，改善职工休息环境；调整产品配方，提高产品质量，使企业驶入了持续健康发展的快车道。该厂坚持“安全第一、预防为主、综合治理”的安全方针，坚持“安全质量标准化、注油卫生清洁化”的经营宗旨，严格质量管理，靠品质赢市场。

为提高职工队伍整体素质，该厂不断加强职工培训力度。该厂班组长参加了公司组织的基层班组长安全培训，职工分批参加了总部人力资源部组织的各种专业培训，合格率达到99%；同时，为提高产品质量，该厂委派化验室和技术组分两批到中国石油大连润滑油研发中心进行了车用防冻液、润滑油常规分析、试剂配比等理论培训和实践动手操作。在强化员工安全意识方面，该厂多次进行职工安全培训，合格率达到 100% 。为响应国家及公司节能减排的政策，该厂在回收的废油上大做文章，将回收的废油进行再生，并与柴油按一定的比例进行配合，取代纯柴油用到乳化炸药中做助燃剂。目前，该项目已到环评和专利申请阶段，按每年回收1500吨左右的废油，可为厂内增加收入 500 万元，而且在环保方面也强于直接出售废油。技术在进步，装备在升级，润滑油厂每上一个新台阶，都在论证着“科学技术是第一生产力”这个伟大的命题。借助科学技术的双翼，该厂在强手如林的同行业中脱颖而出。

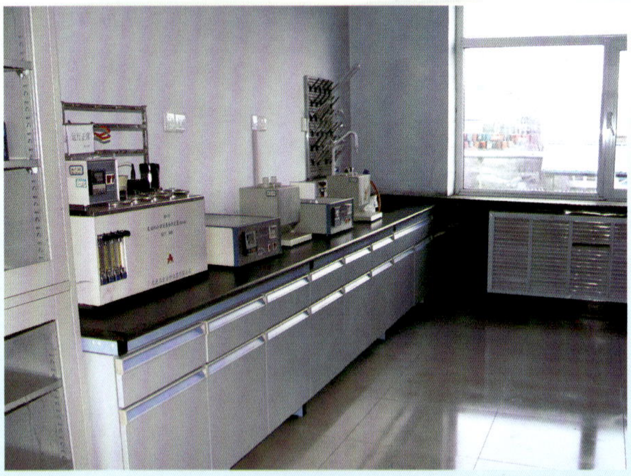
质检中心

油库

废油再生车间电控室

国营东华机械厂

厂长、党委书记：李忠群

团结奋进的领导班子成员

国营东华机械厂（国营第六九O厂）是国家首批军用特种车辆定点生产厂和国内大板方舱、车辆改装的重点生产企业之一。企业以诚信、创新为宗旨，积极进取，努力把科研、生产向“新、特、精”发展，坚持质量第一的方针，为国防现代化、部队信息化提供优质装备。企业成熟的方舱、改装车生产技术和工艺特色，参与了多项国家重点型号，高新一期、高新二期工程、“杀手锏”工程、专项订购任务等系统的研制工作，研制出高性能、防电磁信息泄露方舱，在国内外处领先水平。军用方舱产品遍及陆装、总参二部、二炮和海装领域。近几年，工厂通过“专项任务”、现实“零”结转等生产任务的圆满完成，一次次用实际行动证明了“东华人”是一支素质高、责任心强、敢于挑重担的职工队伍，诠释了“军工人”在急难险重面前特别能战斗的“硬骨头精神”。

李忠群陪同二炮机关领导、基地首长视察现场

2009年，是建厂以来新产品研制任务最为繁重的一年，也是成果最为丰硕的一年。按期完成了新产品研制工作，全厂各单位各部门积极行动，工厂成立了新产品研制生产领导组。两级班子身体力行，认真履责，分口把关。全厂职工日夜兼程，争先恐后，为了保证繁重的生产和科研任务两不误，工厂的科研系统积极动员，统一思想，坚定信心，经过精细的分析和策划，圆满完成了16个品种22台舱车的新品研制和生产任务，为工厂的可持续发展奠定了良好的基础，以实际行动实践了科学发展观。同年，工厂积极筹备参加了“第四届中国国际方舱技术与设备展览会”。通过参展，使工厂的方舱产品、军用新项目产品和部分民品，在更高的市场平台上得到了展示。这次产品参展，是该厂进入方舱领域以来的第一次参展活动，全方位地展现了工厂在方舱生产中的实力和工厂干部职工的素质，更大范围地宣传了工厂和产品，赢得了很高的声誉，收到了预期的效果。

我们坚信在今后的岁月里，国营东华机械厂在省国资公司的正确领导和大力支持下，在以李忠群为首的党政领导班子带领下，在全厂干部员工的共同拼搏下，工厂的改革发展、生产经营、技术改造、安全稳定、领导班子建设和党风廉正建设，将会不断取得新的成绩，使国营东华机械厂得到又好又快的发展。

《沧桑》杂志荣获

中国北方优秀期刊奖

2009年,《沧桑》杂志坚持"以人为本,市场运作,营造品牌,做强做大"的工作思路,加强质量管理,实行严格的"三审制",刊物的整体质量再上一个台阶。在连续9年荣获山西省一级优秀期刊的基础上,2009年8月又荣获了中国北方优秀期刊称号。

中国北方优秀期刊评奖活动是由中国期刊协会和北京、天津、河北、山西、内蒙古、辽宁、吉林、黑龙江、甘肃、青海、宁夏等中国北方11个省(自治区、直辖市)新闻出版局、期刊协会联合主办的,共评出中国北方十佳期刊22种,中国北方优秀期刊219种。山西省有包括《沧桑》杂志在内的10家社科期刊获此殊荣。

2009年山西省运动员参加世界大赛录取名次

比赛名称	姓名	性别	项目	成绩	名次	时间	地点
蹦床世界杯系列赛波兰站	董栋	男	网上个人	—	1	9	波兰
蹦床世界锦标赛	董栋	男	网上团体	—	1	11.14—17	圣彼得堡
蹦床世界锦标赛	涂潇	男	网上团体	—	1	11.14—17	圣彼得堡
蹦床世界锦标赛	董栋	男	网上个人	—	1	11.14—17	圣彼得堡
2009年跳水亚洲锦标赛	亢丽平	女	集体定点	2次踩点，第三次0.01米	1	11.6	阿联酋
2009年女子摔跤世界杯	张兰	女	团体	—	1	3.22	太原
2009年乒乓球亚洲锦标赛	武杨	女	团体	—	1	11.22	印度
世界柔道锦标赛(少年组)	李宁		52KG	—	1	8.6—9	匈牙利
第九届亚洲空手道锦标赛	冯兰兰	女	68KG	—	1	9.25	佛山
香港国际空手道锦标赛	冯兰兰	女	60KG	—	1	3.14	香港
香港国际空手道锦标赛	冯兰兰	女	团体	—	1	3.14	香港
香港国际空手道锦标赛	李鹏	男	+75KG	—	1	3.14	香港
世界系东流空手道锦标赛	刘哲	男	无差别	—	1	8.21	北京
第五届东亚运动会	赵诗	女	长拳	—	1	12	香港
蹦床世界杯系列赛波兰站	涂潇	男	网上个人	—	2	9	波兰
自行车场地世界杯分站赛	王重阳		1公里计时赛	—	2	11.20	澳大利亚
世界系东流空手道锦标赛	李鹏	男	+84KG	—	2	8.21	北京
第一届亚洲武道运动会	李鹏	男	+84KG	—	2	8.3	泰国曼谷
世界空手道锦标赛	董明明	男	无差别	—	2	8.21	北京
香港国际空手道锦标赛	朱刚勇	男	−70KG	—	2	3.14	香港
蹦床世界杯系列赛德国站	涂潇	男	网上个人	—	3	9	德国
世界柔道锦标赛(少年组)	王雅林	女	57KG	—	3	8.6—9	匈牙利
女子柔道世界杯(葡萄牙站)	薛源	女	+78KG	—	3	6.13—14	葡萄牙
第九届亚洲空手道锦标赛	冯兰兰	女	团体	—	3	9.5	佛山
世界系东流空手道锦标赛	冯兰兰	女	+55KG	—	3	8.21	北京
世界系东流空手道锦标赛	李鹏	男	团体	—	3	8.21	北京
世界系东流空手道锦标赛	朱刚勇	男	团体赛	—	3	8.21	北京
亚洲青年摔跤锦标赛	樊健	男	自由式74KG	—	3	7	菲律宾
2009年场地世界杯英国站	王重阳	男	1KM计时赛	1:02.228	3	11.1	英国
2009年东亚运动会	赵志阳	男	BMX	—	3	12.5	香港

第十一届全运会山西代表团总分榜

项目	小项	成绩	名次	得分	运动员
跆拳道	男子+80公斤级	—	1	13	郑 义
蹦床	男子网上单人	42.30	1	13	董 栋
国际式摔跤	男子古典式74公斤级	—	1	13	常永祥
自行车	男子场地1公里计时赛	1:03.032	1	13	王重阳
国际式摔跤	男子自由式66公斤级	—	1	13	陈占国
射箭	女子个人奥林匹克淘汰赛	—	1	13	祝珊珊
国际式摔跤	男子自由式120公斤级	—	1	13	梁 磊
柔道	女子-57公斤级	—	1	13	王丽静
田径	男子800米	1:49.19	1	13	李翔宇
沙滩排球	女子沙滩排球	—	2	11	李 颖 王 露
武术套路	男子自选长拳	9.81	2	11	袁晓超
武术套路	男子自选刀棍全能	19.57	2	11	袁晓超
自行车	男子BMX越野赛	—	2	11	赵志阳
蹦床	男子网上单人	42.05	2	11	涂 潇
蹦床	男子团体	154.50	3	10	董 栋 符 冰 高 杰 涂 潇
跳水	男子双人10米跳台	479.46	3	10	王 亮 周 昕
游泳	女子200米蛙泳	02:24.29	3	10	赵 瑾
游泳	男子200米蛙泳	02:13.51	3	10	薛瑞鹏
跆拳道	女子67公斤级	—	3	9.50	侣 慧
武术套路	女子自选剑枪全能	19.51	3	10	赵 诗
国际式摔跤	女子自由式55公斤级	—	3	9.50	张 兰
国际式摔跤	男子自由式60公斤级	—	3	9.50	张小兵
国际式摔跤	男子古典式55公斤级	—	3	9.50	王路敏
国际式摔跤	男子古典式74公斤级	—	3	9.50	张祥龙
游泳	女子100米蛙泳	01:06.54	4	9	赵 瑾
自行车	男子场地团体竞速赛	46.395	4	9	闯振强 林 健 王重阳
田径	女子800米	2:05.50	4	9	刘 青
举重	男子69公斤级	331	4	9	韦炳丘
击剑	女子重剑团体	—	5	8	郝佳露 贾亚洁

续表

项目	小项	成绩	名次	得分	运动员
体操	女子跳马	13.887	5	8	邓少婕
举重	女子58公斤级	238	5	8	张 甜
田径	女子1500米	4:19.08	5	8	刘 青
国际式摔跤	男子自由式96公斤级		5	7.50	宋晓宇
国际式摔跤	男子古典式60公斤级		5	7.50	王玉龙
国际式摔跤	男子古典式66公斤级		5	7.50	闫鹏飞
举重	女子58公斤级	238	5	8	张 甜
沙滩排球	女子沙滩排球		6	7	胡安娜 李 杨
柔道	女子+78公斤级		6	7	薛 源
柔道	男子−90公斤级		6	7	巴力吉
艺术体操	集体全能	38.3	6	7	董 岩 李 越 杨 帆
武术散打	男子50公斤级		6	7	吴丽涛
射击	男子气手枪团体	1728	6	7	王智伟 于炜 刘毅
游泳	男子100米蛙泳	01:01.40	6	7	薛瑞鹏
蹦床	女子团体	133.30	6	7	董 钰 郭 苒 毛 宁 张媛媛
田径	女子1500米	4:20.24	6	7	于 漫
举重	男子94公斤级	375	6	7	张盛国
武术套路	女子自选长拳	9.67	7	6	赵 诗
击剑	女子重剑个人		7	6	郝佳露
游泳	男子100米蝶泳	00:53.50	7	6	李丁杰
国际式摔跤	男子古典式60公斤级		7	5.50	赵敬顺
国际式摔跤	男子古典式96公斤级		7	5.50	张 劲
田径	男子110米栏	14.03	7	6	赵 岩
田径	男子十项全能	7261	7	6	赵德宁
田径	女子100米栏	13.87	7	6	纪方仟
击剑	女子重剑个人		8	5	贾亚洁
乒乓球	女子团体		8	5	武 杨 李晓丹 靳亚楠
蹦床	女子网上单人	36.10	8	5	董 钰
田径	男子200米	21.57	8	5	于亮亮
自行车	女子场地500米计时赛	35.659	8	5	张健健
自行车	男子场地1公里计时赛	1:05.033	8	5	闯振强

说明：上表中小计515分为竞赛获得，奥运带入银牌2枚、铜牌2枚、总计带入奖牌4枚；奥运带入积分42分，两次/协议获得积分10分，总计获得积分567分。

（李俊温）

2009年山西运动员参加全国锦标赛和冠军赛录取名次

比赛名称	姓名	性别	项目	成绩	名次	时间	地点
全国蹦床系列赛(第二站)	涂潇	男	网上个人	—	1	5.21—24	福州
全国蹦床冠军赛	董栋 涂潇 符冰 刘博	男	网上团体	—	1	8.19—21	晋中
全国蹦床冠军赛	张媛媛 郭苒	女	网上同步	—	1	8.19—21	晋中
男子柔道锦标赛暨十一运会预赛	林阳	男	66KG	—	1	4.11—14	昆明
全国空手道锦标赛	李鹏	男	个人组手+84KG	—	1	5.15	徐州
全国空手道锦标赛	孙敬超	男	个人组手—55KG	—	1	5.15	徐州
全国空手道锦标赛	冯兰兰	女	个人组手—61KG	—	1	5.15	徐州
全国空手道锦标赛	董明明	男	个人组手—60KG	代表新疆队	1	5.15	徐州
全国空手道锦标赛	朱刚勇	男	个人组手—67KG	代表陕西队	1	5.15	徐州
全国空手道冠军赛	李鹏	男	个人组手+84KG	—	1	12.19	湛江
全国空手道冠军赛	李津津	女	个人组手—55KG	—	1	12.19	湛江
全国空手道冠军赛	冯兰兰	女	个人组手—61KG	—	1	12.19	湛江
全国空手道冠军赛	王晓红	女	个人组手—68KG	—	1	12.19	湛江
全国空手道冠军赛	董明明	男	个人组手—60KG	代表新疆队	1	12.19	湛江
十一运古典跤预赛暨全国锦标赛	闫鹏飞	男	66KG	—	1	3.25—28	太原
全国男子举重冠军赛	欧波	男	56KG抓举	125KG	1	11.29	新余
全国男子举重冠军赛	张盛国	男	94KG抓举	166KG	1	11.30	新余
全国男子举重冠军赛	张盛国	男	94KG挺举	202KG	1	11. 30	新余
全国男子举重冠军赛	张盛国	男	94KG总成绩	368KG	1	11.30	新余
全国冠军赛传统项目	何晓倩	女	形意拳	—	1	11	宜春
全国冠军赛传统项目	杨洪	女	查拳	—	1	11	宜春
十一运会武术套路男子预赛	袁晓超	男	长拳	—	1	4	上海
全国自行车BMX冠军赛(第一站)	王宝玉 任超 冯思哲	男	团体	12分	1	3.25	浙江安吉
全国自行车BMX冠军赛(第二站)	冯思哲	男	—	1分	1	3.26	浙江安吉
全国自行车BMX冠军赛(第二站)	王宝玉 赵志阳 冯思哲	男	团体	9分	1	3.26	浙江安吉
全国自行车BMX冠军赛(第三站)	任超 赵志阳 冯思哲	男	团体	12分	1	4.1	江苏宿迁
全国自行车BMX冠军赛(第四站)	任超 赵志阳 冯思哲	男	团体	17分	1	4.2	江苏宿迁

续表

比赛名称	姓名	性别	项目	成绩	名次	时间	地点
全国自行车BMX冠军赛(第五站)	赵志阳	男	—	1分	1	4.23	太原
全国自行车BMX冠军赛(第五站)	任超 赵志阳 王宝玉	男	团体	6分	1	4.23	太原
全国自行车BMX冠军赛(第五站)	郝雯丽 高雪娇 马越	女	团体	9分	1	4.23	太原
全国自行车BMX锦标赛暨全国青少年锦标赛	赵志阳	男	—	—	1	5.1	太原
全国自行车BMX锦标赛暨全国青少年锦标赛	冯思哲 赵志阳 韦江斌	男	—	10分	1	5.1	太原
全国场地自行车冠军赛第三站	王重阳	男	1KM计时赛	1:01.469	1	6.5−8	北京芦城
全国场地自行车锦标赛暨全国青年场地自行车锦标赛	王重阳	男	1KM计时赛	1:01.653	1	6.14−17	北京芦城
全国田径大奖系列赛	李翔宇	男	800米	01:49.2	1	4.10	肇庆
全国田径冠军赛	李翔宇	男	800米	01:50.0	1	9.7	郑州
全国田径冠军赛	纪方仟	女	100米栏	13.83	1	9.7	郑州
“招虎山杯”全国沙滩排球巡回赛暨十一全运会资格赛	王露 李颖	女	沙滩排球	—	1	6.25−28	山东海阳
“迪得杯”全国定向锦标赛	郭恩强	男	M35组别长距离个人	—	1	10.8−14	四川广安
十一运会体操预赛暨全国体操锦标赛	邓少婕	女	跳马个人	—	2	5.9−18	济南
十一运会蹦床预赛暨全国锦标赛	董栋	男	网上个人	—	2	5.21−24	福州
全国蹦床冠军赛	董栋	男	网上个人	—	2	8.19−21	晋中
全国蹦床冠军赛	张雒	男	单跳个人	—	2	8.19−21	晋中
全国空手道锦标赛	王晓红	女	个人组手−68KG	—	2	5.15	徐州
全国空手道锦标赛	陈绪龙	男	个人组手−75KG	—	2	5.15	徐州
全国空手道锦标赛	陈绪龙 王巍 张强 李鹏 王辉	男	团体	—	2	5.15	徐州
全国空手道冠军赛	孙敬超	男	个人组手−55KG	—	2	12.19	湛江
十一运会跆拳道第一次预赛	郑义	男	+80KG	—	2	5.9	新疆

续表

比赛名称	姓名	性别	项目	成绩	名次	时间	地点
十一运会男子自由摔跤预赛暨全国锦标赛	史尚勇	男	74KG	—	2	3.11–14	南京
全国古典式摔跤冠军赛	张祥龙	男	74KG	—	2	11.20–23	廊坊
全国男子自由式摔跤冠军赛	史尚勇	男	74KG	—	2	11.26–29	火车头体协
全国女子自由式摔跤冠军赛	李建香	女	59KG	—	2	12.2–4	北京木樨园
全国冠军赛传统项目	袁晓超	男	查拳	—	2	11	宜春
十一运武术套路女子预赛	赵 诗	女	剑枪	—	2	4	银川
十一运会武术套路女子预赛	杨 洪	女	长拳	—	2	4	银川
十一运会武术套路女子预赛	何晓倩	女	刀棍	—	2	4	银川
全国自行车BMX冠军赛(第二站)	赵志阳	男	—	2分	2	3.26	浙江安吉
全国自行车BMX冠军赛(第三站)	冯思哲	男	—	—	2	4.1	江苏宿迁
全国自行车BMX冠军赛(第四站)	郝雯丽 高雪娇 荆 静	女	团体	34分	2	4.2	江苏宿迁
全国自行车BMX冠军赛(第四站)	高雪娇	女	—	—	2	4.2	江苏宿迁
全国自行车BMX冠军赛(第五站)	王宝玉	男	—	2分	2	4.23	太原
全国自行车BMX冠军赛(第五站)	郝雯丽	女	—	2分	2	4.23	太原
全国自行车BMX锦标赛暨全国青少年锦标赛	郝雯丽 高雪娇 荆 静	女	—	30分	2	5.1	太原
全国场地自行车冠军赛第一站	王重阳	男	1KM计时赛	1:04.286	2	5.5–8	深圳
全国场地自行车锦标赛暨全国青年场地自行车锦标赛	王重阳 高志国 林 健	男	竞速赛	45.475	2	6.14–17	北京芦城
全国室内田径锦标赛	庾石锁	男	跳高	2.12米	2	2.14	南京
全国田径锦标赛	孙大伟	男	800米	01:52.1	2	5.15	玉林
十一运会预赛(第一站)及全国冠军赛	郝佳露 刘娜娜 郑克毅 贾亚洁	女	重剑团体	—	3	2.22–27	昆明
十一运会蹦床预赛暨全国锦标赛	涂 潇	男	网上个人	—	3	5.21–24	福州

续表

比赛名称	姓名	性别	项目	成绩	名次	时间	地点
全国蹦床系列赛(第二站)	符冰	男	网上个人	—	3	5.21-24	福州
女子柔道锦标赛暨十一运会预赛	李宁	女	52KG	—	3	4.25-28	沈阳
女子柔道锦标赛暨十一运会预赛	薛源	女	+78KG	—	3	4.25-28	沈阳
全国空手道锦标赛	李津津 冯兰兰 王晓红 刘双君 张亚凤	女	女子团体	—	3	5.15	徐州
全国空手道锦标赛	刘哲	男	个人组手+84KG	代表新疆队	3	5.15	徐州
全国空手道锦标赛	黄国权	男	个人组手-55KG	代表陕西队	3	5.15	徐州
全国空手道锦标赛	朱慧琴	女	个人组手+68KG	代表陕西队	3	5.15	徐州
全国空手道冠军赛	张强	男	个人组手-84KG	—	3	12.19	湛江
全国空手道冠军赛	师建玲	女	个人组手-50KG	代表新疆队	3	12.19	湛江
全国空手道冠军赛	刘哲	男	个人组手+84KG	代表新疆队	3	12.19	湛江
全国空手道冠军赛	朱刚勇	男	团体组手	代表陕西队	3	12.19	湛江
全国空手道冠军赛	朱刚勇	男	个人组手-67KG	—	3	12.19	湛江
全国空手道冠军赛	朱慧琴	女	团体组手	代表陕西队	3	12.19	湛江
全国空手道冠军赛	轩姝玉	女	团体组手	代表陕西队	3	12.19	湛江
第14届全国跆拳道锦标赛暨世界杯选拔赛	宗西号	男	80KG	—	3	3.21	苏州
“光荣行阿迪达斯杯”全国跆拳道精英赛	管镇	男	68KG	—	3	11.24	西昌
十一运会古典跤预赛暨全国锦标赛	王路敏	男	55KG	—	3	3.25-28	太原
十一运会古典跤预赛暨全国锦标赛	张祥龙	男	74KG	—	3	3.25-28	太原
全国古典式摔跤冠军赛	张绪松	男	84KG	—	3	11.20-23	廊坊
全国男子举重冠军赛	欧波	男	56KG挺举	155KG	3	11.29	新余
全国男子举重冠军赛	欧波	男	56KG总成绩	266KG	3	11.29	新余
全国男子举重冠军赛	秦世一	男	94KG抓举	152KG	3	11.30	新余
全国男子举重冠军赛	秦世一	男	94KG挺举	183KG	3	11.30	新余
全国男子举重冠军赛	秦世一	男	94KG总成绩	335KG	3	11.30	新余

续表

比赛名称	姓名	性别	项目	成绩	名次	时间	地点
全国自行车BMX冠军赛(第一站)	王宝玉	男	—	3分	3	3.25	浙江安吉
全国自行车BMX冠军赛(第一站)	郝雯丽 高雪娇 荆 静	女	团体	33分	3	3.25	浙江安吉
全国自行车BMX冠军赛(第二站)	郝雯丽 高雪娇 荆 静	女	团体	43分	3	3.26	浙江安吉
全国自行车BMX冠军赛(第三站)	赵志阳	男	—	—	3	4.1	江苏宿迁
全国自行车BMX冠军赛(第五站)	任 超	男	—	3分	3	4.23	太原
全国自行车BMX冠军赛(第五站)	高雪娇	女	—	3分	3	4.23	太原
全国场地自行车冠军赛第三站	张健健	女	500M计时赛	35.043	3	6.5–8	北京芦城
全国场地自行车锦标赛暨全国青年场地自行车锦标赛	茹 花 金 地 任小佳	女	团体追逐	3:40.459	3	6.14–17	北京芦城
全国公路自行车锦标赛暨全国青年锦标赛	任小佳	女	个人计时赛	28:24.117	3	—	—
全国室内田径锦标赛	孙大伟	男	800米	01:54.3	3	2.14	南京
全国室内田径锦标赛	刘 青	女	1500米	04:21.6	3	2.15	南京
全国室内田径锦标赛	于亮亮	男	200米	21.83	3	2.19	上海破省记录
全国室内田径锦标赛	赵 岩	男	60米栏	7.89	3	2.19	上海
全国室内田径锦标赛	纪方仟	女	60米栏	8.37	3	2.19	上海
全国室内田径锦标赛	庾石锁	男	跳高	2.12	3	2.19	上海
全国室内田径锦标赛	于 漫	女	1500米	04:22.0	3	3.14	北京
全国田径锦标赛	于亮亮	男	200米	21.01	3	5.15	玉林
全国田径冠军赛	赵 岩	男	110米栏	14.02	3	9.5	郑州
全国田径冠军赛	臧凤敏	女	1500米	04:38.9	3	9.7	郑州
全国航空航天模型锦标赛	裘治波	男	遥控空投(P3K)个人	—	3	10.24–28	山东莱芜
全国航空航天模型锦标赛	裘治波 张 杰	男	遥控空投(P3K)团体	—	3	10.24–28	山东莱芜
全国跳伞锦标赛	亢丽平	女	个人定点	—	3	11	湖北荆州
“卢浮公馆杯”全国沙滩排球巡回赛暨十一运会资格赛	王 露 李 颖	女	沙滩排球	—	3	6.4–7	郑州
全国沙滩排球冠军赛暨十一运会资格赛	王 露 李 颖	女	沙滩排球	—	3	8.6–9	哈尔滨

(李俊温)

2009年山西运动员参加全国青少年协作区比赛录取名次

比赛名称	姓名	性别	项目	成绩	名次	时间	地点
华北协作区体操比赛	邓少婕	女	跳马个人	—	1	3.28—31	天津
全国青年体操锦标赛	吴建翔	男	乙组跳马	—	1	7.19—21	中山
全国青少年蹦床锦标赛	贾宇洁	女	乙组网上团体	—	1	11.19—21	桂林
全国青少年蹦床锦标赛	胡毅乘	女	乙组网上团体	—	1	11.19—21	桂林
全国青少年蹦床锦标赛	梁曦文	女	乙组网上团体	—	1	11.19—21	桂林
全国青少年蹦床锦标赛	李　恒	女	乙组网上团体	—	1	11.19—21	桂林
全国青少年蹦床锦标赛	贾宇洁	女	乙组网上个人	—	1	11.19—21	桂林
全国柔道女子青年锦标赛	赵莹莹	女	+78KG	—	1	6.23—25	太原
全国柔道女子青年锦标赛	包荣格日勒	女	70KG	—	1	6.23—25	太原
道馆俱乐部杯男女柔道锦标赛	王雅林	女	57KG	—	1	11.21—23	安徽五河
全国大学生男女柔道锦标赛	张　涛	男	66KG	—	1	12.21—23	太原
全国大学生男女柔道锦标赛	杨　五	男	73KG	—	1	12.21—23	太原
全国青年女子摔跤锦标赛	杜佳佳	女	72KG	—	1	6.21	山东枣庄
全国男子举重冠军赛(青年组)	武子杰	男	85KG 抓举	135KG	1	11.30	新余
全国男子举重青年赛	方　剑	男	62KG 抓举	132KG	1	3.10	海口
全国男子举重青年赛	方　剑	男	62KG 挺举	160KG	1	3.10	海口
全国男子举重青年赛	方　剑	男	62KG 总成绩	292KG	1	3.10	海口
全国男子举重青年赛	傅作义	男	94KG 抓举	150KG	1	3.13	海口
全国男子举重青年赛	吕　顺	男	94KG 挺举	170KG	1	3.13	海口
全国男子举重青年赛	吕　顺	男	94KG 总成绩	320KG	1	3.13	海口
全国青少年武术套路锦标赛	崔泽亮	男	长拳	—	1	4	重庆
全国青少年武术套路锦标赛	任典帅	男	长拳	—	1	4	重庆
全国田径青年锦标赛(16—19)	孙长龙	男	标枪	69.88	1	6.26	宜春
全国青少年散打锦标赛	林　姣	女	65KG	—	1	4	宜春
全国自行车 BMX 冠军赛(第五站)	郜文彬	男	青年 BMX	3 分	1	4.23	太原
全国自行车 BMX 锦标赛暨全国青少年锦标赛	郜文彬	男	青年 BMX	3 分	1	5.1	太原
全国山地自行车锦标赛暨全国青年山地自行车锦标赛	常　智	男	计时赛(青年)	19:50.89	1	6.5—6	安徽紫蓬山

续表

比赛名称	姓名	性别	项目	成绩	名次	时间	地点
太原国际乒乓球公开赛	崔晨雪 刘 颖	女	17岁以下女团	—	1	8.25—29	太原
"陈年窖杯"全国无线电测向锦标赛	刘丽红 任忠英 赵转转	女	80米波段青年女子组	团体	1	8.1—10	四川泸县
"陈年窖杯"全国无线电测向锦标赛	刘丽红 任忠英 赵转转	女	400兆项目、青年女子组	团体	1	8.1—10	四川泸县
"陈年窖杯"全国无线电测向锦标赛	刘丽红	女	80米波段女子组	个人	1	8.1—10	四川泸县
"陈年窖杯"全国无线电测向锦标赛	刘丽红	女	400兆项目青年女子组	个人	1	8.1—10	四川泸县
全国柔道女子青年锦标赛	赵莹莹	女	无差别级	—	2	6.23—25	太原
全国青年跆拳道锦标赛	张晓玲	女	女甲68KG	—	2	8.15	黑龙江
全国男子举重青年赛	傅作义	男	94KG总成绩	305KG	2	3.13	海口
全国男子举重青年赛	吕 顺	男	94KG抓举	150KG	2	3.13	海口
全国青少年武术套路锦标赛	崔泽亮	男	枪	—	2	4	重庆
全国青少年武术套路锦标赛	任典帅	男	剑	—	2	4	重庆
全国青少年武术套路锦标赛	姚 洋	女	剑	—	2	4	重庆
全国田径青年锦标赛(16—19)	丛琳琳	女	1500米	04:20.7	2	6.26	宜春
全国青少年散打锦标赛	史立江	女	60KG	—	2	4	宜春
全国跳伞冠军赛	陈宏宇	男	青年个人定点	—	2	11	山东莱芜
太原国际乒乓球公开赛	王鹏程 宗 华	男	15岁以下男团	—	2	8.25—29	太原
"陈年窖杯"全国无线电测向锦标赛	任忠英	女	400兆项目青年组	个人	2	8.1—10	四川泸县
"陈年窖杯"全国无线电测向锦标赛	赵转转	女	青年组个人全能	个人	2	8.1—10	四川泸县
"陈年窖杯"全国无线电测向锦标赛	宋泽兵	男	青年组个人全能	个人	2	8.1—10	四川泸县
全国青少年蹦床锦标赛	王 振	男	乙组单跳个人	—	3	11.19—21	桂林
全国大学生男女柔道锦标赛	张嘉敏		48KG	—	3	12.21—23	太原
全国大学生男女柔道锦标赛	高 燕		63KG	—	3	12.21—23	太原
全国大学生男女柔道锦标赛	杨天蕊		78KG	—	3	12.21—23	太原
全国大学生男女柔道锦标赛	胡敏霞		无差别级	—	3	12.21—23	太原
全国大学生男女柔道锦标赛	杨天蕊		无差别级	—	3	12.21—23	太原

续表

比赛名称	姓名	性别	项目	成绩	名次	时间	地点
全国大学生男女柔道锦标赛	刘敬东	男	66KG	—	3	12.21−23	太原
全国青年女子摔跤锦标赛	腾瑞菲	女	63KG	代表解放军	3	6.21	山东枣庄
全国青年跆拳道锦标赛	谷　跃	女	女甲+68KG	—	3	8.15	黑龙江
全国青年跆拳道锦标赛	董鹏鹏	男	男甲 73KG	—	3	8.15	黑龙江
全国青年跆拳道锦标赛	龙　鹏	男	男甲+78KG	—	3	8.15	黑龙江
全国青年跆拳道锦标赛	管　镇	男	男甲 68KG	—	3	8.15	黑龙江
全国青少年武术套路锦标赛	崔泽亮	男	剑	—	3	4	重庆
全国青少年武术套路锦标赛	高晓龙	男	棍	—	3	4	重庆
全国青少年武术套路锦标赛	李康康	男	长拳	—	3	4	重庆
全国自行车 BMX 冠军赛（第五站）	郝文刚	女	青年 BMX	12 分	3	4.23	太原
全国山地自行车锦标赛暨全国青年山地自行车锦标赛	刘大林	男	越野赛（青年）	—	3	6.5−6	安徽紫蓬山
全国场地自行车锦标赛暨全国青年场地自行车锦标赛	王　磊	男	青年 1KM 计时赛	1:06.940	3	6.14−17	北京芦城
“陈年窖杯”全国无线电测向锦标赛	宋泽兵	男	80 米波段青年男子组	个人	3	8.1−10	四川泸县

（李俊温）

社 会 生 活

宗 教

【全省民族宗教工作会议】 2月26~27日，全省民族宗教工作会议在太原召开。省委常委、统战部部长李政文，副省长刘维佳出席会议并讲话。省委统战部副部长、省宗教局局长、省民委主任边根棠作工作报告。全省各市分管民族宗教工作的副市长，各市、县（市、区）民族宗教事务局局长，省民委兼职成员单位和省直有关单位负责人，省直工委、高校、大型企业统战部部长共260余人参加会议。会议传达全国民族工作座谈会、国家民委主任会议和全国宗教工作会议精神，分析当前民族工作和宗教工作的形势；总结2008年工作，交流经验，表彰先进；安排部署2009年工作，明确责任，突出重点。李政文在讲话中充分肯定本省民族宗教工作所取得的成绩，他希望与会人员要认清形势，进一步增强做好民族宗教工作的责任感和使命感；要准确把握方位，进一步发挥民族宗教工作在抵御渗透、维护稳定中的重要作用；要加强领导，进一步做好今年的民族宗教工作。刘维佳在讲话中要求各级民族宗教工作部门要强化政治意识、大局意识、责任意识、法制意识、服务意识，做好新形势下的民族宗教工作；要健全民族宗教工作体制，形成“属地管理、分级负责、上下联动、区域协作”的工作机制；要加强民族宗教工作机构和干部队伍建设，特别是基层宗教工作机构建设，争取民族宗教事务管理实现“主体在县，延伸到乡，落实到村，规范到点”。会议对全省民族宗教工作先进集体和先进工作者进行了表彰，这是省宗教局（省民委）新中国成立以来首次会同省人事厅开展的联合表彰活动。会议还表彰了2008年度全省民族宗教信息宣传工作先进单位和先进个人、民族宗教领域涉奥维稳工作先进单位、纪念改革开放30周年书画摄影作品征集活动优秀组织单位。

【五台山僧尼喇嘛参加新型农村合作医疗】 为解决五台山僧尼喇嘛看病难、看病贵的问题，五台县政府、五台山风景区政府按照“政府组织引导，僧人自愿参加”的原则，组织五台山佛教协会及各寺庙僧尼喇嘛参加新型农村合作医疗。僧人参加合作医疗以大病统筹为主，以小病补偿为辅，筹资标准按照2009年新型农村合作医疗每人100元的标准执行，即：个人出资20元，其中，12元为个人账户基金，8元纳入大病统筹基金，政府每人每年补助80元。僧人就诊按照参加合作医疗农民就诊规定进行，住院医疗费报销比例执行当年报销方案规定标准，每个参加合作医疗僧人每年度最高报销限额为3万元。目前，五台山佛教协会及35处寺庙的436名僧尼喇嘛参加了新型农村合作医疗。这项党和政府关心重视宗教界人士生活和身体健康的重大举措，深受宗教界人士的欢迎。

全省第三届民族团结进步表彰大会会场 （王泽武提供）

【修道院师生赴五台山参观交流】 4月16~17日，山西省天主教修道院师生一行85人，赴佛教圣地五台山参观交流。近年来，省宗教局进一步加大对修道院修生的教育和培养力度，严格按照国家宗教局的有关要求，安排专人负责修道院的政治思想理论课程，为修道院修生购买相关教材，适时安排修道院师生与佛教界、伊斯兰教界有关人士座谈、交流，加强相互了解，促进宗教和睦。此次省天主教修道院全体师生赴五台山参观学习，受到热情接待。师生们参观了藏传佛教和汉传佛教的部分寺院，并与佛教界部分代表人士进行了座谈。通过参观交流，使修道院师生对博大精深的佛教文化进一步认识，增进了两教之间的相互了解。

【创建和谐寺观教堂活动】 根据国家宗教事务局在全国范围内开展创建和谐寺观教堂活动的部署，创建活动在本省全面展开。活动以"爱国爱教、知法守法、团结稳定、活动有序、教风端正、管理规范、安全整洁、服务社会"八项要求作为基本创建标准，结合省内实际情况、五大宗教的特点制订细化标准。要求力争在5年内，使全省多数宗教活动场所达到或基本达到创建标准，并在此基础上树立一批典型、表彰一批先进。要将创建活动作为一项长期性工作，使全省宗教界自身素质更加提高，宗教活动场所管理更加规范有序，宗教关系更加和谐，宗教界为促进经济社会发展作贡献更加自觉。

【白仲玉向民族教育捐款】 5月27日，中国房地产开发集团太原公司、太原中和房地产开发有限公司董事长白仲玉向太原市迎泽区回民小学捐款2万元、向山大附中西藏班捐款3万元。白仲玉热心社会公益和慈善事业，被誉为"爱心大使"。近年来，中和房地产公司认捐慈善基金3300万元、捐赠慈善款200万元。四川地震后，该公司和白仲玉本人已累计向灾区捐款260万元。他表示，下一步要更多地关心和支持山西省民族团结进步事业的发展。

【叶小文莅晋宣讲党的宗教政策】 6月26日，国家宗教局局长叶小文以《发挥积极作用，宗教促进和谐》为题，在晋城市作党的宗教政策专题讲座。晋城市四大班子领导，各县(市、区)党政班子成员和市直各单位负责人听取讲座。叶小文以独到的见解、诙谐生动的语言、鲜活的事例和生动的影像资料，系统阐述马克思主义宗教观、正确认识宗教问题的方式方法和做好新形势下宗教工作的原则。他强调，要用马克思主义宗教观正确认识和把握宗教问题的长期性、群众性和复杂性，全面贯彻党的宗教信仰自由政策，依法管理宗教事务，坚持独立自主自办原则，努力引导宗教为民族团结、经济发展、社会稳定、祖国统一服务，充分发挥宗教在促进社会和谐方面的积极作用。与会人员纷纷表示，通过学习对宗教工作在党和国家工作中的重要地位有了更清醒的认识，对"宗教事务无小事"有了更深刻的理解，增强了新形势下做好宗教工作的责任感和使命感。

【强烈谴责新疆"7·5"暴力事件】 新疆"7·5"暴力事件发生后，山西省各地民族宗教界人士纷纷通过召开座谈会等形式，对该暴力事件表示强烈谴责。一致认为这起事件既不是民族问题，也不是宗教问题，而是一起境外指挥、境内行动，有预谋、有组织的打砸抢烧严重暴力犯罪事件，其目的就是通过残杀无辜群众制造事端，引发民族之间仇恨，从而分裂干扰我们国家经济社会的正常发展。大家纷纷表示要保持清醒头脑，坚定政治立场，坚决拥护中国共产党的领导，切实维护安定团结的大好局面，坚定不移地捍卫祖国统一和民族团结，捍卫各族人民的根本利益，捍卫中华民族的最高利益，决不让境内外敌对势力的分裂破坏图谋得逞。在7月10日伊斯兰教的"主麻日"，各地清真寺聚会活动安全平稳，都宣讲了中国伊斯兰教协会会长陈广元大阿訇关于《穆斯林坚决反对暴力　维护和平》《决不轻信恶言　维护民族团结》的演讲稿，强烈声讨暴徒的暴力罪行。广大穆斯林群众纷纷表示：团结稳定是福，分裂动乱是祸，一定要保持清醒头脑，与党中央保持高度一致，坚决维护和谐稳定局面。做爱国爱教、遵纪守法的穆斯林。

【陀螺球邀请赛摘冠】 7月5~7日，2009年全国陀螺球邀请赛在贵州省荔波县举行，来自全国10个省市区13支代表队、20多个民族的100余名运动员参加比赛。山西省翼城县北关村陀螺球女队力挫群雄，荣获本次比赛女子团体冠军。另外，该村陀螺球男队获团体第七名。

翼城县北关村是民族团结先进村，也是民族体育先进村，得到国务院表彰奖励；在陀螺、蹴球等项目上实力突出，多次代表山西参加全国民族体育各项赛事并取得优异成绩。近几年，该村重视民族团结，重视民族体育的发展。村里建起了高标准的羽毛球场、蹴球、陀螺球等民族体育项目训练场，成立了羽毛球协会、民族体育协会、民族秧歌队，调整充实了珍珠球、陀螺球、蹴球民族体育运动队。

【《佛像典藏》画册万寺行活动启动】 7月21日，佛像绘画作品集《佛像典藏》在五台山碧山寺隆重举行万寺行活动启动仪式。五台山佛教协会、佛教界人士和众多信教群众参加活动。在第二届世界佛教论坛上，《佛像典藏》被誉为"造像版的大藏经"。该书精选知名爱国华侨、佛教绘画艺术家夏荆山居士与弟子历时数十年，用工笔重彩绘制的5163幅佛像绘画作品。全套9卷81册，包括"佛·菩萨·罗汉·护法"、"观音千态妙相"等，系统展现了佛像绘画的体系，生动地表现了众多佛学典故和佛像宝藏，填补了佛教大藏经上缺少佛像的空白，对传播佛教文化具有深远的意义。

【第六届佛教文化节】 于8月2日开幕。此次文化节以"展示厚重文化，打造国际品牌"为主题，以五台山列入《世界遗产名录》为契机，集中展示五台山源远流长的佛教文化、精美绝伦的古建艺术和神奇秀丽的自然风光，进一步搭建交流平台，扩大对外

全省少数民族聚居村经济社会发展研讨会会场　　（王泽武提供）

影响。盛会活动有六大板块。(1)7月26日在北京召开新闻发布会，介绍本次活动内容，国内外各大新闻媒体参加。(2)参观佛教艺术长廊活动。在钟楼街、显通寺、紫府贵宾楼、黛螺顶等展区举办书画、图片、文献、书法、碑帖展览，全方位展示五台山近两千年来佛教文化艺术的底蕴。(3)举办中华酒店文化研讨会，以规范酒店管理，提升酒店运营效益。(4)举办五台山论坛，邀请国内有关专家、学者及佛教界人士研究探讨源远流长的佛教文化，扩大五台山的文化影响力。(5)推出佛母重生体验游、佛教生活体验游、革命战争追忆游等特色旅游活动。(6)闭幕式在9月2日举行，总结本次活动成果并推出秋冬旅游项目。文化节期间，五台山各寺庙举行形式各样的佛事活动。

【写经书法大展】 9月26日，中国千名书家写经书法大展暨中国写经书法文化论坛在五台山普寿寺隆重开幕。省、市领导及中国佛教协会、中国书法家协会领导共同为千卷开光的写经作品揭幕，并分别对五卷作品进行启封。此次活动，以“翰墨歌盛世，经声颂和谐”为主题，旨在为五台山藏经阁征集1000卷当代书法家写经作品，为“后世五台山”留下宝贵的文化遗产。在千卷作品开光仪式上，来自全国各地的100名知名书法家现场在千名僧尼的诵经声中焚香、沐手，共书佛教经典《心经》，场面气氛庄严凝重，气势恢宏。我国著名书法大家沈鹏、欧阳中石、张海等的作品均在大展中亮相。此次活动是五台山乃至全国佛教界、书法界举行的一次具有重要历史意义的佛事和书法活动，是中国佛教文化与书法文化的一次规模宏大的自觉融合，对弘扬中华传统优秀文化，发展中国佛教书法文化意义重大。

【全国民族团结进步表彰大会】 国务院第五次全国民族团结进步表彰大会于9月29日在北京人民大会堂隆重举行。山西省长治市人民政府、翼城县北关村村委会、盂县东白水村村委会、中德塑钢型材有限公司、侯马市人民政府、中远威药业有限公司和平定县古窑陶艺有限公司等单位荣膺“全国民族团结进步模范集体”称号；忻州市委统战部部长王士桦、山西佳量律师事务所主任周威敏、山西大学附属中学校长杨素珍、太原市中和房地产开发有限公司董事长白仲玉、长治市民族宗教局局长侯书堂、五台山十方堂主持格桑热杰、盐湖区伊协秘书长曹来成、阳泉煤业集团审计处处长吴景厚等人荣获“全国民族团结进步模范个人”称号。

【普寿寺签约兴建安养园】 11月23日，忻州市五福清泰安养园签约仪式在忻州宾馆举行，五台山普寿寺住持如瑞法师与忻州市云河集团董事长陈锁平签订合约。修建五福清泰安养园的项目得到忻州市委、市政府领导的高度重视和大力支持，多次现场勘查，同云河集团领导座谈商讨，并要求各有关职能部门发挥各自职责，积极扶持兴办社会慈善公益事业。合约规定，五台山普寿寺支付云河集团650万元资金，接收云河集团飞虹桥小区53.44亩闲置土地，兴办忻州市五福清泰安养园。这项慈善公益事业，既是积极应对国际经济危机，盘活国有资产，帮助企业摆脱困境的一项重要举措，又是宗教界发扬宗教优良传统，帮助老弱孤寡等社会弱势群体，解决孤寡老人的生活赡养、精神慰藉等诸多问题，促进和谐社会建设的一大善举。该项目预计总投资8800多万元，是集养老、文化、康复为一体的综合养老服务机构。

【省宗教局评为全国宗教培训工作先进单位】 12月8~11日召开的国家宗教局宗教培训工作座谈会上，山西省宗教局被评为全国宗教培训工作先进单位，受到国家宗教局的表彰奖励。省宗教局副局长卫望军在大会上作典型发言。近年来，该局坚持不懈地在宗教系统广泛开展多层次、多途径、多形式、全方位的培训，先后完成全省300余名党政领导干部、300余名宗教工作专职干部、11000余名宗教教职人员轮训一遍的规划；举办百人以上各类大型培训班20余次。这些培训班的举办，对贯彻党的宗教工作基本方针，提高宗教工作干部、宗教界人士的政策法律意识，提高宗教工作“三支队伍”的工作能力，搞好宗教事务管理，保持宗教界的和谐稳定，都起到重要作用。

【天主教太原教区祝圣新司铎】 12月8日，天主教太原教区在太原市解放路总堂为孙永维等4位修士举行祝圣新司铎仪式。晋铎典礼由市天主教爱国会主任、天主教太原教区主教李建唐主持。来自省内各教区90多位神甫参加祝圣仪式，2000多名信教群众到场观礼。新祝圣的4位司铎均为30岁左右的中青年骨干教职人员，政治立场坚定，文化素质较高。他们表示：要坚持独立自办原则，爱国爱教，与广大神长教友一同致力于太原天主教会的建设，实现自己的晋铎誓言，做一个合格的神职人员。祝圣仪式隆重热烈，安全有序。（王泽武）

老龄工作

【概述】 2009年是贯彻实施《山西省老龄事业发展“十一五”规划》的第4年。各级老龄组织和各相关部门齐心协力、多措并举、有力地推动老龄事业的健康发展。

1.城镇养老保险覆盖范围不断扩大，全省参保人数达564.1万人，离退休人员基本养老金按时足额发放，其待遇水平逐步提高。15个国家首批新型农村社会养老保险试点县(市、区)和12个省级试点县(市、区)试点工作扎实推进，全省参保人数达378.2万人，直接受益的60岁以上农民达60多万人。推行城镇居民基本医疗保险制度，全省城镇医疗保险参保人数达344.5万人，超额150%完成全年目标任务。全省115个参合县(市、区)新农合工作进展顺利，参合率达91.4%，超过了国家提出的90%以上的要求。

2.各地积极建立完善农村老年人养老生活补贴金制度，并不断提高补贴标准，扩大补贴覆盖面。继2008年朔州市之后，2009年阳泉市也实现了全市60岁以上农村居民养老补贴全覆盖。市政府每年拿出2900万元，为全市8万多名60岁以上老年人每人每月发放30元养老补贴金。太原、晋城、长治、晋中、临汾等市半数以上的县(市、区)、乡镇(街道)和村(居)都建立了养老补贴金制度。

3.老龄事业基础设施建设不断加强。各地把老年福利服务基础设施建设列入当地政府为民办实事的民生工程，纳入新农村建设规划。截至2009年底，全省已建成敬老院、养老院等机构960所，床位46306张，老年医院341所，老年病床6510张，老年活动中心(站、室)19153个，参加活动的老年人81万多人，老年大学(学校)852所，在校老年人99590人，各项建设均比上年有了大幅度的提高。

4.2009年初，省老龄办下发《关于规范爱心护理工程试点单位申报工作的通知》，对申报条件、申报程序、申报时间和管理等方面进行规范。省老龄办积极引导、培育符合条件的老年医疗、服务机构创造条件开展爱心护理工程基地建设。2009年又有5家单位被全国老龄事业发展基金会批准为爱心护理工程建设基地，全省符合条件的爱心护理工程建设基地已达10家。

【基层老龄工作】 2009年，省老龄办以18个老龄工作示范县（区）为抓手，以召开全省农村老龄工作现场会为载体，推广基层老龄工作规范化建设的先进经验，发挥其引导作用和示范效应，不断地把基层老龄工作引向深入。(1)对经过检查验收符合条件和标准的18个老龄工作示范县(区)进行授牌。太原、晋城、运城、晋中、大同、忻州、吕梁等市确定老龄工作示范县(市、区)、示范乡(镇)、示范村。省老龄办7月下发《关于全省老龄工作示范县(市、区)创建和管理工作的通知》，建立申报、检查、验收、评选、表彰、授牌长效机制，对创建工作实行动态、规范、制度化管理。(2)9月，省老龄办在晋城召开全省农村老龄工作现场会。晋城等8个市、县作了大会经验发言。柳林等20个单位进行书面经验交流。先后参观泽州、阳城2县、4镇、6个村。全国老龄办副主任袁新立出席会议并讲话。部分市分管老龄工作的领导，18个老龄工作示范县（区）分管领导等90多人参加会议。晋城市从1992年开始，不断推进农村老龄工作“五项建设”(即老年活动室、尊老敬老制度、养老补助金、养老创收基地、老年福利基金)。2006年开始在乡镇建立为老服务中心，为老年人提供家政、维权、生活照料等服务。老龄工作得到各级党政领导的肯定，深受广大老年人的好评。(3)省老龄办把居家养老服务作为建立健全养老服务体系的重点工作，取得初步效果。晋城市老龄委与市民政局、财政局等10部门联合下发《关于推进居家养老服务工作的意见》，在乡镇建立为老服务中心，开展为老服务工作。太原市政府办公厅转发市老龄委《关于推进居家养老社会化服务工作的意见》。杏花岭区确立“政策引导、试点先行、分布推进、全面铺开”的工作思路，采取“有偿+抵偿+无偿”的运作方式，建立全方位、网络化、多层次的服务平台。迎泽区在社区成立居家养老服务站，建立服务队伍，开展“一

全省老龄工作会议 （闫　鹏提供）

对一、一帮一"的为老服务。万柏林区成立为老服务组织,建立9支为老服务队伍,开展一站式便捷规范地为老服务。太原市老干部局建立"电子保姆"服务系统,为老年人提供智能化、专业化、信息化服务。清徐县针对农村老年人的实际需求,探索试行符合本地实际的服务模式。运城市盐湖区、芮城县根据年轻人外出务工的实际情况,办起"老年食堂",老年人每天只需交1~2元钱,即可吃到可口的一日三餐。长治、阳泉等市也成立居家养老服务中心,试点工作进展顺利。

【落实老年优待政策】 2009年3月,全省老龄办主任会议召开。会议交流全省贯彻落实老年优待政策的先进经验,晋城市老龄办等6个单位作大会经验发言,省老龄办就新形势下做好老年优待工作进行安排和部署。县级以上老龄组织充分发挥监督、检查职能,老年人免费进入公园、纪念馆,乘坐公共汽车,进入旅游景点等优待条款均得到落实,车站、机场、医疗单位等场所设立老年人优待服务窗口,明示优待服务内容。忻州市财政为老年人一次性缴纳20万元乘车意外险,较好地解决老年人免费乘车问题。阳泉市老龄办协调公交公司,规范办证工作,遏制持假冒优待证乘车的问题。

【维护老年人合法权益】 全省各级老龄办大都经司法部门批准成立老年法律援助工作站,对符合法律援助条件的老年人提供法律咨询,代拟法律文书,进行诉讼调解等。大同市所辖11个县(区)及大多数乡镇都成立老年法律援助站(室),开辟电话受理法律援助通道,实行律师事务所代理法律援助申请机制,使老年人足不出户就可咨询有关法律问题,在居家附近即可寻求法律援助服务。各地法院开辟老年案件绿色通道,对老年案件实行优先立案、优先审理、优先执行,诉讼费根据老年人不同情况可缓交、减交或免交。各地还针对老年人的特点和案件的性质,开展人性化的法律服务。对思维不清、说话啰嗦的老年人,耐心倾听,认真解答;对80岁以上或患病老人,上门服务,简化手续;对家庭侵权案件,选择非讼调解方式,既晓之以理动之以情解决问题,又不因此使彼此反目失去亲情。各市、县老龄组织大都建立老年人来信来访制度。省老龄办、太原、忻州、阳城等市、县老龄办还建立老年人来信来访首问责任制。大同市老龄办制订老年人来信来访限时答复办结制。

【宣传工作】 1.省老龄办、太原、晋城、长治、忻州、运城、大同、晋中、阳泉、吕梁、阳城、泽州、高平、清徐、小店等市县都办有老龄工作刊物或简报,及时反映老龄工作的开展情况和动态。省老龄办、太原、晋城、广灵等市县建起"老龄网站"。各级老龄组织采用各种宣传方式,定期或不定期地开展老龄宣传活动,为搞好老龄工作发挥重要的作用。各地媒体也开辟老龄工作专栏和栏目,提高宣传工作效果。省电视台"老年福"频道,适应老年人特点求新求好,太原广播电台开办"老年之声",《太原晚报》开设《老年周刊》,《运城日报》设立"老年天地"专栏,电视台设立"法制在线",《太行日报》《晋中日报》设有"老年专刊"等等。

2.省老龄办会同省新闻工作者协会联合举办山西省"尊老助老、和谐中国"新闻联合报道活动,活动以弘扬尊老敬老文化,构建和谐山西为主题,对老龄问题和老龄工作进行全方位的宣传和报道,省城11家媒体参加活动。

3.各地整合宣传资源,创新宣传方法,寓宣传于各项活动之中,收到宣传工作、推动工作的综合效果。太原电视台举办有规模、有影响的魅力老爸老妈活动。晋城、长治等市、县举办庆祝老年节敬老月活动。通过举办和开展各种形式的活动,扩大老龄工作的宣传面和影响力,营造重视老龄工作的良好氛围。

【老龄调查研究】 1.省老龄办会同省老年学会、省社科院基金项目课题组联合开展农村老年人生活状况的调研。通过对3县9个乡镇850位老年人的问卷调查,和4县(市)15个乡镇、45个行政村的175位老年人的入户调查,面对面访谈,较全面地了解农村老年人的生活状况及存在问题,写出《山西省农村老年人现状、问题及解决办法调查研究总报告》等6个专题报告(修改稿)。

2.根据全国老龄委的工作安排,省老龄办会同省社科院开展山西省应对人口老龄化战略研究。战略研究共分方案设计、实地调研(问卷调查、数据收集分析汇总)、分课题(14个分课题)研究和撰写研究报告四个阶段。2009年主要进行第一、二阶段的工作。从4月份开始,进行战略研究方案和课题的设计、论证,制定《山西省应对人口老龄化战略(2010~2050年)研究实施方案及课题框架》。8月11日至9月21日,组成3个调研组,分赴太原、大同、吕梁、忻州、晋城、运城6个市、18个县(市、区)、48个乡镇(街道)、120个村(社区)开展调研,同时入户进行1‰老年人口抽样调查,完成调查问卷4080份。

3.省直机关、忻州等市县老龄办也开展了一定规模的调研活动。省直机关老龄办对11个课题进行调查研究工作,汇编《山西老龄问题探索》一书。太原、晋城、长治、清徐等市县老龄办分别开展老年人生活状况和居家养老服务工作调研,并撰写调查报告。

【老年文体活动】 2009年,省老龄办会同省老年体协、省体育局组织全省173名老年选手参加由国家体育总局、全国老龄办、中国老年体协举办的第一届全国老年体育健身大会。山西省老年选手参加了全部10个项目的比赛,共获13枚金牌、21枚银牌、17枚铜牌。山西省获得优秀组织奖。8月8日,庆祝全国"全民健身日"启动仪式暨省城万人健步走活动在太原市滨河体育中心举行。省老龄办组织200名老年体育爱好者参加启动仪式和健步走活动。

举办庆祝建国60周年老年书画展,唱红歌、颂祖国、诗歌比赛,各种形式的老年趣味运动会,祖国在我心中演讲比赛,"钻石婚""白金婚"夫妇评选表彰等活动。太原市老龄办举办"60年60人"先进人物讲述太原60

年发展巨变专访活动，回顾发展历程，激发爱国热情，牢记革命传统，坚定发展信心。

全省从机关到厂矿，从企业到学校，从城市到农村普遍开展老年节的庆祝活动。省老龄办10月21日在省广播电视总台大演播厅举办“福彩杯”“金秋风韵”老年文体展演，荟萃全省各地11个精彩的文体节目，展示当代老年人的精神风采。省城各界老年代表参加晚会。太原、忻州、晋城、长治、晋中、阳泉等市和多数县（市、区）举办庆祝老年节文艺汇演。

【银龄行动】 2009年，省老龄办先后两次组织医疗专家开展两次大规模的“银龄行动”。一是6月10~17日，组织省人民医院、省妇幼保健院、省眼科医院的专家赴襄垣县和石楼县，开展为期8天的医疗服务活动，诊治病人1000余人，免费发放药品100余种。二是7月23~31日，组织省人民医院、山医大二院、省中医学院9名专家赴五台县、和顺县开展医疗服务活动。9天时间共接诊1492名老人，免费发放价值13000元的药品。

太原、晋城、长治、吕梁、大同、和顺、清徐等市县也开展大规模的“银龄行动”。太原市老龄委组织10家医疗单位的100名专家，分成10个医疗队分赴10县（市、区）开展义诊活动，累计义诊群众3500多人，免费发放价值3万多元的药品。晋城市以“银龄助农”为主题，组织农、林、畜牧、养殖专家深入农村为老年人提供有关技术咨询和指导。（闫　鹏）

残疾人工作

【政策法规】 5月15日，《中共山西省委山西省人民政府关于加快残疾人事业发展的实施意见》（晋发〔2009〕18号）正式印发。7月9日，省政府残工委召开全体会议，就贯彻落实省委18号文件及山西省的残疾人工作安排部署。8月28日召开各市残联理事长学习贯彻落实省委18号文件座谈会，对各地制定当地实施意见进行安排。截至2009年底，忻州、长治、朔州、晋城四市的实施意见已经出台，其他各市也都完成起草工作。

省十一届人大常委会第九次会议将“残疾人康复服务覆盖率年增长15%”纳入山西省“十一五”经济社会发展指标体系。《山西省实施〈残疾人就业条例〉办法》完成起草、专家论证、部门协调等项工作，已报省政府法制办，待省政府常务会议研究下发。省人大将修订《山西省残疾人保障条例》列入人大2010年立法计划，并协同省政府法制办在太原、忻州、朔州、长治等市及相关县、区残联进行立法调研。

山西省残疾人联合会（以下简称省残联）同民政厅、财政厅、人社厅联合制定下发《关于进一步加强和规范省基层残疾人组织建设的实施意见》（晋残联〔2009〕161号），提出在全省设立残疾人事业公益岗位，对乡村两级选聘残疾人专职委员及其待遇问题作出明确规定。

【评选表彰】 7月2日，受全国表彰的山西省14名自强模范、扶残助残先进集体、先进个人、残疾人之家和残联部门先进工作者代表，在人民大会堂受到胡锦涛主席等党和国家领导人的接见。12月11日，山西省第四次自强模范暨扶残助残先进集体和个人表彰大会在太原举行。省委书记、省人大常委会主任张宝顺，省委副书记、省长王君，省委副书记、省政协主席薛延忠等省四大班子领导接见全体受表彰代表。省委常委、常务副省长、省政府残工委主任申联彬出席会议并讲话。王贵明等26人被授予“自强模范”称号，太原市慈善总会等30个单位被授予“扶残助残先进集体”称号，赵朴森等30人被授予“扶残助残先进个人”称号，太原市杏花岭区特殊教育中心学校等30个单位被授予“残疾人之家”称号，姚荣爱等14人被授予“残联系统先进工作者”称号。

【实事项目】 2009年，省政府将“对3万名贫困残疾人实施康复救助，为200个社区配备残疾人康复器材，解决2400户农村残疾人的住房困难”列入2009年承诺为民办的十件实事之中。省财政全年投入资金2400万元。康复训练、精神病服药、矫形手术、假肢装配等救助项目在144个定点康复机构中全部完成。助听器、辅助器具、社区康复训练器材经政府集中招标采购后及时下发至各市残联和各定点康复机构，并全部配备到位。为500名贫困听力残疾人每人免费配发1个数字式助听器；对800名贫困聋儿、1000名贫困肢体残疾人和1500名贫困智力残疾儿童（含脑瘫儿童、孤独症儿童）提供康复训练；对300名贫困肢体残疾人实施肢体矫治手术、2000名贫困精神病患者服药、100名贫困肢体残疾人安装大腿假肢给予救助；为23800名贫困残疾人免费配发辅助器具33700件；为200个社区卫生服务中心和社区活动中心配置康复训练器材200套2800件。农村贫困残疾人危房改造任务在10个市46个县（市、区）实施，实际完成2529户。

【社会保障体系建设】 1.落实优惠政策，保障残疾人基本生活。在确保将符合条件的残疾人纳入城乡低保救助范围的基础上，针对“低保户”残疾人实际生活支出情况，研究制定特别补差标准，使低保残疾人的补差水平得到有效提高；适当放宽低保边缘户残疾人享受最低生活保障的限制，扩大贫困残疾人低保覆盖面。

2.推进残疾人参加社会保险。协调省人力资源和社会保障厅，提出省、市和27个试点县（市、区）残联加入同级新型农村社会养老保险试点领导组和办公室以及对重度残疾人、贫困残疾人参加新型农村社会养老保险的具体优惠建议。继续探索政府支持残疾人参加商业保险的途径，多渠道、多形式帮助残疾人逐步实现“老有所养”。

3.做好残疾人托养服务工作。学习借鉴兄弟省建设托养服务机构的经验，利用各种社会资源，开展集中托养、居家托养、周托、日间照料等形式多样的托养服务工作，为4500名残疾人提供托养服务。

【服务体系建设】 1.提高残疾人的医疗健康水平。确定原平市、太原市万柏林区等10个县(市、区)作为"全国残疾人社区康复示范县(市、区)"进行培育，确定代县、左云等14个县(市、区)作为"全省残疾人社区康复示范县(市、区)"进行培育。制定《山西省残疾人"人人享有康复服务"审评实施细则(试行)》,启动全省的审评工作。组织实施国家"彩票公益金残疾人康复项目"、"视觉第一、中国行动"、"长江新里程康复救助项目"、"听力重建、启聪行动"和山西省"省政府为民办实事康复救助项目"、"富士康爱心助残工程"等项目,对82300名贫困残疾人实施康复救助,救助金额达2900多万元。

山西省第四次自强模范暨扶贫助残先进集体和个人表彰大会

(郝晓波提供)

2.保障残疾人接受教育的权利。继续实施富士康科技集团助学、国家和省彩票公益金助学项目以及"通向明天——交通银行残疾青少年助学计划",共投入315万元,对2596名残疾学生和残疾人家庭大学生子女给予资助。与省招办协调,做好残疾考生的高考录取工作。2009年全省有341名残疾学生报名参加高考,175名达线的残疾考生全部被录取。推动特殊教育学校建设,11个市特殊教育学校全部建立。举办第二期聋人计算机培训班,62名学员取得劳动部门颁发的职业技术等级证书。

3.扩大残疾人就业规模。全年城镇新增残疾人就业5603名，农村新增残疾人就业8198名。大部分市建成就业信息网络，逐步实现与税务、人力资源和社会保障部门无障碍信息交换和资源共享。加大对残疾人就业保障金的征收力度，提高征收额度。同时加强对保障金的管理,严格监督检查,真正发挥其保障和促进残疾人就业的作用。

4.实施财政扶贫和康复扶贫项目。争取财政扶贫资金200万元,对45个县的52个项目进行扶持。3200万元康复扶贫贷款全部落实,贷款贴息拨付到位。各市在总结扶贫基地建设经验的基础上,完善扶贫基地的建设标准和管理办法,逐步规范扶贫基地建设,已建基地140个。

5.开展残疾人文体活动。以"关爱残疾孩子,发展特殊教育"为主题,开展第十九次"全国助残日"活动;组织开展《我爱我的祖国》征文活动、"中国新闻奖"推荐和"2008年度山西省残疾人事业好新闻奖" 评选工作;全省各级各类媒体发表残疾人事业相关报道约3000多条(篇)。开展"特奥足球周"等活动,举办山西省第三届特殊奥林匹克运动会。在第七届全国残疾人艺术汇演中，山西省选送的6件参赛作品全部获奖。山西省选手孙昊、陈思在"2009年国际轮椅舞蹈大赛" 上获得拉丁舞三项比赛的第一名。山西省盲人柔道队、残疾人游泳队在全国锦标赛上分别取得2金1银1铜、2金2银的成绩。

6.维护残疾人合法权益。对《山西省实施〈中华人民共和国义务教育法〉办法》《山西省劳动合同法条例(草案)》等涉及残疾人的条款提出意见和建议。会同省建设、民政、老龄委等部门,对太原、大同、长治、晋城、运城等五市创建全国无障碍建设城市的工作情况进行检查,全省各市共为1200户贫困残疾人家庭住宅进行无障碍改造。在第四次全国残疾人信访工作会议上,省残联和太原市残联维权部、王德强等4位同志分别被国家信访局和中国残联授予 "先进集体" "先进个人"称号。

7.做好第二代残疾人证换发工作。全省核发第二代残疾人证工作3月份正式启动,省、市残联与卫生部门共同确立残疾鉴定医学专家组,全省各市县残联业务人员及各科医师1030余人接受一级或二级残疾评定技术培训,各地争取财政、卫生、物价等部门支持与配合,降低残疾评定收费额度,减轻残疾人负担,许多县开辟专门办证场地,极大地方便了残疾人。119个县(市、区)残联全部进入网络登记审批管理系统,录入换证数据26.9万条,制发证件18.4万份。

8.继续做好残疾人状况监测和课题研究工作,为制定并完善相关政策提供依据。2009年度监测样本量猛增,监测内容调整。为了确保监测数据质量,新增省级验收、集中会审的环节,对1066份监测问卷100%评估验收,收支台账监测户为22户,每月数据及时上报。省残联、省社科院联合申报的《农村残疾人社会保障可获得性研究》,围绕残疾人"两个体系"(社会保障体系、服务体系)建设进行深度调研,在国家课题中期评估会议上得到专家的认可,顺利结题。

9.稳步推进全省残联信息化和统计工作,为残疾人事业各项业务工作的开展提供技术保障。推动网站信息无障碍技术应用,加快残联系统内部资源建设,初步实现残疾人基础数据在各业务领域中的应用。发挥各级残联网站宣传、服务作用，不断充实、丰富和积累网站信息资源，与中国残联网站形成互动、与传统媒体形成互补，使之成为弘扬人道主义精神、宣传残疾人事业、服务于广大残疾人的政务信息第一平台。及时、规范、准确上报中国残疾人事业统计年报及综合服务设施统计分析报告，进一步推进基层统计台账建设，发挥台账辅助业务管理的作用。（郝晓波）

扶贫开发工作

【概述】 2009年，山西省扶贫开发工作在扎实开展整村推进、移民扶贫、劳动力转移培训和产业扶贫等重点工作基础上，积极探索创新扶贫方式，启动实施教育扶贫工作，继续壮大社会帮扶力量，积极构建"大扶贫"工作格局，较好完成年度扶贫开发目标任务，为有效应对国际金融危机的冲击和特大旱灾、强暴雪灾害的影响，完成"保增长、保民生、保稳定"的艰巨任务作出积极贡献。根据全省贫困村住户抽样监测结果，57个贫困县农民人均纯收入达2713元，比上年增长6.3%，其中35个国家扶贫开发工作重点县农民人均纯收入达2361元，增长6.9%。在严重受灾69万人返贫的情况下，仍有41.6万人脱贫，到年底全省低收入以下贫困人口共有286.7万，比上年增加27.4万。

【整村推进】 2009年，继续将整村推进"三个确保"作为扶贫开发的突出重点，通过增加资金投入、落实地方责任、强化部门合作、建立激励机制、加强督促检查等措施，全年安排中央和省级财政扶贫资金4.9亿元、落实市县两级财政扶贫资金7689万元、整合部门和工作队资金7.1亿元，共扶持2386个革命老区贫困村实施整村推进，超额完成年度目标任务，并为2010年底全面完成这项任务奠定坚实基础。

【移民扶贫】 2009年，共安排52县562个村、10056户4万移民扶贫搬迁。安排资金1.73亿元，其中移民户建房补助资金1.36亿元、基础设施建设补助资金3728万元，人均补助标准达4200元。当年开工建设9587户37550人，开工建设率达93.9%；其中房屋主体工程完工8491户32764人，主体工程完工率81.91%；搬迁入住1206户6108人，当年搬迁入住率为15.3%。按照"一年建成，两年入住，三年扫尾"的要求，全年滚动移民4万人的目标任务顺利实现。

【劳动力转移培训】 积极应对国际金融危机影响，及早安排下达计划，组织各基地瞄准返乡农民工和新增"两后生"开展技能培训，全年完成贫困地区劳动力转移培训6万人，转移就业率达80%以上，有效稳定返乡农民工的生产生活；继续参与"雨露计划·腾飞工程"扶贫助学活动，从贫困地区招收488名学员，送往长沙环球职业教育集团进行免费培训并推荐工作，为贫困地区劳动力拓宽新的就业渠道。

【产业扶贫】 (1)通过财政贴息方式积极引导信贷资金支持贫困地区产业开发。2009年，共为扶贫龙头企业的4.55亿元贷款安排贴息资金1366万元，为5.66亿元扶贫到户贷款贴息1200万元，龙头企业通过发展生产基地，与农户建立产供销一体化的运营模式，带动29.1万贫困农户生产增收；(2)继续推动"两区"产业开发项目达产达效，402个产业开发项目全部开工建设，其中339个项目投产，221个项目达产能力80%以上，扶贫龙头企业带动群众增收脱贫的能力进一步增强。

【教育扶贫】 根据省长王君"要把教育扶贫作为扶贫开发的一项重要内容来抓"的指示精神，2009年安排专项资金500万元，资助义务教育之外考入大中专院校、高中和职业技术学校的农村困难家庭学生完成学业。当年资助贫困大学生226名、贫困中专和技校生1455名、贫困高中生1200名，共有2881名贫困地区农村困难家庭学生成为教育扶贫的受益者。作为从长远上奠定稳定脱贫基础，提高持续发展能力的重要举措，这项工作得到贫困群众的普遍拥护。

【片区开发试点】 2009年，山西省新增繁峙、天镇两个县进行片区开发试点。全省片区开发试点县达5个，项目区覆盖10个乡镇162个行政村7.69万人。除中央和省级投入财政扶贫资金4950万元外，试点县采取整合部门资金、招商引资和群众自筹等办法，筹集资金2.64亿元，项目总投资达3.14亿元。这种新的扶贫模式，实现了各个渠道扶贫资源在更高平台和更大范围内的有效整合，并通过集中投入、综合治理，提升区域内产业发展、基础设施和社会事业发展水平，在扩大整村推进效果，增加贫困群众收入方面取得明显效果。

【彩票公益金项目】 2008年，国务院扶贫办确定平顺、阳高两县为彩票公益金项目试点县，安排专项资金4250万元，扶持30个贫困村实施以基础设施建设、公共事业服务、主导产业开发和村级发展互助资金为主要内容的中央彩票公益金项目，加上地方配套资金和其他资金投入，项目总投资达7829万元。该项目在管理方式、实施进度和建设质量等方面都得到国务院扶贫办充分肯定。2009年9月，国务院扶贫办在平顺县专门召开全国彩票公益金项目培训现场会，总结推广山西省的经验做法，并在2010年奖励山西省新增一个彩票公益金项目县。

【村级发展互助资金】 山西省于2006年开始村级发展互助资金试点工作。到2009年底，这项工作的试点范围扩大到155个村，有5712户贫困群众加入村级发展互助资金，资金总规模达2425.4万元，其中财政扶贫资金投入1832.3万元，农户入股资金540.2万元。累计发放贷款1602.49万元，借款回收率达70%左右。开展试点工作的贫困村已经初步建立起扶贫资金"滚动发展、长期受益"的良性循环机制，在帮助贫困群众解决发展生产资金困难方面取得较好效果。

【社会扶贫】 2009年,全省各级抽调两万多名干部组成第21批省委农村工作队,深入8811个行政村,对414.3万人口进行定点帮扶,特别是要求35个国家扶贫开发工作重点县内的各级工作队全部进驻“三个确保”贫困村。当年各级工作队共落实帮扶资金7.14亿元,其中85%以上按要求投入或辐射到整村推进村。同时,积极配合中国扶贫开发协会,成功举办中国扶贫开发人物展山西巡展活动,为山西省贫困地区捐赠价值3850万元的饮水净化设备、医疗设备、校园服装和婴幼儿奶粉。与中国扶贫基金会合作开展为汶川地震灾区学生捐赠爱心包裹活动,全省认捐总额达到2300万元,获得中国扶贫基金会“爱心包裹项目突出贡献奖”。继续争取新加坡慈援组织支持,提供160万元人民币,组织实施和顺县松烟镇敬老院改扩建工程和阳高县王官屯镇人畜饮水及节水灌溉项目;与农工民主党山西省委合作,组织14位医疗专家赴沁县开展扶贫义诊活动,受到贫困群众的广泛好评。

【外资扶贫项目】 亚行贷款山西河川流域农业综合开发项目是山西省扶贫部门争取的第一个大型利用外资扶贫项目。该项目总投资15.6亿元,其中利用亚行贷款1亿美元,建设内容包括建设畜禽良种养殖、特色高效优势农业和节水高效设施农业三大类生产基地,支持农户与市场联结服务,开展项目机构和受益农户能力建设等,覆盖5市26县185个乡镇、3258个村的184万人口受益,其中贫困县12个,受益人口90多万人。2009年,项目通过贷款正式评估、完成对外谈判和法律文件草签,前期准备工作基本完成,2010年上半年即可启动实施。 (杜姗姗)

移民工作

【移民后期扶持】 积极推进水库移民后期扶持政策实施工作,取得显著成效,基本实现国务院提出的“确保政策兑现、确保资金安全、确保社会稳定”的阶段性目标。

1.直补资金发放工作进展顺利。全省大中型水库移民后期扶持人口共有44.573万人,有41.3961万人已经兑现直补资金,其余因无法核实到人,暂未发放后扶资金。

2.全省60个移民重点县(市、区)《大中型水库库区和移民安置区基础设施建设和经济发展规划》(以下简称《经济发展规划》)的审查、复核和审批工作全部完成。

3.对2006年7月至2008年12月期间的后期扶持人口变化情况进行一次性核定。全省共核减3820人,新增1560人。

4.积极配合有关部门加强库区基金和0.5厘电价加价资金征缴工作,共征收5571.4万元。

5.完成全省小型水库移民及受影响村情况调查任务,涉及11个市95个县(市、区)711座水库,375个移民村,640个受影响村,原迁移民人口73237人,受影响人口755281人。忻州、运城、阳泉、太原、临汾等5市已编制完成《解决小型水库移民生产生活困难项目规划》(以下简称《小型水库移民规划》)。

【移民搬迁安置】 扎实做好新建工程的移民搬迁安置工作,对12个应急水源工程移民工作进行督导和调研,项目业主、实施单位、市移民办签订移民工作目标责任书,总体进展顺利。

1.张峰水库共有移民3969人,沁水县的2745人已基本安置到位,安泽县1224人的房屋主体已全部完成。

2.龙华口水电站、引沁入汾和川取水输水工程移民工作进展顺利,保证了水库正常下闸蓄水,及时发挥效益。

3.泽城西安水电站(二期)淹没实物调查、《移民安置规划大纲》审查等前期工作基本完成,有关各方已签订移民安置协议。

【制度建设】 先后出台《山西省水库移民后期扶持项目资金使用管理暂行办法》《山西省大中型水库移民后期扶持人口年度核定办法》《山西省移民信访工作管理办法》《山西省解决小型水库移民生产生活困难项目规划编制指导意见》等一系列规章制度,有力促进全省移民工作规范、有序开展。

【宣传培训】 2009年,省、市、县三级移民管理机构开展形式多样的宣传活动,累计培训各级移民干部1000余人次,同时,水利部移民开发局在山西省举办两期培训班,一是针对全国水库移民系统的财务人员培训班,二是针对山西省各级移民管理机构的后期扶持管理信息系统推广应用培训班。通过宣传和培训,使参与政策实施的各级干部进一步加深对移民政策精神实质的理解,明确政策界限,增强责任意识,提高政策水平和业务素质。

【移民信访】 2009年各市县把信访和稳定工作摆在突出位置来抓,畅通信访渠道,耐心细致地做好信访接待工作,妥善化解矛盾,努力把问题解决在基层,维护库区社会稳定。全年共接待处理各类信访事项70余件次,接待来访群众630余人,受理电话咨询90余次,调查处理上级批转的信访事项12件,基本做到了次次有答复,件件有落实。 (朱东兵)

人　物

逝世人物

【霍　泛】 中国共产党优秀党员、忠诚的共产主义战士，山西省第六届人民代表大会常务委员会副主任、党组副书记，因病医治无效，于2009年4月14日2时在太原逝世，享年94岁。

霍泛，1915年11月出生于山西省黎城县西井镇下寨村。曾就读于长治师范学校、山西省立第一中学。1936年1月在北平弘达学院加入共产主义青年团，参加革命工作，同年7月加入中国共产党。1938年9月后任太行区党委宣传部秘书兼教育干事，黎城县牺盟会组织部部长、县委宣传部部长、县委书记，太行区党委宣传部宣传科长，太行一地委常委、宣传部部长、组织部部长。1949年1月任中央政策研究室农村组组长；1953年1月任中央农工部农村互助合作处副处长；1957年9月后任广西壮族自治区党委常委、秘书长，农工部部长、农村政策研究室主任、档案局局长；1964年1月任广西壮族自治区党委候补书记。“文化大革命”期间遭受迫害，停职关押长达10年之久。十一届三中全会后彻底平反，恢复工作。1981年3月任山西省副省长，10月任山西省委常委、副省长；1983年4月任山西省人大常委会副主任、党组副书记；1988年2月退出领导岗位后被中央农村政策研究室聘为特约研究员；1995年12月中央批准离职休养；2002年1月中央批准享受省长级医疗待遇。

霍泛是省六、七、八次党代表大会代表，省五、六、七届人大代表。

青年时期的霍泛追求进步，追求真理，关心国家的前途和命运，参加中共北平地下党组织的“北平学生读书会”，阅读大量进步书刊和马列主义著作，逐步树立共产主义信仰。“一二·九”爱国学生运动爆发后，他被选为弘达学院学生会副主席，投身运动并参加北平学联会组织的南下抗日宣传团。次年加入共青团并担任弘达支部组织委员，后被国民党当局逮捕入狱。他在狱中与敌人进行了坚决的斗争，加入中国共产党，走上革命道路，冒着生命危险掩护王维纲(注：冀南农民暴动组织者之一，被国民党当局判处死刑，当时任狱中党组织负责人，新中国成立后任最高人民法院副院长）成功越狱，震动了北平市反动当局。

抗日战争时期，霍泛出狱回到家乡，恢复党的组织关系。组织黎城县军民配合八路军反扫荡作战，平息了“离卦道”暴乱，领导群众开展减租减息运动，努力发展生产和改善群众生活，为发展壮大当地抗日武装力量和开展党的工作作出贡献。

解放战争时期，霍泛担任太行区委、太行一地委领导职务，深入基层调查研究，开展群众工作，为巩固人民民主政权做了大量工作。

新中国成立后，在中央政策研究室工作，期间起草《关于中农与富农的划分问题》《在土地改革工作中应当怎样去发动和组织群众》等文件，指导和推动南方地区的土地改革运动。1951年受党的派遣赴苏联了解集体农庄情况，撰写《苏联集体农庄是怎样进行生产和分配的》调研文章供党内学习。在中央农工部工作期间，参加了统购统销、农业合作化政策的制定工作，推动农业经济健康发展。在广西工作期间，参加了广西壮族自治区的筹备工作，组织起草了区党委有关农村工作的一系列文件和指示，其中关于广西农村社会主义大辩论的报告，中央作了批示并转发全国。他经常深入各个县市指导工作，为广西壮族自治区的经济建设和社会发展作出贡献。

进入改革开放新时期，霍泛调回山西工作。他衷心拥护并坚决贯彻党的十一届三中全会以来的路线、方针、政策，勤勤恳恳、兢兢业业投入家乡的改革发展事业。在担任省委常委、副省长期间，他经常深入田间地头调查研究，取得大量一手资料，为省委、省政府领导和推动“三农”工作提供了依据。他在农村、县城、机关宣讲党的农村政策近百次，为全省农村实施联产承包责任制起到重要推动作用。1981~1985年，他连续参加中央关于农村工作5个1号文件的起草工作，为推进全国农村改革发展奉献了自己的智慧和心血。在担任省人大常委会副主任期间，为完善人民代表大会制度、推进民主法制建设以及加强省人大机关建设尽职尽责，取得显著成绩。

霍泛退出领导岗位后,积极参加党支部活动,始终关注农村和农民生活,进行调查研究,主动为推进“三农”工作建言献策,经常下乡看望农民群众。把一生积累的精神财富编印成《霍泛文集》,计140余万字。离职休养后仍担负一些社会职务,继续为社会奉献余热。

霍泛注重学习,勤于思考,具有较高的政策理论水平,特别是在研究、推动和领导“三农”工作上作出突出贡献。他为人正直,爱憎分明,廉洁奉公,处事公道,带头讲实话、办实事。他对群众有着深厚的感情,无论是战争年代还是建设和改革时期,始终重视维护群众利益,与农民群众打成一片,被称为农民可亲可敬的朋友。他发扬党的优良传统,以身作则,吃苦在前,任劳任怨,一身正气,两袖清风,严格要求家属、子女和身边工作人员,保持了一个共产党员、人民公仆的高尚品质,在广大干部群众中享有较高威望。霍泛的一生,是革命的一生、奉献的一生,是为党和人民的事业鞠躬尽瘁的一生!

【贾云标】 中国共产党优秀党员、忠诚的共产主义战士,原山西省副省长,因病医治无效,于2009年9月5日13时10分在太原逝世,享年98岁。

贾云标,1912年12月16日出生于河北省磁县城南关。曾就读于磁县师范学校。1930年10月加入中国共产主义青年团,同年参加革命工作,1935年秋转入中国共产党。历任河北省磁县小学教员、共青团磁县城区区委、磁县县委交通、直南特委交通,山西省黎城县委组织科长、冀豫边区农联主席、太行区武安县抗日民主县长,晋冀鲁豫边区政府科长、处长,安阳县县长,太行五专科长、副专员、四专专员,太行区党委直属科科长、区党委干校副校长等职。1949年任平原省新乡市委书记;1952年任平原省委统战部副部长;1953年任华北行政委员会统计局副局长,国家统计局办公室主任、党组成员;1955年任国务院城市建设部规划设计局局长;1958年任山西省政府计委、建委副主任;1964年任山西省政府副省长兼经委主任、党组书记;1970年任山西省计委副主任;1975年任山西省委工交建政治部、省革委工交建办公室副主任,省国防工办主任;1977年任山西省副省长;1983年退出领导岗位。1985年离职休养;2002年享受正省级医疗待遇。

青年时期的贾云标积极追求进步。1930年前后,参与领导学校学生自治运动和失业小学教员要求教学运动。1931年配合王维纲(注:冀南农民暴动组织者之一,新中国成立后任最高人民法院副院长)宣传组织上万名小车社工人与彭城镇资本家和旧警察开展面对面的斗争,取得维护工人利益斗争的胜利。1932年参加磁县农民武装暴动。担任中共直南特委交通后,严守党的秘密,躲避了白色恐怖的多次通缉,成为冀南地区党的早期领导者之一。

抗日战争时期,贾云标在地委的领导下,面对复杂环境,积极开展建党、建军、建政工作,主持冀豫农联工作,领导群众开展减租减息,负责筹建太行根据地卫生组织,配合八路军粉碎日寇大扫荡,农民自卫武装队伍建设取得显著成绩,在反摩擦消灭朱怀冰的战斗中,保证对全军粮食的供应及运输,为抗日战争胜利和民族解放作出贡献。

1943年贾云标到陕北延安,在中央党校参加了近三年的整风学习和党的七大会议。

解放战争时期,贾云标领导太行五专、四专的政权建设,担负着繁重的支前任务,为主力部队筹集大量的粮食,支援刘邓大军的作战,完成担负解放安阳、汤阴的后勤指挥部的工作任务,在支援战争、发展生产上发挥作用。在太行区党委负责干部甄别工作时,坚持实事求是的原则,挽救了一大批党的干部。

新中国成立后,贾云标努力贯彻中央指示,为稳定社会,恢复生产,团结各界人士,巩固新生的人民政权,做了大量有益工作。在山西主持工业、交通和国防科技工作期间,团结干部职工,艰苦奋斗,发展生产,劳动生产率一度达到全国中等偏上水平,为国家城市建设和山西经济发展贡献了智慧和力量。

贾云标从领导岗位上离休后,始终以一个共产党员的标准严格要求自己,参加党的组织活动,实践离休再做贡献的思想。曾担任省老年体协名誉主席,老龄人才资源开发协会会长、名誉会长。90多岁高龄还经常到全省各地调研,宣讲党史,下基层看望工人,关心改革开放和社会主义现代化建设,为山西经济社会发展积极献计献策。

贾云标在长期革命生涯中,对党赤诚忠贞,革命信念坚定,为人正直,磊落坦荡,爱憎分明,廉洁奉公,办事公道,团结,密切联系群众。他坚持理论联系实际,实事求是,一切从实际出发,遇事独立思考,决不盲从。在担任党和政府高级领导职务后,更是勤勤恳恳,以身作则,吃苦在前,享受在后,一身正气,两袖清风,高风亮节,德高望重,受到广大干部和人民群众的爱戴。贾云标的一生,是革命的一生、奉献的一生,是为党和人民的事业鞠躬尽瘁的一生!

【王文章】 中国共产党优秀党员、忠诚的共产主义战士,原省委常委、省委文教部部长,省人大常委会副主任,因病医治无效,于2009年12月2日4时20分在太原逝世,享年92岁。

王文章,1918年2月11日出生于四川省巴中县曾口区牛嵌石村,1932年11月在四川省巴中县三江乡苏维埃政府参加革命工作,1936年7月加入中国共产党。1933年5月任巴中县少共县委秘书;1934年1月任四川省少共省委宣传部秘书,同年7月任红四方面军工农总医院政治部团委书记;1935年3月任西北联邦政府军事部教育干事,同年9月到红四方面军党校学习,1936年7月到中央党校学习;1937年10月后任延安陕北公学工作人员、政治指导员、文书科长、会计科长;1940年4月后任晋察冀边区华北联合大学供给处协理员、校部党总支书记、校务处副处长;1943年3月后任晋察冀平西地委组织部干事、副部长、部长；1948年3月任晋察冀北岳区随军工作团主任，同年5月任晋察冀第三纵队政治部民运部长；1950年7月任六十三军后勤部政治委员；1954年6月任志愿军后勤五分部副政治委员；1955年12月任二十一军政治部副主任；1958年2月到解放军政治学院速成系学习；1964年9月后任山西省工交政治部主任，太钢“四清”工作团副团长、党委副书记；1965年9月当选为山西省委委员；“文化大革命”中受到冲击；1969年秋到中央学习班学习；1970年4月任省革委会政工组副组长，同年7月任省“五七”干校革委会主任、校领导组组长；1972年8月任省革委会政治部副主任、主任；1973年5月当选为省委常委；1975年3月后任省委文教部部长、文教委主任；1980年3月任省委宣教领导组副组长；1984年4月任省人大常委会副主任；1985年6月兼任省人大环境保护委员会主任；1988年2月退出领导岗位；1996年2月中央批准离休；2002年1月经中央批准享受省长级医疗待遇。

王文章出身于贫苦农民家庭，深受苛税压榨、地主盘剥、军阀混战之苦，从小树立追求解放、争取光明的理想。红四方面军到达四川后，他参加乡苏维埃政府，参加打土豪、分田地、保卫苏维埃政权的革命工作。1933年5月加入共青团后，在农村广泛宣传党的方针政策，动员广大青年参加红军，保卫革命根据地。长征期间，爬雪山、过草地，历经艰险，经受磨炼，先后参加四川懋功会师、甘孜地区会师和甘肃会宁会师。抗日战争期间，他做好华北联大师生的疏散工作，组织民兵埋设地雷、破坏道路桥梁，动员群众坚壁清野，分散埋藏粮食物资，迅速转移撤离，为粉碎日寇秋季扫荡作出贡献，坚定了当地军民抗战必胜的信心。解放战争期间，在新保安战役、北京和平解放、太原战役和兰州战役中，他协助地方组织训练民兵武装，配合部队作战，宣传发动群众运送物资，做好支前工作。抗美援朝期间，作为部队后勤部门的领导，他对保障部队粮草弹药物资供应、搞好战场救护和对伤员运转等问题进行深入分析，针对建立“炸不断的钢铁运输线”采取措施，保障了第二、三次战役和铁源阻击战的兵力运输、物资供应。

1964年，中央决定抽调部分军队优秀政工干部到地方，加强地方政治思想工作。王文章离开部队来到山西，任省委工交政治部主任。他深入厂矿车间、调查研究，提出许多建设性的意见和建议，组织开展以“政治思想好、劳动生产好、企业管理好、遵纪守法好、环境卫生好”为内容的比学赶帮竞赛活动，提高广大干部职工的工作积极性和业务技术水平。“文化大革命”期间，他不屈压力，不怕风险，顶风直言，想方设法保护干部。党的十一届三中全会以后，他贯彻落实党的方针政策，投身经济社会建设事业，做了大量工作。在文教工作方面，针对师资力量严重不足、教育设备陈旧和短缺的问题，多方协调、积极争取，加大投入，提高教师的待遇水平，加强学校的基础设施建设。在卫生工作方面，建议成立地方病防治领导组，每年从财政拨款100万元作为专项经费，对地方病防治工作起到促进作用。在计划生育工作方面，积极组建机构，争取经费，组织制定切实有效的规划和措施，并担任山西省首届计划生育协会会长，二、三、四届名誉顾问，为该省计生工作作出贡献。在任省人大常委会副主任兼环境保护委员会主任期间，参加地方法规审议，开展立法调研，在环境保护工作上落实“三同时”政策，收到成效，全国人大、国家环保部门和部分省市多次来山西考察、参观学习，给予肯定。退出领导岗位后，参加各项社会活动，讲党史、讲军史、讲传统。1997年，王文章作为山西省老红军代表，参加在北京举办的纪念红军长征胜利60周年系列活动。

70多年的革命生涯，王文章献身共产主义事业，为民族独立、人民解放和社会主义建设事业作出贡献。他勤奋敬业，认真负责，一丝不苟，求真务实、作风深入、平易近人，具有较高的政策理论水平和丰富的领导经验。他牢记全心全意为人民服务的宗旨，廉洁奉公、勤政为民，生活简朴，坚持原则，与人为善，对亲属、子女和身边工作人员严格要求，始终保持了共产党员的本色，在广大党员干部、知识分子和人民群众中享有较高的威望。王文章的一生，是忠诚革命事业的一生，是全心全意为人民服务的一生，是为共产主义事业鞠躬尽瘁的一生。

（杨文生）

劳模人物

2009年山西省全国五一劳动奖章获得者名录

姓　名	单位及职务
吉永业	太钢不锈钢股份有限公司炼铁厂工人
杨　霖	山西易通建筑劳务有限公司施工队长
谢　涛(女)	太原市实验晋剧院国家一级演员
闫少泉(女)	太原重型机械集团有限公司技术中心高级工程师
刘金元	太原市援川建房突击队第一中队队长
郝彩斌	大同市公安局交警支队一大队副队长
李国栋	阳泉煤业集团二矿文综采一队工人
代维华	阳泉铝业股份有限公司合金铸造车间工人
李冬花(女)	阳泉市城区新华东街社区主任、工会主席
邢许庆	沁源新源煤矿综采队队长
秦学东	高平市牛山煤矿安全生产技术员
李培元	榆次筑路机械制造公司研发中心高级工程师
李春藻	运城市农业局蔬菜工作站站长
沙万里	繁峙县第三建筑安装公司第一施工队队长
杨新建	潞宁煤业有限责任公司总工办机电工程师

曹国刚　临汾市公安局治安支队副支队长
杨保国　霍州煤电集团辛置煤矿综采工区区长
赵成书　山西楼东俊安煤气化有限公司销售部主任
贾兆命　太原第一监狱监区长
魏正俐(女)　太原市人民医院医师
姜　英(女)　朔州市实验小学教师
刘琳玉(女)　晋中市榆次区第五中学校长
王增全　中国兵器工业集团第七〇研究所研究员
李永旺　中国科学院山西煤炭化学研究所主任
宋建成　太原理工大学教师
张藕珠(女)　山西省土壤肥料工作站研究员
吴永平　大同煤矿集团有限责任公司董事长
王抒祥　山西省电力公司总经理
方志有　山西煤销集团三元煤业股份有限公司三元煤矿矿长
刘文显　山西省东阳关煤焦站站长
高玉斌　晋城无烟煤矿业集团公司总经理
贾建民　运城闻垣高速成公路建设管理处处长
蔚　明　金桃园煤焦化集团节能减排领导办公室主任
郭凤莲(女)　昔阳县大寨村党总支书记
曹晓斌　太原市小店区北格镇总工会主席
卫红光　太原市邮政局乡邮投递员
周新民　太原钢铁(集团)公司工会主席
王吉生　太原重型机械集团有限公司总工程师
杨　斌　山西太钢不锈钢股份有限公司自动化公司工人

（宋海兵）

2009年山西省全国三八红旗手获得者名录

姓　名	单位及职务
冯　霞	山西省太原市晋源区区长
赵　欣	山西省太原电视台台长
都　洁	山西省太原市水务局局长
张　岭	山西万峻计算机软件开发有限公司总经理
程惠萍	山西省太原市迎泽区青年路小学校长
张　峥	山西省阳曲县妇联主席
薛丽娟	山西省大同市妇联主席
戎有平	山西省大同市第三人民医院院长
王继芳	山西省大同市御河生态林管理处处长
刘玉清	山西省大同市广灵县南村镇党委书记
张秀珍	山西省朔州市平鲁区双碾乡党委书记
余晓兰	山西省右玉县杨千河乡南崔家窑村村民
韩培英	山西省忻州市妇联主席
刘婷芳	山西省神池县县长
马变梅	山西省忻州市工商局财务科科长
高奇英	山西省吕梁市妇联主席
王　辉	山西雪恩农牧集团有限公司董事长
王凤莲	中国邮政储蓄银行吕梁市分行行长
黄耀春	山西省寿阳县县委书记
欧阳英	山西省晋中市公共交通有限责任公司董事长
温建玲	山西省山西灵石新生煤矿有限公司董事长
朱玉芳	山西省阳泉市妇联主席
亢晓英	山西省盂县妇女儿童工作委员会常务副主任兼办公室主任
李湘益	山西省长治市三宝生化药业有限公司董事
孙刘琳	山西省潞城市市长
魏春青	山西省潞安集团常村煤矿选煤厂主任工程师
魏　武	山西省长治医学院附属和平医院院长
茹栋梅	山西省陵川县县长
吕惠兰	山西省晋城市工商局局长
马慧琴	山西省晋城市市政工程总公司女子排水队长
任建英	山西省临汾市妇联主席
黄妙娟	山西省临汾市尧都区土圪塔手工布艺有限公司董事长
张　琼	山西省临汾市中级人民法院民一庭副科级审判员
谢爱玲	山西省运城市环保局局长
杨海娟	山西省夏县庙前镇镇长
王兵娟	山西兵娟制衣有限公司董事长
张孔玲	山西省公安厅机关党委副书记
陈颖清	山西省军区第四干休所副处级干事
郝瑞珍	山西省物资产业集团有限责任公司董事长
张品琴	山西省体操击剑运动管理中心主任
杨丽萍	中国工商银行山西省分行公司业务一部副总经理
杨林花	山西医科大学第二医院血液科主任
杨　辉	山西医科大学第一医院护理部主任
李　冰	山西省眼科医院副院长
梁丽萍	山西大学政治与公共管理学院教授
李文英	山西省太原理工大学国际合作处处长兼国际交流学院院长
李　方	《山西科技报·企业家》周刊总编
韩晓红	中国妇女报山西记者站站长
王秀珍	山西省祁县县委副书记
郭宝荣	山西同元实业集团有限公司董事长
申莉平	山西省妇联机关党委专职副书记
郭蕴藻	山西省妇联办公室调研员

（李　敏）

中央驻晋监督机关

国家财政监督

【收入监管】 1.税收监管。2009年,针对金融危机对山西冲击影响,国家、地方税务部门启动中央税收优惠政策贯彻实施,财政部驻山西省财政监察专员办事处(简称山西专员办)派人员深入国家、地方税务部门调查研究。全年预计税收新政优惠政策减收198亿元,督促落实贯彻实施的效果。通过组织国家税务、地方税务、海关、人行及财政中央收入分析联席会议,督促催收税收应收尽收,截至11月份中央税收完成807.4亿元。

2.日常审核审批。(1)落实增值税先征后返退税政策,审核审批294户次,剔除0.09亿元,审批退付4.9亿元,其中:再生资源新的退税政策审核退付216户次1.16亿元。(2)国库支付交通专项资金和工程采购资金审核49户次,剔除5.96亿元,审核上报10.11亿元;审核归垫资金审核申报户数3户,审核3765.15万元。(3)国税"三代"税款手续费审核,审核户数142个,审定金额0.35亿元。(4)中央煤层气补贴审核29户次,审核上报1.23亿元。(5)驻晋中央预算单位账户年检761户,参检率100%;年检账户1849个,账户合格率达99.35%。(6)受理中央预算单位银行账户开户申请58户次,批复开户数量70个。受理各类银行账户备案62户次,共备案银行账户99个。

3.非税收入征收监缴。就地监缴非税收入4.47亿元,比同期增长44.86%。直接征收6项非税收入完成37.72亿元,比同期增长33.64%,增收9.49亿元,其中:清理出以前年度欠缴15.44亿元,催收入库13.98亿元。

4.监督检查。安排中央电力部门非税收入专项检查,查出有问题金额17.44亿元,其中:欠缴非税收入15.44亿元,上报部处理金额2亿元。组织开展财政部安排的通信行业税收政策执行征管质量查前调研,部署安排专项检查工作,实施对国家税务、地方税务太原、大同、长治及延伸企业检查。共检查出有问题金额4.95亿元,下达处理决定入库金额3.55亿元。

【支出监管】 1.日常支出监管工作。(1)城镇居民基本医疗保险补助资金审核。对7个试点城市77个县(区)城镇居民基本医疗保险制度申报书面资料进行审核,并深入4区3县实地核查。2008年申报参保人数1510486人,经审核剔除50041人,剔除金额200.16万元。(2)中央管理企业特定政策补助审核。对2008年度山西省中央管理企业下岗职工中的"4050"人员享受特定政策补助资金进行审核。2008年度10户企业申报14313人次享受特定政策补助资金。2008年度10户企业申报中央财政补助资金533.25万元。(3)中央廉租住房保障专项补助资金审核。对山西省2008年中央廉租住房保障专项补助资金进行审核,租赁补贴户数申报95029户,核减3034户,核减率3.19%,实物配租申报71571户,剔除65838户,剔除金额10.7亿元,剔除率87.75%。(4)博物馆和纪念馆免费开放经费测算审核。对山西省财政厅上报的24个免费开放的博物馆纪念馆经费测算进行审核,经审核24个免费开放的博物馆纪念馆经费测算中央门票减收补助1101.93万元,确定申请运转增量补助694.77万元。(5)新型农村合作医疗补助资金核查。对山西省2008年、2009年新型农村合作医疗制度的实施情况进行资料审核,并重点核查平顺县等4个县7个乡镇12个行政村的医保实施情况。(6)中西部国家级经济技术开发区基本建设项目贷款财政贴息资金审核。对太原市经济技术开发区、太原市高新技术开发区财政贴息资金进行审核,申报贴息资金总额2707.92万元,剔除78.8万元,审核确认2629.12万元。(7)可再生能源建筑应用示范项目中央财政补贴。对太原市国瑞苑一、二期可再生能源建筑应用示范项目中央财政补贴资金进行审核,申报补贴393万元,审核确认为393万元。(8)淡储化肥审核。本年度化肥淡储标的数量共30万吨,承储企业4户,企业申报数量300000吨,核定报部数量300000吨。核查组共实地抽查储备库点11个,入库数量594407.27吨,出库数量577330.1吨。(9)储备肉审核。冻猪肉储备价格审核。对太原田和食品集团有限公司承担的2045.9715吨冻猪肉储备经过市场询价并参考中国肉类协会公布的全国生猪出场价格的基础上,核定该批次国家储备肉出库价格。活体猪储备审核。受理并审核山阴天鹏农牧有限公司1户企业的补贴申请。审核补贴资金28万元。(10)储备糖审核。受理国家储备糖申报户数1户,申报数量20000吨(国家储备糖储存保管合同规定的储备数量),经实地核查核定入库数量17300吨,剔除2700吨。(11)企业破产费用预案审核。受理申报户数2户,受理申报金额23366.47万元,核准金额22612.56万元,剔除金额753.91万元。

2.完成财政部统一组织的专项检查。(1)中等职业学校国家助学金管理情况专项检查。对山西省财政厅、教育厅、劳动和社会保障厅2008年春、秋季两个学期的中等职业学校国家助学金情况进行检查,并对运城市、大同市助学金使用和管理情况进行重点抽查。经检查,主要发现主管部门存在配套资金未到位和挤占中央结余问题,学校存在虚报人数问题、擅自扩大受助范围、用助学金抵顶学费、饭费问题等8大类问题,检查报告和工作总结上报财政部,在财政部的助学金检查工作会议上受到监督检查局领导的肯定。(2)2009年采购东北粳稻(大米)入关运费补贴情况专项核查。对临汾红金穗有限公司等6个单位2009年采购东北粳稻(大米)入关运费补贴情况进行审核,6户粮食购销企业2008年11月1日至2009年4月30日期间购入东北粳稻(大米)申报数107816.73吨,经审核确认107406.94吨,核减409.79吨。(3)中央财政帮助地方政策性关闭破产国有企业退休人员参加城镇职工基本医疗保险补助资金的专项审核。对山西省财政厅、山西省人力资源和社会保障厅、山西省人民政府国有资产监督管理委员会报送的全省地方政策性关闭破产国有企业退休人员参加城镇职工基本医疗保险补助资金进行审核,并深入9个地市97户企业进行实地抽审。申报企业97户,核实52户,核减45户;申报中央补助资金2.1亿元,经核实应申请补助资金5474.7万元,核减1.58亿元。(4)山西省就业专项资金管理使用情况检查。对促进就业政策落实情况及就业专项资金管理使用情况进行检查。重点抽查省本级、忻州市和临汾市市本级以及4个县市的就业资金使用和管理情况。经检查,发现存在就业专项资金直接用于应由地方财政安排的支出、超范围列支下岗职工生活费及社会保险费、扩大社会保险补贴范围、就业资金用于劳动力市场基本建设、多拨社会保险补贴、就业专项资金基础管理不到位等10个方面的问题,涉及金额10091.78万元。(5)中央公共投资资金预算执行情况检查。

3.中央投资项目的监管工作。(1)建立项目档案。责成专人对扩大内需新增投资项目建立档案,建立监管信息库。(2)建立协调机制。与省直主管部门建立监督工作机制。(3)制定实施意见。进一步明确处室和人员分工、监管的主要内容、监管方式等。(4)开展专项调研。就山西省落实中央扩内需保增长中央新增投资项目实施中主要存在的配套资金到位率低、项目前期准备不扎实、财务管理不完善等问题进行调研。(5)积极督促落实太原市第四人民医院国债项目配套资金的落实。

【会计监督】 1.山西省电力公司2008年度会计信息质量检查。从5月20日至10月31日先后对山西省电力公司(本部、机关财务)及所属的11个市供电分公司、7个全资子公司、3个学校合计21个单位的2008年度会计信息质量进行实地检查。检查单位资产总额4,093,725万元,占合并资产总额4,434,197万元的92.32%;收入总额4,800,144万元,占合并收入4,988,265万元的96.23%。检查结果显示,山西省电力公司及部分下属公司资产不实120,930.28万元;负债不实76,063.26万元;所有者权益不实108,201.56万元;收入不实24,990.89万元;费用不实74,470.32万元;利润不实34,259.19万元;其他违规问题38,042.83万元;信息披露不实214,472.00万元;应补缴各项税款3,742.21万元。

2.山西省农村信用社会计信息质量检查。从6月中旬到10月22日,对山西省农村信用社及所属县24个法人信用社(省联社1个、市联社3个、县级联社20个)2008年会计信息质量进行现场实地检查,检查比例达21%,并延伸对76户各贷款企业的信贷报表、纳税报表的真实性进行核查。检查发现:一是会计核算不实问题454827.14万元。二是信贷管理中存在的问题421736.68万元。包括:违规发放贷款问题117735.71万元;信贷管理不规范问题97941.45万元;信贷资产形态不真实问题206059.52万元。

【金融监管】 1.“三会”预决算审核。对中国保监会山西监管局、中国证监会山西监管局、中国银监会山西监管局2008年度预决算进行审核。“三会”2008年决算审核合计申报金额15940.4万元,核定金额16003.46万元。“三会”2010年度预算合计申报金额18508.03万元,核定金额17881.03万元,剔除627万元,

2.人民银行预决算审核。对中国人民银行太原中心支行(含地市分支机构10个)2008年度财务决算进行审核。人民银行太原中心支行2008年决算申报68178.88万元,核定金额66941.44万元,剔除超范围发放各种补助1237.44万元。申报2010年度预算77888.04万元,核定金额74214.01万元。

3.对财政部批复的两份人民来信核查。核查2户企业,并对3户企业延伸调查核实。(1)根据财政部监督检查局人民来信转办单(财监信[2009]014号),对山西化肥工业总公司债权资产处置有关情况进行核查,并对涉及的华融资产管理公司太原办事处、山西真诚会计师事务所、山西建峰集团三家单位进行调查核实,并出具报告上报财政部。(2)根据财政部监督检查局人民来信转办单(财监信[2009]036号)要求,对人民来信所反映的中国农业发展银行长治市分行的有关违规违纪事项进行逐一核实,并出具报告上报财政部。

4.完成两项专项补助资金审查审核工作。(1)小额担保贷款贴息审核。对山西省2008年度小额担保贷款财政贴息决算统计情况进行审核。2008年度共申报小额担保贷款贴息453.78万元，核定金额453.78万元。(2)中央财政新型农村金融机构定向费用补贴资金审核。对山西省财政厅《关于报送新型农村金融机构定向费用补贴资金的函》(晋财金便函[2009]18号)提供的资料进行审核，符合条件的农村金融机构1户——阳泉市盂县汇民村镇银行。截至2008年12月末，该行存贷比率为51%，各项指标均符合银监会监管指标要求。2008年末贷款余额2528.5万元，按照财政部规定的2%补贴比例，应补贴50.57万元。

5.对中国建设银行股份有限公司山西省分行、交通银行股份有限公司山西省分行2008年度呆账核销、抵债资产管理和自主减免表外欠息进行检查。检查的处理由财政部统一政策标准，检查情况报财政部监督检查局。 (宋　莉)

国家审计监督

【概述】 2009年，审计署驻太原特派员办事处(以下简称审计署太原特派办)共实施审计项目25个。全年提交审计报告、审计调查报告29份，编发重要审计情况7期、审计简报80期、工作动态13期，共计100期。审计信息被审计署《审计要情》采用3篇，《重要信息要目》采用32篇，《审计简报》采用3篇，《信息转送函》采用15篇。

全年查出违规金额66.05亿元，管理不规范金额711.84亿元，损失浪费8923万元，损益不实48.47亿元。查办有较大影响的经济案件3件，涉案金额1亿多元，批捕2人。移送其他部门处理的违规违纪案件2件。通过审计直接促进国家财政增收节支33.49亿元，为国家和人民群众挽回损失991万元。

【审计重点】 在山西省贯彻落实中央扩大内需政策情况专题调查中，发现部分高速公路项目可行性研究深度不够，机场建设项目布局不够科学合理等问题，审计组有针对性地提出审计建议。专题报告得到山西省政府和有关部门的重视。

在山西省病险水库除险加固工程审计调查中，针对山西省病险水库存在的实际问题，提出把山西省病险水库除险加固工程全部纳入2009年和2010年两年拉动内需投资计划的建议。水利部领导对专题调查报告十分重视，明确批示对未纳入规划的山西省病险水库要尽快解决。

在山西省农村饮用水安全审计调查中，发现中央新增农村饮水工程山西省配套资金没有落实，严重影响部分饮水工程建设进度和扩大内需政策的落实。国务院领导同志对此作出重要批示，同时引起山西省水利厅和相关地方政府的重视，山西省水利厅于6月份紧急下拨大部分配套资金用于工程建设，其余配套资金正在积极筹措，陆续到位。

在对矿区采煤沉陷区治理情况专项审计调查中，发现山西省临汾市采矿区治理工程项目拖延4年之久，严重影响采煤沉陷区人民群众的生产和生活。国务院领导同志对此作出重要批示。临汾市政府高度重视，立即召开现场办公会，研究部署项目开工问题，确保中央惠民政策落到实处。

【打击经济领域违法犯罪】 查处重大违法违纪问题和大要案线索是审计署太原特派办2009年审计工作的重中之重，全年发现14起严重违法违纪问题和大要案线索。

在某银行资产负债损益审计中，发现某私营企业伪造虚假材料，骗取银行贷款。审计信息被《审计要情》采用，国务院领导同志做出重要批示，此案已批捕1人，案件正在进一步调查中。

在山西省矿产资源专项资金的审计调查中，发现4起严重违法违纪和涉嫌犯罪案件线索。其中1起被《审计要情》采用，国务院主要领导做出批示，案件正在进一步调查中。其他案件移交给山西省政府和有关部门查处，正在进一步处理中。

在山西省城市最低生活保障资金专项审计中，查出某市城区低保管理中心人员利用职务之便，将城市低保资金据为己有。审计组及时与当地检察部门取得联系，截至2009年末，上述资金已全部追回，避免城市低保资金的损失，在当地产生较大的影响。犯罪嫌疑人已批捕，案件正在进一步审理中。

【审计中发现的问题得到及时整改】 全年已有4起违纪违规问题在审计过程中得到整改。

在中国某集团公司原法定代表人经济责任审计中，发现其下属某公司违反国家有关规定，将国有股权转让给其职工持股企业，造成国有资产流失。问题查处后，集团公司高度重视，立即进行整改。该公司领导班子成员已全部退缴分红款，违规转让股权的回收工作已完成，流失的国有资产全部收回。

在太原市廉租住房审计调查项目中，发现两起严重违纪问题，太原市房地产管理局立即进行整改，维护了国有资产的安全。 (郎少萍)

市县概览

太原市

中共市委书记　申维辰
副　书　记　张兵生　李永林
市人大常委会主任　郭振中
副　主　任　田玉宝　刘明珠
赵彩英(女)　傅建荣
张丁山　李敏玲(女)
郝小军
市　长　张兵生
副　市　长　李俊明　荣　彤
张　政　吉久昌
王建生　毋青松
市政协主席　姬和平(女)
副　主　席　袁　实　赵关顺
王爱萍(女)　王志强
张玉兰(女)　张友君
陈远新　刘文旺
薛维梁

【概述】 太原市位于北纬 37°27′~38°25′，东经 111°30′~113°9′。总面积 6988 平方千米，建成区面积 198 平方千米，辖 52 个街道办事处，521 个社区居民委员会；52 个乡镇，1558 个自然村，957 个村民委员会。2009 年末，全市总人口 350.18 万人，其中，城镇人口 287.92 万人，城镇化率 82.2%。全市男性人口 178.57 万人，男女性别比(女性=100)为 104.06。

2009 年，全市地区生产总值 1545.24 亿元，比上年增长 2.6%(绝对值为现行价格，增长速度以可比价格计算)。其中，第一产业增加值 31.1 亿元，增长 4.1%；第二产业增加值 675.54 亿元，下降 6.2%；第三产业增加值 838.60 亿元，增长 10.2%。全市一、二、三次产业比重依次为 2%、43.7%、54.3%。全市人均生产总值 44319 元（按 2009 年平均汇率达到 6488 美元）。全市生产总值占全省的 21%。工业增加值 470.14 亿元；城镇固定资产投资 730.59 亿元，比上年增长 9.7%；社会消费品零售总额 721.70 亿元，增长 16.4%；进出口总额 591231 万美元；出口总额 194425 万美元；财政总收入 279.57 亿元；一般预算收入 117.54 亿元，增长 0.5%；城镇居民人均可支配收入 15607 元，增长 2.5%；农民人均纯收入 6828 元，增长 7.4%；居民消费价格指数 99.9%。

【农业经济】 2009 年，全市实现农林牧渔业总产值 50.3 亿元；其中，农业产值 30.2 亿元，林业产值 4.37 亿元，牧业产值 13.93 亿元，渔业产值 0.3 亿元。全年农林牧渔服务业产值 1.5 亿元。全年农作物播种面积 11.52 万公顷，粮食播种面积 8.55 万公顷。蔬菜种植面积 2.36 万公顷，药材种植面积 1200 公顷。全年粮食总产量 31.85 万吨，比上年增长 4.1%；油料 0.28 万吨，下降 2.2%；棉花 133 吨，下降 8.3%；蔬菜 127.8 万吨，下降 2.7%；水果 6.58 万吨，增长 6%。全年肉类总产量 4.64 万吨，增长 5.8%；禽蛋产量 3.86 万吨，增长 0.8%；牛奶产量 9.75 万吨，增长 1.1%。全年水产品养殖面积 2400 公顷，水产品产量 2410 吨。全年造林合格面积 1.95 万公顷，植树 952.95 万株，新增育苗面积 0.08 万公顷。年末全市拥有农业机械总动力 119.41 万千瓦，全年农用化肥(折纯)施用量 27274 吨，发展沼气用户 5768 户。

【工业经济】 2009 年，全市全部工业增加值 501.04 亿元，比上年下降 11.6%。全市主营业务收入 500 万元及以上的全部法人工业企业(简称规模以上企业)实现工业增加值 470.14 亿元，下降 9.9%。其中，中央企业增加值 74.13 亿元，下降 4.2%；省属企业增加值 263.64 亿元，下降 2.3%；市属企业增加值 19.3 亿元，增长 1.5%；县属及以下企业增加值 113.07 亿元，下降 27.6%。在规模以上企业中，国有控股企业增加值 352.1 亿元，下降 2.8%。从隶属关系看：国有企业增加值 26.4 亿元，下降 5%；股份制企业增加值 390.22 亿元，下降 8.7%；外商及港澳台商投资企业增加值 40.63 亿元，下降 4.8%。从工业性质看：轻工业增加值 40.42 亿元，增长 5.9%；重工业增加值 429.72 亿元，下降 11.1%。在规模以上工业企业中，私营企业增加值 111.04 亿元，下降 26.7%。

【建设投资】 2009 年，实现全社会固定资产投资 782.02 亿元，比上年增长 11.3%。城镇固定资产投资 730.59 亿元，增长 9.7%；农村固定资产投资 51.43 亿元，增长 41.4%。在城镇投资中，第一产业投资 8.8 亿元，增长

254%；第二产业投资 216.67 亿元，下降 36.6%；第三产业投资 505.12 亿元，增长 57%。全年房地产开发投资 165.01 亿元，增长 35.7%。商品住宅投资 116.75 亿元，增长 58%。全年商品房竣工面积 164.23 万平方米，商品房销售额 88.78 亿元，其中，现房销售额 23.83 亿元，占 26.8%；期房销售额 64.95 亿元，占 73.2%。年内城镇新开工项目 1078 个，减少 71 个。城镇以上固定资产投资建成投产项目 585 个，项目建成投产率 54.3%，新增固定资产 274.09 亿元，固定资产交付使用率 37.5%。

【贸易】 2009 年，全市实现社会消费品零售总额 721.7 亿元，比上年增长 16.4%，其中，城市消费品零售总额 691.96 亿元，增长 16.3%。在社会消费品零售总额中，批发业零售额 87.77 亿元，增长 34.6%；零售业零售额 568.84 亿元，增长 14.8%；住宿和餐饮业零售额 63.16 亿元，增长 10.8%。全市限额以上贸易企业零售额 313.26 亿元，增长 34.1%，占全市社会消费品零售总额的 43.4%。

2009 年，全市地区外贸进出口总额 59.12 亿美元，比上年下降 37.1%。其中，出口额 19.44 亿美元，下降 67.3%；进口额 39.68 亿美元，增长 15.3%。在出口产品中，不锈钢材、机电产品、高新技术产品出口额分别为 2.56 亿美元、7.53 亿美元、3.38 亿美元，以上三类产品占出口总额比重为 69.3%；煤炭、焦炭、金属镁出口额分别为 1.98 亿美元、0.63 亿美元、1.23 亿美元，以上三类产品占出口额比重为 19.8%。全年有贸易往来的国家和地区 157 个，其中，年进出口额在千万美元以上的有 40 个。全年新设立外商及港澳台商直接投资企业 25 家，新签合同(协议)30 项。项目总投资 7.79 亿美元，合同外资额 2.76 亿美元，直接到位外资 2.62 亿美元。

【财政　金融　保险】 2009 年，全市财政总收入 279.57 亿元，比上年下降 8.9%。一般预算收入 117.54 亿元，增长 0.5%，其中，税收收入 93.5 亿元，下降 4.2%。一般预算支出 159.91 亿元，增长 4.6%。

截至 2009 年末，全市金融机构本外币各项存款余额 5935.9 亿元，比年初增长 31.1%；本外币各项贷款余额 4230.07 亿元，增长 41.9%。人民币各项存款余额 5892.15 亿元，增长 31.4%；人民币各项贷款余额 4156.46 亿元，增长 42%。在人民币贷款中，中长期贷款余额 2580.18 亿元，增长 52.1%；短期贷款余额 1227.26 亿元，增长 26.5%。全年金融机构现金收入 5425.52 亿元，现金支出 5255.57 亿元，净回笼货币 169.95 亿元。

全年保险金额及责任限额 1.75 万亿元，比上年增长 17.4%。全年保费收入 69.3 亿元，增长 13.1%。其中：寿险业务保费收入 47.19 亿元，增长 15.7%；健康险保费收入 5.25 亿元，增长 15.8%；意外伤害险业务保费收入 1.07 亿元，增长 13.4%；财产险业务保费收入 15.79 亿元，增长 5%。支付各类赔款及给付 17.49 亿元，增长 9.6%。其中：寿险业务给付 7.43 亿元，增长 6%；健康险业务赔款及给付 1.8 亿元，增长 21.6%；意外伤害险业务赔款 0.26 亿元，增长 41.5%；财产险业务赔款 8 亿元，增长 9.9%。

【交通　邮电　旅游】 2009 年末，全市公路线路里程 6093 千米，其中，高速公路 165 千米，公路密度 87.2 千米/百平方千米。全市各种运输方式完成货运量 1.36 亿吨，比上年下降 15.1%，其中，铁路货运量 0.5 亿吨，下降 19.7%；公路货运量 0.86 亿吨，下降 12.2%；航空货运量 3.4 万吨，增长 6.3%。全市完成货物周转量 43769.9 百万吨千米，下降 11.3%，其中，铁路周转量 33070.2 百万吨千米，下降 10.3%，低于全国增长(0.5%)水平；公路周转量 10699.7 百万吨千米，下降 14.1%。全市旅客运输量 4627.0 万人次，增长 6.1%，其中，铁路客运量 1883.8 万人次，增长 22.9%，公路客运量 2280.0 万人次，下降 4.8%，航空客运量 463.2 万人次，增长 7.4%；完成旅客运输周转量 10361.7 百万人千米，下降 20.6%，其中，铁路周转量 4561.7 百万人千米，增长 4.6%，公路周转量 5800 百万人千米，下降 33.2%。年末，全市民用汽车保有量 51.08 万辆，比上年末增长 19.9%，高于全国(17.8%)增长水平，其中，私人汽车保有量 37.46 万辆，增长 27.1%，高于全国(25.0%)增长水平；轿车保有量 24.96 万辆，增长 27.5%，低于全国(28.6%)增长水平，其中，私人轿车 20.81 万辆，增长 32.9%，低于全国(33.8%)增长水平。

全年完成邮电业务总量 154.5 亿元，比上年增长 47.9%，其中邮政业务总量 6.96 亿元，增长 12.3%；电信业务总量 147.54 亿元，增长 50.2%。新增局用电话交换机 7.92 万门，总容量为 144.98 万门。全市固定及移动电话用户总数 572.72 万户，每百人拥有电话 157 部。年末计算机互联网实际使用用户 84.2 万户，净增加 18.78 万户，其中，宽带网用户 78.07 万户，增加 15.59 万户。

2009 年全市接待海内外游客 1887.74 万人次，比上年增长 10.3%。其中：国内游客 1865.20 万人次，增长 10.2%；海外游客 22.54 万人次，增长 18.8%。全年旅游总收入 195.22 亿元，增长 17.8%；国内旅游收入 186.13 亿元，增长 14.7%；旅游外汇收入 1.34 亿美元，增长 35.4%。

【社会事业】 2009 年末，全市共有高等院校 36 所(其中高职院校 24 所)，中等专业学校 21 所，技工学校(包括技工部)45 所，普通中学 234 所，职业中学 22 所，小学 640 所，幼儿园 795 所。共有独立科研机构 110 所，工作人员 1.38 万人。全年安排科技发展项目 181 项，技术市场共登记技术合同 516 项，成交金额 78716 万元。全年研究与试验发展(R&D)经费支出 33.4 亿元，增长 7.3%，占地区生产总值的 2.2%。全年共取得 549 项科技成果，获得国家科技奖励 2 项，其中，国家技术发明二等奖 1 项，国家科技进步二等奖 1 项。科技成果转化率 45%。全年共申请专利 4011 件，增加 999 件。高新技术产业增加值占地区生产总值的 7.6%，比上年提高 0.7%。截至 2009 年末高新区、经济区、民营区共有入区企业 3770 家。全年实现科工贸总收入 1211 亿元，增长 9.2%。

2009年末，全市共有艺术表演团体14个，演职人员1646人，群艺文化馆12个，博物馆12个，公共图书馆藏书373万册。国家综合档案馆11个，馆藏档案资料58万卷(册)。广播电视台2座，广播节目12套，中、短波广播发射台和转播台1座。电视节目19套，1000瓦以上电视发射和转播台10座。全市广播人口覆盖率为99.2%，电视人口覆盖率为99.6%。2009中国·太原晋商文化艺术周成功举办，荣获第二届节庆中华奖"最佳文化传承奖"；晋剧《傅山进京》荣获第三届全国地方戏优秀剧目展演一等奖、中宣部第十一届精神文明建设"五个一工程奖"；晋剧《龙兴晋阳》作为代表山西省唯一参赛剧目，参加第十一届中国戏剧节，荣获"优秀剧目奖"和"优秀表演奖"两项大奖。非物质文化遗产保护力度加大，共建名录141项，列入国家级保护项目13项、省级保护项目33项。年末，共有卫生机构2425个(不含村卫生室)，医疗床位26815张。每千人拥有医疗床位7.66张。各类卫生技术人员37155人，每千人拥有医生4.37人。城乡公共卫生体系进一步完善，社区卫生服务网络覆盖率达到98.9%。计划生育工作进一步加强，符合政策生育率达97.5%。县乡两级医疗卫生机构基础设施达标率为81.7%，参加合作医疗的农民96万人，参合率达到96.1%。有效控制了"甲型H1N1流感"疫情的蔓延，收治病人715例，累计接种疫苗44.67万人。在2009年全国各种锦标赛、冠军赛中，太原选手共夺得金牌24枚、银牌10枚、铜牌11枚。在十一届全运会中，取得3金1银2铜。

【环境　资源　安全生产】 2009年对53个不符合要求的建设项目予以否决。关停、取缔、淘汰污染企业及落后生产设施96个(座)。全面启动城中村燃煤污染控制工作，拆除城中村土小锅炉8202台。15个城中村实现集中供热或区域供热，年减少原煤散烧35万吨。加快煤炭资源整合步伐，地方煤矿数量由整合前的130座压减到53座。建筑节能改造完成82.5万平方米。全市饮用水源地水质达标率继续保持100%，汾河出境断面化学需氧量、氨氮年均值分别下降7.1%、11.5%。全年减排二氧化硫4600吨、化学需氧量1380吨。市区二级以上空气质量天数296天。出台《太原市安全生产专项整治工作方案》《太原市安全生产三项行动工作方案》，投资4.5亿元开展煤矿、非煤矿山、尾矿库和危险化学品等专项整治。亿元GDP生产安全事故死亡率为0.17人，下降15%。2009年开工重点建设项目101项，改造小街小巷76条，完成投资117.3亿元。实施城市配套工程41项，部分工程建成投用。长风商务区等片区建设和小村镇建设加快推进。实施7项防洪治污工程、4项节能减排工程。完成天然气置换工程10.3万户。集中供热扩网979万平方米，集中供热普及率达到83.1%。城市污水处理率70%，提高1.6%。城市生活垃圾无害化处理率94.8%，提高4.8%。完成城市公共供水1.7亿立方米。年末公交运营线路网长度635.25千米，年客运量32532.08万人次。实施园林绿化工程55项，建成区绿化覆盖面积8519公顷，园林绿地面积7372公顷，公共绿地面积2442公顷。建城区绿化覆盖率35.8%，绿地率31%，人均公共绿地9.09平方米。2009年全市一次能源生产折标准煤2501.97万吨，比上年下降13.5%；二次能源生产折标准煤4120.82万吨，下降19.1%。全社会能源工业投资85.47亿元，比上年下降35.3%。全年全社会用电量189.34亿千瓦时，下降5.3%。万元GDP电耗1444.5千瓦时，下降7.7%。

【人民生活　社会保障】 2009年，全市城市居民人均可支配收入为15607元，比上年增长2.5%；农村居民人均纯收入为6828元，增长7.4%。城市居民人均消费支出11708元，增长8.4%；农村居民人均生活消费支出3687元，增长2.2%，城市居民与农村居民收入比为2.29:1。

2009年，全市居民消费价格(CPI)比上年下降0.1%，截至年末，城乡居民储蓄存款余额2085亿元，比年初增长20.6%。其中：城镇居民储蓄存款余额1955.5亿元，增长21.3%；农村居民储蓄存款余额129.5亿元，增长11.2%。2009年，城镇住宅施工面积2057.57万平方米，比上年增长23.3%，住宅竣工面积370.78万平方米。城镇居民人均住房建筑面积为25.84平方米，增加1.04平方米。农村新建住宅建筑面积119.53万平方米，农村人均住房面积为33.89平方米，增加2.5平方米。2009年，城镇基本社会保障覆盖率达到90.7%，比上年提高3.7%。全市企业职工参加养老保险的人数为70.87万人。参加基本医疗保险的人数为132.5万人。参加失业保险的人数为74.11万人。参加工伤保险的人数为53.02万人，其中参保农民工13.08万人。参加生育保险的职工人数为58.18万人。城市居民最低生活保障继续加强，城市低保覆盖人口达到9.65万人；农村低保覆盖人口6.4万人。全市城镇共有各种社区服务设施852个，社区服务中心13个。各类收养类单位40个，床位4882张，收养4408人。救济农村五保户3623户，农村临时救济人员13985人次。年末全市从业人员167.33万人，其中：城镇从业人员118.06万人，农村从业人员49.27万人。城镇新增就业11.8万人。4.44万名下岗失业人员实现再就业，其中就业困难人员再就业1.26万人。年末城镇登记失业率为3.4%。　　(张艳民　刘　莎)

·小店区·

中共区委书记	张金旺
区人大常委会主任	荣福香
区　　长	常　青
区政协主席	崔志光

【概述】 2009年，太原市小店地区经济发展水平和发展指数连续三年在全省名列前茅。小店区成为全市财政收入第一个突破十五亿元的城区。全力推进现代服务业、新型工业等重点项目建设，项目完成投资101.3亿元。小店地区GDP完成285.69亿元，其中小店区199.74亿元，增长8.6%；财政总收入30.39亿元，其中小店区

15.17 亿元，增长 9.2%；一般预算收入 13.58 亿元，其中小店区 8.03 亿元，增长 8.6%；农民人均纯收入 9234 元，增长 7.1%。启动现代农业开发园区建设，成为全国无公害农产品标志推广与监管示范县区。总部经济、商业地产、动漫创意、现代物流成为三产发展的新亮点，第三产业成为拉动经济发展的重要引擎。全区实际利用外资 1970 万美元，利用境内省外资金 29.82 亿元人民币。

【工业经济】 煤矿、焦炭、冶金等高能耗、高污染企业全部退出小店地区，形成绿色生态农业、镁合金新材料、水资源循环利用等绿色循环产业链，万元规模以上工业增加值能耗下降到 0.68 吨标准煤，万元 GDP 二氧化硫排放量下降到 0.0026 吨、化学需氧量排放量下降到 0.0013 吨，远远低于全省、全国水平。在 2010 年 1 月 17 日举行的“转变发展方式、推动科学发展暨太原实践与探索”高层理论研讨会上，小店区的发展模式被中央党校、国家发改委等 13 个国家部委作为转型发展的案例进行专题高层理论研讨。中央党校国际战略研究所把太原的实践列为专项调研课题。

【城乡建设】 2009 年，区财政支出 2.14 亿元，完成投资 5.15 亿元，全力推进小店城镇五项重点工程建设，形成“四纵、四横、四园、两带”的小店城镇发展新框架。率先启动全市第一家整村改造项目——杨家堡社区改造。获得全市唯一的城乡清洁工程标兵城区称号。实施“一带一街六园十村”生态绿化工程，建成区绿化覆盖率达到 33.8%，林木绿化率达到 19.2%。集中改造“城中村”燃煤锅炉 2348 台，占全市总量的 30%。建成烟尘控制区 51.5 平方千米，全区二级以上天气 296 天。实施新农村建设十覆盖工程，28 个新农村实现主干道硬化，17 个村实现街巷全硬化，10 个村实现整村绿化，12 个村、4900 户农民使用上清洁能源，8 个村完成安全饮水新改扩建工程，全区所有农村实现安全饮水。16 个村新建办公活动场所，15 个村配备健身设施，10 个村图书达到 1 万册以上。大部分村推行“村清扫、乡收集、区转运”环卫管理模式。12.63 万名农民参加新型农村合作医疗。所有村开通手机科技信息服务。科技服务、公共服务、新型农村合作医疗、农村工作等项制度正在全区所有农村落实。

【社会事业】 全年财政支出 3.95 亿元用于发展民生事业，占到全区财政支出的 45.52%。区财政连续三年，每年投入 200 万元，撬动社会资金 4000 万元，用于社区基础设施建设，打造和谐标准化社区 38 个。实施教育均衡、创业就业、医疗健康、社会保障、住房安居“五大惠民”工程。推动“百校兴学”和校舍安全工程的实施，8 所学校的“百校兴学”工程全部完工。公开招聘 120 名教师重点补充到农村中小学，农村中、小学生人均公用经费分别提高 138 元和 75 元。新增就业岗位 2.3 万个，下岗失业人员再就业 8348 人，安置“4050”人员 2204 人，零就业家庭实现动态清零，城镇登记失业率控制在 3.6% 以内。国有、集体企业和职工社会保险基本实现全覆盖，10.7 万名城镇居民参加基本医疗保险，1.1 万名农民参加农村社会养老保险，为 5300 名全额事业单位人员增加 7%的医疗保险补贴，为 1.65 万名城乡困难群众发放医疗救助金 314.33 万元，8910 户、1.45 万名城乡困难群众实现应保尽保。区、乡医疗卫生机构实现 100%达标，新农村建设重点村和推进村卫生所建设达标率 100%，为 5.2 万名农民补助住院、门诊等费用 955 万元。300 余万元廉租房补贴全部发放到位，1458 户经济适用房申请对象全部进行了公示。

【共建汾东新区】 为加速推进小店区、经济区、教育园区“三区联动”，高标准谋划建设汾东高新产业、现代服务业新区，1 月 8 日，“2009 汾东新区现代服务业重点项目建设推进会”隆重举行。汾东新区现代服务业重点项目以太原浙商贸易城、太原公路主枢纽、武宿货运中心、太原大学新校区等涉及基础设施建设、物流、房地产共 22 个现代服务业项目，项目总投资 489 亿元，2009 年投资 83 亿元。

“SPAR 山西成立大会、共建小店中心物流项目签字仪式暨山西中小连锁超市联合发展论坛”亦于同日举行。全省 11 个城市连锁超市龙头企业代表齐聚龙城，签约、发表宣言，共建小店中心物流项目，SPAR 山西在太原小店区成立，在全省建设 4 个物流配送中心，联手打造山西连锁经营的航母，联合采购，取代中间供货商环节，降低成本和销售价格，形成竞争优势。申维辰、张兵生等省、市、区领导，SPAR 中国总裁托比亚斯及浙商贸易港等 22 个重点项目的负责人出席仪式。

【汽车配件交易会】 5 月 16 日，首届中国·太原汽车配件交易会暨中国汽车后市场高峰论坛在山西蓝海国际汽配城举行。参加本次交易会的企业达 7000 余家，其中生产型企业 1000 多家，汽配经销企业和终端用户 6000 余家。中华全国工商联党组副书记、副主席宋北杉出席致贺。市委副书记、市长张兵生主持仪式。

交易会于 5 月 18 日下午闭幕。期间，成交商品涉及汽车整车、汽车配件、汽车用品等多种门类，各种形式的协议成交额超过 338 亿元。与会的 1021 家汽车及配件生产企业与 3000 余用户达成购销协议；235 家骨干汽车配件及相关产品生产企业与 586 家汽配及相关产品经销企业签订长期供货合同；51 家汽车配件及相关产品生产企业与经销企业签订产品区域代理协议。太原 1800 余家汽车后市场企业与一汽、东风、中国重汽等知名企业进行战略协商，达成合作共识。

【《太原市小店区志》出版】 2009 年 9 月，《太原市小店区志》出版，这是太原市首部完成的县区志。整部志书设 27 编、107 章，总计 89 万多字，图片 58 幅。

小店建区前之事以编下序的形式予以简述。章节内容记述始于 1998 年小店区建立，下限至 2005 年。下限外至志书成稿前要事，设限外辑要记载。本志采用述、志、记、传、图、表、录诸体,以志为主。层次结构编、章、节、目,以事分类,以时为序,横排竖写。《太原市小店区志》详细记述小店区自1998年建区到2005年,在政治、经济、社会、文化、建置、自然环境、人口、商贸等方面的翔实史料。

(史志办)

·迎泽区·

中共区委书记	卫　国
区人大常委会主任	韩桂梅
区　　长	阴国平
区政协主席	宋国庆

【概述】 迎泽区总面积104.57平方千米,辖6个街道办事处和1个镇,89个社区、29个村。2009年末,全区共有常住人口524080人。

2009年,全区生产总值286.6亿元,比上年增长9.3%;社会消费品零售总额169.2亿元,增长15.1%;财政总收入14.4亿元,增长8.1%,其中,一般预算收入6.6亿元,增长14.6%;全社会固定资产投资52.4亿元,增长13.1%;规模以上工业增加值18.4亿元,增长6.3%;农民人均纯收入8589元,增长8.3%。

全区服务业增加值占GDP的85.4%。累计引进境外资金2200万美元,境内省外资金5.8亿元。

【城乡建设】 完成双塔东西街等21条小街巷的拓宽改造工程,共完成拆迁面积6万余平方米,对新改造道路的建筑立面、门头牌匾、广告、围墙等进行综合整治,共整饰各类建筑门店1100余家,设置文化景观墙8处;新建起凤街等20处小游园、小绿地,打造康乐西街等12条花卉街,全区绿化覆盖率35.78%。加大农村基础设施建设力度,投资1100余万元,完成10千米县乡公路建设,实施掮子村等4处饮水安全工程,解决3000余人的饮水安全问题,东祁家山饮水安全工程试水成功,标志着迎泽区基本实现农村饮水安全全覆盖。完成港道等13个村的街巷硬化亮化工程和张家河村5400平方米新村建设工程;积极推进城中村改造,完成郝庄等5个村的“撤村改居”工作和马庄等5个村的城中村改造规划,严格落实土地保护政策;深入实施“蓝天碧水”工程,推进城中村不达标燃煤锅炉拆除工作,全区拆除595台不符合环保要求的燃煤锅炉,并实现区域集中供热。

【社会事业】 2009年,区财政对民生投入4.9亿元,占财政总支出的59.3%;全区新增就业18608人,创业就业3653人,下岗失业人员再就业7530人,城镇登记失业率控制在3.1%以内。实施社会保险费降、缓、补政策,扩大非公经济组织从业人员和灵活就业人员的参保覆盖面;不断完善以最低生活保障为基础的保障制度;成立区慈善协会,深入开展慈善一日捐活动,安排资金240万元,在山西省率先开展低保边缘户救助,1230户2706名困难群众受益。科技、教育、卫生的投入分别为892万元、2.2亿元和5933万元,同比分别增长15.3%、20.6%和7%;大力开展“民生科技促进年”活动,科技对民生的服务能力不断提高;社区医疗卫生服务体系不断完善,其中37所社区卫生服务机构被评为省、市示范和星级社区卫生服务机构,为7所社区卫生服务中心配备医疗卫生用车,实现村卫生室全覆盖,完成迎泽区中心医院大楼加固工程;安排248万元用于甲型H1N1流感防控工作,重点加强学校、医院等人员密集场所的防控工作,共为83371人进行疫苗接种。加大严打整治力度,扩大“天眼”工程覆盖面,迎泽区视频监控系统达961套、13009个,覆盖柳巷、朝阳街等人员密集场所和迎泽大街等主要街道。

【百校兴学工程】 2009年迎泽区实施了“三项建设工程”(校舍建设、操场建设、装备建设)。完成回民小学、新西小学、第二实验小学、狄村小学和36中五所学校操场改扩建工程,共计16000余平方米;启动青年路小学、双塔北路小学的教学楼改扩建工程,动工面积15000余平方米;完成十余个学科专用教室及仪器的配备,补充10000套学生课桌椅和教师办公桌椅,建设3所学校计算机房,4所学校实现“班班通”,配置500台学校教师用计算机。拆除校园周边违章建筑14000余平方米,新建校舍2万余平方米,增加绿化面积2万余平方米。

【数字化城市管理试点工作通过验收】 4月13日,国家住房和城乡建设部委托由中国工程院院士崔俊芝带队的验收专家组,对迎泽区数字化城管试点工作进行验收。验收组实地观看了迎泽区数字城管中心及庙前街道办事处终端系统运行情况,同意通过对迎泽区数字化城市管理试点工作的验收。

【全国友谊校第九届校长论坛】 9月18~20日,全国友谊校第九届校长互动论坛在迎泽区举行。本届论坛的主题是“科研引领下的学校发展”,教育部基础教育司二司副司长、博士生导师申继亮,省教育厅、市教育局相关领导以及来自北京等16个省市37所小学的100余名校长、老师参加了论坛。

(张国文)

·杏花岭区·

中共区委书记	魏　民
区人大常委会主任	李树结
区　　长	韦和平
区政协主席	潘保杰

【概述】 杏花岭区总面积170.2平方千米,辖10个街道办事处、2个乡,有104个社区居委会、40个行政村,总人口57.3万。有大专院校4所,中学11所,小学78所、幼儿园79所,特教学校1所。

2009年全区生产总值234.4亿元,比上年增长7.1%;财政总收入13亿元,增长17.9%,其中一般预算收入6.4亿元,增长23%;固定资产投资72.6亿元;社会消费品零售总额73.6亿元;规模以上工业增加值13亿元;农民人均纯收入7982元;城镇登记失业率控制在2.45%以内;符合政策生育率99.63%。

【服务产业】 扶持服务万达广场、富

力城、希尔顿酒店等31个项目，总投资130亿元，全年投资68亿元。其中国师街集贸市场、湖景一号、柳溪花园等10个项目完工。推进城东民营现代物流区建设，实施11个重点项目，总投资18亿元。其中云顶国际酒店、王公馆等4个项目完工，汇大物流、丈子头物流等7个项目已办理规划及土地转用手续，进入出让程序。基本完成全区旅游发展总体规划编制。协助完成南华门、东三道巷等历史文化街区和府城墙遗址公园的规划编制。完成普光寺修缮保护设计方案，启动东山抗日纪念馆项目，实施东湖醋园、山西机器局等工业旅游开发，扶持曦岭滑雪场、锦林生态园等生态旅游项目。

【城市建设】 龙潭片区拆迁完成6000余户，完成任务90%以上，万达广场酒吧街和部分楼座开工建设。府东街东延拆迁完成95%，工程进展顺利。胜利街东延太铁中专以西路段竣工通车。配合进行桃园北路、金刚堰路改造工程。完成新开南巷等10条小街巷维修改造。石太高铁道路还建工程部分路段竣工。东市场、北河湾、享堂、道场沟等高铁回迁工程积极推进，部分回迁楼主体封顶。柏杨树、机床厂、马道坡棚户区改造基本完成，新源里东区、坝陵北街南区、上北关棚户区改造加紧实施，五一北路片区、职工新街片区等改造项目积极办理手续。耙儿沟村被确定为太原市整村拆迁改造试点，拆迁任务基本完成。严厉打击违法占地、违法建设行动，顺利通过全国第八、第九、第十次卫片检查。

【新农村建设】 完成全区区域新农村建设总体规划和32个行政村规划编制。投入农业产业化补助资金500万元，建成优质杏、樱桃、葡萄园等10个特色种植基地，扶持种猪、肉羊、土鸡养殖基地。开展农村劳动力转移培训，完成各类培训2000余人次，帮助330名农民工实现就业。完善农村路网建设，农村公路密度132千米/百平方千米。实施饮水安全工程，解决4个村4000人的饮水安全问题。完成国家级小流域治理工程一处，面积146公顷。建成新农村便利店49个，覆盖率80%。开展家电下乡，为农民发放补贴80万元。在城中村新建8座简易垃圾中转站，500个农村改厕任务全部完成。农村卫生所实现全覆盖，达标率100%，新型农村合作医疗参合率97.38%，中涧河乡卫生院改建工程完工。

【社会事业】 积极实施“百校兴学”工程和校舍安全工程，国师街小学、区特教学校等8所学校改造工程完工，新建路小学、五一路小学等4所学校改造工程积极推进。投入区科技研发经费1000余万元，推动科技创新和科技成果转化，杏花岭区进入全国科技进步县(区)行列。为区中心医院购置螺旋CT机，并投入使用。巨轮社区卫生服务中心新建工程完成地基施工。全力做好甲型H1N1流感等传染病防控工作。社区卫生荣获“全国中医药特色社区卫生服务示范区”称号。开展食品卫生专项整治活动，规范校园周边“小饭桌”管理。计生服务得到加强，低生育水平保持稳定，出生人口素质持续提升。举办庆祝建国60周年、“节庆”群众文化系列活动和第六届群众文化艺术节。组队参加全市第九届运动会，金牌数和总分数均获全市第一。做好胜利广场建设前期准备工作。社区建设成绩喜人，荣获“全国和谐社区建设示范城区”称号。实施积极就业政策，新增城镇就业21742人。为93户区属困难企业5476名职工补助缴纳社会保险，共发放各类社保和就业资金2.92亿元。

（王　鹏）

·尖草坪区·

中共区委书记	陈河才
区人大常委会主任	杨根寿
区长	白玉明
区政协主席	张银喜

【概述】 尖草坪区总面积285.6平方千米，辖5个乡镇，9个街道办事处，90个行政村和53个社区。

2009年全区生产总值380100万元，现价工业总产值940842万元，财政总收入75795万元，社会消费品零售总额356147万元，农民人均纯收入6553元，固定资产投资206000万元。全年累计引进项目73个，引资到位29亿元，其中总投资超亿元的项目达16个，总投资22亿元的太钢5万吨不锈钢无缝钢管、总投资6亿元的滨西商务中心一期工程、总投资1.5亿元的宗业站台等19个项目全部建成，总投资60亿元的太原铁路装备工业园和辰兴地产商贸中心等11个项目也在顺利推进中。

【农业经济】 2009年区委、区政府进一步对农业产业进行调整，完成春播面积5202.6公顷。更新改造果树133.4公顷，新发展果树133.4公顷，新种植中药材133.4公顷，新品种和优良品种推广率达95%。发展规模养殖，全区规模养殖户420户，畜牧业总产值1.23亿元。提升农业机械化水平，农机对农业的科技贡献率达12%。加强基础设施建设。全年共投资1082.5万元，完成河道治理、小型水利、机电灌站、农水改造等水利工程，治理水保673.67公顷，改善灌溉面积466.9公顷；完成阳曲村等6村8000人的饮水安全工程。完成四旁植树86万株、三北防护林工程466.9公顷；高标准进行了西山综合整治生态绿化工程，栽植各类苗木12.4万株。完成5条20.7千米县乡道路改造工程、4条9.5千米的通达工程和8条8千米的通畅工程。推进新农村建设。完成全区48个新农村建设重点村的“五个一”工程和“四化四改”建设。投入400万元的奖励资金，通过以奖代补形式完成29个村63.7千米的街巷硬化工程。投资12万元，建成4座全市城郊首家太阳能公共浴室和150座户用沼气池。投资120万元，新建21个“农家书屋”，配备书柜200个，图书5万册。

【工业经济】 全区规模以上工业总产值243678万元，增长幅度列太原市前三名。机械加工业快速发展，山西东方海鑫有限公司成功承接京沪铁路及沪宁高速铁路板式无轨道模型生产，山西征宇喷灌有限公司业务拓展到国外市场,广立机械加工园成功引进13个机械加工企业。全区机械加工规模企业35个,占全区规模企业总数的61.4%。35个机械加工规模企业全年工业总产值15.7亿元,占全区规模企业总产值的64.4%。

【第三产业】 完成投资6亿元的太原滨西商务中心一期工程建设,引进全国家居连锁知名品牌——红星美凯龙,520余家建材家居品牌企业顺利入驻太原奥特莱斯店。投资3500万元的华北太阳能专业市场建设工程开始招商。完成龙城花苑底商、领先市场、尖草坪再就业市场的改造。完成汾河二库旅游便道、崛围山停车场、千佛洞旅游公厕、傅山园道路等旅游基础设施建设工程;启动傅山园二期工程文化商业街建设;完成第三次全国文物普查工作,新发现文物182处;扶持"农家乐"旅游项目,引导开发具有本地特色的旅游产品,促进旅游业快速发展。

【社会事业】 完善全区卫生医疗三级网络建设,村级卫生室覆盖率100%。人口自然增长率控制在0.97‰。全区16岁至59岁的农村参保人员每人每年享受100元的补贴,60岁以上的农村老人每人每月领取65元的养老金。城镇登记失业率控制在3.3%,新型农村合作医疗参合率达99.35%。按时足额发放保险、救济金19017万元,发放城乡低保金2358.5万元,12.6万人(次)享受到资助。科教兴区工作通过省级验收,被评为全国科技进步先进县(区)。全力推进校舍安全工程,新、改、扩建28所学校,改造危房面积8万余平方米。完成区文化活动中心、5个乡镇文化站、10个村科技文化活动室和50个文化广场建设。全区落实中央农机购置补贴资金126万元,其中省级追加补贴11万余元,区级追加补贴15万元。全区农户购置农机308台。备案的家电下乡销售网点26家,产品涉及彩电等10类家电,共销售130台件,销售额264815.54元,补贴金额39776.02元。

【城市建设】 2009年全区城乡基础设施建设总投资规模20亿元。新开工建设金桥街、三给街、和平北路、钢园路、滨河东路北延等5条城市主干道及地下管网工程,翻修改造迎新街、迎宾路等12条小街小巷,完成柴村地区集中供热和5个供热加压站的改造。对大东流、赵庄、新城等6个城中村实施改造,兴建住宅11.5万平方米。启动新村安居房建设工程,完成柴村二、四宿舍改造工程,安置回迁125户。实施城乡清洁工程和环保治理工程,推进园林城区建设,兴建兴华街国雅、恒山路三角线、柴村文体广场3个小游园。全年完成园林绿化植树7万株,新增单位附属绿地2.1公顷、居住绿地1公顷。绿地率、绿化覆盖率、人均公共绿地分别达到36.31%、42.87%、12.96平方米。

【不锈钢工业园区建设】 不锈钢工业园区是工信部命名的国家第一批新型工业化产业示范基地。2009年共新引进项目11个,协议引资额42亿元。其中不锈钢国际物流中心经国家发改委审核,列入第三批国家拉动内需计划投资重点项目。主要包括(B)型保税物流中心、不锈钢物流交易中心、配套铁路专用线及站台,占地面积160公顷,一期投资7.5亿元,到位资金1.3亿元。同时,加快园区基础设施建设。钢园路全线通车;投资2850万元完成园区6号、9号、11号路道排工程,与之配套的天然气、电力管线工程同期完工,生活区拆迁工作基本完成。 (冯利珍 王雪琴)

·万柏林区·

中共区委书记	赵伟东
区人大常委会主任	郝爱生
区长	张齐山
区政协主席	陈绍卿

【概述】 万柏林区总面积304.8平方千米,辖1个乡、14个街道办事处、55个行政村、95个社区。2009年年末总人口561922人,男、女性别比(女性=100)114.62,人口自然增长率1.19‰,非农业人口495381人。2009年全区生产总值237亿元,比上年下降5.4%。规模工业总产值407亿元,下降7.7%。财政总收入8.7亿元,下降7.2%;一般预算收入4.5亿元,增长8.8%;第三产业增加值同比增长12.6%,在生产总值中的比重多了7%。农民人均纯收入9610元,增长11.7%。社会消费品零售总额107亿元,增长20.1%。

【安全生产】 (1)全面排查15个行业的4055家企业,消除各类隐患1360条,停业整顿存在问题企业12户,取缔非法生产企业1343家,对45起局部反复的私挖滥采行为进行及时处置和严厉打击;(2)紧抓区域内重点行业,对重特大事故和公共事件易发环节采取重点要求、超前防范、循环检查等一系列措施;(3)重视制度建设和巩固,新出台6项规定,进一步强化主体责任和监管责任;此外,应急管理综合体系基本形成,指挥系统、队伍规模、物资保障、装备水平全面提高,应急快速反应能力和处置能力得到加强。

【转型发展】 (1)淘汰落后产能。关闭最后7座煤矿,取缔辖区内污染企业11个,狮头水泥、西山水泥等13个在地企业搬迁工作开始启动,区属喷灌设备厂等6家企业转产改制稳步推进;(2)发展新型产业。北车集团一期工程举行奠基,德汇无缝钢管厂正式投产,填补了全省无缝钢管生产的空白;(3)推动节能减排。在万柏林体育馆、生态园及许多开发、改造项目中采用了节能减排新技术,对44个不符合环保要求的项目予以否决,拆除、改造城中村土小锅炉2521台。区域二氧化硫、烟粉尘分别减排246吨、289吨。

【生态建设】 在主城区实施包括小游园在内的20个绿化工程,新增绿化面积256.1公顷,全区绿地率、绿化覆盖率分别达到35.69%和42.5%,人均公共绿地面积增加4.48平方米,达到9.05平方米;在生态园实施以中心游园、采摘园林、基础配套为主的333.5公顷生态项目,二期工程全面完工;在山区实施王封、化客头集中连片景观式生态绿化333.5公顷,环城林带绿化133.4公顷，太克线沿线绿化53.36公顷，三北防护林工程等主要生态工程。全年实施绿化总面积1000.5公顷。

【功能区建设】 总投资近120亿元的25个项目已开工，完成投资量39.8亿元。其中列为功能区10大重点项目的主体工程全部完工；已完成长风西街、千峰北路中段、和平北路3条主干线及小井峪路、大王路等8条微循环、小街巷的拆迁、建设和改造；富力、雅世等国内知名企业实施的大型开发建设项目群体已完工；华澳五星级酒店的用地拆迁工作已经结束；太古高速公路、西山货运专线配合性工作已阶段性完成；实施了九院沙河近1千米的边山支河治理示范段。

【城乡建设】 (1)在城中村改造方面，南屯等9个村的改造规划基本确定，南寒等6个村的73.37公顷农用地完成建设转用，小王等9个村局部拆迁旧村33万平方米，下元等7个村的回迁住宅及城中村改造项目开工建设，沙沟等3个村的违法建筑被强制拆除，闫家沟、移村在旧村改造彻底完成的基础上正向城市化全面转变；(2)以11个省级新农村建设重点推进村为突破口，进行西铭、九院、桃杏等一批处于生态涵养区的边缘村新村建设前期准备工作，王封、化客头所辖山区各村的搬迁工作有序推进；(3)农民专业合作社发展、农村富余劳动力转移培训、各类强农惠农政策兑现、农村公路建设、饮水解困等一系列“三农”工作得到了全面推进。

【社会事业】 城镇新增就业及下岗人员再就业2.8万人，登记失业率控制在4%。各类社会保险基金征缴与扩面提标任务全面完成。新农合医疗受益群众累计2.5万人次、受益额913万元。财政投入920万元对各类社会弱势群体进行综合救助。筹资近200万元，对9个社区进行标准化改造。沉陷区搬迁试点工作和二期工程正在顺利推进。6个棚户区改造项目中有14幢住宅实现回迁，廉租房保障4838户，为8165户家庭办理经济适用房申购。 （武超龙）

·晋源区·

中共区委书记	张新伟
区人大常委会主任	张连生
区长	冯霞(女)
区政协主席	王海

【概述】 2009年晋源区生产总值48.98亿元，比上年增长0.5%；固定资产投资35.93亿元，增长51.6%；一般预算收入(不含“两权”)1.26亿元，下降11.5%；社会消费品零售总额13.84亿元，增长17%。万元规模以上工业增加值综合能耗下降6%，二氧化硫排放量、化学需氧量排放量分别下降10.2%、22.4%。全年在民生方面的支出占财政总支出的51.9%。农民人均纯收入6495元，增长4%。

【农业经济】 2009年全县农林牧渔业总产值4.78亿元，比上年增长27.4%。蔬菜、苗木花卉、林果、畜牧四大特色农业规模进一步扩大，肉、蛋、奶产量分别增长32.1%、2.1%、18.7%，花卉种植面积达全市的60%以上。大力扶持农业产业化发展，康培等重点企业辐射带动作用不断增强；天泉等5个农业企业列入省“513”工程区级推进项目；梅芝园艺有限公司获中国(山西)特色农产品博览会品牌企业奖。新发展农民专业合作社53个，全区农民专业合作社已达101家。风峪沙河综合治理二期工程全部完工，索村二期饮水工程、小站村提水工程全面完成，农村安全饮水覆盖率85%。新增灌溉面积66.7公顷，晋源区荣获全省农田水利基本建设先进区称号。有效应对干旱、暴雪等自然灾害，积极组织生产自救，受灾群众生产生活得到较快恢复。

【工业经济】 全年关闭非法企业22户，整改安全隐患2498条。北方重工风力发电项目、万竹粉煤灰综合利用项目等6个项目被列为全省工业转型重点调产项目。太原药业有限公司年产22亿支小容量注射剂生产线正式生产。太原市中小企业信用担保有限公司在晋源区成立全市首个项目受理机构，首批5家中小企业获得1000余万元流动资金担保；全市首个小额贷款公司——太原市立鑫隆小额贷款有限公司，已为“三农”和中小企业提供贷款30余笔、5000余万元。

【旅游产业】 旅游业全年累计接待游客30万人次，在“西山创意产业、文化旅游功能区”建设中发挥重要的引领作用。店头村被列为第三批省级历史文化名村，古太原县城保护开发工程被列为太原市申报历史文化名城重点项目。西山旅游及防火循环路通过评审。乡村休闲服务和特色旅游产业快速发展，餐饮住宿、专业批发、物流等服务业规模不断扩大。第三产业增加值16.87亿元，比上年增长10.5%。

【招商引资】 艾尔吉(中国)矿业装备制造等一批项目成功落地。新建、续建项目到位资金5.4亿元。积极争取上级支持，全年争取各类资金1.67亿元。

【城区建设】 2009年完成新建道路以及新晋祠路两侧绿化，补栽、补植乔木5300余株，新建北堰小游园和义井关帝庙小游园两处，重点建设花卉景观街，完成绿地建设5570平方米。全区义务植树11.34公顷，植树5万余株，绿篱完成4150平方米，草坪完成2.3万平方米，垂直绿化1020延长米，新增公共绿地11.33公顷，新增单位附属绿地2.08公顷，居住区绿地1.45公顷，生态绿化169.08公顷，植被恢复575.82公顷。

【社会保障】 2009年开发城镇就业岗位6770个，城镇新增就业人数6063人；开展针对农民工、下岗失业人员职业技能以及创业培训16期，共组织培训3000余人，安置300名返乡农民工实现就业，自主创业12户，有创业意向236人，创造就业岗位50余个；工伤保险参保人数3782人；生育保险参保人数3016人；解决拖欠工资375万元，涉及职工548人；率先在全市聘请8名区内农民代表担任新农合特邀监督员，有效地维护了参合农民的利益。

【苗木花卉项目获科技部立项支持】 经科技部和财政部组织有关专家论证，晋源区申报的“晋源区苗木花卉综合技术推广应用”项目成为太原市唯一在国家“科技富民强县”专项行动中获得立项的项目。晋源区“苗木花卉综合技术推广应用”项目总计投资850万元，其中国家支持资金140万元，省级拟支持资金60万元，市级拟支持资金80万元，要求区配套100万元。 （方慧敏）

·清徐县·

中共县委书记	车建华
县人大常委会主任	王艳春(女)
县　　　长	张　强
县政协主席	杨拴保

【概述】 2009年全县生产总值90亿元，财政总收入12.46亿元，全社会固定资产投资39.7亿元，社会消费品零售总额22.33亿元，规模以上工业增加值30.01亿元，外贸进出口总额10.89亿元，城镇居民人均可支配收入14607元，农民人均纯收入7864元。

【建设汾河高效观光农业区】 清徐是传统的农业大县，拥有太原市辖10县区中总量最大的农业、数量最多的农民，农业总产值和农业人口分别占太原市总量的40%、25%，一直是太原的菜篮子，发展现代农业、高效观光农业有许多得天独厚的优势。

太原市委九届四次全委会上清徐被定位为汾河高效观光农业区。该农业区包括现代农业示范区、清徐经济开发区、西边山生态旅游区、徐沟文化产业区。

3月21日，清徐县在太原丽华大酒店举行汾河高效观光农业区重点项目签约仪式。省委常委、市委书记申维辰，省政协副主席刘滇生，市委副书记、市长张兵生，副市长张春根，市政协副主席张文旺，省财政厅总会计师武涛，县领导车建华、张强、王艳春、杨拴保、刘永华、龙万青、张晋涛，省市县相关部门负责人，清徐县10乡镇(街办)负责人出席签约仪式。国家、省、市30余家媒体记者应邀参加。

【全国治超现场会在清徐召开】 7月23日，交通运输部部长李盛霖、副部长冯正霖及公安部、国家发展改革委员会、中宣部、质检总局、安全监管总局、工商总局、国务院法制办、国务院纠风办等国家九部委领导以及各省交通厅厅长、山西省治超领导组组长等参加全国超限超载治理工作现场会的会议代表200余人在牛仁亮、张兵生、李俊明等省市领导陪同下莅临清徐县，观摩清徐县山西亚鑫集团源头治超工作情况。

截至7月，全县共检查车辆202万辆，超限超载率由74.6%下降至0.02%。清徐县货运效益明显提升，运价由0.32元/吨公里提高到0.5元/吨公里，好路率增加到87.16%，运输车辆通行量增长20%。

【煤矿兼并重组】 8月26日，阳煤集团、山西能源集团、美锦能源集团和东辉煤焦化集团等四家煤矿兼并主体企业与清徐县昌鑫煤炭有限公司等13家被兼并煤矿进行兼并重组签约，由此，清徐县在全市各县(市、区)中率先完成地方煤矿兼并重组工作。副市长王建生、市长助理王宇魁和县领导车建华、张强、阎美蓉、张晋涛、杨兴海出席签约仪式。副县长张晋涛代表县政府与阳煤集团等四家煤矿兼并主体企业签订《安全生产主体责任转移责任书》。

【中国清徐醋文化节暨醋业博览会】 10月21日，由国家农业部、山西省人民政府、中国国际贸易促进委员会主办，以“特色、创新、合作、共赢”为主题的中国(山西)特色农产品交易博览会在省展览馆开幕。清徐县在本次交易博览会上筹备了“中国清徐醋文化节暨醋业博览会”。

11月7日，由市政府、省财政厅、省文化厅、省卫生厅、省科技厅、省药监局、省质监局和清徐县县委、县政府主办，中国农业大学食品科学与营养工程学院协办的2009醋与健康国际高峰论坛在北京京都信苑饭店举行。

【《龙兴晋阳》折桂】 12月13日，第11届中国戏剧节在福建厦门市落下帷幕。代表山西省参赛的新编晋剧《龙兴晋阳》荣获优秀剧目奖，该剧主角薄娘娘的扮演者胡嫦娥荣获优秀表演奖。 （杨宇霆）

·阳曲县·

中共县委书记	冯晋生
县人大常委会主任	侯拴龙
县　　　长	薛东晓
县政协主席	白海林

【概述】 阳曲县2009年末全县总人口145299人，比上年增长0.7%。其中城镇人口31362人，增长3.1%。出生率12.05‰，比上年降低0.26‰；自然增长率6.18‰，降低1.16‰。

2009年全县地区生产总值176817万元，比上年下降5.9%。其中：第一产业增加值29349万元，增长6%；第二产业增加值68622万元，下降22.5%；第三产业增加值78846万元，增长5.3%。人均地区生产总值11942元，减少6.3%。城乡居民储蓄存款余额18.19亿元，比年初增加2.2亿元，增长13.8%。人均储蓄存款12266元，比上年增加1433元。社会消费品零售总额52739万元，比上年增长26.5%。其中：县以上消费品零售额23878万元，增长22.9%；县以下消费品零售额17828万元，增长24.1%。

【农业经济】 2009年全县农作物总播种面积29736公顷，其中：粮食播种面积24299公顷，比上年增加44公顷；蔬菜种植面积3198公顷；药材种植面积875公顷。农作物机械总动力143921千瓦。全年农用化肥施用量22649吨。农村用电量3324万千瓦时。全年农业总产值56612万元，增长16.6%。粮食总产量64233吨，增长7.7%。肉类总产量6476吨，增长6.8%。禽类总产量6424吨，增长0.2%。

全年乡镇企业总产值289893万元，增长3.2%；增加值67172万元，增长2.3%；营业收入212643万元，增长6.7%；上缴税金16507万元，下降28.9%。

【工业和建筑业】 2009年全县规模以上工业企业增加值62096万元，比上年减少21.4%。其中：重工业增加值49628万元，减少37.5%；轻工业增加值12468万元，增长近5倍。规模以上工业企业全年销售产值266865万元，减少18.3%，工业产品产销率90.3%，降低4.6%。到年末，规模以上工业企业亏损面由上年的66.7%扩大到71.4%，亏损企业亏损额37796万元，增长两倍多。全县建筑业企业总产值3168万元，利税总额166万元，利润总额1174万元，上缴税金139万元。

【固定资产投资】 2009年，全县固定资产投资104150万元，比上年增长20.6%。在全社会固定资产投资中，城镇固定投资33576万元，减少3.7%；农村固定资产投资66437万元，增长42.7%；农村私人固定资产投资4137万元，增长77.3%。新增固定资产20063万元，增长33.5%。全县房屋建筑施工面积327056平方米，竣工率18.3%。

【城乡建设】 2009年全县实施农村饮水安全工程22处，解决9个乡镇、25个自然村、8300人的饮水安全问题。发展农民专业合作社215个，建成7个千头猪场，8个标准化奶牛园区，9个万只鸡场。县乡公路建设82公里，通达通畅工程85千米。新阳曲一中、全民健身文化广场、阳曲历史博物院建成投用。县城二级以上空气质量天数345天，比上年增加36天。新改扩建学校25所，中小学D级危房全部消除。7个乡镇卫生院、4个乡镇计生服务站实现升级改造。

【交通 邮电】 2009年全县公路货物运输量225.3万吨，与上年持平；货物周转量21190万吨，增长0.9%。公路旅客运输量80.3万人，与上年持平；客运周转量4218万人，减少0.1%。全县邮电业务总量1761万元，增长24.4%。全县固定电话2.1万部，移动电话用户7.38万户，计算机互联网用户42600户。

【财政 金融】 2009年全县财政总收入30556万元，比上年减少29.6%。一般预算收入15386万元，减少6%；一般预算支出48062万元，增长8.3%。截至年末，全县金融机构各项存款余额24.3亿元，比年初增加1.16亿元。

【社会事业】 2009年有各类学校73所，幼儿园65所。在校生19528人。2009年，图书馆藏书5万余(册、件)。档案馆藏档案2万余卷(册)。《阳曲报》发行总期数97期，年总印数达97000份。全县共有医疗卫生机构166个，医疗床位530张，医疗卫生专业技术人员542人。居民每千人拥有医疗床位3.6张，拥有卫生技术人员3.7人。到年末，全县有105439万人参加农村合作医疗，参合率91.66%。

2009年，全县在岗职工平均工资23197元，比上年增长9.6%。城镇居民人均可支配收入10817元，增长12.9%。农村居民人均纯收入3476元，增长12%。截至年末，全县有3857名职工参加养老保险，19175人登记参加医疗保险，4310户7684人享受城市居民最低生活保障，全年累计发放低保金2608万元。全县敬老院10所，寄代养人员164人，农村供养五保户1105人，全县发放救济款233万元，救济受灾群众1.32万人。

(段彦平)

·娄烦县·

中共县委书记	魏 民*
县人大常委会主任	段生贵
县 长	张秀武
县政协主席	段九平

【概述】 娄烦县位于北纬37°51′~38°13′，东经111°31′~112°2′。2009年末全县总人口11.71人，比上年增长0.4%。其中城镇人口3.17人，增长2.6%。全县人口出生率控制在6.35‰，符合政策生育率达到88.5%。

2009年全县地区生产总值完成7.68亿元，下降35.3%；财政收入完成5.12亿元，下降23.4%；规模以上工业总产值完成5.73亿元，增加值累计完成1.64亿元；社会消费品零售总额完成1.8亿元，增长5.9%；农民人均纯收入完成2795元，增长0.3%。全县经济社会总体上呈现出平稳较快发展、健康协调推进的良好局面。

【生态建设】 持续进行造林绿化，全面推进环水库、环县城、环公路、环村庄、环学校、环企业的"六环"绿化工程。先后实施汾河干流荒山造林、封山育林、三北防护林、退耕还林补植补种、库东万亩核桃园一期干果经济林建设工程。投资2000万元，启动县城北山采摘园建设。完成太克线等5条公路的通道绿化。全县生态建设总投资累计达2.1亿元，绿化率由38.5%提高到44.5%。不断深化节能减排。县城污水处理厂投入使用。建成东六度、周家窑500立方大型沼气站和四个村的秸秆气化工程。实施万光焦化余热发电和银焱焦化化工项目。全年二氧化硫、烟粉尘、COD减排均超额完成任务，二级以上天数达到337天，在全省蓝天碧水32县考核中由上年的第31位上升到第11位。

【主导产业】 积极发展现代特色农业。全县农作物播种面积11656公顷，其中粮食播种面积9980公顷，农作物机械总动力9.56万千瓦，农用化肥施用量2837吨，农村用电量874万千瓦时。全年农业总产值15333万元，粮食总产量11741吨，增长28.8%。肉类总产量1233.7吨，禽蛋总产量260吨。建起标准化规模养殖小区8个，种草553.3公顷，农村经济总收入6.2亿元。引导农村合作经济组织发展，培训新型农民50个村、8000余人。完成农村劳动力再就业培训2060人，劳动力输出转移2万人，劳务收入总计达9000余万元。全县重点实施东六度、峰岭底种植、养殖及秸秆沼气综合示范小区建设工程，建成4个村的沼气站并投入使用；完成库东万亩核桃园一期建设工程，种植核桃树206.77公顷，完成水浇地100.05公顷;建设兑集沟、韩家沟、陈家庄万亩核桃园。扶持发展中药材专业村26个、有机绿色蔬菜重点村12个。实施8万亩优质小杂粮产业化工程。积极推进农村服务业发展,成立中小企业信用担保机构和小额贷款公司，新发展各类农业专业合作社103个。实行农业科技就业培训13600人(次),转移农村富余劳动力16969人。积极发展生态休闲旅游产业。高君宇故居被中宣部命名为全国第四批爱国主义教育基地,并列入红色旅游景区建设项目,已完成征地拆迁和规划评审工作。与山西煤运太原分公司达成云顶山景区开发合作意向。着力推进企业优化整合和绿色转型。选矿行业以尾矿库安全整治为契机,开展选矿企业优化重组,将选矿企业优化重组为19家。煤炭行业以省煤运公司为兼并主体，对全县13座煤矿进行资源整合,产能由591万吨提升到690万吨。全县工业总产值完成20.3亿元,增长14%;工业增加值累计完成6.53亿元,增长19%。全县规模以上工业企业增加值1640.6万元,比上年减少89%。规模以上工业企业全年销售产值40432万元,减少78%。

【节能减排】 认真落实省政府关于开展汾河上游环境保护和污染治理的要求,坚决关停取缔“三高”企业。重点开展对70户企业达标治理工作,对验收不合格的采取“零点行动”统一关停。加强引黄工程7.4千米导流明渠污染整治,严格控制汾河干流3千米范围内新建污染企业，依法取缔复燃土焦2处。实施县城烟控区项目,创建1.56平方千米烟控区,改善县城环境质量,全县二级以上天数达到250天。淘汰高耗能高污染行业的落后生产设备和工艺装置。全年完成2.06万吨标煤的节能任务,万元工业增加值能耗同比下降7.8%。坚持“以大并小、以优并劣、淘汰落后、优化结构、有偿使用”的方针,关闭1户铁矿企业,对全县8户非煤矿山企业进行资源整合,使全县非煤矿山企业数量压减25%以上。汲取“8·1”尖山铁矿排土场垮塌和“9·8”襄汾溃坝事故等重特大事故教训,以煤矿、非煤矿山、尾矿库等14个领域为重点，全面开展安全隐患大排查和安全专项整治行动,严格事故问责和查处,一些事故责任人受到严肃处理。严厉打击私挖滥采,不断完善涉煤部门和乡镇安全生产联席会议制度,全县安全形势进一步好转。

【基础设施建设】 年初确定的十大重点工程项目全部完成。杜交曲镇农田水利建设顺利完工,改造中低产田153.41公顷。实施米峪镇乡水土保持综合治理项目工程,新建骨干淤地坝2座,机修梯田46.69公顷。实施饮水安全工程51处，解决51个自然村、18300人的饮水安全问题。全面完成太佳高速公路娄烦段拆迁任务,积极协助太兴铁路娄烦项目部完成工程评审工作。新建五条公路连接线11千米,翻修改造道路4.5千米,改造农村公路90千米,硬化村庄道路33千米。完成县城污水收集管网建设工程、县委党校学员餐厅和报告厅建设工程以及金茂花园、县机关幼儿园道路改造工程。投资250万元的县医院医技大楼全面完工。继续推进“百校兴学”和“校舍安全”工程,娄烦镇中学等11所中小学相继投入使用。

【社会事业】 优先发展教育事业,招聘特岗教师68名，高中教师19名。落实“两免一补”政策,为全县义务教育阶段的学生免除杂费、教科书费。如期兑现义务教育阶段教师的绩效工资。

全县所有行政村全部选聘村医,配备基本医疗设备,村卫生室实现全覆盖。全县共有医疗卫生机构155个,医疗床位234张,医疗卫生专业技术人员205人。居民每千人拥有医疗位1.95张。

农村文化设施建设实现新发展。完成66个村的体育场建设，组建农民书屋80个。

人口计生工作基础进一步夯实。发放计生奖励金82万元,为全县2.8万名育龄妇女进行免费体检。

社会保障体系得到完善。全县登记失业率控制在4%以内，新增就业岗位1813个，下岗失业人员再就业449人，安置14名贫困大学生就业。全年企业养老、失业、医疗、工伤、生育保险、农村养老参保总人数均比上年有所提高。为城市、农村低保对象分别发放保障金1633万元、568.8万元;发放医疗救助金70万元。全县五保老人全部实现集中供养,农村低保覆盖率由6.47%提高到8%,覆盖率全市第一。千方百计改善民生。完成717户农村贫困家庭、25户残疾人家庭的危房改造。两个偏远山村的47户得到分散搬迁。1807户库区移民搬迁入住县城移民新区。特别是在全市供热价格上调的情况下,坚持县城居民供热不涨价,财政补贴526万元用于供热,受益群众达3万余人。积极协调太钢集团提供1万吨原煤,解决8350多户困难群众、农村小学和五保老人的取暖用煤问题。协调东升焦化厂出资300万元,为全县9万余农民缴纳合作医疗参合费用,全县新农合覆盖率达100%。协调太原煤气化龙泉煤矿出资1000万元,为全县1.3万余名60岁以上老人每人发放生活补贴600元,真正实现“老有所养”。深入开展煤矿、非煤矿山等14个行业领域的安全生产专项整治行动。建立三网四级安全生产监控网络体系和奖励举报制度,向煤矿派驻12名安监员、26名保安员，聘请219名安全信息员。持续加大对私挖滥采的打击力度,安全生产形势明显好转。闭库工作取得显著成效。关闭各类不合格尾矿库96座，造地120.06公顷，植树10万余株,受尾矿库直接威胁的下游18个村14000余人脱离危险。平安娄烦建设深入推进。信访工作实现前所未有的新突破,实现进京和“两会”非正常“零”上访的目标,信访工作全市排名第二。社会治安综合治理进一步加强，治安防控体系进一步健全,全年刑事案件同比下降81.7%，维护全县稳定大局。全面完成市政府下达的各项安全生产指标任务。全年未发生重特大刑事案件和重特大事故,未发生重大森林火灾。

加强城乡医疗救助,为农村特困大病对象159人发放救助金49.5万元，为城市特困大病对象46人发放救助金20.7万元。推进新型农村合作医疗试点工作，参合人数达89287人，参合率达到93.2%，为参合农民补偿740余万元。实施农村医疗卫生机构达标建设和老年人健康工程，全县52所卫生机构达标，对8996名60岁以上老人进行免费体检。加强农村五保户供养工作，高标准建起三所敬老院，全县981名五保户全部实行集中供养。完成1267户农村困难户危房改造工程。加强受灾群众救助工作，投资30万元建成500平方米的救灾物资储备库。开展抗震救灾募捐活动，累计为灾区重建捐款达540余万元。完成县文化体育活动中心、2个乡文化站和80个村农民书屋建设。全县人口出生率控制在6.35‰，符合政策生育率达到88.5%。完善社会保障体系，“两个确保”得到巩固，按时足额和社会化发放率均为100%。农村养老保险、城镇职工医疗保险、城镇居民医疗保险、失业保险等各类保险参保人数都有较大提高。城镇低保有3221户6037人实现应保尽保；农村低保参保5672户6237人，覆盖率占到全县农业人口的6.47%。全县有2475名职工参加养老保险。城镇居民人均可支配收入9607元，增长9.4%。农村居民人均纯收入2795元，增长4.3%。（张宪平）

·古交市·

中共市委书记	郭建发
市人大常委会主任	耿安亮
市长	李文清*
	韩良会
市政协主席	段永生

【概述】 2009年，古交市辖7乡4镇、4个街道办事处，146个行政村，343个自然村，37个社区居委会。全市总面积1551平方千米，土地面积152676.3公顷，其中耕地面积28087.37公顷。矿藏15种，其中煤炭分布占全市总面积的46%，总储量96亿吨，为山西省储量的二十分之一。山地和丘陵面积占总面积的95.8%。

汾河自西向东横贯全境，境内主要河流有屯兰川、原平川、大川三条。年平均气温9.1摄氏度，年均降水量400毫米~650毫米之间。

2009年底全市总人口21.99万人，男性人口115582人，女性人口104378人，男女性别比111:100。全年人口出生率8.93‰，死亡率2.96‰，自然增长率6.28‰。人口密度每平方公139人。姓氏627个，万人以上的为张、王、李、闫。少数民族19个。

【经济发展】 2009年全市地区生产总值完成25.88亿元，比上年下降45.2%；财政收入12.23亿元，比上年下降39%。财政支出77894万元，比上年下降13.2%。全年固定资产投资完成31.03亿元，比上年增长45%。年末各项贷款余额29.66亿元，比上年增加33.6%。

2009年，全市农村经济总收入为83.6728亿元；粮食总产量9046吨，比2008年增长9.2%。对“三农”投入比重由上年占财政支出的26.8%提高到34.5%。农业产业结构调整继续深入推进，完成蔬菜种植807.07公顷，脱毒种薯2001.5公顷，华阴杏133.4公顷，胡麻新品种200.1公顷，经济林和中药材立体套种266.8公顷；建成原相特种野猪、关头肉牛2个养殖基地和河口亿鑫、原相富民、岔口福山、马兰腾意等6个养殖园；新发展肉牛1160头、猪1.4万头、绒山羊2.1万只、肉鸡40万只。完成肉联厂提升改造，与省农科院顺利对接。引进推广适用新技术新品种58项，开展科技培训1.8万人次。新发展农民专业合作社150个。农业和农村基础设施建设得到加强，实施树北沟小流域治理和汾河干流护岸工程，建设沿河重坝8000米、护坡5000米；完成大山等45个村的饮水工程，解决1.8万人的饮水困难与安全问题；建成东曲等6个畜牧兽医中心站和桃园等5个乡级兽医站；建成300户炕连灶和10户太阳灶；引进推广农机具279台件，培育农机示范户148户，完成机械化免耕示范技术推广项目2067.7公顷，被评为全省农机化工作先进县(市)。新农村建设力度持续加大，投入资金1.1亿元，精心打造永树曲等19个特色亮点村，提档升级周山庄等16个重点推进村，完成硬化面积24.7万平方米，植树86561株，种植灌木26万株，安装路灯686盏，粉刷墙壁47.6万平方米，修建游园11座，高标准装备村级科技活动室10个。农资物流配送中心基本建成。连续两年被评为全省新农村建设先进县(市)。

新型煤化工示范区建设全面启动，十大重点项目稳步推进，城市集中供热二期、钰龙洗(选)煤企业新建提升改造2个项目全面竣工；一一公司2×2.5万千瓦热电联产及粉煤灰建材、西山日盛60万吨焦化续建2个项目基本完成；古交电厂2×60万千瓦发电、屯兰矿瓦斯发电、中海能源300万吨集运站、海天天宇100万吨洁净型煤等6个项目取得显著进展，累计完成投资44.9亿元。煤矿整合兼并重组基本完成，确立华润、西山等4个整合主体和千峰、矾石沟等4个单独保留矿井，全市煤矿由原来的62座压减到25个采矿点，总产能由每年的1365万吨将提升到1665万吨。引资项目取得显著成效，与河北旭阳、上海复星、台商北京办事处、中科院等多家企业和行业机构进行了洽谈，与中广核电风力发电项目成功签订合作意向书并开始测风；2200吨镁合金深加工，1万吨塞隆特种陶瓷、1000万克拉纳米聚晶金刚石、中药饮片加工及医药物流4个转型项目顺利入驻，预计总投资将近3.66亿元。

【建设环保】 2009年，古交市基本建设项目投资23166万元，建设项目67项。完成45项，进行前期准备工作的3项，未开工1项。全年投入环保资金2.6亿元，万元规模工业增加值能耗下降19%，万元地区生产总值主要污染物排放量下降45%。市区二级以上天数由上年的297天上升为336天，获全省“蓝天碧水”工程县级城市唯一银奖。

【交通　邮电】 2009年底，全市公路通车里程885千米，公路密度达到57.9千米/百平方千米，全市146个行政村有145个实现了通水泥(油)路。

全市开通农村客运班线16条,行政村村村通班车。公交客运线路6条。全年完成邮政业务总量510.7万元,比上年增长18.1%,有线电话用户5.5万户,移动电话用户17万户。

【商业 旅游】 2009年全市社会消费品零售总额完成22.51亿元，比上年增长15.6%。进一步开发狐爷山景区、佛福山狩猎场、汾河景区、水泉寨公园、晋绥八分区机关旧址等旅游景点,2009年接待游客人数约8万人次。

【科技 教育】 2009年,全市共有基础教育阶段学校48所，其中普通高中2所,职业高中1所,九年制学校4所,初中学校14所,市直小学13所,乡镇街道中心校14所（下辖小学校111所);在校学生43073人,教职工23503人;小学入学率100%,初中入学率99.5%。全市有科教人员3528人。

【文体 卫生】 2009年,全市有图书馆(室)、文化宫、文化站、文化活动室、剧团、体育活动场所91处,老干部活动室1处。医院258所，床位1330张,医生2217人。

【社会生活】 全市城镇居民人均收入13978元,比上年增加7.9%;农民人均收入完成6765元，比上年增加3.2%。全年最低保障金发放人数21584人。其中，参加农民养老保险30404人,职工养老保险17167人。参加职工医保50313人,农村居民医保6.9万人。为农村60岁以上老人发放养老金550万元。 （赵志英）

大同市

中共市委书记 丰立祥
副书记 耿彦波 高 玮 柴树彬
市人大常委会主任 梁凤书
副主任 董变英(女) 马维平 孙日兵 刘 美 董 斌 邵 奎 张志伟
市长 耿彦波
副市长 李世杰(女) 冀明德 李武章 郝月生 马 斌 郜向华
市政协主席 马福山
副主席 田云生 刘俊雍 白世镇 陈昌辉 韩美山 武保洲 程延龙 许进娥(女) 郭俊岗

【概述】 大同市位于北纬39°54′~40°25′,东经112°53′~113°31′。年末全市总人口为319.51万人，城镇人口165.98万人,人口出生率为11.3‰,自然增长率为5.2‰。

2009年，大同市面对国际金融危机的不利影响,围绕“转型发展,绿色崛起”发展战略,开工建设一大批促进经济可持续发展和有效改善民生的重大工程项目,出台一系列产业振兴和发展规划,有力推动全市经济的全面回升。

全年全市实现地区生产总值(GDP)596.1亿元,按可比价格计算,比上年增长2.3%。全市人均地区生产总值达到18705元，增加853元,增长1.8%;居民消费价格总水平比上年下降0.6%;全市商品零售价格总水平比上年下降1.5%。全年全市城镇新增就业岗位49221个,下岗失业人员再就业27088人,就业困难对象再就业6988人，转移输出劳动力3.19万人;创业就业人数12872，扶持创业人数1264人；全年共提供就业岗位13.6万个;介绍成功63368人,转移农村劳动力31979人;城镇登记失业率为3.1%,低于4%的控制目标。

【农业经济】 全年农作物总播种面积31.66万公顷，其中粮食作物播种面积26.78万公顷；油料作物种植面积1.97万公顷;蔬菜面积1.8万公顷。粮食产量52.57万吨,油料0.73万吨,蔬菜62.73万吨,水果8.29万吨。林业生产，全年全市完成造林面积20484公顷。年末实有封山(沙)育林面积133376公顷。畜禽产品:全年生猪出栏99.50万头，较上年增长3.25%;牛出栏6.70万头,增长48.37%;羊出栏121.37万只,增长30.25%;家禽出栏264.88万只,增长27.99%;全市肉类总产量11.66万吨,增长14.13%。全年全市农业机械总动力152.39万千瓦;农村用电量2.7亿千瓦时，化肥施用量25.59万吨。全市有效灌溉面积11.9万公顷,新增节水灌溉面积5010公顷。

【工业经济】 全年全市完成全部工业增加值248.94亿元，比上年下降5.2%。全年规模以上工业企业产品实现销售产值494.95亿元,工业产品销售率为92.97%。规模以上工业企业实现产品销售收入543.18亿元,实现利税62.19亿元。其中,国有及国有控股工业企业实现利税55.03亿元，增长14.7%；实现利润11.74亿元，增长75.9%。

全年全市建筑业实现增加值35.4亿元,比上年增长41.2%。房屋建筑施工面积511万平方米,竣工面积255万平方米。

【固定资产投资】 全年全社会固定资产投资475.17亿元，比上年增长71.83%。其中，国有经济投资294.59亿元,增长43.8%;非国有经济单位投资180.58亿元,增长151.93%。全年第一产业完成投资21.491亿元;第二产业完成投资141.50亿元;第三产业完成投资312.17亿元。全年全市房地产开发投资完成83.66亿元，增长209.7%,其中保障性住房投资达51.96亿元。全市房地产开发施工面积643.83万平方米,其中住宅施工面积588.56万平方米；竣工面积89.12万平方米。全年全市重点建设项目开工828个,投资完成414.64亿元,占到全市投资总额的87.3%。

【能源经济】 全年全市一次能源生产折标准煤0.51亿吨，比上年增长0.39%，二次能源生产折标准煤0.04亿吨,下降41.48%。全年铁路外运煤炭5354.9万吨,占原煤产量的比重为75%。全年外输电力167.41亿千瓦时,外输电量占发电量比重为63.35%。全年全市能源工业投资完成85.52亿元，增长 24.99%。

【国内外贸易】 消费品零售，全年实现零售总额 264.74 亿元，比上年增长 14.51%。其中，城市消费品零售总额 173.46 亿元；县及县以下消费品零售额 91.27 亿元。全年全市海关进出口总额完成 19500 万美元，较上年下降 17.7%。其中出口完成 11400 万美元，同比下降 41.8%；进口完成 8100 万美元，同比增长 98.1%。新批外商投资企业 2 家。全年全市合同利用外资 6121 万美元，实际到位外资 9170 万美元。

【交通 邮电 旅游】 全年铁路营业里程达 1163.4 千米。公路通车里程达 11713.75 千米，其中高速公路达 147.6 千米。全市通油路的乡镇 98 个，通公路的行政村 1948 个；通油路的行政村 1938 个，本年新增 74 个。全市公路密度 83.06 千米/百平方千米。年末全市民用车辆保有量达 36.26 万辆，增长 8.32%。年末轿车保有量 9.96 万辆，其中私人轿车达 8.09 万辆，增长 21.26%。

全年完成邮电业务总量 55.25 亿元，较上年增长 32.62%。其中电信业务总量 52.19 亿元，增长 34.62%；邮政业务总量 3.06 亿元，增长 4%。至年底全市固定电话用户 62.82 万户；移动电话用户 201.29 万户。全市电话普及率每百人拥有 83 部。计算机互联网用户达到 22.95 万户。全年订销报纸4399 万份。

全年旅游业务总收入 96.35 亿元，较上年增长 22.29%。其中国内旅游业务收入 93.55 亿元，增长 24.66%，国际旅游创汇 6767.59 万美元，增长 11.73%。全年共接待国内外旅游者 1178.9 万人次，比上年增长 14.5%。其中接待海外旅游者 17.0 万人次，增长 11.87%。全市拥有星级宾馆饭店 28 家，旅行社 48 家。

【财政 金融 保险】 全年财政总收入 120.9 亿元，下降 1.12%。社会消费品零售总额 264.74 亿元，增长 14.51%；一般预算收入 47.62 亿元，增长 2.04%；一般预算支出 109.32 亿元，增长 11.87%；城市居民人均可支配收入 14585 元，增长 6.01%；农民人均纯收入 3589 元，增长 7.01%。财政支出中教育和医疗卫生支出增幅较大。

全市金融机构年末各项存款余额达 1482 亿元，比上年同期增长 14.65%。年末全市金融机构各项贷款余额 456.48 亿元，比上年同期增长 24.3%。

全年全市保险累计收入 25.99 亿元，比上年增长 1.50%。全市累计支付各类保验赔款及给付 10.19 亿元，增长 27.22%。

【科教文体卫】 全年全市共组织实施国家、省各类科技计划 28 项。全年科技研发经费占财政预算支出的比例为 1%，全年申请专利数 268 件，其中发明 75 件，实用新型技术 153 件，外观设计 40 件。

全市中等职业学校招生人数达 13507 人，在校生人数达 38508 人。

全市共有艺术表演团体 14 个、文化馆 12 个、公共图书馆 13 个(藏书 53.4 万册)、博物馆 1 个和档案馆 13 个。全年创作《侨女英雄》(晋剧)、《云·冈》(大型音乐剧)2 部，参加省、全国庆祝国庆 60 周年展演，受到好评。全市有广播电台 13 座，微波站 16 座，有线电视网 16 个。广播人口覆盖率 93.21%，电视人口覆盖率达 96.94%，数字电视用户 16.4 万户。全市公开发行报纸 5 种，发行 4 万份；各类期刊出版物 5 种，发行 157 万册。

在第 11 届全运会上，大同市运动员共获得 3 金 3 银 6 铜，位列全省各市之首。全年共完成 477 个行政村的 477 个农民体育健身工程建设。全市体育人口已达 130 万人。年末人均公共体育场地 1 平方米。

全市共有卫生机构 1029 个，床位 14561 张，卫生技术人员 18699 人，其中执业医师和执业助理医师 8640 人，注册护士 6043 人，农村乡镇卫生技术人员 1634 人。

【环境保护】 全年空气质量Ⅱ级以上良好天数达 341 天，比上年增加 34 天，空气污染指数 1.75，下降 0.95。新增集中供热面积 840 万平方米，可减排二氧化硫 8000 吨，年节煤 90000 吨。城区集中供热率达 86%。全市天然气用户达 21.4 万户，城区气化率达 95%。主城区污水处理达 71.1%，中水回用率达 24.9%。生活垃圾焚烧发电厂建成并投入运行，日处理能力 1100 吨。饮用水源地水质达标率为 100%。全年创建省级生态文明村 30 个，省级环境优美乡镇 3 个，省级生态示范矿井 4 个，省级规模化兽禽养殖污染防治示范工程 4 个。全年新增绿化面积 701.46 万平方米，城市绿化覆盖率、绿地率、人均公共绿地面积分别达 36.4%、29.61%、6 平方米/人。全年城市绿化共种油松、新疆杨等乔木 18.41 万株，紫叶矮樱、榆叶梅等花灌木 8.32 万株。景天等地被及色带 5.05 万平方米，草坪 8.22 万平方米。年末全市共完成营造林总面积 18676 公顷。完成义务植树任务 400 万株。

【社会保障】 年末全市城镇拥有各种社区服务设施 172 处，社区服务中心 10 个，福利院床位数 1020 张，收养人数 1012 人，国家抚恤、补助各类优抚对象 6461 人。全市共有 19.64 万人得到政府最低生活保障救济，发放低保资金 30308.4 万元；全年共有 12.81 万人，9.15 万户得到农村最低生活保障救济，发放救济金8883.2 万元；供养五保户 1.86 万人，发放资金 2542.7 万元。全市参加企业养老保险社会统筹的在职职工 31.47 万人，全年共征缴养老保险费 12.53 亿元，共为 11.56 万企业离退休人员发放养老金 13.94 亿元，拨付率 100%。全市农村养老保险参保人数达 22.22 万人，征缴保险费 0.56 亿元。年末全市参加医疗保险人数达 116.26 万人，共征缴医疗保险费 6.8 亿元。

【民生事业】 2009 年完成校舍安全工程项目 102 个，完成村村通公路建设 340.3 千米，农村人口饮水安全工程 74 处，在建工程 183 处，全市全年总投资约 156.2 亿元，先后实施城市道路桥梁改扩建工程、古城保护建设工程、保障性住房建设工程、园林绿化工程、云冈峪综合整治工程、省道 339 线云冈石窟段改线工程、御东新建医院等城市建设重点项目。全市新建、改建村卫生室477个。通过其他方式覆盖85个，消除562个卫生室空白村，实现村卫生室全覆盖。全市参加合作医疗农民达149万人，参合率90.6%。103个村的村村通直播卫星接收设施基本完成。

【经济发展】 2009年，面对国际金融危机的不利影响，全市各级、各部门深入贯彻落实科学发展观，围绕“转型发展，绿色崛起”发展战略，把“保增长、保民生、保稳定”作为首要任务，变压力为动力，加大固定资产投资力度，全力加快全国重要的能源基地、先进制造业基地、现代服务业基地建设步伐；精心打造世界文化遗产旅游城市、国家历史文化名城、国家风景名胜区三大品牌，努力实现“文化名城、旅游名城、生态名邑、经济强市”的目标，全市经济社会保持平稳较快的发展势头。2009年全市地区生产总值完成596.1亿元，同比增长2.3%。财政总收入达120.9亿元；社会消费品零售总额264.74亿元，增长14.51%；一般预算收入完成47.62亿元，比上年增长2.04%；城市居民人均可支配收入14585元，增长6.01%；农民人均纯收入3589元，增长7.01%。

【工矿棚户区改造】 大同市投资130亿元，展开规模空前的城市棚户区和工矿棚户区改造大决战。自2008年以来，全市共铺开新建棚户区改造安置用房18处、建筑面积886万平方米、住房100695套。在建设过程中，各级各部门严把质量关、招标关、监理关、验收关，确保打造出“造价不高水平高、面积不大功能全、占地不多环境美”的一流安置住房。截至2009年底，全市已建成棚户区改造安置房572万平方米、住房58662套；在建214万平方米、住房24033套；南郊区多个城中村改造工程也在加快进行中。2009年12月28日，全国城市和国有工矿棚户区改造会议在大同召开。中共中央政治局常委、国务院副总理李克强亲临大会并作讲话。对大同市城市和国有工矿棚户区改造工作，给予充分肯定。

【煤矿兼并重组】 2009年，大同市委、市政府高度重视，采取有力措施，强力推进，全市煤矿企业兼并重组整合工作取得明显成效。按照省的“宜并则并，不开就关，严格标准，绝不凑数”的战略部署，对全市所有煤矿逐个进行审核，确定兼并后的煤矿总数为64座，生产能力为4685万吨/年，同时确定大同煤矿集团公司、山西煤炭运销集团公司、山西煤炭进出口集团公司、中国煤炭进出口公司四大兼并主体。截至年底，整合后有54座换发采矿许可证，35座煤矿办理安全生产许可证。

【纪念大同和平解放60周年】 2009年5月1日，是大同市和平解放60周年纪念日。大同市举行和平解放60周年庆祝大会，人们以庄重肃穆的心情缅怀革命先烈的丰功伟绩，抚今追昔感怀60年来的深刻变化。全市举行专场文艺演出、全市党员干部群众劳动竞赛、青少年举行“继承先烈遗志，建设美好家园”主题祭扫烈士陵园、反映大同和平解放及有关革命先烈的电影、电视剧展播等活动，大同日报社刊发大量庆祝大同和平解放60周年的纪念文章。充分展示60年来特别是改革开放以来发生的翻天覆地的变化，激励全市人民豪情满怀地建设小康大同。（姚 斌）

·城 区·

中共区委书记	雷学峰
区人大常委会主任	马 力
区长	祁学峰
区政协主席	崔建中

【概述】 大同市城区位于北纬40°00′~40°08′，东经113°00′~113°19′。面积46.1万平方千米，常住人口570411人，辖14个街道办事处，109个社区居民委员会。

全区全年地区生产总值81.75亿元，同比增长10.3%；规模以上工业总产值57.9亿元，占年任务的125.8%；规模以上工业增加值17.1亿元，占年任务的103.8%；社会消费品零售总额108亿元，增长15.2%；人均可支配收入14585元，增长6.01%；固定资产投资160亿元，增长204%；财政总收入20.05亿元，占年任务的100.2%；其中，一般预算收入1.91亿元。共实施重点项目24个，总投资19.23亿元，共引进新企业17家，引进资金5.14亿元。

顺利完成9条道路、9处文物景点周边的拆迁任务，全区共拆迁6331户90万平方米。坚持拆迁与安置同步推进，通过严格、规范、公平的工作流程，已安置居民住户3998户。

推进学校新建、迁建和校舍安全工程，全面实施教师绩效工资制度，完成教师基础性绩效工资发放工作。对在2008年度市容环境卫生工作中成绩优异的2个红旗单位，2个特殊贡献单位，30个先进集体，10名市容环境卫生工作标兵，106名市容环境卫生先进个人进行表彰，对8条文明示范路进行挂牌表彰。新增就业岗位2.2万个，帮助1.9万名失业人员实现再就业，社保、医保覆盖面进一步扩大。

净化企业发展环境，取消行政审批项目32个；彻底解决群众反映强烈的大西街1号楼拆迁问题；妥善处理区属煤矿关闭的人员安置问题，妥善解决铁路、机车厂、大齿集团等原企办小学的历史遗留问题；认真执行区人大及其常委会各项决议，主动向区政协通报情况，自觉接受法律监督和民主监督，39件人大代表建议意见和62件政协委员提案全部办结，满意率达100%。制定出台《关于规范公务接待工作的实施办法》《关于进一步加强节约型机关建设的有关规定》等一系列文件，规范公务活动，压缩行政开支，政府执行力进一步提高。

（白丽霞 徐雅丽）

·矿 区·

中共区委书记	门开发
区人大常委会主任	王宝林
区长	刘勇军
区政协主席	郭巨全

【概述】 大同市矿区位于北纬39°55′~40°08′，东经112°53′~113°12′。面积90

平方千米，辖26街道102个社区，常住人口46万，暂住人口7万，无农业人口。

2009年全区生产总值108639万元，同比增长(可比价)7%；规模以上工业增加值(现价)2579万元，下降(可比价)82.1%(煤矿兼并重组期间，纳入统计的企业全年停产，致使较上年出现了大幅度下降)；社会消费品零售总额415282万元，增长17.04%；财政总收入142817万元，增长31.34%；一般预算收入9256万元，增长22.34%。全年新发展私营企业和个体工商户1249户，新增从业人员2850人，新增注册资金11215万元，民营经济上缴税收11920万元，占到区本级财政税收的68%。

区政府及工作部门共受到国家、省、市各类表彰80项，其中国家及各部委表彰5项，省委、省政府及省直部门表彰26项，市委、市政府及市直部门表彰49项。

【结构调整】 组建由政府控股的山西大同晨瑞能源有限责任公司，整合后的5座煤矿总生产规模由114万吨/年提升为195万吨/年。以同大防爆电器有限公司、支护设备厂、华能煤机有限公司为龙头的煤机制造企业产值较上年增长31%。商务区建设继续推进，引资1000万元，完成新平旺商厦改造项目；投资2200万元的新世纪商业综合大楼全面完工，引资入驻的同和大酒店投入运营。新型产业发展良好，完成投资2800万元的干混特种砂浆生产项目；启动投资2500万元的水泥矿渣粉、熟料粉生产项目。

【社会事业】 投资748万元，新建新胜二小教学楼、口泉二中宿舍楼、晋华宫中学综合楼；投入1000多万元，为恒安新区1所中学、4所小学配备基本教学设施；投资521万元，对15所中小学校进行维护、加固和改造；出资200多万元，对优秀教师和办学质量优胜学校进行表彰奖励；成立矿区学生资助管理中心，累计为11名大学生申请助学贷款5.8万元。重视科技创新，全年科技三项费用投入150万元，较上年增长37%。实施政府“提速工程”，全年政务审批中心共受理各类行政项目43443件，办结43090件，办结率99.2%。投资600万元，新建3个社区卫生服务中心。累计组织15000多人进行甲型H1N1流感疫苗接种。

全年通过各种途径帮助17000多人实现就业再就业。共征缴各类保险金7737万元，向上级争取4899万元，发放8066万元，离退休人员养老金社会化发放率100%；关心破产企事业单位职工的权益，为1100多名关闭破产企事业单位“4555”人员提前办理退休手续；关心低收入家庭的住房、医疗、子女教育困难，为13354户低收入居民发放廉租住房补贴1200多万元；共发放低保金9452万元，全区26643户64822人享受最低生活保障待遇；为低保对象发放大病救助金160万元，教育资助金45万元。

维护社会稳定，严厉打击各类犯罪活动，全年破获各类刑事案件664起，打掉各类犯罪团伙24个，抓捕各类逃犯113人。

【和瑞第一小学揭牌庆典】 5月26日，矿区和瑞第一小学举行揭牌庆典。和瑞第一小学是按照国务院和山西省政府要求，完成承接企业所办教育重任后，筹办的第一所新学校。学校占地面积12000平方米，建筑面积8377平方米，设有语音室、仪器室、图书阅览室、多媒体室、远程教育室等多个专用教室，现有教职工106人，教学班28个，学生1286人。

【全国“巾帼文明岗”授匾仪式】 6月30日，全国“巾帼文明岗”授匾仪式在口泉公园举行，区园林管理处获得全国“巾帼文明岗”的匾牌。

【欧学联获“全国助人为乐模范”】 在9月20日举行的第二届全国道德模范评选表彰颁奖典礼上，矿区永定庄街道永定庄街社区居民欧学联用她的行动和事迹感动了中国，被评为“全国助人为乐模范”。

【第三次全国文物普查验收工作完成】 12月26日，矿区第三次全国文物普查验收工作完成，共普查不可移动文物34处，其中复查7处，新发现27处，无消失文物点，新发现量占普查量的79.4%。（武新田　贾利生）

·南郊区·

中共区委书记	张建平
区人大常委会主任	李明杰
区长	赵志坚
区政协主席	陈凤兰

【概述】 大同市南郊区位于北纬39°53′~40°17′，东经112°53′~113°24′。辖3镇7乡，190个行政村。至2009年底，全区共有291718人，其中男性145898人，农业人口258157人，人口出生率6.09‰，自然增长率3.71‰。

【“三农”工作】 全区农民人均纯收入5958元，同比增长7%，绝对额净增全市第一，被评为全省增加农民收入先进县(区)。全区新增设施蔬菜面积56.70公顷，保护地面积1053.86公顷；新建6个规模养殖小区，全区各类规模养殖小区达49个，标准化挤奶站达42个；新建平旺乡马营村现代农业示范区一期工程，扩建、完善扬家窑村现代设施农业示范区、御东绿色农业园区、口泉乡新兴葡萄采摘园、冯庄民丰花卉种植示范区、北村玉银河生态农业园区等一批现代农业园区。同时，涉及南郊区的大同现代农业示范区建设正式启动。新建、扩建和完善康园果品批发市场一期建设项目和夏进乳业投资1200万元的3万吨PET果蔬果纤维乳饮料生产线等一批产业化龙头项目。全区规模以上农业产业化企业发展到15户，年销售收入4亿元，带动农户14万户，安排农民就业1.3万人；农民专业合作社达98个。

全区共完成生态建设任务1974.32公顷，新打机井62眼，新修防渗渠32千米，新增水浇地133.4公顷，改善恢复水浇地1000.5公顷，新增节水面积533.6公顷，改造中低产田533.6公顷。共投资2782万元完成47个村的农村安全饮水工程，为18

个村购买了运水专车,解决饮水安全人口70717人。因新农村建设成绩突出,被评为全省新农村建设先进县(区)。“三防”(防火、防汛、防疫)工作受到省、市的表彰,特别是动物防疫工作被授予全省重大动物疫病防控先进县(区)称号。

【工业经济】 全年财政收入53.8亿元,居全省县(市、区)第一,GDP完成106亿元,约占全市总量的1/5。全区共新上、续建各类重点调产项目28项,项目总投资158亿元,全年实际投资80.2亿元,其中,投资额亿元以上的项目达11项。截至2009年底,全区民营企业达716家,个体工商户达1.83万户,实现税收9亿元,占到区本级财政收入的1/3,民营经济成为全区财政总收入的重要支撑力量。煤炭企业重组改制实现历史性跨越,保留下来的17座煤矿全部由“国”字号大企业控股,实现资产重组和股份制运营的现代化企业管理新模式。

【社会保障】 区政府出资500万元,为200多名下岗职工缴纳养老保险,并出资100万元为城镇无业居民缴纳医疗保险。全区社保、医保、失业和工伤4大险种征缴率和发放率均达100%。城乡低保实现应保尽保;五保老人年人均供养标准不断提高,分散供养达1500元,集中供养达2000元。全区对234名城乡低保户和五保户实施大病救助,救助资金达142.9万元(其中区配套70万元);认真落实各项优抚政策,制定出台《大同市南郊区关于做好城镇退役士兵自谋职业工作的初稿意见》,妥善安置19名城镇退役士兵,双拥工作实现六连冠。

【民生事业】 投资1000万元对全区供热系统、4个供热站进行更新改造,对8000多米的主管网全部进行更新,部分办公楼的内网也全部进行了改造。

全年完成拆迁任务240.56万平方米,涉及全区6个乡镇43个村。其中,城市道路扩宽和旧城改造项目建设拆除总面积162.06万平方米,清运建筑垃圾383万平方米。总投资73亿元的8个城中村改造项目全面启动,共完成拆迁住宅6522户78.497万平方米,全年开工建设多层和高层村民住宅18036套,共安置拆迁户2649户。完成征地1668.17公顷,其中道路征地801.1公顷,完成迁坟1902座。

推进“蓝天碧水”工程,被大同市政府授予环保目标责任制先进单位。年内空气质量二级以上天数达338天,共消减二氧化碳994.77吨,化学需氧量157.32吨,大气环境综合污染指数为1.63。

【科教文体卫】 建立科技管理网站,增加2个服务平台(中小企业信息化服务平台,农村信息化基地服务平台),组建信息采编中心,储备适合该区的积压类科技成果100多项,开发实用技术光盘刻录系统,实用型专家系统13个,已连接乡镇4个,进行专家咨询300人次,该年获国家科技部全国科技进步考核县(区)。

2009年出台《南郊区中小学管理规范和考核评价办法》;全年累计投资300多万元,保障区域教研中心活动的开展;新增多媒体教室22个。年内累计投资1.6亿元,新建、扩建和维修中小学101所,其中重点规划新建1所12轨制初中,8轨制小学寄宿制学校,对采煤沉陷区内的41所中小学实施整体搬迁。区政府被授予山西省城镇中小学校舍建设先进区称号。

全年11个放映队放映电影2280场,实现每村每月放映一场;认真贯彻落实《全民健身计划纲要》,启动全民健身日活动,举办乡村体育比赛200余次;投入资金289万元,架设光缆主干线80余千米,59个村实施了广播电视光缆入户工程,将60余套高质量电视节目送入千家万户。

共查处药品、医疗器械违法案件240起,没收假劣药品488种3050瓶(盒),打击游医药贩26人(次),从生产、流通等各个环节,开展食品安全专项检查;投资20万元新建墙框堡供销社,改建平旺供销社;开展廉租房工作,完成24户低收入保障户的廉租住房补贴;继续做好住房公积金归集、管理和使用,覆盖率达58%,归集总额达5558万元,比上年增加876万元。

(孔宪敏 刘立欣)

·新荣区·

中共区委书记 董志刚
区人大常委会主任 王 勇
区 长 王东升
区政协主席 李 成

【概述】 大同市新荣区位于北纬40°07′~40°24′,东经112°52′~113°30′。总面积1018平方千米,其中耕地面积42021公顷。辖1镇6乡,140个村民委员会,173个自然村,3个居民委员会。2009年末总人口113214人,其中农业人口9.4万人。

2009年,加速推进经济转型,努力构建和谐新荣。全区生产总值143850万元,比上年下降10.1%;财政总收入46000万元,下降19.15%;规模以上工业总产值121426万元,下降54.7%;规模以上工业增加值50527万元,下降55.99%;工业企业实现利税23424.3万元,下降56.84%;农林牧渔业总产值39156万元,增长10.86%;农民人均纯收入4110元,增长7.1%;社会消费品零售额44714.2万元,增长21.34%。

【农业经济】 (1)种养业发展势头良好。2009年全区落实粮食补贴资金894.38万元,对14913.79公顷粮食作物进行补贴,落实农机具补贴256万元,综合土地治理620.31公顷,全区农作物播种面积23438.38公顷。全区粮食产量1.7万吨。新建10个标准化养殖小区和2个奶站,改扩建4个乡兽医站。牛、猪、羊饲养量分别为2.3万头、5.1万头、15.6万只,畜牧业人均收入1011元,比上年增长6.6%。(2)龙头企业建设渐强渐大。投资1500万元,完成佰草香精品肉业有限公司肉制品扩建项目,建成熟制品生产线一条,方便菜生产线一条,年加工能力1500吨;薪源种羊场投资1200万元,建圈舍4000平方米,建青贮池7000立方米；欣荣兔业投资810万元，建兔舍、库房及配套设施等；得胜农业综合开发公司投资420万元，建成机械化生产脱毒马铃薯种薯基地76.71公顷，产量2200吨。(3)生态造林成效显著。全年京津风沙源治理完成飞播造林133.4公顷，封山育林333.5公顷，干果经济林266.8公顷，薪炭林70.04公顷，补植补造林木1420.71公顷；棚圈建设3.5万平方米，基本草场56.70公顷，购置饲料机械350台，节水工程3处，水源工程34处，小流域治理面积100.05公顷；省六大造林绿化工程完成交通沿线荒山绿化66.7公顷，10个村庄绿化栽植苗木2.609万株；古长城森林公园投资3300万元，完成造林667公顷，造林预整地667公顷，通道绿化13.62千米，整地挖坑55万个。(4)新农村建设稳步推进。完成14个重点推进村、11个重点整治村建设。全年累计投资4325.4万元，完成街巷硬化47.4千米，安装路灯315盏，村庄绿化植树10.5万株，新建垃圾点46个、沼气池200个。

【工业经济】 2009年工业生产坚持“以人为本、安全第一、综合治理”的方针，加强基础管理，严格安全监管。对辖区内各行业领域所属的352个生产经营单位和各类安全设施进行排查摸底和分类治理，确定一类无证无照非法生产经营取缔单位26个；二类证照不全停产整顿单位114个；三类证照齐全正常生产经营加强监管单位212个。共组织安全执法检查272次，整改治理隐患443条。中煤进出口公司作为主体企业成片重组整合全区13处煤矿为5处煤矿，预付新荣区占股补偿资金7亿元，中煤进出口公司以“六长”为主的管理团队已经进驻接管煤矿。全区生产原煤159.57万吨，比上年下降56.6%，煤矿、非煤矿山和其他地面企业均未发生死亡事故；乡镇企业工业增加值12105万元，下降67.4%。

【项目建设】 2009年有5个引资项目落户新荣区，协议引进资金约10.2亿元，到位资金7700万元。共开工项目38项、完工24项，完成投资50357万元，其中，市委、市政府考核的重点推进项目9个。全区交通基础设施建设投资12265.5万元，其中：农村公路投资12031.5万元，客运场站投资45万元，农村客运候车设施投资9万元，危桥改造投资90万元。到2009年底，全区公路通车里程939.46千米，公路网密度92.22千米/百平方千米。居民区街道改造工程投资约726万元，改造区址街巷11条，改造总长度3709米，面积18545平方米，安装路灯113盏；投资54万元，新建公厕3座；投资100万元，完成区址行道绿化树补植工程；投资60万元，完成环卫设施配置工程。续建房地产开发工程项目6项，新建工程项目2项，总投资3991万元，建筑面积3.56万平方米。

【文物 旅游】 2009年，新荣区“三普办”对全区173个村庄进行拉网式文物普查，共登录不可移动文物88处，其中复查29处，新发现59处，新发现率达到67%。以得胜堡古堡群、方山永固陵、采凉山红石崖为主的自然山水风光旅游区建设为重点，进行招商引资，积极推进项目启动；完成助马堡长城文化展示区、四家山生态休闲游两个项目的预可研和得胜古堡群旅游区项目详规的编制工作。完成《大同市新荣区旅游总体规划》的编制工作。

【市政建设】 2009年，区政府制定出台《大同市新荣区人民政府关于加强政府自身建设的实施意见》。深化行政审批制度改革工作，共受理各类审批事项12053项，办结率100%；为44家单位办理采购业务，采购预算金额978.6万元，实际采购950.45万元；拒付不合理支出311笔，票据1230张，涉及金额268万元，节约资金21万元。自觉接受人大、政协、法律、舆论监督，认真听取各方面意见，全年共办理人大代表、政协委员议案、建议和意见、提案共51件。

【社会事业】 区址建设投资214万元，新建公厕3座，完成街道绿化补植和环卫设施配置；续建区计生服务站、新荣村惠泽园二期住宅小区、外贸小区4#住宅楼等房地产改扩建工程。道路建设投资325万元，建设6.5千米古长城生态旅游路；投资240万元，改造镇河堡—谢家场工业园区4千米道路；投资90多万元，对破鲁干渠桥进行维修加固；投资45万元，新建西村乡汽车站。教育工作投资2454万元，新改扩建9所学校，发放“两免一补”资金830.8万元，为56名贫困大学生和高中生发放资助金14万元。公开招聘52名乡镇卫生院卫技人员和14名乡镇合医经办人员，充实队伍建设。全区参加合作医疗82025人，参合率92.17%，为47925人次补偿门诊费用99.75万元，为9110人次补偿住院费用971.85万元。发放农村计生家庭奖励金额61.69万元。全区人口出生率控制在5.22‰，自然增长率控制在1.28‰。投资170万元的区计生服务中心完工，花园屯计生服务中心竣工，破鲁乡计生服务中心开工。为80名白内障患者施行复明手术，为160名各类贫困残疾人配发辅助器具。为城市低保户1624户4126人发放低保金717万元，大病救助金60万元。为农村低保户4980户9070人发放低保金718万元，发放大病救助金67万元。为企业、个体工商户和灵活就业人员办理养老保险7124人，参保率81%；城镇职工、居民医疗保险、失业保险、生育保险参保率基本达到100%。城镇下岗失业人员再就业培训612人，实现再就业320人。农民“阳光培训工程”完成350人。全年共立刑事案件47起，破41起，破案率87%。查处治安行政案件826起，处罚163人。调解各类矛盾纠纷988件，调处成功908件，调解率95%，成功率92%。信访工作进一步加大案件的协调、督查、督办力度，共接待来访户128案182批次1626人次。（贺雨顺）

·阳高县·

中共县委书记	曹世平
县人大常委会主任	巩　才

县　　　　　长　　姚振华
县政协主席　　王秀清

【概述】 阳高县位于北纬39°49′~40°31′,东经113°28′~114°06′。

2009年全县地区生产总值118083万元,同比增长7.62%;财政总收入1.25亿元,增长1.03%;一般预算收入5083万元,增长8.75%;城镇居民人均可支配收入9361元,增长13.1%;农民人均纯收入3021元,增长11.2%。

【"三农"工作】 1.设施农业。2009年全县累计投入资金1.3亿元,建成日光温室1862栋124.20公顷,移动大棚2846栋284.61公顷。全县设施蔬菜总面积达到873.77公顷,其中百亩以上规模片达到19个,设施蔬菜面积占全市设施蔬菜总面积的54%。全县蔬菜人均纯收入800元,占农民人均纯收入的26.5%。

2.养殖小区。全年铺开建设养殖小区21个。新增圈舍面积8万多平方米。规模养殖小区44个。全年生猪、奶牛、羊饲养量分别为53.2万头、1.45万头、38.1万只,同比增长19%、12%、14%。全县畜牧业总收入5.5亿元,占农业总收入的37.2%;农民人均畜牧业纯收入740元,占农民人均纯收入的28.1%。

3.新农村建设。在17个重点推进村重点实施以"四化四改"和"五个一工程"为主的人居环境和公益事业完善工程以及产业扶持。截至2009年底,17个重点推进村已完成投资771.73万元,硬化道路及广场84115平方米,栽植各种绿化树木2.12万株,安装路灯146盏,改建厕所98个,建沼气池72个,建设小型广场9个,建篮球场5个,安装健身器材35组,维修村委会4个。同时,利用卫生、教育、文化等项目资金,新建村级卫生室8个,改造标准化小学14所,新发展便民超市10个、便利农家店17个、配货中心2个,建设放心粮油店9个、配送中心1个,统一配货率60%以上。新建科技文化活动室13个。截至12月底,全县已累计完成61个村的推进工作,新农村建设取得阶段性成果。

4.农业基础设施。全年累计投资5000多万元,新打机井51眼,新增水浇地453.56公顷,新增节水面积1067.2公顷,改善恢复水地1600.8公顷,改造中低产田1667.5公顷,进一步改善农业基础条件。同时继续推进生态环境改善,全县共完成投资830万元,完成京津风沙源工程,实施小流域治理整地300.15公顷,飞播造林200.1公顷,新建棚圈3700平方米,栽植仁用杏等经济林533.6公顷,建设薪炭林100.05公顷,补植补造3788.56公顷,栽植油松、杨树、杏树等133.4公顷。

【工业经济】 (1)实施扩大内需项目。2009年共拿回内需项目34个,资金10843万元,常规项目35个,资金15246万元。项目数量和资金额度,均居全市前列。全年投资6830万元,完成龙泉工业园区"两横一纵"主干道路路基工程,完成黄水河"引水入园"工程,铺设各类管道18.24千米。(2)推进在建项目建设。立园项目3万吨氯丁橡胶,2009年顺利完成全部工程建设,为2010年正式投产奠定基础。(3)推动前期项目开工建设。全年共有3个招商引资项目实现当年引进、当年完成前期工作、当年开工建设的目标。其中,总投资1550万元的瑞鑫塑业公司年产5000万条编织袋项目已完成投资750万元,完成主厂房和配电室的主体工程;总投资1761万元的恒源化工公司年产2万吨片碱项目已完成投资300万元,完成办公楼及实验室二层主体工程。(4)开展招商引资工作。全年引进各项重点工业项目6个,协议引资额26.41亿元。其中投资上亿元的项目2个,投资额在5000万元至1亿元的项目1个,极大地增强本县县域经济发展后劲。

【社会事业】 1.教育。2009年全县有中小学校130所(含民办学校5所),在校学生40331人,教职工3160人(含特岗教师93人)。全年全县共投入资金8274万元,新建校舍面积74404平方米。共撤并学校15所,其中小学13所,初中2所。师资队伍建设方面,由国家支付工资,省市负责招聘的93名教师全部定向到农村学校任教。

2.卫生。全县有2个县级医疗机构,381名医务人员;2个预防保健机构,89名专业技术人员;13个乡镇卫生院和7个社区卫生服务站,196名专业技术人员;256个村卫生室,318名专业技术人员。传染病监测上,结核病防控全部实行归口管理,已发现涂阳病人89例,发现率58.5%,治愈率93.4%。继续完善碘缺乏病常规连续监测,全年对9个乡镇8岁-10岁的378名儿童进行调查,共查出病人5人,甲肿率1.32%。连续以6个乡镇220个村作为布病监测点,采血620份,并对所有血清进行检验,共查出阳性患者48人,病例建档率100%。儿童"五苗"接种率99.3%。孕产妇和儿童系统管理率分别为86.84%和87.9%。降消项目对1288名产妇进行救助,救助金额31.72万元,住院分娩率96.91%,无新生儿破伤风病例发生。

3.体育。2009年完成13个乡镇91个村的农民体育健身工程,全县所有行政村实现乡乡有体育文化广场、村村有篮球场或健身场地的目标。

4.社会保障。2009年共举办各类培训班48期,免费培训下岗失业人员1550人,培训农村劳动力5521人。特别是通过提供岗前培训等服务,共扶持古城镇赵家村返乡农民工李涛、李强等创业典型3个,带动120名返乡农民工重新就业。全年共接待用工单位94家,举办大型专场招聘会8场,开发各种就业岗位18000个,输出劳务11000人次。全年争取整村推进项目资金760万元,中央彩票公益金项目资金2125万元、社会扶贫资金70万元,以及整合其他项目资金,对全县13个乡镇47个村实施以基础改造和产业扶持为主要内容的扶贫开发,9730户30817人受益。大力推进"雨露"计划和实用技术培训,举办培训活动100多场次,1万多人掌握了一技之长,1.3万人实现稳定脱贫。

全年共筹集各类救助资金2751

万元，比上年增长22.8%；城市低保人均补助增长9.5%。年内新增保障人数2000人，人均补助增长57.9%。针对春夏连旱、初冬雪灾给农村群众造成的损失和困难，县政府主要领导多次深入灾区查看，并及时启动应急预案，筹集下拨救灾资金、救灾物资，第一时间发放到受灾群众手中。

（路福忠　高玉岭）

·天镇县·

中共县委书记	徐尚红
县人大常委会主任	刘世清
县长	赵惠民
县政协主席	原振武

【概述】 天镇县位于北纬40°09′~40°44′，东经113°53′~114°32′。辖5镇6乡，221个行政村，总人口216235人，其中男109958人。全年平均气温7.7℃，比常年偏高1.0℃；年降水量仅305.9毫米，年日照时数2749.1小时，为干旱严重年份。天镇县为国家级扶贫开发重点县。2009年全县地区生产总值9.85亿元，比上年增长6.3%；固定资产投资总额10.94亿元，增长42%；社会消费品零售总额4.09亿元，增长19.9%；财政总收入3420万元，增长18.1%。

【农业经济】 天镇县是个纯农业县，有耕地38686公顷。全年粮食总产65418吨，比上年减产41.9%。农村经济总收入9.59亿元，农民人均纯收入2646元，分别比上年增长7.8%和7.2%。组织农贸公司、强盛种养专业合作社等10家企业12个系列40多个产品，参加"省特色农产品博览会"，拓宽产品的营销范围。在效益、规模带动下，全县累计注册合作社365家，注册资金15565.1万元，其中本年注册合作社156家，入社成员1404人，注册资金9040万元。全县建设标准化养殖小区58个，猪、牛、羊饲养量分别达到27.98万头、2.57万头、18万只，其中奶牛3901头。全县累计完成生态治理面积7236.95公顷，新增灌溉面积1133.9公顷，节水灌溉1400.7公顷，整理河道21条24千米。完成20个村、2万人，1.05万头大牲畜的饮水安全工程。

【工业经济】 一年来，以培养骨干企业和改制停产企业为核心，重点对天城汽配、晋田电极等五家企业进行技改扩建；完成年产1.8亿块灰砂蒸汽制砖项目；天城汽配公司进行轴类和齿轮锻造技改扩建任务；晋田电极公司进行年产2万吨直径600毫米石墨电极生产线建设。同时，县天镇酒厂以879万元整体拍卖，以产权转让形式改制为边城酒业有限公司；天兴煤矿被省煤运集团公司兼并整合，改制成年产45万吨的机械化综合煤矿；并与同煤集团协商，将裕隆金属镁厂公开拍卖。天镇煤矿、天镇酒厂、裕隆金属镁三家企业改制后，盘活存量资产7119万元，吸纳技改资金1.43亿元。全年规模以上工业完成总产值26715万元，工业增加值10306万元，销售收入20220.6万元。实现税利201万元。技改投资42600万元。

【城乡基础设施建设】 一年来，持续放手旧城改造，对第二小学南北路等9条道路进行硬化，总面积1.3万平方米；对乳品厂南北路、县委家属房巷等7处铺设排水管涵，总长3797米；完成天祥贵都三期等住宅小区商住楼建设工程，总建筑面积5.95万平方米。加快新城乡建设步伐。在完善土地交易中心等4个项目后续建设的同时，启动新城中学等6个建设工程，总建筑面积7.1万平方米。全县乡村突出污染治理。对130家选矿企业尾矿库依法关停，取缔3家"土小"企业。

【文化　教育　卫生】 广播电视事业投资620万元，全面启动实施数字电视升级改造工程，可传输100套电视节目，安装直播卫星接收设备530套。完成《天镇县志》的续修，为全县招商引资、经济发展、资政、存史等提供详细的资料。建成希望小学一所，新建维修学校14所，总面积17240平方米。对15所义务教育标准化建设的学校进行美化、教学设备补充等，达到省定标准。高考达线440人。医疗卫生突出了免疫和地方病的监测、治疗、免疫接种建卡，免费治疗106名结核病人。接种甲流疫苗11300支。改造县医院、中医院住院大楼。扩建新平、贾家屯中心卫生院700平方米。全县全年综合节育率达89.71%。

【"抗损"调研】 根据中央、省、市党史研究部门的统一部署，天镇县抗战时期人口伤亡和财产损失调研工作（即抗损调研）于2008年8月全面展开，由于天镇县是晋绥军抵御日军第一次战役的主战场之一，日军侵占天镇城后又制造了骇人听闻的"八·八惨案"。本次调查结果，天镇县抗战时期人口伤亡4732人，其中直接伤亡4587人，死4549人；间接伤亡145人。"八·八惨案"伤亡2348人，晋绥军61军官兵伤亡1500余人。财产损失中社会财产损失中央银行纸币（法币）50万元，蒙疆币1640203元，居民财产损失17584398元（银币）。另有古迹、文物等无法估计。

【社会保障】 全县有64户企业和30个机关事业单位参加企事业单位养老保险，有1.68万人参加城镇职工医疗保险，1.31万人参加城镇居民医疗保险，有159个单位，0.43万人参加失业保险。新型农村合作医疗人数16.42万人，参合率90.28%。纳入城市和农村低保分别为2722户0.61万人和9656户1.8万人，五保户供养2749人。从12月份首批进入全国新型农村社会养老保险试点县，并给60周岁以上农村居民共计1.96万人发放1个月的基础养老金110万元，全年争取救灾资金580万元，发放救灾粮293吨，衣物7000件。全年完成村通水泥路131千米，新增9个行政村通水泥路，养护农村公路1213千米，实现好路率85%。实施了省道马（市口）—走（马驿）线天镇至赵家沟升级改造。

【《汗青头白》彰显修志精神】 2009年3月19日，市委组织部和电教中心在天镇县政府会议厅举行电视纪录片《汗青头白》首映式。市委组织部副部长、电教中心主任、天镇县委书记等300余名干部观看。这部长达30分钟电教片,通过典型人物逯廷的事迹,展示了天镇史志办、全市史志界同志们修史写志的精神风貌。2009年底,该记录片荣获2009年度山西省电教片一等奖,逯廷被山西日报报业集团评选为2009年度十个新闻人物之一。 (闫 芳)

·广灵县·

中共县委书记 刘振国
县人大常委会主任 魏一德
县 长 郭占宝
县政协主席 李 满

【概述】 广灵县位于北纬39°35′~39°56′,东经113°51′~114°24′。国土面积1283平方千米,辖两镇七乡180个行政村,人口18.5万人。

2009年全县地区生产总值105529万元,全社会固定资产投资71632万元;社会消费品零售额45424.5万元;工业增加值22872万元;财政总收入9548.4万元;一般预算收入3479.1万元;城镇居民人均可支配收入9633元;农村经济总收入88448.22万元,农民人均收入2857元;全县各项存贷款余额分别为220481万元、75683万元。

【农业经济】 (1)特色农业日趋壮大。大力发展绿色蔬菜、优质小杂粮、食用菌、绿色林畜产品四大主导产业。实施“东菇西耳”战略,在北京召开的首届生态文明建设与区域绿色发展论坛暨成果发布会上被评为中国绿色名县;生态绿化完成太行山林业生态示范工程;大力发展畜牧养殖业和农业产业化。2009年,全县订单种养面积2668公顷,订单产量2700吨,订单总额1080万元,签订合同农户6307户,带动农民增收492万元。(2)新农村建设成效显著。完成县区新农村规划、村级新农村规划和18个重点推进村规划。(3)培训农民现代农业技术达到3.5万人次。以返乡农民工为重点培训对象,积极实施“阳光工程”,培训600人。选派50名大学生村官和企业技术人员去中国农大进行学习。

【招商引资】 富成公司日产4000吨熟料水泥生产线、江苏雨润集团广灵县沃得利畜牧科技公司年出栏五万头商品猪养殖等项目开工建设,“广灵县月明山风力发电项目”顺利签约;在首届中国·广灵画眉驴文化节暨招商引资洽谈会上,促成各类签约项目24个,签约资金10.5亿元。

【环境保护】 (1)加大结构调整力度。关闭淘汰电厂的2×1500KM机组、二镁厂等一批生产线和小企业。(2)狠抓节能减排工作。全年县城空气质量二级以上天数340天,占全年任务的103%。(3)稳步推进污染防治工作。创建1个绿色社区(三庄)、3个生态文明村(赵家坪、西河乡、马山)。

【基础设施】 (1)城镇基础设施。五中和加斗中学教学楼、一中多功能厅等工程竣工。中水回用工程项目列入省环保资金支持项目;日处理生活垃圾128吨的广灵县城生活垃圾卫生填埋处理工程项目竣工验收并投入运行。城乡环境卫生面貌得到极大改善和提高,荣获山西省2009年度十佳卫生县城称号。(2)道路建设。完成全长76.3千米村村通水泥路工程、全长25千米农村公路通达工程;总投资47.1亿元,全长77.7千米广灵—浑源高速公路于9月9日奠基开工。(3)农业基础设施。实施以“七大工程”为重点的农建工程,改造中低产田570.29公顷,新增水地373.52公顷,新增节水灌溉面积274.14公顷,治理水土流失面积2001公顷,解决6乡镇10村1万人和1240头大牲畜饮水安全问题。完成京津风沙源治理面积1400.7公顷。

【社会事业】 1.优先发展教育事业。(1)校舍安全工程。投资9528万元,总建筑面积53661平方米的广灵四中等7所项目校全部完工并交付使用,被省政府表彰为2009年度实施中小学校舍安全工程先进单位,全市中小学校舍安全工程现场会在本县召开。(2)继续落实县政府资助初中毕业生就读中职学校政策,举办第二届资助初中生就读中职学校招生现场会。(3)经费保障机制。义务教育阶段中小学生真正实现了“上学不缴费”,巩固了规范教育收费示范县成果。(4)加强教育队伍建设。公开招聘92名农村教师和115名特岗教师,实施中小学校长管理体制改革,面向全省、全市公开招聘3名高中校长和8名初中、九年制学校校长。

2.大力发展卫生事业。加强对甲型H1N1流感的防控;开展“降消”、农村孕产妇住院分娩补助等一系列工作,认真组织开展元旦等节日期间的食品卫生安全大检查,规范经营秩序;对全县医疗机构和各类诊所进行专项整治,改善医疗卫生条件;顺利通过全国中医先进县评审验收。

3.繁荣发展文化事业。广灵剪纸被联合国教科文组织列入人类非物质文化遗产代表作名录,成功举办庆祝新中国成立60周年“名人肖像·人说山西好风光”广灵县蕙花剪纸系列作品展,参加文博会、中博会、第五届国际剪纸艺术展、中国(山西)特色农产品博览交易会等会展,连获殊荣。中国广灵剪纸产业园区、广灵蕙花国际剪纸产业园被列入山西省首批文化产业重点项目。成立广灵县水神堂文化传媒有限公司,《水神梦幻》大型实景表演剧成功演出,以张海迪为原型的励志电影《我的少女时代》在广灵县拍摄,扶持成立广灵宗承秧歌民办剧团,“广灵秧歌”被列入省级非物质文化遗产保护名录,广灵县获得“中国民间文化艺术之乡”称号。

(县志办)

·灵丘县·

中共县委书记 张小立
县人大常委会主任 张 枢
县 长 赵亚雄
县政协主席 王寿山

【概述】 灵丘县位于北纬39°03′~39°38′,东经113°53′~114°32′。总面积2732平方千米,全县辖3镇9乡,254个行政村,总人口243217人,全年出生人口1316人,出生率为5.75‰,人口自然增长率为1‰。

全县完成地区生产总值19.8亿元，同比减少2%。社会消费品零售总额12.6亿元，同比增长20.3%；固定资产投资总额9亿元，同比下降8.1%；城乡居民储蓄存款29亿元，同比增长11.4%。

【农业经济】 全县共投入资金5000多万元用于农业农村经济和农村社会事业发展。新建日光温室230座，累计达1100多座，设施农业发展增强。尽管受干旱、冰雹等自然灾害的影响，农作物受灾面积达33149.9公顷，但全县实施朝天椒种植项目、测土配方施肥项目、现代农业玉米丰产方(地面覆盖、机深耕)项目和坡耕地综合治理项目，完成辣椒种植206.77公顷，地膜覆盖2668公顷、机深耕4002公顷，坡耕地治理667公顷，推广平衡配方施肥面积23345公顷，配套高效旱作农业技术示范工程田333.5公顷，农业实用技术得到推广。全县完成农作物播种面积32016公顷，粮食总产量45217吨，因灾较正常年景减产四成左右；农村经济总收入10.65亿元，同比增长9.37%；农民人均纯收入3016元，同比增长7.33%。

全年硬化街巷20.5千米，安装路灯60盏，植树3万株，建垃圾池15个，建成中心街公园3处、农民休闲健身场所20处、村级科技文化室13个、便民超市16个。新建成沼气池500个。绿化村庄19个，完成10个“放心粮油”示范店和25家“万村千乡市场工程”农家店建设；新建下关村移民小区，可集中安置扶贫移民24户115人。

新建雁门关生态畜牧经济区标准化养殖小区6处；完成退耕还林成果巩固棚圈建设6000平方米。开工建设与江苏雨润集团签约的万头种猪场项目。截至年底，全县牛、羊、猪、禽饲养量分别达5.22万头、46.2万只、9.55万头、76.5万只，肉、蛋、奶总产量分别达8885吨、3670吨、3774吨，均完成年度任务。

全县共完成通道绿化117千米，栽植各类针阔叶大苗63万株，核桃、仁用杏等经济树66.4万株，完成交通沿线荒山绿化133.4公顷，退耕还林987.16公顷，太行山绿化1133.9公顷，县级绿化1133.9公顷。完成绿化村庄19个。5月份在全省造林绿化临汾现场会上，本县被评为“造林绿化先进县”。全县共投资1.2亿元，上马各类农建工程188项，进一步完善农村基础设施建设。10月26日，全市农建现场促进会在本县召开，同时被评为全省2008~2009年度农建“红旗县”。

【工业经济】 2009年，全县金融机构累计为企业贷款达5.05亿元，同比增长19.7%，有效缓解了企业的融资困难。组织企业参加“中博会”“渝洽会”“厦洽会”“天津国际地矿大会”等各类招商引资洽谈会，整合论证各类招商项目58个，成功签约项目4个，拟引资约32.62亿元，比上年增长71.05%，是本县历史上引进资金最多的一年。全年完成规模以上工业总产值16.91亿元，同比下降32.68%；实现利税9920.8万元，同比下降74.13%。

【道路交通】 投资1092万元新建15条总长43.7千米的通村水泥路。投资300万元完成6条总长30千米的农村公路通达工程。投资200万元继续实施20个村总长33.3千米的新农村建设街道硬化工程。投资40万元新建落水河乡汽车站，基本实现乡镇有汽车站的目标。新建候车棚30个，通客运班车的行政村增加到235个，通达率达93%。荣—乌高速公路灵丘段于6月10日正式开工，完成征地292.81公顷，迁移坟墓835座，工程建设进展顺利。

【广播电视】 广播电视事业取得新进展。从10月开始，对县城有线电视进行数字化改造和平移过渡，已发展和转换新型数字电视1000余户；在太白巍山建立调频广播发射基站，完成中央广播无线覆盖工程；实施50户以下自然村“村村通”广播电视工程，共为8个乡镇90个村派发安装直播卫星接收套站1800套。

【环境保护】 成功申报前三角村和下北泉村的中央农村环境综合整治项目，争取资金170万元；完成金宇公司和石工水泥公司环保治理项目的专项资金申报工作，申报资金1400万元。完成7家企业的环保达标工作，对27家环境违法企业实施停产治理和经济处罚。投入300多万元更新、改造县城40余台锅炉，县城2级以上天数达到313天。

【安全生产】 加强治超工作，共检查车辆11.4万辆，查处超限超载车辆183辆，卸载超载货物2972吨；处罚源头企业5户；检查修理厂(维修点)362户，查处案件8起；取缔非法开采砂场4处，对14户重点监管企业建立源头治超档案。

对全县矿山企业进行调查摸底，结合实际，出台《灵丘县非煤矿山企业资源整合和有偿使用工作方案》并报省、市核准，非煤矿山企业从84个整合为57个。全县开展打击无证采矿和越层越界专项行动，查封关闭非法矿点11个，填埋硐口3个，拆除房屋25间，摧毁采矿设备7台，有效地规范了矿产资源开发秩序。全年共排查隐患552条，下达相关执法文书119份，整改503条，整改率为91%。加大力度查处安全生产违法行为，取缔非法选矿厂76家，取缔尾矿库80个。组织非煤矿山特种作业培训、企业全员培训和非煤矿山尾矿库专项整治培训，共培训人员1320名。全年事故死亡人数同比下降33.3%，安全形势进一步好转。

【科教文体卫】 投资937万元实施上寨中学等5所中小学校舍安全工程，4所完成主体工程，1所已交付使用。投资470多万元为部分学校补充教学仪器、电教设备等，对9所学校的操场、厕所等附属设施进行维修完善，招聘27名特岗教师到下关中学等8所学校任教。全县高考本科达线384人，其中达一本线151人，本科达线率16.85%，达线人数、达线率均取得历史最好成绩。

完成8个乡镇文化站基础设施建设工程并交付使用，为7个乡镇文化站配发总价值35万元的电脑、音像和文体器材；完成99个行政村的农民体育健身工程建设任务；完成20个农家书屋的图书和音像制品配送，为每个农家书屋配置图书1500册、文化科技音像资料400多盘。启动灵丘县农村流动书库，为100个行政村的农村文化室各配置2个书柜和300册图书。

成功举办2009年361°中国乒乓球俱乐部超级联赛（灵丘赛区）和2009年大同市农民体育健身工程灵丘现场会暨农民篮球赛，全民健身活动蓬勃开展，县文体局被山西省体育局授予全民健身先进集体荣誉称号。

2009年参加新型农村合作医疗的农民共计18.46万人，参合率达90.91%，筹资额累计1875.71万元，全县支付住院和门诊医药费补偿金额1720.63万元。开展消除78个村卫生室空白点工作，年内新建18个，改建51个，建设完成率达90.8%；完成石家田、赵北卫生院的改扩建项目；12个乡镇成立卫生监督站，聘用24名乡镇卫生监督员；县医院与中国人民解放军空军总医院结成友好协作医院，提升医疗救治水平，县医院通过"二级乙等"医院评审和复审，成为大同市唯一通过复审的县级医院。

【社会事业】(1)维护和改造中小学校舍1.2万平方米，新建石家田、赵北2个乡镇卫生院，完成42个"农家书屋"和4个标准化乡级计生基层服务站建设，完成27个农民体育健身场地建设。(2)全县农村低保对象达10033户12778人，覆盖面提高6%，年人均补助标准达792元，全年发放农村低保金1050万元。城镇居民基本医疗保险覆盖1万人，农村社会养老保险试点覆盖2.5万人，对2275名农村"五保"对象实现应保尽保，解决好重点优抚对象就医和残疾人康复救助问题，解决好农村困难群众、城市低收入群体的住房问题。(3)帮助1500名城镇就业困难人员实现就业，转移农村富余劳动力1.5万人。(4)提高城市和农村低保补助标准，增加企业退休职工养老保险金，提高部分优抚对象和建国前老党员生活补贴。(5)解决农村2.98万人的饮水安全问题，完成扶贫移民1000人，新建沼气池500个，发展连锁农家店和新农村便民店20家。(6)实施4条县级公路改造工程，新建村通水泥路80千米。(7)完成通道绿化108千米、补植补栽55千米，实施万亩退耕还林、太行山万亩绿化工程，完成京津风沙源治理4002公顷。(8)县城空气质量二级以上天数达285天以上。(9)开工建设唐河水电站，筹建灵丘县职教中心、现代化物流中心、县城垃圾处理场、社会福利中心和残疾人康复中心。(10)实施赵武灵王主题公园建设、唐河公园扩建工程；完成学府路建设一期工程(新华街—振华街600米)、振华街延长350米和新华西街、新华东街、振华东街道路绿化工程；完成中医院、档案馆、计生服务楼、政务大厅、武装部训练基地建设工程，并投入使用；实施迎宾北路、沙河南路棚户区改造工程。

【豪洋中学获"优秀民办学校"称号】2009年大同市教育局授予豪洋中学全市"优秀民办学校"称号。豪洋中学办学八年来，秉持"以变革求质量，以质量求发展"的办学思路，遵循"以人为本，德育为首，全面发展"的育人方向，坚持"优化常规教学，深化课程改革，强化教学艺术"的工作方针，确立"让每一位学子学有所成"的培育目标，实施5项工程(德育工程、名师工程、课改工程、信息工程、服务工程)，营建"两个"环境(人文环境、发展环境)，全面实施素质教育。自2003年参加高考以来，共向包括清华、北大等高校输送本科生1089名，成绩连年居全县第一，连续六年达线率居大同市九县区第一，学校先后被评为"大同市文明学校""山西省民办教育先进学校""全国中学生素质教育拓展计划试点学校"，为本县教育事业持续稳定健康发展作出贡献。

（高晓彬　刘甫花）

·浑源县·

中共县委书记	李根田
县人大常委会主任	睢润洁
县　　　　长	张秉善
县政协主席	陈新华

【概述】浑源县位于北纬39°22′~39°52′，东经113°23′~113°58′。辖6个镇12个乡。2009年，全县出生人口2268人，出生率6.64‰；净增人口792人，自然增长率3.16‰。符合政策生育率94.00%，已婚育龄妇女4611人，长效节育率80.74%。地区生产总值22亿元，增长15.8%；农林牧渔业总产值11亿元，增长5%；财政总收入3.12亿元，增长50.07%；一般预算收入1.09亿元，增长43.35%。

【"三农"工作】2009年，用于"三农"方面的投入达1.29亿元。新增恢复改善水浇地3000公顷，完成生态治理58000公顷，整合实施土地改良、动植物防疫等12个农业支撑性项目，农业综合生产能力不断提高。全县黄芪基地顺利通过国家GAP认证，被正式命名为全国优质药材示范基地；全县蔬菜种植面积1546.7公顷，建成蔬菜温室大棚452栋；上规模的龙头企业发展到11家，浑源凉粉、北岳仁用杏等一批优势农业品牌走向全国市场。"浑源搓澡工"和"浑源餐饮服务员"两大品牌相继形成并申报工商注册。年内，全县在外务工总数5万人，劳务总收入3.3亿元。有序推进京津风沙源治理、雁门关生态畜牧经济区建设、病险水库除险加固等惠农工程，完成造林绿化2507公顷，棚舍建设3万平方米，村村通水泥路104.8千米。在遭受40年一遇的特大旱灾情况下，全县粮食总产量达4.535亿公斤，全县农村经济总收入突破20亿元。

【工业经济】2009年，煤炭产业通过新一轮兼并重组，进入一个全新的发展阶段，整合压减后的2座硐采煤矿和3座露天煤矿核实产能达到600万吨。年内，全县共生产原煤360万吨，实现税费1.2亿元。花岗岩产业瞄准建设华北最大石材集散中心的发展方向，坚持集聚发展。年内，花岗岩开发企业共上缴税费3000万元。以热电、煤电、风电相结合的新能源工业，以万生黄芪丽珠茂源为主的医药工业，北岳仁用杏为主的食品工业，以膨润土、高岭土为主的化工等新型工业支撑项目稳步推进，新的产业格局初步形成。年内，规模以上工业总产值17.35亿元，增长22.1%，其中规模以上工业增加值7.7亿元，增长31.02%。

【旅游经济】 2009年，浑源县依托国家级风景名胜区北岳恒山的品牌优势，主动融入大同市“一体两翼”的战略布局。年内，投资1.5亿元的历史文化街区建设已完成总工程量的近6%；投资325万元的神溪律吕神祠、关帝庙、古戏台修复工程全部竣工。开展“二月龙抬头，五岳共祈福”、第五届“五岳年会”等活动，参加北京国际旅游博览会、中国国际旅游交易会等国际性的旅游产业盛会。2009年北岳恒山被正式列入国家自然文化遗产名录和世界自然文化遗产预备名录。年内，恒山景区共接待中外游客84万人次，实现门票收入2800万元，综合收入突破1.96亿元，全县大旅游产业的发展雏形开始显现。

【项目建设】 2009年，浑源县共争取和推进项目83个，投资总额187.5亿元，完成投资15.8亿元，推动全县GDP增长5%。其中，争取到4批新增中央投资项目15类61个，总投资24842万元，已到位资金17187万元，形成实物工程量9740.1万元。总投资53亿元的大唐风力发电一期100兆瓦密马鬃梁风电场项目已开工建设；热电联产、油母页岩综合利用等一批重大项目有序推进。

【城乡建设】 2009年，浑源县围绕“建设历史文化名城”的战略部署，全面打造生态、宜居、魅力的新县城。重点投资2584万元完成迎宾西街、公园广场以及县城周边等绿化建设。年内，绿化总面积210.43万平方米。实施城市基础设施配套工程，重点投资2500多万元配套实施城市休闲健身广场等建设。实施城市安居工程和农村危房解困工程，重点投资6018万元完成建筑面积5.3万平方米的2个廉租房小区建设工程；投资2200万元完成1618户农村危房改造工程，投资4800万元招商开发5个住宅小区建设工程。投资460万元配齐配强环卫保洁设备，连续6年荣膺省级卫生模范县城。全年全社会固定资产投资完成17.2亿元，增长164.8%，再创历史新高。

【社会事业】 2009年城镇居民人均可支配收入9559元，农民人均纯收入2992元，连续三年刷新历史记录。一年来，全县各项存款余额达44亿元，增长23%，其中，城乡储蓄存款余额28亿元，增长20%。商品房、汽车、旅游等新的消费热点继续培育壮大，销售持续攀升。家电下乡累计销售1270台（件），实现销售收入210万元。全年实现社会消费品零售总额13.46亿元，增长17.3%。安置未就业大学生“三支一扶”岗位32人，组织创业就业341人，安置下岗失业人员再就业1300人，在城市环卫保洁等就业岗位解决“4050”就业困难群体165人，扶持“零就业家庭”就业61人，通过“阳光工程”和“春风行动”安排农民工就业5562人。全年共计支付各种保险金1.6亿元，发放城乡低保金2928万元。全面铺开总面积7万平方米的保障性住房建设工程。支出兑现公职人员新政策性补贴和教师绩效工资1.2亿元。完成生态造林4666.7公顷。关停和取缔污染较重企业7家，淘汰和治理县城燃煤锅炉8台共25吨，取缔土小石灰窑38座。污水处理厂建成并投入运行，城市生活垃圾处理厂开工建设，二氧化硫排放量和化学需氧量实现有效控制。

【教育　文化　卫生】 教育事业健康发展，投资7000多万元，完成浑源中学硬件设施配套工程，进入全省示范高中序列。新建农村寄宿制学校7所。到2009年底，全县中小学校由315所调整为166所，城乡教育一体化格局基本形成。文化广播事业积极推进，18个乡镇综合文化站建设工程已完成13个，农家书屋20个和村级体育活动场所125个。对450处不可移动文物进行实地调查和图文登记，完成12项410条文化遗产信息资料采集和整理，《浑源扇鼓》和《浑源弦子腔》等5个文化遗产被列为市级非物质文化遗产保护项目。安装村村通卫星接收设施3290套，解决13个乡镇167个边远山区自然村收听收看难的问题。卫生事业不断推进，重点实施投资5000多万元的县医院、中医院和永安卫生院整体搬迁工程，乡镇卫生院改扩建工程和空白村卫生室建设等。新型农村合作医疗参合率94.13%，补偿农民医药费4956万元。

【“天网一号”专项行动】 浑源县公安局于1月7日启动“天网一号”专项行动。1月16日专项行动第一次战果公布，共抓获违法犯罪嫌疑人140人，破获各类案件119起。7月23日，专项行动第二次战果公布暨物品发还大会举行。期间，对20名严重违法犯罪分子进行公审，对缴获的23件物品进行现场发还，震慑了犯罪分子的气焰，赢得了群众的赞誉。

【县领导深入南岭村现场办公】 6月9日、10日，浑源县委书记李根田、县长张秉善分别深入南岭村采煤沉陷区现场办公，帮助解决因采煤沉陷区地质灾害造成该村村民面临生命财产安全的问题，要求相关单位部门密切配合，做好受灾情况摸底登记，抓紧组织受灾村民实施整体搬迁，想办法做好村民入住后的生产生活安置工作，加紧实施该村的地质灾害治理工作。 （范颖莲）

·左云县·

中共县委书记	王伟国
县人大常委会主任	吕　祥
县　　长	王凤瑞
县政协主席	阎　荣

【概述】 左云县位于北纬39°44′~40°15′，东经112°34′~112°59′。2009年全县总人口148705人，比上年增长0.77%，其中，女性人口占总人口的48.82%。农业人口108569人。人口出生率12.06‰，自然增长率5.86‰。

2009年全县地区生产总值230200万元，同比下降9.9%，其中：第一产业 14202 万元，增长 5.3%；第二产业 97433 万元，下降 44.36%；第三产业 118565 万元，增长 13.25%；一、二、三产比重为 6.1:42.3:51.5。

【农业经济】 2009 年，全县拥有农业机械总动力 8.9 万千瓦，化肥使用量（折纯）2180 吨，农药使用量 18 吨，有效灌溉面积 1471 公顷。农作物总播种面积 28984 公顷，其中，粮食作物播种面积 21795 公顷，总产量为 20006 吨，同比下降 29.81%；油料总产量为 2191 吨，下降 41.73%。全县牛饲养量 13534 头，增长 64.7%，其中奶牛 2701 头；羊饲养量 242814 只，增长 66.4%；猪饲养量 82238 头，增长 10.0%。肉类总产量 6348 吨，增长 29.5%；奶类产量 4698 吨，增长 30.5%；禽蛋产量 1801 吨，增长 10.7%。全年造林 653 公顷，年末实有封山育林面积 11666 公顷，植树 39 万株，中幼林抚育 233 公顷，新育苗 120 公顷。全县乡镇企业实现总产值 39958 万元，增加值 13954 万元，营业收入 34596 万元，上缴税金 2554 万元。农林牧渔增加值达到 14202 万元，同比增长 5.30%；农村经济总收入 275113 万元，增长 6.04%；农民人均纯收入 4689 元，增长 7.57%。

【工业经济】 2009 年全县工业在经历煤矿停产整顿、金融危机的双重影响下，总量和速度出现下降。规模以上工业企业 69 家，全县生产原煤 110 万吨，比上年下降 80.7%；规模以上工业总产值 74624 万元，下降 75.48%。规模以上工业经济效益明显下滑，全年主营业务收入 69188 万元，下降 77.26%，实现利税 25651 万元，下降 50.69%。工业增加值 36683 万元，下降 80.7%。

【交通 邮电】 2009 年，全县公路通车里程 1275 千米，公路密度 97.07 千米/百平方千米，铁路营运里程 22 千米。全年完成 93 千米县乡公路改造工程，完成村通水泥路工程 65.9 千米，新增通水泥路行政村 6 个，具备条件的行政村全部通水泥路，开工 3 条煤炭运输公路的前期准备工作；协调、配合大同—呼和浩特（大同段）高速公路建设。完成 10 千米文明路建设；县公路好路率年末达 75%以上，年均达 72%以上。二级汽车客运站建设项目完成验收并投入使用；建制村通客车率 95%以上；乡镇汽车站使用率 80%以上。全年新建乡镇客运站 2 个，候车棚 30 个，新增通班车行政村 18 个，全县 211 个行政村通达客运班车，符合通车条件的自然村和已建农民规划居住点客运班车通达率达 100%。

2009 年邮政业务总量 2628 万元，业务收入 568 万元，邮政储蓄、保险代理、集邮、速递业务开展良好。电信业务收入 5200 万元，全县电话交换机总容量 2 万门以上，固定电话达 1.07 万户，移动电话用户 6.3 万户，宽带用户 5700 户。移动电话普及率为每百人 42 部。

【固定资产投资】 2009 年全县固定资产投资 222726 万元，同比增长 43.56%，其中：第一产业投资 9797 万元，下降 0.84%；第二产业投资 177746 万元，增长 74.73%；第三产业投资 34555 万元，下降 20.31%。全年房屋施工面积 559870 平方米，竣工面积 233951 平方米。施工项目 57 个，其中新开工项目 33 个，全部建成投产项目 33 个，新增固定资产 86484 万元。

【财政 金融 保险】 2009 年，全县财政总收入 70257 万元，比上年下降 36.18%。一般预算收入 23149 万元，下降 25.12%。其中，税收收入14438 万元，下降 32.3%；行政性收费 2145 万元，减少 41.72%；罚没收入 861 万元，减少 51.53%；基金收入2598 万元，减少 60.97%。一般预算支出 61045 万元，增长 19.34%。

年末全县金融机构各项存款余额 808184 万元，比上年增长 2.0%，其中，企业存款余额 92608 万元，城乡储蓄存款余额 508867 万元。各项贷款余额 80212 万元，比年初减少 10939 万元。存贷比例为 9.9%。

2009 年全县有保险公司 6 家，纳入统计单位的保费收入 9321 万元，比上年增长 0.45%。支付各类赔款 1732 万元，下降 12.04%。2009 年，全县商品贸易繁荣稳定。全年共完成社会消费品零售总额 104041 万元，比上年增长 19.30%。

【科教文体卫】 2009 年，科技工作重点扶持规模大、技术集成度高、产品竞争力强的 7 个养殖、农副产品加工龙头企业。共引进马铃薯、玉米、荞麦新品种 6 个，推广面积 933.8 公顷，建成日光温室 293 个，节能塑料大棚 40 个，面积 10.67 公顷。共组织申报各级各类科技项目 15 项，其中国家级 1 项、省级 2 项、市级 7 项、县级5 项。全县小学适龄儿童入学率100%，在校生巩固率 99.72%，14 周岁完成率 100%，毕业率 100%；初中适龄少年入学率 100%，在校生巩固率99.75%，16 周岁完成率 99.93%，毕业率 100%；三类残疾儿童入学率100%，巩固率 100%。进城务工农民子女全部按上级文件规定，在务工地就学。全县有各级各类学校 62 所，专任教师 2317 人。有体育场馆 11 个，影剧院 1 个，公共图书馆藏书 18 万册。2009 年，全县共接收甲型 H1N1 流感疫苗 7 批13700 人份，累计接种13000 人。发现甲型 H1N1 流感确诊病例 2 例，死亡1 例。年末全县有 9 个乡镇卫生院，1 家社区卫生服务站，46 家个体诊所，175 家村卫生室，为每个村卫生室配备 20 种 5123 元的基本医疗设备。

【社会生活】 2009 年全县职工平均工资 21635 元，比上年增长 6.79%；城镇居民人均可支配收入 11440 元，增长 8.08%；农民人均纯收入 4689 元，增长 7.57%。城镇居民人均住宅建筑面积 27.52 平方米，农村居民人均住宅建筑面积 28.08 平方米以上。农村彩电普及率 90%以上，电脑普及率 1.3%。

全县企业养老保险参保 107 户 7740 人；机关事业养老保险 100 户 1286 人；城镇职工医疗保险参保人数 16000 人；生育保险参保人数 2550 人；失业保险参保单位 106 户 8331 人；工伤保险参保单位 84 户 12632 人；全县新型农村社会养老保险已参保农民 47973 人，为 11574 名 60 周岁以上参保农民发放基础养老金405万元。全县共有五保对象1239人,发放供养费123万元。

年末全县社会从业人员59341人。其中,城镇从业人员15802人,农村从业人员43539人。全县城镇完成新增就业1780人,创业就业完成310人,下岗失业人员就业220人,城镇登记失业率控制在3%以内。

【煤矿企业兼并重组】 截至2009年底,全县煤矿数量由72座整合为25座,压减率65.27%,基本取消年生产能力45万吨以下的小煤矿。25座煤矿的兼并主体已全部进驻接管,派驻的"六长"已全部到位;重组整合煤矿企业协议签订率100%,主体接管到位率100%;兼并重组后的25座煤矿全部领到新采矿权许可证。

【项目建设】 2009年全县共开工建设重点项目20项,总投资77.29亿元,当年完工12项,完成投资15.65亿元。投资2.13亿元的五路山风力发电场三期工程完成项目核准;投资12.13亿元的山西大唐左云风力发电场二期项目全部完工;投资45亿元的同发东周窑千万吨矿井项目,建井进尺完成4532米,完成临时通讯线路、进场公路、进场桥梁等11项配套工程,原煤仓地基处理、铁路技术改造等10项工程按计划推进,完成投资1.7亿元。总投资10亿元的同煤铁丰铁路有限公司"铁丰铁路"项目,完成路基土石方590万立方米,850米隧道全部贯通,桥梁桩基726根、涵洞85个全部完成,铺轨20千米。总投资3.49亿元的铺龙湾煤矿技改项目进入试生产。总投资10.49亿元的李家窑煤矿资源整合项目,矿井初步设计已完成,主、副井明槽开挖50米,供电已进场,压风设备已安装,完成投资4000万元。总投资2000万元的簸箕掌煤矿洗煤厂项目全部完工。总投资300万元的云兴镇白灵菇培植基地项目完工并投产。总投资4000万元的小京庄乡白灵菇生产项目,投产并试运营。总投资2090万元的丰泰畜牧专业合作社万头养猪场投入运营。古长城生态旅游项目,完成旅游公路3千米,完成投资300万元。

(邵明仁)

·大同县·

中共县委书记 杨人毅
县人大常委会主任 武 明
县 长 孙永胜
县政协主席 薛守清

【概述】 大同县位于北纬39°43′~40°16′,东经113°20′~113°55′。辖7乡3镇3个街道办事处,175个行政村。年末全县总人口174274人,其中,男性89584人,占总人口的51.4%;农村人口123155人,占总人口的70.07%。人口出生率11.86‰,自然增长率5.49‰。

2009年全县地区生产总值109968万元,比上年下降10.1%。其中:第一产业增加值38051万元,增长5.4%;第二产业增加值24481万元,下降43.3%,其中工业增加值22274万元,下降47.8%;第三产业增加值·47436万元,下降10.3%,其中批零贸易增加值16604万元,下降38.4%。全县全年社会消费品零售总额78118万元,增长18.87%。

【农业经济】 2009年全县农作物总播种面积40797公顷,比上年下降2.77%。其中,粮食作物播种面积35237公顷,下降5.84%;油料作物播种面积313公顷,下降37.52%;蔬菜作物播种面积3046公顷,增长54.78%;瓜类作物播种面积1856公顷,增长3.81%。粮食作物产量44193吨,下降32.35%。油料产量217吨,下降55.07%;蔬菜产量41073吨,增长21.32%;瓜类产量36356吨,增长45.91%;水果产量754吨,下降30.06%。全县共完成造林面积1337公顷,下降8.05%。木材产量464立方米。全县肉类总产量12646吨,增长10.48%;奶类产量6719吨,增长55.49%;禽蛋产量6081吨,增长8.51%。大牲畜存栏34605头,增长14.44%;出栏22092头,增长48.28%。

全县全年农村经济总收入152427万元,比上年增长2.96%。农林牧渔业总产值75645万元,增长13.36%。全县拥有水浇地11253公顷,增长1.70%;农用化肥施用量(折纯)8195吨,增长5.16%;农村用电量2390万千瓦小时,增长38.79%;农用地膜使用量为403吨,下降14.44%;农用柴油使用量达886吨,增长15.67%;农药使用量为40吨,下降9.95%;农业机械总动力151650千瓦,增长16.65%。拖拉机拥有量3170台,其中,大中型1424台。拖拉机配套农具4459部,其中,大中型1994部。拥有机引犁2919台,播种机696台。

【工业经济】 2009年全县工业总产值44079万元,比上年下降50.55%。其中,重工业完成40364万元,下降53.26%,轻工业完成3715万元,下降49.83%;国有工业完成9886万元,下降49.53%;集体工业完成10587万元,下降55.02%;其他经济完成23606万元,下降51.29%。

全县全年规模以上工业增加值19238万元,比上年下降51.37%。全年销售产值39254万元,下降52.43%;销售率89.05%,下降1.67%;实现利税2679万元,下降73.33%;完成利润681万元,下降78.89%。主要产品产量为:原煤产量16.46万吨,下降22.58%;水泥产量8.75万吨,基本与上年持平;砖产量16928万块,下降40.99%;活性炭产量为7889吨,下降51.82%;高岭土产量为7458吨,基本与上年持平。

【固定资产投资】 2009年全县共完成投资78288万元,比上年增长189.37%。其中:国有经济成分投资42291万元,其他经济成分投资35997万元;第一产业投资6500万元,第二产业投资22812万元,第三产业48976万元。共有国家资产投产项目41个,新开工项目36个,本年峻工投产项目33个,新增国家资产46886万元。全年房屋施工面积189251平方米,其中住宅面积188051平方米;本年峻工面积63947平方米,其中,住宅面积52747平方米;全年实际征用和购置土地面积1501039平方米。

【交通 电信】 截至2009年末，全县县、乡、村三级公路通车里程1345千米，比上年增加12千米。其中县级279千米，乡级723千米，村级343千米，175个行政村全部通了油（水泥）路。

2009年末，全县拥有电话用户12577户，比上年下降9.69%。无线市话用户1029户，与上年基本持平。移动电话用户81714户，增长18.27%。计算机互联网用户5060户，增长66.99%。全县电话普及率达每百人54.7部，比上年增加6部。

【财政 金融】 2009年全县财政总收入24622万元，比上年下降41.37%。一般预算收入9988万元，下降1.67%。累计支出54660万元，增长36.69%。

2009年末，全县金融机构各项存款余额223544万元，比上年增长23.09%。各项贷款余额50731万元，增长13.74%；全县金融机构年末现金收入342721万元，下降5.30%；现金支出349405万元，下降3.38%。收支相抵，向市场净投放货币6584万元，比上年多投放5161万元。

【社会事业】 2009年全县城镇在岗职工年平均工资22701元，比上年增长1.78%；农民人均纯收入3579元，增长7.48%；城镇居民人均可支配收入8758元，增长26.91%；城乡居民储蓄存款余额136903万元，增长17.52%。

2009年，全县共有普通中学17所，小学137所，幼儿园31所。共有专任教师2011人。至2009年末，全县共有医疗卫生机构23家，病床位348张，卫生技术人员479人。有敬老院、光荣院12所，床位485张，供养156人。各类抚恤优抚对象547人，全年共发放优抚抚恤资金405万元。共有城镇低保对象6390人，全年发放城镇低保资金1259万元；农村低保对象14800人，发放低保金756万元。共为1444名五保户发放救助资金223.9万元。参加新型合作医疗的农村居民117943人，全年为农村住院患者支付医药费1139万元。全县自来水受益村128个，受益农民13万人。

2009年末，全县全社会从业人员60994人，其中，城镇从业人员10577人，农村从业人员50367人，全年新增就业岗位1032人，下岗再就业人员1032人，城镇登记失业率3.2%。

企业职工养老保险参保人数7698人，参保率85.8%；参加失业保险的人数21760人，参保率95.1%；城镇参加医疗保险的人数20452人，参保率88.5%；农村参加养老保险的人数51645人。共为适龄农民发放养老金692万元，为2339名离退休人员、201名抚恤人员发放养老金、抚恤金2433万元，月人均养老金由上年的839元提高到960元。社会化发放率、确保率100%。

【大同火山群申报国家级地质公园】 8月20日，国土资源部公布新批准的44个第五批国家地质公园，大同火山群榜上有名，成为山西省第一个国家级火山地质公园，为全县实施“生态宜居”目标，打造生态园林县、大同后花园奠定坚实基础。

【大齿新厂区在大同县奠基】 9月16日，中国重汽集团大齿新厂区在大同县周士庄镇装备制造业园区奠基开工，成为首家进驻该园区的国有大型企业。此次大齿集团新厂区整体搬迁改造升级项目新增规模总投资11.5947亿元，首期建设2010年完工，项目达产后预期年营业收入30亿元，利润总额2.5亿元，税金2亿元。

【获中国最佳投资服务管理县称号】 2009年，大同县出台《关于扩大招商引资的意见（试行）》草案，推行县四大班子领导“五包四定”工作目标责任制、重点项目包联制等一系列制度，有力地推进全县各类项目建设。全县共确立重点项目31个，总投资158亿元，其中开工项目19个，总投资14.4565亿元。

12月21日，“亚洲博鳌·中国品牌年度盛典”在海南博鳌开幕，来自全国各地300多名专家、代表和主流媒体记者出席盛典。大同县在这次盛典上荣获“中国最佳投资服务管理县”称号。 （吉广仁）

阳泉市

中共市委书记	谢　海* 白　云
副　书　记	白　云* 李栋梁 郃爱国
市人大常委会主任	孙水生
副　主　任	张　清 荆东生 吴学斌 段存寿 吴丽萍(女)
市　　长	白　云* 李栋梁
常务副市长	王旭明
副　市　长	王敬瑞 李体柱* 刘兆林 王湜洲
市政协主席	刘高官
副　主　席	李裕厚 马文建 王振国 许文珍 赵永红(女) 李天祥 任衍钢

【概述】 阳泉市位于北纬37°40′~38°31′，东经112°54′~114°04′。面积4570平方千米，人口132.38万人，人口密度290人/平方千米。2009年，全市地区生产总值348.71亿元，比上年增长7.1%。其中，第一产业实现增加值5.52亿元、增长6.0%，第二产业增加值199.27亿元、增长3.9%，第三产业增加值143.92亿元、增长12.5%。第一、第二和第三产业增加值占全市生产总值的比重分别为1.6%、57.1%和41.3%。规模以上工业企业增加值170.4亿元，增长2.6%。全社会固定资产投资242.5亿元，增长55%。社会消费品零售总额149.4亿元，增长21.0%。外贸进出口总值9355万美元，下降39.5%。财政总收入78.1亿元，增长14.6%；其中，一般预算收入29.8亿元，增长13.8%。城镇居民人均可支配收入14240元、增长7.0%，城镇居民人均消费性支出8547元、增长0.2%；农村居民人均纯收入5801元、增长6.9%，农村居民人均生活消费支出3894元，减少1%。居民消费价格总指数100.1%；城镇登记失业率3.8%；万

元生产总值能耗下降7.2%;大气污染指数1.8,下降10.9%,环境空气质量达到国家二级标准。

【"三农"工作】 2009年,用于农业基础设施建设、农业产业化、小城镇建设的投入和种粮补贴达2.85亿元,比上年增长32.6%。全市粮食播种面积58029公顷,其中杂粮种植面积13853.59公顷,粮食产量达22万吨。全年新建日光温室95.38公顷、大棚23.35公顷,蔬菜种植面积达到7337公顷,蔬菜产业总收入超过2亿元。新增核桃种植面积1000.5公顷,累计达到13540.1公顷。全市畜牧业收入达到6.2亿元。农民专业合作社累计发展到520个。统筹城乡发展16项工程深入推进,工矿商贸企业帮扶新农村建设到位资金1000余万元。全市31个新农村建设示范村、69个重点推进村带动作用逐步显现。完成移民搬迁22个村661户2285人。解决了231个自然村、9.06万人的饮水安全问题,使全市84%的农民实现了安全饮水。全年共完成秸秆气化炉推广6050户,建成节煤炕连灶(吊炕)267户。到2009年底,全市960个行政村有873个配备大学生村官。

【项目建设】 2009年年初确定的166个重大项目(工程)中,开工148项,竣工56项,完成投资194.4亿元。中信焦化、金街购物广场等一批项目竣工投产;冀东200万吨干法水泥、金隅通达15万吨复合耐火材料、昌鑫40万吨有机复合肥、鑫磊50万吨电石、3652尿素、吉天利循环经济科技园区等一批项目稳步推进;河坡2×30万千瓦、娘子关2×60万千瓦、山西国际能源2×100万千瓦等一批电力项目前期工作进展顺利。煤炭企业兼并重组整合第一阶段工作基本完成。全市地方煤矿数量由157个整合到53个,年生产能力增加到4760万吨。

【基础建设】 积极推进主要街道整饰、基础设施配套、城中村和棚户区改造等十大工程。保晋路、广阳路、泉东路等9条涉及居民出行的城市道路建设工程稳步推进;阳五高速平定至盂县段等一批重大基础设施工程全面开工;龙川热源投入运行,中低压电网改造工程基本完工;龙华口水电站、娘子关水源地保护等一批民生工程建设进度加快;赛鱼路大修、太旧高速坡头和平定两个出入口改造、新天地商业广场等一批重点市政工程顺利推进。全年完成各类造林7617.14公顷,其中完成主干道路林带建设200千米,园林村绿化100个,完成水土保持综合治理面积74.1平方公里。建成区绿化覆盖率达到38.64%,人均公共绿地面积8.83平方米。重点区域市容环境整顿力度不断加大,城市生活垃圾无害化处理率91.02%,污水处理率达82.24%。城市照明和景观亮化工程全面完成。全市二氧化硫和化学需氧量减排提前完成"十一五"目标。市区二级以上天数达353天。 (董雪卉)

【社会事业】 "村通硬化路"、"村通广播电视"、"乡镇文化站"、"万村千乡"市场工程、新型农民养老保险60岁以上老人基本养老金的发放实现全覆盖。全市全年完成危房改造22.53万平方米,"中小学校舍安全改造"覆盖率达70%以上,全市农村中小学生人均公用经费分别达到530元和329元;推进25所农村中小学食堂标准化改造,实施"营养早餐"工程。"农村安全饮水"覆盖率达80%以上,"县乡村三级卫生服务体系"基本形成,建成标准化村卫生所169个;启动实施"大学生村医"计划,选聘大学生村医100名;全市县、乡、村三级医疗机构达标率达到80%。全市新增就业2.2万人、创业就业5000人。累计开工新建各类保障性住房82.55万平方米。5个县区整体进入全国人口和计划生育优质服务先进行列。阳泉市被评为全国征兵工作先进单位。全市安全生产事故死亡人数比上年下降28.7%。全市新建乡镇文化站24个,建成村文化室340个、农家书屋250个,实现村通广播电视"全覆盖"。截至2009年底,全市参保登记30.12万人,参保率80%,全市60周岁以上的80729名老人享受到每人每月30元的基础养老金。农村新型合作医疗共有56.5万人参加,参合率91.3%,人均筹资额提高到100元。实施"福星工程",建成乡镇敬老院11所。加强农村市场体系建设,全市累计建成"农家店"894家,受益农村居民达到62万人。 (任佟苏)

【"三城同创"全面启动】 8月12日,阳泉市召开"三城同创"动员大会,正式启动了国家园林城市、国家卫生城市、国家环境保护模范城市的"三城同创"工作。市委、市人大、市政府、市政协领导班子成员出席会议,全市各部门及相关单位负责人参加会议。市委书记白云、市长李栋梁在会上讲话。会上宣读《阳泉市"三城同创"实施方案》。 (张卫萍)

【工业园区建设】 2009年,全市工业园区总规划面积达84.53平方千米,入园工业企业120户;安置劳动力19178人,其中农业劳动力占88%;实现工业总产值978583万元,约占全市工业总产值的20%;完成工业增加值325992万元,实现利税163182万元。 (周立业)

【煤雕作品获"百花杯"金奖】 在10月29日至11月2日杭州举办的第十届中国工艺美术大师暨国际艺术精品博览会上,阳泉煤玉雕塑厂创作的煤雕艺术作品"龙腾盛世"获"百花杯"金奖。 (孟学武)

【10个专利项目获金奖】 在10月无锡举办的第六届中国国际专利与名牌博览会上,阳泉市有10个专利项目获得金奖。其中,平定堂玉陶瓷有限公司的"高档骨质瓷系列产品"项目获得特别金奖。 (魏兰花)

·城　区·

中共区委书记	李春泽
区人大常委会主任	李忠祥
区　　长	曹凯民
区政协主席	杨柱英

【概述】 城区位于北纬37°50′~37°52′,东经113°30′~113°33′。面积16.19平方千米。辖6个街道办事处、44个

社区居民委员会。2009年年末总人口172662人，人口自然增长率2.11‰。全区生产总值78.1亿元，比上年增长10.2%；全社会固定资产投资总额48.97亿元，增长61.2%；社会消费品零售总额82.1亿元，增长22.7%；财政总收入37761万元，增长7.75%，其中一般预算收入2.01亿元，增长17.64%；城镇居民人均可支配收入14972元，增长11.2%。服务业占GDP的比重由上年的74.2%提高到79.26%；实现税收30092万元，比上年增长5.77%。

【投资引资】 全区48个项目完成投资16.45亿元，其中列入市“百项工程”的4个项目完成投资7.01亿元。金街购物中心、美隆国际商贸城项目竣工开业。实施借力发展战略。先后组织有关企业和项目单位参加“中博会”、“厦洽会”和“渝洽会”等大型招商活动，签订投资合作协议5项，合同协议利用外来投资19.78亿元，实际到位9.53亿元。非公经济加速发展，全年完成增加值36.8亿元，比上年增长16.5%；实现税收31339万元，增长6.14%。

【生态环境建设】 全年组织完成7个单位和19个小区的园林达标创建任务，补栽补种各类乔、灌木1.5万株，新增绿化面积6.25万平方米，全区绿化覆盖率30.7%，绿地率27.39%，人均公共绿地面积10平方米。辖区空气质量二级以上天数达353天。大气综合污染指数下降10.9%。万元规模以上工业增加值能耗下降30.6%。万元地区生产总值二氧化硫、化学需氧量排放量均下降10%。

环境综合整治方面，在管理模式上构建了城管执法内部、相关职能部门、街道办事处(社区)“三位一体”的“大城管”、“大执法”体系。在暂时保留设摊的街道本着“五个统一”的原则规范经营，即统一划线定位、统一种类设施、统一经营时间、统一收费标准、统一亮证经营，使人流、车流、物流拥挤混杂且严重占道的行为得到较好清理。完成9条严管街的综合整治任务，实现南大街、北大街、泉中路零摊位标准，完成城市环境综合整治的各项任务。

【社会事业】 全年用于社保与就业的支出比上年增长25.75%，用于教育、医疗卫生、文化体育的支出分别比上年增长27.08%、36.41%和194.56%。和谐社区建设跻身全国首批“示范城区”行列。中小学校舍安全工程完成年度任务。义务教育标准化建设达到省定标准。规划的6个社区卫生服务中心和16个社区卫生服务站全部建成。城镇居民医疗保险覆盖率达到97%。社会就业方面，利用社区工会再就业培训学校，与区委党校、驻区企业联手对需就业人员开展实用性强、就业前景较好的技能培训，培训300余人。举办15场“阳光再就业”等各类招聘会，为企业和就业人员搭建就业服务平台，共提供就业岗位4000余个。

全年新增就业岗位5732个。实行山西省社会保险“五缓四降三补”政策后，为81户困难企业减负30多万元。认真落实低收入家庭廉租住房保障政策，为1084户家庭发放廉租房补贴316.3万元，为40户家庭落实了实物配租。城镇居民人均可支配收入14972元，比上年增长11.2%。城镇登记失业率3.6%。城镇基本社会保障覆盖率89.67%。居民消费价格总水平上涨0.1%。

【金街购物中心开业】 11月6日，阳泉市城区“港洽会”签约项目、被列为市“百项工程”之一的金街购物中心举行隆重的开业庆典。阳泉金街购物中心于2007年7月在“港洽会”上签约，是城区重点招商项目。该项目由北京海润房地产开发有限公司投资建设，总占地面积14857.8平方米，总建筑面积5.5万平方米，总投资额为2亿元。金街购物中心是集购物、娱乐、休闲、会展于一体的大型购物广场，它的建成，为广大市民提供一个功能多样化、情景多样化、经营多样化，以中高档精品百货、家电为主的购物场所，将在提供劳动就业岗位、繁荣地方经济等方面作出积极贡献。

(王世钧)

·矿　区·

中共区委书记	董仙桃(女)
区人大常委会主任	孙彦增
区长	张清河
区政协主席	苏满晓

【概述】 阳泉市矿区位于北纬37°51′~37°55′，东经113°29′~113°33′。面积19.45平方千米。辖6个街道办事处40个社区居民委员会。2009年年末总人口228918人，人口自然增长率3.11‰。2009年，全区生产总值107.6亿元，比上年增长18.5%；工业增加值91.7亿元，增长5.1%；第三产业增加值完成10.7亿元，增长7.2%。财政总收入3.36亿元，增长23.2%；一般预算收入1.72亿元，增长20.5%。全社会固定资产投资67.2亿元，增长58.4%。社会消费品零售总额12.1亿元，增长15%。居民人均可支配收入13960元，增长6.3%。签订对外合作项目4项，合同利用外资2.8亿元，到位2.1亿元。

【项目建设】 佰益粮贸物流中心项目交易大厅主体完成。矿用钢丝绳等7个重点调产项目建成投产或开始试生产；日潭小区综合改造等8个重点工程完成全年任务。重点项目全年完成投资2.49亿元，完成年计划的103%。新增规模以上民营企业3家、个体工商户536户。民营经济营业总收入19.4亿元，增长9.2%；上缴利税1.06亿元，增长14.1%。

【企业帮扶】 帮助企业争取项目资金950万元。召开2次银企洽谈会，促进银企合作。帮助企业申报各类科技项目21个，争取研发资金200万元。新增2家民营科技企业，2家高新技术企业完成重新认定。全年举办各类讲座、培训班16个，参加人数达1400余人次。1011名下岗失业人员实现再就业。机械配件制造业实现产值15.9亿元，增长28.6%。

【“三城同创”工作】 全年绿化投资6600余万元，新增绿化面积52.8万平方米，绿化覆盖率 38.42%，绿地率 32.1%，人均公共绿地 7.96 平方米。拆除主支干道沿路 1.3 万多平方米违章建筑；完成主干道沿路的净化、美化、绿化、硬化、亮化任务。全年万元生产总值综合能耗下降 5.9%，环境空气质量稳定达到国家二级标准。

【新社区建设】 15 个社区达标。新建或改扩建 3 栋社区综合服务楼，并全部投入使用。马家坪社区成为省级商业示范社区，新增 3 个市级商业示范社区；社区志愿者网上注册 910 人，获“全国志愿服务工作先进集体”称号。

【社会事业】 全年新增就业 4382 人，城镇登记失业率 3.8%。全年安置“零就业”家庭 17 人、特困大学毕业生 40 名、“4050”等困难人员 306 名。新建、改造中小学校舍 5.9 万平方米，完成投资 3400 余万元。累计资助贫困生 1600 余人次，近 30 万元。申请发明专利 38 件，新申报省级著名商标 2 件。区财政全年用于民生方面的投入 5400 余万元，比上年增长 14.9%。2009 年，矿区民政局对 A、B 类低保对象个人实际支付医疗费用的救助比例由原来的 60%、50%分别提高到 80%和 60%，取消了病种限制，扩大了救助范围，救助封顶线由原来的 2 万元/年提高到了 3.5 万元/年，同时开展医前救助服务。全年共救助 1077 人次，发放救助金 251.8 万元。全年共清理不符合条件的低保户 372 户、736 人，截至年末，全区低保户为 3538 户、8047 人，累计发放低保金 1513.1 万元，并为 38 名特困家庭子女上大学发放资助金 15.2 万元。

（王　泉　李荷花）

【黄代小当选全国道德模范】 在第二届全国道德模范表彰活动中，山西省阳泉市矿区蔡洼街道蔡东社区居民黄代小经组织推荐，并经过报纸、网络、手机和声讯等投票方式，当选全国“孝老爱亲模范”。（李荷花）

【林彦清荣获中国首届网评“好矿长”称号】 6 月 26~27 日，在人民大会堂举办的三十集电视连续剧《矿哥矿嫂的幸福生活》开机仪式新闻发布会暨中国煤企首届“我们心目中的好矿长”全国网络评选揭晓表彰大会上，阳煤集团五矿矿长林彦清荣获中国首届网评“好矿长”称号。（孙燕平）

·郊　区·

中共区委书记	赵　峰
区人大常委会主任	王梦贺
区　长	杨　勇
区政协主席	要宜为

【概述】 阳泉市郊区位于北纬 37°47′~38°05′，东经 113°19′~113°43′。面积 625.62 平方千米。辖 4 乡 4 镇、184 个村民委员会和 2 个居民委员会。2009 年年末总人口 281585 人，人口自然增长率 2.82‰。2009 年，全区生产总值 448739 万元，比上年增长 8.2%。财政总收入 66588 万元，增长9.88%。固定资产投资 266592 万元，增长 57.9%。城镇居民人均可支配收入 13576 元，增长 12.9%。农民人均纯收入 6023 元，增长 6.7%。年末全区金融机构人民币各项存款余额 90.74 亿元，增长 20.4%；人民币各项贷款余额 44.61 亿元，比年初增长 54.3%。

【农业经济】 全区农作物种植面积 7511 公顷，比上年增长 1.3%。其中粮食种植面积 6839 公顷，增长 1.6%。粮食总产量 21825 吨，减产 2.1%。主要经济作物中，蔬菜产量 62655 吨，增长 6.8%；水果产量 5556 吨，增长 7.7%。肉类总产量 3018 吨，增长 33.1%。牛奶产量 3477 吨，下降 29.2%。禽蛋产量 6228 吨，增长 27.8%。水产品产量 4 吨，下降 33.3%。年末农业机械总动力 18.98 万千瓦，增长 67.4%。机械耕地面积 5194 公顷，增长 2%；机械播种面积 3993 公顷，与上年持平；机械收获面积 168 公顷，增长 6.3%。全区农机化经营总收入达到 6058 万元，增长 2.7%。

【工业经济】 全年规模以上工业企业增加值 167843.9 万元，比上年增长 0.1%。其中：国有企业完成 70716.5 万元，下降 9.1%；集体企业完成 17853.7 万元，增长 13.6%；股份制企业完成 64692.2 万元，增长 11%；股份合作企业完成 2445.2 万元，增长 84.7%；外商及港澳台投资企业完成 11150.3 万元，下降 27.3%；其他企业完成 986 万元。规模以上工业企业实现利税 92283.2 万元，增长 29.8%。企业亏损面为 41.3%，亏损额 3445.2 万元。

【交通　邮电】 公路线路年末里程 841.79 千米。年末全区民用汽车保有量达到 2123 辆，比上年末增长 9.9%。全年完成邮电业务总量 2696 万元，全区邮路总长度 590 千米。年末固定及移动电话用户总数达到 24.32 万户，比上年末增加 1.57 万户。宽带接入用户达到 1.17 万户，比上年末增长 49.6%。

【社会事业】 (1)医疗卫生。2009 年共有各级各类医疗卫生机构 237 个，床位 1037 张，其中综合医院 4 个。卫生人员 1358 人，其中医生 768 人。11.63 万人参加了新型农村合作医疗，“参合率”达 85.78%。(2)社会保障。福利机构拥有床位 878 张，收养人数 358 人，国家抚恤、补助各类优抚对象 574 人。参加企业职工养老保险、医疗保险、失业保险、工伤保险、生育保险人数分别为 3100 人、14625 人、7112 人、14007 人、3254 人，农村养老保险参保人数 107376 人。城市低保、农村低保分别为 8517 人和 6006 人，累计发放低保资金 2295.6 万元。城镇登记失业率 4.03%。(3)人居环境。全区镇区空气质量达二级及以上天数 354 天，增长 14.2%；空气综合污染指数由 2.03 下降为 1.99。全年完成造林面积 1280 公顷，增长 66.9%；四旁植树 70 万株，增长 9.4%；新增育苗面积 100 公顷，增长 25%。

【生态建设】 2009 年，郊区财政投资 700 万元，用于造林绿化六大工程建设。(1)通道绿化取得新突破。对遍布城乡的大小公路开展高标准的绿化工程，累计完成国道、省道林带建设 45 千米，县、乡级公路绿化 130 千米，村村通公路绿化 100 千米。在通道两侧建设大型景点 10 余处，约 3 万平方米。栽植各类苗木50余种，共30万株,共完成通道绿化40千米,总投资约600万元。(2)荒山绿化质量有了新提高。荒山绿化标准使用2米以上大苗,达到一次造林一次成景。荒山造林133.4公顷。(3)环城绿化创出新模式。建设近33.35公顷的大堖公园,并开展外围绿化,辐射周围10个村,完成荒山造林266.8余公顷。(4)村镇绿化出现新奇迹。建设自然和谐、绿树成荫的田园式村庄。全年共完成义务植树50万株，四旁树栽植43万株。(5)企事业单位呈现新面貌。开展场区绿化、企业周边道路绿化等工程。完成企事业单位绿化10个。(6)学校绿化成为新亮点。全区有70%的学校成为园林化学校。6月,阳泉市郊区获"全省造林绿化先进县"称号。

【郊区林权改革】 2009年,郊区投入40万元,采取分山到户和集体均股均利的模式进行林改。10月10日郊区在西南舁乡咀子上村举行林权发放仪式。参与本次林改的林地面积为16408.2公顷。涉及全区125个行政村28619户的69961人。实现分山到户面积为10827.64公顷,联户承包面积为3342.34公顷，集体股份经营面积为863.83公顷，集体保留面积为1103.59公顷。林地确权面积为16141.4公顷,确权率达到99%,发放林权证1.1万份,划分宗地1.5万份。

【硅铝质耐火材料质量监督检验中心试验大楼】 9月24日位于白泉工业园区的国家硅铝质耐火材料质量监督检验中心试验大楼主体工程顺利完工。该工程由郊区政府与市质量技术监督局共建,工程占地面积6公顷。可满足全市300余家、全省600多家耐火企业的国内、国际检验要求。

【抗雪救灾】 11月9日,阳泉市郊区出现强降雪降温天气，降雪量之大，持续时间之长,均创历史极值。暴雪导致交通中断,学校停课。受灾群众3.5万人，因灾造成1人死亡、6人受伤，直接经济损失达到3.2亿元。灾后,区财政局拿出300万元专项资金给予补助,民政局接到社会各界捐款27万元,13家驻区企业和区重点企业拿出250万元用于结对帮扶。

（陈益廉）

·平定县·

中共县委书记	马　骥
县人大常委会主任	李建恩
县　　长	王银旺
县政协主席	李维澜

【概述】 平定县位于北纬37°39′~38°07′，东经113°25′~114°02′。面积1395.10平方千米。辖8镇2乡,318个村民委员会和16个居民委员会。2009年年末总人口335122人,人口自然增长率3.77‰。2009年,全县生产总值455690万元，比上年增长8.32%。财政总收入62156万元,减少22.39%。固定资产投资362327万元，增长20.7%。社会消费品零售总额172447万元,增长18%。城镇居民人均可支配收入12774元，增长13.41%;农民人均纯收入5407元,增长5.44%。年末全县金融机构存款余额860102万元,增长25.99%;各项贷款余额288018万元,增长10.3%。

【农业经济】 全县农作物播种面积24478.9公顷,粮食总产量95534吨,比上年增长5.58%。全年完成造林任务2341.17公顷，通道绿化20千米，小流域治理面积30平方千米。平定县荣获"全市畜牧发展先进县"称号,全省生猪产业新技术推广现场会、全省雁门关生态畜牧经济区标准化养殖场(区)建设现场会先后在平定召开。全县10个省级新村镇建设试点村和50个重点推进村主要指标均达到省、市确定标准;农机购机补贴、粮食直补和农资综合补贴等各项强农惠农政策全部落实兑现。

【工业经济】 全县年初确定的36个重点工业调产项目共计投资10.83亿元,占年计划的72.68%。积极开展煤矿企业兼并重组，生产矿井由原39座整合为14座。全年完成限额以上工业总产值422372万元，比上年增长1.75%;规模工业增加值159015万元，增长6.36%；工业产品销售产值412887万元,增长0.1%。

【商贸物流】 县城锦程花园商业步行街建成,山西华通集团公司3万平方米农贸蔬菜批发市场开张营业。全年共计引进县域外投资项目29个，实际到位资金25亿元。大力实施"放心粮油工程"，培育发展省级配送中心1个、县级骨干示范中心店11个、乡村级销售店100个。推进农村"万村千乡"市场建设,全县便民农家店增加到385个。

【项目建设】 全年开工建筑面积60万平方米,建成面积21万平方米,完成小城镇开发建设面积3万平方米。县城集中供热(二期)全年新增煤气用户3200余户。平定博物馆建成投入使用。全力实施城乡电网、路网改造工程，有冶西220千伏变电站新建、东回输变电站增容等项电网工程正在建设;完成县内公路通达通畅工程102千米，县乡公路改造工程40.25千米。

【社会事业】 全年申报国家专利45项,先后实施省、市、县三级科技项目21项，有工厂化无土栽培等10项科技创新项目得到推广应用。县城二级和优于二级以上天气天数338天,比上年增加22天。县教师进修学校获"全国课题研究与实验先进单位"称号;高考首批达线1141人。开展非物质文化遗产抢救保护工作,列入县级以上保护项目29项，平定古窑陶艺有限公司被国务院表彰为"全国民族团结进步模范集体"。全县医疗机构达标率96.37%，有85个村卫生所完成标准化建设;参加新型农村合作医疗农民230188人,"参合率"93.2%,共计补偿医药费2701.89万元。平定县荣获"全国人口和计划生育优质服务先进县"称号。全年新增就业岗位3450个，转移安置农村富余劳动力2370人，下岗失业人员实现再就业960人；参加新型农村社会养老保险农民90065人，为60周岁以上的30443名养老对象发放养老金1097万元。县人武部被省政府、省军区表彰为“先进人民武装部”。

（刘春生 刘 勇）

【“3+2”农业产业化富民工程】 2009年，平定县围绕建设“特色农业大县”目标，全力推进“3+2”农业产业化富民工程建设，收到了良好效果。至年底，初步形成以生猪、蛋鸡和奶肉牛等为主的规模养殖产业，全县有千头以上猪场26个、5000只以上规模养鸡场15个、百头以上养牛基地4个；优质干果产业主要分布在石门口等5个乡镇，全县有核桃基地3668.5公顷；形成以设施栽培为重点的商品蔬菜产业，有商品蔬菜基地1267.3公顷。在巨城、岔口两个乡镇发展生态林产业，其中种植梧桐树11万株、刺槐2668公顷；小杂粮产业基本上形成“企业+基地+农户”的发展模式，全县优质杂粮种植面积达到4669公顷。

【出租车亮相平定县城】 2009年3月，平定县交通局结合出租车行业长期以来无标识、无秩序的实际情况，组建成立和谐出租汽车有限责任公司，标志着在全省119个县区中唯有平定没有出租车公司的历史成为过去。

【“盛世升平”刻花瓷瓶北京首发】 8月8日，由平定古窑陶艺有限公司精心制作的“盛世升平”刻花瓷瓶作为新中国成立60周年献礼国瓷在北京民族文化宫隆重举行首发仪式。首发式上，中国民族博物馆、北京闽龙陶瓷艺术馆等现场收藏了“盛世升平”刻花瓷瓶，被国家博物馆、首都博物馆等7家国家级博物馆定为收藏品。

【古州煤业有限公司挂牌成立】 12月10日，山西平定古州煤业有限公司举行揭牌仪式。该公司是根据省、市、县煤矿企业兼并重组整合实施方案，由平定县政府出资组建成立的。对全县21个煤矿企业进行整合后，形成8个矿井主体；并对这8个矿井主体实行控股，股比占51%。

（刘 勇 洪晓琴）

·盂 县·

中共县委书记 吕昌政
县人大常委会主任 张存福
县 长 刘德跃
县 政 协 主 席 史和斌

【概述】 盂县位于北纬37°57′~38°30′，东经112°55′~113°49′。面积2522.83平方千米。辖8镇6乡453个村民委员会和12个社区居民委员会。2009年年末总人口305519人，人口自然增长率3.61‰。2009年，全县生产总值68.1亿元，比上年增长9.7%。财政总收入15.05亿元，增长13.3%；一般预算收入5.76亿元，增长23.3%。固定资产投资41.3亿元，增长51.4%。社会消费品零售总额23.1亿元，增长23.1%。城镇居民人均可支配收入14602元，增长10.1%；农民人均纯收入5995元，增长8%。年末全县金融机构本外币各项存款余额130亿元，增长24.3%；各项贷款余额35.3亿元，增长14.6%。

【“三农”工作】 全县粮食总产量1.02亿千克，肉奶牛养殖1.1万头，生猪饲养9.8万头，獭兔养殖6.1万只，核桃种植8204.1公顷。新增设施蔬菜43.36公顷，推广万寿菊种植200.1公顷，发展红枣经济林8.01公顷。兴旺獭兔皮草、玉泉牌沙棘茶、玉泉牌小杂粮在中国（山西）特色农产品交易博览会上获得好评。农民生产生活条件不断改善。新建高标准农民住房22万平方米，新增沼气和秸秆气化6175户，建成园林村24个，完成农村安全饮水工程123处，建成新水源地10处，农村经济总收入达到75.6亿元。

【工业经济】 稳步推进煤炭资源整合重组，3个主体企业组建完成，全县65个矿井整合为25个，煤矿现代企业制度初步建立。全面启动“8+6”（培植八大主导产业，拓展六条实现途径）工业提升工程，大力发展循环经济。完成工业增加值34亿元，实现利税8.6亿元。“十大重点调产项目”完成投资6.62亿元。全年招商引资项目达30个，到位资金22亿元。积极开展整治违法排污企业环保专项行动，拆除燃煤竖窑24座，否决“两高一资”项目19个，单位GDP能耗降低8%。大力发展民营经济，全县民营企业累计达到472户。

【基础设施建设】 水神山路建成通车；龙华口水电站大坝浇注达到529高程，公路改线全部完成；运煤专线二期、金龙西街中心广场、藏山中路改扩建、秀水东街延伸线建成投用；县人民医院门诊住院大楼完成主体工程；县城垃圾处理场完成一期工程。“三城同创”工作全面推进，完成县城绿化20万平方米，人均公共绿化面积6.25平方米；县城二氧化硫减排1400吨，县城环境空气质量二级以上天数达到350天，大气污染指数1.77，下降24%。

【社会事业】 村通硬化路、农村新型养老保险、“万村千乡市场工程”提前实现全覆盖。中小学校舍改造工程全面启动，其中15所完工投入使用。县乡村三级医疗机构达标率达84%，新型农村合作医疗“参合率”达到92.5%。高标准完成县体育场改造。城镇基本社会保障覆盖率达96.5%，新增城镇就业岗位3495个，城镇登记失业率控制在3.8%，城乡“低保”、“五保”实现应保尽保，新型农村养老保险工作被确定为全国试点。盂县成为国家级科技富民强县专项行动试点县和全国首批实施知识产权工程县。聘任著名导演陈凯歌担任藏山文化推广大使，并在北京人民大会堂举行签约发布会。

【石太客运专线阳泉北站投入运营】 4月1日，石太铁路客运专线正式开通运营，首列时速250千米的北京西—太原载客和谐号动车组于上午10时46分途经阳泉北站。石太客运专线是全国第一条省际高速铁路，设计时速300千米以上，预留时速350千米。项目总投资150亿元，盂县段投资约50亿元。其中全长27.8千米的太行山隧道，是全国最长的铁路山岭隧道。

【运煤专线公路建成】 7月8日，盂县运煤专线公路建设工程竣工通车。运煤专线公路项目总里程9.82千米，总投资5297万元，建设等级为二级公路，分两期建设。

【水神山路竣工通车】 8月，盂县水神山路竣工通车。水神山路是阳泉北站的主要配套工程，全长4.32千米，路宽60米，总占地750亩(50公顷)，总投资1.6亿元。道路等级为城市主干线II级，路面结构设计为沥青混凝土路面。

【《盂县百年老照片选集》出版发行】 4月，《盂县百年老照片选集》由山西人民出版社出版发行。该书搜集1100余幅珍贵历史照片，上限为清代末期，下限至1985年底，记录了盂县百余年中的重大事件和重要历史人物，涵盖政治、经济、军事、文化诸方面。

(赵平枝)

长治市

中共市委书记 杜善学
副书记 张保 林玉平* 席小军
市人大常委会主任 王进卯
副主任 申纪兰 王忠义 李国峰 师义昌 程计则 张振芳 李进军
市长 张保
副市长 董岩 李国隆 曹惠斌 尚宪芳 许霞
市政协主席 王云亭
副主席 秦跃晋 赵春英 杜保和 靳道远 马志旺 闫建国 魏武

【概述】 长治市位于北纬35°49′~37°08，东经111°58′~112°44′。辖区总面积13896平方千米，辖1市2区10县和1个省级开发区(高新技术开发区)；132个乡镇15个街道(办事处)128个社区(居委会)3454个行政村。2009年末全市总人口为329.91万人，比上年增加1.63万人，其中男性1695547人，男女性别比(女性=100)为105.73，比上年上升0.09%。年末人口出生率11.12‰，自然增长率4.94‰，上升0.8‰。城镇人口135.41万人，城镇人口比重41.04%，提高0.59%。森林覆盖率47.8%。已探明矿种40余种，煤炭地质储量906亿吨，已探明储量242.14亿吨。铁矿石2.6亿吨、石灰石80亿吨、硫铁矿2亿吨、铝土矿1亿吨、耐火粘土3亿吨、大理石1亿立方米。

2009年，长治市生产总值775.3

2009年长治市规模以上工业增加值及增长速度

单位:亿元

指标名称	增加值	比上年增长%
规模以上工业	452.8	12.2
其中:国有及国有控股企业	237.0	9.4
其中:集体企业	16.6	0.1
股份制企业	343.5	12.7
外商及港澳台投资企业	14.2	0.5
其中:轻工业	14.5	8.6
重工业	438.2	12.3
其中:煤炭开采和洗选业	261.4	14.4
黑色金属冶炼及压延加工业	45.3	11.3
石油加工和炼焦业	51.8	11.8
电力生产业	35.9	12.7
化学原料及化学制品制造业	16.4	4.6
有色金属冶炼及压延工业	0.7	−35.6

2009年长治市主要工业产品产量及增长速度(规模以上)

产品名称	单位	产量	比上年增长%
原煤※	万吨	7459.9	10.5
洗精煤	万吨	2395.1	19.3
发电量※	亿千瓦时	316.2	10.7
粗钢	万吨	315.4	−6.1
钢材	万吨	327.1	5.3
金属镁	万吨	1.8	−11.8
水泥※	万吨	347.3	18.0
化肥(折中100%)	万吨	31.3	−19.3
焦炭※	万吨	1176.6	6.2
生铁	万吨	404.1	8.9
交流电动机	万千瓦	35	−46.7

(注:※为全社会产量)

2009年长治市规模以上工业企业实现利润及增长速度

单位:亿元

指标	利润总额	比上年增长%
规模以上工业	76.83	−9.1
其中:国有及国有控股企业	58.4	20.8
其中:集体企业	2.9	−45.1
股份制企业	50.6	6.1
外商及港澳台投资企业	1.8	−56.9

亿元,比上年增长10%。其中,三次产业比例由上年的4.8:63.4:31.8调整为4.5:62.8:32.7。人均生产总值23558元(按年末美元汇率折算为3450美元),增长9.5%。财政总收入177.9亿元,增长11.5%;其中一般预算收入69.57亿元,增长11.1%。扣除“两权”收入,全市财政总收入169.1亿元,一般预算收入60.8亿元,同口径分别增长10.3%和7.9%。全市一般预算支出112.4亿元,增长15.7%。全年居民消费价格上涨0.3%。

【农业经济】 2009年,长治市粮食种植面积25.66万公顷,比上年减少0.3%;油料种植面积2400公顷,减少14.6%;蔬菜种植面积1.81万公顷,减少8.2%。全年粮食产量116.6万吨,下降18.2%;油料产量3500吨,减产28.1%;蔬菜产量79.5万吨,下降14.4%。肉类总产量5.99万吨,增长17.6%,其中猪牛羊肉5.37万吨,增长18.8%;禽蛋产量7.29万吨,增长8.3%;奶产量1.37万吨,下降12.1%。农林牧渔业总产值58.1亿元,下降3.2%。

【工业经济】 2009年,长治市规模以上工业增加值452.8亿元,增长12.2%,其中轻工业增加值增长8.6%,重工业增加值增长12.3%;产品销售率93.9%。

主要工业产品产量中,原煤比上年增长10.5%,发电量增长10.7%,生铁增长8.9%,焦炭增长6.2%,钢材增长5.3%。

全年工业经济效益综合指数为224.85,比上年提高20.16%。规模以上工业企业主营业务收入1032.99亿元,下降6.8%。实现利税146.42亿元,下降11.4%,其中实现利润76.83亿元,下降9.1%。亏损企业亏损额23.67亿元,下降40.1%。

【建筑业】 2009年,长治市全社会建筑业实现增加值21.3亿元,比上年增长23.5%。全市具有资质等级的总承包和专业承包建筑业企业实现利润0.54亿元,下降8.47%;上缴税金1.69亿元,增长4.97%。

【城市建设】 2009年,长治市城市建成区面积4530万平方米。年末城市房屋建筑面积5355.74万平方米,比上年末增长14.1%,其中住宅建筑面积3917.98万平方米。年末建成区绿化覆盖率47.8%,提高1%。年末城市交通运营车辆557辆,出租汽车1800辆。市区有公园4座,总面积127公顷。

【人民生活】 2009年,长治市农村居民人均纯收入5337元,比上年增长8%;城镇居民人均可支配收入15494.4元,增长8.5%。全年全市在岗职工平均工资28773元,增长8.48%。年末全市城镇居民人均住宅建筑面积32平方米,农村居民人均住宅面积36.5平方米。

【社会保障】 2009年,长治市城镇参加基本养老保险人数为33.41万人,比上年增加2.12万人。参加基本医疗保险职工人数为44.96万人,增加4.65万人。参加失业保险职工人数为24.61万人,全年领取失业保险金10525人。全社会从业人员155.50万人,增加2.19万人。全年新增城镇就业岗位3.9万个,年末城镇登记失业率为2.16%,上升0.11%。

年末全市各类收养性社会福利

2009年长治市固定资产投资新增主要生产能力

指　　标	单　位	绝对数
发电机组容量	万千瓦	54.5
原煤开采	万吨/年	555
洗　　煤	万吨/年	690
焦　　炭	万吨/年	435
水　　泥	万吨/年	30
改建公路	千　米	1703

2009年长治市进出口总额及增长速度

单位:万美元

指标名称	本　年	比上年增长%
海关进出口总额	27918.6	−12.2
出口额	2416.74	−51.0
其中:一般贸易出口	2370	−51.2
加工贸易出口	38	−26.9
其中:机电产品出口	599	−68.4
出口主要国家和地区:美国	334	−56.6
中国香港	1	−83.3
日本	10	−47.4
欧盟	504	8.0
东盟	978	−28.5
韩国	142	−87.5
俄罗斯	3	−92.5
拉丁美洲	41	215.4
进口额	25501.85	−5.0
其中:机电产品进口	1740	−30.8
高新技术产品进口	449	195.4

单位 173 所,增加 27 所;床位 9473 张,收养各类人员 304 人。城镇建立各种社区服务设施 95 处。全年销售社会福利彩票 11292 万元,直接接受社会捐赠款 755 万元。全年城市最低生活保障人数 55149 人,农村最低生活保障人数 123746 人。

【固定资产投资】 2009 年,长治市全社会固定资产投资 443.7 亿元, 比上年增长 62.3%。其中,城镇投资 425 亿元,增长 66.5%。

全年房地产开发投资 26.5 亿元,比上年增长 48.8%, 其中住宅投资 22.2 亿元,增长 44.9%。商品房销售额 29.3 亿元,增长 130.6%,其中,住宅销售额 25.4 亿元,增长 132.1%。

【贸易】 2009 年,长治市社会消费品零售总额 244.8 亿元, 比上年增长 21.7%。全年进出口总额 27918.6 万美元,下降 12.2%。

全年新批外商直接投资企业 3 家; 合同利用外商投资 2970.26 万美元,下降 53.3%;实际利用外商直接投资 10967.4 万美元,下降 72%。

【交通运输】 2009 年,长治市民航客运量 34 万人,比上年增长 30.97%,旅客周转量 305697 万人千米; 货邮周转量 132.91 万吨千米,运输总周转量 350.79 万吨千米。公路客运量 3281.74 万人,下降 2.5%,旅客周转量21.5 亿人千米; 货运量 5217.4 万吨, 下降 22.5%,货物周转量 72.4 亿吨千米。

年末全市民用汽车保有量 21.58 万辆(包括三轮汽车和低速货车 4.5 万辆),比上年末增长 12.9%,其中私人汽车保有量 16.41 万辆, 增长 17.5%。民用轿车保有量 7.81 万辆,增长 31.5%,其中私人轿车 6.27 万辆,增长 39%。

【邮电通讯】 2009 年,长治市邮电业务总量 50.45 亿元, 比上年增长 43.3%。年末固定电话用户 58.10 万户,移动电话用户 181.95 万户,电话普及率 74.3 部/百人。全市互联网用户累计 23.97 万户,增长 37.5%。

【旅游业】 2009 年,全市共接待国内外游客 889.1 万人次, 比上年增长 28.8%;国内旅游总收入 74.6 亿元,增长 21.6%。全年入境人数 7.2 万人次,增长 15.1%。旅游外汇收入1368.7 万美元,增长 27.1%。

【金融 保险】 2009 年,长治市金融机构本外币各项存款余额 1131.5 亿元,比年初增长 22%;其中居民储蓄存款 636.9 亿元,增长 16%。全市金融机构本外币各项贷款余额 475.8 亿元,比年初增长 19%;其中个人消费贷款 9.8 亿元,增长 22%。

2009 年, 长治市共有保险公司 14 家。全年保费收入 22.23 亿元,其中寿险业务保费收入 15.66 亿元;健康险和意外伤害险业务保费收入 0.91 亿元; 财产险业务保费收入 5.66 亿元。支付各类赔款及给付 5.24 亿元, 其中寿险业务给付 2.25 亿元;健康险和意外伤害险业务给付 0.21 亿元;财产险业务赔款 2.78 亿元。

【科教文体卫】 2009 年,长治市共受理各项专利申请 667 件,比上年增长 35.8%。全年全市科学技术成果 93 项,其中有 38 项技术获得省部级以上科学技术成果奖,增加 3 项。签订技术合同 220 项, 增长 81.8%; 成交金额 20781.7 万元,增长 36.3%。全市共有产品质量检验机构 42 家。全年对 69 户企业实施产品认证, 对 11 种产品进行监督抽查。全市共有法定计量技术机构 12 个, 全年强制检定计量器具 4.5 万台(件)。

2009 年, 长治市有独立招生的高等院校 6 所,全年招收普通高等教育本、专科学生 9224 人;各类中等职业教育学校 45 所, 全年招生 2.1 万人;普通中学 245 所,其中完全中学 40 所,普通高中 10 所,普通初中 156 所,全年高中招生 2.79 万人,初中招生 5.33 万人;普通小学 1625 所,全年招生 3.50 万人; 特殊教育在校学生 883 人;幼儿园在园幼儿 6.80 万人。

2009 年, 长治市共有艺术表演团体 19 个, 文化馆 14 个, 博物馆 1 个,公共图书馆 14 个,公共图书馆藏书量 112 万册,档案馆 14 个,已开放各类档案 6114 卷。全市广播电台 12 座,电视台 12 座,广播、电视综合人口覆盖率分别达到 93.98%和 96.59%,年末全市有线电视用户达到 35.3 万户, 其中接收数字信号用户 36036 户。在全国地方戏评比演出中,长治市创作的小戏《拆围墙》成为山西省三个入选剧之一。中国戏曲表演学会在长治举办地方戏研讨会。

全市运动员在各类体育比赛中获得全国冠军 10 个,全省冠军 84 个。

2009 年, 长治市共有医疗卫生机构 4752 个,其中医院、卫生院 247 个,妇幼保健机构 14 个,疾病预防控制中心(防疫站)14 个。病床位 14484 张。卫生技术人员 20150 人,其中执业医师和执业助理医师 10586 人,注册护士 5347 人, 药剂人员 1058 人。乡镇卫生院 142 个,床位 3124 张,卫生技术人员 2616 人。截至年底全市农村有医疗点的村占总村数的比重达到 100%, 全市县乡村三级卫生机构达标率 88.75%,全市新型农村合作医疗覆盖率 98%。

【资源能源】 2009 年城市供水总量 8458 万吨。全年液化气供气总量 5310 吨,天然气供应量 1592 万立方米,煤气供气总量 1.1 亿立方米。燃气普及率 82.81%, 比上年提高 12.53%。市区集中供热面积 1854 万平方米,其中住宅供热面积 1481 万平方米,增加 383 万平方米。市区污水处理能力 14 万吨/日,全年污水处理量 5113 万吨。生活垃圾年清运量 22 万吨,无害化处理率 100%。全市耕地保有量 346413.12 公顷, 其中年内增加耕地面积 573.62 公顷。本年度检查验收合格造林面积 2.06 万公顷,其中退耕还林面积 4000 公顷。植树 762 万株。全市有自然保护区 2 个,面积 4.68 万公顷,占全市总面积的 3.3%。全市大中型水库蓄水总量 2.45 亿立方米,下降 600 万立方米。全年总用水量 4 亿立方米。其中生活用水增长 10.9%,工业用水增长 2.4%。全年有 14.2 万人,2.7 万头大牲畜因干旱发生临时性饮水困难。

2009 年, 长治市城镇能源工业投资中, 煤炭工业投资 56.6 亿元,比上年增长 54.6%；电力工业投资 21.9 亿元，下降 42.5%。全年共向省外运输煤炭 2780.63 万吨，增长 3.68%；向省外运输焦炭 821.09 万吨，增长 6.86%。全市采区煤炭资源回采率 79.4%。

【环境质量】 全年全市空气质量Ⅱ级以上天数 354 天，比上年增加 8 天。全市达Ⅲ类水质标准的断面比例 52.17%。城市集中式饮用水源地辛安泉水质达标率 100%。

【安全生产】 全市亿元 GDP 生产安全事故死亡人数为 0.3 人，比上年下降 42.3%；煤矿百万吨死亡人数为 0.37 人，下降 27%。全年发生火灾事故 68 件，下降 45.2%，直接经济损失 109.3 万元。全年共发生道路交通事故 481 起，造成 251 人死亡、465 人受伤，直接财产损失 152.8 万元。

【发现一例"世界首报人类染色体异常核型"】 1 月 22 日，长治市妇幼保健院医学遗传实验室的专家们对该院收治的一名患者进行全面取样分析研究后，发现了一例"世界首报人类染色体异常核型"。这一发现，为人类诊断疾病提供了依据，对遗传学的临床研究和优生优育具有重要的现实意义。

【创建本质安全型城市】 3 月 3 日，长治市创建本质安全型城市领导组会议在国家安监总局召开。会议传达副总理张德江、国家安监总局局长骆林、国家安监总局副局长赵铁锤等领导对长治安全生产工作的重要批示精神。讨论并通过《长治市创建本质安全型城市纲要〈2009—2013〉》。同意成立创建指挥部及人员组成和分工。中国安全生产科学研究院院长刘铁民、国家安监总局办公厅副主任郭云涛对长治市的创建工作给予充分肯定。

【首钢与长钢联合重组】 3 月，在全国"两会"召开期间，省委副书记、省长王君在北京会见首钢负责人，省委常委、副省长李小鹏，副省长陈川平，市委书记杜善学，市长张保，副市长尚宪芳等领导参加会见。6 月，首钢总公司调研组在首钢党委书记、董事长朱继民带领下，就长治与首钢开展战略合作，专程到长治市考察调研。8 月 8 日，首钢与长钢联合重组签约仪式在太原举行，双方签订《战略合作协议》与《股份转让协议》。12 月 18 日，首钢长治钢铁有限公司正式揭牌。副省长陈川平，首钢总公司党委书记、董事长朱继民等出席揭牌仪式。重组后，首钢拥有长钢 90%的股权。

【黎侯虎亮相中国非物质文化遗产展】 4 月，被誉为"中国第一虎"长治市黎城县的民间布艺黎侯虎在中国非物质文化遗产传统技艺大展上，以其丰富的文化内涵和独特的造型受到中外游客的称赞。活动期间，中共中央政治局委员、国务委员刘延东参观了黎侯虎的技艺展示，对长治市黎城县文化产业发展运用"公司+农户"的运作模式给予高度评价，并倡导在全国推广。

【壶化集团与美国公司签约】 7 月 2 日，长治市重点骨干企业壶化集团新建电子数码雷管项目成功签约。壶化集团与美国 SDI 公司、美国 ZMW 公司签署合作协议，标志着我国第一条电子数码雷管生产线正式落户壶化。

【全国造林绿化现场会】 8 月 25~26 日，全国造林绿化现场会在长治市召开。全国政协副主席罗富和出席会议并向山西省颁发"全国生态建设突出贡献奖"。国家林业局局长贾治邦出席会议并讲话。山西省委书记、省人大主任张宝顺致欢迎辞。省委副书记、省长王君就山西省造林绿化工作作经验介绍。国家林业局副局长李育材主持会议。全国总工会书记处书记李世明，副省长刘维佳等出席会议。

【全国农村环境卫生整治行动研讨会】 10 月 11 日，全国农村环境卫生整治行动研讨会在长治市召开。卫生部副部长尹力、联合国儿童基金会驻华代表魏英瑛，省政协副主席周然，市领导杜善学、张保、李国隆出席会议。

【遭遇罕见雪灾】 11 月 9~12 日，长治市遭受了 50 年一遇的雪灾，给人民生产生活、道路交通和农业生产造成很大影响。灾害发生后，市委、市政府立即做出反应，研究部署救灾工作；民政部门立即启动特大自然灾害应急救助四级响应，及时下发救灾物资，下拨救灾资金；农业、畜牧、交通、建设等部门派出技术人员深入灾区指导灾民自救。

【安全生产和煤矿兼并重组】 12 月 1 日，长治市进行为期一个月的安全生产和煤矿兼并重组整合关闭集中行动。关死关实 105 座政策性关闭煤矿和 10 座列入 2009 年关闭的被兼并煤矿。 （尚竹英）

·城　区·

中共区委书记	王进军
区人大常委会主任	杨黎峰
区　　长	唐立浩
区政协主席	杨栖莺

【概述】 长治市城区位于北纬 36°08′~36°12′，东经 113°04′~113°08′。全区总面积 55.6 平方千米，辖 10 个办事处 28 个行政村。土地面积 5343.01 公顷，耕地 725 公顷。矿藏 1 种。主要河流 2 条，其中，黑水河最大，境内全长 4.3 千米。旅游景点 2 个。2009 年末全县总人口 416413 万人，114165 户。男性人口 20.9 万人。全年人口出生率 10.25‰，自然增长率 6.15‰，比上年提高 2.3‰。人口密度每平方公里 74917.5 人。

2009 年全县生产总值 106.44 亿元，比上年增长 10.0%。财政收入 14.83 亿元，增长 10.50%；财政支出 4.31 亿元，增长 14.95%。全县社会消费品零售总额 127.01 亿元，增长 21.2%。

【农业经济】 2009 年全县农业总产值 835.5 万元，比上年增长 5.98%。农作物总面积 8141.1 公顷。粮食作物面积 438.5 公顷，比上年下降 1.5%，粮食总产量1799吨。蔬菜瓜类总产量33772.4吨。全年造林20公顷,增长53.85%。2009年牛出栏39头,猪出栏12435头,羊出栏1353只。蛋类总产量789吨,牛奶总产量1795.3吨。

【工业经济】 2009年,全区规模以上工业企业总产值51.34亿元,比上年增长1.6%,其中国有企业完成13.39亿元,增长4.9%;集体企业完成4960万元,增长8.2%;外资及港澳台企业完成7330万元,增长22.43%。完成利税39787万元,实现利润24106万元。规模以上企业44个,职工24531人。

【社会事业】 2009年全县普通高中2所,高级职业学校1所,初中4所,小学30所,幼儿园1所。全区有文化馆、博物馆、图书馆、剧团、剧院、体育场所共17处。老干部活动室12处。有医院4家,床位400张,医生254人。全年城镇待业1465人,全年最低生活保障金发放人数5341人,全区有4847人职工参加失业保险。城镇居民人均可支配收入15494.35元。农民人均收入6177元。百户拥有电话100部、电视机100台。

【首家小额贷款公司成立】 7月17日,长治地区首家小额贷款有限公司——长治市城区融海小额贷款有限公司正式成立。市领导张保等出席开业仪式。 (李书平 赵 燕)

·郊 区·

中共区委书记	孙宏波
区人大常委会主任	陈世和
区 长	张治云
区政协主席	崔子庆

【概述】 长治市郊区位于北纬36°07′~36°26′,东经112°59′~113°12′。全区总面积290.83平方千米,辖1乡5镇2个办事处122个行政村。土地面积2.85万公顷,耕地1.08万公顷。矿藏5种。主要河流5条,其中浊漳河最长,境内全长35千米。旅游景点14个。2009年末全区总人口30.3万人,8.99万户。男性人口15.47万人,男女性别比(女性=100)为105.9。全年人口出生率10.88‰,上升0.28‰,自然增长率5.34‰,人口密度每平方千米1064人。少数民族17人,共856人。

2009年全区生产总值114.23亿元,比上年增长13.0%。财政收入19.27亿元,下降13.0%;一般预算支出5.40亿元。各项贷款余额35.50亿元。全区社会消费品零售总额21.31亿元,增长24.10%。第三产业总产值25亿元,增长8%,占全区生产总值的22%。旅游业全年接待国内客人35万人次,年收入1206万元。

【农业经济】 2009年农业总产值3.01亿元。农作物总面积9600公顷,粮食作物面积8800公顷。粮食平均亩产240.9吨。经济作物面积1.33公顷。蔬菜瓜类总产量5100万千克。果园面积458.23公顷,总产量1479吨。全年造林40.02公顷。全年牛出栏2400头,猪出栏49300头,羊出栏18500只;肉类总产量8100吨,蛋类总产量6800吨,牛奶总产量7700吨。

【工业经济】 2009年,全区规模以上工业企业总产值289.53亿元,其中国有企业完成127.31亿元;集体企业完成2.31亿元;股份有限公司企业完成60.35亿元;外资及港澳台企业完成1.05亿元;其他经济类型企业完成6.37亿元。完成利税20万元,实现利润11.1万元。截至2009年底,全区规模以上企业41个。

【项目建设】 2009年基本建设投资53.39亿元,比上年增长70.98%。全区资质以上建筑企业10家。完成建筑业总产值2.16亿元,增长18.26%,实现利税1933万元,增长96.48%。全年房屋施工面积32.3万平方米,减少22.2万平方米。新上、续建各类项目55个,其中:投资10亿元以上项目5个,3亿元~10亿元项目1个,1亿元~3亿元项目7个,5000万元~1亿元项目11个,1000万元~5000万元项目22个,1000万元以下项目9个。已竣工或投产的项目16个。

【人民生活和社会事业】 2009年居民存款余额41.65亿元。城镇居民人均可支配收入17437元。农民人均收入6927元。全区人均住房面积36.70平方米。百户拥有电话99部、电视机99.9台。全年最低生活保障金发放人数9073人,比上年增加28.37%。全区有2407人参加失业保险,有8598人参加基本医疗保险。积极构建新型农村合作医疗体系,全区参合率94%。

2009年全区普通高中学1所,高级职业学校3所,中等专业学校1所,初中7所,小学71所,幼儿园38所。有教职工2909名。适龄儿童入学率100%。全年投入94万元,对义务教育阶段的学生免除教科书和作业本费,实现义务教育零收费;投入20万元,为全区中小学生及幼儿购买校园意外伤害事故校方责任保险。创新科技特派员服务体系,实施“三电合一”科技信息村村通工程。全年全区共申请各项专利53项,举办各类科技培训班60余次,培训农民10000余人。截至2009年底,共培育发展农业龙头企业36个,农民专业经济合作组织164家,农产品专业市场4个,带动农户20000余户。全区有文化馆、博物馆、图书馆、剧团、体育活动场所123处。儿童乐园38处,老干部活动室6外。有医院、卫生院27家,床位1311张,医生661人。

【生态环保】 2009年全区共投入6700余万元,栽植各类树木154万余株,完成园林村庄绿化43个,厂矿企业绿化44个,完善农田林网2001公顷。全国绿化现场会园林示范村参观点—下秦村银杏、白皮松、雪松、樱花等60余种乔灌木绿化面积7.5万平方米,绿化率57%;全区林木覆盖率提高2%。全年环境保护总支出1601万元。2009年1月~11月,全区规模以上工业企业综合能耗为484万吨标准煤,占计划的90%,万元增加值综合能耗为6.6万标准煤,同比下降4%。全区二氧化硫、化学需氧量排放量均控制在市控指标范围内,大气环境质量二级以上天数318天,同比增加70天。全年共拆除各类违章建筑70余处、2万多平方米,完成路面硬化50万平方米，清理各类垃圾12.23万吨，店面门前硬化49万平方米，广告牌匾统一更新4000余块。

（姜玉罡）

·长治县·

中共县委书记	常光明*
	裴少飞（副书记主持工作）
县人大常委会主任	任文琳
县长	裴少飞
县政协主席	傅永祥

【概述】 长治县位于北纬35°51′~36°10′，东经112°57′~113°11′。全县总面积483平方千米，辖6乡镇254个行政村。土地面积2.88万公顷，耕地2.5万公顷。矿藏15种。主要河流2条，其中陶清河最长，境内全长27千米。旅游景点30个。2009年末全县总人口33.83万人，8.6万户。男性人口16.92万人，男女性别比（女性=100）为100。人口出生率10.82‰，自然增长率4.21‰。人口密度每平方公里700人。

2009年全县生产总值79.03亿元，比上年增长11.1%。财政收入24.14亿元，增长33.49%；财政支出9.0476亿元，增长12.6%。各项存款余额93.919亿元，贷款余额19.733亿元。社会固定资产投资33.44亿元，比上年增长51.2%。全县社会消费品零售总额14.73亿元，比上年增长21.8%。居民消费总水平上升。

【农业经济】 2009年全县农业增加值2.86亿元，比上年下降9.8%。粮食作物面积2.012万公顷，增长0.4%，粮食总产量8460万千克，下降40.1%，平均亩产280千克。经济作物面积1600公顷。蔬菜瓜果类总产量7300万千克。果园面积1778公顷，总产量200万千克。2009年造林200公顷，经济林66.7公顷。2009年牛出栏413头，猪出栏13.55万头，羊出栏1.5万只。肉类总产量1.1万吨，蛋类总产量7900吨，牛奶总产量1500吨。

【工业经济】 全年工业总产值92.34亿元，同比增长15.7%，其中规模以上工业企业总产值87.62亿元，增长19.04%。全部工业增加值46.41亿元，增长13.2%。工业增加值占国内生产总值的56.9%。规模以上工业增加值44.998亿元，增长15.25%。

【交通　邮电】 2009年货运量251万吨，比上年下降36.8%；客运量201万人，增长22.56%。邮电：邮电通信业实现增加值1.45亿元，增长4.1%。其中，邮政业务总量960万元，增长15.57%。全县固定电话用户25657部，与上年基本持平，其中联通21846户，铁通3811户，电信300户。全县拥有移动电话用户168567户，其中联通公司39617户，移动公司120650户，北方电信8300户。年末，移动电话普及率49.8部/百人。

（付小波　武俊英）

·襄垣县·

中共县委书记	张红星
县人大常委会主任	刘春雷
县长	冯俊义
县政协主席	杨飞华

【概述】 襄垣县位于北纬36°23′~36°44′，东经112°42′~113°14′。全县总面积1160平方千米，辖3乡8镇323个行政村8个居委会。土地面积11.6万公顷，耕地3.8569万公顷。矿藏30余种。主要河流4条，其中浊漳河最大，境内全长31.38千米。旅游景点3个，水库14座，其中后湾水库为全县最大，总库容量13030万立方米。2009年末全县总人口26.196万人，7.7292万户。男性人口14.1023万人，男女性别比（女性=100人）为116.61。全年人口出生率8.6‰，上升0.21‰，自然增长率3.2‰，提高0.54‰。人口密度每平方公里225人。

2009年全县实现生产总值144.6605亿元，比上年增长8.1%；全年全县财政收入26.6291亿元，比上年增长26.8%，增收5.6222亿元，支出11.568亿元，增长1.41%。各项贷款余额54.1536亿元。全县社会消费品零售总额13.6296亿元，比上年增长21.1%。居民消费总水平上升1.5%。旅游业全年接待国内客人6.2万人次，年收入2000万元。

【农业经济】 2009年全县农业总产值6.4611亿元，比上年下降8.87%。粮食种植面积3.3062万公顷，增长1.79%，粮食总产量14383.9万千克，下降16.2%。油料播种面积812公顷，总产量为147.6万千克，蔬菜播种面积1219公顷，总产量为7997.2万千克。建成以蔬菜大棚为主的农业科技示范园区27个。全年造林2347公顷，林业产值879万元。全年牛存栏9326头，猪存栏51342头，羊存栏30952只。肉类总产量6495.4吨，蛋类总产量3146吨，牛奶总产量1067.5吨。新建和扩建规模化猪场7个。

【工业经济】 2009年全县规模以上工业企业总产值218.7649亿元，完成增加值114.6237亿元，比上年增长5.16%，其中国有企业完成9.66554亿元，下降4.41%；集体企业完成6.78789亿元，增长17.58%；股份合作企业完成4.6994亿元，增长23.43%；股份制企业完成89.67635亿元，增长5.32%；其他经济类型企业完成3.79453亿元，下降13.66%。实现利税49.62153亿元，实现利润28.00975亿元。

【建设环保】 2009年固定资产投资75.3637亿元，比上年增长75.18%。全年固定资产投资施工开工项目112个，当年投产项目70个。全县资质以上建筑企业3家，完成建筑业总产值1.1391亿元，实现利税822万元，其中利润总额570万元。

【交通　邮电】 2009年全县公路通车总里程1018千米。民用车辆拥有量30524辆，其中个人轿车拥有量为2598辆。邮电：邮电业务总量1.38699亿元，增长13.3%。其中，邮政业务总量2018.5万元，电信业务总量1.18514亿元。年末互联网用户16956户。移动电话用户15.1642万户，固定电话用户3.1694万户，无线市话（小灵通）用户2792户。

【科教文体卫】 2009年全县申报国家自主创新产品1项,省级科技项目13项,市级15项,组织省级科技成果评价1项。万亩优质仁用杏修剪新技术示范与推广等3项获得市级科技进步奖。有中小学校115所,其中,普通高中1所,职业高中1所,十二年一贯制1所(民办),九年一贯制3所(其中民办2所),初中12所,小学97所(其中,完小70所,四年制8所,三年制19所),教学点53个。中小学在岗教职工3027人,适龄儿童入学率100%,办学覆盖率100%。全县图书馆馆藏图书8.6万册,全年共放映电影50余部,达300余场,举办歌舞戏曲晚会20次。全县完成体育赛事18次,赴省市参赛13项,向省、市运动队输送27名优秀体育后备人才,代表长治市参加省运动会获得第一名的计4次。有医院27家(含潞矿、五阳矿),床位1057张,医生503人。

【社会生活】 2009年全年最低生活保障金发放人数11173人。全县有5314名职工参加失业保险,11051人参加城镇基本养老保险,17923名职工参加基本医疗保险。全县拥有各类敬老院11家,床位390张,收养141人。2009年居民存款余额72.65亿元。实现社会商业保费收入21406万元,赔款支出3049万元。城镇居民人均可支配收入15544元。农民人均收入6148元。年末全县城镇居民人均住房使用面积31.5平方米,农村居民人均住房面积41.37平方米。

【获"全国文明县城"称号】 1月20日,在全国精神文明建设工作表彰会上,襄垣县被中央文明委授予"全国文明县城"荣誉称号。

【元代棺床保护项目通过验收】 2月28日,由国家文物局组成的专家组就襄垣县元代棺床保护项目进行验收。该元代棺床于1988年在襄垣县古韩镇王家庄村出土,为长方形状,上部设栏杆,下部呈束腰膈扇形卯榫结构,全长1.96米,高0.5米,宽1.05米,棺床之上有床廊覆盖,属国家一级文物。经过专家组认真评审,元代棺床保护项目顺利通过验收。

【获"中国绿色名县"称号】 3月29日,中华环保联合会、中国城市科学研究会、中国农业生态环境保护协会、中国社会科学院数量经济与技术经济研究所联合授予襄垣县"中国绿色名县"称号。

【连战到襄垣寻根祭祖】 4月6日,中国国民党荣誉主席连战和夫人连方瑀,中国国民党副主席林丰正及参访团一行,在海峡两岸关系协会副会长王在希,省委副书记、省政协主席薛延忠陪同下,到襄垣县古韩镇南丰沟村连氏宗祠,祭拜先祖。之后题词:洪维祖宗遗德,高据云天一隅。为襄垣县写下"源远流长"四个大字。

【《毛主席在陕北》获银奖】 5月,在第五届中国(深圳)国际文化产业博览交易会上,襄垣县龙星工艺绣品有限公司创作的《毛主席在陕北》获银奖,同时龙星公司与意大利GVF国际公司签订数额为1500万元的《刺绣工艺交易项目》。

【获"千年古县"称号】 8月11日,襄垣县被联合国地名专家组中国分部授予"千年古县"称号,正式列入中国地名遗产保护行列。 (万瑞星)

·屯留县·

中共县委书记	王辅刚
县人大常委会主任	王国志
县长	孙刘琳*
	黄福喜
县政协主席	倪建中

【概述】 屯留县位于北纬36°13′~6°30′,东经112°28′~113°03′。全县总面积1142平方千米,辖4乡7镇3个办事处,295个行政村。土地面积119092公顷,耕地46016公顷。矿藏8种。主要河流3条,其中绛河最长,境内全长81.2千米。旅游景点8个。2009年末全县总人口250948人。男女性别比(女性=100)为113。全年人口出生率9.47‰,上升0.05‰,自然增长率4.58‰,比上年提高0.24‰。人口密度每平方公里288人。少数民族16个,共72人。

2009年全县生产总值58.17亿元,比上年增长10.6%;财政收入10.8亿元,增长12.2%;总支出9.3亿元,增长30.8%。全县社会消费品零售总额8.4亿元,增长16.6%。旅游业全年接待国内客人3万人次,国际客人100人次,年收入1000万元。2009年全县第三产业增加值完成11.34亿元,比2006年增长85.8%,年均增长22.9%,第三产业已成为推动县域经济持续快速发展的重要力量。全县进出口总额突破913万美元。

【"三农"工作】 2009年全县农业总产值8.15亿元,比上年增长0.59%。农作物总面积3.6万公顷。粮食作物面积3.4万公顷,下降1.93%;粮食总产量210259吨,下降19%;平均亩产402千克。蔬菜瓜果类总产量9.39亿千克。全年造林2221.11公顷,经济林333.5公顷。全年牛出栏8000头,猪出栏13.6万头,羊出栏3.6万只。肉类总产量1.27万吨,蛋类总产量6300吨,牛奶产量2400吨。2009年全力推进19个农业产业化项目,总投资5.28亿元,争取中央、省、市资金5000万元,完成投资1.6亿元,有4个项目建成投产。共发放粮食补贴、玉米良种补贴和综合补贴2651.57万元;98.7%的村通了客车,顺利实现行政村"村村通"全覆盖;完成7个乡镇有线电视"村村通"光缆工程,解决农村4.03万人饮水安全问题,发展沼气户3000户,总数达到13050户;新建生态文明村50个,总数达到200个。完成道路街巷硬化118.5千米,发展便民连锁店398个,新增农业专业合作组织77个。

【工业经济】 2009年,全县规模以上工业企业总产值90.85亿元,比上年增长8.96%,其中国有企业完成23.34亿元,增长32.48%;集体企业完成1.11亿元,下降36.64%;股份制企业完成63.2亿元,增长8.35%;其他经济类型企业完成3.19亿元,下降35.6%;完成利税111386.5万元,实现利润55528.1万元。规模以上企业44个。

【项目建设】 2009年基本建设投资8.1亿元，重点建设项目有25个。全县资质以上建筑企业24家。全年房屋施工面积8000平方米。全年环境保护总投资28354万元。截至2009年底全县共确定各类经济社会项目100个，总投资632.43亿元。有30个项目竣工或投产。其中工业新型化项目27个，总投资达到555.7亿元，完成投资22.9亿元。农业产业化项目19个，总投资5.9亿元，到位资金3800多万元，完成投资1.37亿元，有4个项目竣工投产。城镇特色项目39个，总投资10.3亿元，有20余个项目竣工投入使用。社会项目15个，总投资3.53亿元，到位资金7600万元，完成1.1亿元，其中青少年活动中心健身广场项目完工。

【交通 邮电】 2009年全县公路通车总里程802.46千米，其中县乡公路338.12千米。年货运量847万吨，客运量1316万人次，客货运输总车辆2363辆，客运线路14条。邮电：邮政业务总量100万元，增长11.15%；电信业务总量200万元。全县市话交换机总容量5976门，本地电话用户3万户，增长5.6%，其中，市话用户4998户，乡村电话用户25014户。年末全县移动用户电话3.8万户，增长30%。

【科教文体卫】 2009年全县获11项科技成果。普通高中1所，高级职业学校1所，初中13所，小学149所。教职工2673名。适龄儿童入学率100%，高中入学率75%。全县文化馆、博物馆、图书馆、剧院、体育活动场所共5处，老干部活动室1处。

【社会生活】 2009年，全县7676名职工参加失业保险，1.3万名职工参加基本医疗保险。居民存款余额27.41亿元。全年支出救济金9630万元。城镇居民人均可支配收入12427.12元；农民人均收入6092元。全县人均住房面积44平方米。百户拥有电话57.2部，电视机120台。

【生态建设】 2009年共完成造林3401.7公顷，栽植苗木650万株，绿化荒山1767.55公顷，新建农田林网2001公顷，新植经济林667公顷，总投资1.62亿元。全县森林覆盖率28.3%，比2006年提高3.2%，年均提高1.1%。屯留县获中国绿色名县、山西省园林县城等荣誉。

【五大惠民工程】 (1)教育均衡工程。新增教育投入2200万元，为全县义务教育学校发放教师绩效工资4700万元，完成农村学校危房改造2.3万平方米，高考连续第11次名列全市各县区榜首，中考连续第10次名列全市各县区第一；投资7800万元的新职业中学完成主体工程；(2)医疗健康工程。投资1500万元对县乡医疗机构进行改造，11个乡镇17所卫生院全部达标，完成空白村卫生所建设47所，村甲级卫生所达到280所，新农合实现"全覆盖"，61682人享受到了补偿；(3)社会保障工程。投资1506万元新建改建6所县乡敬老院，失地农民养老保险、城镇居民医疗保险和农村养老保险试点工作全面启动；(4)创业就业工程。新增就业人数3000人，安置下岗人员500人，招聘农村中小学教师150名；转移农村劳动力2800人，全县就业总量突破4.5万人；城镇登记失业率控制在2.1%以内；(5)住房安居工程。发放廉租住房补贴60万元，解决城市低收入家庭住房困难540户。(王满英 段蓓蓓)

·平顺县·

中共县委书记	陈鹏飞
县人大常委会主任	苏和平
县长	唐立浩*
	吴小华
县政协主席	杨显斌

【概述】 平顺县位于北纬35°56′~36°27′，东经113°11′~113°44′。2009年全县生产总值12.9亿元，同比增长10.8%；固定资产投资9.26亿元，增长131.4%；规模以上工业增加值4.29亿元，增长14.71%；城镇居民人均可支配收入10703元，增长19.3%；农民人均纯收入2720元，增长5%。财政收入1.1198亿元；财政决算支出4.7亿元，比上年净增1.1亿元。

实施总投资32.12亿元的228项重点工程项目，其中60项重点工程项目，36项全面竣工并投入使用，16项重点工程项目正在强势推进，其余8项正在积极运作。全年各景区共接待游客55.05万人次，同比增长8.5%；旅游综合收入5589万元，增长32.6%。

【生态建设】 2009年投资8000余万元，完成荒山造林4669公顷，通道绿化补植补种完成305千米，县城绿化完成大苗栽植9000株，干果经济林完成667公顷，发展中药材等林下经济作物66.7公顷，建成园林村81个。生态环境进一步改善，综合污染指数下降7.8%，环境空气质量二级以上天数355天。

【社会事业】 教育事业优先发展，投资1.1亿元的县城一中、二中、机关幼儿园"两校一园"工程如期完工并投入使用，15所项目校建设和8所学校校舍危房改造项目全面完成。城乡医疗环境有效改善，县医院住院部投入使用，103个村级卫生室建设顺利完成；卫生系统人事制度改革圆满完成，新型农村合作医疗参合率91.59%，全年发放补偿金额1123.44万元。就业援助措施全面落实，新增就业岗位1310个，新开发公益性岗位138个，培训返乡农民工3000名。为8926户城乡低保户累计发放低保金1141万元，投资1200万元改扩建8所基层敬老院；人口和计生工作各项指标圆满完成，体育事业发展良好。全年各类民生资金共计投入2.12亿元。

2009年全县新认证国家级绿色有机农产品19个，发展养殖小区23个，规模养殖户117户，新建三个县级配送中心，西沟、振中民桥两个大型农贸市场建成并投入运营，发展乡村农家旅社318户，农家超市140个。投资2500多万元的彩票公益金项目全面完成，15个项目村的村容村貌焕然一新。公路建设实现新突破，全年新完工村通水泥(油)路全覆盖工程121.6千米，在全市率先完成了村通水泥路全覆盖工程，旅游公路覆盖所有景点，路网密度跃居全市第一。投资2.2亿元的阳高22万变电站建成并投入使用；投资600余万元的安全饮水工程，彻底解决了1.88万人，2000余头大牲畜饮水难问题。

【申纪兰当选感动中国人物】 9月10日，全国"100位为新中国成立作出突出贡献的英雄模范人物和100位新中国成立以来感动中国人物"全部产生，长治市人大常委会副主任、西沟村党总支副书记、西沟村金星经济合作社社长申纪兰当选100位新中国成立以来感动中国人物。

【获国际最具特色旅游胜地殊荣】 11月9~11日，全球旅游度假论坛在云南省迪庆藏族自治州州府香格里拉县天界神川大酒店隆重举行。平顺县旅游产业发展成效显著，旅游经济增长模式已从假日观光型向休闲度假型转变，被组委会评为"国际最具特色旅游胜地"。

【西沟展览馆获全国爱国主义教育示范基地称号】 5月21日，中宣部公布第四批全国爱国主义教育示范基地名单，西沟展览馆荣获第四批全国爱国主义教育示范基地称号。全省有3个教育基地获此荣誉。

【申纪兰获新中国成立以来最具影响的劳动模范称号】 9月10日，由中华全国总工会举办的"时代领跑者——新中国成立以来最具影响力的劳动模范"评选活动揭晓，老劳模申纪兰与王进喜、袁隆平等60名劳模成为新中国成立60年来最具影响的劳动模范。这是申兰当选100位新中国成立以来感动中国人物后获得的又一殊荣。 (王建斌)

·黎城县·

中共县委书记 崔建泰
县人大常委会主任 郭俊芳
县长 郜双庆
县政协主席 路小玲

【概述】 黎城县位于北纬36°23′~36°53′，东经113°15′~113°35′。全县总面积1101平方千米，辖4乡5镇5个居委会，250个行政村。耕地1.92万公顷。矿藏22种。主要河流6条，其中浊漳河最长，境内全长39.6千米。旅游景点10个。2009年末全县总人口161651人。男性83886人，男女性别比(女性=100)为107.87。全年人口出生率11.21‰，比上年上升0.55‰，自然增长率4.22‰；人口密度每平方千米146.8人。少数民族9个，共30人。

2009年全县生产总值19.5亿元，比上年增长10.8%。财政收入3.04亿元，财政支出4.65亿元，增长17.9%,。各项贷款余额8.95亿元。

【农业经济】 2009年全县农业总产值1.46亿元，比上年降低33%。农作物总面积1.74万公顷。粮食作物面积1.7万公顷，比上年降低2.9%，粮食总产量5.04万吨，下降29.7%，平均亩产197.2千克。经济作物面积1703公顷。蔬菜瓜果类总产量12098吨。果园面积554公顷，总产量6577吨。全年林业总产值1.03亿元，增长6.7%。造林3000公顷，增长55.6%。新增经济林667公顷，增长66.7%。全年牧业总产值8300万元，增长17%。牛存栏6006头，猪存栏39284头，羊存栏50880只，兔存栏7635只。肉类总产量3696吨，蛋类总产量1718吨，牛奶总产量548吨。渔业总产值130万元，增长67.1%。

【工业经济】 2009年规模以上工业企业总产值28.63亿元，比上年增长0.9%，其中集体企业完成1600万元，下降27%；股份企业完成7.96亿元，增长24.1%；外资及港澳台企业完成1600万元，增长34.6%。完成利税3405.9万元。规模以上企业12个，职工8400人。

【建设环保】 2009年基本建设投资12.25亿元，比上年增长78.7%。重点建设项目28个。全县资质以上建筑企业1家，完成建筑业总产值390万元，下降27.3%。全年房屋建筑竣工面积5500平方米。全年环境保护总投资600万元，下降41.4%，占同期全县生产总值的0.3%。全县建成区面积4.4平方公里，县城绿地率34.48%，人均公共绿地32.23平方米。

【交通 邮电】 2009年全县公路通车总里程1012千米，其中县乡公路383千米。全县民用车拥有量达16934辆，有营运公交汽车15辆，出租汽车70辆。邮电：全年邮电业务总量6300万元，其中邮政业务总量1100万元，电信业务总量5200万元。全县市话交换机总容量5084门，农话交换机总容量18144门。年末本地电话用户1.98万户，增长4.2%；移动电话用户8.12万户，增长88.7%。

【商业 旅游】 2009年全县社会消费品零售总额7亿元，比上年增长22.5%。市场面积63万平方米。商业从业人员1.36万人，销售收入8.96亿元。2009年全县进出口总额突破110万美元，批准进出口经营企业3个。派出国外考察1人，接待外商36人次。旅游业全年接待国内客人52.95万人次，年收入1246万元，增长566.42万元。

【科教文体卫】 2009年全县4项科技成果获奖。科技人员3400人。全县普通高中1所，高级职业学校1所，中等专业学校2所，初中13所，小学141所，幼儿园24所(其中县直幼儿园2所)，特殊教育学校1所，民办高中1所，民办幼儿园3所。教职工1645名。适龄儿童入学率100%，高中入学率75%。文化馆、博物馆、图书馆、剧团、剧院、体育活动场所26处。儿童乐园3处，老干部活动室2处12室。有医疗卫生机构50处，其中医院20家，床位541张，卫技人员584人，其中：医生258人，注册护士126人，药剂人员57人。乡镇卫生院病床位253张，卫技人员184人。

【社会生活】 2009年城镇最低生活保障金发放人数3094人，446万元。

农村最低生活保障金发放人数9430人,634万元。全县9165名职工参加失业保险;13521人参加基本医疗保险;14.6万人参加合作医疗,参合率90.5%;企业养老保险参保人数4331名;机关养老保险参保人数1200名。城镇失业率为3.93%,比上年上升0.03%。农村养老保险参保人数13961人,增加373人。2009年各项储蓄存款余额27.2亿元。社会商业保费收入5308.1万元,赔款支出1007.8万元。城镇居民人均可支配收入8880.5元,增长6.0%。农民人均收入4126元,增长3.7%。城镇居民人均住房面积31.1平方米,农村居民人均住房26平方米。百户拥有电话90部、电视机105台。 （王利芳 张丽丽）

·壶关县·

中共县委书记	关小平*
	李全心(副书记主持县委工作)
县人大常委会主任	张占雄
县长	马朝中*
	段树新(副书记主持县政府工作)
县政协主席	李彦忠

【概述】 壶关县位于北纬35°50′~36°12′,东经113°10′~113°40′。全县总面积1005.89平方千米。辖7乡5镇1个开发区390个行政村。矿藏8种。主要河流5条,其中淅河最大。年末全县耕地保有量2.76万公顷,增加耕地面积5083公顷。太行山大峡谷景区面积225平方千米。2009年末全县总人口291672人,男性人口146198,男女性别比(女性=100)为100.5。人口出生率10.98‰,死亡率5.6‰。城镇人口比重18.16%,比上年提高0.82%。2009年全县生产总值241772万元,比上年增长8.2%。人均生产总值8227元（按年末美元汇率折算为1205美元),增长8.8%。财政总收入26047万元,下降42.4%;其中国税收入13349万元,下降56%;地税收入9001万元,下降18.2%;财政收入3697万元,下降4.3%;一般预算收入9492万元,下降27.1%。一般预算支出64787万元,增长17.9%。全县金融机构各项贷款余额188218万元,比年初增长33.2%;各项存款余额357636万元,比年初增长17.2%,其中居民储蓄存款255792万元,增长11.9%。居民消费价格比上年上涨4.5%,其中食品类价格上涨11.7%。年末全县社会消费品零售总额87663万元,增长17.5%。2009年接待国内外游客63万人次,增长8.6%;门票收入950万元,增长8.8%;旅游社会收入1.2亿元,增长20%。

【农业经济】 2009年粮食种植面积1.624万公顷,比上年增长0.2%;油料种植面积64公顷,减少62.4%;蔬菜种植面积400公顷,减少9.1%。全年粮食产量44181.8吨,同比下降48%;其中夏粮842.1吨,下降4.6%;秋粮43339.56吨,下降49%。油料产量52.4吨;蔬菜产量8488.3吨,下降20.6%。肉类总产量7438吨,下降1.7%,其中猪牛羊肉产量6915.8吨,增长1.3%。禽蛋产量322.8吨,下降99.1%;奶产量353.8吨,下降53.2%。

全年农林牧渔业总产值32034.3万元,下降4.9%。其中,农业总产值10151.5万元,下降29.8%;林业总产值5470.8万元,增长52.4%;牧业总产值15866万元,增长32.4%,农林牧渔服务业总产值540万元,增长3.6%。

本年度检查验收合格造林面积2654公顷,其中退耕还林面积467公顷,人工造林面积1654公顷,义务植树70万株;全县绿化面积达到68701公顷,森林覆盖率达到50.6%。

【工业经济】 2009年规模以上工业增加值131570万元,比上年增长15.8%;规模以上工业总产值512216万元,增长2.5%;规模以上工业销售产值468691万元,下降3%;规模以上工业企业主营业务收入460091万元,下降4.8%;产品销售率91.5%。主要工业产品产量中,原煤下降47.1%,生铁增长113.9%,焦炭下降28.9%,钢材增长97.6%。

【建设环保】 2009年全社会固定资产投资102683万元,比上年增长38.9%。其中,城镇投资74179万元,增长20.8%。建筑安装工程投资60956万元,增长62.7%。教育投资增长138.4%。全年房地产开发投资2256万元,下降33.6%,其中住宅投资1740万元,下降45.1%。全年全社会建筑业增加值3280万元,增长14.5%。建筑业企业实现利润514万元,增长90.4%。

全年投资7000万元完成县城集中供热二期工程,新增供热规模40万平方米,供热总规模120万平方米,供热用户9000余户,县城受热覆盖面积80%以上。总投资700余万元完成古城路延伸改造工程,全线总长900米。日均处理生活污水4000平方米,城市污水处理率80%以上,城市生活垃圾无害化处理率100%,COD去除率92%以上。全年全县空气质量二级以上天数330天。安全生产全县万元GDP生产安全事故死亡人数为0.9人,下降25%。

【交通 邮电】 2009年完成县道四赵线改造,里程达19.6千米,完成20条乡村公路改造,新修村村通水泥路20个村24.5千米。

2009年邮政业务总量1296万元,比上年增长33.6%;年末固定电话用户33000户,其中,城市电话用户9700户,农村电话用户23300户;全县互联网用户累计6796户。

【科教文体卫】 2009年科技培训人员31690人次,共受理各项专利申请16件,申报各级各类项目18项,科技进步奖2项,农村技术集团承包项目3项,省、市级科技成果鉴定2项。全县有普通中学25所,小学251所;普通中学专任教师数1496人,小学专任教师数1641人;学龄儿童入学率100%,初中升学率99.2%,高中升学率46.8%。新建乡镇综合文化站2所,村级文化活动室120个,96个农家书屋。举办秧歌、书画等各类比赛活动20多次,完成了八集电视戏曲剧《酸枣》拍摄工作。全县公共图书馆图书总藏量9万册。有线电视新增2070户,数字电视用户达到3600户。有县级体育馆2个,建设村级体育场所134个。2009年末全县共有医院、卫生院15个,妇幼保健机构1个,疾病预防控制中心(防疫站)1个。医院卫生院病床位544张。医院卫生院技术人员518人,其中医生283人。全县有医疗点的村占总村数的比重达到100%,全县新型农村合作医疗人数达到227189人。

【社会生活】 2009年农村居民人均纯收入2328元,比上年增长1.3%;城镇居民人均可支配收入10499元,增长14.7%;全县在岗职工平均工资18089元,增长13.8%。全县城镇居民人均住宅建筑面积25.7平方米,农村居民人均住宅面积26.3平方米。

2009年末城镇参加基本养老保险职工8118人,参加基本医疗保险职工人数14832人。参加失业保险职工人数5800人;城镇登记失业率3.88%,城镇基本社会保障覆盖率83.53%;农村五保供养数1819人,共发放五保补助327.4万元;参加农村社会养老保险数16398人。各类收养性社会福利单位31个,床位829张。全年城镇最低生活保障人数3444人,补助565万元;农村居民最低生活保障人数17906人,补助826万元。

年末全县拥有民用汽车15365辆,比上年末增长79.6%,其中私人汽车拥有量14513辆,增长81.1%。

【六大惠民工程】 2009年壶关县委、县政府实施六大民生工程40多项惠民措施,总投资1.23亿元。(1)劳有所得。干部职工津贴补助每月增加50元;干部职工取暖费每人增加100元;农村现任支书、主任工资待遇每年增加500元。(2)老有所养。建国前农村的老党员每年增发生活补助120元,70岁以上的国家、省、市劳模分别发放生活补助1400元、900元、300元,70岁以上的老艺人每年补助180元,80岁以上的老寿星每年补助300元,工作20年以上的农村离任老支书(主任)每年补助500元,企业事业单位离休人员参照公务员标准发放生活津贴。(3)学有所教。全县农村义务教育贫困生寄宿补助118万元,为农村中小学生提供办学补助1106万元,农村中小学生取暖补助140万元,职业高中学生每年补助1500元,高中阶段贫困学生每年学费补助800元,发放贫困大学生救助资金35万元。(4)病有所医。城镇居民和国有困难企业职工基本医疗保险参保率80%以上;为农村城镇特困居民实施医疗救助。(5)住有所居。为特困住户发放廉租房补助资金。(6)困有所帮。为全县1819名农村五保户每人发放生活补助2000元,3455名城市低保对象每人发放生活补助2160元,10800名农村低保对象每年发放生活补助792元,1318名农村计划生育户发放奖励扶助157万元。发放农资综合直补资金846万元,退耕还林资金657万元;雪灾救灾补助100余万元。

【第三届国际攀岩精英赛】 8月29~30日,长治壶关太行山大峡谷第三届国际攀岩精英赛隆重举行。中国、澳大利亚、巴西、韩国、马来西亚、俄罗斯、加拿大、英国等23个国家和地区的44名攀岩运动员参加比赛。国际攀岩精英赛的举办,有利于壶关县进一步做大旅游产业、实现转型发展,进一步加深世界各国对长治、壶关的了解。

【获"中国优秀生态旅游县"称号】 12月18日,在北京召开的第三届中国旅游论坛上,壶关县被授予中国优秀生态旅游县荣誉称号。中国旅游论坛由国家旅游局、中国民族贸易促进会、中华海峡两岸文化观光产业发展协会等单位主办,被誉为中国旅游经济的"达沃斯"会议。2009年壶关县太行山大峡谷旅游区接待游客60万人次,门票收入1000万元,旅游社会总收入1.4亿元。

【文化大院荣膺全国群文品牌】 在浙江省台州市三门县召开的全国首届"群文品牌"创建论坛暨展示活动会议上,壶关县文化大院荣膺全国群文品牌。全国"群文品牌"创建活动由文化部指导,中国群众文化学会、中国文化报社主办的。"文化大院"是壶关县特色文化发展的一个标志和符号。在此次全国首届群文品牌论坛会上,壶关县作为山西省惟一一家代表做了经验交流。 (王林茂)

·长子县·

中共县委书记	张　圣
县人大常委会主任	花俊富
县　　长	冯俊义*
	卢展明
县政协主席	杨旭根

【概述】 长子县位于北纬35°50′~36°16′,东经112°29′~113°。全县总面积1029平方千米,辖5乡7镇2个办事处399个行政村,全县土地面积约5.4万公顷,耕地面积4.1万公顷。域内主要矿藏12种。主要河流6条,其中浊漳河最长,境内全长42千米。旅游景点12个。2009年末全县总人口35.39万人,9.18万户。男性17.96万人,男女性别比(女性=100)约为103。全年出生5830人,人口出生率16.50‰,自然增长率7‰,同比上升3‰。人口密度每平方千米344人。少数民族16个,共614人。

2009年全县生产总值43.09亿元,同比增长10.4%。三次产业比例由上年的21.9:46.4:31.7调整为16.5:50.8:32.7。人均GDP12223元,增长10.7%。人均服务业增加值3991元,增长9.6%。财政收入80003万元,增长13.94%,财政支出7.40亿元,同比增长22.37%。各项贷款余额18.73亿元,增长12.22%,其中农业贷款7.4亿元。

【农业经济】 2009年全县农业总产值11.86亿元,同比减少6.98%。其中:农业产值87313.2万元;林业产值1637.3万元;牧业产值28209.5万元;渔业产值311.8万元;农林牧渔服务业产值1130万元。蔬菜、畜牧业产值占农林牧渔业总产值的65.5%。全县农作物播种总面积3.63万公顷,其中粮食作物面积3.01万公顷。粮食总产量约2亿千克。经济作物面积8000公顷。蔬菜瓜果类总产量3.19亿千克。移动大棚287.54公顷,日光温室大棚72.56公顷。果园面积1100公顷,总产量500万千克。2009年,全县烤烟种植面积586.96公顷,烟叶收购量1.29万担，烟农人均收入4550元。2009年，全县共栽植各类乔灌木100余种600余万株，新增绿化面积2401.2公顷，完成太行山绿化工程667公顷，退耕还林、荒山造林520.26公顷，交通沿线、荒山绿化工程133.4多公顷，拓宽50米环城林带，新建农田林网2001公顷和园林村庄77个。2009年牛存栏2000头、出栏1300头，猪存栏9.28万头、出栏18.78万头，羊存栏4.94万只、出栏3万只，家禽存栏353.68万只、出栏214.96万只。肉类总产量1.86万吨，蛋类总产量2.18万吨，牛奶总产量200吨。全县农用化肥施用量（折纯）1.81万吨，地膜使用量661.8吨，农业机械总动力15.6万千瓦特，配套农机具达到2095台(件)。全年农村用电量5988.5万千瓦时。农用柴油使用量1767吨，农药使用量329吨。

【工业经济】 2009年，全县工业总产值41.31亿元，同比增加18%，其中规模以上工业企业增加值20.74亿元，增长15.1%。规模以上企业30个，职工8200人。全年生产原煤815.65万吨，增长7.48%；生产化肥16.19万吨，增长13.77%。

【建设环保】 2009年，全县社会固定资产投资35.91亿元，同比增长36%。重点项目建设33个，其中新开工项目25个。全县资质以上建筑企业9家，完成建筑业总产值3.59亿元，增长12.19%，实现利税152.5万元。全年房屋施工面积43.49万平方米，同比增加63.08%，年末竣工房屋面积23.58万平方米。2009年，城市污水处理工程项目总投资5800万元，日处理污水4000吨，服务人口6万人。县城集中供气项目总投资1442万元，日集中供气4000立方米，城区供气管网12.3千米。年底完成市政工程建设项目10项。城区主街干道排水管网清淤量1000立方米。全年铺装人行道砖40000平方米。全年完成城市绿化面积156.21公顷。

【交通 邮电】 2009年全县公路通车总里程998千米，其中县乡公路602千米。全年全社会货运周转量33105万吨千米，同比增长21.65%；客运周转量10787万人千米，增长68.31%；客货运输车辆总数达1400辆，客运线路25条。邮电：邮电业务总量10832万元。其中邮政业务总量1453万元，增长18.61%；电信业务总量9379万元。全县固定电话用户40007户，移动电话用户11.40万户，国际互联网用户9189户。全县全年用电总量48415万千瓦时，其中，工业用电量36956万千瓦时。

【商业 旅游】 2009年全县社会消费品零售总额8.80亿元，同比增长21.62%，其中：批发业完成912.5万元；零售业完成76332.2万元；住餐业完成9058.8万元；其他行业完成1734万元。居民消费总水平上升15.8%。市场面积3.32万平方米。商业从业人员1.80万人，完成销售收入8.06亿元。旅游业全年接待国内外客人6.83万人次，年收入18.6万元。

【科教文体卫】 2009年全县获1项科技进步奖，有8项专利被国家授予知识产权。科技人员5200人。普通高中4所，高级职业学校1所，中等专业学校1所，初中30所，小学134所，幼儿园49所，教职工3865名，适龄儿童入学率100%，高中入学率43%。全县文化馆、博物馆、图书馆、剧团、剧院、体育活动场所共38处。儿童乐园18处，老干部活动室9处。有医院28家，床位630张，各类卫生技术人员1462人，其中医生665人。

【社会生活】 2009年城镇待业330人，全年最低生活保障金发放人数2991人。全县有9300职工参加失业保险，有24400职工参加基本医疗保险，有8800人参加基本养老保险。2009年，金融机构各项存款余额48.88亿元，增长76.12%，其中：居民储蓄存款余额30.75亿元。新型农村合作医疗参合人数295148人，参合率96%以上；15000人参加农村养老保险。全县农村低保4100户7900人；城市低保2287户4550人。全年支出救济金8万元，同比增加2万元。实现社会商业保费收入6543万元，赔款支出999万元。城镇居民人均可支配收入11662元，增长16%。农民人均纯收入5680元，增长10.7%。全县人均住房面积27.4平方米。2009年，全县12个乡镇380个行政村架通光缆主干网，用户终端844户。每百户拥有电话65部、电视机94台。

【获“中国绿色名县”称号】 5月，中国绿色名县推介委员会通过了中国绿色名县评审，长子县被授予“中国绿色名县”荣誉称号。此次“中国绿色名县”评选活动由中华环保联合会、中国城市科学研究会、中国农业生态环境保护协会、中国社会科学院数量经济与技术经济研究所联合主办。

2009年万元GDP能耗同比降低36.6%。全年二级以上天数363天，空气质量综合污染指数首次达到国家二级标准，在全省119个县(市)区中排名第三。

【跻身“中国果菜无公害十强县”】 11月8~11日，在海南省三亚市举办的“第七届中国果菜产业发展论坛暨果菜经验交流会”上，长子县被命名为“中国果菜无公害十强县”，山西省仅此一家，这是长子县继1998年被评为“中国青椒之乡”后再次获得的一项殊荣，标志着长子县传统优势果菜产业得到进一步提升。2009年底，全县蔬菜发展到3468.4公顷，总产量4.72亿千克，仅此一项农民年均增收960元。

【雪灾损失】 11月10~12日，全县境内出现罕见的暴雪天气，仅11日降水量达33.2厘米。积雪厚度28厘米，创长子县气象历史的极值。此次暴雪速度之快，时间之长，面积之广，在长子气象史上绝无仅有，也造成了一定的灾情。全县损坏日光大棚1405座，移动蔬菜大棚240座，韭菜弓棚317座；死亡牛14头，猪12头，羊225只。厂房及物品损失：长子县方兴现代农业高效生态示范园防虫网棚1座；双龙食品有限公司的原料库1座、成品库1座、商品鸭棚1座。全县损失约2417万元。 （王卫星）

·武乡县·

中共县委书记 周 涛
县人大常委会主任 袁俊山
县　　　　长 周 涛* 阎新平
县政协主席 王建华

【概述】 武乡县位于北纬36°39′~37°08′，东经112°26′~113°22′。全县总面积1610平方千米，辖9乡5镇1个农业开发区，377个行政村、942个自然村。总人口21万人，其中农业人口18.5万人，人口自然增长率2.8‰。耕地面积35333公顷。

2009年，全县地区生产总值33.3亿元，同比增长8.1%；财政收入8.9亿元，增长5.4%；固定资产投资18.6亿元，增长30%；规模以上工业增加值19.5亿元，增长6.1%；社会消费品零售总额6.9亿元，增长25%；城镇居民人均可支配收入1.07万元，增长16%；农民人均纯收入2828元，增长6%；万元生产总值综合能耗下降15%。

【农业经济】 县财政筹资1500万元鼓励扶持十大园区、十大龙头企业、十大农民专业合作社"三个十"工程建设。特色种植园区蔬菜、核桃、药材等种植面积1133.9公顷，建设日光大棚、生贵式大棚240座，牧养鸡67万只，肉鸡出栏58万只。全县培育具有一定规模的标准化种植园区10个，发展规模以上农业龙头企业15个，实现销售收入1.2亿元，农民专业合作社350家。

【工业经济】 2009年，全县煤炭产量440.7万吨；泰昌焦化公司二期30万吨焦炉建设项目正式运营，昌靖汇功日产3000吨水泥熟料及6兆瓦纯低温余热发电项目成功签约并全面启动；全面推进工业园区建设，五矿盛盈合轻量化设计与镁开发项目完成投资1.18亿元；马堡煤矿煤矸石制砖项目全面投产，煤焦电镁四大支柱产业持续发展壮大，转型发展步伐加快。民营经济稳步发展，实现营业收入18亿元；民营企业达到199户，个体经营户达到2815户。

【第三产业】 全面实施八路军文化园、游击战纪念园、八路军文化长廊等文化产业重点工程。不断加大旅游景区景点开发力度，八路军太行纪念馆、太行龙洞跨入国家4A级景区行列。全年共接待游客75万人次，同比增长45%，实现旅游综合收入1.68亿元，增长39%。供销购物中心、120个集镇综合超市及乡村农家店实行连锁配送，有力地带动了休闲娱乐、餐饮住宿、商贸物流等第三产业蓬勃发展。

【项目建设】 抓住政策机遇，大力争取上级资金和政策支持，确定5大类105个工程项目，总投资120亿元，其中争取中央投资项目36个，资金1.2亿元。年内竣工重点项目60个，完成投资21.8亿元。

【城乡基础设施建设】 新建续建移民新村7个，移民搬迁232户800人；解决人畜饮水安全42个行政村、68个自然村；完成通达（通畅）工程34个村、86.9千米；村村通广播电视236个自然村2360户；榆洪线全面竣工，农村基础设施进一步改善。太长线县城过境段路基、桥涵工程完成，县城汽车客运站、县游泳馆投入使用，太行大酒店、体南物流中心等主体完成，集中供热三期工程如期供热，新增供热面积35万平方米，县城集中供热覆盖率85%；生态建设成效明显，完成通道绿化173千米，植树造林2668公顷。

【社会事业】 教育事业持续发展，投资1.5亿元的二十轨制高中、投资860万元的青少年活动中心、投资1100万元的职中学生公寓楼、投资830万元的中小学校舍安全工程等全面竣工，职中实训楼完成主体工程，义务教育阶段教师绩效工资全部落实，134名特岗教师充实到一线，为巩固提高"普九"成果和普及高中阶段教育奠定基础；公共卫生设施明显改善，中医院综合楼、妇幼保健院综合楼、154个村级卫生所等新改扩建工程相继完成，甲型H1N1流感、手足口病的传播得到有效防控，公共卫生服务能力不断增强。（魏春洲）

·沁　县·

中共县委书记 田志明
县人大常委会主任 杜汉如
县　　　　长 张 斌
县政协主席 王元英

【概述】 沁县位于北纬36°25′~36°57′，东经112°29′~112°53′。全县总面积1297平方千米，辖7乡6镇6个办事处306个行政村。土地面积13万公顷，耕地3.4万公顷。矿藏1种。主要河流12条，其中漳河最长，境内全长38.9千米。旅游景点6个。2009年末全县总人口17.23万人，5.55万户。男性人口9.09万人，男女性别比（女性=100）为107。全年人口出生率7.82‰，上升0.34‰，人口自然增长率2.58‰，比上年提高0.81‰，人口密度每平方千米133人。少数民族5个，共108人。

2009年全县实现生产总值9.47亿元，比上年增长8.1%。财政收入1.01亿元；财政支出4.31亿元，比上年增长14.47%。各项贷款余额8.9亿元。

【农业经济】 2009年全县农业总产值4.5亿元，比上年增长5.6%。农作物总面积2.55万公顷。粮食作物面积2.45万公顷，增长1.36%。粮食总产量1.3亿千克，增长1.24%，平均亩产361千克。经济作物面积1000公顷。蔬菜瓜类总产量1500万千克。果园面积4700公顷，总产量650万千克。全年造林2600公顷，增长1.04%。经济林3400公顷，增长2.6%。全年牛出栏21900头，猪出栏14400头，羊出栏30400只。肉类总产量4700吨，蛋类总产量1200吨，牛奶总产量250吨。

【工业经济】 2009年，全县规模以上工业企业总产值5400万元，比上年增长11.53%；其中国有企业完成2800万元，减少20.53%；股份合作企业完成7200万元，增长95.25%。规模以上企业5个，职工1200人。

【建设环保】 2009年基本建设投资11.45亿元,比上年增长41.19%。重点建设项目建设74个。全县资质以上建筑企业1家,完成建筑业总产值8000万元。全年房屋施工面积13.32万平方米,增加11.57万平方米。全年环境保护总投资230.7万元,增长56%。

【交通 邮电】 2009年全县公路通车总里程882千米,其中县乡公路417千米。年货运量636万吨,客运量1.68万人次;客货运输总车辆195辆,客运线路18条。邮电:邮电业务总量864万元,增长23.7%。全县市话交换机总容量2.9万门,农话交换机总容量1.97万门。本地电话用户2.8万户,移动电话用户4.5万户,新增用户8300户。

【商业 旅游】 2009年全县社会消费品零售总额5.37亿元,比上年增长29.84%。居民消费总水平下降0.1%。商业从业人员1.7万人,完成销售收入4.8亿元。旅游业全年接待国内客人2.3万人次,国际客人1万人,年收入120万元。

【科教文体卫】 2009年全县获8项科技成果。科技人员2500人。普通高中3所,高级职业学校1所,中等专业学校2所,初中13所,小学137所,幼儿园28所,教职工2146名。适龄儿童入率学率100%,高中入学率47%。全县有文化馆、博物馆、图书馆、剧团、剧院、体育活动场所共16处。儿童乐园2处,老干部活动室3处。有医院16家,床位396张,医生225人。

【社会生活】 2009年城镇待业1082人,全年最低生活保障金发放人数4405人,比上年增长8%。全县5000名职工参加失业保险,8700名职工参加基本医疗保险。2009年居民存款余额14.4亿元。全年支出救济金50万元。实现社会商业保费收入652.3万元,赔款支出372.2万元。城镇居民人均可支配收入8769元,农民人均收入2651元。全县人均住房面积28.6平方米。百户拥有电话94部、电视机96台。

【获"中国绿色名县"称号】 3月29日,在人民大会堂举行的生态文明建设与区域绿色发展论坛暨成果发布会上,沁县被中华环保联合会等授予"中国绿色名县"荣誉称号。全国人大、环境保护部、住房与城乡建设部、农业部、中国社会科学院等国家有关部委的领导出席会议,全国近100个县、镇的代表参加会议。成功入围中国绿色名县行列,为沁县进一步发展绿色经济、生态经济赢得更广大的影响力。

【获"辉煌60年·中国最具特色魅力县"称号】 2009年6月,在海南三亚举行的"中国特色品牌大会暨中国特色县表彰颁奖盛典"上,沁县以独具一格的水城、特色和魅力荣获中国最具特色魅力县称号,这是沁县获得的又一个国字号殊荣。

(申文水 郝爱萍)

·沁源县·

中共县委书记	王玉圣
县人大常委会主任	赵海军
县长	杨红旗
县政协主席	杜天云

【概述】 沁源县位于北纬36°20′~37°00′,东经111°58′~112°32′。全县总面积2554平方千米,辖9乡5镇254个行政村。土地面积22484公顷,耕地1500公顷。矿藏10种。主要河流8条,其中沁河最长,境内全长328千米。旅游景点4个。2009年底全县总人口162114人,50500户。男性人口85265人,男女性别比(女性=100)为110.95。全年人口出生率11.72‰,自然增长率4.86‰。人口密度每平方千米63人。少数民族9个,共72人。

2009年全县生产总值54.62亿元,比上年增长8.8%;财政收入16.1亿元,增长8.01%;支出9.664亿元,增长26.12%。各项贷款余额12.5亿元。

【农业经济】 2009年全县农业总产值达到2.8亿元,比上年增长10.6%。农作物总面积1.65万公顷。粮食作物面积达到1.48万公顷,增长0.3%;粮食总产量达到6650万千克,增长0.57%,平均亩产达到611千克。经济作物面积达到403公顷。蔬菜瓜类总产量达到512.2万千克。果园面积74公顷,总产量达到41.4万千克。全年造林面积2100公顷,其中,经济林面积69公顷。全年牛出栏3052头,猪出栏12453头,羊出栏55758只。肉类总产量2381.6吨,蛋类总产量910.3吨,牛奶总产量200吨。

【工业经济】 规模以上工业企业总产值88.93亿元,比上年增长0.5%。其中,集体企业完成3635万元,增长73.7%;股份企业完成35.82亿元,增长13%。完成利税109714万元,实现利润64939万元。规模以上企业17个,职工1.43万人。

【建设环保】 2009年基本建设投资24.37亿元,比上年增长83.2%。重点建设项目15个。全县资质以上建筑企业1家,建筑业总产值1.81亿元,增长29.1%;实现利税30万元,增长1.81%。环境保护总投资71520万元,增长27%,占同期全县生产总值的14.2%。县城规划面积扩大至15.7平方千米,道路总里程41.9千米,绿化面积200万平方米,水面156万平方米,县城人均水面近40平方米,人均公共绿地50多平方米。万元规模以上工业增加值能耗下降23%,二氧化硫消减1135吨,化学需氧量消减960吨,空气质量二级以上天数达到360天,沁河水质稳定在国家III类水质标准,地下水位上升0.41米。

【交通 邮电】 2009年全县公路通车总里程854千米,其中县乡公路614千米。年货运量1125万吨公里,客运量310万人次,客货运输总车辆15925辆,客运线路51条。邮电:邮电业务总量2180万元,其中,邮政业务总量1197万元,增长16.2%;电信业务总量2021万元,增长4.4%。全县市话交换机总容量1万门,增长12%。本地电话用户 2.9 万户，增长 2.1%,其中,市话用户 1.24 万户,增长 2.3%;乡村电话用户 1.66 万户,增长 1%。移动电话用户 5.8 万户,增长 7.67%。通讯覆盖 100%的行政村和 90%的自然村,县城宽带覆盖 100%,农村宽带入村率 75%以上,有线电视覆盖率 93%。

【商业　旅游】2009 年全县社会消费品零售总额 10.62 亿元，比上年增长 29.83%。居民消费总水平下降7.3%。商业从业人员 1.22 万人,完成销售收入21 亿元。旅游业全年接待国内客人 25 万人次，国际客人 31 人，年收入 2000 万元。

【科教文体卫】2009 年全县获 20 项科技成果。科技人员 2415 人。普通高中 1 所,高级职业学校 1 所,初中 14 所,小学 94 所,幼儿园 256 所。教职工 2188 名。适龄儿童入学率 100%,高中入学率 79.5%。全县文化馆、博物馆、图书馆、剧团、剧院、体育活动场所共 6 处。儿童乐园 4 处,老干部活动室 3 处。医院 17 家,床位 508 张,医生 167 人。

【社会生活】2009 年城镇待业 37 人；全年最低生活保障金发放 4010 人,比上年增加 2%。全县有 7500 名职工参加失业保险,1.5 万职工参加基本医疗保险。居民存款余额 15.89 亿元。全年支出救济金 870 万元,增加 242 万元。实现社会商业保费收入 1200 万元,赔款支出 590 万元。城镇居民人均可支配收入 15173.54 元。农民人均收入 5420 元。全县人均住房面积 31 平方米。百户拥有电话 95 部、电视机 93 台。（魏晓燕）

·潞城市·

中共市委书记	桂正平
市人大常委会主任	申新红
市　长	张治云*
	孙刘琳
市政协主席	张书平

【概述】潞城市位于北纬 36°14′~36°29′,东经 112°59′~113°25′。全市总面积 615 平方千米,辖 3 乡 4 镇 2 个办事处 202 个行政村。土地面积 6.2 万公顷。矿藏 14 种。主要河流 11 条,其中浊漳河最长,境内全长 20 千米。旅游景点 8 个。2009 年末全市总人口 22.52 万人,男女性别比(女性=100)为 103.6。全年人口出生率 12.06‰,自然增长率 6.61‰。人口密度每平方公里 360 人。

2009 年全市生产总值 67 亿元，比上年增长 11.6%，全年全市财政收入 10.08 亿元,比上年下降 32.8%。各项贷款余额 36.6 亿元。

【农业经济】2009 年全市农业总产值 2.4733 亿元,比上年下降 14.8%。粮食作物面积 1.9385 万公顷,粮食总产量 85042 吨,下降 12.4%。蔬菜瓜类总产量 65706 吨。全年造林 577.29 公顷,植树 155.6 万株,通道绿化 75 千米,村庄、企业绿化 121 个。全年肉类总产量 7133 吨，蛋类总产量 4162 吨,牛奶总产量 1879 吨。

【工业经济】2009 年全市规模以上工业企业完成总产值 142.8 亿元,比上年下降 0.9%;实现工业增加值 48.6 亿元,增长 15.1%;工业产品产销率达 98.8%。规模以上工业实现主营业务收入 139.3 亿元,下降 3.47%;利税总额 4.09 亿元,下降 59.4%;工业经济效益综合指数达到 51.2%，下降 43.5%;规模以上企业 36 个。

【建设环保】2009 年全市资质以上建筑企业 4 家，完成建筑业总产值 7325 万元,比上年增长 228%。全国最大的焦炉气制甲醇项目在天脊潞安建成投产。年末全市城市建成区面积 7.3 平方千米，建成区绿化面积 292 万平方米,绿地率 35.1%,绿化覆盖率 39.1%，人均公共绿地面积 9.2 平方米。全年全市空气质量二级以上天数 322 天,增加 32 天。

【交通　邮电】2009 年全市公路通车总里程 651 千米,年货运量 662 万吨,比上年增长 4.6%;客运量 129 万人次。邮电：邮电业务总量 8315 万元,增长 8.8%。其中,邮政业务总量 639 万元；电信业务总量 7676 万元,增长 12.1%。年末固定电话用户 2.77 万户,移动电话用户 14.38 万户,新增用户 4.4 万户。全市互联网用户 1.34 万户,比上年增长 0.8%。

【商业　旅游】2009 年全市社会消费品零售总额 80907 万元,比上年增长 14.7%。旅游业全年接待国内外游客 2.6 万人次,年收入 1480 万元。

【科教文体卫】2009 年全市各类专业技术人员 6475 人,其中:中级技术职称以上人员 2350 人。全年专利申请数 57 件。全市共有各级各类学校 108 所,其中:小学 95 所,初中 10 所,高中 2 所,职业高中 1 所。各类学校在校人数 33955 人，各类专任教师 2812 人,其中小学教师 1465 人,中学教师1010 人，职业高中教师 179 人。全市文化事业机构 5 个,公共图书馆藏书量 3.8 万册。年末全市有线电视用户5500 户,数字信号用户 9000 户。电视台、有线电视台各一座。年末全市共有医疗卫生机构 290 个,其中医院、卫生院 11 个，妇幼保健机构 1 个,疾病预防控制中心 1 个;病床位 637 张,其中医院、卫生院 501 张;卫生技术人员 1080 人，其中执业医师和执业助理医师 378 人，注册护士 222 人,药剂人员 43 人。

【社会生活】2009 年全市参合农民 16.1 万人,参合率 93%。全年最低生活保障金发放人数 11040 人，全市有 19263 职工参加失业保险，有 38795 职工参加基本医疗保险。2009 年居民存款余额 36.8 亿元。全年支出救济金 1210.5 万元,实现社会商业保费收入 9661 万元,赔款支出 2997 万元。城镇居民人均可支配收入 12977 元;农民人均收入 5522 元。全市城镇居民人均住宅面积 32.6 平方米;农村居民人均住宅面积 25.5 平方米。（申俊良）

晋城市

中共市委书记	张茂才
副　书　记	王茂设

	孟福贵*	
	石正民*	
	冯建平	
市人大常委会主任	马巧珍*	
	孟福贵	
副主任	段伟祥	秦红星
	张满祥	廖军
市长	王茂设	
副市长	郭长青	赵学梅
	李章宏	贾联亭
	王树新	
市政协主席	殷理田	
副主席	申会	郭一峰
	贺贵元	王陆升
	金德祥	马德和
	陈改玲	

【概述】 晋城市位于北纬35°11′~36°04′,东经111°55′~113°37′。年末全市常住总人口为223.91万人。全年出生人口20479人，出生率为9.16‰;自然增长率为3.06‰。男女人口性别比(女性=100)为100.42。

全年全市生产总值606.0亿元，比上年增长7.2%。分产业看,第一产业增加值25.1亿元,增长2.3%;第二产业增加值383.7亿元,增长7.6%;第三产业增加值197.2亿元,增长7.0%。人均生产总值27108元,增长6.8%。

居民消费价格比上年上涨0.3%,其中食品价格上涨3.8%。商品零售价格下降0.9%。工业品出厂价格上涨2.6%,其中生产资料价格上涨2.9%,生活资料价格下降4.4%。原材料、燃料、动力购进价格下降5.6%。

2009年末全市从业人员126.8万人,比上年增加3.2万人。其中城镇从业人员44.2万人。年末城镇单位从业人员26.8万人,增加1.04万人。城镇新增就业岗位29994个;下岗再就业7165人,其中"4050"人员2101人;年底全市城镇登记失业人员6970人,城镇登记失业率为2.6%。

全年全市财政总收入136.1亿元,比上年增长20.3%。一般预算收入48.1亿元,增长14.8%,其中,税收收入37.5亿元,增长16.5%,增值税、营业税、资源税、企业所得税和个人所得税5大税种共计完成税收30亿元，占到税收收入的80%。

一般预算支出执行76.5亿元,比上年增长20.9%。其中农林水事务支出增长29.4%,教育支出增长28.4%,环境保护支出增长27.4%,科学技术支出增长24.0%,医疗卫生支出增长24.5%,文化体育与传媒支出增长25.5%,社会保障和就业支出增长28.1%。

【农业经济】 全年粮食种植面积20.164万公顷，比上年减少2300公顷;棉花种植面积300公顷,减少160公顷;油料种植面积3620公顷,减少680公顷;药材种植面积1100公顷，减少80公顷;蔬菜种植面积5190公顷,减少360公顷;果园面积3800公顷,增加200公顷。全年粮食产量70万吨,减产19%。棉花总产量184吨，减产54.7%;油料产量4779吨,减产32.3%;药材产量4908吨,减产0.8%。蔬菜总产量25.78万吨,减产3.0%;水果总产量5.26万吨,减产5.0%。肉类总产量8.93万吨,增长6.9%。奶类总产量5175吨,增长0.2%;禽蛋总产量47530吨，增长21.2%;蚕茧总产量4010吨,减产23.9%。水产品总产量1150吨，下降3.4%。全年木材产量4564立方米,下降8.8%。

【工业和建筑业】 全年全部工业增加值367.5亿元,比上年增长7.2%。规模以上工业增加值353.3亿元，增长9.8%，其中国有控股企业增长11.6%,集体企业下降8.2%,股份制企业增长11%，外商及港澳台商投资企业增长15.1%,其他经济类型下降3.2%。全年规模以上工业企业累计实现主营业务收入713.4亿元,增长13.2%;实现利税180.5亿元,增长7.7%;实现利润114.9亿元,增长0.1%。全年全社会建筑业实现增加值16.2亿元,比上年增长18.5%。具有资质等级的总承包和专业承包建筑业企业总产值30.98亿元,增长31.7%。全年房地产开发投资26.5亿元,增长79.3%。其中商品住宅投资22.1亿元,增长102.3%。

【固定资产投资】 全年全社会固定资产投资366.6亿元，比上年增长37.0%。从城乡看,城镇投资329.3亿元,增长37.7%;农村投资37.3亿元，增长31.7%。从产业看,第一产业投资9.7亿元,增长124.1%;第二产业投资187.6亿元，增长8%;第三产业投资169.3亿元,增长89.3%。

【能源经济】 全年全市一次能源生产折标准煤6169.44万吨，比上年下降0.2%；二次能源生产折标准煤317.84万吨,增长0.2%。全年全市向外运输煤炭8616万吨,下降4.7%;输送电力178.43亿千瓦时，下降1.7%，外输电量占发电量的比重为89.9%。城镇投资中，能源工业投资完成147.07亿元,增长15.4%。其中煤炭工业投资93.69亿元,增长10.2%;煤层气产业投资12.38亿元,增长6.09倍;电力工业投资37.05亿元，增长27.5%。

【国内贸易】 全年社会消费品零售总额182.3亿元，比上年增长21.4%。分地域看,市的消费品零售额124亿元,增长21.2%;县及县以下消费品零售额58.2亿元，增长21.8%。分行业看，批发和零售业零售额136.11亿元,增长18%;住宿和餐饮业零售额30.5亿元,增长27.9%;其他行业零售额15.6亿元,增长43.9%。在限额以上批发和零售业零售额中,化妆品类零售额比上年下降33.0%,食品、饮料、烟酒类下降11.0%，金银珠宝类增长32.0%，服装鞋帽、针、纺织类增长9.7%,日用品类下降5.8%,汽车类增长7.5%,石油及制品类增长18.3%,家用电器和音像器材类增长7.5%,文化办公用品类下降25.3%，通讯器材类增长48.0%,家具类增长863.3%。

【对外经济】 全年海关进出口总额23962万美元,比上年增长15.5%。其中,出口12025万美元,下降6.6%;进口11936万美元,增长51.7%。全市外来直接投资额42.3亿元,下降19.6%。全年新批外商直接投资企业1家。外商直接投资合同额1572万美元,下降58.3%；实际使用外商直接投资金额8539万美元,下降72%。

【交通 邮电 旅游】 全年交通运

输、仓储和邮政业增加值49.9亿元，比上年增长6.9%。公路通车里程7712千米，其中，高速路通车里程161千米。年末全市民用汽车保有量达到16.6万辆（包括三轮汽车和低速货车），增长16.4%，其中私人汽车保有量12.6万辆，增长19.4%。民用轿车保有量6.98万辆，增长31.2%。

全年全市完成邮电业务总量35.7亿元，增长36.3%。其中，邮政业务总量2.05亿元，电信业务总量33.7亿元。局用交换机总容量达到54万门。固定电话用户年末达到42.6万户。移动电话用户年末达到123万户。年末全市每百人电话（固定+移动）拥有数达73.96部，因特网宽带接入户达到14.8万户，增长26.3%。

全年全市接待游客880.1万人次，实现旅游总收入63.7亿元，增长12.3%。

【金融经济】 2009年末全市金融机构本外币各项存款余额1108.6亿元，比年初增加148.9亿元，增长15.5%。各项贷款余额427.9亿元，增长13.5%。全年累计现金收入1290.2亿元，货币净投放20.3亿元 。

全年全市保费收入22.9亿元，比上年增长16.8%。其中，财产险保费收入5.7亿元，增长12.3%；人身险保费收入17.2亿元，增长18.4%。全年支付各类赔款及给付5.2亿元，下降2.3%。其中，人身险给付支出2.6亿元，下降14.0%；财产险赔款支出2.6亿元，增长12.6%。

截至年底，全市共有证券营业部3家，从业人员53人。年末客户开户数60902户，客户累计存入资金6.56亿元，下降58.8%；全年营业收入11649万元，增长58.1%，营业支出3214万元，增长26.1%。

【科教文体卫】 全市科技三项经费支出8029.5万元，比上年增长16.4%。全年组织实施各类科技项目143项（其中国家级4项，省级25项，市级114项），共受理各项专利申请621件，增长173.6%，平均每10万人专利申请28件。

年末全市有高等学校2所，中专2所，普通中学165所，职业中学20所，小学939所，聋哑学校4所，幼儿园507所。在校学生人数39万人，减少6850人；教职工人数3.73万人，比上年末增加77人。小学学龄儿童入学率100%，小学升学率99.98%，增加0.17%。

年末全市共有艺术表演团体12个，新创作首演剧目9个；演出场次2310场，演出收入740万元；全市共有艺术表演场馆6个，群众艺术馆、文化馆7个，公共图书馆6个，总藏量27.2万册。博物馆8个。广播电台1座，电视台2座。广播综合覆盖人口218.1万人，覆盖率97.4%，电视人口综合覆盖率达98.5%。全市广播电视传输网络干线总长19950公里。全市共有调频转播发射台6座12.4千瓦，电视转播发射台6座24.97千瓦。

全年全市共举办各级各类运动会178次，运动员人数6.6万人。运动员在省级以上重大比赛中获金、银、铜牌分别为28枚、32枚、38枚。

年末全市共有卫生机构（含诊所）1982个，其中医院、卫生院185个，妇幼保健院(所、站)7个，专科疾病防治院(所、站)4个。医院和卫生院床位8278张，每千人拥有病床3.92张。卫生技术人员14338人，其中执业医师和执业助理医师6503人，注册护士3931人。疾病预防控制中心(防疫站)7个，卫生技术人员215人；卫生监督所7个，卫生技术人员98人；乡镇卫生院105个，床位2170张，卫生技术人员2522人。全市6个县(市、区)全部开展新型农村合作医疗试点工作，新型农村合作医疗参合率95.31%，较上年同期增加0.73%。

【社会生活】 全年城镇居民人均可支配收入15161元，比上年增长7.2%；人均消费性支出9470元，增长2.7%。农村居民人均纯收入5255元，比上年增长8.2%；人均生活消费支出3651元，增长7.9%。城镇居民家庭恩格尔系数（即居民家庭食品消费支出占家庭消费支出的比重）为30.34%，农村居民家庭恩格尔系数为37.41%。截至2009年末，全市农村贫困人口为4.7万人，减少1.1万人。城镇单位在岗职工平均工资34200元，增长10.3%。

年末全市企业养老保险参保148058人，增长4%。企业退休人员纳入社区管理人数达26152人，纳入社区管理服务率达78.8%；机关事业养老保险参保53125人，增长3.3%。为5941名机关事业离退休人员发放养老金13816万元；医疗保险参保467157人；失业保险参保196663人，增加305人。为3430名失业人员发放失业保险金1441万元；工伤保险参保172511人，增长5.4%，为1488名伤残职工、84名工亡职工和356名符合供养条件的供养家属支付工伤保险待遇3182万元，支付率为100%；女工生育保险参保110671人，增长35.9%；农村养老保险参保758647人，增长1.67倍。全年共有31888个城镇居民得到最低生活保障，减少1305人，保障户数14679户，减少369户；有77969个农村居民得到最低生活保障，增加14049人。

年末全市各类收养性社会福利单位53个，增加7个，床位2976张，增加1387张。收养各类人员1719人，增加579人。享受定期怃恤人数2326人，减少33人；享受定期补助人数8017人，增加583人。伤残人数3658人，减少33人。优待优抚对象户数4064户，优待总金额577.9万元，增长14.1%。年末全市共有各类社会福利企业47个，增加1个，共安置860个残疾人就业。本市全年直接接收捐赠款476.5万元，受益人数24803人。

【资源　环境　安全生产】 年末耕地保有量为20.48万公顷，增长6.6%。完成造林合格面积9804.9公顷，完成年度计划的100%。全市共有国家、省级自然保护区4个，面积127.71万公顷；生态示范区2个，面积达4430公顷。

年末城市污水处理率达到95%；城市生活垃圾无害化处理率达到93.1%；集中供热普及率达到81%，提高2%；建成区绿化覆盖率达到45.8%。全年市区环境空气质量二级以上天数达到352天，增加5天，其中一级天数创历史纪录的达到103天，增加27天。空气综合污染指数控制在1.84，降幅为8.5%。全市集中式饮用水源地水质达标率达100%。

全年共发生各类生产安全事故799起，下降10.4%；事故死亡229人，下降8.8%。亿元GDP安全生产死亡0.38人，下降21%。全市地方煤矿发生安全生产事故7起，同比减少2起，死亡9人，同比减少15人；煤炭生产百万吨死亡率为0.11人，同比下降89%。全年共发生道路交通事故655起，造成213人死亡、720人受伤，直接财产损失228万元。

【第二届国际围棋文化节】 7月28~31日，中国棋院、中共山西省委宣传部、省体育局、晋城市委市政府联合举办第二届中国晋城·棋子山国际围棋文化节。此次文化节以“围棋源地·文化晋城”为主题，组织开展体育、文化、经贸、旅游、对外宣传5大类35项活动。实现“以棋会四海之友，以棋塑城市之品牌”的目的，对扩大、提升晋城市的知名度和影响力产生积极作用。

【煤炭行业形成百矿亿吨格局】 煤炭行业兼并重组整合后，晋城市保留矿井数量为129座，规划产能规模为每年11230万吨，年产45万吨以下矿井全部被淘汰，保留矿井总数和产能规模均居全省各市第一位。整合后，矿井数量减少三分之二，产能增加2800万吨，资源回收率达到70%以上，新建煤矿产能全部在400万吨以上。

【综治工作连续四次获奖】 2009年5月18日，在人民大会堂召开的全国社会治安综合治理表彰大会上，晋城市连续第四次被授予“全国社会治安综合治理优秀市”称号，获得全国社会治安综合治理最高奖“长安杯”。晋城市是山西省社会治安综合治理成绩最突出的城市，也是全国社会治安综合治理工作成绩最好的城市之一。

【全国造林绿化山西现场会在晋城召开】 8月25~26日，全国造林绿化山西现场会在晋城市召开，160余名代表参观晋城市造林绿化成果。城市建成区绿化覆盖率达45.8%，绿地率达到43.2%，人均公共绿地17.5平方米，是全国人均公共绿地的近两倍。2009年，市区“东南出口景观绿化工程获“中国人居环境范例奖”。 （牛晋军）

·城　区·

中共区委书记	焦光善
区人大常委会主任	王新喜
区长	张玉宏
区政协主席	张迎社

【概述】 2009年，晋城市城区生产总值完成345294万元，同比增长9%。财政总收入完成56779万元，同比增长12.85%，其中：一般预算收入完成32510万元，同比增长17.64%；一般预算支出完成56785万元，同比增长24.05%。全社会固定资产投资完成232210万元，同比增长50.77%。社会消费品零售总额完成488817万元，同比增长15.04%。农民人均纯收入完成5968元，同比增长8.39%。城镇居民人均可支配收入完成15161元，同比增长7.18%。人口自然增长率控制在4.10‰以内。城市空气质量二级以上天数达到352天，同比增加5天；一级以上天数达到103天，同比增加27天；万元地区生产总值综合能耗和万元地区生产总值污染物排放量完成市定目标。在2009年8月公布的全省119个县(市、区)考核指标排名中，城区经济社会发展水平排名全省第六，经济社会发展指数排名全省第四，首次进入全省十强。

【农业经济】 2009年，全区现代农业实现快速发展。洞头采摘园、仕帝生态农业观光园和司徒村千亩现代农业园全面铺开；新建5家养殖场；全区种植两栋大棚和2亩以上的大田菜专业户达到120户。全年新增20个各类专业合作社，总数达到35个，有3个获得省农业厅“省级示范社”称号。全年全区粮食总产量10056吨，小麦总产量6205吨，秋粮总产量3851吨，蔬菜总产量55821吨，肉类总产量1448吨，禽蛋总产量2084吨，牛奶总产量1295吨。围绕城市需求，全区农业结构转型步伐进一步加快，满足了城市居民生活需求。

【工业经济】 2009年，全区工业以规模企业为龙头，新型工业实现快速提升。五大基地建设初具规模。全面展开煤矿企业兼并重组整合工作，全区19座煤矿关闭15座，保留4座，煤炭总产量保持了210万吨能力。在节能减排工作上，积极推广节能新技术、新工艺，构建节能型企业，全区规模以上工业企业能源消费总量同比下降36.3%，电力消费总量同比下降28.4%，万元增加值能耗同比下降12.4%，万元增加值电耗同比下降2.5%。全年共削减化学需氧量100吨，按期完成年度目标。

全年全区工业总产值166246.4万元，规模以上工业总产值39570万元，规模以上工业增加值13376.2万元，规模以上工业销售产值38930.5万元。乡镇企业总产值977376万元，同比增长17.16%；乡镇企业增加值256467万元，增长17.02%；乡镇企业利税总额达80343万元，增长5.06%；乡镇企业营业收入774266万元，增长16.58%。

【第三产业】 2009年，全区第三产业发展速度加快。商贸中心迅速崛起，总投资达18.5亿元、总占地650余亩的十大商贸中心建设，全年完成投资6.85亿元，占年度计划投资的106.2%，新增商业面积19万平方米。全年全区三产行业拓展到43个领域，网点达1.3万个，从业人员达到5.7万人，发展专业商贸街区15个4000多家，物流货运42家，货物批发配送企业达97家，第三产业为主体的民营经济占生产总值比重达到85%以上。

【招商引资】 2009年，全区招商引资成果丰硕。区委、区政府积极组织参加中博会等各类洽谈会，全年签约6个招商引资项目，共吸收外来直接投资5.04亿元，同比增长76.77%。近年引进的38个项目，有29个项目实现落地,实际到位资金 13.52 亿元。

【民营经济】 2009 年,城区加大民营经济政策扶持力度,出台扶持政策。全年全区民营经济增加值完成 29.4 亿元,同比增长 16.2%;民营经济提供税金 4.3 亿元,同比增长 20%;民营经济固定资产投资占到全区投资总额的 80%,成为支撑全区经济发展的主体和支柱。

【社会事业】 1.就业服务。2009 年,通过服务重点工程及实施项目,新增就业岗位 8960 人,农村劳动力输出与转移 2521 人(其中就地转移 1151 人,输入市区就业 1060 人,本省输出 224 人,输出省外 86 人),城镇登记失业率计划控制在 3.5%以内,实际控制在 2.16%以内,698 名就业困难对象和“零就业家庭”成员得到公益性岗位就业援助。

2.卫生服务体系。2009 年,全面建设“六位一体”公共卫生服务体系。以学校、社区为甲流防控的重点区域,完成接种 12900 人。新型农村合作医疗参合率提高 2%,达到95.01%,补偿比提高 5%,6 万余人受益。

3.社会保障。2009 年,全区各项保险累计参保人员 120000 余人,当年新增参保人员总计 69937 人,各项保险费总计征缴 6954 万元,各项保险金总计支出 5233.7 万元。正式启动城镇居民参加医疗保险,城镇医疗保险参保 78300 人。保障城市低保对象 3705 户 10316 人,累计发放低保金 1907 万元,城市低保标准提高为 261 元/月;保障农村低保对象 910 户 2703 人,累计发放低保金 206.1 万元,农村低保标准提高为 1440 元/年,全部实行社会化发放。

4.群众文化生活。2009 年,建成农家书屋 50 家。加快基层基础文化设施建设,完成 15 个村(社区)文体活动场所建设。坚持文艺下乡演出 400 余场次,开展电影放映工程进社区、下农村 1600 余场,丰富和活跃城乡群众精神文化生活,提升开放城市的文化层次和品位。

【北石店区城市化改造工程启动】 7 月 21 日,北石店区城市化改造工程正式启动。该工程采取“政府监管、市场运作、自我改造、自求平衡”的方式,总投资 28 亿元,占地 192.76 公顷。9 月 16 日拆迁工程正式启动。至 2009 年底,拆迁工作全面完成。

(赵同善 周粉香)

·沁水县·

中共县委书记	常国荣
县人大常委会主任	潘庆云
县长	常广智
县政协主席	马刘勤

【概述】 沁水县位于北纬 35°24′~35°04′,东经 111°55′~112°47′。人口自然增长率为 2.94‰。

2009 年,全县地区生产总值达到 83 亿元,比上年增长 7.7%;财政总收入 19.49 亿元,增长 36.8%;一般预算收入达到 5.27 亿元,增长 28.5%;城镇居民人均可支配收入 11845 元,增长 11.9%;农村居民人均纯收入 4371 元,增长9.5%;社会消费品零售总额 10.8 亿元,增长 22.3%;全社会固定资产投资总额 46.3 亿元,增长 55.4%;全县新增就业岗位 3850 个;规模以上工业增加值 26.6 亿元,增长 21.6%;民营经济增加值 30 亿元,增长14.6%;居民消费价格总水平涨幅为 1.3%;县城空气质量二级以上天数达到 350 天。

【产业调整】 煤炭企业兼并重组整合后,保有资源储量增加 58%,规划生产能力提高 20.8%,单井生产规模提升 136%。年产 240 万吨的玉溪煤矿进展顺利,郑庄、胡底两座 400 万吨的矿井奠基开工,年产 500 万吨的东大煤矿进入前期工作。中石油全国第一个数字化煤层气示范工程、亚洲最大的寺河煤层气发电项目投产运行,煤层气年开采能力达到10 亿立方米,压缩能力达到 3 亿立方米,液化能力达到 5 亿立方米,完成生产总值 12 亿元。全年旅游、商贸、现代服务等第三产业实现增加值 15.2 亿元,增长8.3%。

【“三农”工作】 公共财政累计发放农业补贴 3978 万元、支农贷款3.8 亿元。粮食总产量 9.1 万吨,在大灾之年仍然保持平年收成。畜牧、蚕桑、蔬菜、林果四大特色产业快速发展,无公害基地和无公害农产品进一步巩固。新增农民专业合作社 99 个,累计达到 217 个。全年用于“三农”方面的投入达到 1.4 亿元,增长 16.3%。农民人均纯收入提高 9.5%,被省委、省政府授予“增加农民收入先进县”。招商引资顺势推进,共签约项目 7 个,总投资 6.7 亿元,协议引资 5.9 亿元。建立民营经济发展基金,成立中小企业信用担保中心。

【重点工程和调产项目建设】 2009 年,全县共铺开重点工程和重点调产项目 22 项,概算总投资 57.2 亿元,安排投资 20.1 亿元,实际投资 7.8 亿元。重点工程 8 项,概算总投资 9.6 亿元,当年安排投资 3.6 亿元,实际投资 3.7 亿元。8 项重点工程均按计划完成。重点调产项目 14 项,概算总投资 47.6 亿元,安排投资 16.5 亿元,实际投资 4.1 亿元。煤炭项目 6 项,煤层气项目 5 项,旅游项目 3 项。沁水县省、市重点工程投资增长率、完成率、增速均居全市第一。

全县单位 GDP 综合能耗、工业增加值能耗均控制在市控指标之内,化学需氧量排放量、二氧化硫排放量实现双降,县城空气质量二级以上天数达到 350 天,比上年增加 27 天。森林覆盖率达到 48.4%,林木绿化率达到 57.3%。在全国首届生态文明建设成果发布会上,沁水县荣获“中国绿色名县”称号。

【社会生活】 新增新农村建设省级重点推进村 19 个,新建科技文化活动室 14 个、农民体育健身广场 85 个、农家书屋 56 个、便民连锁店 26 个。全县 62 个省级重点推进村,有 59 个通过了阶段性考核评估。新增村通水泥(油)路 143 公里,实施农村中小学校舍安全工程 12 所,新建和改扩建村级卫生室 238 个,新建饮水安全工程 57 处,242 个行政村广播电视实现了全覆盖。新型农村合作医疗、城镇居民基本医疗参保率分别达到

94.6%和89%。新型农村养老保险覆盖率达到92%，成为全省15个国家级新农保试点县之一。城乡低保实现应保尽保，受益农民和职工达到10165户12558人。新增就业岗位3850个，转移剩余劳动力8170人。完成153套移民住房主体工程，为120户农村困难群众解决了住房问题。改造残疾人危房130户，建设廉租住房60套。为农村居民、学校、医院、敬老院解决冬季用煤7.2万吨，群众得实惠1660万元。全年用于改善民生的资金达到3.7亿元。

【安全生产】 全面加强煤矿、非煤矿山、森林防火、道路交通、中小学校、公共场所、建筑市场、食品卫生等领域和行业的安全防范和应急处置，安全生产形势持续稳定。落实社会治安综合治理工作措施，巩固"平安沁水"创建成果，开展"大接访"活动。实行《县级领导信访接待日制度》，开展"信访积案化解年"活动，推行信访工作例会制度，维护人民群众合法权益。完成新中国成立60周年庆典活动期间沁水县的安全保卫工作，甲型H1N1流感防控工作取得明显成效，全县政治安定、社会稳定、人民安居乐业。对全县500余名科级干部进行了廉政培训，坚决纠正损害群众利益的不正之风。严肃查处一批违纪违法案件，全年共立案查处党员干部违纪违法案件31件，有35名党员干部受到责任追究。 （张丽霞）

·阳城县·

中共县委书记	刘爱军
县人大常委会主任	郑瑞俊
县长	冯志亮
县政协主席	张星社

【概述】 阳城县位于北纬35°12′~35°41′，东经112°01′~112°37′。辖10镇7乡1个办事处，总人口416067人，其中男性209223人，男女性别比（女性=100）为101.15。城镇人口157773人，乡村人口258294人。人口出生率为8.96‰，自然增长率1.27‰。年末全县耕地保有量39000公顷，全县森林覆盖率达49.3%。

全年实现生产总值115.1亿元，比上年增长6.1%。三次产业比重为4.3:69.8:25.9。人均生产总值27679元，增加3150元。

全县在岗职工年平均工资26389元，比上年增长0.02%。农村居民人均纯收入5262元，增长8.3%。农村居民人均生活消费支出4039元，增长13.0%。城镇居民人均可支配收入13012元，增长12.5%。城镇居民人均消费支出7940元，增长10.4%。

大气污染综合指数为1.33%。县城空气质量二级以上天数达到351天，比上年增加47天。城市绿化覆盖率达到40.8%，增加1%。全年二氧化硫排放量4.45万吨，下降8.2%。化学需氧量排放量0.23万吨，下降11.5%。

全年生产安全事故死亡39人，亿元生产总值生产安全事故死亡人数0.34人，下降0.08人；煤矿百万吨死亡人数0.08人。

【农业经济】 全年实现农业增加值5.0亿元，比上年增长4.7%。全县完成农林牧渔业总产值8.8亿元，增长12.2%。其中，种植业产值3.4亿元，下降3.4%。粮食总产量124684吨，下降21.6%。油料总产量720吨，下降36.7%。蔬菜总产量40440吨，下降1.1%。棉花总产量35吨，下降72.4%。水果总产量4978吨，增长1.3%。

全年共完成造林面积817公顷。封山育林面积467公顷，比上年增长74.3%。植树135万株，增长27.4%。核桃产量950吨，增长38.3%；花椒产量650吨，增长143.4%；山茱萸产量1500吨，增长258%。

全年完成畜牧业总产值4.3亿元，比上年增长12.8%。年末牛存栏11955头，下降9.1%；猪存栏135789头，增长35.6%；羊存栏62974只，增长29.8%；鸡存栏194.2万只，增长18.2%。全年肉类总产量13149吨，增长13.4%；禽蛋产量15803吨，增长11.3%。牛奶产量250吨，下降3.8%。年末桑园面积5840公顷，增长2.1%。全年蚕茧总产量2076吨，下降42.4%。

年末全县有效灌溉面积8917公顷。全年化肥施用量（实物量）49477吨，比上年下降2.5%。农用薄膜使用量48吨，下降13.3%。农业机械总动力35.9万千瓦。全年机耕地面积30140公顷，增长1.8%。

【工业经济】 全年完成工业增加值78.1亿元，比上年增长3.0%。全年规模以上工业企业实现销售收入1300863元，增长7.72%；利税总额370302万元，增长41.04%；实现利润258144万元，增长73.7%。

全年生产原煤1316.54万吨，比上年增长6.84%。发电量1784734万千瓦时，下降2.37%。生铁产量1.67万吨，下降70.6%。水泥产量55.16万吨，下降39.02%。日用陶瓷8618万件，下降33.12%。建筑陶瓷5800万平方米，增长47.81%。铸铁件25117吨，下降34.94%。铵锑炸药278吨，下降96.6%。全社会用电量202617万千瓦时。全县乡（镇）企业完成增加值347461万元，增长8.7%。实现营业收入850215万元，增长5.6%。实际缴纳税金50604万元，下降3.4%。乡（镇）企业总产值964879万元，增长3.9%。

【建筑业】 全年全社会建筑业完成增加值2.25亿元，比上年增长31.5%。房地产开发企业全年房屋建筑施工面积186928平方米，竣工面积54656平方米。商品房销售面积95693平方米。

【固定资产投资】 全年全社会固定资产投资总额465261万元（不含跨县投资项目130941万元），比上年增长22.0%。其中，城镇投资389898万元；农村投资75363万元。分产业看：第一产业投资11109万元，增长39.4%；第二产业投资244133万元，下降2.6%；第三产业投资210019万元，增长71.2%。全年批发零售贸易业实现增加值6.17亿元，比上年增长16.8%。全县社会消费品零售总额210414万元，增长26.7%。

【交通　旅游】 全年交通运输、仓储和邮政业实现增加值6.17亿元，增长12.3%。年末全县公路密度102.1千米/百平方千米。全县行政村道路通畅率达到99.4%，通班车的村达到96%。年末全县公共汽车运营线路109条。全年完成公路货运量1342万吨；公路货物周转量38800万吨千米。公路客运量666万人；公路旅客周转量21850万人千米。全年共接待游客104.2万人次，增长15.67%；实现旅游总收入18557.2万元，增长13.4%。

【邮政　电信】　全年邮政业务总量2996万元，比上年增长8.9%。年末全县固定电话用户85303户；移动电话用户22万部；每百人电话(固定+移动)拥有数为73.4部；计算机互联网用户26092户。

【财政　金融　保险】　全年财政总收入221988万元，比上年增长10.9%；地方财政一般预算收入55099万元，增长10.7%；地方财政一般预算支出105468万元，增长24.3%。全年金融保险业实现增加值2.36亿元，比上年增长3.8%。年末全县金融机构各项人民币存款余额1145793万元。其中，企业存款余额316825万元，增加89353万元；居民储蓄存款余额627106万元，增加72441万元。金融机构各项贷款余额429300万元，增加21502万元。全年金融机构现金收入1681438万元，增长1.3%；现金支出1764375万元，下降0.9%。收支相抵现金绝对投放82397万元。全年保费收入25086万元。全年支付各类赔款及给付7165万元。

【科教文体卫】　截至年末，全县有普通中学27所；职业高级中学5所；小学115所；幼儿园193所。6周岁至11周岁适龄儿童入学率、巩固率保持100%。全年投入科学技术研究与开发专项资金834万元。拉动社会投资2.5亿元，新增产值5亿多元。引进、转化新技术、新工艺45项。组织实施国家级科技计划项目1项、省级科技计划项目5项、市级科技计划项目33项、县级科技计划项目25项、申报专利65项。年末全县共有文化馆1个，公共图书馆1个，文物博物馆1个，档案馆1个，广播电台1座，电视台1座，电视人口基本实现全覆盖。全县11个乡(镇)完成文化站扩建任务，争取配套资金及设备145万元。202个行政村建起文化室，建农家书屋210个，获赠图书总价值400多万元。完成农村电影放映6000多场(次)，农村演出剧目410多场(次)。完成100个行政村体育设施配套建设，新增体育场地面积7290平方米，举办大型文体活动20多场(次)，参加省市级文体比赛15次。年末，县乡村共有三级医疗卫生机构507个，达标率96%，有医生1763人(其中乡村医生957人、医师656人、助理医师150人)；拥有床位1556张。村级卫生所覆盖率达100%。完善新型农村合作医疗制度，参合率达到97.1%，18.9万人次领取补偿金3480万元。

【社会保障】　年末城镇基本社会保障覆盖率为88.04%，比上年提高2.64%。其中养老保险覆盖率90.12%，提高2.32%。医疗保险覆率84%，提高3%。失业保险覆盖率90%，与上年持平。征缴各项社会保险基金20764万元，支付各项社会保险基金12777万元。农村养老保险参保人数198966人。全县39729名60周岁以上的农村老人每人每年发放360元，累计发放1430万元。启动城镇居民医保工作，参保率达到78%，参保人数22685人，征收基金181万元。全县85%以上的农民吃上了干净自来水，4万多农户用上了新型清洁能源，新增住房面积2.7万平方米。　(王家胜)

·陵川县·

中共县委书记	马四清
县人大常委会主任	李晓玲(女)
县长	茹栋梅(女)
县政协主席	常振华

【概述】　陵川县位于北纬35°25′~35°53′，东经113°01′~113°37′。总面积1751平方公里，辖7镇5乡，7个居民社区，371个行政村，1149个自然村。2009年末全县总人口为256617人(户籍人口)，出生率为11.5‰，人口自然增长率为8.13‰。

2009年，全县地区生产总值20.17亿元，比上年增长5%，其中：第一产业增加值2.66亿元，增长11.4%；第二产业增加值6.97亿元，下降8.8%；第三产业增加值10.54亿元，增长14.9%；全县人均生产总值为7774元，增长了4.6%。年末全县就业人员121092人，减少66人，城镇登记失业率为2.2%，下降0.2%。

【农业经济】　2009年全县粮食作物种植面积21510公顷，比上年增加100公顷；油料种植面积240公顷，增加40公顷；药材种植面积660公顷；蔬菜种植面积480公顷，增加80公顷。粮食总产量达11.02万吨，减产4.1%，其中：夏粮1418吨，增产13.35%；秋粮10.87万吨，减产5.14%。油料产量789吨，减产379吨；药材产量1352吨，减产26吨；蔬菜产量18241吨，增产2690吨；水果产量3149吨，下降15.1%。全年肉类总产量4507吨，增长15.36%；牛奶产量达792吨，增长105.7%；禽蛋产量3305吨，增长7.82%。大牲畜年底存栏1880头，下降41%；生猪存栏50471头，增长51.14%；羊存栏39219只，下降29.27%。完成造林面积2160公顷，增长43.3%；植树100万株，增长12.36%；育苗面积246.7公顷，增长47.9%；核桃产量达到1100吨，下降4.6%。全县乡镇及民营经济增加值14.89亿元，增长12.37%；总产值45.42亿元，增长12.21%；营业收入35.66亿元，增长12.03%。

【工业和建筑业】　2009年规模以上工业企业实现增加值3.28亿元，按照价格缩减法计算，比上年增长1.6%。煤炭开采和洗选业增加值增长5.3%；农副产品加工业增加值增长7.2%；化学原料及化学制品制造业增加值增长43.5%；水泥制品业增加值增长74.9%；电力供应业增加值增长68.1%；冶炼业增加值下降17.3%；金属制品业增加值下降37.3%；通用设备制造业增加值下降33.6%。工业销售产值达到8.23亿元，下降1.55%；产销率达98.57%，下降0.04%。

2009年，全县原煤产量116.6万

吨,增长5.4%;生铁产量2.15万吨,下降11.2%;水泥产量51.07万吨,增长57.3%;氰化钠产量9247吨,增长59.17%;淀粉产量3.71万吨,下降2.1%。2009年,全县建筑业实现增加值1.03亿元,按可比价计算比上年增长4.8%。

【金融保险】 2009年末金融机构各项存款达446021万元,比上年增长24.07%;各项贷款107889万元,增长23.15%。各项保险费收入4677万元,下降6.75%;保险理赔支出1085.8万元,增长16.3%。

【贸易 财政】 2009年全社会固定资产投资(含高速公路投资的13.69亿元)达到24.95亿元,增长138.3%。2009年全县社会消费品零售总额达到8.18亿元,比上年增长10.89%。分行业看,批发和零售业零售额7.14亿元,增长15.8%;住宿和餐饮业零售额0.57亿元,下降21.9%,其他行业零售额0.47亿元,增长14.4%。在限额以上批发和零售业零售额中,汽车类增长18.9%,日用品类增长29.2%,文化办公用品类增长11.5%。2009年全县财政总收入2.54亿元,增长9.71%;一般预算收入0.91亿元,增长9.59%;地方财政支出6.49亿元,增长33.09%。在财政总收入中,国税收入1.17亿元,增长6.44%;地税收入1.11亿元,增长19.47%。

【交通 邮电 旅游】 2009年交通运输邮电通讯业增加值25358万元,比上年增长19.7%。年末全县民用汽车保有量18762辆(包括三轮汽车和低速货车2863辆)。邮电通讯业务总量10548万元,增长13.35%,其中:邮政业务总量2303万元,增长12.73%;电信业务总量8245万元,增长13.52%。固定电话年末用户4.65万户,普及率达58.3%;移动电话总数10.29万部,增长35.04%;每百人拥有手机29.83部,增加6部。2009年共接待游客52.5万人,增长28.05%;旅游收入8100万元,增长15.71%。

【教育 文化 卫生】 2009年底全县有中学17所,小学162所,幼儿园和其他学校50所。专任教师2593人,比上年增长1.4%。2009年共组织各种文化活动41次,增加6次;图书馆藏书31200册,文物馆馆藏文物3.2万件,国家级文物保护单位14处;拥有基层放映单位16个,全年共放映电影4452场。年末全县共有卫生机构376个,其中:医院、卫生院16个,妇幼保健院1个,疾控中心1个,卫生监督所1个,村级卫生所356个;卫生从业人员749个。全县拥有卫生病床551张,增长9.76%。

【社会生活】 2009年城镇在岗职工平均工资为18918元,比上年增长9.73%;农民人均纯收入3618元,增长7.1%;城镇居民人均可支配收入9295元,增长6.58%;城乡居民人均储蓄存款10804元,增长10.75%。

2009年全县有社会福利单位9个,设有床位199个,收养人数138人;光荣院1个,设有床位30个;年末参加城镇基本养老保险人数16055人,参加城镇基本医疗保险11602人,新型农村合作医疗参合率为92.5%;城镇基本社会保障覆盖率为90%;城镇低保对象4873人,城镇保障金额1173.6万元;农村低保人数15720人,保障金额1575.1万元。全年接受社会捐赠款338.3万元。

【环境和安全生产】 2009年平均降水量554.3毫米,比上年下降2.01%;万元地区生产总值平均耗水量77.59立方米;万元工业增加值平均耗水量59.25立方米;大气综合污染指数为1.96%,降低0.87%;空气质量二级以上天数为351天;万元地区生产总值二氧化硫排放量22.9千克,降低6.72%;万元地区生产总值化学需氧量排放量5.92千克,降低7%;建成区绿化覆盖率达到30%;城市集中供热普及率达到40%,增长15%。

全年生产安全事故死亡33人,其中:道路交通事故死亡人数为30人。亿元地区生产总值生产安全事故死亡率为1.64人,降低9.39%。

(程跃新)

·泽州县·

中共县委书记	刘予强
县人大常委会主任	王立宪
县长	崔守安
县政协主席	樊秋宝

【概述】 泽州县位于北纬35°12′~35°42′,东经112°31′~113°14′。总面积2023平方千米,辖14镇3乡632个行政村,1136个自然村。全县总人口为499708人,其中农业人口447840人。

泽州县生产总值132.18亿元,同比增长10.3%;财政总收入为26.04亿元,同比增长25.43%;农民人均纯收入5967元,同比增长8.15%;粮食生产在大旱之年保持相对稳定,总产量达到20.62万吨。

截至2009年底,泽州县新农村建设连续四年被省委、省政府命名为“新农村建设先进县”;连续六年被国家科技部表彰为“全国科技进步先进县”;荣获“全国新能源产业百强县”和“山西省高新技术产业化工作先进县”称号。

【农业经济】 泽州县耕地面积48244.11公顷,封山育林面积5402.7公顷。农业总产值107425万元,比上年增长24%。其中:农业产值64964万元,增长0.06%;林业产值1055万元;牧业产值38844万元,增长77.8%;渔业产值552万元,增长47.6%;农民人均纯收入达到5967元,增长8.16%。粮食总产达到206236吨。其中:油料产量2331吨;蔬菜产量60455吨。农作物总播种面积6.983万公顷,减少0.5%。其中:粮食作物播种面积为6.633万公顷,增长0.09%;经济作物1860公顷,减少15.07%;蔬菜播种1620公顷,减少5.81%。2009年,全县肉类总产量达到31258.6吨,增长107.37%;禽蛋产量12528吨;鲜奶产量2598吨,增长20.33%;羊绒产量4.7吨,增长56.67%;蜂蜜产量341吨。年末大牲畜存栏19385头;猪存栏255535头,出栏364027头;羊存栏152303只,出栏116002只;鸡存栏1142759

只，出栏601240只；兔存栏94922只，出栏157796只。

【工业经济】 2009年，泽州县规模以上工业增加值50.62亿元，比上年增长32.48%。主要产品产量：原煤1018万吨，减少13.21%；生铁246.87万吨，增长159.05%；铸件80.03万吨，增长7.48%；钢材123.02万吨，增长189.73%；水泥16.11万吨；发电量7018.39万千瓦时。

2009年，泽州县47座政策性关闭矿井彻底关停，煤炭资源整合后全县保留煤矿30座，总产能从每年1727万吨提升到2340万吨，新增矿区资源面积47平方千米，新增煤炭资源储量4.5亿吨。全县超限超载率下降到0.015%，被省政府命名为“全省治超先进县”。全县煤炭企业新上项目达84个，总投资达到16.95亿元。坚持把项目建设作为转型发展的载体，全年共争取到中央扩大内需项目65个，总投资8427.2万元。鸿辉铸管、兴达配件等八大新建项目累计完成投资12.67亿元；路宝铝轮毂、广拓建材等八大续建项目完成投资6.4亿元；天辰钙业、金工汽配等达产达效项目实现销售收入11.8亿元，实现利税1.37亿元。节能减排力度加大，万元GDP能耗基本完成“十一五”规划目标。到2009年底，煤炭产业占财政税收的比重为65.4%。

【基础设施建设】 自来水受益村达到531个，全县100%的行政村达到通电、通汽车、通电话、通公路；电视覆盖率达100%，有线电视入户率达90%，互联网入村率达90%；农业机械总动力达到641326千瓦。

【财政 金融 贸易】 2009年，泽州县大力实施“公共财政”向“民生财政”倾斜政策，全年县本级财政累计投入民生资金达1.8亿元，比上年增加0.6亿元。财政总收入达到260362万元，增长25.43%。其中，一般预算收入8.12亿元，同比增长27.71%；规模以上工业增加值50.62亿元，同比增长26.88%；社会固定资产投资66.41亿元，增长4.6%。全县全年国税收入152242万元，增长32.27%；地税收入88270万元，增长5.2%。

社会消费品零售总额180054万元，比上年增长19.50%。其中：县级消费品零售额76433万元；县以下消费品零售总额103621万元，增长15.91%。按行业划分，批发业零售额10987万元；零售业零售额114906万元，增长19.29%；住宿和餐饮业零售额42956万元，增长35.02%；其他行业零售额11206万元，增长20%。泽州县全年进出口总额为874万美元。其中：出口总额为545万美元，进口总额为295万美元。

【社会事业】 教育：2009年底，泽州县有学校324所，在校生人数73110人，在职教职工人数7270人。中小学专任教师4920人。卫生：2009年底，泽州县共有医疗机构31个，其中，县级医疗机构2个，乡村卫生所26个。新型农村合作医疗参合率达到97%，增长2.11%。旅游：2009年底，泽州县开发完善旅游景点6处，接待游客64.8万人次，增长11.15%；旅游业收入4407万元，增长31.08%；旅游经营机构12个，星级饭店3个。社会保障：2009年，全县城乡低保、农村最低生活保障线、五保户供养标准提高。参加基本养老保险人数8410人，养老基金收入4443万元；失业保险人数16515人，保费收入313万元。

【荣膺“国家科技进步示范县”称号】 12月底，国家科技部2009年第25次部务会审议通过，确定泽州县为国家科技进步示范县，全国62家，山西省只有泽州获此殊荣。 （张　静）

·高平市·

中共市委书记	谢克敏
市人大常委会主任	李晚富
市　　长	谢克敏 秦建孝(12月任代市长)
市政协主席	梁沁高

【概述】 高平市位于北纬35°39′~35°59′，东经112°42′~113°09′。

2009年，全市地区生产总值完成137.4亿元，比上年增长5.8%；财政总收入28.8亿元，增长33.4%；一般预算收入7.35亿元，增长25.3%；社会消费品零售总额28.5亿元，增长26.7%；固定资产投资53.8亿元，增长16.2%；城镇居民人均可支配收入14086元，增长12.2%；农民人均纯收入5629元，增长8.6%；市区空气质量二级以上天数达350天，增加42天。先后荣获全国中小城市科学发展百强、全国最具投资潜力中小城市百强、全国计划生育优质服务先进市、全国全民健身活动先进单位和山西省文化强县、省级文明和谐城市、全省和谐社会建设先进市、全省社会治安综合治理先进市、全省新农村建设科技示范先进单位、全省中小学校舍安全工程先进单位、全省农建“禹王杯”等荣誉称号。

【“三农”建设】 粮食总产量达到1.79亿千克，生猪出栏130万头，发展蔬菜大棚2084栋。植树造林1667.5公顷，通道绿化200千米，林木覆盖率提高1.4%。新改建6所乡镇卫生院，开工建设2个社区卫生服务中心，创建55个甲级村卫生所；建成110个新农村文化建设示范村、达标村，在200个村建立了文化信息资源共享服务点；新建“万村千乡”农家店51个，完成农村住房解困210户；开工建设沼气1万户，新增用户4620户；完成55个村、3万人的饮水安全工程和60个村、52万人的户通自来水工程；消除危房面积9万平方米，建成21所农村标准化中小学和28所农村幼儿园；市财政补助2.2亿元，在356个村铺开户通水泥路工程，完成硬化面积522万平方米。

【基础设施建设】 建成经济适用住房、廉租房336套。实施神农路、丹河南路等道路绿化和“大树进城”工程，建成8个市区小游园，绿化覆盖率达到35.9%。加快国有、城镇集体企业改制，解决4600余名职工养老保险。推进集体林权制度改革，完成290个村、14540.6公顷林地改革任务。组团参加“中博会”“深交会”“农博会”等招商贸易活动，签约项目5个，引资3.2亿元。

【社会事业】 大力实施“科教兴市”战略，科普星火学校投入使用，争取晋城市以上科技项目42项。新型农村合作医疗参合率达95.2%，补偿金额4200万元。落实城乡最低生活保障政策，低保对象2.6万人，发放低保金3000万元。城镇居民医疗参保人数达到2.1万人，基本实现全覆盖。高度重视就业再就业工作，新增城镇就业岗位4542人，农村剩余劳动力对外输出与就地转移1.3万人。人口和计划生育工作扎实推进，符合政策生育率达91%。市财政拨出1000万元专项资金抗灾救灾。

【产业结构调整】 高平市规划建设五大经济园区和六大企业集团，参与乡村煤矿企业的兼并重组。高平市的煤炭资源整合方案中，矿井数量为29个；产能由整合前的2157万吨/年增加到2700万吨/年；井田面积由整合前的199.32平方公里增加到324.44平方公里；资源储量由原来的12.98亿吨增加到23.97亿吨。组织实施重点工业技改项目，维高水泥日产4800吨水泥熟料一期、天坤特材年产6万吨低碳高铝刚玉、泫氏铸业年产10万吨铸排水管、海华综合生态养殖基地、采源反光材料年产300万平方米反光材料、福鑫铁合金年产25万吨离心球墨铸管一期、九康食品有限公司小麦深加工等技改项目全部展开。

【生态建设】 2009年，高平市围绕创建全国绿化模范城市和生态园林城市的目标，经科学论证，适时启动实施一城、一河、一带、三山、三环为重点的“11133”生态工程，全年累计投资1.1亿余元，完成造林绿化1667.5公顷，通道绿化200余公里，育苗206.77公顷，栽植各类树木560余万株，全市林木覆盖率提高2%，被山西省列入“绿色山西”12个重点示范县之一。开展环保专项行动，加大对煤炭、冶铸、化工等污染行业落后产能的淘汰力度，杜绝土小企业死灰复燃现象。推进节能降耗项目建设，新上5个节能项目和7个新型墙体材料项目。加强环保工作，完成城市生活污水处理厂主干管网建设，确保污水处理厂稳定运行；对72家工业企业排污情况进行摸底排查，对32家企业排污口进行规范整治；对15家用放射源单位进行安全检查；持续实施蓝天碧水工程，市区空气质量二级以上天气达到350天，比上年增加42天。

【基层党组织建设】 高平市围绕创建高标准党建先进市目标，开展“三级联创”活动，增加基层党建工作的活力。一是狠抓农村基层党组织建设。二是积极创新基层干部选拔任用机制。从高校毕业生、复员退伍军人、致富能手和机关干部中，选拔170余名优秀人才担任农村党支部书记。三是积极培养基层党建先进典型。四是大力加强基层组织阵地建设。五是建立健全村级干部管理制度。六是大力实施“万名党员素质工程”。七是加强了国有企业和非公有制企业的党组织建设。八是加强大学生村干部管理。九是大力开展“结对帮扶”活动。十是大力加强党务工作者队伍建设。

（文战胜）

朔州市

中共市委书记	田喜荣
副书记	冯改朵　杨伟明
市人大常委会主任	李　彪
副主任	温日平　白俊禄　李玉兰　刘海清　张丁成
市长	冯改朵
副市长	韩忠荣　雷建国　靳瑞林　王贵平　侯新生
市政协主席	高　厚
副主席	李　翠　谭建国　韩文让　阎美珍　支立新

【概述】 朔州市位于北纬39°5′~40°17′，东经111°53′~113°34′。总面积1.06万平方千米。2009年，朔州市经济发展在全省一路领先，省政府考核的九项主要经济指标中，本市地区生产总值、工业增加值、社会消费品零售总额、海关进出口总额和城镇居民人均可支配收入五项指标增幅全省第一，一般预算收入和农民人均纯收入两项指标增幅全省第二。其中，地区生产总值完成5613亿元，比上年增长10.6%；工业增加值完成270.2亿元，增长18%；财政总收入110亿元，增长7.8%；一般预算收入46.2亿元（含煤矿兼并重组一次性资源价款），增长22.3%；全社会固定资产投资完成301.5亿元，增长35.9%；社会消费品零售总额128.6亿元，增长23.1%；海关进出口总额1.13亿美元，增长86.5%；城镇居民人均可支配收入15500元，增长10.7%；农民人均纯收入5124元，增长8.3%。

【“三农”工作】 在认真落实国家和省各类补贴政策的基础上，进一步加大对玉米、甜菜、小杂粮、大棚种植和养殖小区的补贴力度，并扶持种粮大户发展规模经营。市县财政贴息，支持金融部门向农民发放6600万元大棚贷款和1亿元奶牛养殖贷款。全市共落实各级各类惠农补贴2.6亿元，农民人均增收232元。粮食产量达到7.2亿千克，仍是历史上第四个高产年。奶牛养殖业实现平稳回升，走上规模化、标准化健康养殖的发展轨道，入园奶牛占到奶牛总数的40%。农民人均纯收入超过全省平均水平880元，被省委评为“增加农民收入先进市”。实施农村“五个全覆盖”工程。投资8.36亿元，新修通村水泥路1225千米，覆盖113个村，93.9%的建制村通了水泥（油）路；兴建165处饮水工程，13万农民受益；加固改造校舍27.2万平方米，133所农村中小学办学条件得到改善；建成682个农村卫生室，并为所有农村卫生室配齐村医，提前一年完成全覆盖任务，全省领先；1010个村通上有线电视，426个村实现卫星覆盖，占到建制村总数的85.3%。新增新农村建设重点推进村120个，累计达到420个，占到全市农村总数的四分之一。扶贫工作取得新进展，8550名农村贫困人口实现脱贫。

【重点工程】 实施以基础设施、民生工程和产业结构调整项目为主的162项重点工程,总投资1304亿元。完成投资379.9亿元。图书馆、博物馆、体育馆、文化艺术中心等60多项工程竣工使用。特别是引黄北干、平朔东露天煤矿、同煤麻家梁煤矿、准朔铁路、山阴至灵丘高速公路、大西客运线等国家级重点工程的开工建设,将为朔州的长远发展提供强有力支撑。

【产业结构调整】 实施九大产业调整振兴规划,传统产业快速优化升级,新兴产业加速发育成长。全市135座地方煤矿重组整合为67座,年产30万吨以下矿井全部淘汰,矿井数量减少一半;平均单井生产规模将由45万吨提高到131万吨,增加两倍;产能将由6156万吨提高到8780万吨,增长43%;资源回收率由20%左右提高到75%以上。所有保留矿井将全部实现机械化综采,全部达到90万吨以上规模。煤炭工业的集约化、规模化、机械化水平和资源回收率、安全保障能力都有一个大跨越,全市煤炭工业进入全新发展阶段。大力发展煤矸石电厂、热电联供电厂和风力发电项目,新增电力装机容量70万千瓦,开工建设230万千瓦,新型能源基地地位进一步加强。30多个投资亿元以上的非煤非电工业项目开工建设,新型材料、陶瓷、制药等产业快速壮大。特别是建材业发展迅猛,全市形成10亿块空心蒸压砖、50万立方米粉煤灰砌块和1300万吨水泥的生产能力,煤—电—新型建材循环经济链条基本形成。总投资达到110亿元,占到全市固定资产投资总额的36.5%。应县木塔景区和右玉县成为国家4A级旅游景区。全年全市140个招商项目共到位外来投资60多亿元,为产业结构调整和经济发展增添了活力。

【生态文明建设】 淘汰落后产能,关闭污染企业,积极推广节能工程,万元地区生产总值综合能耗下降5.97%,提前一年完成"十一五"二氧化硫和化学需氧量减排任务。市区二级以上天数达到340天,首次达到国家二级以上标准。低碳经济发展引起全国全省关注,被评为"中国十佳低碳贡献城市",神头一电厂获"中国节能减排二十佳企业"称号。坚持生态优先原则,完成造林22011公顷,被评为"全省造林绿化先进市"和"全省林业建设先进市"。

【社会事业】 教育事业均衡发展。农村寄宿制学校建设成效突出,获全国"义务教育均衡发展先进地区"称号。高等教育迈出新步伐。朔州师专建设进展顺利,太原电力专科学校朔州校区(能源学院)奠基。医疗卫生事业进一步发展。县级医院和乡镇卫生院大部分进行改扩建,新型农村合作医疗参合率和补偿水平大幅度提高。甲型H1N1流感疫情得到有效防控。人口和计划生育工作获得省政府目标责任制考核综合先进奖。科技创新能力进一步提高,申请专利153件,提前完成"十一五"计划任务。就业再就业工作扎实有效,新增城镇就业岗位2.63万个,超省定目标71%。社会保障体系进一步完善,各项社保基金累计达到17.5亿元,比上年增长40%;农村五保户供养水平、城乡低保对象保障水平、企业退休人员基本养老金都有新的提高。大力推进保障性安居工程,开工建设各类保障性住房4.51万套、363.6万平方米,完成投资53.77亿元。住房公积金覆盖面进一步扩大,综合业务考评全省第一。市县两级财政补贴1亿多元,保证冬季供暖平稳运行。认真开展安全生产专项整治,健全安全生产管理机制,强化煤炭行业安全生产长效机制,事故起数和死亡人数均大幅度下降,被评为全省"安全生产专项整治先进市"和"安全生产工作优秀市"。认真做好信访工作,全面加强社会治安综合治理,被省委、省政府评为"和谐社会建设先进市"。积极支持国防后备力量建设,人防工作取得突破,双拥工作深入开展。

【民主法治和精神文明建设】 坚持依法行政,不断加强政府法制建设,在全国首创"行政复议区域联办制度",引起广泛关注。深入开展廉政建设,扎实推进煤焦领域反腐败斗争,累计清缴各类基金和资源价款18亿元。加强文化设施建设,推进文化体制改革,文化事业日益繁荣。认真组织开展讲文明、树新风活动,被评为"山西省2008年—2009年度文明和谐城市"。 (吴夺魁)

·朔城区·

中共区委书记	郭连厚
区人大常委会主任	刘来宽
区长	郭连厚
区政协主席	齐翠英

【概述】 朔城区位于北纬39°07′~39°28′,东经112°00′~112°44′。全区总面积1794平方千米,辖2镇9乡4个街道办事处、299个行政村、26个居委会。全区总人口为41.6万人。

境内有中国最大的露天煤矿—平朔露天煤矿生活区,华北最大的火力发电厂—神头一、二电厂。北同蒲复线电气化铁路纵贯全境,准—朔铁路横跨全区,境内还有6条运煤铁路专线;煤炭外运沟通京广、京包、陇海等铁路动脉,通往秦皇岛、石臼新港等。公路四通八达,大运高速、大运公路穿境而过,即将开工建设的环城高速横跨全区,再加上近年来实施的"村村通"水泥(油)路工程,形成了较为完善的城乡交通网络。电讯业实现程控联网,信息传递畅通便捷。

资源丰富,地下矿藏相当可观,初步探明有35种之多,其中煤炭和石灰石两大资源最为突出。煤炭储量已探明为195亿吨,占全省煤炭储量的近1/10,占朔州煤炭储量的40%;石灰石储量1600亿吨,铝矾土储量7000万吨,粘土储量1500万吨,水资源总量3.54亿立方米。全区现有耕地71435.7公顷,除已有林地、牧坡、村庄、道路、河床等占地外,尚有近百万亩土地可供开发利用。

2009年,国内生产总值达166亿元,比上年增长15.8%;人均国内生产总值达40118元,增长18.4%;财政总收入12.6亿元,增长18.1%;一般预算收入6.3亿元,增长49.8%;农林牧渔业总产值达21.5亿元,增长103.3%;粮食总产量达23.85万吨,增长1.2%;

工业总产值131.2万元，增长6.9%；固定资产投资总额达111.6亿元，增长57.7%；社会消费品零售总额达37.5亿元，增长24.3%；城镇居民人均可支配收入达15289元，增长17.5%；农民人均纯收入达5959元，增长14%。全区先后获全国粮食生产先进区、全省经济社会综合考核评价先进区、全省和谐社会建设先进区、全省十大文化强区、全省农机化工作先进区、全省义务教育学校标准化建设先进区、全省林业建设先进区、山西省园林城市等多项荣誉，特别是在2009年全省县区经济社会发展结构优化、民生改善、可持续发展等3个方面32项指标考核评价中，朔城区在全省119个县区中脱颖而出，经济社会发展指数位居全省第1，发展水平位居第8，连续四年受到省政府表彰。

【重点项目】 引进中煤、同煤、省煤运三大集团，将全区20座煤矿整合重组为10座，年生产能力达1500万吨，煤炭产业的集约化、机械化水平进一步提升。全年实施非煤工业项目39个，格瑞特2×13.5万千瓦矸石发电、引黄PCCP制管、年产10万吨高精合金等9个项目投产运营，浙江金圆、东方长宏、大唐利民风电等17个项目开工建设，太化集团搬迁、天脊100万吨肥料生产、蓝星集团新型化工材料异地搬迁等13个项目正在筹备。

【“三农”工作】 实施玉米丰产方、农业综合开发、土地整理等项目，粮食直补和农资综合补贴政策全面落实。全区总播种面积达6.17万公顷，实现大旱之年不减产，连续六年保持稳定增长。全年新增设施蔬菜面积280公顷，总面积达720公顷，蔬菜总产量达28.5万吨。认定无公害生产基地3333.3公顷、无公害农产品2个，累计分别达2.3万公顷、23个，均居全市第一。人畜分离小区发展到31个，大畜饲养量达12.6万头，同比增长3.4%，其中奶牛存栏3.6万头，肉、蛋、奶产量分别达2.9万吨、0.8万吨和5.6万吨；新建青贮窖7.5万立方米，改良草场333.3公顷。农机总动力达到41.5万千瓦，耕、播、收机械化综合作业水平达到44%。全年发展专业合作社71个，累计达152个；培训农民1.1万人，新转移劳动力6600人，农民外出务工收入突破4亿元。全区23个省级新农村建设重点推进村顺利完成年度任务，涌现出张蔡庄、高庄、青钟、孙家嘴等一大批先进典型。

【城乡建设】 社会各类总投资80多亿元，铺开60多项城市改造与建设工程，拆迁总面积达150多万平方米，在建面积220万平方米。其中，老城改造项目获2009年中国城市化进程十大影响力工程。城市清扫保洁面积扩大116万平方米，垃圾处理做到日产日清，垃圾清运率达93%，城市环卫机械清扫率达43%。同时，投资8亿多元，铺开国家、省、市、区20多处生态绿化工程，西山森林公园治理面积已达9666.7公顷，恢河综合治理三期工程基本完工，总投资1.1亿元、占地168公顷的金沙植物园开工建设。全区生态治理面积达8.3万公顷，林草覆盖率达46%，人均绿地面积达10.6平方米，居全国领先水平。全年开展土地专项集中整顿行动5次，拆除违法、违章建筑19.3万平方米，清理非法占地95.3公顷，立案查处土地、矿产资源违法案件111宗，取缔砂场45家。

【社会事业】 总面积1.3万平方米，总投资1373万元的下庄头、北邵庄等24所农村学校的新建、改扩建工程全部投入使用；总投资3000万元、建设面积1.2万平方米的四中改造工程基础完工；总投资2.2亿元的新一中投入使用。投资450万元，完成20所乡镇卫生院标准化建设；投资9500多万元、建设面积3.1万平方米的区一医院住院楼主体完工；投资2000多万元、建设面积1万平方米的区二医院投入使用，缓解了群众看病难问题。发展连锁农家店和新农村便民店23家，开设区级粮油配送中心1家、放心粮油店10家。完成农村公路通达工程10千米、通畅工程220千米，新增野狐梁、朱庄、梁地、牛圈梁等14个通水泥路建制村，全区公路通车里程达1351千米。解决41村2.6万人6900多头大牲畜的饮水安全问题。各类保险参保人数达38.7万人，征缴各类保费近1.4亿元，各类社保基金滚存结余达1.9亿元。18765名城镇困难居民、14321名农村特困群众纳入低保范围，农村65岁以上老人，3275名农村“五保”对象等均实现应保尽保，279名城镇就业困难人员实现再就业。

【执政建设】 重点领域专项整治成效突出，制定出台《朔城区建立健全惩治和预防腐败体系2009年工作要点》和《朔城区惩防体系建设实施方案》，建立农村党风廉政建设责任制追究体系，惩防体系建设不断完善。思想作风纪律整顿深入开展，在全区开展以学习“右玉精神”为主要内容的思想纪律作风整顿，先后3次组织300多名党员干部到右玉参观学习。组织实施第二批、第三批深入学习实践科学发展观活动，区四套班子领导全年深入基层调研时间达到工作日的1/3以上，撰写调研报告100多篇，在各级刊物上发表调研文章18篇。

（李志强）

·平鲁区·

中共区委书记	李　俊(兼)
区人大常委会主任	焦　文
区　　　　长	李　俊
区 政 协 主 席	王　秀

【概述】 平鲁区位于北纬39°22′~39°58′，东经111°52′~112°41′。素有“朔北雄城，塞外天险”之称。全区总面积2314平方千米，总人口20.3万，其中农业人口16万，辖2镇11乡352个行政村。2009年，完成地区生产总值150亿元，同比增长16.4%；财政总收入达14.52亿元，增长42.67%；一般预算收入达6.34亿元，增长48.28%。城镇居民人均可支配收入达11414元，增长11.66%；农民人均纯收入达3890元，增长13.42%；全社会固定资产投资达74.6亿元，增长58.66%。社会消费品零售总额17.07亿元，同比增长24%。工业增加值112亿元，增长18%。

【煤矿兼并重组和升级改造】 在2006~2007年完成第一轮煤炭资源整合,2008年对具备条件的矿井先行一步实施综采改造的基础上,2009年按照国家煤炭产业政策和省市关于煤矿兼并重组工作的一系列安排部署,以8家国有大型煤炭企业集团和2家地方骨干煤矿集团为主体,对原有的48座地方煤矿连同3座市直矿再行进行整合重组。全区保留矿井25座,矿井数量减少一半;平均单井规模由15万吨提高到120万吨,增长7倍;全区产能由1200万吨提高到3000万吨,增长1.5倍;资源回收率由20%左右提高到75%以上,所有保留矿井全部取消炮采,实现综采,煤炭工业的集约化、规模化、机械化开采水平和安全保障能力大大提升。截至年底,整合重组工作基本结束,整合协议全部签订,主体企业已到位接管矿井23座,到位率92%;有21家已换发采矿许可证,占已批复矿井的84%;有9座矿实现综采正常生产,生产原煤1433万吨,较上年增长35.6%。2009年平鲁境内的国有大型煤矿连同地方煤矿累计生产原煤近1亿吨,占到全省煤炭产量的近1/6,为全省经济建设提供了有力的能源支撑。

【城乡建设】 旧城改造一期工程基本结束,完成投资20多亿元,拆迁面积100多万平方米,新建在建面积200万平方米。北坪、东坪等八大住宅小区全部建成;井榆路、建设路、胜利路、明珠街等城市主要街路临街公建全部竣工;建筑交易中心、社区服务中心、安全应急中心等陆续建成;博物馆、民俗馆、城墙景观带等一批城市景观工程按进度推进;城市集中供热、供水、主要街路整治等工程全部完工。城市承载力、辐射力、聚集力得到有效提升,人口由4.5万增加到近10万。"十镇百村"建设基本完成,完成投资3亿多元,移民搬迁137个村、3642户、18648人,村庄总数由442个缩减到286个。生态建设强势推进,完成投资近2亿元,完成大片造林8004公顷,四旁植树60万株,新育苗200.1公顷。基础设施建设步伐加快,村通公路建设方面,投资9170万元,完成110个建制村262千米道路建设工程。农村安全饮水方面,投资3500万元,新建各类饮水工程55处,解决了55个村、3.5万人的饮水安全问题。村通广播电视方面,投资340万元,完成2305户有线电视安装工程,完成47个边远村庄1850户无线网络覆盖工程。农村产业化经营水平稳步提升,全区农业产业化经营组织、专业合作社和企业发展到上百家,六大农畜产品加工龙头企业全部投产,五大种植基地、30个标准化养殖园区初具规模,生态畜牧基地建设成效明显。"五个一体化"、"五个全覆盖"在"一城十镇百村"基本实现。本区被评为"全省新农村建设先进区"。2009年全市在本区召开新农村建设现场会,刘维佳副省长对"平鲁模式"给予高度评价。国家有关部委在本区举办新中国成立六十周年暨新农村建设研讨会,与会官员、学者认为,平鲁是一个能够反映新中国成立六十年、改革开放三十年里中国农业经济飞速发展及新农村建设成果的典型,"平鲁模式"值得推广。

【重点工程建设】 全区启动实施国家及省市重点工程项目40项,总投资近400亿元。引黄北干、东露天、准朔铁路、荣乌、平朔高速公路和神电关小上大等6大国家重点工程建设项目全部开工建设,26项中央扩大内需投资项目基本完成,8项省市重点工程稳步推进。此外,投资2亿元的高岭土扩能工程,投资2亿元的汽车修配城开工建设;投资3亿元的乌龙洞、北固山、明海湖生态旅游景区开发一期工程基本结束;投资1亿元的休闲娱乐城、投资5000万元的明海四星级宾馆主体工程完工;矸石电厂二期、败虎风电、新型建材、特色农副产品加工等一批项目建成投产。多业并举、多元支撑的产业格局正在形成。

【社会事业】 投资7000多万元的启明学校建成启用,投资3000多万元的二小改造工程主体完工,投资1000多万元的机关幼儿园改造工程交付使用,投资近1个亿的12所高标准农村寄宿制小学全部投入使用,城乡教育均衡发展的架构基本形成。2009年李林中学本科达线379人,较上年增长32.6%,增幅全市第一,被评为省级示范高中。本区被教育部授予"推进义务教育均衡发展工作先进地区",平鲁是山西惟一获此殊荣的区县。医疗卫生事业进一步发展。投资1.2亿元的区综合医院,由省人民医院接管为分院;投资1000万元的中医院改造即将开工建设;投资1000万元的8个乡镇卫生院、212个村卫生室改造工程全部完工。本区在全省率先实施公立医院改革的做法,得到省、市有关领导和上级卫生部门的肯定。人口计生工作迈出新步伐。本区被评为"全市人口计生工作责任制考核综合先进区"。文化体制改革积极推进,城乡公共文化服务体系日趋完善,优秀文化作品不断涌现。体现民族精神的电视连续剧《李林的故事》拍摄完成,由央视执导的新中国成立60周年特别节目《我们的新农村——和谐平鲁》,播出后在全国引起热烈反响。社会保障体系进一步完善。全区养老、失业、医疗、工伤、生育五项保险保障覆盖面均达90%以上,参保人数12.3万人;新型农村合作医疗参合率达93%,参合农民14.2万人;享受城乡低保人数达1.3万人,享受"两免一补"的中小学生达4万人,社会保障实现应保尽保和全覆盖。

(区政府办)

·山阴县·

中共县委书记　李　锦(朔州市委常委、政法委书记主持山阴县委工作)
县人大常委会主任　李国胜
县　　长　侯　元
县政协主席　袁林生

【概述】 山阴县位于北纬39°11′~39°46′,东经112°25′~113°04′。2009年,全县地区生产总值99.4亿元,同比增长15.3%,超出全市4.7%,超"十一五"规划目标近20亿;财政总收入18.16亿元,增长0.45%,跃居全省第16位,全市第一,提前两年实现"十一五"规划目标；一般预算收入7.88亿元，增长27.2%，超出全市9.2个百分点。全社会固定资产投资36.13亿元，增长11.9%；社会消费品零售总额18.5亿元，增长24.3%；城镇居民人均可支配收入1.55万元，增长11.6%；农民人均纯收入6503.4元，增长8.5%，获省、市增加农民收入先进县称号。金融机构各项存款余额109.2亿元，增长20.4%；各项贷款余额29.1亿元，增长26.8%。

【农业经济】 2009年粮食总产量1.475亿千克，农民人均纯收入比上年增长507.49元。全年兑现各项惠农政策补助7000多万元。优化农业产业结构，建成示范性温室大棚450座。加强农业基础设施建设。实施玉米丰产方、旱作农业等4个万亩方工程，完成原种场333.5公顷盐碱地改良等5个土地开发整理项目，整理土地480.24公顷。推进规模健康养殖。全县新建高标准奶牛养殖小区30个，规模化养殖奶牛2.39万头，覆盖面33%。建成标准青贮窖300座9万立方米；强化动物防疫，畜禽免疫密度100%。加强鲜奶质量监管和标准化奶站建设，达标奶站130个。全县存栏奶牛7.32万头，增长1.4%；鲜奶总产量28.1万吨，增长23.6%。

【项目建设】 2009年共争取到中央拉动内需项目2批27个，总投资5263万元，完成22个，完工率81.5%。其中基层计生服务所、动物防疫站、基层卫生院及农村公路建设等任务全面完成，廉租住房建设主体工程完工，大型沼气站建设基本竣工。推进省级项目4个，总投资32.4亿元，年内完成投资6.2亿元；市级项目7个，总投资32.8亿元，完成2个，完成投资105亿元。其中中煤金海洋煤矸石烧结砖项目建成投产，昱光2×300兆瓦发电项目完成投资6亿元，贺庄煤炭物流枢纽项目、经济适用住房、县城生活垃圾处理厂等前期工作正在进行。铺开32个重点项目，竣工投产12个，在建13个，前期准备7个。与国家开发银行建立合作关系，签订合作协议，融资近5亿元，促进廉租房、垃圾处理厂、热电联供和道路建设项目的启动实施。在省市组织下参加四届中博会，签约项目5个，项目投资6715万美元，引资4622万美元。参加"东盟博览会"，与东盟10国进行招商资料交流；参加"高交会"，签订4个高新技术项目合作意向。全年招商引资项目43个，总投资8804亿元，其中引资61.96亿元，到位资金19.7亿元，当年完成投资23.9亿元。特别是拟建项目中煤金海洋2×350兆瓦煤矸石综合利用发电供热项目、华能4×100万千瓦超临界电厂、太重20万千瓦、联成10万千瓦风力发电等前期工作有序推进。

【煤矿资源整合】 2009年国有企业控股煤矿14座、产能1620万吨；地方煤炭集团控股煤矿2座、产能240万吨；地方骨干煤井5座、产能708万吨；分别占全县煤炭产能的61.4%、9.1%、29.5%。其中浙商李克边投资5亿元，整合弓长、顺平等小煤矿，生产规模由年产30万吨提升到210万吨。整合后，全县煤矿由39座整合为21座，平均单井生产规模由年产32万吨提高到126万吨，数量减少一半，单井规模增长近四倍；全县煤炭产能由1245万吨提高到2640万吨；全县井田面积由126平方公里扩大到171平方公里。截至年底，全县得到正式批复方案的煤矿20座，占保留矿井的95.2%；9家兼并重组企业主体，签订兼并重组协议32份，完成97%；19座煤矿配齐了"六长"，主体进驻接管到位的矿井20个，接管率95.2%；19座煤矿取得新采矿许可证，占已批复保留矿的90.5%。

【循环经济】 北周庄循环经济工业园形成煤炭生产、洗选、输送、发动能力达四个1000万吨、发电6亿千瓦小时、生产硅锰合金5万吨、煤矸石烧结砖2亿块的循环发展格局。中煤金海洋集团实现销售收入18亿元，开展污染综合治理，在全省环保工作"四合一"考核中名列前茅，全省实施蓝天碧水工程评比位列第六。

【生态建设】 继续实施西山环城生态景观区绿化和广武旅游区绿化。全年投资5500万元，造林6670公顷，被指定为2010年全国京津风沙源治理现场会观摩点。其中西山环城生态景观区3335公顷，成为省政府批准建立的56处县级森林公园之一。山阴县被评为全省造林绿化先进单位和全市规模造林先进县。

【社会事业】 教育方面，投资2316万元新建校舍2.6万平米的8所寄宿制学校全部竣工并交付使用；继续开展"圆梦大学"助学行动，倡导社会捐款25万元，帮助62名家庭困难学生步入大学校门。医疗卫生方面，重点抓乡镇卫生院建设、消灭空白村卫生室、新农合、防治甲流等工作，初步实现群众小病不出村、大病不出县、医疗有保障的目标。全县新农合参合率全市第一。社会保障方面，2009年全县养老、失业、医疗等8项保险参保人数12.5万人，同比增长26%。征缴基金1.35亿元，增长22%；支付社会保障基金5559万元，保障率100%。累计滚存结余基金1.96亿元，同比增长41%。农村养老保险列入省级、国家级试点。全县60周岁以上农民每人每月可领取55元基础养老金。2.9万人纳入城乡低保，全年发放低保金3417万元。创业就业方面，全县807名下岗职工实现再就业，2213名农村剩余劳动力实现就业转移，304名困难大学生实现就业，其中公益性岗位招聘84名。全县失业率控制在3.8%以内，低于全省平均水平。住房安居方面，廉租住房年内完成投资1490万元，建成336套1.68万平方米的主体工程；总投资7520万元的经济适用住房已立项。"五个全覆盖"工程全面完成。

【安全生产】 全县增设2个基层煤矿监察管理所，派驻各类驻矿监管看守人员96人，对煤矿用电实行24小时流程监控；及时解散停产停工煤矿暂住人口，加大对私挖滥采、非法违法生产的打击力度；深入开展安全隐患专项整治，实现事故起数下降5起、死亡人数下降4.54%，工矿商贸领域没有发生一起安全事故。煤焦领域

反腐败斗争扎实展开,累计清缴各类欠缴基金、价款、税费等5.98亿元,位居全市第一。（侯志林）

·应　县·

中共县委书记	侯新生*
	王守林
县人大常委会主任	贺　诚
县　　长	王守林
县政协主席	马成云

【概述】 应县位于北纬39°17′~39°45′，东经112°58′~113°37′。总面积1708平方千米，土地面积17.1万公顷。全县辖3镇9乡298个行政村，30万人。年末，全县总人口295545人,比上年增加4908人;全年完成地区生产总值302764万元，同比增长10.88%;人均国内生产总值7106元，增长12.7%；全县农村经济总收入25.72亿元,增长12.32%;农民人均纯收入4110元,增长8.04%;粮食总产20.0666万吨,增长7.9%;完成工业总产值(限额以上)167800万元,增长45.8%;完成工业增加值57522万元，增长41.5%；工业企业实现利税12500万元,增长47%;固定资产投资191016万元,增长4.33%;社会消费品零售总额166200万元，增长51.1%；城镇居民人均可支配收入11241元,增长13.1%。财政总收入和财政总支出均创历史新高。全县财政总收入完成18460万元,增长14.9%;一般预算收入完成8144万元，增长22.48%,,超过5年前的财政总收入。

【“三农”工作】 坚持把农业“三项建设”作为新农村建设的主攻方向,深化农业产业结构调整,全方位提高农村农业发展水平。按照“井区大棚种蔬菜,灌区牛羊都进圈,边山峪口干果带,旅游景区抓生态”的总体思路,因地制宜引导发展“反季菜、食用菌、特色果、鲜切花”四大特色产业基地。2009年先行规划建设大棚667公顷,重点开工建设百棚以上温室示范园区16个,千棚以上园区1个,完成投资5700万元。规划建设畜牧棚圈5万平方米,新建养殖小区45个,完成奶牛小区17个，肉羊小区12个,完成投资5000多万元,呈现奶业回暖、养殖升温的良好态势。重点铺开投资1200万元的万亩干果经济林建设工程和投资1500万元的塔北万亩生态公园建设工程。同时,完成投资9000多万元的一批农业基础设施建设工程,完成投资近7000万元的农村“五覆盖”、“三化”和新能源建设工程。落实国家强农惠农政策,全县共发放各种补贴4575万元。2009年,被省委、省政府表彰为全省粮食生产先进县,被农业部确定为全国蔬菜重点区域发展规划基地县,被市委、市政府表彰为蔬菜发展进步县。

【工业经济】 (1)传统产业进一步做强做大。白酒、乳品、制糖、炉具、陶瓷等传统产业逐步升级改造。梨花春集团上缴税金1836万元，创近十年新高。雅士利公司克服“三聚氰胺事件”影响,步入良性发展轨道,上缴税金1821万元,同比增长8.8倍,成为全县第二纳税大户。中粮糖业在原料供应严重不足的情况下，上缴税金521万元,增长1.65倍。陶瓷行业全年完成产值25150万元,增长27%。万发等一批炉具企业进一步优化产品结构,研发新型节能环保炉具,实现销售收入3820万元,同比增长23.22%。(2)招商引资和项目建设成果丰硕。2009年在短短的100天时间内,落地开工建设五大地面工业项目。其中,加拿大企业总投资1.07亿元的药用植物空心胶囊及软胶囊生产建设项目,浙江一舟皮革有限公司与应县森泰畜产品公司总投资1.7亿元的年加工600万张绵羊皮项目，山西省化工研究院投资1.1亿元的年产6000吨橡塑助剂生产线项目投入生产。山西晶都太阳能电力有限公司总投资15亿元的单晶硅电池生产线项目,当年完成车间基础浇注工程。总投资2.5亿元的2×12兆瓦生物质能热电联供项目由山西国能公司建设。五大项目投资总额突破20亿元。招商引资工作连续四年受到市委、市政府的表彰。(3)项目储备形势看好。大唐国际发电股份有限公司拟建的6万千瓦太阳能光伏发电项目，计划投资24亿元,已完成实地勘察。大唐国际发电股份有限公司拟建的15万千瓦风电项目,计划投资15亿元,已列入全省风电规划。山西格盟能源集团拟建的2×660兆瓦热电联供项目,前期工作基本就绪。晋鲁水泥有限公司拟建的年产120万吨环保水泥项目，总投资8600万元,正在进行环评。内蒙古贺氏集团拟建的万吨列煤炭集运站项目,前期各项工作已完成,随火车站同期建设。山西广聚砼科技有限公司拟建的年产10万吨高效减水剂项目，总投资1.2亿元，项目已完成选址,正在环评。

【旅游产业】 投资100多万元,启动应县旅游发展总体规划、木塔景区修建性详规和控制性规划、石柱山景区修建性详规和控制性规划等7个规划的编制工作。同时,完成投资1180万元的石柱山旅游专线和停车场建设工程；启动投资2500万元的木塔周边环境整治项目,重点完成塔北硬化、排水、消防和以大型乔木栽植为主的绿化工作,完成木塔至净土寺拆迁改造区调查摸底。木塔景区安装世界最先进的全数字、高清、智能网络视频观景台,全天候记录景区四季风景,并实时向全世界发布高清视频。

【基础设施建设】 道路交通方面,完成总投资4540万元、全长192千米的农村道路通达通畅工程和县级公路改造工程;启动应繁路及梨树坪隧道建设工程;全力配合北同蒲铁路过境段、荣—乌(山东荣城至内蒙乌海)高速公路过境段工程建设和大西高速铁路过境段工程规划设计。完成25个村3.22万人的人畜饮水安全工程,完成8700多户城镇居民自来水入户管网改造工程,实现县城全天供水。住房和城乡建设方面,完成总投资6570万元,总面积6万平方米的廉租房、经济适用房建设大部分主体工程;完成总投资3900万元的县城生活垃圾处理厂主体工程。投资700万元,完成以城市道路、公园广场为主的城市“三化”工程,新增绿地64万平方米,硬化人行道37230平方米。

【社会事业】 按照整顿、改造、扶持“三结合三加强”的思路，大力实施教育振兴战略。投资6000万元，开工建设占地5.4公顷、建筑面积34528平方米的县职教中心建设工程，主体工程完成三分之二；投资1000万元，完成3所农村寄宿制学校安全改造工程，改造面积64061平方米。医疗卫生事业深入推进。投资580万元，完成70个空白村卫生室建设、15所乡镇卫生院完善工程和医疗设备配备工程；投资500万元，开通远程医疗网；农村合作医疗参合农民达232129人，参合率93.5%；妇幼保健、疾病防控、卫生监督三项工作争先创优，被表彰为“全省地方病防治先进集体”和“防氟除砷集中供水联网改水工程示范县”。以创建省优计生服务县为目标，全年共落实各类计划生育奖励1272人，完成社会抚养费征收107.4万元，落实长效节育措施3585例，全县人口出生率和自然增长率分别控制在7.37‰和4.16‰。社保覆盖面和保障水平进一步提高。全县各类保险参保人数达77772人，征缴基金6859万元；就业再就业1833人；参加职工大病医疗互助7220人；享受低保、五保和65岁以上农村生活补贴53171人，共发放保障补助资金、优抚对象生活补助和各类救助金、救灾款4774万元。全年县城二级以上天气达340天，被中华环保联合会等四家单位评为“中国绿色名县”。投资318万元，建成10个高标准乡镇文化站、24个全民健身广场；投资1794万元，完成76个村通有线电视和178个村广播电视无线覆盖工程，新发展数字电视用户800多户。 （温晋华）

·右玉县·

中共县委书记	陈小洪
县人大常委会主任	贺朝善
县长	苏连根
县政协主席	黄凤莲

【概述】 右玉县位于北纬39°41′~40°17′，东经112°07′~112°38′。全县土地总面积1969平方千米，辖4镇6乡1个旅游区，321个行政村，总人口11.2万，其中农业人口9万。2009年，地区生产总值21.63亿元，比上年增长15.95%；财政收入完成27898万元，增长16.8%；一般预算收入完成10532万元，增长23.79%；工业总产值、增加值完成14.28亿元、5.97亿元，分别比上年增长51.8%、46.74%；社会消费品零售总额完成7.45亿元，增长24%；城镇居民人均可支配收入和农民人均纯收入分别达到10345元、2802元，分别比上年增长12.55%、11.37%；全社会固定资产投资17.8亿元，增长33.5%。在第四届“中博会”、“农博会”和十一届“高交会”上签约8个项目，总投资18亿多元。

【农业经济】 (1)种植业稳步发展。实施种植业“双新工程”，建设一批优质杂粮、蔬菜、玉米种植示范园区。建成133公顷马铃薯种薯繁育基地，开展“622”(60%的耕地种植马铃薯、20%的耕地种杂粮、20%的耕地种经济作物)种植模式试点工作，积极推进农业结构调整。全县粮食作物播种面积稳定在4.4万公顷，粮食总产达到2086.3万千克。(2)畜牧业发展强劲。种植多年生牧草666.7公顷，格瑞草业公司投入运营，全县饲草实现就地加工转化。新建养羊、养兔、生态养猪、边鸡各类养殖园区。建成标准化养殖圈舍100套。繁育优种羊2万只、改良本地绵羊10万只、土种黄牛2.5万头。

【工业经济】 (1)改造提升传统产业。煤矿兼并重组工作在全省率先完成。阳煤、教场坪和玉龙集团成为煤炭企业兼并重组主体，全县地方煤矿由9座减少到5座，产能除同煤铁峰公司外由309万吨提高到920万吨。延伸煤炭产业链，大力推进循环经济，建成教场坪集团洗煤厂、煤机厂，开工建设京玉2×30万千瓦煤矸石电厂和业家村22万伏变电站。(2)精心培育新型产业。推进神固公司年产60万吨水泥熟料、泉鑫公司单晶莫来加工、臣丰食业苦荞深加工以及汇源公司无菌冷灌装饮品生产等项目，部分生产线已具备试产条件。(3)大力开发替代产业。立足本地山高风大、光照充足的特点，大力发展风力发电、太阳能发电项目，1个风电厂建成运营，2个开工建设，3个风电厂和1个光伏发电项目待核准。全年实施中央扩内需项目和省市重点项目44个，总投资达80多亿元。“十大工业项目”全面推进，当年完成投资20亿元。

【城乡建设】 (1)“两宜”城市建设成效明显。编制《右玉县县城新区建设规划》等一系列规划。新建一批住宅小区，玉龙国际酒店建成投用，玉林商贸中心主体工程完工。大力开展环境综合整治活动，继续实施县城绿化、亮化、美化工程，县城环境面貌得到较大改观。大呼高速公路右玉段开工建设，大呼高速路和荣乌高速路县城连接线工作快速推进。改造县乡公路20千米，建设农村公路131千米。(2)农村面貌焕然一新。大力开展农村环境整治，规划的新农村基本实现了“五化”，新增2个省级环境优美乡镇和8个省级生态文明村。(3)“五个全覆盖”工程扎实推进。6所中小学校舍安全改造工程年内全部投入使用。完成211个村卫生室建设任务。村通广播电视一期工程安装收视传输设备1340套。解决17个村饮水安全问题。建设农村水泥路23条183千米。(4)通道绿化补植103千米、大片造林8333.3公顷、城市绿化18万株；完成大片造林预整地5000公顷、通道绿化整地54千米、开挖各类树坑289万个。

【民生事业】 续建和改造牛心甘泉庄寄宿制小学、机关幼儿园等。新录用教师140名。乡镇卫生院全部恢复正常运行。公开招录一批卫生监督员、执业医师和村医。新农合参合率达到91%，共为3.1万多人次补偿730万元。企业退休人员养老金和失业人员救济金按时足额发放。城镇家庭无固定收入65岁以上老年人生活补贴制度和城镇个体工商户及灵活就业人员养老保险制度启动实施，城乡救助、救济政策全面落实。维修改造旧供热系统，新建玉龙供热站。开工建设廉租住房和经济适用住房建设工程。县城污水处理厂和垃圾处理厂开工建设。县人民医院医技楼投入使用。举办第五届中国右玉·生态健身旅游节等一系列重大文体赛事活动，全年接待游客60多万人(次)。

(李志国)

·怀仁县·

中共县委书记	牛志忠
县人大常委会主任	韩孝华
县长	王智杰
县政协主席	周志强

【概述】 怀仁县位于北纬39°37′~39°57′,东经112°46′~113°26′。

全年完成地区生产总值92.78亿元,比上年增长0.25%;财政总收入13.04亿元,减收27%;一般预算收入4.1亿元,减收23.26%;城镇居民人均可支配收入15772元，增长10.12%;农民人均纯收入6380元,减收1.99%;社会消费品零售总额33.41亿元,增长17.1%;全社会固定资产投资42.28亿元，增长5.16%。全县经济运行平稳,县域经济综合实力连续三年进入中国中部百强县行列。

【项目建设】 全年共实施调产项目34个,其中新建16个、续建15个,累计完成投资25.49亿元。县属14座煤矿整合重组为7座年产90万吨以上的综合机械化大矿,年生产能力1290万吨,加上驻怀的4座煤矿,全县煤炭年产量将达到2000万吨。规划建设金沙滩煤炭洗选配送园,签订协议入驻园区年洗选能力120万吨以上的企业达20家，工程全部完工达产后,年洗选发运能力将达2000万吨,加上原有的17座发煤站，全县煤炭发运能力将达8000多万吨。共铺开重点工程38项，完成投资31.86亿元,其中已完工14项。在非煤产业上取得新突破,较大的项目有:同煤200万吨新型干法水泥项目、诺成制药一期工程、同星制药一期工程、晶屹建筑瓷项目、恒源瓷业项目、万家寨引黄北干线工程、同煤2×20万矸石电厂项目等。争取到4批29个项目,总投资1.27亿元,项目开工率达100%,其中有19项全部完工。全年共签订招商引资项目合同48项，签约金额194.3亿元。全年累计投资3.7亿元，完成迎宾街、云州街、新建北路、迎宾广场、人民公园改造工程,迎宾立交桥完成牵引变电所建设和拆迁工作,廉租住房工程、北坛森林公园等城建重点工程基本完工。新建各类日光节能温室大棚1156个、人畜分离小区7个，完成京津风沙源棚圈建设2.5万平方米。建设城乡公路总里程225.5千米。新发展农民专业合作社42个,全县登记注册的农民专业合作社达到252个。在大旱之年,农业和农村经济减产不减收，全县粮食总产量7500万千克，农村经济总收入达60亿元。村通水泥(油)路工程,投资1600万元,新修乡村道路80千米,实现村村通全覆盖。投资3900万元,消除农村中小学D级危房3.5万平方米，实现全县中小学无危房的目标。投资656万元，新建103个卫生室，实现全覆盖。村通广播电视工程,投资60万元,有线电视全部进村,入户1600户，有线电视和广播全面覆盖。投资1600万元,为30个村接通自来水,全县饮水困难和饮水安全问题基本解决。全国农广校教育教学改革工作暨中职教学班进村现场会、全市规模健康养殖现场会先后在本县召开。

【生态文明建设】 全年完成造林面积2334.5公顷，启动实施西山8007公顷生态建设区工程,56.2千米主林带道路全部开通,并修辅路、作业路80千米，整地挖坑4402.2公顷375万个,配套水源井6眼。建设户用沼气池1829户、大型沼气站3座、大型秸秆气化站1座,建成农村沼气服务网点32个。实施蓝天碧水工程,在全省32个蓝天碧水工程县市中排名第五。全县化学需氧量排放量控制在2650吨以下,二氧化硫排放量控制在6200吨以下,比上年减排200吨。投资2500万元,建成四水厂,饮用水源地水质达标率达100%。投资8000多万元，完成热源厂二期工程。投资6800万元，铺开垃圾处理厂工程,城市集中供热普及率达到83%,城市污水处理率达95%。县城大气质量二级以上天数达338天。

【民主政治建设】 县人大及其常委会依法行使职权,审议、评议、监督等工作取得新成效。政协委员参政议政作用进一步发挥。工会、共青团、妇联等群团组织的桥梁纽带作用进一步强化。村民自治和基层民主建设的各项制度进一步完善,农村基层政权继续巩固。政府机构改革和事业单位分类改革基本完成。加快推进依法治县进程,加强社会治安综合治理,全面引深“平安怀仁”创建活动,新建10个乡镇综治中心,投资950万元的县公安监控系统实现对全县36平方公里的全覆盖,全县治安防控水平进一步提高。被评为全国城市报警与监控建设先进县和全省社会治安综合治理先进县。全省法院重调息诉和谐司法经验交流会、全市综治工作现场会先后在本县召开。不断强化国防后备力量建设，深入开展“双拥共建”活动，继续获得省级“双拥模范县”称号。

【思想文化建设】 开展文明和谐创建活动，获得全国文明县城荣誉称号。成功举办元宵节晚会、消夏晚会和山西·怀仁仁义经典美文诵读等文化活动,开展科技、文化、卫生“三下乡”等活动,城乡群众文化日益繁荣兴旺。怀仁旺火习俗被列入省级非物质文化遗产。该县被命名为全省民族传统节日保护示范地。发展文化事业,推出一批文艺新人,创作一批优秀作品,完成电影《大学生、小村官》拍摄工作和后期制作。建立网络舆情报告工作机制,加强对社会舆情的收集、报送、研判,做到准确监测、认真分析和妥善处置。全县涌现出全国文明乡镇1个,全国文明创建先进单位1个，省级文明和谐创建单位16个，市级文明和谐创建单位35个。

【社会事业】 县委常委会把扩内需、保增长的出发点和落脚点放在改善民生上,实施“五大惠民工程”,被省委表彰为“全省和谐社会建设先进县”，被科技部评为全国科技进步先进县。撤县设市工作得到民政部领导的大力支持,申报工作进展顺利。新增城镇就业岗位3987个，开辟公益性岗位721个,城镇登记失业率控制在1.8%以内。加大农村劳务输出力度。全年完成引导性培训1.5万人,转移性培训1600人。城市低保覆盖11877人,农村低保覆盖13324人。各类社会保险基金滚存结余1.79亿元。投资676万元,建成县中心敬老院和何家堡乡敬老院。实现城乡教育、公办民办教育、基础教育与职业教育的均衡发展。全县拥有各类学校222所,在校学生9.29万人。其中,民办学校27所,职业技术学校4所,农村寄宿制小学16所,达到乡乡1所的目标。2009年全县高考二本以上达线人数2374人,达线人数连续18年保持全市第一。县人民医院和4个乡镇卫生院改扩建工程完成投资1700万元,新建村级卫生室103个,甲型H1N1流感防控工作富有成效。新型农村合作医疗参合农民达16.2万人,参合率达91.56%。人口自然增长率为4.6‰。获得全省计生优质服务县和全省卫生城市县称号。全市人口计生基层基础建设现场会在本县召开。投入1.4亿元改善安全生产设施,安全生产水平进一步提高,全县未发生一起重特大安全恶性事故。

【党的建设】 提出"三为三争"(为科学发展添活力,争当全市科学发展排头兵;为和谐建设作贡献,争当全县科学发展领头雁;为撤县设市创佳绩,争当全员科学发展先行者)的主题实践载体,把边学边改、边查边改、边整边改贯穿于学习实践活动的始终,先后解决各类突出问题620多个,废止各类制度32项,修订完善246项,新建114项。加强各级领导班子和干部队伍建设,共调整干部309名,其中提拔118名,平调67名,免职112名,其他12名,领导班子年龄结构逐步形成合理的梯次配备。公开招考聘用大学生村干部52名,进一步优化干部队伍结构。全县大学生村干部达184名。全年纪检监察系统共立案查处案件52件,结案50件,其中大案要案25件,处分违纪人员55名,科级干部10人。在全县营造出风清气正的良好环境。 (县史志办)

晋中市

中共市委书记 李永宏
副书记 张璞 张春生
市人大常委会主任 焦丙英* 张文科*
副主任 郝秀珍 郭邵华 史景怡 王纪萍 杨建林* 高增光*
市长 张璞
副市长 杨随亭 马彦平* 程锡景 郭勇飞 李年善 畅志仁 毕重谦*
市政协主席 李儒敏
副主席 胡俊来 常学斌 邓明 卢润生 辛琰 杨定旺 王书红

【概述】 晋中市位于北纬36°40′~38°06′,东经111°25′~114°05′。2009年,晋中市总人口313.91万人,比上年末增加1.51万人。全年出生33946人,人口出生率10.84‰;死亡18821人,死亡率6.01‰;人口自然增长率4.83‰。2009年,全市生产总值636.8亿元,按可比价格计算,比上年增长6.7%。其中,第一产业增加值54.7亿元,增长4.2%;第二产业增加值334.2亿元,增长5.8%;第三产业增加值247.9亿元,增长8.4%。三次产业构成由上年的6.9:56.2:36.9调整为8.6:52.5:38.9。人均地区生产总值20335元,按2009年平均汇率计算达到2977美元。城镇居民人均可支配收入14628.0元,增长12.2%。农村居民人均纯收入5193.8元,增长8.7%。

全年新增就业岗位4.3万个,从业人员158.7万人,比上年末增长1.5%。全年共为16.36万城乡居民发放最低生活保障补助金16326万元,增长27.1%。其中,城市发放生活补助金9252万元,农村发放生活补助金7074万元,分别增加885万元和2594万元。

【农业经济】 2009年,晋中市在全省率先启动实施现代农业示范区建设,投资8.9亿元,开工67个建设项目。种植业方面,大力调整种植结构,对主要农作物实行"优增劣减",种植结构趋于优化。全市保有耕地36.388万公顷,比上年增加9820公顷。农作物总播种面积33.86万公顷,增加3430公顷。其中粮食作物播种面积28.95万公顷,增加6560公顷。全年粮食总产量138.3万吨,增产3.7%。油料产量1.1万吨,棉花产量200吨。蔬菜产量221.3万吨。干果总面积12.63万公顷,总产量6987.8万千克。林果产值由上年的4.1亿元增加到4.2亿元,农民人均干果收入166元。在林果建设中,突出园区效应,全年共建成高产高效示范园40个,示范园区内推广应用"双调技术"管理,在榆次、太谷选取60个试验点2000亩枣园布点试验开展红枣防病防裂技术攻关,实施"双调技术"的枣园,平均病果率降低53.8%,平均裂果率降低37.7%,在太谷小白试验点亩收入达1万元以上。全年完成造林任务23965.31公顷,村庄绿化完成339个,植树960万株。检查验收合格造林面积2830公顷。林木绿化率由21.7%提高到29.2%。全市农民专业合作社发展到4110个,规范1995个,继续保持全省领先。全市新上和扩建农产品加工项目17个,总投资8460万元,农产品加工、流通龙头企业实现销售收入53亿元,带动45万农户增收5.6亿元。各类养殖小区(园区)达到1210个,猪、鸡、奶牛规模养殖超过90%,肉牛、肉羊规模养殖达到70%左右。全年全市肉蛋奶总产量40.05万吨,增长17%。年末,全市各类农机化作业服务组织及农机户达9.78万个,从业人员15万人。其中,农机户9.76万个,增长16.19%,占农户总数的12.78%,农机户经营收入13.93亿元,每户年均收入1.43万元。在第三届山西省品牌节与中国驰名商标表彰、山西省著名商标认定新闻发布会上,昔阳大寨经济开发总公司的"大寨牌核桃露"被认定为中国驰名商标,"大寨牌水泥"被认定为山西省著名商标,"大寨"成为山西省第一家村办企业驰名商标。

【工业经济】 2009年,规模以上工业企业实现产品销售收入720.7亿元,比上年下降14.7%;实现利税74.0亿元,下降19.9%;实现利润9.8亿元,下降53.6%。工业企业经济效益综合指数156.32%,下降23.5%。规模以上工业企业增加值276.19亿元,增长6.9%。其中,重工业增加值258.4亿元,增长7.3%,轻工业增加值17.79亿元,增长1.2%。在全市八大主导行业中,煤炭行业增加值增长15.65%,冶金行业增长8.47%,机械行业增长1.01%,焦炭行业下降4.26%,电力行业下降2.69%,纺织行业下降55.32%,化学行业下降14.88%,建材行业下降3.5%。

【固定资产投资和建筑业】 2009年,全社会固定资产投资395.9亿元,比上年增长19.5%。民生领域投资显著增大,民生类工程共完成投资80.16亿元,占固定资产总投资的20%多。全年开工建设的566项重点工程,完成投资318.6亿元。市级70项重点工程,开工67项,完成投资184.8亿元。全市固定资产投资建成投产项目789个,项目建成投产率为60.0%,提高23.6%;新增固定资产242.9亿元,增长82.3%。全年全市建筑业总产值107.1亿元。晋中辰兴房地产发展股份有限公司获"山西省首届百家信用示范企业"称号。

【经济贸易】 2009年,全市国内贸易以扩大市内市场为重点,组织家电下乡、农资下乡等多项活动,拉动农村消费市场。全年社会消费品零售总额249.05亿元,比上年增长21.7%,高出全省2.5%。其中,批发零售贸易业零售额217.8亿元,增长23.0%;住宿和餐饮业零售额23.9亿元,增长15.1%;其他行业零售额为7.4亿元,增长9.0%。年末,全市限额以上批发零售贸易业、餐饮业法人企业188个,多为以连锁超市、专卖店为销售形式的新型流通业态。

全年外贸进出口总额16009万美元,下降77.9%。其中,出口15017万美元,下降78.9%;进口992.6万美元,下降28.7%。出口产品仍以焦炭、玛钢管件、钉丝、玻璃器皿、矾土为主。全年新签外商投资项目8个,比上年减少6个。实际使用外资金额7047.9万美元。

【交通 邮电 旅游】 2009年,全市县乡公路改造完成200千米,村村通和新农村街道硬化工程完成1294千米,共有2738个行政村实现通水泥(油)路,通达率达99.3%。建成2个县级客运站、6个乡镇客运站。年末全市公路通车里程为14319千米,增长1.5%。公路密度为87.3千米/百平方千米。货物运输总量0.54亿吨,货物运输周转量118.9亿吨/千米;旅客运输总量2904万人,旅客运输周转量12.67亿人千米。全市民用汽车保有量达到23.03万辆,比上年末增长19.3%。年末轿车保有量9.32万辆,比上年末增长28.59%,其中私人轿车保有量达到8.22万辆,增长31.42%。

全年全市邮电业务总量53.0亿元,增长29.3%。其中,邮政业务总量3.8亿元,增长11.8%;电信业务总量49.2亿元,增长30.9%。年末,固定电话用户为81.7万户,减少5.5%。移动电话用户168.8万户,增长14.4%。电话普及率79.8部/百人。全市国际互联网用户27.02万户,增长27.1%。

全年全市共接待国内外游客1135万人次,比上年增长13.5%。其中国外游客17万人次,国内游客1118万人次,分别增长12.2%和13.6%。旅游外汇收入4600万美元,增长23.68%;国内旅游总收入87.1亿元,增长37.2%。

【财政 金融】 2009年,全市财政总收入125.5亿元,比上年增长8.1%;一般预算收入57.8亿元,增长23.1%,一般预算支出103.1亿元,增长20.7%。年末,全市金融机构人民币各项存款余额1064.3亿元,增长20.4%。各项贷款余额为362.4亿元,增长27.9%。保险业全年保费收入25.9亿元,增长9.5%;其中,寿险业务收入20.6亿元,财产险业务收入5.3亿元,分别比上年增长5.3%、29.0%。支付各类赔款和给付6.8亿元,增长19.8%;其中,寿险给付3.6亿元,财产险赔付3.2亿元。全市基本养老保险参保人数31.64万人,其中职工22.20万人;失业保险参保职工22.67万人;医疗保险参保人数35.59万人,其中职工25.59万人;工伤保险参保人数为17.12万人;生育保险参保9.27万人。

【科教文体卫】 全年组织实施"464"科技支撑专项工程4个,完成科技攻关16项,开展高新技术活动45项,新建省级企业工程技术中心1处,新培育高新技术企业6个。建设6个科技成果转化基地共2688.01公顷。科技管理部门受理各种专利481项,增加123项。共有发明98项,比上年增加8项。

2009年,全市撤并义务阶段学校154所,学校总数由1336所缩减为1182所。实施"校舍安全工程",投资5.1亿元,完成一批农村初中学校共28.5万平方米的校舍安全工程。推进"千校达标工程",新建、改造实验室731个,新增仪器22万套(件)、图书72万册、体卫艺器材7万套(件),3个县通过山西省义务教育标准化建设合格县(区、市)复评,全市山西省义务教育标准化建设合格县(区、市)8个,被教育部表彰为"全国推进义务教育均衡发展工作先进地区"。年末,全市共有普通高等学校7所;普通中等专业学校7所;普通中学250所;小学1000所;幼儿园436所。

年末全市共有艺术表演团体15个,群众艺术馆、文化馆12个,公共图书馆11个,艺术表演场所6个,乡镇文化站118个。电视台11座,电视人口覆盖率97.9%;广播电台节目10套,广播人口覆盖率91.95%;有线电视用户36.9万户。继2007年晋中市被中国民协授予"中国社火乡"称号后,2009年元宵节组织了规模空前的社火活动,中央电视台现场直播。6月11号,国家文化部公布的第三批国家级非物质文化遗产项目代表性传承人中,梁晓峰(形意拳)、杨巨奎(中医传统制剂方法,即龟龄集传统制作技艺),刘改鱼(左权开花调),苗根生、百美云(秧歌系,祁太秧歌),薛生金(平遥推光漆器髹饰技艺)榜上有名。10月28日,晋中市获第二届"节庆中华奖"十佳奖。年末全市共有卫生机构

1097个,比上年增加82个;拥有床位12071张,增加700张;卫生技术人员15021人。全市11个县(市、区)全部开展新型农村合作医疗试点工作,210.6万人参加农村合作医疗,参合率93.03%。

【现代农业示范区建设】 5月14日上午,全省首家现代农业示范区在太谷县北洸乡白城村万亩设施蔬菜园区正式启动,总投资42.5亿元,首批建设项目69个,其中包括核心区建设项目20个,涉及9938.3公顷实施面积和141万头(只)畜禽,总投资5.28亿元;优势产业基地建设项目19个,42688公顷的实施面积、60万头(只)畜禽,总投资5.4亿元;支撑体系与基础设施配套项目30个。晋中市致力于增强现代农业可持续发展的能力,把晋中现代农业示范区建设成为全省现代农业科技研发的“硅谷”。截至年底,69个项目中已开工66个,开工率95.6%,完成投资7.1亿元。

【医疗保险】 至2009年年底,全市医疗保险各项工作取得显著成绩,全市基本医疗保险参保人数706447人,完成省下达任务数的100.9%。城镇居民基本医疗保险参保人数达356983人。全市基本医疗保险基金征缴29499万元,完成省下达任务数的117.5%。其中,基本医疗保险征缴27546万元;医疗保险统筹基金支付23216万元。城镇居民基本医疗保险基金征缴1953万元。全市生育保险参保人数89322人。全市生育保险费征缴806万元,基金支出149万元。

（李新文　刘改英）

·榆次区·

中共区委书记　王建林
区人大常委会主任　梁五福
区　　长　王继堂
区政协主席　宁山岗*

【概述】 榆次区位于北纬37°23′~37°53′,东经112°34′~113°07′。

2009年,财政总收入、固定资产投资、社会消费品零售总额分别完成16亿元、92.7亿元、65.6亿元,分别增长3.5%、15.8%、19.1%;地区生产总值、规模工业增加值分别完成GDP122.3亿元和32.9亿元,分别增长9.1%和7.4%。民生支出占到财政一般预算支出的78%;城镇居民人均可支配收入、农民人均纯收入分别达15379元和6766元,分别增长9.6%和10.8%。

争取中央扩大内需项目32项,总投资6608万元,完成投资率76.9%;扎实推进重点工程建设,全区确定的75项重点工程总投资172.2亿元,本年计划投资52.2亿元,开工率97.3%,完成投资率107.1%,分别比上年提高2%和6.2%;加大招商引资力度,洽谈项目131项,签约项目7项,总投资16亿元;储备项目44项,总投资421亿元。

【农业经济】 财政投入2.3亿元,增长21%;26个省级现代农业示范区项目首批启动,粮食总产1.79亿千克;设施蔬菜发展到4268.8公顷,蔬菜总产全省十七连冠;标准化养殖园区达78个,肉蛋奶产量增长10%;果园高效管理333.5公顷;苗木花卉总量突破667公顷;全国水肥一体化工作会议等8个现场会在榆次区召开,副总理回良玉、省委书记张宝顺、省长王君等领导莅临调研,农业农村工作考核连续三年全市第一,并被省委、省政府表彰为增加农民收入先进区、粮食生产先进区、农机化工作先进集体。

【工业经济】 确立“一区三基地”新型工业发展规划,以汽车、液压和纺机制造为主的园区基地规划建设拉开布局、进展明显,入园企业新增12户,园区企业销售收入和税金分别占到规模企业总量的62%和71.2%,占比分别提高4%个和5.6%;500万元税收大户新增2户,总量达37户;新增民营企业17户,总量达2725户;新增个体工商户610户,总量达15462户。有效推进煤炭资源整合、煤矿兼并重组,全区矿井由21座整合为9座,核定产能由451万吨提升到645万吨,回采率提升到65%。第三产业提供税收占财政收入的比重提高1.8%,实现增加值占GDP的比重提高2.3%。

【城乡建设】 完成38项市政重点工程,投资9.5亿元,城市承载力明显提升。深入实施蓝天碧水工程,二氧化硫、化学需氧量分别控制在8755吨和3498吨以内,城区二级以上天数达348天;新增集中供热300万平方米。新造林2334.5公顷、植树350万株,被表彰为全省造林绿化先进单位。实施城中村改造项目4项;新建镇区公共服务设施1.5万平方米;新建农村道路111.5千米、园林村45个;完成农村4.53万人的安全饮水工程。

【社会事业】 新申请专利155项,重点扶持科技创新项目40项,科技进步指数提高5%,达到13%,对经济增长贡献率达到40.5%,提高2.8%,被国家科技部命名为全市唯一的科技进步先进区。新改扩建校舍38865平方米,大力实施教育质量提升工程。劳动保障得到新加强,新增就业10449人,城镇登记失业率控制在1.2%以内。公共卫生综合服务大楼主体完工,农村卫生室实现全覆盖,三级医疗卫生机构达标率100%,新农合参合率达93.8%。新建乡镇文化站6个,公共文化服务体系达标率100%,被授予全国文化先进县(区);郭家堡乡、张庆乡被命名为中国民间文化艺术之乡。全年破获刑事和行政治安案件2664起,深化安全生产专项治理,煤炭百万吨死亡率为零,安全形势稳定好转。

自觉接受人大及其常委会的监督,共办理人大代表建议和政协委员提案185件,办复率100%。全年开展执法监察10项、行政效能监察7项,处分党员、监察对象140人。深入开展491个单位和基层站所参加的民主评议政风行风活动;区、乡(街道)、村(社区)三级便民服务网络进一步健全。深入推进精神文明创建活动,共创建省级文明单位7个、区级文明单位32个,东阳镇被评为全国文明村镇创建先进乡镇,荣发社区被命名为全国和谐社区。第二次全国经济普查任务圆满完成,区残联连续八年被表彰为全省残疾人工作先进集体。

【龙王山景区落成并对外开放】 乌金山国家森林公园龙王山景区开发建设,是2009年榆次区委、区政府的一号工程。9月,一期工程顺利竣工,在第七届榆次文化旅游节上正式接待游客并对外开放。

乌金山国家森林公园工程历时2年,完成投资2.2亿,建设面积667公顷,景区"五点、四门、三线、两区、一中心"主要建设任务全部完成。同时,还进行了文化内涵挖掘等软件工程建设,包括系列调研采风活动、征集楹联、制作匾额及电视专题片,编撰出版《乌金山风情》图书等。

【荣获全国影视指定拍摄景地】 12月8日,在北京召开的"中国广播电视协会电视制片委员会2009年度大会暨新剧推介会"上,榆次影视城、榆次常家庄园荣获首批"全国影视指定拍摄景地"。 (李 敏)

·榆社县·

中共县委书记	曹 煜
县人大常委会主任	赵向平
县长	卫明喜
县政协主席	王建华

【概述】 榆社县位于北纬36°51′~37°24′,东经112°38′~113°12′。2009年全县总人口141772人,其中非农业人口26825人。全县地区生产总值18.09亿元,同比下降8.8%,比上年下降3.4%;工业增加值8.79万元,下降21.3%;财政总收入2.85亿元;社会固定资产投资总额5.72亿元,增长21.8%;社会消费品零售总额5.58亿元,增长21.6%。城镇居民人均可支配收入10532元,增长12.1%;农民人均纯收入2296元,增长4.2%。

【农业经济】 2009年,累计发放粮食直补、农资综合补等2434万元,粮食总产量4590万千克。笨鸡养殖量100万只以上,新建移动拱棚108个,温室116个,发展特色蔬菜233.45公顷,露地瓜菜1020.51公顷,新发展无公害谷子2668公顷,特色杂粮580.29公顷;造林绿化2067.7公顷,新发展核桃667公顷,仁用杏、酥梨、桃王九九等236.45公顷;全县干水果林9911.62公顷。社城黑小米、然晶蜂蜜完成有机或绿色认证,笨鸡蛋通过省级地方标准,河峪黑小米获"山西省名牌农产品"称号,北寨小麻油打入北京市场。

【工业经济】 县委、县政府制定出台《机关干部深入基层开展"三个一"帮扶活动的实施方案》《重点企业挂牌保护暂行办法》等规定措施,县级领导职能部门包项目、包企业,解决企业运营突出问题。华榆电厂同比减亏2.02亿元,榆化公司实现利税1.25亿元,广生公司逆势增长,成为全国最大药用植物胶囊生产基地。

【社会事业】 建成一批农村文化站、体育场所,化石博物馆晋升为国家二级博物馆,文物工作进入"全国先进县"行列。大力发展旅游事业,完成云竹湖环湖路、悟云山景区等设施建设,举办第三届云竹湖休闲旅游垂钓节与全国垂钓大赛,云竹湖捷安特自行车嘉年华比赛等活动。高考达线突破400人大关。新建校舍9600平方米,改扩建3.65万平方米。城镇居民医保参保率达94%,新农村合作医疗参合率达93.3%,为农民报销医药费1060.5万元。被山西省命名为"地方病防治示范县"。县医院住院楼扩建工程投入使用,新改扩建61个村卫生所、4个社区卫生服务站,医疗条件进一步改善,计划生育工作稳步发展。新增城镇就业岗位1501人,转移农村劳动力2432人,就业困难人员248名,120名农村贫困大学生就业,8560名农村特困人口纳入低保范围。发放低保663.98万元;1234名"五保"人员实行应保尽保。883名重点优抚对象解决就医问题,2901名老人发放长寿优待金55.9万元,积极开展抗灾自救"清雪暖人心"活动,发放救助款482.7万元等。同时,投资100万元启动建设县、乡、村三级政务网络平台。

【项目建设】 2009年,全县共铺开重点工程45项,总投资8.8亿元,涉及工业、教育、农业、城建、卫生、交通、商贸等各个行业,截至10月,固定资产投资总额5.6亿元,38项重点工程竣工。投资3.47亿元,启动实施4大类、17项重点工程,城关迎宾商贸中心开工建设、17层鼎峰大厦新建工程进展顺利,成为榆社标志性建筑,山水生态型县城魅力彰显。硬化改造城区9条街巷,二号热源厂点火供热,垃圾处理厂新建工程主体完工,汾(阳)邢(台)高速榆社段开工建设,其他项目正在加紧建设。在45项工程中,投资3.3亿元优化工业结构,榆化公司年产15万吨的离子膜、烧碱技改,榆化工业园110千伏变电线路改造,广生公司年产50亿粒软胶囊、年产70亿粒植物胶囊,广生药用铝塑复合膜包装,永泰塑料包装制品扩建,阳光卓达醋业生产线技改等一批骨干项目投产。投资6283万元进行笨鸡规模养殖基地建设,通道绿化、小河流域生态治理,农村再生资源安全引水工程建设等,带动了农民增收致富。实施榆社中学公寓楼、东升小学综合楼,西马、云竹、郝北中学,县医院住院楼等7项扩改扩建工程。

【环云竹湖自行车嘉年华活动】 10月25日,由山西省体育总会主办、太原巨大自行车销售有限公司与《搏击(综合版)》编辑部承办,由榆社县委、县政府协办的2009年"捷安特、禧玛诺自行车嘉年华"活动在榆社县云竹湖风景区举行。活动主体为山地自行车环湖赛,选手来自全国26个省(市)自治区,300多名选手年龄最大的73岁,最小的16岁,分为3组。

(常彩萍)

·左权县·

中共县委书记	孙光堂
县人大常委会主任	巨树民
县长	王 兵
县政协主席	韩卫平

【概述】 左权县位于北纬36°45′~37°17′,东经113°06′~113°48′。总面积

2028.1平方千米。全县辖5镇、5乡,1个城区管理委员会,204个行政村,8个居民委员会。2009年全县总人口160619人,其中:男性82008人,女性78611人。当年出生人口1744人,死亡人口1139人,人口出生率10.88‰,死亡率7.10‰,人口自然增长率3.77‰。城镇化率32.02%,比上年提高1%。全县耕地保有量17088.54公顷,检查验收合格造林面积2534.6公顷,新增封山育林面积1067公顷,退耕还林配套荒山造林面积166公顷。2009年全县总用水量2200万立方米,万元地区生产总值平均耗水量106立方米,比上年下降13.1%;万元工业增加值耗水量42立方米,下降13.9%。

2009年全县生产总值223881万元,比上年增长6.5%。其中,第一产业增加值19625万元,增长33.5%;第二产业增加值113879万元,增长3.5%,工业增加值94794万元,下降0.8%;第三产业增加值90377万元,增长6.2%。三次产业构成为8.8:50.8:40.4。一、三产业分别增长2.1%、0.7%,第二产业下降2.8%。人均地区生产总值13992元。

【农业经济】 2009年全县农作物播种面积13410公顷,其中:粮食播种面积12500公顷,油料种植面积347公顷;蔬菜种植面积546公顷。全年粮食总产量49627吨,增加15984吨。农林牧渔总产值完成31970万元,其中:农业产值12198万元,林业产值11296万元,牧业产值7576万元。全年肉类总产量2746吨,增长77.6%。全年奶类产量329吨,禽蛋产量2280吨。年末大牲畜存栏5131头,下降38.3%;猪存栏15056头,增长73.6%;羊存栏34332只,下降67.8%。全年植树造林面积2600公顷,新增育苗133.3公顷。建设饮水工程28处,解决38个自然村、10253口人,1084头大牲畜的饮水安全问题;完成水土流失治理面积1667.5公顷,实际灌溉面积1774.22公顷;征收水资源费500万元,新增节水防渗渠道20千米。

【工业经济】 2009年,全县规模以上工业企业产品销售收入186415万元,比上年下降2.9%;工业增加值80659万元,增长4.3%;实现利税12790万元,下降68.5%。具有资质等级的建筑企业完成建筑业总产值4037.4万元,增长44.1%。县规模以上工业企业实现工业总产值199171万元,同口径工业企业综合能源消费量为409723.55吨标准煤;规模以上企业万元产值能耗为2.05吨标准煤,下降0.24吨标准煤。

【固定资产投资】 全年全社会固定资产投资完成233220万元,比2008年增长27.9%。全年房地产开发投资7731万元,住房施工面积103948平方米,商品房销售情况良好。全部固定资产投资项目99个,比上年下降5.7%,其中500万元以下项目20个,下降33.3%;全年新开工项目52个,下降38.8%,占全部施工项目的52.5%;新增固定资产174744万元,增长298.3%。

【贸易　餐饮】 2009年全县实现社会消费品零售总额66994.7万元,比上年同期增长22.9%。按销售行业分,批发零售贸易业总额51854.8万元,增长20.4%;住宿和餐饮业零售额12576.8万元,增长28.4%;其他行业实现零售额2563.1万元,增长53.8%。

【旅游　交通运输】 2009年,全县共接待游客17万人次,门票收入17.5万元,拉动全县经济效益达7000万元。全年全县境内公路通车里程1286.1千米。公路货物运输量121万吨,比上年下降56.8%;货物周转量7210万吨公里,下降58.6%;公路客运量完成181万人,旅客周转量9542万人公里。全县民用汽车拥有量31442辆,增加2582辆。

【邮电】 2009年,全县邮电业务总量完成9186万元,比上年增长6.2%,其中,邮政业务总量2067万元,增长14.5%;电信业务总量7119万元,增长4.0%。电话用户总数达111585户,增长8.8%,其中:固定电话用户36964户;移动电话用户74621户,增长16.3%。全县宽带接入用户12354户。

【财政　金融　保险】 2009年,全县财政总收入60006万元,比上年增长29.9%,其中,一般预算收入24031万元,增长76.3%。2009年全县主导产业冶金、煤焦行业入库税达34527万元,占全部税收收入的72.33%;26户规模以上工业企业入库税金24816万元,占全部税收收入的51.99%。主体税种增值税、营业税、企业所得税、个人所得税四个税种收入达到全县税收收入的90.50%,占全县财政总收入(包括探矿权采矿权价款)的71.99%。一般预算支出59256万元,增长41.9%。

2009年,全县金融机构各项存款余额528098万元,比上年增长37.6%。其中,企业存款余额59472万元,增长6.9%;城乡居民储蓄存款余额302092万元,增长17.0%。年末金融机构各项贷款余额135534万元,增长42.9%。

2009年,全县保费收入7725万元,增长10%。其中,财产险保费收入1525万元,增长5.4%;人身险保费收入6200万元,增长11.2%。全年全县支出各类赔款给付1490万元,增长85.4%。其中,财产险赔付890万元,增长45.4%;人身险赔付600万元,增长213.2%。

【科教文体卫】 2009年,全县各类学校在校学生28528人(包括幼儿),高考达线444人。县城中小学生占全县中小学生总数比例的61.23%。研究与试验发展(R&D)经费支出2688万元,科技引资66万元,截至年末,共申请专利20件。民营科技企业工业增加值占全县GDP的15.9%,科技进步指数8.9%。

左权县小花戏享誉国内外。有文艺表演团体3个。全社会馆藏图书68295册,电视综合人口覆盖率98%,有线电视用户2.2万户。县级医疗卫生机构6个,乡镇卫生院10个,农村卫生所达到204个。县乡村三级医疗机构达标率分别为100%、100%、95.1%。病床位418张,卫生技术人员

491 人。全县农民有 120158 人参加新型农村合作医疗,参合率 93%,覆盖率 100%。

【社会事业】 全县城镇居民人均可支配收入 11532.2 元,比上年增长 13.5%;城镇居民人均消费性支出 6903.2 元,增长 19.8%;农民人均纯收入 2326 元,增长 2.2%;农村居民人均现金支出为 2398.9 元,比上年增长 3.7%;城镇居民家庭恩格尔系数32%,下降了 0.45%。2009 年全县12111 人参加基本养老保险,7223 人参加失业保险,城镇登记失业人数133 人。全县共有城镇居民 2610 人和农村居民 6041 人得到了政府最低社会保障。

【基础设施建设】 2009 年,投入2.8 亿元,完成新城公路养护中心等 9 项工程;新增住宅面积 11 万平方米,县城住宅小区总面积达到 80 万平方米;新增煤气用户 1500 户,累计达到 4000 户;新增集中供热 34 万平方米,集中供热普及率达到 81.8%;新增绿化面积 23 万平方米,人均公共绿地面积超出全国平均水平 2.4 平方米;完善供水管网和配套设施,自来水出厂水质合格率 100%;铺开城市垃圾无害化处理厂建设,完善污水处理厂硬件设施,污水处理率 94%。全年县财政投入新农村建设专项资金 1000 万元,引导各类投资 6500 万元,实施新农村建设工程 118 项。硬化街巷 10 万平方米,完成改厕820 户,完成生态能源建设 3020 户、沼气服务网点建设 27 个。

【环境和安全生产】 2009 年全县二级以上天气 341 天,二氧化硫排放量 4329 吨,比上年下降 2.5%;化学需氧量(COD)排放量 1041 吨,下降 16.1%。全年全县生产安全事故死亡32 人(全是交通事故),煤炭生产百万吨死亡率为零。亿元 GDP 生产安全事故死亡率为 1.43 人。全县煤炭资源回采率 80%。

【生态庄园经济】 2009 年,新开发庄园 44 处,规划面积 7022.84 公顷,新增投资 4869.14 万元,其中基础建设投入 2982.96 万元,产业开发投入 1709.987 万元;治理面积 1315.46 公顷,其中生态林 977.96 公顷,经济林 337.50 公顷,增加畜禽养殖 3.87 万头(只)。至 2009 年底,全县生态庄园经济有 162 处,经营规模 19943.3 公顷,累计投资 1.26 亿元。发展经济林 1738.20 公顷,生态林 3045.66 公顷,养殖畜禽8.67 万头(只)。

2009 年全县庄园内生态造林 977.96 公顷,栽植以核桃为主的经济林 337.50 万公顷。为普通农民提供就业岗位 4860 多个,发放劳务报酬 1260 万元,部分养殖庄园开始产生经济效益,茂丰庄园农家乐 8 月至 12 月,共接待游客 2500 余人次,营业收入20 万元。 (张俊平)

·和顺县·

中共县委书记	侯文禄
县人大常委会主任	白世培
县长	杨建平
县政协主席	范乃文

【概述】 和顺县位于北纬 37°03′~37°36′,东经 113°05′~113°56′。全县总面积 2250 平方千米,辖 5 镇 5 乡 294 个行政村,总户数 5.28 万户,总人口 14.42 万人,其中男性人口 7.49 万人。2009 年,全县地区生产总值 19.6 亿元,同比增长 0.5%;财政总收入 50088 万元,增长 24.08%;全社会固定资产投资总额 185430 万元,增长 24.7%;城镇居民人均可支配收入 10442 元,增长 15%;社会消费品零售总额 63193 万元,增长 23.1;农民人均纯收入 2600 元,增长 8%。

【农业经济】 全县粮食播种面积 1.59 万公顷,经济作物面积 3201.6 公顷;新发展温室蔬菜大棚 140 个,总数达 380 个;订单种植 5069.2 公顷,带动 1.8 万农户增收 800 余万元。全年新建改建千头育肥牛场 6 个、标准化养殖小区 31 个,"五头母牛"繁育户达 3600 户,人均养牛收入 930 元,同比增长 11%。新造林 2868.1 公顷,种植核桃经济林 733.7 公顷,森林覆盖率 25.7%。新增沼气用户 1561 户,累计达到 1.37 万户;新建吊炕 9867 铺,累计达到 2.3 万铺。全年培训农村劳动力 1.05 万人,转移农村劳动力 3234 人。新发展农民专业合作社 100 个,总数达 325 个。

【工业经济】 完成煤矿企业兼并重组和资源整合工作。全县矿井数量由 31 座减少到 15 座,平均单井产能由年产40.1 万吨提高到 98 万吨,核定产能由 1203 万吨增加到 1470 万吨,实现煤炭企业数量减少、规模壮大、产业集中度和办矿水平明显提高的目标。正邦煤业有限公司、隆华煤业有限公司、银圣化工有限公司、北关煤业有限公司、隆鑫煤业有限公司、良顺煤业有限公司、神磊煤业有限公司等 7 家企业进行整合重组,成立和顺县云龙投资管理(集团)有限公司。同时,省煤销、潞安、汾西等大企业大集团通过兼并重组进入和顺县投资发展。镍热联产联供项目完成投资 1.2 亿元,实现金属镍一期项目试生产。银圣化工第二条生产线建成试生产,并完成高新技术企业认定,实现全县高新技术企业零的突破。总投资 8.9 亿元的阳煤集团百万吨尿素项目正式奠基。国有工业企业和集体二轻企业改制任务基本完成。提前两年完成二氧化硫削减任务,提前一年完成减排任务。

【旅游业】 投资 3429 万元的合山、阳曲山、姑崖天险太行龙口等景区建设工程全面完工。开辟太行风情一日游线路一条,凤台小戏、和顺刺绣列入省级非物质文化遗产名录。举办第五届"消夏避暑旅游节"暨第三届"中国牛郎织女文化节"。"农家乐"108 户,户均收入 5 万余元,全县旅游综合收入 1800 万元,同比增长 16%。与云南省腾冲县和顺镇缔结为友好县镇,拓宽文化旅游产业发展领域。

【社会治安】 全年调整充实农村"两会一队"(治安委员会、民事调解委员会、治安联防巡逻队)人员 210 名。继续开展打黑除恶、两抢一盗和民爆物品专项行动。加大案件查办力度,全年共立治安案件 871 起,查处 694

起,处罚各类人员1100人;共立刑事案件308起,侦破各类刑事案件304起,其中盗窃案193起;抓获各类犯罪嫌疑人192人,缴获财物总价值1400余万元。

【项目建设】 全年争取到18个中央扩大内需项目,获中央补助2113万元,引进产业链长、带动作用强、科技含量高的项目4个。开工实施98个重点工程项目,涉及工业、特色产业、生态建设和民生社会事业等,开工率100%,竣工项目44个,竣工率44.9%。共完成投资18.45亿元,占当年计划投资的101.8%。主要项目有:(1)实施城区道路改造、供热供水管网改造、保障性住房建设、垃圾处理厂建设为主的城市基础设施建设项目,共投资1.17亿元。(2)实施二级客运站主体建设工程、51公里农村公路重点工程和102公里通畅及新农村街道硬化工程,投资9690.9万元。同时,投资1.7亿元、总库容1600万立方米、控制流域面积113平方公里的恋思水库工程完成审批工作。省道董榆线董坪至郜家庄段一级路改造工程和汾邢高速和顺至榆社段、阳泉至和顺高速及部分县乡公路完成线路测试。

【社会事业】 全县财政用于改善民生为主的社会事业资金3.23亿元,同比增长50.5%。全年新建中小学校17所,15所竣工使用。7580人次中小学寄宿生享受生活补助共计100万元。安置"4050"人员120人,零就业家庭就业24人,零就业家庭实现动态为零目标。城镇登记失业率4.2%。全县养老、医疗、工伤、失业、生育五项社会保险参保人数约7.6万人。新型农村合作医疗参合率93.4%,大病医疗补助5320人,报销金额1000余万元。城乡低保对象和农村五保对象实现应保尽保。200余名80周岁以上老年人享受长寿优待金补助70余万元。完成8个乡镇中心敬老院主体建设任务。完成59所标准化村级卫生所建设。建设经济适用房96套8000平方米、廉租住房6500平方米。完成城区12条背街小巷硬化亮化工程。解决34个自然村、8107口人,2842头大牲畜的饮水安全问题。全县共争取扶贫资金3939万元。37个村实施整村推进,受益人口8495人;5个自然村实施移民并村,搬迁人口700人。全年共解决温饱人口3000人,减少低收入人口4500人。城区空气环境二级以上天数346天,同比增加38天。和顺健身馆投入使用,196个行政村建起体育场地。

【获最佳文化传承奖】 10月28日,在浙江省宁波市举行的第二届"节庆中华奖"颁奖盛典上,和顺县中国·和顺牛郎织女文化节获最佳文化传承奖。县委书记侯文禄,县委常委、常务副县长杨治国,县委常委、宣传部部长韩亮出席颁奖典礼。

（王 燕 张 燕）

·昔阳县·

中共县委书记	孟希雄
县人大常委会主任	郭爱生
县长	丁雪钦
县政协主席	王录文

【概述】 昔阳县位于北纬37°20′~37°43′,东经113°20′~114°08′。全境面积为1954.3平方千米,耕地面积30774.38公顷,辖5镇7乡335个行政村,总人口238239人,其中,男性人口125713人。2009年全县地区生产总值24.85亿元,增长10%;人均地区生产总值1.09万元,增长9.5%;工业增加值6.4亿元,增长24.5%;财政收入6.4亿元,增长17.84%;其中,一般预算收入2.66亿元,增长31.08%。固定资产投资27.06亿元,增长10.71%。城镇居民人均可支配收入1.13万元,增长13.1%;农民人均纯收入3681元,增长8.58%。社会消费品零售总额12亿元,增长22.9%。全县金融机构各项存款余额625574万元,增长26.9%;各项贷款余额122817万元,增长10.78%。县城空气质量二级以上天数349天。消化历年财政赤字498万元,十几年首次实现财政净结余。经济和社会发展综合位次前移至全市第5名。

【农业经济】 2009年,粮食种植面积22144.4公顷,总产量1.23亿千克。蔬菜种植面积1534.1公顷,产值4800万元,比上年增加1200万元,农民人均蔬菜收入194.92元,增加56.73%。财政投入280万元,发展核桃产业,全县核桃经济林种植9471.4公顷。果园种植总面积2561.28公顷,推广高接换优技术66.7公顷,套袋苹果100.05公顷。果品总产量2.34万吨,产值4208万元,农业人口人均收入208元,占人均收入的6.1%。全县规模化猪场200个,猪饲养量40.6万头,比上年净增9万头,畜牧业总收入1.26亿元,占农业总收入的37%。在"三品"认证有机农产品认证方面实现了零突破。全年新造林4802.4公顷,新发展干果经济林1600.8公顷,建设园林村36个,义务植树32万株,太行山绿化示范工程人工造林133.4公顷,封山育林533.6公顷,植造薪炭林300.15公顷。一、二级公路沿线荒山绿化133.4公顷,科技示范林66.7公顷。三都、北南沟露天矿完成矿区绿化53.36公顷,12个乡镇滩涂绿化533.6公顷,退耕还林完成人工乔木林133.4公顷。补植补栽933.8公顷,封山育林266.8公顷,获全省造林绿化先进县称号。

【工业经济】 煤炭产业:2009年,全县原有27座矿井减至12座。县财政出资成立"乐平煤炭公司",下设"丰汇煤业"和"安顺煤业"两个子公司,各整合5座煤矿。落实兑现补偿资金4.7亿元,保证了关闭矿的利益补偿。15座关闭矿井全部关闭。煤炭资源的整合,由原来的年产煤700万吨增加到870万吨。煤层气产业:投资28亿元的晋煤集团蓝焰煤层气开发项目完成投资4.9亿元,钻井200余口,日产气5万立方米。除满足本县城镇居民生活用气,还销往太原、长治等地。2009年,工业企业为全县贡献税收3.52亿元,占全县税收的55%,成为晋中市唯一的煤电化一体化县。拔掉132根锅炉烟囱,取缔67个土小企业。县城二级以上天数349天,环保工作位全市前列。

【城乡建设】 在市政工程、公建工程和住宅工程上完成投资3.8亿元。全年在县城拆除违章、临时建筑19671.17平方米,西外环和通道拆迁150余处,3万多平方米;通道绿化7000平方米,建设县城北入口景观、铁厂绿化景区、顺强绿园等景点景区12处;对城区街巷道路改造硬化9774平方米,铺设各类管网1700米。新增绿化面积18.8万平方米。县城绿化覆盖率35.1%。2009年获山西省人民政府环保和治超工作重奖。

【社会事业】 全县撤并小学21所,整合危改资金6954.5万元,新建学校19所,改造学校9所,消除危房5万余平方米。由财政拨付资金230万元,免费为3所撤并中学623名学生购置新床、被褥等生活用品,每月给寄宿生补助50元生活费,10元~20元车费,保证每天每个学生都吃上一颗鸡蛋。筹集新农合资金1659.194万元,为188531名参保农村居民补偿金额1688.64万元。新建县人民医院;投资132万元对4个乡镇卫生院进行改造,消除农村空白卫生所。全年完成安全饮水工程76处,投资1679万元,解决78个自然村3.4万人和4225头大牲畜的安全饮水问题。村通水泥路工程完成投资1084万元,铺路85.7公里。企业养老保险基金完成5600万元;农民养老金保险完成130万元,机关养老金保险完成559万元,失业保险人数11775人。支付失业保险金99.4万元。其中医疗保险和城镇居民医疗保险均全部达标。全年新增城镇就业人数1713人,下岗失业人员实现再就业703人,转移农村劳动力人数3116人,扶持创业人数75人,城镇登记失业率控制在2.1%。在县城实施集中供热和环保专项治理工程,解决120万平方米、7000余户居民和200多个单位的冬季取暖问题。县城集中供气扩容工程,总投资4210万元,10月底投入运行,年利用矿井瓦斯4500万立方米,供应居民2.1万户,福利性用户200户,年节省燃煤33400吨,减少燃煤污染物烟尘369吨,成为全国首家管道直供煤层气县。财政支付8615万元,使低保、五保、社保、医保城市困难群众和农村特困群众得到救助。投资814万元,对农村贫困残疾人住房予以改造,建设84套廉租房,5983.36平方米,有104户残疾人受益。

【项目建设】 (1)新建路改造工程。投资2800万元,改造长度2150米,面积8万平方米。地下铺设给排水、电力、通讯、供热等管网(线)2.6万米,沿街新增绿化面积2.3万平方米。(2)县城绿化美化净化工程。全年投资1000万元,完成松溪河公园拆迁,建成地坑式垃圾池16个,小绿地小景点8个,公厕3个,停车场3个,拆迁61户,207国道和317省道小绿化景点10个。(3)教育惠民工程。投资4500万元,整治中小学校校舍安全。(4)农村广播电视无线覆盖工程。利用蒙山广播电视发射转播台,建立数字微波(MMDS)传输系统,通过数字微波覆盖全县农村。2009年投资360万元,中心前端总站和蒙山发射台节目平台及沿途光缆架设于5月完成,建成4个中继站,全县有6个乡镇15个村4800余农户安装无线数字电缆。(5)皋落至库城二级路改建工程。皋落至库城公路是昔阳县通往河北的出省公路、运煤通道,还是连接赵壁、闫庄、皋落三乡镇的公路圈。投资1320万元,改造工程全长8千米。(6)阳煤集团寺家庄矿井建设工程。该工程总投资33.8亿元,于7月29日正式投入试生产,累计完成投资27亿元。年生产能力500万吨。

【万头猪场基地】 昔阳厚基伟业科技公司是一家民营企业。猪场投资4800万元,占地5公顷,采用国际最先进的MPS+SEW方式设计生产,引进英国、法国、台湾等国家和地区的世界著名品种,集饲养、加工、营销为一体,是设备先进、功能完善的高科技种猪基地。建成后可年出栏种猪2万头。2009年完成投资2000万元,第一期工程已全部完工。

【运裕煤业改扩建】 工程总投资3.99亿元,2009年10月已完成计划投资7256.21万元,其中矿建2081.52万元,土建544.49万元,机电设备购置893.21万元,机电安装2410.67万元,其他1326.32万元。

(杨保宏 牛 丽 李 斌)

·寿阳县·

中共县委书记	黄耀春
县人大常委会主任	陈振明
县　　长	郝鹏鸿
县政协主席	郭培纲

【概述】 寿阳县位于北纬37°32′~38°05′,东经112°46′~113°28′。2009年,全县生产总值完成52.3亿元,同比增长11.3%;规模以上工业增加值27.1亿元,增长15.7%;固定资产投资32.3亿元,增长38.5%;社会消费品零售总额12.5亿元,增长23.8%;财政总收入15.1亿元,增长56.4%,其中:一般预算收入49399万元,增长38.7%;城镇居民人均可支配收入14974元,增长16%;农民人均收入5140元,增长10.5%。在全市目标责任制综合考核中排名第一。

【农业经济】 大力发展粮食、蔬菜、林果、畜牧四大主导产业,农业产业结构进一步优化,农民收入较快增长,农村经济稳步发展。2009年全县粮食总产达2.13亿千克,连续多年稳定在2.25至2.5亿千克范围。蔬菜市场化程度不断提高,新建大棚6.23公顷,日光节能温室6.37公顷,育苗暖棚170个,冷库10栋,总库容量6240立方米,蔬菜总面积2.67万公顷,总产5.36万公顷,总产值41784万元。在上海成功举办第九届蔬菜节。以仁用杏为主的干果经济林发展到5669.5公顷,杨树发展到3868.6公顷。确立生态立县战略,投资2亿余元,建设环城绿化,林业的生态效益和经济效益初步显现。畜牧业取得突破性进展,新建和扩建各类养殖小区47个,畜禽饲养总量170.6068万头(只)。引进雨润集团200万头生猪屠宰加工和5万头养猪场项目;与天津大象公司联营扩展了肉鸡屠宰加工项目,为畜牧业的规模发展提供了保障。

【工业经济】 2009年寿阳县委、县政府针对寿阳经济外向度较低，主导产业煤炭、洗煤、焦化等行业受国内市场调整影响明显的现状，致力培育经济增长点。先后制定《设立工业发展专项资金的意见》《经济主管部门帮办企业和包办重大事项制度》《县级财政贴息制度》《中小企业信用担保和小额信贷制度》等政策措施，综合运用财政补贴、贴息、融资担保等手段，支持经济结构调整和企业科技创新能力提升。抢抓国家扩大内需的战略机遇，实行《寿阳县2009年重点工程包项目、联系项目责任制》。全县58个重点项目完成投资32.1亿元。共争取到中央、省、市扩大内需项目39项、1.1亿资金；争取银行贷款融资2.46亿元，开工建设强伟纸业、雨润集团两大项目。煤炭企业兼并重组稳步推进，全县地方22座煤矿整合保留为12座，产能由原来的882万吨提升到1200万吨，单井平均生产规模由整合前的40多万吨提升到了100万吨，全年生产原煤1462万吨。

【城乡建设】 完成1531户的拆迁任务，拆迁面积30万平方米。引进建设城市集中供气工程。财政投资5500万元，专项扶持农业产业化和新农村建设。农村土地流转7542户，流转面积4115.39公顷，规模化、集约化成为农业发展的新趋向。投资1.7亿元，改造农村公路5条100千米。争取到全国首批新型农村养老保险试点县。启动寿星文化旅游区建设，举办以"游帝师故里，品福寿文化"为主题的首届福寿文化旅游节。2009年被中央综合治理委员会授予全国平安建设先进县，成为晋中市第一个国家级平安县。投资11.7亿元，完成"十大民心工程"。灵芝公园规划占地面积30公顷，工程总投资5300万元。福澜广场占地面积2.6万平方米，总投资1500万元。2007年5月开工建设，2009年5月1日正式向市民开放。东梁河治理工程总投资1000余万元，一期工程投资650万元，已完工。二期工程投资353万元，在建设中。行政中心及市民广场规划占地面积50988平方米，建筑面积33725平方米。2007年3月开工，2009年10月完工。朝阳广场总投资6600万元。规划用地面积45993平方米，建筑面积26356平方米，绿化面积11038平方米。宣传文化中心位于广场南侧，总投资1400万元。建筑高度15米，建筑面积6035平方米，设计有戏台、图书馆、文物馆、影视厅、展览厅、游艺室、办公室等。城西小学占地面积6.72公顷，设计建筑面积为1.6万平方米，其中教学楼建筑面积3627平方米，专用教室面积2565平方米，综合大楼建筑面积4766平方米，宿舍楼建筑面积4024平方米。有400米标准环形田径运动场一个，689平方米体育看台一座，体育活动室4个。总投资3000余万元，2009年7月底竣工，9月1日正式投入使用。集中供热项目在寿阳县工业园区建设热源基地，总投资2.6亿元。项目的实施，提高了城区空气质量，每年可节约原煤13万吨，减少灰渣3.3万吨、烟尘排放量3926吨、二氧化硫2260吨、二氧化氮5602吨。2009年11月，工程主要设备招标、主厂房和锅炉房基础基本完成，锅炉钢结构已进场安装，实现向主城区供热的目标。南外环道路工程全长4300米，宽35米，双向4车道，中间设绿化带，按城市二级主干道标准设计，设计时速为50公里/小时，总投资8430万元。2009年7月底全线建成通车。白马河治理河道起点位于阳煤铁路线桥上游70米，终点到下游2.1千米。工程总投资9297万元，已完成投资4900万元。石门河治理段河道起点为下曲大桥，终点与白马河顺接。河道全长1600米，宽60米，河堤高2.5米，总投资800万元。2009年3月开工，完成投资560万元。北外环工程西起榆盂线下曲桥头，东至高家坡村东并入原307国道，全长8公里，宽18米，双向4车道，设计标准为平微区二级公路，设计车速为80公里/小时，总投资8000余万元。2009年7月底全线通车。尹温公路起点位于尹灵芝镇国道307线，止于温家庄与省道206线交汇处。全长16千米，总投资3874万元，2009年7月完成投资3700万元，全部路段基本建成并投入使用。祁氏故居旅游区位于平舒村与龙门河村之间，紧邻307国道，规划面积300.15公顷，以"中华第一书香门第"为理念，集观光纪念、娱乐体验、休闲度假、会议修学等功能于一体。总投资约2.5亿，一期工程累计完成投资7500万元。 （武代玲）

·太谷县·

中共县委书记	王建忠
县人大常委会主任	武浩青(女)
县长	郝向明
县政协主席	李德仁

【概述】 太谷县位于北纬37°12′~37°32′，东经112°28′~113°01′。2009年，受国际金融危机的影响，太谷县主要经济指标低开高走，2月份降到最低点，以后逐月增长，到年底呈"五升三降"。"五升"即：生产总值42亿元，同比增长2.6%；固定资产投资16亿元，增长17.6%；消费品零售总额19.4亿元，增长23%；城镇居民人均可支配收入13455元，增长12.2%；农民人均纯收入7063元，增长10.5%。"三降"即：工业增加值7.4亿元，下降12.3%；财政收入4.2亿元，下降11.3%；外贸进出口总额2040万美元，下降23.8%。

【农业经济】 2009年，太谷县确建的新增设施蔬菜667公顷，苗木花卉达到6670公顷，猪、鸡年饲养量100万头、1000万只的农业"四个一"工程全面实施，成为传统农业走向现代农业的分水岭。政府出资1200万元，带动整个农业投资5.8亿元。实施示范区项目29个，新增设施蔬菜733.7公顷、苗木花卉1400.7公顷，总量分别达3068.2公顷、6670公顷。猪、鸡年饲养量分别突破百万、千万大关，畜产品综合产量达到1亿千克。农产品加工企业实施技改、扩规投资突破2亿元，新增市级龙头企业8家，累计达到23家，其中3家成为省级龙头企业，年加工转化能力达到1.75亿千克以上。太谷农业在成为省城"菜篮子"的基础上，正向全国农产品供应基地扎实迈进。

【工业经济】 2009年，太谷县争取

中央新增投资项目32个,签约项目8个,引进资金10亿元。政府出资500万元,带动企业投资28.8亿元,实施20个技改项目。铸造产业上,全力推动冲天炉、镀锌炉、退火炉(窑)和自动化、半自动化生产线的改造,6户企业引进自动化生产线,29户采用新工艺、新能源、新技术进行治理改造。煤焦产业上,涵盖化工、建材、冶金、电力等行业的恒达循环经济园6个项目全部立项,其中投资9.6亿元的余热发电、高碳铬铁项目开工建设。医药、食品产业上,中远威药业、怡园酒庄等6个技改项目全部启动。沿太太路规划建设水秀新型工贸区,占地1000.5公顷的土地调整使用规划已经晋中市政府常务会议研究通过,并与太原开发区就项目转移和合作达成初步意向。投资4.1亿元的乾通塑胶产品、投资1亿元的晋路计衡器以及年产1.2万吨的禾宇电力钢管、年产1万吨矿用瓦斯管等项目已经签约。投资1.13亿元的金谷农产品批发市场已经开工建设。山西医药玻璃瓶厂争取省级关闭破产费用4812万元,基本完成职工安置。太谷纺织厂实施依法破产,职工安置完成63%。改制5户集体企业,安置职工273人。

【第三产业】 2009年,太谷县抓住机遇发展旅游产业,古城东西大街临街门店已陆续开发,初现昔日"中国华尔街"辉煌。"新网"工程、"万村千乡市场"工程扎实推进,新建91个便民店、连锁店,累计达201个,覆盖全部城乡;"放心粮油工程"如期完工,新建1个县级配送中心、6个乡级中心店、110个村级经销店;"汽车摩托车、农机、家电下乡"等惠农政策全部落实,销售产品9595台辆,财政共为农户发放补贴1420万元,销售额达7894万元。县农业生产资料配送中心启动建设,阳光购物街竣工投入运营。

【基础建设】 (1)交通优势明显提升。2009年,太谷县争取大西高铁在太谷建站;投资1.8亿元的太太路,境内9.3千米已经竣工完成;投资38.5亿元的龙城高速,境内21千米;投资1亿元的5.4千米金谷大道改造工程已经通车。筹集资金1.7亿元,完成新农村街道硬化56.5千米、通达工程31.8千米、县乡公路改造67.47千米,成为全市第一家完成县级道路改造的县,初步融入大太原半小时交通圈。启动投资近5亿元的13项城市基础设施建设工程,其中南河街、16条小街小巷、集中供热供气、污水处理厂及管网配套、城区绿化亮化等6项工程已经完工;园区路贾堡段、垃圾处理场、保障性住房等7项工程正在建设,累计完成投资近3亿元。(2)生态环保得到加强。太谷县实施城乡一体化生态环境整治,完成国家、省级重点造林工程1667.5公顷,植树90余万株。对156户重点污染企业分类治理,143户达标验收,11户依法淘汰,2户停产关闭。二氧化硫、化学需氧量分别减排401吨、214吨,分别完成任务的112%、107%。城区二级天气达到348天,同比增加68天。开展城乡环境综合整治活动,4个乡镇20个村获市级卫生乡镇、卫生村称号,通过"山西省卫生县城"复检验收。

【社会事业】 实施15所中小学改扩建工程,学校布局得到优化;组建以人民医院为龙头、乡镇卫生院为枢纽、村卫生室为基础的医疗服务集团,农村卫生服务功能实现全覆盖;顺利通过全国科技进步县考核验收,成功申报为全国十大文化生态保护实验区核心区,举办全国"飞象杯"农民健身秧歌邀请赛,110个文化信息基层站点、农村书屋投入运行,2万册影象资料全部下乡,1万户数字电视整体平移,农民健身工程稳步推进;五大社会保险参保人数突破13万;基金征收任务圆满完成,并按时足额支付。13万平方米安置楼、14万平方米商住楼建设进展顺利,完成40万平方米集中供热、2800户集中供气,城乡低保、贫困居民医疗救助、农村五保、救灾救助等工作全面推进,广大群众的生活幸福感和满意度明显提高。

(杨 扬)

·祁 县·

中共县委书记	尚金华
县人大常委会主任	张俊慧
县长	李丁夫
县政协主席	孔襄中

【概述】 祁县位于北纬37°04′~37°28′,东经112°12′~112°39′。2009年,祁县地区生产总值36.1亿元,增长0.9%;固定资产投资17.5亿元,增长21.7%;财政总收入3.11亿元,下降12.3%;社会消费品零售总额17.5亿元,增长22.9%;城镇居民人均可支配收入14704元,增长12.3%;农民人均纯收入6302元,增长10.6%。

【"三农"工作】 2009年,祁县粮、菜、果、牧四大主导产业持续扩张。全县粮食播种面积2.98万公顷,粮食总产1.85亿千克,创历史新高,新发展以日光温室、拱棚为主要内容的设施蔬菜122.73公顷,设施蔬菜种植面积200.1公顷,蔬菜种植面积10005公顷;新增以澳洲青苹、酥梨为主的优质水果面积466.9公顷,以核桃为主的干果经济林面积200.1公顷;肉、蛋、奶总产量分别增长9.9%、15.8%、5.9%,畜牧规模养殖水平不断提高,各类养殖小区145个,规模养殖率85%以上。华祁食品有限公司辣椒深加工项目,完成投资3800万元,建成两条辣椒加工生产线,一期工程竣工;青山绿色生态开发有限公司玫瑰加工和种植基地建设项目,完成投资400万元,建成两条玫瑰加工生产线,玫瑰温室3.34公顷,玫瑰种植基地发展到200.1公顷。祁县有省、市级农业产业化龙头企业29个,各类专业合作社638个,幅射带动农户1.4万户。农产品品质建设成效显著,引进推广"京9428"小麦以及屯玉、澳玉、强盛系列玉米优质品种,全县农作物优良品种覆盖率95%以上;制定绿色酥梨标准化生产技术操作规程,推广蔬菜病虫无害化生态控制、测土配方施肥、果蔬水肥一体化等实用技术,推广面积50万亩次以上;"祁县酥梨"完成集体商标注册,"振兴香油"评为山西省著名商标。截至2009年，祁县林改面积17808.9公顷，其中山区林改面积14473.9公顷，平川林改面积3335公顷，参与农户4万户，涉及12万余人。祁县17808.9公顷集体林地除5%留给集体外，其余的全部落实到户，到户率94.8%；424万株四旁树确权发证384.6万株，发证率90.7%。

【项目建设】 2009年共实施各类项目141项，总投资36.2亿元，完成年度投资17.5亿元，增长21.5%。其中实施中央拉动内需投资项目41个，总投资8467.5万元，开工38项，完工25项，完成投资6207万元；实施市、县重点项目30项，总投资31.5亿元，开工28项，完成年度投资10.7亿元，占全年投资计划的108.2%。特别是燕京啤酒、中石油油库建设等6个签约项目，总投资达14.1亿元，全部开工建设。全部投产达效后，可新增产值65.3亿元，实现税收3.34亿元。

【工业经济】 2009年，祁县强化政府调控服务，积极落实帮扶措施，出台《关于帮助工业企业应对危机促进发展的意见》《关于营造良好环境与企业共渡难关的意见》等10个推进企业发展的具体意见。组织大规模政银企项目融资对接活动，签订26个项目近4亿元的融资意向协议；协调成立鑫盛和蓝海银通两个小额贷款有限公司，吸纳和盘活社会闲置资本；帮助企业申请省级各类扶持资金3000余万元。鼓励企业抱团取暖，引导成立玻璃器皿协会，制定《祁县玻璃产业振兴规划》。

【城乡建设】 完成《经济开发区总体规划》和《渠家大院、乔家大院文物保护规划》《渠家大院周边环境整治规划》等专项规划。加强城乡基础设施建设，投资2.7亿元，实施市政重点工程13项，污水处理厂、安康路建设、二支退水渠改造、祁方线下水改造等工程全面完工，垃圾处理厂、昌源南路立交桥等工程顺利推进；交通基础设施投资突破1亿元，东环路一期顺利完工，"一线三桥"积极推进，完成农村公路建设117千米；投资7706万元，完成电力建设工程10项；投资8485万元，实施水利重点工程10项；投资4121万元，实施农业综合开发和土地整理工程6项。大力加强生态建设，投资1800多万元，完成造林1520.76公顷，植树150万株；二氧化硫和化学需氧量排放量分别下降2.79%和18.74%，县城区环境空气质量二级以上天数达349天。

【商贸　旅游】 新建改造农家农资店30个，农家农资店达114个，新增新网工程25户，新网工程达40户，工程覆盖率70%以上，销售收入超过8000万元。对外贸易进一步提高，拥有自营出口资格企业63户。空气锤、型弯机、水泵、碳素及农副产品的出口再创新高。汽车运输业、网络信息、中转服务业，从业人员2万余人，各种营运车辆达到近万辆，年运营收入10亿元，上缴税费1.3亿元，发展信息服务中心20余家，中转服务站20余户，初步形成现代物流集散市场。2009年，特色景点开发项目投资1500万元；乔家新村项目投资1000万元，全年接待游客150万人次，门票收入3000万元。

【社会事业】 加快社会事业发展，投资2963万元，对23所学校实施校舍安全改造；投资221万元，对8个乡镇卫生院进行改扩建，乡、村卫生机构达标率100%，提前实现省政府村级卫生所全覆盖目标；人口计生工作扎实推进，符合政策生育率93.2%；完成10个农家书屋建设，数字电视用户累计达到1.24万户，体育馆投入使用，祁县民居建筑习俗、小磨香油制作技艺、戴氏心意拳成功入选山西省第二批非物质文化遗产名录，祁县被授予"山西省民族传统节日（春节·元宵节）保护示范地"称号，成为山西省文化品牌之一。改造50个农资农家店、25个便民店，建成2个配送中心；实施放心粮油工程，建成放心粮油配送中心1个、放心粮油连锁中心店5个；全面落实家电、汽车下乡政策，发放补贴108.7万元；不断规范市场经济秩序，祁县成为全国十个商务综合行政执法试点县之一。加大就业和社会保障力度，新增城镇就业4360人，转移农村劳动力2945人，城镇登记失业率控制在0.6%；城市低保与农村低保人数分别增长12.4%和12.2%，城镇基本社会保障覆盖率96%；新型农村合作医疗参合率93.4%，城镇居民基本医疗保险参保率81%。

【首家以土地承包经营权入股专业合作社】 5月12日，祁县西六支农业开发专业合作社在祁县注册成立。这是山西省首家以土地承包经营权入股成立的农村合作社。合作社的成立标志着农村由单家独户的经营模式向集约化、产业化、规模化经营模式里程碑式的转变。（董艳平）

·平遥县·

中共县委书记　李定武*
　　　　　　　　李非忠（2009年12月任代书记）
县人大常委会主任　杨登文
县　　　　　长　李非忠
县 政 协 主 席　张文渊

【概述】 平遥县位于北纬37°12′~37°21′，东经112°12′~112°31′。全县总面积1260平方千米，辖14个乡镇，273个行政村和四个社区管理委员会。2009年，全县生产总值57.14亿元，同比增长6.5%；人均生产总值11500元，增长6.3%。财政总收入7.3767亿元，下降5.35%；其中一般预算收入2.9171亿元，增长7.4%；全社会固定资产投资33亿元，增长30.2%；规模以上工业增加值14.93亿元，增长2.2%；社会消费品零售总额31.58亿元，增长23.32%；全县居民消费价格上涨幅度控制在0.6%。城镇居民人均可支配收入13974元，增长12.2%；农民人均纯收入4951元，增长9.6%。规模以上工业增加值14.93亿元，增长2.2%；城镇登记失业率控制在4%以内。全县一产增加值8.44亿元，增长8.1%；二产增加值22.3亿元，增长3.6%；三产增加值26.4亿元，增长8.6%；三次产业比重由上年的12.6:45.1:42.3调整为14.8:39:46.2。以旅游业为龙头的第三产业比重由42.3%上升到46.2%。11月10~12日,平遥县遭受有气象记录37年来最强降雪降温过程,全县平均降雪量达49厘米,平均积雪深度达到29厘米,各类蔬菜大棚、牲畜棚、生产车间等遭受重大损失,全县受灾乡镇、社区17个,受灾、成灾单位数186个,户数1120户,人数5334人,直接经济损失6427.666万元。

【农业经济】 新增标准化规模养殖小区19个,累计达150个,新发展温室98个、大棚376个,总面积146.74公顷,推进了农民增收和现代农业示范县建设;市级以上龙头企业新增2户,总数达10户,国青公司通过省级龙头企业初审,其50万只蛋鸡科技示范园投入运营,为全省现代化养鸡园区建设树起了一面旗帜;牛肉集团、龙海公司被列入全省农产品加工龙头企业"513"工程的50户省级梯次企业名单;粮食生产连续六年增产,获得"全国粮食生产先进县"荣誉;在全市率先高标准完成433.55公顷汾河绿化,铺开占地200.1公顷的生态植物园和湿地公园建设,实施10项水利工程、土地整理、中低产田改造、机械化保护性耕作等治土项目;承办全市林业现场会,被评为"全省林业建设先进单位""全省平安农机示范县",农田水利基本建设首次捧得全省"禹王杯"。

【工业经济】 全年实施的28个工业项目有10个项目投产或试运行,13个在建,完成投资14亿元,率先在全市完成煤炭资源整合,成为全省煤矿保留率最高的县,产能从316万吨提高到600万吨;11户国有破产企业安置职工5494人,完成任务的82.8%,三户破产企业成功完成资产变现,134户重点监控企业全年纳税6.23亿元,增长3.69%,占到财政总收入的84.4%。

【旅游业】 2009年共接待中外游客113万人,同比增长22.6%,门票收入8827万元,增长23.9%,是全省唯一实现"双增长"的景区;全县漆器行业从业人员数800余人,产值5000万元;古城国家5A级景区创建正式进入申报程序;在全省首家争取到中国进出口银行旅游文化国际化贷款试点项目,第一笔4.52亿元贷款资金已到位。平遥古城获得省级文明和谐景区称号,被评为"资源节约型、环境友好型景区",获"中华古城文化名牌旅游景区"称号。

【城乡建设】 2009年,城区空气质量二级以上天数350天,名列全市第一。涌现出煤化、烽岩等循环型企业集团;新发展户用沼气、节能吊炕、高效生物质能炉等农村新型能源用户1000余户,推广新型节能灯29.5万支。推进"五城联创",环城地带、旅游服务区、新城区道路三个区域的拆迁有序推进,永安街延伸、春蕾路延伸、南二环路建设、曙光路延伸和柳根河景观等建设进展顺利;基本完成滨河西路新建、顺城路延伸的前期工作;总投资16974万元的古城环城地带环境综合整治二期工程项目,争取到省煤炭可持续发展基金5000万元,三个子项目前期工作基本完成,两个子项目开工,进展顺利。集中供热普及率达到70%,城市污水处理率达86%,全年完成造林2587.96公顷,新增城区绿化面积39万平方米,绿化覆盖率达到42.71%。对10条国、省、县、乡主要通道两侧和14个乡镇政府所在地的环境进行重点整治,取缔176座非法土小石灰窑,被评为全省城乡环境卫生清洁工程先进景区。

【重点工程】 2009年实施108项重点工程建设,94项竣工或部分竣工;争取到上级投资项目82个,落实上级投资27106万元,包括中央预算内专项资金投资9547万元、省级煤炭可持续发展基金10693万元、市级配套资金366万元、地方政府性债券6500万元,其中争取到结构调整、民生改善、基础建设、循环经济等各类中央扩大内需项目4批26项、1.12亿元;总投资26585万元、拟申请亚行贷款1894万美元、贷款期限26年的平遥县惠济河河道治理项目,是全省投资规模最大的亚行贷款山西省小城镇发展示范项目,已经国务院批准;中国进出口银行贷款、总投资10.17亿元的平遥古城旅游文化国际化项目,落实贷款规模7.12亿元,已到位4.52亿元。

【招商引资】 引进山西稼穑丰农业科技开发有限公司1.5万吨硫磺粉剂农药项目、中冶重工公司年产20万吨焊管等项目,引进资金近5亿元。2009年全县固定资产投资增幅达30.2%,超全市平均增幅10.7%,拉动GDP增长约2%。

【社会事业】 "十件惠民实事"与"五个全覆盖"并进。提前一年实现村通水泥(油)路、村级卫生室和村通广播电视3项全覆盖,完成本年的中小学校舍安全改造、农村安全饮水2项全覆盖任务;新建幸福桥至南岭地18千米村通工程,全县通达率99.6%;建成5个空白村卫生室,村级卫生室100%全覆盖;完成25个20户以上已通电自然村的广播电视工程,全县广播电视信号覆盖率98%;39所中小学校、47650平方米的校舍安全改造任务基本完成;建成37处饮水工程,解决50个村59590人的安全饮水问题。撤并18所中小学校;职业中学完成整体搬迁,软硬件设施全国一流;县直示范幼儿园已投入使用。铺开3个保障性住房项目,其中配建廉租房737套;80户低收入家庭住进了廉租房。计生妇幼中心业务楼、中医院住院楼、10个乡镇卫生院业务用房建设如期推进,医疗卫生实现了全县行政村覆盖,县、乡医疗卫生机构全部达标;发放新农合补偿金3810万元。发放养老、医保、五保等各种社会资金2亿多元;34756名城镇居民参加医疗保险,3985名破产企业退休职工纳入城镇职工基本医疗保险范畴。促进就业方面,新增城镇就业人数3892人,转移农村富余劳动力5186名,开发保洁、保绿、保安、交通协管等公益性岗位580个。完成县乡二级路改造、拉动内需项目、通达工程建设总里程112千米,改造危桥6座,新建乡镇客运站2个。在受到省计生督调队的黄牌警告后,用半年的时间展开专项整治攻坚,四术任务、抚养费征收均取得较好成效。完成农村改厕5058个，发展农村新型能源1000余户。

【平遥与全球文化遗产基金会保护合作项目成果展】 5月23日，平遥与全球文化遗产基金会(GHF)保护合作项目成果在古城内米家巷12号院展出。GHF董事及主要捐款人avid B.Ford、Henry&Debbie pao、GHF贵宾Tom Greer、GHF执行总裁杰夫·摩根、GHF中国项目经理李光涵、联合国教科文组织项目专家林志宏、法国前驻华大使马克—孟毅等观看成果展示，共同商讨下一步合作计划。县长李非忠与全球文化遗产基金会执行总裁杰夫·摩根签署关于“世界文化遗产平遥古城文化遗产保护与开发计划合作协议”。

【平遥古城南大街入选首批“中国历史文化名街”】 6月10日，平遥古城南大街入选首批十条“中国历史文化名街”，是山西省唯一获此称号的历史文化名街。首届“中国历史文化名街评选推介”活动是经文化部、国家文物局批准，于2008年7月启动，由中国文化报、中华文化促进会等单位主办。

【平遥国际摄影大展】 9月19~25日，2009平遥国际摄影大展开展，本届摄影展以“生命·梦想”为主题，共有来自世界46个国家和地区的150个展览，1232位摄影师的2万幅作品在9大展场参展，其中国外展览共38个。还举办第五届中国移动手机摄影节暨首届中国手机文化盛典手机摄影大展。

本届摄影展奖项评在三大奖项的基础上，增加至6大类14个项目，充分涵盖了摄影的各个门类，特别是作为重要的影像分支奖——DV奖，也首次登上颁奖晚会的舞台。

【第二届中国平遥漆文化艺术节】 9月19日，以“保护、传承、创新、发展”为主题，第二届中国平遥漆文化艺术节在平遥古城开幕。艺术节上，来自北京、浙江、福州、扬州等地以及日本、韩国等国的漆器艺人携带200多件漆器精品参展，不同流派的漆器艺术汇聚一堂，展示了人类漆文化艺术的魅力。平遥县推出了以国家非物质文化遗产传承人薛生金的百猫图等为代表的一批精品推光漆器参展。

【平遥古城招商洽谈会】 9月20日，2009平遥古城招商洽谈会在丽泽苑国际大酒店举行。会上签订上海平遥经济合作交流框架协议、上海平遥旅游战略合作协议、上海山林食品公司与龙海公司肉鸡购销协议、山西证券投资设立平遥证券服务部项目、山西华晟重型机械设备公司和平遥惠荣传动轴公司共同投资设立平遥中冶重工设备制造有限公司项目，山西稼穰丰农业科技开发有限公司在本县投资建设农药项目以及澳大利亚国际技术研究院投资建设文化生态园等7个项目，项目总投资3.55亿元，引进资金2.07亿元。 (梁 晓)

·灵石县·

中共县委书记	郭燕平
县人大常委会主任	王建国
县长	杨洪
县政协主席	蔺计爱(女)

【概述】 灵石县位于北纬36°40′~37°00′，东经111°20′~112°00′。总面积1206平方千米。辖6镇6乡3社区，14个居委会，291个行政村，533个自然村，总人口25.52万人。2009年，全县生产总值109.3亿元，同比增长8.1%，三次产业结构比由上年的1.8:68.9:29.3调整为2.2:68.3:29.5；财政总收入25.13亿元，下降2.6%；一般预算收入10.14亿元，增长36.3%；规模以上工业增加值66.0亿元，增长15%。固定资产投资70.6亿元，增长25.4%；社会消费品零售总额完成28.9亿元，同比增长23.1%。城镇居民人均可支配收入和农民人均纯收入分别为17387元、6775元，同比增长12.1%、9.4%。

【“三农”工作】 2009年，县财政加大对“三农”的扶持力度，直接投入达到1.1亿元，比上年增长23.7%。严格落实粮食直补政策，对全县种粮农户粮食直补和良种、玉米保护性差价补贴1285.3万元，粮食总产量5850万千克，增长2.9%。蔬菜总产1035.8万千克，水果总产222.2万千克。农产品加工完成年销售收入7600万元，农产品转化率达42%以上。完成扶贫移民5485人，其中项目移民2527人，分散移民2958人。全面落实家电、汽摩、农机“三下乡”财政补贴政策，发放各类补贴资金270万元，拉动农民投入1580万元。积极探索建立“以工补农”工作机制，部分工业企业在开展村企共建、创新投入方式上做了大量工作，带动社会资金投入7000余万元。

【林业经济】 2009年累计投入造林绿化资金3.5949亿元，新造林4322.16公顷，通道绿化20.6公里，村庄绿化30个，实有林木覆盖率比上年提高3.59%，达到47.31%，被省政府授予“全省造林绿化先进县”称号。深入推进集体林权制度改革，51939.29公顷主体改革全面完成，并在全省率先启动生态公益林补偿机制，被市政府授予“集体林权制度改革突出贡献奖”。森林防火工作走在全市前列，被评为“全市2007–2009年度森林防火先进县”。退耕还林633.65公顷，核桃经济林新建示范基地1000.5公顷，管护3335公顷。厂矿绿化造林1854.26公顷，四旁植树91.4万株，育苗333.5公顷，古树名木保护246株古树立碑挂牌，设置围栏50处。核桃林总面积11612.47公顷，其中打造高标准示范基地6670公顷，实现挂果6003公顷，核桃年产量350万千克。

【畜牧业发展】 2009年，佑农牧业3万头种猪项目开始二期工程，完成仪器配套、监控设施安装、发酵床制作，引种猪450头，2009年投资1500万元，累计投资5000万元；天和农牧5000头养猪项目新建饲料车间、仓库500平方米，引进种猪200头，生猪存栏1000余头，2009年累计投资1000万元。2009年，猪存栏3.8万头，出栏4.6万头；牛存栏985头，出栏1421头；羊存栏3.4万只，出栏2.3万只；鸡存栏47万只。猪、鸡规模养殖超过90%，肉牛、肉羊规模养殖达到70%，主要畜禽良种覆盖率达到100%。肉、蛋、奶产量分别为446万千克、374.5万千克、43.5万千克，分别增长198.3%、57.8%、56.5%，畜牧总收入1.2亿元。

【工业经济】 2009年，全县共生产原煤743.6万吨，煤矿从90座整合为38座，生产能力从2103万吨/年提升到2535万吨/年。全县民营经济增加值393576万元，同比增长10.22%；规模以上工业增加值98020万元，增长10.24%；农产品加工业营业收入11545万元，增长10.04%；营业收入达百万元以上农产品加工企业实现营业收入7058万元，增长14.21%。全县碳素产量4.4万吨，电力22万千瓦生产73723万度，营业收入15998万元，增长16.45%；水泥生产65万吨，营业收入19500万元，增长30%。

【生态环境】 2009年，投资1.05亿元高标准实施汾河流域两渡至县城段综合治理工程，新建河坝6500米，河道清淤清障62.5万立方米，河道平整50.2万立方米；汾河干流沿线两侧1千米范围内的31户污染企业全部搬迁淘汰。继续推进蓝天碧水工程和造林绿化工程，18户限期淘汰企业的污染设施按要求全部拆除，淘汰落后产能520万吨，194户重点工业企业达标治理完成率100%；深化集中饮用水源地保护，水质达标率100%；污水处理厂达标运营，日处理500吨的垃圾焚烧发电厂一期工程试运行。全年城区二级以上天数达到345天，比上年净增24天，其中一级天数达到71天。

【教育事业】 (1)义务教育经费保障制度全部落实。寄宿生生活补助197.55万元，免书费383.67万元。(2)深化人事制度改革。落实教师提前离岗政策，提前离岗82人；公开招聘录用新教师103名，安置公益性代教181人。

【社会事业】 (1)对16所中小学校舍实施改造，新建加固3.41万平方米。(2)5个乡镇卫生院和61个农村卫生所改造工程完工。(3)城镇居民医疗保险、新型农村养老保险覆盖率分别达到93%和94%，新型农村养老保险进入全国试点；5754户、7203名农村特困群众全部纳入低保范围，953名农村“五保”对象全部实行应保尽保，809名重点优抚对象的就医问题得到解决。(4)4个乡镇文化站建设和100个农村信息资源工程全部完成。(5)城镇新增就业岗位2050个，农村劳动力技能就业培训8328人，转移农村富余劳动力2392人。(6)2009年，共完成公路建设投资1.9791亿元，新增公路通车里程24.9千米；“五个覆盖”项目完成计划内16个村45千米，计划外1个村2.3千米；通达工程完成30.3千米；完成无计划13个村31.62千米的建设工程，全年累计完成农村公路建设122.82千米。完成村通水泥油路88.9千米，新农村街道硬化35千米。(7)新增农村户用沼气2250户，建成沼气服务网点30个；新建饮水安全工程40处，解决了11062口人的饮水安全问题。(8)发展新农村便民店18家。(9)加快保障性住房建设，完成经济适用房5.2万平方米，廉租房1.56万平方米，落实农村解困住房458套。(10)全年接待中外游客55.2万人，增长19.1%，景点门票及其他收入1670万元，旅游综合收入2.6亿元，增长23.8%。 (景茂礼)

·介休市·

中共市委书记	杨建林*
	秦太明
市人大常委会主任	李怀珠
市　　长	秦太明*
	王怀民(代)
市政协主席	吴定元

【概述】 介休市位于北纬36°50′~37°11′，东经111°44′~112°10′。2009年，全市生产总值140亿元，比上年增长6.8%；规模以上工业增加值97亿元，增长6.8%；财政收入24.26亿元，增长3.6%；社会固定资产投资总额59.2亿元，增长5.7%；社会消费品零售总额37.9亿元，增长21.3%；城镇居民可支配收入和农民人均纯收入分别达到15400元和5732元，同比增长12.5%和5.2%。全市总人口401764人，男205680人，女196084人。

【农业经济】 市财政出资1000万元带动2亿多元社会资金投入农业领域：发展日光温室1500栋；万头猪场达到20个，生猪饲养量突破30万头；发展核桃干果经济林1000.5公顷，总面积达到4669公顷；连福镇核桃仁年加工能力2500吨，成为全国最大的加工基地；维群生物公司与莲花味精集团合作的5万吨谷氨酸建成投产；江苏雨润集团200万头生猪屠宰加工冷鲜肉项目引进介休。沼气用户达到2.5万户，生态园林村达到120个。涉及25个村、2.64万人的饮水安全工程全面竣工。全年种植粮食27921公顷，产量9452吨；种植油料67.7公顷，产量57.25吨。肉产量14227吨，蛋产量5349吨，奶产量5688吨，马出栏13匹，牛出栏118头，羊出栏48299只，家禽出栏1472097只，猪出栏148249头。

【工业经济】 2009年确定45个重点工程项目。投资161亿元的38个工业重点项目顺利推进：安泰集团80万吨高线、三佳公司6万吨有机硅、诚宏福得一公司10万吨苯加氢投产运行、晋铝公司1万吨氮化硅、2万吨低碳刚玉即将投产运行、安泰120万吨H型钢、益达公司30万吨甲醇、20万吨二甲醚进入设备安装阶段。先后召开三次政银企座谈会，累计为企业融资20亿元。8月25日在晋中市首家全面完成煤矿企业兼并重组整合任务，全市31座煤矿整合为17座，总产能由1023万吨/年提高至1140万吨/年，矿井数量压减45.2%，煤炭产能增长11.4%，井田面积增长8.7%，保有储量增长率为8.6%。

【服务业】 举办第二届中国清明(寒食)文化节系列活动，绵山风景区成为全省服务业发展的典型代表，全年接待游客65万人次，实现旅游总收入1.2亿元。张壁古堡被住建部命名为全国特色魅力名镇，张壁旅游专线建成通车。天峻山文峰塔全面修复。新建盛华丽园等高标准小区60万平米，家家利连锁超市辐射30多个县（市、区），新建大商物流等高档商业街区8万平米，美特好、苏宁电器等知名企业落户介休，晋中商业银行在介休设立分支机构。华泰等四家小额贷款公司为企业融资3.66亿元。

【城乡建设】 新增、改造城市主干道10千米，北坛西路延伸、经天街延伸等道路竣工通车，完成友谊巷等14条小街小巷的改造。城市集中供热面积普及率80%。天然气综合利用工程具备送气条件。110千伏定阳、仙台变电站建成使用。完成城区10条道路、65座建筑的景观亮化。启动总面积200公顷，其中水域面积30公顷的汾河湿地森林公园建设。城市绿地率达到39.8%，城市人均公园绿地面积达到9.26平米，被省政府命名为省级园林城市。新建镇区道路12千米，铺设各类管网5.5千米，张兰镇投资1500万元用于镇区基础设施建设。

【环境保护】 实施七大造林绿化工程，林木覆盖率提高到35.67%。全面推进节能降耗，万元GDP能耗下降11.44%，节能46万吨标准煤。蓝天碧水工程和重点区域环境集中整治纵深推进，115户企业完成分类处置任务，煤矸石实施集中处置，城市集中式饮用水源地保护得到加强，汾河义棠断面水质明显改善。建成污水处理厂中水回用管网，垃圾发电厂运行稳定。二氧化硫净减排1511吨，化学需氧量净减排1029.2吨，环境空气质量首次达到国家二级标准，二级以上天数346天。

【社会事业】 市财政投入民计民生的资金占到总支出的65%以上。全面铺开城镇居民医疗保险，新型农村合作医疗参合率达93.01%。市乡村三级卫生服务、传染病防控能力明显提高。完成第二次土地调查和基本农田调整工作。开工建设汾河便民桥三座，完成二级路改造70千米和村村通水泥（油）路25.8千米。“十件实事”“五个全覆盖”工程全部完成。通过全国科技进步市复审验收。人口自然增长控制在6‰以内。被授予全省历史文化名城、文明和谐城市、新农村建设先进市等光荣称号。

【清明（寒食）系列文化活动】 4月2日，由中宣部、中央文明办、文化部、山西省委、省政府主办和晋中市人民政府、中共介休市委、介休市人民政府承办的“晋风和韵”2009年山西介休中国清明（寒食）系列文化活动在介休举行。省委常委、省委宣传部长胡苏平，副省长张平，省委宣传部副部长、省文明办主任李海渊，晋中市委书记李永宏，市长张璞，介休市四套班子领导等出席启动仪式，应邀参加启动仪式的还有来自全国各地的有关专家学者和新闻媒体记者等。

胡苏平宣布启动仪式开始，张平代表省委、省政府致辞，介休市委书记杨建林代表介休市四套班子领导致欢迎辞。启动仪式上，胡苏平、张平、李永宏、张璞等领导为“清明宝鼎”揭幕。系列活动历时半个月，在中央电视台录制《我们的节日·清明——中华长歌行》特别节目，并举办晋剧《介子推》展演、《传统节日与假日旅游》高层论坛、清明寒食民俗活动、寒食精品展系列活动。

【全国人大保障性住房建设调研组到介休调研】 6月10日，全国人大财经委委员、全国人大预算工委副主任冯淑萍带领全国人大保障性住房建设调研组在介休市调研，晋中市领导及介休市领导陪同调研。

市委副书记、市长秦太明作汇报，介休市经济适用住房廉租住房总占地面积4.45公顷，全部工程于2009年底完工。 （赵俊萍）

运城市

中共市委书记	高卫东	
副书记	王安庞	
	尚平安*	
	董鹏翔	
市人大常委会主任	黄有泉*	
	张建合	
副主任	刘振华*	刘冠生
	柴瑞霭	张道中
	梁天管	荆青莲
	李景发	
市长	王安庞	
副市长	王殿民	张建喜
	吴菊仙	董一兵*
	武宏文	王健康
市政协主席	安永全*	柴林山
副主席	李玉燕	王七庚
	史海涌	王正选
	杨泽生	薛靛民
	潘和平	

【概述】 运城市位于山西省西南部，处于华北平原的丘陵区，黄土高原东沿第一台阶，黄河中游地带。地理坐标为北纬34°35′~35°50′，东经110°15′~112°04′。总面积13968平方千米。2009年，全市地区生产总值728.0亿元，比上年增长6.7%。人均地区生产总值14316元，按2009年平均汇率计算达到2096美元。年末全市从业人员264.2万人。城镇新增就业人员5.1万人，完成全年目标(4.49万人)的113.6%。下岗失业人员再就业人数达到1.35万人，其中就业困难对象再就业人数0.37万人。城镇登记失业率2.4%，控制在4.2%的目标范围之内。全市常住人口509.5万人，比上年末增加1.9万人。全年全市出生人口5.7万人，人口出生率11.2‰；死亡人口3.1万人，死亡率为6.1‰；自然增长率5.1‰。男女性别比102.9(女性为100)，出生人口性别比112.6。城镇化率达到36.6%，比上年提高1.4%。

【农业经济】 全年全市农作物种植面积77.18万公顷，比上年增长10.9%。全年粮食总产量222.2万吨，比上年增产6.4%；肉类总产量比上年增长39.0%；全年完成造林面积17333公顷，退耕还林工程配套荒山荒地造林面积2800公顷，完成天然林资源保护工程造林面积4534公顷。实有封山（沙）育林面积21979公顷，零星（四旁）植树1383万株。

农业机械总动力570.8万千瓦，比上年末增长7.1%。机械耕地面积47.7万公顷，机械播种面积42.0万公顷，机械收获面积29.9万公顷。全市农机化经营总收入8.3亿元。

【工业和建筑业】(1)工业。全年工业增加值283.2亿元,比上年增长4.6%,在二产中所占比重为86.9%,比上年下降3.9%。其中,规模以上工业企业增加值238.4亿元,比上年增长6.0%。产品销售率96.0%,比上年提高1.5%。全市原煤产量28.3万吨,比上年下降68.9%。焦炭产量900.8万吨,比上年增长14.2%;钢材332.8万吨,比上年增长27.6%;氧化铝129.3万吨,比上年下降34.7%。规模以上工业企业主营业务收入777.5亿元,比上年下降18.2%。新型产业中,装备制造业和医药工业分别实现主营业务收入75.3亿元、12.6亿元,分别增长10.2%、12.3%。规模以上工业企业实现利税7.3亿元,比上年下降88.3%;实现利润-25.3亿元,下降300.2%。(2)建筑业。全年全市具有资质等级的建筑企业131个,其中有工作量的建筑企业113个,实现建筑业增加值42.5亿元,比上年增长6.5%。具有建筑业资质等级的总承包和专业承包建筑企业实现利润总额1.6亿元,下降13.0%;上缴税金1.8亿元,下降5.1%。

【人民生活和社会保障】(1)人民生活。全年城镇居民人均可支配收入12656.7元,比上年增长12.1%;城镇居民人均消费性支出8061.8元,增长12.0%。农村居民人均纯收入4110.5元,增长8.2%;农村居民人均生活消费支出2943.4元,增长2.2%。城镇居民家庭恩格尔系数(即居民家庭食品消费支出占家庭消费支出的比重)33.0%(中心城市盐湖区城镇居民家庭恩格尔系数32.0%),农村居民家庭恩格尔系数35.3%。全市在岗职工30.5万人,比上年增长2.6%;年平均工资21186元,增长7.2%。居民消费价格比上年下降1.4%,其中食品价格下降4.1%。商品零售价格下降0.8%。工业品出厂价格下降19.6%,其中生产资料价格下降20.6%,生活资料价格下降9.6%。原材料、燃料、动力购进价格下降4.8%。农业生产资料价格下降0.4%。(2)社会保障。年末参加城镇基本养老保险人数40.2万人;参加农村养老保险人数64.6万人;参加城镇基本医疗保险人数67.8万人;参加失业保险人数23.3万人;参加工伤保险人数18.0万人,其中农民工6.0万人;参加生育保险人数6.6万人。全年全市纳入城市最低生活保障的居民9.0万人,发放城市低保资金1.9亿元;纳入农村最低生活保障居民14.7万人,比上年增加1.7万人,发放农村低保资金1.3亿元,比上年增加0.6亿元。

【固定资产投资】全年固定资产投资481.5亿元,比上年增长40.2%。全市全社会固定资产投资施工项目1283个,项目建成投产率73.9%。新增固定资产294.8亿元,固定资产交付使用率为66.0%。全年房地产开发投资40.2亿元,比上年增长14.8%。按工程用途分,住宅投资29.5亿元,增长28.4%;商业营业用房投资6.0亿元,下降13.3%。

【能源经济】全年全市一次能源生产折标准煤20.2万吨,比上年下降71.6%;二次能源生产折标准煤1885万吨,比上年增长8.2%。城镇投资中,能源工业投资完成39.9亿元,比上年增长55.2%。其中,焦炭工业投资14.3亿元,增长1.1倍;电力工业投资4.7亿元,下降6.8%。

【国内贸易】全年社会消费品零售总额328.2亿元,比上年增长22.0%。其中,城市消费品零售额184.7亿元,增长16.9%;县消费品零售额79.9亿元,增长26.4%;县以下消费品零售额63.6亿元,增长33.1%。

【对外经济】全年海关进出口总额81979万美元,比上年下降39.4%。其中,出口额15702万美元,下降71.2%;进口额66277万美元,下降18.0%。全年新设立外商直接投资企业4家;实际使用外商直接投资金额1.77亿美元,比上年下降67.0%;其中纳入商务部口径统计的为0.42亿美元,下降83.3%。全年对外经济合作新签合同额0.29亿美元,比上年增长7.4%。

【交通 邮电 旅游】全市年末公路线路里程14649千米。公路密度达到103.3千米/百平方千米。全市公路客运量4750万人,比上年增长7.6%;公路货运量4538万吨,比上年下降25.0%。公路旅客运输周转量19.7亿人千米,比上年下降0.8%;公路货物运输周转量122.6亿吨千米,比上年下降55.5%。

运城机场共开通运城至北京、上海、广州、天津、重庆、深圳、成都、沈阳、昆明、武汉、南京、海口、厦门、三亚和太原15条航线。全年客运量50.1万人,比上年增长69.3%;货运量1150吨,增长38.6%。飞机起降6132架次,增长30.1%。

年末民用车辆拥有量67.6万辆,比上年末增长11.6%。民用汽车拥有量达到25.6万辆(包括三轮汽车和低速货车4.5万辆),比上年末增长20.0%,其中私人汽车20.0万辆,增长22.5%。年末轿车拥有量10.1万辆,比上年末增长45.9%,其中私人轿车9万辆,增长56.0%。年末摩托车拥有量33.2万辆,比上年末增长6.1%。年末拖拉机拥有量7.9万辆,比上年末增长8.7%。

全年全市完成邮电业务总量60.0亿元,比上年增长9.7%。其中,邮政业务总量3.3亿元,增长12.0%;电信业务总量56.7亿元,增长9.5%。固定及移动电话用户总数达到362.2万户,比上年末增加37.8万户。其中:固定电话86.2万户,移动电话276万户。电话普及率达到71.1部/百人,其中固定电话和移动电话普及率分别达到16.9部/百人和54.2部/百人。宽带接入用户达到36.3万户,增长31.0%。

全年接待海外旅游者10.3万人次,接待国内旅游者1265.8万人次,分别增长14.1%和10.1%;旅游外汇收入2326.3万美元,国内旅游收入85.4亿元,旅游总收入87.1亿元,分别增长23.0%、19.1%和19.3%。

【财政 金融 证券 保险】全年财政总收入63.7亿元,比上年下降31.2%。其中,税收收入57.4亿元,下降32.8%。一般预算收入26.3亿元,下降19.5%。一般预算支出103.6亿元,比上年增长11.3%。其中农林水事务支出增长 19.7%,教育支出增长 7.0%,科学技术支出下降 4.2%,社会保障和就业支出增长 15.9%,医疗卫生支出增长 30.8%,环境保护支出下降22.1%,文化体育与传媒支出增长17.2%,城乡社区事务支出下降 0.3%,公共安全支出增长 15.5%。

年末全市金融机构本外币各项存款余额 830 亿元，比年初增长 15.6%。各项贷款余额 482.9 亿元,增长 9.3%。年末全市金融机构人民币各项存款余额 827.9 亿元，比年初增长 15.6%；各项贷款余额 479.6 亿元,比年初增长 9.1%。人民币个人消费贷款 19.5 亿元,增长 15.9%。全年累计现金收入 1990.2 亿元，累计现金支出 1998.0 亿元,货币净投放 7.8 亿元。农村金融合作机构(农村信用社、农村合作银行)人民币贷款余额 167.5 亿元,增长 11.8%。

全年运城辖区证券市场各类证券成交额 433.3 亿元，比上年增长 55.0%。其中,股票成交额 431 亿元,增长 55.3%;基金成交额 2.2 亿元,增长 37.1%；债券成交额 0.1 亿元，下降 32.0%。年末股票市场累计开户数 5.7 万户,比上年末增长 38.1%。

年末全市保险公司共有 18 家，全年保费收入 27.7 亿元,比上年增长 23.8%。其中，人身险业务保费收入 21.8 亿元,增长 20.2%;财产险业务保费收入 5.9 亿元,增长 39.1%。支付各类赔款及给付 5.7 亿元,下降 2.4%。其中，人身险业务给付 3.0 亿元，下降 19.1%；财产险业务赔款 2.7 亿元,增长 27.6%。

【教育　科技】 普通高校在校生 1.8 万人,教职工 1470 人,其中专任教师 966 人。中等职业学校在校学生 82482 人,普通中学在校学生 39.9 万人,小学在校学生 42.4 万人。全市中小学专任教师达到 5.7 万人。高中阶段毛入学率达到 90.0%,比上年提高 2.9%。

全年全市共受理专利申请 399 件,比上年增长 5.3%。技术市场共签订技术合同 16 份，成交金额 1.2 亿元。9 个项目列入国家各类科技计划，获得国家资助 390 万元。共取得 16 项科技成果，获得省级科技奖励 7 项。其中省级科技进步二等奖 2 项，三等奖 4 项；省级自然科学二等奖 1 项。认定省级企业(集团)技术中心 4 家。运城、绛县、风陵渡 3 个省级经济开发区全年实现科工贸总收入222 亿元，比上年增长 18.7%；税收收入3.9 亿元，增长 7.4%；进出口总额5032.8 万美元,下降 52.5%。

年末全市共有产品质量监督检验所 13 个，市授权行业建立的检验所(站)55 个,监督抽查 1223 家企业 12 类 1638 批次产品和商品。全市共有法定计量技术机构 13 个，全年完成强制检定计量器具 44549 台(件)。全市有气象台站 14 个。全市开展电话天气自动答询台站 13 个。全市气象系统开展人工影响天气业务单位 12 个,防雹、增雨受益覆盖面积1.4 万平方千米。全市有天气预报服务网站 2 个,卫星云图接收站 1 个。全市有市级地震台网中心 1 个,数字测震地震台网 1 个,数字测震子台 5 个。县级地震监测台(站)13 个。

【文化　卫生　体育】 年末全市共有艺术表演团体 16 个,群众艺术馆 1 个,文化馆 13 个,公共图书馆 13 个,馆藏图书 95 万册。博物馆 19 个,档案馆 14 个。市级以上重点文物保护单位 173 处,其中国家级 44 处,省级 92 处,市级 37 处。广播电台 17 座,电视台 20 座。有线电视用户 43.7 万户。广播人口覆盖率 94.1%，电视人口覆盖率 95.1%。在全省国庆 60 周年系列活动中,本市参选舞蹈《渔夫与河蚌》和民歌《报一个喜》获山西省“三民调演”银奖。新创历史剧《战公槐》获山西省第十二届“杏花奖”新编剧目、表演和舞美等七项奖。

年末全市共有卫生机构（含诊所)1934 个,其中妇幼保健院(站)14 个。全市卫生机构(含诊所)共有床位 22254 张,卫生技术人员 27593 人。全市 13 个县(市、区)开展新型农村合作医疗试点工作，参合率达到92.1%。全年全市运动员在国内重大比赛中获铜牌 1 枚；销售中国体育彩票1.2 亿元,比上年增长 8.4%。

【资源　环境　安全生产】 全年全市实际建设占用耕地 679.3 公顷。土地整理、复垦、开发补充耕地1923.3 公顷,当年净增耕地 73.3 公顷。4 座中型水库库容量 9055 万立方米。全年解决农村饮水安全人口达59.3 万人。农村饮水安全未达标人口46.9 万人。拥有省级自然保护区 1 个,自然保护区面积达到 86861 公顷,占到全市国土面积 6.1%。

全年市区二级以上优良天数达到 354 天，超额完成省政府下达的 280 天的目标任务。汾河、涑水河化学需氧量(COD)分别控制在省定目标内。全市污染物二氧化硫、化学需氧量的排放总量分别控制在省定目标 13.1 万吨和 7.8 万吨之内，完成省定的减排二氧化硫（SO_2)0.06 万吨、化学需氧量（COD)0.06 万吨的目标任务。

城市污水处理率达到 85%,提高 10%；城市生活垃圾无害化处理率达到 85%，提高 29%；集中供热面积 1206 万平方米,增长 9.6%;集中供热普及率达到 86%,提高 6%。各类自然灾害造成直接经济损失 10.4 亿元,与上年基本持平。全年农作物受灾面积 33 万公顷,增长 18.0%。其中,绝收 6.3 万公顷,增长 90.0%。

全年全市投入 126 万元,建成煤炭产量监控、井下人员管理和煤矿瓦斯监测监控“三大系统”。从 2008 年至 2009 年底，组织培训煤矿主要负责人和安全生产管理人员 564 人,培训煤矿特种作业人员 448 人,煤矿班(组)长 984 人,初步形成市、县、矿三级煤矿安全培训网络。全年安全生产事故死亡 253 人，比上年下降 8.3%。全市超限、超载率由治超前的 8%–11%下降为 0.16%,高速公路杜绝了车货总重 55 吨以上非法超限超载车辆,长途运输中的非法超限超载车辆基本消除。发生道路交通事故 759 起,下降 10.4%,造成 242 人死亡、891 人受伤,直接经济损失 158.8 万元,比上年增长 27.8%。（石少青）

·盐湖区·

中共区委书记　丁　波*
李润山

区人大常委会主任　　李　治
区　　　　　　长　　邓雁平*
区 政 协 主 席　　柴存喜

【概述】 运城市盐湖区位于北纬34°48′~35°22′，东经110°41′~111°12′。辖22个乡镇办，314个建制村，33个社区，总人口65万人，其中，农村人口42万。全区总面积1237平方千米。2009年，全区生产总值105亿元，比上年增长8.1%；区属规模以上工业增加值9亿元，增长12.5%；全社会固定资产投资125.5亿元，增长72.6%；财政总收入12.3亿元，增长13.6%，其中一般预算收入3.4亿元，增长23.2%；社会消费品零售总额105.6亿元，增长14.9%；城镇居民人均可支配收入13416元，增长5.2%；农民人均纯收入5115元，增长18.3%；万元GDP能耗下降5%，万元GDP主要污染物排放量下降10%；居民消费价格涨幅、人口自然增长率、城镇登记失业率分别控制在4.5%、4.2‰和3%以内。

【农业经济】 按照市委、市政府用一产补二产的工作思路，深入开展“百企帮百村、百局包百村”和“万名干部下基层”活动，强力推进农业产业化，促进农业和农村经济保持稳定发展的良好势头。全年完成中低产田改造600.3公顷，完成以金井、龙居、车盘为主的土地开发复垦867.1公顷，新发展节水灌溉面积333.5公顷，完成水土保持综合治理面积12.5平方千米，改善农业生产条件。全年粮食总产2.03亿千克；棉花总产1672万千克；水果面积21344公顷，总产值12.6亿元；蔬菜面积7136.9公顷；畜禽养殖小区60多个，实现产值4亿元。农产品绿色认证、无公害认证品种达到12个，无公害基地认证36685公顷；新发展农民专业合作社132个，总数达265个。新增造林面积1334公顷，发展干果经济林66.7公顷，绿化道路130千米，全年植树总数超过300万株。

【工业经济】 2009年年初，受国际金融危机影响，本区大多数企业经营困难、效益急剧下滑。面对这一严峻形势，区政府多次召开银企联谊会，邀请各大商业银行为企业负责人和财务人员进行融资业务培训，增强金融部门和企业的联系。拿出专门资金注入区担保公司，解决企业融资难题。实行区领导和职能部门包联企业帮扶制度，积极帮助企业办实事、解难事，促进全区工业经济保持良好的发展态势。2009年，全区规模以上工业企业35家，实现利税1.3亿元。全区新增中小企业160个，总数达3362个。

【第三产业】 2009年，积极搞活商贸流通，以二郎庙商业金街、华联购物广场、百货大楼、购物中心、东星时代广场、恒隆广场等大型商贸企业为龙头，以专业市场为骨干，以农贸市场为基础的市场体系初步形成。全区营业面积5000平方米以上的商业网点32个，年成交额超亿元的大型商品市场13家，连锁经营店198家，新建和改造农家店100个、农资店40个。大力发展旅游产业，完成舜帝陵景区自然湿地、博物馆展馆、护城河等工程建设。积极参加西安、三门峡、大连等地旅游推介会，推出三省四地一证游，开展旅游消费春季行动，全区的旅游收入1500万元。

【项目建设】 2009年，全区重点项目投资23.1亿元。凯盛肥业等18个项目建成投产，石药银湖、舜蒲胶辊、鑫洲玻璃等22个项目开工建设。舜帝陵景区扩建、舜帝复旦小学、运城卫校等民生项目建成并投入使用。区文体中心、运城学院一期工程、运城特教学校、区社会福利中心等项目基本完工。区人民医院门诊综合大楼等项目开工建设。

【民生工程】 2009年，区财政继续向民生倾斜，全年用于民生投入5.5亿元。不断提高城乡低保标准，全年共发放城乡低保金2500万元。积极推进以“五个全覆盖”为重点的民生工程建设，新铺设农村道路30千米，全区农村道路总里程1227千米，实现村通油(水泥)路全覆盖；消除76所学校D级危房面积5.4万平方米，舜帝复旦示范小学一期工程完工并投入使用；新建6个农村卫生室，实现农村卫生室全覆盖；全区共建图书室272个，藏书38万册，实现人均一册图书全覆盖；完成王范、杨家门、上王等供水工程建设，解决4万余名群众饮水安全问题；完成111个村级组织活动场所建设。深入推进蓝天碧水工程，城区二级以上天数达到354天。

（王英杰）

·临猗县·

中共县委书记　　胡　宝
县人大常委会主任　　路香芳
县　　　　　长　　史　凯
县 政 协 主 席　　孙正来

【概述】 临猗县位于北纬34°58′~35°18′，东经110°37′~110°54′。面积1339.3平方千米。下辖9镇5乡2区，375个村委会、550个自然村。全县总人口567174人，其中：男性人口287118人，女性人口280056人，城镇化率26.08%，人口出生率11.26‰，人口死亡率6.10‰，人口自然增长率5.16‰。2009年，全县生产总值完成62.06亿元，增长8%；农业总产值完成39.4亿元，增长11.4%；工业总产值完成56.1亿元，规模以上工业产值完成41.8亿元，均与上年持平；固定资产投资完成32.24亿元，增长80.6%；社会消费品零售总额完成25亿元，增长35.6%；财政收入完成2.34亿元，下降12%；城镇居民人均可支配收入11794元，增长12.4%；农民人均纯收入5019元，增长9.9%。

【农业经济】 粮棉生产上，粮食总产量达21.36亿千克，增长3200万千克；棉花总产量2800万千克，增长175万千克。果业生产上，建成精品示范园60个，苹果套纸袋7亿个，膜袋40亿个，产量18.5亿千克，新增产值10亿元。在传统农业大县向现代农业强县转变中，实现三大突破：(1)成立了鲜水果加工出口企业——万腾果业开发有限公司，注册“万腾”牌鲜水果商标。(2)通过省出入境检验检疫局的出品认证，为临猗苹果打入国际市场奠定了基础。(3)组织农业部门赴河南、河北等枣业发达地区学习考察，在庙上乡新建10个储藏库，试储冬枣20万千克，将鲜枣销售期延长4个月，增值近3倍，为枣业二次振兴闯出了新路。全县枣业面积发展到13340公顷，被评为"全国枣业十强县市"之一。新发展农民专业合社社174个，累计达到344个，入社社员覆盖农户6.2万户，统一销售农产品2.12亿元，在全市名列第一。在新农村建设上，新启动31个省级重点推进村，投资1475万元，共硬化巷道73.97千米，栽植树木花卉35万株，新建村级科技文化活动室29个，便民连锁店30个，农民休闲健身广场17个。2009年，本县被省委评为"新农村建设先进县。"

【工业经济】 县委、县政府邀请银行部门到企业考察，调研了解情况，为企业新增贷款4亿多元，工商银行结束10年来未向企业贷款的历史，为企业贷款6500万元。民营金融机构首次进入临猗县，拓宽企业融资渠道，有效缓解企业资金困难的问题。翔宇化工有限公司自主开发的石油裂解催化剂，被省科技厅鉴定为国际先进产品。华晋公司开发的纳米环保多功能仿旧休闲面料和50次水洗免烫服装布料，填补市场空白，并在香港收购16家贸易公司和销售点，将产品直接打入欧美市场。全年新增1个中国驰名商标，2个省级著名商标，1个省级技术中心，3个市级技术中心，新开发5项在国际、国内市场具有领先水平的新产品，新增亿元产值企业2家。2009年，临猗县工业生产总值和规模企业工业产值与上年持平，全县规模企业中没有出现停产停工和裁员减薪的现象。临猗县工业应对金融危机的做法被省委政研室以《成效在危机中显现》和《规模不小等于实力差》为题分别刊登在省委《调查与分析》和《山西日报》上。

【城市建设】 在改善城市基础设施上，投资3800万元，启动实施一系列道路新建扩建工程，县城道路基本实现网络化。在完善城市功能上，启动经济适用房、廉租住房、农村危房解困、城市生活垃圾处理场、峨嵋公园、污水处理场、体育场改造和工人文化宫建设等工程，完成投资2700万元。在城市管理上，结合城乡环境卫生整治，加强城市交通、建筑施工、环境卫生管理，新建5处水冲式公厕，城市功能日趋完善，被省爱委会表彰为"卫生县城"。

【民生工程】 (1)打通交通瓶颈。投资1360万元，改建了王开线临晋至北辛段、李汉至运临一级路、三管至运稷一级路等道路，结束了最后5个行政村不通水泥路的历史。(2)加强医疗卫生工作。争取国债投资480万元，完成3所乡镇卫生院改造任务；投资700万元迁建妇幼院；实现村级卫生室全覆盖；为新农合配套资金470万元，全年为参合农民报销医药费4757万元。(3)大力实施校舍安全改造工程。投资1114万元，新建7所寄宿制学校，完成校舍改造2.1万平方米。高考文理两大类达线885人，六大类达线1286人，创历史新高。(4)大力实施"三房"工程。启动经济适用房、廉租住房、农村危房解困等工程。廉租住房主体工程年底基本完工，154户农村困难群众搬进新居。(5)继续实施防氟供水工程。4个乡镇72个村8万余人喝上安全卫生达标水，累计解决18万人的饮水安全问题。(6)完善社会保障体系。全面启动城镇居民医疗保险和农村居民养老保险。为624名大病患者提供救助资金84.7万元，安置就业人员3541人，全年共发放低保资金2245万元。(7)积极落实支农惠农政策。为5.7万户农民发放粮食直补资金2380万元。发放农机具购买补贴1964万元，补助总额位居全省第一，获"全国平安农机示范县"称号。发放家电下乡补贴438万元。兑现计生奖扶资金605万元。争取到全市唯一的"一事一议"奖补试点，总金额达1080万元，支持全县339个行政村的367个公益事业项目建设。(8)文化事业成效显著。强力推进工人文化宫、体育场改造等公共文化设施建设，顺利通过"全国文化先进县"复查验收，被省政府授予"山西省文化强县"称号。

【财政建设】 全年新增转移支付资金近亿元，为全县经济社会发展提供强有力的财力保障。同时严格支出审核，实施"四压四控"，保证了年初预算的正常执行，财政状况呈现出"一少三多"特点："一少"，就是财政收入总量有所减少，全年财政收入完成2.34亿元，较上年减少3400万元；"三多"，一是可用财力有所增加。二是支出安排有所增加，个人该得的工资、津贴部分，全部足额发放到位，该增加的全部兑现；特别是在财政紧张的情况下，拿出550余万元用于公务员第二批过渡和事业人员的调资补发资金，拿出850余万元用于义务教育阶段教师的绩效工资及边远地区教师生活补助；各单位工作经费全部保障。三是对重点项目的资金安排也有所增加，2009年工程资金按进度支付到位，2010年重点工程预留资金也有所增加。 (程明清)

·万荣县·

中共县委书记	卫孺牛
县人大常委会主任	王崇智
县长	张汪尤
县政协主席	高彩青(女)

【概述】 万荣县位于北纬35°13′~35°31′，东经110°25′~110°59′。2009年，全县地区生产总值完成29.9亿元，同比增长8.1%；规模以上工业增加值完成47亿元，同比增长5%；全社会固定资产投资完成17.6亿元，同比增长60.1%；财政总收入完成2.17亿元，同比增长8.06%；城镇居民人均可支配收入10326元，同比增长14.4%；农民人均纯收入3549元，同比增长14.5%；社会消费和零售总额13.7亿元，同比增长24%。

【"三农"工作】 粮食总产量达到1.27亿千克。大葱、芦笋、中药材等特色农产品种植面积进一步增加。25个新农村建设重点推进村共投资3451万元，完成工程142项。全县苹果形势喜人,套纸袋13亿枚,总产量6亿千克,同比增长20%,总产值10.7亿元,同比增长35%,果业人均纯收入2044元,比上年净增494元。南景和汉薛两个节水园区建成。新建沼气池1700个,服务网点3个。汉薛、贾村867.1公顷中低产田改造完成。中小学校危房改造、村通广播电视、农村安全饮水、村级办公场所建设完成2009年目标任务,建制村通水泥(油)路和村级卫生所建设已提前实现全覆盖。

【工业经济】 受国际金融危机影响,全县规模以上企业运行困难,最严重的时期,共有8家企业处于停产、半停产状态。有关部门及时采取有效措施,对23家规模以上企业包联帮扶,先后为恒磁、鑫峰、黄腾、海兴等6家企业争取回扶持资金4800万元。总投资1.4亿元的镁业技改、化工扩建、恒磁扩建等工业项目建成投产。恒磁科技、黄腾化工两家企业产值超过2.5亿元,鑫峰煤化、凯迪建材、汇源果汁、华康药业4家企业产值超亿元,恒磁科技、黄腾化工税金超2000万元,汇源果汁、鑫峰煤化、华康药业、中鲁果汁税金超千万元。引进各类项目86个,到位资金8.54亿元。与汇源集团签订投资5亿元建设PET灌装和瓶装生产工厂协议,与TCL集团达成投资4.9亿元建设镁合金铸件生产线合作意向。

【文化旅游】 黄河西滩景区建成开业,黄河湿地首届休闲旅游文化节成功举办,李家大院景区被评为山西省十大杰出旅游品牌之一,初步形成全县六大旅游景区共同繁荣的大发展格局。全年接待游客突破60万人次,实现旅游收入500万元。万荣被正式命名为“中国笑话之乡”,电视连续剧《万荣人在北京》剧本编写完成,100集系列电视动漫剧《万荣笑话》制作完成30集。新建图书馆大楼、7个乡镇综合文化站。建成20个农村文化活动中心、文体广场,20个农家书屋,200个信息共享基层服务站点。

【基础设施】 新城区实现24小时集中供暖,供暖面积达20万平方米,老城区铺设天然气管道20千米,7个单位安装天然气锅炉,天然气用户达260多户。污水处理厂进水调试,垃圾处理场开工建设。人民公园一期工程建设完成,府东巷绿地建设接近尾声,荣河路、新建北路、西环路建成投入使用,对8条小街小巷进行亮化。道路建设上,闻合高速公路路基基本形成,李家大院至后土祠旅游路一期工程和沿黄扶贫路改线工程建成通车,文华线至稷王山道路改建和西卫至西孙石道路改建工程竣工通车。水利建设上,北赵引黄渠系建设全面启动,里望集中供水工程完工,荣河集中供水工程开工建设。

【生态环境】 通过节能减排、工程减排、管理减排等三大减排行动,二氧化碳、化学需氧量两项主要污染物排放分别比上年减排1204吨和980吨。全年二级以上天数331天。扎实推进造林绿化工作。汾河流域建成绿化带286.81公顷,实施荒沟绿化660.33公顷,通道绿化21千米,村庄绿化28个村,县城绿化率达到27.8%。

【安全生产】 组织各类安全生产专项整治小组,对非煤矿山、危化企业、道路交通、消防等14个重点行业和领域进行全面整治。排查各类生产经营单位7079个,其中,关闭取缔1068个,停产停业整顿124个,对正常经营的5887个单位加强日常监督,将责任具体落实到相关监管部门、分管领导和监管人员。安全生产专项整治工作经验在全省召开的安全监管工作会议上作典型发言。

【社会事业】 “科技富民强县”项目通过省科技厅验收,科技下乡活动蓬勃开展。全县高考文理两类达线人数首次突破300人大关,达线306人。农村寄宿制初中改造完成7所。新型农村社会养老保险国家级试点项目正式启动,全县4.8万名60周岁以上农民每人每月领取养老金55元。119831人次享受到新农合补偿2805万元,全县受益面达到34.66%。新增城市低保200人,人均月补助130元,新增农村低保1200人,人均月补助66元。城乡大病医疗救助人数355人,救助资金118万元。全年共补发企业志愿兵和伤残军人拖欠工资184.9万元。解决了100户农村困难群众的住房问题。全年共发放计生奖扶金300万元。万荣县慈善总会成立,筹集到慈善基金150余万元。依法打击各类犯罪活动,全年共破获各类刑事案件323起,查处治安案件1741起,打掉各类犯罪集团12个,抓获网上逃犯132名,共批准逮捕122人,审查起诉91案136人,立查职务犯罪案8案4人,有力地维护社会稳定。 (薛勇勤 张东宏)

·闻喜县·

中共县委书记	裴良杰
县人大常委会主任	张英生
县长	李尧林
县政协主席	王延平

【概述】 闻喜县位于北纬35°09′~35°34′,东经110°59′~110°37′。年末全县常住人口为400295人,比上年末增加5068人。2009年全县出生人口5347人,人口出生率11.31‰,人口自然增长率5.48‰;年末全县总户数116912户。总人口中,非农业人口104745人,城镇化率26.17%;男女性别比为104.13(女性=100)。实有耕地面积52531公顷,全年净减少耕地708公顷,全县森林覆盖率达21.1%。县城二级以上天数达到358天,比上年增加55天。2009年,全县地区生产总值(GDP)完成669518万元(按可比价计算),同比增长0.5%。其中:第一产业增加值完成61663万元,同比增长7.8%;第二产业增加值完成365692万元,下降3.4%;第三产业增加值完成242163万元,增长9.1%。三次产业的比重为9.2:54.6:36.2。人均地区生产总值16766元,按2009年平均汇率计算达到2454.8美元。全县居民消费价格总水平比上年下降0.5%,其中服务项目价格下降1.4%。商品零售价格总水平比上年下降0.4%。农业生产资料价格总水平比上年下

降 2.9%。全年实现社会消费品零售总额 179717 万元，比上年增加 27527 万元，同比增长 18.1%。外贸进出口总额 39284 万美元，同比下降 16.4%。

【农业经济】 全年完成农林牧渔业总产值 108143 万元（现价计算，下同），比上年增加 32814 万元，同比增长 31%，按可比价计算同比增长 6.3%。其中：农业产值 76249 万元，同比增长 30%；林业产值 3496 万元，同比增长 39%；牧业产值 20612 万元，同比增长 42.9%；渔业产值 156 万元，同比增长 28.8%。全县农作物种植面积 77061.05 公顷，比上年增加 6323.69 公顷，同比增长 8.9%。

年内猪、牛、羊出栏数分别为 61107 头、1734 头和 25030 头，分别比上年增长−9%、−62.5%和 10.2%。全年肉类总产量 16940 吨，比上年增加 8358 吨，同比增长 97.3%；禽蛋产量 7853 吨，同比增长 30.8%；水产品产量 130 吨，同比减少 0.9%。

【工业经济】 全年工业总产值 1424618 万元，同比下降 25.1%（现价计算，下同）；全年工业增加值 352247 万元，同比下降 3.7%。其中：规模以上工业总产值 1290538 万元，比上年减少 496260 万元，同比下降 27.8%；规模以下工业总产值完成 134080 万元。全县规模以上工业企业实现增加值 312135 万元，同比下降 27.3%。规模以上工业企业实现利税 70687 万元，同比下降 38.2%；实现利润 11238 万元，同比下降 75.5%；应交增值税 57724 万元，同比下降 10.6%。

【固定资产投资】 全年完成全社会固定资产投资 406033 万元，比上年减少 159040 万元，同比下降 28.1%。年内施工建设项目 100 项，其中 500 万元以下施工项目 20 项，新开工 73 项，实际建成投产 69 项。全县建筑业共完成总产值 6300 万元，同比增长 74.3%，实现工程结算利润 448 万元，实现工程结算税金及附加 46 万元。竣工产值达到 137880 万元，全部从业人员年平均人数达到 735 人。

【交通 运输 邮电】 全年公路通车里程 1161 千米。年末民用汽车拥有量 1093 辆。全年完成客运量 102.1 万人，客运周转量 5311 万人千米；货运量 94 万吨，货运周转量 9603 万吨千米。全年县内邮政、联通、铁通等信息网络公司邮电业务营业总收入完成 8229 万元，同比增长 1.5%；其中：邮政业务总量 1222 万元；电信业务总量 7007 万元。邮路总长度 329 千米；全县固定电话 80366 户，移动电话 149000 户，互联网用户 19317 户。

【财政 金融 保险】 全年完成地方财政总收入 49636 万元，同比下降 51.9%；其中，地方一般预算收入 14879 万元，同比下降 41.2%；地方一般预算支出 68412 万元，同比增长 1.7%。年末金融机构各项存款余额 624842 万元，同比增长 20.4%，其中，各项存款余额 393425 万元，同比增长 25.5%。金融机构全年累计现金收入 978733 万元，累计现金支出 1106175 万元，累计净投放现金 127442 万元。

【教育 文化 卫生】 年末全县有高中 5 所，初中 32 所，小学 180 所，职中 4 所，教师进修学校 1 所。适龄儿童毛入学率、初中阶段毛入学率和高中阶段毛入学率分别为 100%、98%和65%。艺术表演团体 1 个，图书馆 1 个，青少年校外活动中心 1 个，乡镇文化站所（室）13 个。有线电视用户 35000 户，其中农村有线电视用户 25000 户。年末全县共有卫生机构 25 个（不含个体诊所），其中乡（镇）卫生院 13 个。医院和卫生院床位 1459 张（医院床位张），专业卫生技术人员 2412 人，其中医生 486 人。

【人民生活和社会保障】 年末在岗职工 20888 人，同比减少 0.5%；在岗职工人均年工资 18690 元，同比增长 4.4%。全年农民人均纯收入 3795 元，增长 7.0%；城镇居民人均可支配收入 11823 元，增长 12.5%。全年城镇新增就业和再就业人数 5512 人，城镇登记失业率为 4%。年末全县参加基本养老保险职工人数 24623 人，增长 6.4%，全年收缴企业养老保险基金总额 11685 万元。参加失业保险职工人数 16000 人，全年共发放失业保险金 36.4 万元。参加基本医疗保险人数 32674 人，增长 1.3%，全年支付基本医疗保险金额 3065 万元，增长 20%。年末参加农村社会养老保险 27332 人，保险基金累计 645 万元。

【海鑫钢铁集团技改项目】 该项目总投资 8000 万元，1 月开工建设。主要生产 150 毫米×150 毫米、定尺长度为 6 米和 12 米两种规格方坯。年可新增销售收入 29 亿元，利税 3.6 亿元。

【银光集团型材项目】 该项目于 2009 年开始建设，建设期 1 年。全部完成后年产高速列车用型材 1 万吨，年平均销售收入达 3.9 亿元，年上交税金 5600 万元，年平均利润总额 6200 万元。第一批产品已供应四方机车厂装车试运行。

2009 年闻喜县主要工业产品产量

产品名称	单　位	数　量	同比增长%
服　装	万件	444.63	14.3
焦　炭	吨	413376	−24.5
尿　素	吨	188307	−6.4
水　泥	吨	1287665	8.9
日用玻璃	吨	120281	12.5
钢　材	吨	2116145	11.6
金属镁	吨	93059	4.3

【银光集团板材建设项目】 项目总投资2.4亿元，利用具有自主知识产权的镁合金熔炼及镁合金铸轧技术，对原有2000吨镁合金板材生产线进行技术改造，形成年产1万吨镁合金轧板生产能力。建设期为两年。项目建成后，年可新增销售收入5.8亿元，实现利润9700万元，税金3200万元。

【日产4500吨水泥熟料生产线项目】 冀东海天水泥闻喜有限责任公司项目规划建设两条日产4500吨熟料水泥生产线。一期先建设一条4500吨熟料水泥生产线，总投资7.2亿元。该项目年可综合利用镁渣、炉渣、粉煤灰、矿渣等工业废渣130万吨，年产熟料200万吨、水泥300万吨。可新增就业人数300余人，年产值可达8亿元，利税1亿元。

【森特集团洁净煤技改项目】 该项目是山西省“十一五规划”和省“两区”建设重点项目。项目总投资3.5亿元。其中，一期工程投资1.1亿元，主要建设下料车间、重型焊接车间及配套设施，建筑面积4.5万平方米。截至2009年底，完成投资8600万元。

（樊香叶　孟令燕）

·稷山县·

中共县委书记　李润山
县人大常委会主任　郭崇学
县　　长　乔登州
县政协主席　马卯录

【概述】 稷山县位于北纬35°22′~35°48′，东经110°48′~111°05′。2009年全县常住人口343852人。男女性别比为104.22（女性=100）；城镇化率26.47%；人口自然增长率5.08‰，人口出生率11.59‰。2009年全县实现地区生产总值398964万元，按可比价计算，同比增长11.3%。分产业看，第一产业实现增加值61144万元，同比增长6.6%；第二产业实现增加值201726万元，同比增长14.2%；第三产业实现增加值136094万元，同比增长9.0%。三次产业结构比例由上年的14.4:53.0:31.6调整为15.3:50.6:34.1。三次产业对经济的贡献率分别为9.4%、63.5%、27.1%，拉动经济增长点数分别为1.1%、7.1%、3.1%。年人均GDP达到11635万元。

【农业经济】 全年举办科技培训会173场，培训农民2万余人次；改造中低产果园1334公顷，推广病虫害防治技术11项，建成板枣、葡萄、苹果、桃种植基地61个，新增红枣面积667公顷，水果667公顷；新建规模养殖示范基地30个。2009年完成黄华峪水库加固工程，加高培厚汾河大坝17.15千米，新修引黄渠15万米，增加水地面积3335公顷；发放小麦、玉米、农机等十项惠农补贴5787万元。

2009年全县农林牧渔业总产值108284万元，同比增长1.3%。粮食种植面积48185.88公顷，增长1.2%。红枣面积3638.28公顷，增长11.7%；葡

2009年稷山县主要农产品产量

产品名称	单　位	产　量	比上年增长%
粮　食	吨	170860	6.8
红　枣	吨	155283	11.9
葡　萄	吨	12379	9.9
蔬　菜	吨	36629	−14.5
棉　花	吨	602	−29.9
药　材	吨	2181	−40.8
禽　蛋	吨	38900	1.0
鸡存栏	万只	524	−17.9
鸡出栏	万只	259	21.0
猪存栏	万头	88486	16.1
猪出栏	万头	98421	32.8
肉类总产	吨	10993	24.8

2009年稷山县工业主要产品产量及增长速度

产品名称	单　位	产　量	比上年增长%
洗　煤	吨	1471892	74.1
发电量	万千瓦小时	7018	222.1
配混合饲料	吨	130817	14.5
纱	吨	4467	7.7
布	万米	925	−17.3
机制纸	吨	30650	0.4
纸制品	吨	4494	−10.4
焦　炭	吨	1165021	71.8
纯　碱	吨	136107	−14.2
合成氨	吨	51015	−2.7
氮　肥	吨	35324	−15.7
中成药	吨	558	44.2
水　泥	吨	276524	12
生　铁	吨	94885	34.3
金属镁	吨	4194	−71
铁合金	吨	99435	5.0

萄面积801.40公顷，下降0.3%。全年粮食总产量170860吨，同比增长6.8%。

【工业和建筑业】 2009年完成工业总产值496299万元，同比下降14.1%。31家规模以上工业企业实现产值424800万元，同比下降1.2%；实现工业增加值149957万元，同比增长22%(按可比价计算)；实现利税2.03亿元，同比下降46.6%。其中，上交税金1.86亿元，同比下降48.3%。亏损企业7家，停产2家。

2009年全社会建筑业实现增加值13916万元，同比增长6.6%。其中，具有资质的总承包和专业承包企业完成产值11191万元，同比增长21%。资质以上建筑企业房屋竣工面积162088平方米，增长11.6%。

【固定资产】 2009年，全县共完成固定资产投资304588万元，同比增长85.9%。其中，城镇固定资产投资完成297423万元，同比增长83%；农村非农户完成7165万元，同比增长5.3倍；房地产完成投资1843万元，同比增长16.4%。

【批零贸易和物价】 2009年全县实现社会消费品零售总额为121177万元，同比增长32%。住宿餐饮业零售额13033万元，增长54.1%。其他行业7445万元，增长21.3%。全年外贸进出口总额2788万美元，同比下降64.2%。城镇居民消费价格总水平(CPI)为100.3%，其中，食品价格上涨4.1%，交通和信息上涨9.8%；工业品出厂价格(PPI)下降19.7%，其中生产资料价格下降19.8%，生活资料价格下降1.81%。

【交通 通信】 2009年全县公路通车里程累计达到700千米。新增里程35.9千米，新增高级、次级路面75.67千米，新建文明路5千米。全年全县交通运输业完成客运量191万人，同比增长13%；完成货运量178万吨，同比增长16%。年末全县民用车辆达25507辆，同比增长10.6%。年末全县固定电话达51023户，小灵通用户达8549部，手机用户达191583部。宽带用户27836户。

【财政 金融】 2009年财政总收入34155万元，比上年下降26.6%。一般预算收入完成10952万元，同比下降23.6%，一般预算支出62149万元，同比增长12.8%。全年金融机构存款余额350911万元，比年初增长14.8%。其中，城乡居民储蓄存款余额291371万元，比年初增长11%。金融机构贷款余额153068万元，比年初增长2.4%。2009年累计现金总收入132711万元，累计现金总支出137461万元，累计货币净投放4750万元。

【科教文体卫】 2009年末全县拥有各类学校289所，在校学生66002人，专职教师4497人。2009年参加高考人数2636人，文理两大类录取1250人。全年科技创新配套资金累计达1076万元。申报成功科技计划项目9项，其中国家级2项，省级3项，市级4项。年末全县拥有各类技术人员4616人，其中高级职称106人，中级职称1479人，初级职称3031人。

2009年继续打造彩印包装、螺钿、仿古青铜、杨赵灯笼四大支柱产业，其中螺钿、仿古工艺品在中国深圳第五届文化博览会争取到展位，签订合同、销售产品达30余万元；《稷山高台花鼓》参加2009年中央电视台春节联欢晚会和《盛世和谐赞》国庆晚会，并在成都举办的非物质文化遗产评选节上被联合国教科文组织和文化部授予金奖。

年末全县新增文化活动广场25个，新增农民书屋23个；全年出版《后稷》文化会刊4期；剧团巡回演出100余场，电影下乡2400场次；举办各类摄影、书法、美术大赛5次；新编《稷王传》在全市菊花奖汇演中获得五项大奖。

2009年县乡村三级医疗卫生机构达标率84.53%。全县参加新型农村合作医疗的农民288785人，参合率95.41%。

【人民生活和社会保障】 2009年全县城镇单位在岗职工平均工资19966元，同比增长18.1%。全县城镇居民人均可支配收入10864元，同比增长13.1%。城镇居民人均消费支出6718元，同比增长7.5%。全县农民人均纯收入4293元，同比增长10.4%。农民人均消费支出2973元，同比增长8.9%。

2009年全县城市低保对象2949户5897名，全年发放城市低保金980万元；农村低保3939户10437名，发放农村低保金625万元。全年共发放各类重点优抚对象抚恤补助款660余万元，发放五保供养经费和生活补贴74万元。全县基本养老保险参保人数8284人，增长6.8%；失业保险参保人数1107人，下降5%；城镇职工保险参保人数15470人，增长9.6%；农村养老保险参保人数21521人，增长1.8%。2009年企业养老保险完成基金征缴3350万元；医疗保险完成基金征缴711万元；机关事业养老保险完成基金征缴104万元；农村养老保险完成基金征缴101万元。全年职业介绍转移人数6089人，其中省外3420人，省内2669人。

【城市建设和生态保护】 2009年全县中心城市建成区面积达7.8平方千米，县城绿化覆盖率30%，人均公共绿地7.8平方米，集中供热总面积达80.5万平方米，天然气用户5200户。

全年完成国家、省级重点造林工程6项，实施了“双十”绿化工程，新建园林村13个，林木覆盖率增加3.6%。“一河两区”环境治理，沿河4家企业全部完成污水深化处理并安装在线监测；翟店镇区内56家纸箱企业实行了集中供热；9家重点企业高标准实施绿化工程；COD减排600余吨；县城二级以上良好天数达到362天，比上年增加55天。 (程明云)

·新绛县·

中共县委书记	李景发
县人大常委会主任	平兴旺
县长	王志峰
县政协主席	马怀茂

【概述】 新绛县位于北纬35°27′~35°48′,东经111°01′~111°20′。2009年,全县生产总值达到398592万元,按可比价格计算,比上年增长10.3%。其中,第一产业增加值110888万元,增长5.1%;第二产业增加值168209万元,增长19.2%;第三产业增加值119495万元,增长3.4%。三次产业占生产总值的比重分别为27.8%、42.2%和30.0%,对经济增长的贡献率分别为10.6%、77.2%、12.2%。全县人均生产总值12068元,按年平均汇率折算1767美元。三次产业比例由上年的21.9:42.0:36.1调整为27.8:42.2:30.0。与上年相比,第一产业比重上升5.9%,第二产业比重上升0.2%,第三产业比重下降了6.1%。全县居民消费价格比上年上涨0.4%。商品零售价格下降0.9%。工业品出厂价格下降19.9%。全年全县社会消费品零售总额180021万元,增长24.2%。

【农业经济】 2009年全县农作物总播种面积61155公顷,比上年增加7405公顷,增长12.1%。其中:粮食43630公顷,比上年增加3172公顷,增长7.3%。玉米播种面积达到18288公顷。在经济作物中,棉花1406公顷,上升0.4%;油料657公顷,下降33.0%;瓜果25公顷,上升25.0%;水果2141公顷,下降10.8%。全年全县蔬菜播种面积10373公顷,增长76.7%。其中,大棚蔬菜3950公顷,增长35.2%。

全年肉类总产量16574吨,比上年增长26.1%;奶类产量10448吨,比上年增长15.4%;禽蛋产量18147吨,比上年下降1.2%。全年完成造林面积1614.14公顷,四旁植树25万株,跨入全省林业先进县行列。

【工业和建筑业】 全县工业完成增加值15.16亿元,比上年增长19.9%。其中:规模以上工业完成增加值10.9亿元,比上年增长50.16%。产品销售率95.74%,比上年上升2.5%。

全县规模以上工业主营业务收入32.4亿元,比上年增长27.88%;实现利税16310万元,下降15.5%;实现利润2356万元,下降53.79%;亏损额4673万元,下降31.8%。

全年能源消费总量131.14万吨标准煤,比上年增长9.8%。2009年末,全县具有资质等级的建筑企业2个,共完成总产值16077万元,比上年增长29.1%。具有建筑资质等级的总承包和专业承包建筑企业实现利润27.1万元。

【固定资产投资】 全年固定资产投资完成279005万元,比上年增长48.1%。其中,城镇以上投资241303万元,增长68.6%;农村投资37702万元,下降30.3%。按产业分,第一产业投资25271万元,比上年增长82.1%;第二产业投资149915万元,增长30.6%;第三产业投资103819万元,增长41.1%。按登记注册类型分,国有投资完成62373万元,增长128.6%,非国有投资216632万元,增长34.5%。

【交通 邮电】 截至2009年底,全县铁路营运里程18.3千米。公路线路里程658千米(含村道)。全年全县公路客运量94万人,比上年增长16.2%;公路货运量108.5万吨,增长6.5%。公路旅客周转量3352万人千米,比上年增长3.5%;公路货物周转量5000万吨千米,增长1.9%。全年完成邮政业务总量1620万元,比上年增长15.6%。完成电信业务总量9025万元,比上年增长7.5%。年末固定电话用户33366户,比上年下降9.3%;移动电话拥有量为123523部,比上年增长7.8%。宽带接入用户达14207户。

【财政 金融】 2009年全县财政总收入完成27868万元,比上年减收2495万元,下降8.22%。财政总收入占全县生产总值的比重由上年的8.8%下降为7.0%。全年一般预算支出

2009年新绛县主要农产品产量及增长速度

产品名称	产量(吨)	比上年增长(%)
粮　食	175964	3.6
夏粮	79805	−12.4
秋粮	96159	22.2
棉　花	1974	38.2
油　料	2166	−8.8
蔬　菜	518721	67.0
瓜　果	667	13.4
水　果	44651	9.3

2009年新绛县规模以上工业增加值及增长速度

指　标	增加值(万元)	比上年增长(%)
规模以上工业企业	108708	50.16
1.轻工业	5320	−28.95
重工业	103388	56.89
2.集体企业	309	−41.27
股份制企业	93763	71.37
外商及港澳台投资	12606	−13.07
其他	2030	17.42
3.省属企业	4375	−36.15
县及县以下企业	104334	59.05

46979万元，比上年增长26.94%。年末全县金融机构各项存款余额350818万元，比年初增加45446万元。各项贷款余额195263万元，比年初增加5823万元。

全年财险、人寿险两大公司保费收入为5573万元，比上年增长13.0%。其中：财险业务保费收入1561万元，增长40.29%；寿险业务保费收入4012元，增长0.05%。全年支付各类赔款及给付901.91万元。其中，财险业务赔款663.91万元，寿险业务给付238万元。

【科教文体卫】 全年专利申请9件，比上年增长50.0%。2009年全县各类学校在校学生70138人，专任教师4387人。小学在校学生31992人，普通中学在校学生34276人，高等学校3870人。学龄儿童入学率达到100%。全县拥有电视台1座，广播人口覆盖率80%，电视人口覆盖率98%，有线电视用户达到17587户，数字电视用户达到824户。

全县组织国庆广场文化周以及象棋、围棋、篮球、乒乓球和戏曲比赛等，丰富广大群众的文化娱乐生活。截至年末，全县220个行政村中有193个村兴建文体广场和群众文化活动室。

全县年末共有医疗机构23个，其中，县级医疗卫生单位5个，乡（镇、街道）卫生院8个，社区卫生服务中心（站）4个，民营医院6个，村卫生所171个。各类医疗卫生技术人员1141人，其中医生146人。病床床位数899张。县乡村三级医疗卫生机构达标率97%。新型农村合作医疗覆盖率100%，参合率95.1%。

【人口和人民生活】 全县2009年末总人口为330980人，比上年年末增加1806人。其中：男性166277人，占50.2%；女性164703人，占49.8%；男女性别比为100.96（女性=100）。人口出生率为11.13‰，人口自然增长率为5.46‰。全县城镇人口105441人，乡村人口225539人，城镇化率达到31.86%，比上年提高1.39%。

2009年全县城镇居民人均可支配收入11451元，比上年增长12.6%；城镇占调查户数20%的低收入者人均收入6931元，增长13.8%；农民人均纯收入4588元，比上年增长13.8%；农村占人口20%的低收入者人均收入2252元，增长14.0%。

年末全县从业人员16307人，比上年末增加3749人。在岗职工14745人，比上年增长31%，年平均工资18338元，增长17.6%。城乡居民储蓄存款余额277933万元，比年初增长15.3%。新增就业岗位2557个，下岗再就业792人，城镇登记失业率2.5%。城市和农村低保人数分别为3272人和8256人。年末全市参加失业保险职工10400人，参加基本医疗保险职工28123人，参加工伤保险职工4405人，参加基本养老保险人数达到1.1万人。 （许　隽）

·绛　县·

中共县委书记　张　冠
县人大常委会主任　韩廷海
县　长　梁潞阳
县政协主席　李服役

【概述】 绛县位于北纬35°20′~35°38′，东经110°24′~110°48′。总面积993.49平方千米。2009年，全县生产总值完成33.2亿元，同比增长8.7%；规模以上工业增加值完成11.9亿元，同比增长20.1%；全社会固定资产投资23.78亿元，同比增长52.6%；财政收入1.7亿元，同比下降27.2%；社会消费品零售总额10.3亿元，同比增长32.86%；城镇居民人均可支配收入10476元，同比增长14.39%；农民人均纯收入3946元，同比增长12.1%。

【农业经济】 粮食生产上，建成千亩示范区3个，13.34公顷示范方6个，粮食总产量1.35亿千克，超额完成年度目标任务。特色农业上，大樱桃面积达到720.36公顷，山楂面积达到3335公顷，中药材面积达到2534.6公顷，新建养殖小区10个，规模养殖场达到56个。农业产业化上，新建标准化生产基地667公顷，总面积6003公顷，规划建设10个无公害农产品生产基地。新增农民专业合作社52个，累计注册达到164个，带动农户2000余户。“维之王”被评为国家驰名商标。新启动实施14个新农村重点推进村建设。

【工业经济】 2009年工业经济大幅下滑，规模以上企业停产、限产一度达到60%。面对严峻形势，县委、县政府认真落实国家“五缓四减三补贴”扶持政策，全县困难企业缓缴社保基金30万元。实行县级领导包企业制度，帮助企业解决融资难问题，连续召开银企座谈会，搭建银企合作平台，为中小企业新增贷款4790万元，有效促进了中科晶电砷化镓半导体材料、江河生物质发电、明迈特4×25000千伏安矿热炉二期、德生公司一期年产30万套全钢丝载重子午线轮胎、维之王有机山楂种植加工综合开发等产业转型和传统技改项目的顺利实施。特别是事关全县经济发展的标志性项目——大唐安峪2×300兆瓦热电联产项目经过多次谈判，与大唐山西分公司、翼城县达成框架合作协议，前期工作的各项资料全部完成，上报至国家发改委，进入立项审批阶段。

【第三产业】 改造县文化馆和灯光球场，修缮景云宫和长春观，积极争取文庙、南樊石牌坊等23处文物成为国保和省保单位；理顺东华山森林公园管理体制，新成立东华山森林公园管理办公室；积极实施“万村千乡”和“新网”工程，建成便民连锁店14个；销售家电下乡产品5471台，补贴资金132万元；物流、房地产、通讯等新兴服务业取得了新发展。全县第三产业增加值达11.8亿元，同比增长7.5%，在三产中的比例达到35.6%，比上年提高2.1%。

【社会事业】 为2318名家庭困难学生发放住宿生活补助161万元。完成南樊中学搬迁、职业中学改造和青少年活动中心建设。新建4个乡镇综合文化站。新农合参合率92.12%，县、乡、村三级医疗卫生机构达标率85%，改扩建3所乡镇卫生院和1所边远山区卫生院。城镇新增就业岗位3600个，转移农村富余劳动力9845人,实现就业再就业882人。农村养老保险覆盖4115人，城镇企业职工和机关事业单位养老保险覆盖26822人;城镇职工和居民医疗保险覆盖44103人,失业保险覆盖16001人;工伤保险覆盖12348人。城乡低保分别达到5616人和7102人,808名农村五保户应保尽保。新建经济适用房1万平方米,廉租住房2万平方米,解决农村困难群众住房50户。人口自然增长率3.97‰。安全整治成效明显,获市级安全生产先进县。全年检查15个行业4350家生产经营单位，关闭取缔23家非法生产经营单位,停产整顿188家存在重大安全隐患的生产经营单位。

【重点工程建设】 道路、城建、电力、通讯、水利、土地六个领域实施12类重点工程,包含40个项目。文公南路建设、陈村峪水库除险加固、省道沁东线二里半段改造等19个项目圆满完成,闻垣高速公路等6个项目进展顺利,二里半至翼城一级公路、紫家峪水库除险加固等15个项目的前期工作加紧进行。全年重点工程建设完成投资超过10亿元，有力地拉动县域经济的恢复性增长。

【改革开放】 全县政府机构改革顺利完成，事业单位分类改革全面启动;乡财县管试点改革、部门预算改革、农村义务教育"普九"债务化解工作有序推进;粮食流通体制改革力度加大;企业改制取得新进展。大力开展招商引资,全年共引进项目32个,引进资金6.84亿元。　（刘　超）

·垣曲县·

中共县委书记	侯伟建
县人大常委会主任	郭儒社
县　长	杨彦康
县政协主席	赵恒坚

【概述】 垣曲县地处北纬34°59′~35°26,东经111°30′~112°05′。总面积1620平方千米。2009年,垣曲县有5镇6乡,辖188个行政村。自2008年11月16日至2009年1月31日连续77天,垣曲县无任何降水,加上气温偏高,致使土壤失墒加快,全县出现了多年罕见的冬旱。11月9至12日,本县遭遇强冷空气侵袭,11日最低气温-2.6℃，强降温带来强降雨和强降雪，累计降雪量37.1厘米,12日08时观测积雪厚度20厘米,为1958年以来历史极值,形成了暴雪灾害。

【国民经济】 全地区生产总值(GDP)完成166904万元，同比下降17.7%,占计划的85.2%；人均地区生产总值达到7257元,同比下降18.1%,占计划的85.5%；规模以上工业增加值完成37298万元,同比下降43.7%,占计划的41.6%。固定资产投资完成205393万元,同比增长58.3%,占计划的124.8%。社会消费品零售总额完成99285万元,同比增长17.1%,占计划的97.6%。粮食总产量完成3569万千克，同比下降30.7%，占计划的46.7%。居民消费价格指数为100.9%,同比增长0.9%。财政总收入完成20245万元,同比下降48.5%,占计划的49%；一般预算收入完成7281万元,同比下降24.2%。

【社会发展】 公共文化服务体系建设达标率66.65%,增长0.01%。县乡村三级医疗卫生机构达标率80%,增长10%。人均公共体育场地面积1.11平方米,增长8.82%。公路密度达54.4公里/百平方公里,增长0.74%。城镇基本社会保障覆盖率89%,增长15%。新型农村合作医疗参合率90.9%，增长3.4%。人口自然增长率5.34‰，下降0.81‰。城镇化率35.98%,增长1.39%。城镇失业登记率2.5%,增长0.2%。城镇居民人均可支配收入10773元,增长12.1%；农民人均纯收入1504元,增长10.4%。占城镇人口20%的低收入者人均收入5436元，增长0.93%;占农村人口20%的低收入者人均收入1352元,增长3.9%。城镇居民人均住宅建筑面积29平方米，增长3.57%；农村居民人均住宅建筑面积25.2平方米,增长1.61%。万元地区生产总值综合能耗同比下降6%，比计划下降0.5%。大气污染综合指数为1.41%,比上年下降0.63%。耕地保有量为26013公顷,同上年持平。林木绿化率为37.14%,增长0.14%。建成区绿化覆盖率为26%,增长1%。

【历山自然保护区落户垣曲】 历山自然保护区位于山西省中条山东端,地跨翼城、垣曲、阳城、沁水四县。保护区南临黄河谷地，北倚汾渭地堑。历山1983年建立自然保护区,1988年经国务院批准为国家级自然保护区。总面积23950公顷。历山自然保护区为南、北野生动、植物的过渡地带,具有一定的代表性,是山西省面积最大、物种资源最为丰富的地段。

保护区山峰林立,主峰舜王坪海拔2358米。素有"山西植物资源宝库"之称。区内有野生植物600多种,植物区系具有亚热带向暖温带过渡的特点,保护区植物资源丰富,有华北面积最大的、保存最完整的原始森林,有中国最大的暴马丁香树,胸径达1.6米的最大的连香树，有山西唯一的人参种植场,引种的人参、西洋参达到国际水平。野生乔木、灌木达560余种。国家二级保护植物有莲香树、翅果油杉等。三级保护植物有红豆杉、领春木等9种。菌种类植物资源有猴头、灵芝、银耳、冬虫夏草等。主要药材资源有麝香、菖蒲等220种。药材以产量高、质量好而著称,年供全国各地百万斤以上,部分药材还销往海外。保护区内动物种类丰富,有陆栖脊椎动物250种，鸟类175种,列入中日候鸟保护协定名录的鸟类48种,兽类有45种。国家一级保护动物有金钱豹、黑鹳、金雕等9种;二级保护动物有白鹭、大天鹅、猕猴、娃娃鱼等29种；省级保护动物有苍鹭、刺猬等26种。我国和澳大利亚共同保护的候鸟有大按锥等23种;和日本共同保护的候鸟有大雁等86种。历山标本馆现有鸟类标本220种,17目、35科；兽类33种,7目、14科;植物标本57科,237种;两栖爬行动物25种。地下蕴藏有金、银、铜、石英石等矿藏。

保护区自然风光、原始森林和古人类文化融为一体。舜王坪景区因舜耕历山于此而得名，总面积为266.8公顷，山巅有舜耕历山遗迹、古庙碑记、南天门、斩龙台等胜景。为了加强对历山保护区的管理，2009年历山自然保护区落户垣曲。

【集体林权制度改革】 根据山西省委省人民政府《关于全面推进集体林权制度改革的意见》，垣曲县被列为山西省集体林权制度试点县。2008年8月28日，中共垣曲县委以垣发[2008]14号文出台了《关于全面推进集体林权制度改革的意见》。此次林权改革坚持依法改革，分类经营，尊重农民群众意愿，尊重历史，科学发展，维护稳定的原则，对尚未承包到户的集体林，采取以家庭承包经营为主、集体股份合作经营、联户承包经营和其他经营方式为辅的方式落实到经营主体；对已落实经营主体的集体山林，本着尊重历史、依法办事的原则进一步稳定和完善承包关系，至2009年底，全县79373公顷集体林地全部确权到户，初步建立起产权归属明晰、经营主体到位、流转程序规范、监管服务有效、责权利相统一的现代化集体林权制度，实现"山有其主，主有其权，权有其责，责有其利"的目标。

【列为全国新农保试点县】 4月14日，垣曲县召开县、乡、村新型农保试点工作启动动员会。截至11月底，全县16周岁至59周岁的适龄农民参保人数达89000人，占适龄农民总数的82%。共征收保费1385.67万元，全县12810名60周岁以上老年农民都按时领到了由省、市、县三级政府财政按1:1:1的比例提供的每月30元的基础养老金。

2009年12月垣曲被国家以10%的覆盖面列为试点县，成为山西省15个国家试点县之一。垣曲首批享受国家新农保政策，与国家新农保政策最后覆盖的县相比，广大农民提前享受新农保政策11年，国家财政直接投入经费1亿元以上。 （王建民）

·夏 县·

中共县委书记 苏安乐
县人大常委会主任 黄保龙
县 长 李晋学
县政协主席 刘永录

【概述】 夏县位于北纬34°55′~35°19′，东经111°02′~111°41′。2009年，全年地区生产总值完成18.3亿元，增长5.0%；财政收入完成1.1亿元，实现年初预期目标；工业增加值完成1.98亿元，下降11.2%；固定资产投资完成14.7亿元，增长54.3%；社会消费品零售总额10.8亿元，增长19.8%；城镇居民人均可支配收入10380元，增长12.3%；农民人均纯收入2931元，增长8%。

【农业经济】 (1)确保粮食安全。近年来，全县小麦面积始终保持在20010公顷左右，玉米面积保持在16675公顷左右，2008年被评为"全国粮食生产先进县"。2009年在旱情严重的情况下，全县的粮食总产达20.4万吨，基本与上年持平。(2)调整产业结构。突出"菜果"种植优势，大力发展特色高效农业。2009年，全县蔬菜种植面积达12006公顷，其中设施蔬菜面积7003.5公顷，年总产量80余万吨；优质水果种植面积10138.4公顷，其中苹果面积5869.6公顷，年总产量29.48万吨。(3)发展农民专业合作组织。围绕农产品生产加工、运输、销售等环节，积极培育龙头企业，大力发展各类专业合作经济组织，不断提高农民的组织化程度和农业产业化水平。2009年，全县涌现出蔬菜协会专业生产合作社、养殖协会等各类中介组织200余个，农产品经纪人800余名。

【项目建设】 2009年，全县共实施各类重点项目工程78个，总投资10.07亿元，其中中央新增项目52个，省、市、县重点工程26个。全年共争取实施中央新增投资项目52个，总投资5301.8万元，其中中央新增投资3257.2万元。省、市重点工程项目涉及夏县共有4个，总投资2.75亿元，完工2个，其余2个正在加紧实施。夏县县委、县政府确定并实施的县定重点工程有22个，总投资6.8亿元。其中投资规模在1000万元以上的项目有13个。

【企业帮扶】 夏县工业企业数量少、规模小，2009年在金融危机中受到严峻挑战，一些企业被迫限产停产。对此，县政府不仅及时制定出台了《关于支持工业企业应对金融危机的十条措施》，成立中小企业信用担保公司，而且带领相关部门逐企业现场办公，帮助企业解决具体问题。截至2009年底，全县25家规模企业除麦格镁业外其余24家全部恢复正常生产。晋新双鹤、骏达木业、安瑞风机、运力化工、冠宇化学、康王单采血浆等企业着力抢抓困难中的机遇，不断创新经营理念，使企业效益持续攀升，企业税收明显增长。

【生态建设和旅游】 (1)持续加大造林绿化。在进一步巩固提高近年来造林绿化成果的基础上，2009年又新建园林村46个，完成通道绿化补植补栽13.6万株，荒山造林633.65公顷，天保封育工程200.1公顷，平原绿化20.01公顷，非煤矿山植被恢复53.69公顷。(2)积极推进节能减排。新发展农村沼气2568户，县城空气质量二级以上天数达到330天。(3)全力加快生态旅游开发。依托漂流项目的成功开发，进一步发挥泗交镇独特的生态优势，不仅对景区内的配套设施进行完善，而且与市电视台联合举办"水上激情大挑战"活动，夏季来泗交的游客日平均3000人次，双休日高达5000人次，使生态旅游日渐成为夏县旅游产业的"龙头"。

【安全生产和社会稳定】 (1)开展安全整治。围绕开展"安全生产专项治理年"活动，采取日常监管和专项治理相结合的办法，重点对非煤矿山、危险化学品、民用爆炸物品、道路交通、人员密集场所、中小学危房、建筑施工等行业领域进行排查治理，先后排查各类隐患229个，并全部整改到位。特别是对全县的中小学D级危房，采取拆除和移交相关村委会等办法，予以全部消除。(2)建立健全长效机制。主要抓"三项建设"：一抓安全生产制度建设;二抓安全监管网络建设;三抓安全生产应急救援和信息体系建设。制定了安全生产应急预案,全县300人以上的企业建立专职应急队伍,其他企业建立兼职应急队伍,并实施模拟事故现场应急救援演练,为进一步抓好安全生产、推动安全发展提供重要保证。(3)不断加大社会治安综合治理和各类信访矛盾排查化解力度。2009年,破获各类刑事案件216起,受理治安案1000余起,办案率达到100%;接待受理各类信访案件345件1172人次,解决重点信访案件33件。

【民生工程】 (1)2009年,在积极争取项目资金的同时,县上给每千米村通补助3万元,每新建一个村级活动场所补助2万元,以确保“五个全覆盖”的顺利实施。未通水泥(油)路的共5个村17千米,于2009年全部硬化到位;全县农村卫生室的21个“空白村”全部消除;全县50户以下20户以上未通广播电视的163个自然村全部完成;全县山下剩余的46个园林村建设任务全部完成。同时,完成中小学危房改造工程35所学校34316平方米;修建饮水安全工程54处,解决3.42万人饮水安全问题;村级组织活动场所改建、新建34个。(2)积极推进五大惠民工程。一是加快推进教育均衡发展工程。进一步加大中小学布局调整力度,撤并学校43所,其中初中4所、小学39所,并为全县中小学公开招录学科性短缺教师47名。投资300万元,完成14所学校暖气安装工程。二是加快推进创业就业工程。2009年新增就业2580人,转移农村劳动力2.3万人,全县在外务工人员总数超过5万人。三是加快推进医疗健康工程。完成8所乡镇卫生院改造和73个村级卫生室建设工程。2009年全县新型农村合作医疗参合人数29.82万人,参合率达94.52%。并启动城镇居民医疗保险,县、乡、村三级医疗卫生机构达标率达88.8%。四是加快推进社会保障工程。建立完善养老、失业、医疗、工伤、生育五大社会保障体系和特困救助体系,2009年,全县城市低保对象2572户4006人,农村低保对象4994户8513人,城乡低保覆盖面分别达到3.8%和3.3%。五是加快推进住房安居工程。启动了瑶台花苑廉租房和经济适用房建设工程,投资355万元帮扶农村170户困难群众实施住房解困工程,完成50户,其余120户正在实施。(3)解决事关群众切身利益的问题。按时足额兑现全县干部职工的工资津贴、年终奖金和取暖费,从4月份起规范全县行政事业单位人员津贴,月实增资55万元,又从11月份起,每月新增公务员津贴工资43.8万元;彻底解决多年来遗留的160名乡镇“三定人员”和计生聘干的工资问题,年增支300余万元;拿出529万元用于支付义务教育学校的绩效工资;拿出417万元为全县1万余名寄宿学生每人每月发30元交通和生活补助,特困生每人每月50元;拿出399万元用于支持新农村建设;减免全县中小学的学杂费2101.8万元;拿出3105万元用于支付粮食直补及综合直补;拿出577.8万元用于退耕还林补助;拿出319万元用于家电和汽车摩托车下乡补助。 (孙英杰)

·平陆县·

中共县委书记	姚十保
县人大常委会主任	王再刚
县　　长	任秀红
县政协主席	赵旭光

【概述】 平陆县位于北纬34°41′~35°00′,东经110°52′~111°37′。总面积1173.5平方千米。共辖6镇4乡1区,228个村(居)民委员会,1154个自然村。2009年,全县总人口247418人,其中非农业人口34318人,女性120532人。全年出生32906人,死亡1599人。2009年,全县共完成生产总值175367万元,按可比价格计算,比上年增长6.5%。分产业看,第一产业增加值33209万元,增长6.5%;第二产业增加值67960万元,增长3.7%;第三产业增加值74198万元,增长9.3%。

【农业经济】 2009年,全县粮食作物播种面积33038公顷,比上年增加1078公顷。粮食总产79553吨,减少6.4%。棉花224吨,增长37%;油料1130吨,减少25%;水果93703吨,增长15%;蔬菜33559吨,增长37%。全年全县共完成造林面积967公顷。干果产量730吨。肉类总产量5606吨,增长25%。其中猪牛羊肉产量5246吨,增长26%。牛羊奶产量1400吨,增长106%;禽蛋产量2240吨,增长6.7%。年末大牲畜存栏8795头,增长18.8%;羊存栏34919只,增长13%;猪存栏69889头,增长38.6%;家禽存栏36.7万只,增长20.7%。水产品产量35吨,增长25%。

【工业经济】 2009年,全县工业增加值60795万元,按可比价格计算,比上年增长1.8%。全县国有企业和年产品销售收入500万元及以上非国有工业企业共完成工业增加值49475万元,增长1.5%。其中,国有及国有控股企业下降1.16%,集体企业下降49.3%,股份制企业增长5.2%,外商及港澳台商投资企业下降27.29%;从轻重工业看,轻工业增长67.22%,重工业下降1.24%。销售收入完成164971万元,下降20.01%。

【基建和固定资产投资】 全年全县建筑企业完成增加值7165万元,按可比价格计算,比上年增长34.2%。全年房屋施工面积58100平方米,增长25%。全年平陆县全社会共完成固定资产投资188364万元,增长57.1%。其中,城镇固定资产投资164255万元,增长53%;房地产投资8383万元;农村非农户投资15726万元,增长25%。在城镇投资中,第一产业投资16240万元,增长281.1%;第二产业投资116099万元,增长134.2%;第三产业投资56025万元,增长4.6%。

【商贸　交通　邮电】 全年全县社会消费品零售总额105035万元,比上年增长40.68%。2009年,居民生活消费价格指数97.6,商品零售物价指数104.6,农业生产资料价格指数99.5。

全年完成公路客运量217万人,

增长24.7%；旅客周转量10320万人千米，下降11.6%；完成公路货运量236万吨，增长38.8%；货物周转量13480万吨千米，增长16.9%。全年全县完成邮电业务总量9017万元，其中联通业务总量6530万元，邮政业务总量2487万元。全县固定电话用户达到30038户，小灵通用户5791户，移动电话用户90000户，网络用户达到8217户。已通电话的村224个，占全县行政村总数的100%。

【财政　金融　保险】2009年，全县财政收入完成13828万元，比上年下降30.6%。一般预算收入5175万元，下降7.4%。一般预算支出58850万元，增长24.4%。年末，全县金融机构各项存款余额302079万元，比年初增加35563万元，增长13.3%。金融机构各项贷款余额为77104万元，比年初增长9007万元，增长13.2%。全年全县金融机构现金收入498704万元，现金支出516577万元，收支相抵净投入现金17873万元。全年全县保费收入9632万元，下降1.6%。其中，财产保险费收入1418万元，增长40.3%；人身险保费收入8214万元，下降6.4%。全年全县支付各类赔款及给付款1016万元，增长39%。其中财产险赔款582万元，下降15.4%；人身险赔款及给付434万元，增长45%。

【教育　文化　卫生】2009年，全县有普通中学13所、职中1所、小学88所，在校学生40371人。全县教师总数3304人。年末，全县有文化馆1个、图书馆1个、剧团1个、博物馆1个、文化站10个、电影公司1个、黄河书画馆1个、档案馆1个。平陆电视台有限电视用户达18900户，电视节目收视套数达到30套，电视人口覆盖率98%。年末，全县拥有卫生机构18个。拥有疾病控制中心1个、卫生监督机构1个、妇幼保健机构1个。

【人民生活和社会保障】2009年，全县城镇居民人均可支配收入9589元，比上年增长14.3%；城镇单位在岗职工平均工资19185元，增长27%；城镇居民人均消费性支出6154元，增长14.2%；全年农村居民人均纯收入2897元，增长4.3%。城镇人均住宅建筑面积32.61平方米；农村人均住宅建筑面积33平方米。2009年，全县完成环境污染限期治理项目12家，总投资1357.5万元。

年末，全县有20830人领取最低生活保障救济金2261万元，其中城镇低保6947人。8320名职工参加失业保险，284人领取到失业保险金123万元。企业和机关事业单位18852人参加养老保险；有14991名职工参加基本医疗保险，收缴医疗保险基金708.9万元；新型农村合作医疗参加率95%，新型农村合作医疗基金累计支出总额1911.9万元，累计受益14.73万人次。年末，全县在岗职工13074人，下岗失业人员再就业人数达到980人，年末城镇登记失业率1.9%。

【农村危房改造】2009年，平陆县委、县政府把农村危房改造列为全县12项重点民生工程之一。(1)成立领导机构，制订实施方案，实行班子成员包片、工程技术人员包村的办法。(2)采取入户实地调查、与基层干部座谈、典型解决等方式，对困难群众的住房面积、危旧状况等进行全面调查，并建立档案。(3)尊重群众意愿，因户制宜，区别实施，采取“集中搬迁，就地新建，集中安置，修缮改造，新近置换”五种模式，做好科学规划工作。(4)从强化管理着眼，对危改对象、建筑标准、操作程序严格规范，确保危房改造有序推进。全年全县危房改造1650户，建筑面积10.8万平方米。

【风力发电项目落户平陆】7月21日，县政府与北京金风科技公司、中广核风力发电有限公司举行签约仪式，共同合作开发平陆风电项目，总投资15亿元，规划总容量15万千瓦。其中与北京金风科技公司合作开发项目总投资10亿元，项目共分两期，一期工程装机容量为5万千瓦，总投资5亿元，建设工期为两年；与中广核风力发电有限公司合作开发项目总投资5亿元，装机容量为5万千瓦，两年之内建成投运，并网发电。全县在建风力发电项目总装机容量达到15万千瓦。

【发现新石器时代文化遗址】10月18日，在平陆县常乐镇文家滑村南350米处，发现一新石器时代文化遗址。该遗址位于黄河支流南侯沟涧北岸台地，南北长约1000米，东西宽约300米，文化层厚0.5米至2米。在遗址地表和断崖灰坑内发现大量遗物。采集有尖底瓶、钵、罐等器物残片，有泥制红陶、夹砂灰陶。纹饰有黑彩、划纹、附加堆纹、蓝纹等。该遗址的发现对研究黄河流域新石器时代文化遗址分布及其当地文化渊源提供新的资料。　（杨卯翠）

·芮城县·

中共县委书记	王正风
县人大常委会主任	周敬安
县长	陈杰
县政协主席	李万廷

【概述】芮城县位于北纬34°35′~34°50′，东经110°14′~110°57′。2009年，全县生产总值完成42.5亿元，同比增长7.5%；规模以上工业增加值突破10亿元大关，完成11.3亿元，同比增长17.9%；财政总收入完成3.34亿元，同比增长13.3%。一般预算收入完成9730万元，同比增长18.8%；固定资产投资完成17.6亿元，同比增长47.6%；社会消费品零售总额完成12.96亿元，同比增长28.6%。城镇居民人均可支配收入完成11950元，同比增长14%；农村居民人均纯收入完成4504元，同比增长13.7%。空气质量二级以上天数达336天，比上年增加26天。全县人口出生率6.5‰，自然增长率2.44‰，分别低于控制目标5.5‰和3.56‰。全年争取到中央投资和省市资金9758.2万元。

【“三农”工作】全年粮食总产2.33亿千克，同比增长7.6%，获全省粮食生产先进县。大禹渡灌区续建改造工程如期建成通水，新增水地面积4002公顷；风陵渡、阳城、西陌3处集雨灌溉工程建成运行,新增管灌、滴灌面积446.89公顷;完成中低产田改造953.81公顷;实施农机具补贴1500余台(件);引黄灌溉水价由每立方米0.6元降为0.25元。对26680公顷农田进行了测土配肥,建立夏粮免耕示范区3335公顷、小麦丰产方1133.9公顷、苹果标准化示范园136.4公顷。新增农民专业合作社98个,全县合作社总数达到279个,辐射带动农户6.5万户,带动农民增收3500余万元。新农村建设扎实推进。新建新农村重点推进村20个,全县省级新农村数量达到72个。新发展农村户用沼气2000户。全年通过职业技校培训农民工2000人,转移、输出农村劳动力8240人。农民人均纯收入比上年净增541元。

【工业经济】 一是抓大。大唐电厂完成发电量61.2亿度,超出年初目标11.2亿度,完成产值15.6亿元,上缴税金8584万元。亚宝集团本部完成产值7.73亿元,同比增长26.5%;上缴税金8762万元,同比增长11.8%;实现利润1.34亿元,同比增长57.4%。两家企业对财政的贡献率高达52%。二是扶小。通过成功举办第二届中小企业产学研对接会和洞宾酒业振兴专家组论坛,积极发挥信用担保公司作用,狠抓技改投入推动,大禹兽药、爱尔织业、乐达生化、亚宝兽药、义诺电子等一批中小企业跻身规模企业行列。全县工业上缴税金达2.55亿元,占财政总收入76.2%;利润减亏3.84亿元,减亏比达61%。

【旅游发展】 举办中国·芮城第二届永乐宫国际书画艺术节和北京、西安旅游招商推介会,成立芮城籍在京人士联谊会,逐步打开北京、西安等客源市场。百梯山景区规划通过验收;城隍庙修缮方案和保护规划通过国家文物局评审;芮城大酒店荣膺四星级旅游酒店。影印出版《吕祖洞宾故事图集》;成功开通吕祖洞宾文化网;挖掘开发出五毒戏蟾布艺、郭子仪拜寿图水晶制品、兰亭真迹长卷等具有浓郁地方特色的旅游产品。溢香牌酱菜获全市"十佳旅游特色食品奖"。

【交通建设】 运灵高速公路于2009年10月28日正式开工建设。平风线大王至风陵渡段27千米路面改造工程、圣天湖10千米二级旅游公路建设工程、沿黄干线县城过境段和平风线绕城公路后续工程以及26千米县乡道路翻新改造工程,均建成通车。

【城市建设】 永乐广场北扩拆迁工程,总投资5407万元,拆迁面积50139平方米,是芮城县有史以来拆迁面积最大、涉及户数最多的市政拆迁工程。污水处理工程,主体大楼建设完工,4月份完成一期工程,9月份竣工运营。舍利街新修两侧排水渠道4600米,硬化人行道16600平方米;永乐南路新埋设两侧排水管道2100米,改造主车道路面13200平方米,新修自行车道13528平方米;亚宝路改造路面和埋设排水管道320米。绿化新增面积6.82万平方米,亮化临街建筑70余栋,清运垃圾13650立方米。

【民生工程】 义务教育阶段债务化解全面启动,化解中小学债务1800万元;总投资991万元,改建中小学校舍危房16122平方米;投资2014万元,完成集中供水工程5处、单村供水工程31处,解决130个自然村3.9万人的饮水安全问题;投资230万元,拓宽县乡道路八字口18处,为8条县、乡道安装标志牌533块;投资336万元,完成廉租房和农村解困住房建设,解决140户城乡低收入家庭住房困难;全县农村低保总人数达到11220人,比上年净增1956人;总投资2000万元,新建县人民医院住院楼两栋1万平方米,主体工程完工。全年,县财政直接用于民生工程、民生实事方面的支出占一般预算支出的79%。

【安全稳定】 出台8项安全生产制度;关闭取缔179家非法生产经营单位,停产整顿181家存在重大安全隐患的生产经营单位;聘请专家对35家化工企业进行安全评估,与北京化工大学联合建立"科技特派员"制度,编制《山西芮城化工企业安全生产规划》。应急管理工作,积极探索完善"五进五查五强化"机制,在全省综合考评中名列县级第一。维护稳定工作,先后投入500余万元,建立县乡综治服务中心,为政法系统充实装备、人员等,并通过严打、矛排、防控、加大县城严管区域治安、交通巡查力度等措施,确保全县政治稳定、社会安定。 (卫亚敏 王义)

·永济市·

中共市委书记	武宏文
市人大常委会主任	杨文宁
市长	冯方汇
市政协主席	刘临生

【概述】 永济市位于北纬34°44′~35°04′,东经110°15′~110°45′。2009年,永济市辖7镇3个街道办事处,265个村民委员会,402个自然村。国土总面积1221.06平方千米,全市总户数131579户,总人口446375人,比上年增加1082人,人口自然增长率5.03‰,在总人口中男性223773人,女性222602人,男女性别比为100.53(女性=100)。城镇人口260898人。年末在岗职工27479人,职工年平均工资22334元,增长9.6%。

2009年,本市气候特点为:气温偏高,降水偏少,日照不足。年平均气温15.0℃。4~7月,本市降水仅有95.6毫米,造成干旱,小麦、棉、秋作物受损严重。11月10~12日,本市出现大风降温暴雪天气,积雪深度12厘米,暴雪造成民房倒塌69间,田间蔬菜受灾230.67公顷,倒塌蔬菜大棚255个,倒塌其他房舍468间,死亡家禽39万只,造成经济损失1300万元。

【"三农"工作】 2009年,全市粮食播种面积60667公顷,其中小麦面积26000公顷,棉花面积16800公顷,芦笋面积7867公顷,干鲜果林面积12000公顷,设施瓜菜面积733公顷。年末全市牛存栏2030头,出栏肉牛658头;生猪存栏35622头,出栏肉猪47618头;羊存栏23001只,出栏肉羊14336只,鸡存栏102.97万只,出栏肉鸡298.38万只;肉类总产量546.6万千克,鲜蛋总产量289万千克。全市新农村建设完成投资1.5亿元，新农村建设村达到195个，12个村被授予“省级卫生村”称号，28个村达到电气化村标准，124个村达到园林村标准。2009年，永济市先后获全国科技进步先进市、全国粮食生产先进市、全省“禹王杯”农田水利基本建设先进市、全省造林绿化先进市称号。

【国民经济】 2009年，全市生产总值完成65.5亿元，同比增长7.2%；财政收入完成5亿元，比上年下降16.6%；固定资产投资完成21.3亿元，同比增长56.8%；城镇居民人均可支配收入完成12516元，增长6.8%；农民人均纯收入完成5090元，增长13.9%；金融机构各项存款余额53.9亿元，增长19.7%，全年累计投放各项贷款27亿元，同比增长50%；社会消费品零售总额完成24.9亿元，同比增长15.7%；实施招商引资项目61个，到位资金14.66亿元。

【工业经济】 2009年，全市规模以上工业总产值123.5亿元，同比增长4.3%；规模以上工业增加值28.3亿元，同比增长9.7%；规模以上工业企业纳税30605万元。全年组织实施17项重点工业项目，总投资27.3亿元。

【城市建设】 城市基础设施建设工程全年完成投资8.5亿元。中山街电机大道主车道、运蒲旅游路永济段、西厢路立交桥提升改造工程先后竣工并投入使用；鑫大国际广场主体工程建设接近尾声，城市沿街商铺改造成效显著，银杏商厦、舜都家电市场建成运营；市人民医院住院楼主体工程完工；城市天然气建设工程取得突破性进展；涑水河城区段一期治理工程进展顺利，舜都涑水桥建成通车；惠民小区经济适用房和廉租住房建设项目全面竣工。城市新增公共绿化面积11.4万平方米，城市绿化覆盖率达到36.8%。

【交通建设】 2009年全市公路交通总投资1.6亿元，新增通车里程400余千米。村通水泥（油）路建设工程全面完工，完成全覆盖目标；翻新改造通村道路75个村236千米；修建六大乡村道路循环圈50余千米；完成鹳雀楼旅游路、王任线、董屯线、张栲线、张北线、北方线、干古线7条农村公路新建改建102千米；永临路高市桥改造工程顺利竣工，沿黄干线公路除黄河大道铁路桥未建成外，项目基本完工。

【人民生活】 “五个全覆盖”工作扎实推进，建制村通水泥（油）路、市镇村三级卫生服务体系暨村级卫生建设实施全覆盖目标。中小学校舍安全改造实现全覆盖目标，同时新建标准化寄宿制学校35所；农村安全饮水全覆盖解决2个农场、59个村5.3万人的饮水安全问题；村通广播电视覆盖率达85%；村级组织活动场所全覆盖完成12个村。社会保障能力不断增强，全年共发放城乡保障金2689万元。启动实施城镇居民医疗保险工作，参保覆盖面达60%；农村住房解困工程新解决150户困难群众的住房问题。城镇登记失业率控制在3.7%，被省政府授予“创业就业先进县市”称号。家电下乡、良种补贴、农机具购置补贴等惠民政策全面落实，农民生活质量稳步提高。

【社会事业】 高考各类考生达二本线963人，同比增加237人。新农合参保率达到96.1%，全年农民看病报销3400余万元。蓝天碧水工程全年完成二级以上天数356天。成功组织第九届五老峰登山节、全国形意拳邀请赛、《鹳雀楼与金门》特种邮票首发式、山西省“为祖国喝彩”大型文艺演出、“八大剧种”同唱《西厢记》、“情定西厢”大型中式婚俗大典等活动，荣获“山西省文化强县”称号。水峪口、秀水山庄等休闲旅游快速发展，旅游客栈、农家乐达到17家，西厢仿唐一条街改造全面完工。荣获“中国十大最佳投资环境城市”称号，实施招商引资项目61个，到位资金14.66亿元。

【蒲州老围埝修复工程】 黄河蒲州老围埝应急防洪修复工程位于蒲州镇黄河滩区，始建于1967年，西与城西工程路堤相接，北与引黄二级退水渠相连，全长4.15千米，因年久失修，毁坏严重。2009年3月26日，黄河龙门流量2780立方米/秒，导致蒲州镇黄河漫滩，漫滩总面积42000公顷，河水从老围埝缺口流入该镇的西厢村，对人民生命财产安全造成威胁。国家黄河治理委员会、省、市各级领导对老围埝修复工程高度重视，多次亲临现场检查指导黄河防汛工作，对老围埝修复作出重要指示。永济市委、市政府积极筹措资金，组织工程实施。该工程由运城市水利勘测设计研究院设计，标准为龙门流量3000立方米/秒，按龙门流量5000立方米/秒，在该段洪水位校核，围埝顶宽6米，边坡1:2。该工程于2009年7月10日开工，8月15日全面完工，总投资495万元，完成土方14.11万立方米。

【山西丰喜技改工程】 山西丰喜化工设备有限公司是在原山西化工机械厂的基础上，按照企业制度的要求，精干主体、分流辅助、以多元投资为主体重组设立的新型现代化企业。2008年6月与阳煤集团签署联合协议，属国有控股公司。公司的主导产品为煤化工设备中的压力容器、不锈钢特种材料设备、换热器和机械产品四大系列，其中部分压力容器产品出口泰国、马来西亚、印度等国家。

公司自2006年9月至2009年9月，投资5亿元，分两期实施5万吨煤化工成套设备研制开发技术改造工程。该工程项目的建设规模为煤化工专用压力容器25000吨，不锈钢及特种材料设备10000吨，换热器产品8000吨，煤化工设备配件4000吨，环保设备3000吨。项目投产后，新增煤化工设备5万吨，新增销售收入10亿元，新增利税1.75亿元，新增出口创汇1000万美元，新增就业岗位300个。

（薛越茜）

·河津市·

中共市委书记	崔克信*
	杨勤荣
市人大常委会主任	崔会民

市　　　　长　杨勤荣*
市政协主席　王锡义

【概述】河津市位于北纬35°28′~35°47′,东经110°32′~110°50′。总面积593平方千米。市辖2个街道办事处、2镇5乡,148个行政村,总人口390996人。河津历史悠久,位置险要,交通便利,地矿资源和水利资源丰富、境内大中型企业云集,是山西省经济强市之一。2009年,完成GDP161亿元,财政总收入18.4亿元,固定资产投资82.6亿元,城镇居民人均可支配收入16045元,农民人均纯收入8625元,经济社会发展和各项工作都取得新的进展。

【新农村建设】全面落实惠农政策、全年发放粮食直补和农资补贴2980万元,实施双创增粮计划。全市粮食总产达1.4亿千克。大力发展设施农业,新建无公害蔬菜大棚210个。加强农村基础设施建设,提前实现村通油路、村通广播电视、村级卫生室、村级组织场所四个全覆盖。加强农村教育、医疗、文化投入,充实完善农村中小学卫生设施,改扩建柴家、阳村、樊村、僧楼、下化5所乡镇卫生院和城区卫生服务中心。农民群众生产生活条件进一步得到改善。

【工业经济】2009年年初,全市主要工业产品价格大幅度下降、氧化铝、电解铝、焦化、钢铁行业生产成本上升,效益大幅下滑,企业限入困境,全市多数企业限产,部分企业停产,面对严峻形势,市委、市政府采取各种措施,积极应对挑战,帮助企业联系原煤300万吨,新增贷款12亿元,缓解原料,资金压力。经过努力,全市68家规模以上企业,虽然还有部分限产,2家停产,但没有一家破产。年末,焦化产能恢复到70%,钢铁产能恢复到90%,氧化铝产能恢复到95%、电解铝产能恢复到85%。全市规模以上工业总产值完成263亿元,比上年下降了16.2%,规模以上工业企业主营业务收入和主营业务成本分别为228.3亿元和216.4亿元,从产销情况来看,规模以上工业产销率98.4%。

【项目建设】2009年,市委、市政府把项目建设作为推进转型发展的切入点,围绕产业链条延伸、资源综合利用、新型产业发展、煤焦企业转型四个方面,上项目,促转型,先后建成康庄12万吨铝板材,晋都5万吨铝材,博翔5万吨铝棒材,鑫升4万吨炭黑,达康20万吨镍铁,华鑫源50万吨线材,凯特2万吨石油催化剂,鑫诚3万根液压支柱及宏泰2亿块粉煤灰砖等10多个项目。总投资50亿元的王家岭煤矿项目进展顺利,年产7000万立方米液化天然气的太工天成项目进入调试阶段,宏达80万吨螺纹钢项目试车运行,华晟60万吨焦炉等项目进展顺利,喜民6000吨药源材料项目开工建设。煤碳资源整合基本完成,兼并重组后的腾晖、海圣、杜家沟等煤矿开始复工复产。全市在建工业项目总投资达100亿元,培育一批新的经济增长点。

【重点工程】2009年,共争取水利、交通、城建、卫生等140多个项目,争取资金2.1亿元。全部用于基础建设。投资2500万元,新建北城公园;投资6000余万元,开工建设城市六座铁路立交桥;投资4000万元,开工建设108和209国道城市立交桥;投资1400万元,改造鑫光大道;投资700万元、改造老209国道小梁至城区段;投资500万元,扩大集中供热管网覆盖,新增供热面积25万平方米;投资2.4亿元,开工建设220千伏干涧变电站、110千伏城南变电站和110千伏石庙梁变电站;投资3100万元,完成龙门集中供水一期工程;城乡基础设施进一步完善。

【社会事业】坚持教育优先发展,整合教育资源,撤并百人以下中小学5所,择优录取教师165名,中高考达线率稳步提高。高考二本以上达线人数704人,较上年增长16.7%。交通邮电快速发展,全市公路总里程达831千米,年末汽车拥有量34678辆,宽带用户4.2万户,移动电话26.3万户。医疗卫生工作进一步加强,全市152个村级卫生室全部达标,年末卫生机构拥有病床1880张,新型农村合作医疗参合率达99.1%。社会保障体系进一步完善,全年发放城乡低保金1888元。全面推行新型农村社会养老保险,参保人数达12.6万人,征缴保险费3352万元,发放养老金1021万元。启动城镇居民基本医疗保险,参保人数达2.3万人。加大职业技能培训力度,全年培训各类人员8000余人,转移农村剩余劳动力7000余人。

【和谐稳定】全面加强党的建设,深入开展科学发展观学习实践活动,各级党组织的凝聚力和战斗力进一步加强,严格落实党风廉政建设制度,加强宣传文化阵地建设,全市农村图书室达195个。全面加强社会管理,加大生态建设和环境保护力度,关停9家污染严重企业。完成三北防护林466.9公顷,沿黄沿汾绿化工程,道路绿化工程,北城公园绿化工程全面完工,全市二级以上天气达345天,跨入全省空气质量优良行列。加强土地市场管理,狠抓安全生产,全年没有发生重特大安全生产事故;加强甲型流感疫情防控,全市没有发生一例病例。完善社会保障体系,启动城镇居民基本医疗保险,参保人数达2.1万人;深入开展严打整治,社会治安秩序明显好转。加强信访稳定工作,积极排查和处理各种矛盾,全国"两会"和新中国成立60周年和全省"两会"期间,基本实现赴京进省零上访。

(原青昌)

忻州市

中共市委书记　张建欣*(女)
　　　　　　　董洪运
副　书　记　李平社　郑连生
市人大常委会主任　郭连山
副　主　任　郭秀莲(女)　智俊德
　　　　　　马林凤(女)　郑红光
　　　　　　徐生年　温建国
　　　　　　李树东
市　　　长　李平社
副　市　长　秦新年　王学英(女)
　　　　　　杨晋生　谌长瑞
　　　　　　武　德
市政协主席　李玉清*　张明成

副　主　席　王志勇　樊惠杰(女)
　　　　　　薄宝明　王月娥(女)
　　　　　　王庆荣　刘银栓

【概述】 忻州市位于北纬38°06′~39°40′,东经110°53′~113°58′。全市常住人口为309.67万人,人口出生率为11.76‰,自然增长率为4.64‰;男女性别比(女性=100)为108.23。

全市全年地区生产总值346.5亿元,比上年增长0.2%。其中,第一产业增加值39.8亿元,增长3.4%;第二产业增加值140.8亿元,下降8.4%;第三产业增加值165.9亿元,增长7.3%。第三产业中,金融保险业增加值16.3亿元,增长14.8%;交通运输、仓储和邮政业增加值34.9亿元,增长3.2%;批发和零售业增加值20亿元,增长19.7%;房地产业增加值11.6亿元,增长7.3%。人均地区生产总值12016元。三产对经济增长的拉动分别为0.5%、-4.8%和4.5%。居民消费价格比上年上涨0.8%。年末全市就业人员129.8万人,其中城镇就业人员22.69万人。城镇新增就业人员33173人;下岗再就业人数达到14354人;年末城镇登记失业率3.4%。全年出口机电产品8154万美元,比上年下降38.1%;农副产品730万美元,增长168.2%;贱金属及制品33万美元,下降56%;石料、石膏、水泥石棉、云母及类似材料的制品,陶瓷产品、玻璃及其制品309万美元,增长1085倍。全年进口机电产品57万美元,下降72.6%。

【农业经济】 全年全市农作物种植面积46.64万公顷,比上年增长1.0%。其中粮食种植面积41.72万公顷,增长2.5%;油料种植面积3.52万公顷,下降7.2%。在粮食种植面积中,玉米种植面积22.99万公顷,增长1.0%;小麦种植面积360公顷,增长2.9%。粮食总产量114.2万吨,减产2.4%。其中,玉米89.5万吨,减产3.1%;小麦1542吨,增产29.8%。

全年全市肉类总产量8.4万吨,比上年增长15.5%。其中,猪肉产量4.8万吨,增长14.0%;牛肉产量0.8万吨,增长27.5%;羊肉产量2万吨,增长7.7%。牛奶产量6.4万吨,下降7.3%。禽蛋产量4万吨,下降9.6%。水产品产量0.2万吨,增长0.5%。

全年完成退耕还林和荒山荒地造林面积5000公顷,完成天然林资源保护工程造林面积3600公顷,造林合格面积5.3万公顷,比上年增长59.3%。年末全市森林面积34.3万公顷,森林覆盖率达14.3%。林业产业增加值6.6亿元。全年木材产量1.2万立方米,增加4.6%。

年末全市农业机械总动力200.2万千瓦,比上年末增长8.1%。机械耕地面积24.5万公顷,机械播种面积19.4万公顷,机械收获面积2.7万公顷,分别增长13.4%、17.8%和67.8%。全市农机化经营总收入达6.96亿元,同比增长9.4%。

【工业经济】 全年全部工业增加值124.2亿元,比上年下降13.2%,在二产中所占比重为88.2%,减少5%。其中,规模以上工业企业增加值105.6亿元,下降12.5%。全社会原煤产量3025万吨,下降8.9%,其中,规模以上工业企业原煤产量2755.5万吨,下降5.4%。规模以上工业销售收入231.3亿元,下降18.4%。其中,5大传统支柱产业实现销售收入173.4亿元,下降16.7%;煤炭开采和洗选业、黑色金属矿采选业、有色金属冶炼及压延加工业、电力热力的生产和供应业、通用设备制造业工业分别实现销售收入75亿元、15.2亿元、23.6亿元、29.9亿元和29.7亿元,分别下降7.4%、60.9%、9.1%、4.7%和4.2%。规模以上工业实现利税42.8亿元,下降28.3%;实现利润22.7亿元,下降32.9%。

全年全市社会消费品零售总额133.7亿元,比上年增长18.4%。其中,城市消费品零售额49.3亿元,增长17.3%;县消费品零售额43.7亿元,增长17.9%;县以下消费品零售额40.8亿元,增长20.3%。全年全市海关进出口总额1.02亿美元,下降35.2%。其中,出口下降36.1%,进口增长28.7%。

【建筑业】 全年全市建筑业实现增加值16.6亿元,比上年增长50.2%。具有建筑业资质等级的总承包和专业承包建筑业企业实现利润总额1.03亿元,增长16.3%;上缴税金1.07亿元,增长9.7%。

【固定资产投资】 全年全社会固定资产投资352.7亿元,比上年增长151%。其中:按城乡分,城镇投资346.9亿元,增长151.0%;农村投资5.8亿元,增长154.7%。按产业分,第一产业投资7.2亿元,增长5.6倍;第二产业投资193.4亿元,增长1.3倍;第三产业投资152.1亿元,增长1.8倍。按登记注册类型分,国有投资188亿元,增长156.0%;非国有投资164.7亿元,增长145.4%。城镇固定资产投资建成投产项目788个,项目建成投产率为68.1%;新增固定资产72亿元,固定资产交付使用率为20.8%。

【重点工程建设】 全市47个重点工程项目,累计完成投资240.3亿元,同比增长441.2%;资金到位212.4亿元,资金到位率为88.4%。重点工程项目完成投资占全市全社会投资的比重为68.1%,对全市全社会投资的贡献率为92.4%,拉动全市全社会投资增长139.5%。

【能源建设】 全年全市一次能源生产折标准煤1191.5万吨,比上年下降43.6%;二次能源生产折标准煤640.8万吨,下降28.1%。全年向省外运输煤炭655.2万吨,比上年增长52.9%,外运煤炭占原煤产量的比重为23.8%;向省外运输焦炭72.6万吨,下降2.6%,外运焦炭占焦炭产量的比重为49.7%。能源工业投资完成107.8亿元,比上年增长273.7%。其中煤炭工业投资31亿元,增长181.8%,一批高产、高效矿井建成投产;焦炭工业投资4.2亿元,增长3.3%;电力工业投资72.6亿元,增长427.5%。

【煤炭资源整合】 2009年全市煤炭资源整合和兼并重组基本完成,矿井由175座压减到68座,转变了过去"多、小、散、乱"的状况,单井生产能力由30万吨以下提升到100万吨以上,产能由每年5489万吨提高到7140万吨,煤矿的本质安全度和综合生产能力大幅提升。

【招商引资】 全年全市新设立外商直接投资企业3家;实际使用外商直接投资金额638.5万美元,比上年增长68.4%;其中纳入商务部口径统计的为638.5万美元。

【交通 邮电】 全年全市交通运输、仓储和邮政业增加值34.9亿元,比上年增长3.2%。公路线路年末里程16168千米,其中高速公路112千米。年末全市民用汽车保有量达21.3万辆(包括三轮汽车和低速货车2.9万辆),比上年末增长7.5%,其中私人汽车17万辆,增长7.5%。年末轿车保有量5.2万辆,增长27.6%。

全年全市完成邮电业务总量46.5亿元,比上年增长42.1%。其中,邮政业务总量2.7亿元,增长27.5%;电信业务总量43.8亿元,增长35%。固定电话用户年末达65.1万户。新增移动电话用户76万户,年末达166.1万户。年末全市固定及移动电话用户总数达231.2万户。电话普及率达75部/百人,其中固定电话和移动电话普及率分别达21部/百人和54部/百人。全市宽带接入用户达27.2万户,增长121.1%。

【旅游产业】 全年全市接待国外游客11.9万人次,接待国内游客881万人次,分别增长11%和6.1%;旅游外汇收入0.4亿美元,国内旅游收入80.9亿元,分别增长13%和16.6%。

【财政 金融 保险】 全年全市财政总收入74.3亿元,比上年增长3.4%。一般预算收入33.5亿元,增长13.9%。其中,税收收入21.3亿元,增长8.6%,国内增值税、营业税、企业所得税、个人所得税、资源税和城建税共计完成税收18.9亿元,分别增长-10.7%、37.2%、4.5%、-0.3%、6.0%和8.2%。一般预算支出102亿元,比上年增长20.1%。其中农林水事务支出增长14.7%,教育支出增长29.4%,科学技术支出增长2.3%,社会保障和就业支出增长21.6%,医疗卫生支出增长30.1%,环境保护支出增长52.2%,文化体育与传媒支出增长10.6%,城乡社区事务支出增长17.3%,公共安全支出增长3.9%。

年末全市金融机构本外币各项存款余额804.8亿元,比年初增长17.5%。各项贷款余额294.2亿元,增长23.3%。人民币消费贷款3.4亿元,增长13.1%,其中个人住房贷款1.7亿元,增长2.6%。全年累计现金收入1390.1亿元,累计现金支出1432.4亿元,货币净投放42.3亿元。全市农村金融合作机构(农村信用社、农村合作银行、农村商业银行)人民币贷款余额117.8亿元,增长22%。

全年全市保费收入15.6亿元,比上年增长13.4%。其中,寿险业务保费收入10.8亿元,增长10.7%;健康险和意外伤害险业务保费收入0.3亿元,增长9.6%;财产险业务保费收入4.8亿元,增长20%。支付各类赔款及给付3.7亿元,增长7.5%。其中,寿险业务给付1.4亿元,下降4.5%;健康险和意外伤害险业务赔款及给付0.1亿元,下降3%;财产险业务赔款2.2亿元,增长17%。

【科教文体卫】 全年全市共受理各项专利申请271件,比上年增长43.39%。全市技术市场共签订技术合同8份,成交金额2507万元。全年有6个项目列入国家各类科技计划,获得国家资助360万元。全市共取得72项科技成果,获得省科技奖励1项,获省级二等奖1项。

全年经济开发区工贸总收入27.2亿元,比上年增长16.3%;经济开发区内生产总值8.2亿元,增长16.3%;税收收入1.2亿元,增长20.8%;进出口总额115.96万美元,增长17.4%;入区企业数13个,增长44.4%;引进国内资金5.7亿元,增长29.7%。

年末全市共有产品质量监督检验所12个,监督抽查841家企业11类48种产品和商品。全市共有法定计量技术机构14个,全年完成强制检定计量器具7.8万台件。

全市有气象台站15个,均可开展12121电话天气自动答询。全市气象部门开展人工影响天气业务的单位15个,防雹、增雨受益覆盖面积2.5万平方千米。全市有天气预报服务网站1个,卫星云图接收站14个。有专业综合地震台站2个,市级地震台网中心2个,数字测震子台3个,流动地震台网10个。

年末全市高等院校有2所。成人中等专业学校在校学生479人;普通中学招生7.3万人,在校生21.8万人,毕业生7.6万人。

年末全市共有艺术表演团体16个,群众艺术馆1个,文化馆14个,博物馆1个。广播电台14座,电视台2座,广播电视台14座。有线电视用户14.5万户。广播人口覆盖率88.09%,电视人口覆盖率91.75%。全市共有公共图书馆14个,馆藏图书61万册;档案馆16个;全市报纸出版1302万份,各类杂志出版1种3.8万册。

全年全市运动员在省内重大比赛中获金牌20枚、银牌19枚、铜牌14枚(包括非奥运项目比赛)。全年全市销售中国体育彩票2000.3万元,比上年减少500万元。

年末全市共有卫生机构(含诊所)699个,共有床位10227张,其中妇幼保健院(所、站)16个;卫生技术人员12825人。全市共有14个县(市、区)开展新型农村合作医疗试点

2009年忻州市各类教育发展情况

单位:人

指　　标	招　　生	在　校　生	毕　业　生
中等职业教育	17425	39279	7841
普通高中	23300	64551	22009
初　中	49977	153170	53974
普通小学	37228	310573	50373
特殊教育	12	150	—
学前教育	—	46233	—

工作,214.9万农民参加合作医疗,参合率92.06%。

【人民生活】 全年城镇居民人均可支配收入12195元,比上年增长8.9%;城镇居民人均消费性支出9106.5元,增长18.9%。农村居民人均纯收入3028元,增长7%;农村居民人均生活消费支出2741元,增长5.4%。中心城市占调查总户数20%的低收入家庭人均可支配收入5431.3元,增长17.4%;农村占人口20%的低收入者人均收入1052.6元,减少2%。城镇居民家庭恩格尔系数(即居民家庭食品消费支出占家庭消费支出的比重)30.8%,农村居民家庭恩格尔系数43.2%。城镇单位在岗职工平均工资20797元,增长8.5%。

【社会保障】 年末参加城镇基本养老保险人数有27.8万人,农村基本养老保险人数27.2万人;城镇基本医疗保险人数52.6万人;失业保险人数18.6万人;工伤保险人数11.8万人,其中参保农民工5.4万人;参加生育保险人数有13.9万人。全年全市纳入城市最低生活保障的居民10.9万人,发放城市低保资金19521.6万元;纳入农村最低生活保障的居民17.07万人;发放农村低保资金12000万元。全年全市共发放低保资金31521.6万元。

全市各类福利院床位数260张。城镇建立各种社区服务设施4个。全年销售社会福利彩票6773.9万元,筹集社会福利资金2300.8万元,直接接收社会捐赠款116万元。

【资源环境】 全年全市实际建设占用耕地675.4公顷,因农业结构调整增加耕地180公顷。土地整理复垦开发补充耕地817公顷。本年净增加耕地206.4公顷。2009年全市平均降水量401毫米,比上年减少17%。年末全市大型水库蓄水总量2500万立方米,比上年末减少1200万立方米。全年解决农村饮水安全人口177.8万人。

全年城区环境空气质量二级以上天数有358天,增长2.6%。全市城市污水处理率达93.4%,提高6.1%;集中供热面积640万平方米,增长36.2%,集中供热普及率达到80%,提高15%。全年全市各类自然灾害造成直接经济损失4.9亿元,比上年增长10.2%。农作物受灾面积386993.4公顷,上升20%。全年发生森林火灾5起,造成受害森林面积105.8公顷,上升96%。

【安全生产】 全市生产安全事故死亡188人,比上年下降70.7%。全市煤矿百万吨死亡人数为0.11人,下降93.3%。全市共检查货运车辆820万台次,查处非法超限、超载车辆8万台次,取缔非法储(售)煤场和非法改装厂6处。全市县乡公路好路率为88.9%,提高0.6%。客车正点率达到98.5%,提高1.5%。全年全市发生道路交通事故360起,同比下降16%,造成198人死亡、412人受伤,直接经济损失321.8万元,下降12.7%。

【五台山正式列入《世界遗产名录》】 6月26日,在西班牙塞维利亚召开的第33届世界遗产委员会会议上,审议通过中国申报的五台山为世界文化遗产项目,将其作为文化景观列入《世界遗产名录》。至此,中国已有38处世界遗产,其中文化遗产27处,自然遗产7处,文化和自然混合遗产4处。

(续海峰)

·忻府区·

中共区委书记	王志刚
区人大常委会主任	高智峰
区长	霍富荣*
	张志哲(2009.11代区长)
区政协主席	高计元

【概述】 忻府区位于北纬38°13′~38°41′,东经112°17′~112°58′。

全区完成生产总值66.4亿元,同比增长11.2%;规模以上工业企业增加值12.8亿元,同比增长20.3%;固定资产投资47.3亿元,同比增长28.9%;社会消费品零售总额37.5亿元,同比增长17.9%;农民人均纯收入3982元,同比增长9.1%;城镇居民人均可支配收入12863元,同比增长9.8%;财政总收入66984万元,同比增长1.4%。

工业经济总量不断增加,三次产业结构发生明显变化,比例达到6.2:48:45.8;与上年相比,第一产业比重下降2.5%,第三产业比重下降3.1%,第二产业比重上升5.8%,工业经济成为拉动区域经济增长的主导力量。

2009年,农林牧渔业总产值81723万元,同比增长11.8%。大力发展高效种植业、规模养殖业、优质林果业。高效种植业:加大扶持力度,落实各项补贴资金3724万元。农作物总播种面积达到53360公顷,其中玉米种植48024公顷,玉米丰产方面积增加到13340公顷,全区粮食总产实现2.64亿千克,达到历史最高水平。加快发展设施农业,建成移动大棚543座,33.35公顷以上连片示范园区11个;新建日光节能温室385座,33.35公顷以上连片示范园区7个。全区新增设施农业面积94.71公顷,新增产值2193万元,新增收入1584万元。规模养殖业:新建规模养殖小区12个,畜产品总量增加15%以上。优质林果业:培育千亩以上特色干鲜果品基地12个,建成核桃基地800.4公顷,总面积达到4002公顷。大牲畜年末存栏头数25265头,同比减少10.3%;猪出栏数83447头,同比增长15.3%;羊出栏数72936只,同比增长23.7%;肉类总产量8613吨,同比增长13.9%;禽蛋产量7521吨,同比减少5.4%;牛奶产量31664吨,同比减少11.8%;农民人均收入7967元,同比增长10.2%。

全年共完成成片造林面积2734.7公顷,封山育林1133.9公顷,中幼林抚育1467.4公顷。三北防护林工程完成2001公顷栽植、补植。退耕还林完成荒山造林133.4公顷、封山育林400.2公顷,补植补栽667公顷。交通沿线荒山绿化完成133.4公顷;忻分线整治共栽植桧柏、油松6300株;园林村绿化完成22个村。

全区全年改造危房涉及39所学校,总面积16930平方米。全区三级医疗卫生机构达标率100%,城镇居民医疗保险参保人数达到2.64万人,

参保率达87.8%，农村社会养老保险覆盖人数达6.3万人。（张先梅）

·定襄县·

中共县委书记 邱维邦*
刘婷芳(女)
县人大常委会主任 张德星
县长 贾玉文
县政协主席 兰继升

【概述】 定襄县位于北纬38°19′~38°40′，东经112°39′~113°16′。总面积865.02平方千米；辖3镇6乡155个行政村，人口21万余人，出生率为7.91‰，自然增长率为3.32‰。

全县生产总值完成28.8亿元，同比增长1.2%；财政总收入27054万元，下降10.8%；一般预算收入9706万元，下降14.8%；规模以上工业企业增加值6.08亿元，下降7.4%；全社会固定资产投资9.8亿元，增长10.7%；社会消费品零售总额8.87亿元，增长17.4%；城镇居民人均可支配收入13128元，增长6.2%；农民人均纯收入达5022元，增长3%。城区二级以上天数达363天；化学需氧量指标得到控制，二氧化硫排放量下降；社会各项存款余额41亿元；社会各项贷款余额20亿元。

【农业经济】 全县有耕地面积2.6万公顷，是全国的商品粮基地县和农业部小杂粮基地。2009年，本县遭受了历史罕见的旱灾。面对灾情，全面启动井灌和洪灌，20010公顷水浇地及时保浇。半坡丘陵地带推广杂谷系列品种1000.5公顷，重点建设蒋村等5个千亩杂交谷丰产方，最高亩产量达610千克。全县谷子总增产225万千克。规范合理流转土地累计5736.2公顷。全县粮食总产量达1.64亿千克，创历史新高，实现连续六年增产丰收。连续三年每年补贴1245万元建设高标准农田667公顷，争取到财政涉农资金7000万元。全年共发展下凹式日光温室150座，移动大棚1278个，设施农业总收入达1400万元，棚均收入万元。利用原种场66.7公顷的示范园试种玉米等各类农作物新品种350个；在智村万亩丰产方示范区种植玉米品种1700多个，全年聘请专家指导。采取科技人员下乡等形式，培训、转移农村劳动力近万人，为农民人均增收300元。全县有各类养殖场150家、养殖户1571户，畜牧业总收入达7140万元，建设基层畜牧兽医站6个。全年确定新农村建设重点推进村19个，全县试点村、重点推进村累计达79个。全县“一村一品”村达71个，农民专业合作社达284个；共建便民店105个，有56个村建起科技文化室，编印出版《定襄一村一品》《定襄新农村建设》和《定襄农业》画册。

【工业经济】 省农行把定襄确定为支持中小企业试点县，授信20亿元，建行、中行、农发行、信用联社为民营企业贷款20亿元。全县新上辗环机29台、数控车床89台、数控钻床19台、液压机10台、摩擦压力机3台，锻造业装备水平进一步提高。全县40%的企业正常运转，40%的企业实现了半生产，20%的企业处于停产状态。全年全县出口企业创汇8034万美元，纳税500万元以上的企业保持了7户，纳税50万元以上的企业达到61户。本县被中国社会科学联合研究中心在2009第三届中国百佳产业集群评选活动中，命名为中国定襄锻造产业集群。

【项目建设】 中央新增投资项目5大类7个项目，总投资1218万元，已全部完成。省级重点工程项目有5个，总投资8118万元，完成投资5583万元。年初确定的投资1000万元以上的20个重点工业项目，18个已开工，完成投资4.6亿元，占年计划的75.4%。在定襄成功举办的第三届中国·定襄法兰节，共设展位50个。参展企业53户，展出5大类231个系列2957种产品，现场销售总收入为23万元；有25个项目成功签约，项目总投资11.6亿元，引进资金4.3亿元，融资4.1亿元；评选命名十大民间工艺大师，利用法兰节出版《定襄锻造(花蕾专刊)》《鼎盛定襄》和《超越与辉煌》画册，发行《山西青年报》法兰节会刊。大唐定襄电厂项目已列入山西省电力工业十一五规划，并上报国家发改委。启动“定襄一日游”旅游项目；投资500万元建设完成河边4A级景区一期工程，河边民俗博物馆晋升为国家二级博物馆。全县旅游业门票收入达331万元，同比增长20.3%。确定10项城市建设重点工程。实施绿化造林，新增城市绿化面积4.2万平方米。加大城区道路清扫力度，保洁面积达52万平方米，日清运垃圾102吨。县城污水管网已建成，污水处理厂投入使用，日处理污水8000吨。全年共关闭取缔企业21户，停产治理企业44户，淘汰落后企业107户，拆除96户企业的锻造加热炉。

【安全稳定】 重点推进13个行业的安全生产专项整治，全年未发生任何安全生产责任事故。全年共破获刑事案件206起，刑事拘留142人，查处治安案件361起，行政拘留72人，涌现出季庄派出所先进典型，成为全市公安系统学习的榜样。

【法制建设】 自觉接受县人大的法律监督和县政协的民主监督，政府及组成部门共向人大常委会报告工作14次。落实县人大的决议，加强与县政协的联系与协商，人大代表的62件建议和政协委员的109件提案全部办结。

【民生工作】 建设通村路9条25.3千米，全县通水泥路的村达到151个，覆盖率达97.4%。中小学校舍安全改造67所5.3万平方米，64所完工，3所在建，危房改造覆盖率达到100%。4个县级医疗机构和9个乡镇卫生院全部达标，137个村卫生所全部建成。广播电视信号覆盖率已达到90%以上，数字电视改造农村用户1.7万户、城镇用户5100户。解决了34村1万人的饮水安全问题，农村安全饮水覆盖率达98.2%。城镇基本医疗保险参保人数达2.7万人，农村社会养老保险参保人数累计达3万人，新型农村合作医疗参合率达92.2%，覆盖率均达100%。为992名重点优抚对象每人缴纳30元的医疗保险，拨付大病医疗救助金20万元，对350名残疾人实施救助。培训农民5000人，转移农村劳动力3381人，扶助2615名城镇就业困难人员实现就业，扩大了城乡就业。发展农村连锁店和新农村便民店19家，建成放心粮油店11家。解决了30户农村困难群众的住房问题。建设廉租房108套和经济适用住房98套，保障性住房建设任务超额完成4套；为1315户城市低收入家庭发放住房补贴81万元。集中供热一期工程供热面积达到23万平方米，二期工程主管线已铺设完毕。实施“一颗鸡蛋”工程，涉及义务教育阶段15所学校的学生2219人。为9923名农村低保户发放补贴381万元，为896名农村“五保户”发放供养金241万元，基本实现应保尽保。全年为10个村兴建水利工程，为4个村硬化了道路，27个贫困村实行单位包点帮扶。

【社会事业】 公开招聘的115名教师全部上岗，高考达线337人，比全省的平均达线率高出0.83%。县医院总收入达1129万元，比上年增长4.7%。妇幼院接待孕产妇1560例，为农村产妇每人补助200元。县医院和妇幼院成功晋升为二级乙等医院。全年共为58140人次发放各类医疗补偿金1493万元。文化工作建设了宏道、杨芳、神山三个文化站；编写出版的《定襄文化人物志》获忻州市首届百佳优秀图书奖，排名前10位；正式推出法兰节会歌《打铁汉之歌》；本县被文化部命名为中国民间文化艺术之乡。全县155个村建成农民健身广场并配备篮球、乒乓球等设施，组建企业乒乓球俱乐部15个。承办全省的“神州行·我看行”摔跤比赛，法兰节期间举办全国摔跤邀请赛。统计工作完成第二次全国经济普查。投资114万元新建房屋118间，解决30户贫困残疾人的住房问题。严厉打击“双超”行为，被市政府授予治超工作先进县。

（薄振宇）

·五台县·

中共县委书记　李永胜
县人大常委会主任　续向荣
县　　　　长　任建华*
　　　　　　　张　春（代县长2009.11）
县政协主席　郝玉林

【概述】 五台县位于北纬38°28′~39°04′，东经112°57′~113°50′。人口自然增长率为1.93‰。

全县全年完成生产总值20.2亿元，同比下降4.7%；固定资产投资14.49亿元，与上年基本持平；财政总收入26843万元，增长13.14%；一般预算收入13408万元，增长17.53%；规模以上工业增加值16695万元，下降19.57%；社会消费品零售总额94625.6万元，增长20.1%；城镇居民人均可支配收入11126元，农民人均纯收入2609元，分别增长10.07%和8.35%；城镇登记失业率控制在3.2%以内；万元工业增加值综合能耗下降37.72%，化学需氧量下降13.3%，二氧化硫排放量下降7.8%。

【“三农”工作】 建成玉米丰产方4002公顷、特色种植基地12006公顷、凹式温室和移动大棚250栋，实施地膜覆盖、立体种植、综合农业技术种植33350公顷，全县粮食产量达到1亿千克。新建标准肉牛养殖小区5个，千头牛场1个，全县各类规模养殖户达到3947个，畜产品总产量达到2.2万吨。完成植树造林4268.8公顷，新增优质核桃2201.1公顷。改善19个重点村的村容村貌，实施85个村整村推进和138户移民搬迁。培育农副产品加工企业16个。农民人均纯收入比上年增长200元。

【项目建设】 全年共实施各类项目462个，完成投资62.58亿元。其中，中央投资项目93个，完成投资6083万元；省市重点工程7个，完成投资41.99亿元；县级骨干项目31个，完成投资6.18亿元；乡（镇）重点项目331个，完成投资14.41亿元。扶持帮助17户铁选企业和17户白云石企业陆续恢复生产，鼓励企业扩能升级，延伸产业链条，工业经济从第三季度开始逐步企稳回升。全县精铁粉产能达到180万吨。鸿瑞球团、阳白矿业、晋北铝业、五台山化工等重点工业企业效益明显提升。实施煤炭资源整合，由同煤集团和省煤运集团分别收购了窑头、西头和天和煤矿。

【旅游产业】 在6月26日西班牙第33届世界遗产大会上，五台山申遗成功。五台山作为文化景观列入《世界遗产名录》。全年接待国内外游客318.4万人次，旅游经济收入16亿元。加快全县重点旅游基础设施建设，五台山旅游服务基地11项工程全部结束，4项工程完成主体建设。驼梁景区整体开发完成电缆铺设、索道架设和停车场建设；徐向前元帅纪念馆工程完成部分主体建设；南茹村八路军总部旧址完成修复布展、抗战纪念碑、广场建设。

【基础设施】 完成台中路、供销街、西关瓜果蔬菜市场、般若湖新区80%的基础设施工程，建设廉租房150套7500平方米。完善县城集中供热工程，集中供热面积达到71万平方米。县城污水处理厂日处理污水5300吨。各项水质指标达到一级B标准。天然气利用工程完成3800米城区主干道管网铺设和部分小区支线管道入户。实施县城东西环线扩容工程，完成108村320.2千米通畅工程，全县87%的行政村实现通村水泥（油）路。

【生态建设】 环保排查各类企业284家，整顿167家，断电174家，关闭92家。生态造林2601.3公顷，完成文昌山森林公园绿化。县城空气质量二级以上天数达到336天，全县城乡人居环境显著改善。

【社会事业】 投资建设乡（镇）文化站8个，体育场所242个，农家书屋108个。完成文物普查和非物质文化遗产普查。改造校舍危房面积29904平方米，新建校舍19419平方米，13所寄宿制学校配套暖气，实现全县寄宿制学校暖气化。高考二本以上达线人数326人，再创历史新高。启动县医院综合大楼建设，271个行政村建立卫生室，有效防控甲型H1N1流感疫情。全县城镇居民医疗保险覆盖率82.8%，农村新型合作医疗参保率92.4%。农村社会保险覆盖人数达1.32万人，1200余名重点优抚对象纳入医保范围，农村低保、五保对象实现应保尽保。新增城镇就业岗位3027个，实现再就业287名，培训农村劳动力1.51万人，转移农村劳动力7209人，城镇登记失业率控制在3.2%以内。扩建县城、东冶农资配送中心和12个农资连锁超市，新建2400平方米的西关综合配送中心和6000平方米的东冶果蔬物流配送中心。推进广电“村村通”工程，完成21个自然村、540套有线电视设备安装调试和用户注册。建设安全饮水工程88处，解决了92村24729人，4835头大畜的饮水安全问题。 （裴志华）

·代　县·

中共县委书记	郝钧藩*
	霍富荣
县人大常委会主任	籍美田
县　　　　长	郝江陵(女，副书记、副县长主持政府工作)
县政协主席	程耀邦

【概述】 代县位于北纬38°50′~39°21′，东经112°44′~113°22′。辖6镇5乡，383个行政村，总人口20.22万人。

全县实现生产总值21.8亿元，同比下降8.8%；完成固定资产投资8.9亿元，增长91.6%；完成财政收入4.9亿元，比年初预计的3.3亿元增长48%，其中一般预算收入1.6亿元；实现社会消费品零售总额6.1亿元，增长19.5%；城镇居民人均可支配收入1.1万元，增长7.5%；农民人均纯收入2048元，下降19.2%。

【“三农”工作】 全年新建、续建农副产品加工龙头企业5家。其中：全向实业有限公司建成辣椒初加工生产线一条、冷藏库7座，投产后可带动辣椒种植3335公顷；雁绿实业有限公司建成獭兔生熟肉生产线一条，满负荷运行可带动獭兔养殖30万只；四达酒类饮料有限公司和代王酿酒有限公司各1万吨黄酒生产线开工建设，建成后可带动黍米种植6670公顷；丰裕农产品开发有限公司小杂粮生产线建成投产；兴农水果蔬菜加工有限公司果蔬产品深加工生产线，厂区建设已经铺开。落实各项惠农政策，发放粮食直补、农机直补、农资综合补贴、退耕还林补助3300多万元，并对新建的241座日光温室大棚每座补助1万元，注册登记农民专业合作社326个，发展农民经纪人82人。全年完成49个村的整村推进和137户的移民搬迁，被国务院扶贫办列为“发展特色产业扶贫开发试点县”。

【工业经济】 截至2009年底，全县矿山企业25户中，已为14户办了采矿许可证，其中5户企业办理了安全许可证，5户企业已经正常生产，4户企业正在基建；在84户选矿企业中，已办理安全许可证的14户，13户企业在正常生产；43户集团企业中，11户正常生产。县委、县政府采取银行贷款、工队垫资、社会筹集等办法上马了以雁门关为龙头的旅游开发建设工程。雁门关实施的12项一期工程投资7000多万元，完成天险门、地利门、雁门古道、观音阁等景点、景观的修缮、复建及游客接待中心、旅游服务区主体工程。

【重点项目建设】 全年共争取四批中央新增投资项目18个，总投资1.1亿元，其中中央投资6104万元、省市投资2294万元、县配套2602万元，现已到位8473万元，完工13项、在建5项。实施省市重点工程4项，总投资2815万元，全部完工。县委、县政府2009年初确定的32项县重点工程扎实推进，完成投资5.7亿元，竣工20项。

【基础设施建设】 贷款4000万元，完成国道大街道路改造一期工程；投资700万元，完成生活垃圾填埋场三期工程；投资700万元，完成新城供水厂基础工程；投资400万元，完成汽车站建设工程；投资2500万元的新医院建设项目奠基开工；新城二期征地取得了突破性进展，已完成征地任务的85%以上。交通方面，争取到通村水泥路全覆盖资金5464.4万元，完成202.2千米，新增通水泥路村59个，通水泥路建制村总数达到344个，占全县347个具备修路条件村的99.1%；中小学校舍安全改造工程，完成投资1788万元，改造面积1.67万平方米，新建2.18万平方米；卫生服务网络建设，投资336万元，完成峨口、滩上、雁门关三个乡镇卫生院的维修改造工程，新建村卫生室222个；安全饮水完成投资700万元，解决31个村1.8万人的安全饮水问题；村村通广播电视工程，投资50万元，完成25个村750套直播卫星接收设备的安装。

【社会事业】 全年投资600万元，新建廉租房100套；投资100万元，解决80户农村群众的住房困难问题；投资150万元，新建便民店、放心粮油店、生产资料农家店37家，便民服务网络覆盖面不断扩大；撤并农村初中4所、小学及教学点75所；完成全县非物质文化遗产普查和第三次全国文物普查，被文化部命名为“中国民间文化艺术之乡”；农村新型合作医疗参合率达到了93%；计生工作以稳定低生育水平为重点，人口出生率控制在8.3‰以内，全年发放叶酸增补剂2113人份。二氧化硫减排60吨，超额完成任务20%；化学需氧量减排168吨，超额102%；城区二级以上天数360天，超额38%。

【安全生产】 在12个重点行业和领域扎实开展安全生产专项整治，关闭尾矿库81座，37座矿山整合为25座，全县没有发生一起大的安全生产事故。公安部门积极开展各类专项斗争，圆满完成国庆60周年安保任务。信访工作继续开展各级领导“大接访”活动，扎实推进“信访积案化解年”活动，全县信访总量比上年明显下降，被市委、市政府评为综合治理及信访工作先进县。

【民主法制建设】 全年共办理各种审批项目25094件，办结率100%；实行集中采购2217万元，增长74.7%；节约资金190万元，节约率8.6%。全年共审核支出3455笔3.8亿元，纠正不合理支出266笔566万元。县乡政府依法行政、规范行为，接受社会监督、舆论监督，办理人大议案2件、意见建议28件、政协提案9件。（卢培青）

·繁峙县·

中共县委书记 武宪堂
县人大常委会主任 李慧英
县　　　　　长 武宪堂（兼2008.11—2009.11）
曹爱民（代县长2009.11）
县政协主席 赵　琦

【概述】 繁峙县位于北纬38°58′~39°27′，东经113°09′~113°58′。辖3镇10乡401个行政村，总面积2368平方千米，年末总人口26.5万人。

全年地区生产总值20.5亿元，同比下降3.8%；财政总收入2.6882亿元，同比下降25.9%；工业总产值兵11.391亿元，下降52.4%；社会固定资产投资总额19.3582亿元，增长229.3%；社会消费品零售总额7.0882亿元，增长21.1%；城镇居民人均可支配收入11909.1元，增长12.1%；农民人均纯收入2684元，增长6.21%。

【"三农"工作】 全年共落实各级惠农政策18项，通过落实粮食直补、农资综合直补、良种补贴等政策，调动和指导全县玉米播种面积达22744.7公顷，小杂粮种植面积达14007公顷。全县高效特色农业创建工程1527.76公顷，引进推广农作物新品种50多个，全县良种覆盖率达到90%以上，推广农作物新技术10余项，建设粮食丰产、特色种植等设施农业高效园艺示范区7个；投资60万元对11个乡镇13340公顷土地实施测土配方施肥项目；退耕还林、京津风沙源治理等国家重点工程全面完成，9045户农民和造林大户直接受益。农机部门积极争取并落实农机补贴政策，使全县全年农机装备总投入达到2000万元，极大地提高了农业装备现代化水平。2009年确定的17个新农村重点推进村的"四化四改"和"五个一工程"建设全部完工。扶贫开发工作扎实开展，完成涉及300人的扶贫移民工程，涉及10乡110个村的整村推进移民项目已完成了100个村，完成投资2100万元；"五个全覆盖"工程全面推进，中小学校舍安全工程、村级卫生室全覆盖工程、农村饮水安全工程、村村通水泥路工程已经全部完工，其中村村通水泥路工程获得全省第四的好成绩；广播电视村村通工程完成总工作任务的65.3%。2009年，繁峙县被市委、市政府授予新农村建设先进县荣誉称号。

【重点项目】 2009年，繁峙县重点实施的中央投资项目共4批16类，总投资5627万元；省市投资项目3个，总投资1227万元；县重点项目90个，总投资近70亿元。推进传统产业的升级改造。华茂公司60万吨高速线材项目、中兴公司45万吨耐磨铸件项目的实施，使铁矿产业链条进一步得到延伸。引导矿产业向一、三产业转型，大力培育新型材料、农副产品加工和文化旅游、物流等新型产业。山西宝山公司投资的低温物理压榨油亚麻酸开发项目，使胡麻油产业实现了进一步加工增值。投资20亿元的云雾峪风电项目的引进建设，标志着繁峙县在开发清洁能源、发展循环经济方面迈出了坚实的步伐。

【基础设施】 投资1亿多元、占地40多万平方米的滨河公园建设工程于9月上旬竣工。投资3400万元开展了为期百日的砂河镇环境综合整治行动，对砂河镇的市容市貌、环境卫生、市场秩序、交通秩序、治安秩序、旅游秩序进行了彻底整治。实施了城区集中供热二期工程，进一步改善县城空气质量，全年二级以上天数达到364天。投资110万元完成了向阳南路蔬菜批发市场改造工程、装潢专业市场建设工程和污水处理厂管网改造二期工程。

【民生工程】 严格执行义务教育"两免一补"政策。砂河三中建成并投入使用，实现周边7所薄弱初中的教育资源整合。完成4000余场农村电影放映任务，50个行政村的"农民书屋"建设任务，扎实开展群众文体活动，被国体总局评为"全国体育先进县"荣誉称号。对全县二级以下的医院和社会医疗机构实行医药统一配送制度，有效改善了药价虚高的问题。全县企业职工基本养老保险参保人数达到7960人；发放离退休人员养老金5672.6万元；全县参加城镇职工基本医疗保险的单位达到221家，参保人数12807人；城镇居民医疗保险工作全面启动，已有16268人参保；农村养老保险参保人数达到3930人，收取保险费88万元；认真落实就业政策，城镇失业登记率控制在2.6%以内，比上级指标低1.6%。全县农村低保已覆盖11613户11843人，发放保障金800万元；将1279名"五保户"纳入保障范围；进一步扩大全县新型农村合作医疗范围，参合率达到91.4%。扎实开展送温暖活动，先后为受灾群众发放救灾款25万元，发放救灾粮27万千克，救助困难群众8万人次。

【安全工作】 加强治超工作，2009年获得省政府1000万元农村公路项目奖励资金，县政府被省劳动竞赛委员会荣记集体二等功。全年共破获各类刑事案件310起，打掉各类犯罪团伙36个，破获毒品刑事案件11起。10月份召开了公处公判大会，对33名重大刑事案件犯罪嫌疑人和罪犯进行公开逮捕和宣判。深入开展"千名干部下访维稳大行动"活动，解决了一批信访疑难案件。（冯占军）

·宁武县·

中共县委书记 李树东*
任宁虎
县人大常委会主任 陈润明
县　　　　　长 郭宝厚*
边东圣
县政协主席 李应成

【概述】 宁武县位于北纬38°31′~39°08′，东经111°50′~120°40′。总面积1987.7平方千米。2009年全县生产总值16亿元，下降9%；财政总收入5.3

亿元,增长7.8%;一般预算收入1.38亿元,同比下降6.6%;规模以上工业增加值5.1亿元,下降18.4%;社会消费品零售总额4.2亿元,增长17.3%;城镇居民人居可支配收入达到10186元,同比增长8.1%;固定资产投资总额完成7.3亿元,同比增长89.8%;农民人均纯收入达到1904元,同比增长5.1%。

【“三农”建设】 新建13.34公顷良种繁育基地。良种播种6003公顷,占总播种面积的36%,比2008年提高了2%。引进优种3万头(只),改良畜种6.7万头(只),优种存栏9.6万头(只)。发展设施农业,新增塑料大棚473个。重点推广地膜覆盖、旱作节水等10项新技术,推广面积10005公顷。发展标准化养殖小区4个、规模养殖户16户、农业专业合作社56个。“万村千乡市场工程”覆盖面扩展到28个村。家电下乡补贴25万元,销售额累计超过119万元。整合涉农资金3.1亿元,进行农业和农村基础设施建设。

【安全生产】 全县煤矿进行重组整合,由63座整合为24座,“多、小、散、乱”状况有了根本转变。主体到位率、安全接管率均达到100%。21座煤矿申领到新的采矿许可证,补偿资金到位37亿元。全年排查各类企业2509个,关闭无证非法企业44个,发现隐患364条,整改隐患304条。全年发生各类事故24起,死亡14人,事故起数和死亡人数同比下降。全年共受理信访案件270批1695人次,成功调处213批1267人次。

【文化 旅游】 投资5000多万元建设景区基础设施和地质博物馆。全年接待游客23万人次,旅游门票收入630万元,旅游综合收益3780万元。出版《宁武民歌》《宁武之美》《经典宁武》,馆藏图书明代《万历藏》入选国家珍贵古籍名录,《东山小秧歌》列为省级非物质文化遗产。

【重点项目】 重点抓了29个中央扩大内需项目、2个省市重点项目、17个县重点项目的建设和煤电、风电项目的立项工作。全年建设项目48个,其中:35个竣工、13个在建,完成投资12.1亿元。

【生态 环保】 全年新造林2267.8公顷、补植补种933.8公顷、通道绿化38千米、环城绿化133.4公顷、厂矿绿化18.01公顷、村庄绿化8个。取缔污染企业48家、燃煤炉灶191个,221家营业性燃煤锅炉更换为燃气灶,61处采暖锅炉安装了脱硫除尘设施。全年县城空气质量二级以上天数达到357天,比上年增加了53天。

【民生事业】 投资2034万元,改造学校危房20293平方米。新建村卫生室319个,实现村卫生室全覆盖。投资8870万元,完成通畅工程338.5千米,有106个村通水泥(油)路。投资1300多万元,解决61村12760人,1719头大畜的饮水安全问题。投资500多万元,完成37村的通广播电视工程。全县城镇居民医疗保险参保率达到80.6%。参合农民达到106027人,参合率达到91.54%。投资422万元,对“一城两镇”进行绿化、硬化、美化、亮化。投资385万元,建设廉租住房。发放困难住房补贴65万元。

【集中供热工程】 4月13日,县城集中供热工程开工奠基仪式在马家湾村恢河岸畔的热源厂厂址举行。县四套班子主要领导、分管部门领导到场祝贺。

县城集中供热工程是全县实施碧水蓝天工程的重点工程项目之一,管线全长11.4千米,总投资11450.12万元。供热总体规划范围为县城规划建成区,工程全部建成后县城供热普及率将达到78%~91%。工程主体由热源厂、管网工程和换热站三部分组成,建设规模为4台29兆瓦高效煤粉锅炉及配套设施,供热面积为173.48万平方米,供热负荷达107.76兆瓦。全程新建和改建15座换热站。

【民政部专员深入东马坊乡查看旱情】 8月18日,民政部专员李全茂,省民政厅副厅长许福昌,在副县长周志勇、民政局负责人陪同下深入东马坊乡查看旱情,了解农业生产情况。2009年1~6月份,全县平均降雨量仅为27.5毫米,比往年减少50多毫米,全县总播种面积约20010公顷,绝收面积达到13740.2公顷,直接导致农业经济损失3500万元。 (白瑞萍)

·静乐县·

中共县委书记	杨存虎
县人大常委会主任	李如意
县长	张 春*
	张文斌(代县长2009.11)
县政协主席	李俊秀

【概述】 静乐县位于北纬38°09′~38°41′,东经110°39′~112°02′。

全县生产总值11.49亿元,同比增长9.6%;财政总收入12378万元,下降29.5%;一般预算收入6123万元,下降2.6%;固定资产投资16亿元,增长139%;社会消费品零售总额达4.1亿元,增长19.9%;城镇居民人均可支配收入达9652元,增长14.8%;粮食总产量达3.46万吨,增长3.4%;农民人均纯收入达2389元,增长10.3%。

【农业经济】 围绕“土地增值、农业增效、农民增收”的目标,大力发展生态养殖、设施农业、小杂粮种植和特色加工。2009年底,全县獭兔、肉兔养殖发展到1300余户5.6万只,蔬菜大棚发展到360余座;小杂粮种植面积达到15674.5公顷,其中优质基地6670公顷;农村合作经济组织发展到108家,规模养殖户发展到140户,小杂粮加工企业达到65个;采取“公司+农户”的方式,推进200万只蛋鸡养殖项目,养鸡产业由1个点辐射到5个乡镇。以“双帮扶双促进”为平台,以全民创业为手段,采取单位包村、干部包户、以奖代补、结对共建的方式支持项目建设,县财政拨出200万元,重点发展獭兔、肉兔养殖,扩大蔬菜大棚种植,使两大项目逐步成为广覆盖、快致富的新兴产业。

【重点工程】 全年开工项目110个、总投资67.3亿元，竣工项目99个，完成投资43.1亿元。其中，中央投资项目做到保工期、保进度、保质量，足额配套资金，确保按期完工。“1830”项目作为晋西北最大的化工项目，完成投资94%。大远煤业120万吨采煤工艺改造项目，在全省首例采用大倾角综采放顶煤工艺，正进行试生产。霍州煤电山浪煤矿综采工作面已经布置。220千伏变电站实现本年立项、本年开工、本年运行。粉煤灰蒸压标砖项目联合试车基本完成。20万千瓦风电项目测风完成。忻保、太佳两条高速公路，完成占地、拆迁、补偿等协调任务。全县的项目工作在全市项目工作年终评比中获三等奖。

【产业结构调整】 实施工业强县战略，发展壮大煤焦电化产业，积极推进煤炭资源整合，全县煤矿由18座整合到9座，产能由357万吨提高到1230万吨，煤矿的本质安全度和生产能力大幅提升。实施霍州煤电千万吨综合项目；引进国电华北公司新上2×100万千瓦煤电项目，初步可行性研究已经省发改委评审通过。积极发展商贸流通、交通运输、餐饮服务和文化旅游，第三产业逐步成为新的经济增长点。

【生态环境】 开展城乡环境综合整治，推进汾河流域生态环境治理修复与保护。全县森林覆盖率达到18%，水土流失治理率提高到43.5%；城区绿化率达到28.1%，集中供热率达95%，二级以上天数达到361天，汾河水质稳定在三类标准以内。扶头会流域的典型经验在全省推广。2009年10月，全省汾河干流植被建设项目推进会在静乐召开，静乐县被省林业厅确定为全省林业建设重点县。

【民生工程】 坚持把兴办好事实事作为保障和改善民生的重要举措，积极推进和实施民生工程。市政府安排的20件实事中，村卫生室提前一年基本实现全覆盖，村通水泥路、校舍安全、广播电视村村通、饮水安全等4个全覆盖，都圆满完成年度任务；廉租房、农村住房解困、沼气建设、农资配送中心、农家店、便民店、放心粮油店全部按任务完成；社会保障、优抚救济、城乡就业，以及一颗鸡蛋工程、出生缺陷干预工程，都严格按政策落实；天和仓储物流批发市场开始招商，金德隆购物广场已经运营。除移民搬迁、整村推进为跨年度工程外，其余实事全部兑现。县委、县政府承诺的10件实事中，村级卫生室、饮水安全、校舍安全、廉租房、数字化电视工程全部完成；广电中心顺利搬迁；健康南路竣工通车；汽车站投入运营；经济适用住房两栋已经封顶；乡镇文化站6个竣工，4个在建；新建县医院工程正在建设；滨河西区综合开发全面启动，控制性详规和景区规划已经编制完成，景观防护林和道路建设工程正在实施；滨河东路延伸改造工程已全部完工。

【社会事业】 教育上，积极推进义务教育经费保障机制改革，全面落实“两免一补”政策，按时足额发放教师绩效工资。聘用特岗教师149名、师范类毕业生68名，充实农村教师队伍。招聘师范类本科生17名，充实了一中教师队伍。全县高考首批本科达线132名，其中达重点线43名。计生工作上，制定落实25条整改措施，全县综合节育率达到88.1%，目标责任制综合考核全市排名第三。文化工作上，全面完成非物质文化遗产和文物普查任务，剪纸被评选为省级非物质文化遗产，并完成申报国家级遗产的相关工作。安全生产上，在全县范围内积极开展专项整治行动，加强煤矿安全监管，全年共组织检查30余次，坚持重心下放，关口前移，集中力量，严厉打击，从源头上遏制私采滥挖现象的发生。社会治安综合治理上，全面开展专项整治行动，严厉打击“两抢一盗”，规范民爆物品管理，加强对毒品犯罪的打击。 （李青春）

·神池县·

中共县委书记	范波涛
县人大常委会主任	贺新平
县长	刘婷芳*（女）
	李德新（代县长 2009.11）
县政协主席	刘国强

【概述】 神池县位于北纬38°56′~39°24′，东经111°42′~112°18′。总面积1472平方千米，全县有10.1万人，其中农业人口8.2万。

全县国内生产总值81400万元，比上年增长7.8%；工业增加值1117万元，增长0.47%；固定资产投资90729万元，增长380%；社会消费品零售总额43975万元，增长18.6%；财政总收入13425万元，增长1.5%；一般预算收入6383万元，增长11.7%；城镇居民人均可支配收入9621元，增长12.4%；农民人均纯收入2643元，增长9.98%。

【农业经济】 主要粮食作物有山药、莜麦、莞豆、黑豆、谷子、黍子等。经济作物有葫麻、黄芥、葵花、西瓜、小瓜、南瓜、药材、蔬菜等。地方特色食品有葫油、南瓜、莜面、麻花、月饼、炖羊肉、沙棘饮料等。特别是羊肉、月饼已有了自己的品牌，已注册的商标有芦芽山牌炖羊肉、绿宇牌月饼。全县农业总产值达54663万元，比上年增长3.3%；农村经济总收入39324万元，增长5%；粮食总产9723万千克，增长3.8%；油料总产858万千克，增长14.4%。马铃薯等6大特色种植基地和4大千亩科技园区示范引导带动作用明显。人工种草20010公顷，规模养殖户达到7000余户，羊发展到49.5万只。

【“一区两带”特色经济】 充分发挥“旱码头”区位优势，依托铁路搞发运，借助公路建市场。以神骅和宁岢铁路沿线的庄儿上煤站、南装煤站、贺职货场等煤炭运销企业为依托，初步构筑起了具有一定规模的煤炭集运经济带。以阳韩过境公路沿线新建的汽修市场、畜牧市场、食品加工市场等专业市场为依托，初步构筑起了公路商品流通经济带。通过发掘月饼文化，涌现出300余户月饼规模加工企业，年产值达7400万元，利税2960万元，带动5000余人就业。规划了占地1000.5公顷的循环经济工业园区，初步构建起“一区两带”的物流框架。

【资源优势】 初步探明全县主要有煤、铝矾土、石灰石、铁矿、铜矿等矿产资源。煤可开采量22000万吨，主要分布在龙泉镇和太平庄乡。铝矾土可开采量1020万吨，主要分布在龙泉、东湖、义井、八角等乡镇。石灰石遍布全县，储量大，品位高，易开采。铁矿分布分散，储量不大，含铁量平均在40%左右。铜矿主要分布于县境西北，储量很少，品位差，开采价值不大。全县地下水静储量6.16亿吨，动储量5.9万吨/昼夜，严重缺水。现开采利用量6000立方米/日，人均0.06立方米。

【生态旅游】 绿化环城山600.3余公顷、绿化西海子森林公园73.37公顷；新建太平庄—管涔山、万年冰洞11千米旅游公路，打通西海子公园—小沟儿界环北山12千米旅游通道，为进一步开发旅游经济、促进产业结构优化升级奠定基础。

【城乡建设】 总投入6610余万元用于城乡环境改善，高标准美化府东、府西街，全面清理、整修县城下水管网。完成龙泉、北大渠路的空中线路入地，硬化小街小巷30条，体育馆建成使用，13000平方米的经济适用房入住，持续开展环境卫生清洁活动。启动集中供热二期工程，新城区集中供热率达40%，污水处理厂一期工程竣工。通道绿化、交通沿线荒山绿化、园林村镇绿化、退耕还林、三北防护林等生态建设工程扎实推进。人畜安全饮水、农村“户户通电”、县乡油路改造、村村通水泥路等一批与群众生活生产息息相关的实事落到实处。

【社会事业】 就业再就业工作进一步加强，新增就业岗位1146个，下岗再就业450人。教育设施不断完善，教学质量稳步提升，中考位次继续前移，高考达线60人。全县共有9389人纳入城乡低保。县人民医院开工在建，全县10所乡镇卫生院配备了医疗设备，165所村级卫生所建成使用。全面启动农村新型合作医疗，参合覆盖率100%，较好地解决了农民的就医问题。 （杨向东）

·五寨县·

中共县委书记	刘祁杰
县人大常委会主任	张志军
县长	郭泽兵
县政协主席	林步森

【概述】 五寨县位于北纬38°44′~39°17′，东经111°28′~113°00′。

全县生产总值82200万元，比上年增长8.1%；规模以上工业增加值4990万元，增长3.5%；财政收入18097万元，增长12.8%；固定资产投资总额89792万元，增长169%；社会消费品零售总额42549万元，增长20%；农民人均纯收入2660元，增长17.7%；城镇居民人均可支配收入10297元，增长7.5%；金融机构各项存款余额达244852万元，增长19.2%。

【农业经济】 全县共7家企业11个农产品通过省农业厅和农业部无公害认证。通过整村推进等项目资金带动，新建日光节能温室47座，塑料大棚9座。推广应用测土配方施肥、优种优法等新技术，以及孙家坪的翡翠豌豆、杏岭子的黑美人土豆等新品种试种成功，东秀庄、三岔、孙家坪等乡镇的英国红芸豆、坝莜3号和6号莜麦等作物经济效益可观。这些特色产品，在太原举办的全国农业博览会上，受到广大参展人员青睐。全县全年播种面积36018公顷，在1~6月遭受历史罕见旱灾的情况下，农业生产总体形势不错，粮食产量达9750万千克。

新建标准化养殖小区2座，农户自建养殖小区9座，全县规模养殖小区达到49座。年底，大畜饲养量达8.7万头，比上年增长6.8%；羊饲养量38.8万只，增长3.4%；猪饲养量4.8万头，增长2.8%；禽饲养量23万只，增长4.3%。全年有500户农户购买各类农机具557台（套），比上年170台（套）增长了2倍；享受政府补贴272.7万元，比上年37万元增长6.4倍。

【工业经济】 一批具有特色的农副产品加工业、新型清洁能源企业落户五寨。佳宇、双喜、雪龙三个土豆加工企业，在原来加工精淀粉的基础上，分别新上了水晶粉丝、饲草饲料、玉米淀粉生产线；富民、力达两个蔬菜加工企业，扩建了土豆全粉和脱水蔬菜生产线；风力发电项目经过几年的不懈努力，和龙源电力集团达成了合作意向，测风、可研已经完成；投资2亿元，开工建设了花岗岩工业园区。

【煤炭产业】 同业公司15万吨中温煤焦油技改项目投入正常生产，万通宏达300万吨洗煤项目建成投产，易隆选煤公司扩建180万吨洗煤项目全部建成，隆泰煤焦化公司180万吨洗煤厂项目完成主厂房建设。全县煤炭运销企业共发运煤炭1163万吨，比上年增长63%；上交税金11161万元，增长12.8%，占财政总收入的62%。

【重点项目建设】 全年确定的131个重点项目，全部以县政府文件分解到责任单位，明确了分管领导。“两办”进行了三次大督查，有效地加快了项目建设的进度。国、省、市重点工程按时保质完成，“五个全覆盖”和市政府下达的20件实事全部完成。209国道过境路改线工程全线通车，南环路工程进展顺利，春野牧业占地53.36公顷的野猪繁育基地建成投产，乡镇煤炭运销公司五寨集运站、伟达实业有限公司煤炭集运站建成运营。截至年底，重点项目新增投资15亿元，完成计划的88%。

【基础设施】 市政基础设施建设，累计投入2.3亿元。完成新建路等6条主要街道建设，县城13条小街小巷进行了硬化。公路交通累计投入资金8576万元。开工24.5千米的五坝线旧路改造工程，完成运输路和农村公路通畅工程20条89千米。全县植树造林共投入资金1671.6万元，绿化面积5716.19公顷，共栽植各类树木、灌木近1100万株。对全县21家企业和县城158个经营场所的燃煤设施进行了整治，全年削减化学需氧量48吨、二氧化硫130吨，城区空气质量提高,二级以上天数居全市第一。实施病险水库除险加固、水土保持、人畜饮水三大工程,累计投资2016万元。人畜饮水安全工程,解决了23个自然村8000人、2800头大畜的饮水安全。清涟移民新村成为全县新农村建设的样板,13个重点推进村"四改四化"和"五个一工程"全部完成。

【社会事业】 粮食流通体制改革完成职工身份置换88人,发放补偿金124万元,发放历史拖欠工资71万元,清理职工养老金集体部分194万元。商贸企业改制完成职工身份置换348人,新建路服务公司门面房开始营业、住宅楼全部完成并交付使用,安置职工24户,共清理商贸企业历史拖欠养老金110万元。食品公司改制工程新建1万平方米住宅楼,已经开工。原种场政策完成了改制。

作为全省18个林改试点县之一,基本完成了改革的主体任务。集体林产权明晰面积42421.2公顷,签订合同9.3万份,调处纠纷154起,调处率达95%,制订安全生产专项整治工作方案和安全生产8项制度,成立8个督查组,共检查部门23个,企业126个,查出安全隐患126条,下达限期整改指令书。

县委、县政府主要领导全年共接待单人来访131人、集访36批261人,90%以上的问题得到处理和解决。深入开展社会治安专项整治等行动,破获各类刑事案件54案86起,查处各类治安案件348起。

新建、改造、维修17所学校,总投资1960万元。义务教育标准化工程完成了设施设备购置和建档任务;三岔小学新农村新校园试点工作全部完成;"一颗鸡蛋"工程惠及全县1630名农村学生、教师。

全县三级医疗卫生基础建设总投资873.5万元。县第一人民医院住院楼项目竣工;中医院住院楼扩建项目正在建设中;三岔、新寨、前所、胡会4所卫生院扩建项目竣工并通过验收;建成村卫生室206所,村卫生室"全覆盖"工程全部完成。城镇居民医疗保险全面实施,农村合作医疗稳步推进,参合率达到91.92%;全年补偿群众医疗款913.5万元,发放城乡医疗救助金122万元。

开展抗灾救灾工作,发放救灾面粉17.5万千克,救灾款205万元。就业和再就业稳步推进,城镇新增就业1228人,转移农村劳动力5725人。

建成宣传文化活动中心。成功举办建国60周年大型歌咏比赛、第四届农民运动会暨全市副处级以上老年人门球赛,群众文体活动蓬勃开展。圆满完成第二次全国经济普查工作。 (郭力逢)

·岢岚县·

中共县委书记	陈义青(女)
县人大常委会主任	任川中
县长	薛根生*
	张钰祥(代县长2009.11)
县政协主席	曾桂花

【概述】 岢岚县位于北纬38°31′~38°58′,东经111°12′~111°52′。

2009年地区生产总值71348万元,按可比价计算同比增长7.6%,其中,第一产业增加值19073万元,同比增长6.2%;第二产业增加值12096万元,比上年同期增长7.0%;第三产业增加值40179万元,同比增长8.5%。全县财政总收入13580万元,同比增长19.5%;一般预算收入3952万元,同比增长25.8%;一般预算支出36980万元,同比增长18.1%。

农林牧业产值32313万元,同比增长4.1%,其中,农业产值14939万元,同比下降12.7%;林业产值1507万元,同比下降28.2%;牧业产值14806万元,同比增长25.9%;农业种植业受旱灾影响,减产将近七成;粮食产量28013吨,同比下降23.8%;油料产量4022吨,同比下降35.4%。

工业经济从下半年开始回缓,11月步入正增长轨道,全年规模以上工业企业完成增加值6353万元,同比增长0.5%,比第三季度上升9.7%;实现产品销售收入12654万元,利润813万元,同比分别下降15.4%和15.9%,分别比三季度回升9.5%和5%。

全县社会消费品零售总额累计39206万元,比上年同期增长20.3%;全县消费品市场实现零售20882万元,同比增长23%;农村消费品市场实现零售额18324万元,同比增长17.3%;销售额城乡比重为53:47,上年同期比重为72:28。从行业看,批发、零售业市场占主导,餐饮市场增速较快,全县批发、贸易业实现27704万元,同比增长20.4%,占社会消费品零售总额的70.7%;住宿和餐饮业实现5234万元,增长10%。

全社会固定资产投资完成113965万元,比上年同期增长2.2倍,其中城镇以上固定资产投资完成113336万元;房地产开发投资完成629万元。按产业分,第一产业完成157万元,第二产业完成101050万元,第三产业完成12758万元,三次产业投资比重分别为0.1%,88.7%和11.2%,第三产业的快速增长为全县工业的崛起奠定了基础。

城乡收入差距拉大,城镇居民收入和职工劳动报酬稳步增长,农村由于旱灾、金融危机等的影响,收入出现近年来首次下降。从业人员平均劳动报酬达22685元,比上年同期增加502元,同比增长2.3%;城镇居民人均可支配收入为11031元,比上年同期增加1173元,同比增长11.9%;农民人均现金收入为2380元,比上年同期下降333元,同比下降12.3%。

金融机构各项存款余额214427万元,同比增长20.5%;城乡居民储蓄存款余额115888万元,同比增长22.4%。金融机构各项贷款余额39833万元,同比增长23.2%。 (潘明堂)

·河曲县·

中共县委书记	王书东
县人大常委会主任	李志伟
县长	杜永进
县政协主席	李挨恒

【概述】 河曲县位于北纬38°55′~39°25′,东经111°09′~111°37′。总面积1328平方千米,辖4镇9乡340个行政村。年末全县总人口(公安年报)145492人,其中非农业人口30000人。全县人口出生率为8.02‰,自然

增长率为2.08‰,男女性别比(女性=100)为108.5,被评为全省2009年人口和计划生育工作先进县。

河曲县第三次被中国社会科学院评为2009年度全国最具投资潜力的中小城市百强。全县经济总量和人均收入指标增幅在全市名列前茅。全县生产总值37亿元,同比增长7.5%;财政总收入9.28亿元,增长12.76%;一般预算收入3.2亿元,增长28.9%;工业增加值19.1亿元,工业实现利税9.92亿元;固定资产投资44.1亿元,增长331.25%。城镇居民人均可支配收入11812元,增长11.26%;职工年平均工资26622元,增长5.49%;农民人均纯收入2639元,增长9.66%;社会消费品零售总额6.41亿元,增长22.4%。年末全县城乡居民储蓄存款余额达34.34亿元,增长10.44%。

【农业经济】 投资100万元在黄河沿川突出发展新型大棚蔬菜;投资104.404万元补贴农机具388台件;政府投资100万元和农发行投放1000多万元贷款,以高于市场价敞开收购玉米550万千克,保护了农民种地的积极性;大力发展优质高产糜子产业,新品种推广被列为国家示范项目。全年粮食总产量达到53171吨,油料总产量6045吨,蔬菜产量12842吨,被评为全省粮食生产先进县。

截至2009年底,各类规模养殖小区(场、户)达890个,大牲畜总数9961头,牛存栏4036头,猪存栏24863头,羊存栏137047只,鸡存栏416548只。全年肉类总产量2947吨,畜牧业产值8900万元。

建成农村饮水工程33处,解决11个乡40个村9000口人,846头大畜的饮水安全问题,集中供水工程顺利完成。农村新建50个沼气池并投入使用。投资1.79亿元的引黄灌溉工程开工建设,该工程设计引水流量7.4立方米/秒,可灌溉沿川3个乡镇35个村的农田6790.06公顷,受益人口6.05万人,同时可供工业年取水1500万立方米。

【工业经济】 2009年,引进中海油华鹿60万吨合成氨、100万吨大颗粒尿素项目、山东山水集团同中天隆公司合作的100万吨干法水泥项目。同德化工累计取得8项国家专利技术,成为全省13家高新技术企业之一,为此河曲县被评为全国科技工作先进县;在全市项目考核中名列第一,被市委市政府评为2009年项目建设攻坚战一等奖。

【市政建设】 全县投资444万元,完成全长3.2千米的交警队至三湾塘道路改造工程。改造黄河西大街人行道,安装16基景观灯、42个地理灯。投资2000万元建成污水处理厂及污水管网。解决了650户居民的饮水问题,县城供水普及率达95%。县城新增供热面积15.3万平方米,集中供热普及率达65%;新增绿化面积39.3万平方米,绿化覆盖率达10%;建成经济适用房4273.14平方米和廉租住房2006.1平方米的主体工程,为685户廉租住房补贴98万元。

【教育　文化　卫生】 县财政投入100万元启动“一颗鸡蛋”营养改善工程,全县7600名住校师生每人每天可吃到一颗免费鸡蛋。投资1585.7万元进行25所中小学校舍安全改造;投资1.2亿元,开工建设河曲中学新校区;完成实验小学教学楼的扩建。全县农村中小学远程教育全面推广,投资1000余万元增配多媒体教室159个,建起流动播放室65个,44个项目校接进互联网,39所学校建起校园网。该县被省政府授予2009年度实施中小学校舍安全工程先进县和全省县级职教中心建设达标县。河曲中学10月份通过省级示范高中复评验收,成为晋西北唯一的一所省级示范高中。全县有中小学校111所。中考成绩、高考达线全市名列前茅,二本以上达线186人,连同艺体达线21人,共达线207人。

号召全县干部群众向辛礼生学习,给予辛礼生政府津贴;评选韩运德、杜焕荣、贾德义为第三批国家级非物质文化遗产项目代表性传承人;年内举办了西口文化活动月、民歌二人台电视大奖赛和春节联欢晚会。新增村级文化大院36个,新建农民健身场地85个。

河曲县被联合国旅游经济促进会授予中国最具文化风情旅游名县荣誉称号。

全县共有22所医疗卫生机构。全县有社会办医5所,个体诊所24所,村卫生所室208所,从根本上解决了多年来农村老百姓看病难的问题。投资1200余万元,建成总面积5834平方米的县医院综合门诊楼主体,配置了多人高压氧舱、全自动生化分析仪等20余件医疗器械。全县参加合作医疗农民107342人,参合率达96.07%。截至11月底,全县累计补偿参合农民医药费用2927万元。

【社会保障】 城镇新增就业1806人,创业就业412人,下岗失业人员再就业845人,其中,就业困难对象再就业192人,转移农村劳动力2120人,扶持创业43户。城镇登记失业率控制在3.6%。社会保险实现了全民医保,参保人数达到22516人。全面实现农村五保户应保尽保,集中供养对象每人每年1500元,分散供养对象每人每年1300元,全年共发放医疗救助金250余万元。截至12月10日,全县共有城市低保对象5453人,农村低保对象9491人;全年共发放城市低保金788.5万元,农村低保金321.7万元。新型农村社会养老保险在全市率先启动,被列为全国首批试点县。参保人数达80019人,征缴保费1297.2万元。全年为60周岁以上的17974名农村老年人发放基础养老金750万元。

【交通　邮电】 投资7150万元,完成71个行政村264.8千米水泥路硬化任务,年末好路率达到89%。全年客运量达到150万人次。全县邮政业务总量1429.92万元,电信业务总量1355万元,已通电话的行政村240个,交换机容量23774门。移动用户46000户,业务总量为3649.1万元;联通用户20420户,业务总量为1110万元。全县有线电视用户达12000户,截至年底,新增农村有线电视用户320户。

【生态环保】 取缔不达标采暖炉、拆除营业性燃煤茶浴炉等87台，手续不全的涉煤企业、石料厂停产整顿。二级以上天气达到323天。城郊森林公园绿化总面积33.35公顷；完成“三北”防护林工程2001公顷，天保工程封山育林200.1公顷，沿黄公路通道绿化补植31千米，韩河公路、河偏公路通道绿化97千米。全年共查破各类案件643起，挽回损失1080万元。被评为全市“2009年信访工作先进集体”和“国庆安保先进单位”。

【山地良种工程】 县委、县政府用现代发展理念引领农业发展种薯产业，在高山半山区形成6670公顷脱毒马铃薯种植规模。投资200万元，占地2.87公顷的微型薯生产基地建成，年产试管苗150万株，微型薯300万粒，是山西乃至晋陕蒙三角区一流的标准化种薯生产基地，为全县推广6670公顷脱毒种薯种植提供保障。2009年末，基地生产22万粒微型薯，产值达150万元。 （王巧英）

·保德县·

中共县委书记	王继明
县人大常委会主任	张智林
县长	曹爱民*
	王黎明(代县长2009.11)
县政协主席	高定存

【概述】 保德县位于北纬38°39′~39°06′，东经111°56′~111°19′。辖4镇9乡340个行政村。总面积997.5平方千米，总人口15.4万人，其中农业人口13.8万人，人口自然增长率控制在6‰以下。城区二级以上天数达到352天。

全县地区生产总值38.5亿元，同比增长12.2%；财政总收入14.2亿元，一般预算收入4.28亿元，分别增长56%和51.5%；规模以上工业总产值51亿元，增长9.9%；城镇居民人均可支配收入13145元，增长13.6%；农民人均纯收入2807元，增长16.8%；固定资产投资11.5亿元，增长68%；社会消费品零售总额7.6亿元，增长18.8%。

【农业经济】 全县耕地面积36892公顷，林地13933.5公顷，草地5065公顷，宜林荒山16809公顷。粮食总产量3500万千克，增产67.5万千克。以奖代补1172万元，累计建成新型节能日光蔬菜温室大棚977座，投资600万元改造坡耕地667公顷，投资100万元实施优种工程。投资50万元新建高产高效科技示范区10个，投资112万元新发展农村户用沼气300个。封山禁牧后新增规模养殖户62个，新建、完善乡镇畜牧兽医站10个，村村配备畜牧兽医防疫员。实施生态环境治理工程，完成造林7136.9公顷，被省市评为“造林绿化先进县”。

【新农村建设】 实施移民搬迁、整村推进、产业开发、劳动力转移和培训教育5大扶贫工程。移民搬迁500人，整村推进92个村。培训新型农民1.5万人，转移农村劳动力7000人。高度重视大中专毕业生、下岗失业人员、“4050”人员的就业问题，帮助3250人实现就业。投资1000万元，巩固提高原有的32个试点村和重点推进村建设。

【教育 文化 卫生】 全县共有小学324所，初中22所，高中1所，职业中学1所。启用投资1亿多元占地6.67公顷的20轨制的新保中。投资2179万元实施中小学校舍安全改造工程，新建、改扩建学校20所。新建13个乡镇文化站、45个村级多功能文化活动室；黄河文化艺术节获“全国首届县域节庆最具潜力奖”；加强文化遗产和民间艺术保护，开展第3次文物普查；投资100多万元改造河滨体育场。全县有公立卫生机构29个，其中县级医疗机构4个，县直卫生事业机构5个，乡镇卫生院13个，社区卫生服务所7个；个体诊所33个。总投资8000万元的标准化新县医院一期工程开工建设；投资240万元新建、改扩建桥头等乡镇卫生院5个、村卫生室288个。新型农村合作医疗参合12.42万人，参合率达91.5%；城镇居民合作医疗参合1.87万人。

【交通 广播电视】 全县实现乡镇通水泥(油)路，建制村通水泥(油)路率为70%，通客车率为96%。投资6504万元新建86个村水泥（油）路240.9千米；实施通村公路工程，建成了保禹线—刘家焉、康家滩—飞龙山2条14千米四级路、冯家川—吕梁兴县界4千米三级路；投资217万元对桥西线等农村公路进行养护。中央广播电视无线覆盖工程投入使用，投资204万元的村通广播电视工程完成69个村。

【水利 水保】 实施应急水源建设、农田水利灌溉、农村饮水安全、水土保持淤地坝、城乡节水和水源保护6大工程和地质灾害治理工程。投资1390万元完成53个村2.3万人的安全饮水工程；投资1936万元开发整治冯家川、林遮峪、韩家川河滩333.5公顷土地。

【社会保障】 城镇居民医保、农村合作医疗和城乡最低生活保障覆盖面扩大，解决705名重点优抚对象的就医问题。投资12.8万元超计划完成200例白内障手术，完善农村“五保”人员的供养及灾害救助制度。为农村70岁以上老人、城乡低保对象每人发放采暖补贴200元，拨付110万元对特困群体实施采暖救助；协调民用煤10万吨。完成农村困难群众住房、城市危旧房改造、廉租住房建设年度任务，启动经济适用房建设。提高职工住房公积金提取比例，发放廉租房补贴648户168万元。

【重点项目建设】 王家岭500万吨矿井、吉港冠宇200万吨水泥、王家寨600万吨煤炭集运站、东局110千伏输变电、临县—保德—原平煤层气利用等5大项目已开工建设，完成投资5.5亿元。国电保德6×100万千瓦煤电一体化项目，一期2×100万千瓦项目的初步可行性研究报告，省发改委已评审通过。50个中央投资项目基本完成。共到位资金7198万元，县配套496万元，已竣工26个，其余24个完成总工程量的80%。6个省市重点项目推进有力。投资636万元5000平方米的廉租住房，投资101万元99户的农村困难住房改造，投资2400万元2.4万平方米的棚户区和城市危旧房改造已基本完工。投资3600万元3万平方米的经济适用住房，投资6500万元的污水处理厂，投资2400万元的垃圾处理厂已开工建设。37个市考项目全面推进。累计投资11.5亿元，续建3个，新开工23个，推进前期9个。55个储备项目全部上报。重点推进煤炭资源整合和煤矿兼并重组工作，矿井由21座减到10座，产能由1274万吨提高到1520万吨。

【市政建设】 整合政法资源，健全社会治安防控体系，投资270万元的“天眼工程”正式投用；投资9000万元的黄河堤防工程基本完成；投资1.26亿元的县城沿黄大道改造工程完成总工程量的80%；投资1081万元的府前街东延工程已开工建设；投资400万元完成府前二道街（宁馨街）和供热公司东路建设，完善了神华路休闲广场；投资460万元改造旧城区供排水系统；投资205万元改造公厕6个，县城所有公厕变成了水冲式。（武延飞）

·偏关县·

中共县委书记	任宁虎(2008.10~2009.8 主持县委、政府全面工作)
	任建华(2009.8~)
县人大常委会主任	王文阁
县长	任宁虎*
	王源(代县长2009.11)
县政协主席	郝涌

【概述】 偏关县位于北纬39°12′~39°39′，东经111°21′~112°00′。辖4镇6乡、248个行政村，446个自然村，1个城区居民委员会。全县共有42762户110330人，其中男性57711人，男女性别比(女性=100)为109.7；农业人口87021人，非农业人口23309人。

2009年，县委、县政府深入贯彻落实科学发展观，围绕“保持经济平稳较快发展”这一首要任务，着力抓好八个建设，使经济社会发展各项工作都取得了新的发展。

全年完成地区生产总值13.7亿元，基本与上年持平；工业增加值4.01亿元，同比减少26.7%；财政收入2.21亿元，同比减少16.92%。其中一般预算收入9400万元，同比增长20%；固定资产投资5.64亿元，同比增长1.5倍。晋电化有限公司2009年上缴利税1300万元，同比下降14.36%。社会消费品零售总额4.83亿元，同比增长16.2%；城镇居民人均可支配收入达9777元，同比增长7.7%；农民人均纯收入达2590元，同比增长7.8%。

完成24条低压电力线路改造，新增13个变电站，受益用户211户。

【“三农”工作】 全县重点发展30个科技示范园，小杂粮播种面积扩大到16675公顷；新建日光节能温室145座，全县蔬菜种植大棚总数达到820座；完成人工种草1334公顷，优种羊引调5600只，新建5个标准化养殖示范小区，新增舍饲养殖示范户1597户；全面完成15个新农村推进村建设任务，启动马家坡移民新村建设。全年粮食总产量3200万千克，油料总产量350万千克。2009年被评为全省农机化工作先进集体、全省扶贫开发先进县。

【基础建设】 2009年重点实施8大城建工程。支持推进污水处理厂等6项省市重点工程建设。完成4批26个中央新增投资项目年度任务。生态建设新发展，全县新增环城绿化面积400.2公顷，荒山绿化4902.45公顷，园林绿化村15个，209国道通道绿化工程15千米，旅游公路通道绿化工程36千米，县城西山以护城楼遗址为中心的生态林花草公园区建设已初具规模。被市委、市政府授予林业生态建设“特别贡献奖”。重点完成新城集中供热工程和县城污水处理厂主体建设；全年二氧化硫和化学需氧量减排超额完成年度任务，县城二级以上天数达359天。关停取缔一类非法生产企业42家，严格监督380家生产企业。

【交通 邮电】 全县共有交通道路992千米，其中209国道1条66千米，省道2条79千米，县道8条168千米，乡道61条357.12千米，村道119条332千米。共有营运客车52辆，货车144辆，挂车43辆，营运出租小车70辆，营运公交车39辆。货运总量160.2万吨，货运周转量12240万吨千米；客运量36万人次，客运周转量3718万人千米。邮政收入105.3万元。2009年年末全县电话总用户17908户，共有电话46754部，百人拥有电话45部，其中公话280户，住宅电话9378户。移动电话用户8250户。电话通信基本覆盖全县所有行政村。全县总发电量20188.75万千瓦时，其中万家寨水电站11968.75万千瓦时，晋电化有限公司8220万千瓦时。宏源有限发电公司下马。全县总用电12493.47万千瓦时，其中工业用电7353.46万千瓦时，农村用电507.1万千瓦时，其他商业、居民等用电4632.91万千瓦时。

【教育 文化 卫生】 2009年高考本科达线178人，名列全市前茅。投资1742万元完成18所中小学校舍加固改造，投资近千万元的偏中科技楼顺利竣工。新建5个乡镇文化站、50个科技文化活动室和77个农村体育场地。投资370万元完成229个村卫生室建设工程，新建的县医院医技大楼全部完工，新农村合作医疗覆盖率达到91.4%。计生工作分别受到了省、市的表彰与奖励。

【社会事业】 企业2300名退休人员全部纳入医疗保险，6894名职工参加基本养老保险，失业保险参加人数达6900人，农村社会养老保险参保人数达到3600人，城镇居民医保覆盖率达到85%。投入243万元安置以“零就业”家庭为主的下岗失业人员311名，扶持劳动者创业就业484名，转移农村富余劳动力6320人。解决了33个农村6300口人，732头大畜的安全饮水问题。全县3032名职工身份置换补偿、欠发工资及养老保险金基本得到解决。通过合作股份等形式流转土地承包经营权400.2余公顷，全县发展小杂粮、马铃薯、蔬菜、海红果、养羊等各类农村专业合作组织64个。

【社会稳定】 县人民法院受理刑事案件52件，结案52件。受理民商事案件91件，审结81件，审结率达到89%。调解撤诉54件，调撤率达到66.7%。受理企业破产案件7件，涉案金额1170多万元。处理发电厂、乳酸厂破产案件中涉及的各类遗留问题20余件(次)，维护了债权和企业下岗职工的合法权益。全年共受理行政诉讼案件1件，受理有关行政机关申请的涉及房屋拆迁等非诉执行案件5件，全部圆满审结。县人民检察院共受理公安机关和自侦部门提请批准逮捕各类刑事案件37件58人，经审查逮捕34件54人；共受理公安机关和本院自侦部门移送起诉42件61人，受理市院交办案件1人，诉至法院36件49人，报送市院2件6人，诉至法院的案件有罪判决为100%。全年共受理各类职务犯罪案件线索10件11人，初查10件11人，共立查各类职务犯罪案件4件5人。

【民主法制和精神文明建设】 全年共办结人大代表建议21件、政协委员提案25件，办结率100%。加强行政监察和审计工作，开展政风纠风评议活动，查处各类违法违纪案件。

【旅游业】 老牛湾景区于5月1日正式运作上市。五一节假日期间接待北京游客1000余人，全年共接待国内游客3000人，150余次。 (卢银柱)

·原平市·

中共市委书记	梁　洁
市人大常委会主任	闫前元
市　　长	张志哲*
	薛根生(2009.11代市长)
市政协主席	王成利

【概述】 原平市位于北纬38°35′~39°09′，东经112°17′~113°05′。总面积2560平方千米，辖7镇11乡3个街道办事处，520个行政村，总人口49.2213万人，男253748人，男女性别比(女性=100)为106.4；城镇人口214656人，乡村人口277557人。

全市生产总值(GDP)完成51.4亿元，同比下降3.5%；财政总收入9.3亿元，同比下降22.5%，其中，一般预算收入4.2亿元，同比增长8.6%。固定资产投资57.2亿元，增长87.1%；社会消费品零售总额25亿元，增长16.7%。城镇居民人均可支配收入12859元，增长9.8%；农民人均纯收入3935元，增长8.8%。

【"三农"工作】 发展高效农业，新建日光节能温室274座、移动大棚650座，设施农业面积达到493.58公顷，忻州市级"一村一品"专业村有39个。努力克服自然灾害影响，粮食产量达25150万千克。以返乡农民工创业为主，新增农民专业合作社45个。新发展沼气用户1175户，饮水安全任务全部完成。新农村建设"四改""四化"和"五个一"工程快速推进，全市试点村和推进村达到97个。

【重点项目】 全年组织实施重点项目69个，高质量完成中央拉动内需项目63个，在忻州市项目建设观摩评比中名列第二。铝业一期生产扭亏为盈，二期工程基本建成。轩岗电厂稳步推进，1号机组试验运行，2号机组可以发电。盛源淀粉一期4万吨生产线，已投入运营。段家堡风电、西美螺纹钢以及盛大、泰宝等一批新上和扩能升级项目，均快速推进。

【第三产业】 建成总投资2125万元的金三角农副产品批发市场、总投资812万元的昌泰农副产品批发市场和总投资51万元的农资连锁店。实施家电下乡、万村千乡市场工程，新建便民店28个、农家店55个，发展放心粮油店17家。大营温泉汽车大观景园，已建成4家汽车专营店和办公大楼。推进金融、保险、社区、家政等服务业不断发展，第三产业占到了全市经济总量的43%。

【城市建设】 拓通新建永兴北路；改造体育路、建设街；完善永康北路人行道工程；硬化小街小巷20余条；新建两座垃圾转运站；新上一台80吨锅炉，集中供热扩容20余万平方米；天然气利用工程扩容5000余户；火车站站前广场一期工程建成并投入使用；城乡清洁工程纵深推进，人居环境进一步改善。

【社会稳定】 树立大安全理念，健全安全生产长效机制，对2956个企业全面开展隐患排查，实行分类处置，确保安全生产形势持续好转。按照全省统一部署，将34座煤矿整合为12座，年生产能力由795万吨提高到960万吨，平均单井生产规模由23.4万吨提高到80万吨。强化各级党政一把手维稳的第一责任，"三保"服务工作组主动下访，有效化解各类不稳定因素。加强治超和应急管理工作，防震减灾、防控甲流应对措施得力，没有发生重大群体性事件。深入开展各类严打整治专项行动，营造政治安定、社会稳定的良好局面。

【民生事业】 省政府"五个全覆盖""十件实事"和忻州市"二十件实事"全部得到落实，群众利益问题得到较好解决。就业再就业、医疗保险、养老保险、城乡低保等社保体系进一步健全；沉陷区治理、棚户区改造、廉租房建设、中小学校舍安全等工程全面实施；大气治理、通畅工程、人口计生、卫生院达标、村村通广播电视等任务全部完成，使广大人民群众更多更好地享受到改革发展的成果。坚持民主决策、依法行政，自觉接受人大及其常委会的监督，主动加强同政协和人民团体的联系，积极支持各民主党派、无党派人士参政议政。全年办理人大议案74件、政协提案122件，做到事事有回音、件件有着落。认真落实政府系统党风廉政建设责任制，全面提高行政效能，政风行风评议连续五年获省级先进市。 (武会文)

临汾市

中共市委书记	夏振贵* 谢　海
副　书　记	罗清宇　郭新民

市人大常委会主任　刘合心
副　主　任　张北管*　郭文虎*
梁天运　柴高潮
原胜利　仇振刚
王醒安　原学义
市　　长　罗清宇
副　市　长　成洪才*　徐树荣
赵建民　谢碧玲
丁文禄*　白建荣*
郑中夏*
市政协主席　常富顺
副　主　任　赵兰田*　杨玉龙
方　熔　成继东
赵建国　杨益民
刘淑芬　梁若玉

【概述】 临汾市位于北纬35°23′~36°57′,东经110°22′~112°34′。

2009年,临汾市经济实现平稳增长,民生事业快速发展,市政府向全市人民承诺的10件实事全部完成年度目标。

全市生产总值完成763.1亿元,按可比价格计算,增长4.2%;规模以上工业增加值完成372.6亿元,按可比价格计算,增长3.04%;固定资产投资完成419亿元,增长58.1%;社会消费品零售总额完成272.6亿元,增长21.7%;财政总收入达到137.7亿元,完成省政府下达的调控任务;一般预算收入完成62.9亿元,增长16%;城镇居民人均可支配收入达到12247元,增长9.3%;农民人均纯收入达到4749元,增长8.1%;居民消费价格指数为100.7%。

【重点项目建设】 争取中央和省级扩大内需项目资金14.35亿元,全市在建项目固定资产投资达到千亿元以上。其中,重点监控的209个项目开工建设190个,竣工83个,完成投资225亿元。交通建设全面推进,临吉高速公路、临午线、桃临线完成投资32.1亿元,263千米沿黄旅游扶贫公路全线贯通;乔李机场复航改造项目上报国家发改委审批;青兰—京昆高速联络线、城区北环高速、中南部铁路出海通道、大西高速铁路客运专线启动建设,全市新增公路通车里程514公里。城市基础设施建设得到加强,市区"两桥十街"工程,锣鼓大桥、西北环、广宣街等9项完工,五一路立交桥开工建设;滨河西路北延工程基本完工,西环、西南环和临汾一级客运站工程建设进展顺利。重大民生项目按计划有序实施,汾河城区段生态治理工程河道治理完成,生态建设全面启动;临汾新高中、新医院开工建设,市妇幼保健院综合大楼投入使用。

【结构调整】 煤矿兼并重组取得阶段性成果,392座煤矿中312座签订交易协议,182座煤矿"六长"到位。新规划的129座煤矿已有112座办结采矿许可证。山焦150万吨焦炉扩建、临钢中板生产线改造、兆光二期2×60万千瓦等项目竣工投产。新兴产业不断壮大,华翔美的35万吨精密铸件、平阳重工液压支架、乡宁戎子葡萄酒、同世达20万吨甲醇等一批项目进展顺利。侯马开发区高新技术孵化中心开工建设,光宇LED新电源、洪洞双银电热膜等高新技术项目取得新突破。旅游业实现综合收入85亿元,增长20%。

【"三农"工作】 各级财政用于农林水的支出达到12亿元,增长13.9%。农业综合生产能力得到提高,建设粮食丰产方37个,改造中低产田17342公顷,实施水保治理80040公顷。和川引水工程开闸蓄水,10座水库完成除险加固。粮食总产达到16.68亿千克,水果、蔬菜及畜产量持续增加。新建和扩建农业产业化龙头企业25户,发展农民专业合作社953个。中国(山西)特色农产品交易博览会引资28.2亿元。完成培训农民30万人(次),转移农村劳动力3.5万人。新农村建设县域总体规划编制全部完成,234个重点推进村基础设施得到改善,连片区发展到81个,新增沼气用户2万多户。扶贫开发完成整村推进32个村,移民搬迁5900人。

【生态环境】 加强工业污染治理,否决50多个不符合环保政策的项目,淘汰33户污染企业,97户重点企业实现在线监控。强化生活污染治理,新增城市集中供热面积409万平方米,完成煤气、天然气扩户2万户,建成污水和垃圾处理厂12个。开展城乡绿化,完成造林52026公顷,森林覆盖率达到31.4%,新增城市绿化面积248.6万平方米。市区二级以上天气达到334天,空气综合污染指数下降到1.72。全市二氧化硫、化学需氧量分别减排1900吨和1050吨。汾河临汾段化学需氧量和氨氮浓度分别下降67%和19.9%。节能减排取得明显成效,万元生产总值综合能耗下降6.6%。

【安全生产】 取缔非煤矿山企业632户、尾矿库116座,排查治理各类安全隐患9000余条。打击非法违法开采"风暴"行动取得阶段性成效,抓捕非法涉矿人员262人,追究刑事责任42人,处理监管责任人员33人,兑现举报奖励28.6万元,私采滥挖现象得到有效控制。全市工矿企业事故下降41.4%,各类安全生产事故死亡人数下降46.1%,煤炭百万吨死亡率比省控指标低0.73。

【社会管理】 整顿和规范市场秩序,开展食品药品安全、非法传销、农资打假等专项整治行动,查处各类案件3426件。加大价格监督检查力度,对236个品种进行常规价格监测,确保市场价格稳定。妥善处置洪洞猪蓝耳病、壶口冰凌等突发事件,有效防控甲型H1N1流感。信访工作得到加强,赴省和进京上访人次分别下降15.3%和21.1%。深入开展"平安临汾"创建活动,实施打击"两抢一盗"和"黄赌毒"专项行动,刑事犯罪和社会治安案件分别下降17.2%和10.7%。

【民生事业】 在财政十分困难的情况下,坚持优化支出结构,规范行政开支,压缩一般性公务支出13%,压减会议经费24%,保证公教人员工资发放,集中财力支持民生事业。全市一般预算支出131亿元,涉及民生支出占到33.7%。加大财政融资力度,共融资38.8亿元,保障重点民生工程的实施。教育工作成效显著。义务教育阶段经费保障机制全面落实,各级财政用于教育的投入近25亿元，增长17.2%。办学条件进一步改善，完成中小学校舍改造42.1万平方米，新建和改扩建中小学443所。教育管理得到加强，基础教育质量明显提高，职业教育、高等教育和民办教育健康发展。医疗卫生水平不断提升。各级财政用于医疗卫生的投入10.1亿元，增长32.3%。城市社区卫生机构、乡镇卫生院和村级卫生室建设扎实推进，10个县级综合医院达到二级乙等以上水平，市人民医院晋升"三甲"医院。新农合参保人数达到289万人，参合率90.4%，报销参保患者医药费2.8亿多元。社会保障逐步完善。社会保险扩面征缴超额完成省定任务，退休人员养老金全部及时足额发放。21.1万城乡低保对象和1.1万农村五保供养对象实现应保尽保。采取"两抗四保"措施，成功抗击暴雪灾害。补贴市区居民集中供热、供气2.6亿元。投入7.3亿元，确保临纺等5户企业政策性破产顺利推进。创业就业力度加大。新增城镇就业4.2万人，实现下岗失业人员再就业9785人。市县两级争取资金1.13亿元购买公益性岗位，解决4060名困难群众的就业问题。通过创业实现就业1.08万人。住房安居工程顺利实施。建设经济适用房31万平方米、5225套，廉租住房23万平方米、4625套，实施城市棚户区改造3万平方米，完成农村困难群众住房改造1200户。科技文化体育等事业全面发展。科技创新力度不断加大，文化广播电视事业日益繁荣，群众性体育活动广泛开展，统计和人口计生工作受到上级表彰。国防动员和后备力量建设扎实推进，"双拥"工作成效显著。民族宗教、文物、人防、外事、侨务、方志、档案、气象、测绘、地震、老龄、残疾人、慈善救助和红十字等工作取得新的成绩。 （李艳洁）

·尧都区·

中共区委书记	薛愿兵
区人大常委会主任	任招振
区长	陈怀生
区政协主席	李燕丰

【概述】 临汾市尧都区位于北纬35°54′~36°19′，东经111°05′~111°49′。全区总面积1304平方千米。2009年底，辖10镇6乡共372个村民委员会，10个城市街道办事处（其中，滨河路办事处共11个居民委员会，由临汾经济技术开发区代管）共54个居民委员会。2009年，全区生产总值176亿元，规模以上工业增加值48.6亿元，固定资产投资94亿元，社会消费品零售总额101.4亿元；财政总收入22.6亿元，城镇居民人均可支配收入14120元，农民人均纯收入5915元。各项主要经济指标继续位居临汾市第一、全省前列。安全工作强化政府监管职责，落实企业主体责任，执行安全生产八项制度。继续实施驻矿监管，"五人监管小组"巡回检查，煤矿现场管理全面加强。开展安全专项整治，共排查生产经营单位7500余个，整治隐患3600余条。严厉打击私采滥挖，核实举报案件59起，炸毁、封堵私开坑口399处。安全生产形势稳定好转，全年未发生一起重大事故。

【"三农"工作】 2009年全区粮食总产达20.2万吨。继续加大农业调产力度，贾得大棚蔬菜、屯里杏鲍菇等一批调产基地成功起步，尧庙蔬菜、土门葡萄等一批农业园区规模不断扩张，段店千伏蛋鸡、吴村傲康奶牛等一批养殖园区效益明显提升。中德综合养殖公司一期工程全面完成。发展农民专业合作社109个，总数达227个。总投资1.2亿元的18个农业基础设施项目全面实施。新农村17个重点村建设启动，7个连片区建设扎实推进，"五个全覆盖"工程年度目标圆满完成。

【煤矿兼并重组】 2009年，煤矿兼并重组协议签订率达98%，17座煤矿主体进驻接管，8座复工复产。共盘活土地107.42公顷，新上转型项目48个。同世达煤化工集团完成联合重组，大唐热电、临汾电力电缆等一批重点项目开工建设，同世达20万吨甲醇、10万吨二甲醚等一批重点项目投产运行。

【社会事业】 2009年，在全区范围内安排实施重点项目60个，完成投资78亿元，投资额度创历史新高。加快基础设施建设，启动洰河水库除险加固工程，完成农村安全饮水工程36处，建设农村沼气池2400个，植树造林160万株。投资1.85亿元，完成240千米农村道路建设。东城集中供热一期工程投入使用，27万平方米还迁房主体基本完工。二中新校区建设进展顺利，14所学校改扩建工程全面完成。16个乡镇卫生院基础设施改造全面竣工，36个社区卫生服务中心（站）投入使用，4个乡镇综合文化站和65个村级文化室正式挂牌。38万农民加入新型农村合作医疗，1.3万农户享受计生奖励政策。农村社会养老保险试点工作全面启动，2.9万个城乡低保对象和644户农村五保供养对象实现应保尽保。新增城镇就业6375人，实现就业、再就业2883人，公益性岗位安置就业173人，安排残疾人就业100人，转移农村劳动力2350人。开工建设经济适用房2万平方米、廉租住房3.5万平方米。完成农村困难群众住房改造200户、地质灾害移民搬迁500户。第三产业健康发展，尧陵景区修复工程顺利实施，仙洞沟景区规划编制全面完成，金都花园大饭店投入运营，恒安新东城项目进展顺利。"万村千乡"和"新网工程"全面实施，"家电下乡"和"农机下乡"成效显著。蓝天碧水工程扎实推进，环境质量持续改善，市区二级以上天数达334天，空气综合污染指数下降到1.72。

【河西热电联产开工】 山西大唐国际临汾河西"上大压小"热电联产工程是国家和山西省"十一五"规划的重点工程，项目由大唐国际发电股份有限公司、临汾河西热电有限责任公司按照80%、20%出资比例共同建设，首开大唐国际与民营企业合作的先河。本期项目建设2台30万千瓦国产亚临界燃煤空冷热电机组，配套建设热网工程。工程占地仅13.5公顷，是国内目前同等容量占地最少的项目。该项目在全国首次应用小汽机排汽进主机排汽直接空冷技术，生产水源为城市中水，可节约大量淡水资源。工程所排灰渣全部综合利用，废水全部回收利用，实现零污染和零排放。投产后年发电量36亿千瓦时，将形成1205万平方米的供热能力，可替代关停供热区内约130台分散小锅炉。8月20日正式开工，预计2010年8月正式投产。

【山西同世达煤化工集团20万吨甲醇、10万吨二甲醚投产】 11月12日，以山西同世达煤化工集团有限公司为母公司，下辖隆顺焦铁、双山焦铝、和平焦化、欧环焦化、同世达物流五家子公司的山西同世达煤化工集团成立，形成拥有265万吨的焦化规模，成为山西焦化五巨头之一。该集团年产20万吨甲醇、10万吨二甲醚项目(简称2010项目)投产。项目总投资6.3亿元，投产后，年可实现销售收入5.4亿元。

【临汾二中新校区开工建设】 临汾二中新校区北靠临浮路，西邻108国道，占地面积20.01公顷，总建筑面积100600平方米，可容纳90个教学班，4500名学生就读，全封闭管理。新校区按照高于山西省高中Ⅰ类标准进行配套配置，预计总投资1.993亿元。全部建筑抗震设防标准按照国家最新规定设为九度。2009年8月动工，2010年6月竣工投入使用。

(张洪亮)

·曲沃县·

中共县委书记	杨治平
县人大常委会主任	李德斌
县长	张三森
县政协主席	薛经纬

【概述】 曲沃县位于北纬35°33′~35°51′，东经111°24′~111°37′。总面积437.9平方千米。全县人口22.94万。

2009年，全县共完成生产总值50.6亿元，同比增长11.3%；规模以上工业增加值全年共完成27.28亿元，同比增长9.2%；财政总收入4.76亿元；全县固定资产投资24.54亿元，同比增长83.1%；城镇居民人均可支配收入、农民人均纯收入始终保持增长态势，分别为13262元、5840元，同比分别增长9.7%、10.4%。

【县域经济】 2009年初，县委、县政府确定总投资46.2亿元的128个重点工程项目，开工98项，竣工53项，累计完成投资22.2亿元。其中，总投资13.08亿元的15个双百重点工程项目和中央投资项目总投资7631万元的20个项目全部开工，分别竣工7项和12项。组织参加"中博会""高交会""广交会"等商贸洽谈会，与多家企业达成合作共识和投资意向，投资金额超过15亿元。

【农业经济】 粮食产量基本稳定，总产量达到1.28亿公斤；围绕里村红提葡萄、杨谈苹果、星海大棚蔬菜、北董大蒜和高显莲菜五大高效产业，着力突出实施"新五代"蔬菜大棚建设工程，共新建大棚537栋。特别是在遭遇暴雪的情况下，全县蔬菜大棚无一出现垮塌冻害现象，受到省、市领导的关注和表扬。

【工业经济】 总投资17.2亿元的中宇120万吨高速线材生产线，立恒1号608立方米炼铁高炉、100万吨高速线材生产线，通才100万吨特钢生产线等15大工业项目全面竣工或投产。全县GDP综合能耗下降7%，工业增加值能耗下降10.5%。9家符合生产标准的矿山企业开始生产，4座选矿企业投入试运营。

【城乡建设】 2009年，全县共实施总投资10.3亿元的27个城乡基础设施重点工程项目建设。全县形成10个新农村建设连片区，新农村建设达标村达到97个；大力实施八大林业工程，完成造林1334公顷，植树200余万株，新增绿化面积31万平方米，全县森林覆盖率达到22.8%。空气质量二级以上天数达到353天，超额完成省市要求的全年300天目标任务。

【民生事业】 教育、社会保障、医疗卫生等事关民生领域的重点支出与上年相比均实现大幅增长，分别增长31%、34%和25%。一是落实投资5.83亿元的"十件实事"。全年共为全县20885名农村60岁以上老人发放养老保险金和敬老爱老金690余万元；完成中小学教育城域网建设一期、18所学校3万平方米校舍安全改造和34个村3万人的饮水安全工程建设；全年共新建蔬菜大棚537栋，为农民创收3000余万元；城市居民医疗保险试点工作启动，参保人数达到2.6万人。二是"五个全覆盖"工程进展顺利。"村村通"水泥(油)路、广播有线电视网络和村级卫生室达标3项工程实现全覆盖，中小学校舍安全改造、农村饮水达标2项工程覆盖率均达到90%以上。三是科教文卫事业健康发展。曲沃县被评为全国科技进步先进县，被确定为国家知识产权强县工程县；高考二本达线人数首次突破600人大关，达到614人。投资9967万元的晋国博物馆建设工程进展顺利。乐昌、曲村、史村3个乡镇文化站相继竣工投入使用，全县公共文化服务体系进一步健全；新型农村合作医疗工作稳步推进，全年农民参合率达到94.39%。四是社会保障和救助体系渐趋完善。全县城镇社会基本保障覆盖率达到98.47%，城镇登记失业率下降2.25%，全年共开发就业岗位3900余个，安置下岗失业人员1156人。养老保险、医疗保险、城市低保、农村低保等各类社会保障制度健康运行，范围不断扩大。五是安全稳定工作进一步加强。深入开展安全生产整治活动，全年未发生重特大安全事故；高度重视信访工作，有效化解消除一大批不稳定因素；严厉打击各类违法犯罪活动，有效地维护全县社会和谐安定；同时，计生、广电、物价、民族宗教、人民武装等各项工作也均取得新的成绩。

(张淑霞)

·翼城县·

中共县委书记	李朝旗
县人大常委会主任	乔葆声
县长	赵雁峰
县政协主席	刘国恒

【概述】 翼城县位于北纬35°23′~35°

52′，东经 111°34′~112°03′。总面积1170 平方千米，辖 4 乡 6 镇，总人口321220 人，其中城镇人口 81851 人。

2009 年，全县生产总值 48.4 亿元，财政收入 8 亿元，规模以上工业增加值 21.1 亿元；城镇居民人均可支配收入 13186 元，增长 9.7%；农民人均纯收入 4598 元，增长 3%。

【"三农"工作】 积极开展抗旱保浇和以秋补夏，粮食总产达到 1.5 亿千克。完成小麦高产创建、农业综合开发、中低产田改造、农村饮水安全、北常水库除险加固、苹果水肥一体化、户用沼气建设和农机具购置补贴等项目建设，总投资 7500 余万元，农业生产条件进一步改善。农副产品加工企业实力增强，大众公司被命名为省级龙头企业；全县建成粮食、蔬菜、林果、养殖等精品示范园区 59 个；林果、蔬菜、饮料、小杂粮 4 个系列 9 个产品通过国家农产品绿色认证；修编完成全县新农村建设十年规划；投入资金1.4 亿元，基本完成 29 个重点推进村"四化、四改、六通、六个一"建设任务。

【工业经济】 2009 年，面对上半年企业大面积停工停产的严峻形势，全县企业复工复产取得进展。20 家冶炼、铸造企业，17 家恢复正常生产；37 家煤矿，除 1 家单独保留、8 家政策性关闭外，其余 28 家全部与阳煤集团签定合作协议，并办理名称预核准。首旺煤业 120 万吨矿井通过省政府验收，5 家煤矿经市政府批复恢复生产，11 家复工整顿。整合保留后的23 家铁矿，17 家复工整顿；8 家纺织企业、54 家水渣砖厂全部正常生产；15 家采砂厂、6 家洗煤厂全部复产；规划新建及恢复的 13 家选矿厂，8 家投入试生产；33 家粘土砖厂，25 家恢复生产。到年底，全县工业企业复工复产率达到 80%以上。

【市政建设】 深入开展"省级最佳宜居城市"创建活动，加快配套设施建设，不断完善城市功能，投入资金2.4 亿元。九龙公园竣工剪彩。新华路、绛源路、翔翼大街、红旗街综合管网工程全面完成。集中供气达到 4000 余户，集中供热新增面积 60 万平方米。新增绿化面积 48.8 万平方米。以城区为中心的全县交通网络进一步完善，新建通村公路 165 公里，乡镇客运站建设实现全覆盖。

【社会事业】 2009 年，实施产学研科技合作项目 5 项，组织实施国际合作项目 1 项；出台《关于振兴教育事业的决定》，教育教学质量稳步提升。文体事业健康发展，被国家文化部命名为花鼓之乡，翼城琴书、浑身板等 6 个民间艺术项目被申报为省级非物质文化遗产，成功承办全省农民象棋赛。社会保障工作稳步推进，全年安排就业、再就业人员 3962 人，转移农村富余劳动力 1 万余人；启动城镇居民基本医疗保险，参保人数 2.5 万人，参保率 95%以上；3868 名改制企业职工续接或补办养老保险，除县社系统外，全县改制企业遗留问题基本得到解决。社会救助体系日趋完善，1.5 万城乡居民纳入低保，468 人享受大病医疗救救。新农合制度惠及百姓，参合率 97.4%。计划生育工作再创佳绩，被评为全国计生优质服务先进县。旅游文物工作全面提升，被授予全国文物工作先进县。民族团结更加巩固，北关村被评为全国民族团结先进集体。实施蓝天碧水工程，推进生态文明建设，城区空气质量二级以上天数332 天。 （张文会）

·襄汾县·

中共县委书记	徐树荣* （—2009.8 主持襄汾县工作） 张成梁
县人大常委会主任	张拽牛
县长	王国平 （2009.10 任）
县政协主席	李顺有

【概述】 襄汾县位于北纬 35°40′~36°03′，东经 111°06′~111°40′。总面积1034 平方千米。辖 13 个乡镇、348 个行政村，总人口 500549 人。2009 年全县地区生产总值 84.03 亿元，规模以上工业企业增加值 44.55 亿元，财政收入 10 亿元，固定资产投资 27.11 亿元。粮食总产 28.93 万吨，社会消费品零售总额 18.61 亿元。城镇居民人均可支配收入 13360 元，在岗职工年均工资 25308 元，农民人均收入5381 元。

【农业经济】 发展蔬菜、红薯、三樱椒、中药材、经济林等特色农业，围绕深加工、精加工，形成"一乡一业""多村一品"产业模式。深化"百村万户养殖"工程，优化养殖结构，提高养殖效益，新建标准化养殖场、养殖小区 61 个，新增猪、牛、羊存栏 2.6 万头（只）。形成丰谷农业科技、五谷丰醋业、天美食品等龙头企业。新建农民专业合作社 85 个，完成无公害农产品基地认定 6670 公顷，认证无公害农产品17 个，农业产业化进程加快。组团参加长春第七届国际农业博览会和中国（山西）特色农产品交易博览会，签订贸易合同和合作意向近 2 亿元，进一步提升产品知名度，扩大市场占有率。加快农村富余劳动力转移，发挥"两基地"（中央农业广播学校襄汾分校教学基地、襄汾县总工会农民工技能培训基地）、"一中心"（襄汾县农民科技教育培训中心）职能，累计培训58000 人，新转移劳动力 5800 人，培养科技示范户 1000 户，有效拓宽农民增收渠道。

【工业经济】 县中小企业担保公司为星原特钢、建滔化工、金泉铸造等28 家企业累计提供担保 5.1 亿元。积极搭建银企合作桥梁，促成市县两级17 家金融机构和 32 家企业（单位）参加的银企洽谈会，现场签约贷款意向16.82 亿元，为历年之最。以煤焦产业合作为重点，与乡宁县政府签署《经济领域战略合作框架协议》，建立煤炭购销合作机制，缓解焦化企业原料紧缺的状况。积极与周边省市及沿海地区加强联系，畅通原煤、矿粉采购渠道。落实国家结构性减税和税费改革政策，按照"五缓四降三补"的要求，减缓困难企业的政策性基金和规费，减轻企业负担。下发《关于严防"三乱"行为维护企业正常生产经营秩序的通知》,清理不合理行政收费项目,严肃查处吃、拿、卡、要和乱罚款、乱摊派、乱集资等行为,企业生产经营的外部环境得到进一步优化。通过淘汰落后与产业升级相结合,关闭隆顺达、星原、侯临、凯盛达4座焦炉,置换保留光大、万鑫达、腾达3座焦炉210万吨焦炭规模。在巩固钢铁产业的基础上,进一步提高装备水平,实施资源综合利用改造。新兴产业建滔万鑫达10万吨甲醇、光大10万吨甲醇、九磐管桩等项目达产达效,形成新的经济增长点。加强节能监测监察,实施节能重点工程,星原、光大等8家重点企业完成节能规划和能源审计,通过上级有关部门审核。在重点行业、重点企业积极推广应用节能新技术,节电效果达40%。

【城乡基础建设】 投资1.5亿元的丁陶国际大酒店投入运营。投资7000余万元的滨河区征地还迁工程,商住楼主体封顶,还迁住宅楼配套工程全部完工。概算总投资1.8亿元、规划设计供热面积370余万平方米的西城区集中供热工程热源厂建设完工,东城区新增集中供热面积32万平方米,县城集中供热普及率60%。概算投资3000万元的生活垃圾无害化处理厂,立项、环评等前期准备工作结束,办公区土建工程开始施工。建筑面积2.6万平方米的廉租房工程一期270套二层封顶。占地面积3600余平方米的火车站站前广场完成改造。全长340余米的丁陶步行街建设工程基本完工。上庄路、一小路等小街小巷硬化1万余平方米。集中整治县城环境卫生、市政设施、客运车辆、商业牌匾、小商小贩,县城面貌明显改观。

乡村水、电、道路条件得到进一步改善。新建饮水安全工程39处,共解决6.6万人,4850余头大牲畜的饮水安全问题;实施贾岗井灌区节水灌溉改造工程,改善节水面积1334公顷;完成司马水库除险加固工程,保障周边工农业用水。贾庄、赤邓、河西3座变电站增容改造任务全部完成;东刘、永固、赵康35千伏变电站改造工程顺利启动。改造汾城—赵康17.7千米公路,硬化云合村7千米街道,实施赵曲—神坡、西郭—盘道等66.4千米公路安保工程;完成大赵—杨威、北膏腴—汾阳岭等51千米农村公路畅通工程和阜宁—东南毛、北关—梁段等14千米农村通达工程;建成赵康、古城两个乡镇汽车客运站。成立临吉高速襄汾段公路建设指挥部,配合上级部门完成襄汾段内的征地拆迁等工作,确保工程顺利施工。

【"蓝天碧水"工程】 投资380万元,建成全省首家县级污染源在线监控平台,对重点企业污染物排放实现全天候监控。3月,全市推进省级生态工业示范园区暨县级监控平台建设现场会在襄汾召开,星原集团成为全市第一家创建省级生态工业示范园区企业。投资9800万元的县污水处理厂投入运行,全年减排COD(化学需氧量)724吨。编制《襄汾县饮用水水源地环境保护规划报告》,设立水源地保护区标志界牌和警示路牌。加强辐射环境管理,对全县36家射线装置进行全面排查、登记造册。围绕"创新平原林业、修复汾河生态、开发林下资源、提升人居文明"主题,以全省林业现场会为契机,重点实施汾河治理、东岭森林公园建设等10项造林绿化工程。全年投资7200万元,植树280余万株,造林2668公顷。5月,东岭森林公园作为全省造林绿化临汾现场会观摩活动的第一站,受到省、市领导和与会代表的充分肯定。截至12月10日,县城环境空气质量二级以上天数313天,比上年同期增加31天。

【新农村建设】 按照"以县规划、连片建设、整体推进"的思路,继续开展新农村建设"一带二、一联一"活动,加快13个循环区和6个集中连片区建设。全县新农村建设总体规划和2009年32个省级重点推进村的建设规划顺利通过省、市专家评审验收。"五个全覆盖"进展顺利,二轮"五化""四化四改"工程有序开展,完成改厕3800余座,新建户用沼气池1360个,建成乡村沼气服务网点44个。实施乡村环境卫生及通道整治活动,将农村卫生经费纳入县财政年度预算,健全卫生管理长效机制,持续优化人居环境。

【安全生产】 加大对重点企业安全隐患排查力度,全年共排查出隐患2751条,完成整改2700条,整改率98%。重点加强对全县非煤矿山、尾矿库、化工、机械制造、烟花爆竹等高危行业的整治力度,按照分类处置的要求,关闭取缔无证无照非法企业118家,停产整顿证照不全、证照过期或存在重大安全隐患的违法企业163家,采取强硬措施、加强安全监管合法企业331家。强化安全培训,提高高危企业负责人、安全管理人员、从业人员的安全技术水平,加强对重点岗位人员的安全教育,全年共组织举办各类培训班5期,培训考核从业人员7000余名。

【文化旅游】 实施襄陵、西贾等4所乡镇综合文化站标准化建设工程,新建23个农村文体休闲广场。出版《卫俊秀书法作品集》《襄汾出土文物》《襄汾国宝》等系列丛书,完成3万户有线电视"户户通"安装任务。《赵氏孤儿传说》、晋式家具制造工艺、北许锣鼓制作技艺和尉村跑鼓车入选省级非物质文化遗产保护名录,陶寺新石器时代城址入选"新世纪山西考古十大发现",大邓乡被国家文化部命名为"中国民间文化艺术之乡"。发挥文化旅游资源丰富、开发潜力巨大的优势,及时调整思路,修订开发规划。丁村开发稳步推进,保护规划完成,开发项目的策划、规划正在实施;"七一湖"农业生态观光旅游项目进展顺利,与上海、香港等地企业签订合作协议,完成项目用地、现场勘测、道路建设、景区绿化等工作;汾城古建群和赵康普净寺的保护规划及修缮设计方案完成制定,陶寺遗址保护规划正在进行。 (县志办)

·洪洞县·

中共县委书记	陈玉士
县人大常委会主任	张国平
县长	段新
县政协主席	任保家

【概述】 洪洞县位于北纬36°06′~36°32′，东经111°22′~111°52′。总面积1493.8平方千米，辖9镇7乡，463个村委会。年末全县常住人口为749460人，男性388119人，男女性别比(女性=100)为107.4。全县人口出生率为11.09‰；自然增长率为5.86‰。

2009年，全县地区生产总值113.8亿元，同比增长5.8%；交通运输、仓储和邮政业增加值7.15亿元，增长2.2%；批发和零售业增加值5.94亿元，增长17.5%；房地产业增加值2.42亿元，增长7.6%。全年规模以上工业企业实现工业增加值661453万元，增长1.02%；规模以上工业实现主营业务收入196.8亿元，下降16.5%；规模以上工业实现利税10.6亿元，下降58.8%；企业亏损5.3亿元。全年全县具有建筑业资质等级的总承包和专业承包建筑业企业实现利润总额1585万元，增长172.1%；上缴税金5139万元，增长878.9%。

固定资产投资500303万元，增长56.1%。城镇固定资产投资建成投产项目54个；新增固定资产590585万元。全年全县房地产开发投资26197万元，增长162.4%。

财政收入173716万元，完成考核计划的83.1%；分部门收入完成情况：财政38853万元，增长181.9%；国税89862万元，降低32.3%；地税45001万元，增长2.3%。全年财政一般预算支出135385万元，增长27.7%；农林水事务支出12395万元，增长46.4%；教育支出28991万元，增长2.5%；医疗卫生支出12725万元，增长50.1%；社会保障和就业支出26103万元，增长51.4%。2009年年末全县金融机构各项人民币存款余额960299万元，增长17.2%；各项贷款余额586726万元，增长2.2%；全年累计现金收入2164573万元，累计现金支出2289938万元，货币净投放125365万元。城镇居民人均可支配收入达到13297元，增长8%；农民人均纯收入达到5240元，增长5.8%；社会消费品零售总额完成28.2亿元，增长21.9%。

【农业经济】 全年全县农作物种植面积79559公顷，比上年减少0.2%；粮食总产量32.3万吨，减产0.02%；肉类总产量1.9万吨，增长7.9%；农林牧渔业总产值136220万元，降低2.5%；社会消费品零售总额28.2亿元，增长21.9%。

粮食生产播种面积稳定在73370公顷，总产达3.23亿千克；巩固发展10个高效农业示范园区；建成秦壁现代农业科技示范基地20.01公顷；发展辛村、大槐树、甘亭芦笋200.1公顷，兴唐寺、万安延秋蔬菜333.5公顷；发展林下经济1180.59公顷；完成中低产田改造1334公顷；完成高效节水灌溉项目建设，新增节水面积667公顷；启动中型灌区节水改造及1000.5公顷旱平地土壤水库建设项目。畜禽存栏猪21.5万头、禽类227.6万只、牛1.37万头、羊10.3万只。新博特6万吨果蔬饮料、鑫基商贸2000吨果蔬加工项目投产；五谷香小杂粮8万吨精加工项目投产。发展农业机械化专业合作社3个，农机作业服务组织7个，农机户5万户。新建户用沼气池1600个；解决152个村、6.48万口人的饮水安全问题。全年培训农民10万余人次，转移农村富余劳动力7.5万人。

【工业经济】 山焦150万吨焦炉扩建二期工程、2×3万吨炭黑项目、三维5万吨EVA乳液项目竣工投产；山焦10万吨粗苯加氢精制项目具备投产条件；三维3万吨聚四亚甲基醚二醇、华清焦化10万吨甲醇项目完成前期工作；山焦“18·30”化肥易地改造项目完成土地征用、设计等前期工作；煤矿兼并重组整合工作走在全市前列，12个板块主体全部到位，并完成11个采矿许可证的变更。新兴产业不断发展。TR纳米复合保温节能墙体材料项目一期工程、正和500万柱真空超导暖气片、宏阁建材6000万块煤矸石制砖、森贸祥木板、宇欣新型建材项目建成投产；双银200万平方米电热膜迁建项目投入运营；华翔美的精密铸造项目推进迅速；番茄制品项目完成土地征用；佛山美尔美陶瓷项目顺利启动。园区建设不断加快。赵城精细煤化工业园、韩国风情工业园、甘亭机械制造工业园、辛村新型建材工业园完成规划编制，入园规模以上企业达到23家。

【民生工程】 建成便民店111个；积极推进“家电下乡”工程，发放补贴资金70余万元；建成县级“放心粮油”配送中心和6个连锁店、5个经销点；全县城乡居民储蓄存款余额达72.36亿元，贷款余额达58.67亿元。投资9535万元引进华翔美的精密铸造、TR外墙纳米保温材料、中韩合作数控钢筋焊接网项目及系列韩国新材料项目。组团参加中博会等向外推介项目15个。硬化25条小街小巷；完成桃临线、洪乔路翻新改造及5条55千米通乡镇道路建设工程；完成178个村520千米的百村主干街道硬化工程，全县建制村通水泥(油)路总里程达到1700千米；完成集中供热二期工程，新增供热面积150万平方米，热化率达55%；完成天然气入户4000余户，气化率达82%；完成洪洞110千伏变电站增容及刘家垣110千伏变电站工程；全年发展网络用户1万余户；淘汰关闭污染企业52家；城区空气质量二级以上天数达到322天，被评为“全省环境空气质量改善突出县”。

全县造林3735.2公顷，植树508万株，森林覆盖率达到30.5%。完成洪安涧河城区段排污管线4.73千米；5家企业完成废水处理工程，霍泉饮用水源地水质达标率100%。全年发放低保、五保、医疗等救助资金4389万元。为333名二本以上贫困家庭大学生发放补贴50万元。全县养老、医疗、工伤、失业等各类保险参保人数达到9.5万人。城镇新增就业岗位3860个，下岗失业人员再就业1010人。500套廉租住房建设顺利启动。完成刘家垣、左木、山头4个行政村、7个自然村采空沉陷区居民搬迁主体工程。筹资5030万元，启动97家企业的改制及破产清算工作，为8427名职工清欠补缴养老保险费。投资5000余万元的玉峰街实验小学投入使用。撤并初中17所、小学85所、教学点29个，新建初中7所、小学75所；为3600余名农村寄宿小学生每天免费提供蛋类营养品。完成3个中心卫生院、9个乡镇卫生服务站改扩建工程及600个村级卫生所达标工作，新型农村合作医疗参合率达到98.4%。提高8个乡镇综合文化站建设标准和功能配置，新建26个农家书屋。群众性精神文明创建活动蓬勃开展，涌现出3个国家级、14个省级、28个市级文明单位，被评为“全国文化先进县”和“全省十大文化强县”。

【交通　邮电　旅游】全年全县公路通车里程为1865千米；完成邮电业务总量2.5亿元，其中，邮政业务总量3161万元，增长52.0%；电信业务总量2.2亿元。年末全县固定电话8.57万部、移动电话30.63万部；已通电话的行政村达到436个，占全县行政村的94.2%。举办大槐树寻根祭祖节和全国鼓王大赛。各旅游景点全年共接待游客120万人次，门票收入2000万元，旅游总收入2亿元。

【教育　卫生】2009年年末，全县高中9所，在校生12519人；职业中学4所，在校生6200人；初中47所，在校生32359人；小学305所，在校生65718人。全县有县直医疗卫生机构12个，医院9所，妇幼保健院1所，疾病预防控制中心1个，卫生监督检验所1个，乡镇医疗机构25个，村级医疗机构754个，企事业医疗机构2个。全县开展农村合作医疗，参合农民63.4万人，参合率达到95.05%。

【社会保障】全年城镇居民人均可支配收入为13297元，增长8.0%；人均消费支出8837元，增长12.4%。农民人均纯收入5240元，增长5.8%；人均生活消费支出3793元，降低2.3%。年末全县参加城镇基本养老保险的人数为2.81万人；参加城镇基本医疗保险的人数为1.96万人；参加失业保险的人数为1.66万人；参加工伤保险的人数为1.6万人。全年全县纳入城市最低生活保障的居民8383人，减少122人，发放城市低保资金2114.1万元，增加28.8万元；纳入农村最低生活保障的居民22952人，发放农村低保资金2960.1万元，比上年增加1518.2万元。年末全县各类福利院床位数371张，收养各类人员252人。全年销售社会福利彩票1913.4万元，筹集社会福利资金12437.1万元，直接接收社会捐赠款1.8万元。

【安全生产】排查整治各类生产经营单位3759家，取缔非法违法经营单位556家。对222家生产经营单位8000余名职工进行安全培训。全年没有发生3人以上死亡事故和一次损失10万元以上火灾事故。加强治理车辆超限超载工作，被评为“全省治超工作先进县”。全年办理人大代表议案、建议79件，办理政协委员提案239件，办复率达100%。　（王俊平）

·古　县·

中共县委书记	李　菲
县人大常委会主任	辛普选
县　长	加天山
县政协主席	李朱锁

【概述】古县位于北纬36°02′~36°35′，东经111°47′~112°11′。面积1206平方公里，辖4镇3乡111个行政村，9万余口人。

2009年，全县生产总值完成42.6亿元，同比增长3.7%；限额以上工业增加值34亿元，同比增长1.86%；城镇居民人均可支配收入13802元，增长8.7%；农民人均纯收入4380元，增长8.12%；财政总收入10.05亿元，增长4.7%。

【“三农”工作】2009年新栽核桃树50万株，核桃产量突破500万千克，实现农民人均增收1000元。全县粮食产量完成40832吨。政府贴息200万元用于支持农民专业合作社发展，新增农民专业合作社132户。投入“科技三项费”260万元，实施农业科技项目33个。全年共发放粮食和农资综合直补资金1087万元。县财政补助800万元，支持农村基础设施建设。8个重点推进村完成规划编制。20个村完成绿化工程，26个村完成亮化工程，16个村完成硬化工程，农村改厕完成2500余户，新增农村沼气用户1000户。村村通水泥(油)路和村级卫生室建设均全部完成，中小学校舍安全改造完成87%，村通广播电视完成78%，农村安全饮水工程完成82%。全县完成7236公顷耕地测土配方施肥、机械化保护性耕作项目；植树造林2334.5公顷；完成涉及6个行政村、400口人的扶贫移民工程和乡镇驻地村的街巷硬化14.56万平方米。

【安全生产】围绕安全生产专项整治行动，查处隐患1420条，关闭一类企业9家，停产整顿二类企业61家。大力推进重点煤矿改扩建工程，贾寨等12座煤矿完成机械化改造；玉生、临古、千佛沟3座煤矿完成瓦斯抽放工程建设；贾寨、五一、相力二矿、永乐4座煤矿完成瓦斯抽放设计。14个规划区的方案经省煤矿企业兼并重组整合领导组批复，35座煤矿全部与整合主体签订正式协议，27座煤矿完成实质性交易，13个规划区完成名称预核准和换发采矿许可证，28座煤矿由整合主体接管进驻。严厉打击私采滥挖，炸毁坑口60余个，维护全县矿业秩序。全县37座煤矿整合为14个规划区，井田面积增至116.3892平方千米，产能增至1005万吨/年。全年生产原煤265万吨，焦炭259万吨，有力保障全县经济的平稳较快发展。煤矿安全实现“零死亡”目标。非煤矿山、食品卫生、危险化学品和森林防火等重点行业、重点领域，实现连续六年全县无重特大安全事故，连续四年被授予“省级平安县”称号。

【项目建设】围绕国家拉动内需和促进经济增长的政策方针，争取中央投资项目14个，争取资金1253万元。引进省煤炭可持续发展基金项目10个，争取资金1409.5万元。截至年底，12个项目顺利完工。完成6大焦化企业湿法脱硫等工程建设，实现污染物达标排放。11家洗煤企业安装防尘抑尘网等除尘设备，22家洗煤企业办理了环评。全年二级以上天数达346天，空气质量明显改善。

【旅游产业】举办第二届“中国·古县牡丹文化旅游节”，共接待游客35

万余人次。旅游综合收入达到1800余万元，同比增长63%。全县第三产业完成5.4亿元，同比增长9.9%。

【生态建设】 深入开展以创建省级园林县城、省级环保模范县城、省级文明和谐县城为主要内容的“三城联创”活动。县城绿化面积达102万平方米，人均绿地面积达32.6平方米。不断加强对城区环境污染的监督管理，工业废水排放达标率、生活垃圾无害化处理率等7项环境考核指标均达100%，其余21项全部达标，城市集中供热面积达到49.6万平方米，供热率达到80%；煤气用户增至4184户。截至2009年底，省级园林县城正式命名，省级环保模范县城顺利通过省政府验收，省级文明和谐县城获创建省级文明和谐县城工作先进县称号。

【民生事业】 实施教育优先发展战略。累计投资5000万元完成古县一中宿舍楼和标准化操场建设工程、城镇小学综合楼建设工程以及17所学校共3万多平方米的校舍安全工程。继续实行“两免一补”政策，实施义务教育学校绩效制度改革。教学质量稳步提升，高考达本科线89人。县医院迁址新建工程已完成征地、审批等前期工作。7个乡镇卫生院住院楼全部建成。新型农村合作医疗参合率达94.13%，全年共发放补偿资金470余万元。县乡医务人员工资财政发放比例由60%提高到80%。有效防控甲型H1N1流感，全县无疫情发生。继续保持低生育水平，年内被省政府评为“人口计生目标责任制考核先进县”。

举办各类群众性文化活动，全年共举办文艺演出80余场，先后举办四省市CBA青年篮球赛、建国60周年五项体育比赛和领导干部篮球赛。7个乡镇文化站建设工程全部完成。县图书馆主体工程完工。

【社会保障】 新型农村养老保险参保人数达4万余人，占适龄人口的90%。县财政配套资金570万元，7874名60岁以上农民领到养老金。启动城镇医疗保险工作，征缴基金112万元。开发新增就业岗位1032个，120名下岗失业人员实现再就业。全年发放城市低保金493.3万元、农村低保金454万元，为烈士遗属每人每年发放3600元医疗救助。将4个城中村符合条件的失地农民纳入城市低保范畴。完成120套廉租房建设工程和300户农村住房解困工程。（付珍祥）

·安泽县·

中共县委书记	梁若皓
县人大常委会主任	杨湘萍
县长	郑步电
县政协主席	王孝恩

【概述】 安泽县位于北纬35°53′~36°32′，东经112°05′~112°34′。全县总面积1967.3平方千米，309国道横穿东西。全县辖4镇3乡，104个行政村，总人口82451人，其中男性42436人，女性40015人。

境内山峦起伏，河流交错，森林覆盖率达67.2%，居全省第一，全年空气质量二级以上天数达到350天以上，是“国家级生态示范区”。全县耕地面积12788.66公顷，林地103451.7公顷，乡（镇）人口人均占有耕地0.21公顷。安泽县水资源丰富，有较大的河流23条，小泉小水145处，黄河一级支流，全省第二大河——沁河由北而南贯穿全县109千米，天然径流量为3.17亿立方米/年，人均水资源占有量为4300立方米，是全省人均占有量的9倍，亩均占有量1876立方米，为全省亩均水资源的8倍。安泽县矿藏资源主要有煤、铁、铝土矿、石灰石、石膏、高岭石、方解石和煤层气等，其中煤炭贮藏面积达1944平方千米，总量达240亿吨。粮食作物以玉米为主，年产量稳定在7000万千克左右。杂粮有小麦、谷子、高粱、大豆和薯类，其中尤以谷子著名，其色泽金黄，口感滑润，含有多种维生素，营养价值高，是晋南名米之一。野生中药材和菌类品种繁多，有450余种。其中连翘面积达66700余公顷，年产量达4000吨，产量占全国总产量的四分之一。

2009年是安泽发展形势最为严峻、面临困难最大、应对挑战最多的一年，也是安泽砥砺奋进、团结拼搏、攻坚克难的一年。一年来，全县上下坚持以科学发展观为统领，认真贯彻落实中央和省、市“保增长、保民生、保稳定”的一系列决策部署，同舟共济克时艰，排难而上勇拼搏，全县经济社会发展呈现出平稳较快、逆势上扬的良好态势。全县地区生产总值完成29.87亿元，同比增长22.8%；财政收入完成5.7亿元，同比增长53.4%；规模以上工业增加值达到22.16亿元，同比增长27.6%；固定资产投资总额达到15.19亿元，同比增长37.3%；社会消费品零售总额完成4.54亿元，同比增长22.2%；城镇居民可支配收入达到12003元，同比增长13.5%；农民人均纯收入达到4018元，同比增长10.5%。地区生产总值、工业增加值、财政总收入三大指标增幅继续位居临汾市前列，特别是财政收入增幅连续三年保持临汾市第一，创造安泽经济逆势上扬的历史奇迹。

【党的建设】 截至2009年底，安泽全县共有7个乡镇、104个行政村，289个基层党组织，其中党委18个，党总支11个，党支部260个；共有5997名党员，其中农村党员2788名。2009年，安泽县大力开展以“思想观念大更新、干部能力大提升、基层党建大推进、工作作风大转变、自身建设大发展”为主要内容的党建五大强基工程，凝聚人心，汇聚力量，党的建设全面加强，执政能力得到明显提升，为推动经济社会又好又发展提供坚强有力的保障。认真开展学习实践活动，全县第二批学习实践活动群众满意度都在98%以上，第三批学习实践活动已顺利转入分析整改阶段，全县各级党员干部的执政能力显著提升。继续推行“三级联创”“两定一查三评”、党员承诺评议制度，扎实开展“学右玉、树形象”活动，全县共有1900余名党员深入基层一线，联系帮扶困难户1200余户，为群众解决实际问题400余个，帮助协调解决资金360余万元。注重关怀农村干部，大幅提高农村“两委”主干的工资标准，为全县年满60周岁、任职10年以上的

103名离任农村干部发放生活补贴，解除农村干部的后顾之忧，激发他们的工作热情。不断加强领导班子和干部队伍建设，坚持公开公平公正，调整提拔53名科级干部，为全县干部队伍注入新的活力；顺利完成全县农村支部、县总工会、文联换届选举工作，各级领导班子的凝聚力、战斗力、号召力显著增强。扎实推进党风廉政建设，深入开展煤焦领域反腐败专项斗争，切实加大案件查办力度，共处分违纪党员干部25人，进一步严肃党纪，匡正党风。

【经济建设】 安泽县立足于发挥资源优势，大上传统产业改造项目；立足于提升对外形象，大上基础设施项目；立足于改善民生，大上社会事业项目；立足于城市发展需要，大上重点工程项目，确定总投资达26亿元，涵盖农业、教育、医疗、交通、城建、文化等各领域的125个重点项目，截至2009年底，各重点项目工程进展顺利，完成投资10.4亿元，有39.2%的项目完工，有83.2%的项目开工建设。坚持“调高、调强、调优”的原则，强力推进煤矿体制改革和资源兼并重组。全县9座煤矿全部实现高档普采，有8座矿井与主体企业签订框架协议，全县煤矿安全生产水平和生产能力大幅提升。以“肥、醇、炔、苯、油”五条主线为主导，推进煤焦产业优化升级。投资3.4亿元的永鑫10万吨焦炉煤气甲醇项目、投资2.3亿元的太岳焦化60万吨2号焦炉改造工程正式投产；投资8.6亿元的全市“双百”重点工程永鑫100万吨焦化项目、县城集中供气供热项目开工建设；特别是总投资102.5亿元，全国最大的煤化工项目(“532”煤化工项目)，与山西同世达集团和霍州煤电集团签约，并完成前期准备工作，项目取得重大实质性进展。

【新农村建设】 坚持把促进农民持续增收摆到突出位置，走“高产、优质、高效、生态”的路子，投入1000万元专项资金，强力推进有机蔬菜、优质核桃、高山绿茶、种桑养蚕、高效畜牧等五大科技调产项目。全县种植优质玉米16675公顷，蔬菜787.06公顷，小杂粮2668公顷，优质烟叶286.81公顷；奶牛存栏366头；新发展优质核桃200.1公顷、优质桑园33.35公顷、高山绿茶26.68公顷、蔬菜大棚500个，初步形成一个“山上连翘、山下核桃、茶树缠腰，蔬菜进川、蚕桑入滩、养殖成圈”的山区现代特色农业产业新格局。启动总投资6700万元的沁河沿岸万亩自流灌溉暨农业科技调产示范区工程；投资105万元，实施槐树底水土保持综合治理工程，完成水土流失治理面积330公顷。投资1650万元，集中连片建设30个新农村，30个连片建设村的“六通”“六个一”“四化四改”工程已全部完成。投资830万元，完成马壁移民工程13个乡直机关办公楼的主体修建任务，并进入室内装修阶段；拨付移民住宅修建资金1900万元，95%的马壁移民户破土动工新建住宅；和川移民工程进入正式实施阶段。投资6115万元，完成东湾至麻家山、马壁至石槽、冀氏至郭皂等十条公路，全县村村有候车亭、有招呼牌，实现乡乡通公路、村村通油路。投资631万元，完成4710平方米的危旧校舍改造工程，全县中小学危房已全部消除。投资425万元，完成7个乡镇卫生院、76个村级卫生室新改建工程，全县实现建设一个新农村，就有一所标准化村级卫生室，县、乡两级医疗机构达标率达到100%。投资308万元，解决33个自然村、7851口人的饮水困难，圆百姓吃水梦。投资175万元，架设通村主干线路155千米，完成32个自然村的有线电视联网工程，使888余户群众收看到42套清晰的电视节目。投资70余万元，开通安泽人民无线调频广播电台，使6万群众收听到安泽县清晰的无线调频广播。截至2009年底，全县真正实现“五个全覆盖”。严格落实中央各项惠农政策，落实种粮补贴面积23111.55公顷，补贴资金达1446.2万元；补贴各类农业机械及配套机具488台，补贴资金达141.693万元；尤其是面对玉米销售市场需求减缓、价格持续走低、农民春耕备耕资金回笼缓慢的实际困难，采取托市收购县级政府调控粮的办法，争取农业发展银行贷款资金1600万元，县财政拿出203万元对贷款利息、收购费用、器材费用及保险费用进行补贴，以高于市场0.1元的价格，收购1000万千克县级调控粮，妥善解决农民“卖粮难”的难题，使农民户均增收200元，人均增收60元。

【文化建设】 以荀子文化游为切入点，以生态旅游开发项目为重点，全力打响荀子故里、神奇安泽品牌，进一步促进旅游资源优势向旅游产业优势的转化。按照“科学整合、深度开发、集约经营”的理念，积极学习和借鉴各地旅游规划经验，高起点、高标准制订“安泽县风景旅游发展规划”和“荀子文化园总体规划”建设详规。形成以荀子文化游为核心，以古色人文旅游、绿色生态旅游、红色教育基地旅游、乡土特色山庄农家乐游为板块的旅游产业发展新格局。投资118万元，完成省级重点文物保护单位麻衣寺砖塔和郎寨塔的维修工程；投资1000万元的望岳楼附属工程投入使用，荀子文化园六期工程完成前期征地工作，植树、绿化等附属工程结束；投资1709万元，建设全长15.5千米的青松岭旅游公路。成功举办第四届中国(山西安泽)荀子文化节，安泽县第八届“黄花节”等各具特色的活动，进一步提高安泽知名度，扩大安泽影响力。 (李　斌)

·浮山县·

中共县委书记	毛克明
县人大常委会主任	王生荣
县　　长	李朝旗*
	张宏志
县政协主席	燕　玲

【概述】 浮山县位于北纬35°49′~36°06′，东经110°41′~113°13′。2009年全县共辖2镇7乡185个村民委员会，678个自然村和2个社区居民委员会，总人口130073人，其中城镇人口32622人，人口自然增长率5.48‰。国土面积938平方千米。2009年全县生产总值17.7亿元，同比增长5.2%；规

模以上工业增加值 8.7 亿元，增长 2%；财政总收入 2.1 亿元，下降47.6%；固定资产投资 12.4 亿元，增长 61.6%；社会消费品零售总额 3.78 亿元，增长 21.6%；城镇居民人均可支配收入 13166 元，增长 9.2%；农民人均纯收入 4102 元，增长 2%。

【“三农”工作】 农业经济稳步发展。克服春季持续低温、严重干旱、初冬暴雪等自然灾害影响，积极落实各项支农惠农政策，采取多种措施确保粮食稳产、农业增效、农民增收。(1)基地面积不断扩大。基本建成 14007 公顷无公害小麦生产基地、2001 公顷优质大豆生产基地、2001 公顷绿色谷子生产基地、1534.1 公顷油料基地、933.8 公顷中药材基地和 1334 公顷元宝枫基地。新栽植优质核桃 400.2 公顷，核桃基地发展到 5002.5 公顷。建成年产 1000 只标准化良种羊繁育基地和 1200 头高标准肉牛养殖场。太岳山优势小米生产带建设现场会在浮山县召开，扩大浮山小米的知名度。(2)新农村建设扎实推进。编制完成《浮山县社会主义新农村建设(2010-2020 年)总体规划》。对张庄乡的辛城、岭上、佐村，东张乡的李村、南畔桥、西张村，北韩乡的北韩村等 7 个重点推进村进行规划设计，完成硬化、绿化、净化和“六个一工程”建设任务。(3)基础设施建设不断加强。累计投资 4000 余万元，重点实施农业综合开发、饮水安全、通村油路等工程，实现全县所有行政村通水泥(油) 路和万户沼气示范县建设目标。新建 30 个农资农家店、6 个放心粮油店，农村便民连锁店发展到 65 个，启动实施“家电下乡”工程，共销售家电下乡产品 1146 台，补贴 38 万元。

【工业经济】 (1)资源整合稳步推进。铁矿方面，全县铁矿由 47 座整合为 33 座，单独保留的 25 座铁矿明晰产权工作已结束；其余的 22 座整合后保留 8 座，有 5 座上报省市国土部门待划界批复。煤矿方面，山西中强福山煤业有限公司作为主体企业，出资 4.5 亿元整合昱洁、晋杰两家煤业公司，煤炭产能将由年产 51 万吨提高到 90 万吨。(2)积极为企业排忧解难。落实省、市关于促进“三保”的政策措施，开展企业帮扶活动，逐个解决企业在手续审批、资金筹措等方面的问题。协调金融机构为企业贷款1600 万元，免征企业规费 700 万元，有效激活市场，加快复工复产进度。到年底，17 座铁矿企业复工整顿，25 个选矿企业进行集中整顿，2 家石料厂进入复工复产程序，8 家砖瓦粘土企业复产。

【产业结构调整】 全年共实施各类项目 125 项，竣工 73 项，在建 52 项，完成投资 9.5 亿元。(1)重大骨干项目进展顺利。山西中强煤焦化循环经济园区项目和尧山 120 万吨特种水泥项目开工建设；黑刚玉、硅酸钙板、微晶玻璃、纺纱等一批短平快项目相继竣工或投产；东诚钢铁公司380 立方米铁炉竣工试产，兴鹏公司450 立方米锰铁合金高炉完成主体工程。(2)农业产业化项目成效明显。新建和续建项目达 45 个，相继建成徐村千头肉牛、中宝果蔬加工、下秀万只土鸡、小郭千亩园林等一批农业龙头企业和黄花菜、双孢菇等一批生产加工项目；特别是城北科技园区油脂加工、饲料加工、中药饮片、核桃乳加工等项目的加快推进，为形成“公司+基地+组织+农户”的农业产业化发展格局发挥重要示范带动作用。(3)国省投资项目进度较快。共争取到国省投资项目 40 个，总投资 5266 万元。竣工 32 项，完成投资 3832 万元，有效发挥投资对经济发展的拉动作用。

【城乡发展】 (1)总体规划规范科学。完成县城总体规划修编(2008—2020 年)和县域城镇体系规划编制，经专家评审和县人大常委会批准，上报市政府待批，并完成 8 个乡镇总体规划。(2)县城管理不断加强。以市容市貌整治和环卫管理为重点，对占道经营、违法占地建设、车辆乱停乱放等行为进行严格整治。加大执法力度，依法拆除违法建筑 16 户。(3)城市功能不断提升。新风街实施部分旧楼拆迁改造，质监局检测大楼竣工并投入使用。完成辛村迎宾广场、文昌街北端公园工程，尧山森林公园建设达到预期进度。廉租住房主体工程完工。完成 200 户的农村住房解困任务。县城污水处理厂奠基动工。(4)环境整治成效明显。排查企业环境违法行为，整治环境违法企业 15 家，淘汰关停企业 1 家；县城空气二级以上天数达348 天，其中一级以上天数 99 天；在农村开展环境卫生整治，清理垃圾死角，实行垃圾定点存放、定期清运。实施植树造林，全年投入资金 800 万元，栽植各类苗木 865 万株。

【安全生产】 在各行业、各领域扎实开展安全生产专项整治行动，对 18 个行业、1633 个企业和个体工商户进行安全隐患排查整治，查处隐患241 条，整改落实 241 条，整改率达 100%。建立健全突发公共事件应急机制，配齐应急人员，开展应急演练，为人民群众生命财产安全提供保障。全年没有发生重特大安全事故。

【社会事业】 (1)教育发展水平全面提升。全县中小学校义务教育标准化建设和示范高中建设通过省政府复查验收。浮山三中和北王中学扩建工程竣工。浮山中学新教学楼、城关小学综合办公楼开工建设。整合教育资源，将响水河、东张、槐埝三个乡镇中学整合到响水河永梓中学，学校公寓楼及配套设施主体已完工。中、高考达线人数分别为 686 人和 60 人。(2)医疗卫生条件进一步改善。5 个乡镇卫生院改扩建工程基本竣工，天坛、北韩两个卫生院投入使用。完成37 个空白村的卫生室建设任务，实现“村卫生室全覆盖”目标。有效防控手足口病、甲型 H1N1 流感等重点传染病。(3)社会保障体系逐步健全。开发购买公益性岗位，安置大中专毕业生、失业人员、复退军人等 380 人就业。五项社会保险累计参保 23293 人(次)，征缴基金 5810 万元，完成市政府下达任务。城镇居民基本医疗保险启动，完成 8779 人的参保登记工作。落实农村计划生育家庭奖励政策，4900 多人享受到奖励补助。完成 50 户农村贫困残疾人危房改造任务，发放残疾人康复用具 700 余件。全县城

市低保对象4517人，农村低保对象6015人，五保供养631人，基本实现应保尽保。 (李吉瑞 卫 丽)

·吉 县·

中共县委书记	张金凤*
	毛益民
县人大常委会主任	孔繁新
县长	刘奎生
县政协主席	张锦中(女)

【概述】 吉县位于北纬35°53′~36°21′，东经110°27′~111°07′。总面积1777.26平方千米，辖3镇5乡75个村民委员会，567个自然村，总人口105895人。

2009年，全县地区生产总值92725万元，财政总收入6276万元，规模以上工业增加值完成40282万元，固定资产投资78522万元。社会消费品零售总额33016万元，城镇居民人均可支配收入8996元，农民人均纯收入1913元。

【"三农"工作】 吉县是全国优质果品生产基地县、"中国苹果之乡"，所产"壶口牌"苹果先后获得首届中国农博会水果类唯一金奖、"中华名果"等20多项国际国内大奖。2009年，吉县瞄准产业化、有机化、标准化生产的目标，新栽植苹果1334公顷。发展"猪—沼—果"生态果园667公顷、标准化示范果园667公顷，节水灌溉果园667公顷。加大苹果推介宣传力度，组织参加中国(山西)特色农产品交易博览会，举办吉县苹果推介会。2009年，苹果总产值15万吨，产值3亿元。

在抓好苹果产业发展的同时，大力发展大棚蔬菜，加强烤烟生产管理、扩大小杂粮复播面积，实施以秋补夏工程，拓展农民增收渠道，实施农村劳动力转移阳光工程、科技入户工程，切实提高农民创业就业、增加收入的水平。投资2341万元，实施乡村公路建设、农田水利建设、小流域治理、安全饮水、自流灌溉、土地开发、整村推进、移民搬迁、一池三改等项目建设。完成8个重点推进村的新农村建设任务。

【工业经济】 完成两个煤矿的资源整合和兼并重组，全年新增生产能力30万吨。沙坪煤矿整合后，煤矿上缴利税比历史最高年可增加2000万元以上。玉米淀粉厂完成高麦芽糖浆生产安装任务。煤层气勘探开发取得成功，煤层气利用项目谈判顺利进行，可望3年内获得引进项目资金5亿元。钻探20口气井，2010年可供城市用气日均20000立方米。

【旅游开发】 启动壶口、克难坡、管头山一日游项目。投资900万元的壶口垃圾场建设工程和投资600万元的旅游客服中心以及壶口二级汽车客运站开工建设；投资5183万元的73.3千米沿黄扶贫旅游公路和投资1200万元的县城—管头山—壶口43千米公路改造工程按期完工。筹资50万元组建吉县壶口旅游开发公司，开发生产具有壶口特色的3大系列、8个品种的旅游纪念产品。投资600万元的锦屏山公园一期工程基本完成。2009年壶口景区接待游客13.7万人次，门票收入781万元，创社会综合效益7000万元。

【生态建设】 大力开展造林绿化，投资944万元，完成荒山绿化200.1公顷、通道绿化60千米、天然林保护466.9公顷、三北防护林2334.5公顷、干果经济林333.5公顷。实施以污染整治为重点的蓝天碧水工程，开展河道综合治理，整治污水排放，加快城区街道硬化和锅炉改造。推行联片集中供热，有效改善大气环境。2009年二级以上天数达到363天。开展生态治理保护，投资162万元完成柳沟坝系工程，改造中低产田27.01公顷。投资434万元完成谢悉水库加固除险工程。

【社会事业】 (1)教育方面。投资1140万元的一中、三中、文城中学和祖师庙小学校舍安全改造工程建成投入使用。通过公开招考，招录教师100多名，为代教提高工资待遇，并在义务教育阶段教师中实行绩效工资制，全县教育水平和教学质量进一步提高。(2)卫生方面。加快县医院新建工程，推进乡村医疗设施建设，完成农村31个卫生室建设任务，实现农村卫生室全覆盖；新型农村合作医疗参合农民87944人。城镇居民医疗保险全面启动，参保居民达15768人。积极应对甲型H1N1流感防控工作，为5520名重点人员注射甲型H1N1流感疫苗。(3)文化方面。开工建设投资450万元的图书大楼。投资100多万元的广播电视城乡联网工程完成前端机房改造工程和2000户的入户安装工程。以直播卫星为重点的广播电视覆盖工程年度任务全部完成。投资23万元的中央7套电视节目无线发射投入使用。

【安全生产】 实行班子成员包安全领导责任制，理清部门安全监管职责。建立联合执法制度，强化企业安全主体责任，加大企业安全生产投入，安全设施得到加强。全面开展煤矿安全、非煤矿山安全、危险化学品安全、交通安全、消防安全、校舍安全、防汛安全、食品药品安全等重点行业和领域的安全专项整治。共排查出各类安全隐患128处，整治127处。实行重大安全隐患政府挂牌督办制度。健全应急预案，提高应对突发事件的能力，特别是"12·8"黄河大营救，营救措施得力，反应迅速，遇险人员全部获救，受到省、市的肯定和社会的普遍赞誉。 (张占利)

·乡宁县·

中共县委书记	郑中夏*
	杨安虎
县人大常委会主任	左云峰
县长	杨安虎*
	郝忠祥
县政协主席	张欢虎

【概述】 乡宁县位于北纬35°41′~36°09′，东经110°30′~111°16′。全境总面积2029平方千米，辖10个乡镇，182个村委、1113个自然村，总人口23万人。

2009年，全县生产总值395281

万元，比上年下降10.2%；财政总收入179552万元，增长18.3%；固定资产投资17.6亿元，增长61%；城镇居民人均可支配收入12801.35元，增长9.8%；农民人均纯收入4124.91元，增长9.6%。财政总收入位居全市第二。

【重点项目建设】 全年先后争取上级投资项目50余项、资金8764万元。实施项目工程68个，列入市监测的11个重点项目，9项按目标完成进度计划。台头煤矿胡村150万吨接替井工程提前2个月试产，新增产能30万吨；高远裕丰、阳塔煤业、井子滩煤业、惠源煤业、李子坪煤业等五座矿井综采设备升级改造项目试产达效，新增产能70万吨；九成焦化60万吨焦炉成功试产，新增焦炭产量6万吨；戎子酒庄建成5000吨葡萄酒生产线，为县域经济增添新亮点。云邱山旅游开发有序推进，全球首家（乡宁）翅果油树博物馆正式奠基，万宝山生态旅游前期工作基本完成，台头峰岭景区一期工程胜利竣工，戎子酒庄旅游观光、休闲娱乐深度开发进展顺利。

【基础设施建设】 完成七明公路明珠桥至过境路加油站绿化工程、第三中学地下通道和反帝路续建工程，街巷硬化2480米，封闭河道110米。启动实施城区污水处理厂、廉租房和经济适用房建设工程，管里二水厂建设进展顺利。新发展煤气用户217户，新增供热面积4万平方米。小城镇建设继续推进，城乡建设和管理水平不断提升；总投资2.5亿元，完成8条主干线和48个村、238.6千米的“村村通”油路铺装工程。配合省、市完成沿黄旅游路乡宁段建设任务，协调完成临吉高速路乡宁段的征地、拆迁、赔偿等工作，争取到209国道改线省补资金7440万元；新建移动基站21个，基本实现农村及主要交通干线、旅游景点的连续覆盖和城市重点地区室内全覆盖；完成壶口至东团双回路110千伏线路工程、黄河35千伏输变电工程和农网完善工程，城乡基础设施进一步改善。全县10个新农村建设重点推进村全面完成规划任务，30个村共投资6081万元，铺开基础设施、产业发展、环境整治等91项重点工程，高标准实施以“四化、四改”为重点的人居环境治理，以“六通、六个一”为重点的配套设施建设，农村面貌逐步改观。

【环境保护】 严格执行国家产业政策和“三同时”制度，禁止高耗能、高污染项目上马建设，从源头上推进节能减排。启动建设城区污水处理厂；戎子酒庄葡萄酒生产线项目设计从建筑、设备和工艺均采用空热节能技术，符合节能环保要求；永昌源集团的采、洗、焦三大加工转化过程也符合节能降耗要求。关闭产能落后的乡宁柏山水泥有限公司，为关闭企业军圣焦化公司争取回补偿资金360万元。投资1000余万元实施光华出县口景观、台头立交桥景观等6个绿化工程，共栽植苗木4.7万株。完成退耕还林补栽补植790.4公顷和三北防护林工程2001公顷。城区环境质量二级以上天数343天。

【社会事业】 2009年县财政投资100万元，免除全县义务教育阶段学生作业本费和全县寄宿制学校住宿管理费，实现真正免费义务教育。投资2.5亿元，新建、改扩建、维修校舍35所，完成30所、41231平方米中小学校舍危房改造工程，收购万杰学校。西街小学改扩建工程如期竣工投入使用，尉庄中学、西交口中学、县直幼儿园建设工程进展顺利。公开招聘教师220名，200万元重奖优秀教育工作者，乡宁一中成为全市西山唯一一所省级示范高中；全民健身和文体事业蓬勃发展，昌宁、光华、关王庙三个乡镇综合文化站建设及设施配套全面完成，县人民政府被表彰为“2005—2008年度全国群众体育先进单位”；县医院门诊楼、医技楼和地下停车场工程顺利推进，完成昌宁镇卫生院改扩建工程和65个农村卫生室标准化建设工程，实现“全覆盖”；为参合农民报销医药费40363人次、1316.08万元，发放低保补助690余万元，大病医疗救助272人、近300万元，下拨抚恤金、补助金270余万元，广大群众因病致贫、因病返贫问题得到有效缓解；社会保险参保人数52324人次，社会保障覆盖面不断扩大；全面落实计生家庭奖励扶助政策，人口出生率10.1‰。

（李世清　陈建明）

·大宁县·

中共县委书记	张越轶
县人大常委会主任	贺寅生
县　　　　长	孙京民*
	程明温
县政协主席	姚如意

【概述】 大宁县位于北纬36°16′~36°36′，东经110°27′~111°00′。全县总面积967平方千米，截至2009年底，共辖2个镇、4个乡，84个村民委员会，309个自然村，全县总人口6.7万人。

2009年，全县生产总值完成3.69亿元，同比增长15.7%；规模以上工业增加值完成1.5亿元，增长33.8%；财政总收入完成3030万元，增长14.4%；一般预算收入完成1802万元，增长59.05%；社会消费品零售总额完成1.45亿元，增长21.4%；城镇居民人均可支配收入完成8917元，增长9.8%；农民人均纯收入完成1191元，增长0.2%；全社会固定资产投资2.58亿元，增长71.9%。

【“三农”工作】 全年新增经济林2701.35公顷，种草1667.5公顷，新增羊存栏2.2万只，新建无公害蔬菜大棚300余座，粮食总产量达到18234吨。新建淤地坝24座，平整土地55.36公顷，新增耕地26.01公顷。完成人工造林4135.4公顷、封山育林933.8公顷、绿化公路25千米。实施沿黄干线公路和扶贫旅游公路建设工程，完成村通水泥（油）路工程314.8千米，新通行政村46个。新建户用沼气池900个、沼气服务网点12个。建设农村饮水安全工程40处，解决了40个自然村9800口人及1982头大牲畜的饮水安全问题。

【重点工程】 实施城市集中供热二期工程，供热面积达17.4万平方米。完成城区主街道、东关通道、西外环路和5条巷道的路面铺装工程以及滨河路下水管道铺设工程,延伸主街道2.8千米,改善城市交通环境。城区生活垃圾处理场和廉租房建设工程进展顺利,青少年校外活动中心、古乡小学、安民小区全部建成,并投入使用。

【社会事业】 完善新型农村合作医疗制度,为农民报销医药费411.5万元;建成村级卫生室53个;开展甲型H1N1流感防控工作,接种疫苗4070支。坚持计划生育基本国策不动摇,全县人口自然增长率控制在4.28‰。完成中小学校舍安全改造6601平方米,为农村寄宿制学校全部安装暖气,公开招聘特岗教师67名,全县有19名学生达到国家二本以上录取分数线。为18个自然村450户安装广播电视卫星接收设备。兑现种粮、良种和农机补贴资金1001.64万元、退耕还林补助资金761.82万元。启动家电下乡工作,补贴资金31.7万元。筹措资金3281万元,确保公务员津贴补贴和正常晋升工资的足额发放。发放社会救助资金95万元,7568名城乡低保对象和300名农村五保供养对象实现应保尽保,184名城乡患者得到救助。

【项目建设】 全年共引进岗石、石英石加工项目、辰康农副产品加工项目资金2680万元,争取县医院门诊大楼、三北防护林、饮水安全、廉租住房、规模健康养殖示范小区、动物疫病防控体系建设、乡镇综合文化站、垃圾处理场、村通水泥(油)路等项目资金9479万元。昕水河城区段河道综合治理工程列入上级投资计划,争取资金1800万元。

【安全维稳工作】 对818户工商企业进行排查分类,根据分类情况分别整治。聘请2名安全生产方面的专家,对县煤矿一月一排查,发现问题立即整改,实现全县各类安全生产事故和死亡人数均为零的目标。认真落实社会治安综合治理责任制,开展“平安县城”“平安单位”“平安社区”“平安家庭”等创建活动。社会治安综合治理工作不断加强,连续六年被评为全市“平安县”。组织开展社会治理整治行动,全年共发生刑事案件87起,破获57起,破案率为66%,打击处理违法犯罪人员68名,破获串案2起,抓获网上逃犯29名。投资16万元购置涉密通信设备。

【文化事业】 发放宣传资料4万余份,实施全县环境卫生大整治活动,被评为市级文明和谐县城。春节、元宵节组织举办万人街头文艺表演,“和谐之声”文艺晚会,“倡导文明新风、共建和谐大宁”大型文艺晚会,“庆祝建国60周年西山五县书画联展”,与陕西省延长县进行文艺演出、摄影等文化交流。在省级以上报刊发表新闻稿件66篇,市级以上报刊发表新闻稿件280余篇,被市级以上电视台采用60余条,有2件新闻作品获市新闻节目评选二等奖,1件获三等奖。编播《大宁新闻》900多条,制作《大宁巨变》《廉政建设》《析案说法》等专题片12部,专题片《大宁巨变》获得市第三届精神文明建设“五个一工程”优秀作品奖。开展全县第三次全国文物普查,使全县文物保护单位由69处增加到154处。同时,“吉亭云车”表演项目被列为市级非物质文化遗产。 (李宏伟)

·隰　县·

中共县委书记	王天郎
县人大常委会主任	王兰生
县　　长	加天山*
	任天顺
县政协主席	张瑞燕

【概述】 隰县位于北纬36°30′~36°55′,东经110°55′~111°15′。总面积1413.1平方千米。全县共有8个乡镇,97个村委会,3个社区,409个村民小组,351个自然村。总户数36239户,总人口103014人,其中乡村人口80292人。据2009年人口抽样调查,全年全县出生人口1310人,出生率为12.75‰;人口自然增长率为5.91‰。

2009年全县生产总值60281万元,比上年增长2.6%。固定资产投资50234万元,增长48.5%;财政总收入完成4869万元,增长0.5%;一般预算收入3349万元,增长44.6%;社会消费品零售总额48016万元,增长22.0%;城镇居民人均可支配收入10605元,增长9.1%;城镇居民人均消费性支出7349元,增长6.1%;农村居民人均纯收入2496元,增长9.1%。

【农业经济】 全年全县农作物总播种面积21725公顷,其中粮食作物种植面积20721公顷,油料种植面积339公顷。全年粮食总产量达47495吨,比上年增加5926吨,增产14.3%。年末全县大牲畜存栏3316头。生猪存栏13333头。全年完成造林合格面积7607公顷,其中防护林6134公顷,经济林1293公顷,年末绿化率35.5%,被评为全省林业工作先进县。全县农业机械总动力80063千瓦,增长16.3%。全年大力推广旱地果园新技术,共完成果树大改形1334公顷,配方施肥667公顷,果树套袋2亿个,培训各类果农68场(次),受益果农万余人。

【工业　建筑业】 全年全部工业增加值4523万元,下降55.5%;规模以上工业增加值2815万元,下降54.4%;全年规模以上工业中煤炭开采和洗选业增加值比上年下降53%,饮料制造业下降27%,非金属矿物制品业下降95.2%。建筑业实现增加值5938万元,增长48.5%。

【交通　邮电　旅游】 全年全县交通运输,仓储和邮政业增加值8986万元,增长7.2%。公路通达能力和交通运输条件进一步改善。年末公路通车里程703千米,增加13千米。209国道苗圃—午城段和省道临大线隰县过境段改造工程顺利实施,省道洪永线车家坡—永和段改造工程竣工通车,新修通村油路445.5千米。

全年全县完成邮政电信业务量1656万元,市内交换机总容量13000门,97个行政村全部通电话。全县固定电话和移动电话普及率每百人分别达到9.1部和32.42部。

全年接待海内外旅游者3万人次，下降20.2%，实现旅游收入22万元。

【教育 文化 卫生】 启动全县校长、教师三年全覆盖强化培训工程，隰县一中建成投入使用，龙泉中学转为公办体制，高、中考成绩分制排在全市山区县第四位和第二位。隰县获全省城镇中小学校舍建设先进县和全市校舍安全工程建设先进县称号。年内成功举办第十九届中小学生田径运动会，6名学生刷新6个项目的县级记录，3名中学生达到3级运动员水平。积极参加临汾市第三届中小学生艺术节活动，28名学生获奖。免去全部义务教育阶段35480名学生的教科书费，资助贫困寄宿生生活补助2348人次。撤并农村小规模学校；调整县城学校布局。

全县有文化馆1个，公共图书馆1个，广播电视台1座。组织举办"隰州杯"4地市围棋邀请赛，组织参加全市举办的"千村百镇"农民篮球赛。举办首届"金融杯"羽毛球公开赛，通过农村文化活动室、文化广场和信息资源共享工程的建设，到年底全县共有文化活动场地70余处，占地91000平方米。

全县有卫生机构1个，其中医院、卫生院15个，妇幼保健院(所、站)1个，疾病预防控制中心1个，卫生监督检查机构1个。全县8个乡(镇)开展新型农村合作医疗试点工作，71957名农民参加新型农村合作医疗，参合率达94.2%

【城乡建设】 开展"项目年"活动，确定并实施60项重点项目，总投资达16亿元。梨果主导产业发展规模、质量效益和产业化水平进一步提高，制定《梨果富民战略实施意见》。完成《县域新农村建设总体规划》编制，扶贫开发整村推进完成19个村，"五个全覆盖"工程顺利实施，提前一年实现"村村通油路"和村级卫生室全覆盖目标，群众生产生活条件进一步改善。就业再就业工作得到加强，由政府购买公益性岗位210个，增加127名环卫工人，22名困难大学生得以就业。隰县被评为全省粮食生产先进县、全市新农村建设先进县、扶贫开发工作先进县和特色农业园区建设先进县。集体林权制度改革顺利通过省级验收，位列全省17个试点县第4位。北城新区开发建设框架基本形成，晋西革命纪念馆、新建路南段改造工程、鸿安世纪花园北门小区等一批重点工程顺利实施；西街广场花园、滨河路建设顺利启动，城市功能和形象进一步提升。

隰县被评为全省十佳县城。晋西革命纪念馆被省委，省政府授予山西省爱国主义教育示范基地。农田水利基本建设加强，农业综合生产能力提高，全县电网供电能力增长170.7%。本县被评为水土保持先进县和全市水利工作、农村饮水安全工作先进县。社会各项事业全面进步，民主法制在依法行政中不断加强。2009年，隰县被评为全市安全生产工作先进县，连续四年被市综治委授予平安县称号。 (县志办)

·永和县·

中共县委书记	郭行杰
县人大常委会主任	韩忠秀
县长	赵雁峰*
	梁秀娟(女)
县政协主席	郭永平

【概述】 永和县位于北纬36°31′~36°56′，东经110°22′~110°49′。全县总面积1212平方公里，辖5乡2镇79个行政村，306个自然村。2009年末，总人口64855人，人口密度每平方公里53.51人，人口自然增长率为4‰。2009年，全县地区生产总值完成3.39亿元，同比增长56.5%；社会消费品零售总额完成1.96亿元，同比增长18.7%；财政总收入完成1603万元，同比增长12.8%；城镇居民人均可支配收入9502元，同比增长9.9%；农民人均收入1455元，同比增长7.8%；居民消费价格指数为102.1%；万元地区生产总值综合能耗降低5.6%；二氧化硫、化学需氧量排放量分别下降12.3%和14%；二级以上天数达364天；城镇登记失业率为4%。

【产业发展】 经济林发展实现由政府大包大揽向群众自主发展转变，完成预整地工程933.8公顷，科学管护经济林450余万株。特色种养业规模不断壮大，发展优质小杂粮、优质玉米、优质中药材8671公顷。加大旅游景区景点建设力度，完成红军东征纪念馆改扩建和文庙大成殿修复工程，赵家沟、前龙石腰毛泽东旧居改造顺利完成。

【农建工程】 整合实施6大农建工程，投资4100万元，高标准打造芝河、桑壁河两个农业园区。小流域综合治理模式得到省市的充分肯定，获山西省农田水利基本建设最高奖"禹王杯"，全省农田水利基本建设研讨暨永和现场促进会在本县成功召开。高标准实施"一区两点两线"绿化工程，完成县城主干道绿化1.2万平方米，建设出境口景观生态游园1万余平方米，完成通道绿化44千米、荒山绿化1867.6公顷，栽植各类苗木275万株。

【项目建设】 大力开展"项目建设年"活动，实施重点建设项目43个，竣工29个，完成投资2.76亿元。其中，全市"双百项目"4个，竣工3个，完成投资9850万元。争取中央拉动内需投资项目33个，竣工28个，完成投资6680万元。

【基础设施】 改造县城正大路、文昌街、府西街；实施县城集中供热一期工程；完成县城供水管网改造，城市功能得到进一步完善。着力推动新农村建设"四化四改"和"六个一"工程；解决71个村1万余口人的饮水安全问题；完成50户农村贫困残疾人危房改造；扶持8个村实施了整村推进；完成26条263千米的道路建设任务。

【保障体系】 完善城乡居民最低生活保障细则，提高城乡医疗救助标准，发放城乡低保金718万元，发放民政救灾金和医疗救助金245万元。新农合参合率达91%，为参合患者报销医药费430万元。兑现种粮和农资综合直补 1194 万元、农机具购置补贴 80 余万元。

【社会事业】 加快学校布局调整，实施以永和一中、城关二小为重点的危房改造工程。强化学校内部管理，教育教学质量得到提升，2009 年全县中、高考取得较好成绩，获全市党政一把手教育工程综合考核先进县称号。中医院门诊住院楼完成主体工程，45 个村卫生室竣工投入使用，配备 79 名乡村医生，开通 120 急救服务；地方病防治示范县创建，顺利通过省、市验收；认真落实重大传染病防控措施，确保全县人民的健康安全。广播电视村村通基本完成，新建 4 个乡镇文化站，实施县城影剧院改造和电子图书馆配套建设工程。 （樊永兴）

·蒲　县·

中共县委书记	乔建军
县人大常委会主任	王安保
县　　长	王国平*
	闫建国
县政协主席	殷仲玺

【概述】 蒲县位于北纬 36°11′~36°38′，东经 110°51′~111°23′。总面积 1510.61 平方千米。辖 4 镇 5 乡 99 个村委，501 个村民小组，649 个自然村。总人口 108639 人，其中城镇人口 22981 人。全年生产总值 15.5 亿元，比上年减少 26.8%；规模以上工业增加值 8.5 亿元，减少 43.1%，财政总收入 9.71 亿元，增长 21.8%；一般预算收入 4.6 亿元，增长 70.3%；城镇居民人均可支配收入 12303 元，增长 10.1%；农民人均纯收入 3740 元，增长 8.1%；固定资产投资 9.06 亿元，增长 90.8%；社会消费品零售总额 4.14 亿元，增长21%。

【"三农"工作】 全年粮食总产量 3791.2 万千克，比上年增长 41.5%；肉类产量 247.5 万千克。发挥优势倾斜，支持核桃、马铃薯、烟叶、糯玉米、香紫苏等特色种植。马铃薯种植面积 1371 公顷，烟叶种植 253 公顷，核桃 606.67 公顷，糯玉米、中药材 333.3 公顷，香紫苏 666.6 公顷；梅花鹿、獭兔、野猪等特色养殖稳步发展；猪、牛、羊等规模养殖户发展到 202 户，存栏 5.3 万头。正茂核桃、龙泉养殖等 7 家"农"字号企业跨入市级龙头企业行列。推进新农村建设，全年总投资 6300 余万元，全县所有行政村全面启动实施"四化、四改、六通、六个一"工程，完成巷道硬化 48 万平方米，新发展沼气户 800 户，建成移民新村 2 个，农村休闲活动场所 52 处，村级组织活动场所 42 个、生态公园 6 个、便民店 72 个、连锁店 12 家；全力推进"五个全覆盖"，全年累计投入 1.6 亿元，实施了建制村通油路、卫生服务体系建设、农村安全饮水、中小学校舍安全改造、村通广播电视工程，年度目标全部实现；投资 1200 万元，完成西后河、昕水河、红山流域综合治理工程；投资 3838 万元，造林 9466.67 公顷，植树 25.3 万株，全县森林覆盖率达 42.5%，被省委、省政府评为全省新农村建设先进县。

【工业转型】 全县 80 座煤矿整合为 23 个块段，产能由 1641 万吨/年提高到 1830 万吨/年，平均单井规模由 20.3 万吨/年提升到 75.6 万吨/年，井田面积由 159.18 平方千米增加到 235 平方千米，资源储量由 5.6 亿吨增加到 13.17 亿吨，全县形成 4 个年产 120 万吨、9 个 90 万吨、6 个 60 万吨、4 个 45 万吨大型矿井。煤矿企业兼并重组整合工作综合考核全市第三。新上 10 个企业调产项目，总投资 10 多亿元的金属镁、生物质能发电，冠鑫铸造、赢晟园铸造、龙祥建材、新型干法水泥、易恒天酿酒、富民果汁加工等成为转型发展的新支撑。易恒天酿酒、冠鑫铸造、赢晟铸造等项目已建成投产，新的产业格局开始形成。

【安全生产】 在全县范围内开展为期一年的以煤矿为重点、覆盖各行业各领域的安全生产专项整治，共进行各类隐患排查和安全检查 237 矿(次)，排查出各类安全隐患 1845 条，整改 1764 条，整改率 95%，投入治理资金 1356.12 万元；保持对私开滥挖的高压严打态势，开展打击非法违法采矿"风暴"行动，共抓捕非法开采者 311 人，其中劳动教养 6 人；落实企业安全生产主体责任，督促煤矿配齐配强安全管理"六大员"，实行严格的矿工准入和持证上岗制度，强化现场管理和基层基础工作；落实政府安全监管主体责任，抽调采煤、掘进、机电、运输、通风、地测、防治水等专业技术管理人员，组成 3 个"五人安全监管小组"、12 个"三人安全监管小组"，对地方主体所属煤矿实行煤矿安全监管包保责任制。

【城建环保】 以建设宜居宜业山水新城为目标，启动实施 22 项，总投资近 10 亿元的城建重点工程。县城集中供热一期工程全面完成，新增供热面积 28 万平方米，累计达到 60 万平方米；新建汽车站、蒲子文化宫、星级宾馆、县医院等八项工程，全部完成主体工程；新建看守所、保障性住房、污水处理厂、城市供水二期扩容工程主体完工；县城河道治理，启动一期工程，完成南大街护坝砌筑、沿河道林带建设任务；临大路拓宽改造工程，投资 4200 万元用于征地拆迁补偿；投资 7700 万元，完成9 条 44.5 千米通村油路和 9 条 51.85 千米通村油路路基工程，通村率达 89%；投资 1200 万元，完成西后河、昕水河、红山流域综合治理工程。全年二氧化硫排放量削减 236 吨，化学需氧量削减 108.5 吨，城区二级以上天数 353 天。

【社会事业】 实施教育振兴工程，投资 3300 万元，对 5 所中、小学校舍进行安全改造，公开招聘 96 名二本 B 类以上师范院校大学生、24 名特岗教师充实教师队伍；推进课堂教学改革，教育质量有所提高；开展科技下乡活动，引进推广先进适用技术 20 项，被科教部评为全国科技进步县；投资 288 万元，用于县、乡、村三级卫生服务体系建设；率先开展新型农村养老保险工作，参保人数 3.9 万人，参保率 91.6%，综合排名全省第一，全县 60 岁以上老人每人每月可领到 65 元的基础养老金，成为全省首批全市唯一国家级试点县；新型农村合作医疗实现全覆盖，参合农民 7.73 万人，参合率 96.9%；人口计生指标全面完成，人口自然增长率5.63‰，被市委、市政府评为人口和计划生育工作先进县；城镇居民医疗保险全面启动，社会保障体系不断完善；新增城镇就业岗位1713个，225名城镇就业困难人员和50名大学生实现再就业。

【县医院新建工程】 县医院新建工程占地面积1.8公顷，建筑面积19911平方米。总投资4200余万元，二级甲级医院标准。该工程于2008年3月24日开工建设，完成门诊楼、住院楼的主体工程建设，2009年工程外部装饰完工，内部装饰正在进行，部分设备正在安装调试。新医院建成后将有效改善蒲县人民的就医条件。

【县城集中供暖工程】 该工程总投资9820万元，工程于2008年5月动工，一期工程完成县城一次管网5000米，完成换热站建设5个，二次管网主管道铺设2800米，于11月10日竣工投入运行。2009年投资3000余万元，新修换热站1个，一次管网300米及热源厂扫尾工程。工程全部建成投产后，可解决县城居民供热100万平方米，满足全县供暖需求。

【蒲子文化宫建设工程】 文化宫总占地2.67公顷，建筑面积2万平方米，工程总投资1.18亿元。该工程于2008年8月开工建设，2009年工程土建、网架安装基本完成，安装工程完成80%，室外工程地下管线完成50%。建成后的蒲子文化宫与蒲伊广场、翠屏山生态公园、真武祠、昕水河蓄水公园连线成片，是集文化活动、旅游观光、休闲娱乐为一体的重要场所，对提高城市品位、完善城市功能、丰富群众精神文化生活将起推动作用。 （曹立华）

·汾西县·

中共县委书记	邓彩彪
县人大常委会主任	樊国俊
县长	郭宏*
	毛跟云
县政协主席	郭炎林

【概述】 汾西县位于北纬36°27′~36°48′，东经111°13′~111°40′。全县辖5镇3乡，1个社区，120个行政村6个居委会，448个自然村。国土面积870平方千米，耕地26.1万公顷。全县人口142990人，其中城镇人口48545人，乡村人口94445人。全县生产总值100594万元；规模以上工业增加值10670万元；财政总收入13954万元，增长15.4%；固定资产投资额80090万元，增长41.3%；城镇居民人均可支配收入10911元，增长3.2%；粮食总产量52996吨，增长5.9%。社会消费品零售总额52669万元，增长22%；金融机构各项存款和各项贷款余额分别为131057.9万元和3082.46万元，分别比上年增长16.33%和7.15%；各项存款中居民储蓄存款84722.9万元。金融机构累计现金总收入9301.8万元，累计现金支出12379万元，全年货币净投放3077万元。

【"三农"工作】 落实党的各项惠农政策，全年苦荞种植面积达1267.3公顷，新建核桃经济林717.62公顷；建成千头牛养殖区3个，千只羊养殖区3个，鸡场5个，千头猪养殖区10个；龙荞生物科技公司年产6000吨苦荞系列产品加工项目建设投产，通过QS认证。完成对竹河、马沟河、翟家原等6处农业开发、农田水利、土地开发整理和以工代赈建设项目，新增改善基本农田900.45公顷；完成10个村的整村推进扶贫项目，新建农村户用沼气1600个，服务网点36个。

【环境治理】 实施蓝天碧水工程，投资150万元，实施以对竹河、团柏河为主的汾河流域环保整治工程，关停取缔20家土小企业，建设污染监测规范化试点，对现有焦化冶炼企业实行节能减耗实时监测、污染排放在线监测；深入推进造林绿化工程，投资1499万元，完成三北防护林建设3134.9公顷，封山育林600.3公顷，天然林保护23345公顷，退耕还林333.5公顷，通道绿化69.5千米。县城综合污染指数明显下降，二级以上天数达到340天，空气污染指数下降为1.06%。

【基础设施】 投资4920万元，城市污水处理厂竣工并投入运行；投资330万元，完成晨曦休闲生态公园的建设；城市集中供热供气项目完成煤气净化、储配站建设和煤气主管网铺建设，煤气入户400户；洞底至对竹16.1千米油路改造竣工通车。

【社会事业】 加强教育科技工作，优先发展教育事业，投资1574万元，落实义务教育阶段"两免一补"政策和中等职业学校助学金补助，完成18所中小学校舍安全改造工程。全县有普通高中3所(其中：民办1所)，普通初中15所(其中：民办3所)，普通小学121所，在校生22127人；有幼儿园16所，在园幼儿3354名。有文化馆1个，图书馆1个，博物馆1个，档案馆1个，电影放映队1个，电视差转台2座，有线电视台1座，有线电视用户10245户。医疗卫生事业，投资120万元，完成对和平、对竹两个中心卫生院的污水处理工程，新建和改造138个村级卫生所，投资320万元，为县、乡、村三级配备医疗设备，培训乡村医生253名，并通过省、市的验证注册。新型合作医疗试点工作进展顺利，农民参合率达90.3%。有卫生机构178个，病床356张；疾病预防控制中心1个，卫生监督所1个，农村乡镇卫生院14个，床位151张，农村卫生机构142个，技术人员519人。全县公路通车里程达644千米，其中省道一条46千米，县道5条138千米，乡(镇)道36条272千米，村道44条188千米。邮政通讯事业快速发展，全县有电话交换机容量16904门，固定电话14800部，移动电话50215部，全县固定电话和移动电话普及率每百人达10.4部和35.2部，计算机互联网络注册用户4362户。邮政业务量1444万元，电信业务量904万元。全县有4275名职工参加养老保险，8000名职工参加城镇基本医疗保险，3510名职工参加失业保险，3549人参加工伤保险，2868人参加农村养老保险，1438名离退休人员领取养老保险，新农合参保人数113073

人。3887名城镇居民和5051名农民享受最低生活保障。

(牛记明　赵鸿虎)

·侯马市·

中共市委书记	王醒安*
	马　彪
市人大常委会主任	李平生
市长	马　彪*
	郭　宏
市政协主席	陈毅林

【概述】侯马市位于北纬35°34′~35°52′,东经111°23′~111°41′。总面积274平方千米，辖3乡5个街道办事处，77个村民委员会和27个社区居民委员会。全市总人口239781人,其中城镇人口133438人，人口自然增长率为5.25‰。

全市生产总值完成595085万元,比上年增长14.1%。规模以上工业增加值229417万元,增长21.2%。全社会固定资产投资311000万元,增长50%。财政总收入60380万元,一般预算收入24203万元,下降13.9%。社会消费品零售总额345905万元,增长19.0%。城镇居民人均可支配收入13202元,增长8.2%,恩格尔系数34.2%;农民人均纯收入6821元,增长5.7%、人均生活消费支出2650.82元,增长9.9%,恩格尔系数为34.6%。全年进出口总额28010万美元,比上年增长44.5%。全市24个综合或专业批发市场,从业人员近5万人,年成交额达70亿元。实行四大班子领导包联项目责任制,实施重点项目25个,总投资92.3亿元,完成投资13亿元。绿洲康城等5个项目正在施工。

【新农村建设】全年农作物种植面积16850.42公顷，比上年下降0.8%;粮食总产量53013吨，减产8.3%;肉类总产量2487吨,增长25.5%;水产品产量365吨,增长3.7%。投入资金9830万元,全面落实粮食直补、良种补贴、农机具购置补贴、家电下乡补贴等36项惠农政策。在全省提前一年率先实现农村基础设施建设"五个全覆盖"和新农村建设全覆盖。加强农业基础设施建设，完成土地整理640.79公顷,新建、整修水利工程设施197处。加大植树造林力度,全年投资4000余万元,完成汾河护岸林带、通道绿化、荒山绿化、村庄绿化、厂矿企业绿化、农田林网和全民义务植树基地7项造林绿化工程,植树450万株,造林面积800.4公顷,全市森林面积4096.05公顷,覆盖率18.6%。积极发展品牌农业，取得24个农产品认证,全市名优产品达到28个,22家农产品企业商标注册率达100%。全年新增农民专业合作社32个,总数达到85个;对农民进行技术培训6万余人次,新转移农村富余劳动力3100人。

【城市建设】投资7.2亿元，加大城市道路、供排水、绿化、天然气等城市基础设施建设，完成东环路续建、侯风线改造等工程;实施6千米城南污水管网建设和16千米城市供水管网改造，新增城乡自来水用户2000户;实施天然气入户工程，铺设管网30千米,新增天然气用户1万户,全市达3万户；城市绿化覆盖率达40%;人均公共绿地面积12.8平方米。环境质量在全省城市环境综合整治定量考核中名列第一,全年大气环境二级以上天数364天，其中一级天数达172天,比上年增加20天,年度综合污染指数为1.13。城市污水处理率达到91%;城市生活垃圾无害化处理率达到100%；集中供热面积482万平方米,增长17.4%。

【民生事业】全年补助农村公用经费资金538.48万元，补助学生12157人次;城市义务教育免杂费488.09万元,惠及学生18012人次。一中新校区于5月正式投入使用。完善市、乡(办)、村(社区)三级卫生服务网络,在临汾市首家实现村级卫生室全覆盖,新型农村合作医疗参合率超过90%。启动城市居民医疗保险工作,参保人数达5万人。提供就业岗位13800个,开发公益性岗位553个,解决环卫工人及部分残疾人、零就业家庭、大中专毕业生等就业问题,培训农民工和下岗失业人员3509人。完善社会救助体系,全市纳入城市低保3565户8012人、纳入农村低保2918户4688人,发放低保资金2157万元;全年共有253名城镇居民和287名农村居民获得大病救助，发放救助金180余万元。新建经济适用房200套、2万平方米，廉租房500套、2.5万平方米。

【一中新校区投入使用】侯马一中新校区占地20.01公顷，建筑面积9万平方米,总投资2亿元,可容纳90个教学班,4500名学生,2009年5月正式投入使用。新校区是一所集教学、办公、图书、微机、语言、实验为一体的现代化综合学校。整个新校区分为5个区:科技信息区、教学区、师生生活区、行政办公区和运动区。2009年10月被评为山西省省级示范高中。

【获"中国绿色名市"称号】侯马市委、市政府完成城市集中饮用水源地3.86平方公里,水质达标率为100%,城市烟尘控制区覆盖率为100%,城市热化率达56%,城市气化率达94%,城市污水处理率达到91%,城市垃圾无害化处理率达100%，城市绿化覆盖率达到40%,人均绿地面积12.8平方米。市区空气质量二级以上天数达到364天。在全市范围内展开六大生态环境工程和"五绿"创建活动。2月,经中国绿色名城、中国绿色名镇评审委员会专家组检查考核,城镇居民人均可支配收入等35项指标均符合要求,具备绿色发展能力和可持续发展能力。4月,被中华环保联合会、中国城市科学研究会等单位联合授予"中国绿色名市"称号。

【城乡发展一体化综合配套改革试验区获批准】2009年，侯马市委市政府投入资金9830万元，全面落实粮食直补和家电下乡等36项惠农政策,农民人均纯收入6821元。12个城中村和近郊村，建起村民住宅楼60余幢,安置入住农民1000余户。率先在全省提前一年实现"五个全覆盖"和新农村建设全覆盖。2月19日,山西省政府正式下发《关于设立侯马城乡发展一体化综合配套改革试验区的通知》。

(赵香琴)

·霍州市·

中共市委书记 陈　纲
市人大常委会主任 张建军
市　　　长 孙京民
市政协主席 段新莲

【概述】 霍州市位于北纬36°34′~36°42′,东经111°43′~112°03′。全市总面积764平方千米,辖3乡、4镇、5个街道办事处,199个居民委员会,308个自然村。全市年末总人口306335人,其中男:160014人,女:146321;农业人口187184人,非农业人口119151人。2009年,全市生产总值完成56.14亿元,同比增长7.5%;工业增加值完成37.1亿元,增长7.64%;固定资产投资完成42.1亿元,增长0.99%;社会消费品零售总额完成15.48%,增长20.44%;城镇居民人均可支配收入达13550元,增长9.18%;农民人均纯收入达5895元,增长10.29%;尤其是财政总收入首超13亿,同比净增2.68亿元,以25.88%的高增幅完成全年任务。

【"三农"工作】 2009年,全市"三农"工作稳步推进,产业化进程明显加快,强力推进李曹万亩优质核桃,三教万亩无公害蔬菜,陶唐峪规模养殖。核桃栽植每亩补贴500元,完成一期333.5公顷;大力推广设施蔬菜,每亩分别补贴春秋大棚1000元,温室大棚5000元,建成高标准大棚23.35公顷,大葱333.5公顷,其他蔬菜466.9公顷;霍山兔业生产线、同兴种鸡饲料厂、绿源乳业挤奶站等一批项目建成投产,加快农业产业化进程。继续推进新农村建设,基础设施逐步改善,巩固提升试点村建设成果,完成新确定的15个重点推进村的建设任务。投资4000多万元,实施农村饮水安全,道路通畅,沼气建设,杨家庄水库除险加固和杜壁垣中低产田改造等工程,启动姚村河流域水保谷坊工程,实施张望垣、李曹滩优质小麦园区建设,粮食总产达6780万千克。惠农政策全面落实,共落实粮食直补、农机具补贴、家电下乡补贴等政策性资金2447万元,有效调动广大农民的生产积极性,促进农民持续增收,被评为全省增加农民收入先进市。

【工业经济】 霍州市工业经济占经济总量的70%以上,而煤焦、电力等传统产业占到工业经济的85%以上,经济结构严重单一,生产方式粗放落后,对此霍州市坚定不移调结构,不遗余力促转型。持续做强传统产业,改造提升"电力、煤炭、化工"三大传统产业,兆光发电二期2×60万千瓦项目正式投产运营;国电2×60万千瓦"上大压小"项目启动实施,当年完成投资15亿元,正在进行基层建设;电网改造二期工程顺利实施;推进煤炭资源整合,全市11个煤矿整合为4个板块,兼并主体成功进驻企业;化工公司与湖北宜化实现股权转让,投资1.2亿元完成技改,企业起死回生,传统产业得到进一步提升。不断壮大新型产业,德晟纤维制品项目60条纤维生产线完工,兆光粉煤灰制砖项目完成前期工作,具备开工条件。

【城市建设】 2009年,市委、市政府坚持超常规开发,大力度建设,全方位改造。提出构筑老城区、霍东新区、河西工业园区、城东高新技术园区和大西高速铁路霍州车站区五大板块的发展思路,完成城市广场、生态公园、霍东大道等重点工程的前期工作。基础设施全面加强,鼓楼东街、鼓楼南街开发建设顺利推进,污水处理厂全面竣工,垃圾处理厂完成前期已经开工,城市集中供热、天然气、煤气扩户加快推进,集中供热、供气率分别达40%和49%,提高4%和3%。道路安保工程,七里峪至古县旅游公路等全部按计划完工,108国道改线顺利通车,永安客运中心即将竣工,大西高速铁路争取到在霍州设站,交通状况极大提升。全面治理工业污染,坚持"宁可不要金山银山,也要还霍州人民绿水青山";全年二级以上天数达到314天,投资500余万元,新增垃圾专用车,地坑式垃圾池,垃圾桶等硬件设施。投资2440万元对辛置、圣佛等8处矸石山进行了高标准治理;投资1.29亿元,实施了八大造林绿化工程,完成造林2334.5公顷,通道绿化91千米,市区新增绿化面积2.6万平方米,绿地围栏1万余米,获得"省级卫生城市"称号。

【旅游商贸】 2009年启动《旅游总体规划》编制工作和霍州署整体规划保护一期工程,成功举办"中镇霍山,华夏州署"第五届旅游节,七里峪景区被中国油画院和山西师大美院确定为写生创作基地,积极运作大企业开发七里峪,形成初步意向。完成东明装饰城、现代家俱装饰广场、康源农贸批发市场、南环农副产品批发市场等一批市场建设工程,启动实施投资1.36亿元的白龙综合商贸城项目,推进万村千乡市场工程,改造农家便民店140家,第三产业发展壮大,转型发展更加稳健。

【社会事业】 教育方面:实施教育提质工程,推进标准化学校达标创建,完成青少年校外活动中心,白龙矿区小学教学楼改造等工程,广泛开展捐资助教活动,政府配套和社会捐赠的24000套桌凳全部到位,办学条件进一步改善,高考二本达线495人,超上年129人。

卫生方面:实施医疗健康工程,全力开展甲型HINI流感防控工作,保障人民群众的身体健康。推进人民医院医技门诊楼和李曹、陶唐两所卫生院建设,完成35所村卫生室建设任务。落实各项奖扶政策,提高城乡卫生基础设施和技术力量,稳定低生育水平,进入全省优质服务先进市。截至2009年末,全市有医疗卫生机构30个,妇幼保健站1个,疾病预防控制中心1个,卫生监督检验机构1个,其中:医院、卫生院床位1536张;卫生技术人员2367人,其中执业医师和执业助理师1071人;参加农村合作医疗人数15万人。社会保障方面,扩大城乡居民养老、医疗、工伤、失业等各种保险覆盖面。对四类困难家庭学生和农村80岁以上老人实施固定救助,财政每年新增支出300万元,提高城市居民和农村贫困人口低保补助标准。不遗余力解决城乡群众冬季供暖问题,有力地保障弱势群体的基本生活,加快多功能社会福利中心建设,廉租房建设有序推进。实施创业就业工程。针对"4050人员、贫困家庭和下岗职工就业问题,开展各种创业就业培训,共培训人员7000余人次,安置下岗再就业和困难人员800余人,全年新增就业岗位5100个。实施文化创新工程。广电播控大楼主体封顶,4所乡镇文化站全面建设,30余个村新建群众健身娱乐活动场地,100个文化信息站点配套设施全部到位。广泛开展群众性文体活动,精神文明建设成效显著,成功创建临汾文明和谐城市。　(郭秀东)

吕梁市

中共市委书记	聂春玉
副书记	董洪运* 张九萍 丁雪峰
市人大常委会主任	岳培民* 刘明勇
副主任	王全海* 赵毅* 董宗祥* 刘光彦* 张保福 梁瑞林 张翠兰 张国彪 韩明瑞
市长	董洪运* 张九萍
副市长	丁雪峰* 李秀峰* 吴志国 张中生 成锡峰 王盛章 李润林
市政协主席	薛万明* 朱锦平
副主席	张根成* 师百韧 王侯党 刘本旺 曹牛 梁来茂 李俊平

【概述】 吕梁市位于北纬36°43′~38°43′,东经110°22′~112°19′。2009年,全市地区生产总值611.3亿元,同比增长2.5%;全社会固定资产投资388.8亿元,增长3.5%;工业增加值343.7亿元,增长0.1%;财政总收入、一般预算收入分别为165.4亿元、59.7亿元,分别增长0.6%、8.4%;社会消费品零售总额197亿元,增长22.4%;城镇居民人均可支配收入13795元,增长8%;农民人均纯收入3426元,增长7.1%;居民消费价格总水平下降0.06;城镇登记失业率控制在3%以内。

【"三农"工作】 全年粮食、农资等补贴资金兑现2.35亿元,增长33.5%。推动农业产业布局优化,粮食产量达8.94亿千克,为2000年以来最好收成。新培育市级以上龙头企业71户,龙头企业销售收入达16.8亿元。农村经济总收入372.6亿元,增长3%。深入实施"三大经济林覆盖"工程,新栽植干果经济林26680公顷,完成造林绿化50291.8公顷。顺利实现新农村"四化四改""五个一工程""五四工程"年度建设目标。投入扶贫资金14.35亿元,新解决12万绝对贫困人口的温饱问题。新转移农村劳动力5.12万人,农民人均工资性收入达2305元,增加62元。新型农村合作医疗参合农民达到262万人,社会保险综合覆盖率达到82%;城市低保实现了动态管理下的应保尽保。新增城镇就业3.4万人,城镇登记失业率控制在3%以下。

【工业经济】 面对市域经济严重下滑的趋势,政府始终把保持经济平稳较快增长作为经济工作的首要任务,先后争取总投资21.36亿元的中央扩内需投资项目四批、690项,完成投资11.1亿元,已完工491项。争取省级重点工程25项,确定市级重点工程23项,省、市两级重点工程开工率分别达到72%、96%。总投资7.64亿元吕梁民用机场进展顺利;太原—佳县高速公路西段途经本市岚县、方山、临县三县的11个乡镇52个村,全长120千米,概算投资89亿元;柏叶口水库建设总工期为四年,工程静态总投资83732.31万元,动态总投资87228.23万元。太佳高速、汾平高速分别完成投资总额的70%、60%,国省道干线公路和"通达"、"通畅"工程建设任务顺利完成。柏叶口水库(包括龙门渠项目)、坪底水库正式开工,横泉水库供水工程竣工通水,新建淤地坝98座。中阳500千伏输变电工程建成投运,一批220千伏、110千伏输变电工程相继竣工。制定实施领导干部包联企业等一系列制度措施,促成158户重点企业与金融机构合作,一次签约金额174.4亿元。孝义楼东公司成功上市。

【科技创新】 汾阳、文水被列入全国科技富民强县计划。引进新技术、新成果67项,推广实用技术2000余件。科技节能型减排达标企业达35户,4户被列入省科技创新型试点企业。实施各类科技项目148项,8项科技成果达到国内先进水平,4项进入国际先进行列。

【产业结构调整】 积极稳妥地开展煤矿企业兼并重组整合并取得阶段性成果。全市矿井总数(不包括省属企业原有矿井)由355处压减为111处,年产能由8557万吨提升到10380万吨,办矿主体由170个减少到31个,其中民营主体占到73.4%。整合矿井签约率、接管率、主体企业资金到位率、采矿证申领上报率均达100%,全市原煤月生产能力已恢复到670万吨。全面启动杏花村酒业集中发展区建设,大力推动循环经济基地和园区建设,新型工业化率提高到39%,工业废渣、废气回收利用率分别达到57%、65%。全面推进省、市服务业发展"1+10"重点项目,第三产业的比重上升到30.15%,比上年增加5.15%。

【社会事业】 新建经济适用房和廉租房6129套、36.24万平方米,建成棚户区改造和采煤沉陷区治理住房12990套、110.2万平方米。改造校舍危房面积76.49万平方米,吕梁学院主体工程完工并顺利通过升本评估验收。提前一年完成522个空白村卫生所建设任务,县乡医疗卫生机构达标率达91.1%。完成697个行政村、4624.5千米的村通公路工程,新增农村饮水安全工程覆盖人口37.95万人,新增110个村通广播电视。持续实施环境保护和节能降耗攻坚战,万元地区生产总值综合能耗下降5.66%;二氧化硫、化学需氧量分别减排8.1%、6.8%,市区大气综合污染指数1.86;全市13个县(市、区)环境空气质量二级以上天数达到4259天,市区达到359天，继续保持全省第一。

【安全稳定】 认真落实安全生产十项制度，进一步强化政府、部门、企业安全责任，以“一岗双责”、“三委派”人员、“五人监管小组”为重点的安全责任制度体系不断完善。严肃对待事故，严格责任追究，全年查处各类安全责任事故16起，77人受到党纪政纪处分。全市安全生产事故起数、死亡人数同比分别下降0.8%、14%，其中煤矿安全生产事故起数、死亡人数同比分别下降71%、95%，未发生一次死亡10人以上事故，安全生产形势明显好转。积极开展抗雪救灾行动，免费救助滞留人员5万余人次。

【改革开放】 全面启动政府机构改革、事业单位分类改革和事业单位人员聘用、岗位设置、收入分配等改革。增值税转型改革落实到位。集体林权制度改革试点任务全面完成。深入推进投融资体制改革，农村小额贷款组织规范发展，中信银行、民生银行落户吕梁。率先组建市级农业担保公司和创业投资公司，“三农”贷款担保和中小企业融资平台建设实现重大突破。招商引资和对外经济合作逆势上扬，全年实际利用市外资金1.79亿美元，居全省前列。

【首届道德模范评选表彰活动】 12月8日，由市精神文明建设指导委员会主办，市委宣传部、市文明办、吕梁电视台承办的道德之歌——首届吕梁市道德模范评选表彰颁奖典礼在吕梁影剧院举行，评出助人为乐、诚实守信、敬业奉献、孝老爱亲、见义勇为等五大类道德模范44名。

【文化体制改革】 12月25日，吕梁市文化广电新闻出版(版权)局和吕梁市广播电视台正式挂牌，这是顺应新时期文化广播事业和产业发展要求成立的，标志着吕梁市文化体制改革迈出实质性步伐。 (李保生)

·离石区·

中共区委书记 刘云晨*
王彤宇
区人大常委会主任 乔拯民
区长 郭宝*
薄宇新
区政协主席 冯晋平

【概述】 离石区位于北纬37°21′~37°42′，东经110°55′~111°35′。辖2镇3乡7个街道办事处，193个行政村，13个居委会，国土面积1324平方千米，总人口26.6万。

2009年，区委、区政府认真贯彻中央、省市应对金融危机的一揽子政策措施，紧紧围绕保持经济平稳较快发展这一首要任务，按照市委、市政府三三发展战略要求，确立了“一区两园、三个方向”的工作思路，团结带领全区人民，攻坚克难，扎实工作，经济社会发展和各项工作都取得了新进展。

1.冷静应对困难，采取有效措施，区域经济实力进一步增强。面对国际金融危机造成的工业经济大幅下滑、财政收支平衡艰难、企业生产经营遇挫、就业问题突出的严峻形势，区委、区政府科学谋划工作，着力破解难题，坚定信心，砥砺奋进，确保经济社会的持续发展。区内生产总值完成49.16亿元，财政收入完成18亿元，固定资产总额完成25.7亿元，社会消费品零售总额完成32.48亿元。除区内生产总值外，全部超额完成“十一五”规划的目标任务。

2.服务中心城市，推进结构调整，产业竞争优势进一步显现。(1)实施吴城农业园区建设，建成移动大棚3.74公顷、连栋温室2个，开工日光节能温室50个，种植药材9.2公顷。引进山西大象禽业，铺开10万头猪养殖基地建设。完成35个试点村、重点推进村的“四改四化”和“五个一”工程。投入2000万元，用于经济林管护，核桃富民成果进一步巩固。(2)花大力气抓工业发展，致力做大区级财政。核心项目2×30万千瓦热电项目报批工作进展顺利，电缆城项目进入前期准备，亿龙水泥附属土建工程基本完工，2×6000万块煤矸石粉煤灰烧结砖项目投产，20万吨甲醇项目基本建成。全区煤矿由33对整合为14对，产能增加365万吨。聚富汽贸城建成4S店16个，泰化物资城完成商铺10万平方米，成功引进民生、中信等股份制银行，千年旅游资源综合开发全面实施，安国寺廉政教育布展工作进展顺利。

3.统筹城乡发展，完善基础设施，城乡整体面貌进一步改善。大力实施“新区引领”战略，高起点完成东城新区总体规划和控制性详细规划，完成道路桥梁、河坝景观和河道整治设计。交通建设扎实推进，完成西茂线路基工程，34条农村畅通工程路面铺装和滴瓦线第一层铺油工程。扎实开展环保攻坚第五战役，关闭小洗煤3户、砖厂1户，取缔石灰窑47座，拆除烟囱9支。城区二级以上天数达到359天，其中一级天数76天，城区空气质量明显改善。

【社会事业】 围绕打造一流教育的目标，一中、五中和城镇中学改扩建工程全部完工，并投入使用。政府直补919万元，用于全区中小学“两免一补”。积极与江阴优质教育资源对接，组织教师到江阴跟班学习。启动江阴高中建设，完成教师招聘等前期工作。实施区人民医院门诊楼和供应综合楼建设，完成49个空白村卫生所建设，新型农村合作医疗参合率达到92.9%，城镇居民医疗保险参保人数达到5万人。投入支农资金1.26亿元，发放救灾款198万元，兑现城乡低保金3481万元。新增就业岗位5000个。民生工程“五个全覆盖”区级配套资金足额到位。城镇居民人均可支配收入达到13795元，增长8%；农民人均纯收入达到1928元，增长18.8%。人事、统计、宗教、人武、史志、档案等工作进一步加强，工会、老龄、妇女、儿童、残疾人等事业进一步发展。

【安全稳定】 严格落实安全生产责任制，全面推进安全生产“基础建设年”活动，扎实开展煤矿、非煤矿山、道路交通、危化品和消防安全等各行业各领域的安全生产专项整治。加强社会治安综合治理，保持严打高压态势，深入开展“打黑除恶”专项行动，

社会治安明显好转。全面落实信访稳定工作责任制,强化信访基层基础工作,保持社会大局稳定。 (孙银爱)

·文水县·

中共县委书记 王彤宇*
郭 宝
县人大常委会主任 陈榆生
县 长 王志强*
李晓娥(代县长)
县政协主席 王志刚

【概述】 文水县位于北纬37°15′~37°35′,东经111°29′~112°19′。2009年全县生产总值33.4亿元,同比增长4.5%;规模以上工业总产值608632万元,增长2.11%;农业总产值116683万元,增长7.4%;乡镇企业总产值833807万元;粮食总产量213103吨;农民人均纯收入4028元,增长6.25%;城镇居民人均可支配收入10252元,增长13.09%;财政总收入4.62亿元。

【项目建设】 山西金地煤焦集团年产300万吨煤矿项目全面开工建设,2×30万千瓦煤矸石发电项目和年产400万吨水泥项目与山西国际电力集团签定合作协议,总投资达100多亿元的煤焦电化建循环经济产业链项目全部落实了投资主体。文水海威钢铁有限公司年产60万吨高速线材生产线顺利投产,年产50万吨型钢生产线试车成功;山西光华铸管有限公司铸管项目一期工程建成投产,二期工程建设全面启动;靛头、王家庄两座煤矿与山西潞安集团签署合作协议;山西益林能源有限公司一期30万吨焦化项目建成投产,二期40万吨焦化项目开工建设;山西吉港水泥有限公司二期日产2500吨熟料生产线建成投产;马西100多户石料生产企业资源整合基本完成。

【城市建设】 县城按20万人口、经济开发区按5万人口的“一城一区”城建规划,由上海同济大学规划院和浙江华汇设计院修订编制;完成胡兰大街、兴华北路、北二环路、大陵街等路段供水管网的铺设和改造工程,一定程度上缓解了县城居民吃水紧张的难题;启动污水处理厂、垃圾处理厂、城市集中供热等重点项目;展开东西大街(则天大街)、大陵街(狄青大街)、307国道城区段(凤凰路)三条县城主要街道的延伸改造工程,拆迁工作全部结束,凤凰路改线工程完成了铺油;文峪河城区段整治二期工程和凤凰森林公园建设初具规模。

【新农村建设】 文水县新农村建设整体规划通过评审,26个重点推进村规划文本全部编制完成;26处人畜饮水工程、188.8千米通畅工程和2367.85公顷人工林全部完工;县城西山80公顷环境绿化、凤城边山266.7公顷干果经济林项目基本完成;发展农业合作组织90个,培训农民1.6万人次,转移农村富余劳动力3500余人;农村财务委托代理和会计电算化全面实施。

【社会事业】 新文水中学完成立项、选址等前期工作,文水中学2009年高考达线突破千人大关,达线总人数吕梁市第一名;全县23所中小学危房全部改造,农村办学条件进一步改善;新文水医院完成立项、规划、选址、评审等工作,6个乡镇卫生院、38个边远山村卫生所和4个社区卫生服务站相继建成;城镇居民医疗保险工作顺利启动,人民群众看病难、看病贵的突出问题有所缓解;积极发展文化事业,全县建成20个农家书屋、9个乡镇文化站,社区文化活动和广场文化活动广泛开展;本县针对2009年冬的罕见雪灾,及时组织救助受灾群众,共发放救灾款物100余万元;继续抓环境保护工作,深入开展节能减排,全县二级以上天数达293天;吕梁市首部续编县志《文水县志》(1986–2002)正式出版发行。

(徐锦笙 郝卫风)

·交城县·

中共县委书记 张亥生*
李志安
县人大常委会主任 石保平
县 长 阎刚平*
孙善文
县政协主席 孟树光

【概述】 交城县位于北纬37°38′~37°54′,东经111°24′~112°17′。2009年全县生产总值39.56亿元,同比下降21.35%;财政总收入11.76亿元,下降39.9%;城镇居民人均可支配收入10393元,农民人均纯收入达到3608元,分别比上年增长2.8%、3.8%。

【生态建设】 扎实开展煤矿企业整合重组工作,全县16座煤矿整合为7座,矿井生产能力达到600万吨/年;推进环保攻坚和节能减排,加大淘汰落后产能力度,全年共削减化学需氧量排放200多吨、二氧化硫排放500多吨,规模以上企业万元生产总值能耗下降7.8%,城区二级以上天数348天,比上年增加24天;投资4200万元,栽植各类绿化树种380万株,完成退耕还林600.3公顷、天然林保护工程713.69公顷。

【新农村建设】 按照统筹城乡发展的思路,编制完成新农村建设总体规划和15个重点推进村规划。农村住宅楼房化改造进程明显加快。三大特色产业加快发展,新栽植核桃600.3公顷,新栽植大颗粒沙棘苗木53.36公顷。以万圣源有机蔬菜开发和宏基源食用菌生产为龙头,全县蔬菜种植面积达到1867.6公顷,食用菌大棚达到380个。积极推进新兴种猪厂、新星农牧养殖专业合作社和宏盛虫草养殖公司建设项目。农村“四化四改”和“五个一工程”顺利推进,农民生产生活条件进一步改善。

【公共服务体系建设】 共铺开道路、绿化、污水处理等6项重点工程,总投资2.35亿元,其中,投资1.45亿元的迎宾路工程全线贯通;投资1400多万元,新增城区绿化面积2.6万平方米;总投资7674万元的污水处理厂进入设备安装阶段。扎实推进城乡卫生清洁工程,进一步加大县城环境综合整治力度,拆除违章建筑7000多平方米,城区环境秩序明显改观。

基础设施建设力度进一步加大，总投资1794万元、总长71.2千米的18个通畅项目工程全部竣工通车，覆盖城乡的道路交通网络基本形成；总投资3647万元的城西110千伏变电站进展顺利；柏叶口水库开工建设；完成安全饮水工程73处，2.5万人，2900头大畜的安全饮水问题得到解决。

【社会事业】 交城二中教学大楼、交中体育场全部竣工投用；总投资2103万元，涉及14个学校的校舍安全工程完工11个。总投资1595万元的中医院综合楼正式动工；10个乡镇卫生院、39个村卫生所建设工程全部完工，村卫生室覆盖率达到100%。10个乡镇综合文化站全部建成；农民体育健身工程稳步推进，新增体育场地3万平方米。非物质文化遗产申报工作进展顺利，《玄中寺鸠鸽二仙传说》等3项遗产列为省级非物质文化遗产。

（杨丽萍）

·兴　县·

中共县委书记	郭　颖
县人大常委会主任	史建春
县　　　　长	孙善文
县政协主席	刘五娥

【概述】 兴县位于北纬38°05′~38°43′，东经111°33′~111°28′。2009年完成地区生产总值18.2亿元，比上年增长18.1%；财政总收入3.58亿元，增长36.1%；农民人均纯收入1740元，增长10%。

【"三农"工作】 (1)农业基础设施。年内新修河坝6.5千米，新增坝地137.4公顷，新增水地333.5公顷，完成水保初治面积3535.1公顷，实施测土配方施肥26680公顷；新建农村沼气服务网点43个，沼气用户达到306户。(2)林业生产。完成三北防护林工程1667.5公顷；天然林保护工程完成封山育林626.98公顷；退耕还林工程完成封山育林233.45公顷，建设干果经济林600.3公顷。牧业生产：发展养殖专业村1个、规模养殖大户20个、规模健康养殖示范户300个。全年大畜存栏28972头，其中牛存栏26610头；猪存栏36497头，羊存栏253416只，鸡存栏406128只；实现肉类总产8116吨，禽蛋总产5010吨。畜牧业人均纯收入达到360元，牧业总产值突破1.54亿元。

【项目建设】 (1)煤炭开发项目。斜沟井田1500万吨矿井，累计完成投资33亿元，掘进3.82千米，近期可形成1300万吨的产能；配套的选煤厂，设备安装完成；职工生活区1#至6#楼投入使用。与山西华润联盛能源投资有限公司、冀中能源山西金地煤焦有限公司签订煤矿企业兼并重组框架协议，全县12座煤矿整合后保留4座。(2)电力产业项目。兴县电厂一期(2×600兆瓦+1×300兆瓦)项目可研报告通过中咨公司审查，省发改委已行文上报国家发改委，正在争取补充纳入国家"十一五"电力发展规划。(3)铝镁工业项目。中国铝业公司兴县80万吨氧化铝项目，厂区防洪、进厂桥梁主体工程基本完工；厂区平整完成填方120万立方米；厂区及矿石破碎站的征地工作完成。(4)煤化工项目。华电锦兴能源有限公司180万吨甲醇深加工、120万吨二甲醚项目，省发改委已备案。配套的肖家洼煤矿，场地平整工作过半，主井掘进302米，副井掘进60米，风井掘进57米，措施井掘进44米。(5)基础设施项目。岢瓦铁路、瓦塘220千伏输变电工程投入使用；天古崖水库除险加固工程大坝主体工程完工；基地水资源勘探工程完成四孔深井钻探。

【劳动和社会保障】 新型农民科技培训，完成培训28期、2.4万人次。全年城镇新增就业2264人，完成全年任务的102%；对686名下岗失业人员进行再就业培训，完成全年任务的114%；完成各类职业培训5060人，农村劳动力技能职业培训1701人；劳务输出2759人；城镇登记失业率控制在4.2%以内。全年征缴养老保险费2035万元，为2539名离退休人员按时足额发放养老金，各项增资政策也全部落实。为388名农民工讨要工资255万元，为农民工支付工伤治疗费40.6万元；启动28个自收自支事业单位1070名职工的养老保险。整村推进，投入资金4130万元，涉及85个自然村；扶贫移民，投入资金578万元，新建4个扶贫移民新村，惠及4个乡镇、19个村的1700口人。全年共救助患大病的低保对象325人，发放救助金185万元；累计发放自然灾害救助金92.4万元；将1803名困难群众纳入五保供养范围，救助标准由2008年的1200元/年提高到1500元/年；城市低保对象达到7918人，保障标准提高到196元/月；农村低保对象达到11214人，确保农村困难群众的基本生活。

【环境改造】 一所小学、一所初中投入使用，友兰中学一期工程全面铺开；新区1#、2#大桥竣工验收，连城大道路基基本成形。重点完成县城两条主街道的路面硬化工程；改造县城供水工程管网3千米，投资160万元打深井1眼；在蔚汾大桥南侧架设钢结构人行天桥1座；城市建成区新增绿化面积4万平方米。新建20个科技文化活动室、32个便民连锁店和休闲健身场所，完成22个新农村建设推进村的改水和街道硬化任务。2009年，继续开展环保攻坚专项行动，共取缔燃煤茶炉8户10座，燃煤炉灶4座，改造茶炉6户，取缔土烧石灰窑74座，对3户企业予以行政处罚。通过大力整治，城区空气质量明显好转，二级以上天数累计达到300天。

【交通建设】 完成沿黄公路黑峪口至北会段16千米路基改造工程；投资1.18亿元新增水泥(油)路655千米，涉及87个村。配合完成西纵高速兴县段可研编制及论证工作、岢大线一级改造项目可研编制及评审工作、山西中南部铁路通道兴县段可研编制和实地勘察工作、太兴铁路规划设计工作。

【教育　卫生】 撤并中小学38所，进一步优化教育资源配置；补充193名特岗教师到农村中小学任教，为基础教育注入活力；对职业中学进行大面积维修；与华电锦兴公司、徐州矿业学院联合培养100名高中毕业生，拓展政校企合作的空间。投资160万元对6个乡镇卫生院进行改扩建，其中5个投入使用；投资111万元为中医院、妇幼保健院购置一批先进医疗设备；新型农村合作医疗累计参合人数达到184485人，城镇居民医疗保险正式启动。

【社会稳定】 2009年共立查刑事案件314起，破获213起，刑拘115人，逮捕126人，抓获各类网上逃犯46人，破获“两抢一盗”案件104起，打掉抢劫犯罪团伙5个，抓获犯罪嫌疑人28名。全年共接待来信来访群众1000余人次，有69件重大信访事项得到合法合理解决。 （刘支军）

·临 县·

中共县委书记	刘永平
县人大常委会主任	阎金英
县长	张建国
县政协主席	王向东

【概述】 临县地处山西省吕梁市西部，位于北纬37°35′~38°14′，东经110°39′~111°18′。总面积2979平方公里。2009年底全县辖13镇10乡631个行政村，总人口62.17万人。2009年地区生产总值完成21.3255亿元，比上年增长9.1%；财政收入完成4.95亿元，比上年增长47.1%；一般预算收入完成1.73亿元，比上年增长48.3%；社会固定资产投资完成13.78亿元，增长11.4%；社会消费品零售总额实现17.45亿元，增长22%；规模以上工业总产值完成12.3932亿元，比上年增长27%；规模以上工业增加值完成7.15亿元，增长12.7%；城镇居民人均可支配收入7693元，比上年增长21.8%；农民人均纯收入1740元，比上年增长16.2%；固定资产投资完成13.7810亿元，增长11.4%；城乡居民储蓄存款余额43.5121万元，比上年增长67.8%。八项指标增幅均居吕梁市前列，财政收入增幅位居吕梁市第一，经济总量位居吕梁市第七。截至2009年底，全县劳动力约21.18万人，15万人处于闲置半闲置状态。全年全县新转移劳动力0.76万人，累计劳务输出14.8万人，劳务收入4.2亿元，农民人均劳务收入达700余元，占到农民人均纯收入的50%。2009年，降水时空分布极不均匀，大风、暴雨、干旱等灾害性天气严重。全年灾害性天气时有发生，寒潮大风5次，暴雨3次，干旱天气时段3个（3月13日至4月9日连续28天）。

【农业经济】 全县农业人口56.84万人，占总人口的91.4%；全年粮食总产量1.04亿千克，获“全省粮食生产先进县”称号。2009年，全县农民人均纯收入占全市农民人均纯收入3426元的50.1%，占全省农民人均纯收入4244元的41%。全年整合支农资金3.6亿元，落实粮食、良种、农机及农资补贴3705万元。完成429个村的整村推进任务和1800人的移民项目主体工程；新增耕地133.4公顷。完成土壤培肥280.14公顷、玉米丰产方4002公顷、机械性保护耕作667公顷。完成三北防护林工程3001.5公顷、天然林保护工程200.1公顷、通道绿化60千米、荒山绿化66.7公顷、村庄绿化21个村。发展核桃林4268.8公顷。新建250个移动、日光温室大棚蔬菜种植园区，发展中小拱棚和地膜覆盖1000.5公顷。建成兔坂、雷家碛万亩大豆高产基地和安家庄千亩优质谷子基地。发展农民专业合作组织224个，辐射带动农户1.37万户。新建农村户用沼气600户。全县7.1万贫困人口实现脱贫。近年来，临县坚持红枣兴县战略，改良红枣品种，扩大栽植面积，红枣总面积达53360公顷，正常年景产量约为1.5亿千克，位列全国县级之首。其中克虎镇首家通过全国有机红枣基地认证。2009年完成红枣林栽植3335公顷，改良嫁接红枣3335公顷，建成红枣烘干园区4个，红枣产量突破1.8亿千克，创历史之最，总收入5亿元。

【重点项目】 2009年，狠抓资源整合和企业复工复产，县内24对煤矿全部签订整合协议，10个保留矿井核准企业名称，7个矿井换领新采矿许可证，8个煤矿完成主体接管进驻工作。全县43个重点项目有39个开工建设、13个建成投产、7个部分投产，累计完成投资55.59亿元。

【交通建设】 太佳高速公路木瓜坪到兔坂段路基工程全部完成。太中银铁路吕临支线、晋中南铁路通道临县段和太白铁路临县段、西纵高速临县段进入施工准备阶段。全年新增通水泥(油)路行政村277个，建成村通水泥油路1400千米；新增农村公交线路13条。全年审批延续经营线路7条，新开辟线路11条，变更客运车辆7辆，对142辆营运客车进行年度审验，春运期间日均发车130多辆次，共完成客运总量15万人次。全年共查处超限车辆200台次，卸载货物700余吨；查处非法营运车辆109辆。

【市政建设】 2009年，铺开西循环路等90余处道路建设(改造)、美化、亮化、绿化工程，完成硬化面积23000平方米，实施旧城区小街小巷硬化工程，共投资1800多万元。72套廉租住房主体完工，建筑面积3600平方米，完成投资320万元。完成管网配套改造工程，城区燃气门站进入安装调试阶段，有180户用户签订了用气协议。

【电力建设】 林家坪110千伏变电站和雷家碛、南庄35千伏变电站投入运行；城北二期10千伏、35千伏架构基础和主变、电容器、隔离开关安装已完成。全年供电量完成27496.79万千瓦时，售电量完成24789.24万千瓦时。

【水利建设】 2009年，共建成各类饮水安全工程125处，涉及127村，6.8069万人，1171头大畜；新建骨干坝1座、中型坝3座、小型淤地坝10座，实施太平沟流域综合治理工程1处，完善东峪沟坝滩联合整治工程，完成巩固退耕还林成果水利项目基本农田改善面积206.77公顷，完成水保初治面积3635.15公顷，实施水保生态修复面积7337公顷。

【通信建设】 2009年，临县电信公司累计发展用户3500余户，累计净出帐用户 1746 户。截至 2009 年 10 月，无线用户 16 万户，固定数据用户 26349 户。客户群体居吕梁市第四位，运营收入居全市第五位。

【教育 文化】 2009 年，全县有中小学校 686 所，学生 93242 人，教职工 7051 人，其中公办教师 6275 人，县聘代教 611 人；专任教师 5195 人（小学 3242 人、初中 1478 人、高中475 人），高级职称 184 人、中级职称 3052 人。全县校舍建设面积约 56 万平方米。全年完成 75 所中小学校改造工程，改善教育装备水平，通过了山西省“普实”验收。临县一中被命名为“山西省示范高中”，撤并 45 所中小学校，招聘特岗教师 165 名。2009 年高考达线 321 人、中考优生1199 人。全年建成 6 个乡镇文化站、120 个农家书屋、213 个健身广场。

【医疗 卫生】 临县有 10 个县直医疗卫生单位，23 个乡镇卫生院，1 所街道卫生院，14 所乡镇社区卫生服务站和 831 个村卫生室，病床 680 张。在册正式职工 1625 人。2006 年被省政府确定为新型农村合作医疗试点县，到 2009 年参合人数为531851 人，参合率达 95.24%，高于全省平均水平。2009 年启动城镇居民医疗保险工作。截至 2009 年 12 月底，全县共补偿人数 130383 人，受益面达 24.51%；其中门诊补偿 85699 人次，住院补偿 37126 人次，孕产妇住院分娩补偿 5525 人次。

【社会保障】 2009 年，新增城镇就业 3000 人，下岗失业人员再就业 1320 人；新增转移农村劳动力 6000 人，城镇登记失业率 4%。全县企业养老保险参保人数 9299 人，其中非公经济及个体参保人数 2360 人；机关事业养老保险参保人数 12690 人（其中在职人员 9936 人）；农村社会养老保险参保人数 31063 人。 （张海红）

•柳林县•

中共县委书记 张亥生
县人大常委会主任 宋月照
县　　长 王　宁
县政协主席 杨登生

【概述】 柳林县位于北纬 37°08′~37°37′，东经 110°39′~110°05′。全县国土面积 1288 平方千米，辖 8 镇 7 乡，总人口 30.12 万。名列全国“八大枣系”之首的“柳林木枣”成林面积 17675.5 公顷。全县储煤面积 800 多平方千米，煤炭探明储量 54 亿吨，远景储量 80 亿吨，其中被誉为“国宝”的 4 号优质主焦煤占 60%以上，为全国三大优质主焦煤基地之一。

2009 年地区生产总值 130.1 亿元，同比增长 4.2%；财政总收入 44.8 亿元，增长 44.6%；规模以上工业企业实现产值 200.2 亿元，完成增加值 103.6 亿元，增长 3.1%；完成固定资产投资 42.7 亿元，增长 2.6%；城镇居民人均可支配收入 12663 元，同比增长 14.6%；农民人均纯收入 3630 元，同比增长 12.5%；全县居民消费价格水平 99.4%；社会消费品零售总额实现 17.7 亿元，增长 35%。城镇失业率控制在 4%以内。2009 年，柳林县煤炭产业在兼并重组中巩固了优势，原有 61 对矿井整合重组为 8 个主体、26 对矿井，原煤产能由 1840 万吨提升到 2610 万吨。82 个重点工业项目均按进度要求顺利推进。20 个“双百双千”项目完成投资 112.41 亿元，占总投资的52.8%，其中 8 个正式投产，实现产值61.84 亿元，上缴税费 10.24 亿元。森泽煤铝 5 万吨阻燃新材料、润山蒸压免烧砖项目投产运营，福龙干法水泥生产线完成设备安装。柳电三期前期准备工作积极推进，格盟联盛煤矸石发电项目基本完成审批。刘家山 110 千伏变电站投入运行，高红工业园区、南山、鸦沟三个 110 千伏变电站和龙花垣 220 千伏变电站加快建设。

【城乡建设】 2009 年，柳林县建成 268 套廉租房并交付低收入家庭使用，龙泉小区 532 套经济适用房分房到户，总建筑面积 12.93 万平方米的五处商品房工程主体完工。城区 39 家机关单位燃煤供热改造为燃气供热，大气环境质量明显改善，全县二氧化硫和化学需氧量排放分别下降 5%和 3%。污水处理厂基本完工，城市生活垃圾处理场开工。307 国道、340 省道、沿黄旅游公路、原离临柳石扶贫攻坚路改造工程全部完成，贺惠公路完成路基工程，吉家塔至孟门二级公路完成前期各项工作，全县完成村通水泥（油）路 455 千米，农村公路通畅率达到 86%。全县 10 个新农村试点村“七个一工程”全面完成，66 个重点推进村“四化四改”全部达标。完成造林绿化 5155.91 公顷，封山育林 1000.5 公顷。强农惠农政策全面落实，下发粮食直补资金 1125.2 万元，全面落实“农机下乡”“家电下乡”补贴政策。农民实用技术培训 5 万余人次。输出劳务 49316 人，实现劳务收入 4.15 亿元。建成农村饮水安全工程 61 处，解决了 2 万余人的饮水安全问题。完成5000 余户农村数字广播电视无线入网安装。新增农村沼气用户 296 户。建成百亩无公害蔬菜基地 5 个，发展规模养殖户 450 户。新增基本农田340.17 公顷。发展民营水保水利大户 46 户。

【社会事业】 2009 年，全县新改扩建农村中小学校 45 所，成家庄镇、留誉镇新中学建成投用。乡镇卫生院全部达到省级验收标准，实现村级卫生所全覆盖。柳林县被国家人力资源和社会保障部列为吕梁唯一的全国首批新型农村社会养老保险试点县，试点工作全面展开，2.8 万名 60 周岁以上农民的基础养老金实现按月足额发放。乡镇敬老院全部建成投用。农村合作医疗参合率达 94%，城镇居民医疗保险全面启动。稳定低生育水平，人口出生率控制在 9.45‰。

【社会稳定】 2009 年深入开展社会治安综合治理和“打黑除恶”专项行动，破获各类刑事案件 264 起，打掉各类刑事犯罪团伙 39 个 159 人。办理人大代表建议 84 件、政协委员提案 81 件。 （张景尧）

•石楼县•

中共县委书记 李少杰
县人大常委会主任 孙卫东

县　　　　长　　武跃飞
县政协主席　　郑连弟

【概述】 石楼县位于北纬36°51′~37°16′,东经110°22′~111°6′。人口自然增长率控制在5.63‰。

全年地区生产总值实现3.7亿元,同比增长10%;财政总收入完成3672万元,同比减少22.9%;社会消费品零售总额实现1.08亿元,同比增长20%;城镇居民人均可支配收入实现6806元,同比增长8.5%;农民人均纯收入实现1168元,同比增长14.1%;全社会固定资产投资完成4.3亿元,同比减少8%;全县居民储蓄总额达4.4亿元,同比增长57%。

【项目建设】 全县13个"双百双千"项目,完工8个,在建3个,设备安装1个,等待国家发改委批复1个。赵家沟、原则河两座煤矿整合为山西华润联盛赵家沟煤业公司,介板沟、麦塔两座煤矿整合为山西华润联盛介板沟煤业公司,整合后的总产能提高到120万吨。煜隆煤气化公司经省发改委批复,炉型升级为高度5.5米的单式侧装捣固型焦炉,产能由60万吨扩大为100万吨。扩大内需项目全部开工,12个已经完工,累计落实资金6262万元。

【农业经济】 以"五新战略"为统领,全面加快农业产业化建设和农村基础设施建设。重点实施了"111"核桃(红枣)发展计划,新栽植核桃林3801.9公顷,嫁接改良红枣1334公顷,全县核桃产量75万千克,红枣产量2815万千克,小杂粮产量1900万千克,糯玉米产量140万千克,黄河沙滩红薯产量480万千克,年内存栏鸡19.6万只、猪1.96万头。全年转移劳动力6500人,劳务输出收入6000万元。在完善原有35个新农村建设点的基础上,又完成了10个新农村建设重点推进村,新建移民房266套,新建农民科技文化室、计生卫生室、标准化小学、农民休闲活动广场各10个。完成农村安全饮水工程43处、村通水泥(油)路147千米和退耕还林补栽补植5722.86公顷。

【基础设施】 黄河大桥工程进展顺利,主桥桥墩全部出水。山西中南部铁路出海通道过境石楼方案顺利通过铁道部评审,工程于2008年12月22日在郑州正式奠基开工。110千伏变电站正式投入运营,实现全县双电源供电目标。西门坡改造和沁园春大街路灯安装工程全部完成。计生服务大楼、社会福利中心大楼等一批市政工程主体建筑全部完工。廉租房建设项目于2009年9月完成了主体工程。荣林生态园完成80.04公顷绿化任务和8千米上山道路硬化;城区新增绿化面积3.5万平方米,绿化覆盖率提高0.9%。

【社会事业】 县委县政府出台《促进教育工作再上新台阶的实施意见》,决定今后三年每年增加教育投资1000万元,促进教育工作持续健康发展;石楼中学顺利通过省级示范学校验收,普通高考再创佳绩,达线人数206人,比上年增长51%,达线率连续两年居山区九县之首。全面健全村级卫生服务网络,启动覆盖所有行政村的乡村医生派遣计划;县医院门诊楼改造工程全部完成;配齐9个乡镇卫生院医疗设备;完成小蒜、罗村2个乡镇的计生服务站建设任务;预防甲型H1N1流感工作成效显著。完成红军东征纪念馆维修工程和9个乡镇文化站建设工程;出版《风景这边独好》等5本县情教育读本;启动城镇居民医保配套32万元;兑现教师绩效工资增加372万元;兑现烤火费增加361万元;兑现职称工资增加23万元;兑现村官及特岗教师工资增加190万元;兑现公务员津、补贴增加86万元。全年发放各类救灾资金450万元,救灾物资5000余件;新纳入城乡低保救助10292人,发放低保金1088万元,初步形成以救灾救济为基础,最低生活保障为配套,医疗救助、养老保险、教育帮困为补充的社会救助保障体系。　　(辛　玺)

·岚　县·

中共县委书记　　刘泽峰*
　　　　　　　　阎刚平
县人大常委会主任　　丁清泉
县　　　　长　　郭长风
县政协主席　　李拴珍

【概述】 岚县位于北纬38°05′~38°36′,东经111°21′~111°50′。辖4镇8乡,1个城区居民管理委员会,167个行政村,334个自然村,总人口17.3万人。岚县区位较好,地势平坦。全县总面积1508.9平方千米,耕地32016公顷,其中沟坝、旱坪地13340公顷,为吕梁山上最大的一块平地。是国家生态环境建设重点县、山西省生态建设红旗县、雁门关生态畜牧经济区项目县。

2009年,完成地区生产总值9.5亿元,同比增长6.7%;规模以上工业企业实现增加值2.56亿元,与上年持平;财政总收入1.46亿元,下降11%;社会消费品零售总额完成4.9亿元,增长21.1%;城镇居民人均可支配收入9315元,增长7%;农民人均纯收入1750元,增长12.8%。

【"三农"工作】 (1)农业产业化建设迈出新步伐。马铃薯产业,铺开了大蛇头、王狮、河口万亩集中连片马铃薯种薯基地建设,全县种薯种植面积进一步扩展。强化农产品质量认证,完成10万吨无公害马铃薯产品认证,实现包装上市。绒山羊产业,大力推广绒山羊舍饲养殖和规模发展,全县规模养殖示范小区达到20个,改良土种羊5万余只,优种率提高到64%,全县畜牧业收入达到4800余万元。仁用杏产业,进一步扩大栽植规模,强化技术培训,新植仁用杏370.85公顷,培养仁用杏种苗种植大户50户。(2)农业基础设施得到进一步夯实。加快农田水利建设步伐,完成国土整理289.94公顷、水保治理3668.5公顷,新增灌溉面积233.45公顷;岚城、蛤蟆神两座病险水库除险加固工程竣工。(3)扶贫开发和新农村建设扎实推进。全县33个贫困村整村推进扶贫开发项目顺利完成,涉及18个村、320户、1600口人、2.16万平方米的扶贫移民工程主体全部完工。

【工业转型】 (1)产业改造升级不断加快。引导现有企业通过提升技术、改造转产,继亨铸造有限公司新上树脂砂生产线和148粘土砂生产线,恒升特种钢铁有限公司适时转产镍铬合金和锰铁合金,并新上高炉喷煤系统,技术含量和附加值显著提高。岚县冶金铸造企业在产业升级、转型发展方面迈出实质性步伐。(2)煤炭资源整合扎实推进。着眼于提高产业集中度,提升煤炭企业发展水平,引进山西省焦煤集团、山西煤运集团、大同煤矿集团、安徽皖北煤电集团四大国企对全县9座煤矿进行整合。整合后,全县煤矿总产能达到420万吨/年。(3)重点项目建设进展顺利。太钢袁家村铁矿项目进行资源整合、土地征用。昌通日产2500吨水泥熟料生产线主体工程完工。丰达焦化二期20万吨/年清洁型焦炉基本建成,配套2×6000千瓦余热发电项目一期主体工程完成。泰鑫铸造10万吨/年铸造技改项目二期3万吨项目完成土建工程。

【城镇化建设】 (1)进一步加快城区建设、改造步伐。2009年,东河公园建成投入使用,岚河综合整治工程已经蓄水,北盛农贸、高鑫汽配、东欣建材三大市场和岚州大道路基工程、汽车站主体工程完工。(2)进一步加强城乡环境整治。立足保障群众健康、提高生活环境质量,积极实施蓝天碧水工程和环保攻坚第五战役,2009年城区空气质量二级以上天数达到335天(其中一级天数89天),城乡环境面貌有了新的改善。

【民生工程】 2009年,新增就业岗位2200个。在义务教育学校实行教师绩效工资制度。12所乡镇卫生院新建和改扩建工程竣工,新型农村合作医疗受益面进一步扩大。扎实开展计生优质服务活动,全县人口出生率控制在8.36‰以内,自然增长率控制在5.16‰以内。实现模拟电视向数字电视的平移。全年共有7614人纳入农村最低生活保障范围;有2113户4167人纳入城市居民最低生活保障;养老、医疗、失业、工伤等参保人数达到1.9万人;为120名残疾人实施康复救助。高度重视弱势群体的住房困难问题,完成120套6000平方米廉租房建设和115户农村危房改造工程。

【社会稳定】 扎实开展煤矿、非煤矿山、尾矿库、化工、消防等各行业、各领域安全生产专项整治工作,进一步强化企业安全生产的主体责任和职能部门的监管责任落实,确保全县安全生产无事故。2009年,全县共立各类刑事案件388起,破获268起,抓获犯罪嫌疑人360人,结案率69%。全年共接待群众来信来访260批次1767人次,已办结163件,办结率为94%。11月中旬,面对严重的冰雪灾害,及时启动道路交通安全应急预案,积极组织有关部门及沿途乡镇开展应急救援和道路除冰铲雪工作,保障1000余辆受困车辆正常通行和2000余人的生命安全。 (郭学明)

·方山县·

中共县委书记	庞鹏峰
县人大常委会主任	刘长喜
县长	闫孝敏
县政协主席	林　祥

【概述】 方山县位于北纬37°36′~38°18′,东经111°02′~111°34′。2009年全县地区生产总值16.2亿元,同比增长16.9%;工业总产值和增加值分别为23.6亿元、10.4亿元,分别增长36.5%、36.9%;财政总收入4.18亿元,增长26.6%;农民人均纯收入1856元,增长14%;城镇居民人均可支配收入10015.98元,增长14.8%;社会消费品零售总额5.7亿元,增长30.6%。

【工业经济】 (1)项目建设稳步推进。18个"双百双千"项目全部开工建设,累计完成投资28.32亿元。其中13个工业项目有8个已投产或部分投产。(2)工业园区集聚效应初步显现。入园企业达到15户,建成和在建项目23个,总投资25亿元。(3)中央新增投资项目建设扎实推进。落实中央预算内投资项目38个,项目总投资10808.2万元。(4)招商引资力度加大。与台商初步签订投资2亿元年产20万吨透闪石生产线项目,与中国龙源电力集团公司签订总投资10亿元装机10万千瓦风力发电项目。(5)循环经济发展模式逐步形成。霍州煤电集团吕梁山公司和新星冶炼有限公司初步形成了"原煤-选煤—发电—粉煤灰制品"和"原煤—洗煤—炼焦-煤气发电—煤化工"两条产业链,有效提高产品的附加值和资源的综合利用率,增加了效益。(6)狠抓节能减排,环境治理成效显著。2009年,全县二级以上天数350天,比上年增加67天。大气污染综合指数1.79,下降0.57。

【农业经济】 (1)发展现代农业,促进农民稳定增产增收。全县总播种面积22011公顷,粮食产量4594.18万千克,油料产量36.55万千克,蔬菜产量3520万千克。全力推进设施农业发展,吕梁市"菜蓝子"基地建设初见成效,新建日光温室22个6.07公顷,全县日光节能温室总数达到154个10.94公顷,移动大棚达到3.6公顷。(2)扶持龙头企业,推进农业产业化发展。全县订单农业总数达到了1233.95公顷。(3)加快林业生态建设步伐,完成绿化8270.8公顷,栽植各类苗木728.5万株,推进林权制度改革,省定试点任务圆满完成,全县林草覆盖率41%。

【旅游产业】 抓住山西省实施旅游"1+10"项目机遇,加快发展旅游产业。编制完成北武当山、张家塔民居等景区的详细规划,启动于成龙故居和廉政教育基地项目、北武当山旅游基础设施建设等项目。2009年接待游客11万人次,同比增长9.2%,实现旅游总收入630万元,增长6.3%。

【基础设施建设】 投资460万元,完成方正街以东5条巷道改造工程。投资3328万,新建、改建、扩建职业中学教学楼、高级中学教学楼、中医院办公楼、人武部民兵训练基地、福利中心、城镇集体工业联合商住楼等9项工程,建筑总面积达47790平方米。投资1380万元,完成南阳沟水库病险加固工程;投资392万元,新建农村安全饮水工程32处,解决了32个村8035人,1195头大畜的饮水安全问题。完成水保初治面积5336公顷,新建淤地坝22座,新增土地204.1公顷。总投资4267万元,完成店坪—梁家岔、南村—介沟、石站头—东胜山33千米公路改建和马坊移民新村大桥、大武北川河大桥和郭家沟等三座大桥的新建;完成村村通水泥路127千米,146个行政村通了水泥路,占行政村总数的86.3%。完成大武35千伏变电站二期、圪洞35千伏变电站三期和积翠35千伏变电站输变电改造工程建设;大武工业园区110千伏输变电工程、乔沟—大武110千伏线路铁塔基础已浇灌80%。

【社会事业】 2009年继续落实教育优先发展战略,认真落实义务教育阶段学生"两免一补"、城市低保家庭学生上职业学校享受1500元的助学基金政策。新招聘84名特岗教师充实到基层一线任教。全县城市低保5453人,农村低保8530人,"五保"对象557名。全年共发放医疗救助资金105.91万元,优抚对象抚恤金230余万元。全年完成富余劳动力培训2700人,创业培训90人,输出劳动力6700人,新增城镇就业岗位8300个,城镇登记失业率控制在3.3%以内。进一步规范新型农村合作医疗制度管理,参合率90%,享受住院、门诊补偿人数16787人次,补助金额745.5万元,较大程度地减轻了农民的就医负担。切实改善农村生产生活条件。完成街巷硬化74千米,安装路灯680盏,修建垃圾池285个,新建科技文化活动室19个,新建村级卫生所35所,完成村通工程321.2千米。基层公共文化设施建设得到加强,投资1500万元新建的图书馆、文化大厦竣工并投入使用。信息资源共享深入推进,数字有线电视覆盖率90%,广播电视村村通工程逐步延伸。人口与计划生育工作扎实开展,人口出生率控制在8.62‰以下,自然增长率为5.81‰。

【社会治安】 2009年全县共发生刑事案件142起,侦破91起,破案率64.1%;受理治安案件186起,查处168起358人,查处率90.3%。扎实开展安全生产专项整治行动,共关闭、停产整顿企业29户,取缔土石灰窑102支,取缔非法采砂10户。同时,严格事故责任追究和行政问责,共追究安全生产监管不力干部14人,分别给予警告、严重警告、记大过等处分。

(高海龙)

·中阳县·

中共县委书记	成星明*
	刘广龙
县人大常委会主任	武中平
县长	李志安*
	王建国
县政协主席	郭润保

【概述】 中阳县位于北纬37°03′~37°27′,东经110°50′~111°29′。辖区总面积1441.4平方千米。辖5镇2乡,100个行政村(居)委。2009年底,全县总人口141728人,其中,城镇人口57585人,城镇化率40.63%;人口自然增长率4.79‰。

2009年地区生产总值33.39亿元;规模以上工业企业总产值完成78.03亿元,同比下降15.4%;财政总收入完成7.92亿元,下降12.2%;全社会固定资产投资完成16.7亿元,同比下降30.6%;金融机构储蓄存款余额达446325万元,增长54187万元,全年各项贷款余额达21.7亿元;社会消费品零售总额6.7亿元,增长20%;城镇居民人均可支配收入10585元,增长15.5%;农民人均纯收入2773元,下降8.2%;教育、社保、医疗卫生、交通运输支出大幅增加,同比分别增长24.01%、24.43%、24.2%和44.23%;城镇登记失业率4.2%;城区二级以上天数达到338天。

【农业经济】 2009年,中阳县坚持以新农村建设为统领,大力培育核桃、畜牧等产业,不断加强农田水利等基础设施建设。至2009年底,全县共有10个新农村建设试点村和46个重点推进村;农业总产值完成17823.7万元;耕地总面积13139.9公顷;粮食作物播种总面积为9017.31公顷,较上年增加880.44公顷,粮食总产量2165.98万千克;畜禽养殖总量达到33.5万头(只);肉、蛋、奶产品总产量达到0.7万吨,畜禽总产值达3346万元,增长18%;完成粮食直补面积7642.27公顷,直补金额344.8万元;全年共造林5336公顷,植树70万株(其中义务植树30万株),育苗206.77公顷(其中新育苗140.07公顷),新造林地抚育5336公顷,全县森林、林草覆盖率分别达到43%、72%。

【工业经济】 2009年全县地区生产总值完成33.39亿元;规模以上工业增加值累计233182.9万元,增长1.58%;销售总产值累计完成780440万元;销售收入累计完成754939.9万元;利润累计实现20877.5万元;利税累计实现63070.6万元。工业企业主要产品产量:原煤生产90.6万吨;洗精煤230万吨;焦炭产量98万吨;生铁产量185万吨;水泥产量39万吨;钢材产量169万吨。

2009年,全县煤矿总数由32对整合为13对,批准设计生产能力1290万吨。洗煤企业34户,年生产能力2585万吨;冶金企业3户,年生产能力为生铁304万吨,钢360万吨,材200万吨;水泥企业1户,生产能力70万吨。全年取缔关闭企业36户,停产停建企业40户,全年未发生一起重大安全事故。

【商业经济】 2009年,全县社会消费品零售总额累计完成67010万元,同比增长20%;对外贸易进出口总额全年累计完成进口14899万美元;境外直接投资:全年共投资到位4333.28万美元,同比增长-37.8%;省外境内投资:全年共投资到位5亿元,同比增长-10.7%;三产服务业重点实施项目共5个,总投资65585万元。

【交通 邮电】 2009年,全县完成公路建设36条188.3千米,完成投资1.8亿元;村通水泥(油)路"全覆盖"工程新增通水泥(油)路行政村20个,自然村31个,全县88个行政村全部实现村通水泥(油)路全覆盖,自然村达到 172 个，通达率分别达到 100%和 61%;全年运输旅客 92.3 万余人次，完成客运周转量 9215 万人公里;“村村通班车”工程新增 4 个行政村通班车，新增客运班线 4 条，新增农村班车 6 辆，行政村通班车率达到 100%。1~11 月，邮政业务收入累计完成 892 万元，同比增长 37.92%;函件业务完成收入 231.98 万元，报刊征订工作完成市局下达目标任务，集邮业务收入 12.95 万元，邮政储蓄年末余额 31275 万元。2009 年联通中阳分公司主营业务收入完成 1576 万元，固定电话达到 18920 户，宽带用户6515 户，3G 用户 368 户，营业网点11 个。移动中阳分公司全年实现运营收入5400 万元，手机用户 9.8 万户，营业网点 38 个，固定资产 2.7 亿元。

【教育 文化 卫生】 2009 年，全县共有中小学、幼儿园 75 所;各类学校专任教师 2414 人，在校生 33957 人;2009 年高考达线 256 人，达线率 11.65%，增幅居全市首位。2009 年“农家书屋”建设完成 10 家，并有价值 20 万元的图书 20000 册。投资 1800 万元实施中阳县广播电视“村村通”工程;截至 2009 年 12 月共开通 5269 余户数字有线电视、300 余户宽带IP 电话和 100 户宽带上网示范户的建设，被确定作为移动系统示范典型向全省推广。中阳剪纸代表中国剪纸赴德国参加法兰克福国际书展，共展出作品 180 余幅;与中央电视台电影频道合作拍摄“六一”献礼电影《童谣》。推出《辉煌中阳六十年》新闻专栏，充分展示建国 60 年来中阳县发生的翻天覆地的变化。自编自导自演电视短剧《黄土恋人》、电视连续剧《好事成双》。自 2007 以来，连续三年保持全市第一，连续三年被省广电局评为“全省广播影视系统信息工作先进单位”。全年全县共有卫生机构 117 个;新型农村合作医疗参合率90.7%，报销比例提高 5%，同时将恶性肿瘤的放(化)疗、肾功能衰竭透析期及白血病的门诊治疗费用纳入住院补偿，1~10 月，全县新农合共补偿17973 人，支付补偿金 726.9 万元;投资 600 多万元对乡镇医院基础设施进行改造;30 个空白村卫生室建设工程全面完工。

【基础设施建设】 2009 年，以安居工程为重点，不断推进城区开发建设，中钢 D 区高层、中医院商住楼主体工程完工，滨河小区一期、聚安小区一期工程竣工入住，惠民小区廉租住房工程项目正式启动。打通翟家岭、军山两座隧道，西山循环路改造一期工程除宋家沟综合改造段外，全部铺油通车;340 省道一级路改建工程完成 80%的路基工程。改造城区街面 3.5 万平方米，新增绿化面积 3 万平方米;新增供热面积 30 万平方米，城区集中供热面积达 108.5 万平方米。至 2009 年底全县共建成人畜饮水安全工程 316 处，可解决 9.24 万人的安全饮水问题;完成水保初治面积2668 公顷，全县水土保持初步治理达到 39099.54 公顷;新建淤地坝 19 座，总投资1093.79 万元，全县各类型淤地坝共建成 446 座，总库容 4440 万方方米。

【人民生活】 2009 年，居民消费价格总指数 101.2，同比增长 1.2%;城镇基本社会保障覆盖率 81.5%;农村自来水普及率 40.38%，城市集中供热普及率 50%。城镇新增就业岗位及新增就业 3000 人;城镇登记失业率4.2%;全县企业职工养老保险参保缴费人数 6328 人，机关事业职工基本养老保险参保缴费人数 5338 人，农村养老保险参保农民人数 17000 人，基金积累 4775 万元;全县失业保险参保缴费人数 11000 人，基金积累199 万元;全县城镇职工基本医疗保险参保人数 35177 人，基金积累 1938 万元;全县工伤保险参保缴费人数8400 人，其中农民工 6381 人;城镇职工生育保险参保人数 5544 人;城镇居民医疗保险参保人数 20691 人;新型农村合作医疗继续推进，农民参保人数达到 85688 人，报销比例提高了5%。全县共有城市低保对象 5060 户 7499 人，新增农村低保对象 1430 人，全县农村低保对象 4687 户 4866 人，全年累计发放低保金 1277 万元;农村五保对象 754 户 869 人，全年发放五保供养金 104.94 万元;优抚对象560 人，累计发放保障金 224.56 万元;全年共下拨各乡镇救灾基金 155 万元。

（许文彦）

·交口县·

中共县委书记	郑明珠
县人大常委会主任	成文威
县　　长	徐宇平
县政协主席	周来有

【概述】 交口县位于北纬 36°43′~37°12′，东经 111°03′~111°34′。2009 年受国际金融危机持续蔓延的影响和国家产业政策、环保政策、安全生产政策的约束，全县实体经济遭受巨大冲击，55 户规模以上企业仅有 7 户维持生产且效益不佳，经济运行十分困难。2009 年全县地区生产总值 12.37 亿元，工业总产值 17.45 亿元，规模以上工业增加值 6.4 亿，第三产业增加值 4.22 亿元，全社会固定资产投资 6.47 亿元。社会消费品零售总额 2.4 亿元;财政总收入 1.98 亿元，同比下降 62.14%;城镇居民家庭人均可支配收入 9249 元;农民人均纯收入 2800 元;城镇新增就业人数 2251 人;城镇登记失业率为 2.5%;人口自然增长率 6.48‰。主要污染物 SO_2、COD 排量分别下降 3%、4%;万元 GDP 综合能耗下降 5%;城镇基本社会保障率为 90%;居民消费价格总指数下降 0.1%。城区二级以上天气 293 天;粮食总产量 2.79 万吨。

【项目建设】 (1)全县第一轮 12 个“双百双千”项目，完成立项审批手续 11 个，环评手续 9 个，土地手续 10 个，10 个项目相继开工建设，5 个项目正式投产，2 个项目部分投产，累计完成投资 59.37 亿元。第二轮两区项目共 7 个，可研报告等相关资料全部报省两区办，5 个项目已审批立项，3 个项目一期工程已经投产或部分投产。同时，天马、旺庄、兴荣等 7 户冶炼高炉的改造配套正在进行，兴荣公司 60 万吨焦化集中供热第二气源项目正在完善。(2)全年完成村通公路 30 条 151.4 千米、饮水安全工程 55 处、3 个乡镇卫生院技改和 29 个村级卫生所新建工程、40 所中小学校舍安全改造工程、天然林保护等 5 个林业项目建设任务,廉租房建设项目主体工程完工,桃红坡、双池 2 个计生服务所和石口、回龙 2 处动物防疫体系建设项目完工。此外,公检法办公楼地基拓宽、部分街巷整修改造和县城集中供热供气第二气源建设等市政工程进展顺利。(3)参与市政府与大唐公司风能发电项目洽谈会,并就在交口县投资风能发电项目进行具体洽谈,该项目的引进,预计可新增投资约 3 亿元。(4)第三产业发展迅速。全年新建项目 7 个, 完成投资1.0489 亿元。欣辰佳休闲大酒店二期避暑山庄和健身房工程项目、康城镇新安运输二期工程、绿草地乳品店连锁建设及物流配送中心建设项目等第三产业项目建成营运。

【新农村建设】 (1)大力加强涉农项目建设力度。温泉乡等三个农机大院均修建车库等设施, 共配备拖拉机 7 台、机具 18 台;实施玉米机械化秸秆还田 800.4 公顷, 免耕播种 733.7 公顷,保护性耕作 333.5 公顷;腾飞养殖专业合作社等 6 个绒山羊规模健康养殖小区全部按标准建设舍饲棚圈并购买饲草机械加工设备;龙口湾养殖合作社等 5 个退耕还林后续产业建设项目全部完成棚圈建设任务。(2)着重落实其他农业重点工作。全县粮食播种面积 13006.5 公顷, 较上年增长254.86 公顷, 粮食总产 2700 万千克。蔬菜日光温室种植建成 4.87 公顷, 移动大棚种植建成 3.34 公顷。在全县安排 8 个新技术、新品种示范展示工程点。(3)新农村建设工作取得积极成效。全县已形成2 个万亩、10 个千亩以上核桃经济园区,核桃经济林突破 16008 公顷。全年共扶持和培植 100 余个农民专业合作社、300 余名农民经纪人,全县38 个新农村建设试点村和重点推进村的"四化四改"、"五个一工程"基本完成。同时还培育蔬菜大棚、乌鸡养殖、小杂粮加工等"一村一品"村 39 个。(4)开展"万村千乡市场工程"工作。全年共发展规范农家店 14 户,新建或改造便民店(超市)建设任务 10 个,并通过市验收,全县已累计建成便民店(超市)38 个,县级日用消费品配送中心 1 个,新建配送中心仓储面积 1300 平方米,配送率 50%以上。

【基础设施建设】 (1)2009 年村通油(水泥)路"全覆盖"工程,完成 30 条 157.4 千米,完成率 104%。全年新增通油(水泥)路行政村 24 个,完成县乡公路新改建 18 千米,增开 11 条农村公交客运线路,全县通客车村达到 77 个,行政村通客车率达到 74.4%。(2)全县共有 2 个电网建设重点项目。新建康城 110 千伏变电站项目和石口 35 千伏变电站建设项目。(3)完成农村畜饮工程项目 36 处, 解决 6056 人,1086 头牲畜的饮水安全问题。(4)保障性住房项目完成地基基础及一层主体建设,县城污水处理厂项目前期准备工作基本就绪,资金到位后即可开始三通一平等工作,公检法办公楼地基拓宽工程正在紧张施工,城市垃圾处理场项目完成项目前期立项、审批、设计等工作。县城集中供热供气工程第二气源工程完成 95%,部分设备管线投入使用。县城集中供热面积19 万平方米,煤气用户 802 户。

【社会事业】 继续实行中小学"两免一补"政策,落实公用经费 1104.08 万元。新型农村合作医疗制度全面推进,农民参合率 90.1%。完成康城文化站建设, 新建 3 处文化大院、27 个农家书屋, 戏剧、歌舞团下乡演出 500 余场, 组织捐赠图书 10000 余册,送书下乡 15000 册, 送电影下乡 1088 场;《张四姐大闹温阳县》申报为省级非物质文化遗产保护项目,佛教音乐"八音会" 申报为市级非物质文化遗产保护项目。建成 43 个"两区"农民体育健身场地、1 个乡镇广场、2 个农村体育场、1 个国家级青少年体育俱乐部,改造 2 所学校体育场地;新增社会体育指导站 22 个、体育协会 2 个、体彩销售站 3 个;开展县级体育比赛 12 次,组团参加市级比赛 2 次。全年共申报科技专利 8 项,获授权的 4 项。开展全国第三次文物普查工作,共普查不可移动文物 395 处,复查 97 处,新发现 298 处。

【安全生产】 2009 年全县共关闭取缔一类企业 1928 个, 停产整顿二类企业 92 个, 列入加强日常监管的三类企业 3192 个。8 座煤矿的兼并重组主体全部落实并全部签订正式协议,整合方案获省整合领导组批复,正在积极推进和办理相关证照,5 座矿的采矿许可证已经批复,7 座煤矿进驻,5 座煤矿接管;6 座过渡期生产矿井已有 4 座批准启封整顿。排查出以各种工程名义露天开采和与村组协定意向开采的项目 17 处, 所有项目工程全部停工或未开工。全县累计组织联合执法队伍 200 余人,排查各类矿口 870 处,有生产迹象的铁、铝矿口 64 处,全部按标准组织炸毁、填埋和取缔,全县矿业秩序实现稳定好转。

【党风廉政建设】 2009 年共立案查处各类违纪违法案件 37 件 59 人,其中大要案 12 起 35 人。围绕煤焦领域反腐败专项斗争,立查案件 22 起,处分党员干部 21 人, 其中科级干部 6 人,没收非法所得 11 万元。在教育、医疗、公路"三乱"等领域开展纠风治乱工作,共查处和纠正行业不正之风案件 7 起,处理相关工作人员 16 名。

(武允明)

·孝义市·

中共市委书记	张旭光
市人大常委会主任	冯泰贵
市　　　　长	郭保平
市政协主席	李　安

【概述】 孝义市位于北纬 36°56′~37°18′,东经 111°21′~111°55′。2009 年,孝义市辖 7 个镇,5 个乡,4 个街道办事处,1 个办事处,379 个行政村,20 个居民委员会,辖区总面积为 954.8 平方千米。总户数 169416 户, 同比增长 4.01%; 总人口 468042 人, 同比增长 1.32%;其中,非农业人口 221814 人。

2009 年全市 GDP 达到 205 亿元, 同比增长 5%; 财政总收入 42.76 亿元,名列全省第三;一般预算收入 13.09 亿元,同比增长 0.42%,名列全省第一。农民人均纯收入 6915 元,增长2.44%; 城镇居民人均可支配收入

14651元，增长5.35%；社会消费品零售总额56.32亿元，增长24.9%。全社会固定资产投资89.59亿元；外贸进出口总额4799万美元；规模以上工业总产值238.91亿元，工业增加值95.23亿元。金融机构各项存款余额219.21亿元，增长10.8%；城乡居民储蓄存款余额177.07亿元，增长6.66%。

【项目建设】 (1)实施项目大会战。筛选确立总投资446.8亿元的140项重点转型项目，其中亿元以上项目70项，总投资429.8亿元。截至年底开工81项，完成投资73.49亿元。(2)推进产业布局大调整。以建设千万吨级焦化经济开发区为重点，以金晖、金岩、金达、楼东俊安等220万吨7.63米大型焦化项目建设为核心，加快焦化产业升级换代步伐。以建设大孝堡铝工业园区为重点，全力推进"一大四小"新型铝工业项目，兴安化工一期120万吨氢氧化铝项目实现产值11.6亿元，税收2亿元；田园化工15万吨氢氧化铝和泰兴10万吨镁铝水滑石3个项目建成投产，华庆15万吨氢化铝和奥凯达10万吨4A沸石项目基本建成。(3)煤矿兼并整合取得阶段成果。将39座煤矿兼并重新组整合为12座，平均单井产能提升到90万吨以上，煤炭生产基础性优势进一步巩固提升。(4)农业产业化实现重大突破。以实施"一园一企"建设为重点，市财政用于支持农业产业化奖补的资金达2000万元。高阳农业园区惠农淀粉深加工、昌园核桃油、盛义酒业、威尔仓储物流园等一批新项目建成投产，入园达产项目达15个，实现产值1.6亿元，利税1610万元；铭信禽业日加工肉鸭能力2.5万只，带动发展标准化养鸭小区80个，实现产值2.6亿元，发展成为华北最大的肉鸭养殖加工基地。全市各级农业龙头企业达30个，各类农业园区突破80个，龙头带动作用明显。新建日光节能温室630栋，蔬菜种植基地达到180.09公顷，新建标准养殖小区180个，规模养殖户达到500多户。(5)现代化服务业取得重大进展。完善服务业发展的优惠政策体系，有力扶持推进项目建设。全市总投资25.7亿元的19个服务业重点项目开工建设，完成投资12亿元，投入运营4个。全年第三产业增加值完成80.7亿元，同比增长16.8%。

【新农村建设】 35个村新村庄建设概算投资29.8亿元，完成投资9亿元，22个村1300余户村民迁入社区化新居；新农村建设重点村"五化五通五个一"实现全覆盖。"五个全覆盖"目标任务全面完成，完成总投资4617.9万元、总里程107.2千米的32项村通油路(水泥路)建设工程，全市村通油路(水泥路)率达到99.2%；铺开15所学校改造工程，投资3800余万元，完成改造面积3万平方米，中小学校舍安全改造全覆盖；投资1160万元完善改进市级医院医疗设施，新改扩建6个乡镇卫生院、68个村卫生室，乡镇卫生院达标率达到100%，村卫生室实现全覆盖；投资300余万元实施农村数字化电视工程，村通有线广播电视全覆盖；投资2980万元完成安全饮水工程92处，解决99村4.26万人的饮水困难问题，全市农村安全饮水全覆盖。

【安全稳定】 (1)各行业领域安全生产保持良好局势。首先扎实开展安全生产专项整治。层层动员、广泛宣传，营造全社会群防群治、狠抓安全生产的氛围日渐浓厚；细化分解责任，明确各行业领域专项整治责任人3800余人，形成横向到边、纵向到底的安全专项整治责任体系；分行业逐级排查，分类别逐项整治；严格监督考核，全市先后组织4次全面督查考核，共开展安全执法行动29265人(次)，投入隐患治理资金2亿余元，排查整治隐患10万余条。其次对各类私挖滥采行为露头就打，推动矿业秩序持续好转。(2)社会治安综合治理成效明显。推行公安系统科技强警"五大系统"工程建设，严厉打击违法犯罪行为，建立健全城乡治安巡防体系和维护稳定长效机制，有力保障全市社会治安安全稳定。不断引深打黑除恶专项斗争，相继打掉犯罪团伙6个，抓获犯罪嫌疑人60余人，破获刑事案件85起，一批黑恶痞霸受到严惩，有力地维护全市政治社会安全稳定和谐，推进依法治市进程。(3)完善公共安全体系建设。建立联防联控机制，投资100万元培训市乡村医疗技术人员和疾控人员，开展流行病学调查与疫苗接种，重大疫情及突发性公共卫生事件防控有效；强化食品药品监督力度，完成全市127户药品经营企业和外埠药品生产经营企业医药代表登记备案，取缔无证医疗机构18户；监督检查食品企业和涉药单位3124户(次)，查处违法行为218起，食品药品安全监管有效。

【基础设施建设】 2009年继续拓展城乡路网，投资逾4.8亿元，铺开11条城乡道路以及32项村通油(水泥)路工程，新增、改造道路里程136千米。完成大孝堡22万伏变电站建设和振兴街缆化工程，完成城南、城北11万伏变电站立项审批。全年共疏通河道17千米，清障16万余平方米，取缔违章建筑物9处，修复水毁工程2处；累计投资4500多万元，完成城排渠综合改造治理工程旧城内段整治和旧城外段排污管涵工程、下堡河高阳段整治、汾河堤顶道路、盐锅头蓄洪池等工程建设。公共事业扎实推进，铺开总投资5300万元日处理垃圾300吨的城市生活垃圾综合处理厂工程，年底完成工程总量的85%。在确保污水处理厂一期工程稳定达标排放的基础上，铺开总投资4100余万元日处理城市生活污水1.5万立方米的二期工程。日处理污水2万吨的城南污水处理厂已完成初步选址。新铺设供热管网18.1千米、总长达到138千米，新建18座换热站、总数达到51座，新增供热扩面120万平方米、总面积达到540万平方米。城区居民天然气入户置换全部完成，共置换3.2万户。城市集中供热率、供气率分别达到90%、85%以上。新增改造供水管网11.3公里，配套三水厂4个深井，日增供水量1万立方米。

【生态建设】 扎实推进"三城"创建工作，"三城"创建172项指标中已有148项指标达标，整体达标率达到86%。节能减排取得实效。实施工业企业达标治理，完成金晖煤焦公司、梧桐电厂等45个焦化、冶炼、电力企业的脱硫任务，脱硫率均达到90%以上;64户企业通过环保验收；完成30户企业的水、气污染源在线监控系统建设。全年削减二氧化硫排放量2800吨、化学需氧量950吨、烟尘排放2100吨。加大企业排污口规范化整治力度。对173户城市烟控区燃煤单位进行治理，烟尘控制区覆盖率达100%。启动开展机动车尾气检测和环保标识贴牌工作，有2.5万辆机动车上线检测，机动车环保标识贴牌率达83%。城乡“大造林、大绿化”，完成投资6000万元，城区新增园林绿地83.5公顷，达658公顷，城市绿化覆盖面积达到739公顷，城市绿地率达37.9%、绿化率覆盖率达42.2%、人均公共绿地面积达14.5平方米;农村完成各类工程造林5736.2公顷，新增核桃经济林1334公顷，植树495万株。城市空气质量二级以上天数达到341天，同比增加33天，其中一级天数达81天。

【社会事业】 (1)科教文卫事业。投资1.3亿元，新建、改扩建学校近30所，完成建筑面积8.1万平方米。全市高考达线人数超过1300人。新建体育场地30余块，新增体育活动场地面积4万平方米，城乡体育活动场地覆盖率达60%以上。新建4个乡镇综合文化站，电影《酸枣坡》荣获2009年第五届中美电影节“金天使”奖，小戏《人偶情》进京调演获好评。孝义剪纸、秧歌、面塑列入省非物质文化保护名录。旧城及宋家庄村被列为省级历史文化名城、名村。孝义市被命名为“中国民间文化艺术之乡”和“中国皮影木偶之乡”。市乡村三级医疗服务体系进一步完善，分别投资330余万元、604万元和226万元完善改进市级医院医疗设施、新建和改扩建乡村卫生院(室)。组建市政府科技顾问团，邀请中科院专家推介高科技项目70余项。完成计生残联综合服务大楼主体工程建设。(2)社会保障。市财政用于民生和社会事业的投入达到8.5亿元，同比增长25.2%。新型农村养老保险参保人数达11.25万人，参保率达66.24%;机关事业养老、企业养老、工伤保险、失业保险、生育保险参保人数大幅增加;新型农村合作医疗参合率达99.65%;城镇居民医疗保险参保人数达到5.4万人；城乡低保达20321人，五保户供养1262人，基本实现应保尽保。全市新增城镇就业岗位5713人，举行15次大型就业招聘会，输出劳力4986人。投资113.8万元，完成3个乡镇120户住房困难群众解困任务;完成3万平方米廉租房建设主体工程。启动城南新区5万平方米廉租房建设工程，启动城市居民棚户区改造工程，铺开96幢、总建筑面积109.43万平方米、解决5527户的矿区棚户区治理住宅新建工程，截至年底，完成106.23万平方米，可解决5119户矿区居民，入住2444户。开展各类社会救助活动，市财政专门拨出3000万元，保障城乡居民冬季取暖用煤。开展“救灾、帮困、送温暖”活动，拨出5000万元用于城市居民集中供热扩面。 (韩俊萍)

·汾阳市·

中共市委书记	徐　德
市人大常会委主任	王双喜
市　长	王志强(代)
市政协主席	靳尔兰

【概述】 汾阳市位于北纬37°8′~37°29′，东经111°20′~112°00′。是驰名中外的汾酒、汾州核桃、汾州香小米之乡。市境总面积1179平方千米，辖9镇3乡2个街道，289个行政村，15个社区居委会，总人口42万人。2009年完成地区生产总值75.31亿元，比上年增长1.1%;完成财政总收入16.89亿元，下降16.28%;完成一般预算收入45254万元，下降11.58%;工业增加值完成30.29亿元，下降7.36%;全社会固定资产投资完成19.9亿元，增长3%；社会消费品零售总额完成29.86亿元，增长10.2%;城镇居民人均可支配收入达到11166元，增长4%;农民人均纯收入达到5501元，增长12.5%。市域经济实力进入全省20强。

【“三农”工作】 农业综合生产能力明显提高，全年粮食总产量1.7亿千克，同比增长11.2%，连续六年取得大丰收。农业规模化、特色化、产业化进程加快，发展优质核桃基地2334.5公顷、无公害优质谷子基地3335公顷，建成5个千亩核桃示范园区，新增规模养殖大户12户、农民专业合作社103个、农业产业化龙头企业2个。多渠道增加农民收入，全年落实国家粮食、良种和生产资料综合补贴2853.24万元，农民生产生活条件明显改善。实施阳光工程、农民素质提升、零务工家庭“消零”和返乡农民工创业四大工程，培训农民7.1万人次，新转移农村劳动力5890人，为农村零务工家庭解决就业2600余人。市财政全年投入9278万元，推进新农村建设。23个新农村建设重点推进村基本完成“四化四改”工程，其中80%的村完成“五个一工程”。完成农村饮水安全工程30多处，解决53个村5.26万人的饮水安全问题，全市共累计解决140个村15万余人的饮水安全问题。加强城乡土地管理，遏制违法占地。2009年，被山西省委、省政府授予“粮食生产先进市”“增加农民收入先进市”和“农机化工作先进市”。

【城市经济】 煤炭资源优化整合，煤矿企业兼并重组。全市24座煤矿全部签定资产转让协议，其中13座已整体移交，规划原煤产能360万吨/年。工业重点项目建设方面，列入吕梁市的26个“双百双千”项目已开工25个，累计完成投资39.53亿元。工业园区建设方面，三泉焦化工业园区总体规划通过上级部门和专家评审论证；杏花村酒业集中发展区建设得到吕梁市政府的支持和汾酒集团的协作配合，确定发展思路和目标，前期准备工作基本就绪。项目储备和招商引资方面，全年共储备项目8个，引进上海华联等项目4个，争取到新增中央预算内投资项目20个，实际利用外资1.05亿元;成功举办“成都春季糖酒会汾阳白酒及土特产品推介会”“首届汾州核桃文化节”，承办“2009年361度中国乒乓球俱乐部超级联赛”山西赛区比赛。发展第三产业方面，纳入吕梁市的14个服务业重点项目有13个开工，总投资达2.2亿元；“万村千乡”市场工程和“新网工程”建设，新建农家店、便民店57家。特达土畜产有限公司、恒利源实业有限公司纳入全省“双三十市场建设”项目。“家电、农机、汽车下乡”成效显著，城乡消费持续旺盛。旅游业新增山西省工农业旅游示范点3个；杏花村汾酒文化旅游景区、文湖景区和太符观景区加大开发力度，文湖景区被列入全省县(市)级森林公园。第三产业在全市GDP中的比重达到42.9%。

【城市建设】 旧城八大改造工程和市政基础设施、廉租房等建设方面，完成西河路、南二环改造和景区路、望阳路、南三环道路新建等工程。水利设施建设方面，完成南偏城集供等30余处饮水安全工程，解决53个村、5.26万人的饮水安全；启动磁窑河入汾口治理等4个汾河流域生态环境治理与修复项目，完成峪道河灌区节水配套改造等7处节水工程。交通路网建设方面，完成汾平高速连接线路基，汾孝大道路基基本完工；建成园区铁路专用线并投入运营，完成79个村、331千米通畅项目。市乡公路改造全部完成，通油路村达到279个，总里程2381千米。

【社会事业】 城乡教育均衡发展，义务教育标准化验收工作通过省政府复评。实施中小学校舍安全工程，维修、加固和改造中小学校舍6.43万平方米。推进中小学布局调整，撤并小学21所、初中1所。启动城镇教师对口支援农村教育工作，公开招录大中专毕业生公助到民办学校。加快三级医疗网络达标化进程，铺开妇幼保健院建设，新建、改扩建乡镇卫生院12所，新建空白村卫生所10个。新型农村合作医疗参合农民达28.9583万人，参合率88.13%，城市居民和困难企业职工医疗保险工作全面启动。科学防控甲型H1N1流感，未发生大的疫情。公共文化服务体系建设方面，杏花村镇等6个乡镇综合文化站建设全面完成。稳定低生育水平，人口自然增长率控制到4.63‰。扩大社会保障覆盖面，全市养老、医疗、失业、工伤、生育保险等参保人数不断增加。全市城镇登记失业率控制在3.69%，新增城镇就业人员3388人，下岗失业人员再就业2520人。2009年，被国家残联授予全国白内障无障碍县(市)，被国家体育总局授予全国群众体育工作先进市，被省委、省政府授予计划生育优质服务先进市、文化强市、工会工作“十佳”县(市)等荣誉称号。

【生态环境】 全市开展环保攻坚第五战役，全面推进蓝天碧水工程和造林绿化工程，城乡空气质量得到明显改善。推进企业节能减排和资源综合利用项目，申报节能降耗项目5个，争取节能专项资金570万元。实施城乡环境综合整治，铺开城市污水处理厂和垃圾焚烧发电厂辅助工程建设，榆济天然气管道输送项目基本完工并部分运营。新增集中供热面积50万平方米，新增居民集中供气户1.5万户。市区新增绿化面积20万平方米；完成“三北”防护林、退耕还林、通道绿化补植补造和交通沿线荒山绿化等重点工程造林3735.2公顷，四旁植树111万株。市区二级以上天数全年累计达到344天，比上年增加42天。

(陈红艳)

附　　录

山西省社会和经济发展统计资料

平均每天主要社会经济活动

指　　标	1990	2000	2005	2009
全省每天创造的财富	—	—	—	—
地区生产总值(万元)	11761	50568	115905	201598
原煤产量(万吨)	78.4	68.9	151.9	168.6
焦炭产量(万吨)	4.4	13.6	21.9	21.1
发电量(万千瓦小时)	8607	17115	36068	51337
粗钢产量(吨)	6536	12952	45335	72561
钢材产量(吨)	3528	10756	37496	62715
水泥产量(吨)	16780	39288	63306	75430
布产量(万米)	117.7	91.1	99.3	14.4
其他经济活动	—	—	—	—
全社会固定资产投资额(万元)	3381	17128	50942	137905
城镇固定资产投资额(万元)	2689	15118	46556	126025
图书出版(万册)	33.33	27.68	27.62	30.65
杂志出版(万册)	7.71	7.28	16.20	9.32
报纸出版(万份)	148.93	161.16	903.30	502.12
邮寄函件(万件)	30.05	31.04	25.46	22.68
人口变动与婚姻	—	—	—	—
出　生(人)	1776	1170	1102	1018
死　亡(人)	517	509	550	560
结　婚(对)	604	451	520	941
离　婚(对)	20	21	48	70

山西省社会经济主要指标人均水平

指　　标	1990	2000	2005	2009
一、地区生产总值(元)	1528	5722	12647	21522
二、农林牧渔业总产值(元)	465	602	1446	2658
三、主要产品产量	—	—	—	—
原　煤(吨)	10.18	7.80	16.57	18.00
焦　炭(吨)	0.56	1.54	2.39	2.25
发电量(千瓦小时)	1118.0	1937.0	3935.6	5480.5
粗　钢(千克)	84.9	146.6	494.7	774.6
钢　材(千克)	45.8	121.7	409.1	669.5
水　泥(千克)	218.0	445.0	690.8	805.3
布　　(米)	15	10	11	2
粮　食(千克)	337	265	292	276
棉　花(千克)	3.9	1.4	3.1	2.5
油　料(千克)	13.7	13.9	6.4	5.0
猪牛羊肉(千克)	10.2	18.4	24.2	17.9
四、社会消费品零售额(元)	492	2240	4126	8216
五、人民生活(元)	—	—	—	—
职工平均工资	2111	6918	15645	28469
国　有	2263	7249	16027	29266
集　体	1565	4193	10157	18367
城镇居民可支配收入	1291	4724	8914	13997
城镇居民消费性支出	1048	3942	6343	9355
农民家庭纯收入	604	1906	2891	4244
农民家庭生活费支出	488	1149	1878	3305
城乡居民储蓄存款年末	813	5420	12315	23689
余　额	—	—	—	—

山西省国民经济主要比例关系

单位:%　　(%)

指　　标	1990	2000	2005	2009
一、地区生产总值中三次产业比例	—	—	—	—
第一产业	18.8	9.7	6.2	6.5
第二产业	48.9	46.5	55.7	54.3
第三产业	32.3	43.8	38.1	39.2
二、工业总产值中轻重工业比例	—	—	—	—
轻工业	—	14.4	6.1	5.4
重工业	—	85.6	93.9	94.6
三、农林牧渔业总产值内部比例	—	—	—	—
农业产值	72.2	65.3	58.2	61.2
林业产值	4.9	4.4	3.4	7.3
牧业产值	22.6	29.7	30.7	25.4
渔业产值	0.3	0.6	0.6	0.6
农林牧渔服务业	—	—	7.1	5.4
四、全社会固定资产投资中城镇、农村投资所占比例	—	—	—	—
城镇	79.5	88.3	91.4	91.4
农村	20.5	11.7	8.6	8.6
五、城镇固定资产投资中三次产业的比例	—	—	—	—
第一产业	0.8	1.3	1.5	3.2
第二产业	72.2	47.0	63.0	44.9
第三产业	27.0	51.7	35.5	51.9
六、城镇固定资产投资中轻、重、能源工业投资所占比例	—	—	—	—
# 轻工业	2.6	1.3	3.2	1.8
重工业	69.2	44.6	59.5	42.6
# 能源	33.2	29.7	35.5	26.5
七、能源使用比例	—	—	—	—
第一产业	6.1	5.7	3.0	2.6
第二产业	72.0	75.0	81.1	75.6
第三产业	5.7	7.4	7.6	12.2
人民生活	16.2	11.9	8.3	9.6
八、固定资产投资额占地区生产总值的比例	28.7	33.9	44.5	68.4
九、文教卫生科学事业费占财政支出的比例	28.4	25.0	22.4	26.1

山西省人民物质文化生活提高情况

指 标	1990	2000	2005	2009
一、城乡居民收入(元)	—	—	—	—
城镇居民人均可支配收入	1291	4724	8914	13997
农民人均纯收入	604	1906	2891	4244
职工平均工资	2111	6918	15645	28469
二、平均每人住房面积(平方米)	—	—	—	—
城镇居民建筑面积	—	—	25.6	27.5
农村居民住房面积	16.5	21.6	24.2	28.0
三、交通、文化、教育、卫生	—	—	—	—
每百户拥有(抽样)	—	—	—	—
电视机(彩电)(台)	—	—	—	—
城镇居民	60.1	107.2	113.7	111.0
农 民	6.7	63.5	82.3	107.1
洗衣机(台)	—	—	—	—
城镇居民	81.7	93.4	99.8	99.2
农 民	13.8	51.7	69.3	78.6
移动电话(部)	—	—	—	—
城镇居民	—	8.1	109.7	137.5
农 民	—	—	27.5	94.3
每百人每天拥有报纸(份)	5.3	5.0	27.0	14.7
每人每年拥有杂志(册)	1.5	0.8	1.8	1.0
每万人拥有在校大学生(人)	17.7	38.7	121.3	160.1
每千人拥有医院床位数(张)	3.5	2.4	2.4	3.0
每千人拥有卫生技术	4.6	4.2	3.9	5.3
人员(人)	—	—	—	—
四、储蓄	—	—	—	—
城乡居民储蓄存款	231.3	1748.4	4119.7	8099.4
年末余额(亿元)	—	—	—	—
平均每人储蓄存款余额(元)	813	5420	12315	23689

山西省地区生产总值

按当年价格计算

年 份	地区生产总值(万元)	第一产业	第二产业			第三产业	人均地区生产总值(元/人)
				工业	建筑业		
1952	159978	93831	27484	23447	4037	38663	116
1957	291594	115415	93994	71745	22249	82185	186
1962	324083	110666	121848	109126	12722	91569	188
1965	439158	127041	205199	185889	19310	106918	238
1970	576900	151931	302600	279549	23051	122369	277
1975	698101	208009	346700	321978	24722	143392	301
1978	879946	182040	514685	481225	33460	183221	365
1980	1087619	206348	635098	582107	52991	246173	442
1985	2189896	422629	1200573	1021192	179381	566694	838
1990	4292736	808080	2100746	1866110	234636	1383910	1528
1991	4685100	687700	2362800	2108100	254700	1634600	1592
1992	5511200	829400	2702800	2404400	298400	1979000	1862
1993	6804100	972700	3350300	2960100	390200	2481100	2271
1994	8266600	1238400	3965700	3471800	493900	3062500	2729
1995	10760300	1686900	4944500	4385000	559500	4128900	3515
1996	12921100	1982800	6002100	5327300	674800	4936200	4178
1997	14760000	1918400	7075800	6263600	812200	5765800	4724
1998	16110800	2072500	7612500	6585500	1027000	6425800	5104
1999	16671000	1599600	7854700	6845500	1009200	7216700	5230
2000	18457200	1798600	8583700	7486500	1097200	8074900	5722
2001	20295300	1710900	9560100	8324500	1235600	9024300	6226
2002	23248000	1978000	11343100	9914400	1428700	9926900	7082
2003	28552200	2151900	14633800	12919400	1714400	11766500	8641
2004	35713700	2763000	19194000	17113000	2081000	13756700	10741
2005	42305300	2624200	23570400	21176800	2393600	16110700	12647
2006	48786100	2767700	27556600	24850600	2706000	18461800	14497
2007	60244500	3119700	34544900	31418900	3126000	22579900	17805
2008	73154000	3135800	42423600	38685400	3738200	27594600	21506
2009	73583100	4775900	39938000	35188800	4749200	28869200	21522

山西省地区生产总值构成

单位:% (%)

年份	地区生产总值	第一产业	第二产业			第三产业
				工 业	建筑业	
1952	100.0	58.6	17.2	14.6	2.5	24.2
1957	100.0	39.6	32.2	24.6	7.6	28.2
1962	100.0	34.2	37.6	33.7	3.9	28.3
1965	100.0	28.9	46.7	42.3	4.4	24.3
1970	100.0	26.3	52.5	48.4	4.0	21.2
1975	100.0	29.8	49.7	46.1	3.5	20.5
1978	100.0	20.7	58.5	54.7	3.8	20.8
1980	100.0	19.0	58.4	53.5	4.9	22.6
1985	100.0	19.3	54.8	46.6	8.2	25.9
1990	100.0	18.8	48.9	43.5	5.5	32.3
1991	100.0	14.7	50.4	45.0	5.4	34.9
1992	100.0	15.0	49.0	43.6	5.4	35.9
1993	100.0	14.3	49.2	43.5	5.7	36.5
1994	100.0	15.0	48.0	42.0	6.0	37.0
1995	100.0	15.7	46.0	40.8	5.2	38.4
1996	100.0	15.3	46.5	41.2	5.2	38.2
1997	100.0	13.0	47.9	42.4	5.5	39.1
1998	100.0	12.9	47.3	40.9	6.4	39.9
1999	100.0	9.6	47.1	41.1	6.1	43.3
2000	100.0	9.7	46.5	40.6	5.9	43.8
2001	100.0	8.4	47.1	41.0	6.1	44.5
2002	100.0	8.5	48.8	42.6	6.1	42.7
2003	100.0	7.5	51.3	45.2	6.0	41.2
2004	100.0	7.7	53.7	47.9	5.8	38.5
2005	100.0	6.2	55.7	50.1	5.7	38.1
2006	100.0	5.7	56.5	50.9	5.5	37.8
2007	100.0	5.2	57.3	52.2	5.2	37.5
2008	100.0	4.3	58.0	52.9	5.1	37.7
2009	100.0	6.5	54.3	47.8	6.5	39.2

2009年山西省地区生产总值构成项目

单位：万元　　　　(10 000)

指　　标	总　计	劳动者报酬	生产税净额	固定资产折旧	营业盈余
地区生产总值	73583100	33746300	11286400	11002100	17548300
第一产业	4775900	3410600	-140100	245500	1259900
1.农、林、牧、渔业	4775900	3410600	-140100	245500	1259900
第二产业	39938000	18067100	8472900	6171500	7226500
2.工业	35188800	15582000	7565900	5586600	6454300
3.建筑业	4749200	2485100	907000	584900	772200
第三产业	28869200	12268600	2953600	4585100	9061900
4.交通运输、仓储和邮政业	5233800	1766800	395700	725100	2346200
5.信息传输、计算机服务和软件业	1706700	303400	102000	660900	640400
6.批发和零售业	5578600	1516600	1582700	522600	1956700
7.住宿和餐饮业	2035800	631800	182000	164600	1057400
8.金融业	3616400	1322500	385600	157100	1751200
9.房地产业	1733100	123500	130900	1443500	35200
10.租赁和商务服务业	722800	261500	58600	152100	250600
11.科学研究、技术服务和地质勘查业	499600	325700	38400	61500	74000
12.水利、环境和公共设施管理业	236700	173100	5900	58000	-300
13.居民服务和其他服务业	982800	331800	31400	34000	585600
14.教育	2059800	1790700	5800	184600	78700
15.卫生、社会保障和社会福利业	927800	645300	8100	80300	194100
16.文化、体育和娱乐业	371100	220600	17500	50800	82200
17.公共管理和社会组织	3164200	2855300	9000	290000	9900

山西省城乡劳动力资源配置情况

单位：万人　　(10 000)

指　　标	2008	2009
年末劳动力资源总数	2506.5	2541.8
年末劳动力配置	—	—
一、从业人员	1614.1	1630.6
按经济类型分	—	—
1.国有经济	255.9	246.7
2.集体经济	977.3	987.8
3.私营经济	137.4	121.9
4.个体经济	151.3	158.4
5.联营经济	0.5	0.3
6.股份制经济	19.7	21.3
7.外商投资经济	3.4	4.2
8.港、澳、台投资经济	6.1	5.5
9.其他经济	62.5	84.5
按国民经济行业分	—	—
1.农、林、牧、渔业	642.6	635.0
2.采掘业	147.7	150.3
3.制造业	165.2	158.5
4.电力、煤气及水的生产和供应业	10.9	10.1
5.建筑业	101.8	110.8
6.交通运输、仓储及邮政业	91.5	86.9
7.信息传输、计算机服务和软件业	10.0	11.2
8.批发和零售业	158.1	160.6
9.住宿和餐饮业	32.2	42.9
10.金融、保险业	14.0	14.2
11.房地产业	3.9	4.1
12.租赁和商业服务业	13.3	15.9
13.科学研究、技术服务和地质勘查业	8.3	9.4
14.水利、环境和公共设施管理业	5.8	6.3
15.居民服务和其他服务业	16.2	17.7
16.教育	49.2	48.0
17.卫生、社会保障和社会福利业	15.9	16.1
18.文化、体育和娱乐业	5.9	5.7
19.公共管理和社会组织	47.9	54.9
20.其他行业	73.7	72.0
按三次产业分	—	—
1.第一产业	642.6	635.0
2.第二产业	425.6	429.7
3.第三产业	545.9	565.9
二、城镇登记失业人员	17.4	21.6
三、16岁以上在校学生	192.2	192.7
四、其他劳动者	682.8	696.9

山西省社会保障基本情况

单位:亿元 （10 000）

年份	参加保险人数(万人)				基金收入			
	养老保险		失业保险	医疗保险	养老保险		失业保险	医疗保险
	企 业	机关事业			企业	机关事业		
1986	—	—	191.16	—	—	—	0.04	—
1987	—	—	193.01	—	—	—	0.16	—
1988	—	—	194.20	—	—	—	0.18	—
1989	—	—	184.20	—	—	—	0.20	—
1990	—	—	196.20	—	—	—	0.23	—
1991	—	—	199.40	—	—	—	0.25	—
1992	—	—	205.40	—	—	—	0.27	—
1993	—	—	231.70	—	—	—	0.31	—
1994	—	—	198.30	—	—	—	0.44	—
1995	—	—	187.00	—	—	—	0.75	—
1996	—	—	192.61	—	—	—	1.12	—
1997	231.13	—	240.70	—	—	—	1.02	—
1998	337.11	—	211.90	—	—	—	1.22	—
1999	362.32	—	254.70	—	—	—	2.01	—
2000	358.81	—	254.80	—	53.87	—	2.43	—
2001	365.57	—	286.10	156.00	58.05	—	2.94	1.32
2002	361.24	—	278.90	217.00	75.91	—	3.42	4.13
2003	364.42	67.13	284.10	272.00	86.27	7.09	3.80	10.19
2004	376.08	68.71	286.50	295.00	109.30	9.04	4.22	17.88
2005	383.43	80.08	288.50	325.00	118.90	11.96	5.53	25.60
2006	404.25	82.58	295.93	354.00	168.93	19.64	6.22	32.22
2007	418.84	87.83	298.97	461.00	203.67	27.89	10.05	44.95
2008	450.62	88.80	312.15	594.00	253.97	35.56	12.75	64.65
2009	471.70	92.40	293.30	879.30	290.30	42.20	11.90	64.80

山西省主要年份农户固定资产投资

年 份	竣工房屋面积（万平方米）	#住 宅	本年竣工房屋投资额（万元）	#住 宅	购置生产性固定资产投资（万元）
1985	1327	1165	67840	58794	19547
1990	1214	1192	152724	103171	10971
1995	406	403	85050	84528	97111
2000	793	765	236059	227276	58651
2001	862	826	258909	246602	49381
2002	954	932	304384	298523	91453
2003	1152	1023	332777	320480	131960
2004	1164	1077	377435	362733	158117
2005	1320	1298	456869	448930	158022
2006	1545	1507	596264	577144	205530
2007	1702	1666	783527	769298	176299
2008	1617	1554	869494	824246	357467
2009	1700	1599	960717	904851	413236

山西省房地产开发完成情况

项 目	2000	2005	2009
本年完成投资（万元）	394556	1779937	4772748
#商品住宅	272280	1168931	3778904
本年新增固定资产（万元）	298026	1020261	1805474
本年商品房屋销售额（万元）	213052	1522069	2799896
#商品住宅	174809	1163065	2459822
本年销售面积（平方米）	1906378	6887486	10342028
#商品住宅	1773909	6198563	9640489
本年施工房屋面积（平方米）	7895159	22665320	54867456
#商品住宅	6991550	17667959	46220379
#新开工房屋面积（平方米）	2427802	11560090	24440626
商品住宅	2229700	9838964	21032778
本年竣工房屋面积（平方米）	3063739	6672519	8611021
#商品住宅	2774950	5573845	7436154
本年竣工房屋价值（万元）	245472	917262	1605422
#商品住宅	206046	686002	1361641

2009年山西省商品零售价格分类指数

上年=100

指　标	全　省	城　市	农　村
商品零售价格总指数	99.1	99.0	99.3
一、食品类	101.5	102.2	100.2
1.粮食	106.8	106.1	108.0
2.淀粉	102.7	104.6	101.2
3.干豆类及豆制品	99.8	99.4	100.8
4.油脂	82.6	85.5	78.9
5.肉禽及其制品	88.5	87.9	89.4
6.蛋	101.8	101.1	102.8
7.水产品	98.3	98.4	98.0
8.菜	113.5	114.9	110.2
9.调味品	105.3	104.8	105.8
10.糖	102.5	102.5	102.5
11.干鲜瓜果	107.2	109.0	102.0
12.糕点饼干面包	103.2	102.9	103.8
13.奶及奶制品	101.6	101.8	101.0
14.在外用膳食品	104.4	103.7	106.2
15.其他	103.1	103.7	102.2
二、饮料、烟酒	101.7	102.4	100.5
1.茶及饮料	102.5	102.7	101.2
2.烟草	101.0	101.7	100.0
3.酒	103.4	104.4	101.9
三、服装、鞋帽类	97.1	96.0	99.3
1.服装	96.6	95.5	99.0
2.鞋袜帽	98.1	97.0	100.0
3.其他	101.6	102.5	99.9
四、纺织品类	98.8	98.6	99.1
1.衣着材料	100.2	100.7	99.6
2.床上用品	97.8	97.5	98.5
五、家用电器及音像器材	91.1	90.4	92.4
1.家庭设备	95.1	95.1	95.1
2.文娱用耐用消费品	85.7	83.9	88.9
3.音像器材类	95.5	95.3	97.3

上年=100

续表

指 标	全 省	城 市	农 村
六、文化办公用品	96.3	95.8	97.4
七、日用品	101.4	101.4	101.4
1.日用百货	101.0	101.0	101.1
2.日用杂品	101.2	101.2	101.1
3.洗涤用品	103.7	103.8	103.5
4.其他	97.9	97.0	99.1
八、体育娱乐用品	98.1	98.2	98.1
1.体育用品	102.6	104.4	98.6
2.娱乐用品	94.6	92.9	97.8
九、交通、通信用品	93.8	93.1	95.2
1.交通运输机械	97.8	96.7	99.9
2.通讯器材类	85.6	85.4	85.9
十、家具	100.8	102.9	97.2
十一、化妆品类	100.9	101.1	100.5
十二、金银珠宝类	92.4	90.9	95.4
十三、中西药品及医疗保健用品类	102.7	102.5	103.0
1.医疗器具及用品	104.4	107.8	100.3
2.中药材及中成药	105.3	104.4	106.3
3.西药	102.0	102.1	101.9
4.保健器具及用品	99.9	100.1	99.0
十四、书报杂志及电子出版物类	105.2	104.6	106.3
1.教材及参考书	104.9	104.1	106.6
2.书报杂志	107.9	107.5	108.6
3.电子音像制品	99.1	98.5	99.9
十五、燃料类	97.5	96.0	100.6
1.煤炭及制品类	120.3	118.6	122.9
2.石油及制品类	86.9	87.1	86.4
十六、建筑材料及五金电料类	99.5	98.4	101.3
1.建筑装璜材料	99.0	97.6	101.1
2.五金电料类	101.5	101.1	102.0

2009年山西省居民消费价格分类指标

上年=100

指　　标	全　　省	城　　市	农　　村
居民消费价格总指数	99.6	99.0	100.9
一、食　品	101.8	102.3	100.7
1.粮食	106.8	105.9	108.6
2.淀粉	103.1	104.5	101.6
3.干豆类及豆制品	99.9	99.1	101.3
4.油脂	83.2	85.4	79.8
5.肉禽及其制品	88.3	87.9	89.2
(1)食用畜肉及副产品	83.6	83.6	83.6
(2)禽	98.4	98.5	98.5
(3)肉禽加工制品	97.9	98.2	97.4
6.蛋	101.7	101.4	102.1
7.水产品	98.5	98.7	97.7
(1)鱼	97.4	97.5	96.9
(2)其他	101.5	101.6	101.2
8.菜	114.1	114.7	112.7
(1)鲜菜	117.6	117.5	118.5
(2)干菜及菜制品	99.1	101.3	96.2
9.调味品	105.2	104.6	105.9
10.糖	103.0	102.8	103.2
11.茶及饮料	102.3	102.6	101.4
(1)茶叶	100.5	100.0	101.2
(2)饮料	102.7	102.9	101.4
12.干鲜瓜果	107.6	109.0	102.5
(1)鲜果	109.9	112.0	101.7
(2)干(坚)果及瓜果制品	99.7	98.4	104.5
13.糕点饼干面包	103.1	102.9	103.9
14.奶及奶制品	101.6	101.8	100.9
15.在外用膳食品	104.4	103.9	106.0
(1)主食	105.3	105.2	105.7
(2)炒菜	103.5	103.3	104.4
(3)地方小吃	107.0	105.1	110.5
16.其他食品及食品加工服务	103.0	103.1	102.5
二、烟酒及用品	101.9	102.6	101.0
1.烟草	100.8	101.5	100.0
2.酒	104.0	105.4	101.9
3.吸烟饮酒用品	102.3	99.1	109.8
三、衣　着	96.9	95.9	99.6
1.服装	96.3	95.3	99.2
(1)男式服装	97.5	96.7	100.2
(2)女式服装	96.3	95.3	99.3
(3)儿童服装	93.5	90.8	97.6
2.衣着材料	99.9	100.2	99.4
3.鞋袜帽	97.8	96.8	100.4
(1)鞋	98.0	97.1	100.4
(2)袜子	97.7	96.4	100.6
(3)帽子	94.8	92.3	99.6
4.衣着加工服务	103.3	101.7	107.5

上年=100 续表

指　　标	全　省	城　市	农　村
四、家庭设备用品及维修服务	99.5	99.7	99.2
1.耐用消费品	97.7	97.9	97.0
(1)家具	100.9	102.0	97.6
(2)家庭设备	95.5	95.2	96.6
2.室内装饰品	98.2	98.2	98.4
3.床上用品	97.5	96.8	99.0
4.家庭日用杂品	100.8	100.5	101.4
5.家庭服务及加工维修服务	111.1	113.6	103.9
五、医疗保健和个人用品	101.1	101.2	100.7
1.医疗保健	101.5	101.5	101.7
(1)医疗器具及用品	106.0	106.3	104.7
(2)中药材及中成药	104.2	104.0	104.7
(3)西药	102.0	101.9	102.3
(4)保健器具及用品	99.8	100.0	98.8
(5)医疗保健服务	100.1	100.1	99.9
2.个人用品及服务	99.9	100.3	98.8
(1)化妆美容用品	100.9	100.9	100.6
(2)卫生用品	102.6	103.0	100.6
(3)个人饰品	92.4	91.8	93.3
(4)个人服务	103.5	103.4	104.2
六、交通和通信	97.8	97.4	98.8
1.交通	99.3	98.9	99.8
(1)交通工具	98.8	97.3	100.2
(2)车用燃料及零配件	88.3	87.5	89.2
(3)车辆使用及维修	101.7	102.8	100.8
(4)市区公共交通	101.7	102.0	100.5
(5)城市间交通	101.6	100.1	104.2
2.通信	96.5	96.2	97.4
(1)通信工具	79.0	77.1	83.7
(2)通信服务	99.9	99.8	100.3
七、娱乐教育文化用品及服务	99.2	98.5	100.8
1.文娱用耐用消费品及服务	89.6	88.6	92.2
2.教育	101.8	101.0	103.2
(1)教材及参考书	105.6	104.3	108.9
(2)学杂托幼费	101.6	100.9	103.0
3.文化娱乐用品	101.7	101.9	101.3
(1)文化娱乐	100.1	100.3	99.3
(2)书报杂志	107.8	107.6	108.4
(3)文娱费	100.3	100.6	99.4
4.旅游及外出	96.7	96.6	97.1
八、居住	97.4	94.4	104.4
1.建房及装修材料	101.4	99.6	103.0
2.租房	101.8	103.1	100.5
3.自有住房	87.9	86.2	105.4
4.水、电、燃料	103.1	101.6	106.1

山西省房地产价格指数

上年=100

指　　标	2005	2008	2009
房屋销售价格指数	107.4	104.6	101.0
一、新建房	106.9	104.4	101.1
(一)住宅	107.8	104.9	101.1
1.经济适用房	106.7	104.2	99.5
2.商品住宅	—	105.0	101.3
(1)通住宅	108.4	105.2	101.4
①多层	108.7	106.4	100.5
②高层	106.0	104.9	101.8
③其他	110.3	100.4	101.4
(2)高档住宅	107.2	102.2	100.3
①别墅	98.6	102.5	100.4
②高档公寓	108.9	103.2	99.8
(二)非住宅	104.1	102.2	101.1
1.办公楼	103.3	102.3	101.2
2.商业营业用房	107.3	102.7	102.2
3.其他用房	100.1	98.2	92.8
二、二手房	108.7	105.2	100.6
(一)住宅	110.8	105.8	100.7
1.普通住宅	—	106.1	100.5
(1)多层	107.9	103.5	100.0
(2)高层	112.7	106.4	103.2
(3)其他	113.1	97.1	99.9
2.高档住宅	—	103.2	101.9
(二)非住宅	100.1	101.4	100.3
房屋租赁价格指数	103.0	101.4	100.7
一、住宅	103.2	101.3	100.7
(一)经济适用房	100.1	102.1	102.4
(二)廉租房	115.2	100.7	100.6
(三)商品住宅	—	101.3	100.6
1.普通住宅	103.5	101.3	100.4
2.高档住宅	103.9	100.6	102.7
(1)别墅	—	100.0	—
(2)高档公寓	103.9	100.7	102.7
二、非住宅	—	101.7	100.7
(一)办公楼	101.2	101.1	100.3
(二)商业营业用房	103.8	101.6	100.7
(三)其他	105.9	104.3	101.4
土地交易价格指数	109.5	103.1	101.8
一、居住用地	116.3	102.5	101.6
(一)经济适用房用地	—	101.2	100.2
(二)商品住宅用地	—	102.4	101.6
1.普通	107.6	102.4	101.8
2.高档	118.8	105.8	100.0
二、工业用地	106.0	108.0	100.7
三、商业营业用地	105.4	104.3	102.3
四、其他用地	106.1	101.1	—
物业管理价格指数	101.5	100.1	101.3

2009年山西省科学研究机构及人员

项 目	机构（个）	职工人数（人）	从事科技活动人员（人）	
				#科学家和工程师
总 计	165	10559	8110	5009
一、自然科学	133	9323	7070	4258
中 央	1	544	436	294
地 方	132	8779	6634	3964
在自然科学研究机构中农林牧渔业	49	3297	2511	1543
采矿业	2	125	45	18
制造业	27	1512	921	531
建筑业	1	467	414	392
信息传输、计算机及软件业	1	94	80	59
科学研究、技术服务和地质勘查业	15	1869	1528	828
水利、环境和公共设施管理业	14	518	413	267
卫生、社会保障和社会福利业	18	1250	1027	544
文化、体育和娱乐业	5	163	103	57
公共管理和社会组织	1	28	28	19
二、社会科学	20	907	737	541
管理学	1	15	14	14
艺术学	4	118	93	40
考古学	3	146	123	60
经济学	8	445	331	274
社会学	1	24	24	22
教育学	2	149	142	123
统计学	1	10	10	8
三、情报科学	12	329	303	210

2009年山西省地级城市主要经济指标

指标	太原市区	大同市区	阳泉市区	长治市区	晋城市区	朔州市区	晋中市	运城市区	忻州市区	临汾市区	吕梁市区
总户数(万户)	75.61	54.99	23.60	21.08	12.40	23.75	19.19	20.55	20.81	37.30	10.47
总人口(万人)	285.16	154.69	68.76	72.12	34.30	64.09	58.88	65.89	52.86	83.30	27.45
#非农业人口	238.45	119.81	55.34	56.33	28.19	20.04	31.34	23.48	19.62	37.80	15.57
出生人数(人)	27033	16325	5489	7721	3954	9515	5639	9115	6584	9701	4322
死亡人数(人)	8736	5740	3184	2558	881	2112	2088	4072	2521	2045	530
年末城镇单位从业人员数(万人)	76.67	34.81	18.45	14.38	12.86	9.43	9.96	6.97	6.54	9.19	3.09
土地面积(平方公里)	1460	2080	652	334	143	4499	1311	1215	1982	1316	1339
地区生产总值(万元)	14224531	2136306	2354969	2206691	1248181	3914872	1223122	1050491	664304	1733438	491575
第一产业	125328	72558	14574	22820	11472	96079	113270	85926	52908	58806	12096
第二产业	6122845	1092594	1305281	1090355	462751	2618590	409051	301527	226119	651491	209972
第三产业	7976358	971154	1035114	1093516	773958	1200203	700801	663038	385277	1023141	269507
工业经济指标	—	—	—	—	—	—	—	—	—	—	—
工业企业数(个)	374	63	90	84	47	71	149	42	29	80	18
内资企业	350	60	84	81	42	69	135	40	28	75	18
港澳台投资企业	5	—	3	1	0	1	8	0	1	4	—
外商投资企业	19	3	3	2	5	1	6	2	—	1	—
工业总产值(当年价,万元)	14273299	4329000	3309050	3410031	2397262	4185986	990234	577048	421212	1410291	524993
内资企业	13199104	4257400	3197528	3363965	2234413	4023945	861474	551694	421212	1307137	524993
港澳台投资企业	36515	0	32793	10465	0	42680	78933	—	—	98372	—
外商投资企业	1037680	71600	78729	35601	162849	119361	49827	25354	—	4782	—
流动资产合计(万元)	10335577	4671700	3661970	1751303	2272947	1837787	690081	724709	249412	676641	283439
固定资产合计(万元)	9108675	3738400	3743306	1802372	2047180	3230799	732018	1128708	349237	672485	383379
主营业务收入(万元)	14269161	4683500	3649721	3170779	2467954	4077593	994625	611263	418612	1462155	390370
主营业务税金及附加(万元)	180731	61400	71276	11706	25880	97218	5328	1511	1263	23341	4770
本年应交增值税(万元)	636985	368200	398448	105564	271851	342991	24654	14349	7433	39987	20243
利润总额(万元)	555942	125100	254277	149399	867030	647499	−18183	−104416	12589	51233	−4415
固定电话用户数(万户)	146.52	42.60	22.51	37.07	18.90	8.67	23.65	16.49	18.02	24.70	5.22
年末移动电话用户数(万户)	382.16	66.42	60.56	73.31	80.06	41.10	48.78	42.38	18.15	67.70	32.70
国际互联网用户数(户)	790144	182665	109366	135044	82974	38342	79851	5927	40823	108683	14800
全社会用电量(万千瓦小时)	1569268	499331	419532	352391	161267	73862	169017	291380	74611	240705	55245
#工业用电	1181306	358486	326361	291119	124495	48216	46307	185126	44572	123910	22253
城乡居民生活用电	159050	54197	20035	27119	15033	11422	24872	33264	12603	33089	11676
固定资产投资总额(万元)	6989425	3379336	1543746	1054360	993115	1862147	736191	1255253	473165	940862	256416
#房地产开发投资完成额	1620946	826265	264585	129055	204479	115699	95070	270209	122140	254769	17255
#住宅建设	1127592	741108	211931	110511	166882	104700	86789	208994	111343	252038	13799
商品房屋销售面积(万平方米)	176.42	47.75	75.80	72.51	35.18	49.34	41.45	118.51	69.13	36.78	2.87
商品房屋销售额(万元)	865562	146360	221796	203277	109879	117675	96940	235920	87909	120344	8236
社会消费品零售总额(万元)	6697822	1734637	1091093	1483196	931923	546005	655834	1055934	930009	1013668	923000
地方财政收入(万元)	1036236	402549	216273	313924	209252	316915	63255	31047	19893	91356	68531
地方财政支出(万元)	1333232	649999	310829	370280	266772	381439	121160	93317	84632	139819	91459
在校学生数	—	—	—	—	—	—	—	—	—	—	—
高等学校(人)	323321	30223	7140	30357	8125	0	31131	18376	8600	36324	7620
高中阶段(人)	68448	74625	32361	62744	17168	24853	10143	21851	17351	51497	29165
中等职业学校(人)	142933	21105	17626	30153	8631	6511	17121	16543	13501	23373	17942
普通中学(万人)	18.28	10.96	4.50	7.23	4.12	6.17	3.14	7.91	3.12	7.36	3.46
小学(万人)	20.58	14.54	4.78	6.30	4.19	8.17	4.06	3.90	4.88	7.23	3.80
从事科技活动人员数(人)	25533	82800	10677	3145	3200	12354	1507	7986	2455	770	508
医院、卫生院数(个)	196	133	432	54	73	60	41	70	144	76	115
医院、卫生院床位数(张)	21969	8966	4900	5856	2761	3042	3070	5508	3304	4753	1399
医生数(人)	14072	6487	3100	6979	1375	1862	1802	3563	2159	2540	888
在岗职工平均人数(万人)	75.13	34.10	17.45	14	12	9	9	7	7	9	4
在岗职工工资总额(万元)	2524074	988055	632777	324983	526492	285030	197852	165667	120100	243575	1077066
城乡居民储蓄年末余额(万元)	18988535	6630614	2466347	3208742	3087649	2128835	2160771	1514775	1566685	3045165	1004745

注:工业经济指标统计口径为年主营业务收入500万元及以上的工业法人企业;总户数和总人口相关指标为公安年报数。

法规选登

山西省人民代表大会常务委员会关于修改《山西省城市供水和节约用水管理条例》的决定

（2009年3月26日山西省第十一届人民代表大会常务委员会第九次会议通过）

山西省第十一届人民代表大会常务委员会第九次会议决定对《山西省城市供水和节约用水管理条例》作如下修改：

第十九条修改为："用水单位和个人应当按照规定的计量标准和水价标准按月缴纳水费，自接到缴费通知书之日起，无正当理由连续60日未缴纳水费的，供水单位可采取限制用水措施，直至停止供水。""采取停止供水措施的，供水单位应提前10日通知用水单位和个人，并报告县级以上人民政府，对其中重要的用水单位采取停止供水措施的，必须报经县级以上人民政府批准。被停止供水的用水单位和个人按规定缴纳了水费的，供水单位应当及时恢复供水。"

本决定自公布之日起施行。

《山西省城市供水和节约用水管理条例》根据本决定作修改后，重新公布。

山西省城市供水和节约用水管理条例

（2000年1月18日山西省第九届人民代表大会常务委员会第十四次会议通过

根据2009年3月26日山西省第十一届人民代表大会常务委员会第九次会议关于修改《山西省城市供水和节约用水管理条例》的决定修正）

第一章 总 则

第一条 为加强城市供水和节约用水管理，保护和合理开发利用城市供水水源，发展城市供水事业，保障城市生活、生产和其他各项用水，保护供水用水单位和个人的合法权益，根据有关法律、法规的规定，结合本省实际，制定本条例。

第二条 凡在本省行政区域内从事城市供水和使用城市供水的单位和个人，均须遵守本条例。

本条例所称城市供水是指城市公共供水、自建设施供水和二次供水。

第三条 县级以上人民政府建设行政主管部门主管本行政区域内的城市供水和节约用水工作。

第四条 城市供水和节约用水工作实行开发水源和计划用水、节约用水相结合的原则。

第五条 县级以上人民政府应当组织建设、城市规划、水和地质矿产等行政主管部门共同编制城市供水水源开发利用规划，并将其作为城市供水发展规划的组成部分，纳入城市总体规划。

编制城市供水水源开发利用规划，应当从城市发展的需要出发，并与水资源统筹规划和水长期供求计划相协调；应当根据当地情况，合理安排利用地表水和地下水；应当优先保证城市生活用水，统筹兼顾工业用水和其他各项用水。

第六条 县级以上人民政府建设、水、环境保护、地质矿产、卫生等行政主管部门应当按照各自职责加强对城市饮用水水源的保护和管理。

任何单位和个人都有保护水资源和节约用水的义务，并有权对非法开采水资源、浪费水和污染水质的行为向当地人民政府及其有关部门举报。

第七条 对在城市供水和节约用水工作中做出显著成绩的单位和个人，由县级以上人民政府给予表彰、奖励。

第二章 供水工程

第八条 城市供水工程建设，应当符合城市总体规划，与城市发展相适应，并按照城市供水发展规划及其年度建设计划进行。

第九条 需要取用城市规划区内地下水的，须经建设行政主管部门审核同意并签署意见后，由水行政主管部门审批，水行政主管部门可以授权建设行政主管部门或者其他有关部门审批。未经建设行政主管部门审核同意，水行政主管部门或其授权的部门不予颁发取水许可证。

在城市饮用水水源保护区内，任何单位和个人不得擅自凿井取水；对已建成的严重影响城市公共供水水源开采量的自备水源井，应当限量取水，直至关闭。

第十条 申请取用城市规划区内地下水有下列情形之一的，不予审核同意和批准：

（一）城市公共供水管网到达的地区；

（二）可以利用地表水供水的；

（三）没有回灌措施的地下水严重超采区；

（四）建筑物或者构筑物安全保护区；

（五）城市规划确定的公共供水水源地和发展区；

（六）其他不宜取水的地方。

第十一条 城市新建、改建、扩建的工程项目需要增加用水的，其工程项目总概算应当包括供水工程建设投资；需要增加城市公共供水量的，应当将其供水工程建设投资交付县级以上人民政府建设行政主管部门，由其统一组织城市公共供水工程建设。

第十二条 使用城市公共供水的单位和个人，需自建二次供水设施的，应当经城市公共供水单位审核同意，并对该设施二次供水的水质检验合格后，方可联网供水。

第三章 供水经营

第十三条 城市供水单位必须经资质审查合格并到工商行政管理机关登记注册后，方可从事经营活动。

第十四条 自建设施对外供水的单位，由县级以上人民政府建设行政主管部门统一安排供水计划。

第十五条 城市供水单位应当

建立健全水质检测制度,按照规定进行计量认证。

用水单位和个人使用的二次供水设施,应当由城市公共供水单位定期进行清洗消毒。

第十六条　城市供水单位应当在每年第一季度向社会公布年度供水服务目标和服务措施及上一年度服务目标的实施结果。

供水服务目标应当包括下列内容:

(一)供水最低服务水压;

(二)供水水质;

(三)抢修及时率;

(四)抄表、收费服务;

(五)其他服务指标。

第十七条　城市供水单位应当保持不间断供水。由于工程施工、设备维修等原因确需停止供水的,应当经县级以上人民政府建设行政主管部门批准并提前24小时通知用水单位和个人;因发生灾害或者紧急事故,不能提前通知的,应当在抢修的同时通知用水单位和个人,尽快恢复正常供水,并报告县级以上人民政府建设行政主管部门。

第十八条　城市供水价格应当按照生活用水保本微利、生产和经营用水合理计价的原则制定,逐步实行科学的计量收费办法。

城市供水单位应当指导用水单位和个人对生活、生产、经营等用水,实行分装水表计量。用水单位和个人拒不分装水表的,按其中最高类别水价计收水费。

禁止盗用或者转供城市公共供水。

第十九条　用水单位和个人应当按照规定的计量标准和水价标准按月缴纳水费,自接到缴费通知书之日起,无正当理由连续60日未缴纳水费的,供水单位可采取限制用水措施,直至停止供水。

采取停止供水措施的,供水单位应提前10日通知用水单位和个人,并报告县级以上人民政府,对其中重要的用水单位采取停止供水措施的,必须报经县级以上人民政府批准。被停止供水的用水单位和个人按规定缴纳了水费的,供水单位应当及时恢复供水。

第二十条　城市供水单位应当接受用水单位和个人的监督。

供水单位的供水水质、水压必须符合《生活饮用水卫生标准》和《城市供水企业资质管理规定》的要求。因水质、水压、水价和供水服务,给用水单位和个人造成不良影响和经济损失的,用水单位和个人有权向当地人民政府建设、物价、卫生等行政主管部门投诉。有关部门应当及时受理,并给予处理和回复。

第四章　节约用水

第二十一条　城市用水实行定额管理制度。

县级以上人民政府建设行政主管部门应当制定科学合理的用水定额。对超计划用水的单位和个人按规定收取超计划用水加价费。可用城市超计划用水加价费的积累建立城市节约用水发展资金。

城市居民生活用水不得实行用水包费制。

第二十二条　新增或增加用水量实行核准制度。

用水单位和个人不得擅自改变用水性质和转让计划用水指标。

第二十三条　新建、改建、扩建的工程项目在上报工程设计任务书和扩初设计时,须附有县级以上人民政府建设行政主管部门对用水工艺和用水量的审核意见。

第二十四条　因基本建设等需要临时用水的,应当到县级以上人民政府建设行政主管部门申请临时用水计划指标,持批准文件到城市供水单位办理有关手续。

第二十五条　用水单位应当提高水的重复利用率。工业用水的重复利用率低于50%的,未经建设行政主管部门批准,不得增加用水量。

第二十六条　新建、改建、扩建的工程项目,应当配套建设相应的节约用水设施,并与主体工程同时设计、同时施工、同时使用。县级以上人民政府建设行政主管部门应当参加节约用水设施的竣工验收。

第二十七条　用水单位和个人应当按照有关规定安装使用质量合格的节约用水设备和器具。

禁止生产、销售国家已明令淘汰的用水设备和器具。

第二十八条　用水单位应当保证节约用水设施正常运行,不得擅自停止使用或者拆除。

第二十九条　企业应当将节约用水纳入企业技术改造计划,每年从企业更新改造资金中划出一定比例用于节约用水技术改造;应当完善用水设备的计量制度,定期开展水平衡测试工作。

第三十条　鼓励开展污水资源化的研究和开发,加快污水净化设施的建设,提高净化污水利用率。城市排水设施和污水集中处理实行有偿使用和有偿服务。

新建工程项目符合国家规定条件的应当建设中水设施。

第五章　设施维护

第三十一条　在规定的城市供水管道及其附属设施的地面和地下的安全保护范围内,禁止挖坑取土或者修建建筑物和构筑物等危害供水设施安全的活动。

第三十二条　城市公共供水单位负责从取水口至结算水表的公共供水设施的管理和维护,包括用水单位和个人自行建设与公共供水管道连接的并按照有关规定办理产权移交手续的管道及其附属设施的管理和维护。

从结算水表至用水单位和个人的供水设施,由产权所有者负责管理和维护。

第三十三条　城市专用消防栓由城市供水单位安装、维修和管理,公安消防机构负责监督检查,严禁任何单位和个人私自启用。消防单位应当在火警后3日内将失火时间、地点、用水量报送城市供水单位。

第三十四条　水表应当经法定计量检测单位检测合格,并按照国家规定的周期进行检定。

因水表发生故障或者由于其他原因无法抄表计量的,当月用水量按前3个月平均用水量计收水费。

因用水单位和个人造成无法抄表计量的，供水单位有权要求其限期改正。逾期不改正的，当月用水量按水表额定流量计收水费。

用水单位和个人对结算水表计量有异议的，经法定计量检测机构对水表进行校验，水表误差率超过国家规定标准的，检验费由供水单位负责；水表误差率不超过国家规定标准的，检验费由用水单位和个人负责。

第六章　法律责任

第三十五条　违反本条例规定，城市公共供水单位和自建设施供水单位有下列行为之一的，由县级以上人民政府建设行政主管部门责令改正，可并处5000元以上30000元以下的罚款；情节严重的，报经县级以上人民政府批准，可以责令停业整顿；给用水单位和个人造成经济损失的，应当依法赔偿；对负有直接责任的主管人员和其他直接责任人员，其所在单位或上级机关可以给予行政处分：

（一）供水水质不符合国家规定标准的；

（二）供水水压达不到最低服务水压的；

（三）擅自停止供水或者未履行停水通知义务的；

（四）未按照规定检修供水设施或者在供水设施发生故障后未及时抢修的。

第三十六条　违反本条例规定，有下列行为之一的，由县级以上人民政府建设行政主管部门责令限期改正，可并处3000元以上30000元以下罚款；造成经济损失的，应当依法赔偿；情节严重的，除下列第（二）项行为外，经县级以上人民政府批准，可以在一定时间内停止供水：

（一）盗用或者转供城市公共供水的；

（二）在规定的城市公共供水管道及其附属设施的安全保护范围内进行危害供水设施安全活动的；

（三）擅自将自建设施供水管网系统与城市公共供水管网系统连接的；

（四）产生或者使用有毒有害物质的单位将其生产用水管网系统与城市公共供水管网系统直接连接的；

（五）在城市公共供水管道上直接装泵抽水的；

（六）擅自拆除、改装或者迁移城市公共供水设施的。

第三十七条　建设工程施工危害城市公共供水设施的，由县级以上人民政府建设行政主管部门责令其停止违法行为；造成经济损失的，由责任方依法赔偿；对负有直接责任的主管人员和其他直接责任人员，由其所在单位或者上级机关给予行政处分。

第三十八条　新建、改建和扩建的工程项目未按照规定配套建设节约用水设施或者节约用水设施经验收不合格的，由县级以上人民政府建设行政主管部门限制其用水量，并责令其限期完善节约用水设施，可并处5000元以上30000元以下罚款。

第三十九条　违反本条例规定，有下列行为之一的，由县级以上人民政府建设行政主管部门责令其限期改正，并可限制或者核减其供水量；逾期不改正的，可停止供水：

（一）未经审核同意取用城市规划区内地下水的；

（二）违反规定擅自供水的；

（三）擅自转让用水计划指标的；

（四）未经批准擅自改变用水性质的；

（五）应当进行水平衡测试而未进行测试的。

第四十条　县级以上人民政府建设行政主管部门可以委托符合行政处罚法规定条件的单位行使本条例规定的行政处罚权。

第四十一条　建设行政主管部门的工作人员玩忽职守、滥用职权、徇私舞弊的，由其所在单位或者上级机关给予行政处分；构成犯罪的，依法追究刑事责任。

第七章　附　则

第四十二条　本条例具体应用中的问题，由省人民政府负责解释。

第四十三条　本条例自公布之日起施行。

山西省未成年人保护条例

（2009年6月4日山西省第十一届人民代表大会常务委员会第十次会议通过）

第一章　总　则

第一条　根据《中华人民共和国未成年人保护法》和其他有关法律、行政法规，结合本省实际，制定本条例。

第二条　本省行政区域内未满18周岁公民的保护，适用本条例。

第三条　保护未成年人的身心健康、保障未成年人的合法权益、促进未成年人的全面发展是全社会的共同责任。

开展未成年人保护工作，应当坚持尊重未成年人人格尊严、保护与教育相结合以及适应未成年人身心发展规律和特点的原则，并采取特殊保护和优先保护措施。

第四条　县级以上人民政府应当加强对未成年人保护工作的领导，制定未成年人发展规划，研究解决未成年人保护工作中的重大和突出问题，并将未成年人保护工作作为政府工作考核的内容。

县级以上人民政府应当将未成年人保护工作纳入本地区国民经济和社会发展规划以及年度计划，并将维护未成年人合法权益经费列入本级财政预算。

县级以上人民政府有关部门以及共青团、妇联、工会、科协等组织应当按照各自职责，做好未成年人保护工作。

第五条　县级以上人民政府应当设立未成年人保护委员会，其主任由同级人民政府负责人担任；其工作机构设在共青团组织，并配备必要的工作人员。

未成年人保护委员会的职责是：

（一）宣传有关未成年人保护的法律、法规，并对其实施情况进行监督、检查；

（二）研究解决未成年人保护工

作中的问题,组织开展涉及未成年人保护重大事项的调查研究,向本级人民政府和有关部门提出意见和建议;

(三)组织协调有关部门和其他单位做好未成年人保护工作,指导其他未成年人保护组织开展工作;

(四)受理侵害未成年人合法权益的投诉、控告和举报,督促有关部门查处,协调有关部门为受到侵害的未成年人提供法律帮助;

(五)法律、法规规定的其他职责。

第六条 乡(镇)人民政府应当配备专职或者兼职工作人员,村(居)民委员会应当指定专人,具体负责未成年人保护工作。

第二章 家庭保护

第七条 父母或者其他监护人应当履行下列义务:

(一)保护未成年人的人身、财产权利不受侵犯;

(二)为未成年人提供必要的生活、学习和医疗保健条件,保护未成年人的身心健康;

(三)教育、指导未成年人养成良好的思想品德、行为习惯,增强其自我保护意识;

(四)鼓励、支持未成年人参加与其年龄相适应的家务劳动、社会公益活动和健康的文体、社交活动;

(五)了解未成年人的心理状况和行为习惯,预防和制止其吸烟、饮酒、旷课、沉迷网络等不良行为;

(六)法律、法规规定的其他义务。

第八条 父母无法履行监护职责的,应当委托有监护能力的其他成年人代为监护,并及时告知未成年人居住地的村(居)民委员会和就读学校。

第九条 禁止父母或者其他监护人实施下列行为:

(一)教唆、诱骗、胁迫未成年人违法犯罪;

(二)体罚、虐待、遗弃未成年人;

(三)为未成年人订立婚约或者允许、迫使未成年人与他人同居;

(四)允许、迫使义务教育阶段的未成年人失学、辍学;

(五)允许、迫使不满16周岁的未成年人务工;

(六)放任、迫使未成年人夜不归宿;

(七)其他不履行监护、抚养未成年人义务,侵害未成年人合法权益或者影响其健康成长的行为。

第三章 学校保护

第十条 学校应当尊重未成年人接受义务教育的权利,不得拒绝接收本学区适龄未成年人入学,不得责令未成年学生停课、转学、退学,不得违反法律和国家规定开除未成年学生。

学校处分未成年学生,应当听取本人及其父母或者其他监护人的申辩,并及时答复。

第十一条 学校应当对未成年学生进行爱国主义、思想道德、传统文化、法制以及科普教育,并将其纳入学校教学计划。

学校应当根据未成年学生的生理、心理发展特点,开展心理健康辅导、疏导,并对进入青春期的未成年学生进行性生理、性心理和性道德等青春期教育。

学校应当聘请校内外辅导员,对未成年学生进行前两款规定的教育。

第十二条 学校应当向未成年学生普及生活安全常识以及应对突发事件和不法侵害的知识,传授帮助他人的正确方法,制定地震、火灾、洪水、泥石流、传染性疾病、食物中毒、意外伤害等突发事件的应急预案并定期组织未成年学生进行逃生和自救演练,提高其自我保护的能力。

第十三条 学校应当建立健全卫生保健制度,为未成年学生提供卫生保健服务。学校发现未成年学生患病的,应当及时通知其父母或者其他监护人;情况紧急的,应当立即与医疗机构联系或者送其到医疗机构就医。

第十四条 学校应当建立健全校园安全制度,加强对未成年学生的教育和管理,及时制止校园内的打架斗殴等行为,维护正常的校园教学、生活秩序。

对校园内和校园周边针对未成年学生的违法犯罪行为,学校应当制止并及时向公安机关报告。

第十五条 学校不得在危及未成年学生人身安全、健康的校舍和其他设施、场所中进行教育教学活动。学校发现安全隐患,应当及时处理;无法处理或者情况紧急的,应当立即组织未成年学生撤离,并报告主管部门和其他相关部门。

寄宿制学校应当加强对未成年学生宿舍和食堂的安全、卫生管理。

第十六条 学校应当组织未成年学生参加有益其健康成长的集会、文化娱乐、社会实践等活动,并采取安全防范措施,防止发生人身安全事故。学校不得组织未成年学生参加商业性活动、超负荷的体力劳动或者其他与其年龄、身心健康不相适应的活动。

学校应当支持少先队、共青团组织依照各自章程,开展有益于未成年学生身心健康的各项活动。

第十七条 学校应当建设用于教学的互联网上网服务设施,引导、教育未成年学生正确选择和使用网络资源,并采取安全过滤措施,防止其接触有害信息。

第十八条 学校应当保证未成年学生休息、文娱和体育活动的时间,不得以各种名义占用未成年学生寒暑假期、法定节假日集体补课。

第十九条 学校应当在学习、生活等方面帮助在校未成年学生中的孤儿、留守儿童、服刑人员子女、单亲家庭子女以及残疾学生。

第二十条 学校应当建立与未成年学生家长的联系制度,并对家长进行家庭教育指导或者培训。

第二十一条 教师应当尊重未成年学生的人格尊严,平等对待未成年学生,在履行职责期间尽到保护未成年学生人身安全的义务;不得体罚、侮辱、恐吓、歧视未成年学生。学校和教师不得违反国家规定向未成年学生收取费用,不得索要、收受礼品和财物,不得以罚款方式处罚违纪的未成年学生。

第二十二条 幼儿园、托儿所参

照本章的有关规定执行。

第四章 国家机关保护

第二十三条 县级以上人民政府应当采取措施，合理配置教育资源,保障适龄未成年人平等接受义务教育,保障正在接受劳动教养、服刑的未成年人接受义务教育,并根据需要设置特殊教育学校(班),对视力残疾、听力语言残疾和智力残疾的适龄未成年人实施义务教育。

父母或者其他监护人在非户籍所在地工作或者居住的适龄未成年人,在父母或者其他监护人工作或者居住地接受义务教育的,当地人民政府应当为其提供平等接受义务教育的条件。

第二十四条 县级以上人民政府应当将未成年人教育教学和校外活动场所建设纳入城乡建设总体规划,并按照国家标准进行建设。

任何单位和个人不得侵占、损毁未成年人教育教学和校外活动场所。确因城乡建设征用的,应当按照不低于原场所的规模，先行规划和建设，并配置相应的设施。

第二十五条 县级以上人民政府应当定期对学校校舍的安全情况进行检查,需要维护、改造的,及时维修、改造;维修、改造期间,应当妥善安置未成年学生。

第二十六条 县级以上人民政府应当逐步建立未成年人重大疾病、意外伤害、心理疾病的救助机制,保障其健康成长。

第二十七条 县级以上人民政府应当加强对文化市场的管理,支持、鼓励有利于未成年人健康成长的文化产业的发展和文化产品的创作。

新闻出版部门应当会同教育部门加强对中小学教材、教辅读物出版、发行市场的监督管理。

文化、新闻出版、广播电视等部门应当加强对图书、报刊、影视节目、音像制品、电子出版物等文化产品市场的监督管理。

第二十八条 教育部门应当维护未成年人的受教育权益及其他有关权益,及时处理学校和教师侵害未成年学生合法权益的行为。

教育部门应当建立有利于未成年学生品德、智力、体质全面发展的教育评价制度,督促学校实施素质教育,提高未成年学生的综合素质。

第二十九条 公安机关应当对学校周边地区的治安状况进行排查,及时发现和消除治安隐患，预防、制止侵害未成年学生人身、财产安全的违法犯罪行为。

公安机关应当在学校门前和周边的道路上划定人行横道,设置未成年学生过往警示标志和车辆限速、禁鸣标志,并加强对学校周边的道路交通安全管理。

第三十条 工商、卫生、质监、交通等相关部门应当在各自职责范围内,加强对生产、销售未成年人食品、药品、文具、玩具等产品,以及向未成年人提供餐饮、休息和接送服务的监督管理。

第三十一条 人力资源和社会保障部门应当会同其他有关部门对完成义务教育不再升学的未成年人进行就业、创业培训,对正在接受劳动教养、服刑的未成年人进行职业技术培训。

第三十二条 对羁押、服刑的未成年人，应当与成年人分别关押、管理。

未成年人教养机构、未成年犯管教机构应当坚持教育、感化、挽救的方针,对正在接受劳动教养、服刑的未成年人进行心理矫治和道德、法制、文化、职业技术教育,为其就学、就业创造条件。

第三十三条 公安、司法行政、教育、人力资源和社会保障等部门以及村(居)民委员会应当共同做好劳动教养期满、刑满释放的未成年人的帮教、落户、就学、就业等工作。

第三十四条 县级以上人民政府有关部门和其他有关单位接到未成年人合法权益受侵害的投诉、控告、举报,应当自受理之日起30日内提出处理意见并答复相关人员,法律、法规另有规定的除外;对不属于本单位受理的事项,应当告知其有权受理的单位或者及时转交有关单位。

第五章 社会保护

第三十五条 中、小学校周围200米范围内和居民住宅楼（院),不得设立互联网上网服务营业场所、营业性歌舞娱乐场所和其他不适宜未成年人活动的场所。

互联网上网服务营业场所、营业性歌舞娱乐场所和其他不适宜未成年人活动的场所，不得接纳未成年人,经营者应当在入口处的显著位置设置未成年人禁入标志;对难以判明是否已成年的,应当要求其出示身份证件。

第三十六条 烟酒经营者不得向未成年人出售烟酒,并在经营场所的显著位置设置禁售标志、标明举报电话。

第三十七条 任何单位和个人不得违反国家有关规定,招用未满16周岁的未成年人。文艺、体育和特种工艺单位确需招用未成年人的,应当经人力资源和社会保障部门批准,并保障其接受义务教育的权利和身心健康。

用人单位招用已满16周岁、未满18周岁未成年人的，应当依法与其签订劳动合同，并实行单独管理。禁止安排已满16周岁、未满18周岁的未成年人从事过重、有毒、有害等危害其身心健康的劳动或者危险作业。

第三十八条 对未成年人进行DNA鉴定的，应当保护未成年人的隐私,避免对其心理健康造成伤害。

第三十九条 任何单位和个人不得披露涉及未成年人隐私的文字、图片、音像以及可能推断出该未成年人身份的信息。法律、行政法规另有规定的除外。

第四十条 大众传播媒体应当宣传有关未成年人保护的法律、法规,并对侵害未成年人合法权益的行为实行舆论监督。

第六章 奖励与处罚

第四十一条 县级以上人民政府应当对有下列情形之一的单位和

个人给予表彰、奖励:

(一)宣传、执行未成年人保护的法律、法规成绩突出的;

(二)教育、挽救有不良行为的未成年人或者劳动教养期满、刑满释放的未成年人成绩突出的;

(三)在突发事件中救助未成年人事迹突出的;

(四)创作出有利于未成年人健康成长的优秀作品的;

(五)提供、兴建未成年人活动场所、设施贡献突出的;

(六)捐建、捐助未成年人福利机构的;

(七)其他为保护未成年人做出特殊贡献的。

第四十二条　违反本条例规定,国家机关及其工作人员不依法履行保护未成年人合法权益的职责,侵害未成年人合法权益,或者对提出申诉、控告、检举的人打击报复的,由其所在单位或者上级机关责令改正,对直接负责的主管人员和其他直接责任人员依法给予处分。

第四十三条　违反本条例规定,学校、幼儿园不履行职责致使未成年人发生人身安全事故,情节严重的,由教育部门对直接负责的主管人员和其他直接责任人员给予处分。

第四十四条　违反本条例规定,学校占用未成年学生寒暑假期、法定节假日集体补课的,由教育部门责令改正;拒不改正的,对其主要负责人给予处分。

第四十五条　违反本条例规定,侵占、损毁未成年人教育教学和校外活动场所、设施,有关责任人员属于国家工作人员的,由其上级主管部门给予处分;不属于国家工作人员的,由有关部门依法给予处罚,并责令恢复原状、赔偿损失。构成犯罪的,依法追究刑事责任。

第四十六条　违反本条例规定,用人单位招用未满16周岁未成年人的,由人力资源和社会保障部门责令其将招用的未成年人送回原居住地,并按照每招用1人每月处5000元罚款的标准进行处罚;情节严重的,由工商部门依法吊销营业执照。

违反本条例规定,用人单位安排已满16周岁、未满18周岁的未成年人从事过重、有毒、有害等危害其身心健康的劳动或者危险作业的,由人力资源和社会保障部门按照每涉及1人处1000元以上5000元以下罚款的标准进行处罚;情节严重的,由工商部门依法吊销营业执照。

第四十七条　违反本条例规定,营业性歌舞娱乐场所接纳未成年人的,由文化部门没收违法所得和非法财物,并处违法所得1倍以上3倍以下罚款;没有违法所得或者违法所得不足1万元的,并处1万元以上3万元以下罚款;情节严重的,责令停业整顿1个月至6个月。

第四十八条　违反本条例规定,互联网上网服务营业场所接纳未成年人的,由文化部门给予警告,可以并处15000元以下罚款;情节严重的,责令停业整顿,直至吊销《网络文化经营许可证》。

第四十九条　违反本条例规定,向未成年人出售烟酒的,由烟草、商务部门依法责令改正,可以并处200元以下罚款;向多人多次出售的,处200元以上2000元以下罚款。

第五十条　违反本条例规定,向未成年人提供不符合食品安全、安全保护标准的餐饮、休息、接送服务的,由卫生、交通等部门依法给予处罚;构成犯罪的,依法追究刑事责任。

第七章　附　则

第五十一条　本条例自2009年9月1日起施行。1996年9月23日山西省第八届人民代表大会常务委员会第二十四次会议通过的《山西省实施〈中华人民共和国未成年人保护法〉办法》同时废止。

山西省农业综合开发条例

(2009年6月4日山西省第十一届人民代表大会常务委员会第十次会议通过)

第一章　总　则

第一条　为规范农业综合开发行为,加强农业基础设施建设,提高农业综合生产能力,增加农民收入,保障粮食安全,支持和促进现代农业发展,根据有关法律、法规,结合本省实际,制定本条例。

第二条　本条例所称农业综合开发,是指经国家和省农业综合开发管理机构批准立项,利用财政设立的专项资金以及其他有关资金,对农业资源进行区域开发和综合利用的活动。

第三条　在本省行政区域内从事农业综合开发的单位和个人,适用本条例。

第四条　农业综合开发应当坚持以改造中低产田为主,实行山水田林路综合治理,实现经济效益、社会效益和生态效益相统一。

第五条　农业综合开发实行农业综合开发县(以下简称开发县)管理制度。

开发县的申报、审批,按照国家有关规定办理。

开发县是指经国家或者省农业综合开发管理机构批准进行农业综合开发的县(市、区)。

第六条　省、设区的市和开发县人民政府应当加强对农业综合开发工作的领导,建立农业综合开发联席会议制度,定期研究解决农业综合开发工作中的重大问题。

省、设区的市和开发县人民政府应当组织有关部门编制农业综合开发中长期发展规划,并将农业综合开发工作纳入本行政区域内的国民经济和社会发展规划。

省、设区的市和开发县人民政府应当健全农业综合开发管理机构,加强队伍建设,配备相应人员,适应农业综合开发工作的需要。

第七条　省、设区的市和开发县人民政府应当将农业综合开发项目资金和农业综合开发事业经费列入本级财政预算,予以保障。

第八条　省人民政府财政主管部门是省农业综合开发工作的行政主管部门。

设区的市、开发县人民政府或者农业综合开发行政主管部门主管本行政区域内的农业综合开发工作。

农业、林业、水利、国土资源、环保等部门在各自的职责范围内,做好有关农业综合开发工作。

第九条 省、设区的市和开发县农业综合开发管理机构负责本行政区域内农业综合开发的具体工作,主要职责是:

(一) 贯彻落实农业综合开发政策;

(二) 拟定农业综合开发有关制度;

(三) 编制农业综合开发年度项目计划;

(四) 管理和统筹安排农业综合开发资金;

(五)指导、管理和组织农业综合开发项目实施;

(六) 组织检查农业综合开发项目执行情况;

(七) 承办联席会议交办的具体工作;

(八)其他有关工作。

第十条 省、设区的市和开发县人民政府应当对在农业综合开发工作中作出突出贡献的单位和个人给予表彰、奖励。

第二章 项目管理

第十一条 农业综合开发项目管理遵循以下原则:

(一) 因地制宜,统筹规划;

(二) 规模开发,产业化经营;

(三) 依靠科技,注重效益;

(四) 公平竞争,择优立项。

第十二条 农业综合开发项目主要包括土地治理项目、产业化经营项目、科技推广示范项目等。土地治理项目包括稳产高产基本农田建设、盐碱地改良等中低产田改造项目,小流域治理、生态林建设、草场改良、土地沙化治理等生态综合治理项目,中型灌区节水配套改造项目。产业化经营项目包括蔬菜、经济林等种植基地建设项目,畜牧水产等养殖基地建设项目,农产品加工项目,农产品储藏保鲜、产地批发市场等流通设施建设项目。科技推广示范项目包括农业新品种、新技术推广应用,科技成果转化等项目。

第十三条 省、设区的市和开发县农业综合开发管理机构应当加强农业综合开发信息化建设,建立农业综合开发项目库,加强对项目库的管理。

第十四条 省农业综合开发管理机构应当发布年度项目申报指南。

项目申报单位按照申报指南,向农业综合开发管理机构提出书面申请。受理机构应当组织有关专家实地考察,提出初审意见,对符合条件的,应当公示,按照规定逐级上报省农业综合开发管理机构。

省农业综合开发管理机构对上报的项目应当组织专家评审,并按照规定权限批准或者报国家农业综合开发管理机构审批。

第十五条 农业综合开发项目应当符合国家和省规定的农业综合开发项目建设标准,项目建设期为1至2年。

经批准的农业综合开发项目建设单位、项目责任人、建设内容、实施地点和开发规模等不得擅自变更;确需变更的,应当按照规定报农业综合开发管理机构批准。

第十六条 农业综合开发项目实行招投标制、工程建设监理制、公示制等管理制度。

土地治理项目立项及其主要单项工程的勘测设计、施工、监理、主要设备和材料的采购,实行公开招标,择优确定。主要单项工程的施工,由具备相应资质的单位进行监理。

农业综合开发项目建设的主要内容和完成情况,以及资金筹集和使用情况,应当在项目区公示。

第十七条 申报土地治理项目应当具备下列条件:

(一)中低产田改造项目:符合土地利用规划,有明确的区域范围,项目区水源有保证,防洪有保障,灌排骨干工程基本具备,土地集中连片,有增产潜力;

(二)生态综合治理项目:有明确的区域范围,治理区集中连片,具备开发治理条件,对改善农业生产和生态环境具有明显的效果;

(三) 中型灌区节水配套改造项目:符合区域水资源利用总体规划和节水灌溉发展规划,直接为农业综合开发项目区提供水利灌排条件。

申报土地治理项目,应当经村民委员会采取民主方式,征求村民意见,实行“一事一议”,并按照国家有关规定出具村民同意筹资投劳的相关证明材料。

第十八条 开发县农业综合开发管理机构对竣工验收合格的土地治理项目工程,应当明晰产权,确定管护主体,办理移交手续。土地治理项目工程的管护主体应当健全各项管护制度,建立管护经费筹集机制,保证项目工程长期发挥效益。

第十九条 申报产业化经营项目应当具备下列条件:

(一) 符合国家产业政策和行业发展规划,体现当地资源优势和区域特色;

(二) 申报单位具有独立的法人资格;

(三) 申报单位经营期在2年以上,经济指标、财务指标等符合有关要求;

(四) 申报单位与当地农户建立生产、加工、销售的利益联结机制。

第二十条 申报科技推广示范项目应当具备下列条件:

(一) 符合国家农业产业政策和农业综合开发有关项目管理的要求;

(二) 申报单位具有独立的法人资格,有科研推广能力、技术依托单位;

(三) 推广的技术成果应当通过省级以上专业部门鉴定,具有地域适应性、技术先进性以及推广效益。

第二十一条 农业综合开发项目完成后应当进行验收。开发县农业综合开发管理机构应当做好项目验收前的准备工作,设区的市农业综合开发管理机构对本行政区域内的验收准备工作情况进行考核,由省农业综合开发管理机构组织对全省农业综合开发项目进行验收。

验收的主要内容包括:执行国家和省农业综合开发政策情况,项目建设任务和主要经济技术指标完成情况,工程建设质量情况,资金到位和村民筹资投劳情况,资金使用和回收情况,工程运行管护和文档管理情况等。

第三章　资金管理

第二十二条　农业综合开发资金包括:

(一)财政设立的农业综合开发专项资金;

(二)农业生产经营组织和个人自筹资金、以物折资和村民投劳折资;

(三)通过财政资金投入吸引的金融资金等;

(四)社会捐赠资金;

(五)国家和省规定的其他有关资金。

第二十三条　农业综合开发资金的使用应当突出重点、集中投入、奖优罚劣、效益优先。

第二十四条　农业综合开发财政专项资金的使用实行县级报账制。开发县农业综合开发管理机构应当执行规定的报账程序和手续。

农业综合开发资金应当按照农业综合开发财务、会计制度,实行专人管理、专账核算、专款专用,不得挪作他用。

第二十五条　省、设区的市、开发县农业综合开发管理机构应当做好农业综合开发资金绩效评价工作,提高资金使用效益。

第二十六条　任何单位和个人不得挤占、挪用、骗取农业综合开发财政专项资金,不得将无偿使用的财政专项资金转为有偿使用。

第四章　监督检查

第二十七条　省、设区的市和开发县农业综合开发管理机构应当加强监督检查,做好对农业综合开发工程建设、资金使用和建后管护等情况的中期检查、专项检查、年度验收、综合考评等工作。

省、设区的市和开发县人民政府财政主管部门应当加强对农业综合开发资金和财务工作的监督检查。

第二十八条　省、设区的市和开发县人民政府审计、监察等部门应当按照各自的职责,对农业综合开发工作进行监督检查,依法查处违法行为。

第二十九条　农业综合开发工作应当公开办事程序,接受社会监督。对农业综合开发工作中违法行为的举报,有关部门应当受理,并按照各自的职责,对举报事项查明事实,依法处理。

第五章　法律责任

第三十条　违反本条例规定,有下列行为之一的,由省农业综合开发管理机构责令限期改正;逾期不改正的,由省农业综合开发管理机构按照规定扣减下一年度农业综合开发财政专项资金投资指标,对直接负责的主管人员和其他直接责任人员依法给予行政处分;情节严重的,按照规定暂停或者取消开发县资格:

(一)开发县农业综合开发管理机构未执行建设标准、延长建设期的;

(二)开发县农业综合开发管理机构擅自变更项目建设单位、项目责任人、建设内容、实施地点和开发规模等的;

(三)设区的市、开发县农业综合开发管理机构将无偿使用的财政专项资金转为有偿使用的。

第三十一条　违反本条例规定,有下列行为之一的,按照规定取消开发县资格:

(一)农业综合开发财政专项资金的使用未实行县级报账制的;

(二)农业综合开发资金未按照农业综合开发财务、会计制度实行专人管理、专账核算、专款专用的。

第三十二条　违反本条例规定,挤占、挪用农业综合开发财政专项资金的,由省农业综合开发管理机构按照挤占、挪用财政专项资金数额的3倍扣减下一年度农业综合开发财政专项资金投资指标;情节严重的,按照规定暂停或者取消开发县资格;构成犯罪的,依法追究刑事责任。

第三十三条　违反本条例规定,项目申报单位骗取农业综合开发财政专项资金的,由省人民政府财政主管部门追回被骗取的财政专项资金,并处以被骗取财政专项资金10%以上50%以下的罚款;构成犯罪的,依法追究刑事责任。

第三十四条　违反本条例规定,故意损毁、破坏农业综合开发项目工程设施的,依法给予处罚;构成犯罪的,依法追究刑事责任。

第三十五条　农业综合开发管理机构和有关部门的工作人员在农业综合开发工作中滥用职权、玩忽职守、徇私舞弊的,依法给予行政处分;构成犯罪的,依法追究刑事责任。

第六章　附　则

第三十六条　国有农场经国家或者省农业综合开发管理机构批准实施的农业综合开发项目以及设区的市、县人民政府利用本级财政资金开展的农业综合开发活动,参照本条例规定执行。

第三十七条　本条例自2009年10月1日起施行。

山西省气象灾害防御条例

(2009年7月30日山西省第十一届人民代表大会常务委员会第十一次会议通过)

第一章　总　则

第一条　为加强气象灾害防御,避免或者减轻气象灾害造成的损失,保障人民生命财产安全,促进经济社会发展,根据《中华人民共和国气象法》等有关法律、法规,结合本省实际,制定本条例。

第二条　本条例适用于本省行政区域内的气象灾害防御活动。

因气象因素引发的地质灾害、森林火灾、水灾、旱灾、农林病虫害等衍生、次生灾害的防御活动,适用有关法律、法规的规定。

第三条　气象灾害防御工作坚持以人为本、统筹规划、突出重点、预防为主、科学防御的原则。

第四条　县级以上人民政府应当加强气象灾害防御工作的领导,建立健全气象灾害防御工作协调机制,完善气象灾害防御基础设施建设,将气象灾害防御工作纳入国民经济和社会发展计划，所需经费列入本级财政预算。

第五条　县级以上气象主管机构负责本行政区域内灾害性天气的监测、预报、预警，气象灾害的调查和风险评估，人工影响天气和雷电防护等工作。

县级以上人民政府有关部门应当按照各自职责，做好本行政区域内气象灾害防御的相关工作。

第六条　县级以上人民政府应当组织气象主管机构和有关部门，向社会宣传气象灾害防御法律、法规，普及气象灾害防御知识，提高社会公众防御气象灾害的意识和能力。

居民委员会、村民委员会、企业、事业单位和其他社会组织应当协助政府有关部门做好气象灾害防御宣传工作。

教育行政主管部门应当将气象灾害防御知识纳入中、小学校有关课程或者课外活动。

第七条　县级以上人民政府应当采取措施，鼓励和支持气象灾害防御的科学技术研究，推广和应用先进技术。

第八条　在气象灾害防御工作中做出突出贡献的单位和个人，县级以上人民政府应当给予表彰或者奖励。

第二章　防御规划和设施建设

第九条　省人民政府应当组织气象主管机构和有关部门开展气象灾害普查，建立气象灾害数据库，分灾种进行气象灾害风险评估，并根据气象灾害发生的规律、特点、分布情况和风险评估结果，编制全省气象灾害防御规划。

设区的市、县(市、区)人民政府应当根据全省气象灾害防御规划，结合本地气象灾害特点，编制本行政区域气象灾害防御规划。

第十条　气象灾害防御规划应当包括下列内容：

(一)气象灾害现状、发展趋势预测；

(二) 气象灾害易发区域和重点防御区域的划定；

(三)气象灾害防御的目标、措施和责任；

(四) 气象灾害综合监测系统建设；

(五)气象灾害预报、预警系统建设；

(六) 气象灾害防御指挥系统等相关设施建设；

(七) 法律、法规规定的其他内容。

第十一条　县级以上人民政府应当加强气象灾害监测、预警工程建设，逐步提高气象灾害防御能力。

县级以上人民政府应当在气象灾害易发区域和重点防御区域，科学、合理设置气象灾害监测网点，并加强维护和管理。

第十二条　县级以上人民政府应当在学校、医院、车站、机场、体育场(馆)、影剧院、旅游景点、干线公路、重点工程所在地等场所，建设或者利用现有电子显示屏、广播等信息传播设施，播发气象灾害预警信息。

第十三条　县级以上人民政府应当根据气象灾害防御规划，建设气象灾害监测预警信息共享系统，气象主管机构负责共享系统的日常维护和管理。

第十四条　县级以上人民政府应当组织气象主管机构和有关部门编制气象灾害探测环境和设施保护专业规划，加强气象灾害监测站(点)的探测环境和设施保护工作。

第十五条　禁止在气象探测环境保护范围内从事危害气象探测环境的活动。

任何单位和个人不得侵占、损毁或者擅自移动气象灾害监测设施。

第十六条　县级以上人民政府应当根据防灾减灾的需要，加强人工影响天气机构、作业站(点)设施和装备的建设。

气象主管机构应当根据需要，适时组织和指导实施人工增雨 (雪)或者防雹等人工影响天气作业。

第十七条　建(构)筑物，生产、储存易燃易爆物品的场所，计算机网络，通信和广播电视设施，电力设施等应当按照国家规定安装防雷装置。防雷装置的设计审核和竣工验收由县级以上气象主管机构负责。

从事防雷装置检测、防雷工程专业设计和施工的单位应当取得国家或者省气象主管机构颁发的资质证书。

防雷装置所有者应当按照国家和省的有关规定，委托具有防雷装置检测资质的单位对防雷装置实施定期检测。

第三章　监测、预报和预警

第十八条　县级以上人民政府应当组织气象主管机构和农业、水利、林业、国土资源、环境保护等有关部门开展对气象灾害预测的研究，并实施联合监测。

气象主管机构负责气象灾害的气象要素监测，其他有关部门按照各自职责负责相关气象灾害的监测工作。

参与联合监测的气象主管机构和有关部门应当准确、及时向气象灾害监测预警信息共享系统提供监测信息。

第十九条　县级以上气象主管机构所属的气象台(站)应当及时向社会发布灾害性天气警报、预警信号，同时向本级人民政府报告，并通报有关灾害防御和灾害救助部门。

其他组织和个人不得向社会发布灾害性天气警报、预警信号，不得传播虚假气象灾害信息。

第二十条　县级以上人民政府指定的广播、电视、报纸、网站等媒体和通信运营单位，应当及时向社会播发当地气象主管机构所属的气象台(站)提供的适时灾害性天气警报、预警信号。

前款规定的媒体和通信运营单位播发灾害性天气警报、预警信号时，不得收取任何费用。

第二十一条　乡(镇)人民政府、街道办事处在收到气象主管机构所属的气象台(站)提供的灾害性天气警报、预警信号后，应当及时告知本辖区公众。

第二十二条　学校、医院、车站、体育场(馆)等公共场所应当明确气象灾害应急联系人，居民委员会、村民委员会应当确定气象灾害义务信息员，负责及时传递灾害性天气警报、预警信号。

第四章　应急预案和应急处置

第二十三条　县级以上人民政府应当根据有关法律、法规和气象灾害防御规划，结合当地气象灾害特点，制定本行政区域内的气象灾害应急预案，并向社会公布。

第二十四条　县级以上人民政府应当根据气象主管机构所属气象台(站)发布的灾害性天气警报、预警信号和可能造成的危害，适时启动相应级别的应急预案。

应急预案的启动和终止，应当及时向社会公布，并报上一级人民政府备案。

第二十五条　气象灾害应急预案启动时，县级以上人民政府可以采取下列应急处置措施：

(一)组织人员撤离、疏散；

(二)决定停工、停业、停课；

(三)实行交通管制；

(四)保障道路、通信、供水、供热、供气、供电等设施的安全和正常运行；

(五)保障基本生活必需品和药品的供应；

(六)法律、法规规定的其他措施。

有关单位和个人应当配合人民政府实施应急处置措施，服从人民政府的指挥和安排。

第二十六条　气象灾害应急预案启动后，气象主管机构应当组织所属气象台(站)对灾害性天气进行跟踪监测，开展现场气象服务，及时向本级人民政府和有关部门报告灾害性天气实况、变化趋势，为本级人民政府组织防御气象灾害提供决策依据。

第二十七条　气象灾害发生地的单位和个人有义务及时向当地人民政府及有关部门报告灾情。接到报告后，当地人民政府应当组织气象主管机构和民政等部门进行调查，必要时将调查结果向上一级人民政府报告。

第二十八条　对人民生产、生活造成重大影响的气象灾害发生后，县级以上人民政府应当组织气象主管机构和民政、国土资源、农业、水利、林业、安全生产监督管理等有关部门及时对气象灾害的影响程度、受灾规模、经济损失和可能存在的安全隐患进行调查评估。

第五章　法律责任

第二十九条　违反本条例规定，在气象灾害防御工作中，未依法履行职责，有下列行为之一的，对直接负责的主管人员和其他直接责任人员依法给予行政处分；构成犯罪的，依法追究刑事责任：

(一)未按规定编制气象灾害防御规划的；

(二)向不符合条件的单位颁发防雷装置检测、防雷工程专业设计和施工资质证书的；

(三)隐瞒、谎报或者授意他人隐瞒、谎报气象灾害信息和灾情的；

(四)在灾害性天气警报、预警信号发布后，未及时告知本辖区公众的；

(五)未制定气象灾害应急预案的；

(六)未及时采取应急处置措施或者处置不当，造成后果的。

气象主管机构及其工作人员因玩忽职守造成灾害性天气警报出现重大错报、漏报的，按照气象法的有关规定处理。

第三十条　违反本条例规定，有下列行为之一的，由县级以上气象主管机构责令停止违法行为，限期恢复原状或者采取其他补救措施，可以并处1万元以上5万元以下的罚款；造成损失的，依法承担赔偿责任；构成犯罪的，依法追究刑事责任：

(一)在气象探测环境保护范围内从事危害气象探测环境活动的；

(二)侵占、损毁或者擅自移动气象灾害监测设施的。

第三十一条　违反本条例规定，有下列行为之一的，由县级以上气象主管机构或者其他有关部门责令停止违法行为，处3万元以上5万元以下的罚款；有违法所得的，没收违法所得；对单位或者个人造成损失的，依法承担赔偿责任：

(一)无资质证书或者超越资质许可范围从事防雷装置检测、防雷工程专业设计和施工的；

(二)在防雷装置检测、防雷工程专业设计和施工中弄虚作假的。

第三十二条　违反本条例规定，有下列行为之一的，由县级以上气象主管机构责令改正，给予警告，可以并处1万元以上5万元以下的罚款；对单位或者个人造成损失的，依法承担赔偿责任；构成犯罪的，依追究刑事责任：

(一)非法向社会发布灾害性天气警报、预警信号的；

(二)传播虚假气象灾害信息的；

(三)未及时播发灾害性天气警报、预警信号的。

第六章　附　则

第三十三条　本条例所称气象灾害，是指由于干旱、冰雹、暴雨(雪)、雷电、大风、沙尘暴、大雾、高温、低温、霜冻、冰冻、倒春寒、干热风等所造成的灾害。

第三十四条　本条例自2009年10月1日起施行。

山西省社会治安综合治理条例

(1992年10月15日山西省第七届人民代表大会常务委员会第三十一次会议通过，2009年9月24日山西省第十一届人民代表大会常务委员会第十二次会议修订)

第一章　总　则

第一条　为加强社会治安综合治理，维护社会治安秩序和社会稳定，促进社会和谐，根据《全国人民代表大会常务委员会关于加强社会治安综合治理的决定》和有关法律、法规，结合本省实际，制定本条例。

第二条　本省行政区域内开展社会治安综合治理工作适用本条例。

第三条　社会治安综合治理坚持打击与预防相结合、以预防为主，专门机关与群众路线相结合、依靠群众的方针。实行谁主管、谁负责和属地管理。

第四条　社会治安综合治理工作应当由各级人民政府统一组织实施，动员和组织社会各方面力量，运用政治、法律、行政、经济、文化、教育等多种手段，实行综合治理，预防和减少违法犯罪，维护社会稳定。

第五条　社会治安综合治理的任务是：

（一）预防和打击违法犯罪活动，依法惩处危害社会治安的犯罪分子；

（二）加强社会治安综合治理基层基础建设，构筑治安防控体系，建立治安防控长效机制；

（三）建立健全矛盾纠纷排查调处工作机制，及时化解矛盾纠纷；

（四）加强对公民特别是未成年人的思想道德教育和法制教育，预防和减少违法犯罪；

（五）加强治安管理特别是对流动人口的服务和管理，维护社会治安秩序；

（六）加强对违法犯罪人员的教育、挽救、改造工作，帮教安置刑满释放和解除劳教人员，预防和减少重新违法犯罪；

（七）鼓励公民见义勇为，建立公民同违法犯罪行为作斗争的奖励和保障机制；

（八）开展平安建设活动，预防、减少危害社会治安和社会稳定的案（事）件的发生；

（九）法律、法规规定的其他任务。

第六条　县级以上人民政府应当将社会治安综合治理工作纳入国民经济和社会发展规划，并结合当地实际，制定社会治安综合治理目标，从人力、物力、财力等方面对社会治安综合治理工作予以保障。

各部门、单位应当根据所在地社会治安综合治理目标，制定本部门、本单位社会治安综合治理目标，并实行目标管理责任制。

社会治安综合治理实行领导责任制，主要领导负全面责任，主管领导负直接责任。

第七条　县级以上人民代表大会常务委员会应当加强对《全国人民代表大会常务委员会关于加强社会治安综合治理的决定》和本条例实施情况的监督检查。

第二章　组织机构与社会责任

第八条　省、设区的市、县（市、区）、乡（镇、街道）设立社会治安综合治理委员会，其主要职责是：

（一）贯彻执行社会治安综合治理的法律、法规和政策；

（二）制定社会治安综合治理工作规划；

（三）组织落实社会治安综合治理的措施；

（四）组织、指导、协调、监督各部门、单位的社会治安综合治理工作；

（五）决定社会治安综合治理奖惩事项；

（六）办理本级人民政府交办的其他事项。

各级社会治安综合治理委员会设立办公室，配备专职人员，负责日常工作。

第九条　机关、团体、企业、事业单位应当设立社会治安综合治理领导组和办公室，配备专职或者兼职人员，履行下列职责：

（一）宣传、贯彻社会治安综合治理的有关法律、法规和政策，开展对本单位人员的法制教育；

（二）协助司法机关、行政执法机关依法执行公务；

（三）加强治安防范，预防案件和事故的发生；

（四）排查调处矛盾纠纷，预防和减少矛盾纠纷的发生；

（五）加强对本单位违法犯罪人员的教育、挽救、改造工作；

（六）协助有关部门做好刑满释放和解除劳教人员帮教安置工作；

（七）参加所在地的社会治安综合治理；

（八）向所在地社会治安综合治理委员会报告社会治安综合治理工作，提出建议；

（九）办理社会治安综合治理的其他事项。

第十条　各级社会治安综合治理委员会成员单位和专项工作办公室应当履行下列职责：

（一）本条例第九条规定的职责；

（二）结合各自职能，参与社会治安综合治理；

（三）指导、督促所属单位的社会治安综合治理工作；

（四）定期检查考核所属单位社会治安综合治理目标落实情况；

（五）开展专项治理工作，解决突出治安问题；

（六）向同级社会治安综合治理委员会报告工作；

（七）办理社会治安综合治理委员会交办的其他事项。

第十一条　人民法院、人民检察院和公安、国家安全、司法行政等部门除履行法律法规规定的职责外，在社会治安综合治理工作中还应当履行下列职责：

（一）本条例第九条、第十条规定的职责；

（二）加强人民调解、行政调解、司法调解工作；

（三）结合办案提出司法建议、检察建议和整改建议，督促有关单位加强管理，消除隐患；

（四）制定应急预案，依法处置危害社会治安和社会稳定的突发性事件。

第十二条　村（居）民委员会社会治安综合治理组织应当配备专职或者兼职人员，履行下列职责：

（一）对村（居）民进行社会治安综合治理法律、法规、政策的宣传教育；

（二）协助司法机关、行政执法机关查处案件，组织村（居）民开展群防群治，参加平安建设活动；

（三）协助有关部门做好流动人口和出租房屋的治安管理工作；

（四）建立健全治安保卫组织和人民调解组织，做好治安防范和民间纠纷排查调处工作；

（五）协助有关部门落实社区矫正及刑满释放和解除劳教人员帮教安置措施；

（六）办理社会治安综合治理的

其他事项。

第十三条　机关、团体、企业、事业单位应当结合各自特点，采取措施，开展平安建设活动。

平安建设的标准是：

（一）无危害国家安全的重大案(事)件；

（二）无重大影响社会稳定的群体性矛盾纠纷；

（三）无重大刑事案件和重大治安问题；

（四)无重大治安灾害事故；

（五)无重大安全生产事故；

（六)无重大环境污染事故；

（七)无重大食品、药品等危害人身安全的事故；

（八）无其他重大危害公共安全和社会秩序的案(事)件。

第十四条　家庭有义务参与社会治安综合治理，处理好成员之间的关系和邻里关系，加强对未成年子女的思想道德教育、法制教育和安全教育，增强防范意识，提高防范能力。

第三章　保障措施

第十五条　各级人民政府应当将社会治安综合治理工作经费列入本级财政预算，并随着经济的发展逐步增加。

社会治安综合治理工作经费应当按时、足额拨付，并专款专用，保障社会治安综合治理工作特别是乡(镇、街道)社会治安综合治理工作的正常开展。

第十六条　机关、团体、企业、事业单位应当安排必要的经费用于其开展社会治安综合治理工作。

第十七条　群防群治工作经费的筹集和使用，依照国家有关规定办理。

第十八条　县(市、区)人民政府应当采取下列措施，做好基层治安防范工作：

（一）加强公安派出所的社区警务工作；

（二）加强110报警服务和治安卡口建设，完善快速反应机制；

（三)加强保安员、治安巡防队、治安信息员、治安楼栋长、综治协管员、平安建设志愿者等多种形式的群防群治队伍的建设和管理；

（四)加强防范、预警、监控等设施建设。

第十九条　文化、新闻出版、广播电视等部门和新闻媒体应当坚持正确的舆论导向，采取多种形式加强对社会治安综合治理和平安建设的宣传。

第二十条　对见义勇为的人员，应当依法给予保护。

第四章　奖励与处罚

第二十一条　符合下列条件之一的，由各级人民政府、社会治安综合治理委员会、主管部门或者所在单位给予表彰、奖励：

（一）社会治安综合治理目标管理责任制考核达到优秀标准的；

（二)教育、挽救、改造违法犯罪人员或者帮教安置刑满释放和解除劳教人员成绩显著的；

（三）排查调处矛盾纠纷成绩显著的；

（四)预防、制止重大刑事案件和重大治安问题发生的；

（五)防止重大治安灾害事故、安全生产事故、环境污染事故和食品、药品等危害人身安全的事故发生的；

（六)协助司法机关侦破重、特大案件的；

（七）在社会治安综合治理工作中有其他突出贡献的。

达到平安建设标准的，由各级社会治安综合治理委员会给予表彰、奖励；连续四年达到平安建设标准的，由各级人民政府予以命名。

第二十二条　有下列情形之一的，由所在地社会治安综合治理委员会提出整改建议，给予通报批评：

（一）不履行社会治安综合治理职责的；

（二）经考核未达到社会治安综合治理目标的；

（三)平安建设措施不落实的。

对不履行整改建议的，由社会治安综合治理委员会建议其上级主管部门或者监察部门对主要负责人、直接责任人依法给予处分；上级主管部门或者监察部门应当在接到建议之日起60日内将调查、处理情况书面送交社会治安综合治理委员会。

第二十三条　社会治安综合治理实行一票否决权制。

县级以上社会治安综合治理委员会行使一票否决权；其他社会治安综合治理机构有一票否决的建议权。

第二十四条　违反本条例规定，有下列情形之一的，予以一票否决：

（一）社会治安综合治理机构不健全，造成本地区或者本单位治安秩序严重混乱的；

（二)对矛盾不及时化解、处置不力，致使矛盾激化，造成严重后果，危害社会治安和社会稳定的；

（三)因主管领导、治安责任人工作不负责任，发生重特大案件或者恶性事故，造成严重损失或者恶劣影响的；

（四)因管理不善、防范措施不落实，发生重大案(事)件或者事故，使国家、集体和公民人身、财产遭受重大损失的；

（五）存在发生治安问题的重大隐患，经上级主管部门、有关部门或者社会治安综合治理机构提出警告、司法建议、检察建议、整改建议，限期改进，而无有效改进措施和明显效果的；

（六)因教育管理工作不力，本单位职工中违法犯罪情况比较严重的；

（七）发生重大刑事案件或者重大治安问题隐瞒不报或者作虚假报告的。

一票否决的内容包括：县（市、区)、乡(镇、街道)、机关、团体、企业、事业单位一年内评选综合性荣誉称号；其主要领导、主管领导和治安责任人一年内评先受奖、晋职晋级的资格。

第二十五条　对一票否决决定不服的，被否决者或者其上级主管部门可以在收到决定书之日起30日内书面向作出否决决定机构的上一级社会治安综合治理委员会提请复查；受理复查的社会治安综合治理委员会应当在接到复查要求之日起30日内复查完毕，作出是否变更的决定，并书面答复要求复查的单位或者个人，复查期内否决决定暂不执行；对复查决定仍然不服的，由受理复查的社会治安综合治理委员会提请同级人民政府作出最终决定。

第二十六条　司法机关、行政执法机关对公民或者组织报案和反映其他治安问题不及时受理，对公民或者组织申请人身、财产保护而不履行法定职责的，县级以上社会治安综合治理委员会应当建议其上级主管部门或者监察部门对直接责任人依法给予处分；构成犯罪的，依法追究刑事责任。

第二十七条　各级社会治安综合治理机构的工作人员，在社会治安综合治理工作中不履行职责，玩忽职守、徇私舞弊的，依法给予处分；构成犯罪的，依法追究刑事责任。

第五章　附　则

第二十八条　军事禁区和军事管理区内的社会治安综合治理工作由军队负责。

第二十九条　本条例自2010年1月1日起施行。

山西省劳动合同条例

（2009年9月24日山西省第十一届人民代表大会常务委员会第十二次会议通过）

第一章　总　则

第一条　为规范劳动合同管理，明确劳动合同双方当事人的权利和义务，保护劳动者的合法权益，构建和发展和谐稳定的劳动关系，根据劳动合同法等法律、行政法规，结合本省实际，制定本条例。

第二条　本省行政区域内的企业、个体经济组织、民办非企业单位等组织（以下简称用人单位）与劳动者建立劳动关系，订立、履行、变更、解除或者终止劳动合同，适用本条例。

本省行政区域内的国家机关、事业单位、社会团体和与其建立劳动关系的劳动者，订立、履行、变更、解除或者终止劳动合同，依照本条例执行。

第三条　县级以上人民政府人力资源和社会保障部门负责本行政区域劳动合同制度实施的监督管理。

县级以上人民政府有关部门在各自的职责范围内，做好劳动合同制度实施的有关工作。

县级人民政府人力资源和社会保障部门派驻乡（镇）、街道办事处的机构，做好本辖区劳动合同制度实施的有关工作。

第四条　工会应当帮助、指导劳动者与用人单位依法订立和履行劳动合同，对用人单位制定劳动规章制度的情况和履行劳动合同的情况进行监督，并与用人单位建立集体协商机制，维护劳动者的合法权益。

第五条　用人单位应当依法建立健全劳动规章制度，做好劳动合同的订立、履行、劳动用工备案等工作，保障劳动者的合法权益。

劳动者应当遵守用人单位的规章制度，遵守劳动纪律和职业道德，按照劳动合同法律、行政法规的规定和劳动合同的约定享有权利、承担义务。

第二章　劳动合同的订立

第六条　用人单位招用劳动者时，应当公示招聘简章，如实告知劳动者工作内容、工作条件、工作地点、职业危害、安全生产状况、劳动报酬、社会保险以及劳动者要求了解的其他情况。

用人单位招用劳动者，不得扣押劳动者的居民身份证和其他证件，不得要求劳动者提供担保、押金或者其他财物。

第七条　用人单位有权了解劳动者与劳动合同直接相关的健康状况、工作经历、知识技能等基本情况，核对劳动者的居民身份证或者其他有效证件，劳动者应当如实说明或者提供。

用人单位应当对劳动者的个人信息予以保密，除依法公开的内容外，未经劳动者本人同意，不得公开其个人信息。

第八条　用人单位自用工之日起即与劳动者建立劳动关系。建立劳动关系应当订立书面劳动合同；已建立劳动关系，未同时订立书面劳动合同的，应当自用工之日起1个月内订立书面劳动合同。

前款所称用工之日，是指劳动者根据用人单位的安排，到用人单位报到之日。

第九条　用人单位与劳动者协商一致可以订立固定期限劳动合同、无固定期限劳动合同或者以完成一定工作任务为期限的劳动合同。

第十条　劳动合同除劳动合同法第十七条规定的必备条款外，当事人双方还可以约定试用期、培训、保密、补充保险和福利待遇等事项，但约定事项不得违反法律、行政法规的规定。

第十一条　用人单位与劳动者在解除或者终止固定期限劳动合同之日起6个月内再次订立固定期限劳动合同的，视为连续订立两次固定期限劳动合同。

连续订立固定期限劳动合同的次数，自2008年1月1日劳动合同法施行后续订固定期限劳动合同时开始计算。

第十二条　用人单位与劳动者订立内部退养协议但未订立书面劳动合同的，劳动关系存续，双方的权利义务由内部退养协议约定。

第十三条　劳动者与用人单位尚未解除或者终止劳动关系的，经与用人单位协商，可以与其他用人单位订立劳动合同，新用人单位应当履行为劳动者缴纳社会保险费的义务；劳动者与原用人单位协商一致的，也可以由原用人单位缴纳。

第十四条　招用劳动者从事井下工作的，用人单位应当根据井下工作的要求，与劳动者协商确定劳动合同期限，劳动合同的期限一般不少于3年。

第十五条　用人单位与劳动者可以使用人力资源和社会保障部门制定的劳动合同文本，也可以依照劳动合同法自行制定劳动合同文本。

第十六条　劳动合同由用人单位和劳动者本人签字或者盖章后生

效。劳动合同文本由用人单位和劳动者各执1份,用人单位不得代劳动者保管。

第十七条　用人单位与劳动者建立、解除或者终止劳动关系的,应当按照国家有关规定报县级以上人民政府人力资源和社会保障部门备案。

第三章　劳动合同的履行

第十八条　用人单位与劳动者应当按照劳动合同的约定,全面履行各自的义务。

劳动合同部分无效,不影响其他部分效力的,有效部分应当继续履行。

第十九条　劳动合同履行过程中,如有服务期、竞业限制等事项需要约定的,双方依法书面约定,作为劳动合同的补充协议,与劳动合同一并履行。

第二十条　用人单位对新上岗的劳动者,应当按照国家有关规定组织其参加安全生产、职业技能、劳动法律法规等培训;对从事井下工作的劳动者,培训时间不得少于120小时。

从事特种作业的,应当取得特种作业操作资格后方可上岗。

第二十一条　用人单位应当按照劳动合同的约定和国家有关规定,按时足额向劳动者支付工资,不得以实物代替货币支付。用人单位向劳动者支付的工资,不得低于省人民政府规定的当地最低工资标准。

用人单位与劳动者协商一致实行综合计算工时工作制或者不定时工作制的,用人单位应当科学合理确定劳动者的工资,但不得低于按月、日、时计算的最低工资标准。

最低工资标准包括按照国家统计部门规定应当列入工资总额统计的工资、奖金、津贴、补贴等各项收入,但不包括下列各项收入:

(一)中夜班津贴,高温、低温、井下、有毒有害等特殊岗位津贴;

(二)加班加点工资;

(三)法律、法规和国家规定的其他福利待遇。

第二十二条　用人单位应当结合自身经济效益情况,根据省人民政府发布的工资指导线,通过与职工一方平等协商,制定年度工资指导线实施方案,报县级以上人民政府人力资源和社会保障部门备案。

第二十三条　用人单位与劳动者协商一致,可以中止履行劳动合同。中止履行劳动合同期间,用人单位和劳动者双方暂停履行劳动合同的有关权利和义务。

第二十四条　协商中止履行劳动合同的,双方应当书面约定劳动合同恢复履行的期限或者条件。

中止履行劳动合同的期间,不计入劳动者在用人单位的工作年限。

中止履行劳动合同的情形消失,除劳动合同已经无法履行外,劳动合同应当恢复履行。

第四章　劳动合同的解除和终止

第二十五条　劳动合同的解除和终止应当按照劳动合同法律、行政法规规定的条件和程序进行。

第二十六条　用人单位以暴力、威胁或者非法限制人身自由的手段强迫劳动者劳动的,或者用人单位违章指挥、强令冒险作业危及劳动者人身安全的,劳动者有权拒绝,也可以立即解除劳动合同,不需事先告知用人单位。

用人单位不得因劳动者在发生紧急情况时自行撤离或者拒绝违章指挥、强令冒险作业,而解除劳动合同或者降低其工资、福利待遇。

第二十七条　劳动合同期满的终止时间,以劳动合同期限最后一天的24时为准。

第二十八条　解除或者终止劳动合同,符合法律、行政法规规定情形的,用人单位应当向劳动者支付经济补偿。

劳动者有下列情形之一,与用人单位解除或者终止劳动合同的,用人单位可以不支付经济补偿金:

(一)在试用期间被证明不符合录用条件的;

(二)严重违反用人单位劳动规章制度的;

(三)严重失职,营私舞弊,给用人单位造成重大损害的;

(四)被依法追究刑事责任的;

(五)同时与其他用人单位建立劳动关系,对完成本单位的工作任务造成严重影响,或者经用人单位提出,拒不改正的;

(六)以欺诈、胁迫等手段,使用人单位在违背真实意思的情况下订立或者变更劳动合同致使劳动合同无效的;

(七)自用工之日起1个月内经用人单位书面通知后,仍然不与用人单位订立劳动合同而终止劳动关系的;

(八)提出与用人单位协商一致解除劳动合同的;

(九)提前30日以书面形式通知用人单位解除劳动合同,或者在试用期内提前3日通知用人单位解除劳动合同的;

(十)固定期限劳动合同期满终止,用人单位维持或者提高劳动合同约定条件续订劳动合同,劳动者不同意续订的;

(十一)法律、行政法规规定的其他情形。

第二十九条　劳动者患病或者非因工负伤,在规定的医疗期满后,用人单位应当根据设区的市以上劳动能力鉴定委员会的鉴定结果安排劳动者工作;劳动者不能从事原工作、也不能从事由用人单位另行安排的其他工作而解除劳动合同的,用人单位在支付其经济补偿的同时,还应当按照国家有关规定发给相应的医疗补助费。

第三十条　劳动者在本单位因工负伤或者患职业病,经设区的市以上劳动能力鉴定委员会确认丧失或者部分丧失劳动能力的,劳动合同按下列规定执行:

(一)被鉴定为1级至4级伤残的,用人单位不得与劳动者解除或者终止劳动合同,劳动合同应当延续至其法定退休年龄为止;

(二)被鉴定为5级、6级伤残的,保留与用人单位的劳动关系,由用人单位安排适当工作。

劳动者本人提出与用人单位解

除或者终止劳动合同的，由用人单位按照有关规定支付一次性工伤医疗补助金和伤残就业补助金；

（三）被鉴定为7级至10级伤残的，劳动合同期满终止，或者由劳动者本人提出解除劳动合同的，由用人单位按照有关规定支付一次性工伤医疗补助金和伤残就业补助金。

第三十一条　用人单位依法解除或者终止劳动合同时，应当结清并支付劳动者的工资、生活费以及拖欠的其他费用，出具解除或者终止劳动合同的证明。

劳动者在解除或者终止劳动合同时，应当归还用人单位的生产工具、技术资料等，结清所欠债务。

第五章　特别规定

第三十二条　用人单位和劳动者应当按照法律、法规的规定，通过集体协商，就劳动报酬、工作时间、休息休假、劳动安全卫生、职业培训、保险福利以及女职工、残疾职工和未成年工特殊保护等事项，订立集体合同，并报送人力资源和社会保障部门；人力资源和社会保障部门自收到集体合同文本之日起15日内未提出异议的，集体合同即行生效。

集体合同的期限为1至3年。

第三十三条　劳务派遣单位应当与被派遣劳动者订立劳动合同，并履行劳动合同法律、法规规定用人单位应当履行的和劳动合同约定的义务。

第三十四条　劳务派遣单位应当与接受以劳务派遣形式用工的单位（以下简称用工单位）订立劳务派遣协议。

劳务派遣协议应当具备以下条款：

（一）劳务派遣单位的名称、住所、法定代表人或者主要负责人；

（二）用工单位的名称、住所、法定代表人或者主要负责人；

（三）派遣岗位和人员数量；

（四）派遣期限；

（五）劳动报酬、社会保险费、劳务管理服务费的数额及支付方式；

（六）劳动安全卫生；

（七）劳务派遣单位和用工单位应当履行的义务；

（八）违约责任。

第三十五条　劳务派遣单位应当自劳务派遣协议订立之日起15日内，报县级以上人民政府人力资源和社会保障部门备案。

第三十六条　实施非全日制用工形式的，可以订立书面劳动合同，也可以订立口头协议。

从事非全日制用工的劳动者，可以与两个以上用人单位订立书面劳动合同或者口头协议，后订立的书面劳动合同或者口头协议不得影响先订立的书面劳动合同或者口头协议的履行。

第三十七条　非全日制用工劳动合同终止的，用人单位不支付经济补偿。

第三十八条　用人单位招用已享受基本养老保险待遇人员或者达到法定退休年龄人员的，以及年满16周岁的在校学生勤工助学的，当事人双方应当订立书面协议，就劳动报酬、劳动保护、劳动条件等事项进行约定，明确双方的权利和义务。

第六章　法律责任

第三十九条　用人单位有下列情形之一的，依照劳动合同法等法律、行政法规的有关规定予以处罚：

（一）提供的劳动合同文本未载明劳动合同法规定的劳动合同必备条款的；

（二）未依法与劳动者订立书面劳动合同的；

（三）与劳动者约定试用期违反劳动合同法规定的；

（四）扣押劳动者居民身份证等证件的；

（五）以担保、押金或者其他名义向劳动者收取财物的；

（六）未按照劳动合同的约定或者国家有关规定按时足额支付劳动者工资的；

（七）低于当地最低工资标准支付劳动者工资的；

（八）安排加班不支付加班费的；

（九）未依法为劳动者缴纳社会保险费的；

（十）解除或者终止劳动合同，未依照劳动合同法规定向劳动者支付经济补偿的；

（十一）以暴力、威胁或者非法限制人身自由手段强迫劳动者劳动的；

（十二）违章指挥或者强令冒险作业危及劳动者人身安全的；

（十三）招用与其他用人单位尚未解除或者终止劳动合同的劳动者，给其他用人单位造成损失的。

第四十条　用人单位未经劳动者本人同意公开其个人资料有关信息的，由县级以上人民政府人力资源和社会保障部门给予警告；给劳动者造成损害的，依法承担赔偿责任。

第四十一条　用人单位违反本条例规定不办理劳动用工备案的，由县级以上人民政府人力资源和社会保障部门责令改正；拒不改正的，按照劳动保障监察条例第三十条的规定予以处罚。

第四十二条　劳务派遣单位和用工单位违反本条例规定的，由人力资源和社会保障部门依照劳动合同法第九十二条和劳动合同法实施条例第三十五条的规定予以处罚。

第四十三条　县级以上人民政府人力资源和社会保障部门以及其他有关部门及其工作人员玩忽职守、不履行法定职责，或者违法行使职权，给劳动者或者用人单位造成损害的，应当承担赔偿责任；对直接负责的主管人员和其他直接责任人员，依法给予行政处分；构成犯罪的，依法追究刑事责任。

第七章　附　则

第四十四条　本条例自2010年1月1日起施行。

山西省实施《中华人民共和国义务教育法》办法

（1986年5月16日山西省第六届人民代表大会第四次会议通过　根据1997年9月28日山西省第八届人民代表大会常务委员会第三十次会议关于修改《山西省实施〈中华人民共和国义务教育法〉的办法》的决定修正　2009年11月26日山西省第十一届人民代表大会常务委员会第十三次会议修订）

第一章　总　则

第一条　为实施《中华人民共和国义务教育法》，结合本省实际，制定本办法。

第二条　本办法适用于本省行政区域内的义务教育及其相关活动。

第三条　本省实行九年义务教育制度。

第四条　实施义务教育，必须贯彻国家教育方针，实施素质教育，合理配置义务教育资源，促进义务教育均衡发展。

县级以上人民政府应当加强对义务教育均衡发展工作的领导，制定义务教育均衡发展的措施，研究解决义务教育经费投入、学校建设、教师队伍建设、教育教学质量和管理等方面的重大问题，逐步实现城乡之间、地区之间、学校之间义务教育均衡发展的目标。

第五条　本省义务教育实行省人民政府统筹规划实施，县(市、区)人民政府为主管理的体制。

设区的市人民政府负责本行政区域内义务教育的实施、管理工作。

第六条　县级以上人民政府应当制定义务教育发展规划，将义务教育事业纳入国民经济和社会发展规划，依法保障实施义务教育所需的经费、师资、校舍及设施设备等，并建立义务教育工作目标责任制。

第七条　县级以上人民政府教育行政部门具体负责义务教育实施工作。

县级以上人民政府其他有关部门，在各自的职责范围内做好相应的义务教育实施工作。

第八条　县级以上人民政府教育督导机构负责对义务教育法律、法规执行情况，义务教育均衡发展状况，教育教学质量，素质教育实施情况等进行督导，督导报告应当及时向社会公布，督导结果应当作为义务教育工作目标责任考核的内容。

第九条　义务教育实行质量监测制度。县级以上人民政府教育行政部门应当定期对义务教育质量进行监测，为同级人民政府实施义务教育提供决策依据。

第十条　鼓励企业事业单位和其他社会组织及个人捐助义务教育。

第十一条　任何组织和个人不得利用宗教进行妨碍义务教育实施的活动。

第十二条　县级以上人民政府及其教育行政部门应当定期公布义务教育实施情况，接受社会监督。

任何组织和个人有权对违反义务教育法律、法规的行为，向有关国家机关提出检举或者控告。

发生违反义务教育法律、法规的重大事件，妨碍义务教育实施，造成重大社会影响的，负有领导责任的人民政府或者人民政府教育行政部门负责人应当引咎辞职。

第二章　学　生

第十三条　适龄儿童、少年依法享有平等接受义务教育的权利，并履行接受义务教育的义务。

适龄儿童、少年接受义务教育免试入学。凡年满六周岁的儿童，其父母或者其他法定监护人应当送其入学接受并完成义务教育。

学校不得采取或者变相采取考试、考核、测试等形式选拔学生，不得将各种竞赛成绩和各类考级证书作为入学的条件。

第十四条　适龄儿童、少年在其户籍所在地学校就近入学。就近入学的范围，由县(市、区)人民政府教育行政部门根据本行政区域内学校布局及适龄儿童、少年数量和分布状况合理确定，并向社会公布。

第十五条　父母或者其他法定监护人在非户籍所在地工作或者居住的适龄儿童、少年，在其父母或者其他法定监护人工作或者居住地接受义务教育的，其父母或者其他法定监护人应当到工作或者居住地所在县(市、区)人民政府教育行政部门申请就读。县(市、区)人民政府教育行政部门应当按照就近入学的原则统筹安排。

第十六条　适龄儿童、少年因身体状况需要延缓入学或者休学的，其父母或者其他法定监护人应当持县级以上医疗机构证明提出申请，由县(市、区)人民政府教育行政部门批准。

第十七条　县(市、区)人民政府教育行政部门、街道办事处、乡镇人民政府、学校及居民委员会、村民委员会应当共同做好适龄儿童、少年的入学工作和辍学学生的复学工作。

第十八条　禁止用人单位和个人招用应当接受义务教育的适龄儿童、少年。

经批准招收适龄儿童、少年进行文艺、体育等专业训练的专门学校等社会组织，应当保证所招收的适龄儿童、少年接受义务教育；自行实施义务教育的，应当将招生情况、办学条件、师资、经费保障、课程设置和教学计划等，报所在地县(市、区)人民政府教育行政部门批准。

第十九条　任何组织和个人应当依法维护义务教育阶段学校正常的教育教学秩序。

禁止组织义务教育阶段学校的学生参加非公益性的演出、庆典等活动。

第三章　教　师

第二十条　教师享有法律规定的权利，履行法律规定的义务。全社会应当尊重教师。

第二十一条　教师应当依法履行教育教学职责，按照规定完成教学任务，为人师表，平等对待学生，尊重学生人格，维护学生的合法权益。

第二十二条　县级以上人民政府教育、机构编制和财政部门应当根据义务教育发展规划、生源变化和学校布局调整等情况，按照国家有关规定核定教师编制并适时进行调整。

县级以上人民政府应当按照核定的编制足额配备教师。教师编制不得挤占、挪用、截留。

县(市、区)人民政府及其有关部门应当按照国家规定配备寄宿制学校、特殊教育学校(班)的专职生活教师、后勤管理人员。

第二十三条　教师的补充实行公开招聘，由县级以上人民政府教育行政部门组织实施，并接受同级人民政府人力资源和社会保障行政部门的指导和监督。

第二十四条　县级以上人民政府教育行政部门应当采取措施加强对教师的管理，提高教师职业道德水平，整合和充分利用现代教育手段和教师继续教育资源，制定教师培训计划，定期组织培训，提高教师职业素质。

第二十五条　县级以上人民政府应当采取措施完善教师工资和社会保障制度，依法保障教师的工资福利和社会保险待遇。

县级以上人民政府应当按照国家有关规定对特殊教育教师、特级教师和在农村工作的教师给予津贴或者补贴，逐步提高其待遇。

第二十六条　县(市、区)人民政府教育行政部门和学校应当建立班主任选聘、培训、激励等相关制度，加强班主任队伍建设。

第二十七条　县(市、区)人民政府教育行政部门应当建立校长、教师交流制度，均衡配置本行政区域内的教师资源，提高农村学校和城镇薄弱学校教育教学和管理水平。

第二十八条　县级以上人民政府教育行政部门和学校按照各自的管理权限负责教师的职务评聘、交流、考核、奖惩等工作。

第二十九条　义务教育阶段学校教师不得组织有偿家教；在工作日期间不得到校外兼职，也不得参与有偿家教。

第三十条　对不能履行教师职责、丧失教师资格的教师，县(市、区)人民政府教育行政部门应当予以辞退。

第四章　学　校

第三十一条　县级以上人民政府应当组织教育、发展和改革、财政、住房和城乡建设、国土资源等有关部门，根据城乡规划、土地利用总体规划及本行政区域内适龄儿童、少年分布状况和变动趋势，科学预测，充分征求群众意见，适时制定、调整义务教育学校设置规划，并组织实施。

学校校舍、教学设施和其他设施建设过程中涉及的行政事业性收费和政府性基金的征收或者减免，按照国家有关规定执行。

新建、改建居民区应当配套设置相应规模的学校，并与居民区同步设计、同步建设、同步投入使用。

第三十二条　新建的学校应当符合学校设置规划，并达到国家和省规定的办学标准。

现有学校符合设置规划但未达到国家和省规定的办学标准的，县级以上人民政府应当采取措施保障其达到标准；不符合设置规划的，应当根据当地实际逐步调整，妥善解决学生就学等问题。

第三十三条　任何组织和个人不得侵占、破坏学校的校舍、场地和教育教学设施。

第三十四条　学校建设用地应当科学规划，依法划拨；所需资金，县级以上人民政府应当优先予以保障。

任何组织和个人不得擅自转让或者变相转让学校土地，不得擅自改变土地用途；确需改变学校土地用途的，应当经依法批准。

第三十五条　县级以上人民政府及其教育行政部门不得将学校分为或者变相分为重点学校和非重点学校。

学校不得设立或者变相设立重点班。

第三十六条　学校应当建立健全安全制度，制定地震、气象灾害、火灾、公共卫生等突发事件的应急预案，加强对学生的安全教育，定期组织演练，及时消除隐患，预防事故发生。

学校应当按照国家有关规定投保学生意外伤害校方责任险。

第三十七条　县级以上人民政府应当建立学校校舍安全长效机制，定期组织教育等有关部门对学校校舍安全进行检查，对需要维修、改造的，及时予以维修、改造。

学校发现校舍安全存在隐患的，应当及时向县(市、区)人民政府教育行政部门报告。

第三十八条　各级人民政府及教育、公安、卫生、工商等有关部门应当按照各自职责依法维护学校周边秩序，为学校提供安全保障。

禁止任何组织和个人违反国家规定，在学校周边从事下列活动：

(一)200米范围内设置营业性娱乐场所、网吧等不适宜儿童、少年活动的场所；

(二)建设污染环境的企业；

(三)设置易燃易爆、剧毒、放射性、腐蚀性等危险物品的生产、经营、储存、使用的场所或者设施。

已建成或者设置的，由县级以上人民政府组织迁移、拆除、关闭。

第三十九条　学校实行校长负责制。

学校应当定期向教职工、学生公开学校的教育教学决策、财务收支等重大事项。

第四十条　学校不得开除学生或者以责令学生停课、转学、退学等方式剥夺其接受义务教育的权利。

第四十一条　任何组织和个人不得向学校摊派或者非法收取费用。

学校不得违反国家和本省规定向学生收取任何费用，不得向学生推销或者变相推销商品、服务。

第四十二条　特殊教育学校(班)应当具备适应残疾儿童、少年学习、康复、生活的场所和设施，并配备相应的特殊教育教师和工作人员。

经国家规定的专门机构鉴定具有接受普通教育能力的残疾适龄儿童、少年，普通学校应当安排其随班就读，并为其学习、康复提供帮助。

第五章　教育教学

第四十三条　县级以上人民政府教育行政部门应当推进实施素质

教育,建立科学的义务教育质量评价体系和学生综合素质评价体系,定期对学校进行考核。

学校和教师按照确定的教育教学内容和课程设置开展教育教学活动,保证达到国家和省规定的基本质量要求。

学生考试成绩不得作为评价学校、教师和学生的唯一依据。

第四十四条　县级以上人民政府教育行政部门和学校应当加强教学研究队伍建设,提升教育教学研究水平。

第四十五条　县级以上人民政府教育行政部门和学校应当根据国家和省有关义务教育课程的规定,配齐各学科教师,保证授课课程和课时,遵守本省关于中小学学期、寒暑假和作息时间的规定。

学校和教师不得占用节假日、休息日组织学生补课,不得增加学生课业负担。

第四十六条　学校和教师不得违反规定组织学生考试,不得公开学生考试成绩,不得按照考试成绩排列名次。

第四十七条　学校应当坚持育人为本、德育为先,寓德育于教育教学之中,以学生日常行为规范教育为基础,进行社会公德、传统美德、生命、心理健康教育和法制宣传教育,培养学生良好的思想品德和行为习惯,形成健康的人格。

第四十八条　学校应当按照素质教育的要求,组织学生开展体育、文艺、科技和社会实践活动,有计划地组织学生参观博物馆、科技馆、纪念馆、展览馆等场馆。

学校应当保证学生每天体育锻炼时间不少于1小时;小学生和初中生每年参加社会实践活动的时间分别不少于10天和20天。

社会公共文化体育场所、设施应当向义务教育阶段中小学生免费或者优惠开放,并为学校开展教育教学活动提供便利。

第四十九条　县级以上人民政府教育行政部门应当加强对教科书选用的管理监督。义务教育学校的教科书应当在国家和省教育行政部门审定公布的中小学教学用书目录中选定。

任何组织和个人不得以任何形式强制学校、教师、学生订购教辅材料及报刊。

第六章　经费保障

第五十条　县级以上人民政府用于实施义务教育财政拨款的增长比例应当高于财政经常性收入的增长比例,保证按照在校学生人数平均的义务教育费用逐步增长,保证义务教育阶段教职工工资和学生人均公用经费逐步增长,并将新增教育经费主要用于均衡发展城乡义务教育。

各级人民政府应当建立和完善义务教育投入保障机制和义务教育投入公告制度,将义务教育财政拨款分别列入各级人民政府领导任期考核目标。

各级人民政府应当根据国家有关规定分项目、按比例分担农村义务教育所需经费。

第五十一条　县级以上人民政府应当将义务教育经费在本级财政预算中单列,按照教职工编制标准、工资标准和学校建设标准、学生人均公用经费标准等,及时足额拨付教育行政部门或者学校,主要用于学校的正常运转、校舍安全和教职工工资发放。

教育行政部门负责义务教育经费使用的管理,财政行政部门负责预算、财务制度管理和使用监督。

第五十二条　省人民政府应当根据经济、社会发展状况和办学成本等,制定学生人均公用经费标准,并适时调整,以满足教育教学需要。

义务教育公用经费,应当按照在校学生人数均衡安排,并根据实际情况,适当向城镇薄弱学校和寄宿制学校倾斜,同时保证较小规模学校和教学点的基本需求。

特殊教育学校(班)学生人均公用经费标准应当高于普通学校学生人均公用经费标准。

第五十三条　县级以上人民政府应当将上级人民政府的义务教育转移支付资金按照规定用于义务教育。

教育费附加由税务部门按照国家规定足额征收。教育费附加征收情况应当纳入税务部门年度考核范围。

第五十四条　县级以上人民政府应当根据实际需要,设立义务教育发展专项资金,重点扶持农村地区实施义务教育。

第五十五条　任何组织和个人不得侵占、截留、挪用义务教育经费和专项资金。

第五十六条　县级以上人民政府应当保障义务教育学校的用水、用电、用气和取暖。

第七章　法律责任

第五十七条　违反本办法规定,有下列情形之一的,由县级以上人民政府及其教育等有关行政部门依法责令限期改正;情节严重的,对直接负责的主管人员和其他直接责任人员依法给予行政处分;构成犯罪的,依法追究刑事责任:

(一)未定期公布义务教育实施情况的;

(二)未按照国家有关规定制定、调整学校设置规划的;

(三)侵占、破坏学校的校舍、场地和教育教学设施的;

(四)擅自转让或者变相转让学校土地的;

(五)擅自改变学校土地用途的;

(六)未定期对学校校舍安全进行检查,并及时维修、改造的;

(七)向学校摊派或者非法收取费用的;

(八)强制学校、教师、学生订购教辅材料及报刊的;

(九)未依法履行义务教育经费保障职责的;

(十)侵占、截留、挪用义务教育经费和专项资金的;

(十一)其他违反义务教育法律、法规情形的。

第五十八条　违反本办法规定,学校和校长、教师有下列情形之一的,由县级以上人民政府教育行政部门责令限期改正;情节严重的,对直接负责的主管人员和其他直接责任人员依法给予处分：

（一）违反规定招收学生的；

（二）组织义务教育阶段学校的学生参加非公益性的演出、庆典等活动的；

（三）义务教育阶段学校教师组织有偿家教的；

（四）义务教育阶段学校教师在工作日期间到校外兼职或者参与有偿家教的；

（五）占用节假日、休息日组织学生补课的；

（六）设立或者变相设立重点班的；

（七）开除学生或者以责令学生停课、转学、退学等方式剥夺其接受义务教育权利的；

（八）违反规定向学生收取费用的；

（九）向学生推销或者变相推销商品、服务的；

（十）其他违反义务教育法律、法规情形的。

第五十九条　违反本办法规定，适龄儿童、少年的父母或者其他法定监护人无正当理由未依法送适龄儿童、少年入学接受义务教育的，由当地乡镇人民政府或者县级人民政府教育行政部门给予批评教育，责令限期改正。

第八章　附　则

第六十条　促进义务教育均衡发展的具体办法，由省人民政府根据国家有关规定制定。

第六十一条　本省行政区域内的民办学校实施义务教育依照民办教育的有关法律、法规执行，民办教育有关法律、法规未作规定的，适用义务教育法律、法规。

第六十二条　本办法自2010年1月1日起施行。

山西省城乡规划条例

（2009年11月26日山西省第十一届人民代表大会常务委员会第十三次会议通过）

第一章　总　则

第一条　根据《中华人民共和国城乡规划法》和其他有关法律、行政法规的规定，结合本省实际，制定本条例。

第二条　在本省行政区域内制定和实施城乡规划，在规划区内进行建设活动，适用本条例。

第三条　制定和实施城乡规划，应当遵循城乡统筹、合理布局、节约土地、集约发展和先规划后建设的原则，改善生态环境，保护自然资源和历史文化遗产，保持地方特色和传统风貌，维护公共利益和公民的合法权益，符合防灾减灾、公共安全、国家安全的要求，促进人口、资源、环境、经济、社会、文化全面协调可持续发展。

城市、镇总体规划以及乡规划和村庄规划的编制，应当依据国民经济和社会发展规划，并与土地利用总体规划相衔接。

第四条　各级人民政府应当依法科学编制城乡规划。经依法批准的城乡规划，必须严格执行，未经法定程序不得修改。

各级人民政府应当将城乡规划的编制和管理经费纳入本级财政预算。

各级人民政府应当建立由人民政府及其相关部门负责人、专家和公众代表组成的城乡规划委员会，对城乡规划编制和实施的重大事项进行研究，为决策提供依据。

第五条　省人民政府城乡规划主管部门负责全省的城乡规划管理工作。市、县人民政府城乡规划主管部门负责本行政区域内的城乡规划管理工作。

第六条　制定和实施城乡规划应当遵守国家、省有关标准和技术规范，应用先进科学技术。县级以上人民政府应当依据有关法律、法规和标准、技术规范，制定适合本行政区域的城乡规划管理技术规定。

对城乡规划编制和实施的优秀项目，县级以上人民政府应当给予表彰。

第二章　城乡规划的制定

第七条　城乡规划包括城镇体系规划、城市规划、镇规划、乡规划和村庄规划。

城镇体系规划包括省域城镇体系规划、市域城镇体系规划、县域城镇体系规划和城镇密集地区规划。城市规划、镇规划分为总体规划和详细规划。详细规划分为控制性详细规划和修建性详细规划。

第八条　省人民政府组织编制省域城镇体系规划，报国务院审批。

市人民政府组织编制市域城镇体系规划，报省人民政府审批。

县人民政府组织编制县域城镇体系规划，报设区的市人民政府审批，并报省人民政府城乡规划主管部门备案。

省、设区的市人民政府可以组织编制城镇密集地区规划。跨设区的市行政区域的城镇密集地区规划，由省人民政府审批；跨县级行政区域的城镇密集地区规划，由设区的市人民政府审批，并报省人民政府城乡规划主管部门备案。

城镇体系规划的期限一般为20年。

第九条　市人民政府组织编制城市总体规划，报省人民政府审批。省人民政府所在地的市以及国务院确定的市的总体规划，由省人民政府审查后，报国务院审批。

镇人民政府组织编制镇总体规划，报市或者县人民政府审批。县人民政府所在地镇总体规划，由县人民政府组织编制，报设区的市人民政府审批，并报省人民政府城乡规划主管部门备案。

历史文化名城总体规划报省人民政府审批；历史文化名镇总体规划报设区的市人民政府审批。

城市、镇总体规划的期限一般为20年。

第十条　城镇体系规划，城市、

镇总体规划,乡规划确定需要编制规划的村庄,应当编制村庄规划。城市、镇总体规划确定的建设用地范围内的镇、乡、村庄,不再编制镇规划、乡规划和村庄规划。

镇、乡人民政府组织编制乡规划、村庄规划,报市或者县人民政府审批。历史文化名村规划报设区的市人民政府审批。

第十一条 市、县人民政府所在地镇的控制性详细规划,由市或者县人民政府城乡规划主管部门组织编制,报市或者县人民政府批准,并报本级人民代表大会常务委员会和总体规划审批机关备案。其他镇的控制性详细规划,由镇人民政府组织编制,报市或者县人民政府审批。

国务院审批总体规划的市的控制性详细规划报省人民政府备案。

第十二条 城乡规划确定的建设用地内的独立开发区总体规划,由设区的市人民政府城乡规划主管部门组织编制,经设区的市人民政府审查后,报省人民政府审批。

开发区的控制性详细规划,由开发区所在地市、县人民政府城乡规划主管部门组织编制,报设区的市人民政府审批,并报省人民政府城乡规划主管部门备案。

城乡规划确定的独立产业用地总体规划或者控制性详细规划,由所在地市或者县人民政府城乡规划主管部门组织编制,报市或者县人民政府审批,并报上一级人民政府城乡规划主管部门备案。

第十三条 历史文化名城、名镇、名村、街区、保护区和历史建筑应当编制保护规划,保持和延续传统格局和历史风貌,维护历史文化遗产的真实性和完整性。

省级历史文化名城、名镇、名村、街区、保护区,由省人民政府公布;市级、县级历史文化保护区、历史建筑由同级人民政府公布。

第十四条 专项规划由县级以上人民政府有关主管部门会同城乡规划主管部门或者城乡规划主管部门组织编制,经同级人民政府审批后,纳入城乡规划,并报城镇体系规划、总体规划审批机关的城乡规划主管部门和有关主管部门备案。法律、法规另有规定的,从其规定。

第十五条 县级以上人民政府有关部门应当根据编制城乡规划的需要,及时向城乡规划组织编制机关提供有关基础资料。

县级以上人民政府城乡规划主管部门应当依法做好城镇勘测工作。

第十六条 城镇体系规划应当包括区域城镇化和城乡统筹发展战略与目标,城镇与乡村居民点功能定位、规模和布局,产业空间布局,区域公共设施与基础设施布局,生态环境与资源保护,禁止、限制和适宜开发的地域范围以及空间管制措施等内容。

自然与历史文化遗产、风景名胜区、自然保护区、湿地、森林公园、水源保护区以及水系等必须控制开发的地域和公路、铁路、机场、邮政、电信、供电、供水、排水、供热、供气、防洪、水利枢纽、广播电视、垃圾处理等区域基础设施以及文化、教育、卫生、体育等公共服务设施布局,应当作为城镇体系规划的强制性内容。

第十七条 城市、镇总体规划应当包括下列强制性内容:

(一)规划区范围;

(二)规划区内建设用地规模;

(三)干道系统网络、交通枢纽;

(四)邮政、电信、供电、供水、排水、供热、供气、广播电视、垃圾处理等基础设施用地;

(五)文化、教育、卫生、体育等公共服务设施用地;

(六)水源地和水系;

(七)基本农田和绿化用地;

(八)资源与生态环境保护;

(九)自然与历史文化遗产保护;

(十)预防和减轻地震、洪水等灾害;

(十一)其他。

第十八条 乡规划应当包括乡域内的村庄发展布局,农村生产生活服务设施、公益事业等建设用地布局,禁止、限制和适宜建设的地域范围以及空间管制措施等内容。

第十九条 控制性详细规划应当包括下列强制性内容:

(一)规划地块的土地用途;

(二)建筑高度、建筑密度、容积率、绿地率等指标规定;

(三)基础设施、公共服务设施和防灾减灾设施配套建设的指标和布局等。

规划地块有历史文化遗产的,其控制性详细规划还应当包括历史文化遗产保护的建设控制指标和规定以及保护区界线等。

第二十条 城镇体系规划、城市总体规划、县人民政府所在地镇总体规划在报送审批前,应当先经本级人民代表大会常务委员会审议,常务委员会组成人员的审议意见交本级人民政府研究处理。

镇、乡人民政府组织编制的镇总体规划和乡规划在报送审批前,应当先经镇、乡人民代表大会审议,代表的审议意见交本级人民政府研究处理。

村庄规划在报送审批前,应当经村民会议或者村民代表会议讨论同意。

第二十一条 城乡规划报送审批前,组织编制机关应当依法将规划草案通过媒体、展览、张贴等方式予以公告,并采取论证会、听证会或者其他方式征求专家和公众的意见。公告的时间不得少于30日。

第二十二条 城乡规划批准前,审批机关应当组织专家和有关部门或者委托具有相应资质的技术机构进行审查。

批准的城乡规划,由组织编制机关依法在专门场所向社会公布,并按照国家和本省的有关规定,送交同级城乡建设档案机构存档。

第三章 城乡规划的实施

第一节 一般规定

第二十三条 县级以上人民政府应当依据城镇体系规划,有序推进城镇化进程,促进城乡经济社会一体化发展。区域基础设施建设应当符合城镇体系规划和城市、镇总体规划。

第二十四条 城镇的建设与发展,应当优先安排道路、供电、供水、排水、供热、供气等基础设施和文化、教育、卫生等公共服务设施。

城镇新区开发和建设中的土地使用强度指标,应当符合国家和省有关标准和技术规范。

城镇旧区改建,应当合理确定拆迁和建设规模,有效利用既有建筑,注重保护历史文化遗产和传统风貌,有计划地对危房集中、基础设施落后的地段进行改建。

第二十五条 工矿型城镇的建设,应当以产业多元化和新型产业发展、基础设施和公共服务设施建设、居民住房条件改善、生态环境综合治理为重点,增强城镇的辐射带动能力。

第二十六条 乡和村庄建设,应当从农村实际出发,尊重村民意愿,优先安排生产、生活必需的道路、供电、供水、排水、学校、卫生所、文化站等设施,体现乡村特色。

第二十七条 市、县、镇人民政府应当制定近期建设规划。近期建设规划应当经同级人民代表大会常务委员会或者镇人民代表大会审议,并报总体规划审批机关备案。

近期建设规划的期限为5年,与国民经济和社会发展规划的起止年限一致。

第二十八条 市、县人民政府应当制定市、县人民政府所在地镇的规划年度实施计划,对年度基础设施、公共服务设施、绿化、住房建设以及规划编制等做出安排。年度实施计划还应当包括上年度计划的执行情况。

年度实施计划经同级人民代表大会常务委员会审议,审议的意见交本级人民政府研究处理。

年度实施计划应当予以公布,并报总体规划审批机关的城乡规划主管部门备案。

第二十九条 建设单位或者个人申请办理规划许可手续,应当按照本条例的规定提交相关材料。法律、法规没有规定的,不得作为规划审批的前置条件。

第三十条 市、县人民政府城乡规划主管部门或者省人民政府确定的镇人民政府在作出直接关系他人利益的规划许可决定前,应当将拟许可的事项及内容在项目所在地的醒目位置予以公示;必要时采取听证会等形式,听取利害关系人的意见。许可决定作出后,应当向社会公布。

第三十一条 城乡规划编制单位应当按照规划条件编制修建性详细规划。工程设计单位应当按照规划条件编制建设工程设计方案和施工图。

第三十二条 在城市、镇规划区内临时使用土地或者进行临时建设的,建设单位或者个人应当向城乡规划主管部门申请办理临时用地规划许可证、临时建设规划许可证。

第三十三条 城市地下空间的开发利用,应当符合城市规划,履行规划审批手续。

建设项目包含地下工程的,应当与地上工程同时办理规划许可手续。单独开发的地下交通、商业、仓储、能源、通信、管线、人防工程等建设项目,应当向城乡规划主管部门申请办理规划许可手续。

市、县人民政府应当建立城镇地下建筑物、构筑物以及管线动态管理系统。

第二节 建设项目选址规划管理

第三十四条 城乡规划主管部门应当参与建设项目前期有关可行性论证和审查工作。

国家规定需要办理选址意见书的建设项目,建设单位应当按照以下规定向城乡规划主管部门申请核发选址意见书:

(一)国家和省有关部门审批或者核准的建设项目以及设立开发区,向省人民政府城乡规划主管部门申请核发选址意见书;

(二)市、县人民政府有关部门审批或者核准的建设项目,向同级人民政府城乡规划主管部门申请核发选址意见书;

(三)县级以上人民政府有关部门备案的建设项目,向项目所在地市、县人民政府城乡规划主管部门申请核发选址意见书。

第三十五条 办理选址意见书应当提供选址申请表、选址方案图等材料。需要编制规划选址研究报告的,还应当提交具有相应资质的单位编制的规划选址研究报告。

城乡规划主管部门对符合城乡规划的,核发选址意见书,并提出规划条件;不符合的,不予核发,并书面告知理由。

上级城乡规划主管部门核发选址意见书的建设项目,项目所在地市、县人民政府城乡规划主管部门应当提出初审意见。

第三十六条 未按照本条例规定取得选址意见书或者选址意见书过期的,有关部门不得审批或者核准建设项目。

选址意见书有效期为2年。需要延期的,应当在期满前30日内向核发机关申请延期,经批准可以延期1次,期限不得超过1年。

第三节 建设用地规划管理

第三十七条 建设单位或者个人办理建设用地规划许可证,应当提供建设项目审批文件、建设工程初步设计方案等材料。需要编制修建性详细规划的,还应当提交修建性详细规划方案。以出让方式取得国有土地使用权的,还应当提供国有土地使用权出让合同。

城乡规划主管部门对符合控制性详细规划和规划条件的,核发建设用地规划许可证;不符合的,不予核发,并书面告知理由。

第三十八条 国有土地使用权出让合同应当包含城乡规划主管部门提供的规划条件,未确定规划条件的地块,不得出让国有土地使用权。

规划条件应当包括地块的位置、界线、面积、使用性质、容积率、建筑密度、建筑高度、日照要求、绿地率、停车位指标、主要出入口方位、控制点标高、各类规划控制线、必须配置的基础设施、公共服务设施等内容。工业、仓储、基础设施和公共服务设施等用地的规划条件,可根据具体情况确定。规划条件应当符合节能要求。

第三十九条 签订国有土地使用权出让合同,土地主管部门不得改变城乡规划主管部门提供的规划条件;核发建设用地规划许可证,城乡规划主管部门不得擅自改变作为国有土地使用权出让合同组成部分的规划条件。

第四十条　国有土地使用权经依法转让后,受让方应当持转让合同等材料,向原核发建设用地规划许可证的城乡规划主管部门申请办理变更登记。

转让国有土地使用权,不得改变原出让合同的规划条件。

第四节　建设工程规划管理

第四十一条　建设单位或者个人办理建设工程规划许可证,应当提供使用土地的有关证明文件、建设项目审批文件、建设工程设计方案、建设工程档案报送责任书等材料。需要编制修建性详细规划的,还应当提交修建性详细规划。

市、县人民政府城乡规划主管部门或者省人民政府确定的镇人民政府,对符合控制性详细规划和规划条件的,核发建设工程规划许可证;不符合的,不予核发,并书面告知理由。

经审定的修建性详细规划、建设工程设计方案的总平面图,应当在项目所在地予以公布。

第四十二条　在城市、镇规划区内改变建筑物外型和色彩、设置雕塑、户外广告等,应当向市、县人民政府城乡规划主管部门或者省人民政府确定的镇人民政府申请办理建设工程规划许可证。

第四十三条　分期建设的项目,建设单位应当组织编制项目整体的修建性详细规划,提出分期建设计划,向市、县人民政府城乡规划主管部门或者省人民政府确定的镇人民政府分期申请办理建设工程规划许可证。同一建设期应当包括相应的配套设施和绿地。

第四十四条　核发施工许可证,不得改变建设工程规划许可证的内容。对未取得建设工程规划许可证的建设项目,不得核发施工许可证。

第四十五条　建设工程开工前,建设单位或者个人应当向市、县人民政府城乡规划主管部门或者省人民政府确定的镇人民政府申请放线;在基础工程或者隐蔽工程施工前,申请验线。

经验线合格后,方可进行基础工程或者隐蔽工程建设。

建设工程放线前,建设单位或者个人应当在施工现场醒目位置设置公示牌,公开建设项目规划许可内容。

第四十六条　在乡、村庄规划区内进行乡镇企业、乡村公共设施和公益事业建设的,建设单位或者个人应当向镇、乡人民政府提出申请,由镇、乡人民政府报市、县人民政府城乡规划主管部门核发乡村建设规划许可证。符合乡规划、村庄规划的,核发乡村建设规划许可证;不符合的,不予核发,并书面告知理由。

在城市、镇规划区内进行乡镇企业、乡村公共设施和公益事业建设的,建设单位或者个人应当向市、县人民政府城乡规划主管部门申请核发乡村建设规划许可证。符合城市、镇总体规划的,核发乡村建设规划许可证;不符合的,不予核发,并书面告知理由。

村民住宅建设的规划管理办法,由省人民政府制定。

第五节　其他规定

第四十七条　建设单位或者个人应当按照规划条件进行建设;确需变更的,按下列程序办理:

(一)向市、县人民政府城乡规划主管部门提出变更申请,说明变更的内容和理由。

(二)城乡规划主管部门对不符合控制性详细规划的,不予批准;可以变更的,对变更内容进行公示后,由城乡规划主管部门作出是否同意变更的决定,必要时采取听证会等形式,听取利害关系人的意见。

(三)城乡规划主管部门应当将变更后的规划条件通报同级土地主管部门,并予以公布;建设单位或者个人应当及时将依法变更后的规划条件报土地主管部门备案。

第四十八条　建设工程竣工后,建设单位或者个人应当持建设工程竣工核实技术报告、建设工程档案认可文件等材料,向市、县人民政府城乡规划主管部门申请规划条件核实。

符合规划条件的,核发建设工程竣工规划认可证;不符合规划条件的,按照本条例第六十三条的规定处罚。

未取得建设工程竣工规划认可证的,不得组织竣工验收,房屋权属登记机关不得办理权属登记。

建设单位或者个人应当在竣工验收后6个月内向城乡规划主管部门或者其委托的城乡建设档案机构报送有关竣工验收资料。

第四十九条　建设单位或者个人在申请建设工程规划条件核实前,应当对建设工程设计方案和修建性详细规划确定拆除的原有建筑物、构筑物和其他设施,以及因施工需要搭建的临时建筑物、构筑物和其他设施,进行拆除并清理场地。

第四章　城乡规划的评估和修改

第五十条　城镇体系规划,城市、镇总体规划的组织编制机关应当委托城乡规划编制单位或者组织专家,对城镇发展和规划的实施情况进行研究,并采取论证会、听证会或者其他方式征求公众意见,定期对规划实施情况作出评估。组织编制机关应当将评估结果报本级人民代表大会常务委员会或者镇人民代表大会和原审批机关备案。

经研究和评估,需要对规划进行修改的,组织编制机关应当向原审批机关提出报告。

第五十一条　城市、镇总体规划修改分为修编、调整和补充。

修编城市、镇总体规划的,组织编制机关应当向原审批机关提出专题报告,经同意后,编制修编纲要或者修编方案。修编后的规划,按照本条例第九条、第二十条、第二十一条、第二十二条的规定报批。

调整城市、镇总体规划的,组织编制机关应当向原审批机关报送调整方案,经同意后,进行调整。调整后的规划,经原审批机关的城乡规划主管部门审查同意后,由组织编制机关报同级人民代表大会常务委员会或者镇人民代表大会和原审批机关备案,并公布实施。

补充城市、镇总体规划的,由组织编制机关报同级人民代表大会常务委员会或者镇人民代表大会和原审批机关备案后公布实施。

第五十二条　控制性详细规划修改分为修编、调整和补充。

修编控制性详细规划的，应当对修编的必要性进行论证，并采取论证会、听证会等形式征求专家、利害关系人的意见，向原审批机关提出专题报告，经同意后，编制修编方案。修编后的控制性详细规划应当按照本条例第十一条、第十二条、第二十一条、第二十二条的规定报批。

调整控制性详细规划的，应当提出调整方案，并采取论证会、听证会或者其他方式征求专家、利害关系人的意见，经原审批机关同意后公布实施，并按照本条例第十一条、第十二条的规定备案。

补充控制性详细规划的，报原审批机关备案后公布实施。涉及利害关系人利益的，应当征求其意见。

控制性详细规划修改涉及城市、镇总体规划强制性内容的，应当先修改总体规划。

第五十三条　修改近期建设规划的，应当将修改后的近期建设规划，报同级人民代表大会常务委员会或者镇人民代表大会和总体规划审批机关备案。

第五章　监督检查

第五十四条　各级人民政府每年的政府工作报告应当包含城乡规划编制和实施情况。

各级人民政府应当向本级人民代表大会常务委员会或者镇、乡人民代表大会和规划审批机关报告城乡规划的实施情况，并接受监督。

第五十五条　省、设区的市人民政府应当建立城乡规划督察员制度，对城乡规划的编制、审批、实施、修改进行监督检查。

城镇体系规划和城市、镇总体规划的审批机关应当定期对规划的实施情况作出评价，并进行动态监测。国务院审批的规划实施情况，由省人民政府进行评价。

第五十六条　城乡规划主管部门对违法建设作出责令停止建设的决定后，建设单位和施工单位应当停止建设；拒不停止建设的，城乡规划主管部门应当书面通知供水、供电单位停止对施工场地供水、供电，供水、供电单位接到通知后，应当依法及时采取相应的措施。

第五十七条　城乡规划主管部门违反本条例规定作出行政许可的，上级城乡规划主管部门有权责令其撤销或者直接撤销该行政许可。因撤销行政许可给当事人合法权益造成损失的，作出行政许可的机关应当给予赔偿。

第六章　法律责任

第五十八条　依法应当编制城乡规划而未组织编制，未按法定程序编制、审批、修改城乡规划，或者擅自增加规划审批条件的，由上级人民政府责令改正，通报批评；对有关人民政府负责人和其他直接责任人员依法给予行政处分。

第五十九条　县级以上人民政府城乡规划主管部门和有关主管部门有下列行为之一的，由本级人民政府或者上级人民政府有关主管部门责令改正，通报批评；对直接负责的主管人员和其他直接责任人员，依法给予行政处分：

（一）违反控制性详细规划提供规划条件或者擅自改变规划条件的；

（二）对符合法定条件的申请人未在法定期限内核发选址意见书、建设用地规划许可证、建设工程规划许可证、乡村建设规划许可证的；

（三）对未取得建设工程规划许可证或者未按照建设工程规划许可证的规定，核发施工许可证的；

（四）对未取得建设工程竣工规划认可证或者未按照建设工程竣工规划认可证的规定，办理权属登记的；

（五）其他玩忽职守、滥用职权、徇私舞弊的。

第六十条　规划编制单位有下列行为之一的，由项目所在地市、县人民政府城乡规划主管部门责令限期改正，处以合同约定的规划编制费1倍以上2倍以下的罚款；情节严重的，由原发证机关并处责令停业整顿、降低资质等级或者吊销资质证书；造成损失的，依法承担赔偿责任：

（一）超越资质等级许可的范围，承揽城乡规划编制业务的；

（二）违反国家、省有关标准编制城乡规划的；

（三）违反上位规划编制城乡规划的；

（四）违反规划条件编制修建性详细规划的。

未依法取得资质证书承揽城乡规划编制工作的，由县级以上人民政府城乡规划主管部门责令停止违法行为，依照前款规定处以罚款；造成损失的，依法承担赔偿责任。

第六十一条　设计单位违反规划条件编制建设工程设计方案和施工图的，由项目所在地城乡规划主管部门责令改正，处以合同约定的设计费1倍以上2倍以下的罚款。

第六十二条　放线、验线，擅自进行建设的，由项目所在地城乡规划主管部门责令停止建设，限期改正。

第六十三条　市、镇规划区内，建设单位或者个人未取得建设工程规划许可证或者未按照建设工程规划许可证的规定进行建设的，由县级以上人民政府城乡规划主管部门责令停止建设；可以采取改正措施消除对规划实施的影响的，责令限期改正，处建设工程造价百分之五以上百分之十以下的罚款。逾期不采取改正措施或者无法采取改正措施消除影响的，责令限期拆除；不能拆除的，没收实物或者违法收入，可以并处建设工程造价百分之十以下的罚款。

前款所指可以采取改正措施的违法建设工程，应当符合下列条件：

（一）处于城乡规划确定的建设用地范围内，且不影响控制性详细规划实施的；

（二）不危害公共安全、公共卫生，不影响基础设施和公共服务设施正常运行的；

（三）不违反城乡规划确定的自然与历史文化资源保护要求的；

（四）没有引起相邻纠纷、不良社会影响，或者经过改正后可以消除的；

(五)市、县人民政府规定的其他条件。

施工单位对未取得建设工程规划许可证的项目进行建设或者未按照建设工程规划许可证的规定进行建设的,在收到城乡规划主管部门责令停止建设的决定后继续施工的,由项目所在地城乡规划主管部门处工程合同价款百分之一以上百分之三以下的罚款。

第六十四条　在乡、村庄规划区内未依法取得乡村建设规划许可证或者未按照乡村建设规划许可证的规定进行建设的,由镇、乡人民政府责令停止建设、限期改正;逾期不改正的,可以拆除。

第六十五条　建设单位或者个人未按规定向城乡规划主管部门报送有关竣工验收资料的,由所在地市、县人民政府城乡规划主管部门责令限期补报;逾期不补报的,处1万元以上5万元以下的罚款。

城乡规划主管部门可以委托符合《中华人民共和国行政处罚法》第十九条规定条件的城乡建设档案机构实施前款规定的处罚。

第六十六条　城乡规划主管部门作出责令停止建设或者限期拆除的决定后,当事人不停止建设或者逾期不拆除的,城乡规划主管部门应当向本级人民政府报告,人民政府应当责成有关部门采取查封施工现场、强制拆除等措施。强制拆除的费用由违法当事人承担。

第六十七条　违反本条例规定构成犯罪的,依法追究刑事责任。

第七章　附　则

第六十八条　本条例所称市,是指按照行政建制设立的设区的市和县级市。

历史建筑,是指经市、县人民政府确定公布的具有一定保护价值,能够反映古代、近代、现代历史风貌和地方特色,未公布为文物保护单位,也未登记为不可移动文物的建筑物、构筑物。

总体规划修编,是指改变规划期限或者对规划确定的用地规模、用地发展方向和总体布局等进行重大变更的行为。

总体规划调整,是指变更规划区范围、基础设施、公共服务设施、自然与历史文化资源保护、防灾减灾等内容的行为。

总体规划补充,是指不改变前两款规定的内容,将经过研究和评估提出的、以及专项规划确定的需要对总体规划的部分内容进行完善的行为。

控制性详细规划修编,是指改变控制性详细规划确定的土地用途、道路红线、绿线、蓝线、黄线、紫线以及教育、文化、体育、卫生等公共设施用地和防灾减灾设施用地等内容的行为。

控制性详细规划调整,是指变更规划确定的支路走向、宽度,建筑高度,建筑密度,容积率等内容的行为。

控制性详细规划补充,是指不改变前两款规定的内容,对控制性详细规划的部分内容进行完善的行为。

第六十九条　本条例自2010年1月1日起施行。1991年9月19日制定、1997年12月4日修正的《山西省实施〈中华人民共和国城市规划法〉办法》同时废止。

主要缩略语解释

说　明　缩略语,也就是通常所说的简称,是把比较复杂的名称经过压缩和简略之后形成的词或词组。缩略语在日常生活中被大量使用,有简单明了的特点。《山西年鉴(2010)》使用了不少缩略语,为了方便读者使用年鉴,编辑部把《山西年鉴(2010)》内文中依次出现的主要缩略语作了辑录。对于一些大家常用的缩略语不再作注释。

蓝天碧水工程　对乱开滥采、遍地开花的现象使青绿的山头植被遭受毁坏,进行整治复绿,在恢复生态环境的同时,防治水土流失的一系列措施称为蓝天碧水工程。以电厂、工业炉窑脱硫和道路、建设工地扬尘及机动车排气污染治理为重点,加强二氧化硫和可吸入颗粒物以及饮食业油烟污染控制,有效削减大气污染物排放总量,确保全年空气质量优良,符合国家标准要求。

十一五目标　结合山西省实际,制定充分反映科学发展观要求、切实体现正确政绩观导向的经济社会发展指标体系,包括经济增长、社会发展、科技进步、资源环境、人民生活等五个方面,共44项指标,用于指导、评价全省及各地经济社会发展,同时用于检查、考核各级、各部门工作。

四化四改　即街道硬化、村庄绿化、环境净化、路灯亮化;改水、改厨、改圈、改厕。

五个一工程　每村建设一个文化科技活动室、一个村级卫生计生室、一个农民休闲健身场所、一个连锁店、一个标准化小学。

五个全覆盖　具备条件的建制村通水泥(油)路、中小学校舍安全改造、村级卫生室、村通广播电视、农村安全饮水等五个全覆盖。

乡财县管乡用　主要内容是核算统一、账户统设、工资统发、采购统办、票据统管。

五大特色文化产业区　以北部大同、朔州、忻州一带的佛教文化、边塞文化、古都名城文化、长城关隘文化、民族民间文化等资源为依托的佛教与边塞文化产业区;以中部太原、晋中一带的晋商文化、古都名城文化、民居古建文化、民间民俗文化等资源为依托的晋商文化产业区;以南部临汾、运城一带的根祖文化、古都文化、盐池文化、道教文化、关公文化、名楼名寺文化等资源为依托的根祖文化产业区;以东南部阳泉、长治、晋城一带的关隘文化、红色文化、民间民俗文化、山水文化、神话传说等资源为依托的太行文化产业区;以沿黄一带的古渡文化、古镇文化、名楼文化、山水文化、红色文化和民间民俗文化等资源为依托的黄河文化产业区。

凝聚力工程九大活动 全省统一战线凝聚力工程九大活动是：献良策、比贡献活动、智力兴晋活动、晋港(澳、台)企业家金桥行动、光彩事业两区行活动、强素质、树形象活动、双五好星级评比活动、新晋商、新形象活动、党外后备干部队伍建设工程、树统战干部形象、建党外人士之家活动。

六个一机制 无党派领导干部教育培养六个一机制，包括成立一个组织，即党外知识分子联谊会，加强对无党派代表人士的组织管理；每年召开一次恳谈会，了解无党派人士思想动态，加强对其针对性教育和引导；每年召开一次履职情况汇报交流会，进行汇报思想、交流经验，促进无党派人士履职能力提高；每年召开一次参政议政评议会，就全省经济社会重大问题进行研讨，发挥无党派人士参政议政、建言献策合力；每年向组织递交一份思想汇报，反映个人思想状况，特别是对当前重大政治问题的认识和态度；每年到无党派人士所在单位进行一次考察走访，了解在工作岗位上的政治表现、履职能力和群众影响，帮助解决工作中存在的困难和问题。

五个紧紧依靠 紧紧依靠基层组织、紧紧依靠相关部门、紧紧依靠法律武器、紧紧依靠科技手段、紧紧依靠人民群众。

首要标准 中共中央政治局常委、政法委书记周永康在2009年底中央政法委举办的专题研讨班上指出：监管场所要把改造人放在第一位，通过创新教育改造方法，强化心理矫治，提高教育改造质量，真正使他们痛改前非、重新作人，要把刑事解教人员重新违法犯罪率作为衡量监管工作的首要标准，确保教育改造工作取得实效。

三个至上 党的事业至上、人民利益至上、宪法法律至上。

四个在心中 党在心中、人民在心中、法在心中、正义在心中。

三大类 根据现有事业单位的社会功能，划分为承担行政职能、从事生产经营活动和从事公益服务三个大类。

三小类 将从事公益服务的事业单位，根据其职责任务、服务对象和资源配置等方面的不同情况，划分为公益一类、公益二类、公益三类。

五个坚决防止 坚决防止发生影响社会政治稳定的重大案件，坚决防止发生造成重大影响的群体性事件，坚决防止发生重大恶性刑事案件，坚决防止发生爆炸、火灾、交通等重大事故，坚决防止发生群死群伤的恶性治安灾害事故。

八个确保 确保不出大事、力争少出小事、坚决不出丑事、有事妥善处置；确保社会稳定；确保各项庆祝活动的安全；确保关系国计民生的重要部门、设施和守卫目标的安全；确保不发生涉及本市的影响省城、首都社会稳定的案(事)件，圆满完成庆祝新中国成立60周年活动安全保卫任务。

六大战役 以严打犯罪、治安防控、民爆整治、交通秩序整顿、火灾隐患排查、矛盾纠纷调处为主要内容。

两抢一盗 指抢劫、抢夺、盗窃（包括入室盗窃和盗窃机动车）等三类多发性侵财案件。

四程序两公开 公开救助对象和救助金额，执行户报、村评、乡审、县定的申请审批程序。

四无目标 无逃跑、无重大所内发案、无重大疫情、无重特大安全事故。

法律六进 指通过开展普及法律的活动，使法律进机关、进乡村、进社区、进学校、进企业、进单位，是中宣部、司法部、全国普法办2006年提出并布置的为期五年的一项普法工作。

三特 有特色，有特点，有特长。

三势 审时度势，创业造势，发挥优势。

五缓四降三补贴 五缓是指对暂时无力缴纳社会保险费的困难企业，在2009年内允许缓缴养老、医疗、失业、工伤和生育五项社会保险费。四降是指2009年内阶段性降低除养老保险外的四项社会保险费率。三补是指为困难企业提供稳定就业岗位补贴、新增就业岗位补贴及对企业开展职工在岗培训的给予培训补助。

保增长保红线行动 保经济增长、保耕地红线。

光进铜退 是固网运营商对接入层网络部署的先进理念，主要是指实现以窄带+铜缆为主网络向以宽带+光纤的网络转变的具体实践。

六统一策略 统一品牌、统一业务、统一包装、统一资费、统一终端政策、统一服务标准。

三公 公开、公平、公正。

三员一长培训 班组长、安监员、群监网员、青监岗员培训。

三共 共建社会主义精神文明、共防精神污染、共治社会环境。

三优 优质工作、优质材料、优质建议。

0903工程 （工程代号，年检事项）

三保 保增长、保民生、保稳定。

禁实工作 禁实，禁止使用实心粘土砖。

银河培训 国家中小企业银河培训工程是工业和信息化部、财政部组织实施的、为提高中小企业经营管理人员素质的公益性和基础性的培训项目。

三同时项目 建设项目中的环保设施必须与主体工程同时设计、同时施工、同时投产使用。

三同时制度 根据我国《环境保护法》第26条规定:建设项目中防治污染的措施,必须与主体工程同时设计、同时施工、同时投产使用。防治污染的设施必须经原审批环境影响报告书的环保部门验收合格后,该建设项目方可投入生产或者使用。这一规定在我国环境立法中通称为三同时制度。

两高一资行业 就是指高污染、高能耗和资源性的行业。

三项工程建设 实施优化站段管理结构、自控型班组建设、主要行车工种队伍建设。

五道防线建设 第一道防线是强化车站广场及周边地区的巡查;第二道防线是强化车站出入通道管理;第三道防线是严格进站旅客携带物品的安全检查;第四道防线是加强候车室、售票厅、行李房、行李寄存处的管理;第五道防线是加强旅客列车的安全检查。

三乱 根据国务院纠风办、公安部、交通部有关规定,公路三乱是指在公路上乱设站卡、乱罚款、乱收费的行为。

三纵十一横十一环 三纵十一横十一环高速公路网,实现省会到省辖市3小时通达、相邻省辖市之间2小时通达,所有县(市、区)半小时内上高速公路,出省高速通道达30条,形成北出长城、南抵黄河、东连京冀、西达秦蜀的路网格局。

三免三减半 符合条件的企业从取得经营收入的第1年至第3年可免交企业所得税,第4年至第6年减半征收。

金财工程 即政府财政管理信息系统(简称GFMIS),是利用先进的信息技术,支撑以预算编制、国库集中支付和宏观经济预测分析为核心应用的政府财政管理综合信息系统,是财政系统信息化建设目标和规划的统称。它是在总结我国财政信息化工作实践,借鉴其它国家财政信息化管理先进理念和成功经验的基础上,提出的与我国建立公共财政体制框架目标相适应的一套先进信息管理系统,是我国正在实施的电子政务战略工程建设的重要组成部分。

三代税款 (1)代扣代缴:税收法律、行政法规已经明确规定负有扣缴义务的单位和个人在支付款项时,代税务机关从支付给负有纳税义务的单位和个人的收入中扣留并向税务机关解缴的行为。(2)代收代缴:税收法律、行政法规已经明确规定负有扣缴义务的单位和个人在收取款项时,代税务机关向负有纳税义务的单位和个人收取并向税务机关缴纳的行为。(3)委托代征:税务机关根据《中华人民共和国税收征管法》加强税收控管、方便纳税、降低税收成本的规定,按照双方自愿、简便征收、强化管理和依法委托的原则,委托有关单位和个人按照代征协议规定的代征范围、权限及税法规定的征收标准代税务机关征收税款的行为。

三会预决算 中国银监会北京监管局、中国证监会北京监管局、中国保监会北京监管局(简称三会派出机构)。

两个操作示范 为基层地税机关服务实务标准化操作示范和为纳税人服务办税实务标准化操作示范。

万村千乡市场工程 主要内容是:通过安排财政资金,以补助或贴息的方式,引导城市连锁店和超市等流通企业向农村延伸发展农家店,力争用3年的时间,孕育出25万家连锁经营的农家店,构建以城区店为龙头、乡镇店为骨干、村级店为基础的农村现代流通网络,使标准化农家店覆盖全国50%的行政村和70%的乡镇,满足农民消费需求,改善农村消费环境,促进农业产业化发展。

双三十 改造30个左右农产品批发市场、30个左右农产品流通企业。

三网合一 指电信网、广播电视网和计算机通信网的相互渗透、互相兼容、并逐步整合成为全世界统一的信息通信网络。

一符六无 一符指帐实相符,六无指无鼠雀、无虫害、无腐烂、无事故、无陈化、无污染。

三项技术 三项储粮新技术指机械通风、环流熏蒸、计算机粮情检测。

双低 低氧、低剂量。

三低 低损失、低污染、低成本。

新网工程 新农村现代流通服务网络工程。

两交会 第十六届中国西部商品交易会暨中国平凉崆峒文化旅游节。

三结合 监测、预报、科研三结合。

三项学习教育 开展中国特色社会主义理论体系、马克思主义新闻观、职业精神职业道德。

五纳入 各地、各部门将文物保护纳入经济和社会发展计划,纳入城乡建设规划,纳入财政预算,纳入体制改革,纳入各级领导责任制,把各级政府保护文物的责任进一步具体化。

三贴近 贴近实际、贴近生活、贴近群众。

三名三进工程 着力培养名医、创建名科、建设名院,努力推进中医药进农村、进社区、进家庭。

六个界限 检察机关在执法办案中严格区分经济纠纷与经济诈骗

的界限；改革创新中的工作失误与渎职犯罪的界限；正常合法收入与贪污受贿所得的界限；资金合理流动与徇私舞弊造成国有资产流失的界限；企业依法融资与非法吸收公众存款的界限；企业经营中因不可抗力造成的经济损失与严重不负责任使国家利益遭受重大损失的犯罪行为等罪与非罪的界限。

六个不轻易 检察机关在办理涉及企业案件时，不轻易传唤企业负责人，不轻易查封企业账册，不轻易扣押企业财产，不轻易冻结企业账户，不轻易动用警车进企业办案，不轻易发表影响企业形象和声誉的报道。

六个严禁 检察机关和检察人员在执法办案中严禁越权办案，插手经济纠纷；严禁到发案单位吃拿卡要；严禁利用办案接受赞助与拉赞助费；严禁占用发案单位的通讯、交通工具等财产；严禁在发案单位报销各种费用；严禁插手工程招投标、政府采购等经济活动谋取私利。

五十一宣传活动 即省检察院与省人大内司委联合开展一次党政干部学习《条例》考核活动，举办一场扩内需、促增长、保稳定、筑防火墙为主题的预防职务犯罪高层论坛，举办一场惩治与预防职务犯罪大型警示教育图片展，举办一次你我共同参与、远离职务犯罪为主题的有奖征文活动，组建一支预防职务犯罪工作记者采访团等预防职务犯罪系列宣传活动。

五小竞赛活动 小发明、小革新、小改造、小设计、小建议。

共同约定行动 是在贯彻实施劳动合同法基础上一个特殊情况下的约定。一是劳动合同、集体合同已经规定的，除因客观情况发生重大变化而无法继续履行之外，必须一律坚持。二是互利共赢。坚持以职工为本，使企业和职工的利益能够得到最大限度的保障和实现。三是共同协商。工会既代表职工，听取和反映职工意见，又要积极与企业协商沟通，充分协商约定内容。四是因地制宜。从不同地区、不同企业的实际出发，围绕各自遇到的重点难点，确定共同约定的内容，努力增强针对性和实效性。

青马工程 2007 年 5 月 15 日，团中央在北京启动了青年马克思主义者培养工程，旨在通过教育培训和实践锻炼等行之有效的方式，不断提高大学生骨干、团干部、青年知识分子等青年群体的思想政治素质、政策理论水平、创新能力、实践能力和组织协调能力，使他们进一步坚定跟党走中国特色社会主义道路的信念，成长为中国特色社会主义事业的合格建设者和可靠接班人。

双百万计划 即以帮助农村妇女提高增收致富能力，培养有文化、会管理、懂经营的新型女农民为目标，培训一百万（人次）女农民；以帮助女干部提高参政议政能力，帮助女职工及下岗失业妇女提高岗位技能和自主创业就业能力，培养和谐社会建设所需要的各类优秀人才为目标，培训一百万（人次）女干部、女职工（含下岗及失业女工）。

双合格活动 争做合格家长、培养合格人才的家庭教育宣传实践活动。

国寿 1+N 品牌 一张保单，N种服务。1+N 意味着客户购买了中国人寿一张保单，将享受到公司持续推出的多种保单服务和超越保单合同之外的多项服务。

双降 最低首付与利率下限双降。

双十大 十大金牌理财师和十大明星理财师。

三会一层 三会指股东大会、董事会、监事会；一层指高级管理层。

龙舟计划 2009 年 11 月，华夏银行正式对外推出专为中小企业打造的金融服务品牌龙舟计划，传导龙舟共济成就成长和融资小快灵的理念，龙舟计划不是单一的产品或服务品牌。龙舟计划既是品牌，也是行动。

零不符合项 不符合项的定义：不符合既定要求的物项、服务或过程。因性能、文件或程序方面的缺陷，使某一物项、服务或过程的质量变得不可接受或不能确定。

三项行动 执法行动、治理行动、宣传教育行动。

三项建设 即法制体制机制建设、保障能力建设、监管队伍建设。

三项监察 重点监察、专项监察、定期监察。

一通三防 一通，矿山有完善的通风系统；三防，防煤尘、防火、防瓦斯爆炸。

双百工程 100 个示范县、100个示范矿井。

三标一体 三标一体包括ISO9001 质量管理体系、ISO14001 环境管理体系和 GB/T28001 职业健康安全管理体系。

两权 煤炭开采权和煤层气开采权。

1+10 工程 在全省服务业发展的 18 个领域选择一批重点项目，一类是旗舰项目，每个领域选 1 个，另一类是示范带动项目，每个领域选 10个（其中旅游和现代物流两个重点领域选 20 个）。

2+10 工程 生态环境治理修复2+10 工程中，2 是指汾河流域生态环境治理修复与保护工程、太原西山地区综合整治工程；10 是指大同口泉矿区、阳泉桃河流域、长治浊漳河、晋城丹河流域、朔州桑干河上游、忻州南云中河、吕梁三川河流域、晋中潇河、临汾塔儿山及二峰山、运城盐湖等重点生态环境综合整治工程。

索　　引

说　明

（1）本索引以人名、地名、机构名称、活动名称、事件（事物）名称等为主题词进行检索。

（2）本索引按主题词汉语拼音字母顺序排列（数字开头主题词另排序），主题词后面的数字和字母分别表示所在页码和分栏位置（abc表示本页码左中右三栏），如《沧桑》112c，表示《沧桑》在第112页c栏。

（3）本索引主题词主要选自本年鉴正文部分，特载、大事记、附录以及图表、照片不在索引范围内。

D

K

N

O

P

Q

R

S

T

W

Z